高密市人大志

（1949—2021）

《高密市人大志》编纂委员会　编

方志出版社
Publishing House of Local Records

图书在版编目（C I P）数据

高密市人大志：1949-2021 /《高密市人大志》编纂委员会编. -- 北京：方志出版社，2021.8
ISBN 978-7-5144-4808-5

Ⅰ. ①高… Ⅱ. ①高… Ⅲ. ①地方各级人民代表大会－工作概况－高密－ 1949-2021 Ⅳ. ① D624.524

中国版本图书馆 CIP 数据核字 (2021) 第 232407 号

高密市人大志（1949—2021）

编　　者：《高密市人大志》编纂委员会
责任编辑：张　颢
出 版 者：方志出版社
地址　北京市朝阳区潘家园东里 9 号（国家方志馆 4 层）
邮编　100021
网址　http://www.zgfzcb.cn
发　　行：方志出版社图书经销中心
电话（010）67110500
经　　销：各地新华书店
印　　刷：潍坊和盛印刷有限公司
开　　本：889 × 1194　　1/16
印　　张：57.5
字　　数：1178 千字
版　　次：2021 年 8 月第 1 版　2021 年 8 月第 1 次印刷
印　　数：0001 ~ 1000 册
ISBN 978-7-5144-4808-5　　定价：580.00 元

高密市（县）人大常委会及机关 1987 年至 2009 年办公地点

高密市人大常委会及机关 2009 年至 2020 年办公地点

高密市人大常委会及机关 2020 年后办公地点

《高密市人大志》编纂委员会

《高密市人大志》编纂人员

凡 例

一、本志以马克思列宁主义、毛泽东思想、邓小平理论、“三个代表”重要思想、科学发展观、习近平新时代中国特色社会主义思想为指导，坚持辩证唯物主义和历史唯物主义的立场、观点和方法。坚持尊重历史、实事求是的原则，力求翔实、准确、全面地记述高密市（县）人民代表大会72年来的工作发展历程，努力做到融思想性、科学性、资料性、实用性于一体。

二、本志断限，上限为1949年10月，下限为2021年6月。

三、本志采用述、记、志、传、图、录、表等体裁，以志为主，图文并茂，略远详近。

四、本志以编、章、节、目为序。为便于叙述、内容连贯，部分章下无节、节下无目。正文概述、大事记、附录不在编之序列。

五、志内用字为国家规定的通用文字。数字和标点符号用法，依据国家质量监督检验检疫总局和国家标准化管理委员会2011年发布的《出版物上数字用法》《标点符号用法》。计量单位的使用，遵照《中华人民共和国法定计量单位使用方法》，为保持历史原貌，部分内容涉及旧制计量单位的，仍保留旧制。

六、本志各类名称，初用全称，后用简称。有时采用约定俗成的简称，部门或单位前省略高密市（县）。县市称谓，建市前（1994年6月28日正式对外办公）称高密县，后称高密市。通述时用高密市或高密市（县）。

七、本志文字和图片资料主要来源于市委组织部、市委党史研究中心(市地方史志研究中心)、市档案馆、市人大常委会档案室和各委室、知情老干部、各届人大代表，资料来源均不注明出处。编写时对引用资料中的错误进行了订正。

八、部分内容查无资料,为保持连续性,只列标题,内容记为“资料缺失”。

九、本志收录人物，历届人大常委会主任、副主任和党组书记、副书记、成员按职务、任职时间先后排列，全国人大代表按任职时间先后排列，“高密人民勋章”获得者按受表彰时间先后排列，均为简介；各届受表彰的优秀人大代表、十佳干警、功勋企业家按受表彰时间先后排列，只列名录。

十、本志采用公元纪年，年、月、日用阿拉伯数字表示。

序　言

《高密市人大志（1949—2021）》作为高密人大历史上的首部志书，在中共高密市委的领导和社会各界的大力支持下，经全体编纂人员的共同努力，自2018年5月始，历时三载，数易其稿，总纂终成。全书正文近120万字的《高密市人大志（1949—2021）》问世，不仅是高密社会主义民主政治建设进程中的一件大事，也是高密人大工作的重要成果之一。

“治天下者以史为鉴，治郡国者以志为鉴。”本书记述了1949年11月高密县第一届各界人民代表会议第一次会议召开至2021年6月高密市第十八届人民代表大会第五次会议期间共72年的发展历程，特别是详细勾勒了高密设立人大常委会以来人大工作的历史脉络，完整记录和展现了人民代表大会制度在高密的建立、发展和完善，为人们认识、研究并坚持和完善人民代表大会制度提供了可资借鉴的翔实史料。

人民代表大会制度在高密实施以来，历届人大及其常委会，在中共高密市（县）委的领导下，把坚持党的领导贯穿于工作的各方面、全过程，始终坚持正确的政治方向，坚持民主集中制原则，紧紧依靠全体人大代表和广大人民群众，认真履行宪法和法律赋予的各项职权，在实践中探索，在发展中完善，有效地发挥了地方国家权力机关的作用，推动了高密经济、政治、文化、社会及生态文明建设协调发展。作为新形势下人大制度在高密生动实践和理论研究的产物，《高密市人大志（1949—2021）》的出版问世，让我们记住了那些为高密人大事业做出贡献的人大工作者们，更是把一个真实的、发展的、创新的高密人大，记载史册，开创未来。

编纂过程中，编纂人员坚持辩证唯物主义和历史唯物主义的观点，严格遵循地方志书编纂原则和要求，根据人民代表大会的性质和地方人大工作的特点，精心研究篇目设置，博采精收历史资料，反复修正志书文稿，形成了一部融科学性、资料性、权威性和实用性为一体的珍贵文献。在此，谨向全体编纂、撰稿人员和提供帮助的有关领导及各界人士表示衷心感谢！

纵观高密人大发展史，我们不难发现，唯有始终坚持党的领导、人民当家做主和依法治国有机统一，才能充分发挥人民代表大会制度的巨大优越性。站在“两个一百年”奋斗目标历史交会的关键节点上，必须坚持以习近平新时代中国特色社会主义思想为指引，坚持以人民为中心的发展思想，团结带领广大人民群众更加奋发有为，在中共高密市委的坚强领导下，深入推动人民代表大会制度在基层枝繁叶茂、全面发展，为实现“十四五”良好开局、加快建设现代化高品质城市做出新的更大贡献，以优异成绩献礼建党100周年！

高密市人大常委会党组书记、主任 万丽

2021年10月

目　　录

概述……1
大事记……9

第一编　高密县各界人民代表会议……97
第一章　高密县各界人民代表会议……97
第一节　性质……97
第二节　职权……98
第三节　代表的产生和任期……98
第二章　高密县历届各界人民代表会议……100
第一节　第一届各界人民代表会议……100
第二节　第二届各界人民代表会议……100
第三节　第三届各界人民代表会议……101
第四节　第四届各界人民代表会议……101
第五节　第五届各界人民代表会议……102
第六节　第六届各界人民代表会议……102
第七节　第七届各界人民代表会议……102
第八节　第八届各界人民代表会议……103
第九节　第九届各界人民代表会议……103

第二编　高密市（县）人大代表……105
第一章　高密市（县）人大代表……105
第一节　权力义务和任期……105

第二节　名额的确定和分配……106
第二章　高密市（县）历届人大代表选举……112
第一节　县一至六届、八届人大代表选举……112
第二节　县九届人大代表选举……113
第三节　县十届人大代表选举……113
第四节　县十一届人大代表选举……114
第五节　县十二届人大代表选举……114
第六节　市（县）十三届人大代表选举……115
第七节　市十四届人大代表选举……115
第八节　市十五届人大代表选举……116
第九节　市十六届人大代表选举……116
第十节　市十七届人大代表选举……117
第十一节　市十八届人大代表选举……117
第三章　高密市（县）历届人民代表大会选举委员会……118
第一节　选举委员会组成与职责……118
第二节　历届选举委员会……118
第四章　代表资格审查委员会……122
第一节　设立和职责……122
第二节　组成人员……122
第五章　高密市（县）历届各级人大代表名录……127
第一节　高密市（县）人大代表名录……127
第二节　高密市（县）选举的潍坊市人大代表名录……167
第三节　高密县选举的山东省人大代表和驻高密市（县）的山东省人大代表名录……172
第四节　驻高密市（县）的全国人大代表……174

第三编　高密市（县）人民代表大会……175
第一章　性质　职权　任期……175
第一节　性质……175
第二节　职权……175
第三节　任期……178
第二章　历届市（县）人民代表大会会议……179

第一节　县第一届人民代表大会会议……179
第二节　县第二届人民代表大会会议……181
第三节　县第三届人民代表大会会议……182
第四节　县第四届人民代表大会会议……184
第五节　县第五届人民代表大会会议……186
第六节　县第六届人民代表大会会议……187
第七节　县革命委员会……188
第八节　县第八届人民代表大会会议……188
第九节　县第九届人民代表大会会议……189
第十节　县第十届人民代表大会会议……196
第十一节　县第十一届人民代表大会会议……202
第十二节　县第十二届人民代表大会会议……207
第十三节　市（县）第十三届人民代表大会会议……212
第十四节　市第十四届人民代表大会会议……222
第十五节　市第十五届人民代表大会会议……231
第十六节　市第十六届人民代表大会会议……242
第十七节　市第十七届人民代表大会会议……251
第十八节　市第十八届人民代表大会会议……262

第四编　高密市（县）人大常委会……277
第一章　性质　职权……277
第一节　性质……277
第二节　职权……278
第二章　历届市（县）人大常委会组成人员……279
第一节　县九届人大常委会……279
第二节　县十届人大常委会……280
第三节　县十一届人大常委会……280
第四节　县十二届人大常委会……280
第五节　市（县）十三届人大常委会……281
第六节　市十四届人大常委会……282
第七节　市十五届人大常委会……283

第八节　市十六届人大常委会……284
第九节　市十七届人大常委会……285
第十节　市十八届人大常委会……286
第三章　历届人大常委会党组组成人员……288
第一节　县九届人大常委会党组……288
第二节　县十届人大常委会党组……288
第三节　县十一届人大常委会党组……288
第四节　县十二届人大常委会党组……288
第五节　市（县）十三届人大常委会党组……289
第六节　市十四届人大常委会党组……289
第七节　市十五届人大常委会党组……289
第八节　市十六届人大常委会党组……290
第九节　市十七届人大常委会党组……290
第十节　市十八届人大常委会党组……290
第四章　主任会议……291
第一节　职责……291
第二节　召开会议……291
第五章　历届市（县）人大常委会会议……292
第一节　县九届人大常委会会议……292
第二节　县十届人大常委会会议……296
第三节　县十一届人大常委会会议……301
第四节　县十二届人大常委会会议……307
第五节　市（县）十三届人大常委会会议……313
第六节　市十四届人大常委会会议……322
第七节　市十五届人大常委会会议……334
第八节　市十六届人大常委会会议……348
第九节　市十七届人大常委会会议……363
第十节　市十八届人大常委会会议……379

第五编　高密市人大专门委员会……395
第一章　设置　职责……395

第一节　设置……395
第二节　职责……396
第二章　历届市人大各专门委员会……396
第一节　市第十七届人民代表大会专门委员会……396
第二节　市第十八届人民代表大会专门委员会……397

第六编　市（县）人大常委会工作办事机构……401
第一章　市（县）人大常委会工作机构……401
第一节　设置……401
第二节　职责……401
第三节　市（县）人大常委会工作机构主任、副主任……402
第二章　市（县）人大常委会办事机构……404
第一节　设置……404
第二节　职责……404
第三节　市（县）人大常委会办事机构主任、副主任……405
第三章　市人大常委会派出工作机构……407
第一节　设置……407
第二节　职责……407
第三节　市人大常委会派出工作机构主任、副主任……408

第七编　监督工作……411
第一章　听取和审议工作汇报……412
第二章　议（提）案的收集和办理……413
第一节　议（提）案收集……413
第二节　议（提）案办理……417
第三章　建议、批评和意见的收集与办理……426
第一节　建议、批评和意见的收集……426
第二节　建议、批评和意见的办理……426
第四章　调研、视察、执法检查……434
第一节　县九届人大常委会调研、视察、执法检查……434
第二节　县十届人大常委会调研、视察、执法检查……437

第三节　县十一届人大常委会调研、视察、执法检查……440
第四节　县十二届人大常委会调研、视察、执法检查……442
第五节　市（县）十三届人大常委会调研、视察、执法检查……443
第六节　市十四届人大常委会调研、视察、执法检查……448
第七节　市十五届人大常委会调研、视察、执法检查……456
第八节　市十六届人大常委会调研、视察、执法检查……478
第九节　市十七届人大常委会调研、视察、执法检查……499
第十节　市十八届人大常委会调研、视察、执法检查……517
第五章　评议工作……533
第一节　评议部门……533
第二节　评议被任命人员……539
第三节　评议潍坊市人大代表……543
第六章　专题询问……544
第七章　规范性文件备案审查……547
第八章　人民来信来访处理……552
第九章　宣传工作……553

第八编　重大事项决定……557
第一章　县九届人大常委会决定事项……557
第二章　县十届人大常委会决定事项……558
第三章　县十一届人大常委会决定事项……561
第四章　县十二届人大常委会决定事项……563
第五章　市（县）十三届人大常委会决定事项……566
第六章　市十四届人大常委会决定事项……567
第七章　市十五届人大常委会决定事项……571
第八章　市十六届人大常委会决定事项……576
第九章　市十七届人大常委会决定事项……583
第十章　市十八届人大常委会决定事项……592

第九编　人事任免……599
第一章　县九届人大常委会任免事项……600

第二章 县十届人大常委会任免事项……608
第三章 县十一届人大常委会任免事项……613
第四章 县十二届人大常委会任免事项……620
第五章 市（县）十三届人大常委会任免事项……627
第六章 市十四届人大常委会任免事项……639
第七章 市十五届人大常委会任免事项……651
第八章 市十六届人大常委会任免事项……662
第九章 市十七届人大常委会任免事项……671
第十章 市十八届人大常委会任免事项……681

第十编 常委会及机关自身建设……693
第一章 组织建设……693
第一节 市（县）人大常委会党组……693
第二节 市（县）人大常委会机关党支部……693
第三节 市人大常委会机关离退休干部党支部……695
第四节 工会组织……696
第二章 思想建设……696
第三章 制度建设……698

第十一编 乡镇（公社）人民代表大会……701
第一章 乡镇（公社）人大代表……701
第一节 性质 职权 任期……701
第二节 代表选举和名额……702
第二章 乡镇（公社）人大会议……705
第一节 职责和议程……705
第二节 各乡镇历届人大情况……706

第十二编 人物……735
第一章 历届人大常委会主任、副主任（党组书记、副书记、成员）……735
第二章 全国人大代表……752
第三章 “高密人民勋章”获得者……753

第四章　各届表彰的优秀人大代表……………………………………………………766
第五章　十佳干警……………………………………………………………………769
第六章　功勋（优秀）企业家………………………………………………………771

附　录………………………………………………………………………………773
一　高密市人大常委会规范性文件…………………………………………………773
高密市人民代表大会常务委员会关于加强自身建设的决定………………………773
高密市人民代表大会常务委员会议事规则…………………………………………776
高密市人民代表大会常务委员会组成人员守则……………………………………782
高密市人民代表大会常务委员会人事任免办法……………………………………783
高密市人民代表大会常务委员会讨论决定重大事项的办法………………………789
高密市人民代表大会常务委员会履职测评办法……………………………………792
高密市人民代表大会常务委员会专题询问办法……………………………………793
高密市人民代表大会常务委员会联系市人大代表办法……………………………795
高密市人民代表大会代表议案处理办法……………………………………………796
高密市人民代表大会代表建议、批评和意见处理办法……………………………799
高密市人民代表大会常务委员会信访工作办法……………………………………805
高密市人民代表大会常务委员会审议意见办理办法………………………………809
高密市人民代表大会常务委员会规范性文件备案审查办法………………………811
公民旁听市人大常委会会议办法……………………………………………………814
二　人大常委会工作报告摘登…………………………………………………………816
高密县第十届人民代表大会常务委员会工作报告
——1987 年 4 月 27 日在县第十一届人民代表大会第一次会议上…………………816
高密县人民代表大会常务委员会工作报告
——1990 年 3 月 17 日在高密县第十二届人民代表大会第一次会议上……………824
高密县人民代表大会常务委员会工作报告
——1993 年 2 月 11 日在高密县第十三届人民代表大会第一次会议上……………831
高密市人民代表大会常务委员会工作报告
——1998 年 1 月 17 日在高密市第十四届人民代表大会第一次会议上……………840
高密市人民代表大会常务委员会工作报告
——1999 年 3 月 6 日在高密市第十四届人民代表大会第二次会议上………………849

高密市人民代表大会常务委员会工作报告
——2003 年 1 月 21 日在高密市第十五届人民代表大会第一次会议上……………………856
高密市人民代表大会常务委员会工作报告
——2007 年 12 月 12 日在高密市第十六届人民代表大会第一次会议上………………865
高密市人民代表大会常务委员会工作报告
——2012 年 1 月 12 日在高密市第十七届人民代表大会第一次会议上…………………872
高密市人民代表大会常务委员会工作报告
——2017 年 1 月 20 日在高密市第十八届人民代表大会第一次会议上…………………879
高密市人民代表大会常务委员会工作报告
——2021 年 2 月 22 日在高密市第十八届人民代表大会第五次会议上…………………887

后记……………………………………………………………………………………894

概　　述

高密市，位于北纬36°8′44″至36°41′20″，东经119°26′16″至120°0′38″之间。地处山东半岛中部，胶莱平原腹地，东临国际旅游名城青岛，西依世界风筝之都潍坊。高密秦代置县，中华人民共和国成立后，高密县初属滨北专区，1950年5月改属胶州专区，1956年3月划归昌潍专区，1981年5月昌潍地区更名为潍坊地区；1983年10月地改市，为潍坊市。县均属之。1994年5月，经国务院批准，撤销高密县设立高密市（县级市），归潍坊市代管。高密地域面积1523.49平方千米，辖7个镇、3个街道、1个省级经济技术开发区、910个行政村（居），人口90.66万。高密历史久远，文化底蕴深厚，是龙山文化、海岱文化、齐鲁文化的发祥地之一。汉代经学大师郑玄、齐国名相晏婴、清代大学士刘墉被称为“高密三贤”，2012年诺贝尔文学奖获得者、著名作家莫言也出生在高密市东北乡。高密茂腔、扑灰年画、剪纸、泥塑是高密“民艺四宝”，被列入国家级非物质文化遗产保护名录，“大禹封国、三贤故里、莫言家乡”成为高密亮丽的名片。高密是全国综合实力百强县、国家园林城市、中国长寿之乡、中国民间文化艺术之乡、国家卫生城市、中国家纺名城和中国安全防护用品产业名城。

一

1949年10月1日，中华人民共和国成立，人民成为国家的主人，开启了社会主义民主法治建设的新纪元。在中国共产党的领导下，我国制订了具有临时宪法性质的《中国人民政治协商会议共同纲领》，对巩固国家政权，维护社会稳定起到了十分重要的作用。

由于新中国成立之初还不具备实行普选的基本条件，因此高密县按照《中国人民政治协商会议共同纲领》和中央人民政府颁布的《各界人民代表会议组织通则》的规定，高密县第一届各界人民代表会议于1949年11月27日至12月1日召开，至1952年7月6日召开第八届各界人民代表会议，先后召开了9届10次县各界人民代表会议。各界人民代表会议是联系群众、协助政府推行工作的协议机关，各界人民代表会议的代表由各界推举、选举和由政府特邀产生，各界代表会议的职权是听取、讨论县人民政府的工作报告，通过决议；向县人民政府反映人民的意见和要求，讨论并建议有关县政兴革事宜；向人民传达并解释县各界人民代表会议的决议案，并协助县人民政府动员人民推行。经山东省人民政府批准，高密县第九届各界人民代表会议代行县人民代表大会职权，增加了审查、通过县人民政府的预决算；建议、决议有关县政的兴革事宜；选举县人民政府县长、副县长、委员，组建县人民委员会等职权。高密县第九届各界人民代表会议于1952年12月22日至28日、1953年2月21日至25日召开了两次会议。县各界人民代表会议在团结动员全县人民开展生产救灾、完成土地改革、镇压反革命稳定新政权、支援抗美援朝、贯彻《中华人民共和国婚姻法》（以下简称《婚姻法》）、恢复和发展工农业生产等工作中发挥了重要作用。同时，也为人民代表大会制度的实施提供了经验。

1953年6月，全国自上而下开展基层政权民主选举，即选举人大代表。人民通过普选，不仅是选出人大代表，同时还意味着将原属于人民的国家权力委托到了代表手中。1953年7月，按照《全国人民代表大会及地方各级人民代表大会选举法》（以下简称《选举法》）的规定，高密县开展了第一次普选工作。1954年7月30日至8月3日，高密县召开了第一届人民代表大会第一次会议。根据《中华人民共和国宪法》（以下简称《宪法》）《中华人民共和国地方各级人民代表大会和地方各级人民委员会组织法》（以下简称《地方组织法》）的规定，高密县人民代表大会的职权是：保证法律、法令和上级人民代表大会决议的遵守和执行；在职权范围内通过和发布决议；听取和审查县人民委员会和县法院的工作报告；审查和批准预算和计划；选举县人民委员会的组成人员和县法院院长。县人民代表大会无常设机构，大会闭会期间，由县人民委员会行使人民代表大会职权。1954年7月至1966年6月，高密县共召开了6届人民代表大会17次会议，每届任期2年。各届人民代表大会代表均由乡（镇、公社）人民代表大会选举产生，人民代表大会会议由县人民政府（人民委员会）召集，大会闭会期间由政府代行人民代表大会的职权。

1966年5月，全国开始了“文化大革命”。9月，全县各级党政机关受到严重冲击，工作处于停顿或半停顿状态。1967年3月，成立了由军队代表、领导干部代表、群众代表“三结合”的高密县革命委员会，取代了高密县委、高密县人民委员会，各公社、县直部门也相继成立了革命委员会。“文化大革命”的10年，人民代表大会制度遭到严重破坏，人大工作和代表活动中断。高密县第六届人民代表大会仅开了一次会议。根据上级指示精神，“文化大革命”期间产生的县、公社革命委员会在人民代表大会届次计数上，作为一届人民代表大会。高密县革命委员会作为县第七届人民代表大会计入届次。

1976年10月，“文化大革命”结束。国家开始了政治、经济领域的重大改革，社会主义建设进入了新的阶段。1978年2月，五届全国人大一次会议召开，通过了经过修改的《宪法》，人民代表大会制度得到恢复和完善。1978年4月26日至28日，高密县第八届人民代表大会第一次会议召开，选举产生了新一届县革命委员会。高密县第八届人民代表大会只召开了1次会议。

1979年7月1日，五届全国人大二次会议作出了《关于修正宪法若干规定的决议》，通过了新的《地方组织法》和《选举法》，人民代表大会制度进一步完善，进入了新的发展时期。按照新的规定，高密县从第九届人民代表大会开始，代表由选民直接选举产生；撤销高密县革命委员会，设立高密县人民代表大会常务委员会和高密县人民政府。1980年6月15日，县、公社两级开始同时进行选举工作。8月31日，选举产生了县、公社两级新一届人民代表大会的代表，出席县人民代表大会的代表529名，出席各公社人民代表大会的代表共3256名。参加这次选举的选民共423913名，占全县选民总数的97.3%。1980年9月7日至10日，高密县第九届人民代表大会第一次会议召开，选举产生了县人民代表大会常务委员会组成人员和县长、副县长。县人大常委会作为县人民代表大会的常设机关，在大会闭会期间，代行人民代表大会的部分职权。县人大常委会设立办公室等工作机构，承担日常工作。这是县人民代表大会设立常设机构的开始。由此，县级以上的地方各级人民代表大会设立常务委员会作为一项重要制度被正式确立下来。

1994年6月，高密撤县设市，高密县人民代表大会、高密县人民代表大会常务委员会分别改称高密市人民代表大会、高密市人民代表大会常务委员会。

按照2015年8月修正的《地方组织法》的规定和潍坊市委、高密市委的意见，高密市十七届人大五次会议决定设立市十七届人民代表大会内务司法委员会、城建环保委员会、财政经济委员会、农业农村委员会、教科文卫委员会等5个专门委员会。市十八届人大一次会议决定设立市十八届人民代表大会内务司法委员会、城建环保委员会、财政经济委员会、农业农村委员会、教科文卫委员会等5个专门委员会。市十八届人大三次会议决定增设市十八届人民代表大会社会建设委员会，市十八届人民代表大会内务司法委员会更名为市十八届人民代表大会监察和司法委员会。专门委员会设立后，依法履行职责，积极开展工作，增强了人大工作实效，推动了人大工作发展。

根据《宪法》和全国人大历次修订的《地方组织法》和《选举法》，高密县第八届人民代表大会实际任期只有1年2个月的时间，第九至十二届人民代表大会每届任期3年。自第十三届以后，每届人民代表大会任期为5年（根据省人大常委会决定，高密市第十六届人大常委会实际任期4年）。自1978年至2021年，共召开人民代表大会11届44次会议。

二

根据《宪法》和《地方组织法》的规定，地方各级人民代表大会是地方国家权力机关，由人民选举产生，对人民负责并受人民监督。人民通过人民代表大会，行使管理国家的权利。高密市（县）历届人民代表大会及其常委会作为国家权力机关，在中共高密市（县）委的领导和上级人大的支持指导下，围绕党的中心工作任务，不断加强自身建设，积极发挥在政治、经济和社会生活中的作用，在履行职权方面做了大量工作，取得了巨大成就。

依法行使监督权。人大及其常委会的监督权，是宪法和法律赋予国家权力机关的重要职权之一。市（县）人大常委会把法律监督和工作监督作为首要任务，通过听取审议市（县）政府、市（县）人民法院、市（县）人民检察院（简称为“一府两院”）的工作汇报，收集办理代表所提的议案及建议、视察调查、执法检查、对“一府两院”工作进行评议、规范性文件备案审查等形式，加强对“一府两院”的工作和法律贯彻实施情况的监督。1980年至2021年，市（县）人大常委会共审议“一府两院”工作报告和法律实施情况报告600余项，组织视察、调查和执法检查570余次，发出审议意见书270余份，共提出建议意见2600余条。1991年下半年，县人大常委会开始在全县推行对人民法院、人民检察院、政府序列各委办局工作的评议活动。以支持市政府改进和推动工作为目的，对政府组成人员开展述职评议。制订了《关于述职评议的暂行办法》《信访处理办法》《对司法机关和行政机关实行个案监督的暂行办法》《关于规范信访结案报告的意见》。市（县）人大常委会着力通过抓大事、抓重点、抓热点，加强对实施国民经济和社会发展计划的监督，并把牵动全局的财政、占有基础地位的农业、个体私营经济发展、企业改制、重要支柱的工业等作为全市经济发展的重大问题列入了监督工作的重点。2015年，市人大常委会设立了预算工作委员会和预算审查监督咨询专家组，迈出了由程序性监督向实质性监督的重要一步。市（县）人大常委会利用多种形式开展监督工作，有效保证了宪法和法律在全市（县）的实施，保证了国家政策和人大及其常委会所作决议和决定的贯彻执行，保障了全市（县）经济和社会各项事业的健康发展。

依法决定重大事项。市（县）人民代表大会会议是集中全市（县）人民意志行使管理国家事务，决定重大事项权力的基本形式。一般情况下，每次人民代表大会会议都听取和审议政府工作报告、国民经济和社会发展计划、财政决算和预算及执行情况的报告；听取和审议市（县）人大常委会的工作报告、市（县）人民法院和市（县）人民检察院工作报告及各项议案；提出国家机关领导人员候选人名单并进行大会选举；通过各项决议和决定等；在部分人民代表大会会议上听取市（县）政府专项工作报告，并作出决议。上述重大事项一经人民代表大会会议通过，就具有普遍的约束力，成为全市（县）人民的共同意志和奋斗目标。市（县）人民代表大会闭会期间，市（县）人大常委会依法行使重大事项的决定权。人大常委会会议通过听取审议本级政府及所属部门和人民法院、人民检察院专项工作情况的汇报，就一些事关全局、根本、长远性问题及人民群众普遍关心的热点、难点问题作出决议和决定。对全市（县）政治、经济、教育、科学、文化、卫生、环境保护、城市建设、民政等发展事项作出决议和决定；先后审议批准历次高密市（县）城市总体规划、科技发展规划及调整国民经济计划和财政预算、变更预算项目等方案；对一些重要法律的贯彻实施和法制宣传教育工作，多次作出决议和决定。1980年9月至2021年6月，高密市（县）人大常委会先后围绕经济社会发展重大事项作出决议和决定共334个。

依法选举和任免干部。高密市（县）人民代表大会及其常务委员会严格遵循党管干部的原则，把党委推荐和人大选举、干部任免统一起来，遵照法定程序，充分发扬民主，严格依法办事，保证了选举质量和任免工作的公平、公正、公开。1987年，县十一届人大常委会第三次会议通过《高密县人民代表大会常务委员会人事任免办法》。在此后的工作中不断修订完善。坚持对被任命人员任前进行法律考试；任中听取任职报告，充分讨论，投票表决；任后跟踪评议，并形成制度。2015年7月，全国人大常委会作出实行宪法宣誓制度的决定。自市十七届人大常委会第三十次会议开始实施宪法宣誓制度，组织被任命人员向宪法宣誓，增强了被任命人员的宪法法律意识。县九届人大常委会至市十八届人大常委会，共依法任免国家机关工作人员及人民法院人民陪审员3060人次。

加强对乡镇人大工作的指导。加强对乡镇人大工作的指导一直是市（县）级人大常委会的重要工作，市（县）人大常委会通过召开人大工作会议、乡镇人大主席会议、工作现场会、调度会、座谈会，深入乡镇开展调研检查，组织外出学习等形式，指导乡镇人大开展工作和履行职责。自1987年，乡镇人民代表大会主席团作为乡镇人代会的常设机构，设专职常务主席，并明确了乡镇人大工作的职权范围。指导乡镇划分代表联系组，制订联系组活动制度和计划，开展小组活动；有计划地安排乡镇人大主席列席市（县）人大常委会会议，参加常委会组织的一些重大活动。乡镇人大及其主席团的工作和建设得到了加强，各项工作制度进一步健全和完善。党的十八届四中全会作出《中共中央关于全面推进依法治国若干重大问题的决定》后，市人大常委会主动把基层人大工作当作一项重点工作来抓，研究探索了镇街区人大的工作机制，召开了镇级人大工作现场会，建立健全主席团议事、代表联系选民等12项制度；完善了镇街区人大的机构设置，并从2016年开始设立专职镇人大主席。市（县）人大常委会指导乡镇人大组织代表进行视察、调查活动和对乡镇政府部门工作的评议活动，组织代表述职和选民评议代表活动、代表议事会活动，乡镇人大工作及其代表活动丰富多彩，扎实有效。镇街区人大工作建设普遍加强，为更好地坚持和完善人民代表大会制度奠定了坚实基础。

开展全民普法教育。加强普法宣传是市（县）人大常委会历来重视的重要工作。市（县）人大常委会围绕全市（县）的中心工作，组织和督促举办法律知识学习班，市（县）政府、市（县）直部门、各乡镇政府、人大代表进行学法考试。市（县）人大常委会与部分企业、乡镇建立了普法联系点，总结经验，发现问题，以推动整体工作开展。市（县）人大常委会听取审议市政府每个五年法制宣传教育规划实施情况和普法工作安排意见的汇报，并作出关于在全市公民中开展法制宣传教育的决议，持续深入扎实地开展依法治理和法制宣传教育工作。这些措施逐步完善，成为市（县）人大常委会做好普法的基础性工作。积极开展全民普法教育，增强了广大干部群众的法制观念，促进了社会的安定团结。

发挥代表主体作用。市（县）历届人民代表大会及其常委会，都把加强代表工作作为人大建设的基础，摆在市（县）人大工作的重要位置，常抓不懈。建立人大常委会组成人员定期联系代表及代表座谈会制度，了解代表活动情况和社情民意；表彰先进、树立典型；组织代表开展“普法”宣传教育，参加法律知识竞赛，要求代表做学法、用法、守法的表率。2004年初，市人大常委会在姜庄镇成功组织了市镇两级人大代表向原选区选民述职试点，制订了《关于组织人大代表向选民述职活动的意见》，部署开展了市镇两级人大代表向选民述职活动。开展代表述职活动，对于提高代表素质，发挥代表的主体作用，是一个有益的尝试，也是对落实“代表要接受选民或选举单位监督”法律规定的创新探索。此后，代表述职制度不断完善，潍坊市、高密市和镇三级人大代表都在届内述职一次，做到了代表述职常态化。市（县）人大常委会把发挥代表作用与推进市（县）委中心工作结合起来，先后组织全市人大代表开展了“服务企业，争做贡献”活动，“转方式调结构，科学发展我先行”人大代表主题活动，“热爱高密，建设家乡，争当优秀人大代表”活动，“牢记使命，履职为民，争当优秀人大代表”主题活动，“解放思想，改进作用，加快高质量发展大讨论”和“学潍柴、学孚日、学豪迈”代表活动，“学党史、跟党走、践使命”代表主题活动，积极为经济建设和社会发展献计献策。人大代表身体力行，屡创佳绩，在全市经济工作和社会各项工作中发挥了引领作用。

加强自身建设。市（县）历届人大常委会始终把自身建设摆在重要位置，不断加强常委会及其机关的思想建设、组织建设和制度建设，以推进民主与法制建设、经济建设和依法治市（县）方略的贯彻落实。在思想建设方面，人大常委会党组建立了理论学习中心组，通过学习马克思列宁主义、毛泽东思想、邓小平理论、“三个代表”重要思想、科学发展观和习近平新时代中国特色社会主义思想，深刻理解和把握党的路线方针政策，坚持用科学理论武装头脑，深刻把握精神实质，指导实践，推动工作。根据中央、省委、潍坊市委和高密市（县）委的安排，市（县）人大常委会党组先后组织开展了整党、“三讲”教育、保持共产党员先进性教育、深入学习实践科学发展观活动、党的群众路线教育实践活动、“三严三实”专题教育、“两学一做”学习教育、“不忘初心、牢记使命”主题教育、党史学习教育等教育活动，立足人大工作实际，强化了党的领导核心意识和执政为民意识，提高了思想政治水平和工作能力，改进了工作作风。在组织建设方面，设立人大常委会之后，经县委批准及时建立了县人大常委会党组，并建立了机关党支部，各项工作保证了党的领导。与职权的行使相适应，人大常委会的工作机构和办事机构不断充实、健全和加强，从最初仅设办公室到2021年发展为11室6委。在制度建设方面，历届市（县）人大常委会都非常注重各项制度的制订和完善，制订完善了机关学习、廉政建设、改进作风、调查研究等一系列的制度，建立健全了符合人大依法履职的制度机制和工作规程。市（县）人大常委会及其机关工作逐步走向制度化、程序化、规范化、法制化轨道，人大工作的质量和水平不断提高。

三

中国共产党第十八次代表大会召开以后，市人大及其常委会工作认真贯彻以习近平同志为核心的党中央就坚持和完善人民代表大会制度、发展社会主义民主政治提出的新思想、新要求、新举措，按照全面依法治国的目标要求，不断提高自身履职水平，人大工作高质量稳步前行。

2017年换届以后，市人大常委会党组把抓好党建作为第一责任，组织党组成员认真学习党的十九大精神，全面贯彻《中国共产党党组工作条例（试行）》，制订出台《中共高密市人大常委会党组工作规则》，进一步规范了议事决策、学习制度、责任落实等党内政治生活。常委会党组从会风会纪、工作程序、议事范围等方面入手，加强对常委会会议、主任会议及机关履职行为的规范完善，增强“四个意识”，坚定“四个自信”，做到“两个维护”，自觉把坚持党的领导、人民当家做主、依法治国有机统一贯穿于人大工作各方面和全过程，牢牢把握新时代人大工作正确方向，推动了常委会及机关工作的民主化、制度化、规范化进程。

市人大常委会把推动新常态下经济持续健康发展作为依法履职的重要内容，不断增强政治把握能力、议事决策能力和依法履职能力，服务保障水平得到持续提升。牢固树立和践行新发展理念，把法律赋予的监督职责与市委要求、群众期盼紧密结合，聚焦经济社会发展、民生改善和法治高密建设持续用心用力，监督的实效性不断增强。加强对计划和预决算的审查监督，制订了关于改进向人大报告审计工作及审计查出突出问题整改机制的意见，选聘13名专家人才进入预算审查监督咨询专家组并制订印发工作规则，切实增强了监督的针对性、权威性和实效性。重点围绕政策环境和政务环境组织开展代表专题调研活动，提出加大软环境监督力度、着力提升政务服务水平等意见建议，促进了全市经济发展软环境持续优化。

市人大常委会积极推动基层人大创新发展，不断完善机构设置、人员配备、经费保障等工作措施，全市人大工作整体水平逐步提升。57个规范化镇级人大代表小组，成为代表学习培训、接待选民、依法履职的有效载体。“一镇一议案”工作制度化运行，2019年，高密市“擦亮‘一镇一议案’品牌，夯实镇级人大工作基础”创新成果荣获潍坊人大工作创新发展特等奖第一名。

市人大常委会坚持党的领导和代表主体地位，全面贯彻依法治国方针，在推进全市民主法制建设和人民代表大会制度建设道路上不断奋进，为助推全市经济社会高质量发展做出了积极贡献。

大 事 记

1949年（10—12月）

10月1日，中华人民共和国中央人民政府在北京天安门广场举行开国大典。当日，高密县城举行庆祝大会，正在县城集训的全县小学教师，与机关干部、工人、农民、知识分子和各界人士一起举行了隆重的庆祝游行活动，热烈庆祝中华人民共和国成立。

11月27日至12月1日，高密县第一届各界人民代表会议在县城东关教堂召开，会议历时5天，出席代表261人。会议听取了县委书记李振作的《关于目前形势和建设新高密的方针任务》的报告和县长祝剑锋作的《高密县政府施政工作报告》。选举了以李振为主席，隋精一、赵虎臣为副主席，祝剑锋、王沛霖、崔煜、王愚、于道生、李仞千、刘华武、单庚五、郑培峨等10人为委员的高密县各界人民代表会议常务委员会。

1950年

2月27日，高密县第二届各界人民代表会议在县城东关教堂举行，会议历时4天，出席代表282人。会议主要听取并讨论了县委书记李振所作的《关于形势任务及春耕生产救灾度荒的报告》，县长祝剑锋所作的《关于政府施政工作的报告》。大会收到代表提案565件，县委及县政府的有关领导对有些提案进行了解答，并对办理情况向各界代表作出了详细的说明。会议选举了李振、隋精一、赵虎臣、祝剑锋等13人组成的高密县第二届各界人民代表会议常务委员会。

6月27日至29日，高密县第三届各界人民代表会议在县城东关教堂召开，会议历时3天，出席代表292人。会议主要听取并讨论了县长祝剑锋所作的《关于春季工作总结及夏季工作任务的报告》，选举了由胡润洲、祝剑锋、张景严、王沛霖、张成信等13人组成的高密县第三届各界人民代表会议常务委员会。

11月29日至12月1日，高密县第四届各界人民代表会议在县委礼堂召开，历时3天，出席代表301人。这次会议是和全县第一届农民代表大会合并召开的。会议听取并讨论了县委书记胡润洲所作的《关于抗美援朝的形势报告》和县长祝剑锋所作的《关于结束土地改革的工作报告》。代表着重研究讨论了抗美援朝宣传教育和土地改革政策教育的问题，并结合本县工作作出了相应的决议。会议选举产生了由25人组成的第四届各界代表会议常务委员会，选举产生了由23人组成的县土地改革委员会和由25人组成的县农协委员会。

1951年

2月9日至11日，高密县第五届各界人民代表会议在县城北关教堂召开，出席代表284人。会议主要听取并讨论了县委书记胡润洲所作的《关于抗美援朝的时事报告》和县长祝剑锋所作的《关于结束土地改革，进一步广泛深入地开展“抗美援朝，保家卫国”运动的工作报告》。会议总结了前段土地改革工作，动员全县人民发展生产，继续开展抗美援朝运动；选举产生了高密县第五届各界人民代表会议常务委员会。

4月9日至11日，高密县第六届各界人民代表会议在县委礼堂召开，出席代表257人。会议主要听取了县委书记胡润洲所作的《关于开展镇压反革命的政治报告》，县长祝剑锋所作的《关于开展“抗美援朝，保家卫国”和“爱国卫生”运动的施政报告》，县委副书记张仲信代表县委提出的《关于以扩大种棉面积为主要内容的春季生产工作建设的报告》。会议选举产生了第六届各界人民代表会议常务委员会，成立了高密县各界人民抗美援朝委员会。

6月28日至30日，高密县第七届各界人民代表会议在县城北关教堂召开，出席代表270人。会议主要听取了县委书记胡润洲所作的《关于深入开展抗美援朝爱国卫生运动，镇压反革命，巩固人民民主专政的时事报告》和县长祝剑锋所作的《施政工作报告》；选举产生了第七届各界人民代表会议常务委员会。

1952年

7月6日至8日，高密县第八届各界人民代表会议在县城东关教堂召开，出席代表299人。会议主要听取了县委副书记赵立修所作的《关于“三反”“五反”运动的政治报告》，县长张洪达所作的《关于转业军人工作生活安置及开展爱国卫生运动的工作报告》，县妇联主任段会芹所作的《关于贯彻〈婚姻法〉情况的报告》，总结讨论了上半年的工作，部署了下半年以开展爱国丰产运动为主的各项工作；选举了以胡润洲为主席的第八届各界人民代表会议常务委员会。

12月22日至28日，高密县第九届各界人民代表会议第一次会议在县委礼堂召开，出席代表362人。会议主要听取了副县长王沛霖传达的《中国人民赴朝鲜慰问团的报告》；听取和审议了县长张洪达所作的《1952年工作的施政报告》、县委副书记赵立修所作的《关于县委对今后工作建议的报告》；

选举产生了以赵立修为主席的第九届各界人民代表会议常务委员会，并代行人民代表大会职权，选举人民政府县长、副县长和由29名委员组成的县政府委员会及出席省人代会的4名代表。张洪达当选为县长，王沛霖当选为副县长。

1953年

2月21日至25日，高密县第九届各界人民代表会议第二次会议在县委礼堂召开，出席代表362人。会议听取了县长张洪达作的《关于1953年一、二月份工作的施政报告》，县委副书记赵立修所作的《关于今后工作的建议报告》。会议的主要议题是：进一步开展抗美援朝运动，动员广大青年参军参战，支援志愿军，争取抗美援朝的彻底胜利；进一步搞好春耕备播工作，坚持走互助合作的道路；进一步做好贯彻《婚姻法》和开展爱国卫生运动等工作。

1954年

7月30日至8月3日，高密县第一届人民代表大会第一次会议在县委礼堂召开，历时5天，出席代表432人。会议的中心议题是：贯彻过渡时期的总路线，研究搞好生产、互助合作、征购、供应方面的工作。会议听取了县委书记梁德山所作的《关于今后任务的建议报告》；县长张洪达所作的《政府施政工作报告》；学习讨论了《宪法（草案）》；通过了向中共中央主席毛泽东、中国人民志愿军、中国人民解放军的致敬电以及给全县烈、军属和荣誉、复员、转业军人的慰问信；作出关于以互助合作为中心，以夏季征购为重点，结合做好政权建设工作的决议和拥护《宪法（草案）》的决议；选举刘先志、叶德备、刘洪岗、刘金元为出席山东省第一届人民代表大会的代表。

9月，根据上级指示精神，县委召开三级干部会议，学习传达贯彻《宪法（草案）》，并举办学习宣传宪法训练班，培训了近千名报告员和宣传员，通过演讲会、黑板报、土广播、读报等多种形式进行广泛深入的宣传，在全县掀起了学习、贯彻、宣传宪法的热潮。

1955年

2月3日至7日，高密县第一届人民代表大会第二次会议在县委礼堂召开，出席代表334人。大会听取了县长张洪达所作的《县人民政府施政工作总结报告》，听取并讨论了县委《关于目前形势和今后工作任务的报告》，通过了以互助合作为中心，以征兵为重点，结合做好统购统销、拥军优属等其他各项工作的决议。

12月25日至30日，高密县第一届人民代表大会第三次会议在县委礼堂召开，出席代表354人。会议听取了省人大代表刘金元作的《关于山东省第一次人民代表大会第三次会议精神的报告》，县委副书记吕光华作的《关于征兵工作的建议报告》，县长张洪达作的《关于1955年政府工作总结和今后工作意见的报告》。会议还根据《地方组织法》的规定，将高密县人民政府改称为高密县人民委员会，并选举产生了县长、副县长、人民法院院长和人民委员会。经省人民委员会批准，县人民委员会由23人组成，张洪达任县长，张成信、王沛霖任副县长，王树华当选为县人民法院院长。与会代表还通过了给中共中央主席毛泽东的致敬信，给烈、军属和荣誉、复员军人的慰问信，给中国人民解放军的慰问信。

1956年

10月11日至14日，高密县第一届人民代表大会第四次会议在县委礼堂召开，出席代表325人。会议主要审查和批准了县人民委员会半年来的工作报告，讨论研究了下半年以生产为中心，以分配为重点，结合做好划乡、选举等工作的进展情况。

12月27日至30日，高密县第二届人民代表大会第一次会议在县委礼堂召开，出席代表350人。会议听取了省人大代表刘洪岗传达的山东省第一届人民代表大会第五次会议精神，听取了县长张洪达作的《关于高密县1956年政府工作报告》。与会代表对县人民委员会工作报告进行了热烈的讨论，充分肯定成绩，提出批评和建议。大会最后选出了县人民委员会委员、县长、副县长和县人民法院院长。张洪达当选为县长，王沛霖、胡传永、刘喜文当选为副县长，王树华当选为县人民法院院长。

1957年

6月4日至8日，高密县第二届人民代表大会第二次会议在县委礼堂召开，历时5天，出席代表316人。全体代表学习了中共中央主席毛泽东的《关于正确处理人民内部矛盾的问题》，听取并审议了县人民委员会工作报告、县财政预决算和征购分配工作的报告，分别通过了相关决议。

11月20日至22日，高密县第二届人民代表大会第三次会议在县委礼堂召开，历时3天，出席代表312人。会议由县委书记孙序武传达了《全国农业发展纲要》；听取并审议了县人民委员会工作报告；通过了以开展农田水利基本建设和积肥为中心的冬季生产运动的决议。

1958年

5月27日至29日，高密县第三届人民代表大会第一次会议在县委礼堂召开，历时3天，出席代表345人。会议听取并审议了县人民委员会工作报告、县财政预决算及1958年农业生产计划的报告；选举产生了高密县第三届人民委员会委员、县长、副县长和县人民法院院长，张洪达为县长，王沛霖、刘喜文、孙维岳为副县长，王久常为县人民法院院长；选举王沛霖、刘洪岗、孙燕升、叶德备、张光溥为出席山东省第二届人民代表大会的代表。

12月28日至30日，高密县第三届人民代表大会第二次会议在县委礼堂召开，历时3天，出席代表274人。会议由县委书记处书记吕光华传达了《关于人民公社若干问题的决议》；听取并审议了县人民委员会工作报告；听取了省人大代表刘洪岗传达关于山东省第二届人民代表大会第一次会议精神的报告；增选冯桂生（女）为副县长。

1959 年

12月27日至29日，高密县第三届人民代表大会第三次会议在县委礼堂召开，历时3天，出席代表293人。会议听取了县委第二书记冯展义作的《关于当前农村形势和任务的报告》；听取并审议了县人民委员会工作报告、县财政预决算报告；选举冯桂生（女）为县长。

1960 年

12月1日至3日，高密县第四届人民代表大会第一次会议在县委礼堂召开，历时3天，出席代表377人。会议听取并审议了县人民委员会工作报告、县财政预决算报告；选举产生了高密县第四届人民委员会委员、县长、副县长和县人民法院院长，冯桂生（女）为县长，孙维岳、朱桐、刘光生为副县长，王久常为县人民法院院长；补选朱桐为山东省第二届人民代表大会代表。

1961 年

12月26日至28日，高密县第四届人民代表大会第二次会议在县委礼堂召开，历时3天，出席代表356人。会议听取并审议了县人民委员会工作报告；通过了坚决贯彻党中央“调整、巩固、充实、提高”的八字方针，继续高举“三面红旗”，鼓足干劲，奋发图强，自力更生，战胜困难，迅速恢复发展生产的决议。

1963 年

1月6日至12日，高密县第四届人民代表大会第三次会议在县委礼堂召开，历时7天，出席代表319人。会议听取了县委副书记吕光华作的《关于当前国内外形势的报告》；听取并审议了县人民委员会工作报告、县财政预决算报告；通过了关于巩固人民公社集体经济、加速农业技术改革、争取1963年粮棉全面增产的决议。大会选举吕光华为县长。

6月1日至5日，高密县第五届人民代表大会第一次会议在县委礼堂召开，历时5天，出席代表367人。会议听取了县委副书记李绍智作的《关于目前形势和阶级斗争的报告》；听取并审议了县人民委员会工作报告、县财政预决算报告；选举产生了高密县第五届人民委员会委员、县长、副县长和县人民法院院长，吕光华为县长，王沛霖、冯桂生（女）、姜书坤为副县长，王久常为县人民法院院长；选举陈淑才、王沛霖、钟秀美（女）、刘洪岗、孙殿明、张光溥为出席山东省第三届人民代表大会的代表；通过了《继续贯彻执行党的八届十中全会精神，开展农村社会主义教育运动，为完成和超额完成今年的粮、棉、油各项生产指标而奋斗》的决议。

1964 年

5 月 8 日至 10 日，高密县第五届人民代表大会第二次会议在县委礼堂召开，历时 3 天，出席代表 327 人。会议听取并审议了县人民委员会工作报告和县财政预决算报告；通过了关于完成 1964 年工作任务的决议。

1965 年

5 月 6 日至 8 日，高密县第五届人民代表大会第三次会议在县委礼堂召开，历时 3 天，出席代表 395 人。会议听取并审议了县人民委员会工作报告，县财政预决算报告。

1966 年

5 月 29 日至 6 月 4 日，高密县第六届人民代表大会第一次会议在县委礼堂召开，历时 3 天，出席代表 365 人。会议听取了副县长王沛霖代表县人民委员会作的工作报告，选举产生了县人民委员会新的组成人员，刘永森为县长，王沛霖、朱桐、管永平为副县长，王久常为县人民法院院长。会议确定了 1966 年继续开展社会主义教育运动，大搞农田水利基本建设等工作任务。与会代表还列席了 5 月 29 日召开的县第二次贫农下中农代表会议，听取了吕光华作的报告。

1967 年

3 月 18 日，在中国人民解放军驻高密“支左”部队的支持下，以“大联合指挥部”为首的群众组织夺取了高密县委、县人民委员会的党、政、财、文大权，成立了由人民解放军“支左”部队代表、革命领导干部代表和革命群众组织代表“三结合”的临时权力机构——高密县革命委员会，取代了高密县委、高密县人民委员会，县人大工作和代表活动中断。

1968 年至 1977 年

人大工作停止。

1978 年

4 月 26 日至 28 日，高密县第八届人民代表大会第一次会议召开，出席代表 653 人，县革命委员会主任王世昌作了工作报告。会议作出了《高密县第八届人民代表大会第一次会议关于革命委员会工作报告和 1980 年建成大寨县的规划的决议》，审议通过了县革命委员会提出的 1980 年建成大寨县的规划，会议号召全县人民高举毛泽东的伟大旗帜，苦战三年，到1980年把高密建成大寨县。大会选举王世昌为县革命委员会主任，于希柱、陈会江、张凤玉、王炜光、李凤语、王显良、时士双为县革命委员会副主任，张光庭为县人民法院院长，于彬为县人民检察院检察长。自此，高密人大工作恢复。

1980年

8月31日，全县各选区共423900多名选民，采用无记名投票方法，实行差额选举，同时进行县、社两级人大代表选举，共从857名县人大代表正式候选人中选出529名县人大代表。

9月7日至10日，高密县第九届人民代表大会第一次会议在县人民电影院召开，出席代表529人。大会听取并通过了《高密县革命委员会工作报告》《高密县人民法院工作报告》《高密县人民检察院工作报告》；通过了《高密县1978年、1979年财政决算和1980年财政预算的报告》《高密县人民公社区划调整报告》。会议要求，抓好全县经济建设，加强社会主义民主与法制，巩固发展安定团结的政治局面。根据《地方组织法》规定，撤销高密县革命委员会，设立高密县人大常委会和高密县人民政府。选举陈会江为县人大常委会主任，徐广顺、刘喜文、于彬、陈戟门为副主任；朱维福为县长，于树堂、李凤语、王显良、王炜光、崔凤鸣、尹世炘为副县长；张光庭为县人民法院院长，刘金城为县人民检察院检察长。县人民代表大会之后，各公社也相继召开了人民代表大会，撤销了公社革命委员会，建立了公社管理委员会。

9月11日，县九届人大常委会第一次会议召开。

9月，省制发“高密县人民代表大会常务委员会”印章，自1980年9月25日启用。根据《地方组织法》规定，设立高密县人民代表大会常务委员会办公室，刻制印章一枚，自1980年9月25日启用。

10月20日至21日，县九届人大常委会第二次会议召开。

11月15日，县九届人大常委会第三次会议召开。

12月15日，县九届人大常委会第四次会议召开。

1981年

12月1日，县九届人大常委会第九次会议召开。

12月14日至17日，高密县第九届人民代表大会第二次会议在县人民电影院召开，出席代表492人。参加县政协五届二次会议的全体委员和县直有关部门负责人列席了会议，老红军和离休老干部代表也应邀出席了会议。会议听取并审议了《高密县人民政府工作报告》《关于高密县1980年财政决算和1981年财政预算执行情况的报告》《高密县人民代表大会常务委员会工作报告》《高密县人民法院工作报告》《高密县人民检察院工作报告》，通过了关于上述报告的相应决议。会议还根据中央35号文件“今后在有条件的地方，在县人大常委会中，非党人士一般占三分之一，妇女应当不少于五分之一”的指示精神，依照《选举法》和《地方组织法》的规定，增选了4名县人大常委会委员，加强了地方国家权力机关的建设。

1982 年

5月8日，县九届人大常委会第十三次会议召开。

5月29日至30日，县九届人大常委会第十四次会议召开。

9月9日，县九届人大常委会第十五次会议召开。

12月14日至15日，县九届人大常委会第十六次会议召开。

12月27日至29日，高密县第九届人民代表大会第三次会议在县人民电影院召开。出席代表529名。参加政协五届三次会议的全体委员、县直部门负责人、公社管理委员会主任列席了会议。会议学习了《宪法》，听取并审议了《高密县人民政府工作报告》《关于高密县1981年财政决算和1982年财政预算执行情况的报告》《高密县人民代表大会常务委员会工作报告》《高密县人民法院工作报告》《高密县人民检察院工作报告》，并通过了关于上述报告的相应决议。会议还按照《选举法》的规定，选举了高密县出席山东省第六届人民代表大会的代表6名，加强了地方国家权力机关的建设。

1983 年

1月9日，县九届人大常委会第十七次会议召开。

4月9日，县九届人大常委会第十八次会议召开。

6月2日，县九届人大常委会第十九次会议召开。

8月11日，县九届人大常委会第二十次会议召开。

10月7日，县九届人大常委会第二十一次会议召开。

11月15日，县九届人大常委会第二十二次会议召开。

11月29日，县九届人大常委会第二十三次会议召开。

12月6日至9日，高密县第九届人民代表大会第四次会议在县人民电影院召开，出席代表464人。参加政协高密县五届四次会议的全体委员、省人大代表和不是代表的县直部门负责人列席了会议，老红军和离休老干部代表也应邀出席了会议。会议听取并审议了《高密县人民政府工作报告》《高密县1982年财政决算和1983年财政预算执行情况的报告》《高密县人民代表大会常务委员会工作报告》《高密县人民法院工作报告》《高密县人民检察院工作报告》，通过了关于上述报告的决议和县九届人民代表大会延长任期的决议。会议还选举产生了出席潍坊市第十届人民代表大会的65名代表。

1984年

5月10日，为全县选举日，各选区举行选民大会，由选民直接投票选出县、乡（镇）人民代表大会代表。共选出县十届人大代表401人。

5月24日至27日，高密县第十届人民代表大会第一次会议召开，出席代表401人。大会审议通过了《高密县人民政府工作报告》《高密县人大常委会关于选举工作情况的报告》《高密县1984年财政预决算报告》《高密县人民法院工作报告》和《高密县人民检察院工作报告》。会议选举产生了高密县第十届人民代表大会常务委员会主任、副主任、委员，朱维福当选为主任，李凤语、王炜光、于彬、李君芳当选为副主任；姜玉生当选为县长，单昭明、李万河、潘世俊当选为副县长；张光庭当选县人民法院院长，梁光鹏当选县人民检察院检察长。

6月9日，县十届人大常委会第一次会议召开。

8月6日至8日，县十届人大常委会第二次会议召开。

10月8日至10日，县十届人大常委会第三次会议召开。

10月27日至28日，县十届人大常委会第四次会议召开。

12月27日至28日，县十届人大常委会第五次会议召开。

1985年

3月1日，县十届人大常委会第六次会议召开。

3月29日至31日，高密县第十届人民代表大会第二次会议在县人民电影院召开，出席代表403人。驻本县的省、潍坊市人大代表23人，不是代表的县直有关部门负责人以及出席县政协六届二次会议的政协委员列席了会议。会议听取并审议了《高密县人民政府工作报告》《高密县1984年财政决算和1985年财政预算（草案）的报告》《高密县人民代表大会常务委员会工作报告》《高密县人民法院工作报告》《高密县人民检察院工作报告》，并通过了上述报告的相应决议。

5月30日至31日，县十届人大常委会第八次会议召开。

11月1日至2日，县十届人大常委会第十一次会议召开。

1986年

3月1日，根据中央、全国人大常委会和省、潍坊市委关于在全体公民中基本普及法律常识的要求，为全面落实好全县五年普法教育的规划，县委、县政府制订了1986年全县普法教育的实施意见。意见对普及法律常识的对象、内容、形式和方法提出了具体要求，同时还要求各单位加强领导，建立健全制度，切实抓好这项工作。

3 月 20 日至 21 日，县十届人大常委会第十三次会议召开。

4 月 19 日，县十届人大常委会第十四次会议召开。

6 月 10 日，县十届人大常委会第十五次会议召开。

6 月 22 日至 25 日，高密县第十届人民代表大会第三次会议在县人民电影院召开，出席代表 363 人。会议听取并审议了《高密县人民政府工作报告》《关于高密县国民经济和社会发展第七个五年计划（草案）的报告》《关于高密县 1985 年财政决算和 1986 年财政预算草案的报告》《高密县人民代表大会常务委员会工作报告》《高密县人民法院工作报告》《高密县人民检察院工作报告》，并作出相应决议。会议决定接受姜玉生辞去县长职务的请求；补选了县人大常委会副主任、委员，孟宪兑为县人大常委会副主任；补选王在辉为县长，宋林茂为副县长。

7 月 26 日至 27 日，县十届人大常委会第十六次会议召开。

10 月 27 日至 28 日，县十届人大常委会第十七次会议召开。

11 月 30 日，县十届人大常委会第十八次会议召开。

1987 年

2 月 15 日至 16 日，县十届人大常委会第十九次会议召开。

3 月 15 日，为全县选举日，各选区同时召开选举大会，选举县、乡（镇）人民代表大会代表。此次选举共选出县十一届人大代表 331 人。

4 月 17 日，县十届人大常委会第二十次会议召开。

4 月 25 日至 29 日，高密县第十一届人民代表大会第一次会议在县人民电影院召开，出席代表 320 人。会议听取并审议了《政府工作报告》《关于高密县 1987 年国民经济和社会发展计划（草案）报告》《关于高密县 1986 年财政决算和 1987 年财政预算（草案）的报告》《高密县第十届人民代表大会常务委员会工作报告》《高密县人民法院工作报告》《高密县人民检察院工作报告》，并通过了上述报告的相应决议。会议选举产生了县第十一届人大常委会，王立福为主任，单昭明、李凤语、孟宪兑、王炜光、刘远东、李君芳为副主任；选举王在辉为县长，伏希太、李万河、潘世俊、宋林茂、单亦成为副县长；张光庭为县人民法院院长；张正立为县人民检察院检察长。

5 月 7 日，县十一届人大常委会第一次会议召开。

7 月 6 日，县十一届人大常委会第二次会议召开。

9 月 14 日至 15 日，县十一届人大常委会第三次会议召开。

10 月 16 日，县十一届人大常委会第四次会议召开。

12 月 7 日，县十一届人大常委会第五次会议召开。

12月8日至9日，高密县第十一届人民代表大会第二次会议在县人民电影院召开，出席代表326人。会议听取并审议了县长王在辉作的《关于县十一届人大一次会议以来代表议案、建议、意见及人民来信办理情况的汇报》和县人大常委会主任王立福作的《关于县人大常委会前段工作情况的汇报》。会议选举产生了60名潍坊市第十一届人民代表大会代表；补选梁光鹏为县人大常委会副主任。

1988年

1月20日，县十一届人大常委会第六次会议召开。

3月22日至23日，县十一届人大常委会第七次会议召开。

4月12日，县十一届人大常委会第八次会议召开。

4月20日至22日，高密县第十一届人民代表大会第三次会议在县人民电影院召开，出席代表330人。会议听取并审议了《政府工作报告》《关于高密县1988年国民经济和社会发展计划草案的报告》《关于高密县1987年财政决算和1988年财政预算草案的报告》《高密县人民代表大会常务委员会工作报告》《高密县人民法院工作报告》和《高密县人民检察院工作报告》，并通过了上述报告的相应决议。

6月28日至30日，县十一届人大常委会第九次会议召开。

8月30日至31日，县十一届人大常委会第十次会议召开。

10月27日至29日，县十一届人大常委会第十一次会议召开。

12月3日，县十一届人大常委会第十二次会议召开。

1989年

1月5日至6日，县十一届人大常委会第十三次会议召开。

3月9日，县十一届人大常委会第十四次会议召开。

3月21日，县十一届人大常委会第十五次会议召开。

3月24日，县十一届人大常委会第十六次会议召开。

3月26日至29日，高密县第十一届人民代表大会第四次会议在县人民电影院召开，出席代表324人。会议听取并审议了《政府工作报告》《关于高密县1989年国民经济和社会发展计划草案的报告》《关于高密县1988年财政决算和1989年财政预算草案的报告》《高密县人民代表大会常务委员会工作报告》《高密县人民法院工作报告》《高密县人民检察院工作报告》，并通过了上述报告的相应决议。会议决定接受王立福辞去县人大常委会主任职务和王在辉辞去县长职务的请求；补选王在辉为县人大常委会主任，姜玉生为县长。

5月30日至31日，县十一届人大常委

会第十七次会议召开。

6月14日，县十一届人大常委会第十八次会议召开。

8月2日至3日，县十一届人大常委会第十九次会议召开。

10月6日至7日，县十一届人大常委会第二十次会议召开。

11月1日，县十一届人大常委会第二十一次会议召开。

11月21日，县十一届人大常委会第二十二次会议召开。

12月21日，省人大常委会主任李振、副主任林萍带领的省人大法制宣传教育检查组，到高密县检查普法工作。检查组听取了县委领导和有关人员的汇报，对高密的普法工作给予较高评价，并对下步工作提出了要求。

1990年

2月8日，县十一届人大常委会第二十三次会议召开。

2月28日，县十一届人大常委会第二十四次会议召开。

3月6日，为全县选举日，各选区同时召开选举大会，选举县、乡（镇）人民代表大会代表。共选出县十二届人大代表330人。

3月15日至19日，高密县第十二届人民代表大会第一次会议在县人民电影院召开，出席代表325人。会议听取并审议了《政府工作报告》《关于高密县1990年国民经济和社会发展计划的报告》《关于高密县1989年财政决算和1990年财政预算的报告》《关于高密县第十一届人大常委会的工作报告》《高密县人民法院工作报告》《高密县人民检察院工作报告》，并通过了上述报告的相应决议；选举产生了县十二届人大常委会主任、副主任、委员，单昭明为主任，李凤语、孟宪兑、刘远东、李好玉、李君芳、梁光鹏为副主任；选举姜玉生为县长，伏希太、李万河、潘世俊、王福亭、崔红旗为副县长，姜经文为科技副县长，迟世斋为县人民法院院长，张正立为县人民检察院检察长。

3月9日，县十一届人大常委会第二十五次会议召开。

5月8日至9日，县十二届人大常委会第一次会议召开。

7月13日至14日，县十二届人大常委会第二次会议召开。

8月13日，县十二届人大常委会第三次会议召开。

9月20日至22日，省人大常委会副主任林萍来高密视察计划生育工作，充分肯定高密计划生育工作取得的成绩，并提出指导性意见。

9月28日至29日，县十二届人大常委会第四次会议召开。

11月20日至21日，县十二届人大常委会第五次会议召开。

1991年

1月21日至22日，县十二届人大常委

会第六次会议召开。

3月5日，县十二届人大常委会第七次会议召开。

3月20日，县十二届人大常委会第八次会议召开。

3月26日至29日，高密县第十二届人民代表大会第二次会议在县人民电影院召开，出席代表313人。会议听取并审议了《政府工作报告》《关于高密县国民经济和社会发展第八个五年计划及十年规划纲要的报告》《关于高密县1990年国民经济和社会发展计划执行情况与1991年国民经济和社会发展计划草案的报告》《关于高密县1990年财政决算和1991年财政预算草案的报告》《高密县人民代表大会常务委员会工作报告》《高密县人民法院工作报告》《高密县人民检察院工作报告》，并通过了上述报告的相应决议；补选聂立斌为县人大常委会副主任，吕尧胜为县人民检察院检察长。

5月6日，省人大常委会主任李振到高密县李家营镇视察计划生育工作。

5月20日，县十二届人大常委会第九次会议召开。

7月，省人大常委会主任李振到高密县南关村视察工作，并为崇实小学题词：发扬光荣传统，造就一代新人。

7月22日至23日，县十二届人大常委会第十次会议召开。

9月25日至26日，县十二届人大常委会第十一次会议召开。

10月15日，省人大常委会副主任王树芳走访了驻高密的省人大代表，并考察了工农业生产情况。

11月26日至27日，县十二届人大常委会第十二次会议召开。

1992年

1月17日至18日，县十二届人大常委会第十三次会议召开。

3月17日，县十二届人大常委会第十四次会议召开。

4月5日，县十二届人大常委会第十五次会议召开。

4月8日至12日，高密县第十二届人民代表大会第三次会议在县人民电影院召开，出席代表322人。会议听取并审议了《政府工作报告》《关于高密县1991年国民经济和社会发展计划执行情况与1992年国民经济和社会发展计划（草案）的报告》《关于高密县1991年财政决算和1992年财政预算（草案）的报告》《高密县人民代表大会常务委员会工作报告》《高密县人民法院工作报告》《高密县人民检察院工作报告》，并通过了上述报告的相应决议；补选沈子升、王凤祥为县人大常委会副主任。

5月11日，县十二届人大常委会第十六次会议召开。

7月6日，县十二届人大常委会第十七次会议召开。

9月16日至17日，县十二届人大常委会第十八次会议召开。

10月14日，县十二届人大常委会第十九次会议召开。

11月16日至17日，县十二届人大常委会第二十次会议召开。

12月30日，为全县选举日，各选区同时组织召开了选举大会，选出了县、乡（镇）两级人大代表。共选出县十三届人大代表330人。

1993年

1月7日至9日，在山东省七届人大六次会议上，高密镇北大王庄村党总支书记李德章当选为第八届全国人大代表，成为高密县第一位全国人大代表。

1月16日，县十二届人大常委会第二十一次会议召开。

2月10日至14日，高密县第十三届人民代表大会第一次会议在县人民电影院召开，出席代表324人。会议听取并审议了《政府工作报告》《关于高密县1992年国民经济和社会发展计划执行情况与1993年国民经济和社会发展计划（草案）的报告》《关于高密县1992年财政决算和1993年财政预算（草案）的报告》《高密县人民代表大会常务委员会工作报告》《高密县人民法院工作报告》《高密县人民检察院工作报告》，会议通过了上述报告的相应决议。会议选举产生了由15人组成的县人大常务委员会，单昭明当选为县人大常委会主任，姜玉生、伏希太、李好玉、李万河、聂立斌、沈子升、王凤祥当选为副主任；高金龙当选为县长，王继美、王福亭、崔红旗、齐世增、吴荣勤、颜廷爱当选为副县长；选举王军为高密县人民法院院长，吕尧胜为高密县人民检察院检察长。会议还选举产生了58名潍坊市第十二届人民代表大会代表。

2月19日至20日，省《人民权利报》1992年发行工作表彰会在高密县召开。省人大常委会副秘书长王盛林、人民权利报社总编辑尹承森、潍坊市人大常委会副主任常怀义、省报刊发行局副局长崔义三，各地市人大常委会秘书长和办公厅室主任、省内外部分县市人大常委会、邮电局的负责人出席了会议。县人大常委会主任单昭明、县长高金龙到会祝贺。

2月22日，县十三届人大常委会第一次会议召开。

3月9日，驻高密县的全国人大代表李德章赴京参加第八届全国人民代表大会第一次会议。

4月12日至13日，县十三届人大常委会第二次会议召开。

4月14日，驻高密县的省人大代表单昭明、姚增锦赴济南参加山东省第八届人民代表大会第一次会议。

6月16日至17日，县十三届人大常委会第三次会议召开。

8月9日，省人大常委会副主任王树芳一行3人到大牟家镇就棉花生产情况进行座谈。

8月16日至17日，县十三届人大常委会第四次会议召开。

10月6日，山东省人大常委会主任李振带领省直有关部门负责人，在潍坊市人大常委会主任孙嘉炼陪同下视察308国道高密路段和平日公路高密北出口。

10月11日至12日，县十三届人大常委会第五次会议召开。

11月27日，县十三届人大常委会第六次会议召开。

1994年

1月8日，县十三届人大常委会第七次会议召开。

2月2日，县十三届人大常委会第八次会议召开。

2月21日至23日，高密县第十三届人民代表大会第二次会议在县人民电影院召开，出席代表322人。会议听取并审议了《万众一心齐努力　扎扎实实过百亿》的政府工作报告和《关于高密县1993年国民经济和社会发展计划执行情况与1994年国民经济和社会发展计划（草案）的报告》《关于高密县1993年财政决算和1994年财政预算（草案）的报告》《高密县人民代表大会常务委员会工作报告》《高密县人民法院工作报告》《高密县人民检察院工作报告》，并通过了关于上述报告的相应决议。

2月26日，驻高密县的省人大代表单昭明、姚增锦赴济南出席山东省第八届人民代表大会第二次会议。

3月10日，驻高密县的全国人大代表李德章赴北京出席第八届全国人民代表大会第二次会议。

4月26日，县十三届人大常委会第九次会议召开。

5月18日，国家民政部以民行批〔1994〕82号文件批复山东省政府，同意高密撤县设市。5月28日，山东省政府以鲁政字〔1994〕90号文件，下发了《关于撤销高密县，设立高密市的通知》。6月9日，县十三届人大常委会第十次会议决定高密市国家机关6月18日正式对外办公，高密县人民代表大会常务委员会改称高密市人民代表大会常务委员会。

6月9日，县十三届人大常委会第十次会议召开。

6月29日，山东省人大常委会主任李振到高密市视察高密镇崇实小学。

8月3日，市十三届人大常委会第十一次会议召开。

10月11日，市十三届人大常委会第十二次会议召开。

12月17日，市十三届人大常委会第十三次会议召开。

1995年

2月13日，市十三届人大常委会第十四次会议召开。

2月16日，驻高密市的省人大代表单昭明、姚增锦赴济南参加山东省第八届人民代表大会第三次会议。

2月28日，驻高密市的全国人大代表李德章赴京出席第八届全国人民代表大会第三次会议。

3月7日，市十三届人大常委会第十五次会议召开。

3月18日至21日，高密市第十三届人民代表大会第三次会议在市人民电影院召开，出席代表334人。会议听取并审议了《万众同心 乘胜前进 为把高密建成强市而努力奋斗》的政府工作报告和《关于高密市1994年国民经济和社会发展计划执行情况与1995年国民经济和社会发展计划的报告》《关于高密市1994年财政决算执行情况和1995年财政预算的报告》《高密市人民代表大会常务委员会工作报告》《高密市人民法院工作报告》《高密市人民检察院工作报告》，并通过了关于上述报告的相应决议。会议决定接受高金龙辞去高密市市长职务，王福亭、潘世俊辞去高密市副市长职务的请求；选举吴元宝为市长，潘世俊、郭炳桥为市人大常委会副主任。

4月18日至19日，由全国人大和省人大及省农业部门组成的《农业法》视察组一行9人，在省人大常委会副主任王树芳的带领下，对高密市《农业法》的贯彻落实情况进行了视察。市委、市政府、市人大的有关领导陪同参加了视察活动。

4月25日，市十三届人大常委会第十六次会议召开。

7月5日，市十三届人大常委会第十七次会议召开。

9月7日，市十三届人大常委会第十八次会议召开。

9月8日，潍坊市人大常委会作出《关于授予王建章和追授邵述衡“潍坊人民勋章”的决定》，高密镇南关村党委书记王建章荣获潍坊市最高荣誉——潍坊人民勋章。

11月13日，市十三届人大常委会第十九次会议召开。

12月29日，市十三届人大常委会第二十次会议召开。

1996年

2月2日，市十三届人大常委会第二十一次会议召开。

2月23日，驻高密市的省人大代表单昭明、姚增锦赴济南参加山东省第八届人民代表大会第四次会议。

2月29日，驻高密市的全国人大代表李德章赴京出席第八届全国人民代表大会第四次会议。

2月28日至3月1日，高密市第十三届人民代表大会第四次会议召开，出席代表345人。会议听取并审议了《政府工作报告》《关于高密市国民经济和社会发展第九个五年计划及2010年远景目标纲要（草案）的报告》《关于高密市1995年国民经济和社会发展计划执行情况与1996年国民经济和社会发展计划（草案）的报告》《关于高密市1995年财政预算执行情况和1996年财政预算（草案）的报告》《高密市人民代表大会常务委员会工作报告》《高密市人民法院工作报告》《高密市人民检察院工作报告》，并通过了上述报告的相应决议。会议决定接受王凤祥辞去市人大常委会副主任职务的请求，补选刘宗法、于敦学为市人大常委会副主任，张庆坚为市人民检察院检察长。

3 月 24 日，市十三届人大常委会第二十二次会议召开。

4 月 19 日，市十三届人大常委会第二十三次会议召开。

6 月 11 日，市十三届人大常委会第二十四次会议召开。

8 月 9 日，市十三届人大常委会第二十五次会议召开。

9 月 16 日，市十三届人大常委会第二十六次会议召开。

10 月 30 日，市十三届人大常委会第二十七次会议召开。

1997 年

1 月 16 日，市十三届人大常委会第二十八次会议召开。

1 月 20 日，驻高密市的省人大常委会副主任苗枫林、潍坊市人大常委会副主任隋华堂来高视察呼家庄镇银杏科技园。

2 月 24 日，驻高密市的全国人大代表李德章赴京出席第八届全国人民代表大会第五次会议。

3 月 10 日至 12 日，高密市第十三届人民代表大会第五次会议在市人民电影院召开，出席代表 352 人。会议听取并审议了《政府工作报告》《关于高密市 1996 年国民经济和社会发展计划执行情况与 1997 年国民经济和社会发展计划的报告》《关于高密市 1996 年财政预算执行情况和 1997 年财政预算的报告》《高密市人民代表大会常务委员会工作报告》《高密市人民法院工作报告》《高密市人民检察院工作报告》，并通过了上述报告的相应决议。

9 月 7 日，参加全国各省、市、自治区人大农经工作座谈会的人员，到高密市参观了北大王庄农场和各种机械设备。市委书记张建国向前来参观的领导介绍了高密市的基本情况和经济发展状况，八届全国人大代表、全国劳动模范、北大王庄党委书记李德章介绍了本村立足实际，走“种养加一条龙、贸工农一体化”的路子，实现传统农业向现代农业转变的经验。前来参观的领导有：全国人大常委会委员、民族委员会副主任委员伍精华，全国人大常委会委员、财经委员会委员何康，省人大常委会副主任郭长才，赵林山，陪同参观的有潍坊市人大常委会主任孙嘉炼、市长王大海、高密市有关领导。

11 月 12 日，市十三届人大常委会第三十三次会议召开。

1998 年

1 月 4 日，为全市选举日，分选区同时组织召开了选举大会，按差额规定的比例，共选出市十四届人大代表 284 人。

1月16日至20日，高密市第十四届人民代表大会第一次会议在人民电影院召开，出席代表284人。大会听取并审议了《政府工作报告》《高密市1997年国民经济和社会发展计划执行情况与1998年国民经济和社会发展计划的报告》《高密市1997年财政预算执行情况和1998年财政预算的报告》《高密市人民代表大会常务委员会工作报告》《高密市人民法院工作报告》《高密市人民检察院工作报告》，并通过了相应决议。大会选举产生了市人大常务委员会，市人民政府市长、副市长，市人民法院院长和市人民检察院检察长。孙惠斌当选为市人大常委会主任，伏希太、聂立斌、潘世俊、刘宗法、沈子升、郭炳桥当选为副主任；吴元宝当选为市人民政府市长，曾宪林、崔红旗、吴荣勤、颜廷爱、王致民、王卫东当选为副市长；李绍文当选为市人民法院院长，张庆坚当选为市人民检察院检察长。大会还选举产生了高密市出席潍坊市第十三届人民代表大会的54名代表。

2月19日，驻高密市的48名潍坊市人大代表赴潍坊出席潍坊市第十三届人民代表大会代表第一次会议。

3月5日，驻高密市的全国人大代表李德章赴北京出席第九届全国人民代表大会第一次会议。

3月19日，市十四届人大常委会第一次会议召开。

3月20日，高密市人大工作会议在市政府招待所召开。

4月1日，潍坊市人大常委会主任孙嘉炼来高指导人大工作。市人大常委会主任孙惠斌汇报了高密市新一届人大常委会人员的构成、机关机构设置和工作重点。

4月7日，驻高密市的省人大代表孙惠斌、李桂荣、李希贵、薛令山、邓秀梅赴济南出席省九届人大一次会议。

5月20日至21日，市十四届人大常委会第二次会议召开。

7月20日，市十四届人大常委会第三次会议召开。

9月8日，市十四届人大常委会第四次会议召开。

11月9日，市十四届人大常委会第五次会议召开。

11月24日，市委在市委礼堂举办法律报告会，省人大常委会委员、法律专家杜忠臣应邀讲解了《选举法》和《地方组织法》。市委副书记张善华代表市委对乡镇人大换届工作进行了安排部署。市五大班子有关领导、市直部门和各乡镇的有关负责人共400多人参加了报告会。

11月25日，市十四届人大常委会第六次会议召开。

1999年

1月8日，市十四届人大常委会第七次会议召开。

1月30日，驻高密市的省人大代表孙惠斌、李桂荣、李希贵、薛令山、邓秀梅赴济南出席省九届人大一次会议。

2月23日，市十四届人大常委会第八次会议召开。

3月5日至8日，高密市第十四届人民代表大会第二次会议在市人民电影院召开，出席代表281人。会议听取并审议了《政府工作报告》《高密市1998年国民经济和社会发展计划执行情况与1999年国民经济和社会发展计划的报告》《高密市1998年财政预算执行情况和1999年财政预算的报告》《高密市人民代表大会常务委员会工作报告》《高密市人民法院工作报告》《高密市人民检察院工作报告》，并通过了相应决议。会议补选张振国为高密市第十四届人民代表大会常务委员会副主任。

3月5日，驻高密市的全国人大代表李德章赴北京出席第九届全国人民代表大会第二次会议。

3月25日，市十四届人大常委会第九次会议召开。

4月22日，山东省人大常委会副主任张瑞凤到高视察农村综合治理和村委会换届选举工作。

5月20日，市十四届人大常委会第十次会议召开。

7月9日，市十四届人大常委会第十一次会议召开。

9月9日至10日，市十四届人大常委会第十二次会议召开。

11月3日，潍坊市人大常委会副主任刘天佑、城建环保委主任于金桴率“风筝都环保世纪行”检查团，对高密市污染防治情况进行了检查。高密市人大常委会主任孙惠斌陪同活动。

11月12日，市十四届人大常委会第十三次会议召开。

12月30日，市十四届人大常委会第十四次会议召开。

2000年

1月12日，市十四届人大常委会第十五次会议召开。

同日，潍坊市人大常委会主任孙嘉炼，在高密市委书记韩俊生，市委副书记、市长吴元宝和市人大常委会主任孙惠斌及有关部门负责人陪同下，到“五河三库”串联工程、周阳黄淮海农业开发区和康成中学检查指导工作。孙嘉炼对高密市的上述工作给予充分肯定，并提出指导性意见。

1月28日，市十四届人大常委会第十六次会议召开。

2月14日，驻高密市的省人大代表孙惠斌、李桂荣、李希贵、薛令山、邓秀梅，赴济南参加山东省第九届人民代表大会第三次会议。

2月24日，驻高密市的潍坊市人大代表，赴潍坊出席潍坊市第十三届人民代表大会第三次会议。

2月29日，驻高密市的全国人大代表李德章赴北京出席全国第九届人民代表大会第三次会议。

3月3日至5日，高密市第十四届人民代表大会第三次会议在市人民电影院召开。会议听取并审议了《政府工作报告》《关于高密市1999年国民经济和社会发展计划执行情况与2000年国民经济和社会发展计划（草案）的报告》《关于高密市1999年财政预算执行情况和2000年财政预算（草案）的报告》《高密市人民代表大会常务委员会工作报告》《高密市人民法院工作报告》《高密市人民检察院工作报告》，并分别通过了相应的决议。

3月5日，市人大常委会在人民电影院举行表彰大会，授予刘德昌、孙日贵“高密人民勋章”，表彰了人大工作先进乡镇、优秀人大代表和全市“十佳干警”。

3月29日，市委、市人大、市政协在市委礼堂召开大会，传达贯彻九届全国人大三次会议和省“两会”精神。全国人大代表李德章、省人大代表孙惠斌、省政协委员王兆华，分别传达了九届全国人大三次会议、省九届人大三次会议和省政协八届三次会议精神。

4月7日，市十四届人大常委会第十七次会议召开。

5月13日，全国人大常委会委员、全国人大农业与农村委员会委员毛达如，率全国人大常委会执法检查组，在省、潍坊市及高密市有关领导的陪同下，对高密市《乡镇企业法》贯彻执行情况进行了检查。

6月6日，市十四届人大常委会第十八次会议召开。

6月20日，市人大常委会向全市人大代表发出公开信，要求他们在招商引资和加快发展个体私营经济中充分发挥作用。

7月22日至23日，省人大常委会委员、内务司法委员会副主任袁文光率检查组一行10人，对高密市贯彻实施《全国人大常委会关于加强社会治安综合治理的决定》情况进行了检查。潍坊市人大常委会副主任王福金、市委政法委副书记张元茂；高密市委副书记齐世增，市人大常委会主任孙惠斌，市委常委、政法委书记刘彭泉，市人大常委会副主任郭炳桥，副市长崔红旗等陪同检查。

7月26日，市人大常委会主任孙惠斌，副主任郭炳桥、张振国与驻高密市的全国、省和部分潍坊市、高密市人大代表组成视察组，视察了高密市“110”报警服务社会联动工作现场。

8月8日，市十四届人大常委会第十九次会议召开。

9月5日，全市人大工作会议在市政府招待所召开。会议总结了高密市人大工作的经验，研究部署实践“三个代表”重要思想做好新时期人大工作的任务和措施。市人大常委会主任孙惠斌、市委副书记张善华出席会议并讲话。

9月25日，潍坊市人大常委会主任孙嘉炼一行，在高密市人大常委会主任孙惠斌、市长吴元宝和有关负责人的陪同下，对高密市的招商引资工作进行了视察。

9月27日，潍坊市人大常委会副主任隋华堂一行，在高密市人大常委会主任孙惠斌、副主任刘宗法等陪同下，对高密市贯彻《中华人民共和国义务教育法》和实施素质教育工作情况进行了调查。

10月9日，市十四届人大常委会第二十次会议召开。

12月13日，潍坊市人大常委会组织驻潍部分全国、省人大代表一行29人，在高密市委副书记、市长吴元宝，市人大常委会主任孙惠斌和副主任伏希太等陪同下，视察了高密市招商引资工作情况。

12月15日，市十四届人大常委会第二十一次会议召开。

2001 年

2月2日，市十四届人大常委会第二十二次会议召开。

2月8日，驻高密市的山东省人大代表孙惠斌、李桂荣、李希贵、薛令山、邓秀梅，赴济南出席山东省第九届人民代表大会第四次会议。

2月20日，市十四届人大常委会第二十三次会议召开。

2月21日，驻高密市的潍坊市人大代表赴潍坊出席潍坊市第十三届人民代表大会第四次会议。

3月1日，驻高密市的全国人大代表李德章赴北京出席全国第九届人民代表大会第四次会议。

3月4日至7日，高密市第十四届人民代表大会第四次会议在市人民电影院召开，出席代表269人。会议听取并审议了《政府工作报告》《关于高密市国民经济和社会发展第十个五年计划（草案）的报告》《关于高密市2000年国民经济和社会发展计划执行情况与2001年国民经济和社会发展计划（草案）的报告》《关于高密市2000年财政预算执行情况和2001年财政预算（草案）的报告》《高密市人民代表大会常务委员会工作报告》《高密市人民法院工作报告》《高密市人民检察院工作报告》，并通过了上述报告相应的决议和决定。选举刘彭泉、张慕坤、王致民为市十四届人民代表大会常委会副主任，王维盛为市长，钟亮成、刘金贵、林京湖为副市长。

3月7日，市人大常委会表彰2000年度高密市人大工作先进乡镇、优秀人大代表和“十佳干警”大会在市人民电影院召开。市人大常委会主任孙惠斌主持，市人大常委会副主任刘宗法宣读《关于表彰“高密市人大工作先进乡镇”的决定》《关于表彰“高密市优秀人大代表”的决定》和《关于授予齐世功等高密市“十佳干警”称号的决定》。市委书记吴元宝讲话。

3月9日，市十四届人大常委会第二十四次会议召开。

4月12日，市十四届人大常委会第二十五次会议召开。

4月，市人大常委会对全市招商引资工作情况进行一次全面视察。在市人大常委会主任孙惠斌主持下，部分常委会组成人员和人大代表听取了副市长吴荣勤代表市政府作的关于招商引资情况汇报，分析研究了工作中存在的问题。市人大常委会副主任刘宗法、刘彭泉、张慕坤、王致民、张振国分别带领5个视察组，分头到各镇、街道、市直各部门，采取“听、看、议”的方式进行了认真详细的视察。

5月2日，潍坊市人大常委会副主任房忠昌、韩俊生到高密检查指导招商引资工作。高密市委书记吴元宝，市人大常委会主任孙惠斌，市委常委、副市长崔红旗，市委常委、秘书长杜洪君陪同。

5月28日，潍坊市人大常委会副主任刘天佑率调查组一行5人到高密市检查《城市房地产管理法》贯彻落实情况。市人大常委会主任孙惠斌，副主任张慕坤，副市长颜廷爱等陪同检查。

5月29日，潍坊市人大常委会主任孙嘉炼在高密市委书记吴元宝，市人大常委会主任孙惠斌，市委常委、秘书长杜洪君的陪同下，对高密市部分招商引资项目、龙头企业和农业种植业结构调整等进行考察，并给予高度评价，对招商引资、农业结构调整和企业发展等工作提出指导性意见。

6月8日，市十四届人大常委会第二十六次会议召开。

6月13日，潍坊市人大常委会副主任刘天佑等人，在高密市委书记吴元宝，市委副书记、市长王维盛，市人大常委会副主任张慕坤，副市长颜廷爱及有关部门负责人的陪同下，对高密市在建的平日路城区段跨胶济铁路立交桥、平日公路城区南段改线等重点工程项目进行视察。

7月18日至20日，市人大常委会副主任刘宗法、张振国分别率部分市级人大代表在副市长王卫东、刘金贵等陪同下对有关法律法规的贯彻落实情况进行了视察。

7月19日，潍坊市人大常委会副主任王光明到高密调查《中华人民共和国种子法》贯彻落实情况。高密市人大常委会主任孙惠斌、副主任王致民陪同调查。

7月26日，潍坊市人大常委会副主任王在辉等人在高密市委书记吴元宝、市人大常委会主任孙惠斌、市人大常委会副主任张振国、副市长颜廷爱等陪同下，对高密市2001年上半年经济和社会发展情况进行了调研。

8月8日，市十四届人大常委会第二十七次会议召开。

9月14日，市十四届人大常委会第二十八次会议召开。

9月17日，潍坊市人大常委会副主任赵凤池等人到高密调研招商引资工作。高密市委书记吴元宝、市人大常委会主任孙惠斌、市人大常委会副主任张振国、市政府副市长刘东等汇报了高密市的情况并陪同调查。

9月18日，潍坊市人大常委会副主任、法工委主任孙秀云等一行6人到高密调查民事行政检察工作。高密市人大常委会副主任刘彭泉陪同活动。调查组对高密市民事行政检察工作取得的成绩给予充分肯定。

10月10日，市人大常委会主任孙惠斌、副主任张慕坤带领部分市级以上的人大代表，在副市长颜廷爱及有关部门负责人的陪同下，视察了全市城市管理情况。

10 月 16 日，省人大常委会副主任王克玉率省人大视察组，在潍坊市人大常委会副主任赵凤池，高密市委书记吴元宝，市委副书记、市长王维盛，市人大常委会主任孙惠斌，市委常委、秘书长杜洪君，市人大常委会副主任刘彭泉等陪同下，视察了高密市部分招商引资项目、龙头企业、康成中学和城市建设等工作，并给予了高度评价。

10 月 29 日，省人大常委会原副主任王树芳在高密市委书记吴元宝，市人大常委会主任孙惠斌、副主任张慕坤等陪同下，考察了高密市招商引资等工作并给予了高度评价。

11 月 13 日，市十四届人大常委会第二十九次会议召开。

11 月 30 日，潍坊市人大常委会副主任、潍坊市乡村领导班子换届选举领导小组副组长孙守伏，潍坊市人大常委会副秘书长、人事代表室主任罗方照，在高密市人大常委会副主任刘宗法的陪同下，到潍坊市乡村领导班子换届选举试点镇夏庄镇检查工作。

12 月 6 日，省人大常委会原主任李振，在潍坊市委常委、秘书长鞠献宝，潍坊市人大常委会副主任孙守伏及高密市委书记吴元宝，市委副书记、市长王维盛，市人大常委会主任孙惠斌的陪同下，考察了高密市产业结构调整、招商引资和城市建设等工作，并给予高度评价。

12 月 11 日至 12 日，市人大常委会根据省、潍坊市人大常委会的通知要求，组织驻高密市的全国、省人大代表，部分潍坊市和高密市人大代表开展了会前视察活动。市委常委、副市长崔红旗，副市长钟亮成、刘金贵、白卫明及市法院、市检察院的负责人陪同视察。市人大常委会主任孙惠斌，副主任刘彭泉、王致民与全国人大代表李德章，省人大代表李桂荣等一行 17 人，听取了市政府、市法院、市检察院相关工作情况汇报，集中视察了朝阳、密水、醴泉街道和柏城镇、夏庄镇的工业园区建设及招商引资工作情况，河崖等镇街的农业龙头企业建设和种植业结构调整情况，“110”报警服务指挥中心和公检法机关队伍建设情况。

12 月 20 日，潍坊市人大常委会副主任王在辉到高密调查《中华人民共和国审计法》实施情况。高密市人大常委会主任孙惠斌，副主任张振国陪同调查。王在辉听取了市委常委、副市长崔红旗及审计局负责人的情况汇报，对高密市贯彻实施《审计法》工作给予了肯定。

12 月 21 日，市十四届人大常委会第三十次会议召开。

12 月 31 日，市人大常委会主任孙惠斌、市政协主席田绍义、市人大常委会副主任刘宗法、市政协副主席宋锡明等在副市长王卫东以及市卫生局负责人的陪同下到市人民医院视察工作，听取了市人民医院创建全国百姓放心医院的工作汇报。

2002 年

1 月 11 日，潍坊市人大常委会副主任赵凤池，在高密市人大常委会主任孙惠斌、副主任王致民的陪同下，走访、联系了部分在高密市的潍坊市级以上人大代表。

1月12日，市十四届人大常委会第三十一次会议召开。

1月19日，市十四届人大常委会第三十二次会议召开。

1月24日至26日，高密市第十四届人民代表大会第五次会议在市人民电影院召开，出席代表263人。会议听取并审议了《政府工作报告》《关于高密市2001年国民经济和社会发展计划执行情况与2002年国民经济和社会发展计划（草案）的报告》《关于高密市2001年财政预算执行情况和2002年财政预算（草案）的报告》《高密市人民代表大会常务委员会工作报告》《高密市人民法院工作报告》《高密市人民检察院工作报告》，并分别通过了相应的决议。

3月1日，驻高密市的全国人大代表李德章赴北京参加全国第九届人民代表大会第五次会议。

3月12日，潍坊市人大常委会副主任王在辉等在高密市委书记吴元宝，市人大常委会主任孙惠斌、副主任张振国，副市长白卫明等陪同下，调查《中华人民共和国中外合资经营企业法》贯彻实施情况。

3月18日，驻高密市的山东省人大代表孙惠斌、李桂荣、李希贵、薛令山、邓秀梅，赴济南出席山东省第九届人民代表大会第五次会议。

3月23日，潍坊市人大常委会副主任房忠昌率人大视察组一行7人，在高密市委副书记、市纪委书记王义正，市人大常委会副主任刘彭泉，副市长刘金贵等陪同下，对高密市开展严打整治斗争工作情况进行了视察。

4月8日，市十四届人大常委会第三十三次会议召开。

4月11日，潍坊市人大常委会副主任刘天佑一行，在高密市人大常委会主任孙惠斌、副主任张慕坤的陪同下，调查了高密市贯彻实施《山东省建筑市场管理条例》工作情况。副市长颜廷爱汇报了高密市贯彻有关法律法规和建筑市场的总体情况。

4月24日，驻高密的潍坊市人大代表赴潍坊出席潍坊市十三届人大五次会议。

5月21日，潍坊市人大常委会副主任葛吉平率一行8人的检查组到高密检查《村民委员会组织法》贯彻实施情况。高密市人大常委会主任孙惠斌，副主任刘彭泉，副市长颜廷爱陪同参加了检查。

6月7日，市十四届人大常委会第三十四次会议召开。

7月25日，市人大常委会主任孙惠斌、副主任刘彭泉与部分市人大代表，在副市长林京湖和有关职能部门及单位负责人的陪同下，视察了高密市贯彻实施《劳动法》情况。

8月2日，市十四届人大常委会第三十五次会议召开。

8月16日，潍坊市人大常委会副主任孙守伏等一行3人，到高密调查潍坊市十三届人大五次会议期间代表所提建议答复情况。

高密市人大常委会副主任王致民陪同调查。

9月25日，潍坊市人大常委会副主任王光明一行，在高密市委书记吴元宝，市人大常委会主任孙惠斌、副主任王致民，副市长钟亮成等陪同下，先后考察了凯加食品有限公司、菲达农产品开发有限公司及畜牧局、农业局的标准化生产检验化验体系，对高密农业标准化生产工作取得的成绩给予充分肯定。

9月26日，潍坊市人大常委会副主任刘天佑等在高密市委书记吴元宝，市委副书记、市长王维盛，市人大常委会主任孙惠斌、副主任张慕坤，副市长林京湖的陪同下，先后到城北污水处理厂、化纤股份有限公司、孚日家纺股份有限公司等单位查看污水处理情况，对高密市污水处理工作给予了充分肯定。

10月5日，潍坊市人大常委会副主任房忠昌、韩俊生等在高密市委书记吴元宝，市人大常委会主任孙惠斌，副市长钟亮成等陪同下，先后参观考察了孚日家纺、鹏程、供电、仁和、密水等工业园区项目建设情况，对高密的招商引资工作给予高度评价。

10月11日，潍坊市人大常委会原主任孙嘉炼到高密市考察招商引资工作。孙嘉炼先后察看了孚日家纺、鹏程、仁和、醴泉、密水、白羊山、姚哥庄、开发区、夏庄等工业园以及潍坊凯加食品有限公司，对高密招商引资工作取得的成绩给予充分肯定，并提出指导性建议和意见，高密市委书记吴元宝，市人大常委会主任孙惠斌陪同考察。

10月18日，市十四届人大常委会第三十六次会议召开。

同日，省人大常委会原副主任王树芳，潍坊市人大常委会原副主任任柏榴、于洪吉一行到高密参观考察招商引资工作。王树芳一行先后到凯加食品有限公司、鹏程、孚日家纺、仁和、醴泉和密水工业园及经济开发区的部分招商引资项目的建设工地和生产现场考察，高密市委书记吴元宝介绍了自2000年以来的高密市招商引资取得的成绩及在建工程建设和投产企业的生产情况。

11月11日，市十四届人大常委会第三十七次会议召开。

11月12日，潍坊市人大常委会副主任王光明一行9人，高密市人大常委会副主任刘宗法和副市长刘东等陪同下，视察了高密市《中华人民共和国工会法》贯彻实施情况。

11月13日，市委、市人大常委会在市政府招待所召开了全市人大换届选举工作会议。会议的主要任务是部署2003年人大换届选举工作。市人大常委会主任、市选举委员会主任孙惠斌主持会议。市委副书记张善华作了讲话。

11月14日，潍坊市人大常委会副主任、潍坊市人大换届选举工作委员会主任孙守伏到高密检查指导换届选举工作。高密市人大常委会主任孙惠斌、副主任王致民分别汇报了高密市换届选举的前期准备工作。

11月14日，潍坊市人大常委会原副主任王在辉到高密考察招商引资工作。高密市委书记吴元宝，市人大常委会主任孙惠斌陪同考察。

11月21日，高密市人大代表换届选举工作试点现场会议在双羊镇召开。市人大常委会副主任、市选举委员会副主任王致民出席会议并讲话。

11月22日，潍坊市人大常委会调查组在高密市人大常委会副主任王致民、副市长钟亮成等陪同下到高密调查农业综合开发情况。

12月30日，市十四届人大常委会第三十八次会议召开。

2003年

1月5日，为全市选举日，全市举行高密市第十五届人大代表选举，分选区同时组织召开了选举大会，共选举产生了277名高密市第十五届人民代表大会代表。

同日，潍坊市人大常委会副主任赵凤池一行3人到高密市检查换届选举工作。

1月11日，市十四届人大常委会第四十次会议召开。

1月18日，市委、市人大常委会在市会议中心召开授予“高密人民勋章”暨表彰“十佳干警”大会。会议由市人大常委会主任孙惠斌主持，市委书记吴元宝作重要讲话。会议授予李桂荣、贾山、田立甫“高密人民勋章”，授予王彦青等10人“十佳干警”称号。

1月20日至24日，高密市第十五届人民代表大会第一次会议在市大剧院召开，出席代表274人。会议听取并审议了《政府工作报告》《高密市人民代表大会常务委员会工作报告》《高密市人民法院工作报告》《高密市人民检察院工作报告》，审议了《关于高密市2002年国民经济和社会发展计划执行情况与2003年计划草案的报告》《关于高密市2002年财政预算执行情况和2003年财政预算草案的报告》，并作出相应决议。会议选举出由20人组成的高密市人大常委会，选举吴元宝为市人大常委会主任，崔红旗、颜廷爱、聂立斌、刘彭泉、张慕坤、王致民、张振国为副主任；选举吴建民为市长，杜洪君、钟亮成、刘金贵、林京湖、刘秀平、胡立为副市长；选举宋允厚为市人民法院院长，选举刘利宁为市人民检察院检察长。选举张江汀、吴元宝等53人为潍坊市第十四届人民代表大会代表。

2月17日，市十五届人大常委会第一次会议召开。

2月21日，驻高密市的47名潍坊市十四届人大代表赴潍坊出席潍坊市第十四届人民代表大会第一次会议。

3月19日，市十五届人大常委会第二次会议召开。

3月27日，驻高密市的山东省人大代表吴建民、孙日贵、李惠兰、李庆喜赴济南出席山东省第十届人民代表大会第一次会议。

3月31日，潍坊市人大常委会副主任王永兴在高密市人大常委会副主任刘彭泉、副市长钟亮成陪同下，对高密市农业龙头企业建设情况进行了调查。

4月10日，市人大常委会副主任张慕坤带队，对全市贯彻执行《治安管理处罚条例》

情况进行了调查。

4月15日，市人大常委会副主任颜廷爱、刘彭泉分别带队，对全市环保工作和农业“三化”战略实施情况进行了调查。

4月22日，市人大常委会副主任王致民带队，对事业单位改制情况进行了调查。

5月8日，市人大常委会党组书记、副主任崔红旗，副主任张振国率部分省、潍坊市和高密市人大代表，集中视察了高密市非典型肺炎防治工作情况。副市长刘秀平及有关部门负责人参加了视察。

5月10日，市人大常委会副主任颜廷爱带队，对全市城区供水情况进行了调查。

5月20日，市十五届人大常委会第三次会议召开。

5月28日，潍坊市人大常委会副主任葛吉平来高密市视察经济发展软环境建设情况。高密市人大常委会党组书记、副主任崔红旗，副主任王致民，市委常委、副市长杜洪君等陪同视察。

6月10日，市人大常委会副主任张振国带领部分驻会常委和市人大代表，对全市贯彻实施药品管理法及医药管理体制改革情况进行了视察。

6月13日，市人大常委会党组书记、副主任崔红旗，副主任王致民带领部分驻会常委和市人大代表，对全市贯彻实施安全生产法情况进行了检查。市委常委、副市长杜洪君及有关部门负责人参加了检查。

6月17日，市人大常委会副主任刘彭泉带队，对市十五届人大一次会议以来代表所提建议、意见办理落实情况进行了调查。

6月17日，市人大常委会副主任颜廷爱带领城建环保工作委员会成员和部分市人大代表，对全市公路建设情况进行了调查。

6月23日，市人大常委会副主任张慕坤带领法制工作委员会成员和部分市人大代表，对市法院2001年以来执行工作情况进行了调查。

6月24日，市人大常委会副主任张慕坤带领法制工作委员会成员和部分市人大代表，对市检察院2001年以来反腐败查办大案要案工作进行了调查。

6月24日，市人大常委会副主任张振国带领教科文卫工作委员会成员和部分市人大代表，对全市贯彻实施《中华人民共和国人口与计划生育法》情况进行了调查。

7月1日，潍坊市人大常委会副主任赵凤池一行11人，对高密市药品管理法贯彻实施情况进行了视察。高密市委副书记赵志远，市人大常委会党组书记、副主任崔红旗，副主任张振国，副市长刘秀平陪同视察。

7月14日，潍坊市人大常委会副主任孙守伏一行7人，到高密市视察潍坊市十四届人大一次会议代表建议办理工作情况。高密市人大常委会党组书记、副主任崔红旗，副主任刘彭泉陪同视察。

8月5日，市十五届人大常委会第四次会议召开。

8月22日，山东省人大常委会原副主任王树芳到高密市考察工作。高密市委书记、市人大常委会主任吴元宝陪同考察。

7月至8月，市人大常委会组织市镇两级人大联动，对全市“优化环境，依法行政”情况进行了检查。市人大常委会驻会副主任、委员及部门市级人大代表组成5个检查组，分别到各镇、街道走访联系市级以上人大代表，到47个执法部门、单位进行了检查。

9月8日至10日，潍坊市驻高密市的部分人大代表赴潍坊参加了为期3天的代表学习培训班。

9月9日，省人大常委会人事代表工作室主任毛春智一行到高密市对市人大常委会督办代表建议办理工作情况进行专题调研。高密市人大常委会党组书记、副主任崔红旗，副主任刘彭泉陪同调研。

9月16日至17日，市人大常委会副主任张慕坤带领法工委部分成员，分别对市检察院、市法院部分被任命干部的任职情况进行了调查。

9月16日至18日，市人大常委会副主任刘彭泉带领农工委部分成员，对全市《动物防疫法》贯彻实施情况进行了调查。

9月16日至19日，市人大常委会副主任王致民带领财经委部分成员，对全市《统计法》贯彻实施情况进行了调查。

9月18日至19日，市人大常委会副主任颜廷爱带领城建环保委部分成员，分别对全市《中华人民共和国土地管理法》《城市市容和环境卫生管理条例》贯彻实施情况进行了调查。

10月下旬，市人大常委会组织驻会副主任、委员和部分工作委成员分成5个组，对执法部门“优化环境，依法行政”执法检查反馈意见整改落实情况进行了检查。

10月13日，市十五届人大常委会第五次会议召开。

10月14日至15日，市人大常委会副主任张振国带领教科文卫委部分成员，对全市食品安全法贯彻实施情况进行了视察。

10月15日，市人大常委会党组副书记、副主任颜廷爱带领城建环保委部分成员对高密市民兵训练基地、城市管理行政执法局筹建及岗前培训工作进行了视察。

10月24日，潍坊市人大常委会原副主任房忠昌到高密市调研招商引资工作。高密市委书记、市人大常委会主任吴元宝，市委常委、秘书长张星海，市人大常委会副主任张慕坤等陪同调研。

10月28日至30日，市人大常委会副主任张振国带领教科文卫委部分成员，对全市《互联网上网服务营业场所管理条例》贯彻实施情况进行了调查。

10月30日，潍坊市人大常委会原主任于成凤到高密市考察招商引资工作。高密市委副书记赵志远、市人大常委会副主任王致民等陪同考察。

11月17日，潍坊市人大常委会副主任孙守伏到高密市检查潍坊市人大代表活动情况。高密市委副书记赵志远、市人大常委会副主任刘彭泉陪同检查。

11月17日，潍坊市人大常委会副主任张建国率团到高密市检查《中华人民共和国人民防空法》贯彻实施情况。高密市人大常委会党组副书记、副主任颜廷爱，副市长张树伟等陪同检查。

11月18日，潍坊市人大常委会委员、财经委主任魏本芳带领视察组到高密市视察贯彻实施《山东省私营企业和个体工商户权益保护条例》及民营经济发展情况。高密市人大常委会党组副书记、副主任颜廷爱，市政府特邀顾问张庆坚陪同视察。

11月中旬，驻高密市的部分潍坊市人大代表和高密市人大代表对高密市普及高中阶段教育情况进行了调查。市人大常委会副主任张振国参加调查。

11月22日，驻高密市的部分潍坊市人大代表和高密市的部分人大代表对胶河水源保护工作进行了视察。市人大常委会党组副书记、副主任颜廷爱参加视察，副市长林京湖向代表汇报了胶河水源保护工作情况。

12月下旬，市人大常委会驻会副主任分组到各镇、街道、市直机关代表活动组和工交财贸代表活动组走访联系市级以上人大代表。

12月16日，市十五届人大常委会第六次会议召开。

12月19日，潍坊市人大常委会副主任赵凤池走访联系了驻高密市的部分潍坊市人大代表。高密市人大常委会党组副书记、副主任颜廷爱，副主任刘彭泉陪同。

2004年

1月5日，全市市、镇两级人大代表向选民述职工作现场会在姜庄镇召开。

1月8日，驻高密市的山东省人大代表吴建民、孙日贵、李惠兰、李庆喜赴济南出席山东省第十届人民代表大会第二次会议。

2月1日，驻高密市的46名潍坊市人大代表赴潍坊出席潍坊市第十四届人民代表大会第二次会议。

2月6日，市十五届人大常委会第七次会议召开。

2月10日至12日，高密市第十五届人民代表大会第二次会议在市大剧院召开，出席代表277人。会议听取并审议了《政府工作报告》《高密市人民代表大会常务委员会工作报告》《高密市人民法院工作报告》《高密市人民检察院工作报告》，审议了《关于高密市2003年国民经济和社会发展计划执行情况与2004年计划草案的报告》《关于高密市2003年预算执行情况和2004年预算草案的报告》，并作出相应决议。会议还作出了《关于多措并举尽快普及高中教育的决定》。

2月27日，市人大常委会对拟任市政府秘书长、办公室主任，市建设局、市交通局、市科技局、市教育局、市文化局、市司法局局长职务的7名市政府组成人员进行了法律知识考试。

2月28日，市十五届人大常委会第八次会议召开。

3月4日，潍坊市人大常委会副主任孙守伏到高密市调研代表述职和评议部门工作。

3月16日至17日，市人大常委会副主

任张慕坤带领调查组对全市贯彻实施《中华人民共和国劳动法》情况进行了调查。

3月19日至20日，市人大常委会党组副书记、副主任颜廷爱带领调查组对贯彻实施《中华人民共和国环境保护法》情况进行了调查。

3月22日，潍坊市人大常委会副主任王永兴等一行7人，到高密市视察贯彻执行潍坊市“四五”普法和“三五”依法治市情况，高密市人大常委会党组副书记、副主任颜廷爱，副主任张慕坤，市政府特邀顾问张庆坚等陪同视察。

3月下旬，市人大常委会副主任刘彭泉带领考察组对市农业局局长程际奎的任职情况进行了考察。

3月下旬，市人大常委会副主任张振国带领考察组对市计划生育局局长梁明霖的任职情况进行了考察。

4月7日，潍坊市人大常委会党组书记、第一副主任毕可仁，潍坊市人大常委会秘书长王维盛到高密市视察招商引资工作。高密市委书记、市人大常委会主任吴元宝，市委常委、秘书长张星海，市人大常委会党组书记、副主任崔红旗，党组副书记、副主任颜廷爱等陪同视察。

4月上旬，市人大常委会副主任王致民带领调查组对预算外资金的管理使用情况进行了调查。

4月15日至17日，省人大常委会原主任李振到高密调研指导工作，高密市委书记、市人大常委会主任吴元宝，市委常委、秘书长张星海，市人大常委会党组副书记、副主任颜廷爱等陪同活动。

4月27日，市十五届人大常委会第九次会议召开。

同日，省人大常委会原副主任王树芳来高密市调研指导工作，高密市委书记、市人大常委会主任吴元宝，市委常委、秘书长张星海，市人大常委会党组书记、副主任崔红旗，党组副书记、副主任颜廷爱等陪同活动。

5月11日，潍坊市人大常委会副主任赵凤池到高密市调查《计划生育条例》《山东省人口与计划生育条例》贯彻实施情况。高密市人大常委会党组书记、副主任崔红旗，副主任张振国，副市长刘秀平陪同调研。

5月14日，潍坊市人大常委会机关工作人员一行50多人到高密市考察招商引资工作。高密市委书记、市人大常委会主任吴元宝，市人大常委会党组书记、副主任崔红旗，副主任王致民等陪同考察。

5月17日，潍坊市人大常委会副主任王永兴等一行9人，到高密市视察林业工作。高密市人大常委会副主任刘彭泉，副市长刘秀平等陪同视察。

5月21日，潍坊市人大常委会副主任孙守伏，人事代表室主任周晓钟到高密市召开潍坊市人大代表向原选举单位述职工作调研会议。

5月28日，市人大常委会副主任张振国带领检查组对全市贯彻实施《中华人民共和国人口与计划生育法》情况进行检查。

6月3日，市人大常委会副主任王致民

带领调查组对全市2003年预算执行和其他财政收支审计情况进行调查。

6月4日和10日，市人大常委会党组副书记、副主任颜廷爱带领调查组对全市贯彻实施《土地管理法》情况进行调查。

6月9日，市人大常委会副主任张慕坤带领调查组对市法院2003年以来审判监督工作情况进行调查。

6月12日，省人大常委会执法检查组到高密市检查《动物防疫法》贯彻落实情况。

6月14日，市人大常委会党组副书记、副主任颜廷爱带领视察组对胶河水源地保护情况进行视察。

6月上旬，市人大常委会副主任刘彭泉带领视察组对全市贯彻落实《中共中央国务院关于加快林业发展的决定》情况进行视察。

6月上旬，市人大常委会副主任王致民带领调查组对2003年财政决算情况进行调查。

6月中旬，市人大常委会副主任张慕坤带领调查组对市检察院2003年以来的控审工作进行调查。

6月25日，市人大常委会党组副书记、副主任颜廷爱带领视察组对城区环境卫生管理情况进行了视察。

6月29日，市人大常委会副主任张慕坤就纪念《中华人民共和国烟草专卖法》颁布13周年发表电视讲话。

7月5日，全国人大常委会副委员长、全国妇联主席顾秀莲，在省人大常委会副主任莫振奎、省妇联主席赵玉兰、潍坊市委书记张传林及高密市委书记、市人大常委会主任吴元宝陪同下，到高密孚日家纺股份有限公司视察工作。

7月6日至7日，市十五届人大常委会第十次会议召开。7名驻高密的潍坊市人大代表进行了述职。这是驻高密的潍坊市人大代表首次在市十五届人大常委会会议上述职。

7月中旬，市人大常委会副主任刘彭泉带领调查组，对市十五届人大二次会议以来代表所提建议的办理情况进行了调查。

7月26日，潍坊市人大常委会人事代表室主任周晓钟到高密市调查潍坊市十四届人大二次会议以来代表所提建议办理情况。

7月下旬，市人大常委会副主任张振国带领调查组，对全市教育工作情况进行了调查。

8月上旬，市人大常委会副主任张慕坤带领调查组，对“一府两院”人大信访案件办理工作情况进行了调查。

8月中旬，市人大常委会副主任张振国带领视察组，对全市贯彻实施《中华人民共和国食品卫生法》情况进行了视察。

8月中旬，市人大常委会副主任王致民带领调查组，对全市2004年上半年国民经济和社会发展计划及财政预算执行情况进行了调查。

8月27日，市十五届人大常委会第十一次会议召开。

9月2日，市人大常委会副主任张振国带领调查组对贯彻实施《中华人民共和国档案法》情况进行了调查。

9月3日，市人大常委会组织驻高密的21名潍坊市人大代表对“一府两院”开展建设“平安高密”活动情况进行了视察。

9月5日，全国人大常委会委员、农业与农村委员会副主任委员路明一行到高密市调研城乡二元结构和城乡统筹情况。高密市人大常委会党组书记、副主任崔红旗，副主任张振国陪同调研。

9月20日，高密市纪念人民代表大会成立50周年大会在会议中心举行，会议由市人大常委会党组书记、副主任崔红旗主持，市委副书记、市长吴建民作报告。

9月20日，市人大常委会发出致全市人大代表的一封信，倡导全市各级人大代表以庆祝人民代表大会成立50周年为契机，认真执行代表职务，为全市“三个文明”建设做出新的贡献。

9月22日，市人大常委会党组副书记、副主任颜廷爱带领调查组，对城市管理执法情况进行了调查。

9月下旬至10月上旬，市人大常委会副主任刘彭泉带领调查组，对农民增收和农村劳动力转移情况进行了调查。

10月9日，市人大常委会副主任张慕坤带领调查组对市法院副院长王益华、市检察院副检察长时兴华的任职情况进行了调查。

10月11日，市人大常委会党组副书记、副主任颜廷爱带领视察组，对城市规划和建设情况进行了视察。

10月中旬，市人大常委会分管领导带领调查组对全市贯彻实施市人大常委会“四五”普法和“三五”依法治市决议的情况进行了调查。

10月中旬，市人大常委会党组副书记、副主任颜廷爱带领调查组对全市公路建设情况进行了调查。

10月22日，潍坊市人大常委会研究室主任王承策到高密市调研，对综合文字、调研信息和宣传报道等工作提出了指导性意见。

10月25日，市十五届人大常委会第十二次会议召开。

11月9日，市人大常委会副主任张慕坤出席潍坊市人大信访工作会议，并作重点发言。

11月11日，市人大常委会副主任张振国带领调查组，对全市文化市场管理情况进行了调查。

11月18日，潍坊市人大常委会副主任赵凤池带领检查组，对高密市贯彻实施《著作权法》情况进行检查。高密市人大常委会党组书记、副主任崔红旗，副市长刘秀平等陪同检查。

11月18日，市人大常委会副主任张慕坤带领调查组，对全市实施《中华人民共和国安全生产法》情况进行了调查。

11月下旬至12月上旬，市人大常委会副主任王致民带领调查组，对全市税收工作情况进行了调查。

11月23日，潍坊市人大代表小组召集人分片会议在高密市召开。潍坊市人大常委会人事代表室副主任于修强主持会议，驻高密、诸城、安丘的15位潍坊市人大代表小组召集人参加会议。

11 月 25 日，市人大常委会副主任刘彭泉带领调查组，对市财政局局长鞠志华的任职情况进行了调查。

12 月上旬，市人大常委会党组副书记、副主任颜廷爱带领调查组，对市民政局局长张延兴的任职情况进行了调查。

12 月 21 日，市十五届人大常委会第十三次会议召开。

2005 年

1 月 15 日，驻高密市山东省人大代表吴建民、孙日贵、李惠兰、李庆喜赴济南出席山东省第十届人民代表大会第三次会议。

1 月上旬，市人大常委会分 4 个小组对市级以上人大代表进行普遍联系，并组织代表在人代会前进行视察。

1 月 31 日，市人大常委会机关召开了保持共产党员先进性教育活动动员大会。市人大常委会党组副书记、副主任颜廷爱主持会议，党组书记、副主任崔红旗做了动员讲话，市人大常委会党组成员和全体机关干部参加了会议。

2 月 16 日，市十五届人大常委会第十四次会议召开。

2 月 18 日，驻高密市的潍坊市人大代表赴潍坊出席潍坊市第十四届人民代表大会第三次会议。

2 月下旬，市人大常委会党组成员按照《中共高密市委保持共产党员先进性教育活动领导小组关于市级领导班子先进性教育活动的实施方案》的要求，分别到联系点讲党课。

2 月 26 日至 28 日，高密市第十五届人民代表大会第三次会议在市大剧院召开，出席代表 283 人。会议听取并审议了《政府工作报告》《高密市人民代表大会常务委员会工作报告》《高密市人民法院工作报告》《高密市人民检察院工作报告》，审议了《关于高密市 2004 年国民经济和社会发展计划执行情况与 2005 年计划草案的报告》《关于高密市 2004 年预算执行情况和 2005 年预算草案的报告》，并作出相应决议。选举吴建民为高密市第十五届人民代表大会常务委员会主任，门业亭、田凯文、李连杰、葛孝江为常务委员会委员。选举赵志远为市长。

3 月 18 日，潍坊市人大常委会副主任王永兴一行到高密市视察“三农”工作，高密市人大常委会党组书记、副主任崔红旗，副主任张慕坤陪同视察。

3 月下旬，市人大常委会副主任张慕坤带领调查组对市检察院刑事检察工作情况进行了调查。

3 月下旬，市人大常委会党组副书记、副主任颜廷爱带领调查组对《城市房地产管理法》贯彻实施情况进行了调查。

3 月 25 日，潍坊市人大常委会副主任葛吉平一行到高密市调查刑事检察工作。

3 月 26 日，市人大常委会召开全市镇级人代会筹备工作会议。市人大常委会副主任刘彭泉主持会议，市委副书记顾建华出席会议并讲话。

3月中旬至4月下旬，市人大常委会副主任王致民带领调查组对全市矿产资源开发进行了调查。

4月5日，市人大常委会副主任王致民带领调查组对市对外贸易经济合作局局长于钦明的任职情况进行了调查。

4月7日，市人大常委会党组副书记、副主任颜廷爱带领调查组对市环境保护局局长彭桂臻的任职情况进行了调查。

4月15日，市人大常委会副主任张慕坤带领调查组对市人民法院民事审判工作情况进行了调查。

4月15日，市人大常委会对市人民法院提请任命的26名首批人民陪审员拟任人选集中进行了法律知识考试。

4月22日至23日，山东省人大常委会原主任李振到高密市考察工作。

4月25日至26日，市人大常委会副主任张振国带领调查组对《中华人民共和国职业教育法》贯彻实施情况进行了调查。

4月27日，市十五届人大常委会第十五次会议召开。

4月28日，市政府召开市人大代表建议、意见暨政协提案交办会议，市人大常委会副主任刘彭泉出席会议并讲话。

5月13日，市人大常委会在市人民法院举行人民陪审员任命书颁发大会，市人大常委会副主任刘彭泉出席会议并讲话。

5月16日，市人大机关召开保持共产党员先进性教育活动转入整改提高阶段动员会议，市人大常委会副主任刘彭泉主持会议。

5月中旬，市人大常委会副主任刘彭泉带领调查组对《种子法》贯彻实施情况进行视察。

5月下旬，市人大常委会党组副书记、副主任颜廷爱带领检查组对《人民防空法》贯彻实施情况进行了检查。

5月下旬，市人大常委会副主任张慕坤带领调查组对《安全生产法》贯彻实施情况进行了调查。

5月24日，潍坊市人大常委会副主任赵凤池一行8人，到高密市检查《档案法》贯彻实施情况。

5月25日，潍坊市人大常委会副主任张建国带领“风筝都环保世纪行”活动组，到高密市检查采访环保工作。

5月30日，市人大常委会副主任王致民带领调查组对高密市2004年预算执行和其他财政收支审计工作情况进行了调查。

5月下旬至6月上旬，市人大常委会副主任王致民带领调查组对高密市2004年财政决算情况进行了调查。

6月2日，市人大常委会副主任张振国带领调查组对《预防未成年人犯罪法》贯彻实施情况进行了调查。

6月18日，市委、市人大常委会召开“转变作风，依法行政”检查评议活动动员会议。市人大常委会党组书记、副主任崔红旗主持会议。市委副书记顾建华，市人大常委会副主任张慕坤，市委常委、副市长杜洪君出席会议并分别讲话。

6月24日，市十五届人大常委会第十六

次会议召开。

7月6日，市人大常委会党组书记、副主任崔红旗，党组副书记、副主任颜廷爱带领部分人大代表对全市生态建设情况进行了视察。

7月7日，市人大常委会党组书记、副主任崔红旗带领部分人大代表对全市工商消费维权工作进行了视察。

7月13日，潍坊市人大常委会副主任韩俊生带领视察组到高密视察统计法贯彻实施情况。

7月14日，市人大常委会组织“转变作风，依法行政”被检查评议单位的主要负责人进行部门之间的相互评议，市人大常委会副主任张慕坤主持评议活动并讲话。

7月15日，市人大常委会组织城区和“三个板块”30家企业的负责人，对“转变作风，依法行政”被检查评议单位进行评议，市人大常委会副主任张慕坤主持评议活动并讲话。

7月14日至15日，市人大常委会副主任张振国带领视察组对全市贯彻实施《食品卫生法》情况进行了视察。

7月15日，潍坊市人大常委会法制工作座谈会在高密市召开，潍坊市人大常委会法工委主任孙秀云主持会议，高密市人大常委会党组书记、副主任崔红旗，副主任张慕坤，以及坊子区、诸城市、安丘市人大常委会的有关人员参加座谈。

7月中旬至下旬，市人大常委会分成5个联系组，分赴各镇街、各代表活动组对市级以上人大代表进行普遍联系，组织参评对象对全市56个政府工作部门和有关单位“转变作风，依法行政”情况进行了评议。

7月下旬，市人大常委会党组副书记、副主任颜廷爱带领视察组对城市规划、建设与管理情况进行了视察。

7月下旬至8月上旬，市人大常委会分成5个检查组，分赴各被检查评议单位，对其“转变作风，依法行政”情况进行了检查。

8月2日，市人大常委会副主任刘彭泉带领调查组对全市贯彻实施《中华人民共和国农业机械化促进法》情况进行了调查。

8月2日至3日，市人大常委会副主任张慕坤带领调查组对全市贯彻执行“四五”普法和“三五”依法治市情况进行了调查。

8月上旬，市人大常委会分成5个组，对市十五届人大三次会议以来代表所提建议、批评和意见办理情况进行了调查。

8月12日，潍坊市人大常委会人事代表工作室主任周晓钟一行到高密征求潍坊市人大代表建议办理情况的意见。

8月23日，市十五届人大常委会第十七次会议召开。

9月中旬，市人大常委会副主任刘彭泉、张慕坤、张振国分别带领调查组对市政府6位副市长任职以来的工作情况进行了调查。

9月中旬，市人大常委会副主任张振国带领调查组对全市贯彻实施《中华人民共和国促进科技成果转化法》情况进行了调查。

9月22日，潍坊市人大常委会副主任张建国带领调查组到高密市调查《公路法》贯彻实施情况。高密市人大常委会党组书记、副主任崔红旗，副主任张慕坤，副市长钟亮成陪同调查。

9月26日，潍坊市人大常委会委员、农工委主任宋全正带领调查组到高密调查农业综合开发情况。高密市人大常委会党组书记、副主任崔红旗，副主任刘彭泉，副市长钟亮成等陪同调查。

9月下旬至10月上旬，市人大常委会对“转变作风，依法行政”检查评议情况进行反馈。反馈由市人大常委会党组书记、副主任崔红旗主持，各位副主任和各检查组有关成员分别参加，采取个别谈话的方式，对56个被检查评议单位“转变作风，依法行政”检查情况和评议结果，逐一进行反馈。

10月上旬，市人大常委会党组副书记、副主任颜廷爱带领视察组对全市贯彻实施《中华人民共和国公路法》情况进行了视察。

10月29日，市十五届人大常委会第十八次会议召开。

11月18日上午，市人大工作会议在会议中心举行。市委书记、市人大常委会主任吴建民，市人大常委会党组书记、副主任崔红旗，市委副书记、市长赵志远先后讲话。市委副书记齐世增主持会议，市人民法院院长宋允厚、市人民检察院检察长刘利宁分别在会上作了发言。会议书面印发了《中共高密市委关于进一步加强人大工作的意见》。

11月21日，市十五届人大常委会第十九次会议召开。

11月29日，潍坊市人大常委会原主任孙嘉炼到高密市调研指导工作。

12月上旬，市人大常委会分5个联系组，由常委会副主任带队，到各镇街人大（人大工作室）、市直和工交贸代表活动组对镇街人大和高密市级以上人大代表进行了普遍联系。

12月14日，市人大常委会党组书记、副主任崔红旗带领视察组对全市生态建设工作进行了视察，党组副书记、副主任颜廷爱，副主任刘彭泉，驻高密的部分省、潍坊市人大代表和高密市部分人大代表参加了视察。

12月27日，市十五届人大常委会第二十次会议召开。

2006年

1月6日，潍坊市人大常委会副主任赵凤池、人事代表室主任周晓钟到高密市联系驻高密的潍坊市人大代表。

1月12日，市十五届人大常委会第二十一次会议召开。

1月13日，驻高密市的省人大代表吴建民、孙日贵、李惠兰、李庆喜赴济南参加山东省第十届人民代表大会第四次会议。

2月7日上午，驻高密市的潍坊市人大代表吴建民、赵志远、崔红旗等赴潍坊参加潍坊市第十四届人民代表大会第四次会议。

2月23日至25日，高密市第十五届人民代表大会第四次会议在市大剧院召开，出席代表274人。会议听取并审议了《政府工作报告》《高密市人民代表大会常务委员会工作报告》《高密市人民法院工作报告》《高密市人民检察院工作报告》，审议了《高密市国民经济和社会发展第十一个五年规划纲要》《关于高密市2005年国民经济和社会发展计划执行情况与2006年计划草案的报告》《关于高密市2005年预算执行情况和2006年预算草案的报告》，并作出了相应决议。会议接受刘彭泉、张振国辞去高密市第十五届人民代表大会常务委员会副主任职务的请求，于纯华、门业亭、任德平、宋希会、鹿书信辞去市十五届人大常委会委员职务的请求。补选王家林、张庆坚为高密市第十五届人民代表大会常务委员会副主任，朱力达、曹立山、张兴家、沙明君、刘来忠为常务委员会委员。

3月12日，市委、市人大常委会召开全市镇级人代会筹备工作会议。市委副书记顾建华出席会议并讲话。市人大常委会副主任张庆坚主持会议。

3月16日，潍坊市人大常委会副主任吴元宝一行到高密市调查法院系统商事审判工作。高密市委副书记魏志强、市人大常委会副主任张慕坤、副市长张树伟陪同调查。

3月17日，潍坊市人大常委会副主任王永兴一行到高密市调查《动物防疫法》贯彻实施情况。高密市政协主席齐世增，市人大常委会副主任张庆坚，副市长钟亮成陪同调查。

3月中旬，市人大常委会党组副书记、副主任颜廷爱带领调查组对市建设局局长郑有奎任职情况进行了调查。

3月中旬，市人大常委会副主任张慕坤带领调查组对《中华人民共和国人民警察法》贯彻实施情况进行了调查。

3月中旬，市人大常委会副主任王致民带领检查组对《中华人民共和国消费者权益保护法》执法情况进行了检查。

3月中旬，市人大常委会副主任王家林带领调查组对《中华人民共和国科学技术普及法》贯彻实施情况进行了调查。

3月中旬，市人大常委会副主任张庆坚带领调查组对市林业局局长张乐宝任职情况进行了调查。

3月30日，市人大代表建议暨政协提案交办工作会议在市政府会议室召开。市委常委、副市长杜洪君，市人大常委会副主任张庆坚，市政协副主席徐兆凯出席会议并讲话。副市长张树伟主持会议。

同日，市人大常委会组织市政府、市人民检察院拟任命人员进行法律知识考试。

4月6日，市十五届人大常委会第二十三次会议召开。

4月中旬和下旬，市人大常委会党组副书记、副主任颜廷爱，副主任张慕坤、王致民、王家林、张庆坚分别带领调查组深入各镇街及有关村居、农户，对全市社会主义新农村建设情况进行了调查。

4月25日至26日，省人大常委会原主任李振到高密调研。潍坊市人大常委会副主任李本跃，高密市委书记、市人大常委会主任吴建民，市人大常委会党组书记、副主任崔红旗等陪同调研。

5月9日，潍坊市人大常委会党组书记、第一副主任王治华，副主任杨继生等在高密市召集高密、诸城、安丘、昌邑4市人大常委会的有关人员召开人大代表工作和乡镇人大工作座谈会，并考察了高密市基础设施建设和企业增资扩产等工作。高密市委书记、市人大常委会主任吴建民，市委副书记、市长赵志远，市人大常委会党组书记、副主任崔红旗，副主任张庆坚等陪同考察。

5月中旬，市人大常委会党组书记、副主任崔红旗，党组副书记、副主任颜廷爱带领调查组对旧城改造情况进行了调查。

5月中旬，市人大常委会副主任张慕坤、党组成员薛维钧带领调查组对贯彻落实“四五”普法和“三五”依法治市决议情况进行了调查。

5月23日，潍坊市人大常委会党组副书记、副主任赵凤池一行到高密市调研《山东省旅游管理条例》贯彻实施情况。高密市人大常委会党组书记、副主任崔红旗，副主任王家林，副市长刘秀平等陪同调研。

5月31日，市人大常委会党组副书记、副主任颜廷爱带领视察组，对全市环境设施建设情况进行了视察。

6月2日，市十五届人大常委会第二十四次会议召开。

6月15日，市人大常委会副主任张庆坚带领调查组，对全市《中华人民共和国防洪法》贯彻实施情况进行了调查。

6月16日，市人大常委会党组副书记、副主任颜廷爱带领视察组对小康河综合改造情况进行了视察。

6月23日至24日，市人大常委会党组书记、副主任崔红旗，副主任王家林带领视察组，对全市食品药品卫生安全工作及相应法律法规贯彻实施情况进行了视察。

6月28日，潍坊市人大常委会副主任张建国带领风筝都环保世纪行活动组到高密市考察工作。高密市人大常委会党组书记、副主任崔红旗，党组副书记、副主任颜廷爱，副市长刘秀平陪同考察。

7月4日至8日，市人大常委会各副主任分别带领6个联系组，深入20个镇街和各代表活动组，对各镇街人大和市级以上人大代表进行了普遍联系。

7月27日，市十五届人大常委会第二十五次会议召开。

8月9日，市人大常委会副主任张慕坤带领调查组，对市人民法院执行工作情况进行了调查。

8月10日，市人大常委会副主任张慕坤带领调查组，对市人民检察院开展预防职务犯罪工作情况进行了调查。

8月9日至10日，省人大教科文卫委员会副主任委员宫本欣，带领调研组到高密市对《山东省学前教育条例（草案）》进行立法调研。高密市人大常委会党组书记、副主任崔红旗，市委常委、副市长杜洪君，市人大常委会副主任王家林等陪同调研。

8月上旬，市人大常委会副主任王致民带领调查组，对全市2006年上半年财政预算执行情况进行了调查。

8月中旬，市人大常委会党组副书记、副主任颜廷爱带领调查组，对全市贯彻实施《中华人民共和国防震减灾法》情况进行了调查。

8月中旬，市人大常委会副主任王致民带领调查组，对全市2006年上半年国民经济和社会发展计划执行情况进行了调查。

8月15日，市人大常委会副主任张慕坤、党组成员薛维钧带领调查组，对“一府两院”关于人大信访案件办理工作情况进行了调查。

8月15日至16日，市人大常委会党组书记、副主任崔红旗，副主任王家林带领检查组，对2001—2010年高密市妇女发展纲要和儿童发展纲要实施情况进行了检查。

8月15日至18日，市人大常委会党组书记、副主任崔红旗，副主任张庆坚带领视察组，对全市服务业发展情况进行了视察。

8月下旬，市人大常委会党组副书记、副主任颜廷爱，副主任张慕坤、王致民、王家林、张庆坚分别带领检查组，对农业法、农村土地承包法、土地管理法、有关农业政策和金融支农政策贯彻实施情况进行了检查。

7月至9月，市人大常委会副主任王致民带领调查组，对全市税收工作情况进行了调查。

9月1日，市十五届人大常委会第二十六次会议召开。

9月中旬，市人大常委会党组副书记、副主任颜廷爱带领调查组，对《环境保护法》贯彻实施情况进行了调查。

9月中旬，市人大常委会副主任张慕坤带领检查组，对城区社会治安工作进行了检查。

9月中旬，市人大常委会副主任张庆坚带领调查组，对市人事局局长仪义直进行了任职调查。

9月14日，市人大常委会副主任王致民带领调查组，对市安监局局长韩元金进行了任职调查。

9月19日，市人大常委会副主任王家林带领调查组，对市卫生局局长王连友进行了任职调查。

9月20日，市人大常委会副主任王家林带领调查组，对市文化局局长郭言兴进行了任职调查。

9月20日，潍坊市人大常委会副主任吴元宝带领检查组，到高密市检查《妇女儿童发展纲要》实施情况。

10月17日，潍坊市人大常委会副主任张建国到高密市视察。高密市委书记、市人大常委会主任吴建民，市人大常委会副主任张慕坤陪同视察。

10月31日，市十五届人大常委会第二十七次会议召开。

11月2日，潍坊市人大常委会组织潍坊日报社、潍坊人民广播电台、潍坊电视台等新闻媒体，到高密对高密市十五届人大四次会议代表所提《关于加大投入防氟改水的议案》办理情况进行了采访。

11月14日，市人大常委会党组副书记、

副主任颜廷爱带领调查组，对市交通局局长葛月殿任职情况进行了调查。

11月15日，市人大常委会副主任王致民带领调查组，对全市农贸市场管理和迁建运作情况进行了调查。

11月中旬，市人大常委会副主任张庆坚带领调查组，对市水利局局长姜言启任职情况进行了调查。

11月中旬，市人大常委会副主任王家林带领调查组，对本市《人口与计划生育法》贯彻实施情况进行了调查。

12月6日，高密市人大常委会组织驻高密市的省、潍坊市人大代表对全市农村饮用安全水工程进行了视察。市人大常委会党组书记、副主任崔红旗，副主任张庆坚，市政协副主席李惠兰参加，副市长钟亮成陪同。

12月11日，潍坊市人大常委会副主任赵风池到高密市联系潍坊市人大代表。高密市人大常委会党组书记、副主任崔红旗，副主任张庆坚陪同。

12月上旬，市人大常委会副主任张慕坤、党组成员薛维钧带领调查组，对市人民法院副院长王振星的任职情况进行了调查。

12月中旬，市人大常委会党组书记、副主任崔红旗，党组副书记、副主任颜廷爱，副主任聂立斌、张慕坤、王致民、王家林、张庆坚分别带领联系组，对各镇街人大和市级以上人大代表进行了普遍联系。

12月23日至24日，省人大常委会原主任李振到高密市视察工作。高密市委书记、市人大常委会主任吴建民，市人大常委会党组书记、副主任崔红旗等陪同视察。

12月29日，市十五届人大常委会第二十八次会议召开。

2007年

1月18日，市十五届人大常委会第二十九次会议召开。

同日，市镇级人代会筹备工作会议在市会议中心召开，市委副书记顾建华出席会议并讲话，市人大常委会副主任张庆坚主持会议。

1月30日，市人大常委会召开党组（扩大）会议，就贯彻落实中共高密市第十一次代表大会精神进行了专题研究。常委会党组成员、驻会常委会委员和各委室主任参加了会议。

1月30日，潍坊市人大常委会副主任李本跃到高密孚日集团调研。高密市委书记、市人大常委会主任吴建民，市人大常委会党组书记、副主任崔红旗，副主任王致民等陪同。

2月25日，市十五届人大常委会第三十次会议召开。

3月7日至9日，高密市第十五届人民代表大会第五次会议在市大剧院召开，出席代表282人。会议听取审议《政府工作报告》《高密市人民代表大会常务委员会工作报告》《高密市人民法院工作报告》《高密市人民检察院工作报告》，审议《关于高密市2006年国民经济和社会发展计划执行情况与2007

年计划草案的报告》《关于高密市2006年预算执行情况和2007年预算草案的报告》，并作出相应决议。会议接受张慕坤、王致民辞去高密市第十五届人民代表大会常务委员会副主任职务的请求，蔡善华、曹立山、张建国辞去委员职务的请求。补选张星海、张国廷、郑有奎为高密市第十五届人民代表大会常务委员会副主任，万里、姜殿国、薛维钧、魏廷松为常务委员会委员。补选邓树刚为高密市人民检察院检察长。

3月11日，市十五届人大常委会第三十一次会议召开。

3月12日，潍坊市人大常委会原党组书记、副主任王治华到高密考察，高密市委书记、市人大常委会主任吴建民，市人大常委会党组书记、副主任崔红旗，市委常委、秘书长李庆华等陪同。

3月21日，市人大常委会副主任郑有奎带领视察组对小区物业管理情况进行了视察。

3月下旬，市人大常委会组成调查组，对推行新型农村合作医疗工作情况进行了调查。市人大常委会党组书记、副主任崔红旗，副主任张庆坚参加了调查。

3月下旬，市人大常委会副主任张国廷带领检查组对《村民委员会组织法》贯彻实施情况进行了检查。

3月27日，市人大常委会副主任王家林带领检查组对《互联网上网服务营业场所管理条例》和《音像制品管理条例》贯彻实施情况进行了检查。

3月29日，市人大常委会副主任张星海带领调查组对社会治安管理情况进行了调查。

4月4日，市人大常委会党组召开会议，专题传达学习潍坊市第十次党代会精神。党组书记、副主任崔红旗讲了意见。

4月9日，市十五届人大常委会第三十二次会议召开。

4月22日至23日，省人大常委会原主任李振到高密参观考察，潍坊市人大常委会副主任吴元宝，高密市委书记、市人大常委会主任吴建民，市委副书记、市长赵志远，市人大常委会党组书记、副主任崔红旗等陪同考察。

4月25日，市十五届人大常委会第三十三次会议召开。

5月17日，市人大常委会副主任张星海带领检查组对市人民检察院贯彻实施《中华人民共和国检察官法》情况进行了检查。

5月22日，市人大常委会副主任王家林带领视察组，对全市职业教育发展情况进行了视察。

同日，市人大常委会副主任张国廷带领调查组，对全市农产品质量安全工作情况进行了调查。

5月24日，市人大常委会副主任张庆坚带领检查组对市人民法院贯彻实施《中华人民共和国法官法》情况进行了检查。

5月25日，市人大常委会副主任郑有奎带领检查组对《中华人民共和国道路交通安全法》贯彻实施情况进行了检查。

5月30日至6月1日，市人大常委会党组副书记、副主任颜廷爱，党组副书记薛维钧带领调查组对高密市2006年市级预算执行和其他财政收支审计情况、高密市2006年财政决算情况进行了调查。

6月1日，省人大代表工作经验交流暨表彰会在济南举行，高密市省人大代表小组被山东省人大常委会授予“先进省人大代表小组”称号。

6月13日，市人大常委会召开党组会议，学习贯彻省委书记李建国在潍坊调研时的讲话精神。

6月19日，潍坊市人大常委会组织召开全市人大代表小组建设经验交流会议，驻高密市潍坊市人大代表第一小组、第三小组获“潍坊市先进代表小组”称号。

同日，市十五届人大常委会第三十四次会议召开。

6月25日，市人大常委会印发《致全市人大代表的一封信》，号召全市人大代表认真学习领会、深入贯彻落实全市和谐创建动员大会精神，充分发挥代表的参政监督、桥梁纽带和模范带头作用，积极投身和谐创建活动。

7月上旬，市人大常委会分成8个组，对全市20处镇街人大和市级以上人大代表进行了一次普遍联系。市人大常委会党组书记、副主任崔红旗，党组副书记、副主任颜廷爱，副主任聂立斌、张星海、王家林、张庆坚、张国廷、郑有奎，党组副书记薛维钧等参加了联系活动。

7月上旬，市人大常委会副主任张星海带领调查组对人大信访案件办理工作情况进行了调查。

7月上旬，市人大常委会副主任张庆坚带领调查组对市十五届人大五次会议召开后代表建议办理情况进行了调查。

7月上旬，市人大常委会副主任郑有奎带领调查组对市城区公交事业发展情况进行了调查。

7月12日，省人大常委会副主任李明先到高密考察。潍坊市人大常委会副主任王永兴，高密市委书记、市人大常委会主任吴建民，市人大常委会党组书记、副主任崔红旗，市委常委、秘书长李庆华等陪同考察。

7月16日，全国人大常委会委员、内务司法委员会副主任委员杨兴富到高密市考察。省人大常委会原委员、内务司法委员会副主任委员刘统侠，潍坊市人大常委会副主任吴元宝，高密市委书记、市人大常委会主任吴建民，市人大常委会党组书记、副主任崔红旗，政协副主席徐兆凯、孙日贵等陪同考察。

7月中旬，市人大常委会副主任王家林带领调查组，对企业职工社会保险工作情况进行了调查。

7月中旬，市人大常委会副主任张国廷带领调查组对农村饮用安全水工程实施情况进行了调查。

7月18日，潍坊市人大常委会副主任程茂仁带领执法检查组，对高密市《中华人民共和国教师法》贯彻实施情况进行了检查。高密市人大常委会党组书记、副主任崔红旗，副主任王家林，副市长徐振刚等陪同考察。

7月下旬，市人大常委会党组书记、副

主任崔红旗，党组副书记、副主任颜廷爱，党组副书记薛维钧带领调查组对高密市2007年上半年预算执行情况、高密市2007年上半年国民经济和社会发展计划执行情况进行了调查。

8月15日，市十五届人大常委会第三十五次会议召开。

8月28日，潍坊市人大常委会副主任杨继生带领检查组到高密市检查安全生产法律法规贯彻实施情况。高密市人大常委会党组书记、副主任崔红旗，市委常委、副市长李葆东等陪同检查。

9月11日，市十五届人大常委会第三十六次会议召开。

9月21日，市人大常委会党组书记、第一副主任崔红旗，副主任张庆坚带领调查组对全市城市房屋拆迁管理情况进行了调查。

10月29日，潍坊市人大常委会副主任杨继生到高密市检查人大换届选举工作，高密市人大常委会党组书记、第一副主任崔红旗，副主任张庆坚陪同。

11月7日，市十五届人大常委会第三十七次会议召开。

11月19日，潍坊市人大常委会党组书记、第一副主任李守玉到高密市检查市镇两级人大换届选举工作。高密市委书记、市人大常委会主任吴建民，市人大常委会党组书记、副主任崔红旗，副主任张庆坚陪同检查。

11月23日，为全市选举日，全市分选区同时组织召开了选举大会，进行市镇两级人大同步换届选举，60多万名选民参加投票选举新一届市镇两级人大代表。共选举产生市人大代表276名、镇人大代表607名。

11月27日，市人大常委会召开全市镇级人代会筹备工作会议。

12月3日，市十五届人大常委会第三十八次会议召开。

12月4日，市十五届人大常委会第三十九次会议召开。

12月11日至14日，高密市第十六届人民代表大会第一次会议在市大剧院召开，出席代表272人。会议听取并审议了《政府工作报告》《高密市人民代表大会常务委员会工作报告》《高密市人民法院工作报告》《高密市人民检察院工作报告》，审议了《关于高密市2007年国民经济和社会发展计划执行情况与2008年计划草案的报告》《关于高密市2007年预算执行情况和2008年预算草案的报告》，并作出相应决议。会议选举产生了由26人组成的高密市第十六届人民代表大会常务委员会，吴建民为主任，崔红旗、张星海、王家林、张国廷、郑有奎、薛维钧、毛进兰为副主任。选举范福生为高密市人民政府市长，李葆东、李兰祥、钟亮成、刘秀平、徐振刚、贾勤清为副市长。选举宋允厚为高密市人民法院院长，选举邓树刚为高密市人民检察院检察长。选举54名潍坊市第十五届人民代表大会代表。

2008年

1月25日，市人大常委会对市政府提请

任命人员进行法律知识考试。

2月1日，市十六届人大常委会第一次会议召开。

3月上旬，市人大常委会副主任张国廷带领调查组对农村公共服务社区化工作情况进行了调查。

3月4日，市人大常委会副主任郑有奎带领调查组对全市水污染防治工作情况进行了调查。

3月5日，潍坊市人大常委会委员、教科文卫委副主任委员张国华带领调研组到高密调查食品质量安全工作情况，高密市人大常委会党组书记、第一副主任崔红旗，副市长贾勤清陪同调研。

3月11日，市人大常委会副主任薛维钧带领调查组对全市企业年情况进行了调查。

3月中旬，市人大常委会副主任王家林带领检查组对全市《中华人民共和国人口与计划生育法》贯彻实施情况进行了检查。

3月19日，潍坊市人大常委会原主任孙嘉炼到高密市考察，高密市委书记、市人大常委会主任吴建民，市人大常委会副主任郑有奎陪同。

3月25日，市十六届人大常委会第二次会议召开。

4月22日，市人大常委会党组副书记、副主任张星海带领调查组对法律援助工作进行了调查。

同日，市人大常委会副主任薛维钧带领调查组对全市节能减排工作进行了调查。

4月23日，市人大常委会副主任张国廷带领调查组对贯彻实施《中华人民共和国农民专业合作社法》情况进行了调查。

4月25日，市人大常委会副主任薛维钧、毛进兰带领视察组对全市城市绿化工作进行了视察。

4月28日，市人大常委会副主任王家林带领调查组对全市加强文化建设情况进行了调查。

5月28日，潍坊市人大常委会视察组来高密市视察《农民专业合作社法》贯彻实施情况。

5月29日，市十六届人大常委会第三次会议召开。

6月下旬，市人大常委会副主任薛维钧带领调查组对2007年财政决算情况进行了调查。

6月下旬，市人大常委会副主任毛进兰带领调查组对高新技术发展情况进行了调查。

6月下旬，市人大常委会党组副书记、副主任张星海带领调查组对贯彻实施《中华人民共和国行政许可法》情况进行了调查。

6月下旬，市人大常委会副主任张国廷带领调查组对市十六届人大一次会议以来代表建议办理情况进行了调查。

7月上旬，市人大常委会分成5个组，对全市10处镇街人大和市级以上人大代表进行了普遍联系。

7月23日，潍坊市人大常委会副主任李本跃带领执法检查组对高密市贯彻实施《公务员法》情况进行了检查。

同日，潍坊市人大代表小组建设座谈会

在高密市召开。

7月25日，市十六届人大常委会第四次会议召开。

8月15日，潍坊市人大常委会副主任杨继生带领调研组对高密市节能减排工作进行了调研。

8月中旬，市人大常委会党组副书记、副主任张星海带领视察组对民事行政检察工作进行了视察。

8月中旬，市人大常委会副主任张国廷带领视察组对劳动合同法贯彻实施情况进行了检查。

8月中旬，市人大常委会党组副书记、副主任张星海带领调查组对道路交通安全管理问题进行了调查。

8月中旬，市人大常委会副主任张国廷带领调查组对供电设施建设及有关收费问题进行了调查。

8月中旬，市人大常委会副主任张国廷带领调查组对林业发展情况进行调查。

8月中旬，市人大常委会党组副书记、副主任张星海带领调查组对全市客运线路设置情况进行调查。

8月中旬，市人大常委会副主任薛维钧带领调查组对高密市2008年上半年国民经济和社会发展计划及预算执行情况进行调查。

8月中旬，市人大常委会副主任薛维钧带领调查组对中小企业融资问题进行调查。

8月下旬，市人大常委会副主任薛维钧带领调查组对胶河污染防治问题进行调查。

9月13日，省人大常委会委员、教科文卫委员会委员、民盟山东省委副主委仪平策来高密市调研，高密市人大常委会党组书记、第一副主任崔红旗，副主任薛维钧陪同调研。

9月23日，市十六届人大常委会第五次会议召开。

10月中旬，市人大常委会副主任张国廷带领调查组对全市农村公路建设情况进行调查。

10月中旬，市人大常委会副主任薛维钧带领调查组对推进企业上市工作情况进行调查。

10月下旬，市人大常委会党组副书记、副主任张星海带领调查组对人大信访案件办理工作情况进行调查。

10月下旬，市人大常委会副主任王家林带领调查组对服务业发展情况进行调查。

10月下旬，市人大常委会副主任薛维钧带领执法检查组对城乡规划法贯彻实施情况进行执法检查。

10月下旬，湖北省襄樊市保康县人大常委会副主任吕克宪带领考察组，到高密市考察学习人大预算审查监督工作，高密市人大常委会副主任薛维钧陪同考察。

11月8日，省人大常委会委员、农业与农村委员会副主任委员宋继峰带领《农产品质量安全条例》立法调研组到高密市考察。潍坊市人大常委会党组副书记、副主任王永兴，高密市人大常委会党组书记、第一副主任崔红旗，副主任张国廷，副市长徐振刚等陪同。

12月3日，市人大常委会组织驻高密的

省、潍坊市人大代表视察全市城市建设工作情况。市人大常委会党组书记、第一副主任崔红旗，副主任薛维钧，驻高密的省十一届人大代表李惠兰、李庆喜，部分驻高密的潍坊市十五届人大代表参加了视察。市人民法院院长宋允厚，市人民检察院检察长邓树刚，市政府有关人员陪同代表视察活动。

12 月 9 日，市十六届人大常委会第六次会议召开。

12 月 12 日，潍坊市人大常委会领导来高密联系驻高密的潍坊市人大代表。高密市人大常委会党组书记、第一副主任崔红旗，副主任薛维钧陪同。

12 月 31 日，市十六届人大常委会第七次会议召开。

2009 年

1 月 4 日，市十六届人大常委会第八次会议召开。

1 月 8 日至 10 日，高密市第十六届人民代表大会第二次会议在市大剧院召开，出席代表 274 人。会议听取并审议了《政府工作报告》《高密市人民代表大会常务委员会工作报告》《高密市人民法院工作报告》《高密市人民检察院工作报告》，审议了《关于高密市 2008 年国民经济和社会发展计划执行情况与 2009 年计划草案的报告》《关于高密市 2008 年预算执行情况和 2009 年预算草案的报告》，并作出相应决议。会议接受王汉杰、朱力达、李连杰、沙明君、张兴家、程际奎辞去高密市第十六届人民代表大会常务委员会委员职务的请求。接受宋允厚辞去高密市人民法院院长职务的请求。补选楚鸿峻、刘伟、彭桂臻、邹怀智、隋卫清、高四亮为常务委员会委员。补选李鲁民为高密市人民法院院长。

3 月 5 日，市十六届人大常委会第九次会议召开。

3 月 15 日，市人大常委会机关从人民大街办公楼迁入新址（高密城区利群路 75 号原供电局大楼）办公。

3 月 27 日，潍坊市人大常委会机关到高密调研学习实践科学发展观情况。

3 月下旬，市人大常委会党组副书记、副主任张星海带领执法检查组，对全市贯彻实施《中华人民共和国价格法》情况进行了执法检查。

3 月下旬，市人大常委会党组副书记、副主任张星海带领执法检查组，对全市贯彻实施《中华人民共和国就业促进法》情况进行了执法检查。

3 月下旬，市人大常委会副主任王家林带领调查组对职业教育发展情况进行了调查。

3 月下旬，市人大常委会副主任张国廷带领调查组对全市农业龙头企业发展情况进行了调查。

3 月下旬，市人大常委会副主任张国廷带领调查组对供电设施安装及收费整改情况进行了调查。

3 月下旬，市人大常委会副主任薛维钧带领调查组对全市工业经济运行情况进行了调查。

3月下旬，市人大常委会副主任薛维钧带领调查组对小区物业管理情况进行了调查。

4月上旬，市人大常委会副主任薛维钧、毛进兰带领调查组对胶河污染治理整改情况进行了调查。

4月9日，潍坊市人大常委会工业经济运行情况调研组到高密调研。

4月16日，潍坊市人大常委会到高密调研人大信访工作。

4月28日，市十六届人大常委会第十次会议召开。

5月5日，诸城市人大常委会党组书记、第一副主任李宁带领考察组到高密考察经济社会发展情况。高密市人大常委会党组书记、第一副主任崔红旗，市人大常委会党组副书记、副主任张星海等陪同考察。

5月15日，省人大教科文卫委主任委员王懿成到高密考察经济社会发展情况。潍坊市人大教科文卫委副主任委员张国华，潍坊市人大常委会教科文卫工作室主任王恒秋，高密市人大常委会党组书记、第一副主任崔红旗，副主任王家林陪同考察。

5月19日，青岛市政府相关负责人到高密答复驻高密市省人大代表建议办理情况。

5月下旬，市人大常委会党组副书记、副主任张星海带领调查组对平安高密建设情况进行了调查。

5月下旬，市人大常委会副主任王家林带领调查组对市十六届人大二次会议以来代表所提建议办理工作情况进行了调查。

5月下旬，市人大常委会副主任张国廷带领执法检查组对全市贯彻实施《农产品质量安全法》情况进行了执法检查。

5月下旬，市人大常委会副主任张国廷带领调查组对利用世行贷款加强灌溉农业三期项目建设情况进行了调查。

5月下旬，市人大常委会副主任薛维钧、毛进兰带领调查组对城区集中供热情况进行调查。

6月上旬，市人大常委会副主任薛维钧带领调查组对高密市2008年市级财政决算、预算执行和其他财政收支的审计工作情况进行了调查。

6月23日，市十六届人大常委会第十一次会议召开。

7月中旬，市人大常委会副主任王家林带领调查组对市政府贯彻实施市人大常委会“五五”普法规划及2006—2010年依法治市规划决议情况进行调查。

7月中旬，市人大常委会组织调查组对高密市2009年上半年国民经济和社会发展计划及预算执行情况进行了调查。

7月中旬，市人大常委会副主任薛维钧、毛进兰带领执法检查组，对全市贯彻实施《中华人民共和国建筑法》情况进行了检查。

7月21日，潍坊市人大常委会副主任、农业与农村委员会主任委员王永兴带领执法检查组，到高密市检查《农产品质量安全法》贯彻实施情况。高密市人大常委会副主任张国廷，副市长徐振刚等陪同检查。

7月下旬，市人大常委会党组副书记、

副主任张星海带领调查组，对人大信访案件办理工作情况进行了调查。

7月下旬，市人大常委会组织检查组对全市24个垂直管理单位进行了检查评议。

8月中旬，市人大常委会副主任张国廷带领视察组对全市美国白蛾防控工作情况进行了视察。

8月20日，省人大常委会副主任时立军带领执法检查组到高密市检查《中华人民共和国中小企业促进法》和《中小企业促进条例》贯彻实施情况。潍坊市人大常委会党组副书记、副主任王永兴，高密市委书记、市人大常委会主任吴建民，市委副书记、市长范福生，市人大常委会党组书记、第一副主任崔红旗，市委常委、秘书长李庆华，市人大常委会副主任薛维钧等陪同检查。

8月27日，市十六届人大常委会第十二次会议召开。

9月上旬，市人大常委会副主任薛维钧带领检查组对全市贯彻实施《中华人民共和国税收征管法》情况进行了执法检查。

9月11日，市人大常委会组织驻高密省、潍坊市人大代表视察职业教育发展情况。

9月中旬，市人大常委会党组书记、第一副主任崔红旗，副主任薛维钧、毛进兰带领调查组，对全市农村环境污染防治情况进行了调查。

9月中旬，市人大常委会党组副书记、副主任张星海带领调查组，对市人民法院刑事审判工作情况进行了调查。

9月中旬，市人大常委会副主任王家林带领调查组对农村文化建设情况进行了调查。

9月中旬，市人大常委会副主任王家林带领调查组对市工商局预收个体工商户管理费清退问题进行了调查。

9月中旬，市人大常委会副主任张国廷带领调查组对弱电入地情况进行了调查。

9月下旬，市人大常委会副主任张国廷带领调查组对市人民检察院查办和预防职务犯罪工作情况进行了调查。

9月23日，潍坊市人大常委会农业基础设施建设调查组到高密市调研。高密市人大常委会副主任张国廷，副市长徐振刚陪同调研。

9月26日，市人大常委会在姜庄镇召开全市人大代表进社区观摩会。

9月，市人大常委会党组书记、第一副主任崔红旗，党组副书记、副主任张星海带领调查组对涉房民生有关问题进行了调研。

11月3日，市十六届人大常委会第十三次会议召开。

11月中旬，市人大常委会副主任王家林带领检查组对《中华人民共和国安全生产法》贯彻实施情况进行了执法检查。

11月中旬，市人大常委会副主任张国廷带领检查组对《村民委员会组织法》贯彻实施情况进行了执法检查。

12月中旬，市人大常委会对各镇街区人大和市级以上人大代表进行了普遍联系。

12月31日，市十六届人大常委会第十四次会议召开。

2010 年

1月7日，市十六届人大常委会第十五次会议召开。

1月12日至14日，高密市第十六届人民代表大会第三次会议在市大剧院召开。出席代表282人。会议听取并审议了《政府工作报告》《高密市人民代表大会常务委员会工作报告》《高密市人民法院工作报告》《高密市人民检察院工作报告》，审议了《关于高密市2009年国民经济和社会发展计划执行情况与2010年计划草案的报告》《关于高密市2009年预算执行情况和2010年预算草案的报告》，并作出相应决议。会议接受薛维钧辞去高密市第十六届人民代表大会常务委员会副主任职务的请求，万里、刘来忠、姜殿国辞去高密市第十六届人民代表大会常务委员会委员职务的请求。补选刘松青为高密市第十六届人民代表大会常务委员会副主任，朱安达、葛月殿、张延泉、王赓为常务委员会委员。

1月14日，市人大常委会在高密大剧院举行表彰大会，授予马金英、王兆华、张宜宗、曹沛德“高密人民勋章”，表彰高密市优秀人大代表和“十佳干警”。

1月25日，潍坊市人大常委会领导到高密联系驻高密市的潍坊市人大代表。高密市人大常委会党组书记、第一副主任崔红旗，副主任张国廷等陪同活动。

2月24日至27日，驻高密市的潍坊市十五届人大代表出席潍坊市十五届人大三次会议。

3月3日至4日，省人大常委会财政经济工作委员会副主任王同生到高密考察，高密市人大常委会党组书记、第一副书记崔红旗，副主任刘松青等陪同考察。

3月6日，市十六届人大常委会第十六次会议召开。

3月15日，市人大常委会召开全市镇级人代会筹备工作会议。

3月中旬，市人大常委会副主任张国廷带领调查组对现代畜牧业发展情况进行了调查。

3月中旬，市人大常委会副主任郑有奎带领执法检查组，对全市贯彻实施《工会法》情况进行了检查。

3月下旬，市人大常委会党组副书记、副主任张星海带领调查组，对市人民法院信访工作情况进行了调查。

3月下旬，市人大常委会副主任刘松青带领调查组，对推进企业上市工作情况进行了调查。

3月24日，潍坊市人大常委会副主任李本跃带领调查组，到高密市调查法院执行工作和检察院法律监督工作，高密市人大常委会党组书记、第一副主任崔红旗，党组副书记、副主任张星海等陪同。

4月27日，市十六届人大常委会第十七次会议召开。

5月12日，市人大常委会召开人大信息工作会议，市人大常委会党组副书记、副主任张星海出席会议并讲话。

5月14日，日照市东港区人大机关一行4人到高密考察。

5月中旬，市人大常委会党组副书记、副主任张星海带领调查组对全市推进重点项目建设情况进行了调查。

5月中旬，市人大常委会副主任王家林带领调查组对市十六届人大三次会议以来代表建议办理工作情况进行了调查。

5月中旬，市人大常委会副主任张国廷带领检查组对全市贯彻实施《中华人民共和国食品安全法》情况进行了执法检查。

5月中旬，市人大常委会副主任郑有奎带领调查组对小城镇建设情况进行调查。

5月中旬，市人大常委会副主任刘松青带领调查组对市2009年市级财政决算、预算执行和其他财政收支的审计工作情况进行调查。

6月8日，市人大常委会举行“转方式调结构，科学发展我先行”人大代表主题活动动员会议。

6月13日，市十六届人大常委会第十八次会议召开。

6月28日，市十六届人大常委会第十九次会议召开。

6月29日，市人大机关和醴泉街道张新庄联合支部揭牌仪式在张新庄举行。市人大常委会副主任郑有奎揭牌，联合支部书记由市人大常委会办公室主任王赓担任。

7月9日，潍坊市人大农业与农村委员会副主任委员范西智、袁义龙带领调研组，对高密市集体林权制度改革工作情况进行了调研。高密市人大常委会党组书记、第一副主任崔红旗，副主任张国廷，副市长徐振刚等参加了座谈会。

7月中旬，市人大常委会党组副书记、副主任张星海带领调查组对人大信访案件办理工作情况进行了调查。

7月中旬，市人大常委会副主任王家林带领调查组对市人民检察院法律监督工作进行了调查。

7月下旬，市人大常委会副主任张国廷带领检查组对全市贯彻实施《中华人民共和国中小企业促进法》情况进行了执法检查。

7月中旬，市人大常委会副主任郑有奎、毛进兰带领调查组对“五五”普法规划及2006—2010年依法治市规划实施情况进行了调查。

7月中旬，市人大常委会副主任刘松青带领调查组对高密市2010年上半年国民经济和社会发展计划及预算执行情况进行了调查。

7月下旬，市人大常委会分成6个组，对全市11处镇街区人大、市直3个代表小组和市级以上人大代表进行了一次普遍联系。市人大常委会党组书记、第一副主任崔红旗，党组副书记、副主任张星海，副主任王家林、张国廷、郑有奎、毛进兰、刘松青参加了联系活动。

8月2日，市人大常委会召开会议，专题听取了市政府“转变作风，依法行政”工作情况汇报。

8月17日，潍坊市人大常委会副主任李本跃带领调查组，到高密市调研经济和社会发展情况，高密市人大常委会党组书记、第一副主任崔红旗，副主任刘松青，市委常委、副市长李葆东等陪同。

8月中下旬，市人大常委会组织检查组，分别到全市44个市政府工作部门和直属事业单位对“转变作风，依法行政”工作进行检查评议。市人大常委会党组书记、第一副主任崔红旗，党组副书记、副主任张星海，副主任王家林、张国廷、郑有奎、刘松青参加了检查评议活动。

8月27日，市十六届人大常委会第二十次会议召开。

9月14日，潍坊市人大常委会副主任王永兴带领调查组，到高密检查《城市房地产管理法》贯彻实施情况。高密市人大常委会党组书记、第一副主任崔红旗，副主任郑有奎，市委常委、副市长李兰祥等陪同。

9月中旬，市人大常委会党组副书记、副主任张星海带领调查组对市人民法院执行工作情况进行调查。

9月中旬，市人大常委会副主任王家林、毛进兰带领执法检查组对贯彻实施《中华人民共和国体育法》情况进行检查。

9月中旬，市人大常委会副主任张国廷带领调查组对全市烟草生产情况进行调查。

9月中旬，市人大常委会副主任郑有奎带领调查组对中小学校舍安全工程建设情况进行调查。

9月中旬，市人大常委会副主任刘松青带领调查组对城乡居民最低生活保障制度实施情况进行调查。

10月11日，潍坊市人大常委会副主任王永兴带领调查组，到高密市调研现代畜牧业发展情况，高密市人大常委会党组书记、第一副主任崔红旗，副主任张国廷，市委常委、副市长徐振刚等陪同活动。

10月12日，潍坊市人大常委会调查组来高密市调研教育工作情况，高密市人大常委会党组书记、第一副主任崔红旗，副主任王家林，副市长钟亮成等陪同活动。

10月26日，市十六届人大常委会第二十一次会议召开。

11月中旬，市人大常委会副主任张国廷带领调查组对全市传染病防治工作情况进行了调查。

11月中旬，市人大常委会副主任郑有奎、毛进兰带领调查组对治理道路交通秩序情况进行了调查。

11月中旬，市人大常委会副主任刘松青带领执法检查组对贯彻实施《税收征管法》情况进行了检查。

11月中下旬，市人大常委会组织开展高密市优秀人大代表和“十佳干警”评选活动。

12月10日，市十六届人大常委会第二十二次会议召开。

12月15日，部分驻潍全国、省人大代表到高密市视察经济和社会发展情况。高密市委副书记、市长范福生，市政协主席齐世增，市人大常委会党组书记、第一副主任崔红旗，副主任王家林等陪同视察。

12月中下旬，市人大常委会对各镇街区人大和市级以上人大代表进行普遍联系。

12月28日，市十六届人大常委会第二十三次会议召开。

2011年

1月11日，市十六届人大常委会第二十四次会议召开。

1月14日，省人大常委会办公厅信访局局长张建国带领调研组，到高密市调研人大信访工作。潍坊市人大常委会信访室主任陈平，高密市人大常委会党组书记、第一副主任崔红旗，党组副书记、副主任张星海等陪同。

1月17日，市十六届人大常委会第二十五次会议召开。

1月21日至23日，高密市第十六届人民代表大会第四次会议在高密大剧院召开，277名代表出席会议，176人列席会议。会议听取审议《政府工作报告》《高密市人民代表大会常务委员会工作报告》《高密市人民法院工作报告》《高密市人民检察院工作报告》，审议了《关于高密市2010年国民经济和社会发展计划执行情况与2011年计划草案的报告》《关于高密市2010年预算执行情况和2011年预算草案的报告》，并作出相应决议。会议接受王连友、田凯文、郭宗祥辞去高密市第十六届人民代表大会常务委员会委员职务的请求。补选姜言启、徐胜利、魏征为高密市第十六届人民代表大会常务委员会委员。

1月23日，市人大常委会在高密大剧院举行表彰大会。

3月16日，市人大常委会举行全市镇级人代会筹备工作会议。

3月23日，潍坊市人大常委会党组书记、第一副主任李守玉到高密市检查指导人大代表进社区工作。高密市委书记、市人大常委会主任吴建民，市人大常委会党组书记、第一副主任崔红旗，副主任王家林等陪同检查。

3月25日，市十六届人大常委会第二十六次会议召开。

4月中旬，市人大常委会党组书记、第一副主任崔红旗，党组副书记、副主任张星海带领调查组对全市社会治安工作情况进行调查。

4月中旬，市人大常委会副主任王家林、毛进兰带领调查组对全市义务教育均衡发展情况进行调查。

4月中旬，市人大常委会副主任张国廷带领调查组对全市优化发展高效特色种植业工作情况进行调查。

4月中旬，市人大常委会副主任郑有奎带领执法检查组对全市贯彻落实《清洁生产促进法》情况进行检查。

4月中旬，市人大常委会副主任刘松青带领调查组对全市文化产业发展情况进行调查。

4月28日，市十六届人大常委会第二十七次会议召开。

5月17日，市人大常委会组织离退休老干部观看高密市部分经济和社会发展成果，党组副书记、副主任张星海，办公室、老干部工作办公室的有关人员陪同活动。

5月18日，潍坊市人大常委会委员、内务司法委员会副主任委员孟祥志带领调查组来高密市调查普法和依法治市情况。高密市人大常委会党组副书记、副主任张星海，市政府副市长钟亮成等陪同。

5月中旬，市人大常委会组织调查组对市十六届人大四次会议以来代表所提建议办理情况进行调查。市人大常委会党组书记、第一副主任崔红旗，副主任王家林、毛进兰及有关人大代表参加调查。

5月中旬，市人大常委会副主任刘松青带领调查组对高密市2010年市级财政决算情况进行了调查。

5月20日，市人大常委会举办全市人大代表法律知识培训班。市人大常委会党组书记、第一副主任崔红旗，副主任王家林、刘松青出席培训活动。

5月27日，潍坊市人大常委会党组副书记、副主任刘明珂带领执法检查组到高密市检查《动物防疫法》贯彻实施情况。高密市委副书记杜洪君，市人大党组书记、第一副主任崔红旗，副市长刘秀平等陪同视察。

6月3日，潍坊市人大代表“转方式调结构，科学发展我先行”主题活动经验交流会在高密市召开。潍坊市人大常委会副主任杨继生，高密市委书记、市人大常委会主任吴建民，市委副书记杜洪君，市人大常委会党组书记、第一副主任崔红旗，副主任王家林等出席会议。

6月28日，市人大常委会党组书记、第一副主任崔红旗，副主任郑有奎等领导到醴泉街道张新庄村看望慰问了部分生活困难老党员，实地察看该村水利基础设施建设和经济发展情况，组织部分党员召开了市人大机关、北大王庄、张新庄村联合党支部组织生活会。

6月29日，市十六届人大常委会第二十八次会议召开。

7月8日，市人大常委会组织全体党员干部集体学习中共中央总书记胡锦涛在庆祝中国共产党成立90周年大会上的讲话。

7月上旬，市人大常委会副主任张国廷带领视察组对黄烟生产情况进行视察。

7月中旬，市人大常委会分成6个组，对全市11处镇街区人大、市直3个代表小组和市级以上人大代表进行了联系。

7月下旬，市人大常委会党组副书记、副主任张星海带领调查组对人大转办信访案件办理工作情况进行了调查。

7月下旬，市人大常委会副主任王家林、毛进兰带领执法检查组对《人口与计划生育法》贯彻实施情况进行了检查。

7月下旬，市人大常委会副主任张国廷带领调查组对全市农田水利基本建设情况进行了调查。

7月下旬，市人大常委会副主任郑有奎带领调查组对全市卫生工作情况进行了调查。

7月下旬，市人大常委会副主任刘松青带领调查组对2011年上半年国民经济和社会发展计划及财政预算执行情况进行了调查。

7月29日，市十六届人大常委会第二十九次会议召开。

8月15日，潍坊市人大常委会副主任康凤英到高密市视察食品安全法实施情况。高密市人大常委会党组书记、第一副主任崔红旗，副主任王家林，副市长刘秀平等陪同视察。

8月下旬，市人大常委会组织专题调查组对农村集中居住区建设情况进行了调查。

8月26日，市十六届人大常委会第三十次会议召开。

9月下旬，市人大常委会党组副书记、副主任张星海带领调查组对法院行政审判工作情况进行了调查。

9月下旬，市人大常委会副主任刘松青带领调查组对检察院检务公开工作情况进行了调查。

9月下旬，市人大常委会副主任郑有奎带领调查组对城市管理工作情况进行了调查。

9月下旬，市人大常委会副主任张国廷对现代农业示范园区建设情况进行了调查。

9月22日，市十六届人大常委会第三十一次会议召开。

10月17日，潍坊市人大常委会副主任杨继生到高密市调研换届选举工作开展情况。

10月25日，市选举工作委员会在市会议中心举行第一次会议暨选举督导工作会议。

10月28日，市选举委员会举办全市人大换届选举选区划分和选民登记工作培训班。

11月8日，市十六届人大常委会第三十二次会议召开。

11月11日，市选举委员会在市会议中心举行第二次会议暨选举督导工作会议。

12月4日，市十六届人大常委会第三十三次会议召开。

12月6日，潍坊市人大常委会秘书长、潍坊市县镇人大换届选举联席会议召集人张军带队到高密市检查指导市镇人大换届选举工作。

12月15日，潍坊市人大常委会副主任刘明珂带领调查组对高密市落实潍坊市人大常委会《关于积极推进畜禽粪便等污染物循环再利用加快生态有机农业发展的议案》的决议情况进行了调查。

12月16日，为全市选举日，各选区同时组织召开了选举大会，按照城乡按相同人口比例选举人大代表。共选出高密市第十七届人大代表285名。

12月21日，市十六届人大常委会第三十五次会议召开。

12月29日，市十六届人大常委会第三十六次会议召开。

2012年

1月11日至14日，高密市第十七届人民代表大会第一次会议在市大剧院召开，出席代表284人。会议听取并审议了《政府工作报告》《高密市人民代表大会常务委员会工作报告》《高密市人民法院工作报告》《高密市人民检察院工作报告》，审议了《关于高密市2011年国民经济和社会发展计划执行情况与2012年计划草案的报告》《关于高密市2011年预算执行情况和2012年预算草案的报告》，并作出相应决议。会议选举产生了由26人组成的高密市第十七届人民代表大会常务委员会，范福生为主任，钟亮成、刘松青、毛进兰（女）、于钦明、宫德胜为副主任。选举杨建华为高密市人民政府市长，刘建成、徐振刚、殷玉萍（女）、王永亮、汤振国、赵海龙为副市长。选举李鲁民为高密市人民法院院长。选举隋国华为高密市人民检察院检察长。选举53名潍坊市第十六届人民代表大会代表。

2月25日，市十七届人大常委会第一次会议召开。

3月8日，市人大常委会机关包村工作组到醴泉街道张新庄社区，就包村联户工作、提升农村基层党组织建设水平、推进农村社区经济发展等工作进行了调研。

3月中旬，市人大常委会党组副书记、副主任刘松青，副主任毛进兰带领调查组对《人口与计划生育法》贯彻实施情况进行了调查。

3月中旬，市人大常委会副主任于钦明带领调查组对城市管理行政执法工作情况进行了调查。

3月中旬，市人大常委会党组副书记王家林带领调查组对全市教育工作情况进行了调查。

3月下旬，市人大常委会党组书记、第一副主任钟亮成，副主任于钦明带领调查组对全市现代农业发展情况进行了调查。

3月下旬，市人大常委会副主任刘松青，副主任毛进兰带领调查组对《中华人民共和国检察官法》贯彻实施情况进行了调查。

3月26日，潍坊市人大常委会委员、内务司法委员会副主任委员孟祥志带领调查组来高密市就人才工作进行了专题调研。

3月29日，潍坊市人大常委会副主任、农业与农村委员会主任委员李世光带领调查组对高密市农村水利工程建设管理工作进行了调研。

4月27日，市十七届人大常委会第二次会议召开。

5月4日，寿光市人大常委会党组书记、副主任林立星带领寿光市人大离退休老干部到高密参观城市建设工作。

5月8日，潍坊市人大常委会委员、教科文卫委员会副主任委员聂振萍带领调研组对高密医药卫生体制改革情况进行了调查。

5月中旬，市人大常委会副主任于钦明带领调查组对高新技术产业发展情况进行了调查。

5月中旬，市人大常委会党组副书记王家林带领执法检查组对贯彻实施《中华人民共和国行政许可法》情况进行了检查。

5月下旬，市人大常委会党组副书记、副主任刘松青，副主任毛进兰带领调查组对高密市2011年市级财政决算、预算执行和其他财政收支的审计工作情况进行了调查。

5月24日，垦利市人大常委会副主任杨广岭带领考察组到高密考察学习人大代表小组建设情况。

5月30日，市人大常委会召开党组扩大会议，学习贯彻省第十次党代会精神。市人大常委会党组书记、第一副主任钟亮成主持会议并讲话。党组副书记、副主任刘松青，党组副书记王家林，副主任于钦明、宫德胜、毛进兰及驻会常委、机关全体工作人员参加会议。

6月5日，潍坊市人大常委会副主任刘明珂带领视察组视察高密市“蓝黄”两区建设情况。高密市人大常委会党组书记、第一副主任钟亮成，市委常委、副市长刘建成，市人大常委会副主任刘松青等陪同活动。

6月12日，潍坊市人大常委会副主任李世光到高密市参加潍坊市人大代表驻高密第二小组开展的视察现代畜牧业活动，高密市人大常委会党组书记、第一副主任钟亮成，党组副书记王家林陪同活动。

6月13日，临朐县人大常委会副主任衣萍带领考察组，到高密交流人大信访工作。高密市人大常委会副主任刘松青陪同考察。

6月26日，市十七届人大常委会第三次会议召开。

6月27日，龙口市人大党组书记、第一副主任赵刚带领考察组到高密市考察学习人大代表小组建设情况。

7月11日，市人大常委会党组书记、第一副主任钟亮成联系驻高密的省人大代表和驻市直的潍坊市人大代表。

7月中旬，市人大常委会分组对全市13处镇街区人大、市直2个代表小组和市级以上人大代表进行了普遍联系。市人大常委会党组书记、第一副主任钟亮成，党组副书记、副主任刘松青，副主任毛进兰、于钦明，党组副书记王家林参加了联系活动。

7月下旬，市人大常委会党组副书记、副主任刘松青，副主任毛进兰带领调查组对2012年国民经济和社会发展计划及预算执行情况进行了调查。

7月下旬，市人大常委会副主任于钦明带领调查组对农产品质量安全情况进行了调查。

7月下旬，市人大常委会党组副书记王家林带领调查组对市十七届人大一次会议以来代表建议办理情况进行了调查。

8月23日，市十七届人大常委会第四次会议召开。

9月6日，潍坊市人大常委会副主任花兆贤到高密视察《中华人民共和国消防法》贯彻实施情况，高密市人大常委会党组书记、第一副主任钟亮成陪同。

9月上旬，市人大常委会党组书记、第一副主任钟亮成，副主任于钦明带领视察组对市政府工作报告中提出年内要办的“十件实事”进展情况进行了视察。

9月上旬，市人大常委会党组副书记、副主任刘松青，副主任毛进兰带领调查组对《中华人民共和国法官法》贯彻实施情况进行了调查。

9月上旬，市人大常委会党组副书记、副主任刘松青带领调查组对人大转办信访案件办理工作情况进行了调查。

9月14日，青州市人大常委会副主任于玮亭带领考察组到高密考察学习人大工作。

10月17日，市人大常委会党组书记、第一副主任钟亮成看望百岁老人。

10月19日，市人大常委会党组书记、第一副主任钟亮成到醴泉街道敬老院看望五保老人。

10月24日，市十七届人大常委会第五次会议召开。

11月21日，潍坊市人大常委会副主任刘明珂带领调查组到高密市调查文化潍坊建设情况。高密市人大常委会党组书记、第一副主任钟亮成陪同。

11月30日，潍坊人大常委会代表联络组来高密市联系驻高密潍坊市人大代表。

12月上旬，市人大常委会分成4个组，对镇街区人大和市级以上人大代表进行了一次普遍联系。

12月28日，市十七届人大常委会第六次会议召开。

2013年

2月7日，市十七届人大常委会第七次会议召开。

2月18日至20日，高密市第十七届人民代表大会第二次会议在市大剧院召开，出席代表279人。会议听取并审议了《政府工作报告》《高密市人民代表大会常务委员会工作报告》《高密市人民法院工作报告》《高密市人民检察院工作报告》，审议了《关于高密市2012年国民经济和社会发展计划执行情况与2013年计划草案的报告》《关于高密市2012年预算执行情况和2013年预算草案的报告》，并作出相应决议。补选杜启强为高密市第十七届人民代表大会常务委员会委员。

3月12日，市人大常委会副主任于钦明带领调查组对全市城市交通管理工作情况进行了调查。

3月13日，市人大常委会副主任宫德胜带领视察组对全市小区物业管理情况进行了视察。

3月19日，潍坊市人大常委会副主任刘明珂、毛秀凤带领调查组到高密对“创新潍坊”建设情况进行了调查。高密市人大常委会党组书记、第一副主任钟亮成陪同调查。

3月19日，市人大常委会党组副书记、副主任刘松青，副主任毛进兰带领调查组对社会治安综理情况进行了调查。

3月20日，市人大常委会党组副书记周德春带领调查组对残疾人保障法贯彻实施情况进行了调查。

3月21日，潍坊市人大常委会党组书记、第一副主任胡岗到高密进行调研和指导。市委书记、市人大常委会主任范福生，市人大常委会党组书记、第一副主任钟亮成等陪同活动。

3月27日，市人大常委会党组副书记王家林、王福敏带领调查组对全市文化产业发展情况进行了调查。

4月1日，潍坊市人大常委会副主任、财经委主任委员花兆贤带领调查组到高密调查经济发展软环境建设情况。高密市人大常委会党组书记、第一副主任钟亮成陪同。

4月25日，市十七届人大常委会第八次

会议召开。

5月中旬，市人大常委会副主任于钦明带领执法检查组对全市《环境保护法》贯彻实施情况进行了检查。

5月中旬，市人大常委会副主任宫德胜、党组副书记周德春带领调查组对高密市2012年财政决算、预算执行和其他财政收支的审计工作情况进行了调查。

5月下旬，市人大常委会党组副书记、副主任刘松青，副主任毛进兰带领检查组对市人民法院工作情况进行了检查评议。

5月21日，潍坊市人大常委会副主任李世光带领调查组到高密调查现代农业示范基地建设和提升农业保障水平工作情况，高密市人大常委会党组书记、第一副主任钟亮成陪同。

5月27日，潍坊市人大常委会委员、内司委副主任委员孟祥志带领调查组到高密调查诉讼诚信体系建设工作。高密市人大常委会副主任刘松青陪同。

5月29日，潍坊市人大常委会副主任毛秀凤带领视察组，对高密市工业项目转调创工作情况进行了视察。高密市人大常委会党组书记、第一副主任钟亮成等领导陪同。

6月29日，市十七届人大常委会第九次会议召开。

7月17日，潍坊市人大常委会副主任刘明珂、毛秀凤带领视察组，到高密市视察潍水文化生态保护实验区建设情况。高密市人大常委会党组书记、第一副主任钟亮成等陪同视察。

7月中旬，市人大常委会分成6个组，由常委会领导带队，对全市镇街区人大和市级以上人大代表进行了一次普遍联系。

7月下旬，市人大常委会党组副书记王家林、王福敏带领调查组对高密市十七届人大二次会议以来代表所提建议办理情况进行了调查。

7月18日，市人大常委会副主任刘松青、毛进兰带领调查组对市人民检察院的工作进行了评议。

7月18日至19日，市人大常委会副主任于钦明、党组副书记周德春带领视察组对全市招商引资及城北工业区建设情况进行了视察。

7月24日，市十七届人大常委会第十次会议召开。

同日，市企业界人大代表创新发展促进会成立大会在市会议中心一楼会议室召开。市委书记、市人大常委会主任范福生出席会议并讲话，市人大常委会党组书记、第一副主任钟亮成主持会议。

8月上旬，市人大常委会副主任宫德胜带领调查组对高密市2013年上半年国民经济和社会发展计划及预算执行情况进行了调查。

8月28日，市十七届人大常委会第十一次会议召开。

9月12日，市人大常委会副主任刘松青带领调查组对“六五”普法规划及2011—2015年依法治市规划贯彻实施情况进行了调查。

9月中旬，市人大常委会组织视察组对

2013年政府承诺办理的十件实事进展情况进行了视察。市人大常委会副主任于钦明，党组副书记周德春、王福敏参加视察。

9月17日，市人大常委会副主任宫德胜带领调查组对《关于优化城区高中布局新建高密一中的议案》办理情况进行了调查。

10月12日，市企业界人大代表创新发展促进会组织召开银企对接洽谈会。市人大常委会党组书记、第一副主任钟亮成出席会议并讲话，党组副书记、副主任刘松青出席会议，副主任宫德胜主持会议。

10月25日，市十七届人大常委会第十二次会议召开。

10月28日，潍坊市人大常委会顾问张红霞一行就高密市人大代表小组建设工作情况来高密检查指导工作。高密市人大常委会党组书记、第一副主任钟亮成等陪同检查。

11月下旬，市人大常委会副主任于钦明带领调查组对小城镇建设情况进行了调查。

11月下旬，市人大常委会党组副书记周德春带领调查组对国土资源管理情况进行了调查。

12月上旬，市人大常委会分成7个组，对镇街区人大和市级以上人大代表进行了一次普遍联系。

12月12日，潍坊市人大常委会副主任毛秀凤带领驻潍坊市直的全国、省人大代表来高密市开展专题调研活动。潍坊市人大常委会副秘书长、人事代表室主任周晓钟陪同活动。

12月23日，市十七届人大常委会第十三次会议召开。

2014年

1月26日，市十七届人大常委会第十四次会议召开。

2月17日至19日，高密市第十七届人民代表大会第三次会议在市大剧院召开，276名代表出席会议。会议听取并审议了《政府工作报告》《高密市人民代表大会常务委员会工作报告》《高密市人民法院工作报告》《高密市人民检察院工作报告》，审议了《关于高密市2013年国民经济和社会发展计划执行情况与2014年计划草案的报告》《关于高密市2013年预算执行情况和2014年预算草案的报告》，并作出相应决议。补选邵春生、马训利、仪义直、李铭为高密市第十七届人民代表大会常务委员会委员。

3月11日，市十七届人大常委会第十五次会议召开。

3月17日，市人大常委会党组召开市人大常委会党组及机关党的群众路线教育实践活动动员大会，市人大常委会党组书记、第一副主任钟亮成主持会议并发表动员讲话。

3月26日，潍坊市人大内务司法委员会副主任委员徐玉军带队，到高密调查社会救助体系建设情况。高密市人大常委会党组书记、第一副主任钟亮成陪同活动。

3月28日，市人大常委会组织检查组对全市《中华人民共和国大气污染防治法》贯彻实施情况进行执法检查。市人大常委会副主任于钦明参加检查。

4月2日，市人大常委会组织调查组对农村医疗卫生工作进行了专题调查。市人大常委会党组副书记王福敏参加调查。

4月3日，市人大常委会组织调查组对现代农业示范基地建设情况进行了专题调查。市人大常委会党组书记、第一副主任钟亮成，党组副书记周德春参加调查。

4月3日，市人大常委会在建设局会议室组织召开全市“法律学习年”活动动员会议。全市47个执法部门分管负责人参加会议。市人大常委会党组副书记、副主任刘松青出席会议并讲话。

4月9日，市人大常委会组织调查组对全民创业就业工作情况进行调查。市人大常委会党组副书记、副主任刘松青，副主任毛进兰参加调查。

4月10日，市人大常委会组织调查组对智慧城市建设情况进行调查，市人大常委会副主任宫德胜参加调查。

4月17日，潍坊市人大常委会党组书记、第一副主任胡岗到高密参加寒亭、诸城、昌邑、高密4区市全国、省人大代表联组活动。高密市委书记、市人大常委会主任范福生，市人大常委会党组书记、第一副主任钟亮成陪同活动。

5月5日，市十七届人大常委会第十六次会议召开。

5月9日，东营市河口区人大常委会副主任丁水林到高密考察学习医疗卫生工作，高密市人大常委会党组副书记王福敏陪同活动。

5月15日，潍坊市人大常委会副主任、民侨外委主任委员李世光带队，到高密调查民族宗教管理工作，高密市人大常委会党组书记、第一副主任钟亮成陪同活动。

6月上旬，市人大常委会副主任于钦明，党组副书记周德春、王福敏分别带队，对市十七届三次会议以来代表所提建议进行了督办。

6月17日，市人大常委会副主任宫德胜带领调查组对2013年财政决算情况进行了调查。

6月27日，市十七届人大常委会第十七次会议召开。

7月15日至16日，市人大常委会副主任于钦明带领调查组对市十七届人大三次会议确定的议案和重点建议办理情况进行了调查。

7月16日，市人大常委会党组副书记、副主任刘松青，副主任毛进兰带领由部分人大代表组成的调查组，对市人民检察院预防职务犯罪工作情况进行了调查。

7月下旬，市人大常委会党组副书记王福敏带领调查组对市十七届人大三次会议以来代表建议办理情况进行了调查。

7月22日，市人大常委会党组副书记、副主任刘松青，副主任毛进兰带领调查组，对人大信访案件办理工作情况进行了调查。

7月24日，市人大常委会副主任宫德胜带领调查组对2014年上半年国民经济计划与预算执行情况进行了调查。

8月7日，省人大常委会委员、财政经济委员会主任委员杜昌祚带领省人大视察组，到高密视察企业技术进步和自主创新情况。潍坊市人大常委会副主任花兆贤，高密市委书记、市人大常委会主任范福生，市人大常委会党组书记、第一副主任钟亮成等陪同视察。

8月13日，市人大常委会党组召开党的群众路线教育实践活动专题民主生活会，党组书记、第一副主任钟亮成主持会议。省、潍坊市赴高密联合督导组副组长陈本林等到会指导。

8月22日，市十七届人大常委会第十八次会议召开。

8月29日，潍坊市人大常委会副主任刘明珂、副主任毛秀凤，率领由部分市人大代表、环保专家及新闻媒体记者组成的“风筝都环保世纪行”活动小组，对高密市加强环境保护、消灭污水直排工作进行检查督导和专题采访。高密市委书记、市人大常委会主任范福生，市人大常委会党组书记、第一副主任钟亮成等陪同活动。

9月10日，潍坊市人大常委会党组书记、第一副主任胡岗到高密调研镇（街、区）人大工作。高密市委书记、市人大常委会主任范福生，市委副书记万丽，市人大常委会党组书记、第一副主任钟亮成等陪同活动。

9月16日至17日，市人大常委会副主任于钦明带领调查组对全市旧城改造回迁安置工作情况进行了调查。

9月23日至25日，市人大常委会党组成员周德春带领调查组，对全市农产品质量安全监督工作情况进行了调查。

9月25日，潍坊市人大常委会副主任毛秀凤带领调研组到高密市调研食品安全基层基础工作，高密市人大常委会党组书记、第一副主任钟亮成及市政府有关领导陪同活动。

9月26日，市企业界人大代表创新发展促进会组织举办会长企业观摩交流活动。与会企业家进行了现场观摩，并召开了经验交流座谈会。市委书记、市人大常委会主任范福生出席会议并讲话，会议由市人大常委会党组书记、第一副主任钟亮成主持，市人大常委会副主任宫德胜参加活动。

9月30日，潍坊市人大常委会检查组来高密市对贯彻实施《农民专业合作社法》情况进行执法检查。高密市人大常委会党组书记、第一副主任钟亮成，市委常委、副市长徐振刚，市人大常委会党组成员周德春陪同活动。

10月15日，平度市人大常委会考察组来高密考察非物质文化遗产保护工作。高密市人大常委会党组成员王福敏陪同活动。

10月17日，市人大常委会在夏庄镇组织召开全市乡镇人大工作座谈会，市人大常委会党组书记、第一副主任钟亮成参加会议并讲话，潍坊市人大常委会副秘书长、人事代表室主任毛洪涛应邀出席会议。

同日，市人大常委会组织17名人大代表到市人民法院旁听民事审判案件，市人大常委会副主任刘松青、毛进兰参加活动。

10月28日，市十七届人大常委会第十九次会议召开。

11月6日，市人大常委会党组召开党的群众路线教育实践活动总结大会，市人大常委会党组书记、第一副主任钟亮成主持会议并讲话。省市联合督导组成员王增贵、周泽平出席会议。

11月6日，潍坊市人大常委会委员、民侨外委副主任委员周晓钟到高密市联系走访“潍坊市荣誉市民”。高密市人大常委会党组成员王福敏陪同活动。

11月10日，市人大常委会党组召开会议学习党的十八届四中全会通过的《中共中央关于全面推进依法治国若干重大问题的决定》，党组书记、第一副主任钟亮成主持会议并讲话。

11月14日，市人大常委会组织市政府工作部门、直属事业单位及垂直管理单位主要负责人，市人民法院副院长，市人民检察院副检察长，进行了法律知识考试。市人大常委会党组书记、第一副主任钟亮成担任主考。

11月17日至21日，按照高密市人大常委会《关于群众最需要解决的实际问题征集活动的实施方案》的安排，常委会领导、驻会常委、委室主任带领17个工作组分赴各镇街区、市直代表小组征求群众最需要解决的实际问题。

11月20日，潍坊市人大常委会信访工作会议在高密召开，市人大常委会副主任刘明珂出席会议并讲话，秘书长王秀禄主持会议。高密市人大常委会党组书记、第一副主任钟亮成，副主任刘松青出席会议。潍坊市人大常委会信访工作领导小组部分成员，潍坊市委市政府信访局、市中级人民法院、市检察院、市公安局分管负责人，潍坊市各县市区人大常委会分管副主任和信访工作机构负责人参加了会议。

12月2日，乳山市人大常委会考察组来高密考察学习。高密市人大常委会党组成员王福敏陪同考察。

12月5日，潍坊市人大常委会调查组来高密调查《行政许可法》贯彻实施情况，高密市人大常委会党组书记、第一副主任钟亮成陪同活动。

12月24日，市十七届人大常委会第二十次会议召开。

12月25日，临朐县人大常委会考察组到高密考察学习。

2015年

1月25日，江苏省镇江市人大常委会考察团来高密考察学习，高密市人大常委会副主任于钦明陪同考察。

1月27日，市十七届人大常委会第二十一次会议召开。

2月3日至5日，高密市第十七届人民代表大会第四次会议在市大剧院召开，出席代表266人。会议听取并审议了《政府工作报告》《高密市人民代表大会常务委员会工作报告》《高密市人民法院工作报告》《高密市人民检察院工作报告》，审议了《关于高密市2014年国民经济和社会发展计划执行情况与2015年计划草案的报告》《关于高密市2014年预算执行情况和2015年预算草案的报告》，并作出相应决议。补选周德春、王福敏、苗金友、王述忠、李锡朋为高密市第十七届人民代表大会常务委员会委员。

3月18日，市十七届人大常委会第二十三次会议召开。

3月19日，潍坊市人大常委会党组书记、第一副主任胡岗到高密调研外向型企业转型发展情况。高密市委书记、市人大常委会主任范福生，市人大常委会党组书记、第一副主任钟亮成等陪同活动。

4月1日，市人大常委会副主任于钦明带领调查组对城市精细化管理工作情况进行了调查。

4月2日，市人大常委会副主任宫德胜带领调查组对全市实体经济发展情况进行调查。

4月2日，市人大常委会党组成员王福敏带领调查组对全市职业教育工作情况进行调查。

4月6日，全国人大常委会办公厅信访局六处处长高树进带领调研组到高密调研考察信访工作。高密市人大常委会党组书记、第一副主任钟亮成，党组副书记、副主任刘松青陪同。

4月8日，市人大常委会党组成员周德春带领检查组对《中华人民共和国农民专业合作社法》执行情况进行检查。

4月10日，潍坊市人大常委会副主任毛秀凤到高密开展生态环境安全情况专题调研，高密市人大常委会党组副书记、副主任刘松青陪同。

4月17日，浙江省桐庐县人大考察组到高密考察都市农业发展情况，高密市人大常委会党组成员周德春陪同。

4月29日，市十七届人大常委会第二十四次会议召开。

5月5日，泰安市新泰市人大常委会主任张宏带领考察组到高密考察学习开发区建设和区内优势产业培育的经验，高密市人大常委会党组副书记、副主任刘松青，党组成员王福敏陪同。

5月8日，昌乐县人大常委会党组副书记、副主任王少鹏带领考察组到高密学习考察代表工作，高密市人大常委会党组成员王福敏陪同。

5月12日，潍坊市人大常委会代表资格审查委员会主任委员张军带领调研组到高密调研代表工作。高密市人大常委会党组书记、第一副主任钟亮成，党组成员王福敏陪同。

5月20日至22日，市人大常委会在市委党校举办全市人大干部学习班，对全市80多名人大干部进行业务培训。市人大常委会党组书记、第一副主任钟亮成出席开班典礼并讲话。各镇人大副主席、秘书，各街区人大工作室主任、副主任、秘书，注沟现代农业发展区人大工作负责人，驻高密省、潍坊市人大代表各小组联络员，市直市人大代表各小组召集人、联络员，市人大常委会机关工作人员参加学习。

6月11日，市人大常委会党组副书记、

副主任刘松青，副主任毛进兰带领调查组对检察院控告申诉工作情况进行了调查。

6月16日至18日，市人大常委会副主任宫德胜带领调查组对2014年市级财政决算情况进行了调查。

6月27日，市十七届人大常委会第二十五次会议召开。

7月2日，潍坊市人大常委会农业农村委有关领导带领检查组到高密检查抗旱“双保”（保苗、保夏播）工作情况。高密市人大常委会党组书记、第一副主任钟亮成等领导陪同活动。

7月下旬，市人大常委会副主任宫德胜带领调查组对2015年上半年国民经济和社会发展计划及财政预算执行情况进行了调查。

7月15日，市人大常委会副主任于钦明带领调查组对“三八六”环保工作情况进行了调查。

7月24日，市人大常委会党组成员周德春带领调查组对关于《加快东北乡文化旅游产业发展议案》办理工作情况进行了调查。

7月28日，市人大常委会党组副书记、副主任刘松青，副主任毛进兰带领调查组对人大转办信访案件办理工作情况进行了调查。

7月下旬，市人大常委会党组成员王福敏带领调查组对市十七届人大四次会议以来代表建议办理工作情况进行了调查。

8月5日，潍坊市委督查室和潍坊市人大办公室组成联合督查组对高密市贯彻落实潍坊市人大工作会议精神和《关于进一步加强和改进人大工作的意见》情况进行专项督查，并征求了推进人大工作的建议。高密市委副书记万丽参加会议，市人大常委会党组成员王福敏汇报了高密市的贯彻落实情况。

8月下旬，市人大常委会组织驻高密潍坊市人大代表开展了“完善老年人社会保障机制、加快养老服务体系建设”专题调研活动。市人大常委会党组书记、第一副主任钟亮成及有关领导参加活动，市政府副市长殷玉萍陪同。

8月26日，市十七届人大常委会第二十六次会议召开。

9月22日，市人大常委会党组副书记、副主任刘松青带领调查组对市人民法院司法公开工作情况进行了调查。

9月15日，市人大常委会组织召开了镇街区人大工作现场会。与会人员首先观摩了夏庄镇、柴沟镇人大办公室和市、镇两级人大代表小组活动室，学习镇人大工作规范化、制度化建设经验。召开了座谈会，传达学习了中央有关文件精神，听取了夏庄镇、柴沟镇人大工作介绍。

9月24日，潍坊市人大常委会调查组来高密调查检察院控告申诉工作情况，高密市人大常委会党组书记、第一副主任钟亮成，党组副书记、副主任刘松青陪同调查。

10月15日，市人大常委会党组书记、第一副主任钟亮成走访慰问醴泉街道敬老院，看望百岁高龄老人。

10月16日，湖南省株洲市人大常委会考察团到高密考察学习，高密市人大常委会党组书记、第一副主任钟亮成，副主任于钦明陪同活动。

10月下旬，市人大常委会副主任宫德胜带领检查组对银行业金融机构服务经济发展情况进行了检查评议。

10月27日，市十七届人大常委会第二十七次会议召开。

11月11日，潍坊市人大常委会副主任毛秀凤带队对高密市贯彻实施环境保护法、推进“三八六”决策（围绕三个目标、打响八大战役、强化六项保障）部署落实情况进行执法检查。高密市人大常委会党组书记、第一副主任钟亮成，副主任于钦明陪同活动。

11月12日，省人大常委会调研组到高密市对乡村旅游发展情况进行调研。高密市人大常委会党组书记、第一副主任钟亮成，党组成员王福敏陪同活动。

11月17日，市人大常委会组织举办全市预算法培训班。市人大常委会党组书记、第一副主任钟亮成等领导参加培训。

12月1日，市人大常委会党组成员周德春带领调查组对“十二五”水利工程建设情况进行调查。

12月10日，北京市昌平区人大常委会副主任杨洪达带领考察组到高密考察调研镇街区人大工作建设情况。潍坊市人大有关领导，高密市人大常委会党组副书记、副主任刘松青，党组成员王福敏陪同活动。

同日，潍坊市人大常委会副主任李世光带领视察组到高密视察农村产权交易及家庭农场发展情况。高密市人大常委会党组书记、第一副主任钟亮成，市委常委、副市长殷玉萍，市人大常委会党组成员委周德春陪同活动。

12月24日，市十七届人大常委会第二十八次会议召开。

2016年

2月2日，市人大常委会党组书记、第一副主任钟亮成到康庄敬老院进行走访。

2月3日，市十七届市人大常委会第二十九次会议召开。

2月25日至27日，高密市第十七届人民代表大会第五次会议在市大剧院召开，266名代表出席会议。会议听取并审议了《政府工作报告》《高密市人民代表大会常务委员会工作报告》《高密市人民法院工作报告》《高密市人民检察院工作报告》，审议了《关于高密市2015年国民经济和社会发展计划执行情况与2016年计划草案的报告》《关于高密市2015年预算执行情况和2016年预算草案的报告》，并作出相应决议。会议接受王赓、王聚才、吕春芳、李传洲、荆瑞军、韩志超辞去高密市第十七届人民代表大会常务委员会委员职务的请求，补选郑兆波、范立标、李宗福、于道河、严凤辉、刘玉梅、周发家为高密市第十七届人民代表大会常务委员会委员。表决通过高密市第十七届人民代表大会内务司法委员会、财政经济委员会、教科文卫委员会、城建环保委员会、农业农村委员会等5个专门委员会组成人员。

3月9日，潍坊市人大常委会副主任王

卫东带领检查组，对高密市贯彻实施《中华人民共和国安全生产法》情况进行执法检查。高密市人大常委会党组书记、第一副主任钟亮成，党组副书记、副主任刘松青等陪同检查。

3 月 11 日，市十七届人大常委会第三十次会议召开。

3 月 16 日，全市镇级人代会例会筹备工作会议在市人大常委会主任会议室召开，市委副书记万丽出席会议并讲话。

3 月 22 日至 23 日，市人大常委会副主任、市人大城建环保委员会主任委员于钦明带队，对全市《中华人民共和国水污染防治法》贯彻实施工作情况进行了执法检查。

3 月 22 日至 23 日，市人大常委会副主任、市人大财政经济委员会主任委员宫德胜，市人大常委会副主任毛进兰带队，调查“三招三引”（招商引资、招才引智、招科引技）工作情况。

3 月 29 日，市人大常委会党组副书记、副主任，市人大内务司法委员会主任委员刘松青带队，对《中华人民共和国道路交通安全法》贯彻实施工作情况进行执法检查。

3 月 29 日至 30 日，市人大常委会党组成员、市人大教科文卫委员会主任委员王福敏带队，视察城区义务教育工作情况。

4 月 11 日，市人大常委会党组成员、市人大农业农村委员会主任委员周德春带队，对农业综合开发项目实施情况进行了调研。

4 月 15 日，潍坊市人大常委会党组书记、第一副主任苏立科一行到高密调研县乡人大工作。高密市委书记、市人大常委会主任范福生，市人大常委会党组书记、第一副主任钟亮成等陪同调研。

4 月 21 日，潍坊市人大常委会调研组来高密就城市市容和环境卫生管理、市政设施管理、消防等立法项目开展调研。高密市人大常委会党组书记、第一副主任钟亮成，党组副书记、副主任刘松青陪同活动。

4 月 28 日，市十七届人大常委会第三十一次会议召开。

4 月 29 日，市人大常委会机关召开“两学一做”（学党章党规、学习近平系列重要讲话、做合格共产党员）学习教育工作座谈会。市人大常委会党组书记、第一副主任钟亮成出席会议并讲话。

5 月 11 日，市企业界人大代表创新发展促进会创新论坛启动仪式在蓝海国际大饭店举行。市人大常委会党组书记、第一副主任钟亮成出席会议并讲话，副主任宫德胜主持会议。

5 月 19 日，市人大常委会副主任、市人大城建环保委员会主任委员于钦明带队，调查《关于加快旧城改造，提升城市品位，完善城市功能，改善居住环境的议案》和《关于加快东部新城建设的议案》办理情况。

5 月 23 日，市人大常委会党组书记、第一副主任钟亮成到姚哥庄小学进行儿童节走访。

5 月 24 日，市人大常委会党组副书记、副主任，市人大内务司法委员会主任委员刘松青带队，对市人民法院行政审判工作进行调查。

5月25日，市人大常委会党组书记、第一副主任钟亮成到醴泉街道翻身庄社区为农村党员作党课辅导。

5月26日，潍坊市委督查室、潍坊市人大常委会办公室会同组织、编办等部门组成联合督查组，对高密市贯彻落实潍坊市委常委会议纪要精神、加强县乡人大工作情况进行了专项督查。高密市委副书记万丽，市人大常委会党组成员王福敏陪同活动。

5月27日，市人大常委会党组成员、市人大农业农村委员会主任委员周德春带队，对《关于优化城区高中布局，新建高密一中的议案》和《关于加快东北乡文化旅游产业发展的议案》办理情况进行调查。

6月1日，潍坊市人大常委会副主任李世光带队，到高密视察农产品质量安全工作及开展《潍坊市剧毒高毒农药管理条例（草案）》立法调研。高密市人大常委会党组书记、第一副主任钟亮成，党组成员周德春陪同调研。

6月1日，市人大常委会党组成员、市人大教科文卫委员会主任委员王福敏带队，调查全市村镇医疗机构基础建设情况。

6月23日，市人大常委会党组书记、第一副主任钟亮成到醴泉街道走访贫困户。

6月28日，市十七届人大常委会第三十二次会议召开。

7月12日，市人大常委会副主任、市人大城建环保委员会主任委员于钦明带队，调查全市城区环境治理工作情况。

7月19日至21日，市人大常委会党组书记、第一副主任钟亮成先后到醴泉街道和夏庄镇联系市级以上人大代表。

7月20日，市人大常委会副主任、市人大内务司法委员会主任委员刘松青带队，对全市“六五”普法及2011—2015年依法治市规划实施情况进行了调查。

7月27日，市人大常委会党组副书记、副主任，市人大内务司法委员会主任委员刘松青带队，调查人大信访案件办理工作情况。

同日，市人大常委会党组成员、市人大教科文卫委员会主任委员王福敏带队，对市十七届人大五次会议以来代表所提建议办理情况进行调查。

7月28日，市人大常委会副主任、市人大财政经济委员会主任委员宫德胜带队，对2016年上半年国民经济和社会发展计划执行、2015年财政决算和2016年上半年预算执行情况进行调查。

8月2日，市人大常委会党组成员、市人大农业农村委员会主任委员周德春带队，对全市精准扶贫工作情况进行调查。

8月9日，驻高密市和青州市的全国、省、潍坊市人大代表就推进供给侧结构性改革、适应经济发展新常态问题开展联合专题调研。高密市人大常委会党组书记、第一副主任钟亮成，青州市人大常委会副主任陈群光参加活动，高密市政府副市长王永亮陪同调研。

8月24日，市十七届人大常委会第三十三次会议召开。

9月13日，市人大常委会副主任、市人大内务司法委员会主任委员刘松青带领调查组，对市人民检察院刑罚执行监督工作情况进行调查。

9月20日，市人大常委会会同市委组织部、宣传部联合举办全市市镇两级人大换届选举工作学习班。市人大常委会党组书记、第一副主任钟亮成，市委常委、组织部部长孙业宗出席并讲话。市人大常委会党组成员王福敏主持并作总结讲话。

9月26日，市人大常委会党组书记、第一副主任钟亮成到敬老院进行走访。

9月27日，市十七届人大常委会第三十四次会议召开。

9月29日，潍坊市人大常委会副主任刘明珂带领调查组，到高密市对供给侧结构性改革工作情况进行调研。高密市人大常委会党组书记、第一副主任钟亮成，副主任宫德胜，副市长韩文宏陪同调研。

9月29日，市人大常委会党组书记、第一副主任钟亮成到社区看望慰问百岁老人。

10月8日，市人大常委会副主任、市人大财政经济委员会主任委员宫德胜，市人大常委会副主任毛进兰带领调查组，调查银行业金融机构服务经济发展情况。

10月12日，省人大常委会委员、民侨外委员会副主任委员段华东带领执法检查组到高密对《山东省宗教条例》贯彻执行情况进行检查。高密市人大常委会党组书记、第一副主任钟亮成，市人大常委会副主任刘松青，市政府副市长韩文宏陪同参加。

10月25日，市十七届人大常委会第三十五次会议召开。

10月26日，市人大常委会举办市镇人大换届选举选区划分和选民登记培训班。市人大常委会党组成员、市选举委员会副主任王福敏讲话；市人大常委会委员、办公室主任，市选举委员会委员严凤辉主持。

10月31日，市人大常委会党组召开扩大会议，集体学习党的十八届六中全会精神。市人大常委会党组书记、第一副主任钟亮成主持会议并讲话，副主任刘松青领学了党的十八届六中全会公报，市人大常委会党组成员、驻会常委、机关全体党员参加了学习活动。

12月16日和23日，按照法定程序和潍坊市人大要求，全市分两个批次，在各选区召开了选举大会或设立投票站进行了投票选举。共选出高密市第十八届人大代表288名，乡镇人大代表620名。

12月28日，市十七届人大常委会第三十六次会议召开。

2017年

1月13日，市十七届人大常委会第三十七次会议召开。

1月19日至21日，高密市第十八届人民代表大会第一次会议在市大剧院召开，出席代表284人。会议听取并审议了《政府工作报告》《高密市人民代表大会常务委员会工作报告》《高密市人民法院工作报告》《高密市人民检察院工作报告》，审查批准了《高密市2016年国民经济和社会发展计划执行情况的报告与2017年计划》《高密市2016年预算执行情况的报告和2017年预算》，并作出了相应决议。会议选举了由35人组成的高密市第十八届人大常委会，万丽为主任，徐振刚、宫德胜、施玉梅、葛孝江、李铭为副主任；选举王文琦为高密市市长，韩文宏、冯效栋、付联宝、王加利、魏征为副市长；选举雷向敏为高密市人民法院院长；选举隋国华为高密市人民检察院检察长；选举出高密市出席潍坊市第十七届人民代表大会代表。会议决定设立高密市第十八届人民代表大会专门委员会并通过了组成人员的人选名单。

2月10日，市十八届人大常委会第一次会议召开。

3月9日，诸城市人大常委会考察组来高密市人大常委会考察学习加强预算审查等方面的经验做法。高密市人大常委会副主任宫德胜陪同活动。

3月21日，市十八届人大常委会第二次会议召开。

3月26日，潍坊市人大常委会法工委来高密市开展有关立法项目调研。高密市人大常委会党组副书记、副主任徐振刚，市委常委、副市长韩文宏陪同调研。

3月28日，市人大常委会副主任、市人大教科文卫委员会主任委员施玉梅带领调查组，对全市学前教育工作情况进行了调查。

4月6日，潍坊市人大常委会副主任、市人大内司委主任委员孙明亮带领调查组到来高密市调查法院执行工作情况。高密市人大常委会党组书记、主任万丽，党组副书记、副主任徐振刚，市人民法院院长雷向敏陪同调查。

4月14日，昌邑市人大常委会副主任夏麦香带领考察组到高密市考察旅游业发展情况。高密市人大常委会副主任施玉梅陪同。

同日，市人大常委会党组副书记、副主任，市人大内务司法委员会主任委员徐振刚带领调查组，对法院执行工作进行了调查。

4月20日，市人大代表小组建设现场会在夏庄镇召开，市人大常委会党组成员王福敏出席会议并讲话。

4月25日，市人大常委会召开“作风建设年”活动动员会议。市人大常委会党组书记、主任万丽出席会议并讲话。市人大常委会党组副书记、副主任徐振刚，副主任宫德胜、施玉梅、葛孝江、李铭，党组成员周德春、王福敏，驻会常委、机关工作人员参加会议。

4月26日，市十八届人大常委会第三次会议召开。

5月4日，市人大常委会党组副书记、副主任，市人大内务司法委员会主任委员徐振刚带队，对市十八届人大一次会议以来代表所提内务司法方面建议进行督办。

同日，市人大常委会副主任、市人大城建环保委员会主任委员葛孝江带队，对市十八届人大一次会议以来代表所提城建环保方面建议进行了督办。

5月5日，市人大常委会副主任、市人

大财政经济委员会主任委员宫德胜带队，对市十八届人大一次会议以来代表所提财政经济方面建议进行了督办。

同日，市人大常委会副主任、市人大农业农村委员会主任委员李铭带队，对市十八届人大一次会议以来代表所提农业农村方面建议进行了督办。

5月8日，市人大常委会副主任、市人大教科文卫委员会主任委员施玉梅带队，对市十八届人大一次会议以来代表所提教科文卫方面建议进行了督办。

5月10日，市人大常委会在蓝海国际大饭店举办了新一届市镇人大代表培训班。市人大常委会党组书记、主任万丽出席开班仪式，党组副书记、副主任徐振刚作动员讲话。副主任施玉梅，党组成员周德春、王福敏参加了培训班。

5月11日，市人大常委会党组书记、主任万丽到密水街道大仪家村进行走访。

5月11日，潍坊市人大常委会副主任范福生带领视察组到高密市视察化工产业发展情况。

5月12日，市人大常委会党组成员周德春带领调查组，对加强镇级人大工作进行了调研。

5月19日，市人大常委会召开推进“两学一做”学习教育常态化制度化工作座谈会。市人大常委会党组书记、主任万丽出席会议并讲话，市人大常委会副主任宫德胜、葛孝江、李铭，党组成员周德春、王福敏，驻会常委及机关全体工作人员参加会议。

5月19日，潍坊市人大常委会副主任张新强带领调查组，对高密市农产品质量安全工作进行调研。高密市人大常委会党组书记、主任万丽，副主任李铭，副市长付联宝陪同活动。

5月25日，高密市人大常委会副主任、市人大农业农村委员会主任委员李铭带领检查组，对贯彻实施《中华人民共和国农业技术推广法》情况进行了执法检查。

6月14日，市人大常委会党组副书记、副主任徐振刚带队，到胶州市人大常委会开展寻标对标活动。市人大常委会副主任施玉梅、党组成员周德春参加活动。

6月16日，市人大常委会副主任葛孝江带队，到寿光市人大常委会开展寻标对标活动，市人大常委会副主任李铭、党组成员王福敏参加。

6月20日，市人大常委会党组书记、主任万丽到兴华社区、立新中学进行了走访。

6月23日，市人大常委会党组书记、主任万丽到振泰轮胎进行了走访。

6月27日，市十八届人大常委会第四次会议召开。

7月6日，市人大常委会党组书记、主任万丽到东关小学进行走访。

同日，潍城区人大常委会考察组到高密市考察。

7月13日，潍坊市人大常委会民侨外委考察组到高密市考察。

7月24日至26日，市人大常委会副主任、市人大财政经济委员会主任委员宫德胜带领调查组，调查高密市2017年上半年计划执行、2016年财政决算和2017年上半年预算执行情况。

7月26日，市人大常委会副主任、市人大教科文卫委员会主任委员施玉梅带领检查组，对《科学技术普及法》贯彻实施情况进行了执法检查。

7月28日，市人大常委会组织驻高密市的全国和省、潍坊市人大代表就优化经济发展软环境问题开展了专题调研。市人大常委会党组书记、主任万丽，党组成员王福敏陪同调研。

8月8日，市人大常委会党组召开扩大会议，传达学习中共中央总书记习近平在省部级主要领导干部专题研讨班上的重要讲话精神。市人大常委会党组书记、主任万丽主持会议。

8月9日，潍坊市人大常委会调研组到高密调研化解信访积案和矛盾纠纷情况。高密市人大常委会党组副书记、副主任徐振刚陪同。

8月10日，潍坊市人大常委会调研组到高密进行政务环境专题调研。

8月16日，内蒙古乌兰察布市人大常委会副主任郭素萍带领调研组到高密调研换届选举工作和乡镇人大工作情况。高密市人大常委会党组书记、主任万丽，党组成员王福敏陪同调研。

8月22日，市人大常委会在市人大常委会八楼会议室召开镇级人代会筹备工作会议。市委副书记孙淑芳出席会议并讲话，市人大常委会党组成员王福敏就镇人代会筹备和召开有关法律性、政策性规定讲了具体意见。

8月25日，市十八届人大常委会第五次会议召开。

9月6日，市人大常委会组织离退休老干部开展“喜迎十九大•庆国庆”视察活动。市人大常委会主任、党组书记万丽，副主任徐振刚、宫德胜、施玉梅、葛孝江、李铭，党组成员于钦明、周德春、王福敏等参加活动。

9月13日，潍坊市人大常委会副主任、市人大城建环资委主任委员毛秀凤带队到高密调查重大交通基础设施建设管理情况，高密市人大常委会党组书记、主任万丽，副主任葛孝江陪同活动。

9月14日至15日，市人大常委会副主任、市人大城建环保委员会主任委员葛孝江带领视察组，对全市城镇居住区建设工作情况进行了视察。

9月15日，潍坊市人大常委会调研组到高密市调研潍坊市十七届人大一次会议代表建议办理情况。高密市人大常委会党组成员王福敏陪同。

同日，市人大常委会党组副书记、副主任，市人大内务司法委员会主任委员徐振刚带领视察组，对市人民检察院未成年人刑事检察工作情况进行了视察。

9月18日至19日，市人大常委会副主任、市人大财政经济委员会主任委员宫德胜带领调查组，对全市“重点企业提升工程”实施情况进行了调查。

9 月 20 日，潍坊市人大常委会副主任、农业与农村委主任委员张新强带领调查组，到高密调查农业供给侧结构性改革情况。高密市人大常委会党组书记、主任万丽，副主任李铭陪同调查。

9 月 25 日至 28 日，市人大常委会党组成员王福敏带领调查组，调查市十八届人大一次会议以来代表所提建议办理情况。

9 月 27 日至 28 日，市人大常委会副主任、市人大农业农村委员会主任委员李铭带领调查组，对全市“美丽乡村”建设情况进行了调查。

10 月 20 日，市十八届人大常委会第六次会议召开。

10 月 24 日，市人大常委会党组书记、主任万丽实地考察了柴沟镇孚日毛巾加工点的开办情况，探索壮大村集体经济、提高村民收入、精准扶贫的新途径、新方法。

12 月 4 日，为庆祝国家宪法日，高密市人大常委会组织开展宪法知识专题辅导讲座和中小学宪法晨读活动。

12 月 7 日，市人大常委会党组副书记、副主任，市人大内务司法委员会主任委员徐振刚带领视察组，对全市公共法律服务体系建设情况进行视察。

12 月 21 日，市十八届人大常委会第七次会议召开。

12 月 22 日，市十八届人大常委会第八次会议召开。

2018 年

1 月 12 日，市十八届人大常委会第九次会议召开。

1 月 16 日至 18 日，高密市第十八届人民代表大会第二次会议在市大剧院召开，出席代表 275 人。会议听取并审议了《政府工作报告》《高密市人民代表大会常务委员会工作报告》《高密市人民法院工作报告》《高密市人民检察院工作报告》；审查批准了《高密市 2017 年国民经济和社会发展计划执行情况的报告与 2018 年计划》《高密市 2017 年预算执行情况的报告和 2018 年预算》，并作出了相应决议。会议选举孔晓明为高密市监察委员会主任。

1 月 19 日，市十八届人大常委会第十次会议召开。

3 月 9 日，市十八届人大常委会第十一次会议召开。

3 月 12 日，市人大常委会党组书记、主任万丽到密水街道大仪家村走访调研。

3 月 13 日，市人大常委会党组书记、主任万丽到密水街道枣行村走访调研并到联系包靠的科乐收农业机械公司调研，详细了解企业发展情况并协调解决具体问题。

3 月 16 日，市人大常委会机关召开会议，传达学习《中共高密市委关于印发习近平总书记在参加十三届全国人大一次会议山东代表团审议时的重要讲话的通知》等文件精神。

3 月 21 日至 22 日，市人大常委会副主任、市人大城建环保委员会主任委员葛孝江带领调查组对全市2017年环境质量状况和环境保护目标完成情况进行调查。

3月23日，潍坊市人大城建环资委以“固体废弃物和垃圾无害化处置、资源化利用”为主题到高密市开展风筝都环保世纪行活动。高密市人大常委会副主任葛孝江陪同活动。

3月26日至28日，市人大常委会党组书记、主任万丽和部分潍坊市人大代表赴潍坊参加第二期潍坊市十七届人大代表学习班。

3月27日，市人大常委会党组副书记、副主任，市人大内务司法委员会主任委员徐振刚带领考察团赴聊城市阳谷县考察交流和产业对接。

4月1日至4日，市人大常委会副主任、市人大农业农村委员会主任委员李铭带领执法检查组，对全市贯彻实施水法情况进行了执法检查。

4月10日，市人大常委会党组成员周德春带领考察团到青州市考察学习镇街区人大规范化建设和人大志编纂等相关工作。

4月11日，东营市利津县人大常委会党组副书记、副主任王建安一行到高密考察学习乡镇人大工作。

4月24日，市人大常委会副主任、人大教科文卫委员会主任委员施玉梅带队，对高密市十八届人大二次会议以来代表所提教科文卫方面建议进行督办。

4月26日，市十八届人大常委会第十二次会议召开。

5月3日，市人大常委会党组副书记、副主任，市人大内务司法委员会主任委员徐振刚带队，对市十八届人大二次会议以来代表所提内务司法方面建议进行了督办。

5月4日，市人大常委会副主任、市人大财政经济委员会主任委员宫德胜带队，对市十八届人大二次会议以来代表所提财政经济方面建议进行了督办。

同日，市人大常委会副主任、市人大农业农村委员会主任委员李铭带队，对市十八届人大二次会议以来代表所提农业农村方面建议进行了督办。

5月5日，市人大常委会副主任、市人大城建环保委主任委员葛孝江带队，对市十八届人大二次会议以来代表所提城建环保方面建议进行了督办。

5月9日，市人大常委会举办全市人大代表学习班。市人大常委会党组书记、主任万丽，党组副书记、副主任徐振刚，副主任施玉梅、李铭，党组成员周德春、王福敏参加学习。

5月10日，青岛市即墨区人大常委会党组书记、主任辛启鑫带队到高密考察学习文化旅游产业发展与乡镇人大规范化建设工作。高密市人大常委会党组书记、主任万丽陪同考察。

5月21日至24日，市人大常委会副主任、市人大财政经济委员会主任委员宫德胜带队到青岛、烟台等地考察学习“三招三引”工作。

5月22日至23日，市人大常委会党组副书记、副主任，市人大内务司法委员会主任委员徐振刚带领调查组对市人民法院和市人民检察院全面深化司法改革情况进行了调查。

5月22日至25日，市人大常委会副主任、市人大教科文卫委主任委员施玉梅带领调查组对全市学前教育工作审议意见办理情况进行了调查。

5月25日，潍坊市人大常委会副主任、财政经济委员会主任委员范福生带队到高密调查新旧动能转换工作。高密市委书记杨建华，市人大常委会党组书记、主任万丽，副主任宫德胜等陪同。

5月28日，市人大常委会党组书记、主任万丽到东关小学走访慰问。

5月28日至29日，市人大常委会副主任宫德胜带领调查组，对全市“三招三引”工作进行调查。

6月4日，潍坊市人大常委会副主任、农业农村委主任委员张新强带队到高密视察农田水利基本建设情况，高密市人大常委会副主任李铭陪同视察。

6月7日，江西省赣州市人大常委会副主任欧阳世麟一行到高密考察学习全域旅游方面的先进经验和做法。高密市人大常委会党组书记、主任万丽，副主任施玉梅陪同考察。

同日，市十八届人大常委会第十三次会议召开。

6月8日，潍坊市人大常委会信访室主任、机关党委副书记杨官松一行到高密市学习党建工作经验。高密市人大常委会副主任葛孝江陪同活动。

6月14日，江苏省南京市高淳区人大常委会副主任卞维华一行到高密学习考察综合行政执法改革和镇村综合治理方面先进经验，高密市人大常委会副主任徐振刚陪同考察。

6月15日至17日，高密市人大常委会机关组织到上海、浙江开展红色教育。市人大常委会党组副书记、副主任徐振刚，副主任施玉梅，党组成员周德春、王福敏等参加活动。

6月22日，市十八届人大常委会第十四次会议召开。

6月26日，市人大常委会党组书记、主任万丽到密水街道南关社区走访慰问困难党员。

7月5日，潍坊市人大常委会副主任张新强带队对高密市“文化名市”建设支撑项目进行专题视察。高密市委书记杨建华，市人大常委会党组书记、主任万丽，副主任施玉梅陪同活动。

7月6日，市人大常委会党组成员王福敏一行参加夏庄镇龙潭社区市镇人大代表述职评议会议。

7月10日、13日，市人大常委会党组成员周德春先后到东北乡文化发展区、朝阳街道联系市级人大代表。

7月12日，市人大常委会副主任宫德胜先后到姜庄镇、咸家工业区联系市级人大代表。

7月13日，市人大常委会召开党组扩大

会议并开展机关党支部“主题党日”活动，传达学习省委十一届五次全会、潍坊市委十二届六次全会和高密市委十三届五次全会精神、总书记习近平对上海合作组织青岛峰会山东服务保障工作重要批示和《中共中央关于追授郑德荣等7名同志“全国优秀共产党员”称号的决定》精神。市人大常委会党组书记、主任万丽主持会议并讲话，徐振刚、宫德胜、施玉梅、葛孝江、李铭、于钦明、周德春、王福敏等出席会议。

7月16日、17日，市人大常委会党组成员王福敏先后到阚家镇、井沟镇联系市级人大代表。

7月17日，市人大常委会党组成员于钦明到密水街道联系市级人大代表。

7月17日至19日，市人大常委会党组书记、主任万丽参加全省人大工作座谈会暨市县人大常委会主任学习班。

7月17日、19日，市人大常委会副主任李铭先后到市直代表团、夏庄镇联系市级人大代表。

7月19日，市人大常委会副主任葛孝江先后到柴沟镇、注沟现代农业发展区联系市级人大代表。

7月19日、20日，市人大常委会副主任施玉梅先后到柏城镇、胶河生态发展区联系市级人大代表。

7月20日，市人大常委会党组书记、主任万丽联系驻高密市的全国、省、潍坊市人大代表及驻开发区市级人大代表，重点听取代表们在党建引领、新旧动能转换、乡村振兴、棚户区改造4个方面的意见建议。

7月24日、25日，市人大常委会党组副书记、副主任徐振刚先后到醴泉街道、大牟家镇联系市级人大代表。

7月25日，市人大常委会副主任、市人大城环委主任委员葛孝江带领调查组对市政府办理《市人大常委会关于全市城镇居住区建设工作审议意见》情况进行调查。

7月31日，市人大常委会党组成员王福敏带领调查组对市十八届人大二次会议以来代表建议办理工作情况进行调查。

8月3日，市人大常委会召开全市城镇居住区建设工作审议意见办理情况专题询问会。市人大常委会党组书记、主任万丽出席会议并讲话，副主任葛孝江主持会议，副市长王加利出席会议。

8月5日至8日，市人大常委会党组成员周德春带队到江苏如皋、浙江桐庐考察学习人大志编纂工作。

8月7日，市人大常委会党组书记、主任万丽，副主任宫德胜到密水街道调研软弱涣散党组织整顿工作。

8月8日，市人大常委会党组书记、主任万丽到密水街道督导中央、省、市环保督查整改落实情况。

同日，市人大常委会党组副书记、副主任徐振刚到密水街道大仪家村调研软弱涣散村党组织整顿工作。

8月13日至14日，市人大常委会副主任、市人大财经委主任委员宫德胜带领调查组对高密市2018年上半年国民经济和社会发展计划执行、2017年财政决算和2018年上半年预算执行情况进行调查。

8月27日，市十八届人大常委会第十五次会议召开。

9月6日，市人大常委会副主任葛孝江到密水街道刘家屯进行走访调研。

9月9日至15日，市人大常委会党组副书记、副主任徐振刚带队，到全国人大会议中心进行培训。

9月12日，潍坊市人大常委会秘书长王秀禄到高密调研乡村文化振兴战略工作情况。高密市人大常委会党组书记、主任万丽，副主任施玉梅陪同调研。

9月17日至18日，驻高密市的潍坊市人大代表赴潍坊出席潍坊市第十七届人民代表大会第三次会议召开。

9月20日，市人大常委会副主任、市人大教科文卫委员会主任委员施玉梅带领调查组，对全市文化建设情况进行了调查。

9月27日，潍坊市人大常委会副主任范福生带领视察组到高密视察深化商事制度改革情况。高密市人大常委会党组书记、主任万丽，副主任宫德胜陪同活动。

同日，市人大常委会副主任、市人大城建环保委员会主任委员葛孝江带领视察组，对全市综合行政执法改革情况进行了视察。

10月8日，聊城市人大常委会副主任孙菁带领考察组到高密考察企业自主创新情况。高密市人大常委会党组书记、主任万丽陪同考察。

10月8日至14日，市人大常委会副主任宫德胜带队，到全国人大会议中心进行培训。

10月16日，市人大常委会组织市人大代表观摩全市经济社会发展情况。市人大常委会党组书记、主任万丽，副主任施玉梅、李铭，党组成员周德春、王福敏参加活动。

10月17日，甘肃省甘南州人大常委会主任、党组书记安锦龙由潍坊市人大常委会副主任张新强陪同到高密考察。高密市人大常委会党组书记、主任万丽，副主任李铭陪同活动。

10月18日，市人大常委会党组书记、主任万丽带领考察组，到胶州市考察文化旅游工作情况。

10月29日，市十八届人大常委会第十六次会议召开。

11月9日，市人大常委会开展机械产业集群、企业界人大代表到豪迈进行观摩交流活动。市人大常委会党组书记、主任万丽，市委常委、副市长韩文宏，市人大常委会副主任施玉梅、李铭参加活动。

11月13日，潍坊市人大常委会副主任毛秀凤带队到高密调查实施棚户区改造、提升城市建设品质情况。高密市人大常委会党组书记、主任万丽，副主任葛孝江陪同调研。

11月14日，市人大常委会副主任徐振刚到醴泉街道联系市级人大代表。

11月15日，市人大常委会党组书记、主任万丽，市人大常委会党组副书记、副主任，市人大内务司法委员会主任委员徐振刚带领视察组，对市公安局扫黑除恶工作进行了视察。

11 月 16 日，市人大常委会党组书记、主任万丽，副主任宫德胜到姜庄镇仁和社区参加代表向选民述职活动。

同日，市人大常委会党组副书记、副主任徐振刚到大牟家镇联系市级人大代表。

11 月 20 日，市人大常委会副主任宫德胜到咸家工业区联系市级人大代表。

11 月 21 日，市十八届人大常委会第十七次会议召开。

同日，市人大常委会党组成员于钦明、王福敏分别到密水街道、井沟镇联系市级人大代表。

11 月 22 日，市人大常委会副主任施玉梅、党组成员周德春分别到胶河生态发展区、东北乡文化发展区联系市级人大代表。

11 月 23 日，市人大常委会副主任葛孝江到注沟现代农业发展区联系市级人大代表。

11 月 24 日，市人大常委会副主任葛孝江到柴沟镇联系市级人大代表。

11 月 28 日至 29 日，市人大常委会副主任、市人大农业农村委员会主任委员李铭带领农业农村委成员赴安丘、青州考察学习乡村振兴战略工作。

11 月 30 日，市十八届人大常委会第十八次会议召开。

12 月 2 日，市人大常委会党组副书记、副主任徐振刚带领机关人员到市民之家参加宪法日徒步宣传活动。

12 月 3 日，市人大常委会党组书记、主任万丽，市人大常委会副主任、市人大财政经济委员会主任委员宫德胜带领调查组，对《关于加快新旧动能转换，高质量推进经济开发区二次创业的议案》办理情况进行调查。

12 月 4 日，市人大常委会党组副书记、副主任徐振刚到法院参加宪法日宣传活动。

同日，市人大常委会副主任施玉梅带领机关人员到火车站开展宪法宣传活动。

12 月 7 日，潍坊市召开镇街人大工作交流会，高密市人大常委会党组成员王福敏参加会议。会上，夏庄镇人大作了典型发言，密水街道人大工作室进行了书面发言。

12 月 10 日，黑龙江省大庆市大同区人大常委会考察组到高密考察学习。高密市人大常委会党组书记、主任万丽，副主任李铭陪同活动。

12 月 28 日，市十八届人大常委会第十九次会议召开。

2019 年

1 月 21 日，市人大常委会党组书记、主任万丽走访慰问敬老院、老干部、老党员和困难群众。

1 月 24 日，市十八届人大常委会第二十次会议召开。

1 月 28 日，驻高密市的潍坊市人大代表赴潍坊出席潍坊市第十七届人民代表大会第四次会议。

2 月 14 日，市十八届人大常委会第二十一次会议召开。

3月21日，潍坊市人大常委会副主任、教科文卫主任委员张新强带队到高密市调研红色文化资源保护工作。高密市人大常委会党组书记、主任万丽，副主任施玉梅陪同调研。

3月27日，市十八届人大常委会第二十二次会议召开。

4月1日至3日，高密市第十八届人民代表大会第三次会议在市大剧院召开，出席代表282人。会议听取并审议了《政府工作报告》《高密市人民代表大会常务委员会工作报告》《高密市人民法院工作报告》《高密市人民检察院工作报告》；审查批准了《高密市2018年国民经济和社会发展计划执行情况的报告与2019年计划》《高密市2018年预算执行情况的报告和2019年预算》；审议了《高密市第十八届人民代表大会第三次会议关于增设高密市第十八届人民代表大会社会建设委员会和更名高密市第十八届人民代表大会内务司法委员会为高密市第十八届人民代表大会监察和司法委员会的决定（草案）》，并作出相应决议。会议补选王成林、高玉山、张友勤、孙波、田锋、窦吉进、葛培连、吴兆道、冯玉庆、于义10人为高密市第十八届人民代表大会常务委员会委员；选举徐振刚为监察和司法委员会主任委员，吴云效为副主任委员，于义、孙洪利、李衍市、李雪艳、张谦、明连安、赵祉文、唐尧亮为委员；选举葛孝江为社会建设委员会主任委员，孙波为副主任委员，田久增、冯玉庆、刘玉梅、宋进岭、周星奎、宫恩东、管强、禚丽萍为委员。

4月9日，市人大常委会党组书记、主任万丽到胶河生态发展区对联系镇街区、包村等工作开展调研。

4月10日，潍坊市人大常委会研究室主任蔡相山带队到高密调研“一地一亮点”工作。

同日，市人大常委会党组书记、主任万丽，副主任李铭到经济开发区中橡电子交易产业园开展调研。

4月11日，市人大常委会党组书记、主任万丽到高密润达机油泵有限公司开展调研。

4月18日，潍坊市人大常委会副主任张新强到高密督导所包靠信访积案化解情况。

4月21日，市人大常委会党组书记、主任万丽到东北乡文化发展区开展调研。

5月10日，市十八届人大常委会第二十三次会议召开。

同日，市人大常委会召开预算联网监督和国有资产监督调度会议。市人大常委会党组书记、主任万丽，市人大常委会副主任、市人大财政经济委员会主任委员宫德胜及相关部门负责人出席。

5月15日，市人大常委会党组书记、主任万丽到夏庄镇苓芝网格调度创卫工作，市人大常委会其他领导分别到所包靠网格调度创卫工作。

5月21日，市人大常委会党组成员、副主任葛孝江带领城建环保委员会和社会建设委员会成员到胶州市人大学习，并开展对标寻访活动。

5月23日，市人大常委会党组书记、主任万丽到胶河生态发展区调度脱贫攻坚、软弱涣散村整治、信访积案化解、人居环境整治等工作，并走访李家营小学。

7月4日，市十八届人大常委会第二十四次会议召开。

7月12日，辽宁省凤城市人大常委会副主任王毓娥带队到高密考察文化建设情况。高密市人大常委会副主任施玉梅陪同考察。

9月5日，市十八届人大常委会第二十五次会议召开。

9月12日，市人大常委会及机关“不忘初心、牢记使命”主题教育工作会议在人大八楼会议室召开。

9月16日至20日，市人大常委会党组成员、在职副县级干部，到市委党校参加“不忘初心、牢记使命”主题教育读书班集中学习。

9月24日，山东省委副书记杨东奇一行到高密市调研督导基层人大、企业运营、安保维稳等工作。在中国淘宝镇召开的座谈会上，杨东奇听取了高密市基层人大工作情况汇报，并与部分人大代表深入交流，对基层人大工作提出要求。潍坊市委书记、市人大常委会主任惠新安，潍坊市委常委、秘书长李兰祥，潍坊市人大常委会党组副书记、副主任孙明亮，高密市委书记卞汉林，市委副书记、市长王文琦，市人大常委会党组书记、主任万丽等参加活动。

10月30日，市人大常委会党组调研成果交流会在人大常委会八楼会议室召开。潍坊市委“不忘初心、牢记使命”主题教育第三巡回指导组组长尹文林到会指导并讲话。

11月7日，市十八届人大常委会第二十六次会议召开。

11月8日，市人大常委会党组对照党章党规找差距专题会议在人大常委会八楼会议室召开。潍坊市委“不忘初心、牢记使命”主题教育第三巡回指导组组长尹文林到会指导并讲话。

11月22日，市十八届人大常委会第二十七次会议召开。

12月5日，高密市委人大工作会议在市会议中心召开。市委书记卞汉林出席会议并讲话，市委副书记、市长王文琦主持，市委副书记田永全，市人大常委会党组书记、主任万丽，市政协主席刘明伦等市领导出席会议。

12月10日，高密市人大常委会党组“不忘初心、牢记使命”专题民主生活会在人大常委会八楼会议室召开。潍坊市委“不忘初心、牢记使命”主题教育第三巡回指导组副组长陈蕾出席会议并讲话。

12月24日，潍坊全市人大工作创新发展推进会议在潍坊市文化艺术中心大剧院召开。高密市“擦亮‘一镇一议案’品牌，夯实镇级人大工作基础”创新成果荣获潍坊人大工作创新发展特等奖第一名。

12月26日，市十八届人大常委会第二十八次会议召开。

2020 年

1 月 6 日，市十八届人大常委会第二十九次会议召开。

1 月 14 日至 16 日，高密市第十八届人民代表大会第四次会议在市大剧院召开，出席代表 275 人。会议听取并审议了《政府工作报告》《高密市人民代表大会常务委员会工作报告》《高密市人民法院工作报告》《高密市人民检察院工作报告》；审查批准了《高密市 2019 年国民经济和社会发展计划执行情况的报告与 2020 年计划》《高密市 2019 年预算执行情况的报告和 2020 年预算》。会议补选陈连军为高密市监察委员会主任；补选田绍传、岳国彬、高泗江、禚朝晖、张伟 5 人为高密市第十八届人民代表大会常务委员会委员。

1 月 20 日，市人大常委会“不忘初心、牢记使命”主题教育总结大会在机关办公楼八楼会议室召开。

3 月 5 日，市人大常委会党组书记、主任万丽带队，到胶河生态发展区对疫情防控和经济社会事业发展情况进行了督导调研。

3 月 25 日，市十八届人大常委会第三十次会议召开。

3 月 27 日，市人大常委会党组书记、主任万丽到胶河生态发展区督导调研疫情防控、“重点工作攻坚年”任务落实等工作。到夏庄镇苓芝社区、姜庄镇仁和化工园调度创卫及拆迁工作。

4 月 17 日，市人大常委会党组书记、主任万丽召集召开“重点工作攻坚年”第一督导专班工作会议。

4 月 22 日，潍坊市人大常委会副主任顾建华来高密市督导“重点工作攻坚年”工作。

4 月 27 日，市十八届人大常委会第三十一次会议召开。

4 月 30 日，市人大常委会党组书记、主任万丽，市人大常委会副主任宫德胜、葛孝江等陪同莫言参观红高粱小镇部分工程项目建设现场，并召开了莫言文学馆设计汇报研讨会。

5 月 1 日，市人大常委会党组书记、主任万丽到胶河生态发展区调度精准扶贫、防灾减灾、疫情防控、安全生产、重点项目建设等工作。

5 月 7 日，市人大常委会党组书记、主任万丽到胶河生态发展区督导李家营中学初三学生返校、脱贫攻坚等工作。

5 月 8 日，市人大常委会机关党支部举行“弘扬五四精神，强化使命担当”学习交流会暨青年学习小组启动仪式。

5 月 12 日，市人大常委会党组副书记、副主任徐振刚带领“重点工作攻坚年”第二督导专班，到柏城镇督察“重点工作攻坚年”工作推进情况。

5 月 13 日，市人大常委会党组书记、主任万丽到胶河生态发展区仲家庄村、向阳村调研软弱涣散村党组织整顿工作，并到贫困户家中进行了走访慰问。

5 月 15 日，市人大常委会党组书记、主任万丽到胶河生态发展区调研指导全省防范化解矛盾维护社会稳定视频会议精神落实情况。

同日，市人大常委会党组副书记、副主任，市人大监察和司法委员会主任委员徐振刚带领调查组，对市人民检察院公益诉讼工作情况进行了调查。

5 月 18 日，潍坊市人大常委会副主任顾建华到高密市督导“重点工作攻坚年”工作情况。市人大常委会党组书记、主任万丽，副主任葛孝江陪同。

5 月中下旬，市人大常委会副主任、市人大教科文卫委员会主任委员施玉梅带领调查组，对全市公共卫生体系建设情况进行了调查。

5 月 20 日，市人大常委会党组书记、主任万丽到胶河生态发展区督导安保维稳工作情况。

5 月 22 日，市人大常委会党组书记、主任万丽带队到潍坊市对接“重点工作攻坚年”相关工作。

同日，市人大常委会党组副书记、副主任徐振刚带领“重点工作攻坚年”第二督导专班，到密水街道督察重点工作推进落实情况。

5 月 22 日，市人大常委会副主任、市人大财政经济委员会主任委员宫德胜带队，对市十八届人大四次会议以来代表所提财政经济方面建议进行了督办。

5 月 27 日，市人大常委会党组书记、主任万丽到胶河生态发展区调度李家营小学复学准备、精准扶贫与安保维稳等工作。

同日，市人大常委会党组副书记、副主任徐振刚带领“重点工作攻坚年”第二督导专班，到柴沟镇督察重点工作推进落实情况。

5 月 28 日，市人大常委会党组副书记、副主任，市人大监察和司法委员会主任委员徐振刚带队，对市十八届人大四次会议以来代表所提监察和司法方面建议进行了督办。

6 月 2 日，市人大常委会党组书记、主任万丽，市人大常委会副主任、市人大财经委主任委员宫德胜带领考察组到胶州市开展对标学习考察活动。

同日，市人大常委会副主任，市人大农业农村委员会主任委员李铭带队，对市十八届人大四次会议以来代表所提农业农村方面建议进行督办。

6 月 4 日，潍坊市人大常委会委员、城建环资委副主任委员张守富带队到高密市开展“风筝都环保世纪行”活动。

6 月 9 日，市人大常委会党组副书记、副主任徐振刚带领“重点工作攻坚年”第二督导专班，对省潍坊市重点项目攻坚、重点片区项目能源保障攻坚两个专班工作情况进行了督察，市人大常委会副主任葛孝江陪同督察。

6 月 10 日，潍坊市人大常委会组织对高密市贯彻实施《中华人民共和国就业促进法》和《山东省就业促进条例》情况进行执法检查。高密市人大常委会党组书记、主任万丽，市委常委、副市长陈珊珊，市人大常委会副主任葛孝江出席活动。

6 月 11 日，市人大常委会党组副书记、副主任徐振刚带队到潍坊市人大常委会对接“重点工作攻坚年”相关工作。

6月12日，市人大常委会副主任、市人大教科文卫委员会主任委员施玉梅带队，对市十八届人大四次会议以来代表所提教科文卫方面建议进行了督办。

同日，市人大常委会党组成员王福敏陪同省人大代表到开发区韩伍屯村联系扶贫工作重点村并走访慰问贫困群众。

6月15日，市人大常委会副主任，市人大城建环保委员会、社会建设委员会主任委员葛孝江带队，对市十八届人大四次会议以来代表所提城建环保、社会建设方面建议进行了督办。

6月17日，省人大农业与农村委员会副主任委员段伯汉带领检查组到高密市开展贯彻实施《农业机械化促进法》情况执法检查。

同日，市人大常委会党组副书记、副主任徐振刚带领“重点工作攻坚年”第二督导专班，对企业上市和金融风险化解攻坚工作情况进行了督查。

6月23日，市十八届人大常委会第三十二次会议召开。

6月24日，市人大常委会党组副书记、副主任徐振刚带领“重点工作攻坚年”第二督导专班，对突破双500强和外资项目攻坚工作情况进行了督查。

6月28日，市人大常委会党组书记、主任万丽到胶河生态发展区看望困难老党员，并调度胶河生态发展区防汛抗洪隐患风险点治理、精准扶贫等工作。

6月29日，潍坊市人大常委会副主任张新强到高密市走访慰问伊家长村贫困户。

同日，市人大常委会党组副书记、副主任徐振刚带领“重点工作攻坚年”第二督导专班，到胶河生态发展区督察重点工作推进落实情况。

7月8日，市十八届人大常委会第三十三次会议召开。

7月8日、13日，市人大常委会党组副书记、副主任徐振刚先后到夏庄镇、柏城镇联系市、镇两级人大代表。

7月14日、15日，市人大常委会副主任葛孝江先后到阚家镇、经济开发区联系市镇两级人大代表。

7月15日，市人大常委会副主任施玉梅先后到朝阳街道、井沟镇、东北乡文化发展区联系市、镇两级人大代表。

同日，市人大常委会副主任李铭先后到柴沟镇、注沟农业发展区联系市、镇两级人大代表。

同日，市人大常委会党组成员王福敏先后到密水街道、东北乡文化发展区联系市、镇两级人大代表。

7月20日，市人大常委会党组副书记、副主任，市人大监察和司法委员会主任委员徐振刚带领调查组，对市人民法院刑事审判工作情况进行了调查。

7月22日、23日，市人大常委会副主任、市人大财政经济委员会主任委员宫德胜带领调查组对高密市2020年上半年国民经济和社会发展计划执行、2019年财政决算和

2020年上半年预算执行情况进行调查。

7月31日，市人大常委会机关青年学习小组组织开展“不忘初心跟党走，砥砺前行颂党恩”经典朗诵会。

8月5日、6日，市人大常委会党组成员周德春先后到咸家工业区、姜庄镇联系市镇两级人大代表。

8月5日，市人大常委会党组副书记、副主任徐振刚带领“重点工作攻坚年”第二督导专班，到阚家镇督察重点工作推进落实情况。

8月11日、12日，市人大常委会党组书记、主任万丽先后到市直代表小组、胶河生态发展区联系市、镇两级人大代表。

8月12日，市人大常委会党组副书记、副主任徐振刚带领“重点工作攻坚年”第二督导专班，到井沟镇督察重点工作推进落实情况。

8月13日，市人大常委会副主任、市人大农业农村委员会主任委员李铭带领检查组对全市农村人居环境整治工作情况进行了视察。

8月19日，潍坊市人大常委会委员、副秘书长王福强带队对高密市加强城市精细化管理、促进现代化高品质城市建设工作情况开展调研。市政府副市长王加利，市人大常委会副主任葛孝江等陪同活动。

同日，市人大常委会党组副书记、副主任徐振刚带领“重点工作攻坚年”第二督导专班，到柴沟镇督察重点工作推进落实情况。

8月26日，市人大常委会党组书记、主任万丽到胶河生态发展区调度防汛抗洪工作。

8月28日，市十八届人大常委会第三十四次会议召开。

8月31日，市人大常委会党组副书记、副主任徐振刚带领“重点工作攻坚年”第二督导专班，到企业督查上市和金融风险化解攻坚工作情况。

9月8日，市人大常委会党组副书记、副主任徐振刚带领“重点工作攻坚年”第二督导专班，到密水街道督察重点工作推进落实情况。

9月9日，市人大常委会党组书记、主任万丽到李家营中学走访慰问。

9月15日，市人大常委会党组书记、主任万丽召开座谈会调度胶河生态发展区农村人居环境整治工作。

9月16日，潍坊市人大常委会委员、教科文卫委副主任委员谭炳建带领检查组到高密市对贯彻实施《传染病防治法》《突发公共卫生事件应急条例》等情况进行执法检查，市人大常委会党组书记、主任万丽，副主任施玉梅陪同检查。

9月17日，潍坊市人大常委会副主任、法制委员会主任委员范福生带领调研组到高密市开展《潍坊市供热条例》立法调研。市委书记卞汉林，市人大常委会党组书记、主任万丽陪同调研。

同日，潍坊市人大常委会委员、财经委副主任委员王曰普带领调研组到高密市开展企业国有资产管理情况调研。高密市人大常委会副主任、市人大财政经济委员会主任委员宫德胜陪同调研。

9月22日，市人大常委会党组书记、主任万丽采取“四不两直”方式到胶河生态发展区陈家庄村、臧家王吴村走访慰问困难群众。

9月25日，市人大常委会机关召开思想作风整顿暨“百日攻坚”动员大会。

9月27日，潍坊市人大常委会副秘书长刘棣俭到姜庄镇伊家长村走访慰问贫困户。高密市人大常委会副主任李铭陪同走访。

9月29日，市人大常委会党组副书记、副主任徐振刚带领“重点工作攻坚年”第二督导专班，到阚家镇督察重点工作推进落实情况。

10月7日，市人大常委会党组书记、主任万丽到胶河生态发展区督导信访稳定工作。

10月10日，市人大常委会党组召开思想作风整顿专题民主生活会。

10月12日，市人大常委会组织退休老干部开展全市重点项目建设情况观摩活动。

10月13日，市人大常委会党组副书记、副主任徐振刚带领“重点工作攻坚年”第二督导专班，到注沟现代农业发展区督察重点工作推进落实情况。

10月13日、14日，市人大常委会党组书记、主任万丽，市人大常委会副主任、市人大教科文卫委员会主任委员施玉梅带领调研组，对全市职业教育工作情况进行了调研。

10月15日，市人大常委会副主任、市人大财政经济委员会主任委员宫德胜带领调研组，对高密市“五个十”重点支撑项目情况进行了调研。

10月20日，市人人常委会党组副书记、副主任徐振刚带领“重点工作攻坚年”第二督导专班，到井沟镇督察重点工作推进落实情况。

10月21日，市人大常委会党组书记、主任万丽到姜庄镇南高家庄村看望百岁老人。

同日，市人大常委会党组成员王福敏带领调研组对市十八届四次会议以来代表建议办理情况进行了调研。

10月23日，市人大常委会原委员蔡善华为市人大机关青年学习小组成员进行了“如何发扬优良传统，做好本职工作”专题讲座。

10月27日，市十八届人大常委会举行党组会议、党组理论学习中心组集体学习及第五十次主任会议。

10月28日，市人大常委会党组副书记、副主任徐振刚带领“重点工作攻坚年”第二督导专班，到胶河生态发展区督察重点工作推进落实情况。

10月29日，市十八届人大常委会第三十五次会议召开。

11月10日，莱西市人大常委会党组书记、主任赵希胜带队，到高密市参观学习。高密市人大常委会党组书记、主任万丽，副主任宫德胜陪同活动。

11月14日，市人大常委会组织调查组，对市十八届人大四次会议提出的《关于建立长效机制、提升治理效能，积极推进现代化高品质城市建设的议案》办理情况进行了调查。市人大常委会党组书记、主任万丽出席活动。

11月18日，市人大常委会党组副书记、副主任徐振刚带领调查组对全市行政应诉工作进行了调研。

11月24日，市十八届人大常委会第三十六次会议召开。

11月25日，潍坊市人大常委会副主任、城环资委主任委员毛秀凤带领调研组，到高密市开展《潍坊市物业管理条例（草案）》立法调研，高密市人大常委会副主任葛孝江陪同活动。

12月3日，市人大常委会召开关于加快推进现代化高品质城市建设专题询问会，市人大常委会党组书记、主任万丽出席会议并讲话，副主任葛孝江主持会议，市委常委、副市长陈珊珊，副市长王建朋等参加会议。

12月24日，市十八届人大常委会第三十七次会议召开。

12月31日，潍坊市人大常委会副主任张新强到基层联系点姜庄镇伊家长村开展相关活动。高密市人大常委会党组书记、主任万丽，副主任李铭等陪同活动。

2021年

1月8日，市人大常委会党组书记、主任万丽带领全面从严治党检查四组，到胶河生态发展区开展全民从严治党主体责任落实情况检查。

1月15日，市人大常委会党组书记、主任万丽到胶河生态发展区专题调度安全生产工作。先后到孟家沟水库、邹家鸾庄村、晏王庙村等地进行了实地察看。

1月28日，根据市委统一安排，市人大常委会党组书记、主任万丽到会指导胶河生态发展区领导班子2020年度民主生活会。会后，调度了胶河发展区疫情防控、安全生产等相关工作。

1月29日，市人大常委会副主任宫德胜召集相关单位负责人，对全市产业人力资源开展情况进行了座谈。

2月2日，市人大常委会党组书记、主任万丽分别到胶河生态发展区、密水街道走访慰问烈士家属、老党员和困难群众。

2月8日，市十八届人大常委会第五十三次主任会议在主任会议室召开。

2月10日，市十八届人大常委会第三十八次会议召开。

2月21日至23日，高密市第十八届人民代表大会第五次会议在市大剧院召开。出席代表269人。会议听取并审议了《政府工作报告》《高密市人民代表大会常务委员会工作报告》《高密市人民法院工作报告》《高密市人民检察院工作报告》；审查批准了《高密市国民经济和社会发展第十四个五年规划和二〇三五年远景目标纲要》《高密市2020年国民经济和社会发展计划执行情况与2021年计划的报告》和《高密市2020年预算执行情况和2021年预算的报告》。

会议补选陈连军为高密市监察委员会主任；补选田绍传、岳国彬、高泗江、禚朝晖、张伟5人为高密市第十八届人民代表大会常务委员会委员。

3月15日，市十八届人大常委会第三十九次会议召开。

同日，市人大常委会及机关召开党史学习教育动员会议。

4月2日，市人大常委会召开“增信贷、降不良、打逃债、树诚信”优化金融生态环境座谈会议。市委常委、市纪委书记、市监委主任陈连军到会传达上级相关精神。

4月14日，市委第二巡察组巡察市人大常委会机关党支部工作动员会议召开。

同日，市人大常委会组织调查员，对全市水系治理工作情况进行了调查，实地察看了孟家沟水库、红绣河桥、东丁村、官河桥、城北水库、南北胶莱河等现场。市人大常委会党组书记、主任万丽，市人大常委会副主任、市人大农业农村委员会主任委员李铭参加调研。

4月14日至15日，辽宁省庄河市人大常委会主任李永祥带领考察组到高密市参观考察。高密市人大常委会党组书记、主任万丽，党组副书记、副主任徐振刚陪同活动。

4月20日，市人大常委会党组副书记、副主任，市人大监察和司法委员会主任委员徐振刚带队，对市人民检察院适用认罪认罚从宽制度情况进行了专题调研。

4月23日，市人大常委会党组书记、主任万丽，副主任宫德胜带队，对“围绕红高粱小镇建设、探讨国有资产运营与管理”情况开展了专项调研。

4月27日，市人大常委会机关党支部召开党风廉政建设专题会议和4月份主题党日活动。

4月28日，市人大常委会党组书记、主任万丽到胶河生态发展区走访看望脱贫群众，指导脱贫成果巩固与拓展工作。

4月30日，市人大常委会党组成员周德春带领城建环保委成员，对2020年环境质量状况和环境保护目标完成情况开展了调查。调查组分别到北胶新河浅表流湿地工程、环境质量监测站、金永和精工铸造等现场进行了实地察看，并召开了汇报座谈会。

5月8日，市十八届人大常委会第四十次会议召开。

5月10日，潍坊市人大常委会党组书记、主任苏立科到高密调研重点项目建设、人大亮点工作、12345政务服务便民热线办理、群众满意度提升等情况。潍坊市人大常委会党组成员、秘书长杨建华参加调研。高密市委书记刘玉，市人大常委会党组书记、主任万丽陪同活动。

5月13日，市人大常委会机关党史教育专题学习班举行开班仪式。

5月25日至26日，市人大常委会党组书记、主任万丽带队到东平县学习考察科技文化工作情况，市人大常委会副主任施玉梅参加活动。

5月28日，潍坊市人大常委会副主任、市人大民侨外委主任委员毛秀凤到高密市开展调研活动。高密市人大常委会党组书记、主任万丽陪同活动。

同日，市人大常委会党组书记、主任万丽到胶河社区李家营小学走访慰问。

同日，市人大常委会党组书记、主任万丽到联系服务的企业进行走访，与企业负责人深入交谈，详细了解企业发展状况，帮助解决发展中的问题。

5 月 31 日，市人大常委会及机关召开“三个规定”宣讲报告会。市人民法院院长王效刚到会作宣讲报告。

6 月 11 日，市人大常委会副主任宫德胜到秦家岭网格召开了创建国家文明城市动员会议。

同日，市人大常委会党组成员王福敏带领驻高密市的省、潍坊市人大代表围绕经济社会事业发展情况赴寿光开展专题调研。调研组先后视察了寿光市蔬菜小镇、富康200 亿粒制剂及研发中心项目、现代农业高新技术试验示范基地和蔬菜高科技示范园等现场。

同日，市人大常委会副主任葛孝江带领市人大社会建设委员会成员，对高密市基本医疗保险情况进行了调研。

6 月 15 日，市人大常委会党组副书记、副主任徐振刚到醴泉街道康河社区调度创建国家文明城市工作。

同日，市人大常委会副主任施玉梅到罗家庄社区召开罗东网格创建国家文明城市工作调度会议。

6 月 16 日，市人大常委会党组成员王福敏到密水街道东三里社区召开东三里网格创建国家文明城市工作调度会议。

6 月 17 日，市人大常委会离退休干部党支部举办“学党史、忆初心、感党恩”庆祝建党 100 周年活动，召开了学党史研讨交流座谈会，参观了刘铁飞抗战纪念馆、红高粱影视城，回顾了百年党史和高密地方党组织发展历程，征求了老干部对经济社会发展和市人大及机关工作的意见建议。市人大常委会党组副书记、副主任徐振刚，党组成员周德春等参加活动。

6 月 18 日，市人大常委会副主任施玉梅带领调查组，对全市科技工作情况进行了调研。

6 月 19 日，市人大常委会副主任李铭到朝阳街道观音网格调度创建国家文明城市工作。

6 月 22 日，为庆祝中国共产党成立 100 周年，市人大常委会机关党支部青年学习小组在融智商务综合体七号楼一楼第一会议室，举行“青春心向党，奋进新征程”献礼建党百年文艺演出活动。

6 月 22 日，市人大常委会党组副书记、副主任徐振刚，副主任宫德胜、施玉梅、葛孝江，党组成员周德春、王福敏分别到包靠的网格督导新冠疫苗接种工作。

6 月 23 日，市人大常委会副主任葛孝江带领调查组，对市十八届人大五次会议期间代表所提社会建设方面的 17 件建议办理情况进行了督办，召开了座谈会，详细听取了各承办单位工作情况汇报，并就有关工作进行了研讨。

同日，市人大常委会副主任宫德胜、施玉梅，分别到咸家社区和朝阳街道罗东网格疫苗接种点，督导新冠疫苗接种工作。

同日，市直机关工委举办“光荣在党50年”纪念章颁发仪式，市人大常委会机关离退休干部党支部委员张振国作为党员代表现场领取纪念章并在会上发言。

6月25日，市人大常委会党组副书记、副主任徐振刚，党组成员周德春分别为党龄50年以上的市人大离退休老干部颁发“光荣在党50年”纪念章。

6月26日，根据市委统一安排，市人大常委会党组书记、主任万丽到胶河社区走访慰问新中国成立前入党的老党员、生活困难党员、获得党内功勋荣誉表彰的党员、因公殉职党员干部家属等，为他们送去了慰问金，为在党50年的老党员颁发“光荣在党50年”纪念章。活动结束后，到胶河社区现场调度新冠疫苗接种、安保维稳、安全生产等工作情况。

6月27日，市人大常委会党组副书记、副主任徐振刚，副主任施玉梅，分别到醴泉街道康河网格、朝阳街道罗东网格现场调度新冠疫苗接种工作。

6月29日，市人大常委会党组书记、主任万丽，党组副书记、副主任徐振刚分别给获得过省内功勋荣誉表彰的党员发放慰问金。

同日，市人大常委会副主任宫德胜，党组成员周德春、王福敏分别到秦家岭网格、张家埠网格和东三里网格调度新冠疫苗接种工作。

6月30日，市十八届人大常委会第四十一次会议召开。

第一编　高密县各界人民代表会议

第一章　高密县各界人民代表会议

第一节　性质

1949年8月，中共中央发出关于在3万以上人口的城市及各县召开各界人民代表会议的指示。1949年9月29日，中国人民政治协商会议第一次会议通过的具有临时宪法作用的《中国人民政治协商会议共同纲领》规定："中华人民共和国的国家政权属于人民，人民行使国家政权的机关为各级人民代表大会和各级人民政府。各级人民代表大会由人民用普选方法产生。各级人民代表大会选举各级人民政府。各级人民代表大会闭会期间，各级人民政府为行使各级政权的机关。"鉴于新中国成立之初实行普选的基本条件尚不具备，因此，在组织形式方面，采取从当时实际情况出发的过渡性办法，"在普选的地方人民代表大会召开以前，由地方各界人民代表会议逐步地代行人民代表大会的职权。"1949年12月2日，中央人民政府委员会第四次会议通过和颁布了《省级各界人民代表会议组织通则》《市各界人民代表会议组织通则》和《县级各界人民代表会议组织通则》（以下简称《组织通则》）。

高密县各界人民代表会议，是新中国建立之初由高密县各界人民代表组成的会议，是人民代表大会制度建立前的一种民主建政形式，是政府和各界人民群众密切联系和传达共产党政策的机关；是地方人民政府领导人民群众，听取人民群众意见的一种组织形式，是新中国成立之初人民行使当家做主权力的机关。根据《中国人民政治协商会议共同纲领》的规定，各界人民代表会议前期是联系人民群众，协助政府推行政策的协议机关；后期则代行人民代表大会的职权，发挥地方国家权力机关的作用。

第二节　职权

根据《组织通则》和上级指示精神，高密县各界人民代表会议的职权分为两个阶段。

第一个阶段为第一届至第八届各界人民代表会议期间。在这一阶段各界人民代表会议是联系人民群众、协助政府推行政策的协议机关。1949 年 11 月，高密县人民政府根据《组织通则》和有关指示精神，作出了召开高密县各界人民代表会议的决定，确定县各界人民代表会议的职权为：（1）听取县人民政府的各项政策与一切市政设施报告，并进行讨论，提出建议，供县人民政府作最后决定；（2）向县人民政府提出各项应兴应革的市政设施与政策的建议，在实行过程中各界代表并须负责对其所代表之机关、职业、团体、工厂、学校、部队等召开适当的会议，报告和解释这些政策与设施内容，并向各界代表会议反映人民的意见。决定提出各界人民代表会议的会期一般三个月一次，特殊情况另行协商，必要时召开临时会议。

第二个阶段为第九届各界人民代表会议期间，在这一阶段高密县各界人民代表会议经山东省人民政府批准，代行县人民代表大会职权，发挥地方国家权力机关的作用，主要行使下列职权：（1）听取与审查县人民政府的工作报告；（2）审查与通过县人民政府的预、决算；（3）建议与决议有关县政的兴革事宜；（4）向人民传达并解释县各界人民代表会议的决议案，并协助人民政府推行；（5）选举人民政府县长、副县长、委员，组成县人民政府委员会。

根据《组织通则》规定，县各界人民代表会议选举设立常务委员会，由主席一人、副主席若干人及委员若干人组成。常委会是各代会的常设机构。第一届至第九届高密县各界人民代表会议均设立常务委员会，由选举产生。常委会的职权：（1）协商并提出对县人民政府的建议；（2）联系代表，协助政府动员人民推行各项工作；（3）负责下届各代会的筹备工作。

高密县各界人民代表会议由县人民政府负责召集，由到会代表推选主席和若干人组成主席团主持。从 1949 年 11 月到 1953 年 2 月，高密县共召开 9 届 10 次各界人民代表会议。

第三节　代表的产生和任期

一、代表的产生

按照《组织通则》规定，凡反对帝国主义、封建主义、官僚资本主义，赞成《中国人民政治协商会议共同纲领》，年满 18 岁的公民，除精神病患者及被剥夺公民权力的人除外，不分民族、阶级、性别、信仰，均可当选为代表。

各界人民代表会议的参加单位及代表名额的分配，由县人民政府确定。农民代表，由乡（行政村）农民代表大会或农民代表会议推选，亦可由区或县农民代表会议推选，再由县人民政府聘请；县人民政府的代表由县长、副县长担任；各界有组织的群众团体、驻县各机关及部队的代表，由各群众团体、机关及部队自行选派，再由县人民政府聘请；其他方面的代表，由县人民政府决定聘请。

高密县人民政府关于召开高密县各界人民代表会议的决定，暂定各界代表会议代表为85人，名额分配如下：（1）党派代表3人：中国共产党代表2人；新民主主义青年团代表1人。（2）人民团体及各界代表73人：高密城职工会筹备委员会及各业职工代表26人；国营企业代表4人；合作社代表2人；城郊农民代表10人；文化教育界代表3人；工业界代表6人；商业界代表6人；手工业者代表5人；民主青联筹备委员会代表及青年学生代表5人；民主妇联筹备委员会及妇女代表5人；自由职业者代表1人。（3）荣军及烈军工属代表2人。（4）机关工作人员及部队代表7人：县委代表2人；县政府代表2人；高密指挥部部队代表2人；城区直属机关代表1人。第一届各界人民代表会议召开时，根据高密县的实际情况和上级有关指示精神，实际出席会议代表人数大大超过原暂定代表人数。第二至第九届各界人民代表会议出席代表人数均有不同。

二、代表的任期

各界人民代表会议代表的任期，自第一届至第八届各界人民代表会议期间，代表每届任期3个月。第九届各界人民代表会议因代行人民代表大会职权，任期为一年。各界人民代表会议代表均可连任。

高密县各界人民代表会议当选代表名额一览表

表1-1

届别	代表总额	其中各界名额																			
		中共	当然代表	驻军	地方武装	公安武装	烈军属	工人	农民	妇女	青年	文教	工商业者	国营企业	合作社	学生	自由职业者	开明士绅	宗教	特邀	其他
1	290	3	10	5	15	—	11	24	92	33	32	12	23	4	15	—	4	3	1	—	3
2	300	3	15	5	11	—	15	25	97	37	28	15	12	5	15	2	4	—	—	8	3
3	292	3	13	—	19	1	20	19	90	31	29	15	18	4	19	2	4	—	—	5	—
4	300	4	13	1	14	—	16	18	97	48	31	9	21	3	10	5	3	—	—	1	6
5	284	3	12	1	25	2	17	15	90	35	36	19	10	2	10	1	3	—	1	2	—
6	257	3	9	—	16	—	16	10	125	16	16	18	5	2	12	2	2	—	1	—	4
7	270	2	6	—	18	1	17	20	125	20	21	18	8	2	10	—	2	—	—	—	—
8	299	1	4	—	15	1	16	15	137	40	18	16	10	3	14	2	3	—	—	4	—
9	362	3	6	—	17	1	17	15	174	45	17	18	10	3	19	2	3	—	—	10	2

第二章　高密县历届各界人民代表会议

第一节　第一届各界人民代表会议

一、概况

高密县第一届各界人民代表会议于1949年11月27日至12月1日在高密城东关教堂隆重举行，历时5天。应到会议代表290人；实到会议代表261人，其中党政代表11人，农民代表92人，工业代表7人，文化教育界代表12人，青年代表29人，武装代表13人，烈军属及荣军代表16人，妇女代表31人，国营企业代表5人，开明绅士代表3人，自由职业者代表4人，商业代表11人，工人代表26人，宗教代表1人。会议的主要内容是：听取各界人民意见，团结各界人民，在党的领导下，群策群力，开展生产救灾和节约备荒运动。

二、听取讨论报告

会议听取并讨论了县委书记李振作的《关于目前形势和建设新高密的方针任务》的报告和县长祝剑锋作的《高密县政府施政工作报告》。

三、选举

会议选举产生了高密县第一届各界人民代表会议常务委员会。县委书记李振当选为主席，隋精一、赵虎臣当选为副主席，祝剑锋、王沛霖、崔煜、王愚、于道生、李仞千、刘华武、单庚五、郑培峨等10人当选为委员。

第二节　第二届各界人民代表会议

一、概况

高密县第二届各界人民代表会议于1950年2月27日至3月2日在高密城东关教堂举行，历时4天。应到会议代表300人；实到会议代表282人，其中共产党代表2人，农民代表97人，工人代表25人，妇女代表37人，青年代表27人，武装代表16人，烈军属及荣军代表12人，文化教育界代表15人，国营企业代表4人，合作社代表15人，工商界代表12人，自由职业者代表4人，机关代表3人，特邀代表4人，当然代表（县长、政府科局长）9人；另外列席20人。代表中有中共党员90人，脱产干部57人，乡村干部58人。代表成分：贫雇农25人，老中农92人，工人25人，经过改造的地富5人。

二、听取讨论报告

会议主要听取并讨论了县委书记李振作的《关于形势任务及春耕生产救灾度荒的报

告》，县长祝剑锋作的《关于政府施政工作的报告》。大会共收到代表提案565件，其中生产救灾方面的367件。与会代表认真讨论了提案。县委及县政府的有关领导对部分提案进行了解答，并对办理情况向各界代表作出了详细的说明。

会议通过了以生产救灾为中心的工作决议。

三、选举

会议选举产生了以李振为主席，隋精一、赵虎臣为副主席，祝剑锋等为委员的13人组成的高密县第二届各界人民代表会议常务委员会，主持各界人民代表会议的日常工作。

第三节　第三届各界人民代表会议

一、概况

高密县第三届各界人民代表会议于1950年6月27日至29日在县城东关教堂举行，历时3天。到会代表292人。

二、听取讨论报告

会议听取并讨论了县长祝剑锋作的《关于春季工作总结及夏季工作任务的报告》，广泛征求各界代表意见，号召各界人士及人民群众行动起来，协助政府出主意，想办法，做好夏季工作，战胜灾荒，保证全年粮棉丰收。

三、选举

会议选举产生了以胡润洲为主席，祝剑锋、张景严为副主席，王沛霖、张成信等为委员，共13人组成的高密县第三届各界人民代表会议常务委员会。

第四节　第四届各界人民代表会议

一、概况

高密县第四届各界人民代表会议于1950年11月29日至12月1日在县委礼堂召开，历时3天，到会代表300人（男性代表250人、女性代表50人）。这次会议是和全县第一届农民代表大会合并召开的。

二、听取讨论报告

会议听取并讨论了县委书记胡润洲作的《关于抗美援朝的形势报告》和县长祝剑锋作的《关于结束土地改革的工作报告》。与会代表着重研究讨论了抗美援朝宣传教育和土地改革政策教育的问题。

会议结合全县工作作出了相应的工作决议。

三、选举

会议选举产生了以胡润洲为主席，张景严、汤保真为副主席，祝剑锋、王沛霖、刘华五、孙浩、李英杰、崔玉麟、张光兴、张庆孔、孙立安、高志宗、门大娘（女）、李景华、梁翠芝（女）、于得中、王作岐为委员，共25人组成的高密县第四届各界人民代表会议常务委员会；选举产生了由23人组成的县土地改革委员会和由25人组成的县农协委员会。

第五节　第五届各界人民代表会议

一、概况

高密县第五届各界人民代表会议于1951年2月9日至11日在县城北关教堂举行，历时3天，与会代表284人。

二、听取讨论报告

会议听取并讨论了县委书记胡润洲作的《关于抗美援朝的时事报告》和县长祝剑锋作的《关于结束土改、进一步广泛深入地开展“抗美援朝、保家卫国”运动的工作报告》。会议总结了前段土地改革工作，动员全县人民发展生产，继续开展抗美援朝运动。

三、选举

会议选举产生了以胡润洲为主席，祝剑锋、张景严为副主席，王沛霖、滕世栋、李宗国、李景华、梁翠芝（女）、王作岐、隋精一、赵宪臣、李陆氏（女）、李连朴、李仞千、仪桂礼、王连福、林大钢、詹玉章、吕乐宝、刘茂田、王秀芬（女）、董芝义、毛记洪为委员，共23人组成的高密县第五届各界人民代表会议常务委员会。

第六节　第六届各界人民代表会议

一、概况

高密县第六届各界人民代表会议于1951年4月9日至11日在县委礼堂召开，历时3天，与会代表257名。

二、听取讨论报告

会议听取了县委书记胡润洲作的《关于开展镇压反革命运动的政治报告》和县长祝剑锋作的《关于开展“抗美援朝，保家卫国”和“爱国卫生”运动的施政报告》，听取并讨论了县委副书记张仲信代表县委所作的《关于以扩大种棉面积为主要内容的春季生产工作建设的报告》。

三、选举

会议选举产生了以县委书记胡润洲为主席，张景严、汤保真为副主席，祝剑锋、张忠信、张洪达、王沛霖、李景华、梁翠芝（女）、王作岐、张成新、李仞千、袁锡德、董芝义、仪垂明、单永宗、聂同生、王孝旭、王沛清、张伯华、张秀英（女）、李连朴、赵宪臣为委员，共23人组成的高密县第六届各界人民代表会议常务委员会。会议决定成立高密县各界人民抗美援朝委员会。

第七节　第七届各界人民代表会议

一、概况

高密县第七届各界人民代表会议于1951年6月28日至30日在县城北关教堂举行，历时3天，与会代表270名。

二、听取讨论报告

会议听取并讨论了县委书记胡润洲作的《关于深入开展抗美援朝爱国卫生运动，镇压反革命，巩固人民民主专政的时事报告》

和县长祝剑锋作的《施政工作报告》。

三、选举

会议选举产生了以胡润洲为主席，张景严、汤保真为副主席，共23人组成的高密县第七届各界人民代表会议常务委员会。

第八节　第八届各界人民代表会议

一、概况

高密县第八届各界人民代表会议于1952年7月6日至8日在县城东关教堂召开，历时3天，与会代表299名。

二、听取讨论报告

会议听取并讨论了县委副书记赵立修作的《关于“三反”“五反”运动的政治报告》，县长张洪达作的《关于转业军人工作生活安置及开展爱国卫生运动的工作报告》，县妇联主任段会芹作的《关于贯彻〈婚姻法〉情况的报告》；总结讨论了上半年的工作；部署了下半年以开展爱国丰产运动为主要内容的各项工作。

三、选举

会议选举产生了以胡润洲为主席，张洪达、张景严为副主席，共26人组成的高密县第八届各界人民代表会议常务委员会。

第九节　第九届各界人民代表会议

根据上级的要求和指示，高密县第九届各界人民代表会议代行人民代表大会职权，选举县人民政府县长、副县长和县政府委员会委员，选举出席省人代会的代表。

第一次会议

一、概况

高密县第九届各界人民代表会议第一次会议于1952年12月22日至28日在县委礼堂召开，历时7天，与会代表362名。

二、听取讨论报告

会议听取了副县长王沛霖传达的《中国人民赴朝鲜慰问团的报告》，听取并审议了县长张洪达作的《1952年工作的施政报告》，县委副书记赵立修作的《关于县委对今后工作建议的报告》。

三、选举

会议选举产生了以赵立修为主席，张洪达、张景严为副主席，共29人组成的第九届各界人民代表会议常务委员会；选举张洪达为高密县人民政府县长，王沛霖为副县长，张洪达、王沛霖、杨锦荣、刘松姿、于道生、徐仁堂、刘子申、李家云、隋精一、姜秀臻（女）、毛学志、陈洪升、郭扬升、单伟、李鲁泉、常效玉、刘志超、吕光华、袁锡德、王登科、韩秀芝（女）、刘玉华、蒋永言等30人为县人民政府委员；选举刘先志、叶德备、刘洪岗、刘金元4名代表出席省人代会。

第二次会议

一、概况

高密县第九届各界人民代表会议第二次会议于 1953 年 2 月 21 日至 25 日在县委礼堂召开，历时 5 天，与会代表 362 名。会议的主要议题是进一步开展抗美援朝运动，动员广大青年积极参军参战，支援志愿军，争取抗美援朝的彻底胜利；进一步搞好春耕备播工作，坚持走互助合作的道路；进一步做好宣传贯彻《婚姻法》和开展好爱国卫生运动等各项工作。

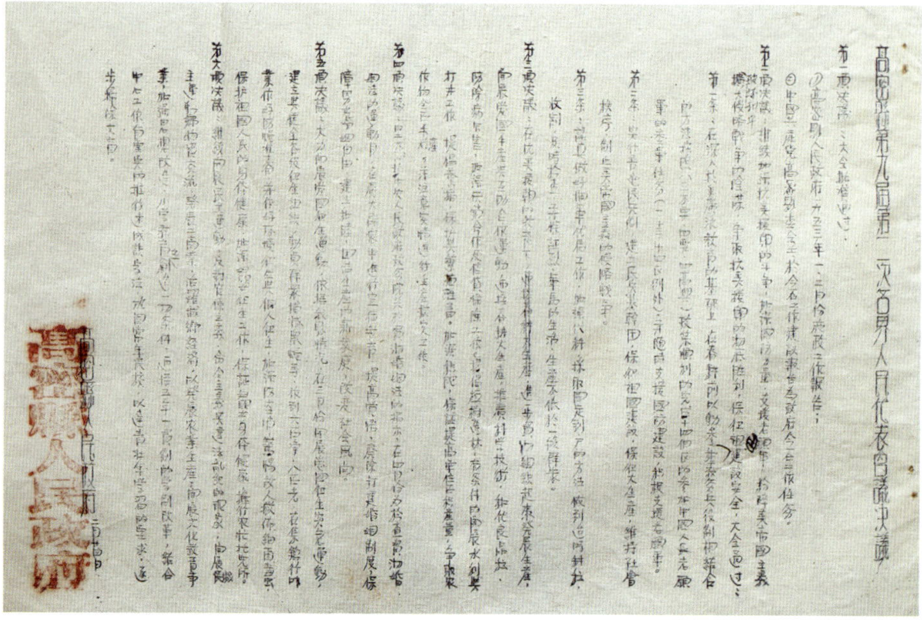
高密县第九届第二次各界人民代表会议决议

图 1 － 1　高密县第九届第二次各界人民代表会议决议

二、听取讨论报告

会议听取并审议了县长张洪达作的《关于 1953 年一、二月份工作的施政报告》，县委副书记赵立修代表县委作的《关于今后工作建议的报告》。

三、选举

本次会议无选举任务。

高密县各界人民代表会议常务委员会主席、副主席名录和委员名额

表 1-2

届　次	主　席	副主席	委员名额
第一届	李　振	隋精 · 赵虎臣	13
第二届	李　振	隋精一　赵虎臣	13
第三届	胡润洲	祝剑锋　张景严	13
第四届	胡润洲	张景严　汤保真	25
第五届	胡润洲	祝剑锋　张景严	23
第六届	胡润洲	张景严　汤保真	23
第七届	胡润洲	张景严　汤保真	23
第八届	胡润洲	张洪达　张景严	26
第九届	赵立修	张洪达　张景严	29

第二编　高密市（县）人大代表

第一章　高密市（县）人大代表

第一节　权力义务和任期

1953年，全县各乡第一届人民代表大会选举产生高密县第一届人民代表大会代表，由此开始，县人大依据《宪法》《地方组织法》《组织通则》行使权力、履行义务。1992年，《中华人民共和国全国人民代表大会和地方各级人民代表大会代表法》（以下简称《代表法》）颁布实施，对各级人大代表的权利义务作出明确规定。据此，高密市（县）人大代表享有下列权利：（1）出席本级人民代表大会会议，参加审议各项议案、报告和其他议题，发表意见；（2）依法联名提出议案、质询案、罢免案等；（3）提出对各方面工作的建议、批评、意见；（4）参加本级人民代表大会的各项选举；（5）参加本级人民代表大会的各项表决；（6）获得依法执行代表职务所需的信息和各项保障；（7）法律规定的其他权利。代表履行下列义务：（1）模范地遵守宪法和法律，保守国家秘密，在自己参加的生产、工作和社会活动中，协助宪法和法律的实施；（2）按时出席本级人民代表大会会议，认真审议各项议案、报告和其他议题，发表意见，做好会议期间的各项工作；（3）积极参加统一组织的视察、专题调研、执法检查等履职活动；（4）加强履职学习和调查研究，不断提高执行代表职务的能力；（5）与原选区选民或者原选举单位和人民群众保持密切联系，听取和反映他们的意见和要求，努力为人民服务；（6）自觉遵守社会公德，廉洁自律，公道正派，勤勉尽责；（7）法律规定的其他义务。

代表不脱离各自的生产和工作。其在本级人民代表大会会议期间的工作和在本级人民代表大会闭会期间的活动，都是执行代表职务。代表出席本级人民代表大会会议，参加闭会期间统一组织的履职活动，应当安排好本人的生产和工作，优先执行代表职务。高密市（县）人大代表在履职时，采取多种方式经常听取人民群众对其履职的意见，回答选民或者选举单位对其工作和活动的询问，并定期向原选区选民报告履职情况；在出席本级人民代表大会会议前，多方听取人民群众的意见和建议，为会议期间执行代表职务做好准备。

人大代表的任期，从每届本级人民代表大会举行第一次会议开始，到下届本级人民代表大会举行第一次会议止。

第二节　名额的确定和分配

《宪法》《选举法》规定，中华人民共和国年满 18 周岁的公民，不分民族、种族、性别、职业、家庭出身、宗教信仰、教育程度、财产状况和居住期限，都有选举权和被选举权。依照法律被剥夺政治权利的人没有选举权和被选举权。

根据 1953 年《选举法》规定，高密县第一至第六届、第八届人民代表大会的代表，由乡（镇）、公社人民代表大会选出；乡（镇）、公社人民代表大会的代表，由选民直接选举产生。1979 年《选举法》《地方组织法》修改后，高密市（县）自第九届人民代表大会开始，代表由选民直接选举产生，并开始由市（县）人民代表大会或人民代表大会常务委员会选举出席潍坊市人民代表大会的代表；公社、乡（镇）人民代表大会的代表，仍由选民直接选举产生。

高密市（县）人大代表的名额，1995 年《选举法》修改前，由市（县）人民政府（人民委员会）或者人大常委会依照《选举法》关于确定代表名额的规定确定；1995 年之后，由省人大常委会依法确定，并报全国人大常委会备案。

县一至十届人大代表名额

高密县第一至十届人民代表大会代表名额情况，因档案资料缺失，不予记述。

县十一届人大代表名额

1987 年 4 月 17 日，县十届人大常委会第二十次会议根据《选举法》和《山东省县乡两级人民代表大会选举实施细则》的规定，确定高密县第十一届人民代表大会代表名额确定为 331 名。

县十二届人大代表名额

按照《选举法》《山东省县乡两级人民代表大会选举实施细则》的规定，根据县统计局 1988 年末统计的全县和各乡镇的人口数，县人民代表大会代表的名额，按照农村每一代表所代表的人口数 4 倍于城镇每一代表所代表的人口数的原则分配。县人大常委会制订了县人民代表大会代表名额和各乡镇人民代表大会代表名额分配意见，确定县第十二届人民代表大会代表名额为 326 名，全县乡镇人民代表大会代表名额为 2070 名，1989 年 11 月下发文件予以公布。

县十二届人大代表名额分配一览表

表 2-1

单位	代表名额	单位	代表名额	单位	代表名额
高密镇	22	柴沟镇	11	高戈庄乡	8
柏城镇	12	土庄乡	8	井沟镇	10
姚哥庄镇	9	拒城河乡	9	田庄乡	8
张鲁乡	7	周阳乡	9	呼家庄乡	10
河崖乡	9	李家营镇	9	王吴乡	8
大栏乡	8	大牟家镇	10	经工委	27
夏庄镇	16	周戈庄乡	9	农工委	3
姜庄镇	13	康庄镇	10	政法委	3
仁和乡	8	蔡家站乡	8	宣传部	6
咸家乡	8	阚家乡	9	党工会	4
注沟乡	9	初家乡	8	合计	326
方市乡	7	双羊镇	11		

市（县）十三届人大代表名额

1992年10月14日，县十二届人大常委会第十九次会议通过了县乡两级人大代表名额分配意见，确定县第十三届人民代表大会代表名额为330名。

市（县）十三届人大代表名额分配一览表

表 2-2

单位	代表名额	单位	代表名额	单位	代表名额
高密镇	22	姜庄镇	13	拒城河乡	9
柏城镇	12	仁和乡	8	周阳乡	9
姚哥庄镇	9	咸家乡	7	李家营镇	9
张鲁乡	8	注沟乡	9	大牟家镇	10
河崖乡	9	方市乡	7	周戈庄乡	9
大栏乡	7	柴沟镇	11	康庄镇	10
夏庄镇	16	土庄乡	8	农工委口	3

续表 2-2

单位	代表名额	单位	代表名额	单位	代表名额
蔡家站乡	8	井沟镇	10	政法委口	3
阚家乡	9	田庄乡	8	宣传口	6
初家乡	8	呼家庄镇	10	党工委口	4
双羊镇	11	王吴乡	7	机动	5
高戈庄乡	8	经工委口	28	合计	330

市十四届人大代表名额

1997年11月12日，市十三届人大常委会第三十三次会议作出《关于高密市第十四届人民代表大会代表名额和潍坊人大分配高密潍坊市第十三届人民代表大会代表名额及选举问题的决定》。根据《宪法》《选举法》和山东省人大常委会《关于山东省市、县（区）人民代表大会换届时间和代表及常务委员会组成人员名额的决议》，高密市第十四届人民代表大会代表名额为288名。根据有关法律规定，按照市直机关、厂矿企事业单位每一代表所代表的人口数同农村每一代表所代表的人口数1∶4的比例，参照往届做法，作了适当调整，进行了分配。农村代表名额为247名，市直代表名额为38名，市人大常委会留3名机动名额，共288名。分配名额中，包括市人大常委会根据市委提名安排到各选举单位参选的名额。

市十四届人大代表名额分配一览表

表 2-3

单位	代表名额	单位	代表名额	单位	代表名额
高密镇	18	姜庄镇	9	阚家镇	8
柏城镇	9	仁和镇	8	初家镇	7
姚哥庄镇	8	咸家乡	7	双羊镇	9
张鲁镇	7	大牟家镇	9	高戈庄乡	7
河崖镇	8	周戈庄镇	8	井沟镇	8
大栏乡	7	康庄镇	9	田庄乡	7
夏庄镇	12	蔡家站镇	7	呼家庄镇	9
注沟镇	8	王吴乡	7	金融	1

续表 2-3

单位	代表名额	单位	代表名额	单位	代表名额
方市乡	6	朝阳街办	6	政法	3
柴沟镇	9	机关工委	4	商委	5
土庄乡	7	农工委	3	武装部	1
拒城河镇	8	宣传	5	机动数	3
周阳乡	7	经工委	15	合计	288
李家营镇	8	外经	1		

市十五届人大代表名额

2002年11月11日，市十四届人大常委会第三十七次会议作出《关于高密市第十五届人民代表大会代表名额和潍坊人大分配高密潍坊市第十四届人民代表大会代表名额及选举问题的决定》，按照省九届人大常委会第三十一次会议作出的《关于山东省设区的市、县（市、区）人民代表大会换届时间和新一届代表及常务委员会组成人员名额的决定》，高密市第十五届人民代表大会代表名额为288名。

市十五届人大代表名额分配一览表

表 2-4

单位	代表名额	单位	代表名额	单位	代表名额
朝阳街道	10	康庄镇	11	农业党工委	2
密水街道	15	阚家镇	11	建设党工委	3
醴泉街道	11	双羊镇	12	交通党工委	2
柏城镇	8	井沟镇	11	外经党工委	1
姚哥庄镇	11	呼家庄镇	8	财贸党工委	3
河崖镇	11	注沟镇	9	银行系统	1
夏庄镇	11	柴沟镇	11	武装部	1
姜庄镇	9	拒城河镇	10	市直(含机动数)	45
仁和镇	9	李家营镇	10	合计	288
大牟家镇	8	机关党工委	7		
周戈庄镇	7	经济党工委	20		

市十六届人大代表名额

2007年9月11日，市十五届人大常委会第三十六次会议作出《关于高密市第十六届人民代表大会代表名额和各镇新一届人民代表大会代表名额的决定》，按照省十届人大常委会第二十七次会议作出的《关于山东省设区的市、县（市、区）人民代表大会换届时间和新一届代表及常务委员会组成人员名额的决定》，高密市第十六届人民代表大会代表名额为288名。

市十六届人大代表名额分配一览表

表2-5

单位	代表名额	单位	代表名额	单位	代表名额
朝阳街道	22	阚家镇	22	交通党工委	2
密水街道	26	井沟镇	18	外经贸党工委	1
醴泉街道	22	柴沟镇	20	财贸党工委	5
柏城镇	16	机关党工委	7	金融系统	1
夏庄镇	20	经济党工委	17	机动和参选	53
姜庄镇	16	农业党工委	3	合计	288
大牟家镇	15	建设党工委	2		

市十七届人大代表名额

2011年9月22日，市十六届人大常委会第三十一次会议作出《关于高密市第十七届人民代表大会代表名额分配和各镇新一届人民代表大会代表名额的决定》，按照《山东省人民代表大会常务委员会关于山东省县（市、区）新一届人民代表大会代表及常务委员会组成人员名额的决定》和中共潍坊市委转发的《中共潍坊市人大常委会党组关于全市县乡两级人民代表大会换届选举工作有关事项的请示》，高密市第十七届人民代表大会代表名额为288名。

市十七届人大代表名额分配一览表

表 2-6

单位	代表名额	单位	代表名额	单位	代表名额
经济开发区	12	大牟家镇	13	交通党工委	1
密水街道	29	阚家镇	20	农业党工委	1
醴泉街道	21	井沟镇	18	商贸党工委	3
朝阳街道	12	柴沟镇	22	金融系统	1
柏城镇	19	机关党工委	4	参选代表和机动名额	54
夏庄镇	24	经济党工委	12	合计	288
姜庄镇	21	建设党工委	1		

市十八届人大代表名额

2016 年 9 月 27 日，市十七届人大常委会第三十四次会议通过《关于高密市第十八届人民代表大会代表名额分配和各镇新一届人民代表大会代表名额的决定》，根据《选举法》和《山东省人民代表大会常务委员会关于山东省县（市、区）新一届人民代表大会代表及常务委员会组成人员名额的决定》、中共潍坊市委转发的《中共潍坊市人大常委会党组关于做好全市县镇两级人民代表大会换届选举工作的意见》等法律和规定，高密市第十八届人民代表大会代表名额为 288 名。

市十八届人大代表名额分配一览表

表 2-7

单位	代表名额	单位	代表名额	单位	代表名额
经济开发区	12	阚家镇	17	经济党工委	2
密水街道	31	井沟镇	15	建设党工委	2
醴泉街道	24	柴沟镇	14	交通党工委	2
朝阳街道	14	东北乡文化发展区	10	农业党工委	2
柏城镇	10	咸家工业区	6	商贸党工委	2
夏庄镇	14	胶河生态发展区	8	金融系统	2
姜庄镇	12	注沟现代农业发展区	7	派选代表	65
大牟家镇	11	机关党工委	6	合计	288

第二章　高密市（县）历届人大代表选举

第一节　县一至六届、八届人大代表选举

1953年1月13日，中央人民政府委员会第二十次会议正式通过了《关于召开全国人民代表大会的决议》，决议要求由下而上召开乡、县、省（市）各级人民代表大会。3月1日，中央人民政府委员会公布了《选举法》。7月上旬，胶州专署召开了普选工作会议。根据中央指示和《选举法》的规定，按照胶州专署的统一部署，高密县开展了首次人民民主普选活动，选举乡人民代表大会代表。为了搞好这次普选，县委、县政府进行了一系列的准备工作。一是成立县、乡普选委员会。1953年7月底，经胶州地委批准，高密县成立普选委员会。二是成立普选人民法庭。8月，成立普选人民法庭，受理有关普选方面的案件和纠纷，以保障普选工作的顺利进行。三是制订普选工作计划。四是培训骨干。县委从县、区、乡机关中抽调百余名干部，进行了集中培训，分赴各乡帮助开展选举工作。五是开展普选宣传活动。

1953年7月中旬，县委在第二区故献乡进行普选试点。在试点取得经验的基础上，又选择了条件比较好的27个乡开展普选。9月底，第一批普选工作结束。1954年3月下旬，县委召开了普选工作区的区委书记会议，总结了普选试点的工作经验，布置了普选工作的计划安排和方法步骤，普选工作在全县全面展开。经普查登记，全县17个区，总人口516654人，其中男性252485人、女性264169人，符合选举法的选民共登记302753人。全县自然村946个，共划分选区1126个。选民登记结束后，各村选民以小组为单位对候选人进行了酝酿。1954年4月，全县179个基层选举单位召开选举大会进行了选举。参加选举的选民共289260人，占选民总数的95.5%，其中到会参选的233298人，会前预选的2091人，补选的23987人，登门选的29884人。

各乡人民代表选举产生后，深入选民中征求意见，准备提案。在此基础上，各乡召开了第一届人民代表大会，选举产生了乡人民委员会和出席县第一届人民代表大会的代表。

高密县第一至三届人民代表大会的代表由各乡人民代表大会选举产生，第四至六届、八届人民代表大会的代表由各公社人民代表大会选举产生。

根据上级指示精神，“文化大革命”期间产生的高密县革命委员会作为县第七届人

民代表大会计入届次。因此，没有县七届人大代表选举。

第二节　县九届人大代表选举

1980年，根据中共中央〔1980〕7号、60号文件精神和五届全国人大二次会议通过的《选举法》《地方组织法》的规定，高密县自6月15日开始，同时进行县、公社两级人大代表选举工作。6月28日，县革委会召开了八届五次全委会议，讨论通过了《高密县革命委员会关于县级直接选举工作实施方案》和县选举委员会组成人员名单，决定9月召开全县第九届人民代表大会，研究部署了选举试点工作，派出两个试点工作组，分别在柏城公社和县直商业系统进行选举试点。在省人大常委会和地区行署的直接指导下，经历了培训选举骨干、开展宣传教育、划分选区、进行选民登记、提名推荐代表候选人和投票选举人大代表6个步骤。全县共423900多名选民参加，实行差额选举，于8月31日采用无记名投票的方法，选出了县、公社两级人大代表。

本次选举从857名县人民代表大会代表正式候选人中，选出了529名县人大代表。代表中，共产党员占60%，群众占40%，妇女占25%。县九届人大代表具有广泛的代表性，其中工人代表52名，占9.8%；农民代表319名，占60.3%；财贸战线代表32名，占6%；文教卫生系统代表28名，占5.3%；科技人员代表9名，占1.7%；干部代表87名，占16.4%；中国人民解放军代表2名，占0.38%。代表中年龄最大的88岁，最小的19岁。

第三节　县十届人大代表选举

1982年《宪法》规定农村人民公社要实行政社分开，建立乡人民政府，县、乡两级人民代表大会任期为三年。上次选举的县、公社两级人民代表大会，任期从1981年算起，到1983年应该进行换届。由于多数地方政社分开尚未进行，加之省地县都在进行机构改革，省人大常委会根据全国人大常委会的决定，确定县、乡（镇）两级人民代表大会的换届选举，推迟在1984

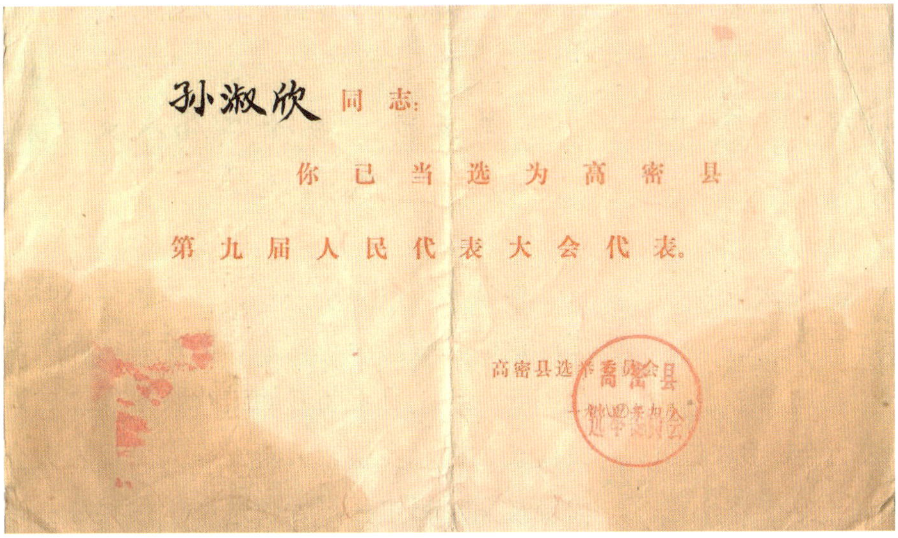
孙淑欣 同志：
你已当选为高密县第九届人民代表大会代表。
高密县选举委员会

图2－1　高密县第九届人民代表大会代表当选证书

年年底以前完成。

根据《地方组织法》《选举法》的规定和全省选举工作会议的部署，高密县县、乡（镇）两级人民代表大会换届选举工作，在柏城人民公社进行了选举工作试点。从1984年3月下旬开始，按照先县、后乡（镇）的原则，经过了建立机构、培训骨干、宣传发动、划分选区、酝酿代表候选人等步骤。本次选举实行县级直接选举，由选民直接提名推荐县、乡（镇）两级人大代表候选人。全县共划分1063个选区，登记选民497924名，直接参加投票选举的选民479021名，占选民总数的96.2%。共确定县人大代表候选人668名，是应选代表名额的1.67倍。

在5月10日全县选举日，各选区举行选民大会，由选民直接投票选举出县、乡（镇）人民代表大会代表。选出县第十届人民代表大会代表401名。其中工农代表217名，占54.1%；干部代表77名，占19.2%；知识分子代表69名，占17.2%；民主党派和爱国人士代表25名，占6.2%；其他代表13名，占3.3%。党员代表211名，占52.6%；群众代表190名，占47.4%。男性代表318名，占79.3%；女性代表83名，占20.7%。

第四节　县十一届人大代表选举

高密县第十一届人民代表大会、乡（镇）新一届人民代表大会代表换届选举工作，在县委、县人大常委会的领导下，按照省、市的统一部署，从1986年12月上旬开始，进行了建立机构、制订计划、宣传教育、培训骨干、划分选区、选民登记。1987年2月13日转入提名推荐代表候选人阶段，全县共划分选举县人大代表的选区248个，共提名推荐代表候选人1967名，是应选代表名额的5.96倍。按照《选举法》关于“代表候选人名额多于应选代表名额三分之一至一倍”的规定，确定县第十一届人民代表大会正式代表候选人595名。全县总人口为804153人，共有选民531395人，占总人口66.1%。参加投票选举的选民494247人，占选民总数93%。

1987年3月15日，各选区同时召开选举大会，进行了投票选举。选出县第十一届人民代表大会代表331名，其中党员167人，占50.5%；妇女85人，占25.7%；干部79人，占23.9%；工人46人，占13.9%；农民155人，占46.8%；教育界26人，占7.9%；军人1人，占0.3%；文艺界1人，占0.3%；科技界14人，占4.2%；爱国人士9人，占2.7%。

第五节　县十二届人大代表选举

根据《地方组织法》和《选举法》的规定，按照全省选举工作会议的部署，高密县自1989年11月下旬开始进行县第十二届人民代表大会、乡（镇）新一届人民代表大会代表换届选举工作。本次选举工作共分三步进行：培训骨干、搞好宣传发动；划分选区、搞好选民登记，提名推荐代表候选人、选举代表。

全县共划分选举县人大代表选区263个，选举乡镇人大代表的选区1201个。全县总人口828969人，共有选民588244人，占总人口的70.96%。共推荐县人大代表候选人1207人，是应选代表名额的3.65倍。全县县人大代表正式候选人584人，是应选代表的1.76倍。

1990年3月6日，全县各选区举行选举大会，参加投票选举的选民523713人，占选民总数的89.02%，选举产生了换届后的县乡（镇）两级人大代表。共选出县人大代表330名，其中工农代表220人，占66.7%；干部代表64人，占19.4%；知识分子代表43人，占13%；其他代表3人，占0.9%；党员代表208人，占63%；妇女代表81人，占24.5%。

第六节　市（县）十三届人大代表选举

依据《地方组织法》和《选举法》的规定，按照全省选举工作会议的部署，自1992年10月开始进行高密县第十三届人民代表大会、乡（镇）新一届人民代表大会代表换届选举工作。经过建立选举工作机构、培训选举骨干、宣传发动、划分选区、选民登记、提名推荐初步代表候选人、协商确定正式代表候选人、介绍正式代表候选人情况等工作环节，于1992年12月30日全县选举日召开了各选区选举大会，选出了县乡（镇）两级人大代表。选出县人大代表330名，后罢免1名，补选1名，实有330名。选举产生的县人大代表中，工农代表226人，占68.5%；干部代表67人，占20.3%；知识分子代表21人，占6.4%；其他代表16人，占4.8%。党员代表203人，占61.5%；妇女代表88人，占26.7%。

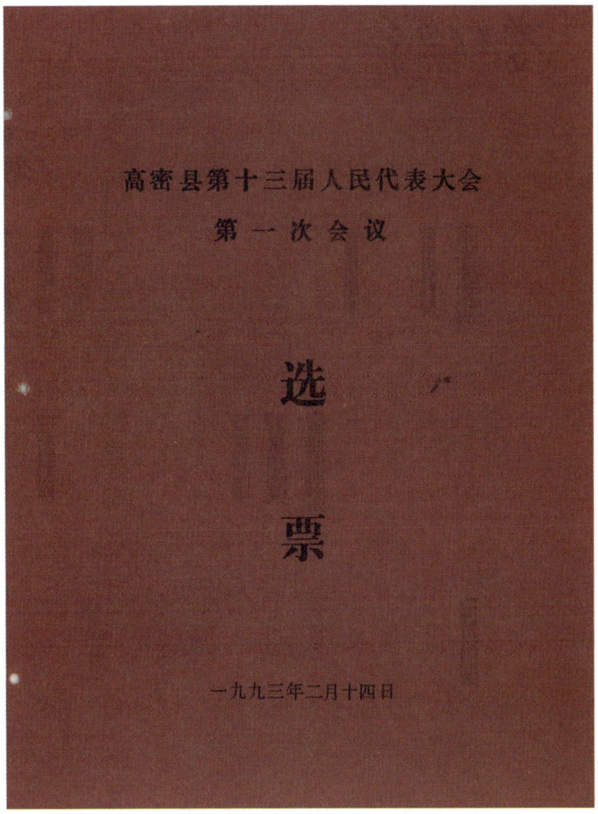

图2－2　县十三届人大一次会议选票

第七节　市十四届人大代表选举

市十四届人大代表换届选举工作自1997年11月开始，经过建立选举工作机构、培训选举骨干、宣传发动、划分选区、选民登记、提名推荐初步代表候选人、协商确定正式代表候选人、介绍正式代表候选人情况等工作环节，按照差额规定的比例，确定正式候选人，于1998年1月4日全市选举日，分选区召开了选举大会，依法选出了市第十四届人大代表284名。全市总人口为839968人，共有选民620095人，占总人口数73.8%。参加投票选举的590330人，参选率95.2%。选出的人大代表中，工农代表179人，占代表总数的63%；干部代表63人，占22.2%；知识分子代表42人，占14.8%；党员代表207人，占72.9%；妇女代表71人，占25%。

第八节　市十五届人大代表选举

市十五届人大代表换届选举工作从2002年11月开始，经过建立选举工作机构、培训选举骨干、宣传发动、划分选区、选民登记、提名推荐初步代表候选人、协商确定正式代表候选人、介绍正式代表候选人情况等工作环节，于2003年1月5日分选区组织召开了选举大会，选出市第十五届人民代表大会代表277名。选出的人大代表中，有工农及其他劳动者173名，占代表总数的62.5%；干部58名，占代表总数的20.9%；知识分子46名，占代表总数的16.6%。代表中，有中共党员194名，占代表总数的70%；非中共党员83名，占代表总数的30%。妇女70名，占代表总数的25.3%。代表中，具有大专及高职以上文化程度的146名，占代表总数的52.7%；具有中专、职高及高中文化程度的82名，占代表总数的29.6%；初中及以下文化程度的49名，占代表总数的17.7%。代表平均年龄为44岁。

第九节　市十六届人大代表选举

市十六届人大代表换届选举是2004年宪法修改后的首次市镇两级人大同步换届选举。从2007年9月开始，历经准备工作、选民登记、代表提名、投票选举4个阶段，全市登记选举市人大代表的选民687166人，划分了167个市级人大代表选区。按照规定的差额比例，确定了正式代表候选人名单，进行了张榜公布。2007年11月23日分选区召开了选举大会，选出了市第十六届人民代表大会代表276名。

市人大代表中，工农及其他劳动者168名，占60.9%；干部51名，占18.5%；知识分子57名，占20.7%。妇女75名，占27.2%；非中共党员98名，占35.5%；连任代表120名，占43.5%。镇人大代表中，妇女代表156名，占25.7%；非中共党员216名，占35.6%。从代表的文化程度看，大专以上文化程度的161名，占58.3%；中专或高中文化的90名，占32.6%；初中及以下文化程度的25名，占9.1%。

第十节　市十七届人大代表选举

市十七届人大代表换届选举，是选举法修改后首次实行城乡按相同人口比例选举人大代表。针对城乡代表名额布局和代表构成上出现的新变化，市人大常委会组成调查组分别到市直系统和阚家镇调查摸底，确定阚家镇作为换届选举工作联系点。

按照有关法律规定，市选举委员会主持代表选举，划分了选区，进行了选民登记，张榜公布了选民名单，以各政党、各人民团体联合或单独、选民十人以上联合提名推荐了代表候选人，张榜公布了初步代表候选人名单，按照差额比例，确定了正式代表候选人名单，进行了张榜公布。2011 年 12 月 16 日各选区召开了选举大会，选出了市第十七届人民代表大会代表 285 名。代表中，有工农及其他劳动者 181 名，占代表总数的 63.5%；干部 64 名，占代表总数的 22.5%；知识分子 40 名，占代表总数的 14%。非中共党员 91 名，占代表总数的 31.9%。妇女 72 名，占代表总数的 25.3%。代表中具有大专及以上文化程度的 193 名，占代表总数的 67.7%；具有中专及高中文化程度的 73 名，占代表总数的 25.6%；初中及以下文化程度的 19 名，占代表总数的 6.7%。

第十一节　市十八届人大代表选举

市十八届人大代表和新一届镇人大代表换届选举工作自 2016 年 9 月开始进行。市选举委员会主持了代表选举。历经筹划准备、选民登记、代表提名、投票选举 4 个阶段，全市登记选举市人大代表的选民 713562 人，共划分为 156 个市级人大代表选区。按照规定的差额比例，确定了正式代表候选人名单，进行了张榜公布。分别于 2016 年 12 月 16 日、23 日分选区召开了选举大会或设立投票站进行了投票选举，选出高密市第十八届人民代表大会代表 288 名。

选出的市人大代表中，有工农及其他劳动者代表 190 名，占 66%；公务员代表 71 名，占 24.7%；专业技术人员代表 26 名，占 9%；解放军和武警 1 名，占 0.3%。代表中，有非中共党员代表 102 名，占 35.4%；妇女代表 95 名，占 33%。具有研究生及以上文化程度的 18 名，占 6.3%；具有大学本科文化程度的 123 名，占 42.7%；具有大专及高职文化程度的 70 名，占 24.3%；具有中专、职高及高中文化程度的 59 名，占 20.5%；初中及以下文化程度的 18 名，占 6.3%。

第三章　高密市（县）历届人民代表大会选举委员会

第一节　选举委员会组成与职责

按照《选举法》的规定，市（县）选举委员会主持本级人民代表大会的选举。选举委员会的组成人员，根据工作需要，本着有利于加强党对选举工作的领导，有利于选举工作的顺利进行，并考虑其广泛性和代表性的原则确定。县级人大常委会设立前，县级选举委员会的人选，由县人民政府（人民委员会）与有关部门协商提出建议名单，报同级党委同意。市（县）人大常委会设立后，由市（县）人大常委会与有关部门协商提出建议名单，报同级党委同意，经人大常委会任命，在本级人大常委会领导下工作。选举委员会一般由 9 ～ 15 人组成，设主任 1 人，副主任 2 ～ 3 人。根据工作需要，一般由党委、人大常委会以及组织、宣传、统战、民政、财政、政法、法院、检察院、工会、青年、妇女等有关部门负责人组成。选举委员会的职责是：（1）主持本级人民代表大会代表的选举；（2）制订选举工作计划，培训选举工作人员，组织选民学习选举工作的法律规定和有关文件，做好选举的宣传教育工作；（3）进行选民登记，审查选民资格，公布选民名单，制发选民证，受理对选民名单不同意见的申诉，并做出决定；（4）划分本级人民代表大会代表的选区，分配各选区代表的名额；（5）根据较多数选民的意见，确定和公布正式代表候选人名单；（6）确定选举日期；（7）印制选票，制订投票办法，主持投票；（8）确定选举结果是否有效，公布当选代表名单；（9）颁发代表当选证书。

选举委员会设立办公室，办公室一般下设秘书组、组织组、宣传组、选民登记组等，承担选举委员会的具体工作。

第二节　历届选举委员会

第九届选举委员会

1980 年，县革命委员会召开了八届五次全委会议，通过了县选举委员会组成人员名单。

主　任：陈会江

副主任：王显良　　　徐广顺

吸收县委办公室、革委会办公室、组织、宣传、政法、民政、工会、青年、妇女等部门的负责人参加，共十九人组成。选举委员会下设办公室和秘书、组织、宣传、资格审查、行政五个组，具体负责选举和人代会的筹备工作。

第十届选举委员会

1984年，县九届人大常委会第二十五次会议通过。

主　任：陈会江

副主任：朱维福　　　李凤语

委　员：王炜光　　　于　彬　　　杨本荣　　　刘宪韬　　　吴元宝　　　夏克杰
崔景荣　　　孙福利

县选举委员会下设选举工作办公室，李凤语任主任，宋立田、吴元宝、孙福利任副主任。办公室下设秘书、组织、宣传、行政、指导5个组。

第十一届选举委员会

1986年11月30日，县十届人大常委会第十八次会议通过。

主　任：朱维福

副主任：于　彬

委　员：宋新科　　　陈廷俊　　　夏克杰　　　赵福安　　　万国红　　　仲跻魁
赵存礼　　　毛永华　　　时得永

第十二届选举委员会

1989年11月21日，县十一届人大常委会第二十二次会议通过。

主　任：杨本荣

副主任：单昭明　　　李凤语

委　员：田绍义　　　吕希清　　　邱玉森　　　荆逢元　　　毛永华　　　吴元宝
宋绪富　　　朱福训

第十三届选举委员会

1992 年 10 月 14 日，县十二届人大常委会第十九次会议通过。

主　任：李凤语

副主任：李好玉

委　员：郑立琦　吕希清　邱玉森　綦宗良　毛永华　张庆坚　宋绪富　郑存阶　张振国

县选举委员会下设办公室，毛永华兼任办公室主任。

第十四届选举委员会

1997 年 11 月 12 日，市十三届人大常委会第三十三次会议通过。

主　任：单昭明

副主任：姜玉生　李好玉

委　员：蔡善华　庄　政　吕希光　王庆贤　綦宗良　毛永华　李　健　郑存阶　张振国　白卫平　吴学深　周　娟（女）李桂芳（女）

市选举委员会下设办公室，毛永华兼任办公室主任。

第十五届选举委员会

2002 年 11 月 11 日，市十四届人大常委会第三十七次会议通过。

主　任：孙惠斌

副主任：王致民

委　员：王汉杰　任德平　蔡善华　庄　政　郭言兴　徐兆凯　李　健　张延兴　丁维国　鞠志华　万　丽（女）孙晓非　钟　波（女）

市选举委员会下设办公室，任德平兼任办公室主任。

第十六届选举委员会

2007年9月11日，市十五届人大常委会第三十六次会议通过。

主　任：崔红旗

副主任：张庆坚

委　员：庄　政　刘来忠　葛孝江　徐　明　栗祥成　禚朝晖　张业林　刘崇道　刘　旭　鞠志华　刘俊忠　田凯文　吕春芳（女）

市选举委员会下设办公室，刘来忠兼任办公室主任。

第十七届选举委员会

2011年9月22日，市十六届人大常委会第三十一次会议通过。

主　任：崔红旗

副主任：李庆华　王家林

委　员：王　赓　庄　政　王作民　杜启强　窦吉进　张业林　李传洲　许宝国　曹俊勇　孙日红　张修业　王丽萍

市选举委员会下设办公室，王作民兼任办公室主任。

第十八届选举委员会

2016年9月27日，市十七届人大常委会第三十四次会议通过。

主　任：钟亮成

副主任：孙业宗　王福敏

委　员：严凤辉　邱纯洁　石寿信　马拥军　张　伟　王作民　王有志　刘思芳　伍丽华（女）冯际刚　戴　锦（女）　宋　扬（女）

市选举委员会下设办公室，王作民兼任办公室主任。

第四章　代表资格审查委员会

第一节　设立和职责

1954年、1979年、1982年颁布施行的《地方组织法》规定地方人大只在举行会议的时候设立代表资格审查委员会，在大会主席团领导下进行工作，为临时性机构。按照1986年修改的《地方组织法》规定，县级以上的地方各级人大常委会设立代表资格审查委员会，为常设机构。依据《宪法》《选举法》《代表法》《地方组织法》的规定，代表资格审查委员会的职责是：依法对当选代表是否符合宪法、法律规定的代表的基本条件，选举是否符合法律规定的程序，以及是否存在破坏选举和其他当选无效的违法行为进行审查，提出代表当选是否有效的意见，向本级人大常委会报告，由本级人大常委会确认代表的资格或者确定代表的当选无效，予以公告；对暂时停止或恢复执行代表职务的向本级人大常委会报告；对代表资格终止的，向本级人大常委会报告，由本级人大常委会予以公告。

代表资格审查委员会主任委员、副主任委员、委员的人选，县第一届至第十届人民代表大会，由代表大会预备会议通过；自县十一届人民代表大会开始，由人大常委会主任会议在常委会组成人员中提名，常委会会议通过。

因档案资料缺失，本章只记述部分届次代表资格审查委员会组成人员。

第二节　组成人员

县一至八届人大代表资格审查委员会

高密县第一至八届人民代表大会会议期间设立的代表资格审查委员会组成人员，因档案资料缺失，不予记述。

县九届人大一次会议代表资格审查委员会

1980年9月6日，县九届人大一次会议预备会议通过。

主任委员：徐广顺

副主任委员：刘喜文

委　员：（以姓氏笔画排列）

万兆金　王学岐　刘金城　张桂金（女）　郭宝福

县九届人大二次会议代表资格审查委员会

1981年12月13日，县九届人大二次会议预备会议通过。

主任委员：于　彬

副主任委员：孟宪兑

委　员：（以姓氏笔画排列）

马吉安　王学岐　杨文明　张桂金（女）　郭宝福

县九届人大三次会议代表资格审查委员会

1982年12月26日，县九届人大三次会议预备会议通过。

主任委员：于　彬

副主任委员：孟宪兑

委　员：（以姓氏笔画排列）

马吉安　王学歧　杨文明　张桂金（女）　郭宝福

县九届人大四次会议代表资格审查委员会

（资料缺失）

县十届人大一次会议代表资格审查委员会

1984年5月23日，县十届人大一次会议预备会议通过。

主任委员：于　彬

副主任委员：杨本荣（女）

委　员：（以姓氏笔画排列）

沈兴昌　孙树昆　胡　岳　夏克杰　崔景荣（女）

县十届人大二次会议代表资格审查委员会

1985年3月29日，县十届人大二次会议预备会议通过。

主任委员：于　彬

副主任委员：杨本荣（女）

委　员：（以姓氏笔画排列）

沈兴昌　孙树昆　胡　岳　夏克杰　崔景荣（女）

县十届人大三次会议代表资格审查委员会

1986年6月21日，县十届人大三次会议预备会议通过。

主任委员：于　彬

副主任委员：杨本荣（女）

委　员：（以姓氏笔画排列）

沈兴昌　孙树昆　胡　岳　夏克杰

县十一届人大常委会代表资格审查委员会

1987年5月7日，县十一届人大常委会

第一次会议通过。

主任委员：刘远东

副主任委员：宋新科

委　员：（以姓氏笔画排列）

王凤山　王瑞芬（女）　孙树昆

沈兴昌　夏克杰

1988年1月20日，县十一届人大常委会第六次会议，接受县人大常委会委员夏克杰的辞职请求，其代表资格审查委员会委员的职务相应终止。

县十二届人大常委会代表资格审查委员会

（资料缺失）

市（县）十三届人大常委会代表资格审查委员会

1993年4月13日，县十三届人大常委会第二次会议通过。

主任委员：伏希太

副主任委员：郑立琦

委　员：（以姓氏笔画排列）

王瑞芬（女）　毛永华　刘昌华

邱玉森　綦宗良

1996年2月29日，市十三届人大四次会议，接受邱玉森、刘昌华、王瑞芬辞去市人大常委会委员职务的请求，其代表资格审查委员会委员的职务相应终止。

市十四届人大常委会代表资格审查委员会

1998年3月19日，市十四届人大常委会第一次会议通过。

主任委员：潘世俊

副主任委员：毛永华

委　员：（以姓氏笔画排列）

宋希会　贾义丰　蔡善华

1999年2月23日，市十四届人大常委会第八次会议，接受毛永华辞去市人大常委会委员职务的请求，其代表资格审查委员会副主任委员的职务相应终止；通过蔡善华为代表资格审查委员会副主任委员，郇洪和为委员。

2001年3月6日，市十四届人民代表大会第四次会议，接受潘世俊辞去高密市第十四届人民代表大会常务委员会副主任职务的请求，其代表资格审查委员会主任委员的职务相应终止。

2001年4月12日，市十四届人大常委会第二十五次会议通过，王致民为代表资格审查委员会主任委员。

市十五届人大常委会代表资格审查委员会

2003年2月17日，市十五届人大常委会第一次会议通过。

主任委员：刘彭泉

副主任委员：任德平

委　员：（以姓氏笔画排列）

孙晓非　宋希会　钟　波（女）

郭言兴　蔡善华

2004年2月28日，市十五届人大常委会第八次会议，接受郭言兴辞去高密市第十五届人民代表大会常务委员会委员职务的请求，其代表资格审查委员会委员的职务相应终止。

2005年2月16日，市十五届人大常委会第十四次会议，接受孙晓非辞去高密市第十五届人民代表大会常务委员会委员职务的请求，其代表资格审查委员会委员的职务相应终止。

2006年2月24日，市十五届人大四次会议，接受刘彭泉辞去高密市第十五届人民代表大会常务委员会副主任职务的请求，其代表资格审查委员会主任委员的职务相应终止；接受于纯华、任德平、宋希会辞去常务委员会委员职务的请求，任德平的代表资格审查委员会副主任委员职务相应终止，于纯华、宋希会的代表资格审查委员会委员职务相应终止。

2006年4月6日，市十五届人大常委会第二十三次会议通过，张庆坚为代表资格审查委员会主任委员，刘来忠为副主任委员，张兴家为委员。

2006年9月1日，市十五届人大常委会第二十六次会议，接受钟波辞去高密市第十五届人民代表大会常务委员会委员职务的请求，其担任的代表资格审查委员会委员的职务相应终止。

2007年3月8日，市十五届人大五次会议，决定接受蔡善华辞去高密市第十五届人民代表大会常务委员会委员的职务，其代表资格审查委员会委员的职务相应终止。

2007年4月25日，市十五届人大常委会第三十三次会议通过，马金英、葛孝江为高密市第十五届人民代表大会常务委员会代表资格审查委员会委员。

市十六届人大常委会代表资格审查委员会

2008年2月1日，市十六届人大常委会第一次会议通过。

主任委员：薛维钧

副主任委员：刘来忠

委　员：（以姓氏笔画排列）

吕春芳（女）　庄　政　葛孝江

2010年1月13日，市十六届人大三次会议，接受薛维钧辞去高密市第十六届人民代表大会常务委员会副主任职务的请求，其代表资格审查委员会主任委员的职务相应终止；接受刘来忠辞去高密市第十六届人民代表大会常务委员会委员职务的请求，其代表资格审查委员会副主任委员的职务相应终止。

2010年4月27日，市十六届人大常委会第十七次会议通过，王家林为代表资格审查委员会主任委员，王赓为副主任委员。

市十七届人大常委会代表资格审查委员会

2012年2月25日，市十七届人大常委

会第一次会议通过。

主任委员：王家林

副主任委员：王　赓

委　员：（以姓氏笔画排列）

王作民　吕春芳（女）　葛孝江

2013 年 2 月 19 日，市十七届人大二次会议，接受葛孝江辞去高密市第十七届人民代表大会常务委员会委员职务的请求，其代表资格审查委员会委员的职务相应终止。

2013 年 4 月 25 日，市十七届人大常委会第八次会议通过，杜启强为代表资格审查委员会委员。

2014 年 3 月 11 日，市十七届人大常委会第十五次会议通过，王家林不再担任代表资格审查委员会主任委员职务，刘松青为代表资格审查委员会主任委员。

2015 年 3 月 18 日，市十七届人大常委会第二十三次会议通过，刘松青不再担任代表资格审查委员会主任委员职务，王福敏为代表资格审查委员会主任委员。

2016 年 2 月 26 日，市十七届人大五次会议，接受王赓、吕春芳辞去高密市第十七届人民代表大会常务委员会委员职务的请求，王赓的代表资格审查委员会副主任委员职务相应终止，吕春芳的代表资格审查委员会委员职务相应终止。

2016 年 3 月 11 日，市十七届人大常委会第三十次会议通过，严凤辉为代表资格审查委员会副主任委员，刘玉梅为委员。

2016 年 6 月 28 日，市十七届人大常委会第三十二次会议通过，杜启强辞去高密市第十七届人民代表大会常务委员会委员职务的请求，其代表资格审查委员会委员的职务相应终止。

市十八届人大常委会代表资格审查委员会

2017 年 2 月 10 日，市十八届人大常委会第一次会议通过。

主任委员：王福敏

副主任委员：严凤辉

委　员：（以姓氏笔画排列）

王作民　刘玉梅（女）　明　军

2019 年 2 月 14 日，市十八届人大常委会第二十一次会议，接受明军辞去高密市第十八届人民代表大会常务委员会委员、代表职务的请求，其代表资格审查委员会委员的职务相应终止。

2019 年 5 月 10 日，市十八届人大常委会第二十三次会议通过，冯玉庆为市人大常委会代表资格审查委员会委员。

2020 年 1 月 6 日，市十八届人大常委会第二十九次会议，接受冯玉庆辞去市十八届人大常委会委员职务的请求，其代表资格审查委员会委员职务相应终止。

2020 年 3 月 25 日，市十八届人大常委会第三十次会议通过，张伟为市人大常委会代表资格审查委员会委员。

第五章　高密市（县）历届各级人大代表名录

第一节　高密市（县）人大代表名录

高密县第一至八届人民代表大会代表

高密县第一至八届人民代表大会代表，因档案资料缺失，不予记述。

高密县第九届人民代表大会代表

（1980年8月31日选出代表529名。以姓氏笔画排列）

城关公社（43名）

于秀英（女）	王兆华	王明亮	王忠敏（女）	仪明福	仪修家
刘文秀（女）	刘玉英（女）	刘发勤	刘振汉	朱大可	朱永鹏
吕希元	李　明	李凤语	李玉梅（女）	李同贵	李启德
李榴生	李瑞兰（女）	宋万柱	宋连珍（女）	林万绅	吴炳旭
单　成	陈戟门	张聿富	张学敏	姜德兴	祝世昌
赵　聪	赵宗祥				
赵多霞（女）	徐广顺				
崔风鸣	崔芹彩				
曹艳鲜（女）	鹿　圻				
傅希贞（女）	傅希胜				
董发新	蔡明文				
薛克兰（女）					

夏庄公社（30名）

门相如	于秀泉
于树棠	王增森
王圣元	王德录

图2－3　高密县第九届人民代表大会代表证

仪垂亮　齐永述　李世运　李振民　李淑贞（女）杜庆英（女）
杜启春　宋真英（女）陈丽华（女）张立正　张秀生　张瑞源
赵祉玉（女）姜素兰（女）诸葛欣　徐凤亭　徐兆考　隋明惠（女）
宿松山　郭玉美（女）郭培荣　郭治基　管家来　綦敦宪

河崖公社（19 名）

毛志兰　毛继贵　王兆兰　王成天　王桂花（女）王朝玺
庄景堂　刘守成　刘桂美（女）杜启林　李树亮　李福泉
陈正贤　张仁山　张开惠　张桂臻（女）栾学武　郭金凤（女）
薛克庭

姜庄公社（23 名）

马凤芝　宋立云（女）宋立香（女）杜泮奎　杜金贞　肖爱香（女）
单昭明　范发昌　范忠正　张士仁　张日跃　张光庭
张清田　张清池　张致欣（女）张瑞周　贺新邦　梁秀英（女）
高万言　唐忠艳（女）崔效义　隋立升　楚介和

康庄公社（28 名）

万兆金　于敦学　马邦进　毛恩平　王文章　王玉英（女）
王会仁　朱维福　刘远东　任心同　任宪英（女）宋锡亮
初学香（女）李元光　李会芹（女）李秀芳（女）李桂香（女）李褚臣
张万林　张兰生　张成云　张喜云（女）姜福茂　殷宗德
夏瑞林　栾厚田　傅廷宝　韩丙志

周戈庄公社（15 名）

王云生　刘在秀　孙淑欣（女）许发年　宋德合　李佐伍
李宗顺　张学华（女）张秀珍（女）段桂英（女）赵凤池　秦永祝
高境祥　曹明海　魏效福

袁家公社（23 名）

万邦海　马瑞兰（女）王宇宏　王学美　王瑞琴　王德贵
石寿高　孙秀娥（女）刘兆芳（女）刘金山　刘武胜　刘靖安
李大朋　杜继亮　陈会江　岳春伦　张修理　杨德良
赵金钗（女）侯宗寿　高月桂　高秀英（女）颜廷本

双羊公社（29 名）

于学仁　马吉安　王守道　王承兰（女）王光武　王世廉

王克丛　王克吉　王承丹（女）　王瑞新　庄京太　任彩霞（女）
齐汉林　刘玉祥　刘兆太　邢忠礼　张宝先（女）　吴云华
吴桂馥　孟庆余　赵月英（女）　赵可先　赵兰英（女）　赵廷玉
姜相卿　徐敬义　高秀英（女）　高慧波（女）　营方洪

井沟公社（25名）

丁伦玉　马桂英（女）　于永波　于敏成　王中升　王玉贞（女）
王佩象　王成栋　王光福　王炜光　孙秀英（女）　刘术台
刘连仁　刘金城　沈玉香（女）　宋　水　宋继绩　陈培华
张肇祥　荆殿云　赵爱德　袁兆贵　曹树兰（女）　焦秀云（女）
薛敬堂

水西公社（27名）

马克坚　王方聚　王术勋　王传栋　王希花（女）　王秀云（女）
王福花（女）　田志贞（女）　田明三　田金在　田秀英（女）　乔加第
刘永信　邱元俊　邱昌田　杨术宗　张子敬　孟庆玲（女）
陆传序　曹加敏　黄玉泉　宿兰英（女）　葛铸林　禚百英（女）
禚树松　薛加勤　薛金才

柴沟公社（20名）

王付来　刘治祥　刘桂英（女）　刘淑云（女）　宋继忠　李振福
范金凯　张　松　张凤玉　张如九　张成敏　张奎生
柳洪霞（女）　梁立花（女）　袁孝五　徐正太　傅希录　鹿秀堂
焦素云（女）　董培法

拒城河公社（26名）

王玉德　王笃相　卢丁明　阎祚友　孙富义　刘明甫
刘颜海　刘经明　苑　锡　房玉启　邵常娥（女）　罗相诗
杨名正　张立方　张绍俭　单亦贞　单秀英（女）　赵金兰（女）
赵修英（女）　施美芬（女）　姜治安　夏克祥　侯光聚　高俊宏
鹿钦文　雷秀云（女）

呼家庄公社（20名）

丁尚俊　王加兰（女）　王金水　王秩公　孙来斗　宋长福
邱元美（女）　单连明　武文聚　张庆秀（女）　张宗君　赵长国
郝恩贵　徐廷福　徐学智　徐爱花（女）　隋存全　潘昌喜

薛英平　　魏秀玲（女）

大栏公社（13 名）

尹树韦　　牟德元　　杜秀娟（女）李宝文　　吴永敏　　杨成云（女）

张正立　　张世考　　张秀美（女）咸永成　　徐召香（女）郭京德

管遵密

城律公社（26 名）

马美兰（女）尹治平

王加桂（女）王玉玺

王伟儒　　王善堂

刘增利　　孙修照

时士双　　呙智义

李德成　　别玉文

肖金殿　　杨玉来

杨玉善　　赵福安

钟少鹏　　徐洪来

高玉英（女）褚世信

臧青远　　臧询远

图 2－4　高密县第九届人民代表大会城律代表团部分代表

臧远贞（女）臧家传　　管世芳（女）葛瑞森

柏城公社（20 名）

万国红　　孔祥交　　王永兰（女）王世昌　　王庆贤　　王善言

孙德成　　刘术花（女）刘秀华（女）冷延泽　　宋永云　　李常智

赵永禄　　赵桂兰（女）栾锡福　　夏友升　　徐文富　　徐俊生

常延吉　　薛世奎

大王庄公社（24 名）

马训莹　　王义兴　　王立义　　王乐昌　　王廷钦　　王守臻

王显良　　邓孝礼　　邓撰聚　　任怀明　　刘加祥　　孙延英（女）

李建华　　李振来　　李桂香（女）张玉兰（女）张仕林　　张庆兰（女）

单亦高　　单桂臻（女）徐月美（女）徐增远　　郭东一　　郭洪昌

仁和公社（21 名）

王乐成　　王居海　　王志江　　仪秀美（女）刘子秀（女）刘洪岗

迟昭厚　　苏文彬　　杜乃兰（女）杜吉华　　杜建华　　杜继光

张玉前　荆云来　胡风义　聂传聪　夏克香（女）梁大成
高宗美（女）谢振华　董国芳（女）

大牟家公社（19名）

王从海　仪名敬　史孝兰（女）孙正信　孙美兰（女）曲洪举
刘喜文　李志国　迟余钧　迟善身　周升清　宗成月
范淑英（女）张桂金（女）张钧成　杨佃圣　杨贵春　赵多蓉（女）
蔡永红（女）

土庄公社（14名）

田立成　王太清（女）王作兴　王明祥　王锡亮　冯新华
任怀恩　任怀振　任亮叙　刘光和　沈兴昌　张玉芬（女）
粟秀珍（女）鹿钦恩

工交（23名）

毛源德　王长述　王玉珍（女）王志温　王秀云（女）王学利
王致敬　白焕新　乔光林　孙秀贞（女）吉惠娴（女）沈子升
李阁香（女）李德义　张聿江　单汝励　赵玉芹（女）赵亦孝
黄其杜　郭宝福　郭海先　管庆法　管谨堂

财贸（12名）

王世胜　王金亮　王跃娟（女）王建国　王清福　田洪盛
刘云亭　曲梅清（女）宋继修　单文霞（女）武从先　宫建泉

机关、基建（13名）

于学岐　刘尔杨　朱　杰　乔建红　孙同道　谷昭川
迟春霞（女）孟宪兑　杨文明　张兆德　张联芳（女）张景严
高实义

农林、文教（16名）

于　彬　孙福利　邱泽润　林洪坚（女）张士彭　房志禄
陈素贞（女）陈福麟　胡　岳　昝汝谦　徐秀香（女）凌雪芳（女）
韩鲁光　綦敦叙　潘昌华　戴友和

高密县第九届人民代表大会第一次会议至第二次会议期间，代表共变动27人。其中，仁和公社选出的王乐成调出本县，姜庄公社粮管所马凤芝病故，县内调动25人。为适应工作需要，根据法律规定和选举程序，对缺额的两名代表，由仁和、姜庄两处公社各补选1名；对县内调动的代表，已由县人大常委会正式通知到调入单位，继续履行代表职责。补选后，代表仍为 529 名。

自高密县第九届人民代表大会第二次会议到第三次会议期间，共变动 19 人。其中，县内调动 14 人，调出本县的 3 人，病故 1 人，由原选举单位罢免 1 人。后补选宋林茂、王金修、隋维山、鹿金平、岳春良 5 名代表。对县内调动的代表，因未离开本行政区域，其代表资格仍然有效，继续履行代表职责。补选后，代表仍为 529 名。

自高密县第九届人民代表大会第三次会议到第四次会议期间，全县代表共减少 8 人。徐广顺离休回原籍昌邑县。姜福茂离休到河北省邯郸市。曲洪举、黄其杜调出高密县。唐忠艳迁出高密县。井沟公社河南大队孙秀英由原选区罢免代表资格。庄景堂、张曰庆因病逝世。后补选县人武部部长郭炳桥、拒城河公社管委主任郭明福、双羊公社管委主任高志武、汽车站党支部书记李卓宏 4 名代表。补选后，高密县第九届人民代表大会代表共有 525 名。

高密县第十届人民代表大会代表

（1984 年 5 月 10 日选出代表 401 名。以姓氏笔画排列）

高密镇（31 名）

马　军　王亦富　王希荣　王金荣　王泽栋　王建章
王顺一　王善亮　吕希元　刘志鸿　刘靖安　李凤语
李志芬（女）李桂秋（女）李常存　李新会（女）张聿富　张宝田
张培兰（女）武文聚　范志彬　范慈卿　侯　林　单　诚
单联芬（女）赵多喜　赵多霞（女）徐延峰　徐澄海　崔玉厚
蔡厚庵

柏城镇（14 名）

于　彬　马建良　朱维福　刘秀花（女）李丹芬（女）杨培胜
宋纪善　张秀兰（女）周兆祥　赵永禄　姜忠诚　宫业义
夏锡友　郭福明

姚哥庄镇（12 名）

王乐昌　王廷钦　王启宝　车长金　刑会云（女）李付贤
冷桂珍（女）张聿生　张来堂　秦中廷　徐宗远　鞠晓初

张鲁乡（9 名）

门秀香（女）仪国章　刘书成　刘兆久　刘桂美（女）刘家祥
李振来　张恭廷　郭东一

河崖乡（12名）

王桂玲（女）	王朝玺	毛继贵	许克亮	李文刚	李春香（女）
李振声	宋新科	张仁山	张正立	单际庆	郭仁厚

大栏乡（10名）

王成爱	王瑞云（女）	尤世会	尹树伟	尹淑英（女）	刘秀英（女）
孙树昆	孙清永	姜玉生	郭洪玉		

夏庄镇（21名）

王加波	王庆太	王凌志	刘业忱	杜希民	杜增春
李丕聪	李君芳	李述启	李爱芹（女）	宋绪富	张瑞源
单瑞英（女）	逄忠富	徐兆香（女）	栾述富	高金龙	郭治基
常秀珍（女）	管家来	潘昌发			

姜庄镇（16名）

刘希贤	刘喜云	孙光庭	孙述洪	杨本荣（女）	肖爱香（女）
张清田	张瑞周	周洪斌	单昭明	聂传斗	殷秀花（女）
高庆德	梁秀英（女）	隋邦乐	韩元义		

仁和乡（10名）

王炜光	王德立	仪秀美（女）	乔光林	宋继绩	林　圃
聂传聪	商孝芳（女）	谢振华	薛天任		

咸家乡（8名）

王庆贤	李相忱	李桂芳（女）	张玉光	侯文平	秦善霄
展其欣（女）	梁大成				

大牟家镇（13名）

王从海	王汉来	王寿平	王明福	史孝兰（女）	孙秀香（女）
杜宝宗	李公献	吴元宝	迟云祥	赵文卿	郭炳桥
鞠洪福					

周戈庄乡（12名）

尤世忍	刘学宗	刘福臣	许明旭（女）	孙明江	李文祥
邱明伦	陈仁功	赵凤池	胡　伟	曹明海	魏秀英（女）

康庄镇（13名）

万国红	王文忠	王会仁	刘远东	刘焕庆	孙龙海
张希云（女）	陈友贤	孟宪兑	常明远	蒋会勤	傅深德

禚成修（女）

蔡家站乡（9 名）

于敬功　马帮进　王秀芹（女）　任心同　刘俊敏（女）　张成云
张学墨　高大礼　焦延泉

阚家乡（12 名）

万邦海　马钦利　王宇宏　石寿高　朱会臣　刘顺元
孙福利　李兰芹（女）　岳春伦　岳润廷　栾敬富　高秀英（女）

初家乡（9 名）

王连生　田金梅（女）　孙立录　吴兆海　张延兴　张修礼
张洪兵　徐林兰（女）　曹志杰

双羊镇（14 名）

于振环　王世廉　王旭梅（女）　王慎先　朱福训　刘万秀
刘洪居　刘桂英（女）　宋锡明　张瑞芬（女）　赵明宗　柳振程
郭明福　梁光鹏

高戈庄乡（9 名）

王明录　王炳舜　冯世茂　吕希贞　刘玉祥　张爱梅（女）
赵兰英（女）　钟元义　夏宝升

井沟镇（13 名）

丁伦玉　于敏成　王正武　王佩象　田术显　伏希太
刘连仁　刘秀花（女）　刘宪韬　陈家治　徐永芹（女）　高荣德
傅淑芬（女）

田庄乡（9 名）

王中升　王玉贞（女）　王光福　王桂喜　孙　强　张秀琴（女）
张新荣　高术堂　郭玉梅

呼家庄乡（13 名）

马振财　王长太　王志敏　王镇一　代宗花（女）　孙彦林
孙燕玉　李凤兰（女）　谷昭川　岳占利　逄金利　徐成玉
傅丙礼

注沟乡（12 名）

王永清　王廷真　王道光　田秀英（女）　田金在　刘菊芳（女）
李凤华　张子敬　徐玉杰　高希春　傅希连　禚汉军

方市乡（8名）

马凤高　王世友　王润禄
刘　彩　杨术宗　杨树声
宿兰英（女）焦培兰（女）

柴沟镇（14名）

王先清　王佩兰（女）王选栋
刘淑云（女）李秀娥（女）李淑荣
邱泽田　张绪温　陆传序
郝传仁　袁孝五　夏乃友
臧永传　禚煜昌

图2－5　参加县人代会的部分代表

土庄乡（11名）

王作兴　王学海　任启叙
任叙杰　刘淑芳（女）孙世禄
邱敦花（女）沈兴昌　陈玉顺　曹沛润　阎炜初

拒城河乡（12名）

于文廒　王传福　王福亭　刘术松　刘明山　李克堂
李奉贤　张新美（女）房玉启　钟爱荣（女）施立贞　崔景荣（女）

周阳乡（10名）

王修荣（女）任宪耀　刘玉梅（女）刘顺堂　李玉坤　李奉喜
单亦贞　赵政修　高俊洪　薛美堂

李家营镇（12名）

马美兰（女）尹世超　刘传红　李丹林　李学道　宋继瑞
迟玉东　赵福安　郝维秀（女）阎术成　阎德善　葛学海

王吴乡（9名）

王衍华　毕清让　杨桂兰（女）张家贵　钟少彭　阎金芹（女）
臧清远　颜秀芬（女）戴有和

工交财贸（25名）

马金莲（女）王　玲（女）王文华　王玉珍（女）王正才　王兆军
王志义　王学利　毛秀云（女）毛德斌　田金岭　刘洪远
齐世增　杜侨儒　李好玉　李卓宏　李德义　吴丽雅（女）
何德修　张凤山　张兰香（女）荆曰敏　郭志芳（女）黄焕武

潘世俊

机关基建政法（10名）

于钦明　王润林　史振山　李付中　李宗顺　张永喜
陈会江　赵秀英（女）夏克杰　谭瑞林

农林文卫（9名）

王敬华　孙桂芹（女）李万河　李冬菊（女）张慕智　陈逢霖
陈福麟　胡　岳　钟銮先

高密县第十届人民代表大会第一次会议至第二次会议期间，共15名代表工作单位或居住地发生变动。其中，初家乡的徐林兰调出本县，县内调动14人。根据法律有关规定，调离本县行政区域的，其代表资格自行终止；没有调出本县行政区域的，代表资格仍然有效。县十届人大常委会第六次会议研究决定，增选代表3名。他们是柏城镇的单既金，夏庄镇的刘福禄，大栏乡的张秉良。经增选，高密县第十届人民代表大会的代表为403名。

自高密县第十届人民代表大会第二次会议至第三次会议，代表变动18人。其中，5人调出本县，陈会江、王润林调潍坊市，史振山调平度县，崔景荣调辽宁省，张秉良调邹县；河崖乡东前岭的毛继贵和咸家乡张屋村的张玉光病故；本县范围内调动代表11人。根据有关法律规定，经县人大常委会第十四次会议研究决定，增选县人大代表4名，对缺额的代表分别由原在选区进行补选。新补选的7名代表是：崔乃元、孙惠斌、王瑞芬、张言俊、周振昌、张玉前、赵光洪。同时，增选代表4名，分别是：董贤忠、咼智义、王心福、张聿嘉。经补选和增选后，高密县第十届人民代表大会代表共407名。

高密县第十一届人民代表大会代表

（1987年3月15日选出代表331名。以姓氏笔画排列）

高密镇（22名）

王仁德　王立身　王建章　刘永杰　杜立华　李凤语
李心惠（女）李志芬（女）李常智　宋林茂　张开金　张聿富
张培兰（女）范慈卿　单亦良　单联芬（女）赵宗祥　徐延峰
崔淑贞（女）傅玉杰　蔡厚庵　管天祥

柏城镇（12名）

朱维福　孙连昌　邱元森　宋贤杰　迟玉东　张秀兰（女）
周兆祥　周秀芬（女）宫业义　徐福建　隋学良　雷世芹（女）

姚哥庄镇（9名）

王在辉	王金珍（女）	王瑞新	车常金	刑会云（女）	冷翔吾
张聿生	赵增成	鞠晓初			

张鲁乡（8名）

刘兆久	刘桂美（女）	杜希政	李振来	李桂芹（女）	张公廷
陈旭辉（女）	高金龙				

河崖乡（9名）

任成恩	孙述花（女）	李天序	李文刚	李振声	宋新科
张仁山	张淑美（女）	郭仁厚			

大栏乡（8名）

王成爱	王洪升	尹树伟	尹淑英（女）	刘秀英（女）	孙树昆
张庆亮	郭洪玉				

夏庄镇（16名）

王　兴	代为田	刘廷基	刘福禄	杜会山	杜贤古
杜增春	李兴国	李君芳	张文基	张瑞元	赵会英
徐可信	徐兆香（女）	郭云香（女）	郭爱芹（女）		

姜庄镇（13名）

王延述	王秀兰（女）	代乐海	李福民	张承合	张清田
单昭明	段　蕾（女）	聂希孔	高庆德	崔林照	梁秀英（女）
韩元义					

仁和乡（8名）

王炜光	王致民	王德利	刘　霞（女）	刘业君	杜会芳（女）
李炳章	李振海				

咸家乡（8名）

孙学起	侯文平	秦善霄	展其欣（女）	梁大成	梁淑英（女）
董贤忠	董洪进				

大牟家镇（10名）

王从海	刘玉芹（女）	杜宝宗	李万京	李公献	迟云祥
周升清	郭炳桥	隋志英（女）	韩炳瑞		

周戈庄乡（10名）

于敦水	王立福	许明旭（女）	李文祥	李登山	张泽民

曹明海　董智斌　魏秀英（女）魏居清

康庄镇（10名）

王洪山　刘光和　刘焕庆　张万林　陈友贤　单瑞香（女）
孟宪兑　郭会英（女）蒋会勤　蒋森春

蔡家站乡（8名）

万寿兰（女）马邦进　马丽霞（女）王秀芹（女）任心同　张学墨
钟元义　潘世俊

阚家乡（9名）

王衍华　尹多文　李万河　李春甲　张汝华　张惠兰（女）
明学群（女）岳润庭　徐寿平

初家乡（8名）

王守芳（女）王连生　刘传香（女）孙术清　孙立禄　张修礼
陈汝文　梁光鹏

双羊镇（11名）

于钦明　马连臣　王　玲（女）庄成秀（女）刘术忠　刘洪启
孙延龙　宋立香（女）张来堂　姚灵光　姚灵春

高戈庄乡（8名）

于继勇　王明录　刘玉祥　刘新德　孙兰臻（女）陈光一
夏宝升　董秀花（女）

井沟镇（10名）

王世友　王忠信　刘延宾（女）刘连仁　刘建武　孙成英（女）
孙钦惠（女）张焕珍（女）柴来亭　傅联合

田庄乡（8名）

马吉智　马江香（女）王光甫　刘凤香（女）刘顺利　李广瑞
张学义　张新荣

呼家庄乡（10名）

王书义　王修明　王墩凤（女）孙惠斌　杜秀华（女）邱光莲（女）
徐文合　高大礼　阎永平　傅丙礼

注沟乡（9名）

王廷真　王治贵　乔孝昌　乔晨光　刘菊芳（女）徐玉杰
董日宾　禚玉琴（女）翟振川

方市乡（8名）

马凤高　马庆准　李金秀（女）杨树增　邱泽敬　张光庭
曹贻春（女）禚成礼

柴沟镇（11名）

马金凤（女）王凤山　王增华　台秀英（女）刘淑会（女）李卓茂
李淑荣　张久华　陈仁功　范立训　郝传仁

土庄乡（8名）

王治中　任怀伟　任相芬　任叙杰　刘焕田　刘淑芳（女）
沈兴昌　苗立俊（女）

拒城河乡（9名）

王相杰　王瑞芬（女）吕学先（女）刘明珍（女）沙建华　张聿嘉
张宗光　房玉启　葛昌福

周阳乡（9名）

王玉环（女）王启发　李乐义　李奉贤　张　静　荆逢元
袁瑞海　夏克治　薛桂芳（女）

李家营镇（10名）

于　彬　马美兰（女）王心福　王正武　王京儒　李丹林
李学道　苗吉忠　郝维秀（女）葛学福

王吴乡（8名）

毕清让　刘远东　孙敬运　李付升　宋希会　张加成
阎金芹（女）颜秀芬（女）

工交财贸（27名）

王兆军　王宇宏　王进生　王述希（女）王学利　王建美（女）
刘秀芬（女）孙甫爵　严洪涛　李　峰　李卓宏　李清溪
别玉国　张庆志　张来光　张金杞　张桂金（女）张慕坤
林　静（女）孟庆余　倪连香（女）徐复清　高玉明　高振大
管夕跃　管金亮　滕桂芝（女）

县直机关系统（17名）

于志成　万国红　王　慧（女）王元卿（女）王凤祥　王乐昌
王德成　刘元本　孙桂芹（女）杨本荣（女）张子照　张奎生
赵光洪　胡　岳　夏克杰　崔乃元　蒋会荣（女）

高密县第十一届人民代表大会任期内的代表资格变动情况，因资料缺失，不予记述。

高密县第十二届人民代表大会代表

（1990 年 3 月 6 日选出代表 330 名。以姓氏笔画排列）

高密镇（22 名）

于相太	王立身	王建章	仪明兰（女）	刘永杰	刘永瑞
李凤语	李心惠（女）	李玉平	李常生	李常智	李德江
张开金	张乐宝	张聿华	张培兰（女）	单亦良	单联芬（女）
官天祥	赵宗祥	逄焕文	焦淑贞（女）		

柏城镇（12 名）

李有全	杨本荣（女）	宋贤杰	张秀兰（女）	周永发	单纪利
姜言启	宫业义	倪德福	章跃成	程桂芹（女）	雷世芹（女）

姚哥庄镇（9 名）

王在辉	王金珍（女）	孙延福	孙淑花（女）	李玉智	李运平
冷相宏	张瑞义	韩世勋			

张鲁乡（8 名）

仪丽华（女）	冯玉阁	刘兆久	杜希政	谷昭川	张公廷
郭秀芹（女）	郭培堂				

河崖乡（9 名）

王连友	许为久	杜存华（女）	李天序	李振声	宋洪香（女）
张仁山	荆逢元	郭仁厚			

大栏乡（8 名）

王成爱	尹树伟	刘秀英（女）	杜继民	杜善军	李　涛
李善臻	高素娥（女）				

夏庄镇（16 名）

王兆勤	代为田	吕赞成	刘廷基	杜会山	杜贤古
李可法	李兆荣（女）	李君芳	邹日亮	宋凤兰（女）	张日富
张瑞源	徐兆香（女）	栾学德	郭云香（女）		

姜庄镇（13 名）

王延述	王秀兰（女）	代乐海	杜洪文	张文芹（女）	张克润

张金胜　　陈清明　　单昭明　　聂希孔　　高庆德　　崔林照
梁秀英（女）

仁和乡（8名）

王秀芬（女）王德利　　吕希池　　刘元宝　　刘业君　　李炳章
李清彬　　彭德先（女）

咸家乡（8名）

于文廒　　朱社昌　　孙云花（女）李宗海　　李振明　　康德强
董洪进　　薛会芹（女）

大牟家镇（10名）

王汉芹　　王瑞华　　王福兴　　卢宝宗　　刘玉芹（女）孙中元
杜洪伟　　姚秀香（女）郭炳桥　　韩炳瑞

周戈庄乡（10名）

许明旭（女）李文祥　　李登山　　位居清　　张泽民　　荆云池
姜玉生　　秦乐君　　曹明海　　魏秀英（女）

康庄镇（10名）

王炤玉　　李锡芹（女）杨文星　　杨德俊（女）张万林　　陈友贤
孟宪兑　　葛月殿　　葛明逊　　蒋会勤

蔡家站乡（8名）

万寿兰（女）王秀芹（女）付廷宝　　任心同　　张正立　　钟元义
焦乐林　　蔡桂荣（女）

阚家乡（9名）

王兴美　　伏希太　　宋学贤　　岳同祥　　赵仁东　　赵桂霞（女）
柳翠香（女）徐寿平　　徐林义

初家乡（8名）

于继勇　　王守芳（女）刘传香（女）孙立录　　孙述清　　张修礼
陈汝文　　梁光鹏

双羊镇（11名）

马连臣　　王　玲（女）王玉和　　王全富　　庄成秀（女）刘洪启
孙明亮　　别玉合　　张振芳　　荆佃娥（女）高兴洲

高戈庄乡（8名）

王明录　　刘玉祥　　刘新德　　陈寿春　　钟瑞英（女）夏宝升

董秀花（女）董智宾

井沟镇（10名）

丁莲香（女）王宝庆　付振坤　刘延滨（女）刘连仁　李术森

张焕珍（女）林则光　柴家滨　徐凌新

田庄乡（8名）

毛永华　尹孝香（女）仲跻魁　李广瑞　李仲文　张新荣

陈久英（女）郭文彬

呼家庄镇（10名）

王书义　王敦凤（女）王瑞臻（女）付炳礼　李锡才　徐文和

高大礼　阎应平　嵇纪花（女）薛连德

图2－6　参加县十二届人大二次会议的部分代表

注沟乡（9名）

王治贵　王树花（女）朱世芳（女）乔光环　刘永信　李培亮

迟世斋　徐玉杰　高金成

方市乡（8名）

王凤祥　朱　源　刘炳君　杨树增　张庆准　袁泽岩（女）

曹砚美（女）禚成礼

柴沟镇（11名）

王清花（女）台振基　刘治祥　孙淑贞（女）杨福柱　邱良俊（女）

邱泽田　张绪温　郑谢林　潘昌海　潘家武

土庄乡（8名）

吕希清　任怀伟　任叙杰　刘焕田　苗立俊（女）　单春兰（女）
徐怀文　韩元义

拒城河乡（9名）

丁运炯　王志田　王瑞芬（女）　吕学先（女）　刘本治　李克堂
呼培勇　房玉启　魏兆聪

周阳乡（9名）

王文华（女）　王启发　田兆明　张　靖　郑立琦　柳邦功
袁瑞海　管遵喜　薛桂芳（女）

李家营镇（10名）

马美兰（女）　王心福　王京儒　李丹林　李学道　苗吉忠
郝维秀（女）　徐复清　葛学福　臧胜远

王吴乡（8名）

包成秀（女）　刘远东　刘淑芳（女）　孙敬运　宋希会　张家成
臧耐传　臧潺传

工交财贸（27名）

万绍先　门清合　马云梅（女）　王文平　王希顺　王国华（女）
王洪福　邓志明　刘玉文　刘昌忠　刘景云（女）　孙　田
孙同道　孙言法　孙明兴　杜　伟　李江涛　李好玉
李卓宏　邱法忠　郑立堂　荆曰敏　侯桂萍（女）　郭步坤
董　宾　焦　颂（女）　蔡得绍

县直（16名）

王淑琴（女）　王德仁　王德成　毋秀坤（女）　吕静华（女）　刘永顺
刘述清　孙桂琴（女）　邱玉森　孟庆余　郝登春　胡乃平
姚书明　夏克杰　倪专远　蒋会荣（女）

高密县第十二届人民代表大会第一次会议后，李君芳、刘永顺调出高密县，代表资格自行终止；张正立病逝。根据有关法律规定和工作需要，县人大常委会第七次会议决定补选3名县十二届人民代表大会代表。分别由县直机关和夏庄镇、蔡家站乡选举綦宗良、吕尧胜、聂立斌。经补选，高密县第十二届人民代表大会代表总额仍为330名。

高密县第十二届人民代表大会第二次会议至高密县第十三届人民代表大会换届选举期间，代表资格变动情况资料缺失。

高密市（县）第十三届人民代表大会代表

（1992 年 12 月 30 日选出代表 330 名。以姓氏笔画排列）

高密镇（22 名）

王心成	王传聪	邓其华	仪明兰（女）	刘永瑞	李万河
李玉平	李常智	李德江	杨宝昌	张开金	张乐宝
张泽华	张桂霞（女）	张培兰（女）	林淑珍（女）	单联芬（女）	项圣智
高　奇	阎作孝	焦淑贞（女）	薛令山		

柏城镇（12 名）

乔光明	李有泉	李常智	李维涛	何香云（女）	宋贤杰
张新金	周永法	周德芬（女）	单昭明	逄秀花（女）	隋学新

姚哥庄镇（10 名）

王在辉	王金珍（女）	刘海田	孙延福	冷相宏	宋云芳（女）
张建国	张瑞义	范锡宝	单既林		

张鲁乡（8 名）

王　平	冯德奎	刘方兵	刘昌华	刘建华	刘桂英（女）
杨士友	张公庭				

河崖乡（9 名）

王　军	牟敦福	李振声	张仁山	张秀兰（女）	贾文瑞
郭仁明	郭宗祥	管爱东（女）			

大栏乡（8 名）

尹炳江	冯锡茂	朱殿金	刘秀英（女）	李长久	李昌梅（女）
张本玉	周会云				

夏庄镇（16 名）

王兆勤	吕赞成	刘桂臻（女）	杜启春	杜若新	杜贤古
邹日亮	张木春	张木香（女）	张日庆	张聿富	张瑞源
赵祉聚	郭海英（女）	綦宗良	管庆美（女）		

姜庄镇（13 名）

王秀兰（女）	代乐海	杜洪文	沈子升	张文芹（女）	张克运
张金胜	钟亮成	聂玉典	徐　敏（女）	高庆德	崔林照

梁秀英（女）

仁和乡（8名）

王德利　吕希池　刘业君　李炳章　李福贵　邱兆松
彭德仙（女）　薛桂云（女）

咸家乡（8名）

朱社昌　杜其平　李宗海　李德英（女）　吴学深　侯开岭
楚建新　綦德英（女）

大牟家镇（10名）

孙忠元　李来云　辛永启　迟爱梅（女）　赵洪忠　赵增岭
姚秀香（女）　郭炳桥　韩炳瑞　蔡　霞（女）

周戈庄乡（10名）

孙明江　杜华恩　佟秀香（女）　怀效奎　姜玉生　秦凤兰（女）
曹明海　楚洪俊　魏守鲁　魏明德

姜庄镇（10名）

王发亮　王福亭　李明荣　李锡芹（女）　杨文星　杨德俊（女）
张万林　赵佃刚　葛明逊　蒋会勤

蔡家站乡（8名）

万寿兰（女）　王秀芹（女）　付廷宝　任心同　孙惠斌　李占喜
李连杰　赵福连

阚家乡（9名）

王兴美　李世忠　李好玉　吴墨山　陈好然　岳春晖
岳墨莲（女）　徐林义　谭慧仙（女）

初家乡（8名）

王汉杰　王守芳（女）　王继美　吕爱玲（女）　安明芳　孙立禄
孙述清　张洪春

双羊镇（11名）

马连臣　王全富　车秀芹（女）　刘凤和　刘全英（女）　刘金悦
刘洪启　孙茂梓　李博文　徐金明　崔传江

高戈庄乡（8名）

吕尧胜　刘玉祥　刘新德　陈寿春　钟瑞英（女）　夏宝升
郭美扬　董秀花（女）

井沟镇（10 名）

李术全　李术森　李秀花（女）邱召义　张焕珍（女）陈世鸿
林则光　荆玉艳（女）唐绍文　傅振坤

田庄乡（8 名）

毛永华　尹效香（女）田绍龙　仲跻魁　李仲文　陈文英（女）
陈光友　郭文彬

呼家庄镇（9 名）

王书义　王永第　王敦凤（女）王瑞臻（女）付丙礼　刘兴田
李锡才　徐文合　嵇纪花（女）

注沟乡（9 名）

王志波　王树花（女）朱世芳（女）乔光环　伏希太　刘永信
刘培录　杜敦义　曹义方

方市乡（7 名）

王凤祥　朱　源　刘丙君　杨术宗　张庆准　曹砚美（女）
滕盼兰（女）

柴沟镇（11 名）

王清花（女）台振基　刘松青　邱泽田　邱温源　张久华
郇桂芹（女）郑谢林　袁泽岩（女）倪专远　潘昌海

土庄乡（8 名）

王月云（女）任怀伟　任叙杰　刘焕田　苗立俊（女）聂立斌（女）
徐怀文　曹兆智

拒城河乡（9 名）

王敦才　王瑞芬（女）吕学光（女）杜希勤　李克堂　邹怀智
呼培勇　房玉启　潘云英（女）

周阳乡（9 名）

王文华（女）王加良　王启法　王忠庆　田兆明　李金源
郑立琦　徐金平　薛桂芳（女）

李家营镇（10 名）

马美兰（女）王如云（女）王京儒　刘付金　李储太　肖玉礼
呙玉良　张金良　郑明修　潘学良

王吴乡（8 名）

王秀云（女） 刘淑芳（女） 杨连文 宋绪富 岳成海 梁明霖
臧秋远 臧潺传

工交财贸（28名）

门清合 马金英（女） 王洪福 孙　东 孙时英 牟乃金
杜侨儒 李　峰 李卓宏 李学珍（女） 李桂霞（女） 杨晓季（女）
冷延志 宋国欣（女） 张从英（女） 张崇良 郑立堂 单亦盛
赵思江 姜维林 袁素敏（女） 倪会泮（女） 高　林 郭志芳（女）
唐高俊 管夕跃 戴建华（女） 魏效辉

县直（16名）

王林弟 王受金 石铭岩 白卫平 母秀坤（女） 吕希清
李万京 李玉敏 肖光荣 邱玉森 张振国 赵瑞璋（女）
倪芬香（女） 高金龙 董守法 蒋会荣（女）

高密县第十三届人民代表大会代表自选出至1993年1月16日县十二届人大常委会第二十一次会议期间，罢免1名，补选1名，实有330名。自高密县第十三届人民代表大会第一次会议后，姚哥庄镇选出的代表王在辉调出高密县，其代表资格自行终止；阚家乡的岳春晖病故。后由夏庄镇、仁和乡分别补选李兴业、单际庆2名代表。补选后，高密县第十三届人民代表大会代表有330名。

市（县）十三届人大第二次会议至第三次会议期间，双羊镇选出的代表孙茂梓、康庄镇选出的代表王福亭调出高密市（县），其代表资格终止。根据有关法律规定和工作需要，经市人大常委会主任会议研究，决定补选2名、增选10名市十三届人民代表大会代表，分别由康庄镇、双羊镇、蔡家站镇、方市乡、王吴乡、田庄乡、周阳乡、周戈庄镇依法进行了补选和增选，分别是吴元宝、田绍义、郭步坤、潘世俊、庄政、李桂芳、周娟、陈平、魏廷松、范立标、张立本、隋卫清。经过补选、增选，高密市第十三届人民代表大会代表名额为340名。

高密市第十三届人民代表大会第三次会议至第四次会议期间，初家镇选出的王继美、高戈庄乡选出的吕尧胜、注沟镇的王树花调出高密市；井沟镇的张焕珍病故；姚哥庄镇的冷相宏辞职，其代表资格终止。根据相关法律规定和工作需要，经市人大常委会主任会议研究，决定补选5名、增选10名市十三届人民代表大会代表。分别由市直机关、姜庄镇、田庄乡、河崖镇、张鲁镇、咸家乡、姚哥庄镇、康庄镇、初家镇、双羊镇、高戈庄乡、井沟镇、注沟镇、周阳乡依法进行了选举。市人大常委会代表资格审查委员会对新选举的代表刘宗法、于敦学、蔡善华、吕希光、刘福禄、杜继亮、王笃学、张翠兰、宋杰、王进贞、张庆坚、刘昌然、刘旭、于龙福、李玉义的代表资格进行了审查，认为符合法律程序规定。经过补选、增选，高密市第十三届人民代表大会代表为350名。

市十三届人大四次会议后，柴沟镇的袁泽岩、土庄乡的曹兆智调出高密市，高密镇的张泽华病故，高密镇的王心成被罢免。经市人大常委会主任会议研究，决定分别由阚家镇、呼家庄镇、土庄乡、夏庄镇、姚哥庄镇、张鲁镇补选4名，增选2名市十三届人大代表，分别选出林希凤、魏守江、沙明君、胡宝平、钟世民、赵术智。经补选、增选，市十三届人大代表为352名。

高密市第十四届人民代表大会代表

（1998年1月4日选出代表284名。以姓氏笔画排列）

高密镇（18名）

王者松	邓其华	付修善	刘永瑞	刘谢友	刘瑞华（女）
闫作孝	杜洪君	李玉平	杨淑芬（女）	吴文娟（女）	张开金
单　萍（女）	单连志	项圣智	昝玉泉	焦淑贞（女）	曾宪林

柏城镇（9名）

王明升	何香云（女）	宋同山	宋贤杰	周永法	周德芳（女）
单昭明	郭丰照	薛维钧			

姚哥庄镇（8名）

刘海田	杨德诚	李玉祥	张庆华（女）	张瑞义	高　霞（女）
彭桂臻	韩俊生				

张鲁镇（7名）

刘　旭	刘泽义	李　钢	张公庭	贤会芝（女）	单既海
蔡善华					

河崖镇（8名）

王兆梅（女）	王秀芹（女）	牟敦福	李绍文	张仁山	高志全
郭仁明	鞠志华				

大栏乡（7名）

朱殿金	刘玉和	刘秀英（女）	孙贻来	宋希会	单国强
徐兆文					

夏庄镇（12名）

门志军	王汉杰	吕赞成	孙明亮	杜其春	张本香（女）

张聿富　张谦勇　赵祉聚　郭秀香（女）常存华　窦玉兰（女）

姜庄镇（9名）

王俊义　刘经芳　沈子升　张文芹（女）张克润　张家书

钟亮成　高庆德　梁秀英（女）

仁和镇（7名）

王亦强　王德利　尤世利　刘海霞（女）李　伟　李　林

薛桂云（女）

咸家乡（7名）

王发亮　朱文亭　朱学新　孙廷友　李德英（女）吴学深

侯开岭

大牟家镇（9名）

门金业　王秀花（女）刘明星　李连杰　迟胜利　迟爱梅（女）

姚秀香（女）郭炳桥　崔学仁

周戈庄镇（8名）

王瑞美（女）孙学乐　李子勤　姜玉生　隋卫清　槐效奎

魏家敬　魏翠云（女）

康庄镇（9名）

于姿君　邓撰林　刘文南　李秀真（女）李朋荣　吴元宝

单亦君　赵殿刚　梁明霖

蔡家站镇（7名）

万寿兰（女）乔光明　任会英（女）孙惠斌　杨宗信　张汝华

张德臣

阚家镇（8名）

万　里　王玉敏　王兴美　王克武　任怀见　刘宗法

明延彩（女）岳墨莲（女）

初家镇（7名）

王守芳（女）毛永华　孙　强　孙立禄　吴云慈　宋　杰

张洪春

双羊镇（8名）

刘邦法　刘全英（女）刘松青　刘金录　刘洪启　张汝昌

陈兆勤　崔玉芹（女）

高戈庄乡（7名）

王爱君　刘玉祥　孙学成　张庆坚　张新芬（女）陈　平
柳玉华（女）

井沟镇（8名）

王金平　王培德　杜敦义　张胜武　张善华　范宣梅（女）
林则光　荆玉艳（女）

田庄乡（7名）

田绍龙　刘　伟　李金显　陈九英（女）周　娟（女）赵可云（女）
禚振礼

呼家庄镇（9名）

王季华　刘廷彬　齐世增　李　华（女）初振祥　赵仁东
徐文和（女）徐光林　薛连美（女）

注沟镇（8名）

乔光环　伏希太　刘永信　孙翠娟（女）张秀香（女）夏永厂
徐金明　魏荣民

方市乡（7名）

王际端　史灵全
李增云（女）宋树荣
禚敬环　潘世俊
魏廷松

柴沟镇（9名）

王立森　任　侠（女）
李万京　邱秀芹（女）
陈玉德　郑谢林
柳洪存（女）鹿文富
葛月殿

图 2－7　市十四届人大二次会议土庄乡代表团部分代表

土庄乡（7名）

王笃勤　任怀伟　任叙杰　苗立俊（女）郑兆波　聂立斌（女）
徐怀文

拒城河镇（8名）

闫金华　李庆喜　陈福奎　呼聚宝　唐祖霞（女）常德润

楚鸿峻　潘云英（女）

周阳乡（7名）

王启法　王家良　朱安达　李永敬　郇洪和　管贻芳（女）
薛桂芳（女）

李家营镇（8名）

马美兰（女）王佰儒　王桂云（女）刘　波　呙万明　张乐宝
葛连成　葛瑞义

王吴乡（7名）

于龙福　王秀云（女）李桂芳（女）杨连文　栗祥成　曾凡英（女）
臧秋远

朝阳街道（6名）

付振坤　李常智　高　奇　鹿树英（女）曾庆林　魏志强

工交财贸（22名）

马金英（女）王学武　王树美（女）毛志猛　冯巧玲（女）吕凤英（女）
杜连成　李正韶　李从善　李学珍（女）李振春　吴丽雅（女）
陈　萍（女）陈光满　郄兴富　周垂挺　单既勇　姚中强
栾林江　高大友　綦宗成　管贻清

市直（16名）

王述成　王述忠　白卫平　母秀坤（女）庄　政　刘学新
张聿嘉　张振国　邵瑞香（女）范锡宝　郑梅英（女）姜言启
贾义丰　郭宗祥　董洪亮　滕希平

高密市第十四届人民代表大会第一次会议至第二次会议期间，康庄镇的于姿君、阚家镇的万里、方市乡的王际端、李家营镇的王佰儒、土庄乡的王马勤、田庄乡的刘伟、高密镇的刘谢友、高戈庄乡的孙学成、姚哥庄镇的李玉祥、周阳乡的李永敬、大牟家镇的李连杰、仁和镇的李林、张鲁镇的李钢、呼家庄镇的初振祥、柴沟镇的陈玉德、王吴乡的栗祥成、河崖镇的高志全、夏庄镇的郭秀香、拒城河镇的常德润、市直的滕希平和范锡宝，共21名代表向市人大常委会提出了辞去高密市第十四届人民代表大会代表职务的申请，市人大常委会接受了上述21人辞去代表职务的请求，终止其代表资格。根据选举法的有关规定和工作需要，经市人大常委会主任会议研究，并报经市委同意，决定补选23名市十四届人大代表，分别在有关选区依法进行了选举。补选的代表是：高密镇的孙兆东、柏城镇的郑有奎、姚哥庄镇的颜炳林、张鲁镇的宫献森、河崖镇的王道勤、夏庄镇的臧良传、仁和镇的万丽和侯瑞华、阚家镇的贺仁富、初家镇的姜华政、双羊镇的宋锡明、高戈庄乡的王汉林、井沟镇的赵伟宏和李方显、田庄乡的范立标、呼家庄镇的夏锡合、方市乡的王争先、柴沟镇的刘树林、土庄乡的王作民、拒城河镇的褚凤彩、李家营镇的葛瑞云、王吴乡的谢洪福、驻军的陈国利。经过补选，高密市第十四届人民代表大会代表为286名。

高密市第十四届人民代表大会第二次会议至第三次会议期间，工交财贸的吴丽雅调离高密市，柏城镇的宋贤杰、井沟镇的李方显因病去世，其代表资格自行终止；柴沟镇选出的李万京辞去代表职务，其代表资格终止。根据地方组织法、选举法的有关规定和工作需要，分别在有关选区依法补选4名高密市十四届人民代表大会代表。分别是：夏庄镇的王立刚，柏城镇的任德平、赵洪喜，王吴乡的沙明君。补选后，高密市第十四届人民代表大会代表为286名。

高密市第十四届人民代表大会第三次会议至第四次会议期间，高密镇的曾宪林、姚哥庄镇的韩俊生、夏庄镇的王立刚和孙明亮、井沟镇的赵伟宏、注沟镇的徐金明、市直机关的陈国利、工交财贸的郄兴富调离高密市，夏庄镇的赵祉聚、井沟镇的范宣梅因病去世，以上10名代表的代表资格自行终止。姚哥庄镇的彭桂臻、大栏乡的刘玉和、姜庄镇的钟亮成和张家书、咸家乡的王发亮、周戈庄镇的隋卫清和李子勤、蔡家站镇的乔光明、双羊镇的宋锡明和陈兆勤、田庄乡的禚振礼、呼家庄镇的赵仁东、土庄乡的徐怀文、李家营镇的张乐宝共14名代表辞去代表职务，其代表资格终止。根据地方组织法、选举法的有关规定，补选市人大代表18名。分别是：姚哥庄镇的王维盛和钟世民、大栏乡的牟金芳、夏庄镇的王义正和杜惠山、姜庄镇的杜玉芳、仁和镇的张慕坤、咸家乡的唐屹立、周戈庄镇的孙锡喜、蔡家站镇的王教法、方市乡的荆瑞军、阚家镇的崔红旗、双羊镇的王致民、井沟镇的薛维明、柴沟镇的刘彭泉、土庄乡的鹿术云、李家营镇的张延泉、市直机关的王家林。补选后，高密市第十四届人民代表大会代表为280名。

市十四届人大四次会议以后，市林业局的陈平、高密火车站的李正韶调离高密，其代表资格自行终止。2001年3月9日，市十四届人大常委会第二十四次会议作出了停止李绍文执行代表职务的决定。根据地方组织法、选举法的有关规定，有关选区补选市人大代表11名。分别是：朝阳街道的潘玉芳、密水街道的单际庆、醴泉街道的辛勤文、柏城镇的宋允厚和高礼绪、姚哥庄镇的谢国波、河崖镇的张业林、夏庄镇的石铭奎、姜庄镇的张聿令、大牟家镇的秦克桥、井沟镇的宋杰。期间，潘玉芳病逝，其他10人的代表资格有效。补选后，高密市第十四届人民代表大会代表为287名。

高密市第十五届人民代表大会代表

（2003 年 1 月 5 日选出代表 277 名。以姓氏笔画排列）

朝阳街道（11 名）

刘玉荣　刘永坤　刘金花（女）　杜洪君　杨瑞平　张　群（女）
张建国　罗相明　赵宗仁　鲁松胜　薛维钧

密水街道（17 名）

王　艳（女）　王心田　王瑞芬（女）　刘连芬（女）　刘清华　刘瑞华（女）
闫春良　孙延祥　孙惠斌　李振华　杨小平（女）　吴建民
张开金　单际庆　耿相城　黄桂芬（女）　薛瑞菊（女）

醴泉街道（13 名）

邓其华　刘利宁　李　伟　李玉平　李进华　杨淑芬（女）
吴元宝　辛勤文　单　荣（女）　单　萍（女）　项圣智　昝玉泉
昝清春

柏城镇（9 名）

毛永庭　刘桂兰（女）　何　琦　宋允厚　郑有奎　单际田
赵桂兰（女）　高礼绪　郭振泉

姚哥庄镇（13 名）

代正云（女）　刘　旭　刘泽义　刘桂英（女）　刘海田　李明月
杨德成　张公亭　高万绪　韩莲英（女）　谢国波　蔡善华
魏志强

河崖镇（12 名）

王召礼　仪秀芝（女）　李美云（女）　杨成山　宋希会　张业林
张同坤　栾心花（女）　高大成　郭仁明　郭光友　薛云升

夏庄镇（13 名）

王汉杰　王圣霞（女）　付　春　吕赞成　刘凤美（女）　杜启春
杜惠山　赵志远　高　原　郭光星　温永胜　窦玉兰（女）
窦传强

姜庄镇（10 名）

孙　义　杜海英（女）　李福臻　陈振云　范　平　贺仁富

聂立斌（女）高正信　鹿书信　梁秀英（女）

仁和镇（9名）

王玉英（女）王玉玲（女）王亦强　朱学新　齐世增　宋申生
夏乃俊　唐屹立　唐先明

大牟家镇（9名）

王秀花（女）刘明星　杜敦义　杨素云（女）张本相　张庆坚
陈明强　姚秀香（女）秦克乔

周戈庄镇（8名）

王瑞美（女）孙明江　孙学乐　孙锡喜　李桂兰（女）张学鹏
秦洪杰　崔红旗

康庄镇（13名）

万寿兰（女）王教法　任心奎　任会英（女）孙晓非　李朋荣
辛乾信　张汝华　单亦君　顾建华　郭　萍（女）郭明鹏
常明华

阚家镇（13名）

于纯华　王克武　任怀见　任德平　孙连泉　李秀霞（女）
宋　杰　宋洪波　张金明　张洪春　明延彩（女）荆余梅（女）
徐庆涛

双羊镇（14名）

于明信　王爱君　刘进臣　刘松青　刘金禄　刘洪启
刘彭泉　李秀芝（女）李衍友　张汝昌　张雪霞（女）张慕坤
侯有家　姚桂亭（女）

井沟镇（13名）

王玉敏　王佩德　王金平　李新芬（女）宋　杰　张振国
张新久　赵祉刚　赵殿明　高洪财　韩宗峰　禚向贞（女）
薛维明

呼家庄镇（9名）

王承敬　王维森　吕希清　闫联华　迟兴隆　张　杰（女）
徐爱香（女）薛文升　魏廷松

注沟镇（10名）

王延福　王作和　史灵全　刘宗法　李山一　李宗云（女）

图 2－8　高密市第十五届人民代表大会第一次会议柴沟镇代表团部分代表

张秀香（女）范立标　　夏永厂　　葛建义

柴沟镇（12名）

王京福　　任叙杰　　刘树林　　宋光华　　张金云（女）苗立俊（女）
范立刚　　袁泽友　　鹿树云　　葛月殿　　董兰香（女）颜廷爱

拒城河镇（12名）

王致民　　田云瑞　　朱安达　　孙德忠　　杨桂贞（女）张秀丽（女）
张恭明　　张恩平　　张新忠　　徐伯登　　栾厚基　　崔　艳（女）

小家营镇（11名）

马美兰（女）王桂云（女）王淑丽（女）闫永奇　　杨玉来　　杨连文
沙明君　　钟　波（女）谢洪福　　臧贻林　　臧秋远

市直机关（19名）

马洪亮　　王　忠　　王者松　　王林弟　　王家林　　王增华
庄　政　　刘　英（女）刘学新　　孙志芳（女）杜连成　　李清华（女）
肖　瑛（女）张　波　　张聿嘉　　姜言启　　郭言兴　　董洪亮
鞠志华

工交财贸（27名）

于德升　　马金英（女）王世年　　王旭东　　毛志猛　　付　荣（女）

吕凤英（女）	任爱英（女）	纪洪波	李允志	李丛善	李储文
邱法林	陈　萍（女）	季卫芳（女）	郑云田	单秋娟（女）	单既明
单海燕	赵思江	姚中强	贾　山	栾林江	郭　冰（女）
郭成清	管贻清	管尊民			

2004 年 1 月，在有关选区补选高密市第十五届人民代表大会代表 6 名。分别是：双羊镇的刘俊忠，李家营镇的王庆波，经济党工委系统的郭连德、李勇，交通党工委系统的吕尧启，财贸党工委系统的巴连成。补选后，高密市第十五届人民代表大会代表为 283 名。

市十五届人大二次会议至三次会议期间，醴泉街道的吴元宝、康庄镇的王教法调离高密市，李家营镇的杨玉来因病去世，其代表资格自行终止。仁和镇的唐屹立、市直机关的郭言兴、柏城镇的郑有奎和郭振泉、大牟家镇的杜敦义和秦克桥、注沟镇的范立标、柴沟镇的葛月殿、阚家镇的宋杰和任怀见、呼家庄镇的魏廷松、康庄镇的张汝华共 12 名代表辞去了代表职务。根据地方组织法、选举法的有关规定和工作需要，经市人大常委会主任会议研究，并报经市委同意，2005 年 1 月、2 月分别在有关选区补选代表 15 名。分别是：柏城镇的邵春生、韩金国，大牟家镇的栗祥成、门业亭，阚家镇的门业清，井沟镇的颜政、田凯文，呼家庄镇的石寿林，柴沟镇的李玉伟、李连杰，周戈庄镇的沈建树、葛孝江，密水街道的于洪奎，李家营镇的葛瑞云，醴泉街道的李连成。补选后，高密市第十五届人民代表大会代表为 283 名。

市十五届人大三次会议至四次会议期间，工交财贸的郑云田调离高密市，其代表资格自然终止。呼家庄镇的薛文升、密水街道的刘清华停止执行代表职务。根据地方组织法、选举法的有关规定和工作需要，经市人大常委会主任会议研究，并报经市委同意，2006 年 2 月分别在有关选区补选代表 6 名。分别是：拒城河镇的朱力达，李家营镇的曹立山，柏城镇的刘来忠，康庄镇的张兴家，大牟家镇的栾仁霞，仁和镇的王福敏。补选后，高密市第十五届人民代表大会代表有 286 名。

市十五届人大四次会议至五次会议期间，魏志强、刘利宁、钟波、单海燕、吕尧启等 5 名代表调离高密市，其代表资格自行终止。王佩德、闫永奇 2 名代表因病去世，其代表资格自然终止。刘旭、张业林、贺仁富、孙锡喜、高原、门业清、李玉伟、孙晓非、李伟、徐伯登、于洪奎、王心田、辛勤文、谢国波、王承敬、张同坤、温永胜、宋杰、王延福、刘树林 20 名代表因工作变动，辞去代表职务。根据地方组织法、选举法的有关规定和工作需要，经市人大常委会主任会议研究，并报经市委同意，2007 年 1 月分别在有关选区补选代表 29 名。分别是：朝阳街道的姜殿国、齐有东，密水街道的王洪才、蔡俭文，醴泉街道的邓树刚、李宗斌、单百平，姚哥庄镇的李葆东，河崖镇的张国廷、王保功、欧阳辉，夏庄镇的周凯，姜庄镇的岳国彬，康庄镇的王旭东，阚家镇的魏廷松、刘新国，双羊镇的田绍传、吕春芳，井沟镇的李希金，呼家庄镇的张星海、吴兴安，注沟镇的郑有奎、韩寿英，柴沟镇的马训利，拒城河镇的杜钦德，李家营镇的胡立、万里、李宗福，工交财贸系统的刘伟。补选后，高密市第十五届人民代表大会代表为288名。

高密市第十六届人民代表大会代表

（2007年11月23日选出代表276名。以姓氏笔画排列）

朝阳街道（25人）

王洪山 邓树刚 付深平 吕尧斌 乔义军 刘松青
齐有东 闫世英（女）孙庆玉 杜洪君 杨德成 张绍森
陈丕义 陈光武 罗相明 单俊岩 赵宗仁 姜殿国
徐 宁 高 峰 唐爱梅（女）韩宗峰 程宝贞（女）鲁松胜
褚秀娟（女）

密水街道（30人）

于新国 王 艳（女）王庆波 王学忠 王洪才 王瑞芬（女）
朱力达 刘连芬（女）孙延祥 孙烈征 李 刚 李秀芝（女）
李振华 杨小平（女）杨桂贞（女）吴建民 张开金 张秀丽（女）
张恭运 张恭明 张恩平 张新忠 耿相辉 栾厚基
黄桂芬（女）崔 艳（女）隋宗友 管 平 薛 强 薛令山

醴泉街道（24人）

万寿兰（女）王 芬（女）王旭东 邓秀梅（女）邓其华 毕淑美（女）
任心全 任会英（女）孙宝强 李玉平 李连成 李宗斌
李值平 辛乾信 张兴家 张洪帅 陈 敏（女）邵淑艳（女）
单百平 单既春 项圣智 昝清春 韩秀云（女）魏志强

柏城镇（18人）

王伟儒 王淑丽（女）兰秀丽（女）刘发信 刘来忠 刘桂兰（女）
吴卫东 张振会 邵春生 周树刚 单际田 赵 伟
胡 立 夏业秀（女）葛学太 韩金国 臧贻林 臧秋远

夏庄镇（23人）

王汉杰 王连福 王保功 田有有 吕希志 任成名
李先农 李美云（女）张 丽（女）张付霞（女）张志俞 陈晓云（女）
范福生 欧阳辉 单秋娟（女）徐 君（女）高大成 高志明

高思荣　郭光友　庸焕秋　葛孝江　蒋述声

姜庄镇（19人）

万　里　王圣全　王亦强　王连荣　吕延全　吕钊美（女）
李连杰　李福臻　邱昱华　张晓燕（女）　张爱兰（女）　陈振云
单及美（女）　聂美香（女）　徐同民　徐会存　高大鹏　崔红旗
薛维明

大牟家镇（17人）

尤传志　刘金国　孙学乐　孙瑞梅（女）　李桂兰（女）　李新村
邱兆斌　迟重庆　张九涛　张庆坚　张敬津　陈永进
秦洪杰　秦晓燕（女）　栾仁霞（女）　薛维钧　魏淑珍（女）

阚家镇（25人）

王永芹（女）　王克武　毛进兰（女）　刘玉霞（女）　刘学军　刘俊忠
刘瑞琪　刘新国　孙玉贞（女）　远圣厚　杜兰珍（女）　李秀霞（女）
李学智　李宗光　李衍友　杨晓丽（女）　张国廷　张金明
张振友　明连安　岳升堂　赵佃亮　徐庆涛　崔玉芳（女）
韩明宗

井沟镇（21人）

王欣芳（女）　王金稳　王维森　王聚武　王聚起　尹孝香（女）
田凯文　闫联华　杜爱敏（女）　李　纲　李志华（女）　李希金
宋来友　宋瑞玲（女）　张星海　张新久　赵佃明　荆世胜
徐爱香（女）　曹沛军　程际奎

柴沟镇（23人）

马训利　王作合　王敬良　付希明　吕春芳（女）　任雪芹（女）
刘治祥　刘海民　许在杰　李希德　李朋荣　宋光华
张秀香（女）　苗立俊（女）　范夕兰（女）　范立云（女）　郑有奎　袁泽友
袁瑞义　葛建义　蒋小平　颜廷爱　薛维钦

市直（51人）

马金英（女）　王　红（女）　王　涛　王乃秋　王文清（女）　王传祥
王连友　王者松　王家林　王福正　王福敏　毛　琳
毛丽萍（女）　巴连成　田忠彩（女）　付　荣（女）　代玉杰（女）　吕凤英（女）
朱安达　庄　政　刘丽丽（女）　刘学新　刘海清　闫凤君（女）

孙　勇　　孙凤俊（女）李允志　　李延民　　李建华　　李葆东
邱介福　　邱法林　　沙明君　　宋允厚　　张　波　　陈忠国
范宁宁　　范崇玲（女）单际庆　　单既明　　姜言启　　贾　山
栾林江　　郭连德　　郭金桥　　郭宗祥　　曹沛德　　焦秀英（女）
曾　露（女）管贻清　　鞠志华

高密市第十六届人民代表大会第一次会议至第二次会议期间，薛维明调离高密市，其代表资格自行终止。张振会、陈晓云、王圣全、刘金国、岳升堂、王聚武、王敬良等 7 名代表因工作变动，辞去代表职务。根据地方组织法、选举法的有关规定，市委和有关基层党工委提名补选 18 人为市十六届人大代表。他们是：朝阳街道的彭桂臻、岳国彬、刘秀贞，密水街道的邹怀智，柏城镇的张立萍，夏庄镇的徐凤云，姜庄镇的宋英，大牟家镇的隋卫清、郭宗全，阚家镇的邱纯洁、曹兆奎，井沟镇的刘伟、禚全呈，柴沟镇的高四亮、王寿杰，农业党工委的楚鸿峻，交通党工委的刘波，机关党工委的单既建。补选后，高密市第十六届人民代表大会代表实有 286 名。市十六届人大常委会第七次会议后，宋允厚调离高密，其代表资格自行终止。根据地方组织法、选举法的有关规定和工作需要，市委提名补选李鲁民为市十六届人大代表，机关党工委在政法系统选区组织了补选。补选后，高密市第十六届人民代表大会代表实有 286 名。

市十六届人大二次会议至三次会议期间，贾山调离高密，其代表资格自行终止。鞠志华、沙明君、姜言启、朱力达、王庆波、张兴家、李宗斌、刘来忠、王汉杰、李连杰、宋英、郭宗全、程际奎等 13 名代表因工作变动，辞去代表职务。根据地方组织法、选举法的有关规定和工作需要，按照市委和有关基层党工委提名，1 月 7 日分别在有关选区补选代表 15 名。分别是：机关党工委系统的张新和、王作民，农业党工委系统的杜钦德，外经贸党工委系统的杜乔儒，经济开发区的宫德胜，醴泉街道的李翔、张延泉、孙德亮、林炳银，柏城镇的葛月殿，姜庄镇的王赓、魏兆志、李玉林，大牟家镇的朱永利、张在顺。补选后，高密市第十六届人民代表大会代表实有 287 名。

市十六届人大三次会议至四次会议期间，李葆东、李连成、王乃秋调离高密市，其代表资格自行终止；王永芹、刘瑞琪、张新久因行政区划调整，其代表资格自行终止；王聚起去世，其代表资格自行终止。万里、王洪才、刘秀贞、李希金、李翔、张立萍、邵春生、姜殿国、禚全呈 9 名代表因工作变动，辞去代表职务。根据地方组织法、选举法的有关规定，市委和有关基层党工委提名，1 月 16 日分别在有关选区补选 16 名市十六届人大代表，分别是：密水街道的郇海云、冯培林，醴泉街道的马常春、徐刚、咸建，朝阳街道的徐胜利、张欣元，柏城镇的陈香萍，井沟镇的刘思芳、王相余、乔津田，柴沟镇的魏征、田香花，经济党工委的桑福岭，农业党工委的姜言启，金融系统的胡家顺。补选后，高密市第十六届人民代表大会代表实有 287 名。

高密市第十七届人民代表大会代表

（2011 年 12 月 16 日选出代表 285 名。以姓氏笔画排列）

开发区（16 名）

王洪山　田作山　付深平　齐有东　时晓慧（女）张国廷
张绍森　范海燕（女）范福生　郑　华（女）单俊岩　赵祉文
宫德胜　高　峰　黄　龙　管贻泽

密水街道（35 名）

于新国　马　琳（女）王　艳（女）王学忠　王爱军　冯培林
孙　忠　孙延祥　孙烈征　李　刚　李振华　杨建华
宋佰华　张开金　张友勤　张公明　张秀丽（女）张恭运
张海燕（女）陈光武　郇海云（女）单既明　耿相辉　徐航艳（女）
栾林清　黄桂芬（女）崔　艳（女）崔红旗　隋宗友　楚鸿峻
管　平　潘昌玲（女）薛　强　薛令山　鞠志华

醴泉街道（27 名）

门业清　马常春　王　芬（女）王　萍（女）王旭东　邓秀梅（女）
邓其华　朱安达　任会英（女）孙德亮　李玉平　李储学
杨宝昌　辛乾信　张洪帅　林炳银　郑有奎　单百平
单丽丽（女）单既春　项立智　咸　建　昝清春　郭连德
郭恩双　薛　枫　魏志强

朝阳街道（16 名）

万　丽（女）田香花（女）朱永利　李秀芝（女）李桂香（女）杨德诚
张亦燕（女）张星海　陆　平　陈培义　周星奎　柳胜群
姚爱贞（女）秦晓燕（女）徐　宁　隋国华

柏城镇（23 名）

马金英（女）王瑞路　付希明　兰秀丽（女）任成森　刘明伦
刘桂兰（女）杜山古　杜明乾　李万俊　李鲁民　杨清光
杨德成　邱纯洁　张　波　周术刚　栗　磊　夏业秀（女）
徐翠云（女）黄一鸣　葛月殿　韩金国　韩效政

夏庄镇（21 名）

王连福　王国梁　田有有　付联宝　李　勇　李先农
李美云（女）张付霞（女）张庆利　张丽燕（女）张淑霞（女）钟亮成
姜雪琴（女）徐　君（女）徐仁先　徐先进　高志明　葛孝江
蒋述声　傅培林　蔡言志

疏港物流园区（7 名）

于钦明　马训利　王成聚　孙学萍　高思荣　高焕森
蔡　梅（女）

姜庄镇（21 名）

万　明　王　锋　王　赓　王连荣　尤　利　仪明君
吕清堂　刘允贵　刘松青　刘思芳　孙秀启　孙富振
杜宗国　李明新　邱显华　张　杰　张　谦　张振高
高大鹏　曹俊勇　蔡　琳（女）

咸家工业区（6 名）

李爱华　张树连　单际庆　徐同民　楚好芹（女）禚朝晖

大牟家镇（15 名）

尤传志　孙瑞梅（女）吴金卿　迟重庆　张九涛　张敬津
单少辉　夏红梅（女）徐　明　颜　棠　潘秀丽（女）戴学仁
魏　征（女）魏淑珍（女）魏新波

阚家镇（25 名）

王克武　王家林　仪明耀　刘俊忠　安红梅（女）孙希燕（女）
杜兰珍（女）李玉林　李传洲　李学智　李衍友　李衍市
张汝昌　张金明　张建明　张振友　陈相云（女）范存宝
明连安　孟凡玲（女）赵佃亮　姚　青（女）徐庆涛　高志新
唐秀娟（女）

井沟镇（21 名）

王世富　王相余　王美娥（女）王聚才　毛进兰（女）田立余
刘文贞（女）孙树礼　孙增勤（女）李　纲　范兴杰　单　伟（女）
单际贵　荆世明　荆瑞军　钟天森　钟元国　柴怀廷
唐　梅（女）傅　强　臧艳勤（女）

柴沟镇（26 名）

王汝波　王作民　王淑香（女）田凯文　吕春芳（女）任雪芹（女）

刘治祥　　　刘海民　　　许在杰　　　杜先军　　　杜钦德　　　李　红（女）
邱法胜　　　邱洪福　　　张秀香（女）张新和　　　苗立俊（女）范夕兰（女）
赵泰祥　　　袁晓华（女）袁瑞义　　　蒋小平　　　韩志超　　　滕玉兰（女）
颜　伟　　　薛维钦

市直（26名）

门相俊　　　王　霞（女）王朝美（女）王福正　　　王福敏　　　毛　琳
吕凤英（女）刘　波　　　刘学新　　　刘建成　　　刘海清　　　孙明梅（女）
孙忠爱（女）李允志　　　李延民　　　邱介福　　　邱法林　　　陈忠国
范宁宁　　　郑立强　　　单　伟　　　胡家顺　　　曹沛德　　　葛培连
曾　露（女）管贻清

市十七届人大一次会议至二次会议期间，经济党工委系统选举的代表孙忠爱、醴泉街道选举的代表单既春调离高密市，阚家镇选举的代表李衍友去世。依照代表法的有关规定，以上 3 名代表的代表资格终止。根据地方组织法、选举法的有关规定和工作需要，按照市委和有关基层党工委提名，2012 年 12 月 18 日至 20 日分别在有关选区补选代表 5 名。分别是：机关党工委系统的刘斌，经济党工委系统的徐元斌，经济开发区的周德春，咸家工业区的杜启强，胶河生态发展区的管增璋。根据地方组织法、选举法的有关规定和工作需要，按照市委提名，2013 年 1 月 29 日，市经济开发区机关选区补选李铭为高密市十七届人大代表。补选后，高密市第十七届人民代表大会实有代表 288 名。

市十七届人大二次会议至三次会议期间，因工作变动，徐明辞去市十七届人大代表职务。市直一组王福正，密水街道王学忠、王艳、吴金卿、楚鸿峻，醴泉街道郭恩双、单白平，朝阳街道齐有东，柏城镇栗磊，阚家镇仪明耀、明连安，胶河疏港物流园区王汝波，咸家工业区单际庆 13 名代表因工作需要，辞去高密市第十七届人民代表大会代表职务。根据地方组织法、选举法的有关规定和工作需要，按照市委和有关基层党工委提名，2013 年 12 月 31 日分别在有关选区补选高密市第十七届人民代表大会代表 12 名。他们是：机关党工委的邵春生、仪义直，姜庄镇的郑兆波，井沟镇的单既春，醴泉街道的乔日升、李衍宝，朝阳街道的李梅，柏城镇的王强，阚家镇的王沛江，胶河疏港物流园区的范珲、陈晓云，咸家工业区的赵华。补选后，高密市第十七届人民代表大会实有代表 286 名。

市十七届人大三次会议至四次会议期间，由姜庄选举的曹俊勇，醴泉选举的马常春调离高密市，由交通党工委选举的单伟去世。依照代表法的规定，以上 3 名代表的代表资格终止。因工作需要，刘斌、朱安达、鞠志华、张新和、付希明、马琳、潘秀丽 7 名代表辞去代表职务。根据地方组织法、选举法的有关规定和工作需要，按照市委和有关基层党工委提名，2015 年

1月21日分别在有关选区补选高密市第十七届人民代表大会代表6名，分别是：机关党工委的童光江、苗金友、韩金洲、李锡朋，醴泉街道的孙业宗，柴沟镇的王述忠。补选后，高密市第十七届人民代表大会实有代表282名。

市十七届人大四次会议以后，由阚家选举的张建明调离高密市，张汝昌去世，其工人代表资格自然终止。根据地方组织法、选举法的有关规定和工作需要，2015年4月7日至9日在有关选区补选市十七届人大代表3名，分别是：阚家镇的吴云效、咸家工业区的刘强、胶河生态发展区的窦学功。补选后，实有代表283名。市十七届人大常委会第二十四次会议至市十七届人大五次会议期间，由密水选举的栾林清、由大牟家选举的尤传志去世，其代表资格自然终止。因工作需要，密水李衍宝、郇海云，柏城邱纯洁，夏庄徐先进，姜庄刘思芳、李梅，阚家王强、高志新等8名代表辞去代表职务。根据地方组织法、选举法的有关规定和工作需要，按照市委和有关基层党工委提名，2016年2月2日，分别在有关选区补选高密市第十七届人民代表大会代表14名，分别是：经济党工委的郝国梁，朝阳街道的郭金桥，柏城镇的赵小燕、刘玉梅，夏庄镇的严凤辉，姜庄镇的孙桂新，阚家镇的齐有春，柴沟镇的李宗福、宿立军，胶河生态发展区的于道河、李沛聃，注沟现代农业发展区的范立标、张元忠、周发家。补选后，高密市第十七届人民代表大会实有代表287名。

高密市第十八届人民代表大会代表

（2016年12月16日和23日选出代表288名。以姓氏笔画排列）

开发区（17名）

王旭东　　田香花（女）仪海燕（女）吕　超　　李桂香（女）杨建华
宋讲岭　　张亦燕（女）陆　平　　陈培义　　张英杰　　周世龙
周星奎　　赵术智　　宫耀宇　　宿希霞（女）韩泓冰

密水街道（33名）

于钦明　　于新国　　王友珍（女）王文珍（女）王文琦　　王学忠
王　艳（女）王瑞玲（女）付新华　　邢　成　　刘忠国　　曲颂东
刘晓红（女）刘　萍（女）刘锡明　　孙炜炜（女）杜钦德　　李　萍（女）
宋桂霞（女）张洪丽（女）张海燕（女）张清刚　　陈小波　　单宇辉
柳胜军　　柳胜群　　宫恩东　　耿相辉　　高志芳（女）郭　涛
禚见前　　蔡　琳（女）薛令山

醴泉街道（28名）

马训利　　王　芳（女）王　芬（女）王金华　　王京京　　王树慧（女）

方丽华（女）邓其华 吕凤英（女）刘玉梅（女）刘松青 刘　娟（女）
闫秀娟（女）孙淑芳（女）李　纲 李明新 李敬芳（女）李　森
杨宝昌 辛乾信 张红梅（女）昝启家 昝清春 钟元国
夏业秀（女）唐军录 焦　娜（女）魏华海

朝阳街道（20名）

于从海 于道河 王洪山 王教芬（女）田作山 孙业宗
李廷梅（女）李　丽（女）李　勇 李　强 宋佰华 范宗芳（女）
周竹林 赵祉文 郭金桥 徐　辉 高　峰 黄　龙
楚晓玲（女）褚秀娟（女）

柏城镇（13名）

马金英（女）王　森 杜山古 张元忠 张　谦 周垂锋
周德春 单　艳（女）袁泽友 高继红（女）韩金国 窦学功
管文杰（女）

夏庄镇（20名）

王连福 王作民 仪隋明 孙　玺 孙勤霞（女）杜明芹（女）
时晓慧（女）李玉林 李先农 吴少军 张付霞（女）张庆利
张国华 张绍森 杨效国 范　珲 钟亮成 葛孝江
綦若奎 管贻泽

姜庄镇（18名）

万　丽（女）万　明 王连荣 王　锋 毛新正 孙　玲（女）
孙富振 严凤辉 张启泉 杜小凤（女）杜宗国 邱小铭（女）
明　军 赵洪基 聂　慧（女）展爱杰（女）宿立军 薛　磊

大牟家镇（14名）

王德玉 孔晓明 叶兰花（女）司敬霞（女）刘　伟（女）李沛聃
杜　鹏 张九涛 张敬津 张　敏（女）蔡修文 薛庆恩
魏淑珍（女）魏新波

阚家镇（21名）

王克武 马林平 毛进兰（女）安红梅（女）齐有春 孙红艳（女）
孙希燕（女）李衍市 杨　娟（女）吴云效 范存宝 明连安
孟凡玲（女）赵秀敏（女）赵佃亮 姚　青（女）徐华兵 徐庆涛
徐振刚 高立运 颜　伟

井沟镇（18 名）

王召君（女）王　虹（女）刘文贞（女）刘金奇　刘　强　孙烈征
范兴杰　林桂兰（女）单际贵　单瑞香（女）赵小燕（女）赵志刚
赵佃俊　逄积亮　柴怀廷　唐尧亮　韩文宏　谭　晖（女）

柴沟镇（19 名）

王保英　王淑香（女）刘佳君　李宗福　李　静（女）吴宗海
邱大鹏　苗立俊（女）范夕兰（女）钟　磊　宫德胜　袁晓华（女）
袁瑞义　栾小龙　高　真（女）曹启福　蒋小平　韩志超
薛元玺

东北乡（13 名）

于世青（女）王国梁　王昌武　齐　红（女）孙学萍　李美云（女）
李　莉（女）张本良　张志勇　邵春生　赵华功　施玉梅（女）
郭　敏（女）

咸家工业区（10 名）

王龙华　王庆伟　王修华　孙桂新　伍丽华（女）李爱华
李　铭　陈少华　周发家　楚好芹（女）

胶河生态发展区（13 名）

王翠萍（女）仪义直　远　彬　李玉日　杨宗荣　张　波
张新喜　荆丙丰　徐爱森　栾梦圆（女）展世祥　隋国华
葛婷婷（女）

注沟现代农业发展区（10 名）

王　娟（女）刘术玲（女）牟　林　孙桂仁　杨树胜　邱金图
张秀香（女）张　亮　雷向敏　薛维钦

市直（21 名）

王相余　王　勇　王福正　王福敏　朱胜军　刘红红（女）
刘　波　杨　艳（女）郑立强　单海波　赵明昌　赵　洪
郝国梁　胡家顺　曹沛德　鹿治理　韩宗峰　童光江
曾　露（女）颜丽华（女）戴春涛

市十八届人大一次会议至二次会议期间，密水街道的王艳，朝阳街道的黄龙，夏庄镇的张付霞、张庆利、张绍森，阚家镇的徐庆涛，醴泉街道的钟元国辞去代表职务，市直童光江、刘波调离高密市，依照代表法的规定，以上 9 名代表的代表资格终止。根据地方组织法、选举法的有关规定和工作需要，按照市委提名，2018 年 1 月 8 日在有关选区补选高密市第十八届人民代表大会代表 5 名，分别是：机关党工委的李洪兵、韩金洲、李雪艳，柏城镇的邱昌禹，胶河生态发展区的王金语。补选后，高密市第十八届人民代表大会实有代表 284 名。

市十八届人大二次会议至三次会议期间，开发区的杨建华，醴泉街道的孙淑芳，经济党工委的郝国梁，金融系统的韩泓冰、胡家顺调离高密市，王洪山、周发家、谭晖、范珲、于道河、王相余、伍丽华、李宗福、明军、郭涛、张英杰、王旭东、田香花、禚见前、杜钦德、唐军录、夏业秀、李强、杨效国、齐有春、赵佃亮、赵华功、栾梦圆、牟林、孙桂仁、王福正辞去代表职务，依照代表法的规定，以上 31 名代表的代表资格终止。根据地方组织法、选举法的有关规定和工作需要，按照市委和有关党（工）委提名，2019 年 2 月 12 日在有关选区补选高密市第十八届人民代表大会代表 33 名，他们是：开发区的高中杰、王晓辉、刘凤君，密水街道的马刚，醴泉街道的曹更兵、孙洪利，朝阳街道的禚丽萍、单际茂，柏城镇的孙波，夏庄镇的殷继承、王成林、李付欣，姜庄镇的黄赞友、窦吉进、高玉山，大牟家镇的于义、于勇涔，阚家镇的吴兆道、李翔，井沟镇的田久增、周发家，柴沟镇的张友勤、王晓栋，东北乡文化发展区的田锋，咸家工业区的冯玉庆、王圣全，胶河生态发展区的夏坤，注沟农业发展区的葛培连、王汝波、鹿名，金融系统的李卫东，经济党工委的管强、秦凯。2019 年 2 月 16 日，密水街道补选郎咸鹏为高密市第十八届人民代表大会代表。2019 年 3 月 12 日，经济开发区补选卞汉林为高密市第十八届人民代表大会代表。补选后，高密市第十八届人民代表大会实有代表 286 名。

市十八届人大三次会议至四次会议期间，大牟家镇的孔晓明、醴泉街道的展世祥、经济党工委的秦凯、阚家镇的吴宗海调离高密，李敬芳、赵秀敏、仪义直、冯玉庆、田久增、孙桂新、黄赞友、郭金桥、曲颂东辞去代表职务，依照代表法的规定，以上 13 名代表的代表资格终止。根据地方组织法、选举法的有关规定和工作需要，按照市委和有关党（工）委提名，2020 年 1 月 3 日在有关选区补选高密市第十八届人民代表大会代表 13 名，分别是：开发区的沙涛，密水街道的禚玉乾，醴泉街道的田永全、綦洪信，夏庄镇的高泗江，姜庄镇的李梅，阚家镇的岳国彬，柴沟镇的陈连军，咸家工业区的杜银忠、张伟，胶河生态发展区的田绍传，注沟农业发展区的李衍宝、禚朝晖。补选后，高密市第十八届人民代表大会实有代表 286 名。

市十八届人大四次会议至五次会议期间，经济开发区的卞汉林、井沟镇的周发家、柴沟镇的张友勤、井沟镇的韩文宏、注沟现代农业发展区的雷向敏调离高密，刘强、李卫东、李翔、王昌武、王龙华、万明、孙学萍辞去代表职务，依照代表法的规定，以上 12 名代表的代表资格终止。由醴泉街道选举的邓其华去世，其代表资格自然终止。根据地方组织法、选举法的有关规定和工作需要，按照市委和有关党（工）委提名，2021 年 1 月 3 日在有关选区补选高密市第十八届人民代表大会代表 13 名，分别是：经济开发区的刘玉，醴泉街道的管遵明，柏城镇的孙传琛，大牟家镇的刘广智，阚家镇的徐怀章，井沟镇的陈珊珊、唐蕾、王强，东北乡文化发展区的李可泉，胶河生态发展区的纪兵，注沟现代农业发展区的王效刚、李延宗，金融系统的王建强。补选后，高密市第十八届人民代表大会实有代表 285 名。

市十八届人大五次会议后，由醴泉街道选举的田永全调离高密，依照代表法的规定，其代表资格终止。代表变动后，高密市第十八届人民代表大会实有代表 284 名。

第二节　高密市（县）选举的潍坊市人大代表名录

1983 年 8 月 13 日，国务院以国函字第 175 号文件批准撤销潍坊地区，组建省辖（地专级）潍坊市。根据省人大常委会《关于新设省辖市人民代表大会几个问题的决定》，潍坊市人大顺延了原潍坊市（县级，现潍城区）人大的届次。经过潍坊市人民代表大会筹备领导小组的认真筹备工作，由各县、区人民代表大会依法选举了潍坊市人大代表。1984 年 2 月 10 日至 15 日，召开了潍坊市第十届人民代表大会第一次会议。

高密县选举的潍坊市第十届人民代表大会代表

（高密县第九届人民代表大会第四次会议选出代表 65 人。以姓氏笔画排列）

马美兰（女）　王世昌
王圣元　王兆兰
王克礼　王建国
王宗泽　王钦尧
王笃善　王瑞琴
毛秀云（女）　田金在
田明三　厉颜席
仪秀美（女）　仪策道
朱维福　任宪英（女）
刘玉兰（女）　刘玉祥
刘乐田　刘连仁

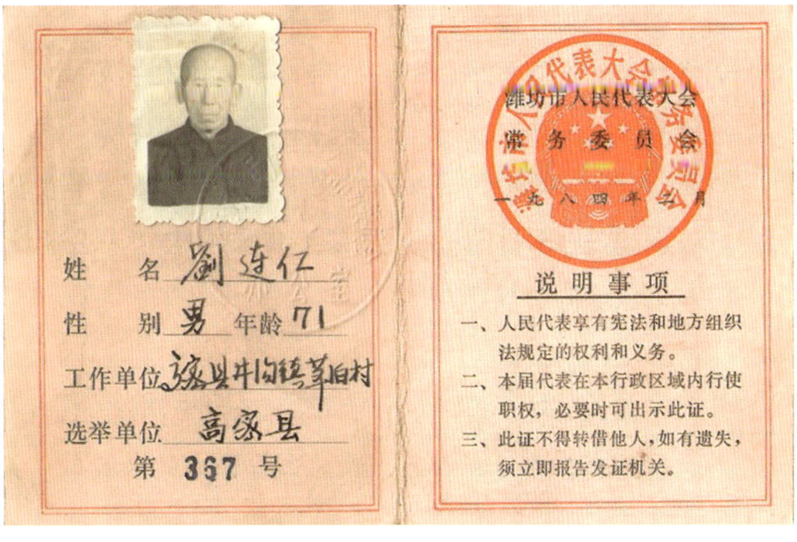

图 2－9　潍坊市第十届人民代表大会代表证内页

刘桂美（女）　刘益三　刘喜文　许明忠　孙永顺　孙同道
孙秀花（女）　孙秀爱（女）　孙振邦　孙绪敬　孙嘉炼　乔光林

李万河	李观行	李希花（女）	李洪奎	李振来	李符伟
杨树松	宋立香（女）	宋林茂	宋德河	张聿文	张　捷
张瑞周	张辑五	邹龙友	肖世忠	迟昭厚	范照军
苗立俊（女）	赵玉芹（女）	赵多蓉（女）	胡　岳	钟銮先	阎方明
徐宝华	徐俊生	高月桂	高玉美（女）	郭东一	隋明会（女）
戴耀西					

县十届人大常委会第十四次会议于 1986 年 4 月 19 日增选陈会江为潍坊市第十届人民代表大会代表。

高密县选举的潍坊市第十一届人民代表大会代表

（高密县第十一届人民代表大会第二次会议选出代表 60 人。以姓氏笔画排列）

丁源鸿	马美兰（女）	王心盛	王世昌	王在辉	王百祥
王兆兰	王庆光	王治贵	王建国	王修明	王培森
毛秀云（女）	邓梅香（女）	仪秀美（女）	任宪英（女）	刘玉兰（女）	刘玉贞（女）
刘玉忠	刘玉祥	刘峰岫	刘菊芳（女）	孙龙海	孙秀爱（女）
孙国钧	孙嘉炼	杜平阶	李万春	李升堂	李合建
李符伟	李敬友	李德章	吴元金	宋德合	张子敬
张　捷	张淑美（女）	张德君	陈会江	苗立俊（女）	苑　滋
范立训	郑大维	单昭明	孟宪英（女）	赵玉琴（女）	赵福安
郝景春	胡　岳	柴洪瑞	徐延峰	高月桂	高赐才
郭东一	郭会英（女）	展美华（女）	尉迟衍平（女）	潘　耀	薛加治

1992 年 1 月 17 日至 18 日，县十二届人大常委会第十三次会议补选张光兴为潍坊市第十一届人民代表大会代表。

高密市（县）选举的潍坊市第十二届人民代表大会代表

（高密县第十三届人民代表大会第一次会议选出代表 58 人。以姓氏笔画排列）

马美兰（女）	王心盛	王玉田	王在辉	王百祥	王建国
王致民	王维华	尹化深	田桂英（女）	吕尧金	任红梅（女）
任宪英（女）	刘玉兰（女）	刘玉祥	刘廷基	刘峰岫	刘维芬（女）

刘瑞欣（女）	孙凤俊（女）	孙希东	孙昌瑞	孙景运	孙嘉炼
李世涛	李继强	李敬友	李德章	吴元金	邱温源
宋锡亮	张日庆	张乐宝	张光兴	张庆友	张好敏
张德君	郑大维	郑存阶	单昭明	单既明	孟宪忠
赵凤池	赵修春（女）	柳帮功	贾义丰	徐长胜	徐明春（女）
徐瑞荣	高月桂	高金龙	郭加武	郭会英（女）	郭炳桥
隋立升	董希芳（女）	谭洪喜	尉迟衍平（女）		

1995 年 12 月 29 日，市十三届人大常委会第二十次会议，补选吴元宝为潍坊市第十二届人民代表大会代表。

高密市选举的潍坊市第十三届人民代表大会代表

（高密县第十四届人民代表大会第一次会议选出代表 54 人。以姓氏笔画排列）

马美兰（女）	王心盛	王玉田	王立福	王传聪	王增华
毛志厚	毛丽萍（女）	邓兆发	邓秀梅（女）	田忠爱	田绍龙
吕尧金	刘玉兰（女）	孙凤俊（女）	孙时英	孙洪菊（女）	孙惠斌
孙嘉炼	李庆喜	李希贵	李桂荣	李惠兰（女）	李德章
吴元宝	邹希贞（女）	宋锡明	宋锡亮	张元茂	张成富
张来光	张继萍（女）	张德君	陈光聚	陈华启	周会云
郑存阶	单际贵	柳帮功	胡宝平	赵文禄	姚增锦
徐长胜	徐玉丽（女）	徐明春（女）	郭加武	郭会英（女）	高绪美（女）
葛瑞云	董希芳（女）	鲍世举	谭洪喜	薛令山	高月桂

1999 年 1 月 8 日，市十四届人大常委会第七次会议补选韩俊生为潍坊市十三届人民代表大会代表。2000 年 1 月 12 日，市十四届人大常委会第十五次会议补选孙日贵为潍坊市十三届人民代表大会代表。2001 年 2 月 2 日，高密市第十四届人大常委会第二十二次会议补选赵凤池、满国强为潍坊市第十三届人民代表大会代表。

高密市选举的潍坊市第十四届人民代表大会代表

（高密县第十五届人民代表大会第一次会议选出代表 53 人。以姓氏笔画排列）

丁元芬（女）	丁维国	于明信	于德升	王发亮	王者松

王艳霞（女）	王清华（女）	王增华	王　燕（女）	毛志厚	毛丽萍（女）
邓兆发	邓其华	田立甫	毕兆利	刘永瑞	刘利宁
刘金萍（女）	刘宝昌	刘经文	孙日贵	孙嘉炼	李玉平

图 2 － 10　潍坊市十四届人大一次会议高密代表团合影

李庆喜	李桂荣	李惠兰（女）	李瑞阳	李翠英（女）	肖　瑛（女）
吴元宝	吴建民	宋允厚	张江汀	张聿嘉	张　红（女）
张作栋	国正平	赵仁东	赵凤池	赵廷莲（女）	赵伟宏
赵洪喜	栾仁霞（女）	栾林清	郭宗祥	常明华	崔红旗
崔海英（女）	葛瑞云	董兰香（女）	薛令山	鞠志华	

2006 年 1 月 12 日高密市十五届人大常委会第二十一次会议补选王继美、赵志远为潍坊市第十四届人民代表大会代表。

高密市选举的潍坊市第十五届人民代表大会代表

（高密市第十六届人民代表大会第一次会议选出代表 54 人。以姓氏笔画排列）

于道河	于德升	王者松	王治华	王　艳（女）	王艳霞（女）
巴连成	邓其华	邓树刚	庄　政	刘永瑞	刘　伟
闫联华	孙日贵	李文国	李玉平	李　勇	李善鹏
李瑞阳	肖　瑛（女）	吴元宝	吴建民	宋允厚	张宜宗
张　群（女）	陈松华	陈雪梅（女）	范福生	明连安	罗相明
单百平	单际田	单际庆	赵凤池	赵廷莲（女）	赵树智

侯宗凯	施玉梅（女）	姚中强	袁义龙	徐庆涛	徐振溪
高志芳（女）	栾仁霞（女）	栾林江	栾林清	唐屹立	崔红旗
崔海英（女）	葛月殿	董兰香（女）	韩俊生	谢永平	鞠志华

2011 年 1 月 11 日，市十六届人大常委会第二十四次会议，补选王献玲为潍坊市第十五届人民代表大会代表。

高密市选举的潍坊市第十六届人民代表大会代表

（高密市第十七届人民代表大会第一次会议选出代表 53 人。以姓氏笔画排列）

于道河	于德升	王者松	王治华	王学忠	王钦峰
王　艳（女）	王艳霞（女）	王　辉	王　赓	王献玲	王福正
巴连成	朱相中	朱　奎	刘　玉	刘永瑞	刘志刚
闫希军	孙金生	孙　波	孙美莹（女）	孙　勇	纪德花（女）
李　勇	李雪艳（女）	李鲁民	杨建华	张宜宗	张新和
张　群（女）	范福生	明连安	罗相明	单百平	单亦刚
单际庆	赵云贤	赵术智	赵廷莲（女）	荆汝泉	钟亮成
侯宗凯	徐林收	高志芳（女）	栾林江	黄玉远	常保华
崔世兰（女）	隋国华	褚秀娟（女）	蔡　静（女）	臧延琪（女）	

2013 年 12 月 23 日，市十七届人大常委会第十三次会议，补选于永生为潍坊市第十六届人民代表大会代表。

2015 年 2 月 3 日，市十七届人大常委会第二十二次会议，补选王卫东为潍坊市第十六届人民代表大会代表。

高密市选举的潍坊市第十七届人民代表大会代表

（高密市第十八届人民代表大会第一次会议选出代表 53 人，以姓氏笔画排列）

于德升	万　丽（女）	王卫东	王　飞（女）	王文琦	王旭东
王秀娟（女）	王者松	王钦峰	王衍明	王　艳（女）	王晓晨
巴连成	田立向	朱朝辉	任成森	刘永瑞	刘宏伟
刘建国	孙美莹（女）	孙　勇	严凤辉	李丹平	李成军
李　勇	杨建华	邱介福	邱　慧（女）	张付霞（女）	张庆利

张绍森　陈汝孝　罗相明　单百平　单亦刚　单美华（女）
赵　阳（女）荆汝泉　姜雪琴（女）徐庆涛　徐林收　徐　波
徐翠云（女）栾林江　郭晓燕（女）黄　龙　崔世兰（女）隋国华
葛孝江　韩金洲　韩泓冰　韩辅廉　雷向敏

2017 年 12 月 22 日，市十八届人大常委会第八次会议，通过了接受葛孝江、韩金洲辞去潍坊市第十七届人民代表大会代表职务的请求的决议，并报潍坊市人大常委会备案、公告，补选邱昌禹、陈余彬为潍坊市第十七届人民代表大会代表。

2019 年 1 月 24 日，市十八届人大常委会第二十次会议，通过了关于接受于德升、王旭东、李成军、韩辅廉辞去潍坊市第十七届人民代表大会代表职务的请求的决议，并报潍坊市人民代表大会常务委员会备案、公告。补选王福正、孔晓明、刘跃东、孙沂、张宝胜、高中杰为潍坊市第十七届人民代表大会代表。

2019 年 12 月 26 日，市十八届人大常委会第二十八次会议，通过了关于接受邱介福辞去潍坊市第十七届人民代表大会代表职务的请求的决议，并报潍坊市人民代表大会常务委员会备案、公告。补选陈连军为潍坊市第十七届人民代表大会代表。

第三节　高密县选举的山东省人大代表和驻高密市（县）的山东省人大代表名录

高密县选举的山东省第一届人民代表大会代表

刘先志　叶德备　刘洪岗　刘金元

高密县选举的山东省第二届人民代表大会代表

王沛霖　刘洪岗　孙燕升　叶德备　张光溥

高密县四届人大一次会议补选朱桐为山东省第二届人民代表大会代表。

高密县选举的山东省第三届人民代表大会代表

陈淑才　王沛霖　钟秀美（女）刘洪岗　孙殿明　张光溥

高密县选举的山东省第四届人民代表大会代表

“文化大革命”期间，省人民代表大会停止了工作，山东省第四届人民代表大会未曾召开。“文化大革命”结束后，按照上级指示，“文化大革命”期间成立的山东省革命委员会在代表大会届次计数上，作为山东省人民代表大会一个届次顺延。因此，高密县没有省四届人大代表。

高密县选举的山东省第五届人民代表大会代表

田　金　　宋锡亮　　张士仁　　王致敬　　呼运升　　范中仁

高密县选举的山东省第六届人民代表大会代表

尹世炘　　张奎生　　宋锡亮　　王致敬　　梁秀英（女）滕裕玲（女）

驻高密县的山东省第七届人民代表大会代表

张奎生　　徐立贞　　宋锡亮　　李德章　　单昭明

驻高密市（县）的山东省第八届人民代表大会代表

单昭明　　姚增锦

驻高密市的山东省第九届人民代表大会代表

孙惠斌　　李桂荣　　薛令山　　李希贵　　邓秀梅（女）

驻高密市的山东省第十届人民代表大会代表

吴建民　　孙日贵　　李惠兰（女）李庆喜

驻高密市的山东省第十一届人民代表大会代表

范福生　　孙日贵　　李惠兰（女）李庆喜

驻高密市的山东省第十二届人民代表大会代表

杨建华　　毛进兰（女）孙　勇　　巴连成　　徐林收

驻高密市的山东省第十三届人民代表大会代表

刘　玉　　王文琦　　孙　勇　　徐林收　　单美华（女）

第四节　驻高密市（县）的全国人大代表

驻高密市（县）的第八届全国人民代表大会代表

李德章

驻高密市的第九届全国人民代表大会代表

李德章

驻高密市的第十二届全国人民代表大会代表

王钦峰

驻高密市的第十三届全国人民代表大会代表

王钦峰

第三编　高密市（县）人民代表大会

第一章　性质　职权　任期

第一节　性质

人民代表大会制度是我国的根本政治制度。根据《宪法》和《地方组织法》规定，中华人民共和国的一切权力属于人民，地方各级人民代表大会是地方国家权力机关，地方各级人民代表大会会议，是地方国家权力机关依法行使职权的主要方式，是人民代表大会代表管理国家事务的主要途径。高密市（县）人民代表大会是地方国家权力机关，由民主选举产生，对全市（县）人民负责，受全市（县）人民监督。

第二节　职权

根据第一届全国人民代表大会第一次会议通过的《地方组织法》规定，高密县第一届至第六届人民代表大会行使下列职权：（1）保证法律、法令和上级人民代表大会决议的遵守和执行；（2）在职权范围内通过和发布决议；（3）规划经济建设、文化建设、公共事业、优抚工作和救济工作；（4）审查和批准预算和决算；（5）选举本级人民委员会的组成人员；（6）选举本级人民法院院长；（7）选举上一级人民代表大会代表；（8）听取和审查本级人民委员会和人民法院的工作报告；（9）改变或者撤销本级人民委员会的不适当的决议和命令；（10）改变或者撤销下一级人民代表大会的不适当的决议和人民委员会的不适当的决议和命令；（11）保护公共财产，维护公共秩序，保障公民权利；（12）保障少数民族的平等权利。

1954 年 7 月，高密县第一届人民代表大会第一次会议选出的行政机关名称为高密县人民政府，县人民政府由县长、副县长和县人民政府委员组成。而在 1955 年 12 月召开的第一届人民代表大会第三次会议上，根据《地方组织法》之有关规定，将会议选出的行政机关改称为高密县人民委员会。县人民代表大会闭会期间，由高密县人民委员会行使人民代表大会职权。县人民委员会由县长、副县长和人民委员会委员组成。同时，高密县人民委员会作为县人民代表大会选举出来的行政机关依法行政，这一行政权力行使方式和名称一直延续到1966年5月召开的第六届人民代表大会期间。

高密县人民代表大会成立之初，会议议程较少，只有审议政府工作报告、财政预决算报告、提案办理情况报告和法院工作报告，选举政府和法院领导人员及省人民代表大会代表等几项。

高密县第一届人民代表大会至第六届人民代表大会期间，县人民代表大会每次会议召开时均先举行预备会议，选举会议主席团和秘书长，通过会议议程，通过会议各委员会组成人员名单等。1954年颁布施行的《地方组织法》规定地方人大只在举行会议的时候设立代表资格审查委员会，在大会主席团领导下进行工作，为临时性机构。

高密县一届人大一次会议预备会议由县人民政府委员会主持，县二届人大一次会议至县六届人大一次会议的预备会议由县人民委员会主持。

1966年至1976年“文化大革命”期间，高密县人大工作停止，但其间成立的高密县革命委员会作为人民代表大会的一个届次顺延下来。

1978年3月5日，国家颁布了新宪法，根据新宪法的规定和上级有关指示，同年4月26日，高密县第八届人民代表大会召开，民主选举产生了高密县革命委员会，标志着县人民代表大会重新恢复。1979年6月18日至7月1日召开的第五届全国人民代表大会第二次会议通过了新的《地方组织法》《选举法》，进一步完善了人民代表大会制度。1980年9月7日，高密县第九届人民代表大会第一次会议召开，大会根据新的《地方组织法》和《选举法》的有关规定，撤销了高密县革命委员会，选举产生了高密县人大常委会和高密县人民政府，开始增加审议检察院工作报告，选举检察院检察长，选出的检察长须报经上一级人民检察院检察长提请同级人民代表大会常务委员会批准。县第九届人民代表大会召开后，各公社也相继召开了人民代表大会，撤销了公社革命委员会，建立了公社管理委员会。

根据新《宪法》和《地方组织法》以及有关《地方组织法修正案》，市（县）人民代表大会行使职权得到进一步充实，从第九届人民代表大会第一次会议开始，高密市（县）人民代表大会行使下列职权：（1）在本行政区域内保证宪法、法律、行政法规和上级人民代表大会及其常务委员会决议的遵守和执行，保证国家计划和国家预算的执行；（2）审查和批准本行政区域内的国民经济和社会发展计划、预算及其执行情况的报告；（3）讨论、决定本行政区域内的政治、经济、教育、科学、文化、卫生、环境和资源保护、民族等工作的重大事项；（4）选举本级人民代表大会常务委员会的组成人员；（5）选举本级市（县）长、副市（县）长；（6）选举本级人民法院院长和人民检察院检察长，选出的人民检察院检察长须报上一级人民检察院检察长提请该级人民代表大会常务委员会批准；（7）选举上一级人民代表大会代表；（8）听取和审查本级人民代表大会常务委员会的工作报告；（9）听取和审查本级人民政府和人民法院、人民检察院的工作报告；（10）改变或撤销本级人民代表大会常务委员会的不适当的决议；（11）撤销本级人民政府的不适当的决定和命令；（12）保护社会主义的全民所有的财产和劳动群众集体所有的财产，保护公民私人所有的合法财产，维护社会秩序，保障公民的人身权利、民主权利和其他权利；（13）保护各种经济组织的合法权益；（14）保障少数民族的权利；（15）保障宪法和法律赋予妇女的男女平等、同工同酬和婚姻自由等各项权利。

依照新修订的《地方组织法》，在会议组织方面，高密市（县）人民代表大会召开会议，先举行预备会议，通过会议议程，选举会议主席团和秘书长，通过各审查委员会组成人员名单等。

高密县九届人大一次会议决定设立县人大常委会后，每次会议举行前，由本级人大常委会主持举行预备会议，选举本次会议的主席团和秘书长；主席团名单草案由本级人大常委会提出，每届人大第一次会议的主席团名单草案由上届人大常委会提出。

根据新修订的《地方组织法》关于“县级以上的地方各级人民代表大会举行会议的时候，由主席团主持会议”的规定，高密市（县）人民代表大会会议的领导机构为会议设立的主席团。人民代表大会会议举行前，由人大常委会提出主席团名单草案，并主持举行预备会议，选举本次会议的主席团和秘书长；每届人大第一次会议的主席团名单草案由上届人大常委会提出。主席团会议从其成员中推选若干人担任常务主席，负责主持每次主席团会议和代表大会全体会议；决定大会副秘书长、会议日程、表决议案的办法、代表提出议案截止日期等事项；依法提出属于本级人大职权范围内的议案，并决定主席团及其他提议案主体依法提交的议案是否提交大会表决或列入大会议程；依法提名需提交大会选举及表决通过职务的人选；依法提出罢免案，并将所提罢免案提请大会审议；依法提出质询案，并决定所提质询案的答复形式；依法提议组织关于特定问题的调查委员会，并提请代表大会全体会议决定；许可代表大会举行会议期间对本级人大代表的逮捕或者刑事审判，批准对现行犯执行拘留的机关的报告。

高密市（县）在这一阶段召开人民代表大会时，根据1986年修改的《地方组织法》有关县级以上的地方各级人大常委会设立代表资格审查委员会的规定，市（县）人大常委会设立代表资格审查委员会。代表资格审查委员会依法对当选代表是否符合宪法、法律规定的代表的基本条件，选举是否符合法律规定的程序，以及是否存在破坏选举和其他当选无效的违法行为进行审查，提出代表当选是否有效的意见，向本级人大常委会报告；对暂时停止执行代表职务的情况向本级人大常委会报告；对代表资格终止情况向本级人大常委会提出报告。代表资格审查委员会主任委员、副主任委员、委员的人选，由主任会议在常委会组成人员中提名，常委会会议通过。

会议主席团设秘书处，在主席团和秘书长领导下负责办理各项会务工作。大会秘书处下设秘书、组织、宣传、议案、后勤、保卫等组，负责处理大会具体事务。

会议期间，代表可依法提出议案（提案）和建议、批评、意见，还可提出质询案和询问事项。

高密市（县）人民代表大会会议实行民主集中制，人大代表通过人民代表大会会议依法集体行使职权。会议各项议题的审议，以代表团分组审议为主，辅之以全体会议审议、代表团大组审议、专题审议等多种形式。

按照2017年11月4日第十二届全国人民代表大会常务委员会第三十次会议通过的《全国人民代表大会常务委员会关于在全国各地推开国家监察体制改革试点工作的决定》，2018年1月18日高密市十八届人民代表大会第二次会议选举产生了首任高密市监察委员会主任。根据2018年3月20日第十三届全国人民代表大会第一次会议通过的《中华人民共和国监察法》的规定，高密市人民代表大会选举本级监察委员会主任。

高密市（县）人民代表大会会议举行时，除市（县）人大代表出席会议，市（县）人民政府组成人员和市（县）人民法院院长、人民检察院检察长列席会议外，一般还邀请驻高密的全国人大代表、山东省人大代表，高密市（县）选举的潍坊市人大代表，市（县）人民法院院长和人民检察院检察长，历届高密市（县）人大常委会正副主任，中共高密市（县）委各工作部门、市（县）人大常委会各工作部门、市（县）政府各工作部门、群众团体、垂直管理部门和客驻单位负责人，市（县）政协委员等列席会议。

第三节　任期

根据第一届全国人民代表大会第一次会议通过的《宪法》和《地方组织法》关于“省、直辖市、县、市、市辖区的人民代表大会任期两年，一般每年举行两次会议”的规定，从1954年7月高密县第一届人民代表大会第一次会议召开，至1966年5月第六届人民代表大会召开，历经6届人民代表大会，共举行17次县人民代表大会会议。

依照新修订的《地方组织法》，1980年9月至1993年2月，高密县第九届至第十二届人民代表大会每届任期三年。从1993年2月高密县第十三届人民代表大会开始，除第十六届任期四年外，高密市（县）人民代表大会每届任期五年。

从1954年7月高密县第一届人民代表大会第一次会议到2021年6月高密市第十八届人民代表大会第五次会议召开。高密市（县）历经18届人民代表大会，共召开61次市（县）人民代表大会会议。

第二章 历届市（县）人民代表大会会议

第一节 县第一届人民代表大会会议

第一次会议

一、概况

高密县第一届人民代表大会第一次会议于1954年7月30日至8月3日在县委礼堂召开。出席代表432人。

二、报告

会议听取讨论了县委书记梁德山作的《关于今后工作方针任务建议的报告》，县长张洪达作的《县人民政府施政工作总结报告》；学习讨论了《宪法（草案）》。

三、决议

会议通过了《县人民政府施政工作总结报告》《关于今后工作方针任务建议的报告》，向中共中央主席毛泽东、中国人民志愿军、中国人民解放军致敬电，向全县烈军属、荣复转业军人的慰问信；作出了关于夏季工作以夏征夏购为重点，突击完成夏征夏购，健全县乡人民代表大会制度，拥护《宪法（草案）》等4项决议。

四、选举

会议选举刘先志、叶德备、刘洪岗、刘金元为出席山东省第一届人民代表大会的代表。

第二次会议

一、概况

高密县第一届人民代表大会第二次会议于1955年2月3日至7日在县委礼堂召开。出席代表334人。

二、报告

会议听取审查了县长张洪达作的《县人民政府施政工作总结报告》；听取讨论了《县委关于目前形势与今后工作任务的建议报告》。

三、决议

会议批准了《县人民政府施政工作总结报告》；通过了《县委关于目前形势与今后工作任务的建议报告》作为全县人民的政治任务；作出积极整顿合作社发展互助组织、做好征集补充兵员工作、做好认真处理统购统销遗留问题等工作的决议。

第三次会议

一、概况

高密县第一届人民代表大会第二次会议于1955年12月25日至30日在县委礼堂召开。出席代表354人。

二、议程

会议听取讨论了省人大代表刘金元传达的《关于山东省第一届人民代表大会第三次会议精神的报告》，县委副书记吕光华作的《关于征兵工作的报告》；听取审查了县长张洪达作的《1955年政府工作总结和今后工作意见的报告》。

三、决议

会议批准了《高密县人民政府1955年政府工作总结及今后工作意见的报告》；通过了《关于征兵工作的报告》；作出了做好1809处农业社的整顿巩固工作，大力贯彻征兵法，作好1956年国民经济建设公债的推销工作等决议；通过了给中共中央主席毛泽东的致敬信，给烈军属、荣复军人的慰问信，给中国人民解放军的慰问信。

四、选举

会议根据《地方组织法》的规定，将高密县人民政府改称为高密县人民委员会。选举产生了由23人组成的高密县第一届人民委员会，张洪达为县长，张成信、王沛霖为副县长，刘喜文等为委员。选举王树华为县人民法院院长。

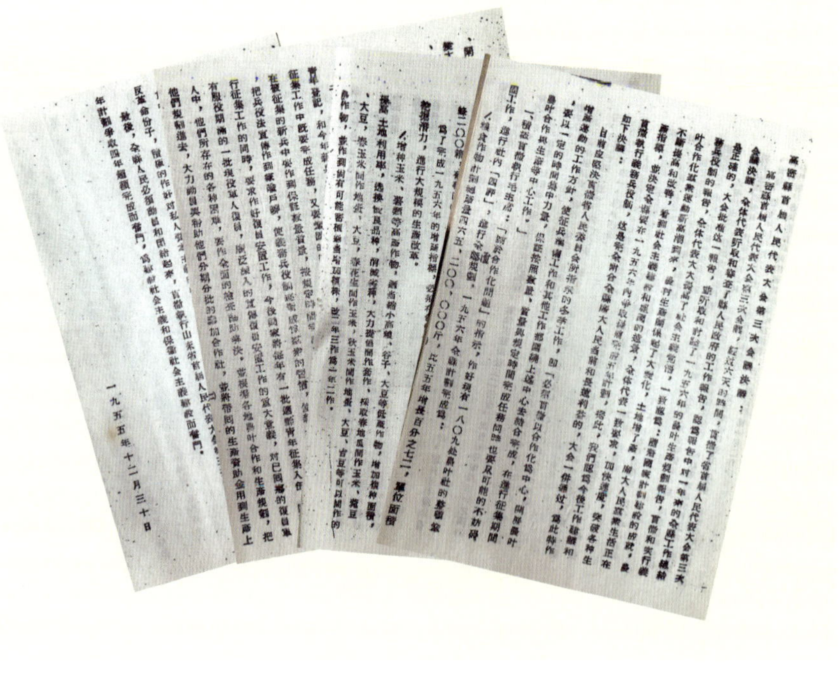

图3－1　高密县第一届人民代表大会第三次会议决议

第四次会议

一、概况

高密县第一届人民代表大会第四次会议于1956年10月11日至14日在县委礼堂召开。出席代表325人。

二、报告

会议听取并审查了《县人民委员会半年来的工作总结报告》。

三、决议

会议批准了《县人民委员会半年来的工作总结报告》。

第二节　县第二届人民代表大会会议

第一次会议

一、概况

高密县第二届人民代表大会第一次会议于1956年12月27日至30日在县委礼堂召开。出席代表350人。

二、主席团

（以姓氏笔画排列）

于永祥　于　彬　马瑞兰（女）
王廷瑞　王沛霖　王敬民　毛学志
仪垂明　朱　桐　朱智芳　刘希文
闫增香（女）　孙序武　孙维岳
李丕明　李卓圣　李鲁泉　杨纪林
时士双　张庆寿　张秀云（女）
张洪达　张景严　陈书文　胡传永
高维汉　郭振义　常效玉　蒋耀宗
管永平　潘月凤（女）

三、报告

会议听取了省人大代表刘洪岗传达的山东省第一届人民代表大会第五次会议精神；听取审查了县长张洪达作的《关于高密县1956年政府工作报告》。

四、决议

会议通过了《高密县人民委员会工作报告》。作出了大力开展冬季生产运动；加强以农业为主，兼顾副业的原则；积极整顿合作社，改进社的经营管理；认真做好征集兵员工作；继续扫除文盲，开展春节文艺活动，加强社会卫生工作，加强优抚工作等决议。

五、选举

会议选举产生了由21人组成的高密县第二届人民委员会。

选举张洪达为县长，王沛霖、刘喜文、胡传永为副县长，孙序武等为委员。

第二次会议

一、概况

高密县第二届人民代表大会第二次会议于1957年6月4日至8日在县委礼堂召开。出席代表316人。

二、主席团

张洪达　于永祥　常效玉　陈戟门
杨志美　刘世明　刘金元　马瑞兰（女）
李书泉　何恩成　单茌蒨　李绍智
张庆寿　蒋耀宗　曹右文　毛学志
陈书文　刘喜文　潘月凤（女）
陈洪升　于书明　朱智芳　孙维岳
郭振义　仪垂明　王怀礼　高文汉

三、报告

会议听取讨论了高密县人民委员会1957年上半年的工作报告，1956年决算与1957年预算报告，1957年分配、征购工作报告。

四、决议

会议同意高密县人民委员会1957年上半年的工作报告，1956年决算与1957年预算报告，1957年分配、征购工作报告；作出了以生产整社为中心，以征购、分配为重点，做好夏季农业生产、夏季征购和分配、继续加强整顿、拥军优抚、财贸管理、支教卫生等工作的决议。

第三次会议

一、概况

高密县第二届人民代表大会第三次会议于 1957 年 11 月 20 日至 22 日在县委礼堂召开。出席代表 312 人。

二、主席团

王沛霖　于　彬　管永平　朱　桐
韩玉山　张景严　刘洪岗　吕光华
常效玉　陈戟门　杨志美　刘世明
刘金元　马瑞兰（女）　李鲁泉
何恩成　单荏蒨　张庆寿　蒋耀宗
毛学志　陈书文　刘喜文　潘月凤（女）
于书明　朱智芳　孙维岳　郭振义
仪垂明　王怀礼　高文汉

三、报告

会议听取讨论了县委《关于全国农业发展纲要（修正草案）的传达报告》、高密县人民委员会《1957 年主要工作总结和今后工作任务报告》。

四、决议

会议批准了县人民委员会《1957 年主要工作总结和今后工作任务的报告》；作出了在 1957 年战胜严重的旱涝灾害，取得增产的基础上，抓住水、肥、土三大关键，组织生产大跃进，完成 10 年的农业发展指标和 1958 年的农业生产指示，争取在 3 年内使所有合作社的生产和收入赶上或超过当地富裕中农的水平的决议。

第三节　县第三届人民代表大会会议

第一次会议

一、概况

高密县第三届人民代表大会第一次会议于 1958 年 5 月 27 日至 29 日在县委礼堂召开。出席代表 343 人。

二、主席团

张洪达　单荏蒨　孙维岳　孙序武
李绍智　韩玉山　宫殿臣　杜乐廷
蒋耀宗　马瑞兰（女）　于永祥
李允谦　曹佑文　吕光华　刘喜文
刘光生　张肇祥　朱　桐　单兆宣
李鲁泉　申寿彭　倪献美（女）
王秀兰（女）　仪垂明　杨纪林
陈京书　管永平　王沛霖　张景严
王　克　李占和　张作俭　朱同花
孙德敬　赵有禄　李丹亮　于书明
赵学昌　王怀礼

三、报告

会议听取讨论了《高密县人民委员会工作报告》；听取了《高密县人民委员会关于 1957 年决算和 1958 年预算报告》《高密县 1958 年农业生产计划的报告》。

四、决议

会议通过了《高密县人民委员会工作报

告》；同意《高密县人民委员会关于1957年决算和1958年预算报告》《高密县1958年农业生产计划的报告》；作出了全县实现跃进规划，迅速建立乡社工业网，大力开展技术革新，做好夏征夏购和小麦预分工作，做好社员生活安排等4项决议。

五、选举

会议选举产生了由21人组成的第三届高密县人民委员会。

选举张洪达为县长，王沛霖、刘喜文、孙维岳为副县长，于永祥等为委员。

选举王久常为高密县人民法院院长。

选举王沛霖、刘洪岗、孙燕升、叶德备、张光溥为出席山东省第二届人民代表大会的代表。

第二次会议

一、概况

高密县第三届人民代表大会第二次会议于1958年12月28日至30日在县委礼堂召开。出席代表274人。

二、主席团

吕光华　管永平　李占和　单召宣
曹佑文　单茌蒨　杜乐亭　于永祥
陈桂兰（女）　李永启　刘树启
王沛霖　张肇祥　朱　桐　冯桂生（女）
申寿彭　刘金元　李允谦　朱同芳
李付仁　白锡久　刘洪岗　孙维岳
刘光生　肖　光　张景严　蒋耀宗
仪垂明　于书明　王秀珍（女）
马洪奎　单联义　周永树

三、报告

会议听取和讨论了县委书记处书记吕光华传达的《中共八届六中全会关于人民公社若干问题的决议和同意毛泽东同志不作为下届中华人民共和国主席候选人的决定》，副县长王沛霖作的《高密县人民委员会关于一年来的工作总结和今后任务的报告》；听取了省人大代表刘洪岗传达山东省第二届人民代表大会第一次会议精神的报告。

四、决议

会议拥护《中共八届六中全会关于人民公社若干问题的决议和同意毛泽东同志不作为下届中华人民共和国主席候选人的决定》；同意《高密县人民委员会关于一年来的工作总结和今后任务的报告》。会议作出了继续发扬1958年工农业生产和各项社会主义建设事业取得的较大成绩；继续大干、苦干，争取1959年工业、农业、思想三大丰收；继续坚持以政治为统帅，进一步巩固提高人民公社，充分发挥人民公社的优越性等3项决议。

五、选举

会议补选冯桂生（女）为高密县人民委员会副县长。

第三次会议

一、概况

高密县第三届人民代表大会第三次会议于1959年12月26日至29日在县委礼堂召开。出席代表293人。

二、主席团

（以姓氏笔画排列）

于书明　于永祥　王久常　王乃积
史学义　田殿禄　齐守清　吕光华
刘金元　李丹亮　李鲁泉　李允谦
杜乐廷　马瑞兰（女）　孙维岳
孙　华（女）　倪献美（女）
冯展义　冯桂生（女）　张洪达
张肇祥　张　策　单召宣　嵇传芳（女）
张景严　单莅蒨　宋桂英（女）
葛培连　仪垂明　蒋耀宗　薛德吾
韩　杰　谭敬亲　李绍智　曹佑文

三、报告

会议听取讨论了县委第二书记冯展义作的《关于当前农村形势和任务的报告》；听取讨论审查了副县长冯桂生作的《关于高密县人民委员会工作报告》，副县长孙维岳作的《关于高密县1958年财政决算和1959年财政预算安排的报告》。

四、决议

会议拥护和同意《关于当前农村形势和任务的报告》《关于高密县人民委员会工作报告》《关于高密县1958年财政决算和1959年财政预算安排的报告》；作出了高举总路线和“大跃进”的红旗，乘风破浪，奋勇前进，突出抓住以粮为纲、以水为纲、以养猪为纲并举的方针，鼓足干劲，大搞水、肥、土、林，狠抓麦田管理和各种经济生产，以保证1960年各项指标的实现等决议。

五、选举

会议补选冯桂生（女）为县长，薛德吾为副县长，韩杰、冯展义、孙华、史学义为县人民委员会委员。

第四节　县第四届人民代表大会会议

第一次会议

一、概况

高密县第四届人民代表大会第一次会议于1960年12月1日至3日在县委礼堂召开。出席代表377人。

二、报告

会议听取讨论了县委第二书记冯展义作的开幕词《目前形势的报告》，县长冯桂生作的《高密县人民委员会1960年的工作报告》，副县长刘光生作的《高密县人民委员会1959年财政决算和1960年财政预算安排的报告》。

三、决议

会议拥护和同意《高密县人民委员会1960年的工作报告》《高密县人民委员会1959年财政决算和1960年财政预算安排的报告》；作出了全面安排好人民的生活，大力开展冬季生产，做好征购分配，大力开展冬季副业生产，保证牲畜安全过冬，做好治安保卫工作等7项决议。

四、选举

会议选举产生了由21人组成的高密县第四届人民委员会。

选举冯桂生（女）为县长，朱桐、刘光生、

孙维岳为副县长，于树兰等为委员。

补选朱桐为山东省第二届人民代表大会代表。

第二次会议

一、概况

高密县第四届人民代表大会第二次会议于1961年12月26日至28日在县委礼堂召开。出席代表356人。

二、主席团

（以姓氏笔画排列）

于　彬　于树兰　王富年　史学义
申寿彭　仪垂明　冯展义　冯桂生（女）
刘光生　毛学智　孙维岳　孙佐蔚
迟翠兰（女）　杜乐廷　李鲁泉
何金兰　别殿俊　杨纪林　韩　杰
梅兆远　唐凤美（女）　郭淑娥（女）
陈戟门　陈乐廷　张景严　单茌蒨
单召宣　张庆寿　隋精一

三、报告

会议由县委第一书记韩杰致开幕词；听取讨论了县长冯桂生作的《高密县人民委员会工作报告》，副县长刘光生作的《高密县人民委员会1960年财政决算和1961年财政预算安排的报告》，副县长孙维岳作的《本届人民代表大会第一次会议提案的处理情况报告》。

四、决议

会议同意和拥护《高密县人民委员会工作报告》《高密县人民委员会1960年财政决算和1961年财政预算安排的报告》《本届人民代表大会第一次会议提案的处理情况报告》；作出了在1961年取得巨大成绩的基础上，动员全县人民，继续高举“三面红旗”，发奋图强，自力更生，迅速恢复发展生产，千方百计力争1962年农业生产丰收，办好县社工业，加强财贸工作的领导，加强支教卫生工作，加强社会治安等决议。

第三次会议

一、概况

高密县第四届人民代表大会第三次会议于1963年1月6日至12日在县委礼堂召开。出席代表319人。

二、报告

会议听取和讨论了县委副书记吕光华作的《关于当前国际国内形势的报告》；听取审查了县长冯桂生作的《高密县人民委员会工作报告》，县财政局局长张敏作的《关于财政预决算的报告》，县人民委员会办公室副主任周其明作的《对本届上次会议提案办理情况的报告》。

三、决议

会议同意和批准《高密县人民委员会工作报告》《关于财政预决算的报告》《对本届上次会议提案办理情况的报告》。会议作出了进一步巩固人民公社集体经济，加速农业技术改革，争取1963年粮棉全面增产，必须做好整社工作；必须及早做好春耕春种准备，适时进行春耕春种；必须大力组织工业交通、财经贸易、文教卫生等各部门积极支援农业生产；在受灾社队，必须继续开展生产自救运动；政法工作必须保障生产建设的顺利进行等决议。

四、选举

会议补选吕光华为县长，王沛霖为副县长。

第五节　县第五届人民代表大会会议

第一次会议

一、概况

高密县第五届人民代表大会第一次会议于1963年6月1日至5日在县委礼堂召开。出席代表367人。

二、主席团

（以姓氏笔画排列）

于　彬　于秀泉　于树兰　王沛霖
王敬民　王久常　马瑞兰（女）
史百顺　史学义　申寿彭　刘喜文
刘洪岗　孙维岳　孙捷三　任金山
吕光华　李鲁泉　李道伟　杜乐亭
陈乐亭　吴法祥　单亦廷　单茌蒨
单昭宣　纪　良　姜树坤　姜德兴
徐仁堂　郭淑娥（女）　冯展义
冯桂生（女）　张景严　张贵英
钟秀美（女）　杨清华　葛瑞雪
潘昌华

三、报告

会议听取和讨论了县委副书记李绍智作的《关于当前形势和阶级斗争的报告》；县长吕光华作的《高密县人民委员会工作报告》，县财政局局长张敏作的《关于1962年财政决算和1963年财政预算安排情况的报告》。

四、决议

会议同意批准《高密县人民委员会工作报告》《关于1962年财政决算和1963年财政预算安排情况的报告》。会议作出了关于防涝防旱，保证汛期安全，不发生事故；关于夏收夏种工作，及时抢收抢种，选好麦种；关于夏季征购工作，必须保证完成，争取超额完成；关于夏季预分，除粮草外，应当尽量分配给社员一部分现金；切实安排好社员生活等决议。

五、选举

会议选举产生了由23人组成的高密县第五届人民委员会。

选举吕光华为县长，冯桂生（女）、王沛霖、姜书坤为副县长，于树兰等为委员。

选举王久常为县人民法院院长。

选举王沛霖、陈淑才（女）、张光溥、钟秀美（女）、孙殿明、刘洪岗为出席山东省第三届人民代表大会的代表。

第二次会议

一、概况

高密县第五届人民代表大会第二次会议于1964年5月8日至10日在县委礼堂召开。出席代表327人。

二、主席团

（以姓氏笔画排列）

于树兰　王沛霖　王久常　王敬民
王宗泽　史学义　史百顺　申寿彭
吕光华　朱　桐　孙维岳　孙殿明
孙捷三　孙福增　刘喜文　刘洪岗
杜乐亭　李鲁泉　李爱文　吴法祥
单亦廷　单召宣　单茌蒨　姜书坤
姜德兴　郭淑娥（女）　徐仁堂
钟秀美（女）　马瑞兰（女）
陈乐廷　张　杰　杨清华　潘昌华

三、报告

会议听取讨论了县长吕光华作的《高密县人民委员会工作报告》，县财政局局长张敏作的《关于财政预决算的报告》。

四、决议

会议批准《高密县人民委员会工作报告》《关于财政预决算的报告》；作出了全县人民努力完成开展以全苗保苗为中心的田间管理运动，以革命的精神做好防涝抗旱准备，及早做好夏收夏种准备三大任务的决议。

五、选举

会议补选朱桐为副县长。

第三次会议

一、概况

高密县第五届人民代表大会第三次会议于1965年5月6日至8日在县委礼堂召开。出席代表395人。

二、报告

会议听取并讨论了县人民委员会工作报告、县财政预决算的报告。

三、决议

会议批准县人民委员会工作报告、县财政预决算的报告。

第六节　县第六届人民代表大会会议

第一次会议

一、概况

高密县第六届人民代表大会第一次会议于1966年5月29日至6月4日在县委礼堂召开。出席代表365人。

二、主席团

（以姓氏笔画排列）

于蕴荆　于树棠　于树兰　马士梅
王沛霖　王金锡　王久常　王文兰
王维光　毛洪信　朱　桐　刘振邦
刘仁成　刘殿忠　刘喜文　吕光华
别殿俊　杜乐廷　李长志　李发文
李鲁泉　宋继忠　杨清华　陈戟门
陈登福　潘昌华　单茌蒨　郝　清
张景严　苗久新　钟秀美（女）
郭淑娥（女）　崔焕京　管永平
禚芑堂　戴振远　魏长英　魏普胜

三、报告

会议前四天，与会代表列席了贫下中农代表大会，听取了县委副书记吕光华作的《关于高举毛泽东思想伟大红旗，认真贯彻执行党在农村的阶级路线，为争取今年农业丰收和在今后三年内基本改变高密落后面貌而奋斗》的报告。后二天，听取讨论了副县长王沛霖作的《高密县人民委员会工作报告》，县财政局副局长荆曰敏作的《县财政预决算报告》。

四、决议

会议同意批准《高密县人民委员会工作报告》《县财政预决算报告》；作出了在1966年继续开展社会主义教育运动，以革命精神大搞农田水利基本建设，大搞科学实验，组织各行各业积极支援农业，加强民兵建设，确保粮棉更大丰收的决议。

五、选举

会议选举产生了由23人组成的高密县第六届人民委员会。

选举刘永森为县长，王沛霖、朱桐、管永平为副县长，于树兰等为委员。

选举王久常为县人民法院院长。

人大工作停止

1966年5月，全国开始了“文化大革命”。从1966年9月开始，全县各级党政群机关工作陷入停止或半停止状态。1967年3月，成立了高密县革命委员会，高密县第六届人民代表大会停止了工作。高密县第六届人民代表大会仅开了一次会议。

第七节　县革命委员会

1967年3月高密县革命委员会成立，到1978年4月高密县第八届人民代表大会第一次会议召开，历任县革命委员会主任、副主任及委员均由上级任命。

“文化大革命”结束后，根据上级指示，“文化大革命”期间成立的高密县革命委员会在代表大会届次计数上，作为高密县人民代表大会的一个届次顺延。

第八节　县第八届人民代表大会会议

第一次会议

一、概况

高密县第八届人民代表大会第一次会议于1978年4月26日至28日在县人民电影院召开，历时3天，653名大会代表出席了会议。高密县第八届人民代表大会只召开了一次会议。

二、主席团

主席团：

王世昌　于希柱　陈会江　张凤玉
杨学洪

（以姓氏笔画排列）

于明江　于秀泉　于树棠　于　彬
马吉安　王守臻　王宇宏　王秀云（女）
王延君　王学歧　王显良　王致敬

王炜光　孔祥交　刘尔扬　刘光生
刘远东　刘金城　刘经明　刘海英（女）
刘　彩　刘福海　刘增利　田金在
田洪盛　邱永贵　孔庆英（女）
孙明春（女）　庄景堂　伏希太
李凤语　李克政　李宗顺　李武绪
李德义　张光庭　张秀芝（女）
张树智　陈树萱　陈戟门　杜光亮
杜　敏　时士双　迟昭厚　杨文明
呼运升　潘昌喜　单昭明　姜福茂
赵凤池　徐广顺　徐仁堂　徐复清
高　森　郭宝福　崔凤鸣　崔宝山
黄其杜　梁光鹏　解　逸　鞠桂兰（女）
魏思忠

秘书长：张凤玉

三、报告

会议听取并审议县委书记、县革命委员会（后简称县革委会）主任王世昌作的《高密县革命委员会工作报告》和县委副书记、县革委会副主任于希柱作的《为一九八〇年把我县建设成大寨县而奋斗的规划报告》。

会议期间，19个代表团分别进行了热烈发言。

四、决议

会议作出《关于高密县革命委员会工作报告的决议》；完全同意县革命委员会提出的“到1980年把高密县建设成大寨县”的规划。

五、选举

会议选举产生了高密县革命委员会新的组成人员，王世昌当选为主任，于希柱、陈会江、张凤玉、王炜光、李凤语、王显良、时士双当选为副主任，选出县革命委员会委员63人。

选举张光庭为高密县人民法院院长。

选举于彬为高密县人民检察院检察长。

第九节　县第九届人民代表大会会议

第一次会议

一、概况

高密县第九届人民代表大会第一次会议于1980年9月7日在县人民电影院召开，历时4天，出席代表529人。

二、主席团

主席团：（以姓氏笔画排列）

于秀泉　于树棠　于敦学　于　彬
王圣元　王世昌　王庆贤　王守臻
王秀云（女）　王学歧　王炜光
王显良　王锡亮　王瑞新　尹治平
田洪成　卢了明　仪自敬　朱维福
刘金城　曲洪举　乔光林　孙秀贞（女）
时士双　宋继绩　迟昭厚　李凤语
李宗顺　李符泉　杨文明　陈正贤
陈会江　陈戟门　杜继亮　张子敬
张凤玉　张正立　张光庭　张桂金（女）
张清池　张景严　单昭明　武从先
赵凤池　胡　岳　郝恩贵　荆云来
徐广顺　徐兆考　高境祥　崔凤鸣
郭宝福　傅希禄　谢振华　管遵密

图 3 － 2　县九届人大一次会议出席证

常务主席：

王世昌　朱维福　陈会江　张凤玉

赵凤池　徐广顺　于树棠　时士双

曲洪举　李凤语　单昭明　迟昭厚

王秀云（女）　王炜光　王显良

秘书长：王显良

副秘书长：张正立　刘喜文

三、报告

会议听取并审议了县委副书记、县革命委员会（后简称县革委会）副主任朱维福作的《高密县革命委员会工作报告》，县人民法院院长张光庭作的《高密县人民法院工作报告》，县人民检察院检察长刘金城作的《高密县人民检察院工作报告》。县革命委员会副主任王炜光代表县革命委员会向大会提交了关于高密县人民公社区划调整的报告，县财政局向大会提交了《关于 1978 年、1979 年财政决算和 1980 年财政预算安排意见的报告》。

四、决议

会议作出了《关于县革命委员会工作报告的决议》；批准了县革命委员会提交的《关于高密县人民公社区划调整的报告》，县财政局《关于 1978 年、1979 年财政决算和 1980 年财政预算安排意见的决议》，人民法院的《高密县人民法院工作报告》，县人民检察院的《高密县人民检察院工作报告》。

五、选举

会议选举产生了由 15 人组成的高密县第九届人大常委会，陈会江当选为主任，徐广顺、刘喜文、于彬、陈戟门当选为副主任，马吉安、王圣元、王学歧、李宗顺、沈兴昌、芮智义、张桂金（女）、胡岳、郭宝福、谢振华等 10 人为委员。

选举朱维福为高密县人民政府县长，于树棠、李凤语、王显良、王炜光、崔凤鸣、尹世炘为副县长。

选举张光庭为高密县人民法院院长。

选举刘金城为高密县人民检察院检察长。

第二次会议

一、概况

县人大常委会于 1981 年 9 月组织了专门班子，开始筹备高密县第九届人民代表大会第二次会议。因全县遭受特大旱灾，抗旱种麦，未能按时举行。12 月 1 日，县人大常委会第九次会议研究决定并报县委同意，于 1981 年 12 月 14 日至 17 日，在县人民电影院召开高密县第九届人民代表大会第二次会议。出席代表 492 人。

二、主席团

主席团：（以姓氏笔画排列）

于秀泉　于　彬　马吉安　王圣元
王付来　王世昌　王克丛　王秀云（女）
王学歧　王锡亮　王瑞新　尹治平
毛源德　田金在　刘云亭　刘颜海
刘喜文　曲洪举　孙秀贞（女）
时士双　别玉文　沈兴昌　宋继绩
迟昭厚　李宗顺　杨文明　陈正贤
陈会江　陈戟门　杜吉亮　张凤玉
张世考　张桂金（女）　张清池
张景严　单昭明　赵凤池　胡　岳
郝恩贵　荆云来　邴智义　徐广顺
高境祥　崔芹采（女）　郭宝福
郭洪昌　傅希录　彭桂荣　谢振华
管遵密　颜廷本

常务主席：

王世昌　陈会江　张凤玉（女）
赵凤池　徐广顺　刘喜文　于　彬
陈戟门

秘书长：徐广顺

副秘书长：刘喜文　陈正贤

三、报告及主要内容

会议听取并审议了县长朱维福作的《高密县人民政府工作报告》，县财税局长朱大可作的《1980年财政决算和1981年财政预算执行情况的报告》，县人大常委会主任陈会江作的《高密县人民代表大会常务委员会工作报告》，县人民法院院长张光庭作的《高密县人民法院工作报告》，县人民检察院检察长刘金城作的《高密县人民检察院工作报告》，县人大常委会副主任、提案审查委员会主任陈戟门作的《关于提案的审查报告》。

《高密县人民政府工作报告》总结了一年来的工作：在经济建设上，主要取得了四个方面的成绩。（一）农业生产在大旱之年取得较好收成，工业生产在调整中稳步发展。（二）加强了财政、贸易工作，促进了生产，活跃了市场。（三）狠抓了计划生育，控制了人口增长。（四）人民的物质文化生活继续得到改善。在集中主要精力抓好经济工作的同时，加强了政权建设，巩固发展了安定团结的政治局面。提出了1982年的任务要求：（一）进一步调整农业内部结构，加强和完善生产责任制，加快农业发展速度。（二）积极发展工业生产和交通运输事业，继续压缩基本建设战线。（三）积极做好财贸工作，更好地为四化建设服务。(四)继续抓好计划生育，严格控制人口增长。(五)紧紧围绕经济建设，做好其他各项工作。要求认真学习和贯彻全国五届人大四次会议精神进一步改进政府工作：（一）克服思想领导上的涣散软弱状态，加强思想政治工作。（二）加强集中统一，充分发挥各部门的职能作用。（三）加强公安、司法、民政、信访工作，进一步巩固和发展安全团结的政治局面。（四）进一步转变领导作风。

《高密县人民代表大会常务委员会工作报告》分三个方面向大会做如下汇报：（一）关于加强人大常委会的自身建设。在思想建设方面，县人大常委会通过认真学习《地方组织法》和彭真副委员长在五届全国人大第三次会议上作的工作报告，不断提高对地方各级人民代表大会设立常务委员会重要意义的认识。在组织建设方面，遵守《地方组织法》第三十条“常务委员会依据工作需要，设立办事机构”的规定，县人大常委会设立办公室，有主任、副主任、秘书、文书等人，负责处理日常工作，为人大常委会当好参谋。（二）一年来抓的几项主要工作。第一，监督政府、法院、检察院的工作。第二，联系代表和处理提案。第三，决定人事任免。第四，讨论并批准了县政府制订的《城镇管理暂行办法》和《关于农村建房的布告》。第五，解决市场物价问题。第六，帮助公社开好人代会。（三）关于在党的领导下做好人大常委会的工作。

四、决议

会议通过了《高密县第九届人民代表大会第二次会议关于高密县人民政府工作报告的决议》《高密县第九届人民代表大会第二次会议关于高密县1980年财政决算、1981年财政预算执行情况报告的决议》《关于县人民代表大会常务委员会工作报告的决议》和提案审查委员会《关于提案的审查报告》；批准了县人民法院的《高密县人民法院工作报告》，县人民检察院的《高密县人民检察院工作报告》。

五、选举

会议按照《地方组织法》和《选举法》的规定，增选刘云亭、孙秀贞（女）、孟宪兑、凌雪芳（女）为人大常委会委员。

第三次会议

一、概况

高密县第九届人民代表大会第三次会议1982年12月27日至29日在县人民电影院召开，历时3天。出席代表529人。

二、主席团

主席团：（以姓氏笔画排列）

于秀泉　于　彬　马吉安　王世昌
王圣元　王术勋　王秀云（女）
王学歧　王金修　王瑞新　王锡亮
毛源德　仪名敬　刘云亭　刘宴海
刘喜文　曲洪举　孙秀贞（女）
时士双　沈兴昌　宋林茂　宋继绩
呙智义　迟昭厚　杜继亮　李宗顺
杨文明　陈会江　陈戟门　岳春良
孟宪兑　张凤玉　张桂金（女）
张清池　单亦高　单昭明　赵凤池
胡　岳　荆云来　郝恩贵　凌雪芳（女）
徐广顺　高境祥　郭宝福　鹿金平
傅希禄　彭桂荣　隋维山　谢振华
綦敦叙　管遵密　颜廷本

常务主席：

王世昌　陈会江　张凤玉　赵凤池
迟昭厚　徐广顺　刘喜文　于　彬
陈戟门　时士双

秘书长：徐广顺

副秘书长：刘喜文　张正立

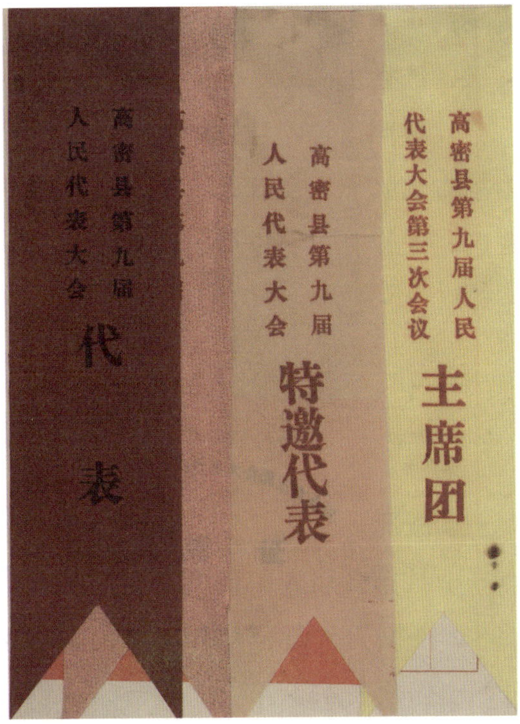

图 3 - 3 县九届人大三次会议主席团、特邀代表、代表胸签

三、报告及主要内容

会议学习了《宪法》；听取并审议了县长朱维福作的《高密县人民政府工作报告》；听取并审议了县财税局局长朱大可作的《1981 年财政决算和 1982 年财政预算执行情况的报告》；听取并审议了县人民法院院长张光庭作的《高密县人民法院工作报告》；听取并审议了县人民检察院检察长刘金城作的《高密县人民检察院工作报告》；听取并审议了县人大常委会主任陈会江作的《高密县人民代表大会常务委员会工作报告》；听取并审议了县人大常委会副主任陈戟门作的《关于提案的审查报告》，高境祥、颜廷本、谷昭川、杜继亮 4 名代表在大会上发言；县委书记王世昌在闭幕式上讲话。

《高密县人民政府工作报告》的主要内容是：（一）九届二次会议以来全县的工作情况。农业方面：全县的农业生产，尽管 1981 年和 1982 年上半年遇到了几十年不遇的连续干旱，夏、秋季又遇到了少有的虫害，但仍夺取了空前的大丰收；工业方面：1982 年全县的工业生产，在煤、油、电、水供应紧张，原材料严重不足并且部分提价，部分产品降价的情况下，仍然保持了一定的发展速度，经济效益也有了较大提高。城乡基本建设和环境保护，交通运输，电力、邮电等也都在上年的基础上有了新的发展；财贸方面：1982 年，全县的财贸工作出现了新的生机，取得了比较理想的成果；文教卫生等方面：教育工作，创造并实行了联教计酬责任制，对教育事业的发展起到了很大的推动作用，教学质量明显提高。文化工作，由于狠抓了农村文化事业的建设和农村文艺活动的开展，使全县文化工作出现了新的面貌。卫生工作认真贯彻执行了“预防为主”的方针，大力开展了爱国卫生运动，改善了城乡卫生面貌。重视和查处了人民代表大会的提案和群众来信来访。（二）实现到 2000 年战略目标的初步设想和 1983 年的工作安排。实现到 2000 年战略目标的初步设想是：工农业总产值要在 1980 年的 433790000 万元的基础上，到 2000 年增加到 1736000000 万元以上，20 年平均递增率为 7.3%。1983 年工作初步打算：一是集中力量确保农业继续全面高涨。二是进一步发展工业生产，搞好基本建设、交通运输、电力、邮电工作。三是力争做到财政收支平衡，大力发展商业供销工作，保证物价的基本稳定。四是努力发展教育、科学、文化、卫生事业。五是继续改善人民生活，严格控制人口增长。

《高密县人民代表大会常务委员会工作报告》一年来的主要工作：（一）听取县人民政府、人民法院、人民检察院的工作汇报，讨论、决定全县的一些重大事项。（二）组织全县人民认真学习讨论宪法修改草案。（三）加强同代表的联系，开展调查研究。（四）认真督促处理好代表提案。（五）搞好人事任免，加强政权建设。在学习讨论中，广大干部群众对宪法修改草案提出了219条修改意见。经过综合整理合并，上报46条。主要做法：一是召开代表讨论会；二是信息联系；三是编印工作通讯，沟通工作情况。高密县九届人大二次会议期间，代表们提出了330件提案，分别转交县政府、县法院等单位处理。现已全部处理结案，并已正式函告提案人。一年来，共任命干部33人，免职4人。对九届人大常委会任命的干部，全部颁发了任命书。

四、决议

会议作出了《关于高密县人民政府工作报告的决议》，《关于高密县1981年财政决算、1982年财政预算执行情况报告的决议》，《高密县第九届人民代表大会第三次会议关于县人民代表大会常务委员会工作报告的决议》《高密县第九届人民代表大会第三次会议关于县人民法院和县人民检察院工作报告的决议》；通过了《关于提案的审查报告》。

五、选举

会议按照《选举法》的规定，选举了出席山东省第六届人民代表大会代表尹世炘、王致敬、宋锡亮、张奎生、梁秀英（女）、滕裕玲（女）6人。

第四次会议

一、概况

高密县第九届人民代表大会第四次会议于1983年12月6日至9日在县人民电影院召开。出席代表464人。

二、主席团

主席团：（以姓氏笔画排列）

于秀泉　于　彬　马吉安　王世昌
王圣元　王守臻　王秀云（女）
王学歧　王金修　王锡亮　尹治平
毛源德　仪名敬　刘云亭　刘喜文
孙秀贞（女）　时士双　沈兴昌
宋林茂　宋继绩　呙智义　迟昭厚
杜继亮　李宗顺　杨文明　陈会江
陈戟门　孟宪兑　张子敬　张凤玉
张桂金（女）　张清池　单昭明
赵凤池　胡　岳　荆云来　郝恩贵
凌雪芳（女）　高志武　高境祥
郭炳桥　郭宝福　郭明福　鹿金平
傅希录　彭桂荣　隋维山　谢振华
綦敦叙　管遵密　颜廷本

秘书长：刘喜文

副秘书长：张正立　宋立田

三、报告及主要内容

会议听取并审议了县长朱维福作的《高密县人民政府工作报告》；听取并审议了县财政局局长朱大可作的《1982年财政决算和1983年财政预算执行情况的报告》；听取并审议了县人大常委会主任陈会江作的《高密县人民代表大会常务委员会工作报告》；听取并审议了县人民法院院长张光庭作的《高密县人民法院工作报告》；听取并审议了县人民检察院检察长刘金城作的《高密县人民检察院工作报告》；听取了县委书记王世昌在会议上结束时的讲话。

《高密县人民政府工作报告》的主要内容是：（一）一年来的工作情况。第一，农业生产在去年大幅度增产的基础上又获增产，粮食、棉花、农副业总收入三个反应农业生产情况的主要指标均突破历史最高水平。第二，工业生产在调整、整顿中继续稳步增长，经济效益显著提高。第三，商品流通不断扩大，财贸工作有了新的起色，市场活跃，购销两旺。第四，文教卫生事业有了新的发展，计划生育工作成绩显著。第五，广大群众的收入水平有了新的提高，物质文化生活得到进一步改善。（二）1984年的工作任务和需求。总的要求是：继续贯彻国民经济调整方针，紧紧围绕提高经济效益这个核心，搞好农业生产，搞好工业企业整顿，搞好经济体制改革，发挥各个方面的优势，努力使1984年经济工作有一个新发展、新突破。

《高密县人民代表大会常务委员会工作报告》的主要内容是：一年来的主要工作。（一）县人大常委会抓的一项重要工作，就是深入学习宪法和法律，进一步加强法制建设。（二）依照宪法和法律的规定，监督和支持本级人民政府、人民法院、人民检察院正确贯彻实施宪法、法律以及党和国家的方针、政策，是人大常委会的职权。第一，听取县人民政府、人民法院、人民检察院的工作汇报，讨论和决定全县的一些重大问题。第二，督促处理好代表提案，接待受理代表和人民来信来访。高密县九届人大第三次会议期间代表们共提出234件提案，反映了7个方面的问题。经过整理，分别转交县政府和有关单位处理。已有232件处理结案，并已正式函告提案人。第三，密切联系人民代表。第四，开展调查研究，组织委员视察工作。（三）一年来，县人大常委会遵照《地方组织法》的规定，对于县政府、县人民法院、县人民检察院提请任免的人员，都认真地进行了审定。共任命干部13人。共免职3人。（四）县人大常委会在工作实践中，不断地加强了自身建设。

四、决议

会议通过了《关于高密县人民政府工作报告和1982年财政决算、1983年财政预算执行情况报告的决议》。

会议通过了《关于本届人民代表大会和常务委员会延长任期的决议》。根据《地方组织法》关于县人民代表大会每届任期3年的规定，高密县第九届人民代表大会任期已满。但因高密县机构改革正在进行，换届需要延期。全国人大常委会第二次会议和省人大常委会第三次会议分别作出决定，县、乡两级人民代表大会代表的换届选举，不能在1983年底以前进行的，可推迟到1984年年底以前完成。为此，高密县第九届人民代表大会第四次会议决定：本届人民代表大会的任期延长至1984年底以前高密县第十届人民代表大会第一次会议举行为止，在此期间，九届人大代表资格有效，本届人民代表大会常务委员会继续履行职权，并负责领导第十届人民代表大会代表的选举和召开第十届人民代表大会第一次会议的筹备工作。

会议通过了《关于县人民代表大会常务委员会工作报告的决议》《关于县人民法院和县人民检察院工作报告的决议》。

五、选举

会议按照《选举法》的规定，选举产生了王世昌等65名出席潍坊市第十届人民代表大会的代表。

第十节　县第十届人民代表大会会议

第一次会议

一、概况

高密县第十届人民代表大会第一次会议于1984年5月24日至27日在县人民电影院召开。出席代表385人。

二、主席团

主席团：（以姓氏笔画排列）

于　彬　马钦利　尤世会　尤世忍
王世友　王玉珍（女）　王先清
王连生　王寿平　王炜光　王衍华
王建章　王福亭　毛秀云（女）
仪国章　史振山　田树显　伏希太
孙　强　孙树昆　刘秀英（女）
刘宪韬　刘焕庆　刘靖安　任宪耀
朱维福　李万河　李文刚　李凤语
李好玉　李君芳　李福忠　陈会江
沈兴昌　张光庭　张来堂　张延兴
宋继绩　宋新科　迟玉东　岳占利
杨本荣（女）　单昭明　孟宪兑
钟元义　钟銮先　赵凤池　姜玉生
荆曰敏　高大礼　高金龙　徐玉杰
徐延峰　徐澄海　梁光鹏　夏克杰
郭明福　郭炳桥　郭福明　秦善霄
曹沛润　黄焕武　崔景荣（女）
韩元义　潘世俊　潘昌发

常务主席：

赵凤池　陈会江　姜玉生　李好玉
朱维福　李凤语　王炜光　于　彬
单昭明　杨本荣（女）　刘宪韬
高金龙　伏希太　史振山　李万河
潘世俊

秘书长：李凤语（兼）

副秘书长：吴元宝　朱福训

三、报告及主要内容

会议由县委书记赵凤池致开幕词；代县长姜玉生作《高密县人民政府工作报告》；县财政局长刘顺堂作《1983年财政决算和

1984年财政预算（草案）的报告》；县委副书记、县人大常委会主任陈会江作（书面）《高密县人大常委会关于选举工作情况的报告》；县人民法院院长张光庭作《高密县人民法院工作报告》；县人民检察院检察长刘金城作《高密县人民检察院工作报告》；朱维福致闭幕词。

《高密县人民政府工作报告》总结了过去三年的工作：1983年，全县工农业总产值达到64097万元，比1980年增长47.8%，平均每年递增13.9%。（一）农村发生了巨大变革，农业生产创历史最高水平。1983年全县农业总产值达到40060万元，比1980年增加15693万元，平均每年增长18%；粮食总产达到41965万千克，比1980年增长39.9%。（二）工业在调整中稳步发展，经济效益正在提高。1983年，全县工业总产值达到24037万元，比1980年增长26.5%。（三）城市市场繁荣，财政收入增加，信贷收支平衡。1983年全县完成财政总收入2545.3万元，比1980年增长26.9%。（四）城乡建设和县城规模，交通状况有较大改善。（五）科学教育事业有新的发展，计划生育工作成绩显著。（六）城乡人民收入逐年增加，人民生活有明显改善。（七）社会主义民主和法制进一步加强，社会治安状况有了明显好转。全县1984年、1985年的奋斗目标：（一）工农业总产值。今年要达到66500万元，1985年要达到76850万元。（二）植树造林1985年苗木保有量达到6000亩。林木覆盖率由1980年的7%提高到10%以上。（三）人口增长。1984年人口自然增长率要控制在5.4‰。（四）财政收入。1984年达到2641万元，提前完成“六五”计划。

四、决议

会议通过了《关于高密县人民政府工作报告的决议》《关于1983年财政决算和1984年财政预算（草案）报告的决议》《关于县人民法院和县人民检察院工作报告的决议》。

五、选举

会议选举产生了由21人组成的高密市第十届人民代表大会常务委员会，朱维福当选为主任，李凤语、王炜光、于彬、李君芳当选为副主任，王玉珍等16人为委员。

选举姜玉生为高密县人民政府县长，单昭明、李万河、潘世俊为副县长。

选举张光庭为高密县人民法院院长。

选举梁光鹏为高密县人民检察院检察长。

第二次会议

一、概况

高密县第十届人民代表大会第二次会议1985年3月29日至31日在县人民电影院召开。出席代表403人。

二、主席团

主席团：（以姓氏笔画排列）

于　彬　马钦利　尤世忍　王世友

王玉珍（女）　王先清　王连生

王寿平　王炜光　王衍华　王建章

王福亭　毛秀云（女）　仪国章
史振山　田树显　伏希太　孙　强
孙树昆　刘秀英（女）　刘宪韬
刘焕庆　刘靖安　刘福禄　任宪耀
朱维福　李文刚　李凤语　李好玉
李君芳　李福忠　陈会江　沈兴昌
张来堂　张延兴　张秉良　宋继绩
宋新科　迟玉东　岳占利　杨本荣（女）
单既金　孟宪兑　钟元义　钟銮先
赵凤池　荆曰敏　高大礼　高金龙
徐玉杰　徐延峰　徐澄海　秦善霄
夏克杰　郭明福　郭炳桥　曹沛润
黄焕武　崔景荣（女）　韩元义

常务主席：
赵凤池　朱维福　陈会江　李好玉
李凤语　王炜光　于　彬　李君芳

秘书长：李凤语（兼）

副秘书长：吴元宝　朱福训

三、报告及主要内容

会议由县委书记赵凤池作开幕式讲话；县长姜玉生作《高密县人民政府工作报告》；县财政局长刘顺堂作《高密县1984年财政决算和1985年财政预算（草案）的报告》；县人大常委会主任朱维福作《高密县人民代表大会常务委员会工作报告》；县人民法院院长张光庭作《高密县人民法院工作报告》；县人民检察院检察长梁光鹏作《高密县人民检察院工作报告》；县人大常委会副主任王炜光作《高密县第十届人民代表大会第二次会议议案审查委员会关于代表所提议案的审查报告》；县委副书记陈会江闭幕时讲话。与会代表对各项报告进行了审议。

《高密县人民政府工作报告》主要内容是：（一）总结了1984年政府工作情况。1984年，全县工农业总产值完成77727万元，比1983年增长21.3%，其中农业总产值50497万元，比1983年增长26.1%，工业总产值27230万元，比1983年增长13.3%。粮食总产40921万千克。财政总收入完成29153千元，比1983年增长14.9%。一是认真贯彻落实中央一号、四号文件，促进农村商品经济的发展。二是以搞活企业为重点，进行经济体制改革。三是进行机构改革，调整领导班子，加强政权建设。四是尊重知识，尊重人才，大力推进技术进步。五是教育、卫生、文化、体育事业进一步发展，广播电视、计划生育工作取得新的成绩。六是坚持统一规划，加快城乡建设步伐。七是大力加强精神文明建设。（二）提出了1985年政府工作的主要任务：1985年全县工农业总产值安排84000万元，比1984年增长8%，争取达到85600万元，增长10%。其中，农业总产值54500万元，争取达到55600万元；工业总产值29500万元，争取达到3亿元；财政收入3332万元，比1984年增长14.29%。一是贯彻中央《决定》精神，加快整个经济体制改革的步伐。二是明确指导思想，搞好“七五”计划。三是认真贯彻中央一号文件，切实搞好农村产业结构的改革。四是积极扩大经济技术交流，大力推行企业技术进步。五是加强城乡建设和环境保护工作。六是发展科技、教育和文化卫生事业，加强社会主义精神文明建设。七是发扬人民民主，加强法制建设。

《高密县人民代表大会常务委员会工作报告》主要内容：（一）一年来的工作回顾。第一，组织推动有关部门广泛深入地开展法制宣传教育工作。第二，依照法律规定，审议决定本县的重大事项。一年来，县人大常委会举行了7次常委会会议，先后听取并审议了我县城建、教育、食品卫生、县城环境卫生、财政、保护妇女儿童的合法权益、法制宣传教育、办理代表建议、意见和法院刑事审判9个方面的工作汇报。并作出了保护妇女儿童的合法权益和人事任免等方面的12项决议和决定。共任免县人大、县政府、县法院和县检察院的机关工作人员151人。其中县政府32人，县法院69人，县检察院29人，县人大常委会21人。第三，围绕宪法、法律的贯彻实施和全县人民普遍关心的大事，开展调查和视察活动。一年来，县人大常委会先后进行了4次视察行动。其中视察食品卫生2次，视察农村中、小学校校改、学前教育和除氟改水一次，视察县城规划建设一次。第四，密切联系人民代表，认真办理代表建议、意见和人民群众来信来访。截至2月底共接收代表建议、意见234件。已解决或基本解决的有124件，占总数的53%。正在解决或已列入规划将逐步解决的38件。占总数的16.2%。因条件限制和其他原因需以后解决的28件，占总数的12%。需报上级批准解决的22件，占总数的9.4%。因政策有限，不能解决的22件，占总数的9.4%。第五，加强了县人大常委会的自身建设。（二）1985年人大常委会工作的初步打算。第一，努力学习中央《决定》和国家法律、法规，进一步端正人大工作的指导思想。第二，组织推动有关部门，更加广泛深入地开展法制宣传教育工作，努力加强全县的民主与法制建设。第三，正确行使法律赋予的职权，认真审议决定本县的重大事项。第四，依照宪法和法律的规定，搞好对县政府和“两院”工作的监督。第五，积极开展代表联系活动，密切同人民群众的关系。第六，进一步加强人大常委会的自身建设。

四、决议

会议作出了《关于高密县人民政府工作报告的决议》《关于高密县1984年财政决算和1985年财政预算的决议》《关于高密县人民代表大会常务委员会工作报告的决议》《关于高密县人民法院工作报告的决议》《关于高密县人民检察院工作报告的决议》5项决议。

第三次会议

一、概况

高密县第十届人民代表大会第三次会议于1986年6月22日至25日在县人民电影院召开。出席代表363人。

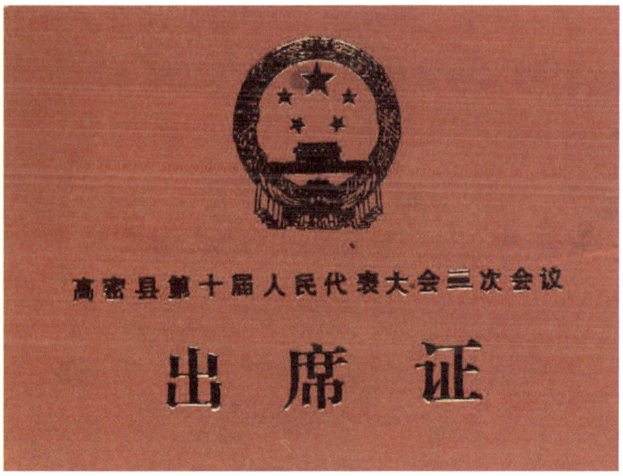

图 3 － 4　高密县第十届人民代表大会第三次会议出席证

二、主席团

主席团：（以姓氏笔画排列）

于　彬　马钦利　尤世忍　王心福
王世友　王玉珍（女）　王先清
王连生　王寿平　王炜光　王衍华
王建章　王瑞芬（女）　毛秀云（女）
仪国章　田树显　伏希太　孙　强
孙树昆　孙惠斌　刘秀英（女）
刘宪韬　刘焕庆　刘靖安　刘福禄
任宪耀　朱维福　呙智义　李文刚
李凤语　李好玉　李君芳　李福忠
沈兴昌　张聿嘉　张言俊　张延兴
宋继绩　宋新科　迟玉东　岳占利
杨本荣（女）　孟宪兑　钟元义
钟銮先　赵凤池　荆曰敏　高大礼
高金龙　徐玉杰　徐延峰　徐澄海
秦善霄　夏克杰　郭明福　郭炳桥
曹沛润　黄焕武　崔乃元　韩元义
董贤忠

常务主席：

赵凤池　朱维福　崔乃元　李好玉
李凤语　王炜光　于　彬　李君芳

秘书长：李凤语（兼）

副秘书长：

朱福训　吴元宝　宋新科　张金良

三、报告及主要内容

会议由县委书记赵凤池致开幕词；听取并审议县长姜玉生作的《高密县人民政府工作报告》，县计划委员会主任刘远东作的《关于高密县国民经济和社会发展第七个五年计划（草案）的报告》，县财政局局长刘顺堂作的《关于高密县 1985 年财政决算和 1986 年财政预算草案的报告》，县人大常委会主任朱维福作的《高密县人民代表大会常务委员会工作报告》，县人民法院院长张光庭作的《高密县人民法院工作报告》，县人民检察院检察长梁光鹏作的《高密县人民检察院工作报告》。县委副书记崔乃元闭幕时讲话。

《高密县人民政府工作报告》的主要内容是：（一）一年来政府工作的回顾。1985 年，全县工农业总产值完成 83764 万元，比 1984 年增长 7.8%，比“六四”计划超额完成 12.7%，五年平均增长 14.1%。按原口径农业总产值完成 52284 万元（包括村及村以下企业），比 1984 年增长 3.5%，比“六五”计划超额完成 7.1%，粮食总产达到 45056.5 万千克，比 1984 年增长 10.1%。按原口径，工业总产值完成 31480 万元（不包括村及村以下企业），比 1984 年增长 15.6%，比“六五”计划超额 23.5%。财政预算内收入 30721 千元，比 1984 年增长 16.18%。（二）1986 年政府工作的主要任务：全县工农业总产值安排92000万元，比1985年增长9.8%，争取增长12%到15%。其中，农业总产值安排4亿元（排除村及村以下企业），比1985年增长7.6%；工业总产值安排52000万元（包括村及村以下企业），比1985年增长11.6%。预算内财政收入，市府分配我县的任务量3232万元，比1985年增加159.9万元，增长5.2%。争取实现3979万元，比1985年增加306.9万元，增长10%。

《高密县人民代表大会常务委员会工作报告》的主要内容是：（一）二次会议以来的工作情况。第一，大力加强了法律监督工作。一是围绕高密县经济体制改革，听取并审议了县政府关于《经济合同法》、国家税收法规、《森林法》《食品卫生法》等法律法规贯彻实施情况的汇报，听取并审议了县检察院关于打击经济犯罪的情况汇报。二是围绕经济体制改革，对一些经济法规的实施情况进行了调查。三是根据县委的建议，围绕国家粮食政策和国务院关于严格控制城镇住宅标准的规定及县委关于检查纠正党员、干部违法建私房、超标准建房、分房不正之风的通知的贯彻执行情况，进行了视察。四是依法受理申诉案件，维护法律的尊严和人民的合法权益。第二，审议决定了我县的一些重大事项。第三，推进了普及法律常识工作的进展。第四，密切联系代表，认真办理代表建议、意见及人民群众的来信来访。二次会议以来，共接收代表建议、意见195件，已基本解决和已列入规划将逐步解决的152件，占总数的77.9%；需报上级批准后解决的7件，占总数的3.6%；因无政策依据不能解决的20件，占总数的10.3%。（二）1986年人大常委会的主要工作任务。一是要根据县委的统一部署，通过各种有效形式进一步推进全县普法工作的深入开展。二是要进一步端正监督工作的指导思想，加强对县政府、县法院、县检察院工作的法律监督。三是要依法审议决定好高密县的政治、经济、文化、教育、卫生、民政、民族工作的重大事项。四是加强同代表的联系。五是要搞好县、乡人代会换届选举的有关准备工作。六是要进一步加强县人大常委会的自身建设。

四、决议

会议作出了《关于政府工作报告的决议》《关于高密县国民经济和社会发展第七个五年计划的决议》《关于高密县1985年财政决算和1986年财政预算报告的决议》《关于高密县人民代表大会常务委员会工作报告的决议》《关于高密县人民法院工作报告的决议》《关于高密县人民检察院工作报告的决议》6项决议。

五、选举

会议接受姜玉生辞去高密县县长职务的请求。

接受张延兴辞去高密县人大常委会委员职务的请求。

选举孟宪兑为高密县第十届人民代表大会常务委员会副主任；于钦明、王瑞芬、董贤忠为高密县第十届人民代表大会常务委员会委员。

选举王在辉为高密县人民政府县长；宋林茂为高密县人民政府副县长。

第十一节　县第十一届人民代表大会会议

第一次会议

一、概况

高密县第十一届人民代表大会第一次会议于 1987 年 4 月 25 日至 29 日在县人民电影院召开。出席代表 320 人。

二、主席团

主席团：（以姓氏笔画排列）

于志成　于　彬　于继勇　王心福
王世友　王立福　王连生　王治中
王宗华　王炜光　王洪升　王衍华
王致民　王瑞新　孙惠斌　刘顺利
刘焕庆　刘福禄　朱维福　李万京
李文刚　李凤语　李君芳　张庆准
张聿嘉　张来堂　张慕坤　宋希会
杜希政　迟玉东　杨本荣（女）
孟宪兑　钟元义　高大礼　高金龙
徐玉杰　徐延峰　秦善霄　袁瑞海
崔乃元　韩元义　董智斌

常务主席：

王立福　朱维福　崔乃元　李凤语
孟宪兑　王炜光　于　彬　杨本荣（女）
李君芳

秘书长：李凤语（兼）

副秘书长：

荆逢元　吴元宝　宋新科　王继美
仲跻魁　毛永华

三、报告及主要内容

会议听取并审议了县长王在辉作的《政府工作报告》，县计划委员会主任刘远东作的《关于高密县 1987 年国民经济和社会发展计划（草案）的报告》，县财政局长王凤祥作的《关于高密县 1986 年财政决算和 1987 年财政预算（草案）的报告》，县人大常委会主任朱维福作的《高密县第十届人民代表大会常务委员会工作报告》，县人民法院院长张光庭作的《高密县人民法院工作报告》，县人民检察院检察长梁光鹏作的《高密县人民检察院工作报告》。

《政府工作报告》的主要内容是：（一）第十届人民代表大会以来政府工作的基本情况。1986 年，全县工农业总产值完成 96993 万元，比 1983 年增长 51.3%，平均每年递增 14.8%。其中，工业总产值（新口径）完成 57864 万元，按可比口径，比 1983 年增长 87.4%，平均每年递增 23.3%；农业总产值（新口径）完成 39129 万元，按可比口径，比 1983 年增长 17.8%，平均每年递增 5.6%。财政收入完成 34033 千元（包括排污费），比 1983 年增长 42%，平均每年递增 12.4%。（二）1987 年政府工作的主要任务，到 1990 年，全县工农业总产值要达到 126000 万元，平均每年递增 8.5%。其中，农业总产值要达到 48000 万元，平均每年递增 5.3%；工业总产值要达到 78000 万元，平均每年递增 10.8%。财政收入要达到 5000 万元。

《高密县第十届人民代表大会常务委员会工作报告》，总结了十届人民代表大会第一次会议以来常务委员会的工作：（一）根据改革和建设的需要，加强法律监督。一是通过听取和审议工作报告进行监督。二是通过调查研究进行监督。三是通过视察进行监督。四是通过受理申诉案件进行监督。（二）积极参与普法工作的领导，推进全民普法工作的深入开展。（三）听取和审议“一府两院”的工作报告，讨论决定好我县的一些重要事项。（四）按照法律程序，认真负责的行使法律赋予的任免权。先后决定任命了县人大常委会、县政府、县法院、县检察院的147名地方国家工作人员的职务，免去了50名人员的职务。（五）密切联系代表，认真办理代表的建议、意见及人民群众的来信来访。十届人大一次会议以来，共接受代表的建议、批评和意见415件，来信来访275件次，除一件正在办理中，其他的均办理完毕；共受理群众的来信来访925件次，除最近接受的12件没办结外，其他的均办理完毕，办结率为99%。（六）加强人大常委会的自身建设。（七）贯彻“两法”（选法、地方组织法）精神，主持县、乡两级人民代表大会的换届选举工作。

四、决议

会议作出了《关于政府工作报告的决议》《关于高密县1987年国民经济和社会发展计划报告的决议》《关于高密县1986年财政决算和1987年财政预算报告的决议》《关于高密县人民代表大会常务委员会工作报告的决议》《关于高密县人民法院工作报告的决议》《关于高密县人民检察院工作报告的决议》6项决议。

五、选举

会议选举了由21人组成的高密县第十一届人民代表大会常务委员会，王立福当选为主任，单昭明、李风语、孟宪兑、王炜光、刘远东、李君芳当选为副主任，于钦明等14人为委员。

选举王在辉为高密县人民政府县长，伏希太、李万河、潘世俊、宋林茂、单亦成为高密县人民政府副县长。

选举张光庭为高密县人民法院院长。

选举张正立为高密县人民检察院检察长。

第二次会议

一、概况

高密县第十一届人民代表大会第二次会议于1987年12月8日至9日在县人民电影院召开，出席代表326人。

二、主席团

主席团：（以姓氏笔画排列）

于志成　于钦明　于继勇　王凤山
王心福　王世友　王立福　王连生
王治中　王宗华　王炜光　王建章
王洪升　王衍华　王致民　王瑞芬（女）
王瑞新　刘远东　刘延滨（女）
刘顺利　刘焕庆　刘福禄　孙树昆
孙惠斌　严洪涛　杜希政　李万京
李文刚　李凤语　李君芳　杨本荣（女）

沈兴昌　宋希会　宋新科　迟玉东
张庆准　张聿嘉　张来堂　张慕坤
单昭明　孟宪兑　荆逢元　钟元义
秦善霄　袁瑞海　夏克杰　徐玉杰
徐延峰　高大礼　高金龙　郭炳桥
崔乃元　董贤忠　董智斌　蒋会荣（女）
韩元义

常务主席：

王立福　崔乃元　单昭明　李凤语
孟宪兑　王炜光　刘远东　杨本荣（女）
高金龙　孙惠斌　李君芳

秘书长：刘远东（兼）

副秘书长：

荆逢元　吴元宝　王凤山　仲跻魁

三、报告及主要内容

会议听取并审议了县长王在辉作的《关于县十一届人大一次会议以来代表议案、建议、意见及人民来信办理情况的汇报》，县人大常委会主任王立福作的《关于县人大常委会前段工作情况的汇报》。

《关于县十一届人大一次会议以来代表议案、建议、意见及人民来信办理情况的汇报》的主要内容是：高密县第十一届人民代表大会第一次会议以来，县人大常委会转交县政府办理的代表议案、建议、意见及人民来信共123件。其中代表议案20件，代表建议、意见84件，人民来信19件。关于议案，会议期间，议案审查委员会进行了认真的审查，认为议案中提出的问题都很重要，但是按照《地方组织法》的有关规定，不具备列入大会议程的条件，只能作为代表建议、意见处理。对这些议案，议案审查委员会同县政府及时召开了有关部门负责人会议，研究了处理意见。关于代表意见、建议，其中农村水方面的15件，工业、交通、电力、通信方面的19件，城乡建设、环境保护方面的21件，科技和文教卫生方面的16件，财贸方面的6件，其他方面的7件。截至1987年底，这些建议和意见已全部办理结束。关于人民来信，已查结11件，其余8件正在落实之中。

《高密县十一届人民代表大会常务委员会前段工作情况的汇报》的主要内容是：（一）加强人大常委会的自身建设，适应改革新形势的需要。（二）加强对“一府两院”的法律监督和工作监督。一是有计划地开展调查和视察活动进行监督。二是通过常委会例会听取审议政府的工作报告进行监督。（三）按照法律程序，依法任免国家机关工作人员。换届以来，依法任命县人大常委会、县政府、县法院、县检察院146名地方国家机关工作人员的职务，免去了9名人员的职务。（四）加强了代表联系工作，充分发挥了代表的作用。（五）加强与乡镇代表工作的联系和指导。

四、决议

会议通过并批准了王在辉作的《关于县十一届人大一次会议以来代表议案、建议、意见及人民来信办理情况的汇报》和王立福作的《高密县十一届人民代表大会常务委员会前段工作情况的汇报》。

五、选举

按照《选举法》的规定，会议选举产生

了高密县60名出席潍坊市第十一届人民代表大会代表。

选举梁光鹏为高密县第十一届人民代表大会常务委员会副主任。

批准夏克杰辞去高密县人大常务委员会委员的请求，免去其常务委员会委员职务。

第三次会议

一、概况

高密县第十一届人民代表大会第三次会议于1988年4月20日至22日在县人民电影院召开。出席代表330人。

二、主席团

主席团：（以姓氏笔画排列）

于志成　于钦明　于继勇　王凤山
王心福　王世友　王立福　王连生
王治中　王宗华　王炜光　王建章
王洪升　王衍华　王致民　王瑞芬（女）
王瑞新　刘远东　刘延滨（女）
刘顺利　刘焕庆　刘福禄　孙树昆
孙惠斌　严洪涛　杜希政　李万京
李文刚　李凤语　李君芳　杨本荣（女）
沈兴昌　宋希会　宋新科　迟玉东
张庆淮　张聿嘉　张来堂　张慕坤
单昭明　孟宪兑　荆逢元　钟元义
秦善霄　袁瑞海　徐玉杰　徐延峰
高大礼　高金龙　郭炳桥　崔乃元
梁光鹏　董贤忠　董智斌　韩元义
蒋会荣（女）

常务主席：

王立福　崔乃元　单昭明　李凤语
孟宪兑　王炜光　刘远东　梁光鹏
杨本荣（女）　高金龙　孙惠斌
李君芳

秘书长：李凤语（兼）

副秘书长：

荆逢元　吴元宝　仲跻魁　李春福

三、报告及主要内容

会议听取并审议了县长王在辉作的《政府工作报告》，县计划委员会主任孟庆余作的《关于高密县1988年国民经济和社会发展计划的报告》，县财政局长王凤祥作的《关于高密县1987年财政决算和1988年财政预算的报告》，县人大常委会主任王立福作的《高密县人民代表大会常务委员会工作报告》，高密县人民法院院长张光庭作的《高密县人民法院工作报告》，高密县人民检察院检察长张正立作的《高密县人民检察院工作报告》。

《政府工作报告》的主要内容是：（一）一年来政府工作的回顾。1987年，全县国民生产总产值67083万元（按1980年不变价计算，下同），国民收入61295万元，工农业总产值116232万元，分别比1986年增长13.1%、12.4%和22.9%：一是经济体制改革向纵深发展。二是农村经济保持了稳定发展的势头。三是工业生产出现了前所未有的好局面。四是城乡市场空前活跃。五是固定资产投资成绩突出，重点项目得到加强。六是城乡建设和交通运输迈出新步伐。七是财政状况明显好转。1987年，完成财政收入

4326万元，比1986年增长27.1%。八是科技、教育、卫生、体育、民政等事业有了新的发展。九是在生产发展的基础上，不断提高城乡人民生活水平。十是民主与法制建设进一步加强。（二）1998年经济建设的主要任务。全县经济建设的主要指标量：计划完成工农业总产值130000亿元，比1987年增长12%，争取完成142500万元。国民生产总值75500万元，比1987年增长10.1%。财政收入4700万元，比1987年增长7.9%。

《高密县人民代表大会常务委员会工作报告》的主要内容是：（一）关于对“一府两院”的法律监督和工作监督。一是开好人大常委会例会，通过听取“一府两院”的工作报告和法律实施情况的汇报进行监督。二是通过开展调查、视察活动进行监督。三是通过受理人民群众的来信来访进行监督。十一届一次会议以来，县人大常委会共受理人民群众来信来访196件次，已办结145件次，办结率为85.9%。（二）关于法制建设工作。一是通过视察促进普法工作的开展，在全民中进行普及法律常识教育，是依法治国的基础。二是有计划地组织代表学法。三是举办了经济管理人员学习班。（三）关于人事任免工作。十一届一次会议以来，依法任命县人大常委会、县政府、县法院、县检察院153名工作人员的职务，免去了12名工作人员的职务。（四）关于代表工作。一是通过发放各种文件加强联系。二是加强个别专访和普遍联系。三是通过下发活动计划加强对代表活动的指导。四是认真处理代表的建议、批评和意见。（五）关于与乡镇人大主席团的联系工作。一是帮助乡镇人大主席团提高对乡镇人大工作性质、地位和作用的认识，增强做好乡镇代表工作的光荣感和责任感。二是指导乡镇人大主席团加强自身建设。三是指导各乡镇开展代表活动。（六）关于人代会和代表工作经验交流会组织筹备工作。（七）关于加强常委会自身建设的工作。一是抓了思想建设。二是加强了组织建设。三是加强了制度建设。四是加强了业务建设。

四、决议

会议作出了《关于政府工作报告的决议》《关于高密县1988年国民经济和社会发展计划的决议》《关于高密县1987年财政决算和1988年财政预算的决议》《关于高密县人民代表大会常务委员会工作报告的决议》《关于高密县人民法院工作报告的决议》《关于高密县人民检察院工作报告的决议》6项决议。

第四次会议

一、概况

高密县第十一届人民代表大会第四次会议1989年3月26日至29日在县人民电影院召开。出席代表324人。

二、报告

会议听取并审议了县长王在辉作的《政府工作报告》，县计划委员会主任孟庆余作的《关于高密县1989年国民经济和社会发展计划（草案）的报告》，县财政局长王凤祥作的《关于高密县1988年财政决算和1989年财政预算（草案）的报告》，县人大常委会副主任单昭明作的《高密县人民代表大会常务委员会工作报告》，县人民法院院长张光庭作的《高密县人民法院工作报告》，县人民检察院检察长张正立作的《高密县人民检察院工作报告》。

三、决议

会议作出了《关于政府工作报告的决议》《关于高密县1989年国民经济和社会发展计划的报告的决议》《关于高密县1988年财政决算和1989年财政预算的报告的决议》《关于高密县人民代表大会常务委员会工作报告的决议》《关于高密县人民法院工作报告的决议》《关于高密县人民检察院工作报告的决议》等6项决议。

四、选举

会议决定接受王立福辞去高密县人大常委会主任职务和王在辉辞去高密县人民政府县长职务的请求；

补选王在辉为高密县人大常委会主任；

补选姜玉生为高密县人民政府县长。

第十二节 县第十二届人民代表大会会议

第一次会议

一、概况

高密县第十二届人民代表大会第一次会议1990年3月15日至19日在县人民电影院召开。出席代表325人。

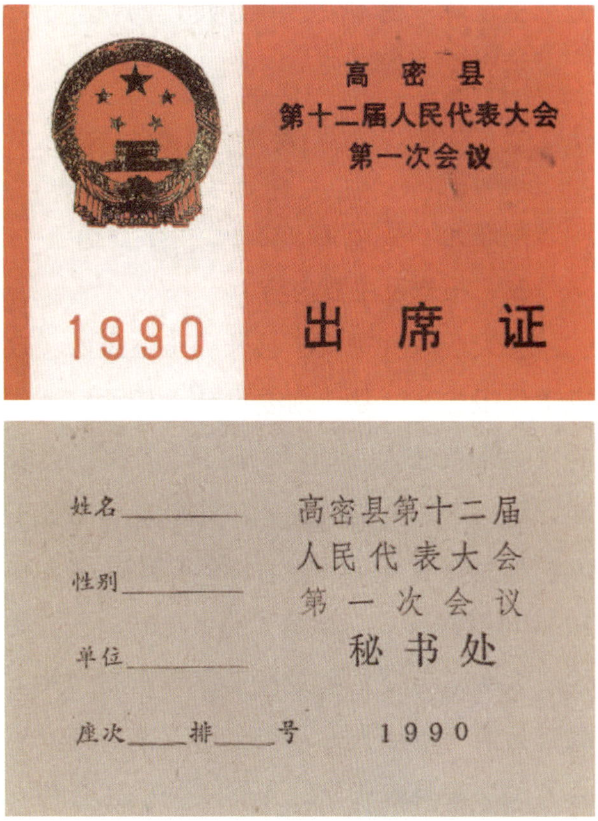

图3－5 高密县第十二届人民代表大会第一次会议出席证

二、主席团

主席团：（以姓氏笔画排列）

于继勇 王心福 王玉和 王在辉

王志田 王连友 王秀芬（女）

王福兴 伏希太 付振坤 刘远东

仲跻魁 李 涛 李凤语 李宗海

李君芳 宋希会 杜希政 张乐宝

张庆准 邹日亮 杨本荣（女）

邱玉森 孟宪兑 单昭明 陈清明

姜玉生 姜言启 钟元义 荆云池

赵仁东 徐玉杰 高大礼 袁瑞海

梁光鹏 郭步坤 葛月殿 韩元义

韩世勋　董智宾　潘家武

常务主席：

王在辉　杨本荣　单昭明　李凤语

孟宪兑　刘远东　梁光鹏　李君芳

秘书长：李凤语（兼）

副秘书长：

荆逢元　吴元宝　刘昌华　李春福

三、报告及主要内容

会议听取并审议了县长姜玉生作的《政府工作报告》，县计划委员会主任孟庆余作的《关于高密县1990年国民经济和社会发展计划（草案）的报告》，县财政局局长王凤祥作的《关于高密县1989年财政决算和1990年财政预算（草案）的报告》，县人民代表大会常务委员会主任王在辉作的《关于高密县第十一届人大常委会的工作报告》，县人民法院院长张光庭作的《关于高密县人民法院的工作报告》，县人民检察院检察长张正立作的《关于高密县人民检察院的工作报告》。

《政府工作报告》主要内容：（一）第十一届人民代表大会以来政府工作的基本情况。1989年，全县工农业总产值完成15.94亿元，比1988年增长9.8%，比1986年增长68.6%，平均每年递增19%。总结前三年的工作，主要体现在以下9个方面：一是各项改革事业全面深化。二是农村经济战胜严重自然灾害保持了稳定发展。三是工业生产有了长足发展，实现了速度效益同步增长。四是流通渠道进一步拓宽，对外贸易不断扩大，城乡市场日趋繁荣。五是财政状况进一步好转，人民生活不断提高。六是城乡建设稳步发展。七是科技、教育、文化、卫生、体育、民政等各项社会事业不断发展。八是精神文明建设和廉政建设不断加强，社会风气明显好转。九是治理整顿取得初步成效。（二）认真贯彻党的十三届四中五中六中全会精神，努力做好1990年的政府工作。一是把农业放在优先发展的地位，确保农业稳定增长。二是以调整结构，提高效益为重点，保持工业生产适度增长。三是进一步加强物价管理，整顿流通秩序。四是控制投资规模，优化资金投向，把过旺的需求压下来。五是继续深化改革，扩大对外贸易。六是更加广泛深入地开展“双增双节”运动。七是全面贯彻“科技兴县”方针，使经济建设转到依靠科技进步的轨道上来。八是突出抓好环境保护、计划生育、保护耕地三大基本国策的落实。九是坚持依法治县，保持社会稳定，为治理整顿创造良好的环境。十是按照治理整顿的总体要求，发展各项社会事业，做好其他工作。（三）加强政府自身建设，确保各项任务完成。一是大力加强思想政治工作，充分发挥我们的政治优势。二是从健全制度和严肃政纪入手，推动廉政建设深入发展。三是坚持群众路线，改进领导作风，牢固树立相信群众、联系群众、服务群众的思想，“进进百姓屋，吃吃农家饭，干干体力活，听听众人言”，了解群众疾苦，真正同群众打成一片。四是以转化后进面为突破口，大力加强基层组织建设。五是加强对马列主义、毛泽东思想基本理论的学习，提高统筹驾驭全局的领导艺术和工作能力。

《高密县人民代表大会常务委员会工作报告》主要内容是：（一）认真贯彻党中央的一系列重要指示，同党中央保持政治上、思想上的高度一致。（二）强化法律监督，大力推进依法治县。一是通过听取、审议“一府两院”对有关法律、法规执行情况的汇报进行监督。二是通过调查、视察、检查法律、法规的实施情况进行监督。三是开展法制教育，促进依法治县。（三）围绕治理整顿和深化改革，加强工作监督。（四）依法进行人事任免工作。（五）充分发挥代表作用，进一步推进社会主义民主政治建设。（六）充分发扬民主，依法搞好县、乡两级人大换届选举工作。（七）不断完善人大常委会工作机制，加强自身建设。

四、决议

会议作出了《关于政府工作报告的决议》《关于高密县人民代表大会常务委员会工作报告的决议》《关于高密县1989年国民经济和社会发展计划执行情况与1990年国民经济和社会发展计划的决议》《关于高密县1989年财政决算和1990年财政预算的决议》《关于高密县人民法院工作报告的决议》《关于高密县人民检察院工作报告的决议》等6项决议。

五、选举

会议选举了由23人组成的高密县第十二届人民代表大会常务委员会，单昭明当选为主任，李凤语、孟宪兑、刘远东、李好玉、李君芳、梁光鹏当选为副主任，于文廒等16人为委员。

选举姜玉生为高密县人民政府县长，伏希太、李万河、潘世俊、王福亭、崔红旗为副县长，姜经文为科技副县长。

选举迟世斋为高密县人民法院院长。

选举张正立为高密县人民检察院检察长。

第二次会议

一、概况

高密县第十二届人民代表大会第二次会议于1991年3月26日至29日在县人民电影院召开。出席代表313人。

二、主席团

主席团：（以姓氏笔画排列）

于文廒　于继勇　王心福　王玉和

王在辉　王志田　王连友　王秀芬（女）

王福兴　王瑞芬（女）　毛永华

冯玉阁　付振坤　伏希太　吕希池

吕希清　刘永信　刘远东　刘延滨（女）

孙明亮　任心同　仲跻魁　李凤语

李好玉　李宗海　李　涛　李普臻

李锡山　宋希尝　谷昭川　张乐宝

张庆准　邹日亮　杨本荣（女）

杨福柱　邱玉森　陈清明　孟宪兑

单昭明　郑立琦　周永发　姜玉生

荆云池　赵仁东　高大礼　郭步坤

郭炳桥　袁瑞海　梁光鹏　葛月殿

韩元义　韩世勋　蒋会荣（女）

董智宾　潘家武

常务主席：

王在辉　杨本荣（女）　单昭明

李凤语　孟宪兑　刘远东　李好玉

梁光鹏

秘书长：李凤语（兼）

副秘书长：

綦宗良　张庆坚　刘昌华　李春福

三、报告及主要内容

会议听取并审议了县长姜玉生作的《政府工作报告》，副县长伏希太作的《关于高密县国民经济和社会发展第八个五年计划及十年规划纲要（草案）的说明》，县计划委员会主任孟庆余作的《关于高密县1990年国民经济和社会发展计划执行情况与1991年国民经济和社会发展计划（草案）的报告》，县财政局局长王凤祥作的《关于高密县1990年财政决算和1991年财政预算（草案）的报告》，县人大常委会主任单昭明作的《高密县人民代表大会常务委员会工作报告》，县人民法院院长迟世斋作的《高密县人民法院工作报告》，县人民检察院代理检察长吕光胜作的《高密县人民检察院工作报告》。

《政府工作报告》主要内容：（一）1990年政府工作的基本情况。1990年，全县社会总产值完成31.91亿元（现行价，下同），比上年增长15.7%；工农业总产值完成27.84亿元，比上年增长17.4%。其中工业总产值完成19.53亿元，比上年增长18.8%；农业总产值完成8.31亿元，比上年增长12.6%；社会商品零售总额完成4.66亿元，比上年增长0.6%；财政收入按可比口径完成7535.7万元，比上年增长9.89%，连续4年实现收支平衡，略有节余。一是农业基础地位得到加强，促进了农村形势的健康发展。进一步深化了农村改革。重视了对农业的投入。认真贯彻“科技兴农”的方针。二是努力克服困难，推动工业生产稳步发展。进一步深化了企业改革。强化企业管理，挖掘内部潜力。针对市场变化，大力调整产品产业结构。积极推进技术进步，增强企业活力和发展后劲。围绕克服市场疲软制订政策，开拓市场，把强化销售作为推动工业生产的关键措施来抓。坚持“八字方针”，乡镇工业稳定健康发展。三是落实治理整顿措施，促进经济秩序继续好转。四是扩大对外开放，搞活内外贸易。五是加强财税金融工作，保证生产建设需要。六是努力搞好城乡建设，积极发展基础设施。七是科技教育继续加强，各项社会事业有了新的发展。八是努力做好稳定工作，为经济建设和社会发展创造良好的环境。九是认真贯彻六中全会精神，加强了政府自身建设。（二）认真贯彻党的十三届七中全会精神，努力做好1991年的政府工作。总的指导思想是，认真贯彻党的十三届七中全会精神，以稳定为大局，以经济建设为中心，坚持四项基本原则，坚持改革开放，坚持走“稳农、兴工、强县、富民”的路子，实行经济立县、勤俭建县、科教兴县、依法治县，促进全县国民经济和社会各项事业持续、稳定、协调、健康发展。一是继续把农业放在优先发展的位置，全面繁荣农村经济。二是以提高效益为重点，稳定发展工业生产。三是继续深化各项改革。四是外经外贸要加快发展步伐。五是以引导消费、搞活流通为重点，切实安排好城乡市场。六是控制投资规模，优化资金投向，注重加强城乡基础设施建设。七是认真贯彻“双紧”方针，努力做好财税金融工作。八是认真抓好计划生育、环境保护、保护耕地三大基本国策的落实。九是认真实施“科教兴县”战略，积极发展各项社会事业。十是坚持依法治县，保持社会稳定，为国民经济和社会各项事业发展创造一个良好环境。（三）加强政府自身建设，确保各项任务完成。一是大力加强思想政治工作，充分发挥我们的政治优势。二是坚持党的群众路线，紧紧依靠群众克服困难。三是切实加强政府机关的廉政勤政建设。四是加强对马列主义、毛泽东思想基本理论的学习，注重理论修养，提高统筹驾驭全局的领导艺术和工作能力。

《高密县人民代表大会常务委员会工作报告》主要内容：（一）认真学习贯彻党中央的指示精神，大力宣传人民代表大会制度的优越性。一是使广大干部群众进一步认识到了人民代表大会制度是我国的根本政治制度。二是增强了人大工作的透明度，扩大了人大工作的社会影响，提高了广大干群对人大工作性质、地位和作用的认识，有效地改善了人大工作的外部环境。三是进一步理顺了县人大常委会同“一府两院”的关系。四是进一步强化了代表的参政意识。五是使全县的人大工作者加深了对人大工作规律和特点的理解。（二）强化监督职能，加强对“一府两院”的法律监督和工作监督。对常委会的组织工作进行了改进。注意抓了常委会对政府工作审议意见的反馈和落实。狠抓了执法单位和执法人员的学法。针对人民群众关心的问题，及时组织力量进行视察，发现问题，一抓到底。加强了人民群众来信来访工作的办理。（三）加强与代表的联系，充分发挥代表的作用。采取多种形式加强了同代表的联系。加强对代表活动的组织指导。认真办理代表建议、批评、意见。（四）加强对乡镇人大工作的联系和指导，推动乡镇人大工作和建设的发展。一是指导乡镇开好换届后的第一次人代会。二是总结推广典型经验，推动面上的工作。三是认真贯彻了全省人大工作经验交流会和全市乡镇人大工作会议精神。（五）适应形势发展的要求，不断加强人大常委会的自身建设。加强了思想建设、业务建设、制度建设和作风建设，加强了与上级和兄弟县（市、区）人大常委会的联系。

四、决议

会议作出了《关于政府工作报告的决议》《关于高密县国民经济和社会发展第八个五年计划及十年规划纲要的决议》《关于高密县人民代表大会常务委员会工作报告的决议》《关于高密县1990年国民经济和社会发展计划执行情况与1991年国民经济和社会发展计划的决议》《关于高密县1990年财政决算和1991年财政预算的决议》《关于高密县人民法院工作报告的决议》《关于高密县人民检察院工作报告的决议》等7项决议。

会议号召，全县人民要紧密团结在党中

央周围，振奋精神，艰苦奋斗，齐心协力，扎实工作，为顺利完成1991年全县社会主义物质文明和精神文明建设的各项任务而努力奋斗。

五、选举

会议补选聂立斌为高密县第十二届人民代表大会常务委员会副主任，补选綦宗良为高密县第十二届人民代表大会常务委员会委员。

补选吕尧胜为高密县人民检察院检察长。

第三次会议

一、概况

高密县第十二届人民代表大会第三次会议于1992年4月8日至12日在县人民电影院召开。出席代表322人。

二、报告

会议听取并审议了县长姜玉生作的《政府工作报告》，县计划委员会主任孟庆余作的《关于高密县1991年国民经济和社会发展计划执行情况与1992年国民经济和社会发展计划（草案）的报告》，县财政局局长王凤祥作的《关于高密县1991年财政决算和1992年财政预算（草案）的报告》，县人大常委会主任单昭明作的《高密县人民代表大会常务委员会工作报告》，县人民法院院长迟世斋作的《高密县人民法院工作报告》，县人民检察院检察长吕尧胜作的《高密县人民检察院工作报告》。

三、决议

会议作出了《关于政府工作报告的决议》《关于高密县人民代表大会常务委员会工作报告的决议》《关于高密县1991年国民经济和社会发展计划执行情况与1992年国民经济和社会发展计划的决议》《关于高密县1991年财政决算和1992年财政预算的决议》《关于高密县人民法院工作报告的决议》《关于高密县人民检察院工作报告的决议》等6项决议。

四、选举

会议补选沈子升、王凤祥为高密县第十二届人民代表大会常务委员会副主任。

第十三节　市（县）第十三届人民代表大会会议

第一次会议

一、概况

高密县第十三届人民代表大会第一次会议于1993年2月10日至14日在人民电影院召开。出席代表324人。

二、主席团

主席团：（以姓氏笔画排列）

王　平　王凤祥　王汉杰　王在辉
王发亮　王忠庆　王继美　王福亭
车秀芹（女）　付振坤　伏希太
刘兴田　刘松青　乔光明　仲跻魁
孙时英　孙茂梓　孙惠斌　沈子升
李万河　李长久　李好玉　李连杰
李宗海　杜敦义　邹日亮　邹怀智
邱玉森　邱兆松　陈好然　单昭明

郑明修　范锡宝　张乐宝　张庆准
张金良　张建国　姜玉生　钟亮成
赵增岭　高金龙　郭宗祥　郭美扬
聂立斌（女）　梁明霖　曹兆智
楚鸿峻

常务主席：
王在辉　张建国　高金龙　孙惠斌
孙茂梓　单昭明　李好玉　聂立斌（女）
沈子升　王凤祥

秘书长：李好玉（兼）

副秘书长：
綦宗良　郑立琦　吕希清　张庆坚
李春福　刘昌华

三、报告及主要内容

会议听取并审议了县长姜玉生作的《政府工作报告》；县人大常委会主任单昭明作的《人民代表大会常务委员会工作报告》；县人民法院副院长王军受院长迟世斋委托作的《高密县人民法院工作报告》；县人民检察院检察长吕尧胜作的《高密县人民检察院工作报告》，县计划委员会主任孟庆余作的《关于高密县1992年国民经济和社会发展计划执行情况与1993年国民经济和社会发展计划（草案）的报告》；县财政局副局长白卫平作的《关于高密县1992年财政决算和1993年财政预算（草案）的报告》。

《政府工作报告》主要内容：对过去三年政府工作的回顾。加强基础建设，农村经济稳定发展。加大资产投入，工业效益不断提高。扩大对外开放，外向型经济有了新的突破。狠抓薄弱环节，第三产业迈出可喜步伐。财政收支平衡，金融环境得到改善。城乡建设和交通邮电事业发展步伐加快，计划生育、环境保护和土地管理三大基本国策进一步得到落实。科技教育不断加强，社会各项事业全面发展。1992年，全县社会总产值预计达到50.7亿元，三年平均递增21.4%；国民收入预计18.5亿元，递增22.5%；国民生产总值预计20亿元，递增21.9%；工农业总产值45.75亿元，递增23.2%。全县综合经济实力跨入全国农村百强和全省26强县之一。确定了1993年和“八五”末实现的主要任务指标。以十四大精神为指针全面开创政府工作新局面：一是进一步解放思想，更新观念，加快改革开发步伐。二是以社会主义市场经济理论为指导，促进经济建设再上新台阶。三是实施科教兴县战略，大力发展科技教育。四是加强民主与法制和精神文明建设，全面发展社会各项事业。五是加强城乡基础设施建设，为经济发展创造良好环境。六是加强政府自身建设，开创各项工作新局面。

《高密县人民代表大会常务委员会工作报告》的主要内容：（一）县十二届人大三次会议以来常委会的工作情况。（1）深入学习贯彻邓小平视察南方重要讲话和党的十四大精神，进一步确立了新形势下人大工作的指导思想。（2）坚持抓大事、议大事的原则，积极推进改革开放和经济建设。（3）认真贯彻“两手抓、两手硬”的方针，推进社会主义法制建设。（4）认真学习贯彻代表法，加强与代表和人民群众的联系。（5）加强组织领导，依法搞好换届选举工作。（二）本届常委会工作的基本总结。（1）认真贯彻党的基本路线，紧紧围绕经济建设这个中心行使职权。（2）不断加强对人民代表大会制度的宣传教育，增强全社会的人大意识。（3）注重推进社会主义民主与法制建设，努力建设社会主义民主政治。（4）勇于进取，开拓前进，不断探索人大工作的新路子。（5）密切联系人大代表和人民群众，充分发挥代表作用。（6）加强地方国家权力机关的自身建设，不断完善人大工作机制。(7)坚持依靠和自觉接受党的领导，把对党负责和对人民负责统一起来。

四、决议

会议作出了《关于政府工作报告的决议》《关于高密县人民代表大会常务委员会工作报告的决议》《关于高密县1993年国民经济和社会发展计划执行情况与1993年国民经济和社会发展计划的决议》《关于高密县1992年财政决算和1993年财政预算的决议》《关于高密县人民法院工作报告的决议》《关于高密县人民检察院工作报告的决议》6项决议。

五、选举

会议选举了由23人组成的高密县第十三届人民代表大会常务委员会，单昭明当选为主任，姜玉生、伏希太、李好玉、李万河、聂立斌（女）、沈子升、王凤祥当选为副主任，王瑞芬（女）等15人为委员。

选举高金龙为高密县人民政府县长。王继美、王福亭、崔红旗、齐世增、吴荣勤（女）、颜廷爱为副县长。

选举王军为高密县人民法院院长。

选举吕尧胜为高密县人民检察院检察长。

会议选举产生了高密县58名出席潍坊市第十二届人民代表大会代表。

第二次会议

一、概况

高密县第十三届人民代表大会第二次会议于1994年2月21日至23日在县人民电影院召开。出席代表322人。

二、主席团

主席团：（以姓氏笔画排列）

王　平　王凤祥　王汉杰　王发亮
王忠庆　王继美　王福亭　王瑞芬（女）
毛永华　车秀芹（女）　冯锡茂
付振坤　伏希太　吕希清　刘兴田
刘昌华　刘松青　乔光明　仲跻魁
孙时英　孙茂梓　孙惠斌　沈子升
李万河　李长久　李好玉　李兴业
李连杰　李宗海　杜敦义　吴学深
邹怀智　邱玉森　陈世鸿　陈好然
单昭明　单际庆　郑立琦　郑明修
范锡宝　张乐宝　张庆准　张金良
张建国　姜玉生　钟亮成　赵增岭
高金龙　倪专远　徐金明　郭宗祥
郭美扬　聂立斌（女）　梁明霖
曹兆智　蒋会荣（女）　楚鸿峻
綦宗良

常务主席：

张建国　孙惠斌　孙茂梓　单昭明

姜玉生　伏希太　李好玉　李万河

聂立斌（女）　　沈子升　王凤祥

秘书长：伏希太（兼）

副秘书长：

綦宗良　郑立琦　吕希清　张庆坚

李春福　刘昌华

三、报告及主要内容

会议听取并审议了由县长高金龙作的题为《万众一心齐努力　扎扎实实过百亿》的政府工作报告，县计划委员会主任李万京作的《高密县1993年国民经济和社会发展计划执行情况与1994年国民经济和社会发展计划（草案）的报告》，县财政局局长白卫平作的《高密县1993年财政决算和1994年财政预算（草案）的报告》，县人大常委会主任单昭明作的《高密县人民代表大会常务委员会工作报告》，县人民法院院长王军作的《高密县人民法院工作报告》，县人民检察院检察长吕尧胜作的《高密县人民检察院工作报告》。

《万众一心齐努力　扎扎实实过百亿》政府工作报告的主要内容：（一）1993年全县经济实现新的突破，各项社会事业蓬勃发展。一是国民经济保持了快速发展的良好势头。全年完成国民生产总值30亿元，比上年增长49.6%；工农业总产值达到71.2亿元，增长60.1%，是改革开放以来发展最快的一年。农村经济全面发展。农业总产值完成13.6亿元，比上年增长14.9%；粮食总产达6.42亿千克，棉花总产达32.5万担，分别增长9.09%和1.06%。二是改革开放迈出较大步伐。三是基础设施建设和重点建设取得突破性进展。四是科技教育等社会事业取得新的进步。五是民主法制建设和廉政建设不断加强。（二）整体推进，狠抓落实，确保全县国民经济再上新台阶。一是推进农业产业化的发展，加快农村经济向市场化、现代化转变的步伐。二是推进县直工业再造优势。三是推进乡镇企业再次异军突起。四是推进第三产业迅猛发展。五是推进外向型经济再跨新高度。六是推进城乡建设和基础设施建设再上新水平，优化经济发展大环境。七是推进增收节支，确保财政收支平衡。八是推进“科技兴高”战略的加快实施，大力发展科技教育事业。（三）深化改革，重点突破，加快建立社会主义市场经济体制的步伐。（四）加强社会主义精神文明建设和民主法制建设，继续把社会各项事业推向前进。（五）切实加强政府自身建设，开创各项工作新局面。

《高密县人民代表大会常务委员会工作报告》的主要内容：（一）认真学习贯彻党的指示精神，坚持依靠党的领导。（二）以促进工作和增强实效为目的，积极履行常委会的职权。（三）加强法制教育和法律监督，大力推进社会主义民主与法制建设。（四）以贯彻代表法为动力，积极推进代表工作和乡镇人大工作。拓宽渠道，加强联系。认真办理代表的建议、批评和意见，保障代表的民主权利。积极组织代表开展活动，支持代表参政议政。（五）适应形势发展和工作需要，不断加强人大常委会的自身建设。

四、决议

会议作出了《关于政府工作报告的决议》《关于高密县人民代表大会常务委员会工作报告的决议》《关于高密县1993年国民经济和社会发展计划执行情况与1994年国民经济和社会发展计划的决议》《关于高密县1993年财政决算和1994年财政预算的决议》《关于高密县人民法院工作报告的决议》《关于高密县人民检察院工作报告的决议》等6项决议。

第三次会议

一、概况

高密市第十三届人民代表大会第三次会议于1995年3月18日至21日在人民电影院召开。出席代表334名。

二、主席团

主席团：（以姓氏笔画排列）

王凤祥　王汉杰　王　平　王发亮
王继美　王瑞芬（女）　车秀芹（女）
毛永华　田绍义　付振坤　刘松青
刘昌华　乔光明　伏希太　孙时英
孙惠斌　沈子升　杜敦义　李万河
李长久　李兴业　李好玉　李连杰
吴元宝　吴学深　邱玉森　邹怀智
张立本　张乐宝　张金良　张建国
陈　平　陈世鸿　陈好然　郑立琦
郑明修　单际庆　单昭明　范立标
范锡宝　姜玉生　赵增岭　钟亮成
高金龙　郭步坤　郭宗祥　郭美扬
聂立斌（女）　梁明霖　曹兆智
隋卫清　蒋会荣（女）　楚鸿峻
綦宗良　魏廷松

常务主席：

张建国　单昭明　姜玉生　吴元宝
孙惠斌　田绍义　伏希太　李好玉
李万河　聂立斌（女）　沈子升
王凤祥

秘书长：伏希太（兼）

副秘书长：

綦宗良　张庆坚　郑立琦　庄　政
李春福　刘　波

三、报告及主要内容

听取并审议了市长高金龙作的题为《万众同心　乘胜前进　为把高密建成强市而努力奋斗》的政府工作报告，市人大常委会主任单昭明作的《高密市人民代表大会常务委员会工作报告》，市计划委员会主任李万京作的《关于高密市1994年国民经济和社会发展计划执行情况与1995年国民经济和社会发展计划（草案）的报告》，市财政局局长白卫平作的《关于高密市1994年财政预算执行情况和1995年财政预算（草案）的报告》，市人民法院院长王军作的《高密市人民法院工作报告》，市人民检察院检察长吕尧胜作的《高密市人民检察院工作报告》。

《万众同心　乘胜前进　为把高密建成强市而努力奋斗》政府工作报告的主要内容：（一）1994年政府工作回顾：一是经济发展上了新台阶。1994年，全年完成国民生产总值48.23亿元，增长30.5%。工农业总产值完成136.2亿元，增长56.5%。全社会固定资产投资完成10.5亿元，增长16%。社会消费品零售总额完成12.01亿元，增长47.2%。第三产业增加值完成14.13亿元，增长27.97%。实现财政收入1.446亿元，增长19.6%。二是各项改革取得新进展。三是对外开放迈出新步伐。四是城乡基础设施建设再上新水平。五是社会各项事业又有新进步。六是民主法制和精神文明建设展示新风貌。（二）1995年政府工作任务和工作重点：一是以深化企业改革为重点，配套推进各项改革。二是以建设农业强市为主线，加速农村经济的产业化、市场化、现代化进程。三是以提高经济效益为中心，全面促进市直工业整体上水平。四是坚持发展与提高并举，推动乡镇企业快速、健康发展。五是高起点、高水平、高速度发展第三产业。六是加快实施外向带动战略，实现开放型经济的新突破。七是以美化城市形象、优化投资环境为重点，推进城乡建设和基础设施建设的现代化。八是加强财税金融工作，为经济发展提供有力的资金支持。九是以科技教育为先导，全面繁荣社会各项事业。十是加强社会主义民主与法制建设，努力保持社会稳定。（三）进一步加强政府自身建设。

《高密市人民代表大会常务委员会工作报告》的主要内容：（一）以对党对人民高度负责的精神，认真审议决定高密市的重大事项。根据市十三届人大二次会议的授权，审查决定了高密市新编1994年财政预算。按照新一轮城市总体规划的要求，审议决定了高密市1994年城建工作安排意见。根据法律的有关规定，及时决定了撤县设市的有关问题。坚持党管干部和依法任免的原则，决定了国家机关人事任免事项。（二）围绕服务于改革、发展和稳定，积极履行工作监督职能。抓重点，保障国民经济的稳定增长。抓难点，帮助政府推行工作。抓稳定，为经济建设创造良好的社会环境。（三）加强法制教育和法律监督，大力推进社会主义民主与法制建设。（四）以贯彻代表法为动力，积极推进代表工作和乡镇人大工作。拓宽渠道，加强同人大代表和人民群众的联系。积极组织代表开展活动，支持代表参政议政。认真办理代表建议、批评和意见，保障代表的民主权利。密切联系、加强对乡镇人大工作的指导。（五）认真贯彻四中全会决定，进一步加强常委会的自身建设和人大制度的宣传。

四、决议

会议作出了《关于高密市政府工作报告的决议》《关于高密市1994年国民经济和社会发展计划执行情况与1995年国民经济和社会发展计划的决议》《关于高密市1994年财政决算执行情况和1995年财政预算的决议》《关于高密市人民代表大会常务委员会工作报告的决议》《关于高密市人民法院工作报告的决议》《关于高密市人民检察院工作报告的决议》6项决议。

五、选举

会议选举潘世俊、郭炳桥为高密市第十三届人民代表大会常务委员会副主任。

选举庄政、李桂芳（女）、周娟（女）为高密市第十二届人民代表大会常务委员会委员。

选举吴元宝为高密市人民政府市长。

第四次会议

一、概况

高密市第十三届人民代表大会第四次会议于1996年2月28日至3月1日在人民电影院召开。出席代表345名。

二、主席团

主席团：（以姓氏笔画排列）

于龙福　王凤祥　王汉杰　王　平
王发亮　王进贞　王笃学　王瑞芬（女）
毛永华　田绍义　付振坤　庄　政
刘　旭　刘松青　刘昌华　刘昌然
伏希太　孙时英　孙惠斌　沈子升
宋　杰　李万河　李玉义　李兴业
李好玉　李连杰　李桂芳（女）
吴元宝　吴学深　邱玉森　邱兆松
邹怀智　张乐宝　张金良　张建国
张翠兰（女）　陈　平　陈好然
郑立琦　单际庆　单昭明　范立标
周　娟（女）　姜玉生　钟亮成
高金龙　郭步坤　郭宗祥　郭炳桥
聂立斌（女）　梁明霖　曹兆智
隋卫清　蒋会荣（女）　楚鸿峻
綦宗良　潘世俊　魏廷松

常务主席：

张建国　单昭明　姜玉生　吴元宝
孙惠斌　田绍义　伏希太　李好玉
李万河　聂立斌（女）　潘世俊
沈子升　王凤祥　郭炳桥

秘书长：伏希太（兼）

副秘书长：

綦宗良　李　健　仪义直　蔡善华
庄　政　李春福　刘　波

三、报告及主要内容

会议听取并审议了市长吴元宝作的《政府工作报告》《关于高密市国民经济和社会发展第九个五年计划及2010年远景目标纲要（草案）的报告》，市计划委员会主任李万京作的《关于高密市1995年国民经济和社会发展执行情况与1996年国民经济和社会发展计划（草案）的报告》，市财政局局长白卫平作的《关于高密市1995年财政预算执行情况和1996年财政预算（草案）的报告》，市人大常委会主任单昭明作的《高密市人民代表大会常务委员会工作报告》，市人民法院院长王军作的《高密市人民法院工作报告》，市人民检察院代理检察长张庆坚作的《高密市人民检察院工作报告》。

《关于高密市国民经济和社会发展第九个五年计划及2010年远景目标纲要（草案）的报告》对“八五”期间全市经济和社会发展情况作的简要回顾：1995年，全市国民生产总值预计达到60亿元，5年平均递增38.4%，提前8年实现了翻两番的战略目标。其间分别被评为“全国农村经济综合实力百强县”和“中国综合实力百强县”。在经济快速、健康发展的同时，经济结构调整步伐加快，重大比例关系趋向协调，三次产业的比例由“七五”末的45.4∶36.5∶18.1调整为26.3∶42.1∶31.6。农村经济全面发展，工业生产持续快速增长，第三产业迅速发展，外经外贸取得突破性进展，财政、金融工作取得显著成绩，科技、教育等社会各项事业全面发展，人民生活水平明显提高。提出了“九五”计划及2010年远景目标的指导思想、任务和发展战略。根据党的十四届五中全会精神和上级的部署，结合全市的实际及今后经济和社会发展趋势，《纲要（草案）》确定，“九五”期间全市国民经济和社会发展的指导思想和总任务是：以邓小平建设有中国特色社会主义理论为指导，坚持“一个中心、两个基本点”的基本路线，正确处理改革、发展、稳定的关系，加快经济运行机制的转变，初步建立起社会主义市场经济体制，加快经济增长方式的转变，培植起素质较高的产业结构体系，力争经济与社会发展的整体素质和效益跃居半岛先进水平。组织实施外向带动、名牌带动、科教兴高、城乡一体化战略，全面发展国民经济和社会事业，人民生活达到小康水平，为到2010年基本实现现代化奠定坚实的基础。主要奋斗目标是：到2000年，全市国民生产总值达到120亿元以上，年均增长14.9%；一、二、三产业增加值分别达到19亿元、53亿元和48亿元，年均增长3.7%、16%和20.5%；人均国民生产总值达到13500元以上，年均增长14%；开放型经济在更高的层次上实现新的突破，累计利用外资达到4亿美元，年出口创汇达到2亿美元；三次产业之间的比例由目前的26.3∶42.1∶31.6调整为16∶44∶40；城市化水平达到40%；科技进步对经济增长的贡献率达到60%以上；社会劳动生产率平均每年提高10%；万元国民生产总值综合能耗年均降低3%；全社会固定资产投资规模100亿元，年均增长23.4%左右；地方财政收入2.5亿元以上，年均增长16.8%；城镇居民人均生活费收入达到8000元，农民人均纯收入达到4500元，生活质量指标达到或超过国家规定的小康标准；人口自然增长率控制在7.99‰以内，总人口不突破88.92万人。到2010年，国民生产总值达到320亿元以上；人均国民生产总值达到34000元以上；三次产业的比例调整为10∶45∶45；科技进步对经济增长的贡献率达到65%以上；城镇化水平达到55%以上。1996年计划安排的主要指标是：全市国民生产总值完成72亿元，比1995年增长20%，其中第三产业增加值完成24亿元，增长26.8%；乡及乡以上工业完成销售收入52亿元，利税4.5亿元，分别增长21.1%和16%；粮食总产69万吨，棉花总产1.2万吨；社会固定资产投资完成13亿元，增长21.5%；社会消费品零售额完成18亿元，增长17.5%；出口创汇完成1亿美元，增长22.9%；地方财政收入完成1.34亿元，增长16.5%；农民人均纯收入2700元，增长19.6%。

《高密市人民代表大会常务委员会工作

报告》主要内容：围绕社会主义法制建设，大力加强法律监督。围绕党和国家的工作大局，积极履行工作监督职能。抓重点，保障国民经济的稳步增长。抓重点，帮助政府推行工作。抓稳定，为经济建设创造良好的社会环境。围绕建设社会主义民主政治，积极推进代表工作。拓宽渠道，加强同代表和人民群众的联系。积极组织代表开展评议活动，拓宽代表监督渠道。认真办理代表的议案和建议、意见，切实尊重代表的民主权利。围绕地方政权建设，依法搞好乡镇人大换届选举工作。围绕全面履行常委会的各项职权，不断加强了自身建设。

四、决议

会议通过并批准了《高密市国民经济和社会发展第九个五年计划及2010年远景目标纲要》；作出了《关于政府工作报告的决议》《关于高密市国民经济和社会发展第九个五年计划及2010年远景目标纲要的决议》《关于高密市1995年国民经济和社会发展执行情况与1996年国民经济和社会发展计划的决议》《关于高密市1995年财政预算执行情况和1996年财政预算的决议》《关于高密市大民代表大会常务委员会工作报告的决议》《关于高密市人民法院工作报告的决议》《关于高密市人民检察院工作报告的决议》等7项决议。

五、选举

会议选举刘宗法、于敦学为高密市第十三届人民代表大会常务委员会副主任。

选举吕希光、刘福禄、杜继亮、蔡善华为高密市第十三届人民代表大会常务委员会委员。

选举张庆坚为高密市人民检察院检察长。

第五次会议

一、概况

高密市第十三届人民代表大会第五次会议于1997年3月10日在市人民电影院召开。出席代表352人。

二、主席团

主席团：（以姓氏笔画排列）

于龙福　于敦学　王凤祥　王汉杰
王发亮　王进贞　王笃学　毛永华
田绍义　付振坤　庄　政　刘　旭
刘宗法　刘松青　刘福禄　吕希光
乔光明　伏希太　孙时英　孙惠斌
沈子升　沙明君　宋　杰　杜继亮
李万河　李玉义　李好玉　李连杰
李桂芳（女）　吴学深　邱玉森
邱兆松　张乐宝　张金良　张建国
张翠兰（女）　陈　平　郑立琦
单际庆　单昭明　范立标　林希凤
周　娟（女）　姜玉生　赵术智
胡宝平　钟世民　钟亮成　高金龙
郭步坤　郭炳桥　聂立斌（女）
梁明霖　隋卫清　蒋会荣（女）
楚鸿峻　綦宗良　蔡善华　潘世俊
魏守江　魏廷松

常务主席：

张建国　单昭明　姜玉生　孙惠斌

田绍义　伏希太　李好玉　李万河
聂立斌（女）　　潘世俊　刘宗法
沈子升　郭炳桥　于敦学
秘书长：伏希太（兼）
副秘书长：
綦宗良　李　健　仪义直　蔡善华
庄　政　李章智

三、报告及主要内容

会议听取并审议了《政府工作报告》《关于高密市1996年国民经济和社会发展计划执行情况与1997年国民经济和社会发展计划（草案）的报告》《关于高密市1996年财政预算执行情况和1997年财政预算（草案）的报告》《高密市人民代表大会常务委员会工作报告》《高密市人民法院工作报告》《高密市人民检察院工作报告》。

《政府工作报告》的主要内容：（一）1996年全市两个文明建设成绩显著，实施“九五”计划开局良好。一是国民经济稳步健康发展，综合经济实力进一步增强。全市实现国民生产总值54.01亿元，按可比口径计算比上年增长12.9%。全社会固定资产投资完成13.03亿元，增长20.8%。社会消费品零售总额完成17.64亿元，增长15.2%。地方预算内财政收入1.4588亿元，增长26.7%，连续10年实现财政收支平衡，受到省委、省政府表彰奖励。二是改革开放迈出新步伐。三是城乡基础设施建设取得新成效。四是社会事业全面发展，精神文明建设进一步加强。（二）加快推进两个根本性转变，促进国民经济持续、快速、健康发展。一是进一步强化农业基础，推动农业和农村经济全面发展。二是深化改革，加强管理，增加收入，努力提高工业经济运行质量。三是搞活流通，开拓市场，拓展经济发展空间。四是继续加强城乡基础设施建设，为全市经济的快速发展创造良好的条件。五是大力实施外向带动战略，提高对外开放水平。（三）加强精神文明建设，促进各项社会事业全面发展。（四）进一步加强政府自身建设，努力提高政府工作水平。

《高密市人民代表大会常务委员会工作报告》：（一）围绕两个文明建设，充分发挥国家权力机关的职能作用。一是以推动实施全市“九五”计划和2010年远景目标纲要为重点，加强了对事关全局重大事项的监督。二是以支持“一府两院”改进和推行工作为目的，加大了评议工作的力度。三是认真贯彻落实六中全会精神，大力推动社会主义精神文明建设。（二）围绕社会主义法制建设，切实保障各项法律法规的贯彻实施。（三）围绕社会主义民主政治建设，积极推进代表工作。一是拓宽渠道，密切了同代表和人民群众的联系。二是积极组织代表开展各项活动，充分发挥代表作用。三是认真办理代表建议意见和人民群众来信来访，促使一些热点难点问题的解决。（四）围绕地方政权建设，大力推动乡镇人大工作的全面发展。一是统一认识，理顺关系，加强了乡镇人大建设。二是加强联系和指导，推动乡镇人大工作的全面发展。（五）围绕全面履行常委会的各项职权，不断加强自身建设。

四、决议决定

会议作出了《关于政府工作报告的决议》《关于高密市人民代表大会常务委员会工作报告的决议》；批准了市人民政府关于高密市1996年国民经济和社会发展计划执行情况的报告与1997年国民经济和社会发展计划；批准了市人民政府关于高密市1996年财政预算执行情况和1997年财政预算的报告；批准了高密市人民法院工作报告和高密市人民检察院工作报告；作出了办理《关于要求扩建城区初级中学校舍的议案》的决定。

第十四节　市第十四届人民代表大会会议

第一次会议

一、概况

高密市第十四届人民代表大会第一次会议于1998年1月16日至20日在市人民电影院召开。出席代表284人。

二、主席团

主席团：（以姓氏笔画排列）

于龙福　方　里　王汉杰　王发亮
付振坤　朱安达　乔光明　伏希太
庄　政　刘　伟　刘　旭　刘松青
刘宗法　齐世增　孙明亮　孙惠斌
杜洪君　杜敦义　李　伟　李连杰
李振春　吴元宝　沈子升　宋　杰
张乐宝　张善华　陈　平　郑兆波
单国强　单昭明　赵仁东　钟亮成
姜玉生　聂立斌（女）　徐金明
郭炳桥　梁明霖　隋卫清　彭桂臻
葛月殿　韩俊生　曾宪林　楚鸿峻
潘世俊　薛维钧　鞠志华　魏廷松
魏志强

常务主席：

韩俊生　单昭明　姜玉生　吴元宝
孙惠斌　齐世增　张善华　伏希太
聂立斌（女）　潘世俊　刘宗法
沈子升　郭炳桥

秘书长：伏希太（兼）

副秘书长：

王汉杰　李　健　仪义直　蔡善华
庄　政　李章智

三、报告及主要内容

会议听取并审议了市长吴元宝作的《政府工作报告》，市人大常委会主任单昭明作的《高密市人民代表大会常务委员会工作报告》，市计划委员会主任张聿嘉作的《关于高密市1997年国民经济和社会发展计划执行情况与1998年国民经济和社会发展计划（草案）的报告》，市财政局局长白卫平作的《关于高密市1997年财政预算执行情况及1998年财政预算草案的报告》，市人民法院代院长李绍文作的《高密市人民法院工作报告》，市人民检察院检察长张庆坚作的《高密市人民检察院工作报告》。

《政府工作报告》主要内容：1997年，全市国民经济稳步健康发展，综合经济实力进一步增强，人民生活水平日益提高。全市完成国内生产总值60亿元，比上年增长

11.2%。完成农业增加值15.65亿元，工业增加值21.12亿元，社会固定资产投资完成129亿元。全市粮食总产量为645851吨，棉花总产量为6599吨，花生总产量为16498吨。全市社会消费品零售总额完成19.74亿元，实现境内财政总收入完成27775万元，其中地方财政收入18235万元，连续11年实现财政收支平衡。年末全市城乡居民储蓄存款余额178957万元，全市农民人均纯收入达到3098元，城镇职工年平均工资5140元。经济增长质量不断提高，总体经济实力不断增强，跨入全国综合实力百强县行列。农业丰收，农村经济全面发展。1998年，全市经济社会发展的重点是：(1)进一步强化农业基础地位，大力推进农业产业化。（2）深化改革，加强管理，促进工业经济持续健康发展。（3）大力发展第三产业，增强全市经济发展的活力。（4）放手发展个体私营经济，培育新的经济增长点。（5）进一步加大工作力度，不断提高对外开放水平。（6）加强城乡基础设施建设，进一步改善城乡面貌。（7）加强精神文明和民主法制建设，大力发展各项社会事业，促进社会全面进步。（8）加强政府自身建设，不断提高工作水平。

《高密市人民代表大会常务委员会工作报告》主要内容：（1）围绕党和国家的工作大局，大力推进两个文明建设。听取审议“一府两院”工作汇报58项，作出决议和决定21个，任免国家机关工作人员346名。（2）围绕社会主义法制建设，保障各项法律法规的贯彻实施。积极推行执法责任制，将475部法律法规按执法责任分解落实到了各司法机关和55个行政执法部门。强化法律监督，听取市政府关于农业法、环境保护法、土地管理法等32部法律法规贯彻实施情况的汇报。（3）围绕提高履行职权的实效，不断探索监督工作的新路子。对行政、司法部门开展系统性的工作评议，对被任命干部进行综合性的述职评议，对社会热点难点问题实施经常性的专题监督。(4)围绕发展社会主义民主政治，积极推进代表工作和乡镇人大工作。组织开展代表联系户和“三个一”活动。深入各乡镇开展调研，形成《关于乡镇人大工作座谈会议的纪要》报市委。(5)围绕地方政权建设，依法搞好换届选举工作。完成地方组织法作重要修改后的首次乡镇人大换届选举工作，选出乡镇人大代表1642名。（6）围绕提高整体素质，不断加强常委会及机关的自身建设。重点学习邓小平理论、党的十四大和十五大精神。新增设人事代表工作室和调查研究室。对议事规则、联系市人大代表办法等工作制订进行修订和完善。建立健全机关内部工作制度和服务规范，实行岗位目标责任制。

四、决议决定

会议作出了《关于政府工作报告的决议》《关于高密市1997年国民经济和社会发展计划执行情况与1998年国民经济和社会发展计划的决议》《关于高密市1997年财政预算执行情况和1998年财政预算的决议》《关于高密市人民代表大会常务委员会工作报告的决议》《关于高密市人民法院工作报告的决议》《关于高密市人民检察院工作报告的

决议》等6项决议；作出了办理《关于搞好高蔡路徐家庄段路面硬化的议案》的决定。

五、选举

会议选举产生了由21人组成的高密市第十四届人民代表大会常务委员会，孙惠斌当选为主任，伏希太、聂立斌（女）、潘世俊、刘宗法、沈子升、郭炳桥为副主任，王汉杰等14人为委员。

选举吴元宝为高密市人民政府市长，曾宪林、崔红旗、吴荣勤（女）、颜廷爱、王致民、王卫东为副市长。

选举李绍文卫高密市人民法院院长。

选举张庆坚为高密市人民检察院检察长。

选举54名潍坊市第十三届人民代表大会代表。

第二次会议

一、概况

高密市第十四届人民代表大会第二次会议于1999年3月5日至8日在市人民电影院召开。出席代表281人。

二、主席团

主席团：（以姓氏笔画排列）

于龙福　王汉杰　王发亮　朱安达
乔光明　伏希太　庄　政　刘　旭
刘　波　刘松青　刘宗法　齐世增
孙明亮　孙惠斌　杜洪君　杜敦义
李　伟　李庆喜　李桂芳（女）
吴学深　沈子升　宋　杰　宋希会
张乐宝　张善华　陈　平　范立标
周　娟（女）　周垂挺　郇洪和
郑有奎　郑兆波　单国强　赵仁东
赵伟宏　钟亮成　贺仁富　聂立斌（女）
贾义丰　徐金明　高大友　郭炳桥
梁明霖　隋卫清　彭桂臻　葛月殿
韩俊生　楚鸿峻　蔡善华　潘世俊
薛维钧　鞠志华　魏廷松　魏志强

常务主席：

韩俊生　孙惠斌　齐世增　张善华
伏希太　聂立斌（女）　潘世俊
刘宗法　沈子升　郭炳桥

秘书长：伏希太（兼）

副秘书长：

王汉杰　李　健　李锡朋　蔡善华
庄　政　李章智

三、报告及主要内容

会议听取并审议了市长吴元宝作的《政府工作报告》，市计划委员会主任张聿嘉作的《关于高密市1998年国民经济和社会发展计划执行情况与1999年国民经济和社会发展计划（草案）的报告》，市财政局局长白卫平作的《关于高密市1998年财政预算执行情况及1999年财政预算草案的报告》，市人大常委会主任孙惠斌作的《高密市人民代表大会常务委员会工作报告》，市人民法院院长李绍文作的《高密市人民法院工作报告》，市人民检察院检察长张庆坚作的《高密市人民检察院工作报告》。

《政府工作报告》的主要内容：（1）国民经济持续稳步发展，完成国内生产总值65亿元，增长11.7%。（2）农村经济全面发展，粮食总产 71 万吨，增长 9.9%，农业增加值 17 亿元，增长 11.3%。（3）工业经济效益逐步回升，全市年销售收入过 500 万元的工业企业完成工业增加值 11 亿元、销售收入 43.02 亿元、实现利税 3.39 亿元，分别增长 13.3%、4.3%、和 12.2%。（4）财政收入稳步增长，完成地方财政收入 2.0018 亿元，财政总收入 3.15 亿元，分别增长 9.8% 和 13.3%。（5）人民生活水平进一步提高。农民人均纯收入 3148 元，比上年增加 50 元。（6）改革开放迈出新步伐。（7）城乡基础设施建设取得新成效。（8）科技、教育和各项社会事业又有新发展。（9）政府自身建设进一步加强。

《高密市人民代表大会常务委员会工作报告》主要内容：（1）以经济建设为中心，大力加强工作监督。监督抓好事关全市经济发展的重大事项、事关社会稳定的重大问题、事关人民切实利益的问题。（2）实施依法治国方略，强化全市法制建设。（3）密切联系代表，全面推进代表工作。（4）切实加强对乡镇人大工作的指导，努力提高全市人大工作的整体水平。

四、决议

会议作出了《关于政府工作报告的决议》《关于高密市 1998 年国民经济和社会发展计划执行情况与 1999 年国民经济和社会发展计划的决议》《关于高密市 1998 年财政预算执行情况和 1999 年财政预算的决议》《关于高密市人民代表大会常务委员会工作报告的决议》《关于高密市人民法院工作报告的决议》《关于高密市人民检察院工作报告的决议》《关于办理市十四届人大一次会议“搞好高蔡路徐家庄段路面硬化”议案的决议》等 7 项决议。

五、选举

会议对接受毛永华、范锡宝辞去高密市第十四届人民代表大会常务委员会委员职务的请求进行备案。

补选张振国为高密市人大常委会副主任，万丽（女）、马金英（女）为委员。

第三次会议

一、概况

高密市第十四届人民代表大会第三次会议于 2000 年 3 月 3 日至 5 日在市人民电影院召开。出席代表 286 人。

二、主席团

主席团：（以姓氏笔画排列）

于龙福　万　丽（女）　马金英（女）
王立刚　王汉杰　王发亮　朱安达
乔兆明　伏希杰　庄　政　刘　旭
刘　波　刘松青　刘宗法　齐世增
孙明亮　孙惠斌　杜洪君　杜敦义
李　伟　李庆喜　李桂芳（女）
吴学深　沙明君　沈子升　宋　杰
宋希会　张乐宝　张振国　张善华
陈　平　范立标　周　娟（女）
周垂挺　郇洪和　郑有奎　郑兆波
单国强　赵仁东　赵伟宏　钟亮成
贺仁富　聂立斌（女）　贾义丰

徐金明　高大友　郭炳桥　梁明霖
隋卫清　彭桂臻　葛月殿　韩俊生
楚鸿峻　蔡善华　潘世俊　薛维钧
魏廷松　魏志强

常务主席：

韩俊生　孙惠斌　齐世增　张善华
王立刚　伏希太　张振国　聂立斌（女）
潘世俊　刘宗法　沈子升　郭炳桥

秘书长：伏希太（兼）

副秘书长：

王汉杰　李　健　李锡朋　蔡善华
庄　政　李章智

三、报告及主要内容

会议听取并审议了市长吴元宝作的《政府工作报告》，市计划委员会主任张聿嘉作的《关于高密市1999年国民经济和社会发展计划执行情况与2000年国民经济和社会发展计划（草案）的报告》，市财政局局长鞠志华作的《关于高密市1999年财政预算执行情况和2000年财政预算草案的报告》，市人大常委会主任孙惠斌作的《高密市人民代表大会常务委员会工作报告》，市人民法院院长李绍文作的《高密市人民法院工作报告》，市人民检察院检察长张庆坚作的《高密市人民检察院工作报告》。

《政府工作报告》主要内容：（1）国民经济持续健康发展。完成国内生产总值54亿元，增长10.5%；财政总收入3.46亿元，增长10.1%，其中地方财政收入2.03亿元，增长1.2%；农民人均纯收入2892元，比上年减少256元；全市年销售收入过500万元的工业企业完成工业增加值12.02亿元、销售收入48.14亿元、利税3.85亿元，分别增长15.6%、11.7%和13.5%；全市实现第三产业增加值18.37亿元，比上年增长12.9%。（2）改革开放迈出新步伐。新改制企业达到319家，改制面达到83%；合同利用外资491万美元，实际利用外资661万美元，分别增长张21.2%和21.1%。（3）基础设施建设步伐加快。（4）社会各项事业全面发展。（5）列入“民心工程”的10件实事进展顺利。（6）政府自身建设进一步加强。

《高密市人民代表大会常务委员会工作报告》主要内容：（1）紧紧围绕经济和社会各项事业的发展，积极履行地方国家权力机关的职能。先后召开8次例会，听取审议“一府两院”工作报告18项，就有关重大事项作出9个决议和决定，依法任免95名地方国家机关工作人员。（2）按照依法治国的内在要求，进一步强化对司法和行政执法工作的监督。（3）加强代表工作和对乡镇人大的联系指导，推动全市人大工作的深入开展。

四、决议

会议作出了《关于政府工作报告的决议》《关于高密市1999年国民经济和社会发展计划执行情况与2000年国民经济和社会发展计划的决议》《关于高密市1999年财政预算执行情况和2000年财政预算的决议》《关于高密市人民代表大会常务委员会工作报告的决议》《关于高密市人民法院工作报告的决议》《关于高密市人民检察院工作报告的决议》等6项决议。

第四次会议

一、概况

高密市第十四届人民代表大会第四次会议于2001年3月4日至7日在市人民电影院召开。出席代表269人。

二、主席团

主席团：（以姓氏笔画排列）

于龙福　万　丽（女）　马金英（女）
王义正　王汉杰　王教法　朱安达
伏希太　庄　政　刘　旭　刘　波
刘松青　刘宗法　刘彭泉　齐世增
牟金芳　孙兆东　孙惠斌　孙锡喜
杜玉芳（女）　杜洪君　杜敦义
李　伟　李庆喜　李桂芳（女）
吴元宝　吴学深　沙明君　沈子升
宋　杰　宋希会　张延泉　张振国
张善华　张慕坤　陈　平　范立标
周　娟（女）　周垂挺　郇洪和
郑有奎　郑兆波　荆瑞军　钟世民
贺仁富　聂立斌（女）　贾义丰
郭炳桥　高大友　唐屹立　梁明霖
葛月殿　楚鸿峻　蔡善华　臧良传
潘世俊　薛维明　薛维钧　魏廷松
魏志强　魏荣民

常务主席：

吴元宝　孙惠斌　齐世增　张善华
王义正　伏希太　聂立斌（女）
潘世俊　刘宗法　沈子升　郭炳桥
张振国

秘书长：刘宗法（兼）

副秘书长：

王汉杰　李　健　李锡朋　蔡善华
庄　政　李章智

三、报告及主要内容

会议听取并审议了代理市长王维盛作的《政府工作报告》及《关于高密市国民经济和社会发展第十个五年计划纲要（草案）的报告》，市计划委员会主任张聿嘉作的《关于高密市2000年国民经济和社会发展计划执行情况与2001年国民经济和社会发展计划（草案）的报告》，市财政局局长鞠志华作的《关于高密市2000财政预算执行情况和2001年财政预算（草案）的报告》，市人大常委会主任孙惠斌作的《高密市人民代表大会常务委员会工作报告》，市人民法院院长李绍文作的《高密市人民法院工作报告》，市人民检察院检察长张庆坚作的《高密市人民检察院工作报告》。

《政府工作报告》的主要内容：（一）“九五”期间全市经济和社会发展情况回顾。2000年，国内生产总值达到58.5亿元，比1999年增长10.8%，五年平均增长10.5%；人均国内生产总值达到6912元；三次产业增加值比例由1995年的26.4∶42∶31.6演进为24.1∶41.5∶34.4；境内财政收入和地方财政收入分别达到4.16亿元和2.49亿元，比1999年增长20%和23.1%，五年平均增长17%和16.7%；各项存款余额达到34亿元，比1999年增长17.3%，五年平均增长17.7%；职工平均工资收入达到5919元，农民人均纯收入达到3100元，分别比1995年增长7%和6.6%，科技对经济增长的贡献率达到51.7%，人口自然增长率连年控制在0.6%以下，小学、初中适龄人口入学率保持在100%。农业和农村经济全面发展。工业经济运行质量和效益进一步提高。第三产业及个体私营经济更加繁荣壮大。改革全方位深化。外向型经济健康快速发展。城乡基础设施日趋完善。社会各项事业全面发展。精神文明建设和民主法制建设得到进一步加强。（二）“十五”计划的指导思想、任务目标和主要措施。确定“十五”期间全市国民经济和社会发展的指导思想是：高举邓小平理论伟大旗帜，坚持党的基本路线和基本纲领，进一步解放思想，更新观念，深化改革，抢抓机遇，充分发挥优势，突现特色，加大体制创新和科技创新力度，加快经济结构调整步伐，大力实施城市化、经济国际化、“科教兴高”、可持续发展战略，进一步增强我市的综合经济实力。“十五”主要奋斗目标为：到2005年，国内生产总值达到95亿元，年均增长10%；三次产业结构比例调整为18∶46∶36；境内财政总收入达到7.2亿元，其中地方财政收入达到4.3亿元，年均增长12%；五年累计实际利用境外资金1.15亿美元，年均增长15%；全社会固定资产投资五年累计完成125亿元，年均增长14%；社会消费品零售总额达到40亿元，年均增长10%；科技对经济增长的贡献率达到55%；全市小学、初中适龄人口入学率保持100%，高中普及率达到全省先进水平；总人口控制在87.3万人以内；城镇失业登记率不超过3.5%；城镇居民全部职工平均工资及农民人均纯收入分别达到8700元和4500元，年均分别增长8%，人民生活达到比较宽裕的小康水平。2001年主要预期目标为：国内生产总值增长10%，其中一、二、三产业分别增长4%、14%和10%；地方财政收入增长12%；全社会固定资产投资增长14%；社会消费品零售总额增长8%；出口创汇增长10%；实际利用外资增长15%；城镇失业登记率控制在3.5%以内；人口自然增长率控制在5.12‰以内。要突出抓好招商引资，积极实施经济国家化战略。继续深化产业结构调整，大力培植优势主导产业。积极调整所有制结构，大力发展民营经济。加大投入，加快基础设施建设步伐，进一步增强城市功能。进一步深化改革，健全完善以社会主义市场经济体制为基础的新体制。加快社会各项事业发展，不断满足人民群众日益增长的生活需求。加强精神文明建设和民主法制建设。加强政府自身建设，为《纲要》实施提供坚强的组织保证。

《高密市人民代表大会常务委员会工作报告》的主要内容：（一）2000年主要工作回顾。一是突出发展主题，紧紧围绕推动经济和社会各项事业的发展行使职权。着眼经济建设这一中心，大力促进全市国民经济和社会各项事业发展。致力于为改革发展营造稳定的社会环境，督促解决群众关心的热点难点问题。立足于维护人民群众的根本利益，大力推进“民心工程”的深入实施。先后召开8次例会，听取审议“一府两院”22项工作报告，就有关重大事项作出了12个决议和决定，依法任免了61名地方国家机关工作人员。二是瞄准关键环节，不断强化法律监督工作实效。共受理人大代表和群众来信来访827件次，办结率达90%。对“一府两院”7名被任命干部进行了任职调查。三是加强联系指导，促进代表工作和乡镇人大工作的全面发展。先后总结推广了姜庄、柏城、夏庄、高密镇、柴沟、注沟、双羊、阚家、蔡家站、土庄等乡镇人大协助政府推行工作、组织代表围绕改革发展稳定和“三个一”开展活动，对推动面上工作起到了积极作用。进一步完善了《乡镇人大工作考评暂行办法》。四是以“三个代表”重要思想为指导，努力搞好常委会及办事机构的自身建设。以“三讲”教育为动力，坚持不懈抓了常委会及办事机构的自身建设。常委会领导班子认真开展了以“讲学习、讲政治、讲正气”为主要内容的党性党风教育活动和“回头看”活动。继续开展了“人大工作先进乡镇”“优秀人大代表”“十佳干警”三项评选活动。（二）2001年工作指导思想和主要任务。要在市委的领导下，以邓小平理论和党的基本路线为指导，按照“三个代表”重要思想的要求，坚持以促进发展为主题，以法制建设为己任，实现服务中心的新作为、法律监督的新突破，努力开创全市人大工作新局面。一是以党的十五届五中全会精神为指导，进一步推动全市经济发展。二是以“三个代表”重要思想为指导，进一步推动“民心工程”的深入实施。三是以保证法律法规的有效实施为重点，进一步推进依法治国方略的贯彻落实。四是以推动人大工作的全面发展为目的，大力加强对乡镇人大工作的联系与指导。五是以加强自身建设为保证，进一步提高国家全力机关履行职责的能力和水平。

四、决议

会议作出了《关于高密市国民经济和社会发展第十个五年计划（草案）报告的决议》《关于高密市2000年国民经济和社会发展计划执行情况与2001年国民经济和社会发展计划的决议》《关于高密市2000年财政预算执行情况和2001年财政预算的决议》《关于高密市人民代表大会常务委员会工作报告的决议》《关于高密市人民法院工作报告的决议》《关于高密市人民检察院工作报告的决议》6项决议。

五、选举

会议补选刘彭泉、张慕坤、王致民为市人大常委会副主任；选举王维盛为市长，钟兑成、刘金贯、林京湖为副市长。

第五次会议

一、概况

高密市第十四届人民代表大会第五次会议于2002年1月24日至26日在市人民电影院召开。出席代表263人。

二、主席团

主席团：（以姓氏笔画排列）

万　丽（女）　　马金英（女）

王义正　王汉杰　王致民　王教法
石铭奎　朱安达　庄　政　刘　旭
刘　波　刘松青　刘宗法　刘彭泉
齐世增　孙惠斌　孙锡喜　杜洪君
杜敦义　李　伟　李庆喜　李桂芳（女）
吴元宝　吴学深　沙明君　宋　杰
宋希会　张业林　张振国　张善华
张慕坤　范立标　郇洪和　周　娟（女）
周垂挺　郑有奎　单际庆　贺仁富
聂立斌（女）　贾义丰　高大友
唐屹立　葛月殿　蔡善华　薛维明
薛维钧　魏廷松　魏志强

常务主席：
吴元宝　孙惠斌　齐世增　张善华
王义正　聂立斌（女）　刘宗法
刘彭泉　张慕坤　王致民　张振国

秘书长：刘彭泉（兼）

副秘书长：
王汉杰　李　健　李锡朋　蔡善华
庄　政　李章智

三、报告及主要内容

会议听取并审议了市长王维盛作的《政府工作报告》，市计划委员会主任张聿嘉作的《关于高密市2001年国民经济和社会发展计划执行情况与2002年国民经济和社会发展计划（草案）的报告》，市财政局局长鞠志华作的《关于高密市2001年财政预算执行情况和2002年财政预算（草案）的报告》，市人大常委会副主任刘宗法作的《高密市人民代表大会常务委员会工作报告》，市人民法院代理院长宋允厚作的《高密市人民法院工作报告》，市人民检察院检察长张庆坚作的《高密市人民检察院工作报告》。

《政府工作报告》主要内容：（1）国民经济持续快速健康发展。农业和农村经济稳步发展。工业经济运行质量和效益不断提高。第三产业和个体私营经济发展迅猛。2001年，全市完成国内生产总值65.5亿元，按可比价格计算，比上年增长11.3%；境内财政总收入完成5.01亿元，比上年增长22.1%，其中地方财政收入达到3.09亿元，比上年增长26.5%；社会固定资产投资完成20亿元，比上年增长20.8%；社会消费品零售总额完成26.8亿元，比上年增长8.5%；城乡居民储蓄余额达到32.97亿元，比上年增长14.8%；农民人均纯收入达到3302元，比上年增加202元。（2）招商引资工作实现新的突破。软环境得到进一步优化。园区建设取得新进展。出口创汇不断扩大。（3）基础设施建设取得新成效。经营城市工作初见成效。城乡基础设施建设进一步完善。（4）社会各项事业全面发展。（5）精神文明和民主法制建设进一步加强。（6）政府自身建设进一步加强。

《高密市人民代表大会常务委员会工作报告》主要内容：（1）紧紧围绕全市工作中心履行职责，全力推进国民经济和社会各项事业健康快速发展。一是着眼于实现“十五”计划的良好开局，大力促进经济运行质量和效益的提高。二是着力于经济发展战略重点，积极帮助政府推行工作。三是围绕涉及经济和社会长远发展的重大问题发挥职能作用，营造良好的发展环境。（2）大力推进依法治国方略的深入实施，切实促进国家机关依法行政和公正司法。积极推进法制宣传教育活动，提高全体公民特别是领导干部及司法人员的法制观念和法律素质。多形式强化对专项法律贯彻实施情况的监督，维护法律的严肃性。高度重视信访工作和个案监督工作，增强法律监督实效。保证任免权的正确实施和对被任命干部的有效监督，为依法行政和公正司法提供重要保障。（3）全面推进代表工作和镇街人大工作，努力实现和维护好人民群众的根本利益。立足于维护人民利益、保障人民当家做主权利的行使，不断密切与代表的联系，注重发挥好人大代表的作用。适应新形势任务的需要，切实加强对基层人大工作的指导，努力提高全市人大工作的整体水平。（4）认真落实六中全会精神，切实加强常委会及办事机构的作风建设。

四、决议决定

会议作出了《关于政府工作报告的决议》《关于高密市 2001 年国民经济和社会发展计划执行情况与 2002 年国民经济和社会发展计划的决议》《关于高密市 2001 年财政预算执行情况和2002年财政预算的决议》《关于高密市人民代表大会常务委员会工作报告的决议》《关于高密市人民法院工作报告的决议》《关于高密市人民检察院工作报告的决议》等 6 项决议；作出了办理《关于北胶新河污染问题必须尽快解决的议案》《关于在农田水利建设投资方面向南部丘岭地区倾斜的议案》《关于治理墨水河的议案》《关于在城北修一条连接平日路、穿越河崖、姜庄、大牟家、周戈庄四处镇驻地的市级公路的议案》《关于增加我市西北部公路密度带动经济发展的议案》《关于加快徐辛路铺油进度，加长徐辛路铺油里程的议案》的决定。

五、选举

会议补选宋允厚为高密市人民法院院长。

第十五节　市第十五届人民代表大会会议

第一次会议

一、概况

高密市第十五届人民代表大会第一次会议于 2003 年 1 月 20 日至 24 日在市大剧院召开。出席代表 274 人。

二、主席团

主席团：（以姓氏笔画排列）

王汉杰　王致民　王教法　朱安达
庄　政　刘　旭　刘松青　刘宗法
刘彭泉　齐世增　孙思斌　孙锡喜
杜洪君　杜敦义　李　伟　李储文
吴元宝　吴建民　沙明君　宋　杰
张业林　张振国　张慕坤　范立标
郑有奎　单际庆　赵志远　贺仁富
聂立斌（女）　顾建华　高　原
唐屹立　葛月殿　薛维明　薛维钧
魏廷松　魏志强

常务主席：

吴元宝　孙惠斌　吴建民　齐世增
赵志远　魏志强　聂立斌（女）
刘宗法　刘彭泉　张慕坤　王致民
张振国
秘书长：刘彭泉（兼）
副秘书长：
王汉杰　李　健　李锡朋　蔡善华
庄　政　李章智

三、报告及主要内容

会议听取并审议了代理市长吴建民作的《政府工作报告》，市人大常委会副主任刘宗法作的《高密市人民代表大会常务委员会工作报告》，市人民法院院长宋允厚作的《高密市人民法院工作报告》，市人民检察院代检察长刘利宁作的《高密市人民检察院工作报告》。审议了《关于高密市2002年国民经济和社会发展计划执行情况与2003年计划草案的报告》《关于高密市2002年财政预算执行情况和2003年财政预算草案的报告》。

《政府工作报告》的主要内容是：回顾和总结了过去五年工作。（1）经济建设取得重大进展，综合经济实力上了一个大的台阶。（2）城乡居民收入增加，人民生活总体上达到小康水平。（3）改革取得重大突破，市场化程度明显提高。（4）经济外向度提高，对外开放面不断扩大。（5）各项事业都有新的发展，社会全面进步。（6）政府职能有所转变，经济发展环境得到改善。2002年，全市完成国内生产总值73.2亿元，按可比价格计算，比1997年增长64.1%；财政总收入达到5.6亿元，比1997年增长102.8%；地方财政收入达到3.01亿元，比1997年增长88.5%。五年完成社会固定资产投资91.1亿元，完成社会消费品零售总额125.8亿元，国民经济三次产业之比由1997年的28.8∶39.2∶32，调整为2002年的20.1∶45.2∶34.7。明确2003—2007年五年总体施政方针：（1）坚持以经济建设为中心。（2）坚持把工业作为国民经济的主导产业来抓。（3）坚持把招商引资作为经济发展的总抓手。（4）坚持以改革总揽全局。（5）坚持三个文明建设同步推进，协调发展。（6）坚持以民为本、执政为民的思想。（7）努力建设务实、高效、廉洁的政府。

《高密市人民代表大会常务委员会工作报告》的主要内容是：回顾总结了五年的主要工作。（1）突出第一要务，紧紧围绕党的工作中心履行职权。一是大力促进“九五”计划的全面完成和“十五”计划的顺利实施，在国民经济和社会各项事业发展中发挥重要的决定作用。二是紧紧抓住关键环节，在经济发展战略的实施中发挥重要的推动作用。三是着力促进热点难点问题的解决，在营造良好发展环境中发挥重要的保障作用。五年间，常委会共召开了40次例会，听取并审议了“一府两院”96项工作报告，就有关重大事项做出了56个决议和决定，依法任免了35名市人大机关工作人员、128名市政府组成人员、286名市法院审判人员、101名市检察院检察人员。（2）推进依法治国方略的贯彻实施，不断加快全市法制建设进程。一是大力推进普法工作，夯实依法治理的基础。作出了“四五”普法和“三五依法治市”的决议，组织“一府两院”219名干部集中进行了法律知识考试。二是认真抓好执法责任制的实施，确保依法行政和公正司法。五年间，共对“一府两院”34名被任命干部进行了述职评议。三是多措并举，切实强化对专项法律法规贯彻实施情况的监督。先后听取并审议了23项法律法规贯彻实施情况的汇报，对43项法律法规开展执法检查、调查或视察活动，配合潍坊市人大常委会对多部法律法规实施情况进行了调查、视察和检查。四是高度重视信访和个案监督工作，不断增强法律监督时效性。换届以来，共受理人大代表和群众来信来访3373件次，立案查处1113件次，办结率达96.7%。（3）立足人民群众的根本利益，全面推进代表工作和镇街人大工作。一是密切与代表的联系，尊重代表的民主权利，不断丰富代表活动内容。二是讲求工作实效，强化对基层人大工作的指导，努力提高全市人大工作的整体水平。（4）保障人民当家做主的民主权利，依法搞好换届选举。积极做好各项准备工作，坚持以党的十六大精神和“三个代表”重要思想为指导，在市委的领导下搞好换届选举工作；坚持抓好试点，强化对面上工作的指导。共选出市级人大代表277名，依法成功指导镇人大换届选举工作，共选出镇级人大代表1107名。（5）坚持与时俱进，不断加强常委会及办事机构的自身建设。一是坚持和发扬理论联系实际的学风，始终保持奋发有为的精神状态。二是不断完善工作机制，认真开展“四评选、一授勋”活动。先后授予5人高密人民勋章、50人高密市“十佳干警”称号。三是积极探索提高常委会会议质量的新途径，不断增强监督效果。5年间，围绕常委会议题共开展了76项调查活动。四是切实加强办事机构建设，努力提高工作效能。

四、决议决定

会议作出了《关于高密市人民政府工作报告的决议》《关于高密市2002年国民经济和社会发展计划执行情况与2003年国民经济和社会发展计划的决议》《关于高密市2002年财政预算执行情况和2003年财政预算的决议》《关于高密市人民代表大会常务委员会工作报告的决议》《关于高密市人民法院工作报告的决议》《关于高密市人民检察院工作报告的决议》6项决议；作出了办理《关于规范地名管理、促进城市建设、方便市民生活的议案》的决定。

五、选举

会议选举了由20人组成的高密市人大常务委员会，吴元宝当选为主任；崔红旗、颜廷爱、聂立斌（女）、刘彭泉、张慕坤、王致民、张振国为副主任；王汉杰等12人为委员。

选举吴建民为市长，杜洪君、钟亮成、刘金贵、林京湖、刘秀平（女）、胡立为副市长。

选举宋允厚为市人民法院院长。

选举刘利宁为市人民检察院检察长。

选举53名出席潍坊市第十四届人民代

表大会代表。

第二次会议

一、概况

高密市第十五届人民代表大会第二次会议于2004年2月10日至12日在市大剧院召开。出席代表277人。

二、主席团

主席团：（以姓氏笔画排列）

于纯华　马金英（女）　王汉杰

王庆波　王致民　王教法　朱安达

任德平　庄　政　刘　旭　刘宗法

刘俊忠　刘彭泉　齐世增　孙晓非

孙惠斌　孙锡喜　杜敦义　李　伟

李储文　吴元宝　宋　杰　宋希会

张业林　张建国　张振国　张慕坤

范立标　郑有奎　单际庆　赵志远

钟　波（女）　贺仁富　聂立斌（女）

顾建华　高　原　郭言兴　唐屹立

鹿书信　崔红旗　葛月殿　蔡善华

颜廷爱　薛维明　薛维钧　魏廷松

魏志强

常务主席：

吴元宝　崔红旗　齐世增　赵志远

魏志强　颜廷爱　聂立斌（女）

刘彭泉　张慕坤　王致民　张振国

秘书长：刘彭泉（兼）

副秘书长：

王汉杰　李　健　李锡朋　葛孝江

庄　政　李章智

三、报告及主要内容

会议听取并审议了市长吴建民作的《政府工作报告》，市人大常委会副主任颜廷爱作的《高密市人民代表大会常务委员会工作报告》，市人民法院院长宋允厚作的《高密市人民法院工作报告》，市人民检察院检察长刘利宁作的《高密市人民检察院工作报告》；审议了《关于高密市2003年国民经济和社会发展计划执行情况与2004年计划草案的报告》《关于高密市2003年预算执行情况和2004年预算草案的报告》。

图3－6　高密市第十五届人民代表大会第二次会议召开场景

《政府工作报告》的主要内容是：对2003

年高密市经济社会发展进行总结回顾。（1）经济加快发展，经济结构趋优。工业实力增强；农民收入增加；第三产业加快发展；民营经济有新发展。（2）招商引资实现新突破，进出口贸易增长较快。（3）城乡基础设施建设得到加强。（4）抗击“非典”取得阶段性胜利，各项社会事业有了新发展。2003年，全市完成国内生产总值88亿元，比上年增长17.5%。财政总收入达到6.8亿元，比上年增长20.9%；地方财政收入达到3.72亿元，比上年增长26.9%。全社会固定资产投资达到52.9亿元，比上年增长96.9%。

《高密市人民代表大会常务委员会工作报告》的主要内容是：（1）加大监督工作力度，促进经济发展和社会全面进步。一是抓住关键，审议决定好事关全市经济社会发展的重大事项。二是突出重点，围绕经济发展和人民群众关心的热点问题实施监督。根据三中全会精神，常委会提出了7条意见和建议。市镇两级人大联动，对市直47个执法部门进行“优化环境、依法行政”执法大检查。先后召开了13次主任会议，6次常委会议，听取并审议了“一府两院”的20多项专题报告，对6部法律法规贯彻执行情况进行了审议，对5部法律法规贯彻实施情况进行了执法检查。三是强化措施，不断增强监督实效。共向市委提交了28份调查报告，提出了100多条建设性意见和建议。（2）依法任免国家机关工作人员，认真开展述职评议工作。常委会先后依法任免了203名国家机关工作人员，对新补选的6名市人大代表资格进行了审查确认。（3）努力做好代表工作，积极推进民主政治建设。一是做好代表工作，坚持尊重代表，关心代表，积极为代表执行职务创造条件，充分发挥了代表的作用。二是采取有力措施，把办理代表建议列入重要日程。三是做好信访工作，去年共收到人民群众来信267件，接待来访253批次，到期结案率为100%。高密市人大信访工作受到全国人大常委会的肯定，并在全国人大信访工作经验交流会上作了书面发言。（4）切实加强自身建设，不断提高工作水平。一是抓学习，促素质提高。二是抓制度，促工作规范。三是抓调研，促作风转变。四是抓创新，促全面发展。

四、决议决定

会议作出了《关于高密市人民政府工作报告的决议》《关于高密市2003年国民经济和社会发展计划执行情况与2004年国民经济和社会发展计划的决议》《关于高密市2003年财政预算执行情况和2004年财政预算的决议》《关于高密市人民代表大会常务委员会工作报告的决议》《关于高密市人民法院工作报告的决议》《关于高密市人民检察院工作报告的决议》等6项决议；作出了办理《关于多措并举尽快普及高中教育》的决定。

第三次会议

一、概况

高密市第十五届人民代表大会第三次会议于2005年2月26日至28日在市大剧院

召开。出席代表283人。

二、主席团

主席团：（以姓氏笔画排列）

于纯华　门业清　马金英（女）
王汉杰　王庆波　王致民　石寿林
朱安达　任德平　庄　政　刘　旭
刘宗法　刘俊忠　刘彭泉　齐世增
孙晓非　孙惠斌　孙锡喜　李　伟
李玉伟　李连成　李储文　吴建民
沈建树　宋希会　张业林　张建国
张振国　张慕坤　邵春生　单际庆
钟　波（女）　贺仁富　聂立斌（女）
栗祥成　顾建华　高　原　崔红旗
鹿书信　蔡善华　颜　政　颜廷爱
薛维明　薛维钧　魏志强

常务主席：

吴建民　崔红旗　齐世增　魏志强
顾建华　颜廷爱　聂立斌（女）
刘彭泉　张慕坤　王致民　张振国

秘书长：刘彭泉（兼）

副秘书长：

王汉杰　唐屹立　李锡朋　葛孝江
庄　政　李章智

三、报告及主要内容

会议听取并审议了代理市长赵志远作的《政府工作报告》，市人大常委会副主任崔红旗作的《高密市人民代表大会常务委员会工作报告》，市人民法院院长宋允厚作的《高密市人民法院工作报告》，市人民检察院检察长刘利宁作的《高密市人民检察院工作报告》；审议了《关于高密市2004年国民经济和社会发展计划执行情况与2005年计划草案的报告》《关于高密市2004年预算执行情况和2005年预算草案的报告》。

《政府工作报告》的主要内容是：（1）国民经济快速健康发展。（2）工业主导地位明显增强。（3）农村经济稳步增长。（4）商贸流通服务业日益活跃。（5）民营经济发展迅猛。（6）对外开放实现新跨越。（7）基础设施建设取得较大进展。（8）社会事业全面协调推进。全年完成地区生产总值102亿元，比上年增长15.9%；完成财政总收入7.18亿元，增长19.8%，其中地方财政收入3.77亿元，增长28.2%；全社会固定资产投资完成107.6亿元，增长103.4%。一、二、三产业的比例达到18.1∶52.8∶29.1。

《高密市人民代表大会常务委员会工作报告》的主要内容是：（1）贴紧第一要务，推动经济社会更快更好发展。围绕经济社会发展的重大事项，依法行使决定权；围绕经济发展的战略重点，积极支持政府开展工作；围绕工作大局和群众关心的问题，切实做好工作监督。（2）贯彻依法治国基本方略，促进国家机关依法行政和公正司法。积极推进普法工作，夯实依法治理的基础；突出重点，加强对法律法规实施情况的监督；重视和加强信访工作，增强法律监督实效；加强人事任免和人事监督工作，为依法行政和公正司法提供了组织保障。先后任免了33名国家机关工作人员，对“一府两院”的6名被任命干部进行了述职评议。（3）坚持以人为本，增强代表工作和镇街人大工作的实效。

一是以密切与人大代表和人民群众的联系为着力点，进一步深化代表工作。二是以推进基层民主政治建设为着力点，加强对镇街人大工作的联系和指导。（4）以纪念人民代表大会成立50周年为契机，大力开展人大制度和民主法制宣传教育活动。制订了《关于进一步加强人大宣传工作的意见》，先后创办了机关刊物《高密人大》和内部资料《高密人大信息》，开通了“高密市人大”网站，聘请了36名人大信息通讯员。有360多篇稿件被潍坊市级以上新闻媒体采用。（5）加强常委会自身建设，努力提高履职能力。一是着眼于提高政治业务素质，加强了学习。二是着眼于求真务实，加强了作风建设。三是着眼于提高履职能力和水平，坚持了开拓创新。四是着眼于提高工作质量，加强了机关建设。组织开展了33次调研活动，写出了33篇调研报告。共召开了7次常委会，听取并审议了“一府两院”的16项工作汇报，发出了20份《审议意见书》。

图3－7　市人大常委会党组书记、副主任崔红旗作市人大常委会工作报告

四、决议决定

会议作出《关于高密市人民政府工作报告的决议》《关于高密市2004年国民经济和社会发展计划执行情况与2005年国民经济和社会发展计划的决议》《关于高密市2004年财政预算执行情况和2005年财政预算的决议》《关于高密市人民代表大会常务委员会工作报告的决议》《关于高密市人民法院工作报告的决议》《关于高密市人民检察院工作报告的决议》6项决议；作出了办理《关于积极实施新一轮城市总体规划，推进高密城市化建设进程的议案》的决定。

五、选举

会议选举吴建民为高密市第十五届人民代表大会常务委员会主任，门业亭、田凯文、李连杰、葛孝江为委员。

选举赵志远为高密市人民政府市长。

第四次会议

一、概况

高密市第十五届人民代表大会第四次会议于2006年2月23日至25日在市大剧院

召开。出席代表274人。

二、主席团

主席团：（以姓氏笔画排列）

于纯华　门业亭　门业清　马金英（女）
王汉杰　王庆波　王致民　王家林
石寿林　田凯文　任德平　庄　政
刘　旭　刘宗法　刘俊忠　刘彭泉
齐世增　孙晓非　孙惠斌　孙锡喜
李玉伟　李　伟　李连成　李连杰
李储文　吴建民　沈建树　宋希会
张业林　张庆坚　张建国　张振国
张慕坤　邵春生　单际庆　钟　波（女）
贺仁富　栾仁霞（女）　聂立斌（女）
栗祥成　顾建华　高　原　崔红旗
鹿书信　葛孝江　蔡善华　颜廷爱
颜　政　薛维明　薛维钧　魏志强

常务主席：

吴建民　崔红旗　齐世增　魏志强
顾建华　颜廷爱　聂立斌（女）
刘彭泉　张慕坤　王致民　张振国

秘书长：刘彭泉（兼）

副秘书长：

王汉杰　唐屹立　李锡朋　葛孝江
庄　政　李章智

三、报告及主要内容

会议听取并审议了市长赵志远作的《政府工作报告》，市人大常委会副主任崔红旗作的《高密市人民代表大会常务委员会工作报告》，市人民法院院长宋允厚作的《高密市人民法院工作报告》，市人民检察院检察长刘利宁作的《高密市人民检察院工作报告》；审查批准了高密市国民经济和社会发展第11个五年规划纲要；审议了《关于高密市2005年国民经济和社会发展计划执行情况与2006年计划草案的报告》《关于高密市2005年预算执行情况和2006年预算草案的报告》。

图3－8　市长赵志远（中）参加代表团审议

《政府工作报告》的主要内容是：回顾了“十五”时期经济社会发展情况。（1）经济发展实现历史性跨越，综合实力显著提升。（2）招商引资实现重大突破，对外开放水平显著提高。（3）基础设施日益配套完善，城乡面貌发生显著变化。（4）改革持续向纵深推进，发展活力显著增强。(5)各项事业全面进步，和谐社会建设成效显著。2005年，全市完成地区生产总值130.2亿元、财政总收入10亿元、地方财政收入5.47亿元，分别比2000年增长99.6%、143.8%和124.3%。一、二、三产业增加值分别达到20.4亿元、81.4亿元、28.4亿元，分别比2000年增长30.5%、193.3%、34.8%。五年累计完成固定资产投资324.9亿元，是“九五”时期的4.6倍，其中去年完成117.5亿元。全市在岗职工平均工资达到11436元、农民人均纯收入达到4880元，分别比2000年增加5022元和1780元。2005年与上年相比，地区生产总值增长23.1%，地方财政收入增长45.4%，固定资产投资增长9.3%，实际利用市外资金增长35.8%、利用境外资金增长57.3%，出口额增长33.6%，在岗职工平均工资增长18.4%，农民人均纯收入增长15.4%，主要指标增幅高于潍坊市平均水平。

《高密市人民代表大会常务委员会工作报告》的主要内容是：(1)围绕全市工作大局履行职责，推动经济社会又好又快发展。一是着眼于为经济社会发展提供决策支持，依法决定重大事项。常委会先后作出了5项事关全市经济和社会发展的决议和决定。二是着眼于推动全市经济发展战略的顺利实施，积极支持政府开展工作。三是着眼于促进解决事关经济社会协调发展和人民群众切身利益的问题，努力提高监督实效。四是着眼于推进生态城市和魅力城市建设，切实加强城市规划建设管理监督。(2)立足保障公共权力正确行使实施监督，积极推进依法行政和公正司法。一是开展了“转变作风，依法行政”检查评议活动。二是完善了人事任免和评议监督工作。三是加强和改进了信访工作。(3)夯实工作基础，提高全市人大工作整体水平。一是坚持党的领导，保持全市人大工作正确的政治方向。二是密切与人大代表和人民群众的联系，进一步深化代表工作。三是加强对镇街人大工作的联系和指导，推进基层民主政治建设。(4)切实搞好自身建设，努力提高履行职责的能力。常委会共召开了7次常委会议，听取并审议了“一府两院”的15项工作汇报，发出10份《审议意见书》；开展了评选镇街人大工作先进单位、“十佳干警”、优秀人大代表等活动；对事关经济社会发展的10部法律法规的实施情况进行了监督；组织开展了29项调研活动。

四、决议决定

会议作出了《关于市人民政府工作报告的决议》《关于高密市国民经济和社会发展第十一个五年规划纲要的决议》《关于高密市2005年国民经济和社会发展计划执行情况与2006年国民经济和社会发展计划的决议》《关于高密市2005年财政预算执行情况和2006年财政预算的决议》《关于市人民代表大会常务委员会工作报告的决议》《关于市人民法院工作报告的决议》《关于市人民检察院工作报告的决议》7项决议；作出了办理《关于在“十一五”期间加快高密“文化名市”建设的议案》《关于加大投入防氟

改水的议案》的决定。

五、选举

会议接受刘彭泉、张振国辞去高密市第十五届人民代表大会常务委员会副主任职务的请求，于纯华、门业亭、任德平、宋希会、鹿书信辞去委员职务的请求。

补选王家林、张庆坚为高密市第十五届人民代表大会常务委员会副主任，朱力达、曹立山、张兴家、沙明君、刘来忠为委员。

第五次会议

一、概况

高密市第十五届人民代表大会第五次会议于2007年3月7日至9日在市大剧院召开。出席代表282人。

二、主席团

主席团：（以姓氏笔画排列）

马训利　马金英（女）　王汉杰
王旭东　王庆波　王保功　王致民
王家林　石寿林　田凯文　田绍传
朱力达　朱安达　庄　政　刘来忠
刘松青　刘宗法　刘彭泉　刘新国
孙惠斌　杜钦德　李连成　李连杰
李希金　李宗福　李储文　吴兴安
吴建民　沙明君　沈建树　张庆坚
张兴家　张国廷　张建国　张星海
张振国　张慕坤　邵春生　岳国彬
郑有奎　胡　立　聂立斌（女）
栗祥成　顾建华　栾仁霞（女）
曹立山　崔红旗　葛孝江　韩寿英（女）
蔡善华　颜廷爱　颜　政　薛维明
薛维钧

常务主席：

吴建民　崔红旗　顾建华　颜廷爱
聂立斌（女）　张慕坤　王致民
王家林　张庆坚

秘书长：张庆坚（兼）

副秘书长：

庄　政　唐屹立　张业林　葛孝江
赵　磊　李章智

三、报告及主要内容

会议听取并审议了市长赵志远作的《政府工作报告》，市人大常委会副主任崔红旗作的《高密市人民代表大会常务委员会工作报告》，市人民法院院长宋允厚作的《高密市人民法院工作报告》，市人民检察院代理检察长邓树刚作的《高密市人民检察院工作报告》；审议了《关于高密市2006年国民经济和社会发展计划执行情况与2007年计划草案的报告》《关于高密市2006年预算执行情况和2007年预算草案的报告》。

《政府工作报告》的主要内容是：（1）坚持科学发展，综合实力进一步增强。（2）加强基础设施建设，城乡面貌发生新的变化。（3）加快推进改革开放，不断为发展注入活力。（4）积极发展各项事业，社会和谐程度提高。全市完成地区生产总值158.1亿元，比上年增长19.9%，实现财政总收入13.8亿元、地方财政收入7.1亿元，分别增长39%、33%；完成全社会固定资产投资109亿元，增长17.3%。工业立市成效突出，规模以上企业达到524家，新增64家，实现产品销售收入356.7亿元、利税29.2亿元，分别增长40.9%、47.7%。年末居民储蓄存款余额达到64.1亿元，比年初增加8.4亿元。在岗职工平均工资1.29万元、农民人均纯收入5422元，分别增加1504元、542元。在第六届全国县域经济基本竞争力评价中，高密市列第118位，比2005年提升29个位次。

《高密市人民代表大会常务委员会工作报告》的主要内容是：（1）坚持人大工作重心与党的工作中心相统一，明确常委会年度工作重点。（2）坚持依法监督与倾力支持相统一，推动全市经济社会又好又快发展。着眼于促进科学发展，加强对经济社会发展重大事项的监督；着眼于推动新农村建设，加强对“三农”工作的监督；着眼于增强城市功能，加强对城市规划建设管理工作的监督。（3）坚持发展民主和健全法制相统一，着力促进依法行政和公正司法。一是监督和推进了普法依法治市工作。二是重视和强化了对权力运行的监督制约。三是规范和完善了人事任免。四是加强和改进了人大信访工作。（4）坚持对人民负责与对党负责相统一，热情关注解决民生“三最”问题。（5）坚持常委会工作与上下级人大工作相统一，强化对上级人大代表和镇街人大工作的服务和指导。一是搭建履职平台，畅通民意渠道。二是深化主题活动，增强代表活动实效。三是开展代表述职，激励履行职责。四是规范建议办理，广泛集中民智。五是加强联系指导，推进镇街人大工作。（6）坚持搞好监督与接受监督相统一，加强权力机关的履职能力建设。一年来，常委会共召开了8次常委会会议，听取并审议了“一府两院”的17项工作汇报，发出24份审议意见书；有计划、有重点地对事关经济社会发展的11部法律法规的实施情况进行了监督；组织开展了34项调研活动。

四、决议决定

会议作出了《关于市人民政府工作报告的决议》《关于高密市2006年国民经济和社会发展计划执行情况与2007年国民经济和社会发展计划的决议》《关于高密市2006年财政预算执行情况和2007年财政预算的决议》《关于市人民代表大会常务委员会工作报告的决议》《关于市人民法院工作报告的决议》《关于市人民检察院工作报告的决议》6项决议；作出了办理《关于加快文化体育基础设施建设的议案》和《关于严格依法维护城市规划严肃性的议案》的决定。

五、选举

会议接受张京坤、王玫民辞去高密市第十五届人民代表大会常务委员会副主任职务的请求，蔡善华、曹立山、张建国辞去委员职务的请求。

补选张星海、张国廷、郑有奎为高密市第十五届人民代表大会常务委员会副主任，万里、姜殿国、薛维钧、魏廷松为委员。

补选邓树刚为高密市人民检察院检察长。

第十六节　市第十六届人民代表大会会议

第一次会议

一、概况

高密市第十六届人民代表大会第一次会议于2007年12月11日至14日在市大剧院召开。出席代表276人。

二、主席团

主席团：（以姓氏笔画排列）

万　里　马训利　马金英（女）
王汉杰　王旭东　王庆波　王保功
王家林　毛进兰（女）　田凯文
邓树刚　朱力达　朱安达　庄　政
刘来忠　刘松青　刘新国　杜洪君
宋允厚　李连成　李连杰　李希金
李延民　李葆东　吴建民　沙明君
张庆坚　张兴家　张国廷　张星海
邵春生　邱介福　范福生　郑有奎
胡　立　姜殿国　栾仁霞（女）
崔红旗　葛孝江　颜廷爱　薛维明
薛维钧

常务主席：

吴建民　崔红旗　范福生　杜洪君
颜廷爱　张星海　王家林　张庆坚
张国廷　郑有奎　薛维钧

秘书长：张庆坚（兼）

副秘书长：

庄　政　孙　波　张业林　葛孝江
张友勤　李章智

三、报告及主要内容

会议听取并审议了代理市长范福生作的《政府工作报告》，市人大常委会副主任崔红旗作的《高密市人民代表大会常务委员会工作报告》，市人民法院院长宋允厚作的《高密市人民法院工作报告》，市人民检察院检察长邓树刚作的《高密市人民检察院工作报告》；审议了《关于高密市2007年国民经济和社会发展计划执行情况与2008年计划草案的报告》《关于高密市2007年预算执行情况和2008年预算草案的报告》。

图3－9　市委书记、市人大常委会主任吴建民主持会议开幕式

《政府工作报告》的主要内容是：（1）突出抓好第一要务，经济综合实力显著提升。（2）坚持城乡统筹发展，新农村建设扎实推进。（3）基础设施建设日趋完善，城乡面貌发生巨大变化。（4）改革开放深入推进，发展动力活力持续提升。（5）各项事业全面发展，社会更加和谐稳定。2007年，实现地区生产总值190亿元，财政总收入18.43亿元，地方财政收入10.06亿元，分别是2002年的2.3倍、3.3倍、4.2倍。在岗职工平均工资15500元、农民人均纯收入6100元，分别比2002年增长93.6%和77.2%。城乡居民储蓄余额72.6亿元，是2002年的1.9倍。在第七届全国县域经济基本竞争力评价中，高密市列第103位，比2002年前移46个位次。

《高密市人民代表大会常务委员会工作报告》的主要内容是：回顾了五年来的工作。（1）正确处理加强党的领导与依法行使职权的关系，始终坚持人大工作坚定正确的政治方向。五年间，常委会召开了39次常委会会议，听取并审议了“一府两院”的77项工作汇报，发出64份审议意见书；对事关经济社会发展的35部法律法规的实施情况进行了监督；组织开展了129项调研活动，27篇报告被市委转发。（2）正确处理依法监督与倾力支持的关系，始终坚持把促进经济社会又好又快发展作为履行职责的第一要务。一是着眼于落实科学发展观，加强对经济社会发展重大事项的监督。五年来，先后就有关重大事项作出了43项决议和决定，审议批准了10个重点建设项目的贷款事项，支持政府争取发展资金11亿元。二是着眼于推进新农村建设，加强对“三农”工作的监督。对多部涉农法律实施情况进行了执法检查，推进了相关法律法规更好地贯彻落实。三是着眼于改善城乡人居环境，加强对规划建设管理工作的监督。组织开展了专项调查视察活动，进一步提升城市规划建设与管理的水平。（3）正确处理发展社会主义民主政治与健全法制的关系，始终坚持把提高民主法制建设水平作为人大工作的根本任务。一是监督和推进了普法依法治市工作。常委会先后三次听取审议市政府关于“四五”普法和“三五”依法治市情况汇报，作出了关于“五五”普法规划和2006—2010年依法治市的决议，开展一系列人大制度和民主法制宣传教育活动。二是重视和强化了对权力运行的监督制约。常委会于2003年和2005年，先后开展了“优化环境，依法行政”和“转变作风，依法行政”执法大检查。三是规范和完善了人事任免。五年来，常委会共依法任命国家机关工作人员285人，免职118人，依法任命了26名市人民法院人民陪审员，9名市人民检察院人民监督员。四是加强和改进了人大信访工作。五年来，共受理群众来信来访2831件，列入重点督办的727件，到期处结率达100%。（4）正确处理对党负责与对人民负责的关系，始终坚持把改善民生作为人大工作的重要准则。对医疗、社会保障、教育、社会治安、饮用安全水等重点民生问题开展监督。（5）正确处理代表主体作用与常委会职能作用的关系，始终坚持把代表工作作为提升人大工作整体水平的基础工程。一是加强服务指导，拓宽联系渠道。五年来，全市各级人大代表参加调查视察和执法检查活动600多人次，列席常委会会议260多人次，接纳33名普通公民旁听会议。二是深化主题活动，激励履行职责。五年来，代表提出700多件建议意见全部按期办理完毕，受到代表和群众好评。（6）正确处理搞好监督与接受监督的关系，始终坚持把加强自身建设作为提高常委会履职能力的有效途径。先后出台了《关于加强自身建设的决定》《关于保持共产党员先进性切实加强自身建设的意见》，不断加强自身建设，积极完善工作推进机制。

四、决议决定

会议作出了《关于市人民政府工作报告的决议》《关于高密市2007年国民经济和社会发展计划执行情况与2008年国民经济和社会发展计划的决议》《关于高密市2007年财政预算执行情况和2008年财政预算的决议》《关于市人民代表大会常务委员会工作报告的决议》《关于市人民法院工作报告的决议》《关于市人民检察院工作报告的决议》6项决议；作出了办理《关于积极实施新一轮城市总体规划，加速推进市区向东部拓展建设的议案》《关于扎实推进城乡医疗卫生体制改革的议案》的决定。

五、选举

会议选举产生了由26人组成的高密市第十六届人民代表大会常务委员会，吴建民当选为主任，崔红旗、张星海、王家林、张国廷、郑有奎、薛维钧、毛进兰（女）为副主任，万里等18人为委员。

选举范福生为高密市人民政府市长，李葆东、李兰祥、钟亮成、刘秀平（女）、徐振刚、贾勤清为副市长。

选举宋允厚为高密市人民法院院长。

选举邓树刚为高密市人民检察院检察长。

选举54名潍坊市第十五届人民代表大会代表。

第二次会议

一、概况

高密市第十六届人民代表大会第二次会议于2009年1月8日至10日在市大剧院召开。出席代表277人。

二、主席团

主席团：（以姓氏笔画排列）

万　里　马训利　马金英（女）
王汉杰　王连友　王旭东　王庆波
王保功　王家林　毛进兰（女）
田凯文　朱力达　朱安达　庄　政
刘来忠　刘松青　刘俊忠　刘新国
吕春芳（女）　杜洪君　李连成
李连杰　李希金　李延民　吴建民
沙明君　张庆坚　张兴家　张国廷
张恭运　张星海　邵春生　邱介福
邱纯洁　郑有奎　岳国彬　胡　立
姜殿国　郭宗祥　栾仁霞（女）
崔红旗　程际奎　葛孝江　颜廷爱

薛维钧

常务主席：

吴建民　崔红旗　杜洪君　张星海

王家林　张国廷　郑有奎　薛维钧

毛进兰（女）

秘书长：张星海（兼）

副秘书长：

庄　政　孙　波　张业林　葛孝江

徐　明　李章智

三、报告及主要内容

会议听取并审议了市长范福生作的《政府工作报告》，市人大常委会第一副主任崔红旗作的《高密市人民代表大会常务委员会工作报告》，市人民法院代理院长李鲁民作的《高密市人民法院工作报告》，市人民检察院检察长邓树刚作的《高密市人民检察院工作报告》；审议了《关于高密市2008年国民经济和社会发展计划执行情况与2009年计划草案的报告》《关于高密市2008年预算执行情况和2009年预算草案的报告》；审议了朱安达等15名代表提出的《关于扶持和引导企业做大做强的议案》，郭金桥等15名代表提出的《关于进一步提高农村社区服务水平的议案》。

《政府工作报告》的主要内容是：（1）努力推进科学发展，经济保持平稳较快增长。深入开展“企业年”活动，工业经济发展壮大；全面加快农业现代化步伐，农村经济稳步发展；着力提升建管水平，城市经济日趋繁荣；积极构建大流通格局，服务业发展速度加快。（2）着力解决民生问题，社会事业得到全面发展。（3）大力加强自身建设，政府公信力和执行力进一步增强。2008年，全市预计实现地区生产总值235亿元，现价增长18.7%；完成地方财政收入11.76亿元，增长23%；完成社会消费品零售总额73亿元，增长20.3%；城乡居民储蓄余额达到92亿元，增长26%；农民人均纯收入6889元，增长10.2%。在第八届全国县域经济基本竞争力和科学发展评价中，高密市列第89位，重新进入全国百强县行列。

《高密市人民代表大会常务委员会工作报告》的主要内容是：（1）围绕推动经济社会又好又快发展，切实履行监督职责。一是着眼于落实科学发展观，加强对经济社会发展重大事项的监督。作出了11项决议和决定，并采取调查、视察等有效措施，督促抓好落实；审查了高密市2007年财政决算，并结合全市实际及时作出了调整2008年地方财政收支预算的决定；听取并审议了市政府关于高新技术产业发展情况的报告、关于节能减排工作情况的报告；听取了关于推进企业上市、发展现代物流业、加强文化建设等专项工作报告，并向市政府发出了审议意见书；审议批准了6个重点建设项目的贷款事项，积极支持政府多渠道筹集发展资金。二是着眼于推进新农村建设，加强对“三农”工作的监督。常委会对农村公共服务社区化进行了专题调查；对《农民专业合作社法》实施情况进行了执法检查，并将检查报告提交常委会会议进行了审议。三是着眼于改善城乡人居环境，加强对城乡规划建设管理工作的监督。根据市委安排，常委会组织专门调查组对胶河污染防治情况进行了调查，提出了切实可行的意见建议，市委及时转发了这个报告；以镇街园区和农村环境保护工作为重点，对全市贯彻实施《环境保护法》《城乡规划法》情况进行了执法检查。（2）围绕推进依法行政和公正司法，着力保障公共权力正确行使。一是重视和强化了对权力进行的监督制约。对《行政许可法》实施情况进行了执法检查，并向市政府和有关部门提出了进一步完善行政服务中心建设、加强行政许可清理、强化行政许可监管、提高行政效率的建议意见；听取并审议了市政府关于法律援助工作情况的报告；对市人民法院关于民事诉讼调解工作、市人民检察院关于民事行政检察工作进行了审议监督。二是监督和推进了民生工作的改善。共受理群众来信来访481件，列入重点督办的91件，到期处结率达98%。三是规范和完善了人事任免。一年来，常委会共依法任命国家机关工作人员52人，免职32人。（3）围绕提高全市人大工作整体水平，认真做好代表工作。一是加强服务指导，拓宽联系渠道。去年以来，全市各级人大代表参加常委会组织的调查视察和执法检查活动200多人次，列席常委会会议60多人次，先后邀请18名公民旁听了常委会会议。二是深化主题活动，激励履行职责。以市委开展的“企业年”活动为契机，组织全市人大代表开展了“服务企业，争做贡献”活动；积极响应市委号召，认真执行代表职务，充分发挥代表作用。三是督办代表建议，凝聚发展合力。根据市委安排，常委会加大对代表建议的督办力度；在人大常委会工作中首次从代表所提建议中确定题目，对代表反映集中和人民群众普遍关注的问题开展专题调查活动。（4）围绕提高履职能力，不断加强自身建设。讨论通过了《高密市人大常委会关于进一步加强自身建设的决定》；在深入学习《监督法》的基础上，制订和修订了一系列工作制度；以市委开展“机关作风建设集中月”活动为契机，转变工作作风，提高工作效能。

四、决议决定

会议作出了《关于市人民政府工作报告的决议》《关于高密市2008年国民经济和社会发展计划执行情况与2009年国民经济和社会发展计划的决议》《关于高密市2008年财政预算执行情况和2009年财政预算的决议》《关于市人民代表大会常务委员会工作报告的决议》《关于市人民法院工作报告的决议》《关于市人民检察院工作报告的决议》6项决议；作出了办理《关于扶持和引导企业做大做强的议案》《关于进一步提高农村社区服务水平的议案》的决定。

五、选举

会议接受王汉杰、朱力达、李连杰、沙明君、张兴家、程际奎辞去高密市第十六届人民代表大会常务委员会委员职务的请求。

补选楚鸿峻、刘伟、彭桂臻、邹怀智、隋卫清、高四亮为高密市第十六届人民代表大会常务委员会委员。

补选李鲁民为高密市人民法院院长。

第三次会议

一、概况

高密市第十六届人民代表大会第三次会议于2010年1月12日至14日在市大剧院召开。出席代表282人。

二、主席团

主席团：（以姓氏笔画排列）

万　里　马训利　马金英（女）
王连友　王旭东　王保功　王家林
毛进兰（女）　田凯文　朱安达
朱永利　庄　政　刘　伟　刘俊忠
刘松青　刘新国　吕春芳（女）
杜洪君　李连成　李希金　李延民
吴建民　张庆坚　张国廷　张恭运
张星海　邵春生　邹怀智　邱介福
邱纯洁　郑有奎　岳国彬　胡　立
姜殿国　郭宗祥　高四亮　隋卫清
栾仁霞（女）　崔红旗　葛孝江
彭柱臻　楚鸿峻　颜廷爱　薛维钧

常务主席：

吴建民　崔红旗　杜洪君　张星海
王家林　张国廷　郑有奎　薛维钧
毛进兰（女）

秘书长：张星海（兼）

副秘书长：

庄　政　孙　波　张业林　葛孝江
窦吉进　李章智

三、报告及主要内容

会议听取并审议了市长范福生作的《政府工作报告》，市人大常委会第一副主任崔红旗作的《高密市人民代表大会常务委员会工作报告》，市人民法院院长李鲁民作的《高密市人民法院工作报告》，市人民检察院检察长邓树刚作的《高密市人民检察院工作报告》；审议了《关于高密市2009年国民经济和社会发展计划执行情况与2010年计划草案的报告》《关于高密市2009年预算执行情况和2010年预算草案的报告》；审议了朱安达等21名代表提出的《关于积极融入“两区”建设，加快高密高端农业、高端制造业、高端服务业发展的议案》。

《政府工作报告》的主要内容是：（1）努力推进科学发展，经济保持平稳较快增长。深入开展企业年活动，工业经济发展壮大；加快农业现代化步伐，农村经济快速健康发展；着力提升建管水平，城市经济日趋繁荣；加强载体建设，现代服务业发展步伐加快。（2）着力改善民生，社会事业得到全面发展。（3）大力加强自身建设，政府公信力和执行力进一步增强。全市预计实现地区生产总值370亿元，增长12%；完成地方财政收入14.28亿元，增长21.4%；完成全社会固定资产投资183亿元，增长23.8%；完成社会消费品零售总额85.7亿元，增长18.5%；城乡居民储蓄余额111亿元，增长19.4%；农民人均纯收入7592元，增长10.2%。在第九届全国县域经济基本竞争力和科学发展评价中居83位，比上届前移6个位次。

《高密市人民代表大会常务委员会工作报告》的主要内容是：（1）围绕推动科

学发展，积极履行监督职责。一是加强了对经济社会发展重大事项的监督。先后作出了14项决议和决定，审查批准多个重点项目的融资事项。二是加强了对环保工作的监督。组织调查组对胶河污染防治措施的落实情况进行了跟踪监督，对全市农村环境污染防治情况进行了调查。三是加强了对“三农”工作的监督。听取并审议了全市农业龙头企业发展情况的报告，对农产品质量安全法实施情况进行了执法检查，听取并审议了市政府关于农村文化建设情况的报告，并建议市政府把发展农村文化事业纳入重要议事日程。（2）围绕促进社会和谐，高度关注民生问题。通过组织执法检查、开展专题调研、办理人大信访案件促进解决民生问题。（3）围绕推进依法行政和公正司法，着力保障公共权力正确行使。以工作评议促进依法行政。以审议监督促进公正司法。以完善程序规范人事任免。常委会共依法任命国家机关工作人员33人，免职18人。依法作出了关于确定市人民法院人民陪审员名额的决定，在原有24名人民陪审员的基础上，又任命了22名人民陪审员。（4）围绕充分发挥代表作用，努力提高服务保障水平。加强联系指导，提升代表素质。去年以来，全市各级人大代表参加常委会组织的调查视察和执法检查活动达200多人次，列席常委会会议120多人次，邀请12名公民旁听了会议。突出实践活动，引导代表履职。已建成代表进社区活动站32个，联系点71个。强化保障措施，督办代表建议。市十六届人大二次会议以来代表提出的216件建议意见已全部办理完毕。（5）围绕提高履职能力，切实加强自身建设。扎实开展学习实践科学发展观活动，依法完善工作制度，切实转变工作作风。2009年，常委会共召开了7次常委会会议；听取并审议了“一府两院”12个专项工作报告；对事关经济社会发展的7部法律法规实施情况进行了监督；发出了22份审议意见书；组织开展了28项调研活动。

四、决议决定

会议作出了《关于市人民政府工作报告的决议》《关于高密市2009年国民经济和社会发展计划执行情况与2010年国民经济和社会发展计划的决议》《关于高密市2009年财政预算执行情况和2010年财政预算的决议》《关于市人民代表大会常务委员会工作报告的决议》《关于市人民法院工作报告的决议》《关于市人民检察院工作报告的决议》6项决议；作出了办理《关于积极融入“两区”建设，加快高密高端农业、高端制造业、高端服务业发展的议案》的决定。

五、选举

会议接受薛维钧辞去高密市第十六届人民代表大会常务委员会副主任职务的请求，万里、刘来忠、姜殿国辞去高密市第十六届人民代表大会常务委员会委员职务的请求。

补选刘松青为高密市第十六届人民代表大会常务委员会副主任，朱安达、葛月殿、张延泉、王赓为委员。

第四次会议

一、概况

高密市第十六届人民代表大会第四次会议于2011年1月21日至23日在市大剧院召开。出席代表277人。

二、主席团

主席团：（以姓氏笔画排列）

马金英（女） 马常春 王 赓
王连友 王旭东 王保功 王家林
毛进兰（女） 田凯文 朱安达
朱永利 庄 政 刘 伟 刘俊忠
刘松青 刘思芳 刘新国 吕春芳（女）
杜洪君 李延民 吴建民 张庆坚
张国廷 张恭运 张星海 张延泉
邹怀智 邱介福 邱纯洁 陈香萍（女）
郑有奎 岳国彬 胡 立 宫德胜
郭宗祥 高四亮 隋卫清 栾仁霞（女）
崔红旗 葛孝江 葛月殿 彭桂臻
楚鸿峻 颜廷爱 薛维钧

常务主席：

吴建民 崔红旗 杜洪君 张星海
王家林 张国廷
郑有奎 毛进兰（女） 刘松青

秘书长：张星海（兼）

副秘书长：

王 赓 张 超 许宝国 葛孝江
窦吉进 曲维中

三、报告及主要内容

会议听取并审议了市长范福生作的《政府工作报告》，市人大常委会第一副主任崔红旗作的《高密市人民代表大会常务委员会工作报告》，市人民法院院长李鲁民作的《高密市人民法院工作报告》，市人民检察院检察长邓树刚作的《高密市人民检察院工作报告》；审议了《关于高密市国民经济和社会发展第十二个五年规划纲要（草案）》《关于高密市2010年国民经济和社会发展计划执行情况与2011年计划草案的报告》《关于高密市2010年预算执行情况和2011年预算草案的报告》。

《政府工作报告》的主要内容是：总结了“十一五”时期经济社会发展情况。（1）牢牢把握第一要务，扩大经济总量、提升发展质量。累计完成全社会固定资产投资786亿元，是“十五”时期的3倍多。（2）坚持城乡统筹发展，促进农民增收、加快农村繁荣。粮食生产连续五年增产丰收，被命名为“全国粮食生产先进县”；畜牧养殖业总产值占农业生产总产值的比重达到57%，被确定为“全国生猪养殖调出大县”和“肉奶牛优势产区”。农业龙头企业发展到466家，农民专业合作社达到1021家。农村基础设施建设累计投入16.5亿元。支农惠农资金达到5.74亿元。（3）切实加强城市建设，提升城市品质、改善人居环境。实施了“两街三路”和城区17个重点片区综合改造；对夷安大道、康成大街、凤凰大街等城区重点街路进行综合改造。（4）始终坚持以人为本，着力改善民生、促进社会和谐。（5）深入推进改革开放，优化发展环境、增强发展活力。

以借势青岛为招商引资主渠道，引进境外资金 1.88 亿美元。大力发展外向型经济，经济外向度达到24.7%。(6)切实加强自身建设，提高行政能力、树立良好形象。重新进入全国百强县，2010 年列 77 位，三年前移 12 个位次；2010 年实现地方财政收入 18.4 亿元，地区生产总值预计达到 335 亿元，分别是 2005 年的 3.3 倍、2.4 倍；孚日集团、惠影科技成功上市，规模以上工业企业 732 家；工业总产值达到 958 亿元，是 2005 年的 4 倍多；2010 年外贸进出口总额达到 12.6 亿美元，是 2005 年的 2.4 倍；城镇在岗职工平均工资 29469 元，农民人均纯收入 8583 元，分别是 2005 年的 2.6 倍、1.8 倍。

《高密市人民代表大会常务委员会工作报告》主要内容：（1）坚持围绕中心行使监督职权，全力推动市委决策部署的贯彻落实。一是着力加强对经济工作的监督。对实施中小企业促进法和税收征管法情况进行执法检查，审议了 4 个有关建设项目的融资报告。二是着力加强对全市重点工作的监督。组织调查组对全市推进重点项目建设情况进行了专题调研，对中小学校舍安全工程实施情况进行了实地视察。三是着力加强对解决民生问题的监督。组织调查组对我市贯彻落实城乡低保制度情况进行了调查，组成检查组对全市食品安全法和工会法实施情况进行执法检查。(2)坚持保障公共权力正确行使，积极推进依法行政和公正司法。一是通过工作评议促进依法行政。组织市、镇两级人大联动，对市政府所属的 44 个部门和单位“转变作风，依法行政”工作情况开展了检查评议活动。二是通过审议专项工作报告促进公正司法。听取并审议了市人民法院关于执行工作情况的报告和市人民检察院关于法律监督工作情况的报告，并作出了相关决议。对全市“五五”普法规划及 2006—2010 年依法治市规划实施情况进行了审议监督。开展了“十佳干警”评选活动。三是通过加强人大信访促进社会和谐。共受理群众来信来访 381 件次，列于重点督办的案件 83 件，案件到期处结率达 98%。潍坊市和省人大常委会先后在全市召开人大信访工作座谈会，推广了高密人大信访工作的做法。四是通过规范人事任免促进权力正确行使。共依法任命国家机关工作人员 65 名，免职 50 名，任命了 24 名市人民法院人民陪审员。（3）坚持尊重代表主体地位，充分发挥代表在经济社会发展中的作用。一是认真办理代表议案建议。对市十六届人大二次会议以来代表所提建议落实情况进行了“回头看”，列入大会议程的 1 件议案和会议以来代表所提 161 件建议意见已全部办理完毕。二是积极拓宽代表知情知政渠道。拓宽联系、信息和参政渠道，先后有 15 名潍坊市人大代表、50 名高密市人大代表列席常委会会议，60 多名代表参加了常委会组织的调研活动，邀请 15 名公民旁听了常委会会议。三是扎实开展代表活动。动员和组织全体人大代表开展了“转方式调结构，科学发展我先行”人大代表主题活动；引导基层人大积极开展调研活动；开展代表述职活动。（4）坚持搞好自身建设，切实提高履行职责的能力和水平。注重制度建设，整理形成了《人大机关工作制度汇编》《常委会规范性文件汇编》和《人大工作常用法律知识》。注重文化和组织建设。2010年，常委会共召开了9次常委会会议，作出13项决议和决定，听取了21个专项工作报告，对事关经济社会发展的4部法律法规实施情况进行了监督，发出了22份审议意见书，组织开展了27项调研活动。

四、决议决定

会议作出了《关于市人民政府工作报告的决议》《关于高密市国民经济和社会发展第十二个五年规划的决议》《关于高密市2010年国民经济和社会发展计划执行情况与2011年国民经济和社会发展计划的决议》《关于高密市2010年财政预算执行情况和2011年财政预算的决议》《关于市人民代表大会常务委员会工作报告的决议》《关于市人民法院工作报告的决议》《关于市人民检察院工作报告的决议》7项决议；作出了办理《关于推进“畅通高密”建设的议案》的决定

五、选举

会议接受王连友、田凯文、郭宗祥辞去高密市第十六届人民代表大会常务委员会委员职务的请求。

补选姜言启、徐胜利、魏征为高密市第十六届人民代表大会常务委员会委员。

第十七节　市第十七届人民代表大会会议

第一次会议

一、概况

高密市第十七届人民代表大会第一次会议于2012年1月11日至14日在市大剧院召开。出席代表284人。

二、主席团

主席团：（以姓氏笔画排列）

万　丽（女）　马金英（女）　马训利　马常春　于钦明　王　赓　王旭东　王家林　毛进兰（女）　田凯文　付联宝　朱安达　朱永利　刘明伦　刘建成　刘松青　刘俊忠　刘思芳　吕春芳（女）　李延民　李鲁民　张国廷　张恭运　张星海　张建明　张友勤　邱介福　邱纯洁　范福生　杨建华　郑有奎　钟元国　钟亮成　宫德胜　隋国华　崔红旗　葛孝江　葛月殿　楚鸿峻　禚朝晖　魏　征（女）

常务主席：

范福生　崔红旗　钟亮成　杨建华　万　丽（女）　张星海　王家林　张国廷　郑有奎　毛进兰（女）　刘松青

秘书长：张星海（兼）

副秘书长：

王　赓　郭言强　许宝国　葛孝江

图 3 － 10　开幕式上奏唱国歌时主席台场景

窦吉进　曲维中

三、报告及主要内容

会议听取并审议了代理市长杨建华作的《政府工作报告》，市人大常委会第一副主任崔红旗作的《高密市人民代表大会常务委员会工作报告》，市人民法院院长李鲁民作的《高密市人民法院工作报告》，市人民检察院代检察长隋国华作的《高密市人民检察院工作报告》；审议了《关于高密市 2011 年国民经济和社会发展计划执行情况与 2012 年计划草案的报告》《关于高密市 2011 年预算执行情况和 2012 年预算草案的报告》。

《政府工作报告》主要回顾了过去四年的工作：（1）综合实力大幅攀升，质量效益显著提高。（2）工业经济发展壮大，转型升级步伐加快。（3）农业农村经济加快发展，新农村建设深入推进。（4）现代服务业繁荣发展，城乡商贸流通日趋活跃。（5）城市面貌显著变化，城市品质持续优化提升。（6）改革开放全面推进，发展活力日趋增强。（7）社会事业全面进步，公共服务能力不断提高。（8）政府自身建设不断加强，行政服务能力明显提升。2011 年，预计完成地区生产总值 385 亿元，4 年增长 62%；实现地方财政收入 23 亿元，增长 141%；完成社会消费品零售总额 108 亿元，增长 78%；完成进出口总额 16 亿美元，增长 60%；累计完成全社会固定资产投资 818 亿元，年均增长 20%；在岗职工平均工资达到 34800 元，增长 115%；农民人均纯收入 10000 元，增长 60%；城乡居民储蓄余额 143 亿元，增长 97%。三次产业比例由 2007 年的 14 ∶ 61 ∶ 25 优化为 11 ∶ 60 ∶ 29。在第十一届全国县域经济基本竞争力与科学发展评价中居 74 位，比 2008 年重进百强时前移 15 个位次。

《高密市人民代表大会常务委员会工作报告》主要内容：（1）坚持围绕中心行使监督职权，全力推动市委决策部署的贯彻落实。一是围绕经济社会发展中的重大问题开展监督。先后就有关事项作出了39项决议和决定，审议批准了19个重点建设项目的贷款事项，支持政府筹集发展资金20多亿元。二是围绕“三农”工作开展监督。先后听取并审议了全市农业龙头企业发展情况的报告和市政府关于农村文化事业发展情况的报告，对农村公共服务社区化和农村集中居住区建设情况等进行了调查。三是围绕民计民生问题开展监督。先后组织调查组对全市义务教育发展情况和全市卫生工作情况进行了调查，并对全市就业促进法贯彻实施情况进行了执法检查，根据代表建议意见，组织开展了相关调研活动。（2）坚持保障公共权力正确行使，积极营造和谐发展环境。一是监督和推进了普法依法治市工作。常委会先后三次听取了市政府关于“五五”普法规划及2006—2010年依法治市规划实施情况的汇报，作出了关于在全市公民中深入开展第六个五年法制宣传教育的决议、关于2011—2015年依法治市规划的决议。二是重视和强化了对权力运行的监督。三是规范和完善了人事任免工作。4年来常委会共依法任命国家机关工作人员165人，免职117人，依法任命了46名市人民法院人民陪审员。四是加强和改进了人大信访工作。4年来，共受理群众来信来访1600多件，列入重点督办的375件，到期处结率98%，省和潍坊市人大常委会先后在高密市召开了人大信访工作座谈会，推广了高密市人大信访工作的做法。(3)坚持做好代表工作，广泛凝聚发展合力。一是加强服务指导，拓宽联系渠道。四年来，常委会组织全市各级人大代表参加调查视察和执法检查活动600多人次，列席常委会会议300多人次。二是开展主题活动，激励代表履行职责。开展了“转方式调结构，科学发展我先行”人大代表主题活动、“人大代表进社区”活动和代表述职活动。三是认真办理代表建议，注重解决群众关注的实际问题。四年来共办理代表所提建议意见680件。四是严格依法办事，认真组织换届选举。（4）坚持加强自身建设，不断提高整体素质和工作能力。四年来，常委会共召开了36次常委会会议，作出了53项决议和决定，听取并审议了“一府两院”75个专项工作报告，对19部法律法规实施情况进行了监督，发出了84份审议意见书，形成了102篇调研报告。

四、决议决定

会议作出了《关于市人民政府工作报告的决议》《关于高密市2011年国民经济和社会发展计划执行情况与2012年国民经济和社会发展计划的决议》《关于高密市2011年财政预算执行情况和2012年财政预算的决议》《关于市人民代表大会常务委员会工作报告的决议》《关于市人民法院工作报告的决议》《关于市人民检察院工作报告的决议》6项决议；作出了办理《关于加快旧城改造，提升城市品位，完善城市功能，改善居住环境的议案》的决定。

五、选举

会议选举产生了由26人组成的高密市第十七届人民代表大会常务委员会，范福生当选为主任，钟亮成、刘松青、毛进兰（女）、于钦明、宫德胜当选为副主任，门业清等20人为委员。

选举杨建华为高密市人民政府市长，刘建成、徐振刚、殷玉萍（女）、王永亮、汤振国、赵海龙为副市长。

选举李鲁民为高密市人民法院院长。

选举隋国华为高密市人民检察院检察长。

选举53名潍坊市第十六届人民代表大会代表。

第二次会议

一、概况

高密市第十七届人民代表大会第二次会议于2013年2月18日至20日在市大剧院召开。出席代表279人。

二、主席团

主席团：（以姓氏笔画排列）

万　丽（女）
马金英（女）
马训利　马常春
于钦明　门业清
王　赓　王旭东
王作民　王聚才
王家林　王福敏
田凯文　毛进兰(女)
付联宝　朱安达
朱永利　刘明伦
刘松青　刘俊忠
刘思芳　吕春芳(女)
李　勇　李　铭
李延民　李传洲　张国廷　张恭运
张星海　张建明　张友勤　邱介福
邱纯洁　范福生　郑有奎　周德春
钟元国　钟亮成　宫德胜　荆瑞军
徐　明　高志新　崔红旗　葛孝江
葛月殿　韩志超　楚鸿峻　禚朝晖
管增璋　魏　征（女）　鞠志华

常务主席：

范福生　钟亮成　万　丽（女）
刘松青　王家林　毛进兰（女）
于钦明　宫德胜

秘书长：刘松青（兼）

副秘书长：

王　赓　宋进岭　许宝国　杜启强
窦吉进　曲维中

三、报告及主要内容

会议听取审议市长杨建华作的《政府工作报告》，市人大常委会第一副主任钟亮

图3－11　市委书记、市人大常委会主任范福生主持会议开幕式

成作的《高密市人民代表大会常务委员会工作报告》，市人民法院院长李鲁民作的《高密市人民法院工作报告》，市人民检察院检察长隋国华作的《高密市人民检察院工作报告》；审议了《关于高密市2011年国民经济和社会发展计划执行情况与2012年计划草案的报告》《关于高密市2011年预算执行情况和2012年预算草案的报告》；审议了《关于优化城区高中布局，新建高密一中的议案》。

《政府工作报告》的主要内容是：（1）发展境界不断提升，质量效益明显提高。工业支撑更为有力，农业基础更加稳固，现代服务业更显活力。（2）一体发展不断加快，城乡面貌持续改善。（3）改革开放不断深化，发展活力日益增强。（4）民计民生不断改善，社会事业全面进步。（5）自身建设不断加强，政务环境日趋优化。全市地区生产总值实现445.8亿元，增长13%；财政总收入实现40.9亿元，增长15.9%；完成公共财政预算收入28.2亿元，增长22%；完成固定资产投资298.1亿元，增长22.8%。在全国第十二届县域经济基本竞争力和科学发展评价中位居72位，比上届提升2个位次。

《高密市人民代表大会常务委员会工作报告》的主要内容是：（1）坚持党的领导，牢牢把握人大工作正确方向。一是根据市委工作思路，精心谋划人大工作。提出了“监督工作求实，代表工作求新，自身建设求严”的指导思想；依法任免了48名新一届市政府组成人员和其他国家机关工作人员。二是贯彻市委工作部署，充分发挥人大优势。组织市镇两级人大代表联动，对全市69个部门“强化作风，依法行政”情况进行了检查评议，历时3个月，参评人员1300多人，填写调查问卷和评议打分表2284份，召开各类座谈会60余次。三是落实市委要求，积极参与中心工作。认真落实包靠任务，完成招商引资任务2.3亿元；共受理信访案件353件次，列入重点督办案件93件，案件到期处结率达到98.6%。（2）履行监督职能，推动“一府两院”依法行政和公正司法。一是着眼于推动科学发展，加强了对经济工作的监督。对全市现代农业发展情况进行专题调研，听取并审议了7个有关建设项目的融资报告。二是着眼于优化发展环境，加强了对法律法规实施情况的监督。重点对《行政许可法》贯彻实施情况进行了执法检查，对《人口与计划生育法》《法官法》《检察官法》贯彻实施情况进行了调查。三是着眼于共享发展成果，加强了对民生问题的监督。跟踪督办十件实事；关注农产品质量安全；重视教育事业发展。（3）优化服务指导，充分发挥人大代表和基层组织的作用。一是加强联系指导，夯实基层基础。举办了代表专题培训班，研究制订了《高密市人大代表履职守则》。二是搭建履职平台，畅通民意渠道。规范小组建设，搭建信息平台，拓宽知情渠道。三是规范建议办理，广泛集中民智。市十七届人大一次会议以来共收到代表建议183件，已全部办理完毕。（4）加强自身建设，切实提高常委会及其机关的履职能力。

四、决议决定

会议作出了《关于市人民政府工作报告的决议》《关于高密市2012年国民经济和社会发展计划执行情况与2013年国民经济和社会发展计划的决议》《关于高密市2012年财政预算执行情况和2013年财政预算的决议》《关于市人民代表大会常务委员会工作报告的决议》《关于市人民法院工作报告的决议》《关于市人民检察院工作报告的决议》6项决议；作出了办理《关于优化城区高中布局新建高密一中的议案》的决定。

五、选举

会议补选杜启强为高密市第十七届人民代表大会常务委员会委员。

第三次会议

一、概况

高密市第十七届人民代表大会第三次会议于2014年2月17日至19日在市大剧院召开。出席代表276人。

二、主席团

主席团：（以姓氏笔画排列）

于钦明　万　丽（女）　门业清
马金英（女）　马常春　王作民
王家林　王　赓　王福敏　王聚才
毛进兰（女）　田凯文　付联宝
吕春芳（女）　朱永利　朱安达
乔日升　刘松青　刘明伦　刘思芳
刘俊忠　杜启强　李传洲　李延民
李　勇　李　铭　邱介福　邱纯洁
张友勤　张国廷　张建明　张星海
张恭运　范　珲　范福生　周德春
郑有奎　荆瑞军　钟元国　钟亮成
宫德胜　高志新　崔红旗　韩志超
葛月殿　管增璋　禚朝晖　鞠志华
魏　征（女）

常务主席：

范福生　钟亮成　万　丽（女）
刘松青　毛进兰（女）　于钦明
宫德胜　周德春　王福敏

秘书长：刘松青（兼）

副秘书长：

王　赓　宋进岭　许宝国　杜启强
王有志　曲维中

三、报告及主要内容

会议听取审了议市长杨建华作的《政府工作报告》，市人大常委会第一副主任钟亮成作的《高密市人民代表大会常务委员会工作报告》，市人民法院院长李鲁民作的《高密市人民法院工作报告》，市人民检察院检察长隋国华作的《高密市人民检察院工作报告》；审议了《关于高密市2013年国民经济和社会发展计划执行情况与2014年计划草案的报告》《关于高密市2013年预算执行情况和2014年预算草案的报告》；审议了《关于加快东部新城建设的议案》。

《政府工作报告》的主要内容是：（1）积极应对困难挑战，经济社会发展稳中向好。全市实现地区生产总值501.4亿元，同比增长10.8%；完成地方财政收入36.3亿元，增长20.2%；完成全社会固定资产投资337.3

亿元，增长 20.1%；完成社会消费品零售总额 139.5 亿元，增长 16.2%。三次产业比例调整为 10 ∶ 56.7 ∶ 33.3。在第十三届全国县域经济基本竞争力与科学发展评价中居 71 位，比上届提升 1 个位次。（2）奋力推进转型升级，工业发展质量明显提升。以城北工业区建设为引领，全面推进“四区”建设，新引进项目 45 个，总投资 300 多亿元。全市规模以上工业企业实现主营业务收入 1656 亿元、增长 13.6%，纳税过千万元工业企业达到 14 家。（3）调整优化结构布局，农业基础地位更加稳固。（4）稳步提高规模效益，服务业贡献力持续增强。实现服务业增加值 166.8 亿元，增长 10.5%，占比提高 2 个百分点。（5）坚持全域统筹发展，新型城镇化进程明显加快。（6）深入推进改革开放，发展内生动力日益增强。全年招商引资到位资金 132 亿元，其中境外资金 7514 万美元，新增对外投资项目 7 个，投资总额达 3146 万美元，外贸进出口总额达到 18.3 亿美元，经济外向度达到 26%。（7）全面发展社会事业，群众幸福指数不断提升。（8）着力提升行政效能，政务服务环境持续优化。

《高密市人民代表大会常务委员会工作报告》的主要内容是：（1）围绕市委决策部署，充分发挥人大作用。一是依法决定重大事项。先后作出了 12 项重要的决议和决定，作出了《关于控制和查处违法建设和违法用地的决议》和授予莫言“高密人民勋章”荣誉称号的决定。二是积极参与中心工作。带头推进重点工作，全面完成包靠任务，基层人大积极作为。三是自觉坚持政治原则。常委会依法任免了 118 名国家机关工作人员，共受理人民群众来信来访 273 件次，案件到期处结率达 98.6%。（2）围绕全市发展大局，依法履行监督职权。一是着力推动经济发展。对全市招商引资及城北工业区建设情况进行了视察，对小城镇建设情况和我市文化产业发展情况进行了调查，听取并审议了全市国土资源管理情况的专项工作报告。二是着力推动民生改善。跟踪督办 10 件实事，重视社会管理工作，关注环境保护工作。重点对《环境保护法》贯彻实施情况进行了执法检查，对《残疾人保障法》贯彻实施情况和小区物业管理情况分别进行了调查。三是着力推动司法公正。对市人民法院和市人民检察院的工作进行了检查评议。（3）围绕凝聚发展合力，积极做好代表工作。一是开展主题活动。在全市各级人大代表中组织开展了“热爱高密，建设家乡，争当优秀人大代表”活动，市级以上人大代表共引进项目 35 个，总投资 134.5 亿元。二是打造履职载体。发起成立企业界人大代表创新发展促进会，完善代表小组建设，开展代表述职评议活动。三是督办议案建议。市十七届人大二次会议以来代表提出的 143 件建议意见已全部办理完毕。（4）围绕提高履职效能，切实加强自身建设。加强思想作风建设、领导班子建设和“三严两高”型机关建设。

四、决议决定

会议作出了《关于市人民政府工作报告的决议》《关于高密市 2013 年国民经济和

社会发展计划执行情况与2014年国民经济和社会发展计划的决议》《关于高密市2013年财政预算执行情况和2014年财政预算的决议》《关于市人民代表大会常务委员会工作报告的决议》《关于市人民法院工作报告的决议》《关于市人民检察院工作报告的决议》6项决议；作出了办理《关于加快东部新城建设的议案》的决定。

五、选举

会议补选邵春生、马训利、仪义直、李铭为高密市第十七届人民代表大会常务委员会委员。

第四次会议

一、概况

高密市第十七届人民代表大会第四次会议于2015年2月3日至5日在市大剧院召开。出席代表266人。

二、组织

主席团：（以姓氏笔画排列）

于钦明　万　丽（女）　门业清
马训利　马金英（女）　王作民
王家林　王　赓　王福敏　王聚才
毛进兰（女）　田凯文　付联宝
仪义直　吕春芳（女）　朱永利
乔日升　刘松青　刘明伦　刘思芳
刘俊忠　孙业宗　杜启强　李传洲
李延民　李　勇　李　铭　邱介福
邱纯洁　张友勤　张国廷　张建明
张星海　张恭运　邵春生　范　珲
范福生　周德春　郑有奎　荆瑞军
钟元国　钟亮成　宫德胜　高志新
崔红旗　韩志超　葛月殿　管增璋
禚朝晖　魏　征（女）

常务主席：

范福生　钟亮成　万　丽（女）
刘松青　毛进兰（女）　于钦明
宫德胜　周德春　王福敏

秘书长：刘松青（兼）

副秘书长：

王　赓　宋进岭　许宝国　杜启强
王有志　曲维中

三、报告及主要内容

会议听取并审议了市长杨建华作的《政府工作报告》，市人大常委会第一副主任钟亮成作的《高密市人民代表大会常务委员会工作报告》，市人民法院院长李鲁民作的《高密市人民法院工作报告》，市人民检察院检察长隋国华作的《高密市人民检察院工作报告》；审议了《关于高密市2014年国民经济和社会发展计划执行情况与2015年计划（草案）的报告》《关于高密市2014年预算执行情况和2015年预算（草案）的报告》。

《政府工作报告》的主要内容是：（1）努力克服经济下行压力，经济保持平稳健康发展。（2）奋力实施转型提升，工业经济实现质效双增。（3）继续强化农业基础地位，现代农业发展提速。（4）全面落实服务业提速计划，服务业发展实现新突破。（5）坚持统筹城乡一体化发展，新型城镇化步伐不断加快。（6）高度关注生态文明建设，城乡环

图 3－12　市人大常委会党组书记、第一副主任钟亮成作市人大常委会工作报告

境持续改善。(7)深化改革扩大开放，发展动力和活力不断增强。(8)着力保障改善民生，社会建设取得明显成效。(9)扎实推进作风建设，政府行政效能显著提升。完成地区生产总值553.1亿元，同比增长9.8%；完成地方财政收入40.7亿元，增长12%；完成全社会固定资产投资416.8亿元，增长16.1%；完成社会消费品零售总额159.8亿元，增长14.6%。三次产业比例调整为9.7：55.4：34.9。城镇在岗职工平均工资、农民人均纯收入分别达到4.9万元和1.47万元，分别增长8.3%和11.6%。在第十四届全国县域经济基本竞争力与科学发展评价中居68位，比上届提升3个位次。

《高密市人民代表大会常务委员会工作报告》的主要内容是：(1)始终坚持党的领导，坚定正确政治方向。贯彻市委决策部署，充分发挥人大职能优势。先后作出了关于加快东部新城建设等12项决议和决定，共受理群众来信来访317件次，到期处结率98.7%。坚持为民务实清廉，认真开展教育实践活动。征求建议意见161条，党组领导班子提出整改措施21项，常委会机关列出整改清单13份。修订和制订了7项制度。加强思想作风建设，切实增强履职服务能力。(2)紧紧围绕发展大局，认真履行监督职责。加强对重大事项、经济工作、民生工作的监督，听取并审议了19个专项工作报告，组织开展了16项调研活动，发出了16份审议意见书，向“一府两院”提出了60多条工作意见和建议。(3)扎实推进依法治市，有效保障公共权力正确行使。以法律学习促进依法行政，以工作监督促进公正司法，以完善程序规范人事任免。(4)尊重代表主体地位，凝聚社会发展合力。加强联系指导，提升代表素质；发挥载体作用，引导代表履职；强化保障措施，督办代表建议。

四、决议决定

会议作出了《关于市人民政府工作报告的决议》《关于高密市2014年国民经济和社会发展计划执行情况与2015年国民经济和社会发展计划的决议》《关于高密市2014年财政预算执行情况和2015年财政预算的决议》《关于市人民代表大会常务委员会工

作报告的决议》《关于市人民法院工作报告的决议》《关于市人民检察院工作报告的决议》6项决议；作出了办理《关于加快东北乡文化旅游产业发展的议案》的决定。

五、选举

会议补选周德春、王福敏、苗金友、王述忠、李锡朋为高密市第十七届人民代表大会常务委员会委员。

第五次会议

一、概况

高密市第十七届人民代表大会第五次会议于2016年2月25日至27日在市大剧院召开。出席代表266人。

二、主席团

主席团：（以姓氏笔画排列）

于钦明　万　丽（女）　马训利
马金英（女）　王作民　王述忠
王家林　王　赓　王福敏　王聚才
毛进兰（女）　田凯文　付联宝
仪义直　吕春芳（女）　乔日升
刘松青　刘明伦　刘俊忠　齐有春
孙业宗　孙桂新　严凤辉　杜启强
李传洲　李延民　李沛聃　李　勇
李　铭　李锡朋　邱介福　张元忠
张国廷　张星海　张恭运　邵春生
苗金友　范　珲　范福生　周德春
郑有奎　赵小燕（女）　荆瑞军
钟元国　钟亮成　宫德胜　郭金桥
崔红旗　宿立军　韩志超　管增璋
魏　征（女）

常务主席：

范福生　钟亮成　万　丽（女）
刘松青　毛进兰（女）　于钦明
宫德胜　周德春　王福敏

秘书长：刘松青（兼）

副秘书长：

严凤辉　石寿信　邱纯洁　杜启强
王有志　王同刚

三、议程及主要内容

会议听取并审议了市长杨建华作的《政府工作报告》，市人大常委会第一副主任钟亮成作的《高密市人民代表大会常务委员会工作报告》，市人民法院院长李鲁民作的《高密市人民法院工作报告》，市人民检察院检察长隋国华作的《高密市人民检察院工作报告》；审议了《关于高密市国民经济和社会发展第十三个五年规划纲要（草案）》《关于高密市2015年国民经济和社会发展计划执行情况与2016年计划（草案）的报告》《关于高密市2015年预算执行情况和2016年预算(草案)的报告》。

《政府工作报告》的主要内容是：回顾了“十二五”经济社会发展规划完成情况。（1）科学应对经济下行等严峻挑战，经济保持平稳较快发展。（2）深入推进转型发展，转方式调结构取得重大突破。（3）坚持全域统筹发展，新型城镇化全面推进。（4）坚定推进治污减排，生态环境质量明显改善。（5）全面深化改革开放，经济社会发展活力日益增强。（6）大力发展社会事业，民本民生持续改善。（7）不断加强政府自身建设，行政效能大幅提升。2015年，地区生产总值达到586亿元，是2010年的1.8倍，人均GDP突破1万美元。一般公共预算收入达到45.4亿元，是2010年的2.5倍。社会消费品零售总额达到186.6亿元，是2010年的2倍。外贸进出口总额达到20.7亿美元，是2010年的1.6倍。在第十五届“全国县域经济与县域基本竞争力百强县”评价中居66位，比2010年提升11个位次。

《高密市人民代表大会常务委员会工作报告》的主要内容是：（1）贯彻党委决策部署，坚定正确政治方向。围绕市委工作中心，全力服务发展大局。贯彻落实上级精神，不断强化基层基础。扎实开展专题教育，着力增强担当意识。（2）加强改进监督工作，推动经济社会发展。围绕经济、民生事业和依法治市开展监督。在全市范围内选聘了10名财政、审计、财会、经济等专家人才，成立了预算审查监督咨询专家组；对全市实体经济发展情况进行了深入调查，形成了有见地、有对策、有价值的调研报告，市委书记、市人大常委会主任范福生对这个报告作出了重要批示；重点对“十二五”水利工程建设情况进行了调查；对人大常委会任命的25名市政府工作部门主要负责人和3名市人民法院副院长、3名市人民检察院副检察长“依法行政、公正司法”年度履职情况进行了满意度测评。（3）尊重代表主体地位，充分发挥代表作用。提高代表履职水平。发挥代表主体作用。认真督办议案建议。（4）切实加强自身建设，提高服务保障能力。加强思想政治、领导班子、机关作风和业务能力建设。

四、决议

会议作出了《关于市人民政府工作报告的决议》《关于高密市国民经济和社会发展第十三个五年规划纲要的决议》《关于高密市2015年国民经济和社会发展计划执行情况与2016年国民经济和社会发展计划的决议》《关于高密市2015年财政预算执行情况和2016年财政预算的决议》《关于市人民代表大会常务委员会工作报告的决议》《关于市人民法院工作报告的决议》《关于市人民检察院工作报告的决议》7项决议。

图3－13　2016年2月27日，选举和通过的国家工作人员首次向宪法宣誓

五、选举

会议接受王赓、王

聚才、吕春芳（女）、李传洲、荆瑞军、韩志超辞去高密市第十七届人民代表大会常务委员会委员职务的请求，补选郑兆波、范立标、李宗福、于道河、严凤辉、刘玉梅（女）、周发家为高密市第十七届人民代表大会常务委员会委员。

决定设立高密市第十七届人民代表大会内务司法委员会、财政经济委员会、教科文卫委员会、城建环保委员会、农业农村委员会5个专门委员会，表决通过了5个专门委员会组成人员。

第十八节　市第十八届人民代表大会会议

第一次会议

一、概况

高密市第十八届人民代表大会第一次会议于2017年1月19日至21日在市大剧院召开。出席代表284人。

二、主席团

主席团：（以姓氏笔画排列）

于钦明　于道河　万　丽（女）
马训利　马金英（女）　王文琦
王作民　王福敏　毛进兰（女）
孔晓明　仪义直　刘玉梅（女）
刘松青　齐有春　牟　林　孙业宗
孙桂新　孙淑芳（女）　严凤辉
杨建华　李沛聃　李宗福　李　勇
李　铭　张元忠　张英杰　邵春生
范　珲　周发家　周德春　郑立强
赵华功　赵小燕（女）　钟元国
钟亮成　施玉梅（女）　宫德胜
徐振刚　郭金桥　展世祥　宿立军
隋国华　韩文宏　韩志超　葛孝江
童光江　雷向敏　禚见前

常务主席：

杨建华　钟亮成　万　丽（女）
王文琦　孙淑芳（女）　刘松青
毛进兰（女）　于钦明　宫德胜
周德春　王福敏

秘书长：刘松青（兼）

副秘书长：

严凤辉　石寿信　邱纯洁　张　伟
王有志　王同刚

三、报告及主要内容

会议听取并审议了代理市长王文琦作的《政府工作报告》，市人大常委会第一副主任钟亮成作的《高密市人民代表大会常务委员会工作报告》，市人民法院代院长雷向敏作的《高密市人民法院工作报告》，市人民检察院检察长隋国华作的《高密市人民检察院工作报告》；审议了《关于高密市2016年国民经济和社会发展计划执行情况与2017年计划（草案）的报告》《关于高密市2016年预算执行情况和2017年预算（草案）的报告》。

《政府工作报告》的主要内容是：对高密市十七届以来五年的工作进行了总结回顾：（一）综合实力持续增强，经济结构更趋优化。2016年预计完成地区生产总值630亿元、一般公共预算收入48亿元、全社会固定资产投资545亿元、社会消费品零售总额208亿元，分别是2011年的1.6倍、2.1倍、2.1倍和1.8倍。（二）工业规模不断壮大，质量效益明显提升。我市跃居全国工业百强县第85位。产业集群规模壮大，形成1个700亿级、1个400亿级、1个200亿级、2个100亿级产业集群，顺利通过“中国家纺名城”“中国鞋业生产基地”复评，成功创建为“中国安全防护用品产业名城”“山东省实木家具基地”。（三）农业基础更加稳固，发展方式加快转变。连续5年被评为“全国粮食生产先进单位”。新增现代农业园区192个、农业龙头企业51家、家庭农场547家、农民专业合作社826家、“三品一标”认证78个、绿色无公害基地9.1万亩，农业机械化率达97%，成功创建为“国家级出口食品农产品质量安全示范区”。连续10年被评为“全国生猪调出大县”。（四）服务业繁荣发展，产业层次显著提高。（五）城市功能不断完善，人居环境日益优化。中心城区跨越发展，累计改造旧城面积175万平方米，提升城区街路113.6万平方米，新增绿化面积140公顷，成功创建为“国家园林城市”。（六）生态环境持续优化，绿色发展稳步推进。

《高密市人民代表大会常务委员会工作报告》的主要内容是：（一）坚持正确方向，强化核心意识，积极落实市委决策部署。5年来，人大常委会紧紧围绕市委总体工作部署，先后组织开展了76项调研活动，听取并审议了“一府两院”85个专项工作报告，依法作出了56项决议和决定。依法任免国家机关工作人员368名。（二）发挥人大职能优势，积极参与中心工作。2012年以来，常委会机关共引进过亿元项目8个，到位资金达9.6亿元；包村工作立足村情民意，真帮实扶，受到当地干部群众一致好评，连年被评为全市招商引资和包村工作先进单位。扎实做好人大信访工作，共受理群众来信来访1447件次，案件到期处结率达98.6%。潍坊市人大和全国人大办公厅先后总结推广了高密市的经验做法。（三）准确把握精神实质，扎实开展学习教育。（四）坚持依法监督，强化监督实效，全力保障经济社会更好更快发展。五年来，常委会共召开37次常委会会议，发出71份审议意见书，向“一府两院”提出300多条工作意见和建议。2015年设立了预算工作委员会和预算审查监督咨询专家组，迈出了由程序性监督向实质性监督的重要一步。（五）根据代表的意见和建议，组织开展了城区环境治理、水污染防治、农田水利建设、社会治安综合治理等20多个民生事项的专题调研，有效地促进了这些事关民计民生问题的解决。（六）围绕依法治市开展监督。坚持任免和监督相结合，依法履行对任命干部的监督职能，连续两年对26个政府工作部门主要负责人和6名“两院”副职进行了满意度测评。（七）坚持主体意识，强化代表工作，广泛凝聚发展合力。五年来，先后组织全体代表集中培训4次，各类专门培训近20次。共有32名潍坊市级以上人大代表、212名高密市人大代表列席了本届人大历次常委会会议，近400人次市级以上人大代表参加了常委会组织的调研活动。（八）督办议案建议，回应社会关切。2012年以来，人大代表共提出建议意见658件，常委会通过采取台账式管理、专门委员会协调督办、办理结果“回头看”等措施，加强跟踪督办，均已全部办结。（九）严格依法办事，搞好换届选举。自2016年9月开始，部署开展了市镇人大代表换届选举工作，选民参选率达到86%，共选出市人大代表288名，镇人大代表620名。

四、决议

会议批准通过了《关于高密市人民政府工作报告的决议》《关于高密市2016年国民经济和社会发展计划执行情况与2017年计划的决议》《关于高密市2016年预算执行情况和2017年预算的决议》《关于高密市人民代表大会常务委员会工作报告的决议》《关于高密市人民法院工作报告的决议》《关于高密市人民检察院工作报告的决议》6项决议。

五、选举

会议选举了由35人组成的高密市第十八届人大常委会，万丽（女）为主任，徐振刚、宫德胜、施玉梅（女）、葛孝江、李铭为副主任，于道河等29人为委员。

选举王文琦为高密市人民政府市长，韩文宏、冯效栋、付联宝、王加利、魏征（女）为副市长。

选举雷向敏为高密市人民法院院长。

选举隋国华为高密市人民检察院检察长。

选举高密市出席潍坊市第十七届人民代表大会代表53人。

图3－14　新当选的市人大常委会主任、副主任进行宪法宣誓仪式

图 3 － 15　市委书记杨建华主持会议开幕式

决定设立高密市第十八届人民代表大会专门委员会并通过了组成人员名单。

第二次会议

一、概况

高密市第十八届人民代表大会第二次会议于 2018 年 1 月 16 日至 18 日在高密大剧院召开。出席代表 275 人。

二、主席团

主席团：（以姓氏笔画排列）

于钦明　于道河　万　丽（女）
马训利　马金英（女）　王作民
王金语　王相余　王福敏　毛进兰（女）
孔晓明　仪义直　曲颂东　伍丽华（女）
刘玉梅（女）　刘松青　刘　强
齐有春　牟　林　孙业宗　孙桂新
孙淑芳（女）　杜　鹏　杨建华
李玉林　李沛聃　李宗福　李　勇
李　铭　严凤辉　吴云效　宋进岭
张元忠　张英杰　邵春生　范　珲
明　军　周发家　周德春　郑立强
赵小燕（女）　赵华功　钟亮成
施玉梅（女）　宫德胜　徐振刚
郭金桥　郭　涛　高立运　展世祥
宿立军　韩志超　韩泓冰　葛孝江
窦学功　谭　晖（女）　禚见前
薛元玺

常务主席：

杨建华　万　丽（女）　孙淑芳（女）
徐振刚　宫德胜　施玉梅（女）
葛孝江　李　铭　于钦明　周德春
王福敏

秘书长：徐振刚（兼）

副秘书长：

严凤辉　邱纯洁　石寿信　张　伟
王有志　王同刚

三、报告及主要内容

会议听取并审议了市长王文琦作的《政府工作报告》，市人大常委会主任万丽作的《高密市人民代表大会常务委员会工作报告》，市人民法院院长雷向敏作的《高密市人民法院工作报告》，市人民检察院检察长隋国华作的《高密市人民检察院工作报告》；审议了《关于高密市 2017 年国民经济和社会发展计划执行情况与 2018 年计划（草案）

的报告》《关于高密市2017年预算执行情况和2018年预算（草案）的报告》。

《政府工作报告》的主要内容是：2017年全市完成地区生产总值660亿元、一般公共预算收入49.1亿元、全社会固定资产投资570亿元、社会消费品零售总额215亿元，城镇居民、农村居民人均可支配收入分别增长8.5%和9%。在第十七届全国县域经济基本竞争力百强榜中居第59位，比上届提升3个位次。在中国县域成长竞争力排行榜中居第17位。（一）创新驱动深入实施。谋划推动“四新四化”重大项目146个，总投资1050亿元，12个项目上报省新旧动能转换项目库，25个项目纳入潍坊四个城市“1030100”支撑项目。（二）产业转型加快推进。三次产业比例调整为7.9∶49.7∶42.4。（三）城乡面貌持续改善。全市常住人口城镇化率达到60.5%。棚改旧改取得重大突破，15个棚改片区基本完成，40个老旧小区改造全面完成，棚改、拆违面积创历年之最。（四）改革开放不断深化。（五）社会事业全面提升。（六）民生保障更加有力。2018年工作任务目标和工作措施：地区生产总值增长7%以上，一般公共预算收入增长4%左右，固定资产投资增长8%左右，社会消费品零售总额增长9.5%左右，进出口总额增长8%左右，城镇居民、农村居民人均可支配收入分别增长8%和8.5%，城镇登记失业率控制在2.5%以内。一是全面推进“四个城市”建设。二是着力突破三大重点任务。三是积极改善三大民生福祉。四是努力建设人民满意的服务型政府。

《高密市人民代表大会常务委员会工作报告》的主要内容是：一是坚持党的领导，牢牢把握人大工作正确方向。先后依法作出授予中国女排运动员杨方旭“高密人民勋章”等6项决议和决定，使市委的主张通过法定程序成为全市人民的共同意志和自觉行动。坚持党管干部原则与人大依法任免相统一，全年共任免国家机关工作人员69人。二是坚定不移促发展。常委会紧紧围绕贯彻落实市第十三次党代会精神，积极参与“四个城市”建设，常委会4位副主任分别担任了五大产业集群中的食品加工、安防用品、生物医药、机械装备4个产业集群咨询指导委员会会长，围绕企业发展需求和转型升级加强协调指导和政策服务。三是持之以恒抓作风。扎实推进“两学一做”学习教育常态化制度化，把学习教育取得的成果和激发的工作热情转化为推动人大工作的强大动力。“察民情解民忧、强基础促和谐”下基层大调研活动中，常委会及机关党员干部共走访群众530余户，征求意见建议460多条，化解信访案件20余个，帮助群众解决了很多实际困难和问题。四是增强监督实效，主动服务经济社会发展大局。一年来，共召开9次常委会会议，发出12份审议意见书，向“一府两院”提出40多条意见和建议。选聘13名专家人才成立了预算审查监督专家咨询组并制订印发工作规则，切实增强了监督的针对性、权威性和实效性。五是加强和改进人大信访工作。一年来，共受理群众来信来访236件，案件到期处结率达98.6%，有效促进了一些热点难点问题的解决。六是倡树宪法理念。为进一步弘扬宪法精神、维护宪法权威，常委会先后组织58名国家工作人员向宪法宣誓。七是夯实履职基础，保障代表充分发挥主体作用。一年来，共有26名代表列席常委会会议，160多人次代表参加了常委会组织的调研活动。先后邀请14名公民旁听常委会会议，扩大了公民有序政治参与。八是不断加强基层人大和代表履职平台建设。

四、决议决定

会议作出了《关于高密市人民政府工作报告的决议》《关于高密市2017年国民经济和社会发展计划执行情况与2018年计划的决议》《关于高密市2017年预算执行情况和2018年预算的决议》《关于高密市人民代表大会常务委员会工作报告的决议》《关于高密市人民法院工作报告的决议》《关于高密市人民检察院工作报告的决议》6项决议；作出了办理《关于加快新旧动能转换，高质量推进经济开发区二次创业的议案》的决定。

五、选举

会议选举孔晓明为高密市监察委员会主任。

第三次会议

一、概况

高密市第十八届人民代表大会第三次会议于2019年4月1日至3日在市大剧院召开。出席代表282人。

二、主席团

主席团：（以姓氏笔画排列）

于钦明　于勇淳　万　丽（女）

马训利　马金英（女）　王汝波

王作民　王金语　王晓栋　王晓辉

王福敏　毛进兰（女）　卞汉林

仪义直　刘　强　刘玉梅（女）

刘松青　孙业宗　孙桂新　严凤辉

杜　鹏　李　勇　李　铭　李　翔

李玉林　吴云效　宋进岭　张元忠

邵春生　周发家　周德春　郑立强

赵小燕（女）　钟亮成　施玉梅（女）

宫德胜　徐振刚　高立运　郭金桥

展世祥　黄赞友　葛孝江　韩志超

窦学功　薛元玺

常务主席：

卞汉林　万　丽（女）　徐振刚

宫德胜　施玉梅（女）　葛孝江

李　铭　于钦明　周德春　王福敏

秘书长：徐振刚（兼）

副秘书长：

严凤辉　邱纯洁　单既宝　张　伟

窦吉进　王同刚

三、报告及主要内容

会议听取并审议了市长王文琦作的《政府工作报告》，市人大常委会主任万丽作的《高密市人民代表大会常务委员会工作报告》，市人民法院院长雷向敏作的《高密市人民法院工作报告》，市人民检察院检察长隋国华作的《高密市人民检察院工作报告》；

审议了《关于高密市2018年国民经济和社会发展计划执行情况与2019年计划草案的报告》《关于高密市2018年预算执行情况和2019年预算草案的报告》。

《政府工作报告》的主要内容是：全年实现地区生产总值673.8亿元、同比增长6.6%。全社会消费品零售总额增长8.4%；全年完成出口总额116亿元、同比增长8.2%。在第十八届全国县域经济基本竞争力百强排行榜中居58位，比上届前进1个位次。在中国工业百强县中居55位，比上届提升17个位次。一般公共预算收入首次突破50亿元大关，税收占比达到86.4%、提高4.2个百分点，创历史新高。一年来，主要做了以下工作：（一）新旧动能转换开启新征程。制订实施新旧动能转换工程规划及十大产业发展推进机制。（二）乡村振兴战略取得新进展。编制实施乡村振兴战略五年规划和三年行动计划。连续9年获全国产粮大县称号，连续12年获全国生猪调出大县奖励，成功创建为全国主要农作物生产全程机械化示范县。（三）城市建设管理见到新成效。（四）改革开放迈上新台阶。全面展开机构改革，与市场经济相适应的体制机制逐步完善。“一次办好”改革加快推进，“3545”目标基本实现，人社系统“零+1”、财政系统“一柜通”等服务模式成为全国全省典型，获王书坚副省长等多位省部级领导肯定批示。（五）群众获得感幸福感安全感实现新提升。民生支出占比达到82.6%。新建改扩建学校幼儿园24所，大班额问题全面破解。（六）政府自身建设呈现新气象。

《高密市人民代表大会常务委员会工作报告》的主要内容是：（一）旗帜鲜明讲政治，牢牢把握人大工作正确方向。2018年，先后向市委报告全面工作和专项工作28次，围绕经济社会发展重大事项作出决议和决定9个，听取审议“一府两院”专项工作报告17项，依法任免国家机关工作人员43人次。（二）强化责任担当、服务发展大局。顺利完成包靠密水和朝阳街道6个片区、建筑面积29.6万平方米、1966户的征收搬迁任务，常委会机关按时完成了64户签订协议和4户企业尾留清零工作。（三）扎实做好联系包靠镇街工作，围绕信访维稳、基层党建、驻村帮扶等工作重点，加强协调调度，确保市委决策部署在基层得到不折不扣贯彻落实。（四）认真落实市委“察民情解民忧、强基础促和谐”大调研活动的部署要求，深入基层、深入群众开展调研活动20余项，参加人数达300人次，有针对性地提出建议60多条，为市委科学决策提供了参考。（五）强化监督求实效，全力保障经济社会健康发展。一年来，共召开11次常委会会议，向“一府两院”发出11份审议意见书，提出40多条意见和建议。常委会在充分调研和广泛征求代表建议的基础上，探索开展了首次专题询问活动，18名代表现场提问，市政府分管副市长和11名部门负责人到场应询回答，60多名代表参加旁听，推动了城镇居住区建设政策的精准落实，有效改善了居民生活条件和城市环境。（六）围绕依

图 3－16　市人大常委会党组书记、主任万丽作市人大常委会工作报告

法治市开展监督。为弘扬宪法精神、维护宪法权威，常委会重新修订了宪法宣誓实施细则，先后组织24名国家工作人员向宪法宣誓。认真履行规范性文件备案审查职权，对市政府和镇级人大出台的18份规范性文件进行了备案，潍坊人大对高密市加强镇级人大规范性文件备案审查的经验做法给予充分肯定，并作为“一地一亮点”工作予以推广。（七）加强人大信访工作。全年共受理群众来信来访217件次，案件到期处结率达98.8%。（八）搭建平台，激发代表履职活力。为充分调动代表履职积极性，常委会部署开展了“牢记使命、履职为民，争当优秀人大代表”主题活动。向人大代表发出踊跃参与棚户区改造的倡议书，16名代表担任棚改片区组长，80多名代表奋战在棚改一线。（九）加强督办，确保议案建议办理质效。常委会不断完善议案处理和建议办理程序，努力使议案建议更多地转化为促进经济社会发展的成果。（十）党建引领强基础，不断提升自身建设整体水平。

四、决议决定

会议作出了《关于高密市人民政府工作报告的决议》《关于高密市2018年国民经济和社会发展计划执行情况与2019年计划的决议》《关于高密市2018年预算执行情况和2019年预算的决议》《关于高密市人民代表大会常务委员会工作报告的决议》《关于高密市人民法院工作报告的决议》《关于高密市人民检察院工作报告的决议》6项决议；作出了办理《关于加快推进青潍一体化建设临空经济区的议案》的决定。

五、选举

会议补选王成林、高玉山、张友勤、孙波、田锋、粟吉进、葛培连、吴兆道、冯玉庆、于义10人为高密市第十八届人民代表大会常务委员会委员。

表决通过徐振刚为高密市第十八届人民代表大会监察和司法委员会主任委员，吴云效为副主任委员，于义、孙洪利、李衍市、李雪艳（女）、张谦、明连安、赵祉文、唐尧亮为委员。

表决通过葛孝江为高密市第十八届人民

代表大会社会建设委员会主任委员，孙波为副主任委员，田久增、冯玉庆、刘玉梅（女）、宋进岭、周星奎、宫恩东、管强、禚丽萍（女）为委员。

第四次会议

一、概况

高密市第十八届人民代表大会第四次会议于2020年1月14日至16日在市大剧院召开。出席代表275人。

二、主席团

主席团：（以姓氏笔画排列）

于　义　于钦明　于勇淳　万　丽（女）
马训利　马金英（女）　王成林
王汝波　王作民　王金语　王晓栋
王晓辉　王福敏　毛进兰（女）
卞汉林　田永全　田　锋　刘玉梅（女）
刘松青　孙业宗　孙　波　严凤辉
杜银忠　杜　鹏　李玉林　李衍宝
李　勇　李　梅（女）　李　铭
李　翔　吴云效　吴兆道　沙　涛
宋进岭　张元忠　张友勤　邵春生
周发家　周德春　郑立强　赵小燕（女）
钟亮成　施玉梅（女）　宫德胜
徐振刚　高玉山　高立运　葛孝江
葛培连　韩志超　窦吉进　窦学功
蔡修文

常务主席：

卞汉林　万　丽（女）　田永全
徐振刚　宫德胜　施玉梅（女）
葛孝江　李　铭　周德春　王福敏

秘书长：徐振刚

副秘书长：

严凤辉　邱纯洁　冯玉庆　张　伟
窦吉进　王同刚

三、报告及主要内容

会议听取并审议了市长王文琦作的《政府工作报告》，市人大常委会主任万丽作的《高密市人民代表大会常务委员会工作报告》，市法院代院长雷向敏作的《高密市人民法院工作报告》，市检察院检察长隋国华作的《高密市人民检察院工作报告》；审议了《关于高密市2019年国民经济和社会发展计划执行情况

图3－17　市委书记卞汉林主持会议开幕式

与2020年计划草案的报告》《关于高密市2019年预算执行情况和2020年预算草案的报告》。

《政府工作报告》主要内容：预计实现一般公共预算收入50亿元，扣除减税降费等因素同口径增长9.6%；完成社会消费品零售总额214亿元，增长4.5%；城镇居民、农村居民人均可支配收入分别增长7%和8.8%。上级下达的约束性指标全面完成。一年来，主要做了以下工作：（一）抓升级、强产业，新旧动能加快转换。（二）补短板、创特色，乡村振兴稳步推进。（三）强功能、优品质，城市环境有效改善。（四）促改革、扩开放，发展活力竞相释放。（五）办实事、惠民生，发展成果普惠共享。（六）转作风、提效能，政府建设全面加强。2020年政府工作重点任务：聚焦协同并进，更大力度推动临港经济区建设全面起势；聚焦腾换并举，更大力度推动新旧动能加快转换；聚焦样板打造，更大力度推动乡村振兴创出品牌特色；聚焦精致精细，更大力度推动高品质城市展开布局；聚焦绿色发展，更大力度推进生态文明建设；聚焦兜底普惠，更大力度保障和改善民生。实现4个突破：实现双招双引新突破，实现营商环境改善新突破，实现城市治理新突破，实现治污攻坚新突破。

图3－18　市长王文琦作政府工作报告

《高密市人民代表大会常务委员会工作报告》主要内容：（一）坚持党的领导，把牢人大工作正确方向。旗帜鲜明讲政治。以高度的政治自觉扎实开展“不忘初心、牢记使命”主题教育；深入基层开展课题调研11项，形成调研报告20余篇，汇总转交意见建议46条。先后向市委报告全面工作和专项工作25次，围绕经济社会发展重大事项作出决议和决定10个，听取审议“一府两院”专项工作报告12项，依法任免国家机关工作人员77人次。担当作为抓落实。牢固树立大局观念和中心意识，认真落实包靠村居、学校、企业以及“双招双引”、脱贫攻坚、乡村振兴等目标责任。（二）增强监督实效，主动服务改革发展大局。一年来，共召开10次常委会会议，向“一府两院”发出9份审议意见书，提出40多条意见和建议。保障经济平稳健康运行。促进民生事业持续改善。深入推进法治建设进程。（三）夯实履职基础，充分发挥代表主体作用。提升代表依法履职能力。共有180名代表参与常委会组织的调研和视察活动，先后邀请39名公民旁听常委会会议。加强代表履职平台建设。提高议案建议办理质效。（四）加强自身建设，为依法履职提供坚强保障。强化党组建设。锻造过硬支部。深化基层人大建设。加强舆论宣传。2020年主要工作：一是持续强化政治引领。二是全面提升履职水平。三是不断发挥代表主体作用。四是从严抓好自身建设。

四、决议

会议作出了《关于高密市人民政府工作报告的决议》《关于高密市2019年国民经济和社会发展计划执行情况与2020年计划的决议》《关于高密市2019年预算执行情况和2020年预算的决议》《关于高密市人民代表大会常务委员会工作报告的决议》《关于高密市人民法院工作报告的决议》《关于高密市人民检察院工作报告的决议》《关于建立长效机制、提升治理效能，积极推进现代化高品质城市建设的决议》7项决议。

五、选举

会议补选陈连军为高密市监察委员会主任。

补选田绍传、岳国彬、高泗江、禚朝晖、张伟5人为高密市第十八届人民代表大会常务委员会委员。

第五次会议

一、概述

高密市第十八届人民代表大会第五次会议于2021年2月21日至23日在市大剧院召开。出席代表269人。

二、主席团

主席团：（57名，以姓氏笔画排列）

于　义　于钦明　于勇淳　万　丽（女）
马训利　马金英（女）　王成林
王汝波　王作民　王金语　王晓栋
王晓辉　王　强　王福敏　毛进兰（女）
田永全　田绍传　田　锋　刘广智
刘　玉　刘玉梅（女）　刘松青
孙业宗　孙　波　严凤辉　杜银忠
杜　鹏　李玉林　李延宗　李衍宝
李　勇　李　梅（女）　李　铭
吴云效　吴兆道　沙　涛　宋进岭
张元忠　张　伟　邵春生　岳国彬
周德春　郑立强　赵小燕（女）
钟亮成　施玉梅（女）　宫德胜
徐振刚　高玉山　高立运　高泗江
葛孝江　葛培连　韩志超　窦吉进
窦学功　禚朝晖

常务主席：

刘　玉　万　丽（女）　田永全
徐振刚　宫德胜　施玉梅（女）
葛孝江　李　铭　周德春　王福敏

秘书长：徐振刚

副秘书长：

严凤辉　王　赓　冯玉庆　张　伟
窦吉进　王同刚

三、报告及主要内容

会议听取并审议了市长王文琦作的《政

府工作报告》，市人大常委会主任万丽作的《高密市人民代表大会常务委员会工作报告》，市人民法院代理院长王效刚作的《高密市人民法院工作报告》，市人民检察院代理检察长纪兵作的《高密市人民检察院工作报告》；审查批准了《高密市国民经济和社会发展第十四个五年规划和二〇三五年远景目标纲要》《高密市2020年国民经济和社会发展计划执行情况与2021年计划的报告》和《高密市2020年预算执行情况和2021年预算的报告》。

图3－19　市委书记刘玉主持会议开幕式

《政府工作报告》的主要内容是：2020年完成地区生产总值510.3亿元，一般公共预算收入50.5亿元，居民人均可支配收入同比增长4%。新开工过百亿元项目2个、过亿元项目70个，完成固定资产投资203亿元，同比增长4.6%。新建13处电商直播小镇，6个镇村入选中国淘宝镇村，安全鞋电商销售量蝉联全国第一，获批国家电子商务进农村综合示范县。进出口实绩企业达518家，完成外贸总额152.8亿元。集成推进“六保三促”一揽子措施，落实税收优惠政策8.9亿元，增加信贷投放57.4亿元，争取上级资金23.5亿元，新增建设用地指标2600多亩，居潍坊第一位。仁和化工园区初具规模，10天完成1300多户搬迁清零，友泉新材料、星宇高端胶乳等9个项目接续落地，全国首家化工连续流微通道技术示范园区加速崛起。引进两院院士等高端人才（团队）130人，1人入选国家重点人才工程和省“一事一议”顶尖人才，2人入选泰山产业领军人才，高密市获评全省人才工作先进单位。启动国家森林城市创建，完成植树造林4.5万亩，建设生态廊道100千米，新建改建农村公路140.3千米。引进中国500强投资项目5个，签约、立项项目投资额均居潍坊8县市第一位，年内实际到位资金169亿元。新设外资项目32个，实际利用外资1亿美元、同比翻番，其中日韩外资3300万美元。2020年重点任务全面完成，标志着我市“十三五”规划圆满收官。“十三五”期间，一是综合实力显著增强、产业结构深度调整、发展质量持续提升。全市地区生产总值提前2年实现比2010年翻一番的目标。社会消费品零售总额1006亿元，是“十二五”的1.4倍。

金融机构本外币存贷款余额分别突破600亿元和500亿元。高新技术产业产值占比比“十二五”末提高18.2个百分点，万人有效发明专利增加4.68件。二是城市空间不断拓展、服务功能更加完善、城乡面貌明显改观。高密接连迈入高铁时代、空港时代，“高速四环”大交通格局加快形成。建成区面积达55平方千米，绿化覆盖率提高到39.9%。全市常住人口城镇化率达到62.8%，提高5个百分点。三是改革开放持续深化、体制环境不断优化、发展活力继续增强。重点领域改革加快推进，各类市场主体达11.7万家。积极融入“一带一路”“胶东经济圈一体化”等战略，建成省级以上外贸转型基地6个，累计实际利用外资5.4亿美元，设立境外机构26家，打造对外开放新高地的经验做法成为全省典型。四是生活质量稳步提升、社会保障明显加强、民生事业全面进步。五年来，民生支出累计达到223亿元，是“十二五”的1.6倍。城镇、农村居民人均可支配收入分别比2015年增长38.1%、45.8%。新增城镇就业5.4万人。改造棚户区1.7万户，受益居民6.2万人。“十四五”时期经济社会发展主要目标是：（1）努力打造现代制造业高质量发展试验区。数字化赋能、工业互联网加快破题，产业基础高级化、产业链现代化水平大幅提升，优势产业产能倍增。豪迈、孚日、星宇等“头部企业”竞争力明显增强。（2）努力打造改革开放新高地。重点领域改革取得突破，创新创业创造环境明显改善。“开放立市、向东向海”战略布局更加清晰。（3）努力打造现代化高品质新城。国土空间开发格局进一步优化，新型城镇化建设稳步推进，城市基础设施全面提升，环境质量明显改善，塑成精致精细、特色鲜明的城市风貌。（4）努力打造民生幸福之城。城乡居民就业更加充分，居民收入增长和经济增长保持正同步，公共服务供给水平明显提升，乡村全面振兴加快推进，不断满足人民群众多样化需求。（5）努力打造县域现代治理示范区。基层基础进一步巩固，法治高密、平安高密建设取得新成效，防范化解重大风险体制机制不断健全，治理体系和治理能力现代化水平迈上新台阶。

《高密市人民代表大会常务委员会工作报告》主要内容：（一）坚持党的领导，坚定人大工作正确政治方向。着力巩固“不忘初心、牢记使命”主题教育成果，召开民主生活会2次，查摆出的问题已全部整改到位；组织开展“我为‘十四五’规划建言献策”活动。先后向市委报告全面工作和专项工作32次，依法作出10项决议和决定，听取审议“一府两院”17个专项工作报告，依法任免国家机关工作人员56人，职业教育、公益诉讼、环境保护、公共卫生体系建设、代表建议办理、“五个十”重点支撑项目、就业促进法贯彻情况、行政应诉、议案办理等9项调研成果得到市委主要领导肯定并批示，为科学决策提供了参考。聚焦市委十项攻坚任务，制订出台《关于推进全市重点工作攻坚落实的意见》。常委会班子成员分别牵头重点项目攻坚专班，协调推进莫言文学馆主体建设，红高粱文旅小镇一期项目，星宇新材料产业园起步工程，仁和化工园。（二）增强监督实效，主动服务经济社会发展大局。共召开9次常委会会议，向“一府两院”发出14份审议意见书，提出60多条意见和建议。密切关注经济运行质量，组织对“十三五”规划执行、“十四五”规划编制情况进行调查，做好“十四五”规划和二〇三五年远景目标纲要审查相关工作。促进民生事业持续改善，部署开展就业促进法执法检查，对公共卫生体系建设工作、职业教育发展进行专题调查，围绕打赢污染防治攻坚战，专题审议年度环境状况和环保目标完成情况报告。推进普法和依法治理深入开展，听取并审议了行政应诉专题工作报告，组织开展了法院刑事审判和检察院公益诉讼专题调研。组织30名国家工作人员向宪法宣誓，对10份市政府和镇级人大规范性文件进行备案，组织代表旁听法院庭审4次。共受理群众来信来访172件，案件到期处结率达98.8%，有效促进群众诉求解决和社会和谐稳定。（三）夯实履职基础，保障代表充分发挥主体作用。一是提升代表履职能力。全年邀请68名代表列席市人大常委会会议、市政府常务会议。组织代表参加省、潍坊电视问政、“局长有约”栏目、全市重点工作攻坚“一月一点评”会议及调查、视察、执法检查等活动230余人次。邀请14名公民旁听人大常委会会议。二是拓宽代表履职平台。向各级人大代表提出“建功新时代，争做奋斗者，为建设现代化高品质城市贡献智慧和力量”的倡议。为广泛凝聚抗击疫情的强大合力，常委会第一时间向代表发出《疫情防控，代表先行》一封信，全市各级人大代表积极响应。深化开展“牢记使命、履职为民，争当优秀人大代表”主题活动。15名履职优秀潍坊人大代表、9件优秀潍坊代表建议和98名履职先进高密市人大代表被通报表扬。三是增强议案建议办理实效。市十八届人大四次会议通过的《关于建立长效机制、提升治理效能，积极推进现代化高品质城市建设的议案》作为1号议案，办理工作富有成效，召开了高品质城市建设专题询问会，18名代表现场提问、市政府常务副市长与7名市直部门主要负责人到场应询回答、50多名代表参加旁听。代表提出的147件建议已全部按时答复。（四）强化党建引领，持续提升自身建设整体水平。召开党组会议29次，组织理论学习中心组学习研讨12次，把关人事任免议题9项。以开展“三抓三服务”支部工作法为抓手，深入推进党支部标准化规范化建设。全市优秀人大代表事迹及“一镇一议apollo”工作经验，被各级新闻媒体报道40余次。召开党风廉政建设专题会议3次，专题研究意识形态工作4次，邀请市纪委监委作专题辅导讲座2场，有关事项及时与派驻纪检组沟通报告。

四、决议

会议作出了《关于政府工作报告的决议》《关于高密市国民经济和社会发展第十四个五年规划和二〇三五年远景目标纲要的决

议》《关于高密市2020年国民经济和社会发展计划执行情况与2021年国民经济和社会发展计划的决议》《关于高密市2020年预算执行情况和2021年预算的决议》《关于高密市人民代表大会常务委员会工作报告的决议》《关于高密市人民法院工作报告的决议》《关于高密市人民检察院工作报告的决议》7项决议。

五、选举

会议补选王效刚为高密市人民法院院长，纪兵为高密市人民检察院检察长。

第四编　高密市（县）人大常委会

第一章　性质　职权

第一节　性质

高密县第一至第六届、第八届人民代表大会只选举产生县人民政府（县人民委员会、县革命委员会），作为它的执行机关，不设常委会。根据1979年7月1日五届全国人大二次会议通过的《地方组织法》规定，县级以上的地方各级人民代表大会设立常务委员会，高密县从第九届人民代表大会开始设立常委会。人大常委会是本级人民代表大会的常设机关，对本级人民代表大会负责并报告工作。在本级人民代表大会闭会期间，依法行使本级国家权力机关职责和职权，经常性地发挥地方国家权力机关的作用，作为常设机关，为更好地行使职权开展日常工作，常委会依法设立办事机构和工作机构。它的每届任期同本级人大每届任期相同。它行使职权到下届本级人大选出新的常委会为止。1994年6月，撤县设市，高密县人民代表大会常务委员会改为高密市人民代表大会常务委员会。

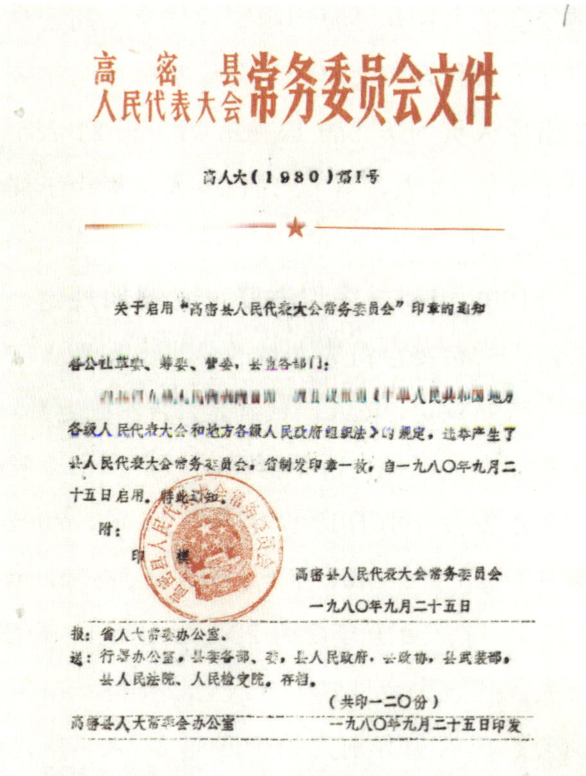
高密县人民代表大会常务委员会文件

高人大（1980）第1号

关于启用"高密县人民代表大会常务委员会"印章的通知

各公社革委、党委、管委，县直各部门：

[illegible]《中华人民共和国地方各级人民代表大会和地方各级人民政府组织法》的规定，选举产生了县人民代表大会常务委员会，省制发印章一枚，自一九八〇年九月二十五日启用。特此通知。

附：

印　模

高密县人民代表大会常务委员会

一九八〇年九月二十五日

报：省人大常委办公室。

送：行署办公室，县委各部、委，县人民政府，县政协，县武装部，县人民法院、人民检察院。存档。

（共印一二〇份）

高密县人大常委会办公室　　一九八〇年九月二十五日印发

图4－1　1980年9月25日，启用高密县人大常委会印章的通知

县级人大常委会由本级人民代表大会在代表中选举主任 1 人、副主任若干人和委员若干人组成。自 1995 年 12 月，高密市人大常委会始设秘书长、副秘书长，2009 年 11 月后，取消秘书长、副秘书长设置。县级人大常委会组成人员的名额，自依据 1979 年地方组织法确定后，又历经三次修法调整。1979 年规定为 11 ～ 19 人，人口特别多的县、市辖区不超过 29 人；1995 年修正案规定为 11 ～ 23 人，人口超过 100 万人的县（市、区）不超过 29 人；2004 年修正案规定为 15-27 人，人口超过 100 万人的县（市、区）不超过 35 人；2015 年修正案规定为 15 ～ 35 人，人口超过 100 万人的县（市、区）不超过 45 人。1995 年之前，法律只对县级人大常委会的名额作了范围限制性规定。高密县每届人民代表大会第一次会议实际选举常委会组成人员为第九届 15 人、第十届 21 人、第十一届 21 人、第十二届 23 人、第十三届 23 人。

1995 年地方组织法修正案增加规定，县级人大常委会组成人员的名额由省人大常委会依照规定，按人口数确定，名额确定后，在本届人大任期内，不再变动。根据山东省人大常委会分别于 1997 年 8 月 16 日、2002 年 9 月 28 日、2007 年 6 月 13 日、2011 年 7 月 29 日、2016 年 7 月 22 日的决定，高密市人民代表大会每届第一次会议实际选举常委会组成人员分别为第十四届 21 人（应选 21 人）、第十五届 20 人（应选 21 人）、第十六届 26 人（应选 27 人）、第十七届 26 人（应选 27 人）、第十八届 35 人（应选 35 人）。

县人大常委会设立时，办公地点在县委院内。1982 年底，迁至人民大街 64 号。1987 年 12 月，迁至人民大街新建的人大办公楼。2009 年 3 月，市人大常委会机关迁至利群路 75 号原供电局大楼办公。2020 年 4 月，迁至市融智商务综合体 7 号楼。

第二节　职权

《地方组织法》规定了县级人大常委会的职权，高密市（县）人大常委会据此行使职权。1979 年 7 月 1 日第五届全国人民代表大会第二次会议通过了《地方组织法》。之后，地方组织法历经多次修正：1982 年 12 月 10 日第五届全国人民代表大会第五次会议第一次修正；1986 年 12 月 2 日第六届全国人民代表大会常务委员会第十八次会议第二次修正；1995 年 2 月 28 日第八届全国人民代表大会常务委员会第十二次会议第三次修正；2004 年 10 月 27 日第十届全国人民代表大会常务委员会第十二次会议第四次修正；2015 年 8 月 29 日第十二届全国人民代表大会常务委员会第十六次会议第五次修正。随着地方组织法的修改，高密市（县）人大常委会的职权相应调整和完善。

按照 2015 年 8 月 29 日第五次修正的地方组织法，高密市人大常委会的职权主要包括：（1）在本行政区域内，保证宪法、法律、行政法规和上级人民代表大会及其常务委员会决议的遵守和执行；（2）领导市选举委员会、镇选举委员会，选举委员会主持本级人大代表的选举；（3）召集本级人民代表大会会议；（4）讨论、决定本行政区域内的政治、经济、教育、科学、文化、卫生、环境和资源保护、民政、民族等工作的重大事项；（5）根据本级人民政府的建议，决定对本行政区域内的国民经济和社会发展计划、预算的部分变更；（6）监督本级人民政府、人民法院和人民检察院的工作，联系本级人民代表大会代表，受理人民群众对上述机关和国家工作人员的申诉和意见；（7）撤销镇级人民代表大会及其常务委员会的不适当的决议；（8）撤销本级人民政府的不适当的决定和命令；（9）在本级人民代表大会闭会期间，决定副市长的个别任免；在市长、人民法院院长、人民检察院检察长因故不能担任职务的时候，从本级人民政府、人民法院、人民检察院副职领导人员中决定代理的人选；决定代理检察长，须报上一级人民检察院和人民代表大会常务委员会备案；（10）根据市长提名，决定本级人民政府局长、委（办）主任的任免；（11）按照人民法院组织法和人民检察院组织法的规定，任免人民法院副院长、庭长、副庭长、审判委员会委员、审判员，任免人民检察院副检察长、检察委员会委员、检察员；（12）在本级人民代表大会闭会期间，决定撤销个别副市长的职务；决定撤销由它任命的本级人民政府其他组成人员和人民法院副院长、庭长、副庭长、审判委员会委员、审判员，人民检察院副检察长、检察委员会委员、检察员；（13）在本级人民代表大会闭会期间，补选上一级人民代表大会出缺的代表和罢免个别代表；（14）决定授予地方的荣誉称号。

根据2018年3月20日第十三届全国人民代表大会第一次会议通过的《中华人民共和国监察法》的规定，监察委员会副主任、委员由监察委员会主任提请市人大常委会任免。

第二章　历届市（县）人大常委会组成人员

第一节　县九届人大常委会

1980年9月10日，高密县第九届人民代表大会第一次会议选出。

主　任：陈会江

副主任：

徐广顺　刘喜文　于　彬　陈戟门

委　员：（以姓氏笔画排列）

马吉安　王圣之　王学歧　李宗顺

呙智义　沈兴昌　张桂金（女）

胡　岳　郭宝福　谢振华

1981年12月17日，县九届人大二次会议增选刘云亭、孙秀贞、孟宪兑、凌雪芳为人大常委会委员。

第二节　县十届人大常委会

1984年5月27日，高密县第十届人民代表大会第一次会议选出。

主　任：朱维福

副主任：

李凤语　王炜光　于　彬　李君芳

委　员：（以姓氏笔画排列）

王玉珍（女）　王建章　毛秀云（女）

刘秀英（女）　刘靖安　孙树昆

沈兴昌　张延兴　李福忠　宋新科

钟銮先　夏克杰　徐澄海　郭炳桥

黄焕武　崔景荣（女）

1986年6月25日，县十届人大三次会议决定接受张延兴辞去县人大常委会委员职务；崔景荣因调离高密，辞去人大常委会委员职务；选举孟宪兑为县十届人大常委会副主任，于钦明、王瑞芬、董贤忠为县十届人大常委会委员。

第三节　县十一届人大常委会

1987年4月29日，高密县第十一届人民代表大会第一次会议选出。

主　任：王立福

副主任：

单昭明　李凤语　孟宪兑　王炜光

刘远东　李君芳

委　员：（以姓氏笔画排列）

于钦明　王凤山　王建章　王瑞芬

刘延滨（女）　孙树昆　沈兴昌

严洪涛　宋新科　荆逢元　夏克杰

郭炳桥　蒋会荣（女）　董贤忠

1987年12月9日，县十一届人大二次会议，选举梁光鹏为高密县第十一届人大常委会副主任。

1988年1月20日，县十一届人大常委会第六次会议，批准夏克杰辞去高密县人大常委会委员职务。

1989年3月26日至29日，高密县第十一届人民代表大会第四次会议决定接受王立福辞去高密县人大常委会主任职务，补选王在辉为高密县人大常委会主任。

第四节　县十二届人大常委会

1990年3月19日，高密县第十二届人民代表大会第一次会议选出。

主　任：单昭明

副主任：

李凤语　孟宪兑　刘远东　李好玉

李君芳　梁光鹏

委　员：（以姓氏笔画排列）

于文廒　王瑞芬（女）　毛永华

吕希池　吕希清　刘延滨（女）

孙明亮　李善臻　李锡才　邱玉森

谷昭川　郑立琦　杨福柱　荆逢元

郭炳桥　蒋会荣（女）

1990年9月29日，县十二届人大常委会第四次会议通过了接受荆逢元辞去高密县第十二届人大常委会委员职务的请求。

1991年3月5日，县十二届人大常委会第七次会议通过了接受李君芳辞去高密县第十二届人大常委会副主任职务的请求。

1991年3月29日，县十二届人大二次会议补选聂立斌（女）为高密县第十二届人大常委会副主任，綦宗良为高密县第十二届人大常委会委员。

第五节　市（县）十三届人大常委会

1993年2月13日，高密县第十三届人民代表大会第一次会议选出。

主　任：单昭明

副主任：

姜玉生　伏希太　李好玉　李万河

聂立斌（女）　沈子升　王凤祥

委　员：（以姓氏笔画排列）

王瑞芬（女）　毛永华　冯锡茂

吕希池　吕希清　刘昌华　李锡才

吴学深　邱玉森　陈世鸿　郑立琦

倪专远　徐金明　蒋会荣（女）

綦宗良

秘书长：

綦宗良（1995年12月—1997年12月）

副秘书长：

刘　波（1995年12月—1997年1月）

高泗江（1995年12月—1997年1月）

刁世学（1997年1月—1997年12月）

任德平（1997年1月—1998年1月）

徐伯登（1997年1月—　　）

1993年11月27日，县十三届人大常委会第六次会议，接受李锡才、吕希池辞去高密县第十三届人民代表大会常务委员会委员职务的请求。

1994年6月9日，市十三届人大常委会第十次会议，接受冯锡茂辞去高密市第十三届人民代表大会常务委员会委员职务的请求。

1995年2月13日，市十三届人大常委会第十四次会议，接受吕希清、徐金明、倪专远辞去高密市第十三届人民代表大会常务委员会委员职务的请求。

1995年3月21日，选举潘世俊、郭炳桥为高密市第十三届人民代表大会常务委员会副主任；选举庄政、李桂芳（女）、周娟（女）为高密市十三届人民代表大会常务委员会委员。

1995年12月29日，市十三届人大常委会第二十次会议，接受陈世鸿辞去高密市第十三届人民代表大会常务委员会委员职务的请求。

1996年2月29日，市十三届人大四次会议接受王凤祥辞去高密市第十三届人民代表大会常务委员会副主任职务的请求。接受郑立琦、邱玉森、刘昌华、王瑞芬辞去常委会委员职务的请求。

1996年3月1日，选举刘宗法、于敦学

为高密市第十三届人民代表大会常务委员会副主任；选举吕希光、刘福禄、杜继亮、蔡善华为高密市第十三届人民代表大会常务委员会委员。

第六节　市十四届人大常委会

1998年1月20日，高密市第十四届人民代表大会第一次会议选出。

主　任：孙惠斌

副主任：

伏希太　聂立斌（女）　潘世俊

刘宗法　沈子升　郭炳桥

委　员：（以姓氏笔画排列）

王汉杰　毛永华　庄　政　刘　波

李庆喜　李桂芳（女）　吴学深

宋希会　范锡宝　周　娟（女）

郇洪和　贾义丰　高大友　蔡善华

秘书长：

王汉杰（1998年3月—2003年1月）

副秘书长：

任德平（1998年1月—1999年2月）

徐伯登（1998年1月—2002年6月）

邱兆瑞（1999年2月—2003年1月）

1999年2月23日，市十四届人大常委会第八次会议，接受毛永华、范锡宝辞去高密市第十四届人民代表大会常务委员会委员职务的请求。

1999年3月8日，市十四届人民代表大会第二次会议补选张振国为高密市人大常委会副主任，万丽（女）、马金英（女）为委员。

2001年3月6日，市十四届人民代表大

图4－2　2001年3月，高密市第十四届人民代表大会常务委员会组成人员合影

会第四次会议接受伏希太、潘世俊、沈子升、郭炳桥辞去高密市第十四届人民代表大会常务委员会副主任职务的请求。

2001年3月7日，市十四届人大四次会议，补选刘彭泉、张慕坤、王致民为市人大常委会副主任。

第七节 市十五届人大常委会

2003年1月24日，高密市第十五届人民代表大会第一次会议选出。

主　任：吴元宝

副主任：

崔红旗　颜廷爱　聂立斌（女）

刘彭泉　张慕坤　王致民　张振国

委　员：（以姓氏笔画排列）

于纯华　马金英（女）　王汉杰

任德平　庄　政　孙晓非　宋希会

张建国　钟　波（女）　郭言兴

鹿书信　蔡善华

秘书长：

王汉杰（2003年1月—2006年4月）

庄　政（2006年4月—2007年12月）

副秘书长：

邱兆瑞（2003年1月—2006年6月）

范　珲（2004年2月—2007年12月）

刘兆斌（2007年4月—2007年12月）

2004年2月28日，市十五届人大常委会第八次会议，接受郭言兴辞去高密市第十五届人民代表大会常务委员会委员职务的请求。

2005年2月16日，市十五届人大常委会第十四次会议，接受吴元宝辞去高密市第十五届人民代表大会常务委员会主任职务的请求，接受孙晓非辞去高密市第十五届人民代表大会常务委员会委员职务的请求。

2005年2月28日，市十五届人大第三次会议补选吴建民为高密市第十五届人民代表大会常务委员会主任，门业亭、田凯文、李连杰、葛孝江为委员。

2006年2月24日，市十五届人大四次会议决定，接受刘彭泉、张振国辞去高密市第十五届人民代表大会常务委员会副主任职务；接受于纯华、门业亭、任德平、宋希会、鹿书信辞去常务委员会委员职务。

2006年2月25日，补选王家林、张庆坚为高密市第十五届人民代表大会常务委员会副主任，朱力达、刘来忠、沙明君、张兴家、曹立山为常务委员会委员。

2006年9月1日，市十五届人大常委会第二十六次会议接受钟波辞去高密市第十五届人大常委会委员职务的请求，其担任的市十五届人大常委会代表资格审查委员会委员职务相应终止。

2007年3月8日，市十五届人大五次会议决定，接受张慕坤、王致民辞去高密市第十五届人民代表大会常务委员会副主任职务；接受蔡善华、曹立山、张建国辞去常务委员会委员职务。

2007年3月9日，市十五届人大五次会议，补选张星海、张国廷、郑有奎为高密市第十五届人民代表大会常务委员会副主任，万里、姜殿国、薛维钧、魏廷松为常务委员会委员。

第八节　市十六届人大常委会

2007年12月14日，高密市第十六届人民代表大会第一次会议选出。

主　任：吴建民

副主任：

崔红旗　张星海　王家林　张国廷

郑有奎　薛维钧　毛进兰（女）

委　员：（以姓氏笔画排列）

万　里　马金英（女）　王汉杰

王连友　田凯文　吕春芳（女）

朱力达　庄　政　刘来忠　刘俊忠

李连杰　沙明君　张兴家　张恭运

姜殿国　郭宗祥　葛孝江　程际奎

秘书长：

庄　政（2007年12月—2010年3月）

副秘书长：

范　珲（2007年12月—2008年9月）

刘兆斌（2007年12月—2009年7月）

王作民（2008年5月—2009年3月）

高密市第十六届人民代表大会第二次会议，决定接受王汉杰、朱力达、李连杰、沙明君、张兴家、程际奎辞去高密市第十六届人民代表大会常务委员会委员职务的请求，2009年1月10日补选刘伟、邹怀智、高四亮、隋卫清、彭桂臻、楚鸿峻为高密市第十六届人民代表大会常务委员会委员。

市十六届人民代表大会第三次会议接受薛维钧辞去高密市第十六届人民代表大会常务委员会副主任职务的请求，万里、刘来忠、姜殿国辞去高密市第十六届人民代表大会常务委员会委员职务的请求；补选刘松青为高密市第十六届人民代表大会常务委员会副主

图4－3　2008年2月，高密市第十六届人民代表大会常务委员会组成人员合影

任，朱安达、葛月殿、张延泉、王赓为委员。

市十六届人民代表大会第四次会议接受王连友、田凯文、郭宗祥辞去高密市第十六届人民代表大会常务委员会委员职务的请求。补选姜言启、徐胜利、魏征（女）为高密市第十六届人民代表大会常务委员会委员。

第九节　市十七届人大常委会

2012年1月14日，高密市第十七届人民代表大会第一次会议选出。

主　任：范福生

副主任：

钟亮成　刘松青　毛进兰（女）

于钦明　宫德胜

委　员：（以姓氏笔画排列）

门业清　马金英（女）　王作民

王家林　王　赓　王聚才　吕春芳（女）

朱安达　刘俊忠　李传洲　李　勇

张恭运　荆瑞军　徐　明　高志新

葛月殿　葛孝江　韩志超　楚鸿峻

鞠志华

2013年2月19日，高密市第十七届人民代表大会第二次会议决定接受葛孝江、楚鸿峻辞去高密市第十七届人民代表大会常务委员会委员职务的请求。

2013年2月20日，高密市第十七届人民代表大会第二次会议补选杜启强为高密市第十七届人民代表大会常务委员会委员。

2014年2月19日，高密市十七届人大三次会议补选邵春生、马训利、仪义直、李铭为高密市第十七届人民代表大会常务委员会委员。

2015年2月4日，高密市第十七届人民代表大会第四次会议决定，接受门业清、高

图4－4　2012年2月，高密市第十七届人民代表大会常务委员会组成人员合影

志新、葛月殿辞去高密市第十七届人民代表大会常务委员会委员职务的请求。

2015 年 2 月 4 日，高密市第十七届人民代表大会第四次会议补选周德春、王福敏、苗金友、王述忠、李锡朋为高密市第十七届人民代表大会常务委员会委员。

2016 年 2 月 26 日，高密市第十七届人民代表大会第五次会议决定，接受王赓、王聚才、吕春芳、李传洲、荆瑞军、韩志超辞去高密市第十七届人民代表大会常务委员会委员职务的请求。

2016 年 2 月 27 日，高密市第十七届人民代表大会第五次会议补选郑兆波、范立标、李宗福、于道河、严凤辉、刘玉梅（女）、周发家为高密市第十七届人民代表大会常务委员会委员。

2016 年 6 月 28 日，高密市第十七届人民代表大会常务委员会第三十二次会议决定，接受杜启强辞去高密市第十七届人民代表大会常务委员会委员职务的请求。

第十节　市十八届人大常委会

2017 年 1 月 21 日，高密市第十八届人民代表大会第一次会议选出。

主　任：万　丽（女）

副主任：

徐振刚　宫德胜　施玉梅（女）

葛孝江　李　铭

委　员：（以姓氏笔画排列）

于钦明　于道河　马训利　马金英（女）

王作民　王相余　王福敏　仪义直

曲颂东　伍丽华（女）　刘玉梅（女）

刘　强　严凤辉　杜　鹏　李玉林

图 4 － 5　2017 年 2 月，高密市第十八届人民代表大会常务委员会组成人员合影

李宗福　李　勇　吴云效　宋进岭
邵春生　明　军　周发家　周德春
高立运　郭　涛　韩泓冰　窦学功
谭　晖（女）　　薛元玺

2018年3月9日，高密市第十八届人民代表大会常务委员会第十一次会议，决定接受周发家辞去高密市第十八届人民代表大会常务委员会委员职务的请求。

2018年6月22日，高密市第十八届人民代表大会常务委员会第十四次会议，决定接受谭晖辞去高密市第十八届人民代表大会常务委员会委员职务的请求。

市十八届人大常委会第十七次会议后，因经济开发区选举的韩泓冰调离高密，其代表资格终止，其担任的高密市第十八届人民代表大会常务委员会委员职务相应终止。

2019年2月14日，高密市第十八届人民代表大会常务委员会第二十一次会议，决定接受曲颂东辞去高密市第十八届人民代表大会常务委员会委员职务的请求；接受丁道河、王相余、伍丽华、李宗福、明军、郭涛辞去高密市第十八届人民代表大会代表、常务委员会委员职务的请求。

2019年4月3日，高密市第十八届人民代表大会第三次会议补选王成林、高玉山、张友勤、孙波、田锋、窦吉进、葛培连、吴兆道、冯玉庆、于义为高密市第十八届人民代表大会常务委员会委员。

2020年1月6日，高密市第十八届人民代表大会常务委员会第二十九次会议，决定接受于钦明、仪义直、冯玉庆、刘强、薛元玺辞去高密市第十八届人民代表大会常务委员会委员职务的请求。

2020年1月16日，高密市第十八届人民代表大会第四次会议补选田绍传、岳国彬、高泗江、禚朝晖、张伟5人为高密市第十八届人民代表大会常务委员会委员。

由柴沟选举的市十八届人民代表大会代表张友勤调离高密，依照代表法的有关规定，其代表资格终止；依照选举法的有关规定，张友勤担任的高密市第十八届人民代表大会常务委员会委员职务相应终止，2020年3月25日，市十八届人大常委会第三十次会议予以确认。

第三章　历届人大常委会党组组成人员

第一节　县九届人大常委会党组

书　记：

陈会江（1980 年 9 月—1984 年 5 月）

副书记：

徐广顺（1980 年 9 月—1983 年 1 月）

成　员：

刘喜文（1980 年 9 月—1984 年 5 月）

于　彬（1980 年 9 月—1984 年 5 月）

李宗顺（1980 年 9 月—1984 年 5 月）

第二节　县十届人大常委会党组

书　记：

朱维福（1984 年 5 月—1987 年 6 月）

副书记：

李凤语　（1984 年 5 月—1987 年 6 月）

孟宪兑（1985 年 5 月—1987 年 4 月）

成　员：

王炜光（1984 年 5 月—1987 年 6 月）

于　彬（1984 年 5 月—1987 年 6 月）

朱福训（1984 年 5 月—1986 年 6 月）

第三节　县十一届人大常委会党组

书　记：

王立福（1987 年 4 月—1989 年 3 月）

王在辉（1989 年 3 月—1990 年 3 月）

副书记：

单昭明（1987 年 4 月—1990 年 3 月）

成　员：

李凤语（1987 年 4 月—1990 年 3 月）

孟宪兑（1987 年 4 月—1990 年 3 月）

王炜光（1987 年 4 月—1990 年 3 月）

刘远东（1987 年 4 月—1990 年 3 月）

梁光鹏（1988 年 1 月—1990 年 3 月）

荆逢元（1987 年 2 月—1990 年 3 月）

第四节　县十二届人大常委会党组

书　记：

单昭明（1990 年 4 月—1993 年 2 月）

副书记：

李凤语（1990 年 3 月—1993 年 2 月）

孟宪兑

成　员：

刘远东（1990 年 3 月—1993 年 3 月）

李好玉（1990 年 4 月—1993 年 2 月）
梁光鹏（1990 年 3 月—1993 年 3 月）
荆逢元（1990 年 3 月—1990 年 9 月）
沈子升（1992 年 4 月—1993 年 2 月）
王凤祥（1992 年 4 月—1993 年 2 月）
綦宗良（1990 年 9 月—1993 年 2 月）

第五节　市（县）十三届人大常委会党组

书　记：
姜玉生（1993 年 3 月—1998 年 5 月）
副书记：
单昭明（1993 年 2 月—1998 年 5 月）
伏希太（1993 年 2 月—1998 年 1 月）
成　员：
李好玉（1993 年 2 月—1998 年 5 月）
沈子升（1993 年 2 月—1998 年 1 月）
王凤祥（1993 年 2 月—1996 年 2 月）
李万河（1993 年 3 月—1998 年 5 月）
潘世俊（1995 年 3 月—1998 年 1 月）
郭炳桥（1995 年 4 月—1998 年 1 月）
刘宗法（1996 年 2 月—1998 年 1 月）
于敦学（1996 年 2 月—1998 年 5 月）
綦宗良（1993 年 2 月—1997 年 12 月）
王汉杰（1997 年 12 月—1998 年 1 月）

第六节　市十四届人大常委会党组

书　记：
孙惠斌（1998 年 5 月—2003 年 1 月）
副书记：
伏希太（1998 年 1 月—2001 年 6 月）
刘宗法（2001 年 6 月—2003 年 1 月）
成　员：
潘世俊（1995 年 3 月—2001 年 6 月）
刘宗法（1998 年 1 月—2001 年 6 月）
沈子升（1998 年 1 月—2001 年 6 月）
郭炳桥（1998 年 1 月—2001 年 3 月）
张振国（1999 年 6 月—2003 年 1 月）
刘彭泉（2001 年 2 月—2003 年 1 月）
张慕坤（2001 年 2 月—2003 年 1 月）
王致民（2001 年 2 月—2003 年 1 月）
王汉杰（1998 年 1 月—2003 年 1 月）

第七节　市十五届人大常委会党组

书　记：
吴元宝（2003 年 3 月—2005 年 2 月）
吴建民（2005 年 2 月—2007 年 12 月）
崔红旗（2003 年 3 月—2007 年 12 月）
副书记：
颜廷爱（2003 年 7 月—2007 年 12 月）
薛维钧（2007 年 1 月—2007 年 12 月）
成　员：
刘彭泉（2003 年 1 月—2006 年 2 月）
张慕坤（2003 年 1 月—2007 年 3 月）
王致民（2003 年 1 月—2007 年 3 月）
张振国（2003 年 1 月—2006 年 2 月）
薛维钧（2006 年 2 月—2007 年 1 月）

王家林（2005 年 12 月—2007 年 12 月）
张庆坚（2006 年 2 月—2007 年 12 月）
张星海（2006 年 12 月—2007 年 12 月）
张国廷（2006 年 10 月—2007 年 12 月）
郑有奎（2006 年 12 月—2007 年 12 月）
王汉杰（2003 年 1 月—2006 年 2 月）
庄　政（2006 年 2 月—2007 年 12 月）

第八节　市十六届人大常委会党组

书　记：
范福生（2011 年 12 月—2012 年 1 月）
崔红旗（2007 年 12 月—2012 年 1 月）
钟亮成（2011 年 12 月—2012 年 1 月）
副书记：
张星海（2007 年 12 月—2012 年 1 月）
成　员：
王家林（2007 年 12 月—2012 年 2 月）
张国廷（2007 年 12 月—2012 年 1 月）
郑有奎（2007 年 12 月—2012 年 1 月）
薛维钧（2007 年 12 月—2010 年 1 月）
刘松青（2010 年 1 月—2012 年 2 月）
庄　政（2007 年 12 月—2010 年 1 月）
王　赓（2010 年 1 月—2012 年 1 月）

第九节　市十七届人大常委会党组

书　记：
范福生（2012 年 1 月—2014 年 8 月）
钟亮成（2012 年 1 月—2016 年 12 月）
万　丽（女）（2016 年 12 月—2017 年 1 月）
副书记：
刘松青（2012 年 2 月—2017 年 1 月）
王家林（2012 年 2 月—2013 年 9 月）
周德春（2012 年 12 月—2014 年 8 月）
王福敏（2012 年 12 月—2014 年 8 月）
成　员：
于钦明（2012 年 1 月—2017 年 1 月）
宫德胜（2012 年 1 月—2017 年 1 月）
周德春（2014 年 8 月—2017 年 1 月）
王福敏（2014 年 8 月—2017 年 1 月）
王　赓（2012 年 1 月—2016 年 1 月）
严凤辉（2016 年 2 月—2017 年 1 月）

第十节　市十八届人大常委会党组

书　记：
万　丽（女）（2017 年 1 月—　　）
副书记：
徐振刚（2017 年 1 月—　　）
成　员：
宫德胜（2017 年 1 月—　　）
葛孝江（2017 年 1 月—　　）
李　铭（2017 年 1 月—　　）
于钦明（2017 年 1 月—2019 年 11 月）
周德春（2017 年 1 月—　　）
王福敏（2017 年 1 月—　　）
严凤辉（2017 年 1 月—　　）

第四章　主任会议

第一节　职责

1979年颁布的《地方组织法》没有规定地方人大常委会设立主任会议。1982年《地方组织法》修正案规定地方人大常委会设置主任会议。根据《地方组织法》规定，市（县）人大常委会主任会议是为常委会行使职权服务的常委会常设机构，由常委会主任、副主任组成，负责处理常委会的重要日常工作。高密市（县）人大常委会主任会议于1982年依法设立，其职责主要包括决定常委会每次会议的时间、会期、列席人员名单和其他有关事项，拟定常委会会议议程草案；向本级人大常委会提出属于常委会职权范围内的议案，并决定交由有关的专门委员会审议或者提请常委会全体会议审议；向常委会提议设立关于特定问题的调查委员会；按照代表大会和常委会的决定和工作要点，安排各个时期的工作任务，拟定调查研究和监督工作方案；检查常委会会议决议和决定执行情况情况，研究进一步贯彻决议和决定的措施；研究常委会及机关自身建设的重要事项；指导和协调各专门委员会的日常工作；处理常委会其他重要日常工作；在代表人会闭会期间，向常委会提名专门委员会的个别副主任委员和部分委员的人选，提名代表资格审查委员会组成人员的人选，以及依据市人大常委会人事任免办法规定，提请人大常委会依法任免有关国家机关工作人员的人选；决定向常委会提出的质询案答复的方式和时间等。

第二节　召开会议

主任会议定期或不定期召开会议，随时处理问题。主任会议由常委会主任或主持工作的副主任召集并主持，实行集体负责制，以少数服从多数原则决定问题。1980年县人大常委会设立后，便以主任办公会议形式研究处理相关问题。1982年主任会议设立后，仍以办公会议形式开展工作。自1986年始，以召开主任会议形式履行职责。鉴于主任会议研究的事项，涉及常委会会议的，与常委会会议议题基本相同；涉及常委会重要日常工作的，已在相关章节表述。本章不再详述。

第五章　历届市（县）人大常委会会议

第一节　县九届人大常委会会议

第一次会议

县九届人大常委会第一次会议于1980年9月11日在县人大常委会会议室举行。副主任徐广顺、刘喜文、于彬、陈戟门及委员共11人出席会议。徐广顺主持会议。

会议学习了《地方组织法》，明确了人大常委的职权任务；研究了分工；成立了办事机构，设立办公室，由王英、周宝兴任副主任；研究安排了下步工作。

第二次会议

县九届人大常委会第二次会议于1980年10月20日至21日在县人大常委会会议室举行。20日，主任陈会江，副主任徐广顺、刘喜文、于彬、陈戟门及委员共10人出席会议。21日，陈会江、徐广顺、刘喜文、于彬、陈戟门及委员共11人出席会议。县政府常务副县长于树棠、县法院院长张光庭、县检察院检察长刘金城、县政府办公室主任张正立列席会议。陈会江主持会议。

会议研究通过了县人大常委会关于开展工作的意见；研究通过了县人民政府委、办、局正职任免事项；研究通过了组织人大常委进行视察工作的决定。

第三次会议

县九届人大常委会第三次会议于1980年11月15日在县人大常委会会议室举行。主任陈会江，副主任徐广顺、刘喜文、于彬、陈戟门及委员共11人出席会议。县政府常务副县长于树棠、县法院院长张光庭、县检察院检察长刘金城列席会议。陈会江主持会议。

会议研究通过了人事任免事项，安排了视察工作，研究了各公社人代会问题。

第四次会议

县九届人大常委会第四次会议于1980年12月15日在县人大常委会会议室举行。主任陈会江，副主任徐广顺、刘喜文、于彬、陈戟门及委员共10人出席会议。县政府常务副县长于树棠、县法院院长张光庭、县检察院检察长刘金城列席会议。陈会江主持会议。

会议讨论通过了人事任免事项，听取了提案处理情况的汇报、各公社人代会召开和选举情况及视察情况汇报，对春节有关工作进行了安排。

第五至八次会议

（资料缺失）

第九次会议

县九届人大常委会第九次会议于1981年12月1日在县人大常委会会议室举行。陈会江主持会议。

会议研究通过了关于召开县九届人大二次会议的有关事项，研究了县政府提交的《关于加强农房建设工作》。

第十至十二次会议

（资料缺失）

第十三次会议

县九届人大常委会第十三次会议于1982年5月8日在县人大常委会会议室召开。主任陈会江，副主任徐广顺、刘喜文、于彬、陈戟门，委员孟宪兑、马吉安、张桂金、胡岳、刘云亭、郭宝福、谢振华、孙秀贞、王学歧出席会议。县政府常务副县长于树棠、县法院副院长卞凤城、县检察院检察长刘金城、县建委副主任吴江兴、县建设局副局长王笃成、城关镇镇长宋林茂列席会议。陈会江主持会议。

会议学习了宪法修改草案；听取了人大常委会联系代表情况汇报、双羊公社生活安排的调查情况汇报、城镇建设管理工作调查汇报以及关于人大常委会的机构设置情况；通过了有关人事任免事项；安排了视察活动。

第十四次会议

县九届人大常委会第十四次会议于1982年5月29日至30日在县人大常委会会议室召开。副主任徐广顺、刘喜文、于彬、陈戟门，委员凌雪芳、孙秀贞、胡岳、王盛元、刘云亭、马吉安、李宗顺、郭宝福、谢振华、沈兴昌出席会议。徐广顺主持会议。

会议专门学习讨论了宪法修改草案，提出了修改意见，通过了《关于组织全县人民讨论宪法修改草案的决议》；通过了人事任免事项。

第十五次会议

县九届人大常委会第十五次会议于1982年9月9日，在县人大常委会会议室召开。主任陈会江，副主任徐广顺、刘喜文、于彬、陈戟门，委员孟宪兑、张桂金、马吉安、李宗顺、孙秀贞、谢振华、咼智义、凌雪芳、刘云亭、胡岳、沈兴昌出席会议。县政府副县长李凤语、县政协副主席王敬民和綦敦叙、县法院副院长刘升云、县检察院副检察长王连和列席会议。陈会江主持会议。

会议学习了党的十二大文件、开幕词和报告；听取了全县学习宪法修改草案、代表提案处理、人事任免等情况汇报；研究了县和公社人代会情况、联系代表事宜和下步开展视察工作事项；通过了人事任免事项。

第十六次会议

县九届人大常委会第十六次会议于1982年12月14日至15日在县人大常委会会议室召开。主任陈会江，副主任徐广顺、刘喜文、于彬、陈戟门，委员丙智义、凌雪芳、胡岳、孟宪兑、马吉安、沈兴昌、张桂金、孙秀贞出席会议。县政府副县长王显良、县政协副主席王敬民、县检察院检察长刘金城、县法院院长张光庭、县政府办公室副主任郑喜文、县财政局局长朱大可列席会议。

会议听取了两院工作汇报；研究了有关人代会的问题；通过了人事任免事项。

第十七次会议

县九届人大常委会第十七次会议于1983年1月29日在县人大常委会会议室召开。主任陈会江，副主任刘喜文、于彬、陈戟门，委员孟宪兑、张桂金、马吉安、刘云亭、王盛元、沈兴昌、胡岳、孙秀贞、谢振华、郭宝福、凌雪芳出席会议。县政府常务副县长于树棠，县政协副主席时士双、王敬民，县法院院长张光庭，县检察院副检察长丁乐本，县人事局局长万兆金列席会议。陈会江主持会议。

会议讨论通过了县政府拟定的国家行政机关工作人员奖惩暂行规定、县人大常委会拟定的1983年工作意见；通过了人事任免事项。

第十八次会议

县九届人大常委会第十八次会议于1983年4月9日在县人大常委会会议室召开。主任陈会江，副主任刘喜文、于彬、陈戟门，委员谢振华、刘云亭、胡岳、丙智义、孙秀贞、王学歧、郭宝福、沈兴昌、马吉安出席会议。县政府副县长李凤语、县政协副主席王敬民、县法院院长张光庭、县检察院检察长刘金城、县建委副主任宋宜亭、县城建副局长王笃成、城关镇镇长宋林茂、县工商局局长陆传序、县卫生局局长尹世超、县公安局副局长李文贯列席会议。陈会江主持会议。

会议听取并审议了城镇管理办法试行情况、联系代表情况和提案处理情况。

第十九次会议

县九届人大常委会第十九次会议于1983年6月2日在县人大常委会会议室召开。主任陈会江，副主任刘喜文、于彬、陈戟门，委员孟宪兑、马吉安、王学歧、刘云亭、孙秀贞、丙智义、胡岳、沈兴昌、谢振华、郭宝福、张桂金出席会议。县政府常务副县长于树棠，县政协副主席时士双、王敬民，县法院院长张光庭，县检察院副检察长丁乐本，县人事局局长万兆金列席会议。

会议听取了出席省六届人大一次会议的代表尹世炘会议情况汇报；听取了县财政局副局长范可智作的1982年财政决算和1983年财政情况汇报；听取了除氟改水及解决黑屋子、土台子问题的汇报；研究了视察有关问题。

第二十次会议

县九届人大常委会第二十次会议于1983年8月11日在县人大常委会会议室召开。主任陈会江，副主任刘喜文、于彬、陈戟门，委员孟宪兑、沈兴昌、李宗顺、马吉安、刘云亭、呙智义、孙秀贞、胡岳、王学歧、凌雪芳、谢振华出席会议。县政府副县长孙嘉炼、县政协副主席王敬民、县法院院长张光庭、县检察院副检察长丁乐本、县司法局局长梁光鹏、县卫生局局长尹世超、县建设局副局长王笃成、城关镇镇长宋林茂列席会议。陈会江主持会议。

会议学习了县人大常委会有关文件；听取了县人大常委会办公室、代表业务科工作情况汇报；通过了下半年工作安排。

第二十一次会议

县九届人大常委会第二十一次会议于1983年10月7日在县人大常委会会议室召开。主任陈会江，副主任刘喜文、于彬、陈戟门，委员孟宪兑、李宗顺、马吉安、刘云亭、胡岳、王学歧、谢振华、郭宝福出席会议。县政府常务副县长于树棠、县政协副主席王敬民、县检察院副检察长丁乐本、县法院副院长刘升云、县公安局局长王乐昌、县建设局局长李同文等列席会议。

会议听取了县公安局打击刑事犯罪活动情况汇报、县城建局城镇建设管理情况汇报；通过了干部任免事项。

第二十二次会议

县九届人大常委会第二十二次会议于1983年11月15日在县人大常委会会议室召开。主任陈会江，副主任刘喜文、于彬、陈戟门，委员王学歧、李宗顺、胡岳、马吉安、王盛元、刘云亭、谢振华、郭宝福、张桂金、孙秀贞出席会议。县政协副主席王敬民、县检察院检察长刘金城、县法院副院长刘升云，县人大常委会办公室副主任宋立田和师小娟、代表事务科科长赵存礼、法制科科长赵锡祜列席会议。陈会江主持会议。

会议研究了出席潍坊市人代会的代表候选人；研究了县人民代表大会换届的问题；商量了县九届人大四次会议日程；讨论了关于县人大代表的变动情况；决定了有关人事任免事项。

第二十三次会议

县九届人大常委会第二十三次会议于

1983 年 11 月 29 日在县人大常委会会议室召开。主任陈会江，副主任刘喜文、于彬、陈戟门，委员孟宪兑、李宗顺、沈兴昌、马吉安、郭宝福、胡岳、刘云亭、孙秀贞、王盛元出席会议。县政府常务副县长于树棠、县政协副主席王敬民、县法院院长张光庭、县检察院检察长刘金城等列席会议。陈会江主持会议。

会议研究讨论了县九届人大四次会议政府工作报告、财政预决算报告、人大常委会工作报告、法院工作报告、检察院工作报告；研究讨论了召开县九届人大四次会议的有关问题；决定了有关人事任免事项。

第二节　县十届人大常委会会议

第一次会议

县十届人大常委会第一次会议于 1984 年 6 月 9 日在县政协会议室举行。主任朱维福，副主任李凤语、王炜光、于彬、李君芳和 14 名委员出席了会议。县长姜玉生、县政协副主席于树棠、县法院院长张光庭、县检察院检察长梁光鹏列席了会议。朱维福主持会议。

会议学习了国务院总理赵紫阳在全国六届人大二次会议上作的政府工作报告和中共中央〔1984〕8 号、9 号文件及全国人大常委会委员长彭真在首都新闻界座谈会上的讲话要点；听取了省人大代表滕裕玲关于山东省第六届人民代表大会第二次会议精神的汇报，并进行了讨论；提出了“提前一年全面完成我县‘六五’计划，提前一年实现经济指标翻一番”的奋斗目标；研究通过了县人大常委会 1984 年工作要点；决定了人事任免事项。

第二次会议

县十届人大常委会第二次会议于 1984 年 8 月 6 日至 8 日在县政府招待所举行。主任朱维福，副主任李凤语、于彬、李君芳及 13 名委员出席了会议。县政府副县长潘世俊、县政协副主席于树棠、县法院院长张光庭、县检察院检察长梁光鹏、县教育局局长郭玉梅、县卫生局长尹世超、县建委副主任罗相诗等列席了会议。朱维福主持会议。

会议学习了全国人大常委会副委员长王任重的重要讲话和潍坊市委书记王树芳、市长邵桂芳的讲话；听取并审议了县政府《关于城镇规划和建设情况及今后意见的报告》《关于教育工作情况和今后意见的报告》《关于食品卫生和县城环境卫生管理情况及今后意见的报告》；决定了县人民法院、县人民检察院的人事任免事项；研究了县人大常委会下半年视察的有关事宜。

第三次会议

县十届人大常委会第三次会议于 1984 年 10 月 8 日至 10 日在县政府招待所举行。

主任朱维福，副主任李凤语、于彬、李君芳及委员16人出席了会议。县长姜玉生、副县长单昭明、县政协副主席于树棠及县人民法院、县人民检察院、县人大常委会各科办、县政府办公室、建委、农业局、财政局、司法局等有关部门和高密镇政府的负责人列席了会议。朱维福、李凤语、于彬、李君芳轮流主持会议。

会议审议通过了县人民政府关于《高密县县城规划建设管理暂行办法》《高密县县城公用设施管理暂行办法》和《高密县县城园林绿化管理暂行办法》；审议通过了县人大常委会关于《高密县人大常委会工作试行条例》《高密县人大常委会联系人民代表和群众的试行办法》和《高密县人大常委会人事任免暂行办法》的汇报；听取并审议了县政府《关于高密县1984年财政预算执行情况的报告》；听取并审议了县妇联《关于保护妇女儿童合法权益的情况报告》和县人大常委会《关于保护妇女儿童合法权益的决议（草案）》；通过了人事任免事项。

第四次会议

县十届人大常委会第四次会议于1984年10月27日至28日在县人民政府三楼会议室举行。主任朱维福，副主任李凤语、王炜光、于彬、李君芳及10名委员出席了会议。县政协副主席崔凤鸣和县人民法院、县人民检察院、县政府所属28个委办局的主要负责人及29处乡镇的乡长、镇长列席了会议。朱维福、李凤语、于彬轮流主持会议。

会议听取了于彬传达的省委书记梁步庭和省人大常委会主任秦和珍在全省市、县（区）人大常委会工作经验交流会上的重要讲话，听取了县委副书记陈会江的讲话，并就如何开创人大工作的新局面进行了讨论；学习了《中共中央关于经济体制改革的决定》。

第五次会议

县十届人大常委会第五次会议于1984年12月27日至28日在县政府招待所举行。主任朱维福，副主任李凤语、王炜光、于彬、李君芳及13名委员出席了会议。副县长单昭明、县政协副主席崔凤鸣及县人民法院、县人民检察院、县人大常委会各科办、县政府办公室、司法局等部门的负责人列席了会议。会议由朱维福、王炜光、于彬轮流主持。

会议听取并审议了李凤语作的《关于赴诸城等四县学习人大工作经验的情况汇报》、司法局副局长刘玉松受县政府委托作的《关于全县开展法制宣传教育工作的情况报告》和县人民法院副院长边凤城作的《关于“严打”以来刑事审判工作的情况报告》；审议通过了县人大常委会《关于进一步开展法制宣传教育工作的决议（草案）》；听取并审议了有关县政府工作人员、县人民法院审判干部和县人民检察院检察干部任免的提请；通过了有关人事任免事项。

第六次会议

县十届人大常委会第六次会议于1985年3月1日在县政府招待所举行。主任朱维福，副主任李凤语、王炜光、于彬、李君芳及13名委员出席了会议。副县长单昭明及县人民法院、县人民检察院、县政府办公室、县人大常委会各科办等部门的负责人列席了会议。朱维福、于彬轮流主持会议。

会议听取并审议了县政府关于办理代表建议、意见的情况报告和人大常委会《1985年工作要点》。通过了人大常委会《关于召开高密县第十届人民代表大会第二次会议的决定》《关于设立法制、财政经济、科教文卫三个工作委员会的决定》《关于增加县十届人民代表大会代表名额的决定》；决定了县人大常委会3个工作委员会和县法院的人事任免事项。会议结束后，县司法局作了学习《宪法》的辅导讲课。

第七次会议

（资料缺失）

第八次会议

县十届人大常委会第八次会议于1985年5月30日至31日在县政府招待所举行。主任朱维福，副主任李凤语、王炜光、于彬、李君芳和部分委员共14人出会议。副县长李万河和县法院、县检察院、县政府办公室、工商局、税务局、卫生局、林业局、农业局、司法局及县人大常委会机关科办的负责人列席会议。李凤语、王炜光、于彬轮流主持会议。

会议听取并审议了县工商局局长陆传序、税务局局长张正立、卫生局局长尹世超、司法局局长张子敬、林业局局长禚煜昌受县政府委托分别作的《经济合同法》实施情况、国家税收法规实施情况、《食品卫生法》实施情况、关于全县普及法律常识的规划情况、《森林法》实施情况的报告；审议并通过了县人大常委会关于进一步宣传实施《经济合同法》的决议和加强法制宣传教育普及法律常识的决议。

第九、十次会议

（资料缺失）

第十一次会议

县十届人大常委会第十一次会议，于1985年11月1日至2日，在县人大常委会会议室举行。主任朱维福，副主任李凤语、王炜光、于彬、李春芳及部分委员共15人出席了会议。县长姜玉生，副县长潘世俊，县人大常委会党组副书记孟宪兑，县法院、县检察院、县政府办公室、粮食局、建委、环保局、史志办公室、县人大常委会各委办科的负责人列了会议。会议由李凤语、于彬轮流主持。

会议听取并审议了县政府关于全县粮食工作的情况汇报、关于城建工作的情况汇报、关于史志工作的情况汇报，作出了相应的决议；审议通过了县政府《关于保护胶河水源地的规定》；决定了县政府和法院、检察院的有关人事任免事项；传达了省人大常委会主任李振和省长李昌安在省人大常委会第十五次会议上的重要讲话；朱维福作了讲话。

第十二次会议

（资料缺失）

第十三次会议

县十届人大常委会第十三次会议，于1986年3月20日至21日在县人大常委会会议室举行。主任朱维福，副主任李凤语、于彬、李君芳和部分人大常委会委员共14人出席会议。人大常委会党组副书记孟宪兑、副县长李万河及县人民法院、县人民检察院、县政府办公室、县公安局、县人大常委会各科办和各工作委员会等部门的负责人列席了会议。朱维福主持会议。

会议听取了县政府关于社会治安情况的汇报、县人民检察院关于打击经济犯罪活动的情况汇报、县人大常委会1986年工作要点、县人大常委会关于召开县十届人民代表大会第三次会议的决定、县人大常委会主任朱维福关于任命人大常委会干部的提请，分组进行了审议；通过了县人大常委会的工作要点和召开县十届三次人代会的决定；决定了县人大常委会的人事任命事项。

第十四次会议

县十届人大常委会第十四次会议于1986年4月19日在县人大常委会会议室举行。主任朱维福，副主任李凤语、王炜光、李君芳和部分委员共17人出席会议。人大常委会党组副书记孟宪兑、县长姜玉生及县人民法院、县人民检察院、县政府办公室、县人大常委会各科办等部门的负责人列席了会议。朱维福主持会议。

会议通过了县人大常委会的工作报告；审议通过了关于推迟召开高密县第十届人民代表大会第三次会议的决定、关于增加本届代表名额和补选代表的决定、关于增选陈会江为潍坊市十届人大代表的决定；决定了有关人事任免事项。

第十五次会议

县十届人大常委会第十五次会议于1986年6月10日举行。会议分两段进行。第一段，县人大常委会主任、副主任和委员参加了县委统一组织召开的，传达贯彻省六届人大四次会议、市十届人大三次会议和市政协六届四次会议精神的会议。第二段，县十届人大常委会第十五次会议在县人大常委会会议室继续开会。主任朱维福，副主任李凤语、王炜光、李君芳和部分委员共17人出席会议。人大常委会党组副书记孟宪兑及县人民法院、县人民检察院、县政府办公室、县人大常委会各科办等部门负责人列席会议。朱维福主持会议。委员们对省、市人代会精神进行了讨论，并听取了李凤语关于县十届人大三次会议筹备工作情况的汇报、县第十届人民代表大会代表资格审查委员会关于代表变动情况和补选、增选代表资格的审查报告、朱维福关于推迟召开县第十届人民代表大会第三次会议的说明。会议通过了关于高密县第十届人民代表大会代表资格审查报告和关于推迟召开高密县第十届人民代表大会第三次会议的决定。

第十六次会议

县十届人大常委会第十六次会议于 1986 年 7 月 26 日至 27 日在县人大常委会会议室举行。主任朱维福，副主任李凤语、孟宪兑、王炜光、于彬、李君芳和委员共 20 人出席会议。县长王在辉、副县长李万河和县人民法院、县人民检察院，县政府办公室、审计局、卫生局、司法局、工商局、农业局、商业局、县社、防疫站、兽医站，县人大常委会各科办的负责人，县人大常委会法制、财政经济、科教文卫三个工作委员会的全体委员列席会议。孟宪兑主持会议。

会议听取并审议了县政府关于审计工作情况和《食品卫生法》贯彻实施情况的报告、县法院关于经济审判工作情况的报告、县人大常委会副主任于彬关于全省普法工作经验交流会议情况的汇报、县长王在辉关于任免县政府机关工作人员的提请和县法院院长张光庭关于任免县法院审判干部的提请；决定了县政府、县法院的人事任免事项。

第十七次会议

县十届人大常委会第十七次会议于 1986 年 10 月 27 日至 28 日在县人大常委会会议室举行。主任朱维福，副主任李凤语、孟宪兑、王炜光、于彬、李君芳和部分委员共 17 人出席会议。县长王在辉、副县长潘世俊、县政协副主席于树棠以及县法院、县检察院、县政府办公室、司法局、财政局、县体改委办公室、县人大常委会各科办的负责人、县人大常委会各工作委员会的委员列席会议。会议由李凤语、孟宪兑轮流主持。

会议学习了中共中央关于社会主义精神文明建设指导方针的决议和关于全党必须坚决维护社会主义法制的通知；听取并审议了县政府关于全县普法教育工作情况的报告、关于高密县 1986 年 1—9 月财政预算执行情况和下步工作意见的报告、关于全县工业企业经济体制改革情况的报告；审议通过了《高密县人大常委会关于高密县第十届人民代表大会代表持证视察的决定》《关于改变任免地方国家机关干部表决办法的决定》；决定了有关人事任免事项。

第十八次会议

县十届人大常委会第十八次会议于 1986 年 11 月 30 日在县人大常委会会议室举行。主任朱维福，副主任李凤语、孟宪兑、王炜光、于彬和部分委员共18人出席会议。县政协副主席于树棠及县法院、县检察院、县政府办公室、县人大常委会部分科办的负责人列席会议。朱维福主持会议。

会议传达学习了省换届选举工作会议精神；审议通过了高密县人大常委会关于县、乡（镇）两级人民代表大会换届选举工作安排意见；审议决定了高密县选举委员会成员和选举委员会办公室负责人名单、柏城镇选举委员会成员名单。

第十九次会议

县十届人大常委会第十九次会议于1987年2月15日至16日在县人大常委会会议室举行。主任朱维福，副主任李风语、孟宪兑、王炜光、于彬、李君芳和部分委员共18人出席会议。县长王在辉，副县长李万河、潘世俊，政协副主席于树棠以及县法院、县检察院、县政府办公室、公安局、财政局、县人大常委会各科办和各工作委员会的负责人列席会议。会议由李风语、孟宪兑、王炜光轮流主持。

会议学习了全国人大常委会关于加强法制教育维护安定团结的决定，并作出相应的决议；听取并审议了县选举委员会关于选举工作情况的报告；听取并审议了县政府关于贯彻执行《会计法》情况的报告、关于学习宣传《中华人民共和国治安管理处罚条例》的情况和贯彻实施意见的报告，并作出相应的决议；听取并审议了县法院关于宣传贯彻《民法通则》试点情况和实施意见的报告，并作出相应的决议；决定了人事任命事项。

第二十次会议

县人大常委会第二十次会议，于1987年4月17日在县人大常委会会议室举行。主任朱维福、副主任李风语、孟宪兑、于彬和部分委员共18人出席会议。副县长单昭明及县法院、县检察院的领导人和县政府办公室、县人大常委会各科办的负责人列席会议。朱维福主持会议。

会议听取了县选举委员会关于选举工作情况的报告；议定了县十届人大常委会工作报告；听取了县十届人民代表大会代表资格审查委员会关于县十一届人民代表大会代表资格审查情况的报告；听取了县十届人大常委会关于县十一届人民代表大会第一次会议筹备工作情况的报告，作出关于召开高密县第十一届人民代表大会第一次会议的决定，拟定了县十一届人民代表大会主席团、秘书长和议案审查委员会、预算委员会名单草案；拟定了县十一届人大一次会议列席代表名单；决定了人事任免事项。

第三节　县十一届人大常委会会议

第一次会议

县十一届人大常委会第一次会议于1987

年5月7日下午在县人大常委会会议室举行。主任王立福，副主任单昭明、李凤语、孟宪兑、王炜光、刘远东、李君芳和全体委员共21人出席会议。县长王在辉及县政府办公室、县人大常委会各科办的负责人列席了会议。王立福主持会议。

会议审议通过了高密县第十一届人民代表大会常务委员会代表资格审查委员会名单；决定了县政府的人事任命事项。

第二次会议

县十一届人大常委会第二次会议于1987年7月6日在县政协会议室举行。副主任单昭明、李凤语、孟宪兑、王炜光、刘远东、李君芳和部分委员共18人出席了会议。县政府副县长伏希太、县政协副主席于树棠以及县法院、县检察院、县政府办公室、县人大常委会各科办的负责人列席了会议。单昭明主持会议。

会议审议通过了县人大常委会1987年下半年工作要点；决定了人事任免事项；通报了县人大常委会对《土地管理法》的贯彻实施和社会保障工作的视察情况。

第三次会议

县十一届人大常委会第三次会议于1987年9月14日至15日在县政府会议室举行。副主任单昭明、李凤语、孟宪兑、王炜光、刘远东和部分委员共16人出席会议。县长王在辉、副县长伏希太以及县法院、县检察院、县政府办公室、县计委、县建委、县爱卫会、县财政局、县农业局、县环保局、县卫生局及县人大常委会各科办的负责人列席会议。单昭明主持会议。

会议审议通过了《高密县人民代表大会常务委员会工作条例》《高密县人民代表大会常务委员会联系人大代表和群众的办法》《高密县人民代表大会常务委员会人事任免的办法》；听取并审议了县政府关于《土地管理法》贯彻实施情况的报告，并作出相应的决议；听取并审议了高密县1987年上半年国民经济和社会发展计划执行情况的报告；听取并审议了县政府关于1987年上半年财政预算执行情况和下半年工作意见的报告，关于县城环境卫生治理情况和下步工作意见的报告，关于全县执行环境保护法规、加强环境保护工作的报告，关于代表议案和批评、建议、意见及群众来信来访办理情况的报告；通过了县人大常委会《关于调整人大常委会办事机构的决定》；决定了人事任免事项。

第四次会议

县十一届人大常委会第四次会议于1987年10月16日在县政府会议室举行。副主任单昭明、李凤语、孟宪兑、刘远东、李君芳和部分委员共14人出席会议。县政府副县长李万河、县政协副主席于树棠和县人民法院、县人民检察院，县政府办公室、建委、工商局、教育局以及县人大常委会各科办的负责人列席会议。会议由单昭明、孟宪兑轮流主持。

会议听取并审议了县政府关于城建工作情况的报告、关于工商行政管理工作情况的报告、关于教育工作情况的报告；听取并审议了县法院关于经济审判工作情况的报告；听取并审议了单昭明关于召开高密县第十一届人民代表大会第二次会议的说明，作出了12月上旬召开高密县第十一届人民代表大会第二次会议的决定；决定了人事任命事项。

第五次会议

县十一届人大常委会第五次会议于1987年12月7日召开。会议传达了潍坊市人大常委会在诸诚召开的各县市区人大常委会主任联席会议精神；听取了县十一届人大二次会议筹备工作情况的汇报；通过了潍坊市第十一届人民代表大会代表候选人建议名单，县十一届人大二次会议议程草案、主席团、秘书长建议名单；决定了县政府组成人员的任免事项。

第六次会议

县十一届人大常委会第六次会议于1988年1月20日召开。会议传达了潍坊市第十一届人民代表大会第一次会议精神；接受夏克杰辞去县人大常委会委员职务的请求；决定了县政府组成人员、县检察院检察人员的任免事项。

第七次会议

县十一届人大常委会第七次会议于1988年3月22日至23日召开。会议听取并审议了县政府关于高密县1988年国民经济和社会发展工作要点、关于大气污染防治情况的报告；议定了县人大常委会1988年工作要点；通过了关于召开县十一届人大三次会议的决定。

第八次会议

县十一届人大常委会第八次会议于1988年4月12日召开。会议议定了县人大常委会工作报告；听取了县十一届人大三次会议筹备工作情况的汇报；通过了县十一届人大三次会议主席团、秘书长和预算审查委员会、议案审查委员会及列席人员建议名单，通过了县人大常委会关于加强和改进人事任免工作的决定；任命师小娟（女）为县人大常委会法制科科长，免去宋新科法制科科长职务，任命李锡才为教科文卫城乡建设科科长，免去沈兴昌教科文卫城乡建设科科长职务，任命吕希池为法制科副科长；决定了县政府组成人员的任免。

第九次会议

县十一届人大常委会第九次会议于1988

年6月28日至30日召开。会议传达了七届全国人大一次会议精神；听取并审议了部分被任命干部任期目标责任情况的报告及县政府关于物价管理工作情况、关于1988年1至6月财政预算执行情况和下步工作意见的报告；通过了高密县国民经济和社会发展第七个五年计划修订意见、关于实施九年义务教育方案；决定了县政府组成人员、县法院审判人员、县检察院检察人员的任免。

第十次会议

县十一届人大常委会第十次会议于1988年8月30日至31日召开。会议听取并审议了部分被任命干部任期目标责任情况的报告及县政府关于贯彻实施《山东省计划生育条例》《计量法》和关于社会治安管理情况的报告；任命姜经文、迟华亭为高密县科技副县长，宋林茂兼任县对外经济贸易委员会主任。

第十一次会议

县十一届人大常委会第十一次会议于1988年10月27日至29日召开。会议听取和审议了部分被任命干部任期目标责任情况的报告及县政府关于贯彻实施《高密县人大常委会关于进一步实施〈土地管理法〉的决议》情况，关于前段财务、税收、物价检查情况和下步工作意见的报告；通过了高密县林业发展规划、县人大常委会关于依法治县的决议和关于在全县进行执法大检查的决定；决定了县法院审判人员的任免。

第十二次会议

县十一届人大常委会第十二次会议于1988年12月3日召开。会议听取了县政府《关于高密撤县设市的请示》的汇报；通过了县人大常委会关于同意县政府《关于高密撤县设市的请示》的决议。

第十三次会议

县十一届人大常委会第十三次会议于1989年1月5日至6日在县人大常委会会议室召开。副主任单昭明、李凤语、孟宪兑、王炜光、刘远东、梁光鹏、李君芳和委员共18人出席会议。县政府副县长伏希太、县政协副主席于树棠、县法院院长张光庭、县检察院检察长张正立和县政府办公室、县外经委、县建委、县粮食局的负责人，驻高密县城的市人大代表联系小组组长，柏城镇、姚哥庄镇、康庄镇、河崖乡、张鲁乡、大栏乡的人大主席团专职常务主席，以及人大常委会各科办的负责人列席会议。单昭明主持会议。

会议听取和审议了县政府关于对外经济、城镇建设和管理、城镇粮油供应工作情况的报告，关于代表建议、意见及人民群众来信来访办理情况的报告，县法院关于贯彻实施《民法通则》、关于处理群众来信来访情况的报告；决定了县法院审判人员、县检察院检察人员的任免。

第十四次会议

县十一届人大常委会第十四次会议于1989年3月9日在县人大常委会会议室举行。副主任单昭明、李凤语、孟宪兑、王炜光、刘远东、梁光鹏、李君芳和委员共19人出席会议。县政府副县长潘世俊、县政协副主席于树棠、县法院院长张光庭、县检察院检察长张正立和县政府办公室、县人大常委会各科室的负责人列席会议。单昭明主持会议。

会议通过了关于召开县十一届人大四次会议的决定，传达了省委书记姜春云、省人大常委会主任李振在省人大工作经验交流会上的讲话，决定了县政府组成人员的任免。

第十五次会议

县十一届人大常委会第十五次会议于1989年3月21日召开。会议议定了县人大常委会工作报告，听取了县十一届人大四次会议筹备工作情况的汇报；通过了县十一届人大四次会议副秘书长、预算审查委员会、议案审查委员会、列席人员建议名单，关于补选代表，关于进一步加强处理代表建议、批评、意见及人民群众来信来访工作的决定。

第十六次会议

县十一届人大常委会第十六次会议于1989年3月24日召开。会议通过了县人大常委会代表资格审查委员会关于补选代表的代表资格审查报告，县十一届人大四次会议主席团、秘书长、主席团常务主席建议名单。

第十七次会议

县十一届人大常委会第十七次会议于1989年5月30日至31日在县人大常委会会议室召开。副主任单昭明、李凤语、孟宪兑、王炜光、刘远东、梁光鹏、李君芳和委员共18人出席会议。县政府副县长伏希太、县法院副院长王军、县检察院副检察长丁乐本，县政府办公室、司法局、林业局、农委、农业局的负责人，县人大常委会各科办的负责人列席会议。会议由李凤语、孟宪兑轮流主持。

会议学习了国务院总理李鹏在中央和北京市党政军干部大会上的讲话和县人大常委会致县人大代表的一封信；听取并审议了县政府关于执法大检查情况、关于贯彻执行《森林法》、关于全县农业工作情况的报告；议定了县人大常委会1989年工作计划；通过了关于调整县人大常委会办事机构的决定。会议决定毛永华任县人大常委会财政经济城乡建设工作委员会主任，赵存礼任副主任；李锡才任农村经济工作委员会主任，李文刚任副主任（正科级）；吕希池任法制工作委员会主任，刘志刚任副主任；谷昭川任教科文卫工作委员会主任，陶承利任副主任；刘昌华、隋存茂任县人大常委会办公室副主任；免去仲跻魁县人大常委会办公室副主任职务。会议还决定了县政府组成人员、县法院审判人员、县检察院检察人员的任免。

第十八次会议

县十一届人大常委会第十八次会议于1989年6月14日在县人大常委会会议室召开。副主任单昭明、李凤语、孟宪兑、王炜光、刘远东、梁光鹏、李君芳和委员共16人出席会议。县政府副县长李万河、县政协副主席于树棠、县法院副院长岳振奎、县检察院检察长张正立和县政府办公室、县公安局、县人大常委会各委办的负责人列席会议。李凤语主持会议。

会议学习了中央军委主席邓小平的讲话和中共中央、国务院告全体共产党员、全国人民书，通过了县人大常委会关于稳定社会秩序的决议。

第十九次会议

县十一届人大常委会第十九次会议于1989年8月2日至3日在县人大常委会会议室召开。副主任单昭明、李凤语、孟宪兑、王炜光、刘远东、梁光鹏、李君芳和委员共17人出席会议。县政府副县长伏希太、李万河，县政协副主席于树棠，县法院副院长王军，县检察院检察长张正立，县政府办公室、县计委、县计生委、县财政局、县教委的负责人，县人大常委会各委、办的负责人，大牟家镇、双羊镇、仁和乡、周戈庄乡、阚家乡、土庄乡的人大主席团专职常务主席列席会议。会议由梁光鹏、刘远东轮流主持。

会议听取和审议了县政府关于贯彻执行《山东省计划生育管理条例》情况、关于上半年国民经济和社会发展计划执行情况、关于上半年财政预算执行情况、关于严格控制固定资产投资规模清理在建项目情况的报告；决定了县法院审判人员的任免。

第二十次会议

县十一届人大常委会第二十次会议于1989年10月6日至7日在县人大常委会会议室举行。副主任李凤语、孟宪兑、王炜光、刘远东、梁光鹏、李君芳和委员共16人出席会议。县政府副县长伏希太、李万河，县政协副主席于树棠，县法院副院长岳振奎，县检察院检察长张正立，县政府办公室、县民政局、县工商局、县监察局、县教委、县建委、县人大常委会各委办的负责人，井沟镇、夏庄镇、咸家乡、李家营镇、田庄乡、高戈庄乡的人大主席团专职常务主席列席会议。会议由孟宪兑、王炜光轮流主持。

会议传达了潍坊市人大工作会议精神，听取和审议了县政府关于贯彻执行《村民委员会组织法（试行）》《城乡个体工商管理暂行条例》《义务教育法》情况、关于廉政建设情况的报告，县检察关于反贪污、反受贿、打击经济犯罪情况的报告；通过了县政府关于修订县城总体规划的报告、关于县城市容环境卫生管理试行办法；决定了县法院审判人员的任免。

第二十一次会议

县十一届人大常委会第二十一次会议于1989年11月1日在县人大常委会会议室举行。副主任单昭明、孟宪兑、王炜光、刘远东、梁光鹏及委员共17人出席会议。县法院副院长王军、县检察院检察长张正立和县人大常委会各委办、县公安局、县政府办公室的负责人列席会议。李凤语主持会议。

会议通过了县人大常委会关于同意逮捕县人大代表马吉智的决定；传达了全市信访工作会议精神。

第二十二次会议

县十一届人大常委会第二十二次会议于1989年11月21日召开。会议通过了县人大常委会关于县、乡（镇）两级人民代表大会换届选举工作安排意见、选举委员会组成人员名单和县、乡两级人大代表名额分配意见。

第二十三次会议

县十一届人大常委会第二十三次会议于1990年2月8日召开。会议通过了关于召开县十二届人大一次会议的决定，接受单亦成辞去高密县副县长职务的请求。

第二十四次会议

县十一届人大常委会第二十四会议于1990年2月28日召开。会议学习了中共中央〔1990〕1号、2号文件；通过了县十二届人大一次会议建议议程；议定了县人大常委会工作报告。

第二十五次会议

县十一届人大常委会第二十五次会议于1990年3月9日召开。会议听取和审议了关于选举工作情况的报告，关于县十二届人大一次会议筹备工作情况的报告；通过了县人大常委会代表资格审查委员会关于县十二届人民代表大会代表资格审查情况的报告，县十届人大一次会议主席团、秘书长、议案审查委员会、预算审查委员会、列席人员建议名单。

第四节　县十二届人大常委会会议

第一次会议

县十二届人大常委会第一次会议于1990年5月8日至9日召开。会议学习了党的十三届六中全会精神和七届全国人大三次会议及省七届人大三次会议精神；议定了县人大常委会1990年度工作计划；通过了县人大常委会议事规则、关于实施《山东省人民代表大会常务委员会监督工作条例》办法、关于联系县人大代表办法、关于密切同人大代表和群众联系的决定、人事任免办法、县十二届人大常委会代表资格审查委员会名单；决定了县政府组成人员和县法院审判人员的任免。

第二次会议

县十二届人大常委会第二次会议于1990年7月13日至14日召开。会议听取和审议了县政府关于1990年上半年国民经济和社会发展计划执行情况、关于清理小金库和预算外资金管理情况、关于依法治县工作情况和下步工作情况的报告。

第三次会议

县十二届人大常委会第三次会议于1990年8月13日召开。会议通过了县政府《关于今冬明春农田水利建设规划的意见》、关于三年绿化全县的实施意见、关于乡镇公路规划和养护管理的意见。

第四次会议

县十二届人大常委会第四次会议于1990年9月28日至29日召开。会议听取和审议了县政府关于全县社会治安情况、关于1990年以来全县增加农业投入及强化农业措施情况、关于十二届人大常委会第一次会议以来代表建议意见及代表来信来访办理情况的报告，县政府、县法院关于学习、宣传《行政诉讼法》情况和实施意见的报告；通过了县人大常委会关于贯彻实施《行政诉讼法》的决议；补选姜玉生为潍坊市第十一届人民代表大会代表，接受荆逢元辞去县人大常委会委员职务的请求，任命綦宗良为县人大常委会办公室主任，李广文为副主任，免去荆逢元县人大常委会办公室主任职务。会议还决定了县法院审判人员的任免。

第五次会议

县十二届人大常委会第五次会议于1990年11月20日至21日召开。会议听取和审议了县政府关于贯彻执行全民所有制工业企业法、土地管理法、环境保护法，实施五年普法规划情况的报告；通过了县人大常委会关于贯彻实施《山东省人民代表大会常务委员会财政预算审批监督的若干规定》《潍坊市人大常委会关于财政预决算监督的暂行办法》的规定；任命吕尧胜为县人民检察院副检察长并代理检察长。

第六次会议

县十二届人大常委会第六次会议于1991年1月21日至22日在县人大常委会会议室召开。主任单昭明，副主任李凤语、孟宪兑、刘远东、李好玉、梁光鹏及委员共18人出席会议。梁光鹏主持会议。

会议听取了县人大常委会关于高密人大工作十年总结宣传活动情况的报告；听取和审议了县政府关于贯彻实施《中华人民共和国乡村集体所有制企业条例》和《山东省乡（镇）村集体工业企业管理条例》情况、关于廉政建设情况、关于工商行政管理工作情况和关于化肥、农药、农膜等农业物资专营工作情况的报告。

第七次会议

县十二届人大常委会第七次会议于1991年3月5日在县人大常委会会议室召开。主任单昭明，副主任李凤语、孟宪兑、刘远东、李好玉及委员共17人出席会议。县政府副县长伏希太、县政协副主席宋林茂、县法院院长迟世斋、县检察院代理检察长吕尧胜等列席会议。李凤语主持会议。

会议通过了县人大常委会关于召开县十二届人大二次会议和关于补选县十二届人民代表大会代表的决定；接受李君芳辞去县人大常委会副主任职务的请求；决定了县法院审判人员的任免。

第八次会议

县十二届人大常委会第八次会议于1991年3月20日召开。会议通过了关于补选县十二届人大代表的代表资格审查报告，县十二届人大二次会议建议议程、主席团、秘书长、议案审查委员会、预算审查委员会建议名单，列席人员名单；议定了县人大常委会工作报告；决定了县政府组成人员的任免。

第九次会议

县十二届人大常委会第九次会议于1991年5月20日在县人大常委会会议室召开。主任单昭明，副主任李凤语、孟宪兑、刘远东、李好玉、梁光鹏、聂立斌及委员共18人出席会议。李好玉主持会议。

会议传达了省七届人大四次会议和市十一届人大四次会议精神；通过了关于在全县公民中开展法制宣传教育第二个五年规划的决议；听取了县政府关于撤县设市的说明。

第十次会议

县十二届人大常委会第十次会议于1991年7月22日至23日在县人大常委会会议室召开。主任单昭明，副主任李凤语、孟宪兑、刘远东、梁光鹏、聂立斌及委员共19人出席会议。单昭明主持会议。

会议听取并审议了县政府关于1991年上半年财政预算执行情况、关于贯彻实施《治安处罚条例》情况、关于贯彻实施《水法》情况和关于办理代表建议批评意见情况的报告；任命冯国民为高密县副县长（挂职）；决定了县政府组成人员的任免。

第十一次会议

县十二届人大常委会第十一次会议于1991年9月25日至26日在县人大常委会会议室召开。主任单昭明，副主任李凤语、孟宪兑、刘远东、李好玉、梁光鹏、聂立斌及委员共19人出席会议。县委常委、副县长伏希太，县法院院长迟世斋、县检察院检察长吕尧胜及县人大常委会各委办副主任列席会议。李凤语主持会议。

会议听取并审议了县政府关于“扫黄除公害”情况、关于开展“质量、品种、效益年”活动情况、关于对近几年来违反《中华人民共和国土地管理法》处理情况、关于职业教育和成人教育工作情况的报告；通过了县人大常委会关于评选优秀县人大代表的决定和关于呼家庄撤乡设镇的决议；决定了县法院审判人员和县检察院检察人员的任免。

第十二次会议

县十二届人大常委会第十二次会议于1991年11月26日至27日召开。主任单昭明，副主任李凤语、孟宪兑、刘远东、梁光鹏、聂立斌及委员共19人出席会议。刘远东主持会议。

会议听取并审议了县政府关于学习贯彻《山东省人大常委会监督工作条例》及县人大常委会关于该条例实施办法情况、关于强化农业措施情况、关于专项资金管理使用情况的报告，县法院关于办理行政诉讼案件情况的报告；通过了县人大常委会关于组织人大代表评议乡镇职能部门工作暂行办法和《高密县村民代表议事办法》。

第十二次会议

县十二届人大常委会第十三次会议于1992年1月17日至18日在县人大常委会会议室召开。主任单昭明，副主任李凤语、孟宪兑、刘远东、李好玉、梁光鹏、聂立斌和委员共17人出席会议。县政府副县长李万河、县政协副主席宋林茂、县计生委主任李桂芳、县环保局局长罗相诗、县建委主任朱福训、副检察长及各乡镇人大主席列席会议。单昭明、孟宪兑轮流主持会议。

会议听取和审议了县政府关于贯彻落实《山东省计划生育条例》情况、关于贯彻落实环境保护法对工业企业水污染治理情况、关于城市绿化情况的报告，县检察院关于法纪检察情况的报告；通过了县人大常委会关于召开县十二届人大三次会议的决定，关于《高密县人大代表评议县直部门试行办法》；补选张光兴为潍坊市第十一届人民代表大会代表。

第十四次会议

县十二届人大常委会第十四次会议于1992年3月17日在县人大常委会会议室召开。主任单昭明，副主任李凤语、孟宪兑、刘远东、李好玉、梁光鹏、聂立斌和委员共

20人出席会议。县长姜玉生、县政协副主席宋林茂、县法院副院长岳振奎、县检察院检察长吕尧胜、县政府办公室副主任李希圣及县人大常委会各委室负责人刘昌华、隋存茂、李文刚、赵存礼、刘志刚、陶承利列席会议。孟宪兑主持会议。

会议通过了县人大常委会关于补选县十二届人大代表的决定，任命齐世增为高密县副县长，师合林为高密县副县长（挂职）。

第十五次会议

县十二届人大常委会第十五次会议于1992年4月5日在县人大常委会会议室召开。主任单昭明，副主任李凤语、孟宪兑、刘远东、李好玉、梁光鹏、聂立斌及委员共22人出席会议。

会议听取并审议了县十二届人大三次会议筹备工作情况的汇报；通过了关于补选县十二届人大代表的代表资格审查报告，县十二届人大三次会议议程草案和主席团、秘书长、议案审查委员会、预算审查委员会名单草案及列席人员名单，议定了县人大常委会工作报告；通过了关于表彰优秀县人大代表和人大工作先进乡镇的决定。

第十六次会议

县十二届人大常委会第十六次会议于1992年5月11日在县人大常委会会议室召开。副主任李凤语、孟宪兑、刘远东、李好玉、梁光鹏、沈子升及委员共20人出席会议。县长姜玉生、县政府办公室主任张庆坚及县人大常委会各委室负责人李文刚、赵存礼、隋存茂、刘昌华、陶承利列席会议。李凤语主持会议。

会议通过了县政府组成人员的任命。

第十七次会议

县十二届人大常委会第十七次会议于1992年7月6日在县人大常委会会议室召开。主任单昭明，副主任李凤语、孟宪兑、刘远东、李好玉、梁光鹏、聂立斌、沈子升、王凤祥及委员共23人出席会议。单昭明主持会议。

会议听取并审议了县政府关于加强县城规划建设管理情况、关于农村社会养老保险工作情况、关于办理代表建议批评和意见情况的报告，县法院关于案件执行情况的报告；决定了县法院审判人员的任免。

第十八次会议

县十二届人大常委会第十八次会议于1992年9月16日至17日在县政府招待所会议室召开。主任单昭明，副主任李凤语、孟宪兑、刘远东、李好玉、梁光鹏、聂立斌、沈子升及委员共23人出席会议。县直部门，部分市、县人大代表和乡镇人大主席列席会议。梁光鹏主持会议。

会议听取并审议了县政府关于对外开放工作情况、关于贯彻执行《文物保护法》

《山东省计划生育条例》情况的报告，关于县直部门在人大代表评议后的整改情况和17个政府序列部门主要负责人本届任职情况的报告，并进行了投票评议，评出了10个信任单位和5个基本信任单位；通过了县人大常委会关于开展纪念宪法颁布十周年活动的决议。

第十九次会议

县十二届人大常委会第十九次会议于1992年10月14日在县人大常委会会议室召开。主任单昭明，副主任李凤语、孟宪兑、刘远东、李好玉、梁光鹏、聂立斌、王凤祥及委员共22人出席会议。李凤语主持会议。

会议传达了全省各级人大换届选举工作会议精神；通过了关于调整县、乡（镇）选举工作委员会组成人员的决定，关于1993年县、乡（镇）两级人民代表大会换届选举工作安排意见和名额分配意见。

第二十次会议

县十二届人大常委会第二十次会议于1992年11月16日至17日在县政府招待所会议室召开。主任单昭明，副主任李凤语、孟宪兑、刘远东、梁光鹏、聂立斌、沈子升、王凤祥及委员共21人出席会议。县长姜玉生，县委常委、副县长伏希太，副县长王福亭，县政协副主席范天福，县农委主任李明强，县法院副院长王军，县检察院副检察长丁乐本列席会议。

会议听取并审议了县政府关于贯彻执行《山东省农民负担管理条例》情况、关于贯彻执行《山东省安置帮教刑满释放和解除教养人员的若干规定》情况的报告，关于县直部门在人民代表评议后整改情况和政府序列部门主任、局长本届任职情况的报告并对34个县直部门进行了投票评议，9个部门获得信任票，9个部门获得基本信任票。

第二十一次会议

县十二届人大常委会第二十一次会议于1993年1月16日在县政府招待所一号楼三楼会议室举行。主任单昭明，副主任李凤语、孟宪兑、刘远东、梁光鹏、聂立斌、沈子升、王凤祥及委员共22人出席会议。副县长齐世增，县政协副主席宋林茂，县法院副院长王军，县检察院检察长吕尧胜，县人大常委会各委办、县政府办公室负责人列席会议。李好玉主持会议。

会议听取并审议了单昭明关于召开高密县第十三届人民代表大会第一次会议的说明，并作出相应的决定；议定了县十二届人大常委会在县十三届人大一次会议上的工作报告；审议通过了高密县第十三届人民代表大会第一次会议议程草案；审议通过了高密县第十三届人民代表大会第一次会议主席团、秘书长名单草案，议案审查委员会名单草案，预算委员会名单草案；决定了高密县第十三届人民代表大会第一次会议列席人员名单；听取并审议了代表资格审查委员会关于选举县十三届人大代表的代表资格审查报告；听取并审议了县选举委员会主任李凤语关于换届选举工作情况的汇报；审议通过了高密县出席潍坊市第十二届人民代表大会代表建议名单；决定了人事任免事项。

第五节　市（县）十三届人大常委会会议

第一次会议

县十三届人大常委会第一次会议于1993年2月22日在县政府招待所三号楼二楼会议室举行。主任单昭明，副主任姜玉生、伏希太、李好玉、李万河、聂立斌、沈子升、王凤祥及委员共23人出席了会议。县长高金龙，县政协副主席宋林茂，县法院院长王军、县检察院检察长吕尧胜，县人大常委会各委办、县政府办公室负责人列席了会议。本次会议任命的县政府、县法院、县检察院干部列席了下午的会议。姜玉生主持会议。县委副书记孙惠斌、县人大常委会主任单昭明先后讲话。

会议决定了人事任命事项，颁发了任命书；公安局局长张振国代表被任命干部发了言；县长高金龙讲了话。

第二次会议

县十三届人大常委会第二次会议于1993年4月12日至13日上午在县人大常委会会议室举行。县人大常委会组成人员共21人出席会议。县政府、县政协的领导人，县法院院长、县检察院检察长，全国人大代表李德章，县人大常委会各委办副主任，县政府办公室、县建委、县工商局、县爱委办及高密镇人大主席团的主要负责人列席会议。会议由县人大常委会副主任姜玉生主持。

会议听取了全国人大代表李德章传达八届全国人大一次会议精神，县人大常委会副主任伏希太作的关于修订和制订县人大常委会议事规则及六项制度的说明，副县长王继美作的关于治理县城环境卫生情况的汇报，县法院院长王军关于任免县法院审判干部的提请，县检察院检察长吕尧胜关于任免县检察院检察干部的提请；学习了新修改的宪法。

会议集体审议了各项议题，委员们对县城环境卫生管理工作提出了建议意见；以举手表决的方式议定了县人大常委会1993年度工作计划，原则通过了县人大常委会议事规则、联系人大代表办法、人事任免办法、人大代表评议县直部门试行办法、组织人大代表评议乡镇职能部门试行办法、评选优秀县人大代表办法；以无记名投票的方式，任免了63名县法院、检察院干部。

第三次会议

县十三届人大常委会第三次会议，于1993年6月16日至17日在县人大常委会会议室举行。主任单昭明，副主任姜玉生、伏希太、李好玉、李万河、聂立斌、沈子升、王凤祥及委员共22人出席会议。副县长王继美、颜廷爱，县政协副主席宋林茂，县法院副院长冷延吉，县检察院检察长吕尧胜，县人大常委会各委办、县政府办公室、县卫生局、县农委、县环保局、县建委、县监察局、县水利水产局、县地矿局、县经管站负责人以及张鲁乡、河崖乡、夏庄镇、李家营镇、柏城镇、王吴乡的人大主席团专职常务主席列席会议。伏希太主持会议。

会议听取了省人大代表姚增锦传达的省八届人大一次会议精神，单昭明传达的全市人大工作座谈会精神；听取和审议了县政府关于贯彻执行《中华人民共和国药品管理法》情况的汇报、关于贯彻实施国务院《农民承担费用和劳务管理条例》及《山东省农民负担管理条例》情况的汇报、关于水污染防治和水源地保护情况的汇报和县法院关于执行《中华人民共和国民事诉讼法》情况的汇报；审议通过了县政府关于《高密县城镇住房制度改革实施方案》；以无记名投票的方式，通过了人事任命事项。

第四次会议

县十三届人大常委会第四次会议于1993年8月16日至17日在县人大常委会会议室举行。主任单昭明，副主任姜玉生、李好玉、李万河、聂立斌、沈子升、王凤祥及委员共18人出席会议。县政府、县政协的领导人，县法院院长，县检察院一名副检察长，县人大常委会各委办、县政府办公室、县计委、县财政局、县公安局、县教委、县民政局的负责人，柴沟镇、土庄乡、方市乡、周阳乡、拒城河乡人大主席团专职常务主席、县人大代表焦淑贞、门清合列席会议。李好玉主持会议。

16日上午，会议听取并审议了李万京作的关于1993年上半年国民经济和社会发展计划执行情况、县财政局局长白卫平作的关于1993年上半年财政预算执行情况、县公安局局长张振国作的关于社会治安综合治理情况、县教委主任郭玉梅作的贯彻实施《义务教育法》情况等项工作的汇报，提出了建议意见。

第五次会议

县十三届人大常委会第五次会议于1993年10月11日至12日在县人大常委会会议室召开。主任单昭明，副主任姜玉生、伏希太、李好玉、李万河、聂立斌、沈子升、王凤祥及委员共20人出席会议。副县长王继美，县政协副主席宋林茂，县法院院长王军、县检察院检察长吕尧胜，县人大常委会各委办、县政府办公室、县经委、县矿产资源管理局的负责人列席会议。李万河主持会议。

会议听取并审议了县政府关于贯彻《矿产资源管理法》情况的汇报，关于贯彻实施《全民所有制工业企业转换经营机制条例》情况的汇报，关于办理代表建议、批评和意见情况的汇报，县法院关于经济审判工作情况的汇报，县检察院关于打击经济犯罪情况的汇报；审议通过了县人大常委会《关于组织人大代表评议政府序列部门和“两院”工作的安排意见》。

第六次会议

县十三届人大常委会第六次会议于1993年11月27日在县人大常委会会议室举行。主任单昭明，副主任姜玉生、伏希太、李好玉、李万河、聂立斌、沈子升、王凤祥及委员共20人出席会议。县长高金龙，县政协副主席宋林茂，县法院院长王军，县检察院检察长吕尧胜，县人大常委会各委办、县政府办公室的负责人列席会议。沈子升主持会议。

会议听取并审议了李锡才、吕希池辞去县十三届人大常委会委员职务的请求，并作出相应的决定；决定了县人大常委会办事机构、县政府、县法院、县检察院的人事任免事项。

第七次会议

县十三届人大常委会第七次会议于1994年1月8日在县人大常委会会议室举行。主任单昭明，副主任姜玉生、伏希太、李好玉、李万河、聂立斌、沈子升、王凤祥及委员共13人出席会议。县政府、县政协的领导人，县法院一名副院长，县检察院检察长，县人大常委会各委办副主任，县政府办公室、县司法局、县工商局、县技术监督局的负责人列席了会议。聂立斌主持会议。

会议听取了副县长王继美、法院副院长岳振奎、检察院检察长吕尧胜分别作的关于人大代表评议政府部门和“两院”工作后的整改情况，县司法局局长杜继亮作的关于全县普法工作情况的汇报，县工商局局长徐长胜作的关于打击假冒伪劣活动情况的汇报，单昭明作的关于召开高密县第十三届人民代表大会第二次会议的说明。

第八次会议

县十三届人大常委会第八次会议于1994年2月2日在县人大常委会会议室召开。主任单昭明，副主任姜玉生、伏希太、李好玉、聂立斌、沈子升、王凤祥及委员共17名出席会议。县政府、县政协的领导人，县法院院长，县检察院检察长，县人大常委会各委办、县政府办公室的负责人列席会议。王凤祥主持会议。

会议听取并审议了伏希太副主任关于高密县第十三届人民代表大会第二次会议筹备工作情况的汇报；审议通过了高密县第十三届人民代表大会第二次会议议程草案，主席团、秘书长名单草案，议案审查委员会、预算委员会名单草案，列席人员名单；听取并审议了代表资格审查委员会主任委员伏希太关于补选县十三届人大代表的代表资格审查报告；议定了县人大常委会在县十三届人大二次会议上的工作报告；通过了人事任免事项。

第九次会议

县十三届人大常委会第九次会议于1994年4月26日在县人大常委会会议室举行。主任单昭明，副主任姜玉生、伏希太、李好玉、李万河、聂立斌、沈子升、王凤祥及委员共19人出席会议。副县长王继美，县法院院长王军，县检察院检察长吕尧胜，县人大常委会各委办、县政府办公室、县建委、县农委、县公安局、县财政局、县广播电视中心、县文体委的负责人，高密镇、柏城镇、张鲁镇、河崖镇、大栏乡人大主席团常务主席，县人大代表单亦盛、肖光荣、母秀坤列席会议。单昭明主持会议。

会议听取并审议了县建委主任朱福训作的关于1993年县城建设情况及1994年城建计划安排情况的汇报，县农委主任李明强作的关于农村经济发展和减轻农民负担工作情况的汇报，县公安局局长张振国作的关于对公共场所扫黄打非专项治理情况的汇报，县财政局副局长杜华辉作的关于高密县新编制1994年财政预算情况的汇报，检察院检察长吕尧胜作的关于任免县检察院检察干部的提请；对县城建设、农村经济发展和减轻农民负担、公共场所扫黄打非专项治理、1994年财政预算等工作情况，提出了建议意见；通过了县人大常委会1994年度工作计划、关于高密县新编制的1994年财政预算的决议；以无记名投票的方式表决通过了县检察院3名检察干部的任免。

第十次会议

县十三届人大常委会第十次会议于1994年6月9日在县人大常委会会议室举行。主任单昭明，副主任姜玉生、伏希太、李好玉、李万河、聂立斌、沈子升、王凤祥及委员共18人出席会议。县长高金龙、副县长王继美、县政协副主席宋林茂、县法院院长王军、县检察院检察长吕尧胜，县人大常委会各委办及县政府办公室、县农委和部分乡镇人大主席团的负责人列席会议。姜玉生主持会议。

会议听取并审议了县政府关于贯彻实施《农业法》情况的汇报，县检察院关于反贪污贿赂斗争情况的汇报，县政府关于撤县设市情况的说明和关于提请改变国家机关名称及决定高密市国家机关正式对外办公日期的报告；审议通过了冯锡茂辞去县十三届人大常委会委员职务的请求；决定了县政府组成人员的任免事项。

第十一次会议

市十三届人大常委会第十一次会议于1994年8月3日在市政府招待所举行。主任单昭明，副主任姜玉生、伏希太、李好玉、李万河、聂立斌、沈子升、王凤祥及委员19人出席会议。副市长王继美、潘世俊，市政协副主席宋林茂，市法院院长王军，市检察院检察长吕尧胜，市人大常委会各委办、市政府办公室、市计委、市财政局、市教委及部分乡镇人大主席团的负责人列席会议。伏希太主持会议。

会议听取并审议了市政府关于1994年上半年国民经济和社会发展计划执行情况的汇报，关于1994年上半年财政预算执行情况的汇报，关于贯彻落实《教师法》情况的汇报，关于办理市十三届人大二次会议代表所提建议意见情况的汇报；审议通过了市人大常委会《关于开展纪念人民代表大会制度实行四十周年宣传活动的决定》；决定了市政府、市法院的人事任免事项。

第十二次会议

市十三届人大常委会第十二次会议于1994年10月11日在市人大常委会会议室召开。主任单昭明，副主任姜玉生、伏希太、李好玉、李万河、聂立斌、沈子升及委员共19人出席会议。副市长王福亭、市政协副主席宋林茂及市法院、市检察院的领导人，市政府办公室、市水利局、市环保局、市人大常委会各委办负责人和部分乡镇人大主席团常务主席列席会议。李好玉主持会议。

会议听取并审议了市环保局副局长郭鹏利作的关于贯彻实施《环境保护法》情况的汇报、市水利局局长于敦学作的关于贯彻实施《水土保持法》情况的汇报和市人大常委会副主任伏希太关于组织人大代表评议政府部分序列部门和“两院”工作的安排意见；通过了市人大常委会《关于组织人大代表开展评议活动的安排意见》。

第十三次会议

市十三届人大常委会第十三次会议于1994年12月17日在市人大常委会会议室举行。主任单昭明，副主任姜玉生、伏希太，李好玉、李万河、聂立斌、沈子升、王凤祥及委员共14人出席会议。市委书记张建国出席会议并讲了话。市政府、市政协的领导人，市法院院长、市检察院一名副检察长，市经委、建委、计生委、教委、公安局、卫生局、乡企局、交通局、工商局、水利局、技术监督局和市人大常委会各委办、市政府办公室负责人列席会议。

17日上午，会议举行了第一次会议。市人大常委会主任单昭明作了关于评议政府部分序列部门和“两院”工作讲话，副市长王继美、市法院院长王军、市检察院副检察长丁乐本代表被评议部门作了整改表态发言，市委书记张建国作了关于评议整改工作的讲话。市经委主任宋锡明受市政府委托作了关于建立现代企业制度深化企业改革情况的报告，市法院副院长马遂庆受院长王军委托作了关于刑事审判工作的情况报告。单昭明作了关于免去市人大常委会机关工作人员职务的提请，副市长王继美受市长高金龙委托作了关于任命王世泰为高密市科技副市长的提请。

下午，会议分组审议了各项议题，并举行了第二次全体会议，集体审议了各项议题，对建立现代企业制度和刑事审判工作提出了意见。会议以无记名投票的方式，表决通过了市人大常委会机关工作人员和市科技副市长的任免事项。

第十四次会议

市十三届人大常委会第十四次会议于1995年2月13日在市人大常委会会议室举行。主任单昭明，副主任姜玉生、李好玉、李万河、聂立斌、沈子升、王凤祥及委员共12人出席会议。市长高金龙、市法院院长王军、市检察院检察长吕尧胜及市政府办公室、市人大常委会各委办负责人列席会议。李好玉主持会议。

会议听取并审议了单昭明关于召开高密市第十三届人民代表大会第三次会议的建议，作出了相应的决定；审议接受了吕希清、徐金明、倪专远关于辞去市十三届人大常委会委员职务的请求；以无记名投票的方式，通过了市人大常委会办事机构工作人员、市政府组成人员、市法院审判人员和市检察院检察人员的人事任免事项。

第十五次会议

市十三届人大常委会第十五次会议于1995年3月7日在市人大常委会议室举行。主任单昭明，副主任姜玉生、伏希太、李好玉、李万河、聂立斌、沈子升、王凤祥及委员共17人出席会议。市长高金龙、副市长潘世俊及市法院、市检察院、市政府办公室负责人和市人大常委会各委办负责人列席会议。李万河主持会议。

会议听取并审议了市人大常委会关于市十三届人大三次会议筹备工作情况的汇报，审议并通过了代表资格审查委员会关于补选增选代表的代表资格审查报告；议定了市人大常委会在市十三届人大三次会议上的工作报告；拟定了市第十三届人民代表大会第三次会议议程，会议主席团、秘书长名单，议案审查委员会名单，预算委员会名单；决定了市第十三届人民代表大会第三次会议列席人员名单；通过了王福亭、潘世俊关于辞去高密市副市长职务的请求；通过了市长高金龙关于秦中廷任高密市副市长的提请。

第十六次会议

市十三届人大常委会第十六次会议于1995年4月25日在市人大常委会会议室举行。主任单昭明，副主任姜玉生、伏希太、李好玉、聂立斌、潘世俊、沈子升、王凤祥、郭炳桥及委员共18人出席会议。市长吴元宝、副市长王继美，市政协副主席宋林茂，市法院副院长岳振奎，市检察院检察长吕尧胜，市人大常委会各委办、市政府办公室、市建委、市财政局、市外经委、市农委、市工商局的负责人，高密镇、柏城镇、姚哥庄镇、张鲁镇、河崖镇、大栏乡人大主席团常务主席，市人大代表孙时英、倪芬香、门清合列席会议。聂立斌主持会议。

会议听取并审议了副市长王继美作的关

于制订高密市新一轮城市总体规划的说明、市建委主任高大友作的高密市新一轮城市总体规划方案、市财政局局长白卫平作的关于高密市 1994 年财政决算情况的报告、市外经委主任高洪洁作的关于利用外资发展“三资”企业情况的报告、市农委主任李明强和市工商局局长徐长胜作的述职报告、市长吴元宝作的关于政府组成人员人事任免的提请报告；通过了高密市人大常委会 1995 年度工作计划、高密市新一轮城市总体规划方案、高密市 1994 年财政决算；以无记名投票的方式，通过了人事任免事项。

第十七次会议

市十三届人大常委会第十七次会议于 1995 年 7 月 5 日在市人大常委会会议室举行。主任单昭明，副主任姜玉生、伏希太、李好玉、李万河、聂立斌、潘世俊、沈子升、郭炳桥及委员共 18 人出席会议。副市长王继美、市政协副主席宋林茂，市法院副院长岳振奎，市检察院检察长吕尧胜，市人大常委会各委办、市政府办公室、市科委、市水利局、市房产局、市经委、市环保局的负责人，姜庄镇、夏庄镇、仁和镇、咸家乡、周戈庄镇、大牟家镇人大主席团常务主席，市人大代表肖光荣、倪会萍列席会议。潘世俊主持会议。

会议听取了市检察院检察长吕尧胜作的关于全市法纪检察情况的报告、市科委主任冯志坚作的关于贯彻实施《中华人民共和国科学技术进步法》情况的报告、市水利局副局长张庆准作的关于贯彻实施《中华人民共和国水法》情况的报告、市房管局局长钟元义作的关于加快城镇住房制度改革实施意见的说明、市人大常委会副主任伏希太作的关于市级国家机关实行执法责任制的说明、市人大常委会副主任副主任李好玉作的关于开展评议活动的说明、市经委主任宋锡明和市环保局局长谢国贞作的述职报告，听取了副市长王继美受市长吴元宝委托作的关于提请任命市政府组成人员职务的报告、市检察院检察长吕尧胜作的关于提请任命市检察院检察人员职务的报告；通过了高密市人大常委会关于国家机关实行执法责任制的决定和市人民政府关于深化城镇住房制度改革的实施意见；通过了人事任命事项。

第十八次会议

市十三届人大常委会第十八次会议于 1995 年 9 月 7 日召开。会议听取并审议了市政府关于 1995 年上半年国民经济和社会发展计划执行情况、关于 1995 年上半年财政预算执行情况、关于市十三届人大一次会议代表所提建议批评意见办理情况的报告，市商委主任李子义、市乡企局局长田立甫的述职报告，市法院关于全市行政审判工作的报告；通过了市政府关于小辛河、小康河、北胶新河废水污染治理和修筑胶高公路胶河大桥两项议案的决议，市人大常委会关于对行政机关执法过错和司法机关错案实行责任追究的试行办法。

第十九次会议

市十三届人大常委会第十九次会议于1995年11月13日召开。会议听取并审议了市政府关于贯彻实施《反不正当竞争法》《土地管理法》《义务教育法》情况的报告，市地税局局长王秀芬、市文化局局长单既瑜的述职报告；通过了关于设立高密市乡镇选举委员会的决定、1996年乡镇人大换届选举工作安排意见、乡镇人大代表名额分配意见。

第二十次会议

市十三届人大常委会第二十次会议于1995年12月29日召开。会议听取并审议了市政府关于严厉打击严重刑事犯罪情况的报告，市卫生局局长郇洪和、市民政局局长郑存阶的述职报告；通过了关于批准市政府1996年财政收支预算调整情况的决定；接受陈世鸿辞去市十三届人大常委会委员职务的请求；决定了部分市人大常委会工作机构工作人员、市政府组成人员和市检察院检察人员的任免事项，补选吴元宝为潍坊市第十二届人民代表大会代表。

第二十一次会议

市十三届人大常委会第二十一次会议于1996年2月2日召开。会议听取和审议了市人大常委会关于全市乡镇人大换届选举工作情况的汇报；通过了市人大常委会关于召开市十三届人大四次会议的决定，关于补选代表的代表资格审查报告，市十三届人大四次会议议程草案和主席团、秘书长、议案审查委员会、预算审查委员会名单草案及列席人员名单；议定了市人大常委会工作报告；接受王继美辞去高密市副市长职务、吕尧胜辞去市人民检察院检察长职务的请求，任命张庆坚为市人民检察院副检察长并代理检察长；决定了市法院审判人员、市检察院检察人员的任免。

第二十二次会议

市十三届人大常委会第二十二次会议于1996年3月24日召开。会议通过了市人大常委会关于同意刑事拘留市人大代表王心成的决定。

第二十三次会议

市十三届人大常委会第二十三次会议于1996年4月19日召开。会议通过了市人大常委会1996年度工作计划、市人大常委会有关工作制度和关于批准高密市1996年财政决算的决定；任命巩剑若为高密市副市长（兼）；决定了市政府组成人员的任免。

第二十四次会议

市十三届人大常委会第二十四次会议于1996年6月11日召开。会议听取和审议了市政府关于严厉打击刑事犯罪情况，关于查处生产、销售假种子、假农药、假化肥等违法活动情况，关于城区环境卫生、食品卫生情况，关于贯彻执行《防汛条例》情况的报告和市人事局局长徐兆凯、市技术监督局局长魏守斋的述职报告。

第二十五次会议

市十三届人大常委会第二十五次会议，于 1996 年 8 月 9 日召开。会议听取和审议了市政府关于 1996 年上半年国民经济和社会发展计划执行情况，关于 1996 年上半年财政预算执行情况，关于市十三届人大四次会议代表所提建议、批评、意见办理情况，关于打击生产和经销假冒伪劣商品违法行为工作情况的报告，市检察院关于在反腐败斗争中查办大案要案工作情况的报告和市规划国土矿产局局长张来光、市科委主任冯志坚的述职报告。

第二十六次会议

市十三届人大常委会第二十六次会议于 1996 年 9 月 16 日召开。会议任命王致民为高密市副市长；决定了市法院审判人员、市检察院检察人员的任免。

第二十七次会议

市十三届人大常委会第二十七次会议于 1996 年 10 月 30 日召开。会议听取并审议了市政府关于落实环境保护责任状情况，关于调整农业产业布局、实施农业产业化情况的报告和市计生委主任鹿书信、市统计局局长刘顺利、市公安局局长张振国的述职报告；通过了市人大常委会关于在全市公民中开展第三个五年法制宣传教育的决定。

第二十八次会议

市十三届人大常委会第二十八次会议于 1997 年 1 月 16 日召开。会议听取并审议了市政府关于贯彻实施《体育法》情况的报告，市建委主任高大友、市教委主任王百祥的述职报告，市法院关于执行工作情况的报告；通过了市人大常委会关于机构设置的决定，关于召开市十三届人大五次会议的决定；决定了市人大常委会工作人员、市政府组成人员、市法院审判人员的任免。

第二十九次至三十二次会议

（资料缺失）

第三十三次会议

市十三届人大常委会第三十三次会议于 1997 年 11 月 12 日在市人大常委会会议室召开。主任单昭明，副主任姜玉生、伏希太、李好玉、李万河、聂立斌、潘世俊、刘宗法、沈子升、郭炳桥及委员共 22 人出席会议。市政府、市政协的领导人，市法院院长，市检察院检察长，市人大常委会各工作委员会成员，市政府办公室、市交通委、市外经贸委、市体委、市技术监督局、市地税局、市贸易局、市乡企局的负责人，双羊镇、阚家镇、初家镇、田庄乡、高戈庄乡人大主席或副主席列席会议。姜玉生主持会议。

会议审议通过了高密市1998年市人民代表大会换届选举工作安排意见、高密市人大常委会关于高密市第十四届人民代表大会名额和选举问题的决定；听取并审议了关于设立高密市选举委员会的说明，并做出了相应的决定；审议通过了高密市人大常委会关于认真学习贯彻党的十五大精神的决议；听取并审议了市政府关于贯彻实施产品质量法情况的汇报；听取并审议了市外经贸委主任白卫明、市体委主任邹怀智、市地税局局长张建国、市贸易局局长毕兆利、市乡企局局长王良德的述职报告，进行了评议；通过了人事任免事项。

第六节　市十四届人大常委会会议

第一次会议

市十四届人大常委会第一次会议于1998年3月19日在市人大常委会会议室举行。主任孙惠斌，副主任伏希太、聂立斌、潘世俊、刘宗法、沈子升、郭炳桥及委员共20人出席会议。市政府、市政协的领导人，市法院院长，市检察院检察长，市人大常委会各委室、市政府办公室、市财政局的负责人列席会议。孙惠斌主持会议。

会议讨论通过了市人大常委会1998年工作计划；审议通过了高密市人民代表大会常务委员会代表资格审查委员会名单，市人大常委会关于加强自身建设的决定，市人大常委会议事规则、联系代表办法、人事任免办法、信访处理办法、对行政机关执法过错和司法机关错案实行责任追究的试行办法等五项制度；听取审议并批准了高密市1997年财政决算；决定了人事任命事项。

第二次会议

市十四届人大常委会第二次会议于1998年5月20日至21日在市政府招待所三号楼二楼会议室举行。主任孙惠斌，副主任伏希太、潘世俊、刘宗法、沈子升、郭炳桥及委员共17人出席会议。市政府、市政协的领导人，市法院院长，市检察院检察长，市人大常委会各委室、市政府办公室、市财政局、市审计局、市司法局的负责人，各乡镇专职人大主席或副主席，朝阳街道人大代表工作室主任列席会议。伏希太、刘宗法主持会议。

会议听取并审议了市政府关于实施“三五”普法规划和执行市人大常委会《关于在全市公民中开展第三个五年法制宣传教育的决议》情况的汇报，关于高密市1997年财政预算执行情况和其他收支情况的审计报告；审议通过了关于评选高密市“十佳干警”的意见，关于评选“高密市优秀人大工作者”的意见，关于开展“学习代表法、实施代表法、争当优秀代表”活动的意见；集体学习了《地方组织法》和《代表法》；研究了乡镇人大工作；决定了人事任免事项。

第三次会议

市十四届人大常委会第三次会议于1998年7月20日在市人大常委会会议室举行。主任孙惠斌，副主任伏希太、聂立斌、潘世俊、刘宗法、沈子升、郭炳桥及委员共21人出席会议。市政府、市政协的领导人，市法院院长，市检察院检察长，市人大常委会各委室、市政府办公室、市政府法制局、市工商局、市建委、市农办、市经管局、市房产局、市城管办的负责人列席会议。潘世俊主持会议。

会议听取并审议了市政府关于搞好高蔡路徐家庄段路面硬化议案办理情况的汇报，作出《关于办理市十四届人大一次会议“搞好高蔡路徐家庄段路面硬化”议案的决议》；听取并审议了市政府关于市十四届人大一次会议代表所提建议、意见办理情况的汇报，关于全市个体私营经济发展情况的汇报，关于城市居民小区规范化管理工作情况的汇报，关于减轻农民负担情况的汇报。

第四次会议

市十四届人大常委会第四次会议于1998年9月8日在市人大常委会会议室举行。主任孙惠斌，副主任伏希太、聂立斌、潘世俊、刘宗法、沈子升、郭炳桥及委员共19人出席会议。市政府、市政协的领导人，市法院院长，市检察院检察长，市人大常委会各委室、市政府办公室、市计划委员会、市财政局、市工商局的负责人列席会议。聂立斌主持会议。

会议听取并审议了市政府关于高密市1998年上半年国民经济和社会发展计划执行情况的汇报，关于高密市1998年上半年财政预算执行情况的汇报，关于市场管理和市场建设情况的汇报；听取并审议了市检察院关于反腐败查办大案要案情况的汇报。

第五次会议

市十四届人大常委会第五次会议于1998年11月9日在市人大常委会会议室举行。主任孙惠斌，副主任伏希太、聂立斌、潘世俊、刘宗法、沈子升、郭炳桥及委员共20人出席会议。市政府、市政协的领导人，市法院院长，市检察院检察长，市人大常委会各委室、市政府办公室、市经贸委、市体改办、市环保局、市建委的负责人列席会议。沈子升主持会议。

会议听取并审议了市政府关于市直工业企业生产和改制情况的汇报，关于贯彻实施环境保护法情况的汇报；听取并审议了市法院关于审判工作情况的汇报；决定了人事任免事项。

第六次会议

市十四届人大常委会第六次会议于1998年11月25日在市人大常委会会议室举行。主任孙惠斌，副主任伏希太、聂立斌、潘世俊、刘宗法、沈子升、郭炳桥及委员共19人出席会议。市政府、市政协的领导人，市法院院长，市检察院检察长，市人大常委会各委室、市政府办公室、市财政局、市公安局、市民政局、市司法局的负责人列席会议。郭炳桥主持会议。

会议审议通过了高密市1999年乡镇人民代表大会换届选举工作安排意见、关于任命高密市乡镇选举委员会组成人员的决定。

第七次会议

市十四届人大常委会第七次会议于1999年1月8日在市人大常委会会议室举行。主任孙惠斌，副主任伏希太、聂立斌、潘世俊、刘宗法、沈子升、郭炳桥及委员共21人出席会议。市政府、市政协的领导人，市法院院长，市检察院检察长，市人大常委会各委室、市政府办公室、市公安局、市司法局的负责人列席会议。伏希太主持会议。

会议审议通过了“高密市优秀人大工者”名单、“高密市优秀人大代表”名单；作出关于表彰“高密市优秀人大工作者”的决定，关于表彰“高密市优秀人大代表”的决定，关于接受郭秀香等辞去高密市第十四届人民代表大会代表职务请求的决定，关于补选高密市第十四届人民代表大会代表的决定，关于召开高密市第十四届人民代表大会第二次会议的决定；评选出高密市“十佳干警”，并作出关于授予高密市“十佳干警”称号的决定；增选了潍坊市第十三届人民代表大会代表；决定了人事任免事项。

第八次会议

市十四届人大常委会第八次会议于1999年2月23日在市人大常委会会议室举行。主任孙惠斌，副主任伏希太、聂立斌、潘世俊、刘宗法、沈子升、郭炳桥及委员共21人出席会议。市政府、市政协的领导人，市法院院长，市检察院检察长，市人大常委会各委室、市政府办公室的负责人列席会议。

会议听取并审议了市人大常委会关于1999年乡镇人大换届选举工作的报告，关于市十四届人大二次会议筹备工作情况的汇报；审议通过了关于接受毛永华、范锡宝辞去高密市第十四届人民代表大会常务委员会委员职务的请求的决定；议定了市人大常委会工作报告；拟定了市十四届人大二次会议议程（草案）、主席团和秘书长名单（草案）、议案审查委员会名单（草案）和计划预算审查委员会名单（草案）；决定了市十四届人大二次会议列席人员范围。

第九次会议

市十四届人大常委会第九次会议于1999

年3月25日在市政府招待所举行。主任孙惠斌，副主任伏希太、聂立斌、潘世俊、刘宗法、沈子升、郭炳桥、张振国及委员共21人出席会议。市政府、市政协的领导人，市法院院长，市检察院检察长，市人大常委会各委室、市政府办公室的负责人，各乡镇人大专职主席和朝阳街道人大代表工作室主任列席会议。伏希太主持会议。

会议听取了孙惠斌作的《关于党的领导与人民代表大会制度和依法治国问题》的辅导报告；议定了市人大常委会1999年工作计划；研究了乡镇人大工作；决定了人事任免事项。

第十次会议

市十四届人大常委会第十次会议于1999年5月20日在市人大常委会会议室举行。主任孙惠斌，副主任伏希太、聂立斌、潘世俊、刘宗法、沈子升、郭炳桥、张振国及委员共21人出席会议。市政府、市政协的领导人，市法院院长，市检察院检察长，市人大常委会各委室、市政府办公室、市财政局、市审计局、市计生委、市建委的负责人列席会议。聂立斌主持会议。

会议听取并审议了市政府关于贯彻实施建筑法情况的汇报，关于贯彻实施省计划生育条例情况的汇报；听取了市政府关于高密市1998年财政预算执行情况和其他收支情况的审计报告；审查批准了高密市1998年财政决算；审议通过了乡镇人大工作考核暂行办法；听取评议了法院、检察院部分被任命干部的述职报告；学习了《宪法修正案》；决定了人事任免事项。

第十一次会议

市十四届人大常委会第十一次会议于1999年7月9日在市政府招待所举行。主任孙惠斌，副主任伏希太、聂立斌、潘世俊、刘宗法、沈子升、郭炳桥、张振国及委员共21人出席会议。市政府、市政协的领导人，市法院院长，市检察院检察长，市人大常委会各委室、市政府办公室、市科委、市建委、市农办、市劳动和社会保障局的负责人列席会议。潘世俊主持会议。

会议听取并审议了市政府关于市十四届人大二次会议代表所提建议和意见办理情况的汇报，关于变更规划用地情况的报告并作出相应的决定，关于国有企业下岗职工安置和再就业情况的汇报，关于科教兴农情况的汇报；决定了人事任免事项。

第十二次会议

市十四届人大常委会第十二次会议于1999年9月9日至10日在市人大常委会会议室举行。主任孙惠斌，副主任伏希太、聂立斌、潘世俊、刘宗法、沈子升、郭炳桥及委员共21人出席会议。市政府、市政协的领导人，市法院院长，市检察院检察长，市人大常委会各委室、市政府办公室、市计划委员会、市财政局、市预算外资金管理中心、市水利局的负责人列席会议。刘宗法主持会议。

会议听取并审议了市政府关于高密市1999年上半年国民经济和社会发展计划执行情况的汇报，关于高密市1999年上半年财政预算执行情况的汇报，关于贯彻实施水法情况的汇报，关于预算外资金收取和管理使用情况的汇报；听取并审议了市法院关于经济审判和民事审判工作情况的汇报；听取并审议了市检察院关于反腐败查办大案要案和执法监督情况的汇报；听取评议了市交通委主任吕希清、市计生委主任鹿书信、市林业局局长王寿平、市粮食局局长李健的述职报告；决定了人事任免事项。

第十三次会议

市十四届人大常委会第十三次会议于1999年11月12日在市人大常委会会议室举行。主任孙惠斌，副主任伏希太、聂立斌、潘世俊、刘宗法、沈子升、郭炳桥及委员共20人出席会议。市政府、市政协的领导人，市法院院长，市检察院检察长，市人大常委会各委室、市政府办公室的负责人列席会议。沈子升主持会议。

会议听取并审议了市政府围绕实施“民心工程”办好10件实事情况的汇报；审议通过了市人大常委会关于述职评议工作暂行办法，关于对司法和行政执法机关实行个案监督的暂行办法；学习了《中共中央关于国有企业改革和发展若干重大问题的决定》。

第十四次会议

市十四届人大常委会第十四次会议于1999年12月30日在市人大常委会会议室举行。主任孙惠斌，副主任伏希太、聂立斌、潘世俊、刘宗法、沈子升、郭炳桥、张振国及委员共21人出席会议。市政府、市政协的领导人，市法院院长，市检察院检察长，市人大常委会各委室、市政府办公室、市财政局的负责人列席会议。

会议听取并审议了市政府关于高密市1999年财政预算变更情况的汇报，并作出相应决定。

第十五次会议

市十四届人大常委会第十五次会议于2000年1月12日在市人大常委会会议室举行。主任孙惠斌，副主任伏希太、聂立斌、潘世俊、刘宗法、沈子升、郭炳桥、张振国及委员共20人出席会议。副市长崔红旗，市政协副主席滕希平，市法院院长李绍文，市检察院检察长张庆坚，市人大常委会各委室、市政府办公室的负责人列席会议。孙惠斌主持会议。

会议审议通过了市人大常委会关于授予“高密人民勋章”办法，并依据该办法通过了关于授予刘德昌、孙日贵“高密人民勋章”的决定；表决通过了关于召开市十四届人大三次会议的决定；审议通过了“高密市人大工作先进乡镇”“高密市优秀人大代表”名单，作出了相应决定；议定了市人大常委会2000年的工作计划；通过了市政府和市检察院人事任免事项。

第十六次会议

市十四届人大常委会第十六次会议，于2000年1月28日在市人大常委会会议室举行。主任孙惠斌，副主任伏希太、聂立斌、潘世俊、刘宗法、沈子升、郭炳桥、张振国及委员共20人出席会议。副市长崔红旗，市政协副主席滕希平，市法院院长李绍文，市检察院检察长张庆坚，市人大常委会各委室、市政府办公室的负责人列席会议。孙惠斌主持会议。

会议听取并审议了市人大常委会关于市十四届人大三次会议筹备工作情况的汇报；议定了市人大常委会在市十四届人大三次会议上的工作报告；审议通过了关于接受李万京辞去高密市第十四届人民代表大会代表职务的请求的决定，市人大常委会代表资格审查委员会关于补选代表的代表资格的审查报告；拟定了市十四届人大三次会议议程（草案），主席团、秘书长名单（草案），议案审查委员会名单（草案），计划预算审查委员会名单（草案）；决定了市十四届人大三次会议列席人员范围；通过了人事任免事项。

第十七次会议

市十四届人大常委会第十七次会议，于2000年4月7日在市人大常委会会议室举行。副主任伏希太、聂立斌、潘世俊、刘宗法、沈子升、郭炳桥、张振国及委员共17人出席会议。副市长王卫东，市政协副主席滕希平，市法院院长李绍文，市检察院检察长张庆坚，市人大常委会各委室、市政府办公室、市卫生局、市物价局、市畜牧局的负责人列席会议。伏希太主持会议。

会议听取并审议了市政府关于贯彻实施《药品管理法》情况的汇报，关于贯彻实施《价格法》情况的汇报，关于贯彻实施《动物防疫法》情况的汇报。

第十八次会议

市十四届人大常委会第十八次会议于2000年6月6日在市人大常委会会议室举行。主任孙惠斌，副主任伏希太、聂立斌、潘世俊、刘宗法、沈子升、郭炳桥、张振国及委员共19人出席会议。副市长颜廷爱、王卫东，市政协副主席滕希平，市法院院长李绍文，市检察院检察长张庆坚，市人大常委会各委室、市政府办公室、市财政局、市审计局、市规划国土局、市工商局、市文化局的负责人和各乡镇人大主席、朝阳街道人大代表工作室主任列席会议。孙惠斌主持会议。

会议听取并审议了市政府关于高密市1999年财政预算执行情况和其他收支情况的

审计报告，关于《土地管理法》贯彻实施情况的汇报，关于打假工作情况的汇报，关于文化市场管理情况的汇报；审查批准了高密市1999年财政决算；听取并审议了市法院关于执行工作情况的汇报，并作出相应的决议。

第十九次会议

市十四届人大常委会第十九次会议于2000年8月8日在市政府招待所3号楼二楼会议室举行。主任孙惠斌，副主任伏希太、聂立斌、潘世俊、刘宗法、郭炳桥、张振国及委员共21人出席会议。副市长曾宪林，市政协副主席滕希平，市法院院长李绍文，市检察院检察长张庆坚，市人大常委会各委室、市政府办公室、市计划委员会、市财政局的负责人和各乡镇人大专职主席、朝阳街道人大代表工作室主任列席会议。孙惠斌主持会议。

会议听取并审议了市政府关于高密市2000年上半年国民经济和社会发展计划执行情况的汇报，关于高密市2000年上半年财政预算执行情况的汇报，关于市十四届人大三次会议代表所提建议意见办理工作情况的汇报；听取了市法院、市检察院部分被任命干部的述职报告；决定了人事任命事项。

第二十次会议

市十四届人大常委会第二十次会议于2000年10月9日在市人大常委会会议室举行。主任孙惠斌，副主任伏希太、聂立斌、潘世俊、刘宗法、沈子升、郭炳桥、张振国及委员共20人出席会议。市政府、市政协、市法院、市检察院的领导人，市人大常委会各委室、市政府办公室、市教委、市供电局、市体改委、市经贸委的负责人和各乡镇人大主席、朝阳街道人大代表工作室主任列席会议。孙惠斌主持会议。

会议听取并审议了市政府关于教育工作情况的汇报，关于农村用电管理和电网改造情况的汇报，关于市属国有工业企业改革和发展情况的汇报；听取并审议了市检察院关于法纪监察和控告申诉工作情况的汇报；听取评议了市水利局局长姜言启、市审计局局长王福兴、市体委主任邹怀智的述职报告；决定了人事任免事项。

第二十一次会议

市十四届人大常委会第二十一次会议于2000年12月15日在市人大常委会会议室举行。主任孙惠斌，副主任伏希太、聂立斌、潘世俊、刘宗法、沈子升、郭炳桥、张振国及委员共21人出席会议。市政府、市政协、市法院、市检察院的领导人，市人大常委会各委室、市政府办公室的负责人列席会议。孙惠斌、伏希太主持会议。

会议听取并审议了市政府关于2000年政府工作10件实事落实情况的汇报；审议通过了人大工作先进乡镇和市优秀人大代表名单，并作出相应决定；投票评选出“十佳干警”，作出相应决定；决定了人事任命事项。

第二十二次会议

市十四届人大常委会第二十二次会议于2001年2月2日在市人大常委会会议室举行。主任孙惠斌，副主任伏希太、潘世俊、刘宗法、沈子升、郭炳桥、张振国及委员共21人出席会议。市政府、市政协、市法院、市检察院的领导人，市人大常委会各委室、市政府办公室的负责人列席会议。孙惠斌主持会议。

会议审议通过了接受吴元宝辞去高密市市长职务的请求；决定王维盛任高密市副市长并代理市长；补选了潍坊市第十三届人民代表大会代表。

第二十三次会议

市十四届人大常委会第二十三次会议于2001年2月20日在市人大常委会会议室举行。主任孙惠斌，副主任伏希太、聂立斌、潘世俊、刘宗法、沈子升、郭炳桥、张振国及委员共22人出席会议。市政府、市政协、市法院、市检察院的领导人，市人大常委会各委室、市政府办公室的负责人列席会议。孙惠斌主持会议。

会议审议通过了关于接受王发亮等辞去高密市第十四届人民代表大会代表职务的决定，市人大常委会代表资格审查委员会关于补选代表的代表资格审查报告，关于召开市十四届人大四次会议的决定；听取并审议了关于市十四届人大四次会议筹备工作情况的汇报；议定了市人大常委会工作报告，市人大常委会2001年工作计划；拟定了市十四届人大四会会议议程（草案），主席团、秘书长名单（草案），议案审查委员会名单（草案），计划预算审查委员会名单（草案）；决定了市十四届人大四次会议列席人员范围。

第二十四次会议

市十四届人大常委会第二十四次会议于2001年3月9日在市人大常委会会议室举行。主任孙惠斌，副主任聂立斌、刘宗法、刘彭泉、张慕坤、王致民、张振国及委员共18人出席会议。孙惠斌主持会议。

会议审议通过了关于停止李绍文执行代表职务的决定。

第二十五次会议

市十四届人大常委会第二十五次会议于2001年4月12日在市人大常委会会议室举行。主任孙惠斌，副主任聂立斌、刘宗法、刘彭泉、张慕坤、张振国及委员共19人出席会议。市政府、市政协、市法院、市检察院的领导人，市人大常委会各委室、市政府办公室、市工商局、市房管局的负责人列席会议。孙惠斌主持会议。

会议听取并审议了市政府关于贯彻实施消费者权益保护法情况的汇报，关于贯彻实施城市房地产管理法情况的汇报；审议通过了关于调整市人大常委会代表资格审查委员会组成人员的决定；决定了人事任免事项。

第二十六次会议

市十四届人大常委会第二十六次会议于2001年6月8日在市人大常委会会议室举行。主任孙惠斌，副主任聂立斌、刘宗法、刘彭泉、张慕坤、王致民、张振国及委员共19人出席会议。市政府、市政协、市法院、市检察院的领导人，市人大常委会各委室、市政府办公室、市财政局、市审计局、市规划国土局的负责人列席会议。孙惠斌主持会议。

会议听取并审议了市政府关于高密市2000年财政预算执行和其他收支情况的审计报告，关于贯彻实施土地管理法情况的汇报；审查批准了高密市2000年财政决算；听取并审议了市人民检察院关于民事行政检察工作情况的汇报；审议了市人大常委会主任会议提出的有关议案。

第二十七次会议

市十四届人大常委会第二十七次会议于2001年8月8日在市政府招待所3号楼二楼会议室举行。主任孙惠斌，副主任聂立斌、刘宗法、刘彭泉、张慕坤、王致民、张振国及委员共19人出席会议。市政府、市政协、市法院、市检察院的领导人，市人大常委会各委室、市政府办公室、市计委、市财政局、市科委、市农业局、市司法局的负责人，各街道人大工作室主任和各镇人大负责人列席会议。孙惠斌、刘宗法主持会议。

会议听取并审议了市政府关于高密市2001年上半年国民经济和社会发展计划执行情况的汇报，关于高密市2001年上半年财政预算执行情况的汇报，关于市十四届人大四次会议代表所提建议意见办理工作情况的汇报；听取评议了市政府部分被任命干部的述职报告；决定了人事任免事项。

第二十八次会议

市十四届人大常委会第二十八次会议于2001年9月14日在市人大常委会会议室举行。主任孙惠斌，副主任聂立斌、刘宗法、刘彭泉、张慕坤、王致民、张振国及委员共19人出席会议。市政府、市政协、市法院、市检察院的领导人，市人大常委会各委室、市政府办公室、市司法局的负责人列席会议。孙惠斌主持会议。

会议听取并审议了市政府关于“三五”普法情况和“四五”普法规划的汇报，作出相应的决议；听取并审议了市政府关于高密市“二五”依法治市情况及《高密市2001-2005年依法治市规划》的汇报，作出相应的决议；决定了人事任免事项。

第二十九次会议

市十四届人大常委会第二十九次会议于

2001年11月13日在市人大常委会会议室举行。主任孙惠斌，副主任聂立斌、刘宗法、刘彭泉、张慕坤、王致民、张振国及委员共20人出席会议。市政府、市政协、市法院、市检察院的领导人，市人大常委会各委室、市政府办公室、市财政局、市预算外资金管理中心的负责人列席会议。孙惠斌主持会议。

会议听取并审议了市政府关于预算外资金管理使用情况的汇报，市法院关于行政审判工作情况的汇报；听取评议了市法院、市检察院部分被任命干部的述职报告；审议通过了高密市人大常委会信访工作暂行办法。

第三十次会议

市十四届人大常委会第三十次会议于2001年12月21日在市人大常委会会议室举行。主任孙惠斌，副主任聂立斌、刘宗法、刘彭泉、张慕坤、王致民、张振国及委员共21人出席会议。市政府、市政协、市法院、市检察院的领导人，市人大常委会各委室、市政府办公室的负责人列席会议。孙惠斌主持会议。

会议审议通过了市人大常委会关于2002年全市镇级人民代表大会换届选举工作安排意见，关于任命全市各镇选举委员会组成人员的决定，关于重新确定部分镇代表名额的决定，关于召开高密市第十四届人民代表大会第五次会议的决定。

第三十一次会议

市十四届人大常委会第三十一次会议于2002年1月12日在市人大常委会会议室举行。主任孙惠斌，副主任聂立斌、刘宗法、刘彭泉、张慕坤、王致民、张振国及委员共21人出席会议。市政府、市政协、市法院、市检察院的领导人，市人大常委会各委室、市政府办公室的负责人列席会议。孙惠斌主持会议。

会议审议通过了市人大常委会代表资格审查委员会关于补选代表的代表资格审查报告；听取并审议了关于市十四届人大五次会议筹备工作情况的汇报；议定了市人大常委会在市十四届人大五次会议上的工作报告，市人大常委会2002年工作计划；拟定了市十四届人大五次会议主席团和秘书长名单（草案），议案审查委员会名单（草案），计划预算审查委员会名单（草案）；决定了列席人员范围；评选出“十佳干警”，作出相应的决定。

第三十二次会议

市十四届人大常委会第三十二次会议于2002年1月19日在市人大常委会会议室举行。主任孙惠斌，副主任聂立斌、刘宗法、刘彭泉、张慕坤、王致民、张振国及委员共19人出席会议。市政府、市政协、市法院、市检察院的领导人，市人大常委会各委室、市政府办公室的负责人列席会议。孙惠斌主持会议。

会议审议通过了市人大常委会代表资格审查委员会关于补选代表的代表资格审查报告；决定了人事任免事项。

第三十三次会议

市十四届人大常委会第三十三次会议于2002年4月8日在市人大常委会会议室举行。主任孙惠斌，副主任聂立斌、刘宗法、刘彭泉、张慕坤、王致民、张振国及委员共20人出席会议。市政府、市政协、市法院、市检察院的领导人，市人大常委会各委室、市政府办公室、市人事局、市建设局、市规划与国土资源管理局、市统计局、市文化局的负责人列席会议。孙惠斌主持会议。

会议听取了关于全市镇级人大换届选举工作情况的汇报；审议通过了高密市人大常委会关于表彰行政执法先进单位的决定；听取评议了市建设局局长王增华、人事局局长徐兆凯、规划与国土资源管理局局长王发亮、统计局局长隋卫清、文化局局长范锡宝的述职报告；决定了人事任命事项。

第三十四次会议

市十四届人大常委会第三十四次会议于2002年6月7日在市政府招待所3号楼二楼会议室举行。主任孙惠斌，副主任聂立斌、刘宗法、刘彭泉、张慕坤、王致民、张振国及委员共18人出席会议。市政府、市政协、市法院、市检察院的领导人，市人大常委会各委室、市政府办公室、市财政局、市审计局、市建设局、市水利局、市民政局的负责人，各镇人大主席和街道人大工作室主任列席会议。孙惠斌、刘宗法主持会议。

会议听取并审议了市政府关于十四届人大五次会议议案办理实施方案的汇报，作出相应的决议；审查批准了高密市2001年财政决算；听取并审议了市政府关于高密市2001年财政预算执行和其他财政收支情况的审计工作报告，关于贯彻实施省建筑市场管理条例情况的汇报，关于贯彻实施防洪法情况的汇报，关于贯彻实施村民委员会组织法情况的汇报；决定了人事任免事项。

第三十五次会议

市十四届人大常委会第三十五次会议于2002年8月2日在市政府招待所举行。主任孙惠斌，副主任聂立斌、刘宗法、刘彭泉、张慕坤、王致民、张振国及委员共19人出席会议。市政府、市政协、市法院、市检察院的领导人，市人大常委会各委室、市政府办公室、市发展计划局、市财政局、市交通局、市公路局的负责人，各镇人大主席和街道人大工作室主任列席会议。孙惠斌主持会议。

会议听取并审议了市政府关于贯彻实施《中华人民共和国公路法》情况的报告，关于重建东关派出所占用规划绿地的报告并作出相应决定，关于高密市2002年上半年国民经济和社会发展计划执行情况的报告，关于高密市 2002 年上半年财政预算执行情况的报告，关于市十四届人大五次会议代表所提建议意见办理工作情况的汇报；听取评议了市法院、市检察院部分被任命干部的述职报告。

第三十六次会议

市十四届人大常委会第三十六次会议于 2002 年 10 月 18 日在市政府招待所 3 号楼二楼会议室举行。主任孙惠斌，副主任聂立斌、刘宗法、刘彭泉、张慕坤、王致民、张振国及委员共 17 人出席会议。市政府、市政协、市法院、市检察院的领导人，市人大常委会各委室、市政府办公室、市司法局、市体改办、市经贸局的负责人，各镇人大主席和街道人大工作室主任列席会议。孙惠斌主持会议。

会议听取并审议了市政府关于贯彻执行市人大常委会《关于在全市公民中开展第四个五年法制宣传教育的决议》情况汇报，关于企业改制和生产经营情况汇报；听取评议了市政府部分被任命干部的述职报告；决定了人事任免事项。

第三十七次会议

市十四届人大常委会第三十七次会议于 2002 年 11 月 11 日在市人大常委会会议室举行。主任孙惠斌，副主任聂立斌、刘宗法、刘彭泉、张慕坤、王致民、张振国及委员共 19 人出席会议。市政府、市政协、市法院、市检察院的领导人，市人大常委会各委室、市政府办公室的负责人列席会议。孙惠斌主持会议。

会议审议通过了关于 2003 年高密市人民代表大会换届选举工作安排意见、高密市人大常委会关于高密市第十五届人民代表大会代表名额和潍坊分配高密潍坊市第十四届人民代表大会代表名额及选举问题的决定；听取并审议了关于设立高密市选举委员会的说明，作出了相应决定。

第三十八次会议

市十四届人大常委会第三十八次会议于 2002 年 12 月 30 日在市人大常委会会议室举行。主任孙惠斌，副主任聂立斌、刘宗法、刘彭泉、张慕坤、王致民、张振国及委员共 10 人出席会议。市政府、市政协、市法院、市检察院的领导人，市人大常委会各委室、市政府办公室、市财政局的负责人列席会议。孙惠斌主持会议。

会议听取并审议了市政府关于高密市 2002 年市级财政预算变更情况的报告，作出相应的决定；审议通过了关于召开市十五届人大一次会议的决定；投票表决授予“高密市人民勋章”人员，作出了相应决定；投票表决“十佳干警”，作出了相应决定；决定了人事任免事项。

第三十九次会议

（材料缺失）

第四十次会议

市十四届人大常委会第四十次会议于2003年1月11日在市政府招待所3号楼二楼会议室举行。主任孙惠斌，副主任聂立斌、刘宗法、刘彭泉、张慕坤、王致民、张振国及委员共19人出席会议。市政府、市政协、市法院、市检察院的领导人，市人大常委会各委室、市政府办公室的负责人列席会议。孙惠斌主持会议。

会议听取了市选举委员会关于市十五届人大代表选举情况的报告，市人大常委会关于市十五届人大一次会议筹备工作情况的汇报；审议通过了关于高密市第十五届人民代表大会代表资格的审查报告；议定了市人大常委会工作报告；拟定了市十五届人大一次会议议程（草案），主席团和秘书长名单（草案），议案审查委员会名单（草案）和计划预算审查委员会名单（草案）；决定了列席人员范围；审议通过了高密市出席潍坊市第十四届人民代表大会代表候选人建议名单。

第七节　市十五届人大常委会会议

第一次会议

市十五届人大常委会第一次会议于2003年2月17日在市政府招待所3号楼二楼会议室举行。主任吴元宝，第一副主任崔红旗，副主任颜廷爱、刘彭泉、张慕坤、聂立斌、王致民、张振国及委员共20人出席会议。常务副市长杜洪君，市政协副主席滕希平，市法院院长宋允厚，市检察院检察长刘利宁，市人大常委会各委室、市政府序列部门负责人，市法院审判委员会委员，市检察院检察委员会委员，各镇人大主席、街道人大工作室主任列席会议。吴元宝发表讲话。崔红旗主持会议。

会议审议通过了《高密市人大常委会关于加强自身建设的决定》和《高密市人大常委会关于设立代表资格审查委员会的决定》；通过了人事任免事项。

第二次会议

市十五届人大常委会第二次会议于2003年3月19日在市人大常委会会议室举行。主任吴元宝，第一副主任崔红旗，副主任颜廷爱、刘彭泉、张慕坤、聂立斌、王致民、张振国及委员共17人出席会议。副市长张树伟、市政协副主席张兆年、市法院院长宋允厚、市检察院检察长刘利宁，市人大常委会各委室、市政府办公室的负责人，各镇人大主席、街道人大工作室主任列席会议。吴元宝讲话。崔红旗主持会议。

会议议定了高密市人大常委会《2003年工作计划》；通过了市人大常委会议事规则，人事任免办法，述职评议工作办法，联系市人大代表办法，对市级司法和行政执法机关实行个案监督的暂行办法，市级司法、行政执法机关错案和执法过错责任追究的办法，信访工作暂行办法；表决通过了市人大常委会办事机构、工作机构和派出机构工作人员人事任免事项。

第三次会议

市十五届人大常委会第三次会议于2003年5月20日在市政府招待所3号楼二楼会议室举行。主任吴元宝，第一副主任崔红旗，副主任颜廷爱、刘彭泉、张慕坤、王致民、张振国及委员共18人出席会议。常务副市长杜洪君，副市长钟亮成，市政协副主席宋锡明，市法院院长宋允厚，市检察院检察长刘利宁，市人大常委会各委室、市政府办公室、市财政局、市审计局、市农办、市环保局、市公安局、市体改办的负责人，各镇人大主席、街道人大工作室主任列席会议。崔红旗主持会议。

会议听取并审议了高密市2002年财政决算的报告、高密市2002年财政预算执行和其他财政收支的审计、贯彻实施环境保护法、实施农业“三化”战略、实施社会治安管理处罚条例和事业单位改制情况的报告；审查批准了高密市2002年财政决算；审议通过了《高密市人大常委会街道人大工作室工作办法》。

第四次会议

市十五届人大常委会第四次会议于2003年8月5日在市政府招待所举行。党组书记、副主任崔红旗，副主任颜廷爱、聂立斌、刘彭泉、张慕坤、王致民、张振国及委员共19人出席会议。常务副市长杜洪君，市政协副主席宋锡明，市法院院长宋允厚，市检察院检察长刘利宁，市人大常委会各委室、市政府办公室、市法制局、市发展计划局、市财政局、市交通局、市公路局、市计划生育局的负责人，各镇人大主席、街道人大工作室主任列席会议。崔红旗主持会议。

会议听取并审议了杜洪君作的市政府关于市十五届人大一次会议代表所提议案建议意见办理工作情况的报告，关于高密开发区南部建造工业园区及相关基础设施配套工程和污水处理扩建工程贷款还本付息列入市财政预算支出的报告；听取并审议了市发展计划局局长张君嘉作的市政府关于高密市2003年上半年国民经济和社会发展计划执行情况的报告，市财政局局长鞠志华作的关于高密市2003年上半年财政预算执行情况的报告，市交通局局长吕希清作的关于高密市公路建设情况的报告，市计划生育局局长梁明霖作的关于贯彻实施人口与计划生育法情况的报告；听取并审议了市法院关于执行工作情况的报告，市检察院关于反腐败查办大要案工作情况的报告；表决通过了《高密市人民代表大会常务委员会关于批准高密开发区南部建造工业园及相关基础设施配套工程和污水处理扩建工程贷款还本付息资金列入市财政预算支出的决定》。

第五次会议

市十五届人大常委会第五次会议于2003年10月13日在市政府招待所举行。党组书记、副主任崔红旗，副主任颜廷爱、聂立斌、刘彭泉、张慕坤、王致民、张振国及委员共18人出席会议。副市长钟亮成、市政协副主席宋锡明、市法院院长宋允厚、市检察院检察长刘利宁，市人大常委会各委室、市政府办公室、市规划与国土资源局、市城管办、市建设局、市城市管理行政执法局、市畜牧局的负责人，各镇人大主席、街道人大工作室主任列席会议。崔红旗主持会议。

会议听取并审议了钟亮成作的关于建设天然气项目贷款还本付息资金列入市财政预算支出的报告，作出相应的决定；听取并审议了市政府关于贯彻实施土地管理法、城市市容和环境卫生管理条例、动物防疫法情况的报告；对市法院、市检察院部分被任命干部进行了述职评议；表决通过了人事任免。

第六次会议

市十五届人大常委会第六次会议于2003年12月16日在市政府招待所举行。

会议听取并审议了副市长胡立作的市政府关于全市招商引资和民营经济发展情况的报告；审议通过了高密市人民代表大会常务委员会关于召开高密市第十五届人民代表大会第二次会议的决定；表决通过了人事任免事项。

第七次会议

市十五届人大常委会第七次会议于2004年2月6日在市政府招待所举行。

会议听取并审议了市人大常委会副主任、代表资格审查委员会主任委员刘彭泉作的市人大常委会代表资格审查委员会关于补选代表的代表资格审查报告；听取了市人大常委会副主任刘彭泉作的市人大常委会关于市十五届人大二次会议筹备工作情况的汇报；议定了市人大常委会工作报告；拟定了市十五届人大二次会议议程（草案）、主席团和秘书长名单（草案）、议案审查委员会名单（草案）、计划预算审查委员会名单（草案）；决定了列席市十五届人大二次会议人员范围，议定了市人大常委会2004年工作计划。

第八次会议

市十五届人大常委会第八次会议于2004年2月28日在市政府招待所举行。

会议听取了市人大常委会副主任刘彭泉作的关于任免市人大常委会机关和派出机构工作人员的提请报告，市政府常务副市长杜洪君作的关于任免市政府组成人员的提请报告；拟任人员作了供职发言；表决通过了人事任免事项。

第九次会议

市十五届人大常委会第九次会议于2004年4月27日在市政府招待所举行。

会议听取并审议了市环保局局长彭桂臻作的关于贯彻实施《环境保护法》情况的报告、市劳动局局长赵仁东作的关于贯彻实施《劳动法》情况的报告；听取了市农业局局长程际奎、市计划生育局局长梁明霖作的述职报告，市检察院检察长刘利宁作的关于提请免去市检察院检察人员的报告；审议通过了关于高密市人民代表大会常务委员会审议意见办理暂行办法（草案）、高密市人民代表大会常务委员会关于组织人大代表向选民述职活动的意见（草案）；通过了人事任免事项。

图4－6 市十五届人大常委会召开第九次会议

第十次会议

市十五届人大常委会第十次会议于2004年7月6日至7日在市政府招待所举行。主任吴元宝，党组书记、副主任崔红旗，副主任颜廷爱、聂立斌、刘彭泉、张慕坤、王致民、张振国及委员出席会议。崔红旗主持会议。

会议审议通过了市财政局局长鞠志华作的关于高密市2003年财政决算的报告，市审计局局长王福兴作的关于高密市2003年预算执行和其他财政支出的审计工作报告；听取并审议了市规划与国土资源局局长王发亮作的关于实施《土地管理法》情况的汇报，市人民法院院长宋允厚作的关于审判监督工作情况的汇报，市人民检察院检察长刘利宁作的关于控申举报工作情况的汇报；表决通过了人事任免事项。

第十一次会议

市十五届人大常委会第十一次会议于2004年8月27日在市政府招待所举行。主任吴元宝，党组书记、副主任崔红旗，副主任颜廷爱、聂立斌、刘彭泉、张慕坤、王致民、张振国及委员出席会议。崔红旗主持会议。

会议听取并审议了常务副市长杜洪君作

的关于市人大常委会第九次会议审议意见办理情况的汇报、《关于多措并举尽快普及高中阶段教育的议案》办理情况的报告和关于市十五届人大二次会议以来代表建议办理情况的报告，市发展计划局局长张聿嘉作的关于高密市2004年上半年国民经济和社会发展计划执行情况的汇报，市财政局局长鞠志华作的关于高密市2004年上半年财政预算执行情况的汇报，市教育局局长柴修森作的关于教育工作情况的汇报；表决通过了《高密市人民代表大会常务委员会关于高密市人大代表辞职办法（草案）》。

第十二次会议

市十五届人大常委会第十二次会议于2004年10月25日在市政府招待所举行。党组书记、副主任崔红旗，副主任颜廷爱、聂立斌、刘彭泉、张慕坤、王致民、张振国及委员出席会议。崔红旗主持会议。

会议表决通过了副市长刘金贵作的关于夏庄镇污水及管网工程、供水及管网工程和高密二中新校贷款还本付息资金列入市财政预算支出的报告；听取并审议了副市长刘金贵作的关于公路建设情况的汇报；表决通过了市财政局局长鞠志华作的关于高密市2004年地方财政收支预算变更情况的报告，市司法局局长范立标作的关于贯彻实施市人大常委会“四五”普法和“三五”依法治市决议情况的汇报；听取了市法院副院长王益华、市检察院副检察长时兴华的述职报告，并对述职人员投票测评。

第十三次会议

市十五届人大常委会第十三次会议于2004年12月21日在市政府招待所举行。党组书记、副主任崔红旗，副主任颜廷爱、聂立斌、刘彭泉、张慕坤、王致民、张振国及委员共17人出席会议。市政府、市政协、市法院、市检察院的领导人，市人大常委会各委室、市政府办公室、市财政局、市民政局、市司法局、市教育局、市规划局的负责人，各镇人大主席、街道人大工作室主任列席会议。崔红旗主持会议。

会议听取并审议了副市长林京湖作的关于高密市新一轮城市总体规划修编工作情况的说明，市规划局局长于道河作的关于高密市新一轮城市总体规划修编工作情况的报告；表决通过了关于批准高密市新一轮城市总体规划方案的决定（草案）；表决通过了市教育局局长柴修森作的关于山东省高密市第一中学新校建设项目贷款还本付息资金列入市财政预算支出的报告，并作出决定；听取了市人大常委会法制工作委员会主任宋希会作的关于错案责任追究办法和个案监督暂行办法修订情况的说明，表决通过了《高密市行政司法机关错案和违法办案责任追究办法》《高密市人民代表大会常务委员会个案监督办法》；听取了省城乡规划设计研究院主任闫海建作的关于高密市新一轮城市总体规划方案的介绍；听取了市民政局局长张延兴、市财政局局长鞠志华的述职报告，进行了投票测评；表决通过了人事任免事项。

第十四次会议

市十五届人大常委会第十四次会议于2005年2月16日在市政府招待所举行。党组书记、副主任崔红旗，副主任颜廷爱、聂立斌、刘彭泉、张慕坤、王致民、张振国及委员出席会议。崔红旗主持会议。

会议审议通过了市建设局局长郑有奎作的市政府关于提请审议《建设经营高密市污水处理厂厂区工程合同书》的报告、关于利用BOT方式建设5万吨／日污水处理扩建工程项目的情况汇报；表决通过了关于接受郭振泉等辞去高密市第十五届人民代表大会代表职务的请求的决定（草案），关于吴元宝、孙晓非、吴建民分别辞去市人大常委会主任、市人大常委会委员、市长职务的请求；审议通过了市十五届人大二次会议议程和有关名单（草案），决定了列席人员范围；议定了市人大常委会工作报告；表决任命赵志远为副市长，决定赵志远为代理市长，通过了人事任命事项，

第十五次会议

市十五届人大常委会第十五次会议于2005年4月27日在市政府招待所举行。市委书记、市人大常委会主任吴建民，市人大常委会党组书记、副主任崔红旗，副主任颜廷爱、刘彭泉、张慕坤、王致民、张振国及委员共21人出席会议。副市长张树伟，市政协副主席秦中廷，市法院院长宋允厚，市检察院副检察长王彦，市人大常委会各委室、市政府办公室、市对外贸易经济合作局、市环境保护局的负责人，各镇人大主席、街道人大工作室主任列席会议。崔红旗主持会议。

会议听取并审议了市法院民事审判工作情况、市检察院刑事检察工作情况的汇报；听取并审议了市对外贸易经济合作局局长于钦明、市环境保护局局长彭桂臻的述职报告；作出了《关于确定人民陪审员名额的决定》《关于停止薛文升市人大代表职务并许可对其采取强制措施的决定》；审议通过了《公民旁听市人大常委会会议办法》；通过了人事任免事项。

第十六次会议

市十五届人大常委会第十六次会议于2005年6月24日在市政府招待所3号楼二楼会议室举行。党组书记、副主任崔红旗，副主任颜廷爱、聂立斌、刘彭泉、张慕坤、王致民、张振国及委员共21人出席会议。常务副市长杜洪君，市政协副主席徐兆凯，市法院院长宋允厚，市检察院检察长刘利宁，市人大常委会各委室、市政府办公室、市人事局、市财政局、市审计局、市安监局的负责人，各镇人大主席、各街道人大工作室主任列席会议，3名公民首次旁听市人大常委会会议。崔红旗主持会议。

会议听取并审议了关于高密市2004年财政决算的报告、高密市2004年预算执行和其他财政收支的审计工作报告，作出了关于批准高密市2004年财政决算的决议；听取并审议了关于安全生产法贯彻实施情况的报告；审议通过了关于授予“人民勋章”的办法、关于高密市优秀人大代表评选办法和关于高密市“十佳干警”评选办法；作出了关于停止刘清华市人大代表职务并许可对其采取强制措施的决定；通过了人事任免事项。崔红旗代表市委书记、市人大常委会主任吴建民向被任命干部颁发了任命书，并对被任命干部提出了希望和要求。

第十七次会议

市十五届人大常委会第十七次会议于2005年8月23日在市政府招待所3号楼二楼会议室举行。党组书记、副主任崔红旗，副主任聂立斌、刘彭泉、张慕坤、张振国及委员共16人出席会议。常务副市长杜洪君，市政协副主席秦中廷，市法院院长宋允厚，市检察院副检察长时兴华，市人大常委会各委室、市政府办公室、市政府法制局、市规划局、市财政局、市司法局、市农机局的负责人，各镇人大主席、各街道人大工作室主任列席会议，2名公民参加了旁听。崔红旗主持会议。

会议听取并审议了市政府关于代表建议办理情况的汇报；听取并审议了市政府《关于积极实施新一轮城市总体规划推进高密城市化建设进程的议案》办理情况的汇报，作出了关于市政府办理《关于积极实施新一轮城市总体规划推进高密城市化建设进程的议案》的决议；听取并审议了市政府关于高密市2005年上半年财政预算执行情况的汇报、关于贯彻执行“四五”普法和“三五”依法治市两个决议情况的汇报、关于农业机械化促进法贯彻实施情况的汇报；通过了人事任命事项。崔红旗代表市委书记、市人大常委会主任吴建民向被任命干部颁发了任命书，并对被任命干部提出了希望和要求。

第十八次会议

市十五届人大常委会第十八次会议于2005年10月29日在市政府招待所3号楼二楼会议室举行。党组书记、副主任崔红旗，副主任聂立斌、刘彭泉、张慕坤、张振国及委员共19人出席会议。副市长林京湖，市政协副主席秦中廷，市法院副院长王振星，市检察院副检察长时兴华，市人大常委会各委室、市政府办公室、市财政局、市对外贸易经济合作局、市经贸局、市中小企业局、市交通局、市公路局、市科技局的负责人，各镇人大主席、各街道人大工作室主任列席会议，3名公民参加了旁听。崔红旗主持会议。

会议听取并审议了市政府关于城市基础设施建设贷款还本付息资金列入市财政预算支出的报告，关于招商引资、民营经济发展情况的汇报，关于关于贯彻实施《公路法》和《促进科技成果转化法》情况的汇报。

第十九次会议

市十五届人大常委会第十九次会议于2005年11月21日在市政府招待所举行。市委书记、市人大常委会主任吴建民，市人大常委会党组书记、副主任崔红旗，副主任颜廷爱、聂立斌、刘彭泉、张慕坤、张振国及委员共22人出席会议。市长赵志远，副市长钟亮成、刘金贵、林京湖、刘秀平、张树伟、刘明伦，市政协副主席秦中廷，市法院院长宋允厚，市检察院检察长刘利宁，市人大常委会各委室、市政府办公室、市直有关部门的负责人，各镇人大主席（副主席）、街道人大工作室主任（副主任），各镇街、市直机关和工交财贸代表活动组的部分市人大代表列席会议，3名公民旁听了会议。吴建民作了讲话。崔红旗主持会议。

会议听取了市人大常委会委员作的关于钟亮成、刘金贵、林京湖、刘秀平、张树伟、刘明伦6名副市长任职以来工作的评议发言；以无记名投票的方式对6名副市长任职以来的工作进行了测评。

第二十次会议

市十五届人大常委会第二十次会议于2005年12月27日在市会议中心一楼会议室举行。党组书记、副主任崔红旗，副主任颜廷爱、聂立斌、刘彭泉、张慕坤、张振国及委员共18人出席会议。副市长钟亮成，市法院院长宋允厚，市检察院检察长刘利宁，市人大常委会各委室、市政府办公室的负责人，各镇人大主席、各街道人大工作室主任，驻高密的潍坊市人大代表列席了会议。崔红旗主持会议。

会议听取了关于评议副市长任职以来工作情况的说明；听取评议了部分潍坊市人大代表的述职报告；通过了人事任命事项。崔红旗代表市委书记、市人大常委会主任吴建民向被任命干部颁发了任命书。

第二十一次会议

市十五届人大常委会第二十一次会议于2006年1月12日在市人大常委会会议室举行。党组书记、副主任崔红旗，副主任颜廷爱、聂立斌、刘彭泉、张慕坤、王致民、张振国及委员共18人出席会议。崔红旗主持会议。

会议听取了刘彭泉作的关于补选潍坊市人大代表的说明，根据潍坊市委的提名，以无记名投票的方式选举王继美、赵志远为潍坊市第十四届人民代表大会代表。

第二十二次会议

（资料缺失）

第二十三次会议

市十五届人大常委会第二十三次会议于2006年4月6日在市会议中心举行。市委书记、市人大常委会主任吴建民，市人大常委会党组书记、副主任崔红旗，副主任颜廷爱、聂立斌、王致民、王家林、张庆坚及委员共20人出席会议。副市长张树伟，市政协副主席秦中廷，市人民检察院检察长刘利宁，市人民法院的领导人，市人大常委会各委室、市政府办公室、规划局、公安局、科技局、建设局、林业局的主要负责人，各镇人大主席、副主席，各街道人大工作室副主任列席会议。杜亚莉、田瑞云、杜振升3名公民旁听了会议。崔红旗主持会议。

会议听取并审议了市政府关于提请审议调整南部新区部分用地及道路规划的报告，作出了关于批准高密市人民政府调整南部新区部分用地及道路规划的决定；听取并审议了市政府关于《中华人民共和国人民警察法》《中华人民共和国科学技术普及法》贯彻实施情况的汇报；听取评议了市建设局局长郑有奎、林业局局长张乐宝的述职报告；调整了市人大常委会代表资格审查委员会成员；通过了人事任免事项。

第二十四次会议

市十五届人大常委会第二十四次会议于2006年6月2日在市会议中心举行。党组书记、副主任崔红旗，副主任颜廷爱、聂立斌、张慕坤、王致民、王家林、张庆坚及委员共21人出席会议。副市长钟亮成，市政协副主席李健，市人民法院院长宋允厚，市人民检察院副检察长时兴华，市人大常委会各委室、市政府办公室的负责人，各镇人大主席、副主席，各街道人大工作室主任、副主任列席会议。3名公民旁听了会议。崔红旗主持会议。

会议表决通过了辞职事项和人事任免事项；听取评议了部分潍坊市人大代表的述职报告。

第二十五次会议

市十五届人大常委会第二十五次会议于2006年7月27日在市政府招待所举行。党组书记、副主任崔红旗，副主任颜廷爱、聂立斌、张慕坤、王致民、王家林、张庆坚及委员共18人出席会议。常务副市长杜洪君，市政协副主席徐兆凯，市人民法院副院长王振星，市人民检察院副检察长时兴华，市人大常委会各委室和市政府办公室、市政府法制局、市财政局、市审计局、市文化局、市水利局的负责人，各镇人大主席、副主席，各街道人大工作室主任、副主任列席会议。4名市人大代表列席会议，3名公民旁听会议。崔红旗主持会议。

会议听取并审议了市政府《关于在“十一五”期间加快高密“文化名市”建设的议案》和《关于加大投入防氟改水的议案》办理情况的报告、关于市十五届人大四次会议以来代表建议办理情况的报告、关于高密市2005年财政决算的报告、关于高密市2005年预算执行和其他财政收支的审计工作报告、关于贯彻实施《防洪法》情况的汇报；审查了高密市2005年财政决算（草案）；作出了关于市政府办理《关于在“十一五”

期间加快高密“文化名市”建设的议案》《关于加大投入防氟改水的议案》的决议和关于批准高密市 2005 年财政决算的决议。

第二十六次会议

市十五届人大常委会第二十六次会议于 2006 年 9 月 1 日在市会议中心举行。党组书记、副主任崔红旗，副主任颜廷爱、聂立斌、张慕坤、王致民、王家林、张庆坚及委员共 19 人出席会议。副市长钟亮成，市政协副主席徐兆凯，市人民法院院长宋允厚，市人民检察院检察长刘利宁，市人大常委会各委室和市政府办公室、市发展和改革局、市财政局、市司法局的负责人，各镇人大主席、副主席，各街道人大工作室主任、副主任列席会议。3 名公民旁听会议。崔红旗主持会议。

会议听取并审议了市政府关于高密市 2006 年上半年国民经济和社会发展计划及财政预算执行情况的汇报、关于高密市“四五”普法情况及“五五”普法规划的汇报、关于高密市“三五”依法治市情况及 2006—2010 年依法治市规划的汇报，市人民法院关于执行工作情况的汇报、市人民检察院关于开展预防职务犯罪工作情况的汇报；作出了关于在全市公民中开展第五个五年法制宣传教育的决议、关于高密市 2006—2010 年依法治市规划的决议；接受了钟波辞去高密市第十五届人大常委会委员职务的请求；通过了人事任免事项。

第二十七次会议

市十五届人大常委会第二十七次会议于 2006 年 10 月 31 日在市会议中心举行。党组书记、副主任崔红旗，副主任颜廷爱、聂立斌、张慕坤、王致民、王家林、张庆坚及委员共 19 人出席会议。副市长刘秀平，市政协副主席徐兆凯，市人民法院院长宋允厚，市人民检察院副检察长时兴华，市人大常委会各委室、市政府办公室、市环保局、市人事局、市卫生局、市文化局、市安监局的负责人，各镇人大主席、副主席，各街道人大工作室主任、副主任列席会议。3 名公民旁听了会议。崔红旗主持会议。

会议听取并审议了市政府关于申请向潍坊市商业银行贷款用于城市基础设施建设的报告、关于贯彻实施环境保护法情况的汇报；听取评议了市人事局局长仪义直、市卫生局局长王连友、市文化局局长郭言兴、市安监局局长韩元金的述职报告；作出了高密市人大常委会关于批准城市基础设施建设贷款还本付息资金列入市财政预算支出的决定。

第二十八次会议

市十五届人大常委会第二十八次会议于 2006 年 12 月 29 日在市会议中心举行。党组书记、副主任崔红旗，副主任颜廷爱、聂立斌、张慕坤、王致民、王家林、张庆坚及委员共 19 人出席会议。副市长林京湖，市政协副主席徐兆凯，市人民法院院长宋允厚，市人民检察院副检察长时兴华，市人大常委会各委室，市政府办公室、市人口和计划生育局、市水利局、市交通局的负责人，各镇人大主席、副主席，各街道人大工作室主任、副主任列席会议。3 名公民旁听了会议。崔红旗主持会议。

会议听取并审议了市政府关于贯彻实施《人口与计划生育法》情况的汇报；听取评议了市水利局局长姜言启、市交通局局长葛月殿、市人民法院副院长王振星的述职报告；通过了人事任免事项。

第二十九次会议

市十五届人大常委会第二十九次会议于 2007 年 1 月 18 日在市人大常委会主任会议室举行。党组书记、副主任崔红旗，副主任颜廷爱、聂立斌、张慕坤、王致民、王家林、张庆坚及委员共 20 人出席会议。市政府、市政协、市法院、市检察院的领导人，市人大常委会各委室的负责人列席会议。崔红旗主持会议。

会议表决通过了关于接受有关人员辞去高密市第十五届人民代表大会代表职务的请求的决定；审议通过了辞职和人事任命事项；作出了关于召开高密市第十五届人民代表大会第五次会议的决定。

第三十次会议

市十五届人大常委会第三十次会议于 2007 年 2 月 25 日在市人大常委会主任会议室举行。党组书记、副主任崔红旗，副主任颜廷爱、王致民、王家林、张庆坚及委员共 17 人出席会议。副市长钟亮成、市政协副主席徐兆凯、市人民法院院长宋允厚、市人民检察院副检察长时兴华，市人大常委会各委室，市政府办公室的负责人列席会议。崔红旗主持会议。

会议审议通过了市人大常委会代表资格审查委员会关于补选代表的代表资格审查报告；听取并审议了关于市十五届人大五次会议筹备工作情况的汇报；拟定了市十五届人大五次会议议程（草案）、主席团和秘书长名单（草案）、议案审查委员会名单（草案）、计划预算审查委员会名单（草案）；决定了列席人员范围；议定了市人大常委会在市十五届人大五次会议上的工作报告和市人大常委会 2007 年工作计划。会议决定，高密市第十五届人民代表大会第五次会议于 3 月 7 日召开，正式会期为 3 天。

第三十一次会议

市十五届人大常委会第三十一次会议于 2007 年 3 月 11 日在市会议中心举行。市委书记、市人大常委会主任吴建民，市人大常委会党组书记、副主任崔红旗，市人大常委会其他领导颜廷爱、聂立斌、张星海、王家林、张庆坚、张国廷、郑有奎、薛维钧及委员共 22 人参加会议。市政府、市政协、市法院、市检察院的领导人，市人大常委会各委室的负责人，各镇人大主席、各街道人大工作室主任列席会议。吴建民作了讲话。崔红旗主持会议。

会议听取了常务副市长杜洪君代表市政府作的关于申请中国农业发展银行高密市支行贷款用于新春油脂花生基地配套工程建设的报告，决定批准新春油脂花生基地配套工程建设贷款还本付息资金列入市财政预算支出；听取了常务副市长杜洪君作的关于提请任免单际庆等人员职务的报告，以及市委组织部副部长、市人事局局长仪义直作的关于市政府提请任命人员的情况介绍，拟任人选作了供职发言；通过了人事任免事项。

第三十二次会议

市十五届人大常委会第三十二次会议于2007年4月9日在市人大常委会会议室举行。党组书记、副主任崔红旗，市人大常委会其他领导颜廷爱、聂立斌、张星海、王家林、张庆坚、张国廷、郑有奎、薛维钧及委员共22人参加会议。市委常委、副市长李葆东，市政协副主席徐兆凯，市人民法院院长宋允厚，市人民检察院副检察长时兴华，市人大常委会各委室负责人列席会议。崔红旗主持会议。

会议以无记名投票的方式通过了人事任命事项。

第三十三次会议

市十五届人大常委会第三十三次会议于2007年4月25日在市政府招待所举行。党组书记、副主任崔红旗，市人大常委会其他领导颜廷爱、聂立斌、张庆坚、张国廷、薛维钧及委员共18人出席会议。副市长钟亮成，市政协副主席李健，市人民法院、市人民检察院的领导人，市人大常委会各委室、市政府办公室、市经贸局、市卫生局、市公安局、市民政局、市文化局、市财政局的负责人列席会议。崔红旗主持会议。

会议听取并审议了市政府关于节能降耗、推行新型农村合作医疗和社会治安管理等专项工作汇报；审议了市人大常委会执法检查组关于检查村民委员会组织法贯彻实施情况的报告，关于检查全市贯彻实施国务院互联网上网服务营业场所管理条例、音像制品管理条例情况的报告；作出了关于调整市第十五届人民代表大会常务委员会代表资格审查委员会成员的决定。

第三十四次会议

市十五届人大常委会第三十四次会议于2007年6月19日在市会议中心举行。党组书记、副主任崔红旗，市人大常委会其他领导颜廷爱、聂立斌、张星海、王家林、张国廷、郑有奎、薛维钧及委员共17人出席会议。副市长刘秀平，市政协副主席徐兆凯，市人民检察院检察长邓树刚，市人民法院的领导人，市人大常委会各委室、市政府办公室、市财政局、市审计局、市农业局、市公安局、市交通局、市建设局、市食品药品监督管理局的负责人，各镇人大主席、各街道人大工作室主任列席会议。有关公民旁听了会议。崔红旗主持会议。

会议听取并审议了市政府关于调整第二污水处理厂污水处理费的报告、关于建设第二污水处理厂二期工程的报告、关于高密市2006年财政决算情况的报告、关于高密市2006年市级预算执行和其他财政收支的审计工作报告、关于农产品质量安全工作情况的报告；审议了市人大常委会执法检查组关于检查《道路交通安全法》《法官法》和《检察官法》贯彻实施情况的报告；审查了高密市2006年财政决算（草案），作出了《关于批准2006年财政决算的决议》《关于调整第二污水处理厂污水处理费的决定》《关于建设第二污水处理厂二期工程的决定》《关于停止田云瑞市人大代表职务并许可对其采取强制措施的决定》；通过了人事任免事项。

第三十五次会议

市十五届人大常委会第三十五次会议于2007年8月15日在市会议中心一楼会议室举行。党组书记、副主任崔红旗，市人大常委会其他领导颜廷爱、聂立斌、张星海、王家林、张庆坚、张国廷、郑有奎、薛维钧及委员共21人出席会议。常务副市长杜洪君，副市长徐振刚，市政协副主席徐兆凯，市人民法院和市人民检察院的领导人，市人大常委会各委室的负责人，市政府办公室、市政府法制局、市建设局、市规划局、市发展和改革局、市财政局、市劳动和社会保障局、市交通局、市水利局、市信访局的负责人，各镇人大主席、各街道人大工作室主任列席会议。2名人大代表和3名公民旁听了会议。崔红旗主持会议。

会议听取并审议了市政府关于对城区主要街道综合改造工程建设项目贷款情况的报告、《关于加快文化体育基础设施建设的议案》和《关于严格依法维护城市规划严肃性的议案》办理情况的报告、关于市十五届人大五次会议以来代表建议办理工作情况的报告、关于高密市2007年上半年国民经济和社会发展计划执行情况的报告、关于高密市2007年上半年财政预算执行情况的报告、关于全市企业职工社会保险工作情况的报告、关于农村饮用安全水工程实施情况的报告、关于城区公交事业发展情况的报告；审议了市人大常委会关于人大信访案件办理情况的调查报告；通过了人事任免事项。

第三十六次会议

市十五届人大常委会第三十六次会议于2007年9月11日在市会议中心举行。党组书记、副主任崔红旗，市人大常委会其他领导颜廷爱、聂立斌、张星海、王家林、张庆坚、郑有奎、薛维钧及委员共20人出席会议。副市长钟亮成，市政协副主席徐兆凯，市人民检察院检察长邓树刚、市人民法院的领导人，市人大常委会各委室、市政府办公室的负责人，各镇街人大工作负责人，市直各党工委、市委宣传部、市委政法委、市人民银行的负责人列席会议。崔红旗主持会议。

会议听取并审议了市人大常委会副主任张庆坚所作的《关于2007年全市人大换届选举工作有关问题的说明》，通过了《关于2007年全市人大换届选举工作安排意见》；作出了关于设立高密市及各镇选举委员会的决定、关于高密市第十六届人民代表大会代表名额分配和各镇新一届人民代表大会代表名额的决定，会议确定2007年11月23日为市镇两级人大代表选举日，决定全市人大换届选举工作分4个阶段进行；听取并审议了市人大常委会主任会议关于市人大常委会派出机构工作人员职务任命的提名、市政府关于提请任免李宗福等人职务的报告；通过了人事任免事项。

第三十七次会议

市十五届人大常委会第三十七次会议于2007年11月7日在市人大常委会会议室举行。党组书记、副主任崔红旗，常委会领导颜廷爱、聂立斌、张星海、王家林、张庆坚、张国廷、郑有奎、薛维钧及委员共22人出席会议。副市长徐振刚，市政协副主席徐兆凯，市人民法院院长宋允厚，市人民检察院检察长邓树刚，市人大常委会各委室、市政府办公室的负责人列席会议。崔红旗主持会议。

会议听取并审议了副市长徐振刚作的关于对文化中心和体育馆建设工程项目贷款情况的报告，作出关于批准文化中心和体育馆建设工程项目贷款还本付息资金列入市财政预算支出的决定；决定接受刘明伦辞去高密市人民政府副市长职务的请求；通过了人事任免事项。

第三十八次会议

市十五届人大常委会第三十八次会议于2007年12月3日在市会议中心召开。市人大常委会组成人员17人出席会议。市政府、市政协、市法院、市检察院的领导人，市人大常委会各委室、市政府办公室的负责人，各镇人大主席、街道人大工作室主任列席会议。崔红旗主持会议。

会议听取并审议了市委常委、市政府副市长李葆东作的关于对城区道路综合改造工程项目贷款情况的报告，表决通过了关于批准城区道路综合改造工程项目贷款还本付息资金列入市财政预算支出的决定（草案）；听取并审议了市人大常委会副主任张庆坚作的关于2007年市、镇两级人大代表选举工作情况的汇报、关于市十六届人大代表资格的审查报告、关于提名推荐高密市出席潍坊市第十五届人民代表大会代表候选人预备人选情况的说明、关于市十六届人大一次会议筹备工作情况的汇报；表决通过了市人大常委会代表资格审查委员会关于市十六届人大代表的资格审查报告，关于召开高密市第十六届人民代表大会第一次会议的决定（草案），拟定了会议议程和有关名单（草案），列席人员范围；议定了市人大常委会工作报告；通过了人事任命事项。

第三十九次会议

市十五届人大常委会第三十九次会议于2007年12月4日在市人大常委会主任会议室举行。市委书记、市人大常委会主任吴建民，市人大常委会党组书记、副主任崔红旗，市人大常委会其他领导颜廷爱、张星海、张庆坚、郑有奎、薛维钧及委员共19人出席了会议。吴建民作了讲话。崔红旗主持会议。

会议听取了关于全市镇级人代会召开情况的汇报；审议通过了市人大常委会代表资格审查委员会关于补选代表的代表资格审查报告；表决通过了关于接受赵志远辞去高密市市长职务的请求的决定；任命范福生为高密市副市长，决定范福生为高密市代理市长。

第八节　市十六届人大常委会会议

第一次会议

市十六届人大常委会第一次会议于2008年2月1日在市会议中心举行。市委书记、市人大常委会主任吴建民，市人大常委会党组书记、第一副主任崔红旗，市人大常委会副主任张星海、王家林、张国廷、郑有奎、薛维钧、毛进兰及委员出席会议。市长范福生，市政协副主席徐兆凯，市人民法院院长宋允厚，市人民检察院检察长邓树刚，市人大常委会各委室、市政府办公室的负责人，各镇人大副主席、各街道人大工作室主任，市直各代表活动组组长，市政府提请任命人员列席会议。3名公民旁听了会议。吴建民作了讲话。崔红旗主持会议。

会议作出了高密市人大常委会关于加强自身建设的决定、关于设立代表资格审查委员会的决定和关于批准三河污染综合治理工程项目贷款纳入财政预算的决定；通过了《高密市人民代表大会代表议案处理办法》和《高密市人民代表大会代表建议、批评和意见处理办法》；任命了市政府组成人员。

第二次会议

市十六届人大常委会第二次会议于2008年3月25日在市会议中心举行。党组书记、第一副主任崔红旗，副主任张星海、王家林、张国廷、郑有奎、薛维钧、毛进兰及委员共25人出席会议。副市长钟亮成，市政协副主席徐兆凯，市人民检察院检察长邓树刚，市人民法院的领导人，市人大常委会各委室、市政府办公室、市环保局、市委农工办、市建设局、市人口和计划生育局、市民政局、市行政审批中心的负责人，各镇人大副主席、各街道人大工作室主任、市直各代表活动组召集人列席会议。3名公民旁听会议。崔红旗主持会议。

会议审议通过了《高密市人大常委会2008年工作计划》《高密市人民代表大会常

务委员会议事规则》《高密市人大常委会关于镇街人大工作与考核办法》；听取并审议了市政府关于水污染防治工作情况的报告、关于农村公共服务社区化工作情况的报告，市人民法院关于民事诉讼调解工作情况的报告；审议了市人大常委会执法检查组关于检查市政府贯彻实施《人口与计划生育法》情况的报告；通过了人事任免事项。

第三次会议

市十六届人大常委会第三次会议于2008年5月29日在市会议中心举行。市委书记、市人大常委会主任吴建民，市人大常委会党组书记、第一副主任崔红旗，市人大常委会副主任张星海、张国廷、郑有奎、薛维钧、毛进兰及委员共22人出席会议。副市长刘秀平，市人民法院院长宋允厚，市人民检察院的领导人，市人大常委会各委室、市委宣传部、市政府办公室、市文化局、市经贸局、市环保局、市财贸办、市中小企业局、市司法局、市农业局、市农村经济管理局、市工商局、市建设局的负责人，各镇人大副主席、各街道人大工作室主任，市直各代表活动组召集人列席会议。3名公民旁听会议。崔红旗主持会议。

会议听取并审议了市政府关于申请向农业银行贷款用于文体中心建设项目的报告、关于加强文化建设情况的报告、关于节能减排工作情况的报告、关于法律援助工作情况的报告；书面印发并审议了市人大常委会关于农民专业合作社法贯彻实施情况的检查报告、关于城市绿化工作情况的视察报告；审议通过了《高密市人民代表大会常务委员会审议意见办理办法》《高密市人民代表大会常务委员会组成人员联系代表办法》《高密市人民代表大会常务委员会人事任免办法》；作出了关于批准向农业银行贷款用于文体中心建设项目的决定；通过了人事任免事项。

第四次会议

市十六届人大常委会第四次会议于2008年7月25日在市会议中心举行。党组书记、第一副主任崔红旗，副主任张星海、郑有奎、薛维钧、毛进兰及委员共21人出席会议。副市长钟亮成，市政协副主席徐兆凯，市人民法院、市人民检察院的领导人，市人大常委会各办事机构、市政府办公室、市政府法制局、市规划局、市建设局、市卫生局、市财政局、市审计局、市科技局、市经贸局、市行政服务中心的负责人，各镇人大副主席、各街道人大工作室主任，市直各代表活动组召集人，两个议案的领衔人列席会议。3名公民旁听会议。崔红旗主持会议。

会议听取并审议了市政府关于对农村公路建设项目贷款情况的报告、《关于积极实施新一轮城市总体规划加速推进市区向东部拓展建设的议案》办理情况的报告、《关于扎实推进城乡医疗卫生体制改革的议案》办理情况的报告、关于市十六届人大一次会议以来代表建议办理工作情况的报告、关于高密市2007年财政决算的报告、关于高密市2007年市级预算执行和其他财政收支的审计工作报告、关于高新技术产业发展情况的报告，审议了关于贯彻实施《行政许可法》情况的执法检查报告，作出了关于批准农村公路建设项目贷款还本付息资金列入市财政预算支出的决定、《关于积极实施新一轮城市总体规划加速推进市区向东部拓展建设的议案》的决议、《关于扎实推进城乡医疗卫生体制改革的议案》的决议、关于批准高密市2007年财政决算的决议。

第五次会议

市十六届人大常委会第五次会议于2008年9月23日在市会议中心举行。党组书记、第一副主任崔红旗，副主任张星海、王家林、郑有奎、薛维钧、毛进兰及委员共22人出席会议。市委常委、副市长李葆东，市政协副主席于长波，市人民检察院检察长邓树刚，市人民法院的领导人，市人大常委会各办事机构、市政府办公室、市政府法制局、市发展和改革局、市财政局、市交通局、市公安局、市林业局、密水生态林场、市劳动和社会保障局、市供电公司、市经贸局、市中小企业局的负责人，各镇人大副主席、各街道人大工作室主任，市直各代表活动组召集人，部分市人大代表列席会议。3名公民旁听会议。崔红旗主持会议。

会议听取并审议了市政府关于对城区主要街道综合改造工程建设项目贷款情况的报告、关于对市人民医院综合病房大楼建设项目贷款情况的报告、关于高密市2008年上半年国民经济和社会发展计划执行情况的报告、关于高密市2008年上半年财政预算执行情况的报告、关于道路交通安全管理工作情况的报告、关于全市林业发展工作情况的报告；听取并审议了市人民检察院关于民事行政检察工作情况的报告；书面印发并审议了关于《劳动合同法》贯彻实施情况的执法检查报告，关于全市客运线路设置情况、关于供电设施安装及收费情况；作出了关于批准城区主要街道综合改造工程建设项目贷款还本付息资金列入市财政预算支出的决定、关于批准市人民医院综合病房大楼建设项目贷款还本付息资金列入市财政预算支出的决定；通过了人事任免事项。

第六次会议

市十六届人大常委会第六次会议于2008年12月9日在市会议中心举行。党组书记、第一副主任崔红旗，副主任张星海、王家林、张国廷、郑有奎及委员共20人出席会议。副市长刘秀平，市政协副主席徐兆凯，市人民法院、市人民检察院的领导人，市人大常委会各办事机构、市政府办公室、市发改局、市环保局、市金融证券发展协调管理办公室、市经贸局、市规划局、市交通局、市财贸办、市信访局的负责人，各镇人大副主席、各街道（开发区）人大工作室主任、市直各代表小组召集人、部分市人大代表列席会议。3

名公民旁听会议。崔红旗主持会议。

会议听取并审议了市政府关于文体中心和体育馆工程项目贷款情况的报告、关于推进企业上市工作情况的报告、关于农村公路建设情况的报告、关于现代物流业发展情况的报告；书面印发并审议了关于《城乡规划法》贯彻实施情况的执法检查报告、关于《环境保护法》贯彻实施情况的执法检查报告、关于人大信访案件办理工作情况的调查报告；通过了人事任免事项。

第七次会议

市十六届人大常委会第七次会议于2008年12月31日在市会议中心举行。党组书记、第一副主任崔红旗，副主任张星海、王家林、张国廷、郑有奎、薛维钧、毛进兰及委员共24人出席会议。市委常委、副市长李葆东，市政协副主席徐兆凯，市人民法院院长宋允厚，市人民检察院检察长邓树刚，市人大常委会各办事机构、市政府办公室、市财政局的负责人，各镇人大副主席、各街道（开发区）人大工作室主任、市直各代表小组召集人列席会议。崔红旗主持会议。

会议听取并审议了市政府关于高密市2008年地方财政收支预算调整情况的报告，市人大常委会代表资格审查委员会关于补选代表的代表资格审查报告、关于市十六届人大二次会议筹备工作情况的汇报；作出了关于接受有关人员辞去高密市第十六届人民代表大会代表职务的请求的决定、关于调整高密市2008年地方财政收支预算的决定、关于召开高密市第十六届人民代表大会第二次会议的决定；拟定了市十六届人大二次会议议程（草案）、主席团和秘书长名单（草案）、议案审查委员会名单（草案）和计划预算审查委员会名单（草案）；决定了列席市十六届人大二次会议人员范围；议定了市人大常委会在市十六届人大二次会议上的工作报告；通过了人事任免事项。

第八次会议

市十六届人大常委会第八次会议于2009年1月4日在市会议中心举行。市委书记、市人大常委会主任吴建民，市人大常委会党组书记、第一副主任崔红旗，市人大常委会副主任张星海、王家林、张国廷、郑有奎、薛维钧、毛进兰及委员共25人出席会议。市人民法院的领导人，市人大常委会各办事机构的负责人列席会议。崔红旗主持会议。

会议审议通过了市人大常委会代表资格审查委员会关于补选代表的代表资格审查报告；通过了人事任免事项。

第九次会议

市十六届人大常委会第九次会议于2009年3月5日在市会议中心举行。市委书记、市人大常委会主任吴建民，市人大常委会党组书记、第一副主任崔红旗，市人大常委会副主任张星海、王家林、张国廷、郑有奎、薛维钧、毛进兰及委员共 26 人出席会议。副市长钟亮成，市政协副主席李健，市人民法院院长李鲁民，市人民检察院检察长邓树刚，市人大常委会各办事机构、市政府办公室的负责人，各镇人大副主席、各街道（开发区）人大工作室主任，市直各代表小组召集人列席会议。吴建民作了讲话。崔红旗主持会议。

会议审议通过了《高密市人大常委会 2009 年工作计划》《高密市人大常委会组成人员守则》；作出了批准有关工程项目贷款还本付息资金列入市财政预算支出的决定；通过了人事任免事项。

第十次会议

市十六届人大常委会第十次会议于 2009 年 4 月 28 日在市会议中心举行。党组书记、第一副主任崔红旗，副主任张星海、王家林、张国廷、郑有奎及委员共 22 人出席会议。市政府党组成员、市长助理唐屹立，市政协副主席于长波，市人民法院院长李鲁民，市人民检察院检察长邓树刚，市人大常委会各委室、市政府办公室、市建设局、市教育局、市卫生局、市市政管理局、市劳动局、市物价局、市农业局、市经贸局、市环保局、市供电公司的负责人，各镇人大副主席、各街道（开发区）人大工作室主任、市直各代表小组召集人、部分市人大代表列席会议。3 名公民旁听会议。崔红旗主持会议。

会议听取并审议了市政府关于居民小区物业管理情况的报告、关于职业教育发展情况的报告、关于农业龙头企业发展情况的报告；听取并审议了市人大常委会执法检查组关于检查本市贯彻实施价格法情况的报告、关于检查本市贯彻实施就业促进法情况的报告；书面印发并审议了关于全市工业经济运行情况的调查报告、关于供电设施安装及收费整改情况的调查报告、关于胶河污染防治整改情况的调查报告；通过了人事任免事项。

第十一次会议

市十六届人大常委会第十一次会议于 2009 年 6 月 23 日在市会议中心举行。党组书记、第一副主任崔红旗，副主任张星海、王家林、张国廷、郑有奎、薛维钧、毛进兰及委员共 22 人出席会议。市委常委、副市长李兰祥，市政协副主席李健，市人民检察院检察长邓树刚，市人民法院的领导人，市人大常委会各委室、市政府办公室、市政府法制局、市财政局、市审计局、市公安局、市经贸局、市民政局、市市政管理局、市委农工办、市农业开发办公室的负责人，各镇人大副主席、各街道（开发区）人大工作室主任、市直各代表小组召集人、部分市人大代表列席会议。3 名公民旁听会议。崔红旗主持会议。

会议听取并审议了市政府关于建立高密市撤村建居建设基金的报告、关于高密市农村路网项目建设资金有关问题的报告、关于对农村公路建设项目贷款情况的报告，作出了关于批准建立高密市撤村建居建设基金的决定、关于批准高密市农村路网项目建设贷款还本付息资金列入市财政预算支出的决定、关于批准农村公路建设项目贷款还本付息资金列入市财政预算支出的决定；听取并审议了市政府《关于扶持和引导企业做大做强的议案》办理情况的报告、《关于进一步提高农村社区服务水平的议案》办理情况的报告，作出了关于市政府办理《关于扶持和引导企业做大做强的议案》的决议、关于市政府办理《关于进一步提高农村社区服务水平的议案》的决议；听取并审议了市政府关于高密市2008年财政决算的报告、关于高密市2008年市级预算执行和其他财政收支的审计工作报告，决定批准《高密市2008年财政决算（草案）》和《关于高密市2008年财政决算情况的报告》；听取并审议了市政府关于市十六届人大二次会议以来代表所提建议办理工作情况的汇报、关于平安高密建设情况的报告，市人大常委会执法检查组关于检查本市贯彻实施《农产品质量安全法》情况的报告；书面印发并审议了关于城区集中供热情况的调查报告、关于利用世行贷款加强灌溉农业三期项目建设情况的调查报告；审议通过了《高密市人民代表大会常务委员会规范性文件备案审查办法》，通过了人事任命事项。

第十二次会议

市十六届人大常委会第十二次会议于2009年8月27日在市会议中心举行。党组书记、第一副主任崔红旗，副主任张星海、王家林、张国廷、郑有奎、薛维钧、毛进兰及委员共23人出席会议。市政府副市长贾勤清，市政协副主席张兆年，市人民法院院长李鲁民，市人民检察院的领导人，市人大常委会各委室、市政府办公室、市发改局、市财政局、市司法局、市建设局、市信访局、市林业局的负责人，各镇人大副主席、各街道（开发区）人大工作室主任、市直各代表小组召集人、部分市人大代表列席会议。3名公民旁听会议。崔红旗主持会议。

会议听取并审议了市政府关于高密市2009年上半年国民经济和社会发展计划执行情况的报告、关于高密市2009年上半年财政预算执行情况的报告、关于贯彻实施市人大常委会“五五”普法规划及2006—2010年依法治市规划决议情况的报告；听取并审议了市人大常委会执法检查组作关于检查全市贯彻实施《建筑法》情况的报告；书面印发并审议了关于人人信访案件办理工作情况的调查报告、关于全市防控美国白蛾工作情况的视察报告、关于“转变作风、依法行政、服务企业”检查评议情况的报告；通过了关于批准《关于“转变作风、依法行政、服务企业”检查评议报告》的决议、关于确定人民陪审员名额的决定；通过了人事任免事项。

第十三次会议

市十六届人大常委会第十三次会议于

2009 年 11 月 3 日在市会议中心举行。党组书记、第一副主任崔红旗，副主任张星海、王家林、张国廷、郑有奎、薛维钧、毛进兰及委员共 23 人出席会议。市政府副市长刘秀平，市政协副主席李健，市人民法院院长李鲁民，市人民检察院检察长邓树刚，市人大常委会各委室、市政府办公室、市财政局、市文化局、市国税局、市地税局、市建设局、市信访局、市工商局、市市政管理局、市环保局等部门（单位）的负责人，各镇人大副主席、各街道（开发区）人大工作室主任、市直各代表小组召集人、部分市人大代表列席会议。3 名公民旁听会议。崔红旗主持会议。

会议听取并审议了市政府有关基础设施项目建设筹资情况的报告、关于农村文化建设情况的报告，市人民法院关于刑事审判工作情况的报告，市人民检察院关于查办和预防职务犯罪工作情况的报告，市人大常委会执法检查组关于检查全市贯彻实施《税收征管法》情况的报告；书面印发并审议了关于涉房民生有关问题的调查报告、关于市工商局预收个体工商户管理费清退问题的调查报告、关于城区弱电入地情况的调查报告、关于全市农村环境污染防治情况的调查报告；作出了关于批准文体公园景观项目贷款还本付息资金列入市财政预算支出的决定、关于批准城区主要街道综合改造项目贷款还本付息资金列入市财政预算支出的决定；通过了《高密市人大常委会关于深入学习贯彻党的十七届四中全会精神的决定》《高密市人民代表大会代表建议、批评和意见处理办法》；通过了人事任命事项。

第十四次会议

市十六届人大常委会第十四次会议于 2009 年 12 月 31 日在市会议中心举行。市委书记、市人大常委会主任吴建民，市人大常委会党组书记、第一副主任崔红旗，市人大常委会副主任张星海、王家林、张国廷、郑有奎、薛维钧、毛进兰及委员共 25 人出席会议。市委常委、副市长李葆东，市政协副主席张兆年，市人民法院院长李鲁民，市人民检察院检察长邓树刚，市人大常委会各委室、市政府办公室、市人事局、市安监局、市民政局等部门（单位）的负责人，各镇人大副主席、各街道（开发区）人大工作室主任、市直各代表小组召集人列席会议。吴建民作了讲话。崔红旗主持会议。

会议听取并审议了市人大常委会执法检查组关于检查全市贯彻实施《安全生产法》和《村民委员会组织法》情况的报告；作出了关于召开市十六届人民代表大会第三次会议的决定和关于授予马金英、王兆华、张宜宗、曹沛德“高密人民勋章”的决定、关于表彰市优秀人大代表的决定、关于表彰高密市“十佳干警”的决定；通过了市人大常委会 2010 年工作计划；通过了人事任免事项。

第十五次会议

市十六届人大常委会第十五次会议于

2010年1月7日在市人大常委会会议室举行。党组书记、第一副主任崔红旗，副主任张星海、王家林、张国廷、郑有奎、薛维钧、毛进兰及委员共23人出席会议。市委常委、副市长李兰祥，市政协副主席张兆年，市人民法院院长李鲁民，市人民检察院检察长邓树刚，市人大常委会各办事机构、市政府办公室的负责人，各镇人大副主席、各街道（开发区）人大工作室主任、市直各代表小组召集人列席会议。崔红旗主持会议。

会议听取并审议了市人大常委会代表资格审查委员会关于补选代表的代表资格审查报告、关于市十六届人大三次会议筹备工作情况的汇报；拟定了市十六届人大三次会议议程（草案）、主席团和秘书长名单（草案）、议案审查委员会名单（草案）、计划预算审查委员会名单（草案），决定了列席人员范围；议定了市人大常委会在市十六届人大三次会议上的工作报告；作出了关于接受有关人员辞去高密市第十六届人民代表大会代表职务的请求的决定。

第十六次会议

市十六届人大常委会第十六次会议于2010年3月6日在市会议中心举行。市委书记、市人大常委会主任吴建民，市人大常委会党组书记、第一副主任崔红旗，市人大常委会副主任张星海、王家林、张国廷、郑有奎、毛进兰、刘松青及委员共25人出席会议。市委常委、副市长李葆东，市政协副主席栗祥成，市人民法院院长李鲁民，市人民检察院的领导人，市人大常委会各委室、市政府办公室的负责人，各镇人大副主席、各街道（开发区）人大工作室主任、市直各代表小组召集人、部分潍坊市人大代表、市政府工作部门拟任人选列席会议。崔红旗主持会议。

会议审议通过了有关建设项目融资情况的决定；听取并审议了赵术智等4名潍坊市人大代表的述职报告；通过了人事任免事项。吴建民为被任命干部颁发任命书并作了讲话。

第十七次会议

市十六届人大常委会第十七次会议于2010年4月27日在市会议中心举行。党组书记、第一副主任崔红旗，副主任张星海、王家林、张国廷、郑有奎、毛进兰、刘松青及委员共21人出席会议。副市长贾勤清，市政协副主席栗祥成，市人民法院院长李鲁民，市人民检察院的领导人，市人大常委会各委室、市政府办公室、市发展和改革局、市金融证券发展协调管理办公室、市畜牧局、市总工会的负责人，各镇人大副主席、各街道（开发区）人大工作室主任、市直各代表小组召集人、部分驻高密的潍坊市人大代表、部分市人大代表列席会议。有关公民旁听了会议。崔红旗主持会议。

会议听取并审议了市政府关于推进企业上市工作情况的报告、关于现代畜牧业发展情况的报告；听取并审议了市人大常委会执法检查组关于检查本市贯彻实施《工会法》情况的报告；书面印发并审议了关于市人民法院信访工作情况的调查报告；通过了高密市人大常委会关于调整高密市第十六届人民代表大会常务委员会代表资格审查委员会组成人员的决定；听取了侯宗凯等6名潍坊市人大代表的述职报告，在分组讨论和集体审议的基础上，对述职的潍坊市人大代表进行了投票测评；通过了人事任免事项。

第十八次会议

市十六届人大常委会第十八次会议于2010年6月13日在市人大常委会主任会议室举行。党组书记、第一副主任崔红旗，副主任张星海、王家林、张国廷、郑有奎、毛进兰、刘松青及委员共21人出席会议。市委常委、副市长李葆东，市政协副主席栗祥成，市人民法院院长李鲁民，市人民检察院的领导人，市人大常委会各委室的负责人列席会议。崔红旗主持会议。

会议听取并审议了市委常委、副市长李葆东代表市政府作的关于提请任命吴兴安职务的报告，并以无记名投票的方式，通过了人事任命事项，决定任命吴兴安为高密市人民政府副市长（援藏）。

第十九次会议

市十六届人大常委会第十九次会议于2010年6月28日在市会议中心举行。党组书记、第一副主任崔红旗，副主任张星海、王家林、张国廷、郑有奎、毛进兰、刘松青及委员共24人出席会议。市委常委、市政府副市长李葆东，市政协副主席栗祥成，市人民法院院长李鲁民，市人民检察院检察长邓树刚，市人大常委会各委室、市政府办公室、市政府法制办公室、市发展和改革局、市农业局、市财政局、市审计局、市卫生局、市食品药品监督管理局、市住房和城乡建设局、市规划局等部门的负责人，各镇人大副主席、各街道（开发区）人大工作室主任，市直各代表小组召集人、部分市人大代表列席会议。有关公民旁听了会议。崔红旗主持会议。

会议听取并审议了市政府关于高密市2009年财政决算情况的报告、关于高密市2009年市级预算执行和其他财政收支的审计工作报告，决定批准《高密市2009年财政决算（草案）》和关于高密市2009年财政决算情况的报告；听取并审议了市政府关于推进重点项目建设情况的报告、关于小城镇建设情况的报告、关于市十六届人大三次会议以来代表建议办理工作情况的报告、《关于积极融入“两区”建设，加快高密高端农业、高端制造业、高端服务业发展的议案》办理情况的报告，作出了关于市政府办理《关于积极融入“两区”建设，加快高密高端农业、高端制造业、高端服务业发展的议案》的决议；听取并审议了市人大常委会执法检查组关于检查本市贯彻实施《食品安全法》情况的报告；通过了市人民法院人民陪审员任命事项。

第二十次会议

市十六届人大常委会第二十次会议于2010年8月27日在市会议中心举行。党组书记、第一副主任崔红旗，副主任张星海、王家林、张国廷、郑有奎、毛进兰及委员共22人出席会议。市委常委、市政府副市长李葆东，市政协副主席栾涛，市人民法院院长李鲁民，市人民检察院的领导人，市人大常委会各委室、市政府办公室、市发展和改革局、市财政局、市司法局、市经济和信息化局的负责人，各镇人大副主席、各街道（开发区）人大工作室主任，市直各代表小组召集人、部分市人大代表列席会议。有关公民旁听了会议。崔红旗主持会议。

会议听取并审议了市政府关于农村路网建设项目贷款还本付息资金列入市财政预算支出的报告、关于花生基地建设配套工程项目贷款还本付息资金列入市财政预算支出的报告、关于提请审议运用（BT）方式合作建设青岛科技大学高密校区二期工程的报告，并作出了相应的决定；听取并审议了市政府关于高密市2010年上半年国民经济和社会发展计划执行情况的报告、关于高密市2010年上半年财政预算执行情况的报告、关于“五五”普法规划及2006—2010年依法治市规划实施情况的报告；听取并审议了市人民检察院法律监督工作情况的报告，表决通过了市人大常委会关于加强人民检察院法律监督工作的决议；听取并审议了市人大常委会执法检查组关于检查本市贯彻实施《中小企业促进法》情况的报告；书面印发并审议了关于人大转办信访案件办理工作情况的调查报告；书面印发并审议了关于“转变作风，依法行政”工作检查评议情况的报告，作出了相应的决议。

第二十一次会议

市十六届人大常委会第二十一次会议于2010年10月26日在市会议中心举行。党组书记、第一副主任崔红旗，副主任张星海、王家林、张国廷、郑有奎及委员共22人出席会议。副市长钟亮成，市人民法院院长李鲁民，市人民检察院的领导人，市人大常委会各委室、市政府办公室、市民政局、市教育局、市体育局、市烟草专卖局、市林业局等部门（单位）的负责人，各镇人大副主席、各街道（开发区）人大工作室主任，市直各代表小组召集人，部分驻高密的潍坊市人大代表、部分市人大代表列席会议。有关公民旁听了会议。崔红旗主持会议。

会议听取并审议了市政府关于城乡低保制度实施情况的报告、关于中小学校舍安全工程建设情况的报告；听取并审议了市人民法院执行工作情况的报告，表决通过了市人大常委会关于加强和规范人民法院执行工作的决议；听取并审议了市人大常委会执法检查组关于检查本市贯彻实施《中华人民共和国体育法》情况的报告；听取了张宜宗、赵廷莲两名潍坊市人大代表的述职报告，对述职的潍坊市人大代表进行了投票测评；通过了人事任免事项；书面印发并审议了关于全市烟草生产情况的调查报告、关于全市防控美国白蛾工作情况的视察报告。

第二十二次会议

市十六届人大常委会第二十二次会议于2010年12月10日在市会议中心举行。党组书记、第一副主任崔红旗，副主任张星海、王家林、张国廷、郑有奎、毛进兰、刘松青及委员共25人出席会议。副市长钟亮成，市政协副主席于长波，市人民法院院长李鲁民，市人民检察院的领导人，市人大常委会各委室、市政府办公室、市公安局、市交通局、市公路局、市城市管理局、市卫生局、市疾病预防控制中心、市财政局、市国税局、市地税局、市司法局等部门（单位）的负责人，各镇人大副主席、各街道（开发区）人大工作室主任，市直各代表小组召集人，部分市人大代表列席会议。有关公民旁听了会议。崔红旗主持会议。

会议听取并审议了市政府关于全市治理道路交通秩序情况的报告、关于全市传染病防治工作情况的报告；听取并审议了市人大常委会执法检查组关于检查高密市贯彻实施《中华人民共和国税收征收管理法》情况的报告；作出了关于表彰“高密市优秀人大代表”的决定、关于表彰高密市“十佳干警”的决定；通过了人事任免事项。

第二十三次会议

市十六届人大常委会第二十三次会议于2010年12月28日在市人大常委会主任会议室举行。党组书记、第一副主任崔红旗，副主任张星海、王家林、张国廷、郑有奎、刘松青及委员共21人出席会议。市委常委、副市长李兰祥，市政协副主席栗祥成，市人民检察院检察长邓树刚，市人民法院的领导人，市人大常委会各委室的负责人列席了会议。崔红旗主持会议。

会议作出了关于召开高密市第十六届人民代表大会第四次会议的决定，关于接受李葆东辞去高密市人民政府副市长职务的请求的决定；通过了人事任命事项。

第二十四次会议

市十六届人大常委会第二十四次会议于2011年1月11日在市人大常委会主任会议室举行。党组书记、第一副主任崔红旗，党组副书记、副主任张星海，副主任王家林、张国廷、郑有奎、毛进兰、刘松青及委员共24人出席会议。市委常委、副市长桑福岭，市人民法院院长李鲁民，市人民检察院的领导人，市人大常委会各委室、市政府办公室的负责人，各镇人大副主席、各街道（开发区）人大工作室主任，市直各代表小组召集人列席会议。崔红旗主持会议。

会议补选了王献玲为潍坊市第十五届人民代表大会代表；讨论了市人大常委会在市

十六届人大四次会议上的工作报告。

第二十五次会议

市十六届人大常委会第二十五次会议于2011年1月17日在市会议中心举行。党组书记、第一副主任崔红旗，党组副书记、副主任张星海，副主任王家林、张国廷、郑有奎、毛进兰、刘松青及委员共22人出席会议。市委常委、副市长桑福岭，市政协副主席栗祥成，市人民法院院长李鲁民，市人民检察院检察长邓树刚，市人大常委会各办事机构、市政府办公室的负责人，各镇人大副主席、各街道（开发区）人大工作室主任，市直各代表小组召集人列席会议。崔红旗主持会议。

会议作出了关于接受有关人员辞去高密市第十六届人民代表大会代表职务的请求的决定；听取并审议了市人大常委会代表资格审查委员会关于补选代表的代表资格审查报告；关于市十六届人大四次会议筹备工作情况的汇报；拟定了市十六届人大四次会议议程（草案）、主席团和秘书长名单（草案）、议案审查委员会名单（草案）、计划预算审查委员会名单（草案）；决定了列席人员范围；通过了市人大常委会2011年工作计划；议定了市人大常委会在市十六届人大四次会议上的工作报告。

第二十六次会议

市十六届人大常委会第二十六次会议于2011年3月25日在市会议中心举行。党组书记、第一副主任崔红旗，副主任王家林、张国廷、郑有奎、毛进兰、刘松青及委员共18人出席会议。市政府、市政协、市人民法院、市人民检察院的领导人，市人大常委会各委室、市政府办公室的负责人，各镇人大副主席、各街道（开发区）人大工作室主任，市直各代表小组召集人，部分潍坊市人大代表列席会议。崔红旗主持会议。

会议听取并审议了市人民检察院《关于提请许可对李朋荣采取强制措施的报告》；听取评议了部分潍坊市人大代表的述职报告；通过了人事任免事项。

第二十七次会议

市十六届人大常委会第二十七次会议于2011年4月28日在市会议中心举行。党组书记、第一副主任崔红旗，党组副书记、副主任张星海，副主任王家林、张国廷、郑有奎、毛进兰、刘松青及委员共20人出席会议。副市长陈盛，市政协副主席栗祥成，市人民法院院长李鲁民，市人民检察院检察长邓树刚，市人大常委会各委室、市政府办公室、市教育局、市文化产业管理委员会、市文化广电新闻出版局、市公安局、市司法局、市农业局、市林业局、市经济和信息化局、市环境保护局等部门（单位）的负责人，各镇人大副主席、各街道（开发区）人大工作室主任，市直各代表小组召集人，部分市人大代表列席会议。有关公民旁听了会议。崔红旗主持会议。

会议听取并审议了市政府关于义务教育均衡发展情况的报告、关于文化产业发展情况的报告、关于社会治安工作情况的报告、关于优化发展高效特色种植业工作情况的报告；听取并审议了市人大常委会执法检查组关于检查本市贯彻实施《中华人民共和国清洁生产促进法》情况的报告。

第二十八次会议

市十六届人大常委会第二十八次会议于2011年6月29日在市会议中心举行。党组书记、第一副主任崔红旗，党组副书记、副主任张星海，副主任王家林、张国廷、郑有奎、毛进兰、刘松青及委员共22人出席会议。市委常委、副市长李兰祥，市政协、市人民法院、市人民检察院的领导人，市人大常委会各委室、市政府办公室、市政府法制办公室、市财政局、市审计局、市司法局等部门（单位）的负责人，各镇人大副主席、各街道（开发区）人大工作室主任，市直各代表小组召集人，部分市人大代表列席会议。有关公民旁听了会议。崔红旗主持会议。

会议听取并审议了市政府关于高密市2010年财政决算的报告、关于高密市2010年市级预算执行和其他财政收支的审计工作报告，审查了高密市2010年财政决算（草案）；听取并审议了市政府关于高密市“五五”普法情况及“六五”普法规划的汇报、关于高密市2006—2010年依法治市情况及2011—2015年依法治市规划的汇报；听取并审议了市政府《关于推进“畅通高密”建设的议案》办理情况的报告、关于市十六届人大四次会议以来代表建议办理工作情况的汇报；通过了人事任免事项。

第二十九次会议

市十六届人大常委会第二十九次会议于2011年7月29日在市人大常委会主任会议室举行。党组书记、第一副主任崔红旗，党组副书记、副主任张星海，副主任王家林、张国廷、郑有奎、毛进兰、刘松青及委员共22人出席会议。副市长贾勤清，市政协副主席栗祥成，市人民检察院检察长邓树刚，市人大常委会各委室的负责人列席了会议。崔红旗主持会议。

会议通过了人事任命事项，决定任命王军为高密市人民政府副市长（挂职）。

第三十次会议

市十六届人大常委会第三十次会议于2011年8月26日在市会议中心举行。党组书记、第一副主任崔红旗，党组副书记、副主任张星海，副主任王家林、张国廷、郑有奎、毛进兰、刘松青及委员共21人出席会议。市委常委、副市长桑福岭，市政协副主席张兆年，市人民法院院长李鲁民，市人民检察院的领导人，市人大常委会各委室、市政府办公室、市发展和改革局、市财政局、市水利局、市卫生局、市人口和计划生育局等部门（单位）的负责人，各镇人大副主席、各街道（开发区）人大工作室主任，市直各代表小组召集人、部分市人大代表列席会议。有关公民旁听了会议。崔红旗主持会议。

会议听取并审议了市政府关于对高密市第一污水处理厂实施特许经营的报告，作出了关于批准对高密市第一污水处理厂实施特许经营的决定；听取并审议了市政府关于农田水利基本建设情况的报告、关于高密市2011年上半年国民经济和社会发展计划执行情况的报告、关于高密市2011年上半年财政预算执行情况的报告；听取了市政府关于全市卫生工作情况的报告，并进行了工作评议；听取并审议了市人大常委会执法检查组关于检查本市贯彻实施《人口与计划生育法》情况的报告；书面印发并审议了关于人大转办信访案件办理工作情况的调查报告；通过了人事任免事项。

第三十一次会议

市十六届人大常委会第三十一次会议于2011年9月22日在市会议中心一楼会议室举行。党组书记、第一副主任崔红旗，党组副书记、副主任张星海，副主任王家林、张国廷、郑有奎、毛进兰及委员共20人出席会议。市政协副主席栗祥成，市人民法院、市人民检察院的领导人，市人大常委会各委室的负责人，各镇人大副主席、各街道（开发区）人大工作室主任，市直各党工委、市委宣传部、市委政法委、金融办的负责人，市直各代表小组召集人、部分潍坊市人大代表列席会议。崔红旗主持会议。

会议审议通过了市镇两级人大换届选举问题的决定，作出了关于高密市第十七届人民代表大会代表名额分配和各镇新一届人民代表大会代表名额的决定，听取评议了部分潍坊市人大代表的述职报告。

第三十二次会议

市十六届人大常委会第三十二次会议于2011年11月8日在市会议中心举行。党组书记、第一副主任崔红旗，党组副书记、副主任张星海，副主任王家林、张国廷、郑有奎、毛进兰、刘松青及委员共23人出席会议。副市长徐振刚，市人民法院、市人民检察院的领导人，市人大常委会各委室、市政府办公室、市农业局、市城市管理局、市公安局、市住房和城乡建设局，市规划局等部门（单位）的负责人，各镇人大副主席、各街道（开发区）人大工作室主任，市直各代表小组召集人、部分市人大代表列席会议。市委农工办的负责人受邀参加会议。有关公民旁听了会议。崔红旗主持会议。

会议听取并审议了市政府关于全市现代农业示范园区建设情况的报告、关于城市管理工作情况的报告；听取并审议了市人民法院关于行政审判工作情况的报告、市人民检察院关于开展检务公开工作情况的报告。

第三十三次会议

市十六届人大常委会第三十三次会议于2011年12月4日在市人大常委会主任会议室举行。党组书记、第一副主任崔红旗，党组副书记、副主任张星海，副主任王家林、张国廷、郑有奎、毛进兰、刘松青及委员共23人出席会议。副市长徐振刚，市政协副主席栗祥成，市人民法院、市人民检察院的领导人，市人大常委会各委室、市政府办公室的负责人列席会议。崔红旗主持会议。

会议表决通过了人事任命和辞职事项。

第三十四次会议

（资料缺失）

第三十五次会议

市十六届人大常委会第三十五次会议于2011年12月21日在市会议中心一楼会议室举行。党组书记、第一副主任崔红旗，党组副书记、副主任张星海，副主任王家林、张国廷、郑有奎、刘松青及委员共20人出席会议。市政府党组副书记刘建成，市政协副主席张兆年，市人民检察院代理检察长隋国华，市人民法院的领导人，市人大常委会各委室、市政府办公室的负责人，各镇人大副主席、各街道（开发区）人大工作室主任，市直各代表小组召集人列席会议。崔红旗主持会议。

会议听取并审议了关于2011年市镇两级人大代表选举工作情况的汇报；审议通过了市人大常委会代表资格审查委员会关于市十七届人大代表资格的审查报告；通过了人事任免事项。

第三十六次会议

市十六届人大常委会第三十六次会议于2011年12月29日在市会议中心举行。党组书记、第一副主任崔红旗，党组副书记、副主任张星海，副主任王家林、张国廷、郑有奎、毛进兰、刘松青及委员共23人出席会议。市政府党组副书记刘建成，市政协副主席栗祥成，市人民法院院长李鲁民，市人民检察院的领导人，市人大常委会各委室、市政府办公室的负责人，各镇人大副主席、各街道（开发区）人大工作室主任，胶河疏港物流园区、咸家工业区人大工作负责人，市直各代表小组召集人列席会议。崔红旗主持会议。

会议听取并审议了关于市十七届人大一次会议筹备工作情况的汇报；拟定了市十七届人大一次会议议程（草案）、主席团和秘书长名单（草案）、议案审查委员会名单（草案）、计划预算审查委员会名单（草案）；决定了列席人员范围；听取了关于提名推荐高密市出席潍坊市第十六届人民代表大会代表候选人预备人选情况的说明；议定了市人大常委会在市十七届人大一次会议上的工作报告；审议通过了关于召开高密市第十七届人民代表大会第一次会议的决定。

第九节 市十七届人大常委会会议

第一次会议

市十七届人大常委会第一次会议于2012年2月25日在市会议中心举行。市委书记、市人大常委会主任范福生，市人大常委会党组书记、第一副主任钟亮成，市人大常委会党组副书记、副主任刘松青，市人大常委会副主任毛进兰、于钦明、宫德胜，市人大常委会党组副书记王家林及委员共24人出席会议。市委常委、副市长刘建成，市政协副主席栾涛，市人民法院院长李鲁民，市人民检察院检察长隋国华，市人大常委会各委室、市政府办公室的负责人，各镇人大副主席、各街道（开发区）人大工作室主任，胶河疏港物流园区、咸家工业区人大工作负责人，市直各代表小组召集人，市政府、市检察院提请的拟任命人员列席会议。范福生作了讲话。钟亮成主持会议。

会议通过了《高密市人大常委会2012年工作计划》《高密市人大常委会关于加强自身建设的决定》《高密市人大常委会关于设立代表资格审查委员会的决定》；作出了高密市人大常委会关于批准中小学校舍安全工程建设融资租赁贷款还本付息资金列入市财政预算支出的决定；通过了人事任命事项。范福生为被任命干部颁发任命书。

第二次会议

市十七届人大常委会第二次会议于2012年4月27日在市会议中心举行。党组书记、第一副主任钟亮成，党组副书记、副主任刘松青，副主任毛进兰、宫德胜，党组副书记王家林及委员共22人出席会议。市委常委、副市长刘建成，市政协副主席栾涛、市人民法院院长李鲁民，市人民检察院的领导人，市人大常委会各委室、市政府办公室、市教育局、市农业局、市人口和计划生育局、市城市管理局等部门（单位）的负责人，各镇人大副主席，各街道、开发区人大工作室主任，胶河疏港物流园区、咸家工业区人大工作负责人，市直各代表小组召集人、部分市人大代表列席会议。市委农工办的负责人受邀参加会议。有关公民旁听了会议。钟亮成主持会议。

会议听取并审议了市政府关于市中小学校安工程建设及城区学校建设项目融资租赁问题的报告，作出了关于批准市中小学校安工程建设及城区学校建设项目融资租赁贷款还本付息资金列入市财政预算支出的决定；听取并审议了市政府关于现代农业发展情况的报告、关于城市管理工作情况的报告、关于贯彻实施《人口与计划生育法》情况的报告；听取并审议了市人民检察院关于贯彻实施《检察官法》情况的报告；听取了市政府关于全市教育工作情况的报告，并从8个方面对全市教育工作进行了满意度测评，测评结果为94.9分，总体评价为满意；通过了人事免职事项。

第三次会议

市十七届人大常委会第三次会议于2012年6月26日在市会议中心一楼会议室举行。党组书记、第一副主任钟亮成，党组副书记、副主任刘松青，副主任毛进兰、于钦明、宫德胜，党组副书记王家林及委员共22人出席会议。市委常委、副市长刘建成，市政协副主席陈明，市人民法院、市人民检察院的领导人，市人大常委会各委室、市政府办公室、市政府法制办公室、市财政局、市审计局、市发展和改革局、市科技局、市行政服务中心等部门（单位）的负责人，各镇人大副主席、各街道（开发区）人大工作室主任，胶河疏港物流园区、咸家工业区人大工作负责人，市直各代表小组召集人、部分市人大代表列席会议。有关公民旁听了会议。钟亮成主持会议。

会议听取并审议了市政府关于高密市2011年财政决算的报告、关于高密市2011年市级预算执行和其他财政收支的审计工作报告，决定批准《高密市2011年财政决算（草案）》和《关于高密市2011年财政决算情况的报告》；听取并审议了市政府关于高新技术产业发展情况的报告、市人大常委会执法检查组关于检查本市贯彻实施《行政许可法》情况的报告；对有关融资事项作出了决议和决定；审议通过了高密市人民代表大会常务委员会组成人员守则、议事规则、信访工作办法、人事任免办法。

第四次会议

市十七届人大常委会第四次会议于2012年8月23日在市会议中心一楼会议室举行。党组书记、第一副主任钟亮成，党组副书记、副主任刘松青，副主任毛进兰，党组副书记王家林及委员共19人出席会议。市委常委、副市长刘建成，市政协副主席栾涛，市人民法院、市人民检察院的领导人，市人大常委会各委室、市政府办公室、市政府法制办、市食安办、市农业局、市食品药品监管局、市畜牧局、市财政局、市发改局、市建设局等部门（单位）的负责人，各镇人大副主席，各街道、开发区人大工作室主任，胶河疏港物流园区、咸家工业区人大工作负责人，市直各代表小组召集人、部分市人大代表列席会议。有关公民旁听了会议。钟亮成主持会议。

会议听取并审议了市政府关于高密市2012年上半年国民经济和社会发展计划执行情况的报告、关于高密市2012年上半年财政预算执行情况的报告、关于农产品质量安全情况的报告、关于市十七届人大一次会议以来代表建议办理工作情况的报告；听取并审议了市政府关于组织实施《关于加快旧城改造，提升城市品位，完善城市功能，改善居住环境的议案》情况的报告，作出了关于市政府办理《关于加快旧城改造，提升城市品位，完善城市功能，改善居住环境的议案》的决议；审议通过了高密市人民代表大会常务委员会审议意见办理办法；学习传达了潍坊市人大常委会党组书记、第一副主任胡岗在潍坊市十六届人大常委会第三次会议结束时的讲话；通过了人事任免事项。

第五次会议

市十七届人大常委会第五次会议于2012年10月24日在市会议中心举行。党组书记、第一副主任钟亮成，党组副书记、副主任刘松青，副主任毛进兰、于钦明、宫德胜，党组副书记王家林及委员共20人出席会议。市委常委、副市长刘建成，市政协副主席栾涛，市人民法院院长李鲁民，市人民检察院检察长隋国华，市人大常委会各委室、市政府办公室、市教育局、市民政局、市财政局、市住房与城乡建设局、市文化广电新闻出版局、市卫生局、市环境保护局、市城市管理局等部门（单位）的负责人，各镇人大副主席，各街道、开发区人大工作室主任，胶河疏港物流园区、咸家工业区、胶河生态发展区人大工作负责人，市直各代表小组召集人、部分市人大代表列席会议。有关公民旁听了会议。钟亮成主持会议。

会议听取并审议了市政府关于采用融资租赁方式筹措高密市教育建设资金的报告，作出了关于批准高密市教育建设融资租赁贷款还本付息资金列入市财政预算支出的决定；听取并审议了市政府关于政府工作报告确定的10件实事进展情况的报告；听取并审议了市人民法院关于《法官法》贯彻实施情况的报告；审议通过了《高密市人民代表大会代表履职守则》；书面印发并审议了关于人大转办信访案件办理工作情况的调查报告；书面印发并审议了关于“强化作风，依法行政”检查评议情况的报告，作出了相应的决议；通过了人事任免事项。

第六次会议

市十七届人大常委会第六次会议于2012年12月28日在市会议中心一楼会议室举行。市委书记、市人大常委会主任范福生，市人大常委会党组书记、第一副主任钟亮成，市人大常委会其他领导刘松青、于钦明、宫德胜、王家林、周德春、王福敏及委员共21人参加了会议。市委常委、副市长刘建成，市政协副主席栾涛，市人民法院院长李鲁民，市人民检察院检察长隋国华，市人大常委会各委室、市政府办公室、市水利局、市建设局、市财政局、市农业局、市农业综合开发办等部门（单位）的负责人，各镇人大副主席，各街道、开发区人大工作室主任，胶河疏港物流园区、咸家工业区、胶河生态发展区人大工作负责人，市直各代表小组召集人、部分市人大代表列席会议。范福生发表讲话。钟亮成主持会议。

会议听取并审议了市政府关于采用融资租赁方式筹措本市集中供热主管网建设资金的报告，作出了关于批准本市集中供热主管网融资租赁贷款还本付息资金列入市财政预算支出的决定；审议通过了高密市人民代表大会常务委员会关于深入学习贯彻党的十八大精神的决议（草案）；听取了市政府关于农田水利基本建设情况的报告，并从5个方面对全市水利工作进行了满意度测评，测评结果为94.9分，总体评价为满意；通过了人事免职事项。

第七次会议

市十七届人大常委会第七次会议于2013年2月7日在市人大常委会主任会议室举行。党组书记、第一副主任钟亮成和其他市人大常委会组成人员共23人参加会议。市政府、市政协、市人民法院、市人民检察院的领导人，市人大常委会各委室的负责人，各镇人大副主席，各街道、开发区人大工作室主任，胶河疏港物流园区、咸家工业区、胶河生态发展区人大工作负责人，市直各代表小组召集人列席会议。钟亮成主持会议。

会议听取并审议了市政府关于高密市新农村建设村居改造项目贷款的报告，作出了关于批准高密市新农村建设村居改造项目贷款还本付息资金列入市财政预算支出的决定；审议通过了《高密市人民代表大会常务委员会关于授予“功勋企业家”和“优秀企业家”荣誉称号的办法》《高密市人大常委会2013年工作计划》、市人大常委会代表资格审查委员会关于补选代表的代表资格审查报告、关于市十七届人大二次会议筹备工作情况的汇报；拟定了市十七届人大二次会议议程（草案），主席团和秘书长名单（草案），议案审查委员会名单（草案），计划预算审查委员会名单（草案）；决定了列席市十七届人大二次会议人员范围；作出了关于召开高密市第十七届人民代表大会第二次会议的决定。

第八次会议

市十七届人大常委会第八次会议于2013年4月25日在市会议中心一楼会议室举行。党组书记、第一副主任钟亮成和其他市人大常委会组成人员共20人参加会议。市委常委、副市长刘建成，市政协党组副书记、副主席陈明，市人民法院院长李鲁民，市人民检察院检察长隋国华，市人大常委会各委室、市政府办公室、市综治办、市公安局、市司法局、市交通局、市文广新局、市建设局、市残联等部门（单位）的负责人，各镇人大副主席，各街区人大工作负责人，市直各代表小组召集人列席会议。有关公民旁听会议。钟亮成主持会议。

会议听取并审议了市政府关于《中华人民共和国残疾人保障法》贯彻实施情况的报告、关于全市文化产业发展情况的报告、关于城市交通管理工作情况的报告、关于社会治安综合治理情况的报告、关于小区物业管理情况的报告；通过了关于调整高密市第十七届人民代表大会常务委员会代表资格审查委员会组成人员的决定，关于开展“热爱高密，建设家乡，争当优秀人大代表”活动的实施意见；对有关融资事项作出了决定；通过了人事任免事项。

第九次会议

市十七届人大常委会第九次会议于2013年6月29日在市会议中心一楼会议室举行。党组书记、第一副主任钟亮成和其他市人大常委会组成人员共22人参加会议。市委常委、副市长刘建成，市政协副主席栾涛，市人民法院院长李鲁民，市人民检察院检察长隋国华，市人大常委会各委室、市政府办公室、市财政局、市审计局、市环保局、市住建局、市城管局等部门（单位）的负责人，各镇人大副主席，柴沟镇、大牟家镇人大工作负责人，各街区人大工作室主任，市直各代表小组召集人、部分人大代表列席会议。有关公民旁听了会议。钟亮成主持会议。

会议听取并审议了市政府关于高密市2012年财政决算的报告、关于高密市2012年市级预算执行和其他财政收支的审计工作报告，决定批准《高密市2012年财政决算（草案）》和《关于高密市2012年财政决算情况的报告》；听取并审议了市人大常委会执法检查组关于检查本市贯彻实施《环境保护法》情况的报告；审议通过了高密市人民代表大会常务委员会联系市人大代表办法（修订草案）；听取了市人民法院工作情况汇报，进行了满意度测评；对有关融资事项作出了决定；通过了人事任免事项。

第十次会议

市十七届人大常委会第十次会议于2013年7月24日在市会议中心一楼会议室举行。市委书记、市人大常委会主任范福生，市人大常委会党组书记、第一副主任钟亮成及其他市人大常委会组成人员共22人参加会议。副市长王永亮，市政协副主席唐屹立，市人民法院院长李鲁民，市人民检察院检察长隋国华，市人大常委会各委室、市政府办公室、市国土资源局、市住房和城乡建设局、市规划局、市城市管理局等部门（单位）的负责人，各镇人大副主席，柴沟镇、大牟家镇人大工作负责人，各街区人大工作室主任，市直各代表小组召集人、部分人大代表列席会议。有关公民旁听了会议。钟亮成主持会议。

会议听取并审议了市政府关于制止全市违法建设和违法用地工作情况报告，作出了高密市人民代表大会常务委员会关于控制和查处违法建设和违法用地的决议；通过了市人大常委会代表资格审查委员会关于个别代表的代表资格审查报告、关于接受徐明辞去常务委员会委员职务请求的决定；通过了人事任免事项。范福生为被任命人员颁发了任命书。

第十一次会议

市十七届人大常委会第十一次会议于2013年8月28日在市会议中心举行。党组书记、第一副主任钟亮成和其他市人大常委会组成人员共 20 人参加会议。副市长赵海龙，市政协副主席唐屹立，市人民检察院检察长隋国华，市人民法院的领导人，市人大常委会各委室主任，市政府办公室、市发展和改革局、市财政局、市商务局、市城北工业区建设工作领导小组办公室等部门（单位）的负责人，各镇人大副主席，柴沟镇、大牟家镇人大工作负责人，各街区人大工作室主任，市直各代表小组召集人、部分人大代表列席会议。有关公民旁听了会议。钟亮成主持会议。

会议听取并审议了市政府关于高密市 2013 年上半年国民经济和社会发展计划执行情况的报告、关于高密市 2013 年上半年财政预算执行情况的报告、关于全市招商引资及城北工业区建设情况的报告、关于市十七届人大二次会议以来代表建议办理工作情况的报告；听取了市人民检察院工作情况的汇报，并进行了满意度测评，综合评议为满意；作出了关于授予莫言“高密人民勋章”的决定。

第十二次会议

市十七届人大常委会第十二次会议于 2013 年 10 月 25 日在市会议中心举行。党组书记、第一副主任钟亮成，其他市人大常委会领导刘松青、毛进兰、于钦明、宫德胜、周德春、王福敏及委员共 20 人出席会议。市委常委、副市长刘建成，市政协副主席栾涛，市人民法院院长李鲁民，市人民检察院的领导人，市人大常委会各委室主任，市政府办公室、市公安局、市住房和城乡建设局、市交通运输局、市教育局、市财政局、市民政局、市卫生局、市人口和计划生育局、市人力资源和社会保障局、市环境保护局、市城市管理局、市食品药品监督管理局、市国土局、市食品安全管理办公室、市教育资产管理委员会等部门（单位）的负责人，各镇人大副主席，柴沟镇、大牟家镇人大工作负责人，各街区人大工作室主任，市直各代表小组召集人、部分人大代表列席会议。有关公民旁听了会议。钟亮成主持会议。

图 4 － 7　市十七届人大常委会第十二次会议在市会议中心举行。图为会议听取市委常委、副市长刘建成作的有关报告

会议听取并审议了市政府关于办理政府工作报告承诺的十件实事进展情况的报告、关于落实市人大常委会“关于控制和查处违法建设和违法用地的决议”贯彻实施情况的报告、关于《优化城区高中布局新建高密一中的议案》组织实施情况的报告；作出了关于批准高密市水业公司融资租赁款还本付息资金列入市财政预算支出的决定和关于市政府办理《关于优化城区高中布局新建高密一中的议案》的决议；听取了王福正、纪德花等5名潍坊市人大代表的述职报告，进行了投票测评；通过了人事任免事项。

第十三次会议

市十七届人大常委会第十三次会议于2013年12月23日在市会议中心举行。党组书记、第一副主任钟亮成，其他市人大常委会领导刘松青、毛进兰、于钦明、宫德胜、周德春、王福敏及委员共19人出席会议。副市长徐振刚，市政协副主席栾涛，市人民法院院长李鲁民，市人民检察院检察长隋国华，市人大常委会各委室主任，市政府办公室、市公安局、市司法局、市发展和改革局、市财政局、市国土资源局、市住房和城乡建设局、市城市管理局、市规划局、市土地开发经营管理办公室等部门（单位）的负责人，各镇人大副主席，柴沟镇、大牟家镇人大工作负责人，各街区人大工作室主任，市直各代表小组召集人、部分人大代表列席会议。有关公民旁听了会议。钟亮成主持会议。

会议听取并审议了市政府关于“六五”普法规划和2011—2015年依法治市规划实施情况的报告、关于小城镇建设情况的报告和关于全市国土资源管理情况的报告；补选了潍坊市第十六届人大代表；作出了关于表彰高密市“功勋企业家”和“优秀企业家”的决定、关于表彰“高密市优秀人大代表”的决定、关于表彰高密市“十佳干警”的决定；通过了人事任命事项。

第十四次会议

市十七届人大常委会第十四次会议于2014年1月26日在新市委党校举行。党组书记、第一副主任钟亮成，其他市人大常委会领导刘松青、毛进兰、于钦明、宫德胜、周德春、王福敏及委员共21人出席会议。市委常委、副市长刘建成，市人民法院院长李鲁民，市人民检察院检察长隋国华，市人大常委会各委室、市政府办公室的负责人，各镇人大副主席，柴沟镇、大牟家镇人大工作负责人，各街区人大工作室主任，市直各代表小组召集人列席会议。钟亮成主持会议。

会议听取并审议了市政府有关融资事项的报告，作出了相应的决定；听取并审议了市人大常委会代表资格审查委员会关于接受有关人员辞去高密市第十七届人民代表大会代表职务的说明、关于补选代表的代表资格审查报告；听取并审议了市人大常委会关于市十七届人大三次会议筹备工作情况的汇报；拟定了市十七届人大三次会议议程（草案）、主席团和秘书长名单（草案）、议案审查委员会名单（草案）、计划预算审查委员会名单（草案）；决定了列席市十七届人大三次会议人员范围；议定了市人大常委会在市十七届人大三次会议上的工作报告；作出了关于接受有关人员辞去高密市第十七届人民代表大会代表职务的决定、关于表彰高密市企业家“特别贡献奖”的决定。

第十五次会议

市十七届人大常委会第十五次会议于2014年3月11日在市会议中心一楼会议室举行。市委书记、市人大常委会主任范福生，市人大常委会党组书记、第一副主任钟亮成，其他市人大常委会领导刘松青、毛进兰、于钦明、宫德胜、周德春、王福敏及委员共21人出席会议。市委常委、副市长刘建成，市政协副主席唐屹立，市人民法院院长李鲁民，市人民检察院检察长隋国华，市人大常委会各委室、市政府办公室的负责人，各镇人大副主席，各街区人大工作负责人，市直各代表小组召集人，部分高密市、潍坊市人大代表列席会议。范福生作了讲话。钟亮成主持会议。

会议审议通过了市人大常委会2014年工作计划、关于调整代表资格审查委员会的决定、关于深入开展“热爱高密，建设家乡，争当优秀人大代表”活动的决定、关于开展“法律学习年”活动的意见；听取了部分潍坊市人大代表的述职报告，进行了投票测评。

第十六次会议

市十七届人大常委会第十六次会议于2014年5月5日在市会议中心举行。党组书记、第一副主任钟亮成，其他市人大常委会领导刘松青、毛进兰、于钦明、宫德胜、周德春、王福敏及委员共23人出席会议。副市长赵海龙，市政协副主席栾涛，市人民法院院长李鲁民，市人民检察院检察长隋国华，市人大常委会各委室主任，市政府办公室的负责人，各镇人大副主席，各街区人大工作负责人，市直各代表小组召集人，部分人大代表列席会议。市委农工办负责人受邀列席会议，有关公民旁听了会议。钟亮成主持会议。

会议作出了关于批准市人民医院采取融资租赁方式融资项目的决定、关于批准市国有资产经营投资有限公司融资项目的决定；听取并审议了市政府关于全民创业就业工作情况的报告、关于智慧城市建设情况的报告、关于现代农业示范基地建设情况的报告、关于农村医疗卫生工作情况的报告；听取并审议了市人大常委会执法检查组关于检查本市贯彻实施《中华人民共和国大气污染防治法》情况的报告；通过了人事任免事项。

第十七次会议

市十七届人大常委会第十七次会议于2014年6月27日在市会议中心举行。党组书记、第一副主任钟亮成，其他市人大常委会领导刘松青、于钦明、宫德胜、周德春、王福敏及委员共19人出席会议。市委常委、副市长刘建成，市政协副主席唐屹立，市人民法院院长李鲁民，市人民检察院检察长隋国华，市人大常委会各委室主任，市政府办公室的负责人，各镇人大副主席，各街区人大工作负责人，市直各代表小组召集人，部分人大代表列席会议。有关公民旁听会议。钟亮成主持会议。

会议听取并审议了市政府关于高密市2013年财政决算的报告、关于高密市2013年市级预算执行和其他财政收支的审计工作报告，作出了关于批准高密市2013年财政决算的决议；听取并审议了市政府有关融资事项的报告，作出了相应的决定；审议通过了高密市人大常委会工作评议办法、履职测评办法、人大代表旁听庭审办法；通过了人事任免事项。

第十八次会议

市十七届人大常委会第十八次会议于2014年8月22日在市会议中心举行。党组书记、第一副主任钟亮成，其他市人大常委会领导刘松青、毛进兰、于钦明、宫德胜、周德春、王福敏及委员共20人出席会议。市委常委、副市长刘建成，市政协副主席栾涛，市人民法院院长李鲁民，市人民检察院检察长隋国华，市人大常委会各委室主任，市政府办公室、市政府法制办、市发改局、市财政局、市建设局、市规划局、市金融办、人民银行高密支行等部门（单位）的负责人，各镇人大副主席，柴沟镇、大牟家镇人大工作负责人，各街区人大工作室主任，市直各代表小组召集人，部分人大代表，部分银行业金融机构负责人列席会议。有关公民旁听会议。钟亮成主持会议。

会议听取并审议了市政府关于高密市2014年上半年国民经济和社会发展计划执行情况的报告、关于高密市2014年上半年财政预算执行情况的报告、关于市十七届人大三次会议以来代表建议办理工作情况的报告；听取并审议了市政府《关于加快东部新城建设的议案》和《关于将市区铁路北区域纳入主城区统一规划建设管理的建议》办理情况的报告，分别作出了相应的决议；听取并审议了市人民检察院关于预防职务犯罪情况的报告；书面印发并审议了银行业金融机构服务经济发展情况的报告，进行了满意度测评；审议通过了市人大常委会讨论决定重大事项办法，专题询问办法，代表议案处理办法，代表建议、批评和意见处理办法；通报了市人大常委会党组民主生活会召开情况；通过了人事免职事项。

第十九次会议

市十七届人大常委会第十九次会议于2014年10月28日在市会议中心举行。党组书记、第一副主任钟亮成，其他市人大常委会领导刘松青、毛进兰、于钦明、宫德胜、周德春、王福敏及委员共19人出席会议。

市委常委、副市长刘建成，市政协副主席栾涛，市人民法院院长李鲁民，市人民检察院检察长隋国华，市人大常委会各委室主任，市政府办公室、市建设局、市国土局、市规划局、市农业局、市药监局、市畜牧局、市土管办、市检验检测中心等部门（单位）的负责人，各镇人大副主席，柴沟镇、大牟家镇人大工作负责人，各街区人大工作室主任，市直各代表小组召集人，部分潍坊市和高密市人大代表列席会议。有关公民旁听会议。钟亮成主持会议。

会议听取并审议了市政府关于调整2014年政府工作报告确定事项的报告、关于市城区道路综合改造工程融资情况的报告、关于全市旧城改造回迁安置工作情况的报告、关于全市农产品质量安全监管工作情况的报告，作出了关于批准调整2014年政府工作报告确定事项的决定和关于批准高密市城区道路综合改造工程融资项目的决定；听取了于道河等3名潍坊市人大代表的述职报告，进行了投票测评；通过了人事任免事项。

第二十次会议

市十七届人大常委会第二十次会议于2014年12月24日在市会议中心举行。市委书记、市人大常委会主任范福生，市人大常委会党组书记、第一副主任钟亮成，其他市人大常委会领导刘松青、毛进兰、于钦明、宫德胜、周德春、王福敏及委员共23人参加会议。市委常委、副市长刘建成，市政协副主席唐屹立，市人民法院院长李鲁民，市人民检察院检察长隋国华，市人大常委会各委室主任，市人大常委会任命的政府工作部门的负责人，市人民法院副院长、市人民检察院副检察长，各镇人大副主席，柴沟镇、大牟家镇人大工作负责人，各街区人大工作室主任，市直各代表小组召集人，部分人大代表列席会议。有关公民旁听会议。钟亮成主持会议。

会议听取并审议了市人大常委会任命干部的履职报告，进行了满意度测评；听取并审议了孟家沟水库项目和葛家庄片区综合改造项目有关融资情况的报告，作出了相应决定；传达了潍坊市人大工作会议精神；通过了人事免职事项。

第二十一次会议

市十七届人大常委会第二十一次会议于2015年1月27日在市会议中心举行。市委书记、市人大常委会主任范福生，市人大常委会党组书记、第一副主任钟亮成，其他市人大常委会领导刘松青、毛进兰、于钦明、宫德胜、周德春、王福敏及委员共22人出席会议。市委常委、副市长刘建成，市人民法院院长李鲁民，市人民检察院检察长隋国华，市人大常委会各委室主任，市政府办公室的负责人，各镇人大副主席，柴沟镇、大牟家镇人大工作负责人，各街区人大工作室主任，市直各代表小组召集人，部分人大代表列席会议。有关公民旁听会议。钟亮成主持会议。

会议听取并审议了市政府有关融资事项的报告，作出了相应的决定；审议通过了关于接受有关人员辞去高密市第十七届人民代表大会代表职务的请求的决定、关于补选代表的代表资格审查报告；听取并审议了市人大常委会关于市十七届人大四次会议筹备工作情况的汇报；拟定了市十七届人大四次会议议程（草案）、主席团和秘书长名单（草案）、议案审查委员会名单（草案）、计划预算审查委员会名单（草案）；决定了列席人员范围；议定了市人大常委会在市十七届人大四次会议上的工作报告；作出了关于召开市十七届人大四次会议的决定；通过了人事任免事项。

第二十二次会议

（资料缺失）

第二十三次会议

市十七届人大常委会第二十三次会议于2015年3月18日在市会议中心举行。党组书记、第一副主任钟亮成，其他市人大常委会领导刘松青、毛进兰、于钦明、宫德胜、周德春、王福敏及委员共23人出席会议。市委常委、常务副市长刘建成，市政协副主席栾涛，市人民检察院副检察长李连鸿，市人大常委会各委室主任，市政府办公室的负责人，各镇人大副主席和拟任副主席，各街区人大工作室主任和拟任主任，市直各代表小组召集人，部分高密市、潍坊市人大代表列席会议。钟亮成主持会议。

会议审议通过了市人大常委会2015年工作计划、关于调整代表资格审查委员会的决定；听取了部分潍坊市人大代表的述职报告，进行了投票测评；通过了人事任免事项。

第二十四次会议

市十七届人大常委会第二十四次会议于2015年4月29日在市会议中心举行。党组书记、第一副主任钟亮成，其他市人大常委会领导刘松青、毛进兰、于钦明、宫德胜及委员共21人出席会议。副市长王永亮，市政协副主席栾涛，市人民法院院长李鲁民，市人民检察院检察长隋国华，市人大常委会各委室主任，市政府办公室、市发改局、市人社局、市教育局、市住建局、市经信局、市商务局、市农业局、市卫计局、市城管局、市招商局、市经管局、市教育资产管理委员会等部门（单位）的负责人，各镇人大副主席，各街区人大工作室主任和拟任主任，市直各代表小组召集人，部分市人大代表列席会议。有关公民旁听了会议。钟亮成主持会议。

会议听取并审议了市政府关于全市实体经济发展情况的报告、关于城市精细化管理情况的报告、关于全市职业教育工作情况的报告，市人大常委会执法检查组关于农民专业合作社法贯彻实施情况的检查报告；审议通过了市人大常委会代表资格审查委员会关于个别代表的代表资格报告；通过了人事任免事项。

第二十五次会议

市十七届人大常委会第二十五次会议于2015年6月27日在市会议中心举行。党组书记、第一副主任钟亮成，其他市人大常委会领导刘松青、于钦明、周德春、王福敏及委员共22人出席会议。市委常委、副市长刘建成，市政协副主席唐屹立，市人民法院院长李鲁民，市人民检察院检察长隋国华，市人大常委会各委室主任，市政府办公室、市财政局、市审计局等部门（单位）的负责人，各镇人大副主席，各街区人大工作室主任，市直各代表小组召集人，部分潍坊市和高密市人大代表列席会议。有关公民旁听会议。钟亮成主持会议。

会议听取并审议了市政府关于高密市2014年财政决算的报告、关于高密市2014年市级预算执行和其他财政收支的审计工作报告、市人民检察院关于控告申诉工作情况的报告，作出了关于批准高密市2014年财政决算的决议；听取了部分潍坊市人大代表的述职报告，进行了投票测评；通过了人事任免事项。

第二十六次会议

市十七届人大常委会第二十六次会议于2015年8月26日在市会议中心举行。党组书记、第一副主任钟亮成，其他市人大常委会领导刘松青、毛进兰、于钦明、宫德胜、周德春、王福敏及委员共23人出席会议。市委常委、副市长刘建成，市政协副主席栾涛，市人民法院院长李鲁民，市人民检察院检察长隋国华，市人大常委会各委室主任，市政府办公室、市发改局、市财政局、市环保局、市文化产业管理委员会、市旅游局、市住建局、市交通局等部门（单位）的负责人，各镇人大副主席，各街区人大工作室主任，市直各代表小组召集人，部分人大代表列席会议。有关公民旁听会议。钟亮成主持会议。

会议听取并审议了市政府关于高密市2015年上半年国民经济和社会发展计划执行情况的报告、关于高密市2015年上半年财政预算执行情况的报告、关于开展“三八六”环保行动情况的报告、关于市十七届人大四次会议以来代表建议办理工作情况的报告；听取并审议了市政府《关于加快东北乡文化旅游产业发展的议案》办理情况的报告，作出了相应的决议。

第二十七次会议

市十七届人大常委会第二十七次会议于2015年10月27日在市会议中心举行。党组书记、第一副主任钟亮成，其他市人大常委会领导刘松青、毛进兰、于钦明、宫德胜及委员共21人出席会议。市委常委、副市长刘建成，市政协副主席唐屹立，市人民法院院长李鲁民，市人民检察院检察长隋国华，市人大常委会各委室主任，市政府办公室、市公安局、市金融办、人民银行高密支行等部门（单位）的负责人，各镇人大副主席，各街区人大工作室主任，市直各代表小组召集人，部分人大代表，银行业金融机构负责人列席会议。有关公民旁听会议。钟亮成主持会议。

会议听取并审议了市人民法院关于司法公开工作情况的报告；听取并审议了市公安局关于对市十七届人大代表薛强采取强制措施的报告，通过了关于许可对市十七届人大代表薛强采取强制措施的决定；书面印发审议了银行业金融机构服务经济发展情况，进行了满意度测评；通过了人事任命事项。

第二十八次会议

市十七届人大常委会第二十八次会议于2015年12月24日在市会议中心举行。党组书记、第一副主任钟亮成，其他市人大常委会领导刘松青、毛进兰、于钦明、宫德胜、王福敏及委员共23人出席会议。副市长翟敏，市政协副主席栾涛，市人民法院院长李鲁民，市人民检察院检察长隋国华，市人大常委会各委室主任，市人大常委会任命的政府工作部门的负责人，市人民法院副院长、市人民检察院副检察长，各镇人大副主席，各街区人大工作室主任，注沟现代农业发展区人大工作负责人，市直各代表小组召集人，部分人大代表列席会议。钟亮成作了讲话。刘松青主持会议。

会议听取并审议了市人大常委会任命干部的履职报告，进行了满意度测评；听取并审议了市政府关于“十二五”水利工程建设情况的报告；听取并审议了关于评选“高密市优秀人大代表”和“十佳干警”的说明，作出了相应的表彰决定；通过了人事任免事项。

第二十九次会议

市十七届人大常委会第二十九次会议于2016年2月3日在市委党校三楼会议室举行。党组书记、第一副主任钟亮成，其他市人大常委会领导刘松青、毛进兰、宫德胜、周德春、王福敏及委员共24人出席会议。市委常委、副市长刘建成，市政协副主席唐屹立，市人民法院院长李鲁民，市人民检察院检察长隋国华，市人大常委会各委室、市政府办公室的负责人，各镇人大副主席，各街区人大工作室主任，胶河生态发展区、注沟现代农业发展区人大工作负责人，市直各代表小组召集人列席会议。钟亮成主持会议。

会议审议通过了关于接受有关人员辞去高密市第十七届人民代表大会代表职务的决定、关于补选代表的代表资格审查报告；听取并审议了市人大常委会关于市十七届人大五次会议筹备工作情况的汇报；拟定了市十七届人大五次会议议程（草案）、主席团和秘书长名单（草案）、议案审查委员会名单（草案）、计划预算审查委员会名单（草案）；决定了列席人员范围；议定了市人大常委会在市十七届人大五次会议上的工作报告；听取并审议了关于授予“高密人民勋章”的说明，作出了相应的表彰决定；作出了关于召开高密市第十七届人民代表大会第五次会议的决定。

第三十次会议

市十七届人大常委会第三十次会议于2016年3月11日在市会议中心举行。市委书记、市人大常委会主任范福生，市人大常委会党组书记、第一副主任钟亮成，其他市人大常委会领导刘松青、毛进兰、于钦明、宫德胜、周德春、王福敏及委员共26人出席会议。市委常委、副市长刘建成，市政协副主席栾涛，市人民法院院长李鲁民，市人民检察院检察长隋国华，市人大常委会各委室、市政府办公室的负责人，各镇人大副主席，各街区人大工作室主任，胶河生态发展区、注沟现代农业发展区人大工作负责人，市直各代表小组召集人列席会议。范福生作了讲话。钟亮成主持会议。

会议审议通过了市人大常委会2016年工作计划、高密市人民代表大会各专门委员会工作职责（试行）、关于调整代表资格审查委员会的决定；通过了人事任免事项；进行了宪法宣誓仪式。

第三十一次会议

市十七届人大常委会第三十一次会议于2016年4月28日在市会议中心举行。市人大常委会领导钟亮成、刘松青、毛进兰、于钦明、宫德胜、周德春、王福敏及委员共23人出席会议。副市长王永亮，市政协副主席唐屹立，市人民法院院长李鲁民，市人民检察院检察长隋国华，市人大常委会各委室、市政府办公室、市教育局、市科技局、市公安局、市住建局、市水利局、市商务局、市环保局、市招商局、市农业开发办等部门（单位）的负责人，各镇人大主席，各街区人大工作室主任，胶河生态发展区、注沟现代农业发展区人大工作负责人，市直各代表小组召集人，部分人大代表列席会议。有关公民旁听了会议。刘松青主持会议。

会议听取并审议了市政府关于加快推进朝阳街道豪迈科技等重点项目建设的报告，作出了相应的决定；听取并审议了市政府关于高密市“三招三引”工作情况的报告、关于城区义务教育工作情况的报告、关于农业综合开发项目实施情况的报告；听取并审议了市人大常委会执法检查组关于检查本市贯彻实施道路交通安全法情况的报告、关于检查本市贯彻实施水污染防治法情况的报告；通过了人事任免事项。

第三十二次会议

市十七届人大常委会第三十二次会议于2016年6月28日在市会议中心举行。市人大常委会领导钟亮成、刘松青、毛进兰、于钦明、宫德胜、周德春、王福敏及委员共24人出席会议。副市长王永亮，市政协副主席栾涛，市人民法院院长李鲁民，市人民检察院检察长隋国华，市人大常委会各委室、市政府办公室、市法制办、市教育局、市住建局、市卫计局、市旅游局、市规划局、市文化产业管理委员会、市教育资产管理委员会、城投集团公司、红高粱文化投资开发公司等部门（单位）的负责人，各镇人大主席，各街区人大工作室主任，胶河生态发展区、注沟现代农业发展区人大工作负责人，市直各代表小组召集人，部分人大代表列席会议。有关公民旁听会议。于钦明主持会议。

会议听取并审议了市政府关于高密市城市供水地下补源工程项目政府购买服务情况的报告、关于第十七届人民代表大会议案办理情况的报告、关于全市基层医疗卫生工作情况的报告；听取并审议了市人民法院关于行政审判工作情况的报告；作出了关于批准高密市城市供水地下补源工程购买服务有关款项列入市财政预算支出的决定、关于市政府办理市十七届人民代表大会代表议案的决议、关于接受杜启强辞去高密市第十七届人民代表大会常务委员会委员职务的请求的决定；通过了人事任免事项；新任命的市政府组成人员进行了庄严的宪法宣誓仪式。

第三十三次会议

市十七届人大常委会第三十三次会议于2016年8月24日在市会议中心举行。市人大常委会领导钟亮成、刘松青、毛进兰、于钦明、宫德胜、周德春、王福敏及委员共24人出席会议。副市长赵云贤，市政协副主席栾涛，市人民法院院长李鲁民，市人民检察院检察长隋国华，市人大常委会各委室、市政府办公室、市政府法制办、市发改局、市司法局、市财政局、市审计局、市综合行政执法局、市信访局、市扶贫办等部门（单位）的负责人，各镇人大主席，各街区人大工作室主任，胶河生态发展区、注沟现代农业发展区人大工作负责人，市直各代表小组召集人，部分人大代表列席会议。市委宣传部分管普法工作的负责人受邀参加会议。有关公民旁听会议。宫德胜主持会议。

会议听取并审议了市政府关于高密市“六五”普法、依法治市情况和“七五”普法规划的报告及关于《高密市2016—2020年依法治市规划（草案）》的说明，作出了关于在全市公民中开展第七个五年法制宣传教育的决议、关于《高密市2016—2020年依法治市规划》的决议；听取并审议了市政府关于高密市2016年上半年国民经济和社会发展计划执行情况的报告，关于高密市2015年财政决算和2016年上半年预算执行情况的报告，关于高密市2015年市级预算执行和其他财政收支的审计工作报告，关于高密市城区环境治理工作情况的报告，关于全市精准扶贫工作情况的报告；作出了关于批准设立高密市城市基础设施建设基金的决定、关于批准高密市2015年财政决算的决议、关于接受刘建成辞去高密市人民政府副市长职务的请求的决定；书面印发并审议了市政府关于市十七届人大五次会议以来代表建议办理工作情况的报告，市人大常委会关于人大信访案件办理工作情况的调查报告；通过了人事任免事项。

第三十四次会议

市十七届人大常委会第三十四次会议于2016年9月27日在市会议中心举行。市人大常委会领导钟亮成、刘松青、毛进兰、于钦明、宫德胜、周德春、王福敏及委员共23人出席会议。副市长赵云贤，市政协副主席唐屹立，市人民法院院长李鲁民，市人民检察院党组成员、专职检察委员潘洪辉，市人大常委会各委室的负责人，各镇人大主席，各街区人大工作室主任，胶河生态发展区、注沟现代农业发展区人大工作负责人，市直各党工委、市金融办的负责人，市直各代表小组召集人列席会议。钟亮成主持会议。

会议听取并审议了市人大常委会党组成员、常委会委员王福敏作的关于市镇两级人大换届选举有关问题的说明，作出了关于高密市市镇两级人民代表大会换届选举时间的决定、关于高密市第十八届人民代表大会代表名额分配和各镇新一届人民代表大会代表名额的决定、关于设立高密市及各镇选举委员会的决定。会议确定2016年12月16日为市镇两级人大代表选举日，决定全市人大换届选举工作分4个阶段进行。

第三十五次会议

市十七届人大常委会第三十五次会议于2016年10月25日在市会议中心举行。市人大常委会领导钟亮成、刘松青、毛进兰、于钦明、宫德胜、周德春、王福敏及委员共24人出席会议。副市长韩文宏，市政协副主席栾涛，市人民法院院长李鲁民，市人民检察院检察长隋国华，市人大常委会各委室、市金融办、人民银行等部门（单位）的负责人，各镇人大主席，各街区人大工作室主任，胶河生态发展区、注沟现代农业发展区人大工作负责人，市直各代表小组召集人列席会议。钟亮成主持会议。

会议听取并审议了市政府关于对高密市“大班额”项目建设购买服务的报告，关于对高密市水库、河道水系生态修复综合治理一期工程项目建设实行政府购买服务的报告，分别作出了相应的决定；听取并审议了市政府关于银行业金融机构服务经济发展情况的报告和市人民检察院关于刑罚执行监督工作情况的报告。

第三十六次会议

市十七届人大常委会第三十六次会议于2016年12月28日在市会议中心举行。市人大常委会领导钟亮成、刘松青、毛进兰、于钦明、宫德胜、周德春、王福敏及委员共22人出席会议。副市长韩文宏，市政协副主席唐屹立，市人民检察院检察长隋国华，市人民法院领导人，市人大常委会各委室、市政府办公室、市财政局的负责人，各镇街区人大工作负责人列席会议。钟亮成主持会议。

会议听取并审议了市政府关于对城区雨

污管网建设、姚哥庄片区棚户区改造等7个项目购买服务的报告，关于高密市2016年一般公共预算调整情况的报告，分别作出了相应的决定；听取并审议了关于2016年市镇两级人大代表选举工作情况的汇报；审议通过了市人大常委会代表资格审查委员会关于市十八届人大代表资格的审查报告；通过了人事任免和辞职事项。

第三十七次会议

市十七届人大常委会第三十七次会议，于2017年1月13日在市会议中心举行。市人大常委会领导钟亮成、刘松青、毛进兰、宫德胜、周德春、王福敏及委员共24人出席会议。副市长韩文宏，市政协副主席唐屹立，市人民法院院长李鲁民，市人民检察院检察长隋国华，市人大常委会各委室、市政府办公室的负责人，各镇人大副主席，各街区人大工作室主任，胶河生态发展区、注沟现代农业发展区人大工作负责人，市直各代表小组召集人列席会议。钟亮成主持会议。

会议审议通过了关于接受有关人员辞去高密市第十七届人民代表大会代表职务的决定、关于补选代表的代表资格审查报告；听取并审议了市人大常委会关于市十七届人大五次会议筹备工作情况的汇报；拟定了市十七届人大五次会议议程（草案），主席团和秘书长名单（草案），议案审查委员会名单（草案）、计划预算审查委员会名单（草案）；决定了列席人员范围；议定了市人大常委会在市十七届人大五次会议上的工作报告；听取并审议了关于授予“高密人民勋章”的说明，作出了相应的表彰决定；作出了关于召开高密市第十七届人民代表大会第五次会议的决定。

第十节　市十八届人大常委会会议

第一次会议

市十八届人大常委会第一次会议，于2017年2月10日在市会议中心举行。市人大常委会党组书记、主任万丽，市人大常委会领导徐振刚、宫德胜、施玉梅、葛孝江、李铭、于钦明、周德春、王福敏及委员共34人出席会议。市委常委、副市长韩文宏，市政协副主席栾涛，市人民法院院长雷向敏，市人民检察院检察长隋国华，市人大常委会各委室的负责人，市政府办公室的负责人，各镇街区负责人大工作的人员，市直代表小组召集人列席会议。万丽主持会议并讲话。

会议审议通过了《高密市人大常委会2017年工作计划》《高密市人大常委会关于加强自身建设的决定》《高密市人大常委会关于设立代表资格审查委员会的决定》，组织市十八届人大一次会议选举产生的市人大常委会委员进行了宪法宣誓。

第二次会议

市十八届人大常委会第二次会议，于

2017年3月21日在市会议中心举行。市人大常委会党组书记、主任万丽，市人大常委会领导徐振刚、宫德胜、施玉梅、葛孝江、李铭、于钦明、周德春、王福敏及委员共32人出席会议。副市长付联宝，市政协副主席栾涛，市人民法院院长雷向敏，市人民检察院的领导，市委组织部的有关负责人，市人大常委会各委室的负责人，市政府办公室的负责人，各镇街区负责人大工作的人员，市直代表小组召集人，市政府、市人民法院提请任命人员，预算审查监督咨询专家组拟聘任人员列席了会议。徐振刚主持会议。

会议审议通过了高密市十八届人大常委会预算审查监督咨询专家组成员名单，并颁发了聘书；听取并审议了市政府关于对高密市化解大班额、供水管网改造等11个项目购买服务的报告，并作出了相应的决定；传达学习了潍坊市十七届人大一次会议精神；通过了人事任免事项，依法任命了市政府部分组成人员和市人民法院部分干部；组织新一届市政府组成人员进行了宪法宣誓。

第三次会议

市十八届人大常委会第三次会议，于2017年4月26日在市会议中心举行。市人大常委会党组书记、主任万丽，市人大常委会领导徐振刚、宫德胜、施玉梅、于钦明、周德春、王福敏及委员共29人出席会议。副市长王加利，市政协党组成员陈明，市人民法院院长雷向敏，市人民检察院检察长隋国华，市人大常委会各委室的负责人，市教育局的负责人，各镇街区负责人大工作的人员，市直代表小组召集人，部分人大代表列席了会议。有关公民旁听了会议。万丽主持会议。

会议听取并审议了市政府关于全市学前教育工作情况的报告；听取并审议了市人民法院关于执行工作情况的报告；通过了人事免职事项。

第四次会议

市十八届人大常委会第四次会议，于2017年6月27日在市会议中心举行。市人大常委会党组书记、主任万丽，市人大常委会领导徐振刚、宫德胜、施玉梅、葛孝江、李铭、周德春、王福敏及委员共33人出席会议。市委常委、副市长韩文宏，市政协副主席栾涛，市人民法院院长雷向敏，市人民检察院检察长隋国华，市委组织部的有关负责人，市人大常委会各委室的负责人，市政府办公室、市农业局等部门(单位)的负责人，各镇街区负责人大工作的人员，市直代表小组召集人，部分人大代表列席了会议。有关公民旁听了会议。宫德胜主持会议。

会议听取并审议了市人大常委会执法检查组关于检查全市贯彻实施农业技术推广法情况的报告；审议通过了高密市人民代表大会常务委员会组成人员守则和议事规则；通过了人事任免事项。

第五次会议

市十八届人大常委会第五次会议，于2017年8月25日在市会议中心举行。市人大常委会党组书记、主任万丽，市人大常委会领导徐振刚、宫德胜、施玉梅、葛孝江、李铭、于钦明、周德春、王福敏及委员共33人出席会议。副市长袁广斌，市政协党组成员陈明，市人民法院院长雷向敏，市人民检察院检察长隋国华，市人大常委会各委室的负责人，市政府办公室、市发改局、市财政局、市科技局、市审计局等部门（单位）的负责人，各镇街区人大主席、副主席、工作室主任，市直代表小组召集人，部分市人大代表列席了会议。有关公民旁听了会议。万丽主持会议。

会议听取并审议了市政府关于高密市2017年上半年国民经济和社会发展计划执行情况的报告，关于高密市2016年财政决算和2017年上半年预算执行情况的报告，关于高密市2016年市级预算执行和其他财政收支的审计工作报告；听取并审议了市人大常委会执法检查组关于检查全市贯彻实施科学技术普及法情况的报告；作出了关于批准高密市2016年财政决算的决议；审议通过了高密市人民代表大会常务委员会人事任免办法；通过了人事任命事项；举行了宪法宣誓仪式。

第六次会议

市十八届人大常委会第六次会议，于2017年10月20日在市会议中心举行。市人大常委会党组书记、主任万丽，市人大常委会领导徐振刚、宫德胜、施玉梅、葛孝江、李铭、于钦明、周德春、王福敏及委员共32人出席会议。市委常委、副市长韩文宏，市政协副主席栾涛，市人民检察院检察长隋国华，市人民法院的领导人，市人大常委会各委室的负责人，市政府办公室、市法制办、市经信局、市国土局、市建设局、市规划局等部门（单位）的负责人，各镇街区人大主席、副主席、工作室主任，市直代表小组召集人，部分市人大代表和重点企业负责人列席了会议。邀请市委农工办的有关负责人参加会议。有关公民旁听了会议。万丽主持会议。

会议听取并审议了市政府关于“重点企业提升工程”实施情况的报告、关于城镇居住区建设情况的报告、关于美丽乡村建设情况的报告、关于市十八届人大一次会议以来代表所提建议办理情况的报告；听取并审议了市人民检察院关于未成年人刑事检察工作情况的报告。

第七次会议

市十八届人大常委会第七次会议，于2017年12月21日在市会议中心举行。市人大常委会党组书记、主任万丽，市人大常委会领导宫德胜、施玉梅、葛孝江、李铭、于钦明、周德春、王福敏及委员共31人出席会议。副市长冯效栋，市政协党组成员陈明，市人民法院、市人民检察院的领导，市人大常委会各委室的负责人，市政府办公室、市教育局、市司法局、市体育局、高密一中等部门（单位）的负责人，各镇街区人大主席、副主席、工作室主任，市直代表小组召集人，部分市人大代表列席了会议。有关公民旁听了会议。万丽主持会议。

会议听取并审议了市政府关于公共法律服务体系建设情况的报告，听取并审议了市人大常委会视察组关于一中新校建设运行情况的视察报告；作出了授予杨方旭“高密人民勋章”荣誉称号的决定；通过了人事任免事项。

第八次会议

市十八届人大常委会第八次会议，于2017年12月22日在人大八楼会议室举行。市人大常委会党组书记、主任万丽，市人大常委会领导宫德胜、施玉梅、葛孝江、李铭、于钦明、周德春、王福敏及委员共31人出席会议。万丽主持会议。

会议审议通过了关于接受葛孝江、韩金洲辞去潍坊市第十七届人民代表大会代表职务的请求的决议；补选了潍坊市第十七届人大代表。

第九次会议

市十八届人大常委会第九次会议，于2018年1月12日在市会议中心举行。市人大常委会党组书记、主任万丽，市人大常委会领导徐振刚、施玉梅、葛孝江、李铭、于钦明、周德春、王福敏及委员共31人出席会议。市委常委、副市长韩文宏，市政协副主席栾涛，市人民法院院长雷向敏，市人民检察院检察长隋国华，市人大常委会各委室的负责人，市政府办公室的负责人，各镇街区人大主席、副主席、工作室主任，市直代表小组召集人列席会议。万丽主持会议。

会议审议通过了关于接受有关人员辞去高密市第十八届人民代表大会代表职务的请求的决议、关于个别代表的代表资格审查报告；听取并审议了市人大常委会关于市十八届人大二次会议筹备工作情况的汇报；拟定了市十八届人大二次会议议程（草案）、市十八届人大二次会议主席团和秘书长名单（草案）；决定了列席市十八届人大二次会议人员范围；议定了市人大常委会在市十八届人大二次会议上的工作报告。

第十次会议

市十八届人大常委会第十次会议，于2018年1月19日在市会议中心举行。市人大常委会党组书记、主任万丽，市人大常委会领导徐振刚、施玉梅、葛孝江、李铭、于钦明、周德春、王福敏及委员共32人出席会议。万丽主持会议。

会议审议通过了人事任命事项。

第十一次会议

市十八届人大常委会第十一次会议，

于2018年3月9日在市会议中心举行。市人大常委会党组书记、主任万丽，市人大常委会领导徐振刚、宫德胜、施玉梅、葛孝江、李铭、于钦明、周德春、王福敏及委员共31人出席会议。市委常委、市政府党组成员刘建安，市政协副主席栾涛，市人民检察院检察长隋国华，市监察委员会、市人民法院的有关负责人，市委组织部的有关负责人，市人大常委会各委室的负责人，市政府办公室的负责人，各镇街区人大主席、副主席、工作室主任，市直代表小组召集人，市人大、市政府提请任命人员列席会议。万丽主持会议。

会议审议通过了《高密市人大常委会2018年工作计划》，通过了关于接受周发家辞去高密市第十八届人民代表大会常务委员会委员及代表职务的请求的决定，通过了人事任免事项，颁发了任命书，组织新任命的市人大、市政府有关人员进行了庄严的宪法宣誓仪式。

第十二次会议

市十八届人大常委会第十二次会议，于2018年4月26日在市会议中心举行。市人大常委会党组书记、主任万丽，市人大常委会领导徐振刚、宫德胜、施玉梅、葛孝江、李铭、于钦明、周德春、王福敏及委员共32人出席会议。市委常委、副市长韩文宏，市政协党组成员陈明，市人民法院院长雷向敏，市人民检察院检察长隋国华，市监察委员会的有关负责人，市委组织部的有关负责人，市人大常委会各委室的负责人，市政府办公室、市环保局、市水利局的负责人，各镇街区人大主席、副主席、工作室主任，市直代表小组召集人，部分市人大代表，市政府提请任命人员列席会议。有关公民旁听了会议。万丽主持会议。

会议听取并审议了市政府关于2017年环境质量状况和环境保护目标完成情况的报告；听取并审议了市人大常委会执法检查组关于检查全市贯彻实施水法情况的报告；听取并审议了市人民检察院关于深入开展公益诉讼工作全面加强行政检察监督的报告，并作出相关决定；通过了人事任免事项，颁发了任命书，组织新任命的市政府组成人员进行了宪法宣誓仪式。

第十三次会议

市十八届人大常委会第十三次会议，于2018年6月7日在人大八楼会议室举行。市人大常委会党组书记、主任万丽，市人大常委会领导宫德胜、施玉梅、葛孝江、李铭、于钦明、周德春、王福敏及委员共30人出席会议。市委常委、副市长韩文宏列席会议。万丽主持会议。

会议听取了市委常委、市政府副市长韩文宏代表市政府所作的关于建设鑫源北方（高密）整车生产基地的报告，作出了关于批准鑫源北方整车生产基地落户高密的决定。

第十四次会议

市十八届人大常委会第十四次会议，于2018年6月22日在市会议中心举行。市人大常委会党组书记、主任万丽，市人大常委会领导徐振刚、宫德胜、施玉梅、葛孝江、李铭、于钦明、周德春、王福敏及委员共30人出席会议。副市长魏征，市政协副主席栾涛，市人民法院院长雷向敏，市监察委员会、市人民检察院的领导，市委组织部的有关负责人，市人大常委会各委室的负责人，市政府办公室、市教育局、市科技局、市人社局、市招商局等部门（单位）的负责人，各镇街区人大主席、副主席、工作室主任，市直代表小组召集人，部分市人大代表列席了会议。有关公民旁听了会议。万丽主持会议。

会议听取并审议了市政府关于全市“三招三引”工作情况的报告、办理《市人大常委会关于全市学前教育工作审议意见》情况的报告；听取并审议了市人民法院和市人民检察院关于全面深化司法改革情况的报告；审议通过了市人大常委会关于接受谭晖辞去高密市第十八届人民代表大会常务委员会委员职务的请求的决定、市人大常委会代表资格审查委员会关于个别代表的代表资格审查报告。

第十五次会议

市十八届人大常委会第十五次会议，于2018年8月27日在市会议中心举行。市人大常委会党组书记、主任万丽，市人大常委会领导徐振刚、宫德胜、施玉梅、葛孝江、李铭、于钦明、周德春、王福敏及委员共31人出席会议。市委常委、副市长韩文宏，市政协副主席栾涛，市人民法院院长雷向敏，市人民检察院检察长隋国华，市监察委员会的领导，市人大常委会各委室的负责人，市政府办公室、市法制办、市发改局、市财政局、市国土局、市建设局、市审计局、市规划局等部门（单位）的负责人，各镇街区人大主席、副主席、工作室主任，市直代表小组召集人，部分市人大代表列席了会议。有关公民旁听了会议。万丽主持会议。

会议听取并审议了市政府办理《市人大常委会关于全市城镇居住区建设工作审议意见》情况的报告，关于高密市2018年上半年国民经济和社会发展计划执行情况的报告，关于高密市2017年财政决算和2018年上半年预算执行情况的报告，关于高密市2017年市级预算执行和其他财政收支的审计工作报告，关于市十八届人大二次会议以来代表建议办理工作情况的报告；作出了关于批准高密市2017年财政决算的决议。

第十六次会议

市十八届人大常委会第十六次会议，于2018年10月29日在市会议中心举行。市人大常委会党组书记、主任万丽，市人大常委会领导徐振刚、宫德胜、施玉梅、葛孝江、李铭、于钦明、周德春及委员共29人出席会议。副市长魏征，市政协副主席栾涛，市人民法院院长雷向敏，市人民检察院检察长隋国华，市监察委员会的领导，市人大常委会各委室的负责人，市政府办公室、市文化广电新闻出版局、市综合行政执法局、市文化产业管理委员会等部门（单位）的负责人，各镇街区人大主席、副主席、工作室主任，市直代表小组召集人，部分市人大代表列席了会议。有关公民旁听了会议。徐振刚主持会议。

会议听取并审议了市政府关于全市文化建设情况的报告、关于全市综合行政执法改革情况的报告，通过了人事任免事项。

第十七次会议

市十八届人大常委会第十七次会议，于2018年11月21日在人大八楼会议室举行。市人大常委会党组书记、主任万丽，市人大常委会领导徐振刚、宫德胜、施玉梅、葛孝江、于钦明、周德春、王福敏及委员共27人出席会议。万丽主持会议。

会议听取并审议了市人大常委会代表资格审查委员会主任委员王福敏所作的关于个别代表的代表资格变动情况的说明，通过了关于接受王洪山辞去高密市第十八届人民代表大会代表职务的请求的决议。

第十八次会议

市十八届人大常委会第十八次会议，于2018年11月30日在市会议中心举行。市人大常委会党组书记、主任万丽及常委会组成人员共28人出席了会议。

会议听取并审议了市人大常委会部分任命干部的履职报告，并进行了满意度测评。

第十九次会议

市十八届人大常委会第十九次会议，于2018年12月28日在市会议中心举行。市人大常委会党组书记、主任万丽，市人大常委

图4－8　市十八届人大常委会第十九次会议在市会议中心举行

会领导徐振刚、宫德胜、施玉梅、葛孝江、李铭、于钦明、周德春、王福敏及委员共30人出席会议。市委常委、副市长韩文宏，市政协副主席栾涛，市人民检察院检察长隋国华，市人民法院、市监察委员会的领导，市人大常委会各委室的负责人，市政府办公室、市法制办、市财政局、市经济和信息化局、经济开发区等部门（单位）的负责人，各镇街区人大主席、副主席、工作室主任，市直代表小组召集人，部分市人大代表列席了会议。有关公民旁听了会议。万丽主持会议。

会议听取并审议了市政府关于高密市2018年预算调整情况的报告，并作出了相应的决定；听取并审议了市政府《关于加快新旧动能转换，高质量推进经济开发区二次创业的议案》办理情况的报告，并作出了相应的决议；听取并审议了市政府关于全市实施乡村振兴战略情况的报告；审议通过了市人大常委会代表资格审查委员会关于个别代表的代表资格变动情况的报告；听取并审议了关于评选高密市优秀人大代表和高密市“十佳干警”情况的说明，并作出了相应的表彰决定；通过了人事任命事项。

第二十次会议

市十八届人大常委会第二十次会议，于2019年1月24日在市会议中心举行。市人大常委会党组书记、主任万丽，市人大常委会领导徐振刚、宫德胜、施玉梅、葛孝江、李铭、于钦明、周德春、王福敏及委员共29人出席会议。市委常委、副市长韩文宏，市政协党组成员陈明，市人民法院院长雷向敏，市人民检察院检察长隋国华，市监察委员会的领导，市政府办公室的负责人，市人大常委会各委室的负责人，各镇街区人大主席、副主席、工作室主任，市直代表小组召集人列席会议。万丽主持会议。

会议听取并审议了市人民法院关于提请确定人民陪审员名额的报告，并作出了相应的决定；表决了高密市“十佳干警”有关事宜；通过了关于接受于德升等辞去潍坊市第十七届人民代表大会代表职务的请求的决议；补选了潍坊市第十七届人大代表；通过了人事任免事项。

第二十一次会议

市十八届人大常委会第二十一次会议，于2019年2月14日在市会议中心举行。市人大常委会党组书记、主任万丽，市人大常委会领导徐振刚、宫德胜、施玉梅、葛孝江、李铭、于钦明、周德春、王福敏及委员共24人出席会议。市委常委、副市长韩文宏，市人民法院院长雷向敏，市人民检察院检察长隋国华，市监察委员会的领导，市委组织部的有关负责人，市政府办公室的负责人，市人大常委会各委室的负责人，各镇街区人大工作负责人，市直代表小组召集人列席会议。万丽主持会议。

会议审议通过了关于接受有关人员辞去高密市第十八届人民代表大会代表、常务委员会委员职务的请求的决议，关于补选代表的代表资格审查报告；通过了人事任免事项；聘任了市人大常委会预算审查监督咨询专家组组长。

第二十二次会议

市十八届人大常委会第二十二次会议，于 2019 年 3 月 27 日在市会议中心举行。市人大常委会党组书记、主任万丽，市人大常委会领导徐振刚、宫德胜、施玉梅、葛孝江、李铭、于钦明、周德春、王福敏及委员共 23 人出席会议。市委常委、副市长韩文宏，市政协副主席栾涛，市人民法院院长雷向敏，市人民检察院检察长隋国华，市监察委员会的领导，市人大常委会各委室的负责人，市政府办公室的负责人，各镇街区人大工作负责人，市直代表小组召集人列席会议。万丽主持会议。

会议通过了关于代表辞职请求的决议；审议通过了市人大常委会代表资格审查委员会关于个别代表的代表资格情况的报告；听取并审议了市人大常委会关于市十八届人大三次会议筹备工作情况的汇报；拟定了市十八届人大三次会议议程（草案）、主席团和秘书长名单（草案）；决定了列席市十八届人大三次会议人员范围；议定了市人大常委会在市十八届人大三次会议上的工作报告；作出了关于召开市十八届人大三次会议的决定。

第二十三次会议

市十八届人大常委会第二十三次会议，于 2019 年 5 月 10 日在市会议中心举行。市人大常委会党组书记、主任万丽，市人大常委会领导徐振刚、宫德胜、施玉梅、葛孝江、李铭、于钦明、周德春、王福敏及委员共 30 人出席会议。市委常委、统战部部长、市政府党组成员刘建安，市政协党组成员陈明，市人民法院院长雷向敏，市人民检察院检察长隋国华，市监察委员会的领导，市人大常委会各委室的负责人，市政府办公室、市环保局等部门（单位）的负责人，各镇街区人大主席、副主席、工作室主任，市直代表小组召集人，市人大有关专门委员会部分组成人员列席了会议。万丽主持会议。

会议听取并审议了市政府关于高密市 2018 年环境状况和环境保护目标完成情况的报告；审议通过了高密市人大常委会关于调整市第十八届人民代表大会常务委员会代表资格审查委员会组成人员的决定；听取并审议了高密市人大常委会代表资格审查委员会关于个别代表的代表资格情况的报告，并作出了相应的决议；通过了人事任免事项。

第二十四次会议

市十八届人大常委会第二十四次会议，于 2019 年 7 月 4 日在市会议中心举行。市人大常委会党组书记、主任万丽出席会议，市人大常委会领导徐振刚、宫德胜、施玉梅、葛孝江、李铭、于钦明、周德春、王福敏及委员共35人出席会议。副市长付联宝，市政协副主席栾涛，市人民法院院长雷向敏，市人民检察院检察长隋国华，市监察委员会的领导，市人大常委会各委室的负责人，市政府办公室、市文化和旅游局、市扶贫开发办等部门（单位）的负责人，各镇街区人大主席、副主席、工作室主任，市直代表小组召集人、部分市人大代表列席了会议。有关公民旁听了会议。徐振刚主持会议。

会议听取并审议了市政府关于全市脱贫攻坚工作情况的报告、关于全市文化旅游发展情况的报告；听取并审议了市人民检察院关于社区矫正检察监督工作情况的报告；通过了人事任免事项。

第二十五次会议

市十八届人大常委会第二十五次会议，于2019年9月5日在市会议中心举行。市人大常委会党组书记、主任万丽，市人大常委会领导徐振刚、宫德胜、施玉梅、葛孝江、李铭、于钦明、周德春、王福敏及委员共33人出席会议。副市长王加利，市政协党组成员陈明，市人民检察院检察长隋国华，市人民法院、市监察委员会的领导，市人大常委会各委室的负责人，市人大财政经济委员会、城建环保委员会组成人员，市人大常委会预算审查监督咨询专家组成员，市政府办公室、市发改局、市财政局、市建设局、市审计局等部门（单位）的负责人，各镇街区人大主席、副主席、工作室主任，市直代表小组召集人列席了会议。徐振刚主持会议。

会议听取并审议了市政府关于小区物业管理情况的报告、关于高密市2019年上半年国民经济和社会发展计划执行情况的报告、关于高密市2018年财政决算和2019年上半年预算执行情况的报告、关于高密市2018年市级预算执行和其他财政收支的审计工作报告；作出了关于批准高密市2018年财政决算的决议；通过了人事任免事项。

第二十六次会议

市十八届人大常委会第二十六次会议，于2019年11月7日在市会议中心举行。市人大常委会党组书记、主任万丽，市人大常委会领导徐振刚、宫德胜、施玉梅、葛孝江、李铭、于钦明、周德春、王福敏及委员共31人出席会议。市政府党组成员范海，市政协党组成员栾涛，市监察委员会、市人民法院、市人民检察院的领导，市人大常委会各委室的负责人，市人大监察和司法委员会组成人员，市政府办公室、市司法局等部门（单位）的负责人，各镇街区人大主席、副主席、工作室主任，市直代表小组召集人，部分市人大代表列席了会议。有关公民旁听了会议。万丽主持会议。

会议听取并审议了市政府关于市十八届人大三次会议以来代表建议办理情况的报告、关于公共法律服务体系建设情况的报告；表决通过了高密市人大常委会关于接受孔晓明辞去高密市监察委员会主任职务的请求的决定、关于接受李敬芳辞去高密市第十八届人民代表大会代表职务的请求的决议，审议通过了市人大常委会代表资格审查委员会关于个别代表的代表资格的报告。

第二十七次会议

市十八届人大常委会第二十七次会议，于 2019 年 11 月 22 日在市会议中心举行。市人大常委会党组书记、主任万丽，市人大常委会领导徐振刚、宫德胜、施玉梅、葛孝江、李铭、周德春、王福敏及委员共 31 人出席会议。副市长韩文宏，市政协党组成员栾涛，市监察委员会、市人民法院、市人民检察院的领导，市人大常委会各委室的负责人，市人大监察和司法委员会组成人员，市政府办公室、市司法局等部门（单位）的负责人，各镇街区人大主席、副主席、工作室主任，市直代表小组召集人，部分市人大代表列席了会议。万丽主持会议。

会议听取并审议了市政府关于市十八届人大三次会议以来代表建议办理情况的报告、关于公共法律服务体系建设情况的报告；表决通过了高密市人大常委会关于接受孔晓明辞去高密市监察委员会主任职务的请求的决定、关于接受李敬芳辞去高密市第十八届人民代表大会代表职务的请求的决议，审议通过了市人大常委会代表资格审查委员会关于个别代表的代表资格的报告。

第二十八次会议

市十八届人大常委会第二十八次会议，于 2019 年 12 月 26 日在市会议中心举行。市人大常委会党组书记、主任万丽，市人大常委会领导徐振刚、宫德胜、施玉梅、葛孝江、李铭、周德春、王福敏及委员共 29 人出席会议。市政协党组成员栾涛，市人民法院院长雷向敏，市人民检察院检察长隋国华，市监察委员会的领导，市人大常委会各委室的负责人，市财政局的负责人，市人民法院、市人民检察院部分拟任命人员，各镇街区人大主席、副主席、工作室主任，市直代表小组召集人列席了会议。万丽主持会议。

会议听取并审议了市政府关于高密市 2019 年预算调整情况的报告，并作出了相应的决定；审议通过了关于接受邱介福辞去潍坊市第十七届人民代表大会代表职务的请求的决议；补选陈连军为潍坊市第十七届人大代表，通过了人事任命事项。

第二十九次会议

市十八届人大常委会第二十九次会议，于 2020 年 1 月 6 日在市委党校四楼会议室举行。市人大常委会党组书记、主任万丽，市人大常委会领导徐振刚、宫德胜、施玉梅、葛孝江、李铭、周德春、王福敏及委员共 27 人出席会议。副市长魏征，市政协副主席栾涛，市人民法院院长雷向敏，市人民检察院检察长隋国华，市监察委员会的领导，市人大常委会各委室的负责人，市政府办公室、市发改局、市民政局、市财政局等部门（单位）的负责人，各镇街区人大主席、副主席、工作室主任，市直代表小组召集人列席了会议。万丽主持会议。

会议听取并审议了市政府《关于推进青潍一体化，建设临港经济区的议案》办理情况的报告，并作出了相应的决议；听取并审议了市政府关于城市社区治理工作情况的报告；审议通过了关于常委会委员辞职请求的决定、关于代表辞职请求的决议；审议通过了市人大常委会代表资格审查委员会关于个别代表的代表资格的报告；听取并审议了市人大常委会关于市十八届人大四次会议筹备工作情况的汇报；作出了关于召开市十八届人大四次会议的决定；拟定了市十八届人大四次会议议程（草案）、市十八届人大四次会议主席团和秘书长名单（草案）；决定了列席市十八届人大四次会议人员范围；议定了市人大常委会在市十八届人大四次会议上的工作报告；审议了市人大财政经济委员会关于对高密市2019年预算执行情况和2020年预算草案的初步审查意见；通过了人事任免事项。

第三十次会议

市十八届人大常委会第三十次会议，于2020年3月25日在市会议中心举行。市人大常委会党组书记、主任万丽，市人大常委会领导徐振刚、宫德胜、施玉梅、葛孝江、李铭、周德春、王福敏及委员共33人出席会议。副市长张帅，市政协副主席栾涛，市监察委员会、市人民法院的领导，市委组织部的有关负责人，各镇街区人大主席、副主席、工作室主任，市直代表小组召集人，市政府提请任命人员列席了会议。万丽主持会议。

会议审议通过了高密市人大常委会2020年工作计划、高密市人大常委会关于调整市第十八届人民代表大会常务委员会代表资格审查委员会组成人员的决定、高密市人大常委会代表资格审查委员会关于个别代表的代表资格的报告；通过了人事任免事项；颁发了任命书。

第三十一次会议

市十八届人大常委会第三十一次会议，于2020年4月27日在市会议中心举行。市人大常委会党组书记、主任万丽，市人大常委会领导徐振刚、宫德胜、施玉梅、葛孝江、李铭、周德春、王福敏及委员共30人出席会议。市政府副市长张帅，市政协副主席吴金晶，市人民检察院检察长隋国华，市监察委员会、市人民法院的领导，市委组织部的有关负责人，市人大常委会各委室的负责人，市政府办公室、潍坊市生态环境局高密分局等部门（单位）的负责人，各镇街区人大主席、副主席、工作室主任，市直代表小组召集人，市政府提请任命人员，第三十次常委会会议任命人员列席了会议。万丽主持会议。

会议听取并审议了市政府关于高密市2019年环境状况和环境保护目标完成情况的报告；审议通过了市人大常委会代表资格审查委员会关于个别代表的代表资格的报告、市人大常委会关于接受韩文宏等辞职的请求的决定；通过了人事任命事项。

第三十二次会议

市十八届人大常委会第三十二次会议，于2020年6月23日在市融智商务综合体7号楼第五会议室举行。市人大常委会党组书记、主任万丽，市人大常委会领导徐振刚、宫德胜、施玉梅、葛孝江、李铭、周德春、王福敏及委员共31人出席会议。市委常委、副市长陈珊珊，市政协副主席栾涛，市人民检察院检察长隋国华，市监察委员会的领导，市人大常委会各委室的负责人，市人大有关专门委员会部分组成人员，市政府办公室、市人力资源和社会保障局、市卫生健康局等部门（单位）的负责人，各镇街区人大主席、副主席、工作室主任，市直代表小组召集人，市政府提请任命人员列席了会议，有关公民旁听了会议。万丽主持会议。

会议听取并审议了市政府关于全市公共卫生体系建设情况的报告、关于《中华人民共和国就业促进法》贯彻实施情况的报告；听取并审议了市人民检察院关于公益诉讼工作情况的报告；听取并审议了市人大常委会代表资格审查委员会关于个别代表的代表资格的报告，并作出了相应的决议；通过了人事任免事项。

第三十三次会议

市十八届人大常委会第三十三次会议，于2020年7月8日在市融智商务综合体7号楼第五会议室举行。市人大常委会党组书记、主任万丽，市人大常委会领导徐振刚、宫德胜、施玉梅、葛孝江、李铭、周德春、王福敏及委员共33人出席会议。市委常委、副市长陈珊珊，市政协副主席吴金晶，市监察委员会、市人民法院、市人民检察院的领导，市人大常委会各委室的负责人，市人民法院提请任命人员列席了会议。万丽主持会议。

会议通过了人事任命事项；审议通过了市人大常委会关于接受雷向敏辞去高密市人民法院院长职务的请求的决定和关于市人民法院代理院长的决定；审议通过了市人大常委会代表资格审查委员会关于个别代表的代表资格的报告。

第三十四次会议

市十八届人大常委会第三十四次会议，于2020年8月28日在市融智商务综合体7号楼第五会议室举行。市人大常委会党组书记、主任万丽，市人大常委会领导徐振刚、宫德胜、施玉梅、葛孝江、李铭、周德春、王福敏及委员共29人出席会议。市委常委、副市长陈珊珊，市政协副主席栾涛，市人民法院代理院长王效刚，市监察委员会、市人民检察院的领导，市人大常委会各委室的负责人，市人大有关专门委员会部分组成人员，市人大常委会预算审查监督咨询专家组成员，市政府办公室、市发改局、市财政局、市农业农村局、市审计局等部门（单位）的负责人，各镇街区人大主席、副主席、工作室主任，市直代表小组召集人列席会议。有关公民旁听会议。万丽主持会议。

会议听取并审议了市政府关于高密市2020年上半年国民经济和社会发展计划执行情况的报告、关于高密市2019年财政决算和2020年上半年预算执行情况的报告、关于高密市2019年市级预算执行和其他财政收支的审计工作报告、关于全市农村人居环境整治工作情况的报告；听取并审议了市人民法院关于刑事审判工作情况的报告；作出了关于批准高密市2019年财政决算的决议；通过了人事任免事项。

第三十五次会议

市十八届人大常委会第三十五次会议，于2020年10月29日在市融智商务综合体7号楼第五会议室举行。市人大常委会党组书记、主任万丽，市人大常委会领导徐振刚、宫德胜、施玉梅、葛孝江、李铭、周德春、王福敏及委员共30人出席会议。市委常委、副市长陈珊珊，市政协副主席吴金晶，市监察委员会、市人民法院、市人民检察院的领导，市人大常委会各委室的负责人，市人大有关专门委员会部分组成人员，市政府办公室、市人力资源和社会保障局、市教育和体育局等部门（单位）的负责人，市人民检察院提请任命人员，各镇街区人大主席、副主席、工作室主任，市直代表小组召集人列席了会议。有关公民旁听了会议。万丽主持会议。

会议听取并审议了市政府关于全市“五个十”重点支撑项目建设情况的报告、关于市十八届人大四次会议以来代表建议办理情况的报告、关于全市职业教育工作情况的报告；通过了人事任免事项；审议通过了市人大常委会关于接受隋国华辞去高密市人民检察院检察长等职务的请求的决定、关于市人民检察院代理检察长的决定，市人大常委会代表资格审查委员会关于个别代表的代表资格的报告。

第三十六次会议

市十八届人大常委会第三十六次会议，于2020年11月24日在市融智商务综合体7号楼第五会议室举行。市人大常委会党组书记、主任万丽，市人大常委会领导徐振刚、宫德胜、葛孝江、李铭、周德春、王福敏及委员共27人出席会议。市人大常委会各委室的负责人，部分驻高密市潍坊市十七届人大代表列席了会议。万丽主持会议。

会议听取并审议了部分由高密市选举的潍坊市十七届人大代表的述职报告，并进行了投票评议。

第三十七次会议

市十八届人大常委会第三十七次会议，于2020年12月24日，在市融智商务综合体7号楼第五会议室举行。市人大常委会党组书记、主任万丽，市人大常委会领导徐振刚、宫德胜、施玉梅、李铭、周德春、王福敏及委员共27人出席会议。市委常委、副市长陈珊珊，市政协副主席栾涛，市人民法院、市人民检察院的领导，市人大常委会各委室的负责人，市政府办公室、市司法局、市财政局、市自然资源和规划局、市住房和城乡建设局等部门（单位）的负责人，各镇街区人大主席、副主席、工作室主任，市直代表小组召集人，部分市人大代表列席了会议。有关公民旁听了会议。万丽主持会议。

会议听取并审议了市政府关于高密市2020年预算调整方案（草案）的报告、关于高密市整体城市空间品质提升项目情况的说明和报告、关于全市行政应诉工作情况的报告、《关于建立长效机制、提升治理效能，积极推进现代化高品质城市建设的议案》办理情况的报告，并分别作出了相应的决议和决定。

第三十八次会议

市十八届人大常委会第三十八次会议，于2021年2月10日在市融智商务综合体7号楼第五会议室举行。市人大常委会党组书记、主任万丽，市人大常委会领导徐振刚、宫德胜、施玉梅、葛孝江、李铭、周德春、王福敏及委员共31人出席会议。市委常委、副市长陈珊珊，市政协副主席吴金晶，市人民法院代理院长王效刚，市人民检察院代理检察长纪兵，市监察委员会的领导，市人大常委会各委室的负责人，市政府办公室的负责人，各镇街区人大主席、副主席、工作室主任，市直代表小组召集人列席了会议。万丽主持会议。

会议审议通过了市人大常委会关于代表辞职请求的决议；审议通过了市人大常委会代表资格审查委员会关于个别代表的代表资格的报告；听取并审议了市人大常委会关于市十八届人大五次会议筹备工作情况的汇报；拟定了市十八届人大五次会议议程（草案）、市十八届人大五次会议主席团和秘书长名单（草案）；决定了列席市十八届人大五次会议人员范围；议定了市人大常委会在市十八届人大五次会议上的工作报告；审议了市人大财政经济委员会关于对高密市2020年预算执行情况和2021年预算草案的初步审查意见；通过了人事任免事项。

第三十九次会议

市十八届人大常委会第三十九次会议，于2021年3月15日在市融智商务综合体7号楼1173会议室举行。市人大常委会党组书记、主任万丽，市人大常委会领导宫德胜、施玉梅、李铭、周德春、王福敏及委员共27

人出席会议。市人大常委会各委室的负责人列席了会议。万丽主持会议。

会议审议通过了市人大常委会2021年工作计划；通过了关于接受张付霞等辞去潍坊市第十七届人民代表大会代表职务的请求的决议；补选了潍坊市第十七届人大代表；通过了人事任命事项。

第四十次会议

市十八届人大常委会第四十次会议，于2021年5月8日在市融智商务综合体7号楼第五会议室举行。市人大常委会党组书记、主任万丽，市人大常委会领导徐振刚、宫德胜、施玉梅、李铭、周德春、王福敏及委员共28人出席会议。副市长付联宝，市政协副主席栾涛，市人民检察院检察长纪兵，市监察委员会、市人民法院的领导，市人大常委会各委室的负责人，市人大有关专门委员会部分组成人员，市政府办公室、潍坊市生态环境局高密分局、市水利局等部门（单位）的负责人，各镇街区人大主席、副主席、工作室主任，市直代表小组召集人，市政府提请任命人员列席了会议。有关公民旁听了会议。万丽主持会议。

会议听取并审议了市政府关于高密市2020年环境质量状况和环境保护目标完成情况的报告、关于全市水系治理工作情况的报告；审议通过了市人大常委会代表资格审查委员会关于个别代表的代表资格的报告；通过了人事任免事项。

第四十一次会议

市十八届人大常委会第四十一次会议，于2021年6月30日在市融智商务综合体7号楼第五会议室举行。市人大常委会党组书记、主任万丽，市人大常委会领导徐振刚、施玉梅、葛孝江、周德春、王福敏及委员共26人出席会议。市委常委、市监察委员会主任陈连军，副市长付联宝，市政协副主席吴金晶，市人民法院、市人民检察院的领导，市人大常委会各委室的负责人，市政府办公室、市科学技术局、市医疗保障局等部门（单位）的负责人，华荣实业有关负责人，各镇街区人大主席、副主席、工作室主任，市直代表小组召集人，部分市人大代表列席了会议。有关公民旁听了会议。万丽主持会议。

会议听取并审议了市政府关于高密市临港新城（东区）城市更新及基础设施建设项目实施方案的报告和关于高密市临港新城（西区）城市更新及胶河生态治理项目实施方案的报告，并分别作出了相应的决定；听取并审议了市政府关于全市科技工作情况的报告、关于全市基本医疗保险工作情况的报告；书面印发并审议了关于规范性文件备案审查工作情况的报告；通过了人事任免事项。

第五编　高密市人大专门委员会

第一章　设置　职责

第一节　设置

2015年8月修正的《地方组织法》规定，县、自治县、不设区的市、市辖区的人民代表大会根据需要，可以设法制委员会、财政经济委员会等专门委员会。各专门委员会受本级人民代表大会领导，在大会闭会期间，受本级人大常务委员会领导。各专门委员会由主任委员、副主任委员若干人和委员若干人组成。在人民代表大会会议期间，专门委员会组成人员人选由大会主席团在代表中提名，经全体代表酝酿后，采用举手表决的方式通过。根据《地方组织法》规定和潍坊市委、高密市委意见，从高密市第十七届人民代表大会第五次会议开始设立专门委员会。

2016年2月27日，高密市第十七届人民代表大会第五次会议决定设立内务司法委员会、财政经济委员会、教科文卫委员会、城建环保委员会、农业农村委员会5个专门委员会；表决通过了高密市第十七届人民代表大会内务司法委员会、城建环保委员会、财政经济委员会、农业农村委员会、教科文卫委员会主任委员、副主任委员、委员名单。2017年1月20日，高密市第十八届人民代表大会第一次会议，决定高密市第十八届人民代表大会设立内务司法委员会、财政经济委员会、教科文卫委员会、城建环保委员会、农业农村委员会；21日，第二次全体会议表决通过了高密市第十八届人民代表大会内务司法委员会、财政经济委员会、教科文卫委员会、城建环保委员会、农业农村委员会主任委员、副主任委员、委员名单。根据《地方组织法》有关规定和《高密市机构改革方案》，2019年4月3日，高密市第十八届人民代表大会第三次会议决定增设社会建设委员会，内务司法委员会更名为监察和司法委员会；表决通过了监察和司法委员会、社会建设委员会主任委员、副主任委员、委员名单；高密市第十八届人民代表大会内务司法委员会主任委员、副主任委员、委员职务自行终止。

在大会闭会期间，人大常委会任免专门委员会的个别副主任和部分委员，由主任会议提名，常委会会议通过。

第二节　职责

专门委员会的主要职责是：研究和审议本级人民代表大会主席团、人大常委会主任会议交付的有关议案，并提出审议意见；研究、拟订并向人大及其常委会提出属于本级人大及其常委会职权范围内同本委员会有关的议案；协助本级人大及其常委会督促“一府两院”贯彻执行国家相关法律法规和人大及其常委会的相关决议和决定；具体组织实施人大常委会开展的视察、调查、执法检查，协助本级人大及其常委会对“一府两院”的工作进行监督；对属于本委员会职权范围内的有关问题，进行调查研究，提出调研报告，为本级人大及其常委会审议决策提供参考依据；联系本级人大代表和人民群众，听取意见和要求，督促有关部门办理代表议案和建议；协助本级人大常委会组织的特定问题调查委员会就有关问题开展调查工作；配合有关部门，处理与本委员会有关的人民来信来访；配合上级人大开展与本委员会有关的立法调研工作；办理本级人大及其常委会和主任会议、上级人大及其常委会交付的其他工作事项。专门委员会设立后，积极开展工作，为增强人大工作实效，推动人大工作发展做出了贡献。

第二章　历届市人大各专门委员会

第一节　市第十七届人民代表大会专门委员会

内务司法委员会

主任委员：刘松青（兼）

副主任委员：吴云效

委　　员：（8人，以姓氏笔画排列）

李传洲　李衍市　邱昱华　张绍森

陈培义　单俊岩　赵祉文　夏业秀（女）

财政经济委员会

主任委员：宫德胜（兼）

副主任委员：郑兆波

委　　员：（8 人，以姓氏笔画排列）
马金英（女）　　田作山　刘　波
李秀芝（女）　　李　纲　单丽丽（女）
胡家顺　傅培林

教科文卫委员会

主任委员：王福敏（兼）
副主任委员：王相余
委　　员：（8 人，以姓氏笔画排列）
刘学新　孙学萍　李玉林　耿相辉
黄　龙　曹沛德　曾　露（女）
蔡　琳（女）

城建环保委员会

主任委员：于钦明（兼）
副主任委员：王作民
委　　员：（8 人，以姓氏笔画排列）
门相俊　王国梁　邓其华　任成森
李　刚　张　波　郑立强　高　峰

农业农村委员会

主任委员：周德春（兼）
副主任委员：窦学功
委　　员：（8 人，以姓氏笔画排列）
王克武　王连荣　王淑香（女）
李万俊　张付霞（女）　　周术刚
郑　华（女）　　高志明

第二节　市第十八届人民代表大会专门委员会

内务司法委员会

主任委员：徐振刚（兼）
副主任委员：吴云效
委　　员：（8 人，以姓氏笔画排列）
伍丽华（女）　　李衍市　张绍森
陈培义　明连安　赵祉文　夏业秀（女）
唐尧亮

2018 年 1 月 12 日，市十八届人大常委会第九次会议，决定接受张绍森辞去高密市第十八届人民代表大会代表职务的请求，其担任的市第十八届人民代表大会内务司法委员会委员职务相应终止。

2018 年 3 月 9 日，市十八届人大常委会第十一次会议，任命李雪艳（女）为市第十八届人民代表大会内务司法委员会委员。

2019 年 2 月 14 日，市十八届人大常委会第二十一次会议，接受伍丽华、夏业秀辞去高密市第十八届人民代表大会代表职务的请求，其担任的市第十八届人民代表大会内务司法委员会委员职务相应终止。

监察和司法委员会

2019 年 4 月 3 日，市十八届人大三次会议，决定内务司法委员会更名为监察和司法委员会；表决通过了监察和司法委员会主任委员、副主任委员、委员名单；高密市第十八届人民代表大会内务司法委员会主任委员、副主任委员、委员职务自行终止。

主任委员：徐振刚（兼）

副主任委员：吴云效

委　　员：（8人，以姓氏笔画排列）

于　义　孙洪利　李衍市　李雪艳（女）

张　谦　明连安　赵祉文　唐尧亮

财政经济委员会

主任委员：宫德胜（兼）

副主任委员：李宗福　薛元玺

委　员：（8人，以姓氏笔画排列）

马金英（女）　田作山　李玉林

李　纲　吴少军　胡家顺　韩泓冰

戴春涛

市十八届人大常委会第十七次会议后，因韩泓冰、胡家顺调离高密，其代表资格终止，其担任的市第十八届人民代表大会财政经济委员会委员职务相应终止。

2019年2月14日，市十八届人大常委会第二十一次会议，接受李宗福辞去高密市第十八届人民代表大会代表职务的请求，其担任的市第十八届人民代表大会财政经济委员会副主任委员职务相应终止。

2019年5月10日，市十八届人大常委会第二十三次会议，任命曹更兵为市第十八届人民代表大会财政经济委员会副主任委员，李卫东、郎咸鹏为委员。

2020年6月23日，市十八届人大常委会第三十二次会议，接受李卫东辞去高密市第十八届人民代表大会代表职务的请求，其担任的市第十八届人民代表大会财政经济委员会委员职务相应终止。

2021年3月15日，市十八届人大常委会第三十九次会议，任命王建强为市第十八届人民代表大会财政经济委员会委员。

教科文卫委员会

主任委员：施玉梅（女，兼）

副主任委员：王相余

委　　员：（8人，以姓氏笔画排列）

王福正　杜山古　张海燕（女）

赵明昌　耿相辉　曹沛德　蔡　琳（女）

颜　伟

2018年3月9日，市十八届人大常委会第十一次会议，任命韩金洲为市第十八届人民代表大会教科文卫委员会副主任委员。

2019年2月14日，市十八届人大常委会第二十一次会议，接受王相余、王福正辞去高密市第十八届人民代表大会代表职务的请求，王相余担任的市第十八届人民代表大会教科文卫委员会副主任委员、王福正担任的市第十八届人民代表大会教科文卫委员会委员职务相应终止。

2019年5月10日，市十八届人大常委会第二十三次会议，任命王圣全为市第十八届人民代表大会教科文卫委员会副主任委员，窦吉进为委员。

城建环保委员会

主任委员：葛孝江（兼）

副主任委员：王作民

委　　员：（8人，以姓氏笔画排列）

王国梁　王　勇　邓其华　邢　成

刘　波　张国华　郑立强　袁泽友

2018年1月12日，市十八届人大常委会第九次会议，决定接受刘波辞去高密市第十八届人民代表大会代表职务的请求，其担任的市第十八届人民代表大会城建环保委员会委员职务相应终止。

2018年3月9日，市十八届人大常委会第十一次会议，任命鹿治理为市第十八届人民代表大会城建环保委员会委员。

2019年5月10日，市十八届人大常委会第二十三次会议，免去王作民的市第十八届人民代表大会城建环保委员会副主任委员职务，任命刘强为市第十八届人民代表大会城建环保委员会副主任委员。

市十八届人大常委会第三十次会议后，因邓其华去世，其代表资格自然终止，其担任的高密市第十八届人民代表大会城建环保委员会委员职务相应终止。

2020年6月23日，市十八届人大常委会第三十二次会议，接受刘强辞去高密市第十八届人民代表大会代表职务的请求，其担任的市第十八届人民代表大会城建环保委员会副主任委员职务相应终止。

2021年3月15日，市十八届人大常委会第三十九次会议，任命徐怀章为市第十八届人民代表大会城建环保委员会委员。

农业农村委员会

主任委员：李　铭（兼）

副主任委员：窦学功

委　　员：（8人，以姓氏笔画排列）

王克武　王连荣　王连福　王淑香（女）

吕　超　张付霞（女）　徐华兵

韩金国

2018年1月12日，市十八届人大常委会第九次会议，接受张付霞辞去高密市第十八届人民代表大会代表职务的请求，其担任的市第十八届人民代表大会农业农村委员会委员职务相应终止。

2018年3月9日，市十八届人大常委会第十一次会议，任命郝国梁为市第十八届人民代表大会农业农村委员会委员。

市十八届人大二次会议后，郝国梁调离高密，其代表资格终止，其担任的高密市第十八届人民代表大会农业农村委员会委员职务相应终止。

2019年5月10日，市十八届人大常委会第二十三次会议，任命吴兆道为市第十八届人民代表大会农业农村委员会副主任委员，秦凯为委员。

市十八届人大常委会第二十三次会议后，秦凯调离高密，其代表资格终止，其担任的高密市第十八届人民代表大会农业农村委员会委员职务相应终止。

2020年3月25日，市十八届人大常委

会第三十次会议，任命禚玉乾为市第十八届人民代表大会农业农村委员会委员。

社会建设委员会

2019 年 4 月 3 日，市十八届人大三次会议决定增设社会建设委员会，表决通过了社会建设委员会主任委员、副主任委员、委员名单。

主任委员：葛孝江（兼）

副主任委员：孙　波

委　　员：（8 人，以姓氏笔画排列）

田久增　冯玉庆　刘玉梅（女）

宋进岭　周星奎　宫恩东　管　强

禚丽萍（女）

2019 年 5 月 10 日，市十八届人大常委会第二十三次会议，任命刘强为市第十八届人民代表大会社会建设委员会副主任委员。

2020 年 1 月 6 日，市十八届人大常委会第二十九次会议，接受冯玉庆、田久增辞去高密市第十八届人民代表大会代表职务的请求，其担任的市第十八届人民代表大会社会建设委员会委员职务相应终止。

2020 年 3 月 25 日，市十八届人大常委会第三十次会议，任命张伟、马刚为市第十八届人民代表大会社会建设委员会委员。

2020 年 6 月 23 日，市十八届人大常委会第三十二次会议，接受刘强辞去高密市第十八届人民代表大会代表职务的请求，其担任的市第十八届人民代表大会社会建设委员会副主任委员职务相应终止。

第六编　市（县）人大常委会工作办事机构

第一章　市（县）人大常委会工作机构

第一节　设　置

市人大常委会根据工作需要设立工作机构。1985 年 3 月 1 日，县十届人大常委会第六次会议决定，在不增设编制的前提下，设立法制工作委员会、财政经济工作委员会、科教文卫工作委员会。1989 年 5 月 30 日，县十一届人大常委会第十七次会议决定调整工作机构，设立财政经济城乡建设工作委员会、法制工作委员会、农村经济工作委员会、教科文卫工作委员会 4 个工作机构，均为正科级单位。1997 年 1 月 16 日，市十三届人大常委会第二十八次会议决定将工作机构调整为法制工作委员会、财政经济工作委员会、教科文卫工作委员会、城乡建设环境保护工作委员会、农村经济工作委员会 5 个工作机构。2004 年，农村经济工作委员会更名为农业与农村工作委员会。2015 年 1 月，市人大常委会设立预算工作委员会。

第二节　职　责

人大常委会设立的工作机构主要职责是：（1）作为集体参谋助手，为上级人大及其常委会的立法决策提供服务，包括立法调研的联络、地方性法规草案的征求意见，提出修改意见，研究、处理人大代表提出的有关立法工作的建议、批评和意见，开展备案审查工作等；（2）为会议服务，包括为本级人大会议、常委会会议、主任会议、专门委员会会议服务；（3）为日常工作服务，包括负责联系代表，组织代表活动、视察，处理代表和常委会委员提出的议案及建议、批评和意见等；（4）提供研究、咨询服务，包括围绕为人大制度建设和民主法治建设进行调查研究、理论研究，为人大及其常委会履行职权提供信息和参考。

第三节　市（县）人大常委会工作机构主任、副主任

教科文卫工作委员会

主　任：

王炜光（1985 年 3 月—1989 年 5 月，兼任）

谷昭川（1989 年 5 月—1993 年 1 月）

刘昌华（1993 年 1 月—1993 年 11 月）

李好玉（1993 年 11 月—1997 年 1 月，兼任）

刘宗法（1997 年 1 月—1997 年 12 月，兼任）

郇洪和（1997 年 12 月—2002 年 6 月）

鹿书信（2002 年 6 月—2006 年 4 月）

王汉杰（2006 年 4 月—2009 年 3 月）

王相余（2009 年 3 月—2019 年 2 月）

王圣全（2019 年 2 月—　　）

副主任：

钟銮先（1985 年 3 月—1989 年 5 月）

陶承利（1989 年 5 月—1994 年 1 月）

刘昌华（正科级，1993 年 11 月—1995 年 11 月）

徐伯登（1995 年 12 月—1997 年 1 月）

邓　攀（2010 年 3 月—2015 年 12 月）

法制工作委员会

主　任：

于　彬（1985 年 3 月—1989 年 5 月，兼任）

吕希池（1989 年 5 月—1993 年 11 月）

李万河（1993 年 11 月—1995 年 12 月，兼任）

杜继亮（1995 年 12 月—1997 年 12 月）

贾义丰（1997 年 12 月—2002 年 6 月）

宋希会（2003 年 3 月—2006 年 4 月）

张兴家（2007 年 6 月—2009 年 3 月）

高四亮（2009 年 3 月—2012 年 1 月）

吴云效（2012 年 9 月—2019 年 1 月）

副主任：

夏克杰（1985 年 3 月—1989 年 5 月）

刘志刚（1989 年 5 月—1993 年 11 月）

任德平（1993 年 1 月—1997 年 1 月）

刘书仁（2010 年 3 月—2012 年 10 月）

财政经济城乡建设工作委员会

主　任：

毛永华（1989 年 5 月—1993 年 11 月）

王凤祥（1993 年 11 月—1997 年 1 月，兼任）

副主任：

刁世学（1993 年 1 月—1997 年 1 月）

毛永华（正科级，1993 年 11 月—1997 年 1 月）

赵存礼（1989 年 5 月—1993 年 11 月）

财政经济工作委员会

主　任：

沈子升（1997 年 1 月—1997 年 12 月，兼任）

李桂芳（女，1997 年 12 月—2002 年 6 月）

张建国（2003 年 3 月—2007 年 6 月）

姜殿国（2007 年 6 月—2010 年 3 月）

张延泉（2010 年 3 月—2013 年 4 月）

郑兆波（2013 年 4 月—2016 年 8 月）

薛元玺（2016 年 8 月—　　）

副主任：

徐澄海（1985 年 3 月—1989 年 5 月）

赵存礼（1989 年 5 月—1993 年 11 月）

城乡建设环境保护工作委员会

主　任：

于敦学（1997 年 1 月—1997 年 12 月，兼任）

高大友（1997 年 12 月—2002 年 6 月）

徐伯登（2002 年 6 月—2003 年 3 月）

颜廷爱（2003 年 3 月—2003 年 10 月，兼任）

邱兆瑞（2003 年 10 月—2004 年 2 月）

李连杰（2004 年 2 月—2009 年 3 月）

彭桂臻（2009 年 2 月—2012 年 1 月）

刘　强（2012 年 10 月—2020 年 6 月）

王明强（2021 年 4 月—　　）

副主任：

葛　萌（2016 年 3 月—2019 年 5 月）

王鹏飞（2018 年 10 月—　　）

农业与农村工作委员会（农村经济工作委员会）

主　任：

李锡才（1989 年 5 月—1993 年 11 月）

沈子升（1993 年 11 月—1997 年 1 月，兼任）

郭炳桥（1997 年 1 月—1997 年 12 月，兼任）

于纯华（2002 年 6 月—2006 年 4 月）

沙明君（2006 年 4 月—2009 年 3 月）

隋卫清（2009 年 1 月—2012 年 3 月）

窦学功（2012 年 10 月—2021 年 4 月）

李宗武（2021 年 4 月—　　）

副主任：

李文刚（正科级，1989 年 5 月—1994 年 8 月）

苗锡来（1996 年 11 月—1997 年 1 月）

邱兆瑞（1998 年 3 月—1999 年 2 月）

郭玉喜（1999 年 2 月—2003 年 3 月）

谭文红（女，2009 年 11 月—2016 年 8 月）

预算工作委员会

主　任：

李宗福（2016 年 3 月—2019 年 2 月）

曹更兵（2019 年 2 月—2021 年 6 月）

副主任：

祝继先（2015 年 12 月—　　）

监察和司法工作委员会

主　任：

吴云效（2019 年 1 月—　　）

副主任：

王淑霞（女，2020 年 6 月—　　）

第二章　市（县）人大常委会办事机构

第一节　设　置

1980 年 9 月，县九届人大一次会议选举产生的常委会，只设办公室，为常委会常设办事机构。1982 年 5 月，县九届人大常委会第十四次会议决定设法制科、代表事务科。1984 年 4 月，设调查研究科，代表事务科改称代表联络科。1987 年 9 月 14 日，县十一届人大常委会第三次会议决定调整人大常委会办事机构，由一室三科，改为一室四科。设办公室、法制科、财政经济科、代表联络科、教科文卫城乡建设科，均为正科级单位。1989 年 5 月 30 日，县十一届人大常委会第十七次会议决定撤销法制科、财政经济科、代表联络科、教科文卫城乡建设科。人大常委会办事机构由一室四科，改为了一室四委。人大办公室下设秘书科、信访代表联络科、行政老干科。1997 年 1 月 16 日，市十三届人大常委会第二十八次会议决定调整高密市人大常委会办事机构，增设人事代表工作室、调查研究室二个正科级常设办事机构。2005 年 9 月，市人大常委会决定设立信访工作室。2007 年 2 月，市人大常委会决定设立老干部工作办公室。2019 年 3 月，市人大常委会老干部工作办公室更名为市人大常委会老干部服务中心。2021 年 3 月，市人大常委会老干部服务中心更名为高密市人大代表联络服务中心，为市人大办公室所属正科级公益一类事业单位。

第二节　职　责

人大常委会设立的办事机构主要职责是：（1）作为集体参谋助手，为上级人大及其常委会的立法决策提供服务，包括立法调研的联络、地方性法规草案的征求意见，提出修改意见，研究、处理人大代表提出的有关立法工作的建议、批评和意见，开展备案审查工作等；（2）为会议服务，包括为本级人大会议、常委会会议、主任会议、专门委员会会议服务；（3）为日常工作服务，包括负责联系代表，组织代表活动、视察，处理代表和常委会委员提出的议案及建议、批评和意见，接待群众来信来访等；（4）提供研究、咨询服务，包括围绕为人大制度建设和民主法治建设进行调查研究、理论研究，为人大及其常委会决定问题提供信息和参考；（5）提供后勤服务，包括为人大及其常委会的工作人员的工作、生活提供必要的物质条件；（6）为离退休老干部提供服务。

第三节　市（县）人大常委会办事机构主任、副主任

办公室

主　任：

刘喜文（1980 年 9 月—1984 年 4 月，兼任）

朱福训（1984 年 4 月—1986 年 8 月）

荆逢元（1987 年 2 月—1990 年 9 月）

綦宗良（1990 年 9 月—1998 年 3 月）

王汉杰（1998 年 3 月—2006 年 4 月）

庄　政（2006 年 4 月—2010 年 3 月）

王　赓（2010 年 3 月—2016 年 3 月）

严凤辉（2016 年 3 月—　　）

副主任：

王　瑛（1980 年 9 月—1981 年 12 月）

周宝兴（1980 年 9 月—1984 年 4 月）

宋立田（1982 年 1 月—1984 年 4 月）

师小娟（女，1984 年 4 月—1987 年 8 月）

仲跻魁（1986 年 9 月—1989 年 5 月）

綦宗良（1990 年 9 月—1997 年 12 月）

刘昌华（1989 年 5 月—1993 年 1 月）

隋存茂（1989 年 5 月—1993 年 1 月）

李广文（1990 年 9 月—1995 年 12 月）

刘　波（1993 年 1 月—1997 年 1 月）

肖敬亭（1993 年 1 月—1993 年 11 月）

高泗江（1995 年 12 月—1997 年 1 月）

刁世学（1997 年 1 月—1997 年 12 月）

任德平（1997 年 1 月—1999 年 2 月）

徐伯登（1997 年 1 月—2002 年 6 月）

邱兆瑞（1999 年 2 月—2006 年 6 月）

范　珲（2004 年 2 月—2008 年 9 月）

王作民（2005 年 6 月—2007 年 6 月；2008 年 5 月—2009 年 3 月，保留正科级）

刘兆斌（2006 年 6 月—2008 年 5 月，2009 年 8 月—2012 年 4 月）

罗传国（2009 年 3 月—2013 年 7 月）

曹更兵（2017 年 8 月—2019 年 2 月）

栗小萌（女，2020 年 1 月—　　）

法制科

科　长：

赵锡祜（1984 年 4 月—1987 年 6 月）

师小娟（女，1987 年 7 月—1987 年 8 月）

宋新科（1987 年 11 月—1988 年 4 月）

师小娟（女，1988 年 4 月—1989 年 5 月）

副科长：

赵锡祜（1982 年 4 月—1984 年 4 月）

师小娟（女，1987 年 8 月—1988 年 4 月）
吕希池（1988 年 4 月—1989 年 5 月）

代表联络科（代表事务科）

科　长：

赵存礼（1984 年 5 月—1987 年 8 月）
王凤山（1987 年 9 月—1989 年 5 月）

副科长：

赵存礼（1982 年 4 月—1984 年 5 月；
1987 年 9 月—1989 年 5 月）

研究室
（调查研究室、调查研究科）

主任（科长）：

刘志远（1984 年 4 月—1985 年 9 月）
毛永华（1986 年 3 月—1987 年 6 月）
刘　波（1997 年 1 月—2002 年 6 月）
赵祉刚（2002 年 6 月—2004 年 2 月）
吴云效（2006 年 6 月—2012 年 10 月）
李祥法（2013 年 7 月—2016 年 3 月）
李　欣（2019 年 2 月—　　）

副主任：

赵祉刚（1997 年 1 月—2003 年 3 月）
郭玉喜（2003 年 3 月—2004 年 2 月）
吴云效（2004 年 2 月—2006 年 6 月）
窦学功（2005 年 6 月—2007 年 6 月）
李祥法（2009 年 3 月—2013 年 7 月）
李　欣（2014 年 10 月—2019 年 2 月）
徐晓晶（女，2020 年 6 月—　　）

财政经济科

科　长：

孙树昆（1987 年 9 月—1989 年 5 月）

副科长：

毛永华（1987 年 9 月—1989 年 5 月）

教科文卫城乡建设科

科　长：

沈兴昌（1987 年 9 月—1988 年 4 月）
李锡才（1988 年 4 月—1989 年 5 月）

人事代表工作室

主　任：

毛永华（1997 年 1 月—1999 年 2 月）
任德平（1999 年 2 月—2005 年 4 月）
刘来忠（2005 年 4 月—2009 年 3 月）
王作民（2009 年 3 月—2020 年 3 月）
孙传琛（2020 年 3 月—2021 年 4 月）
台春琰（女，2021 年 4 月—　　）

副主任：

高泗江（1997 年 1 月—1998 年 12 月）
郭玉喜（2004 年 2 月—2007 年 6 月）
张勤华（2008 年 5 月—2011 年 6 月）
刘　强（2011 年 6 月—2012 年 10 月）
台春琰（女，2013 年 7 月—2021 年 4 月）

信访工作室

主　任：

范　珲（2005 年 12 月—2007 年 6 月）

窦学功（2007 年 6 月—2012 年 10 月）

王圣全（2012 年 10 月—2019 年 2 月）

刘兆斌（2019 年 5 月—2020 年 1 月）

邓　攀（2020 年 1 月—　　）

副主任：

李玉恩（2008 年 5 月—2011 年 6 月）

王圣全（2011 年 6 月—2012 年 10 月）

梁永青（2015 年 4 月—2020 年 3 月）

老干部服务中心
（老干部工作办公室）

主　任：

王作民（2007 年 6 月—2008 年 5 月）

刘兆斌（2008 年 5 月—2012 年 4 月）

罗传国（2013 年 7 月—2015 年 4 月）

邓　攀（2015 年 12 月—2020 年 1 月）

刘晓笛（女，2020 年 1 月—　　）

副主任：

李　欣（2011 年 6 月—2014 年 10 月）

王鹏飞（2015 年 3 月—2018 年 10 月）

王　伟（2020 年 6 月—　　）

第三章　市人大常委会派出工作机构

第一节　设　置

1998 年 3 月，市人大常委会决定设立朝阳街道人大工作室，为正科级单位。2001 年 4 月，市人大常委会决定设立密水街道人大工作室和醴泉街道人大工作室，为正科级单位。3 个工作室均为市人大常委会的派出机构。2003 年 5 月，市十五届人大常委会制订了《街道人大工作室工作办法》，规定街道人大工作室是市人大常委会派驻街道的工作机构，设主任并可以设副主任一名，街道人大工作室主任、副主任由市人大常委会任命。各功能区成立后，设人大工作室，2016 年取消工作室，由相关乡镇人大副主席负责功能区人大工作。分别为姜庄镇一名人大副主席负责咸家工业区人大工作；夏庄镇一名人大副主席负责东北乡文化发展区人大工作；柴沟镇一名人大副主席负责注沟农业发展区人大工作。

第二节　职　责

街道人大工作室的主要职责是：（1）负责监督检查本街道宪法、法律、行政法规和上级人大决议的遵守执行情况；（2）负责联系本街道的市人大代表开展学习、视察、检查、评议、调研等活动，为代表执行职务提供服务；（3）负责安排代表联系走访选民和选举单位，接待选民或代表来访，反映和督办代表建议、意见；（4）负责组织代表听取有关部门的工作汇报，协助接待选民、进社区推行工作；（5）按照市选举委员会的安排，组织本街道人大代表的选举工作；（6）完成市人大和人大常委会安排的各项工作。

第三节　市人大常委会派出工作机构主任、副主任

经济开发区人大工作室

主　任：

齐有东（2008 年 9 月—2013 年 4 月）

田香花（女，2013 年 4 月—2018 年 10 月）

经济开发区党工委委员、管理委员会副主任（主持人大工作）：

刘凤君（2018 年 11 月—2021 年 3 月）

副主任：

管朝霞（女，2008 年 9 月—2013 年 4 月）

明学群（女，2013 年 4 月—2019 年 7 月）

密水街道人大工作室

主　任：

于洪奎（2001 年 3 月—2001 年 12 月）

单际庆（2001 年 12 月—2004 年 2 月）

于洪奎（2004 年 2 月—2006 年 12 月）

王洪才（2006 年 12 月—2010 年 2 月）

郇海云（女，2010 年 2 月—2015 年 2 月）

曲颂东（2015 年 3 月—2019 年 8 月）

禚玉乾（2019 年 8 月—　）

副主任：

王心田（2001 年 12 月—2006 年 12 月）

杜心洁（2006 年 2 月—2014 年 11 月）

杜乃贵（2016 年 12 月—　）

醴泉街道人大工作室

主　任：

辛勤文（2001 年 3 月—2007 年 7 月）

李宗斌（2007 年 7 月—2008 年 3 月）

李　翔（2008 年 3 月—2009 年 11 月）

徐　刚（2009 年 11 月—2012 年 1 月）

郭恩双（2012 年 1 月—2013 年 3 月）

李衍宝（2013 年 3 月—2015 年 3 月）

邱天高（2015 年 3 月—2016 年 3 月）

夏业秀（女，2016 年 3 月—2018 年 12 月）

孙洪利（2018 年 12 月—　）

副主任：

王玉萍（女，2005 年 12 月—2007 年 8 月）

肖　华（2007 年 8 月—2009 年 2 月）

孙旭贵（2009 年 3 月—2011 年 12 月）

王瑞先（2011 年 12 月—2013 年 3 月）

王方杰（2013 年 3 月—2016 年 12 月）

朱玲玲（女，2016 年 12 月—　）

朝阳街道人大工作室

主　任：

人大工作室主任：

付振坤（经济技术开发区党工委副书记兼任，1997 年 1 月—2001 年 3 月）

潘玉芳（2001 年 4 月—2002 年 11 月）

徐伯登（2003 年 3 月—2006 年 4 月）

齐有东（2006 年 12 月—2008 年 7 月）

刘秀贞（女，2008 年 7 月—2010 年 2 月）

张欣元（2010 年 3 月—2011 年 12 月）

田香花（女，2011 年 12 月—2013 年 4 月）

李　梅（女，2013 年 4 月—2015 年 4 月）

叶秀霞（女，2015 年 4 月—2016 年 12 月）

李　强（2016 年 12 月—2018 年 10 月）

禚丽萍（女，2019 年 2 月—　　）

副主任：

单亦勤（1997 年 1 月—1997 年 12 月）

王国华（1997 年 12 月—2001 年 12 月）

王儒斌（2003 年 3 月—2004 年 9 月）

高善鹏（2004 年 2 月—2006 年 12 月）

禚海基（2006 年 2 月—2006 年 12 月）

管朝霞（女，2007 年 9 月—2008 年 9 月）

李福彩（女，2008 年 7 月—2011 年 1 月）

明学群（女，2011 年 12 月—2013 年 4 月）

高四星（2013 年 4 月—　）

第七编　监督工作

县级以上各级人民代表大会及其常务委员会具有依法监督本级人民政府、人民法院、人民检察院工作的职责和权力。《中华人民共和国地方各级人民代表大会和地方各级人民政府组织法》《中华人民共和国各级人民代表大会常务委员会监督法》对地方各级人大常委会的职权、监督“一府两院”工作的基本原则、监督方式和监督程序作出了较为全面的规定。人大及其常委会的监督方式，大体为三类：一是日常性监督，即常年开展的监督，如听取和审议专项工作报告、执法检查、规范性文件备案审查等；二是例行监督，即在特定时间内必须进行的监督，如审查和批准决算、听取和审议计划和预算执行情况的报告、审计工作报告等；三是在特定情况和条件下启动的监督，如询问和质询、特定问题调查、审议决定撤职案和个案监督等。

高密市（县）人大常委会围绕全市工作大局，在中共高密市（县）委的坚强领导下，抓住“一府两院”工作中关系改革发展稳定的重大问题和地方事务中根本性、长远性事项，创新开展监督工作，有效推动“一府两院”工作开展。整个监督工作从议题选择，组织会前视察、调研，到会议审议、民主决策，再到审议意见转办督办、结果公开，全过程的监督机制逐步建立并完善，制度化、规范化、程序化、法律化监督日益加强，促进了依法行政、公正司法。

本编记述的是市（县）人民代表大会尤其是自1980年12月县九届人大一次会议选举成立人大常委会以来，开展的议（提）案及代表建议、批评和意见收集与办理，调研、视察、执法检查，评议、专题询问、规范性文件备案审查、人民来信来访处理等监督工作。

第一章　听取和审议工作汇报

我国宪法规定，县级以上的地方各级人民代表大会审查和批准本行政区域内的国民经济和社会发展计划、预算以及它们的执行情况的报告。地方各级人民政府对本级人民代表大会负责并报告工作，在本级人民代表大会闭会期间，对本级人民代表大会常务委员会负责并报告工作。县级以上的地方各级人民代表大会常务委员会讨论、决定本行政区域内各方面工作的重大事项，监督本级人民政府、人民法院和人民检察院的工作。

人大听取和审议人民政府、人民法院和人民检察院工作报告，是行使国家权力、决定重大事项和履行监督职能的基本形式。市（县）人民代表大会会议，在议程中都把听取和审议“一府两院”工作报告作为主要任务。在市（县）人民代表大会闭会期间，市（县）人大常委会也及时听取审议“一府两院”有关工作汇报，提出建议、意见，发出审议意见书，或对某些事项作出决议和决定。第三编第二章和第四编第五章已有记述，本章不再赘述。

图7－1　2004年5月，市人大常委会正式启用《审议意见书》

第二章　议（提）案的收集和办理

第一节　议（提）案收集

议案是经过法定程序、由具有法定提案权的机关和个人向地方及国家权力机关（或立法机关）提交会议审议决定的议事原案。代表议案是指在市人民代表大会举行会议期间，大会主席团决定的代表议案提出截止时间前，由代表 10 人以上联名，向市人民代表大会提出的属于市人民代表大会职权范围内的议事原案。代表议案既可以是单个的议事原案，也可以由多个相同或类似的议事原案合并组成。市（县）人民代表大会举行会议时，主席团、常务委员会、各专门委员会、本级人民政府、符合法定人数以上代表联名，可以向本级人民代表大会提出属于本级人民代表大会职权范围内的议案。代表议案由大会秘书处收集，经议案审查委员会（议案组）审查，根据议案的内容和性质分类整理编号立案，由主席团决定提交人民代表大会会议审议，或者交有关的专门委员会审议、提出报告，再由主席团审议决定提交大会表决。从市十八届人民代表大会第二次会议开始不再设议案审查委员会，议案的审查工作由人民代表大会各专门委员会承担。

依照全国人大常委会副委员长习仲勋在全国五届人大五次会议上《关于四个法律案的说明》中提出的“今后对议案和代表的建议、批评、意见要分开；向人民代表大会提出的议案，应是属于人民代表大会职权范围内的大事；代表对各方面工作提出的建议、批评和意见的处理，要纳入人大常委会的正常工作”的要求。1983 年 12 月 6 日，高密县第九届人民代表大会第四次会议主席团决定：根据《地方组织法》规定，本次人民代表大会、主席团、县人大常委会、县人民政府和县人大代表（有 3 人以上附议），都可以提出属于县人民代表大会职权范围内的议案。代表提出的议案不足 3 人附议的，不作为议案受理。为了保证议案质量，提高办案效率，各单位和代表提出的议案，须先经议案审查委员会审查，对具备了列入大会议程条件的议案，由议案审查委员会提交大会主席团决定是否列入大会议程。主席团提交大会讨论表决的议案，表决时，以全体代表的过半数通过方能成为决议。参照全国五届人大五次会议和省六届人大一次会议的有关规定，从高密县第九届人民代表大会第四次会议开始，不再搜集提案，而由代表提出议案交大会秘书处。议案的受理按照上述高密县第九届人民代表大会第四次会议主席团的决定执行。2019 年，高密市“擦亮‘一镇一议案’品牌，夯实镇级人大工作基础”创新成果荣获潍坊市人大工作创新发展特等奖第一名。

历届议（提）案审查委员会组成人员一览表

表 7-1

届次	主任委员	副主任委员	委员（以姓氏笔画排列）	通过时间	备注
县九届人大一次会议提案审查委员会	于树棠	李凤语	于秀泉　于　彬　田洪盛　刘远东　李宗顺　张光庭　张景严　范忠正　崔凤鸣	1980 年 9 月 6 日，县九届人大一次会议预备会议通过	
县九届人大二次会议提案审查委员会	陈戟门	李宗顺	毛源德　刘云亭　谷昭川　陈福麟　颜廷本	1981 年 12 月 13 日，县九届人大二次会议预备会议通过	
县九届人大三次会议提案审查委员会	陈戟门	李宗顺	毛源德　刘云亭　谷昭川　陈福麟　颜廷本	1982 年 12 月 26 日，县九届人大三次会议预备会议通过	
县九届人大四次会议议案审查委员会	陈戟门	李宗顺	毛源德　刘云亭　刘明甫　陈福麟　颜廷本	1983 年 12 月 6 日，县九届人大四次会议主席团第一次会议决定	
县十届人大一次会议议案审查委员会	王炜光	李君芳	张永喜　吴丽雅（女）　陈福麟　荆曰敏　钟銮先	1984 年 5 月 23 日，县十届人大一次会议预备会议通过	
县十届人大二次会议议案审查委员会	王炜光	李君芳	张永喜　吴丽雅（女）　陈福麟　荆曰敏　钟銮先	1985 年 3 月 29 日，县十届人大二次会议主席团第一次会议通过	
县十届人大三次会议议案审查委员会	王炜光	李君芳	闫炜初　刘　彩　吴元宝　陈福麟　荆曰敏　钟銮先　徐延峰	1986 年 6 月 21 日，县十届人大三次会议预备会议通过	
县十一届人大一次会议议案审查委员会	王炜光	李君芳	王凤祥　刘元本　孟庆余　徐延峰　徐复清	1987 年 4 月 24 日，县十一届人大一次会议预备会议通过	
县十一届人大二次会议议案审查委员会					资料缺失
县十一届人大三次会议议案审查委员会	刘远东	李君芳	王凤山　王凤祥　刘元本　徐延峰　徐复清	1988 年 4 月 19 日，县十一届人大三次会议预备会议通过	
县十一届人大四次会议议案审查委员会					资料缺失
县十二届人大一次会议议案审查委员会	梁光鹏	李君芳	王凤祥　吕希池　谷昭川　张乐宝　荆逢元	1990 年 3 月 14 日，县十二届人大一次会议预备会议通过	
县十二届人大二次会议议案审查委员会	梁光鹏	綦宗良	王凤祥　刘延滨（女）　吕希池　李锡才　张乐宝	1991 年 3 月 25 日，县十二届人大二次会议预备会议通过	
县十二届人大三次会议议案审查委员会					资料缺失

续表 7-1

届次	主任委员	副主任委员	委　员（以姓氏笔画排列）	通过时间	备注
县十三届人大一次会议议案审查委员会	沈子升	綦宗良	吕希池　李锡才　邱玉森　陈世鸿　张乐宝	1993 年 2 月 9 日，县十三届人大一次会议预备会议通过	
县十三届人大二次会议议案审查委员会	沈子升	綦宗良	冯锡茂　邱玉森　陈世鸿　张乐宝　赵瑞璋（女）	1994 年 2 月 20 日，县十三届人大二次会议预备会议通过	
市十三届人大三次会议议案审查委员会	沈子升	綦宗良	冯锡茂　邱玉森　陈世鸿　张乐宝　赵瑞璋（女）	1995 年 3 月 17 日，市十三届人大三次会议预备会议通过	
市十三届人大四次会议议案审查委员会	沈子升	綦宗良	刘福禄　杜继亮　陈世鸿　单际庆　赵瑞璋（女）	1996 年 2 月 27 日，市十三届人大四次会议预备会议通过	
市十三届人大五次会议议案审查委员会	李好玉	綦宗良	刘福禄　杜继亮　陈世鸿　单际庆　赵瑞璋（女）	1997 年 3 月 9 日，市十三届人大五次会议预备会议通过	
市十四届人大一次会议议案审查委员会	潘世俊	毛永华	邓其华　李庆喜　张家书　邵瑞香（女）　周　娟（女）	1998 年 1 月 15 日，市十四届人大一次会议预备会议通过	
市十四届人大二次会议议案审查委员会	潘世俊	高大友	邓其华　李庆喜　张家书　邵瑞香（女）　周　娟（女）	1999 年 3 月 4 日，市十四届人大二次会议预备会议通过	
市十四届人大三次会议议案审查委员会	潘世俊	高大友 任德平	万　丽（女）　邓其华　李庆喜　张家书　邵瑞香（女）　周　娟（女）	2000 年 3 月 2 日，市十四届人大三次会议预备会议通过	
市十四届人大四次会议议案审查委员会	潘世俊	高大友 任德平	万　丽（女）　邓其华　李庆喜　臧良传　邵瑞香（女）　周　娟（女）	2001 年 3 月 3 日，市十四届人大四次会议预备会议通过	
市十四届人大五次会议议案审查委员会	王致民	高大友 任德平	万　丽（女）　邓其华　李庆喜　邵瑞香（女）　周　娟（女）　高礼绪	2002 年 1 月 23 日，市十四届人大五次会议预备会议通过	
市十五届人大一次会议议案审查委员会	王致民	任德平	王增华　邓其华　刘学新　项圣智　钟　波（女）　高礼绪　董洪亮	2003 年 1 月 19 日，市十五届人大一次会议预备会议通过	
市十五届人大二次会议议案审查委员会	刘彭泉	任德平	王增华　邓其华　刘学新　辛勤文　项圣智　钟　波（女）　董洪亮	2004 年 2 月 9 日，市十五届人大二次会议预备会议通过	
市十五届人大三次会议议案审查委员会	刘彭泉	任德平	王增华　邓其华　刘学新　辛勤文　项圣智　钟　波（女）　董洪亮	2005 年 2 月 25 日，市十五届人大三次会议预备会议通过	
市十五届人大四次会议议案审查委员会	刘彭泉	任德平 刘来忠	王增华　邓其华　刘学新　辛勤文　项圣智　钟　波（女）　董洪亮	2006 年 2 月 22 日，市十五届人大四次会议预备会议通过	

续表 7-1

届次	主任委员	副主任委员	委　员（以姓氏笔画排列）	通过时间	备注
市十五届人大五次会议议案审查委员会	张庆坚	刘来忠	王增华　邓其华　吕春芳（女） 刘学新　李宗斌　项圣智　董洪亮	2007 年 3 月 6 日，市十五届人大五次会议预备会议通过	
市十六届人大一次会议议案审查委员会	张庆坚	刘来忠	王者松　王洪才　邓其华 吕春芳（女）　刘学新　项圣智 郭金桥	2007 年 12 月 10 日，市十六届人大一次会议预备会议通过	
市十六届人大会二次会议案审查委员会	薛维钧	刘来忠	王者松　王洪才　邓其华 吕春芳（女）　刘秀贞（女） 刘学新　项圣智　郭金桥	2009 年 1 月 7 日，市十六届人大会二次会议预备会议通过	
市十六届人大三次会议议案审查委员会	薛维钧	王作民	王者松　王洪才　邓其华 吕春芳（女）　刘秀贞（女） 刘学新　项圣智　郭金桥	2010 年 1 月 11 日，市十六届人大三次会议预备会议通过	
市十六届人大四次会议议案审查委员会	王家林	王作民	王者松　邓其华　吕春芳（女） 刘学新　张欣元　郇海云（女） 项圣智　郭金桥	2011 年 1 月 20 日，市十六届人大四次会议预备会议通过	
市十七届人大一次会议议案审查委员会	王家林	王作民	邓其华　吕春芳（女）　刘学新 郇海云（女）　郑立强　项圣智 耿相辉　郭恩双	2012 年 1 月 10 日，市十七届人大一次会议预备会议通过	
市十七届人大二次会议议案审查委员会	王家林	王作民	邓其华　吕春芳（女）　刘学新 郇海云（女）　郑立强　项圣智 耿相辉　郭恩双	2013 年 2 月 17 日，市十七届人大二次会议预备会议通过	
市十七届人大三次会议议案审查委员会	王福敏	王作民	邓其华　田香花（女） 吕春芳（女）　刘学新 郇海云（女）　郑立强 项圣智　耿相辉	2014 年 2 月 16 日，市十七届人大三次会议预备会议通过	
市十七届人大四次会议议案审查委员会	王福敏	王作民	邓其华　田香花（女） 吕春芳（女）　刘学新 郇海云（女）　郑立强　项圣智 耿相辉	2015 年 2 月 2 日，市十七届人大四次会议预备会议通过	
市十七届人大五次会议议案审查委员会	王福敏	王作民	邓其华　田香花（女） 吕春芳（女）　刘学新　郑立强 项圣智　耿相辉　夏业秀（女）	2016 年 2 月 24 日，市十七届人大五次会议预备会议通过	
市十八届人大一次会议议案审查委员会	王福敏	王作民	邓其华　田香花（女） 刘玉梅（女）　李玉林　郑立强 夏业秀（女）　耿相辉 蔡　琳（女）	2017 年 1 月 18 日，市十八届人大一次会议预备会议通过	

第二节 议（提）案办理

县九届人大代表提案办理

高密县第九届人民代表大会第一次会议期间，提案征集及办理情况相关资料缺失。

高密县第九届人民代表大会第二次会议期间，大会共收到330件提案。县政府按照代表提案要求已经解决的有238件，占72.1%。政府已经列入计划，但牵扯面大，需要逐步解决的有79件，占23.7%。因政策有明确规定，不能解决的有14件，占4.2%，向提案人作了解释和说明。至县九届人大三次会议召开，上述提案全部处理结案，并正式函告提案人。

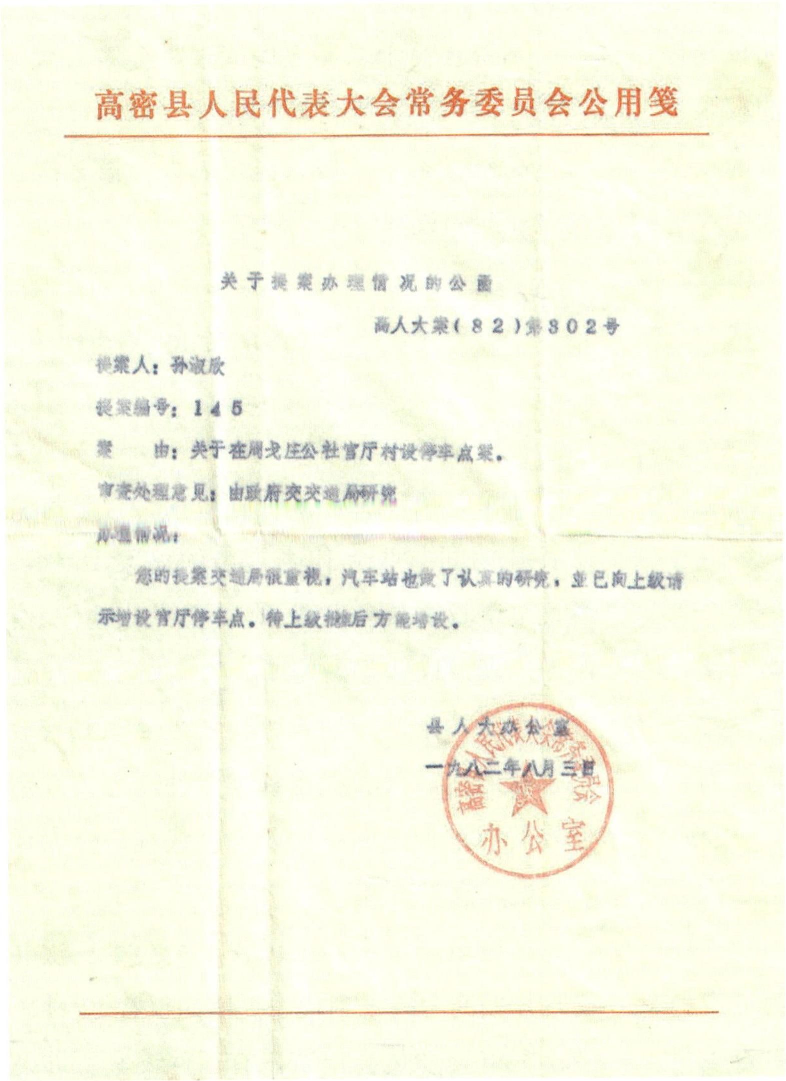

高密县人民代表大会常务委员会公用笺

关于提案办理情况的公函

高人大案（82）第302号

提案人：孙淑欣

提案编号：145

案　由：关于在周戈庄公社官厅村设停车点案。

审查处理意见：由政府交通局研究

办理情况：

您的提案交通局很重视，汽车站也做了认真的研究，并已向上级请示增设官厅停车点。待上级批准后方能增设。

县人大办公室

一九八二年八月三日

图7－2　关于提案办理情况的公函

高密县第九届人民代表大会第三次会议期间，大会共收到234件提案。属于农业方面的39件，占提案总数的16.7%；属于工业交通方面的36件，占提案总数的15.4%；属于城镇基本建设方面的28件，占提案总数的12%；属于财贸方面的67件，占提案总数的28.6%；属于科技、文教、卫生方面的21件，占提案总数的9%；属于政法方面的10件，占提案总数的4.3%；属于其他方面的33条，占提案总数的14.1%。代表提案由县人大常委会、县人民政府、县人民法院、县人民检察院等部门组织力量研究办理，办理情况报告县人大常委会。至县九届人大四次会议召开，上述提案全部处理结案，由县人大常委会办公室答复了提案人。

高密县第九届人民代表大会第四次会议期间，提案征集及办理情况相关资料缺失。

县十届人大代表议案办理

高密县第十届人民代表大会第一次会议召开期间，代表共提出议案15件。议案审查委员会对议案进行了认真审查，认为按照《地方组织法》的有关规定，都不宜作为大会议题列入大会议程，转为代表建议、意见办理。

高密县第十届人民代表大会第二次会议召开期间，共收到代表议案6件。议案审查委员会对议案进行了审查，认为有的议案提出的问题，不属于县人民代表大会的权限；有的议案需要要进一步调查研究；有的议案提的是局部问题，都不宜作为本次大会议题列入议程，转为代表建议、意见办理。

高密县第十届人民代表大会第三次会议召开期间，代表未提出议案。

县十一届人大代表议案办理

高密县第十一届人民代表大会第一次会议召开期间共收到代表议案20件。议案审查委员会进行了审查，上述议案不具备列入大会议程的条件，转为代表建议、意见处理。

高密县第十一届人民代表大会第二次会议召开期间议案情况资料缺失。

高密县第十一届人民代表大会第三次会议召开期间收到质询案1件。议案审查委员会进行了研究审查，认为不具备质询案的条件，经过向代表说明情况不列入大会议程，作为代表建议、意见处理。

县十二届人大代表议案办理

高密县第十二届人民代表大会第一次会议召开期间共收到代表提出的议案19件。议案审查委员会进行了研究审查，均不具备议案的条件，不列入大会议程，作为代表建议意见处理。

高密县第十二届人民代表大会第二次会议召开期间议案情况资料缺失。

高密县第十二届人民代表大会第三次会议召开期间议案情况资料缺失。

市（县）十三届人大代表议案办理

高密县第十三届人民代表大会第一次会议召开期间共收到代表提出的议案16件。经议案审查委员会审查，均不列入大会议程，作为代表建议、意见处理。

高密县第十三届人民代表大会第二次会议召开期间，代表提出议案5件。经议案审查委员会审查，均不列入大会议程，作为代表建议、意见处理。

高密市第十三届人民代表大会第三次会议召开期间，共收到代表提出的议案11件。经议案审查委员会审查，有8件议案所涉及的问题多属政府及其有关部门的职权范围，作为代表建议意见，交由市政府研究办理后，答复代表；有3件因条件不成熟，本次会议不能作出决定，授权市人大常委会审议决定，报人民代表大会下次会议备案。1995年9月7日，高密市十三届人民代表大会常务委员会第十八次会议，听取并审议了副市长齐世增代表市政府作的《关于维修胶河大桥议案考察论证情况的汇报》《关于小辛河、小康河、北胶新河水污染严重议案考察论证情况的汇报》。会议对市政府在办理市十三届人大三次会议代表所提第7号议案中，及时组织有关部门进行维修这种“马上就办”的做法表示满意，原则同意这个汇报。会议对市政府及有关部门在办理市十三届人大三次会议代表所提第8号、第30号议案方面做的大量工作，水污染得到了有效控制表示满意，原则同意这个汇报。

高密市第十三届人民代表大会第四次会议召开期间共收到代表提出的议案9件。经议案审查委员会审查，均作为代表建议、意见处理。

高密市第十三届人民代表大会第五次会议展开期间共收到代表提出的议案14件。其中，交通方面的5件，城市建设、环境保护方面的4件，教育方面的2件，邮电方面的2件，农业方面的1件。经议案审查委员会审查，单际庆等10名代表提出的《关于要求扩建城区初级中学校舍的议案》（第3号议案）作为议案处理，会后交由市政府组织考察论证，于3个月内提出实施意见，向市人大常委会汇报，由市人大常委会审议并作相应的决定。其余13件议案，作为代表建议意见处理。会议审议通过了《关于要求扩建城区初级中学校舍的议案》。

市十四届人大代表议案办理

高密市第十四届人民代表大会第一次会议召开期间共收到代表提出的议案5件，议案审查委员会进行了审查。1998年1月18日主席团第三次会议通过了议案审查委员会关于代表所提议案处理意见的报告，蔡家站镇代表团乔光明等10名代表提出的关于搞好高蔡路徐家庄段路面硬化的议案（第1号议案）作为议案处理，会后交由市政府组织考察论证，于3个月内提出实施意见，向市人大常委会汇报，由市人大常委会审议并作出相应的决议。其余4件议案，作为代表建议意见处理。代表大会会议审议通过了《关于搞好高蔡路徐家庄段路面硬化的议案》。1998年7月20日，市十四届人大常委会第三次会议听取并审议了市政府关于搞好高蔡路徐家庄段路面硬化议案办理情况的汇报，作出《关于办理市十四届人大一次会议“搞好高蔡路徐家庄段路面硬化”议案的决议》。

高密市第十四届人民代表大会第二次会议召开期间共收到代表10人以上联名提出的议案12件，议案审查委员会进行了审查。主席团会议通过了议案审查委员会关于代表所提议案处理意见的报告，上述议案均作为代表建议意见处理。

高密市第十四届人民代表大会第三次会议期间共收到代表10人以上联名提出的议案9件，议案审查委员会进行了审查。主席团会议通过了议案审查委员会关于代表所提议案处理意见的报告，上述议案均作为代表建议意见处理。

高密市第十四届人民代表大会第四次会议召开期间共收到代表10人以上联名提出的议案14件，议案审查委员会进行了审查。主席团会议通过了议案审查委员会关于代表所提议案处理意见的报告，上述议案均作为代表建议意见处理。

高密市第十四届人民代表大会第五次会议召开期间共收到代表10人以上联名提出的议案27件，议案审查委员会进行了审查。2002年1月26日，主席团第三次会议通过了议案审查委员会关于代表所提议案处理意见的报告，仁和镇代表团尤世利等11名代表提出的《关于北胶新河污染问题必须尽快解决的议案》作为第1号议案处理；李家营镇代表团沙明君等12名代表提出的《关于在农田水利建设投资方面向南部丘岭地区倾斜的议案》作为第2号议案处理；姚哥庄镇代表团刘旭等15名代表提出的《关于治理墨水河的议案》作为第3号议案处理；姜庄镇代表团贺仁富等10名代表提出的《关于在城北修一条连接平日路、穿越河崖、姜庄、大牟家、周戈庄四处镇驻地的市级公路的议案》作为第4号议案处理；大牟家镇代表团杜敦义等10名代表提出的《关于增加我市西北部公路密度带动经济发展的议案》作为第5号议案处理；仁和镇代表团王亦强等11名代表提出的《关于加快徐辛路铺油进度，加长徐辛路铺油里程的议案》作为第6号议案处理。会后交由市政府组织考察论证，于3个月内提出实施意见，向市人大常委会汇报并由市人大常委会作出相应的决议。其余21件议案均作为代表建议、意见处理。代表大会会议审议通过了《关于北胶新河污染问题必须尽快解决的议案》《关于在农田水利建设投资方面向南部丘岭地区倾斜的议案》《关于治理墨水河的议案》《关于在城北修一条连接平日路、穿越河崖、姜庄、大牟家、周戈庄四处镇驻地的市级公路的议案》《关于增加全市西北部公路密度带动经济发展的议案》《关于加快徐辛路铺油进度，加长徐辛路铺油里程的议案》。2002年6月7日，市十四届人大常委会第三十四次会议听取并审议了市政府关于十四届人大五次会议议案办理实施方案的汇报，作出了相应的决议。

市十五届人大代表议案办理

高密市第十五届人民代表大会第一次会议召开期间共收到代表10人以上联名提出的议案14件，议案审查委员会进行了审查。主席团会议通过了议案审查委员会关于代表所提议案处理意见的报告，市直机关代表团庄政等17名代表提出的《关于规范地名管理，促进城市建设，方便市民生活的议案》，作为大会议案列入会议议程。其他13件议案，属于市人民政府及所属有关部门职权范围内的事项，不宜作为大会议案处理，作为代表建议意见处理。代表大会会议审议通过了《关于规范地名管理，促进城市建设，方便市民生活的议案》。2003年8月5日，市十五届人大常委会第四次会议听取并审议了常务副市长杜洪君作的市政府关于市十五届人大一次会议代表所提议案建议意见办理工作情况的报告。

高密市第十五届人民代表大会第二次会议召开期间共收到代表10人以上联名提出的议案17件，议案审查委员会进行了审查。主席团会议通过了议案审查委员会关于代表所提议案处理意见的报告，市直机关代表团庄政等13名代表提出的《关于多措并举尽快普及高中阶段教育的议案》，作为大会议案列入会议议程。其他16件议案，属于市人民政府及所属有关部门职权范围内的事项，不宜作为大会议案处理，转为代表建议意见处理。代表大会会议审议通过了《关于多措并举尽快普及高中阶段教育的议案》。2004年8月27日，市十五届人大常委会第十一次会议听取并审议了常务副市长杜洪君作的《关于多措并举尽快普及高中阶段教育的议案》办理情况的报告。

高密市第十五届人民代表大会第三次会议召开期间共收到代表10人以上联名提出的议案25件。其中有关交通方面的8件，城市建设方面的5件，教育、文化、卫生方面的3件，水利方面的1件，劳动方面的1件，其他方面的7件。议案审查委员会对代表提出的议案进行了认真审查。主席团会议通过了议案审查委员会关于代表所提议案处理意见的报告，市直机关代表团庄政等14名代表提出的《关于积极实施新一轮城市总体规划，推进高密城市化建设进程的议案》，作为大会议案列入大会议程。其他24件议案，属于市人民政府及所属有关部门职权范围内的事项，不宜作为大会议案处理，转为代表建议意见处理。代表大会会议审议通过了《关于积极实施新一轮城市总体规划推进高密城市化建设进程的议案》。2005年8月23日，市十五届人大常委会第十七次会议听取并审议了市政府《关于积极实施新一轮城市总体规划推进高密城市化建设进程的议案》办理情况的汇报，作出了关于市政府办理《关于积极实施新一轮城市总体规划推进高密城市化建设进程的议案》的决议。

高密市第十五届人民代表大会第四次会议期间共收到代表10人以上联名提出的议案25件。其中有关文化建设方面的4件、生活用水方面的5件、交通方面的11件、城市建设方面的2件、其他方面的3件。议案审查委员会进行了审查。主席团会议通过了议案审查委员会关于代表所提议案处理意见的报告，市直机关代表团李清华等17名代表提出的《关于在“十一五”期间加快高密“文化名市”建设的议案》（以下简称《文化名市议案》），作为1号议案列入大会议程。康庄镇代表团辛乾信等10名代表提出的《关于尽快解决康庄镇高氟病区饮用水问题的议案》，大牟家镇代表团张本相等10名代表提出的《关于加大投入改善氟区群众饮用水的议案》，周戈庄镇代表团孙学乐等11名代表提出的《关于尽快改善村民饮用水质量的议案》合并为《关于加大投入防氟改水的议案》，作为2号议案列入大会议程。其他21件议案，属于市人民政府及所属有关部门职权范围内的事项，不宜作为大会议案处理，转为代表建议意见处理。代表大会会议审议通过了《关于在“十一五”期间加快高密“文化名市”建设的议案》《关于加大投入防氟改水的议案》。2006年7月27日，市十五届人大常委会第二十五次会议听取并审议了市政府《关于在“十一五”期间加快高密“文化名市”建设的议案》和《关于加大投入防氟改水的议案》办理情况的报告，作出了关于市政府办理《关于在“十一五”期间加快高密“文化名市”建设的议案》《关于加大投入防氟改水的议案》的决议。

高密市第十五届人民代表大会第五次会议召开期间共收到代表10人以上联名提出的议案32件。其中有关文化体育建设方面的2件、城市建设管理方面的4件、公路交通管理方面的11件、水利建设方面的2件、计划生育方面的2件、环保方面的2件、社会治安方面的1件、财政方面的3件、其他方面的5件。议案审查委员会进行了审查和讨论。2007年3月9日，主席团第三次会议通过了议案审查委员会关于代表所提议案处理意见的报告。市直机关代表团朱安达等19名代表提出的《关于加快文化体育基础设施建设的议案》，作为1号议案列入大会议程。市直机关代表团王增华等19名代表提出的《关于严格依法维护城市规划严肃性的议案》，作为2号议案列入大会议程。其他30件议案，有的已经引起市政府的高度重视，并初步确定了解决问题的措施；有的属于市政府职责范围内的事项；有的市政府及有关部门已将其列入议事日程；有的市政府有关部门已着手研究解决；有的属于本镇范围内的事项，均不宜作为议案处理，转为代表建议意见处理。代表大会会议审议通过了《关于加快文化体育基础设施建设的议案》和《关于严格依法维护城市规划严肃性的议案》。2007年8月15日，市十五届人大常委会第三十五次会议听取了市政府办理这2件议案情况的汇报，并作出了相应的决议。

市十六届人大代表议案办理

高密市第十六届人民代表大会第一次会议召开期间共收到代表10人以上联名提出的议案34件。其中城市建设管理方面的7件、文教卫生方面的7件、公路交通管理方面的10件、水利建设方面的3件、节能环保方面的4件、小城镇建设方面的2件、经济产业方面的1件。议案审查委员会对代表提出的议案进行了审查。主席团会议通过了议案审查委员会关于代表所提议案处理意见的报告。代表大会会议审议通过了市直第一代表团朱安达等10名代表联名提出的《关于积极实施新一轮城市总体规划，加速推进市区向东部拓展建设的议案》和市直第一代表团刘学新等 11 名代表联名提出的《关于扎实推进城乡医疗卫生体制改革的议案》，分别作为 1 号和 2 号议案。其他 32 件议案所提事项，有的属于市政府职责范围内的事项，有的需与上级主管部门协调解决，有的市政府已经列入了工作计划或已着手研究解决，有的属于本镇街范围内的事项，均不宜列为议案处理，转为代表建议意见处理。2008 年 7 月 25 日，市十六届人大常委会第四次会议听取并审议了市政府办理《关于积极实施新一轮城市总体规划，加速推进市区向东部拓展建设的议案》《关于扎实推进城乡医疗卫生体制改革的议案》情况的汇报，并作出了相应的决议。

高密市第十六届人民代表大会第二次会议召开期间共收到代表 10 人以上联名提出的议案 42 件。其中城市建设管理方面的 6 件、文教卫生方面的 6 件、公路交通管理方面的 9 件、环保方面的 4 件、小城镇及社区建设方面的 6 件、企业发展方面的 2 件、财政税收方面的 6 件、安全饮用水方面的 2 件、其他方面的 1 件。议案审查委员会进行了审查和讨论。主席团会议通过了议案审查委员会关于代表所提议案处理意见的报告。市直第一代表团朱安达等 15 名代表联名提出的《关于扶持和引导企业做大做强的议案》，作为 1 号议案列入大会议程。市直第一代表团郭金桥等 15 名代表联名提出的《关于进一步提高农村社区服务水平的议案》，作为 2 号议案列入大会议程。代表大会会议审议通过了《关于扶持和引导企业做大做强的议案》和《关于进一步提高农村社区服务水平的议案》，决定会后交由市政府组织实施，并向市人大常委会作出专题汇报。其他 40 件议案作为代表建议意见处理。根据市第十六届人民代表大会第二次会议的要求，市政府对议案进行了认真办理。2009 年 6 月 23 日，市十六届人大常委会第十一次会议听取了市政府办理《关于扶持和引导企业做大做强的议案》《关于进一步提高农村社区服务水平的议案》情况的汇报，并作出了相应的决议。

高密市第十六届人民代表大会第三次会议召开期间共收到代表 10 人以上联名提出的议案 25 件。其中企业发展方面的 4 件、城市建设管理方面的 7 件、小城镇及园区建设方面的 3 件、农业与农村方面的 4 件、环保方面的 3 件、文教卫生方面的 3 件、公路交通方面的 1 件。议案审查委员会进行了审查和讨论。市直第一代表团朱安达等 21 名代表联名提出的《关于积极融入“两区”建设，加快高密高端农业、高端制造业、高端服务业发展的议案》，列入大会议程。代表大会会议通过了《关于积极融入“两区”建设，加快高密高端农业、高端制造业、高端服务业发展的议案》。其他 24 件议案所提事项，均不宜列为议案处理，作为代表建议意见处理。

高密市第十六届人民代表大会第四次会召开议期间共收到代表 10 人以上联名提出的议案 20 件。其中城市建设管理方面的 5 件、财政经济方面的 4 件、农业水利方面的 7 件、环保方面的 3 件、文教卫生方面的 1 件。议案审查委员会进行了审查和讨论。2011 年 1

月 23 日，主席团第三次会议通过了议案审查委员会关于代表所提议案处理意见的报告。市直第一代表团朱安达等 21 名代表联名提出的《关于推进“畅通高密”建设的议案》，列入大会议程。代表大会会议审议通过了《关于推进“畅通高密”建设的议案》。其他 19 件议案，有的已列入政府工作报告，有的属于市政府职责范围内的事项，有的市政府已经列入工作计划或正在推进，有的属于本镇街区范围内的事项，均不宜列为议案处理，作为代表建议意见处理。2011 年 6 月 29 日，市十六届人大常委会第二十八次会议听取了市政府办理情况的汇报，并作出了相应决议。

市十七届人大代表议案办理

高密市第十七届人民代表大会第一次会议审议通过了《关于加快旧城改造，提升城市品位，完善城市功能，改善居住环境的议案》。2012 年 8 月 23 日，市十七届人大常委会第四次会议听取了市政府办理情况的汇报，并作出了相应的决议。

高密市第十七届人民代表大会第二次会议审议通过了《关于优化城区高中布局，新建高密一中的议案》。2013 年 10 月 25 日，市十七届人大常委会第十二次会议听取了市政府办理情况的汇报，并作出了相应的决议。

高密市第十七届人民代表大会第三次会议审议通过了《关于加快东部新城建设的议案》。2014 年 8 月 22 日，市十七届人大常委会第十八次会议听取了市政府办理情况的汇报，作出了相应的决议。

高密市第十七届人民代表大会第四次会议审议通过了《关于加快东北乡文化旅游产业发展的议案》。2015 年 8 月 26 日，市十七届人大常委会第二十六次会议听取了市政府办理情况的汇报，作出了相应的决议。

高密市第十七届人民代表大会第五次会议召开期间共收到代表 10 人以上联名提出

图 7 － 3　2016 年 5 月，市人大常委会党组成员，市人大农业农村委主任委员周德春（右六）带队，对《关于优化城区高中布局，新建高密一中的议案》和《关于加快东北乡文化旅游产业发展的议案》办理情况进行调查

的议案16件，其中城建环保方面的4件、财政经济方面的3件、农业农村方面的4件、教科文卫方面的5件。内容涉及文化产业发展、教育资源配备、农田水利保护、城镇建设、医疗卫生等。16件议案涉及的内容，有的已纳入政府工作计划或正在推进实施；有的政策上不允许，条件还不成熟；有的是局域性工作，涉及范围较小，均不宜作为议案处理，全部转为代表建议意见处理。

市十八届人大代表议案办理

高密市第十八届人民代表大会第一次会议召开期间共收到代表10人以上联名提出的议案13件，其中城建环保方面的6件、财政经济方面的1件、农业农村方面的5件、教科文卫方面的1件。13件议案内容涉及城镇建设、环境保护、农田水利建设、乡村文化旅游发展等，经审查均不作为议案处理，转为代表建议意见处理。

高密市第十八届人民代表大会第二次会议召开期间共收到代表10人以上联名提出的议案19件。其中内务司法方面的2件、财政经济方面的3件、教科文卫方面的2件、城建环保方面的7件、农业农村方面的5件。内容涉及规划发展、资源保护、民生保障、道路交通等。经主席团审议决定，第1号《关于加快新旧动能转换，高质量推进经济开发区二次创业的议案》作为议案处理，其余18件转作代表建议意见处理。代表大会会议通过了《关于加快新旧动能转换高质量推进经济开发区二次创业的议案》，决定会后交由市政府组织实施，并向市人大常委会作出专题汇报。2018年12月28日，市十八届人大常委会第十九次会议听取了市政府办理情况的汇报，并作出了相应的决议。

高密市第十八届人民代表大会第三次会议召开期间共收到代表10人以上联名提出的议案11件。其中财政经济方面的2件、教科文卫方面的1件、城建环保方面的3件、农业农村方面的5件。大会秘书处议案组对代表所提议案进行了认真研究，提出了初步处理意见。市人大有关专门委员会召开了全体会议，对代表所提议案进行了审议。主席团第三次会议通过了关于代表所提议案处理意见的报告，第1号《关于加快推进青潍一体化，建设临空经济区的议案》，作为议案处理。其他10件议案，有的已列入政府工作计划或正在推进实施，有的受条件限制，时机还不成熟，有的是局域性工作，涉及范围较小，均不宜作为议案处理，改作代表建议意见处理。代表大会会议审议通过了《关于推进青潍一体化，建设临港经济区的议案》。2020年1月6日，市十八届人大常委会第二十九次会议听取了市政府议案办理情况的汇报，并作出了相应的决议。

高密市第十八届人民代表大会第四次会议召开期间共收到代表10人以上联名提出的议案3件。其中社会建设方面的1件、农业农村方面的2件。大会秘书处议案组对代表所提议案进行了认真研究，提出了初步处理意见。市人大有关专门委员会召开了全体会议，对代表所提议案进行了审议。主席团第三次会议通过了关于代表所提议案处理意见的报告，第1号《关于建立长效机制、提升治理效能，积极推进现代化高品质城市建设的议案》，作为议案处理。其他2件议案在政府工作报告中已有涉及，不作为议案处理，作为代表建议意见处理。代表大会会议审议通过了《关于建立长效机制、提升治理效能，积极推进现代化高品质城市建设的议案》。2020年12月24日，市十八届人大常委会第三十七次会议听取并审议了市政府议案办理情况的汇报，并作出了相应的决议。

高密市第十八届人民代表大会第五次会议召开期间共收到代表10人以上联名提出的议案7件。其中，财政经济方面2件，教科文卫方面1件，农业农村方面3件，社会建设方面1件。大会秘书处议案组对代表所提议案进行了认真研究，提出了初步处理意见。市人大有关专门委员会召开了工作会议，对代表所提议案进行了认真审议。主席团第三次会议通过了关于代表所提议案处理意见的报告，第1号《关于集聚资源要素、壮大龙头企业，推动高密工业重振雄风的议案》，作为议案处理。其他6件改作代表建议处理。

第三章　建议、批评和意见的收集与办理

第一节　建议、批评和意见的收集

在县九届人民代表大会第四次会议之前，代表大会召开期间，代表只提交提案。闭会期间，由人大常委会收集代表的建议、批评和意见。1983年12月6日，高密县九届人民代表大会第四次会议主席团决定：参照全国五届人大五次会议和省六届人大一次会议的有关规定，代表对各方面工作的建议、批评和意见，在大会期间可以提出，平时也可以提出，都由县人大常委会转交政府和有关部门处理，并由人大常委会办公室负责答复。按照此决定，高密市（县）人大代表的建议、批评和建议在代表大会召开期间提出的，由大会秘书处收集；在闭会期间提出的，由市（县）人大常委会收集。

第二节　建议、批评和意见的办理

县九届人大代表建议、批评和意见的办理

1983年3月20日至月底，由县人大常

委会副主任和工作人员，分成3个组，先后到20处公社和县直各系统，采取召开座谈会的形式，与代表们进行了一次联系。征求代表建议、意见和要求126条。

1983年7月18日至月底，县人大常委会与人大代表进行了第二次联系，代表围绕全县两个文明建设提出了64件建议、意见和要求。

以上两次收集的代表建议、意见和要求均转交县政府有关部门办理。

县十届人大代表建议、批评和意见的办理

高密县第十届人民代表大会第一次会议召开期间，代表向大会提出议案15件，均转为建议办理。代表提出建议和意见35件，县人大常委会作了专门研究，分别转交政府及有关部门认真办理。办理情况向提出议案和建议、意见的代表做出了答复。

高密县第十届人民代表大会第二次会议召开期间，共收到代表议案6件，均转为建议办理。代表提出建议和意见35件，分别转交政府及有关部门认真办理。办理情况及时向提出建议、意见的代表做了答复。

高密县第十届人民代表大会第三次会议召开期间共收到代表建议、意见41件。其中工业交通方面的6件、工商财贸方面的4件、农业水利方面的7件、文教卫生方面的10件、城镇建设方面的10件、其他方面的4件。县人大常委会研究后，及时转交县政府及有关部门办理，办理结果向提出建议、意见的代表作了答复。

县十一届人大代表建议、批评和意见的办理

高密县第十一届人民代表大会第一次会议召开期间共收到议案20件，均转为建议、意见办理。议案审查委员会会同县政府在大会期间召开了有关部门的负责人会议，研究了四类处理意见：一是正在解决或已列入计划解决的7件；二是需积极创造条件逐步解决的4件；三是需要做解释工作的7件；四是因政策和其他原因，暂不能解决的2件。会后，由县政府及有关部门办理，办理结果答复了代表。

高密县第十一届人民代表大会第二次会议召开期间代表提出的建议、批评和意见资料缺失。

高密县第十一届人民代表大会第三次会议召开期间共收到代表提出的建议、批评和意见36件。其中城建方面9件、财贸方面4件、工业交通方面5件、农林水方面7件、文教卫生科技方面4件、其他方面7件。质询案1件转为代表建议、意见处理。对代表所提的建议、批评和意见，由县人大常委会转交县政府及有关部门办理，办理结果经县人大常委会审查后，答复了代表。

县十二届人大代表建议、批评和意见的办理

高密县第十二届人民代表大会第一次会

议召开期间共收到代表提出的建议、批评和意见23件。其中城建方面5件、工业交通方面6件、农林水方面3件、文教卫生方面4件、其他方面5件。由代表议案转为代表建议意见处理的19件。对代表所提的建议、批评和意见，会后由县人大常委会转交县政府及有关部门办理，办理结果经县人大常委会审查后，答复了代表。

高密县第十二届人民代表大会第二次会议召开期间代表提出的建议批评和意见资料缺失。

高密县第十二届人民代表大会第三次会议召开期间代表提出的建议批评和意见资料缺失。

市（县）十三届人大代表建议、批评和意见的办理

高密县第十三届人民代表大会第一次会议召开期间共收到代表提出的建议和意见46件。其中工业交通方面14件、城建方面9件、农林水方面11件、工商财贸方面3件、教科文卫方面4件、社会治安方面1件、其他方面4件。由代表议案转为代表建议意见处理的16件。对代表所提的建议和意见，由县人大常委会转交县政府及有关部门办理。办理结果经县人大常委会主任会议审查后，答复了代表。

高密县第十三届人民代表大会第二次会议召开期间共收到代表提出的建议和意见28件。其中工业交通方面7件、城建环保方面4件、农林水方面4件、工商财贸方面4件、教科文卫方面4件、其他方面5件。由代表议案转为代表建议意见处理的5件。对代表所提的建议和意见，由县人大常委会转交县政府及有关部门办理。办理结果经县人大常委会主任会议审查后，答复了代表。

高密市第十三届人民代表大会第三次会议召开期间共收到代表提出的建议、批评和意见24件。其中工业交通方面4件、城建环保方面7件、农林水方面8件、工交财贸方面2件、教科文卫方面1件、其他方面2件。由代表议案转为代表建议意见处理的8件。对代表所提的建议和意见，市人大常委会和市政府召开了专门会议，分别转交有关机关和组织研究办理，并答复了代表。

高密市第十三届人民代表大会第四次会议召开期间共收到代表提出的建议、批评和意见13件。其中工业交通方面2件、农林水方面5件、教科文卫方面4件、其他方面2件。由代表议案转为代表建议意见处理的9件。对代表所提的建议和意见，由县人大常委会转交县政府及有关部门办理。办理结果经县人大常委会主任会议审查后，答复了代表。

高密市第十三届人民代表大会第五次会议召开期间共收到代表提出的建议、批评和意见27件。由代表议案转为代表建议意见处理的13件。对代表们在会议期间提出的建议意见，会后由市人大常委会和市政府召开了专门会议，分别转交有关机关和组织研究办理，并答复了代表。

市十四届人大代表建议、批评和意见的办理

高密市第十四届人民代表大会第一次会议召开期间共收到代表提出的建议、批评和意见12件。其中工业交通方面1件、农林水方面3件、教科文卫方面4件、其他4件。由代表议案转为代表建议意见处理的4件。对陈付奎提出的《拔除旧的线杆，方便农民耕作》的建议，有关单位表示年内予以解决；对付修善提出的《关于取消凤城小区定时每天一小时供水的意见》，有关单位当即表示尽快加以解决，并在会议期间与有关代表见面，进一步征求了意见。对其他建议意见会后分别转交有关机关和组织研究办理，并答复了代表。

高密市第十四届人民代表大会第二次会议召开期间共收到代表提出的建议、批评和意见32件。其中工业交通方面的10件、农林水方面的3件、城建方面的6件、环保方面的2件、水电方面的5件、其他方面的6件。由代表议案转为代表建议意见处理的12件。对代表们在会议期间提出的建议意见，会后由市人大常委会办事机构分别转交市政府有关机关研究办理，并答复了代表。

高密市第十四届人民代表大会第三次会议召开期间共收到代表提出的建议、批评和意见33件。其中城建方面7件，环保方面3件，公路、交通方面9件，文教方面4件，电信方面2件，其他方面8件。由代表议案转为代表建议意见处理的9件。对代表们在会议期间提出的建议意见，会后由市人大常委会办事机构转交市政府及有关机关办理，并答复了代表。

高密市第十四届人民代表大会第四次会议召开期间共收到代表提出的建议、批评和意见27件。其中城建方面5件，公路、交通方面11件，电力方面3件，市场建设与管理方面3件，其他方面5件。由代表议案转为代表建议意见处理的14件。对代表们在会议期间提出的建议意见，会后由市人大常委会办事机构转交市政府及有关机关办理，并答复了代表。

高密市第十四届人民代表大会第五次会议召开期间共收到代表提出的建议、批评和意见27件。其中招商引资方面4件、城市建设与管理方面6件、环境保护方面2件、修路搭桥方面9件、其他方面6件。由代表议案转为代表建议意见处理的21件。对代表们在会议期间提出的建议意见，会后由市人大常委会办事机构转交市政府及有关机关办理，并答复了代表。

市十五届人大代表建议、批评和意见的办理

高密市第十五届人民代表大会第一次会议召开期间共收到代表提出的建议、批评和意见57件。其中城市建设与管理方面19件、修路搭桥方面21件、文教卫生方面6件、农业方面3件、其他方面8件。由代表议案

转为代表建议意见处理的13件。对代表们在会议期间提出的建议意见，会后由市人大常委会办事机构交由市政府及有关方面办理，并答复了代表。

高密市第十五届人民代表大会第二次会议召开期间共收到代表提出的建议、批评和意见45件。其中城市建设与管理方面25件、公路与水利建设方面8件、教育方面6件、农业与农村方面2件、其他方面4件。由代表议案转为代表建议意见处理的16件。对代表们在会议期间提出的建议意见，后由市人大常委会办事机构交由市政府及有关方面办理，并答复了代表。

高密市第十五届人民代表大会第三次会议召开期间和会后共收到代表提出的建议、批评和意见75件。其中会议期间收到67件（包括议案转为建议处理的24件），会后收到8件。属于城市建设与管理方面30件、公路交通方面17件、文化建设方面3件、教育方面2件、卫生方面5件、环保方面1件、市场管理方面4件、劳动保障方面3件、其他方面10件。另外，市人大常委会通过联系代表，还征求到代表口头反映的9大类27个方面的意见。根据有关法律规定和市人大常委会主任会议的要求，人事代表工作室将这些建议交由市政府进行了研究办理，并对办理情况进行了调查，对个别建议的办理情况进行了重点督办。到高密市十五届人民代表大会第四次会议召开前，以上建议、批评和意见全部办理完毕，并向代表作了答复。

高密市第十五届人民代表大会第四次会议召开期间和会后共收到代表提出的建议、批评和意见147件。其中，会议期间收到80件（包括议案转为建议处理的21件），会后收到67件（包括市人大常委会联系代表时，代表口头反映的建议意见9大类46条）。根据有关法律规定和市人大常委会主任会议的要求，人事代表工作室将这些建议交由市政府进行了研究办理，并对代表建议的办理情况进行了调查，对个别建议的办理情况进行了重点督办。到市十五届人大第五次会议召开前，以上建议、批评和意见全部办理完毕，并向代表作了答复。

图7－4　2006年7月中旬，市人大常委会副主任张庆坚（左三）带领调查组，对代表建议办理情况开展调查。市委常委、副市长杜洪君（左一）陪同活动

高密市第十五届人民代表大会第大五次会议召开期间和会后共收到代表建议、批评和意见126件。其中，会议期间收到73件（包括议案转为建议处理的29件），会后收到53件（包括市人大常委会联系代表时，代表口头反映的建议意见9大类43件）。根据有关法律规定和市人大常委会主任会议的要求，人事代表工作室将这些建议交由市政府进行了研究办理，并对代表建议的办理情况进行了调查，对个别建议的办理情况进行了重点督办。到市十六届人大一次会议召开前，以上建议、批评和意见全部办理完毕，并向代表作了答复。

市十六届人大代表建议、批评和意见的办理

高密市第十六届人民代表大会第一次会议召开期间和会后共收到代表建议170件。其中，会议期间收到116件（包括议案转为建议处理的32件），会后收到54件。根据有关法律规定和市人大常委会主任会议的要求，人事代表工作室将这些建议交由市政府进行了研究办理，并对办理情况进行了调查，对个别建议的办理情况进行了重点督办。除代表所提“关于在昌安大道北首客运专线立交桥增设排水涵洞的建议”“关于加快西环路建设的建议”因需上级部门审批和未列入规划，暂时无法解决外，其余在市十六届人大第二次会议召开之前全部办理完毕，并向代表作了答复。

高密市第十六届人民代表大会第二次会议召开期间和会后共收到代表建议161件。其中，会议期间收到109件（包括议案转为建议处理的40件），会后收到52件。为突出办理重点，市人大常委会确定了事关全市发展大局和民生问题的3件建议为重点建议。根据有关法律规定和市人大常委会主任会议的要求，人事代表工作室将这些建议交由市政府进行了研究办理，并对代表建议的办理情况进行了调查，对个别建议的办理情况进行了重点督办。以上建议在市十六届人大第三次会议召开之前全部办理完毕，并向代表

图7－5　2008年8月下旬，市人大常委会副主任薛维钧（右四）、毛进兰（右三）带领调查组，对人大代表反映集中的胶河污染问题开展调查

作了答复。

高密市第十六届人民代表大会第三次会议召开期间共收到代表建议、批评和意见80件。由代表议案转为代表建议意见处理的24件。对于以上104件建议、批评和意见，大会秘书处按照代表建议处理办法的有关规定，转交市政府及有关方面研究办理，其中代表议案转为代表建议处理的2件作为重点建议交由市政府研究办理。代表建议、批评和意见办理情况，由市政府向市人大常委会作专项报告，并答复了代表。

高密市第十六届人民代表大会第四次会议召开期间共收到代表建议、批评和意见67件。由代表议案转为代表建议意见处理的19件。对于以上86件建议、批评和意见，大会秘书处按照代表建议处理办法的有关规定，转交市政府及有关方面研究办理，其中代表议案转为代表建议意见处理的2件作为重点建议交由市政府研究办理。代表建议、批评和意见办理情况，由市政府向市人大常委会作专项报告，并答复了代表。

市十七届人大代表建议、批评和意见的办理

高密市第十七届人民代表大会第一次会议召开期间和会后共收到代表建议、批评和意见183件。其中，会议期间收到136件（包括议案转为建议处理的9件），会后收到47件。为突出办理重点，市人大常委会确定了事关全市经济社会发展大局的5件建议为重点建议。根据有关法律规定和市人大常委会主任会议的要求，人事代表工作室将这些建议交由市政府及有关部门进行了研究办理，并对办理情况进行了调查，对个别建议的办理情况进行了重点督办。以上建议在十七届人大二次会议召开之前全部办理完毕，并向代表作了答复。

高密市第十七届人民代表大会第二次会议召开期间和会后共收到代表建议、批评和意见136件。其中，会议期间收到105件（包括议案转为建议处理的11件），会后收到31件。根据有关法律规定和市人大常委会主任会议的要求，人事代表工作室将这些建议交由市政府及有关部门进行了研究办理，并对办理情况进行了调查，对个别建议的办理情况进行了重点督办。以上建议在市十七届人大三次会议召开之前全部办理完毕，并向代表作了答复。

高密市第十七届人民代表大会第三次会议召开期间和会后共收到代表建议、批评和意见107件，其中重点建议1件。会议期间收到103件（包括议案转为建议处理的11件），会后收到4件。根据有关法律规定和市人大常委会主任会议的要求，除1件交由市委组织部研究办理，其他106件交由市政府及有关部门进行了研究办理。市人大常委会对办理情况进行了调查，对个别建议的办理情况进行了重点督办。以上建议在市十七届人大四次会议召开之前全部办理完毕，并向代表作了答复。

高密市第十七届人民代表大会第四次会

议召开期间和会后共收到代表提出的建议、批评和意见104件。其中，会议期间收到102件（包括议案转为建议处理的11件），会后收到2件。根据有关法律规定和市人大常委会主任会议的要求，由人事代表工作室交市政府及有关部门进行了研究办理，并对办理情况进行了调查，对个别建议的办理情况进行了重点督办。以上建议在市十七届人大五次会议召开之前全部办理完毕，并向代表作了答复。

高密市第十七届人民代表大会第五次会议召开期间和会后共收到代表提出的建议、批评和意见118件。其中，会议期间收到117件（包括议案转为建议办理的16件），会后收到1件。根据有关法律规定和市人大常委会主任会议的要求，由人事代表工作室交市政府及有关部门进行了研究办理。在市十八届人大一次会议召开之前全部办理完毕，并向代表作了答复。

市十八届人大代表
建议、批评和意见的办理

高密市第十八届人民代表大会第一次会议召开期间共收到代表提出的建议、批评和意134件（包括议案转为建议办理的13件），会后无代表提出建议、批评和意见。其中133件交由市政府研究办理，1件交由市法院研究办理。在市十八届人大二次会议召开之前，全部办理完毕，并向代表作了答复。

高密市第十八届人民代表大会第二次会议召开期间共收到代表提出的建议、批评和意见131件（包括议案转为建议办理的18件），会后无代表提出建议、批评和意见。其中，交由市政府研究办理125件，交由市委组织部研究办理4件，交由市委宣传部研究办理1件，交由市人民法院研究办理1件。在市十八届人大三次会议召开之前，131件建议、批评和意见全部办理完毕，并向代表作了答复。

高密市第十八届人民代表大会第三次会议召开期间和会后共收到代表提出的建议、批评

图7－6　2018年7月，市人大常委会党组成员、代表资格审查委员会主任委员王福敏（左五）带领调查组，对市十八届人大二次会议以来代表所提建议办理情况进行调查

和意见128件，其中，会议期间收到127件（包括议案转为建议办理的10件），会后收到1件。交由市政府研究办理125件，交由市人民法院研究办理1件，交由市考核办研究办理1件，交由团市委研究办理1件。在市十八届人大四次会议召开之前，128件建议、批评和意见全部办理完毕，并向代表作了答复。

高密市第十八届人民代表大会第四次会议召开期间和会后，共收到代表提出议案3件，建议128件。1件议案原案作为大会议案，其余2件转作建议办理，连同128件建议，共计130件，均按程序转交办理。其中，转交市政府127件，转交市委组织部2件，转交市人民法院1件。在市十八届人大五次会议召开之前，130件建议已全部办理完毕，并向代表作了答复。

高密市第十八届人民代表大会第五次会议召开期间和会后，共收到代表提出议案7件，建议162件。1件议案原案作为大会议案，其余6件议案转作建议处理，连同162件建议，共计168件，一并交由有关机关和组织研究办理并及时答复代表。

第四章 调研、视察、执法检查

第一节 县九届人大常委会调研、视察、执法检查

调 研

年终分配、生活安排、社会治安、市场管理情况调查。根据县九届人大常委会第十一次会议研究确定，1982年1月3日至13日，县人大常委会组织调查组，分别对拒城河、大王庄两处公社的年终分配、生活安排、社会治安、市场管理等工作进行了调查。调查组认为，1981年全县虽遇到特大旱灾，但在政治和经济工作上都取得了较大成绩。在收益分配、生活安排、基层社会治安、村规民约等方面提出了问题。

双羊公社灾区社员生活情况调查。根据县九届人大常委会第十二次会议研究决定，1982年4月12日至17日，对双羊公社灾区社员生活安排情况进行了一次调查。通过听取汇报，召开座谈会，联系代表和到户走访等形式，了解该公社的生活安排情况，重点调查了东新村、刘家沟、陈家山甫、后张秋、西张秋5个大队。建议要广泛深入开展节约用粮教育，大力发展多种经营，注意麦收前生活安排。

城镇建设和管理情况调查。1982年4月14日至26日，县人大常委会组织人大常委会工作人员、城建局、城关公社管委负责人和分管城镇管理的负责人共11人，分为3

个组，对城镇建设和管理进行了调查。通过联系县人大代表，走访了群众，召开了座谈会，进行了实地察看。建议加强对城镇建设和管理的统一领导，进一步搞好城镇建设规划的落实，抓紧解决城镇排水问题，切实加强土地管理，对居民搬迁费标准再研究，整治环境污染，搞好环境卫生。

政法工作调研。1983 年 4 月，县人大常委会组织调研组，到检察院、法院进行政法工作调研，听取了工作汇报。认为政法工作取得了较好成绩，1982 年没有发生重大恶性案件。主要存在多抓多放，侦查工作存有违法现象，法院复查案件任务繁重、力量不足等问题。

呼家庄公社修订和完善乡规民约情况调查。1983 年 4 月，县人大常委会组织 3 名工作人员会同呼家庄公社的工作人员，对乡规民约的修订和完善情况进行了调查了解。建议在修订完善乡规民约中要依靠广大群众，突出政治思想性，注意政策性，科学处理乡规、村规、民约的关系。

县商业系统实行经营承包责任制情况调查。1983 年 7 月，县人大常委会组织调查组对商业系统实行经营承包责任制的情况进行了调查。调查组听取了县财办、县商业局、县粮食局、县联社负责人和有关门市部负责人的情况汇报；深入到饮食服务公司的照相馆、第四旅馆，综合公司的 4 个商店、5 个零售门市部开展调查。建议进一步处理好提高服务质量和经济效益关系，严格质量标准，落实检查制度；按照国家规定执行职工福利，维护职工合法利益；商业部门加强对职工的职业道德教育，正确处理提高社会效益和经济效益的关系，自觉接受群众监督；加强思想政治工作；积极组织货源，平抑市场价格，加强市场物价检查管理。

呼家庄公社三个大队夏季分配情况调查。1983 年 7 月，县人大常委会组织调查组，对呼家庄公社的王家沙坞、隋家庄、后店子 3 个产量类型不同的大队作了调查。建议丰收不忘节约，注意引导社员勤俭节约；抓好对“四属”“五保”和困难户的照顾；做好个别吃粮无度户和低口粮户的工作。

呼家庄公社基层治保、调解组织情况调查。1983 年 9 月，县人大常委会法制科，会同呼家庄公社有关人员，对该社基层治保、调解组织情况进行了调查了解。调查组在孙家庄大队调查了搞好社会治安综合治理的情况。认为孙家庄大队之前社会治安混乱，在严厉打击严重刑事犯罪活动中，依法从重、从快处理了 1 名犯罪分子，社会治安明显好转。建议在村党支部的领导下，广泛发动群众，继续深挖严重危害社会治安的犯罪分子，搞好社会治安的综合治理。

视　察

农村经营管理、收益分配工作视察。县人大常委会于 1980 年 11 月 6 日吸收民政局、农业局参加，分别到大牟家、柴沟公社视察了 1980 年的经营管理和收益分配。通过听汇报、看现场、查方案、访问社员和召开座

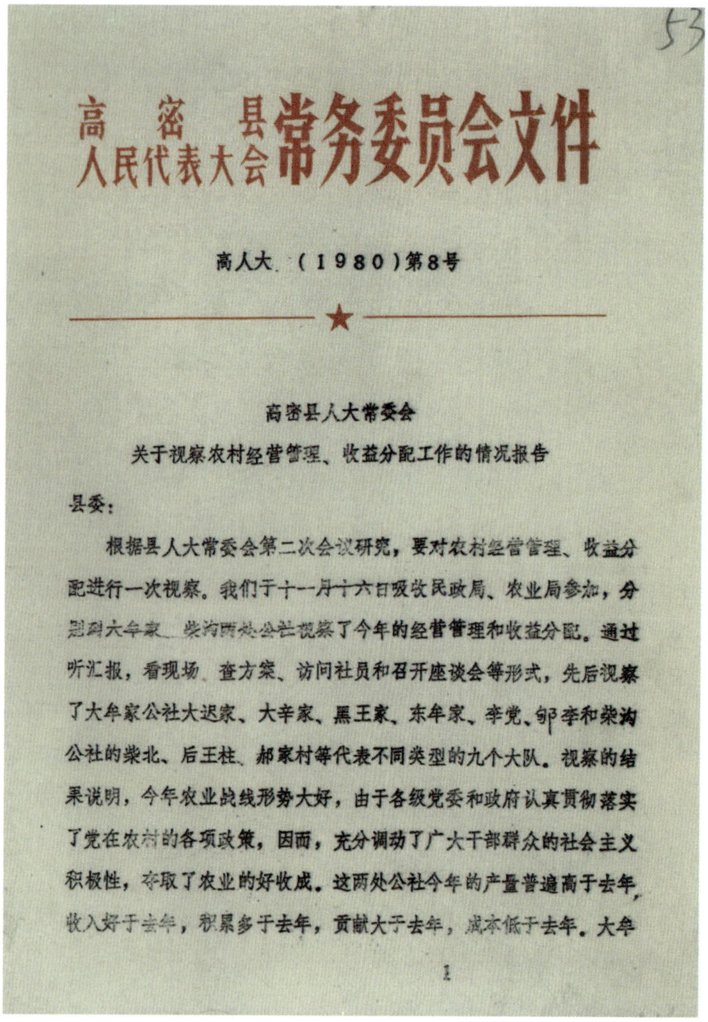
53

高密县人民代表大会常务委员会文件

高人大（1980）第8号

高密县人大常委会
关于视察农村经营管理、收益分配工作的情况报告

县委：

根据县人大常委会第二次会议研究，要对农村经营管理、收益分配进行一次视察。我们于十一月十六日吸收民政局、农业局参加，分别到大牟家、柴沟两处公社视察了今年的经营管理和收益分配。通过听汇报，看现场、查方案、访问社员和召开座谈会等形式，先后视察了大牟家公社大迟家、大辛家、黑王家、东牟家、李党、郇李和柴沟公社的柴北、后王柱、郝家村等代表不同类型的九个大队。视察的结果说明，今年农业战线形势大好，由于各级党委和政府认真贯彻落实了党在农村的各项政策，因而，充分调动了广大干部群众的社会主义积极性，夺取了农业的好收成。这两处公社今年的产量普遍高于去年，收入好于去年，积累多于去年，贡献大于去年，成本低于去年。大牟

1

图 7 － 7　1980 年 11 月，县人大常委会组织对农村经济管理、受益分配视察后形成的报告

谈会等形式，先后视察了大牟家公社大迟家、大辛家、黑王家、东牟家、李党、郇李和柴沟公社的柴北、后王柱、郝家村等代表不同类型的九个大队。视察组认为落实了党的政策，改进了经营管理；坚持了按劳分配，多劳多得的原则。对视察中发现的问题，与社队进行了研究解决。

农业工作视察。1982 年 6 月 3 日至 4 日，县人大常委会组织部分委员，重点视察了抗旱双保情况、农业生产责任制和除氟改水工作。建议要搞好小麦的抢收和复收，树立长期抗旱的思想准备，对河堤和排水系统进行全面检查，狠抓植树造林，搞好绿化，对部分困难队要安排好社员生活。县政协的领导参加了视察活动。

农村工作视察。1983 年 6 月 3 日至 4 日，县人大常委会、县政协组织了农村工作视察，重点视察了农村麦收准备、田间管理、农业生产责任制及除氟改水等工作。本次视察采取了点面结合的办法，重点视察了土庄、夏庄、大栏、大牟家 4 个公社，听取了公社负责人的汇报，看了现场，进行了座谈讨论；提出了搞好小麦抢收和复收、抓好抗旱保苗、做好防汛准备工作、搞好农村小学“双改”、抓好科学种田、解决能源不足和卖猪困难等六条建议。

文明村建设情况视察。1983 年 9 月 8 日至 9 日，县人大常委会和县政协联合视察了城镇、农村精神文明建设和大牟家、双羊两个公社的雹灾情况。县人大常委会副主任刘喜文、于彬、陈戟门，县政协副主席王敬民参加了视察。重点视察了城关镇东关大队和柴沟、井沟、双羊、仁和、周戈庄 6 个公社的 7 个大队。建议集中力量，适时播种，同时抓好棉花抢收和后期管理工作；抓好科学种田，农村发展沼气，学习推广河崖公社东流口子大队新村规划建设的经验。

执法检查

《食品卫生法》贯彻执行情况检查。1983 年 7 月 9 日至 11 日，县人大常委会、县政协联系组织县卫生局、县防疫站、县工商局、县商业局、县联社、县粮食局等单位的 17 人，对《中华人民共和国食品安全法》的贯彻执行情况和食品生产、仓储、销售过程中的卫生环境及个人卫生进行了全面检查。重点检查了县城生产、经营食品的 40 个单位、个体饭店、摊贩以及周戈庄、大牟家、阚家、双羊 4 个公社的饭店、食品店、副食品加工厂和部分单位的机关食堂。建议继续抓好食品卫生法的宣传、学习和执行，积极开展“五讲四美”活动，使干部职工养成良好习惯，健全卫生管理组织，制订卫生管理制度，加强食品卫生的监督检查。

第二节　县十届人大常委会调研、视察、执法检查

调　研

县城规划、建设情况调查。1984 年 6 月 13 日开始，利用十几天的时间，县人大常委会组织由县建委、县农业局、县水利局、县公安局、县交通局、高密镇等单位一些熟悉城建工作的老干部参加的 10 人调查组，对县城规划、建设情况进行了调查。重点调查了《高密县人民政府城镇管理办法（试行）》《县城及近郊建设批准程序的通告》发布以来城区规划落实情况、土地管理和建设工程管理以及道路建设、管理情况。其间，还分别召开了座谈会。7 月 18 日至 22 日，调查组到荣成、威海、牟平、掖县进行参观学习。建议认真学习国家关于城镇规划、建设管理和土地管理的有关法规，把县、镇、队三级领导的思想统一到国家法规上来；落实责任、统一管理；组织力量尽快修订总体规划，制订小区规划；严格建设批准程序；修订城镇管理办法；多渠道解决资金不足问题。

县城食品卫生和环境卫生管理情况调查。1984 年 6 月 14 日，县人大常委会组织县卫生、工商、建委、商业等部门人员参加的 9 人调查组，采取学、看、议的方法，对县城的食品卫生和环境卫生管理情况进行了调查。重点调查了汽车站、火车站周边的国营、集体和个体经营的饭店、食品门市部、饮食服务摊点，以及农贸市场等公共场所，对县城面上的卫生管理进行了一般性调查，听取了社会各方面的反映。建议进一步学习宣传《食品卫生法》和环境卫生管理法规，增强认识；建立三级卫生管理网；明确分工、落实责任，建立门前三包、户（室）内达标的制度；组织义务卫生监督检查队伍；修改完善管理办法；抓好典型示范，以点带面。

农村中小学教育改革情况调查。1984 年 6 月 18 日，县人大常委会组织由 1 名副主任、1 名常委和 3 名多年从事教育工作的人员参加的 5 人调查组，围绕国办学校校改、民办中小学双改尾工和教师工作、生活条件的改

善3个方面的问题，用8天时间对教育双改搞得比较好的双羊镇和比较后进的姜庄镇，以及四中、十二中两处国办中学进行了重点调查，一般性察看了三中、十六中、十九中三处国办中学。建议学习双羊镇教育路子，抓紧完成民办中小学的双改尾工；抢修危房，消除地铺；改革国办初中的管理体制，参考河北、平度等外地经验，建议将其中7处改为乡镇办；进一步改善教师的工作生活条件，保证民办中小学的教育维持费；增加教育经费，改善国办中学的办学条件。

《经济合同法》《税法》和《食品卫生法》贯彻执行情况调查研究。县人大常委会的法制、财政经济和科教文卫3个工作委员会组织了法院、检察院、司法、工商、税务、卫生、商业、粮食、供销等部门的51名负责人和工作人员，分成3个调查组，于1985年4月15日至25日，分别在县人大常委会副主任李凤语、王炜光、于彬的带领下，对县直部分国营、集体工商企业，部分乡镇办、村办企业和“两户一体”及农贸市场贯彻执行《经济合同法》《税法》和《食品卫生法》的情况进行了调查研究。

物价管理和执行情况调查。1986年4月21日至26日，县人大常委会组织人大调研科会同县物价局、物价检查所的负责人，对百货公司、五金公司、副食品公司、东风商店及县联社所属城关、姜庄两处基层社共7个单位的物价管理和执行情况进行了调查。建议加强对物价方针、政策的宣传，提高干部群众执行物价方针政策的自觉性；加强物价监督检查，发挥物价职能部门的作用，监督物价执行情况，加大处罚力度；加强物价队伍建设。

经济改革情况进行了调查。1986年8月下旬，县人大常委会主任朱维福带领人大办公室和调查研究科的有关人员，围绕坚持改革，提高经济效益，对县制革厂、锻压机床厂、化纤厂的经济改革情况进行了调查。

农民负担情况调查。1986年8月22日至23日，由县人大常委会副主任孟宪兑带领人大机关工作人员，对土庄乡及其向岳庄村、周阳乡及其苗家屯村农民负担情况进行了调查。建议县委、县政府大力发展乡镇企业，充实集体实力；各乡镇每年集资和征收提留的数目，最好经乡镇人大定好，中间不得任意追加；对于收入低的困难户适当照顾。

普法工作调查。1986年8月21日至28日，县人大常委会副主任于彬带领县人大常委会法制科、法制工作委员会和县普法办公室部分人员，对县燃料公司、阚家乡、柏城镇玻璃厂进行了调查。认为凡是认真贯彻落实了改革精神的，企业就会发展。建议县委、县政府坚定不移抓好改革；在落实省委搞活企业“十七条”和县委贯彻落实省委“十七条”意见的过程中，推广先进单位经验做法。

视　察

全县教育双改和除氟改水工作情况视察。1984年11月5日至7日，县人大常委会组织部分县人大代表对全县教育双改和除氟改水工作进行了视察，同时对教师待遇、教学质量和学龄前儿童教育情况进行了了解。视察分为5个组，分别在人大常委会主任、副主任的带领下，采取看现场、听汇报、议工作情况、定改进措施等方法，对全县29个乡镇进行了视察，并集体进行了汇报总结。建议要结合学习贯彻党的十二届三中全会精神，进一步提高对发展农村教育工作重要意义的认识；要集中时间，采取多种措施突击完成双改尾工；要进一步搞好教育战线知识分子政策的落实；进一步解决好除氟改水工作中的实际问题；总结推广典型经验，指导面上的工作。县人大常委会主任朱维福和副主任李凤语、王炜光、于彬、李君芳及部分委员，县政府办公室、县教育局、县水利局、县地方病办公室等有关部门及人大机关各科办的负责人参加视察。

农村中小学校舍改造工作视察和检查。1985年5月5日至6日，县人大与县政府联合组织，对全县各乡镇中小学校舍改造工作进行了一次视察和检查。

粮食工作视察。1985年8月9日至20日，县人大常委会主任、副主任、党组副书记和人大常委会法制、财政经济、教科文卫3个工作委员会的部分委员、人大常委会机关各科办的部分工作人员，及县政府办公室、粮食、商业、县联社等部门的有关人员共33人，分为5个组，对县粮油加工厂和康庄、井沟、柴沟、土庄粮管所等5个单位的粮食管理工作进行了视察。建议县委结合整党工作，对县粮食系统的领导班子进行思想整顿；对粮油管理工作加强宏观控制；合理调整平价粮油分配指标。

地方志编纂工作视察。1985年11月底，县人大常委会组织部分县人大代表，对全县地方志编纂工作进行了视察。

普法工作视察。1986年1月10日至13日，县人大常委会主任朱维福，副主任李凤语、王炜光、李君芳，党组副书记孟宪兑带领视察组，对全县29个乡镇和县物资公司、县轻纺公司、县教育局、县建委4个县直部门的普法工作进行了视察。建议把普法工作列入党委工作重要议程，加大宣传力度，抓紧制订、完善普法规划和1986年实施方案，充实普法办事机构力量。

《食品卫生法》贯彻实施情况视察。1986年9月7日至11日，县人大常委会组织部分市、县人大代表和县政府办公室、卫生防疫等多个部门的53人，分5个组，分别由县人大常委会正副主任带领，对县直和20个乡镇274个从事食品生产经营的国营、集体、个体单位贯彻执行《食品卫生法》的情况进行了一次较大规模地视察。视察中，对严重违反《食品卫生法》的单位，责成职能管理部门当场作了处理。18个单位分别被吊销营业许可证或限期停业整顿，33个单位被罚款；对正在出售的发霉变质产品全部予以销毁。建议县政府继续深入学习宣传《食品卫生法》，增强干部职工的法制观念；加强对食品卫生工作的领导；充分发挥各职能部门的作用；抓好基础工作，提高从业人员的素质。

第三节 县十一届人大常委会调研、视察、执法检查

调 研

全国制订国家预算法调查。1988年4月，县人大常委会组织人大财经科和县财政局的有关人员进行了研究，就调查提纲中的大部分题目进行了探讨，提出了意见建议。

农业工作情况调查。1989年4月24日至29日，县人大常委会副主任单昭明带领人大办公室的人员，对柏城、河崖、呼家庄、土庄、柴沟、李家营6个乡镇的农业生产情况进行了调查。建议进一步提高广大干部群众对农业在国民经济中战略地位的认识，树牢以农为本的思想，建立健全相应服务体系，加强生产资料的调度和管理。

《森林法》贯彻实施情况调查。1989年5月4日至5日，县人大常委会副主任梁光鹏带领教科文卫城乡建设科的人员，对《森林法》贯彻实施情况进行了调查。首先与县林业局部分人员及有关部门进行了座谈，又分别到姜庄镇、拒城河乡召开了由乡镇政府、林业站、村委会等单位有关人员参加的座谈会，察看了部分林网和林果现场。建议加强宣传力度，狠抓后进，促进平衡发展，各级政府要继续加强领导，落实全县林业发展规划。

防汛工作调查。1989年6月19日至20日，县人大常委会副主任王炜光带领农经委的有关人员，在听取相关部门汇报后，对县境内主要河流、水库等部分地段及防汛工作设施进行实地调查。建议采取多种形式大力宣传防汛工作重要性，加快防汛工程进度，及早处理好过去遗留和可能发生的水利纠纷。

县财政预算上半年执行情况调查。1989年7月下旬，县人大常委会财经城建工作委员会就县财政预算上半年执行情况，先后对县经委、县计委、县建委、县财政局等部门和部分企业进行调查。建议组织开展双增双节活动，严格控制和节减财政支出，加强对财政工作的组织领导。

视 察

《土地管理法》贯彻实施情况视察。1987年6月3日至8日，县人大常委会组织专职委员和县建委、县农业局、县人大常委会各科办的20人，分4个组，分别由县人大常委会副主任带队，对全县29个乡镇贯彻实施《土地管理法》的情况进行了视察。重点抽查了柏城、夏庄、康庄、双羊、柴沟、井沟、大牟家、拒城河、张鲁、河崖、方市和咸家12个乡镇。建议继续广泛深入宣传《土地管理法》，搞好历史遗留问题的处理，坚持依法管理土地，严格按规划搞好乡村建设。

农村基层社会保障工作情况视察。1987年6月3日至10日，县人大常委会组织部分委员，吸收人大常委会机关各科办和民政局人员参加，采取听汇报、看现场、召开干

部群众座谈会的方式，对全县29个乡镇的农村基层社会保障工作情况进行了视察。建议各级政府必须把这项工作列入议事日程，进一步加强对发展社会保障工作重要意义的宣传。

环境保护和县城环境卫生情况视察。1987年8月12日至14日，县人大常委会组织部分委员，并吸收部分省、市人大代表和县政府、县爱卫会、县建委、县卫生局等相关部门参加，对环境保护和县城环境卫生进行了持证视察。建议加强领导，广泛深入宣传学习相关法律法规；制订统一的管理办法；加强监督检查，严格依法治理；有关职能部门树立全局观念，明确职责分工。

《食品卫生法》贯彻实施情况视察。1987年9月23日至24日，县人大常委会组织县政府办公室、县卫生局、县农业局、县工商局等部门的16人，分2个组，分别由副主任孟宪兑和专职委员沈兴昌带领，对县城从事食品生产经营的62个国营、集体和个体单位贯彻执行《食品卫生法》的情况进行视察。视察中，对严重违反《食品卫生法》的单位，责成职能部门当场作了处理。建议更加广泛深入地搞好《食品卫生法》的学习宣传，加强对食品卫生工作的领导，加强对从业人员的培训，充分发挥各职能部门的作用，提高业务素质和监督水平。

《食品卫生法》贯彻实施情况视察。1988年9月19日至20日，县人大常委会组织部分省、市、县人大代表，对全县部分食品生产经营单位和个体摊点进行了持证视察。副县长潘世俊和县政府办公室、县卫生局、县防疫站、县联社等11个部门单位分管负责人参加了视察。活动共视察了县城29个单位和个体户，康庄、柏城、柴沟、夏庄4个乡镇26个单位和个体户。建议继续深入学习宣传《食品卫生法》，加强对食品卫生的工作领导，充分发挥职能部门作用，加强县城的食品卫生管理。

《山东省计划生育条例》贯彻实施情况视察。1989年7月6日至12日，县人大常委会组织部分委员和市、县人大代表，吸收县计划生育委员会等部门共29人，分4个组，分别由县人大常委会副主任带领，对全县29个乡镇贯彻实施《山东省计划生育条例》情况进行了视察。建议广泛深入学习宣传《条例》，强化基层计划生育组织作用，建立健全各项规章制度，抓好清理工作，狠抓计划生育目标责任制落实，并把计划生育工作作为一项评定干部政绩的重要指标。

《食品卫生法》贯彻实施情况视察。1989年7月7日至9日，部分县人大代表和潍坊市人大视察组，对高密县县城部分食品生产经营单位和个体饭店、餐馆进行了持证视察。建议继续深入学习宣传《食品卫生法》，搞好经常检查与视察相结合，认真搞好治理整顿，严格审批手续。

全县棉花收购工作情况视察。1989年9月25日至10月10日，县人大常委会组织部分委员和县人大代表，吸收县人大常委会农经委、县政府、县工商局等单位参加，由县人大常委会副主任王炜光带领，对第一、

二、三、四、五、蔡家站6个棉油厂，井沟、注沟、柴沟3个棉油车间，呼家庄、周阳棉站等11个收购单位和收购范围内乡镇进行了视察。建议建立健全配套的良种繁育体系，推广地膜覆盖，棉花收购要认真执行国家棉花标准，严格执行收购政策。

组织驻高密的省人大代表视察。1989年12月4日至13日，县人大常委会组织驻高密的省人大代表进行了视察。这次视察在全县范围内进行，驻高密县的5名省人大代表单昭明、李德章、张奎生、宋锡亮、徐立贞参加了视察。主要视察了高密县1989年国民经济和社会发展计划及财政预算执行情况、惩治腐败和清理整顿公司情况、基层政权建设情况等。建议适当调整农用物资计内计外价格、供应比例，国家贷款应支持效益好的企业；抓好惩治腐败和清理整顿公司工作；正确调整农业内部结构和作物布局，搞好良种培育。

第四节　县十二届人大常委会调研、视察、执法检查

调　研

《环境保护法》贯彻实施情况调查。1990年4月，县人大常委会财经城建工作委员会在县人大常委会副主任刘远东带领下，通过与相关单位座谈，对王吴造纸厂、县肉联厂、县制革厂进行实地调查等方式，对《环境保护法》贯彻实施情况进行了调查。建议进一步加强宣传；贯彻执行经济建设、镇乡建设、环境建设同步规划、同步实施、同步发展的方针，实现社会效益、环境效益和经济效益三统一；努力改善城区大气环境治理。

全县内务司法部门的执法情况检查。从1990年5月25日开始，用一个月的时间，县人大常委会对全县内务司法部门自1989年以来的执法情况进行了检查。建议做好思想政治工作，提高干警的政治素质；组织干警认真学习法律，加强业务培训；建立健全内部各项规章制度，完善各项措施；加强部门内部自我监督。

全县农田水利建设等三项规划情况调查。1990年8月2日至7日，县人大常委会副主任梁光鹏带领农经工委4名工作人员，会同政府主管部门负责人，就县政府《全县今冬明春农田水利建设规划》《全县乡镇公路规划和管理养护意见》《关于三年绿化全县的实施意见》征求意见稿的指导思想、任务、标准及采取的措施和要求进行了调查。建议加强对相关法律法规的学习，下决心抓好规划的落实，认真总结经验教训，坚持实事求是，政府主管部门要把实施意见具体化。

预算外资金管理和清理小金库情况调查。1990年7月，县人大常委会副主任刘远东带领县人大常委会财经城建工作委员会工作人员，通过听取县财政局、县税务局、县审计局情况汇报，召开由县轻纺公司、县化工公司、县化纤厂和县棉织厂负责人参加的座谈会，对预算外资金管理和小金库的清理情况进行了调查。建议把清理小金库作为财

务检查的一项内容，常抓不懈；加强财务管理，完善财务制度；严肃财经纪律。

全县国民经济和社会发展计划上半年执行情况调查。1990年7月，县人大财经城建工委就县十二届人大一次会议通过的全县1990年国民经济和社会发展计划的上半年执行情况，同县政府有关委、公司及部分企业进行了座谈了解。建议大力组织财政收入，继续深入开展双增双节活动，搞好资料利用，加强企事业单位的财务管理。

社会治安情况调查。1990年7月，县人大常委会副主任孟宪兑带领县人大常委会法制工作委员会工作人员，对社会治安情况进行调查。先后到初家、蔡站、田庄、高密4个乡镇，通过座谈的形式开展了调查。建议进行综合治理，严厉打击刑事犯罪；将法制教育与道德教育结合起来；鼓励人民群众同违法犯罪做斗争；提高执法人员政治业务素质。

贯彻实施《企业法》情况调查。1990年7月，县人大常委会财经城建工委就《全民所有制工业企业法》的贯彻执行情况进行了调查。建议把学习贯彻《企业法》作为一项长期任务来抓；进一步理顺党、政、工方面的关系，积极发挥各自作用；明确职能分工，具体负责贯彻执行。

视　察

高密、张鲁等10乡镇执行《义务教育法》视察。1990年5月22日至6月2日，县人大常委会组织部分省和市人大代表、县人大常委会委员、县人大代表和县教委领导等组成视察组，到李家营、张鲁、土庄、王吴、大牟家、双羊、呼家庄、高戈庄、高密和柴沟10个乡镇，就义务教育法执行情况开展了视察。建议继续加强义务教育法学习宣传，增强法制观念；确保民办教师工资按时发放；对库区和经济上确有困难的乡镇，在政策资金上予以扶持。

夏粮入库工作视察。1990年6月24日，县人大常委会、县政协共同组织部分县人大代表、县政协委员，吸收县政府相关单位的领导和技术人员，对李家营、姚哥庄两个粮食收购单位进行了视察。建议爱护群众积极性，确保不购一户过头粮；保证入库质量，抓紧入库。

城区规划、环境卫生和《食品安全法》贯彻实施情况视察。1990年7月27日至28日，县人大常委会对全县城区规划和县城范围内的环境卫生和《食品安全法》贯彻实施情况进行了视察。

第五节　市（县）十三届人大常委会调研、视察、执法检查

调　研

《民事诉讼法》贯彻实施情况调查。县人大常委会法工委在县人大常委会副主任李万河、委员吕希池的带领下，自1993年5月12日起，利用十多天的时间，先后到县

法院、高密镇、柴沟镇、拒城河乡、咸家乡、田庄乡及民政局等单位，对县人民法院贯彻实施《民事诉讼法》情况进行了调查。建议克服“重实体轻程序”的思想，切实解决“告状难”问题；从根本上解决“执行难”问题；严格执行《民事诉讼法》，进一步提高办案质量，切实保障当事人的诉讼权利；从实际出发，逐步改善执法条件。

《药品管理法》执行情况调查。1993年5月，县人大常委会副主任李好玉带领教科文卫工作委员会成员，会同卫生局、药检所负责人，分别到药品生产、经营、使用、检验部门，进行了调查走访，并召开了座谈会。建议要坚持不懈地做好《药品管理法》宣传教育工作；严厉打击非法经营药品的犯罪活动，各有关部门要通力合作，密切配合；加强对制剂的管理；切实加强药政管理机构建设，建立一支为政清廉、纪律严明、专业水平较高的药政管理队伍。

贯彻两个《条例》减轻农民负担情况调查。1993年5月24日至6月1日，县人大常委会副主任沈子升带领农经工委成员，听取了农委及有关部门关于县委、县政府贯彻“两办”通知和全县正在开展的“四清理三整顿”情况介绍后，会同县农委、经管站的有关人员，采取听汇报、座谈讨论等形式，分别到河崖、周戈庄、田庄、柴沟4处乡镇进行了调查。建议政府对今后基本建设工程的安排要量力而行；抓好县直各个部门对两个条例的贯彻实施，并真正做到令行禁止；加快建章立制进度，使整改措施尽快出台，并认真付诸实施。

水污染防治和水源地保护情况调查。1993年6月初，县人大常委会副主任王凤祥带领财经城建工委成员，对全县水污染防治和水源地保护工作情况进行了调查。调查组分别听取了县环保局、县建委、县水资源办公室、县自来水公司负责人的情况介绍，察看了城北污水处理工程一期施工现场；察看了化肥厂、再生胶厂、毛巾厂对污水治理设备运转及治理效果，并进行了座谈；到城南水库、王当水源地、水处理厂进行实地察看。通过实地观察、座谈分析，建议要加大环境保护法的宣传深度、广度，宣传实施环保法先进典型，进一步提高全民环保意识；对现有的污染源要继续加以治理，特别对列入重点治理计划的单位和项目，要加大措施，完成规定目标；必须从严控制新上项目，坚持做到与主体工程同时设计、同时施工、同时投产使用；要完善水源地保护办法，明确划分水源地保护范围。

上半年国民经济和社会发展计划、财政预算执行情况调查。1993年7月中下旬，县人大常委会副主任王凤祥带领财经城建工委工作人员，同县计委、县经委、县经贸委、县财政、县税务等部门进行了座谈，就高密县上半年国民经济和社会发展计划、财政预算执行情况进行了调查。建议进一步调整企业产品结构；加强企业内部管理；采取措施确保全年财政收支平衡。

社会治安综合治理情况调查。1993年7月30日至8月7日，县人大常委会副主任李万河带领县人大法工委成员，就高密县社会治安综合治理情况开展了调查。建议县政府继续加强对社会治安综合治理工作的领导，从宏观上指导和协调全县的综合治理工作的全面开展；加强对青少年的教育；尽量保障执法部门办案经费；加强对执法人员业务和政治培训。

《义务教育法》实施情况调查。1993年8月2日至5日，县人大常委会副主任李好玉带领教科文卫工委成员，分别到李家营、仁和、蔡家站、高密镇4个乡镇，就实施《义务教育法》情况进行了调查。建议增强全社会执法意识，解决学生辍学问题；提高民办教师工资待遇，稳定教师队伍；解决城区学校班额过大和入学难的问题。

《矿产资源管理法》贯彻实施情况调查。1993年9月25日至26日，县人大常委会副主任沈子升带领农经工委成员，分别到柏城、方市等5个矿产单位，采取听、看、议的方法，对《矿产资源管理法》贯彻实施情况进行了调查。建议抓好矿产法的宣传教育，有法必依，违法必究；搞好规划，合理开采；严格安全措施，确保开采安全。

经济审判工作调查。1993年10月4日至6日，县人大常委会副主任李万河带领法工委成员，对高密县1993年经济审判工作情况进行了调查。调查中，召开了座谈会，走访了企业主管单位和部分乡镇。建议各级各部门要积极支持县法院依法审判经济案件，不能提供假证据；加强对有关人员业务培训；加强立案管理。

康庄、芝兰庄两农场生产经营情况调查。1994年6月中旬，县市人大常委会副主任沈子升带领农经工委的人员，对农业服务中心所属的康庄棉花原种场和芝兰庄粮食良种场的生产经营情况进行了调查。建议扩大经营规模，提高经济效益；增添机械设备；积极参加劳动保险。

《档案法》贯彻实施情况调查。1994年6月2日至4日，县人大常委会副主任李好玉带领部分县人大代表，采取听档案管理部门汇报、召开座谈会、察看档案管理等形式，先后调查了县经委、县商委、县经贸委、县工商局、夏庄镇、高密镇、咸家乡及其所属单位和行政村《档案法》贯彻实施情况。建议加大宣传力度；加大对档案管理工作的资金投入；理顺职能部门关系；严格执法，依法治档。

《教师法》贯彻实施情况调查。1994年7月，市人大常委会副主任李好玉带领办公室人员，对全市实施《教师法》情况进行了两天的调查。听取了市教委的汇报，召开了市直学校和有代表性的高密镇等6个乡镇的教委主任、部分人大代表、校长、老师的座谈会，听取了高密镇、夏庄镇政府的汇报。建议加大对法律宣传力度；提高教师待遇；解决城区入学难问题。

生猪定点屠宰情况调查。1996年8月下旬，市人大常委会副主任潘世俊、郭炳桥会同市商委、市商业集团总公司、市畜牧服务中心的负责人，利用3天时间，听取了部分乡镇政府情况汇报，召开了座谈会，并实地察看了猪肉销售市场。建议进一步提高认识，加强宣传；职能部门树立大局观念，配套联动，形成合力；完善管理办法，研究制订生猪流通政策；强化服务观念，为农民和消费者提供优质服务。

全市肉牛养殖情况调查。1997年6月2日至4日，市人大常委会副主任潘世俊、郭炳桥带领农村经济工作委员会成员和调查研究室有关人员，吸收市畜牧服务中心人员参加，通过到周阳乡、拒城河镇、周戈庄镇、大牟家镇现场察看和组织20处乡镇分片召开座谈会的形式，对全市肉牛养殖情况开展了调查。建议加大宣传力度，加快改良步伐，大力推广青贮氨化和科学饲养技术；加强组织领导，强化措施，加大工作力度；完善改良服务体系，提高冻配网点人员的技术水平；走多种饲养形式并存的路子，促进肉牛产业化快速发展；合理布局交易市场，建立加工销售肉牛龙头企业，使肉牛生产与市场接轨。

视　察

县城环境卫生视察。1993年4月7日，县人大常委会组织部分市、县人大代表，分两组，分别由两名副主任带队，对治理县城环境卫生情况进行了视察。视察组察看了城区内主要街道、公共场所和城区内高密镇22个村庄的环境卫生情况，听取了县政府汇报。建议抓好条例及县管理办法的宣传教育，提升卫生意识；找出治理重点，一一突破；做好卫生区域的划分，责任落实到人；建设专业队伍。

防汛工作视察。1993年6月21日至22日，县人大常委会副主任沈子升带领农经工委工作人员，会同县水利局负责人，深入河流、水库等部分险工地段及防汛工程设施，对防汛工作进行了视察。建议加强宣传，提高全民防汛意识；加强领导，加快防汛工程进度；及时处理好历史纠纷。

贯彻实施农民负担两个《条例》视察。为更好贯彻实施国务院及省农民负担两个《条例》，切实减轻农民负担，根据潍坊市人大常委会传真电报通知精神，1993年7月上旬，全县各乡镇人大主席团组织430多名市、县、乡镇人大代表，深入60多个村，对本乡镇农民负担情况普遍进行了视察。县人大常委会于7月12日至15日，分2组，分别由县人大常委会副主任沈子升、王凤祥带领，吸收县人大办公室、农经工委、财经工委和县政府办公室、县农委负责人，深入县广播局、县卫生局、双羊镇、张鲁乡、柴沟镇、仁和乡等部门和乡镇，对贯彻实施农民负担两个《条例》进行了视察。建议进一步宣传学习好两个《条例》，解决好思想认识问题；强化措施，促进减轻农民负担工作平衡发展；完善规章制度，强化监督管理；实行“三减”，确保减轻农民负担。

《妇女权益保障法》贯彻实施情况视察。1993年7月上旬，县人大常委会组织部分市、县人大代表，吸收县人大常委会法工委、县妇联的人员，分3个组，分别由县人大常委会副主任李万河、聂立斌，委员吕希池带领，到全县29个乡镇和县直12个系统，对《妇女权益保障法》贯彻实施情况开展了视察。建议继续广泛深入宣传，提高全面保障妇女权益的法律意识；采取各种措施，切实保障妇女权益；严厉打击各种严重侵犯妇女权益的违法犯罪行为。

《食品卫生法》贯彻落实情况视察。1993年7月10日，潍坊市人大常委会副主任常怀义带领潍坊市人大常委会部分委员和潍坊市人大代表一行12人，对高密县贯彻落实《食品卫生法》情况进行了视察。县人大常委会组织了部分市、县人大代表配合潍坊市人大常委会进行了视察。潍坊市人大常委会视察组提出，要继续抓好宣传，广造舆论；完善卫生设施，提高食品卫生水平；抓队伍建设；经常性开展监督检查，严格依法办事。

贯彻落实《全民所有制工业企业转换经营机制条例》和潍坊市人大常委会所作决议情况视察。1993年9月，县人大常委会组织部分市、县人大代表，在县人大常委会副主任王凤祥带领下，对高密县贯彻落实《全民所有制工业企业转换经营机制条例》和潍坊市人大常委会所作决议情况进行了视察。建议加强学习宣传，提高落实自觉性；进一步转换政府职能，搞好协调、监督和管理；增强法制观念，做到依法办事。

组织驻高密全国、省人大代表视察。1993年12月9日至17日，县人大常委会组织驻高密全国、省人大代表开展了视察活动。听取了县政府关于1993年国民经济、财政预算执行情况、全民所有制工业企业转换经营机制条例执行情况、打击犯罪和社会治安情况、减轻农民负担情况、开展反腐败斗争情况的汇报；视察了化纤总厂、锻压机床厂、糖厂、酒厂4个企业；视察了高密镇、柴沟镇、仁和乡、张鲁乡4个乡镇及各所属的一个村。提出了进一步加强对“全民工业企业转换经营机制条例”宣传，提高干部职工心理承受能力，全部落实赋予企业的14项权力，加强预算外资金的管理等建议。

环境保护执法情况视察。1994年4月27日至29日，县人大常委会副主任王凤祥带领部分潍坊市和高密县人大代表、分管副县长、环保局和县政府负责人参加，听取了县政府工作情况汇报，现场察看了县化纤总厂、酒厂、造纸厂、水泥厂等8个企业的污染治理情况。建议加强宣传，提高环保自觉性；严格依法监督；实行分类指导，突出治理重点。

打假工作情况视察。1996年，根据潍坊市“打假”工作动员会议精神和市人大常委会《关于视察全市打击生产和经销假冒伪劣商品违法行为工作的实施意见》要求，市人大常委会制订了“打假”工作的实施意见，于6月28日召开了视察全市“打假”工作动员会，自6月中旬到8月，深入开展打击生产和经销伪劣商品违法行为工作的活动。8月28日至29日，组织部分委员、代表，吸收市政府、工商、技术监督、卫生、公安、市联社等部门负责人和业务骨干，分两个视察组，分别由市人大常委会副主任潘世俊、郭炳桥带队，对全市“打假”工作进行了视察。建议加强法律法规的学习、宣传、教育，提高全民“打假”意识；抓好大案要案的查处；不断提高执法队伍的整体素质。

第六节　市十四届人大常委会调研、视察、执法检查

调　研

“三五”普法教育和“二五”依法治市规划实施情况调查。市人大常委会法工委、市普法办负责人在市人大常委会分管主任带领下，于1998年5月5日至13日，对全市“三五”普法教育和“二五”依法治市规划实施情况开展了调查。建议加强组织领导；抓好落实；及时总结推广典型。

个体私营经济发展情况调查。1998年6月18日至25日，市人大常委会副主任沈子升、刘宗法带领市人大常委会财经工委部分成员，会同有关部门，对全市个体私营经济发展情况进行了专题调查。先后听取了市工商局、市个体私营业者协会和11个乡镇政府汇报，走访了城区及11个乡镇的30多家个体工商户和私营企业，发放了调查问卷。建议抓好政策落实，营造良好环境；制止“三乱”，依法保护合法权益；搞好市场、园区规划，提供良好发展载体。

居民小区规范化管理情况调查。1998年6月23日至30日，市人大常委会副主任潘世俊带领由市人大常委会城乡建设环保工委部分成员组成的调查组，对全市居民小区规范化管理情况进行了调查。调查组听取了市建委汇报，召开了座谈会，并对醴泉、凤城、农丰、西关4个小区进行了实地调查。建议修订完善物业管理办法；理顺各方面关系，提高服务治理和管理水平。

农民负担情况调查。1998年7月6日至8日，市人大常委会组成5个调查组，分别由人大常委会副主任带队，集中对15个乡镇的农民负担情况进行了调查。建议广泛深入宣传中央和省市关于减轻农民负担的指示精神，提高干部思想认识；适当扩大人均土地比例；认真搞好农村财务“三代管”；依法签订和收取农民负担费用。

市场建设与管理情况调查。市人大常委会副主任潘世俊、沈子升带领由人大常委会城乡建设环保工作委员会、财政经济工作委员会联合组成的调查组，吸收市政府及其有关部门的负责人参加，于1998年8月19日至21日对市场建设与管理情况进行了调查。调查组听取了市政府有关部门的工作汇报，实地调查了井沟镇集贸市场、柴沟镇任鹿家庄木材市场和城区绝大多数市场及摊点群，走访了部分经营业户和群众，广泛征求了建议意见。建议加强领导，统筹规划；留有发展余地，滚动发展；政策保持相对稳定；加强市场配套设施建设；加强对经营业户法律法规教育。

市直工业企业生产经营、改制情况调查。市人大常委会财经工委会同市经贸工委有关负责人，从1998年10月22日开始，

用4天的时间，对市直工业企业生产经营、改制情况进行了调查。调查组听取了市经贸委关于市直工业企业生产经营和改制情况的汇报；分别到锻压机床厂、农机厂、糖厂进行了调查；召开了高源集团、水泥厂、气门嘴厂、酒厂、糖厂、农化总厂、橡胶厂等部分厂长参加的座谈会，对调查的情况进行了分析。建议选好企业领导班子，注重后备力量培养；加大企业技改力度；广泛听取意见，增强决策准确性；进一步落实市委“重点抓工业”的工作思路，为企业创造宽松环境。

《环境保护法》贯彻实施情况调查。市人大常委会副主任潘世俊带领由市人大常委会城乡建设环保工作委员会部分成员和市人大代表组成的调查组，于1998年10月20日至22日对全市贯彻实施《环境保护法》情况进行了一次全面调查。调查组听取了市环保局的工作汇报，察看了市化纤厂、市造纸厂、市酿酒厂、市农药化工厂、市污水处理厂、市毛巾厂、市印染厂和市染化厂等企业，分别召集部分环保执法人员和企业负责人召开了座谈会，征求了各方面的建议意见。建议加大法律宣传力度，提高全民环保意识；政府各职能部门要协调配合，加强控管；加大执法力度，强化环境保护监督；加大投入，加快治理步伐。

市法院审判工作情况调查。1998年10月16日至23日，市人大常委会副主任郭炳桥带领法工委和调研室的人员，对市法院审判工作情况进行了调查。调查组听取了市法院负责人关于审判工作的情况汇报，分别召开了由市检察院、市公安局、市司法局有关人员及部分律师参加的3个座谈会，到7处基层法庭所驻乡镇征求了当地人大、政府对审判工作的意见。法工委成员还单独进行了调查活动。建议提高审判人员的政治和业务素质；进一步提高审判质量；加大执行力度；加强涉农案件的审判。

《山东省计划生育条例》贯彻实施情况调查。1999年4月26日至29日，市人大常委会副主任刘宗法带领由教科文卫工委组织人大调研室、市计生委等有关人员组成的调查组，对《山东省计划生育条例》贯彻实施情况进行了调查。建议加大计划生育工作力度；加强和完善城区及流动人口计划生育管理工作；加强计划生育经费和收费管理。

《建筑法》贯彻实施情况调查。1999年5月6日至8日，市人大常委会副主任潘世俊带领由城乡建设环保工作委员会部分成员和市人大代表组成的调查组，对《建筑法》贯彻实施情况进行了调查。建议加大宣传力度，提高全民建筑法制意识；加大依法管理乡镇建筑活动力度；加强对装饰装修行业的管理，加强监管；规范行业市场管理；逐步解决工程款拖欠、旧城改造等遗留问题。

《药品管理法》贯彻实施情况调查。市人大常委会副主任刘宗法带领由市人大教科文卫工委、调研室和卫生局的有关人员组成的调查组，于2000年3月下旬，对全市贯彻实施《药品管理法》情况进行了为期4天的调查。其间，调查组听取了市卫生局、市工商局、市医药管理局等部门负责人的有关情况汇报，对市药检所、医药公司、柴沟和柏城两处乡镇医院、3个村级卫生所（室）2个制剂室和2个集市进行了实地调查，并在调查单位召开了有关人员参加的座谈会，听取了单位负责人的情况汇报，征求了座谈人员对贯彻实施《药品管理法》的建议和意见。建议加大宣传教育力度；重点加强对药品经营业户的监督；加强药品市场管理；加强对医药广告宣传的管理工作。

《价格法》贯彻实施情况调查。市人大常委会副主任沈子升带领由财经工委、调研室和市物价局、市工商局的有关人员组成的调查组，于2000年3月下旬，对全市贯彻实施价格法的情况进行了为期3天的调查。听取了市政府关于全市贯彻实施价格法情况的汇报；实地调查了昭儿玩具厂“企业缴费登记卡”的使用情况，市技术监督局和公证处“收费许可证”和“收费员证”的使用及依法行政和收费情况，密丽达商厦和供销大厦的明码标价情况，医药公司执行政府定价和政府指导价情况，并与物价部门的执法人员进行了座谈，听取了被调查单位的汇报，察看了有关证件资料。建议加强对《价格法》的学习宣传工作；抓好“两证一卡”制度的推行和贯彻；加大对收费行为监督检查力度；推进收费明码标价规范化工作；搞好价格信息服务工作。

《动物防疫法》贯彻实施情况调查。市人大常委会副主任张振国带领农经工委部分成员组成的调查组，从2000年3月27日开始利用3天的时间，对全市动物防疫情况进行了调查。调查采取“听、看、议”的方法，听取了市畜牧局和注沟镇、夏庄镇政府以及兽医站负责人的工作汇报，实地察看了市肉联厂、凯远食品公司的动物检疫情况和两个乡镇的两个养猪场的实际防疫情况，召开了有关人员参加的座谈会，征求了各方面的建议和意见。建议提高广大干部群众的防疫意识；加强组织领导，深入贯彻实施国家法律法规；提高执法队伍素质；积极开展技术服务指导。

《土地管理法》贯彻实施情况调查。市人大常委会副主任张振国带领由农经工委部分成员和市规划国土局的负责人组成的调查组，于2000年5月下旬对全市贯彻实施《土地管理法》情况进行了为期3天的调查。其间，调查组听取了市规划国土局和柏城镇、周阳乡政府的工作汇报，召开了有关方面人员参加的座谈会，察看了柏城镇土地复垦、周阳乡土地整理工作现状。建议加强对土地法律法规的学习宣传；加强执法队伍建设，提高执法人员法律水平；加大执法工作力度，确保全市耕地总量动态平衡；积极组织土地开发整理，提高全市土地质量。

打假工作情况调查。市人大常委会副主任沈子升带领由市人大财经工委、调研室和市工商局、市质量技术监督局、市医药管理局、市烟草专卖局、盐业公司和市卫生局药检所有关人员组成的调查组，于2000年5月下旬，对全市打假工作情况进行了为期两天的调查。其间，听取了5个部门打假工作情况汇报，到益康食品厂门市部、水产公司门市部、东关小商品批发市场、密丽达商厦、农资公司门市部、新生药店、华康保健品商店、高诸路小商品批发市场8个批零场所现场察看、抽样监测，重点调查了与群众生活息息相关的饮料、食品、烟酒及农资、医药等市场的打假情况，到开发区工商所观看了工商系统打假工作的音像资料，并组织全体参加人员进行了座谈讨论。建议深入开展宣传活动；理顺部门职能，加强协调配合；突出重点，加大打假力度；加强管理和服务职能。

文化市场管理情况调查。2000年5月15日至17日，市人大常委会副主任刘宗法带领教科文卫工委和调研室人员，对文化市场管理情况开展了调查。建议加强对部门的组织协调和对乡镇文化站的领导；加强对文化市场的培育和管理；加大执法力度。

市人民法院执行工作调查。2000年5月16日至19日，市人大常委会副主任郭炳桥带领由法工委和人事代表工作室有关人员组成的调查组，对市人民法院经济、民事、行政、刑事案件执行情况进行了调查。建议切实落实工作措施，加大执行力度，强化内部管理和建设；加强法制宣传教育，扩大执行工作的社会影响。

市十四届人大三次会议以来代表所提建议、批评和意见办理情况调查。2000年7月17日至21日，市人大常委会副主任潘世俊带领部分市人大代表以及人事代表工作室和市政府法制局有关工作人员组成的调查组，对市十四届人大三次会议至四次会议期间代表所提建议、批评和意见的办理情况进行了调查。其间，召开了有关代表参加的座谈会，向提建议的代表发放《代表建议办理情况征询意见表》，征求了代表对办理结果的意见；召开市政府和有关单位负责人参加的座谈会，听取了承办单位办理代表建议情况的汇报；实地察看了小辛河市化纤厂排污口、粘胶厂排污口、高密师范、高密五中4个现场；走访了部分代表。建议明确答复代表、建议办理部门；提高办理速度和质量；代表对答复不满意的，承办单位要重新研究办理意见并答复代表；暂时不能解决的问题，要定期清理，条件成熟尽快办理；在办理过程中，要积极向代表宣传党的方针政策；办理工作要深入实际，认真开展调查研究，多接触代表和群众；办理后要回访群众，进一步征求意见。

教育工作情况调查。2000年9月15日至19日，市人大常委会副主任刘宗法带领由教科文卫工委、调研室和市教委有关人员组成的调查组，到高密镇立新中学、城南中学、曙光中学、梓潼庙小学，夏庄一中、苓芝小学，高密二中、成人中专等8所学校，对教育工作情况开展了调查。建议进一步加大对教育事业的投入；加快发展高中教育；调整职业教育发展思路；齐抓共管，形成全社会关心支持教育的强大合力；加强监督检查，杜绝学校乱收费现象。

农村用电管理和电网改造情况调查。2000年9月6日至8日，市人大常委会副主任潘世俊带领由城乡建设环工委和人事代表工作室有关人员组成的调查组，到市供电局听取了实施“两改”工程情况汇报，并到张鲁供电所和姚哥庄镇贺家庄电工组、康庄镇前毛村和后毛村等现场进行了察看。建议加大法律法规和用电常识的普及力度；采取有力措施，加快改造进度；进行农村电网资产改革。

市属国有工业企业改制情况调查。2000年9月中旬，市人大常委会副主任沈子升带领由市人大常委会财经工委、调研室和市体改委、市经贸委有关人员组成的调查组，到同利化工、华圆糖业、振原水泥等7个改制企业实地察看，召开了座谈会。建议从完善法人治理结构入手，加快建立现代企业制度；解决好明晰产权方面的遗留问题；重视和加强企业政治思想工作；加大对改制企业扶持和监督力度。

《消费者权益保护法》贯彻实施情况调查。市人大常委会副主任张振国带领由财经工委、调研室和市工商局、市质量技术监督局、市卫生防疫站、烟草公司、盐业公司等部门有关人员组成的调查组，于2001年3月下旬，对全市贯彻实施《消费者权益保护法》情况进行了为期3天的调查。其间，听取了市工商局、市技术监督局等10个“12315”消费者申诉举报指挥中心成员单位贯彻实施《消费者权益保护法》情况的汇报，实地调查了市工商局“12315”消费者申诉举报指挥中心的各项工作，并与工商部门的执法人员进行了座谈，察看了有关资料；采取随机抽样检查的方式，在城区调查了风城大药房、中百佳乐家、万达家具城、大胜农用车有限公司等12个生产流通企业贯彻实施《消费者权益保护法》情况；到康庄镇、夏庄镇实地调查了当地供销社、种子站和副食品经营业户、饭店及生产企业贯彻实施《消费者权益保护法》情况。建议深入开展宣传活动，提高群众依法维权意识；加强协调配合，促进法律实施；加大打击制售假劣不法行为的力度。

《城市房地产管理法》贯彻实施情况调查。市人大常委会副主任张慕坤带领由城乡建设环保工委组成的调查组，于2001年3月22日至23日，对市政府贯彻实施《城市房地产管理法》情况进行了调查。调查组听取了市房管局代表市政府所作的贯彻执行《城市房地产管理法》情况的汇报；查阅了学习和贯彻实施《城市房地产管理法》的有关资料，并调卷查阅了有关档案；实地察看了城市房地产交易中心；召开了由市建委负责人和市房产管理局中层干部参加的座谈会，征求了各方面的建议意见。建议加大宣传力度，提高全民房地产法制意识；尽快解决未颁发房屋所有权证的问题；协调理顺房管局与有关部门的关系；尽快建立健全相关管理办法。

《土地管理法》贯彻实施情况调查。市人大常委会副主任王致民带领由部分人大常委会委员和市人大代表以及人事代表工作室的有关人员组成的调查组，于2001年5月21日至23日，对市政府贯彻实施《土地管理法》情况进行了调查。调查的主要内容是，

《土地管理法》的学习、宣传和普及情况；土地的所有权和使用权；土地利用总体规划；耕地保护和建设用地情况。调查中，听取了市规划国土局代表市政府所作的贯彻执行《土地管理法》情况的汇报；察看了学习宣传和贯彻执行《土地管理法》的有关资料；召开了市规划国土局职能科室负责人参加的座谈会和朝阳街道、柏城镇、夏庄镇、姜庄镇的人大工作室主任、人大主席和土管所负责人参加的座谈会；实地察看了仁和、康庄等镇《土地管理法》实施情况。建议加大宣传力度；加强协调，妥善处理违法用地问题；落实政策，搞好土地开发、复垦；出台规范性文件，保障群众合法利益。

民事行政检察工作情况调查。市人大常委会副主任刘彭泉带领由法工委、调研室有关人员组成的调查组，于 2001 年 5 月 22 日至 23 日，对市人民检察院民行检察工作情况进行了调查。其间，听取了检察院专题工作情况汇报，分别召开了检察院、法院有关人员参加的座谈会，从检察、审判两个方面，详细了解了民行检察工作情况，广泛征求了建议意见。建议立足于稳定大局，把有效的法律监督与做好罢访息诉工作结合起来；突出工作重点，加强对重大案件的监督；加强与审判机关沟通，正确处理监督与支持的关系。

市十四届人大四次会议以来代表所提建议、批评和意见办理情况调查。市人大常委会分管领导带领由人事代表工作室工作人员组成的调查组，于 2001 年 7 月中旬，对市十四届人大四次会议以来代表所提建议、批评和意见的办理情况进行了调查。其间，召开了有关代表参加的座谈会，向提建议的代表发放了“代表建议办理情况征询意见表”；召开了有关单位负责人参加的座谈会，听取了承办单位办理代表建议情况的汇报；实地察看了部分现场，走访了部分代表。建议进一步提高办理质量，到年终召开 1 ～ 2 次代表建议意见调度会，对答复代表已经解决的问题，检查是否兑现；对答复代表正在解决或列入计划解决的问题，要抓好跟踪落实；对答复代表暂时不能解决的问题，要定期清理，一旦条件成熟就尽快解决。

预算外资金收取和管理使用情况调查。2001 年 10 月下旬至 11 月上旬，市人大常委会副主任张振国带领由财经工委和市财政局、市预算外资金管理中心、市物价局、市审计局等部门负责人组成的调查组，对全市预算外资金收缴、管理、使用情况进行了调查。建议加强审计监督，提高预算外资金使用效率；加强规范化管理，理顺管理渠道；制订科学合理的收支计划。

行政审判工作调查。2001 年 11 月 2 日至 6 日，市人大常委会副主任刘彭泉带领由法工委、调研室组成的调查组，对市法院行政审判工作进行了调查。听取了市法院专题汇报，分别召开了由市政府法制局、市公安局、市工商局、市土地管理局等有关人员参加的座谈会。建议认真履行宪法和法律赋予的职责，切实保护公民合法权益；加大执行工作力度，维护法律严肃性；强化宣传，提高公民法律意识。

财政预算执行情况调查。2002 年 5 月下旬，市人大常委会财经工委对 2001 年财政预算执行情况进行了调查。其间，听取了市财政局、市审计局负责人关于 2001 年财政决算和本级预算执行审计情况的汇报；召开有关人员参加的座谈会，了解了 2001 年财政预算执行情况；分析了存在的问题和不足。建议加强宏观经济管理，创造宽松的经济发展环境；积极推进财政改革，逐步构建公共财政体制框架；坚持依法治税；充分发挥审计监督和财政监督作用。

《山东省建筑市场管理条例》贯彻实施情况调查。市人大常委会城建环保工委在市人大常委会一名副主任的带领下，于 2002 年 5 月 24 日，调查了《山东省建筑市场管理条例》贯彻实施情况。其间，听取了市建设局有关工作情况的汇报，到建筑市场交易中心和供电局宿舍等 3 个施工现场，察看了相关资料和实际工作，召开了施工企业和相关部门负责人座谈会，分析了面临的问题，全面了解了社会各界对贯彻实施条例的建议意见。建议深入开展宣传活动，提高全社会依法管理建筑市场的意识；加强制度建设；强化协调配合。

《防洪法》贯彻实施情况调查。2002 年 5 月 29 日至 30 日，市人大常委会分管副主任带领由农工委及人事代表工作室有关人员组成的调查组，调查《防洪法》贯彻实施情况。调查组到市水利局听取了汇报，查阅了相关记录资料；到王吴水库等现场进行了实地察看；召开了座谈会。建议继续广泛开展《防洪法》宣传教育活动，提高人民群众对防洪减灾重要性和紧迫性认识；健全组织机构，严格防汛责任制；加大工作措施，确保安全度汛。

《村民委员会组织法》贯彻实施情况调查。2002 年 5 月中旬，市人大常委会副主任刘彭泉带领由法制工作委员会和调研室有关人员组成的调查组，调查《村民委员会组织法》贯彻实施情况。调查组听取了市政府贯彻实施情况汇报，召开了由有关人员参加的座谈会，走访了部分村民代表和村干部。建议加强普法宣传力度；建立健全村级自治的延伸组织；完善各项村级制度；加强村委会成员的培训。

《公路法》贯彻实施情况调查。2002 年 7 月上旬，市人大常委会副主任张慕坤带领城建环保工委部分成员，到平日路城区南段改线工程、城区段公铁立交桥建设工程等现场进行了察看，听取了市交通局、市公路局有关情况汇报，调查《公路法》贯彻实施情况。建议加强对公路法的宣传，提高群众法律意识；加强各部门协调；加强对公路规费的征收工作。

2002 年上半年国民经济和社会发展计划及财政预算执行情况调查。2002 年 7 月，市人大常委会财政经济工作委员会根据工作计划安排，通过听取市发展计划局和市财政局工作情况汇报、召开座谈会等形式，对高密市 2002 年上半年国民经济和社会发展计划及财政预算执行情况开展了调查。建议加快经济发展，努力培植财源；提高企业运行质量和效益；加快农业结构调整步伐，提高农业产业化水平；坚持依法治税，确保财政任务顺利完成。

市十四届人大五次会议以来代表所提建议办理情况调查。市人大常委会组织由人事代表工作室和农工委的有关人员参加的调查组，于2002年7中旬，对市十四届人大五次会议以来代表所提建议、批评和意见的办理情况进行了调查。其间，召开了7次有关代表参加的座谈会，向提建议的代表发放了“代表建议办理情况征询意见表”132份；召开了5次有关单位负责人参加的座谈会，听取了承办单位办理代表建议情况的汇报；实地察看了7个现场；走访了部分代表。建议进一步抓好代表建议的落实；对答复代表正在解决或列入计划解决的问题，要抓好跟踪落实；对答复代表暂时不能解决的问题，要定期清理。

“四五”普法情况调查。为了解市人大常委会《关于在全市公民中开展第四个五年法制宣传教育的决议》的贯彻落实情况，2002年9月中旬，市人大常委会副主任刘彭泉带领部分驻会常委和有关人员，分别到姜庄、双羊、姚哥庄、柴沟等镇及部分村和农业局、教育局及高密五中、曙光中学等市直部门单位，听取了相关工作汇报，查阅了有关资料，并召开了座谈会，进行了法律知识答卷，了解了全市“四五”普法教育和“三五”依法治理一年来的基本情况。建议更加重视和加强“四五”普法工作；加强检查和调度，促进平衡发展；抓好普法经费的落实。

企业改制和生产经营情况调查。2002年9月中旬，市人大常委会组织由部分常委会委员、机关工作人员及市体改办、经贸局负责人组成的调查组，对全市企业改制和生产经营情况进行了调查。其间，听取了体改办、经贸局和劳动与社会保障局相关工作情况的汇报；选择了分析仪器厂、顺意纺织有限公司（原东方纺织厂）、凤凰宾馆（原招待所）、天达药业有限公司、孚日家纺有限公司、供销综合公司和高锻机械有限公司等7个改制企业，通过听取汇报、召集职工进行座谈等形式，了解了改制方案落实、生产经营、职工利益保障等情况，征求了建议意见。建议推进企业改制工作的深入，增强企业发展后劲；强化劳动和社会保障工作，切实维护职工合法权益；加大对改制企业扶持和监督力度，扩大改制成果。

视　察

“110”报警服务社会联动工作视察。2000年7月26日，市人大常委会主任孙惠斌，副主任郭炳桥、张振国与驻高密市的全国、省和部分潍坊市、高密市人大代表组成视察组，视察了高密市“110”报警服务社会联动工作。

招商引资工作情况视察。2001年4月，市人大常委会对全市招商引资工作情况进行全面视察。在市人大常委会主任孙惠斌主持下，部分常委会组成人员和人大代表听取了副市长吴荣勤代表市政府作的关于招商引资情况汇报，分析研究了工作中存在的问题。市人大常委会副主任刘宗法、刘彭泉、张慕坤、王致民、张振国分别带领5个视察组，分头到各镇、街道、市直各部门，采取“听、看、议”的方式进行了视察。

有关法律法规贯彻落实情况视察。2001年7月18日至20日，市人大常委会副主任刘宗法、张振国分别带领部分市级人大代表在副市长王卫东、刘金贵等陪同下对有关法律法规的贯彻落实情况进行了视察。

城市管理情况视察。2001年10月10日，市人大常委会主任孙惠斌、副主任张慕坤带领部分市级以上人大代表，视察了全市城市管理情况。

招商引资工作情况等视察。2001年12月11日至12日，市人大常委会根据省、潍坊市人大常委会的通知要求，组织驻高密市的全国、省人大代表，部分潍坊市和高密市人大代表开展了会前视察活动。市人大常委会主任孙惠斌，副主任刘彭泉、王致民与全国人大代表李德章、省人大代表李桂荣等一行17人，听取了市政府、市法院、市检察院相关工作情况汇报，集中视察了朝阳、密水、醴泉街道和柏城镇、夏庄镇的工业园区建设及招商引资工作情况，河崖等镇街的农业龙头企业建设和种植业结构调整情况，110报警服务指挥中心和公检法机关队伍建设情况。

市人民医院工作视察。2001年12月31日，市人大常委会主任孙惠斌、市政协主席田绍义、市人大常委会副主任刘宗法、市政协副主席宋锡明等到市人民医院视察工作，听取了市人民医院创建全国百姓放心医院的工作汇报。

《劳动法》贯彻实施情况视察。2002年7月25日，市人大常委会主任孙惠斌、副主任刘彭泉与部分市人大代表，视察了高密市贯彻实施《劳动法》情况。

执法检查

执法责任制情况检查。2002年2月下旬至3月下旬，市人大常委会对全市国家行政机关共32个部门单位1998年以来实行执法责任制情况进行了检查。4月8日，市十四届人大常委会第三十三次会议，作出了《关于表彰行政执法先进单位的决定》，评选市人事局、市教育局、市财政局、市发展计划局、市计划生育局、市规划与国土资源局、市公安局、市卫生局、市国家税务局、市畜牧局、市建设局、市审计局、市劳动和社会保障局、市水利局、市质量技术监督局、市地方税务局、市工商行政管理局、市公路局为行政执法先进单位。

第七节　市十五届人大常委会调研、视察、执法检查

调　研

农业“三化”战略实施情况调查。2003

年4月中旬，市人大常委会组织由农村经济工作委员会组成人员和人事代表工作室部分人员组成的调查组，用3天的时间，开展了专题调查。其间，与市农办负责人进行了座谈；实地察看了呼家庄镇、井沟镇的林业产业，注沟镇的黄烟产业，柴沟镇的芦笋标准化基地和龙河食品有限公司；听取了分管副市长关于实施农业“三化”战略情况的介绍，召开了由市农办、市农业局、市畜牧局等单位有关人员参加的座谈会。建议突出重点，继续推进农业与农村经济结构调整；扶持壮大龙头企业，推进农业产业化经营；狠抓农业标准化生产，提高农产品市场竞争力；加大对农业的支持和保护力度，强化农业基础地位。

《环境保护法》贯彻实施情况调查。 2003年4月中旬，城建环保工委组织全体成员，对全市贯彻实施《环境保护法》情况进行了调查。调查组在听取了市政府职能部门的有关汇报后，先后到城北污水处理厂、凯加食品有限公司、化纤股份有限公司等企业实地察看了工业污水处理情况。了解了全市环境治理工作现状，分析了存在的突出问题，提出了下一步工作的建议和意见。建议重视和加强环保法律法规的宣传学习；加大执法力度；加强环境监测和环保监督工作。

《治安管理处罚条例》贯彻执行情况调查。 2003年4月10日，市人大常委会法工委、调研室有关人员，在市人大常委会副主任张慕坤带领下，对《治安管理处罚条例》贯彻执行情况进行了调查。调查中听取了公安局主要负责人的专题汇报，并召开了由公安局治安大队、法制科负责人及城区、镇派出所部分所长参加的座谈会，了解了《条例》在具体工作中的贯彻执行情况，听取了大家的意见和建议。建议不断提高干警的整体素质和执法水平；加强对《条例》的宣传，改善执法环境；认真贯彻实施《条例》，为经济发展保驾护航；有关方面密切配合，形成齐抓共管的强大合力。

事业单位改制情况调查。 2003年4月22日，市人大常委会副主任王致民带领由财经工委主任张建国、成员蔡善华，人大机关以及市体改办有关人员组成的调查组，对事业单位改制和生产经营情况进行了调查。其间，听取了市体改办相关工作情况的汇报，到广通网络有限公司（原广播电视局有线台）、凤凰宾馆（原招待所）分别了解了改制方案落实、生产经营、职工利益保障等方面的情况，征求了建议意见。建议广泛宣传发动，增强全社会对事业单位改革工作重要性认识；把事业单位改革纳入政府机构改革总体框架，探索改制模式；探索管理途径，强化对改制后企业的规范与约束。

2002年度预算执行和审计情况调查。 2003年，市人大常委会副主任王致民带领财经工委主任张建国、成员蔡善华，对2002年度财政预算执行和审计情况进行了调查。调查组听取了市审计局关于2002年度预算执行情况的审计报告，分别到地税局、国税局和市财政局了解了相关工作情况，召开了有关人员参加的座谈会。建议提高对财经工作重要性认识，努力为财经部门开展工作营造良好环境；坚持依法治税；培植优势产业和骨干企业；加强对预算外资金管理力度。

市十五届人大一次会议以来代表所提建议办理情况调查。2003 年 6 月中旬，市人大常委会分管领导带领人事代表工作室和农村经济工作委员会成员，对市十五届人大一次会议以来代表所提建议、批评和意见（以下简称代表建议）的办理情况逐件进行了调查。其间，召开了 17 次代表座谈会；走访代表 20 多人；发放“代表建议办理情况征询意见表”136 份；听取了市建设局、水利局、交通局、公路局等 7 个承办单位的办理情况汇报；实地察看了 9 个办理现场。建议抓好“回头看”和跟踪落实工作；积极创造条件，研究措施，解决代表反映的热点难点问题。

2003 年上半年国民经济和社会发展计划及财政预算执行情况调查。2003 年 7 月 10 日和 16 日，市人大常委会副主任王致民带领财经工委部分成员，对 2003 年上半年财政预算执行及国民经济和社会发展计划执行情况进行了调查。调查组分别听取了市财政局和市发展计划局的有关情况汇报，与有关人员进行了座谈。建议推动经济发展，努力培植财源；培植优势产业和骨干企业，提升企业运行质量效益；加快农业机构调整步伐；坚持依法治税，加强财政监督。

公路建设情况调查。2003 年 6 月，市人大常委会分管主任带领城建环保工委全体成员，对全市公路建设情况进行了调查。调查组听取了市交通局、市公路局等职能部门有关汇报，实地察看了施工现场，了解了全市城乡道路建设状况和下步公路建设发展计划，分析了全市公路建设存在的困难和问题，提出了下一步工作的建议和意见。建议充分利用上级公路建设政策，积极多方争取资金；加强各相关部门协调调度；加强科学论证。

《人口与计划生育法》贯彻实施情况调查。2003 年 6 月 24 日，市人大常委会副主任张振国带领教科文卫工委及调研室有关人员参加，对全市贯彻实施人口与计划生育法情况进行了调查。听取了市计划生育局关于全市人口与计划生育工作情况汇报，实地察看了市计划生育服务站、醴泉街道计划生育服务站及城里居委会计划生育服务室，召开了由市计生局、市计划生育服务站、醴泉街道及城里居委会有关人员参加的座谈会，广泛听取了建议和意见。建议深入学习宣传人口与计划生育法，优化执法环境；保证经费投入，夯实基层基础；发挥属地管理作用，堵塞流动人口管理漏洞；教育与打击并举，确保人口性别比平衡。

市法院执行工作情况调查。2003 年 6 月 23 日至 25 日，市人大常委会副主任张慕坤带领法制工作委员会组成人员，对市法院 2001 年以来的执行工作进行了调查。其间，听取了市法院关于执行工作情况的汇报；召开了由分管院长、执行局长、执行庭庭长等有关人员参加的座谈会；走访了部分人大代表和案件当事人。建议加强自身建设，加大执行力度；严禁地方和部门保护主义；加大执行工作宣传力度。

市检察院反腐败查办大案要案工作情况调查。2003 年 6 月下旬，市人大常委会副主任张慕坤带领法工委部分成员，对市检察院 2001 年至 2003 年反腐败查办大案要案工作情况进行了调查。其间，听取了市检察院查办大案要案工作情况汇报，并同市检察院领导班子成员、反贪局及有关科室负责人进行了座谈，征求了建议意见。建议加大查办职务犯罪大案要案工作力度；增强大局意识；加强执法监督；加强队伍建设。

《土地管理法》贯彻实施情况调查。2003 年 9 月中旬，市人大常委会副主任颜廷爱带领由城建环保工委部分委员和市人大代表组成的调查组，对全市贯彻实施《土地管理法》情况进行了调查。调查组听取了市规划国土局关于贯彻实施《土地管理法》情况的汇报，察看了有关资料，召开了市规划国土局部分职能科室负责人参加的座谈会；实地察看了醴泉街道、仁和镇及部分工业园区。建议继续加大土地法律法规的宣传力度，适当控制建设项目用地规模；抓好新增建设项目园区化发展；挖掘加大土地开发整理力度；整治违法占地；加强经营城市工作。

《动物防疫法》贯彻实施情况调查。2003 年 9 月 16 日至 18 日，市人大常委会副主任刘彭泉带领由农经工委和人事代表工作室的有关人员组成的调查组，听取了市畜牧局关于贯彻实施动物防疫法情况的汇报；查阅了有关贯彻实施动物防疫法的档案资料；召开了市畜牧局领导班子成员和所属有关职能单位负责人的座谈会；参观了市畜禽质量检测化验中心；到市瑞海食品有限公司调查了生猪定点屠宰和集中检疫情况；分别到夏庄镇、河崖镇了解了兽医站（畜牧兽医监督所）开展工作情况，实地察看了夏庄镇的生猪、肉鸡养殖场。建议加大《动物防疫法》宣传学习力度；全面推进畜牧业科学技术创新；加大对防疫工作经费投入；加强对定点屠宰的监督检查。

《城市市容和环境卫生管理条例》贯彻实施情况调查。2003 年 9 月中旬，市人大常委会副主任颜廷爱带领由城建环保工委部分委员和市人大代表组成的调查组，听取了市城区管理办公室相关工作情况的汇报，召开了市行政执法局、市城管办有关人员及朝阳、密水、醴泉 3 个街道环卫所负责人参加的座谈会，征求了对城市市容和环境卫生管理工作的建议和意见；现场察看了城区部分路段的市容和卫生管理情况，有针对性地提出了改进工作的措施。建议加大宣传教育力度；加强组织领导，形成齐抓共管合力；突出重点，狠抓落实；拓展城市管理领域，改造“城中村”。

招商引资和民营经济发展情况调查。2003 年 11 月中下旬，市人大常委会副主任王致民带领由财经工委和调研室有关人员组成的调查组，对全市招商引资和民营经济发展情况进行了调查。听取了有关部门的情况汇报，分别召开由国土、环保、工商、国税、地税、中小企业管理、经贸、外经贸等部门以及部分民营企业负责人参加的座谈会，征求了驻醴泉街道、夏庄镇、拒城河镇和柴沟镇部分市人大代表的建议意见，与拒城河镇杨戈庄等村的部分村民面对面地进行了交流，实地察看了部分民营企业，了解了全市招商引资和民营经济发展状况。建议制订切实可行的亩用地投资量标准，严厉查处并依法收取高额土地荒芜费；借鉴外地和吸收本市一些地方成功经验，把土地补偿款的全部和企业投产后的地方税收留成中一定比例的资金为失地农民投保；根据实际综合水平制订优惠政策；重点引进、扶持和优惠高附加值、高科技含量、高税收和规模大的项目；科学规划城市布局；提升企业经营业主法制观念和法律意识，依法查处侵犯职工合法权益的行为。

《劳动法》贯彻实施情况调查。2004 年 3 月 16 日至 17 日，市人大常委会副主任张慕坤带领法制工作委员会部分成员，通过听取市劳动和社会保障局工作情况汇报、察看部分公司企业资料、召开座谈会等形式，对《劳动法》贯彻实施情况开展了调查。建议加大对《劳动法》学习宣传力度；密切配合，协同推进法律的贯彻实施；加快经济发展，拓宽就业渠道；扩大社会保险覆盖面；加强职业技能培训，缓解就业压力。

《环境保护法》贯彻实施情况调查。2004 年 3 月 19 日至 20 日，市人大常委会副主任颜廷爱带领由城建环保工委和研究室有关人员组成的调查组，通过听取情况汇报、召开座谈会和察看现场等形式，对全市《环境保护法》贯彻实施情况进行了调查。建议加大学习宣传《环境保护法》的力度，让环保意识更深入人心；搞好水污染和大气污染治理；建立和完善有效的监控体系；加强城市生活垃圾管理；加强执法队伍建设力度。

预算外资金管理使用情况调查。2004 年 4 月上旬，市人大常委会副主任王致民带领由财经工委和研究室有关人员组成的调查组，对全市预算外资金管理情况进行调查。调查组听取了对全市预算外资金管理中心、机关事业单位社会保险处和自来水公司等单位的情况汇报并察看了相关资料，征求了市检察院、市审计局及部分人大代表意见建议。建议建立健全预算外资金管理的规章制度；努力解决部门间贫富不均的问题；创新机制，做好财务监督工作。

2003 年预算执行和其他财政收支审计情况调查。2004 年 6 月 3 日，市人大常委会副主任王致民带领由财经工委和研究室有关人员组成的调查组，听取了市审计局情况汇报，召开了审计局有关人员参加的座谈会，并查阅了相关资料。建议加强审计队伍建设，不断提高审计工作水平；加强宣传扩大影响，优化审计执法环境；强化审计监督力度，提高监督实效。

《土地管理法》贯彻实施情况调查。2004 年 6 月 4 日至 10 日，市人大常委会副主任颜廷爱带领由城建环保工委和研究室有关人员组成的调查组，听取了市规划与国土资源局工作情况汇报，召开了座谈会，并到康庄、大牟家、仁和等镇实地察看了集约用地、土地整理情况。建议以科学发展观为指导，深入贯彻实施《土地管理法》；实施严

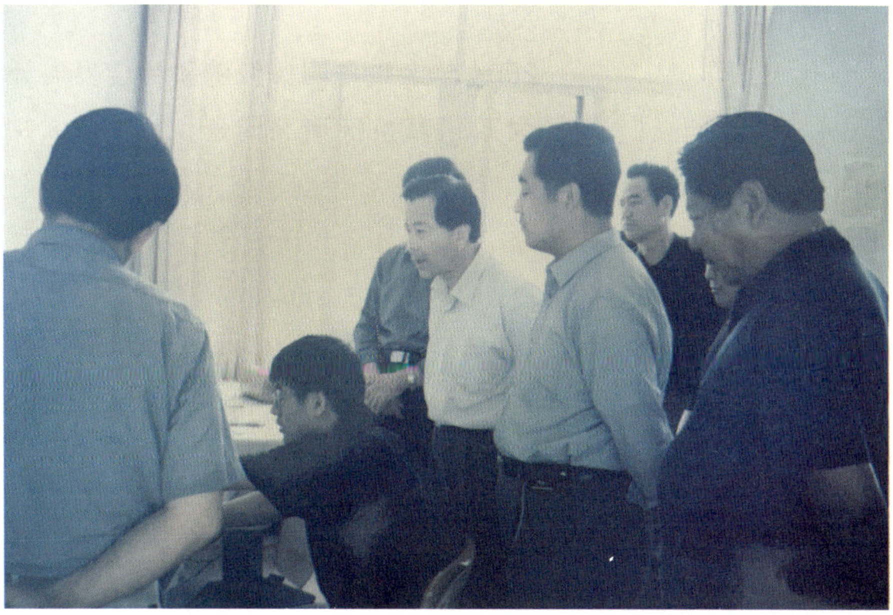

图7－8　2004年6月，市人大常委会副主任颜廷爱（右三）带队，对全市贯彻实施《土地管理法》开展调查

格的耕地保护制度，实现耕地的占补平衡；做好征地补偿费的兑付管理工作，维护农民权益；采取综合措施，满足招商引资需要。

市法院审判监督工作调查。2004年6月9日，市人大常委会分管副主任带领法工委、人事代表室及办公室有关人员，对市人民法院审判监督工作情况进行了调查。调查组听取了市人民法院院长宋允厚作的工作情况汇报，召开了座谈会，并查阅了相关制度和案卷。建议切实增强做好审判监督工作的责任感和紧迫感；加强法官队伍建设，提高法官素质和办案水平；加大审判监督力度，扩大审判监督面；把无限申诉案件纳入审判监督程序。

市人民检察院控申举报工作情况调查。2004年6月中旬，市人大常委会副主任张慕坤带领法制工作委员会成员和人事代表工作室部分人员，通过听取市人民检察院2003年以来的控申举报工作情况汇报，召开由市人民检察院分管领导、控申科科长及有关办案人员参加的座谈会，征求市纪委、市信访局和部分人大代表的意见等方式，对2003年以来控申举报工作情况进行了调查。建议继续抓好制度的贯彻落实；抓好举报宣传工作；加强干警队伍建设。

高密市2003年财政决算情况调查。2004年6月上旬，市人大常委会副主任王致民带领由财经委和研究室有关人员组成的调查组，对全市2003年财政决算情况进行了调查。其间，先后听取了市审计局关于2003年财政预算和其他财政收支审计工作情况的汇报以及市财政局关于2003年财政决算情况的汇报，分别召开了由市审计局和市财政局有关人员参加的座谈会，到公安局、计划生育局、农业综合开发办公室等部门了解了情况，察看了有关表格和资料。建议进一步规范预算编制，严格预算执行；严格依法治税，强化税收征管；继续落实积极的财政政策，努力培植财源；转变理财观念，进一步优化支出结构；完善有关财政制度，加强预算外资金管理；继续加强财政监督管理，提高依法理财水平。

市十五届人大二次会议以来代表所提建

议办理情况调查。自2004年7月中旬开始，市人大常委会分管领导带领人事代表工作室和农村经济工作委员会的有关人员，对市十五届人大二次会议以来代表所提建议、批评和意见的办理情况进行了调查。其间，召开了代表座谈会，发放填写了“代表建议办理情况征询意见表”，听取了建设局、水利局、交通局等承办单位的办理情况汇报，实地察看了有关办理现场。建议不断提高对人大代表建议的认识，进一步加大办理工作力度；抓好跟踪落实，做好建议办理的监督考核工作。

教育工作情况调查。2004年7月下旬，市人大常委会副主任张振国带领由部分教科文卫工委成员和市人大代表参加的调查组，对全市教育工作情况进行了调查。其间，听取了市教育局的工作汇报，召开了部分职业学校、民办学校、中小学校长和镇教育管理办公室主任参加的座谈会，征求了部分市人大代表和群众的建议意见，实地察看了高密一中、高密五中、补习学校、一实小幼儿园等单位。建议始终如一贯彻落实既定措施，按时保质保量完成市十五届人大二次会议决定的目标；加大宣传力度，转变群众教育理念，加强职业教育建设；牢固树立以人为本的观念，着力推行人性化管理；加强监管，促进民办教育良性发展。

2004年上半年国民经济和社会发展计划及财政预算执行情况调查。2004年8月中旬，市人大常委会副主任王致民带领由财政经济工作委员会和研究室有关人员组成的调查组，对全市2004年上半年国民经济和社会发展计划及财政预算执行情况进行了调查。其间，分别听取了市发展计划局关于2004年上半年全市国民经济和社会发展计划执行情况的汇报，市财政局关于2004年上半年财政预算执行情况的汇报，召开了有关人员参加的座谈会，察看了有关表格和资料。建议市政府及相关部门在招商引资和新建项目的选择上，对不能给本市带来利益的进行必要控制；继续积极引进和支持财政贡献率高的企业；严格依法治税，切实增强税源，加强预算外资金管理。

农民增收和农村劳动力转移情况调查。2004年9月下旬至10月上旬，市人大常委

图7－9　2004年9月，市人大常委会副主任刘彭泉（右二）带领调查组，对农民增收和农村劳动力转移开展专题调查

会副主任刘彭泉带领由农经委成员和人事代表室有关人员组成的调查组，开展了专题调查。其间，召开了由市委农工办、市劳动与社会保障局、市农业局、市农村经济管理局和市统计局等主要负责人参加的座谈会；听取了仁和镇、柴沟镇、大牟家镇关于农民增收和农村劳动力转移的情况汇报，并分别召集部分村党支部书记和农户进行了座谈。建议依法行政，充分发挥政府职能作用；加强培训，切实提高农民的整体素质；抓好农业和农村经济结构的战略性调整；加大执法力度，切实保护农民工合法权益。

公路建设情况调查。2004年10月中旬，市人大常委会副主任颜廷爱带领由城建环保工委和研究室有关人员组成的调查组，对全市公路建设情况进行了调查。其间，听取了市交通局和公路局的工作汇报，实地察看了西一环路、高双路、柳沟河桥、五龙河桥、粘胶后路、孚日家纺北路等工程的建设情况，召开了由有关人员参加的座谈会。建议要充分利用上级关于公路建设相关政策，抓住实施“村村通”工程的机遇，拓宽融资渠道；适当考虑区域因素，促进平衡发展；加强公路管理，克服重建设轻管理的倾向。

“四五”普法和“三五”依法治市决议贯彻实施情况调查。2004年10月中旬，市人大常委会分管领导带领由部分教科文卫工作委员会、法制工作委员会成员和市人大代表组成的调查组，对全市贯彻实施市人大常委会《关于在全市公民中开展第四个五年法制宣传教育的决议》和《关于进一步开展依法治市的决议》（以下简称“两个决议”）情况进行了调查。其间，听取了市政府关于贯彻实施“两个决议”情况的汇报，分别在夏庄镇、教育局、经贸局召开了有关人员参加的座谈会，察看了夏庄镇及高家店村、姜庄镇李家长村、孚日家纺股份有限公司、曙光中学的普法和依法治理情况及相关资料。调查组对全市贯彻实施“两个决议”取得的成绩给予了充分肯定，对进一步搞好普法和依法治市工作提出了意见和建议。建议切实加强普法依法治市工作；加强宣传，激发公民学法用法意识；完善措施，确保全面普法取得实效。

《安全生产法》贯彻实施情况调查。2004年11月中旬，市人大常委会组织由法制工委部分成员和研究室、信访室有关人员组成的调查组，对全市贯彻实施《安全生产法》情况进行了调查。其间，听取了市安监局情况汇报，实地察看了孚日家纺股份有限公司、建滔化工有限公司、家家悦超市等单位安全生产的有关情况和柏城镇安监所机构建设及履职情况，召开了由市安监局、市经贸局、市财办等单位负责人和部分镇招商办主任参加的座谈会。建议进一步加大宣传力度，不断提高安全生产意识；采取切实措施，加强和改进生产经营单位安全管理；严把安全关，从源头上避免安全隐患；开展集中整治活动，积极创建“平安高密”。

市人民法院民事审判工作调查。2005年4月15日，市人大常委会法工委及办公室有关人员，在分管领导的带领下，对市人民法院2004年以来民事审判工作情况进行了调查。其间，听取了市人民法院院长宋允厚的有关情况汇报，并同有关人员就相关工作情况进行了座谈。建议市人民法院高度重视民事审判工作，加大对民事案件的调解和审判工作宣传力度；积极进行制度探索，努力克服执行难问题；加强学习教育，不断提高法官队伍素质。

市人民检察院刑事检察工作情况调查。2005年3月下旬，市人大常委会分管领导带领部分法制工作委员会成员、办公室有关人员，对市人民检察院刑事检察工作情况进行了调查，听取了市检察院2004年以来刑事检察工作汇报，召开了由市公安局、市法院、市检察院、市司法局等部门负责人参加的座谈会。建议市检察院加强与公安机关的协调配合，强化法律监督职能；加强检察队伍建设，提高干警整体素质；坚持严打方针不动摇。

《城市房地产管理法》贯彻实施情况调查。2005年3月下旬，市人大常委会分管领导带领由城建环保工委和研究室有关人员组成的调查组，对全市贯彻实施《城市房地产管理法》的情况进行了调查。其间，听取了市建设局、市房产管理局的工作汇报，召开了有关人员参加的座谈会，广泛听取了各方面的意见，了解了全市贯彻实施《城市房地产管理法》的基本情况。建议加大宣传力度；明确主体，强化责任，认真做好执法协调工作；坚持以人为本，完善监督管理；积极稳妥推进住宅小区物业管理工作。

《职业教育法》贯彻实施情况调查。2005年4月下旬，市人大常委会分管领导带领教科文卫工作委员会部分成员和人大代表，对全市贯彻实施《职业教育法》情况进行了调查。其间，听取了市政府的相关情况汇报，实地察看了高密中专、市职业中专和市技工学校的办学情况，与部分职业学校和企业负责人进行了座谈，广泛征求了意见。建议加大职业教育改革力度；加快《职业教育法》落实步伐；规范劳动就业准入制度，实现人才资源合理配置。

《种子法》贯彻实施情况调查。2005年5月中旬，市人大常委会副主任刘彭泉带领农经工委和部分市人大代表，对《种子法》贯彻实施情况开展了调查。调查组听取了市政府关于《种子法》贯彻实施情况汇报，实地察看了种子公司等5个种子经营门市部，仁和八方种业等3处生产基地，广泛征求了意见。建议加强宣传引导；强化职能管理，规范种子市场；加大扶持力度，加快种子产业化进程。

2004年预算执行和其他财政收支审计工作情况调查。2005年5月下旬，市人大常委会分管领导带领由财经工委和研究室有关人员组成的调查组，听取了市审计局情况汇报，召开了市审计局有关人员参加的座谈会，查阅了相关资料。建议市政府全面加强审计队伍建设，提高审计手段的科技含量，深化经济责任审计、注重审计结果的运用。

2004年财政决算调查。2005年5月下旬至6月上旬，市人大常委会分管领导带领由财经工委和研究室有关人员组成的调查组，通过听取汇报、查阅有关表格和资料的方式，对2004年财政决算进行了调查。建议市政府强化税收征管，加强非税收入的管理，加大资金监管力度，优化财政支出结构。

《预防未成年人犯罪法》贯彻实施情况调查。2005年6月2日，市人大常委会分管副主任带领由教科文卫工委和有关人员组成的调查组，对《预防未成年人犯罪法》贯彻实施情况进行了调查。实地察看了曙光中学校园法制教育有关做法，听取了市政府工作汇报，召开了座谈会，并征求了有关方面意见。建议加大法律法规宣传力度，做好在校生的预防犯罪工作；优化未成年人成长环境；加强对未成年人的保护；探索预防未成年人犯罪工作的长效机制。

市十五届人大三次会议以来代表所提建议办理情况调查。2005年8月上旬，市人大常委会分成5个小组，通过召开座谈会，发放“征询意见表”等形式，对代表所提建议办理情况开展了调查。建议市政府进一步规范办理程序，提高办理效率，本着讲求实效的原则，狠抓落实。

2005年上半年财政预算执行调查。2005年8月上旬，市人大常委会财经工委和研究室组成调查组，听取了市财政局情况汇报，召开了座谈会，并走访了市直部分财政拨款部门，对2005年上半年财政预算执行进行了调查。建议市政府注重调整经济结构，转变经济增长方式；坚持依法治税，大力组织税收收入；提高资金使用效益，努力建设节约型机关。

《农业机械化促进法》贯彻实施情况调查。2005年8月2日，市人大常委会副主任刘彭泉带领由农经工委和人事代表工作室的有关人员组成的调查组，听取了市农机局贯彻实施《农业机械化促进法》情况汇报，察看了拒城河镇双利农业机械工程有限公司和春雨机械有限公司等现场。建议市政府加大对《农业机械化促进法》的宣传力度和执法工作力度；加大农业机械的推广力度，提高农业机械化的整体水平；加强服务网络建设，不断健全和完善镇街农机管理服务组织；制订长远规划，尽快建设具有一定规模的农机和农机配件专业市场。

“四五”普法和“三五”依法治市决议贯彻执行情况调查。2005年8月上旬，市人大常委会分管领导带领由部分法工委成员组成的调查组，对全市贯彻实施市人大常委会《关于在全市公民中开展第四个五年法制宣传教育的决议》和《关于进一步开展依法治市的决议》（以下简称“两个决议”）情况进行了调查。其间，听取了市政府关于贯彻实施“两个决议”情况的汇报，召开了有关人员参加的座谈会，察看了银鹰化纤股份有限公司、朝阳街道罗家庄社区居委会、高密五中、阚家镇及后泊子村的普法和依法治理情况，并查阅了相关资料。建议市政府加强宣传，激发公民学法用法的积极性；依法行政，全面推进各项工作的法治化进程；强化措施，确保全民普法取得实效；夯实基础，全面抓好社会治安综合治理。

农业综合开发情况调查。2005年9月下旬，在市人大常委会分管主任的带领下，农经工委组织部分市人大代表对全市农业综合开发情况进行了调查。其间，调查组听取了市政府关于农业综合开发情况汇报，实地察看了柏城镇、拒城河镇、姚哥庄镇等有关农业综合开发现场及高密市新春油脂有限责任公司等产业化经营项目，并召开了部分市人大代表、有关部门负责人、部分村干部参加的座谈会，广泛征求了意见。建议提高群众对农业综合开发认识；拓宽渠道，加大农业综合开发投入；探索建设工程管护机制。

《公路法》贯彻实施情况调查。2005年10月上旬，市人大常委会副主任颜廷爱带领由部分城建环保工委成员和人大代表组成的调查组，听取了市政府和相关部门的汇报，实地察看了姜家屯拌和场，双井路、西北外环铺油及水稳碎石现场、北平路、柳沟河桥、新五龙河桥、田注路和夏庄镇1号路、2号路等现场，召开了座谈会。建议市政府建管并重，切实搞好公路的养护与管理；多措并举，加强路政管理；搞好协调，保证县域结合部的道路畅通；统筹兼顾，促进公路建设全面发展。

《促进科技成果转化法》贯彻实施情况调查。2005年9月中旬，市人大常委会分管领导带领由教科文卫工委部分成员和有关人员组成的调查组，对贯彻实施《促进科技成果转化法》的情况进行了调查。其间，听取了市政府的工作汇报，实地察看了市豪迈机械科技有限公司、市肉牛良种繁育中心、市邦泰散热器有限公司等单位科技成果转化情况，召开了由市科技局、市知识产权局、市经贸局、市农业局等部门主要负责人参加的座谈会，征求了有关方面的意见。建议增强全社会的科技意识和法制观念；大力推进企业科技进步，使企业成为技术开发的主体；加强知识产权保护工作，充分发挥科技人员的积极性；加强中介服务组织和中介队伍的建设；加大调控力度，提高科技成果的转化及利用率；加强农村职业教育培训，培养农村科技致富人才。

社会主义新农村建设情况调查。2006年4月中旬至5月底，市人大常委会组成5个调查组，分别由常委会5名副主任带队，部分人大常委会委员、工作委员会成员、人大代表以及有关部门的负责人参加，深入到全市20处镇街，采用进村入户、发放调查问卷、召开座谈会、解剖典型、总结经验等方式，对全市社会主义新农村建设情况进行了一次专题调查。建议坚持以人为本，坚持城乡统筹，坚持标本兼治，坚持科学发展观，坚持长短结合。

《动物防疫法》贯彻实施情况调查。2006年5月中旬，市人大常委会分管领导带领农业与农村工作委员会部分成员和有关工作人员，对全市贯彻实施《动物防疫法》情况进行了调查。其间，听取了市政府汇报；召开了市畜牧局部分中层干部、所属有关职能单位负责人和有关企业负责人的座谈会；实地察看了南洋食品有限公司、凯加食品有限公司、凯加第一商品鸡场、夏庄镇兽医站

（监督所）、畜牧局化验中心等工作现场。建议加强宣传力度，筹措资金，研究建设现代化畜牧强市的意见；加大政策扶持，整合生产资源，形成产业优势；开展业务创新，建立完善防疫体系；抓好龙头企业培植，扩大畜牧龙头企业群。

代表建议办理情况调查。2006 年 7 月上旬，市人大常委会分成 6 个组，广泛全面地征求了代表对市十五届人大四次会议以来代表所提建议、批评和意见（以下简称建议）的办理情况的意见，7 月中旬，市人大常委会副主任张庆坚带领部分代表和有关人员，对代表建议办理情况进行了调查。其间，实地察看了小康河综合改造、徐辛路硬化、一中新校基础设施建设、文化广场、体育公园建设等代表建议办理工作现场，听取了市政府及有关部门负责人关于代表建议办理情况的汇报。建议市政府提高认识，进一步加大办理工作力度；严格要求，进一步规范办理代表建议的程序；创新形式，进一步优化答复工作。

《防洪法》贯彻实施情况调查。2006 年 6 月中旬，市人大常委会副主任张庆坚带领农业与农村工作委员会部分成员和有关工作人员，对全市贯彻实施《防洪法》情况进行了调查。其间，听取了市政府关于贯彻实施《防洪法》情况的汇报；召开了市水利局部分中层干部、所属有关职能单位负责人的座谈会；实地察看了王吴水库除险加固工程、胶河综合治理工程等工作现场。建议市政府更好地普法、依法防洪，更好地准备迎战意外洪灾，更好地实施科学治水，更好地开展水行政执法。

2005 年财政决算情况调查。2006 年 6 月，市人大常委会副主任王致民带领由财政经济工作委员会和研究室有关人员组成的调查组，对全市 2005 年财政决算情况进行了调查。其间，听取了市审计局、国税局、地税局和财政局的相关情况汇报，召开了有关人员参加的座谈会，查阅分析了有关数据资料，到部分企业了解了有关情况。建议加强财源建设，强化税收征管，营造税负公平的市场环境，强化税收征管，增强保障能力，严肃财经纪律。

《防震减灾法》贯彻实施情况调查。2006 年，市人大常委会分管领导带领城乡建设环境保护工作委员会部分成员，对全市贯彻实施《防震减灾法》情况进行了调查。其间，听取了市政府的情况汇报，实地察看了市地震台施工现场、周戈庄镇南斜沟地下水动态观测点、拒城河镇周阳动物异常观测点、密水街道工程场址烈度复核测试现场等，召开了由地震、发改、建设、规划、教育、广播电视等部门分管负责人参加的座谈会。建议增强全民防震减灾意识；强化工程建设抗震设防设施；加强地震监测。

2006 年上半年国民经济和社会发展计划及预算执行情况调查。2006 年 8 月，市人大常委会副主任王致民带领由财政经济工作委员会部分成员和研究室有关人员组成的调查组，对全市 2006 年上半年国民经济和社会发展计划及预算执行情况进行了调查。其间，听取了市发展和改革局关于高密市2006年上半年国民经济和社会发展计划执行情况的汇报、市财政局关于高密市2006年上半年预算执行情况的汇报，到市国税局和部分镇召开了有关人员参加的座谈会。建议市政府加强财源建设，不断提高经济运行质量；强化税收征管，努力促进税负公平；统筹城乡发展，加快社会主义新农村建设。

旧城改造情况调查。2006年，市人大常委会组成调查组，通过听取汇报、座谈研讨、实地考察，对全市旧城改造情况进行了一次专题调查。建议强化城市意识、法律意识、大局意识；完善旧城改造的相关政策；创新机制，强化调度和督察，完善执法机制；注重转变作风，树立大局意识；注重惠及大众，充分考虑被拆迁户利益。

城市市容和环境卫生管理条例实施情况调查。2006年，市人大常委会组成调查组，通过听取汇报、实地考察、召开座谈会等形式，对城市市容和环境卫生管理条例实施情况进行了调查。建议提高市民维护市容和环境卫生的自觉性；严肃查处破坏市容和环境卫生行为；提高市容和环境卫生管理能力；完善管理体制和运行机制。

“四五”普法和“三五”依法治市情况调查。2006年8月，市人大常委会副主任张慕坤、党组成员薛维钧带领由部分法工委成员和有关工作人员组成的调查组，对全市“四五”普法和“三五”依法治市情况进行了调查。其间，听取了市政府工作情况汇报，召开了由公、检、法、司、信访、综治办负责人及部分人大代表参加的座谈会，实地察看了有关企业、镇村、学校的普法依法治理工作情况，并查阅了相关资料。建议各级、各部门要进一步提高认识，加强领导，强化措施，积极开展法制宣传教育，全面推进依法治理工作，圆满完成新一轮普法和依法治市规划确定的各项工作任务，保障全市经济社会持续健康快速发展。

市人民法院执行工作调查。2006年8月9日，市人大常委会副主任张慕坤带领法制工作委员会部分成员，对市法院执行工作情况进行了调查。其间，听取了市法院的情况汇报，召开了市法院执行局负责人、4个执行庭庭长、副庭长以及部分案件当事人等参加的座谈会。建议市人民法院加大工作力度，营造良好的执行环境；加大执行力度，提高执结率；加强队伍建设，提高执行干警素质。

市人民检察院预防职务犯罪工作情况调查。2006年8月10日，市人大常委会副主任张慕坤带领法制工作委员会部分成员，对市检察院开展预防职务犯罪工作情况进行了调查。其间，听取了市检察院的情况汇报；召开了检察院部分中层干部及市供电公司、教育局有关负责人等参加的座谈会。建议市人民检察院进一步加大宣传力度，提高全社会对预防职务犯罪的认识；坚持惩治预防并举，以预防为主；加强队伍建设，不断适应预防职务犯罪工作的新要求。

“一府两院”对市人大常委会转办信访案件办理情况调查。2006年8月，市人大常委会信访室有关人员，在市人大常委会有关领导的带领下，对2006年1至7月“一府两院”办理市人大常委会转办信访案件工作情况进行了调查。调查组分别听取了市信访局、市法院、市检察院、市公安局办理情况汇报，并同有关人员进行了座谈。建议提高认识，高度重视信访工作；加大对转办信访件的查处力度；加强执法队伍和信访队伍建设；加强基层基础信访调处队伍建设。

城区社区治安工作情况调查。2006年9月中旬，市人大常委会副主任张慕坤带领由法工委部分成员组成的调查组，对本市城区社区治安工作情况进行了调查。其间，听取了市公安局工作情况汇报，召开了由市公安局、街办有关人员参加的座谈会，实地察看了北大王庄居委会、北大王庄派出所、娘娘庙居委会、孚日派出所、康成中学、华意家园小区、南关派出所等单位治安防控体系的建设情况。建议要站在建设和谐社会的高度，坚持以人为本的理念，增强工作责任感和紧迫感；以社区警务室为工作平台，注重发动群众，完善社会保障机制，探索新形势下户籍管理新思路；加大打击力度，完善防控措施；把加强队伍建设作为长期性工作来抓，完善各项激励制度，激发工作主动性。

农贸市场管理和迁建运作情况调查。2006年12月，市人大常委会分管领导带领调查组，对农贸市场管理和迁建运作情况进行了调查。其间，听取了市工商局、规划局、法制局、环卫处、财贸办、三产办等有关部门负责人关于农贸市场管理和迁建运作情况的汇报，察看了原农贸市场经营管理和交运市场建设等情况，召开了有关人员参加的座谈会。建议要采取有效措施，加强相关部门协调配合；加大宣传力度，增强重要性认识；做好业户思想工作；提供适当优惠政策；考虑规划建设方便社区居民的小市场。

图7－10　2006年9月中旬，市人大常委会副主任张慕坤（右三）带领检查组，对城区社会治安工作进行检查

节能降耗工作情况调查。2007年3月下旬，市人大常委会副主任颜廷爱带领调查组，对全市节能降耗工作情况进行了调查。其间，听取了市政府的工作汇报，召开了由市经贸局、市发改局、市统计局、市财政局、市建设局、市广播电视局、市高源企业集团公司等部门负责人参加的座谈会，并深

入醴泉街道、柴沟镇进行了座谈和实地察看。建议市政府努力营造全民重视节能的良好氛围；尽快完善节能的组织管理体系；正确处理节能、环保与产业结构调整的关系；用政策和机制调动企业节能降耗的积极性；各级机关要做节能的表率。

推行新型农村合作医疗情况调查。2007年4月，市人大常委会组成调查组，通过听取汇报、座谈调研和发放调查问卷等形式，对全市推行新型农村合作医疗情况进行了调查。建议市政府要有一条更加明晰的工作思路，有一套更加有效的宣传手段，有一张更加健全的服务网络，有一种更加有力的监管体制，有一个更加全面的保障体系。

社会治安管理工作情况调查。2007年3月下旬，市人大常委会副主任张星海带领法工委部分成员和人事代表工作室部分人员，对全市2006年以来社会治安管理工作情况进行了调查。其间，听取了市政府工作情况汇报，召开了市公安局、部分镇街相关人员参加的座谈会，实地察看了市公安局110指挥中心、北大王庄派出所、仁和派出所、夏庄工业园警务区等治安工作一线单位，并到拒城河镇、柴沟镇调查了有关问题。建议提高认识，把社会治安管理工作作为构建和谐高密的一件大事来抓；落实措施，把社会治安管理工作抓紧、抓细、抓实；加强领导，把加强队伍建设作为一项长期性的工作来抓。

2006年财政决算情况调查。2007年，市人大常委会副主任颜廷爱、党组副书记薛维钧带领调查组，对全市2006年财政决算情况进行了调查。其间，听取了市审计局和市财政局的相关情况汇报，召开了有关人员参加的座谈会，查阅分析了有关数据资料。建议市政府加强财源建设；强化税收征管；增强保障能力；严肃财经纪律。

全市农产品质量安全工作情况调查。2007年5月下旬，市人大常委会副主任张国廷带领农工委和人事代表工作室部分人员，对农产品质量安全工作情况进行了调查。其间，听取了市政府关于农产品质量安全工作情况的汇报，实地察看了德立信蔬菜基地、夏庄万亩韭菜大方、河崖大棚瓜菜、凯加食品有限公司、泰华食品有限公司、富连京食品有限公司、恒丰面粉厂、仁和种猪场、利群购物广场、井沟农贸市场、市畜牧局化验中心等有关农产品生产、加工、销售现场和质量安全监测情况，召开了市农业局、市畜牧局、市食品药品监督管理局、市工商局、凯加食品有限公司、泰华食品有限公司等18个部门、单位负责人参加的座谈会，了解了农产品质量安全监管工作情况。建议市政府加大宣传力度，培养生产者安全信用意识；加快标准化生产基地建设，为保证农产品质量安全创造先决条件；加强监管工作，确保农产品质量安全。

市十五届人大五次会议以来代表所提建议办理情况调查。2007年7月上旬，市人大常委会分成8个组，广泛征求了代表对市十五届人大五次会议以来代表所提建议、批评和意见（以下简称建议）的办理情况的意见，并进行了汇总。市人大常委会副主任张庆坚带领部分市人大代表和人事代表工作室人员，对代表建议办理情况进行了调查。其间，实地察看了拒城河镇中学“一通二热三改”建设、文化体育中心建设、银鹰粘胶二期工程改善用工环境、北栾庄村计划生育工作旗台路（北大王庄）区域排水系统改造、振兴街改造、凤凰公园管理等代表建议办理工作现场，听取了市政府及有关部门负责人关于代表建议办理情况的报告，并进行了座谈。建议提高工作认识；加强沟通联系；强化督办工作。

2007年上半年国民经济和社会发展计划及预算执行情况调查。2007年7月下旬，市人大常委会副主任颜廷爱、党组副书记薛维钧带领调查组，对全市2007年上半年国民经济和社会发展计划及预算执行情况进行了调查。其间，听取了市发展和改革局关于高密市2007年上半年国民经济和社会发展计划执行情况的汇报，市财政局关于高密市2007年上半年预算执行情况的汇报，召开了有关人员参加的座谈会。建议加大财政支持力度，进一步加强财源建设；加大税收征管力度，进一步促进税负公平；加大财政监管力度，进一步理顺财经秩序；加大财政保障力度，进一步推动和谐发展。

全市企业职工社会保险工作情况调查。2007年7月中旬，市人大常委会副主任王家林带领调查组，对全市企业职工社会保险工作情况进行了调查。建议加大宣传引导，营造良好的企业职工社会保险工作氛围；突出工作重点，推动社会保险扩面征缴工作有序进行；建立长效机制，推动企业职工社会保险事业持续和谐发展。

城区公交事业发展情况开展调查。2007年7月上旬，市人大常委会副主任郑有奎带领调查组，对全市城区公交事业发展情况进行了调查。其间，听取了市政府工作情况汇报，察看了部分公交车及站、亭、牌等设施的设置和无人售票监控系统、新公交站建设计划场地，分别召开了有关单位负责人及相关职能科室人员、部分市级人大代表和部分村居、学校、企业负责人等参加的座谈会，广泛征求了意见建议。建议市政府：加强宣传教育，为优先发展城市公交营造良好氛围；强化组织领导，为优先发展城市公交提供可靠保障；搞好规划和建设，为优先发展城市公交夯实基础；加大政策扶持力度，为优先发展城市公交创造条件；深化企业内部管理，为优先发展城市公交增添活力。

农村饮用安全水工程实施情况调查。2007年7月中旬，市人大常委会副主任张国廷带领调查组，对全市农村饮用安全水工程实施情况进行了调查。其间，听取了市政府关于全市农村饮用安全水工程实施情况的汇报，实地察看了阚家水厂施工现场、孚日自来水有限公司、大牟家镇安全饮用水工程，并在阚家镇召开了由西部南部八镇和有关部门（单位）负责人参加的座谈会。建议进一步加强宣传引导，确保工程发挥最佳效益；进一步加强组织协调，确保工程稳步推进；进一步加强管理维护，确保工程长期安全运行。

人大信访案件办理工作情况调查。2007年7月中旬，市人大常委会副主任张星海带领调查组，对2007年1至6月人大信访案件办理工作情况进行了调查。其间，调查组分别听取了市政府、市法院、市检察院、市公安局办理人大信访案件工作情况汇报，并同有关人员进行了座谈。建议要进一步提高认识，高度重视初信和初访查处工作；要加强执法队伍和信访队伍建设，进一步提高执法人员和信访工作人员的整体素质；要认真落实行政司法机关错案和违法办案责任追究制；要进一步加大对人大信访案件的查处力度；加大对信访老户的息访工作。

城市房屋拆迁管理情况调查。2007年，市人大常委会组成调查组，通过听取汇报、座谈研讨、实地考察，对全市城市房屋拆迁管理情况进行了专题调查。建议理顺运行机制；统一研究政策；培养过硬作风；营造良好环境。

视　察

胶河水源地保护情况视察。2004年6月14日，市人大常委会副主任颜廷爱带领由城建环保工委和研究室有关人员组成的视察组，听取了副市长张树伟代表市政府作的汇报，实地察看了开工建设现场，抽查了开发区排污口，并召开了有关单位和人大代表参加的座谈会。建议加大宣传教育，提高全民保护胶河水源地意识；加大执法力度，搞好监督管理；建设好、管理好、使用好胶河排污管网。

《中共中央国务院关于加快林业发展的决定》贯彻落实情况视察。2004年6月上旬，市人大常委会副主任刘彭泉带领由部分市人大代表组成的视察组，利用3天时间，通过听取市政府工作汇报，实地察看拒城河、呼家庄、柴沟、井沟等乡镇相关林业现场，召开由林业种植大户、加工企业和执法人员参加的座谈会等形式，广泛听取了各方面意见。建议全面把握《决定》精神，坚持发展规划不动摇；加大科技兴林不动摇；加大林业执法力度，维护林木所有者合法权益。

《食品卫生法》贯彻实施情况视察。

图7－11　2004年8月，市人大常委会副主任张振国（中）带队，对全市《食品卫生法》进行视察

2004年8月中旬，市人大常委会副主任张振国带领由教科文卫工委成员和部分省市人大代表组成的视察组，吸收卫生、工商、质量技术监督、药检、贸易等部门负责人参加，对全市贯彻实施《食品卫生法》情况进行了视察。其间，听取了市政府关于贯彻实施《食品卫生法》情况的汇报，重点察看了城区家家悦、利群、维客购物中心等超市、农贸市场、潍坊信泰食品有限公司；康庄镇存旭肉制品加工厂、呼家庄镇的集市贸易等单位和场所的食品卫生状况。召开了由人大代表和有关部门负责人参加的座谈会，提出了建议和意见。建议加强对食品卫生法律法规的宣传；加强对重点单位、重点对象的监督力度；各部门密切配合，齐抓共管。

图7－12　2005年7月，市人大常委会党组书记、副主任崔红旗（前排右四）带领视察组，对全市生态市建设情况进行视察

城市管理执法情况视察。2004年9月22日，市人大常委会组织城建环保工委成员和潍坊市、高密市人大代表，对全市城市管理执法情况进行了视察。其间，听取了市政府和城市管理行政执法局的工作汇报，察看了市区主要街路的执法成果，召开了座谈会。建议抓好学习培训，不断加强城市管理制度建设，营造良好执法环境。

生态市建设情况视察。2005年7月，市人大常委会党组书记、副主任崔红旗带领部分潍坊市、高密市人大代表，视察了全市生态市建设情况。其间，察看了第一、第二污水处理厂运行、建设情况，城市垃圾无害化处理厂建设情况，振源水泥厂拆迁情况，交运天然气公司运营情况，孚日家纺、银鹰化纤等企业的污水处理情况；听取了市政府环保工作的情况汇报，召开了有关人员参加的座谈会。建议加强宣传，充分发挥舆论监督的作用；严格执法，搞好水污染和大气污染治理；统筹兼顾，重视农村环保问题。

城市规划、建设与管理情况视察。2005年，市人大常委会组织由城建环保工作委员会成员和部分人大代表参加的视察组，对全市城市规划、建设与管理情况进行了视察。其间，听取了市政府和相关部门的汇报，实地察看了高密市城投新视界、平日路、第二污水处理厂、毛家庄居委会、康成大街、无害化垃圾处理场、城投书香苑、碾头鞋城、密水景苑等现场，召开了有关部门负责人和人大代表参加的座谈会，广泛征求了意见。建议加大宣传力度，全民参与，形成合力；坚持规划科学性，维护规划权威性；坚持高标准建设；抓好基础设施建设，增强城市综合服务功能；加大城市管理力度。

生态建设工作情况视察。根据潍坊市人大常委会通知要求，2005 年 12 月 14 日，在高密市人大常委会有关领导的带领下，驻高密的省人大代表和潍坊市、高密市部分人大代表对全市生态建设工作进行了视察。其间，代表们实地察看了城市建设、美化绿化、水泥厂拆迁、胶河治理、小康河治理、第二污水处理厂建设、天然气泵站建设、污水泵站建设、生态村及林网建设等现场；听取了市政府生态建设工作情况汇报，在此基础上，代表们围绕生态建设等有关工作进行了座谈。建议加大宣传，提高群众生态意识；加大管理力度，规范广大干部群众环境行为；加大投入力度，强化治理措施；大力发展生态农业。

食品药品安全工作情况视察。2006 年 6 月下旬，市人大常委会组织部分市级以上人大代表，通过实地察看有关现场、听取工作汇报、召开座谈会等形式，对食品药品安全工作及相应法律法规贯彻实施情况进行了视察。建议加大宣传教育力度，加强对从业人员的培训；加大典型案例宣传，推介名优产品，及时曝光违法案件；深入开展专项整治，严厉打击制售假冒伪劣食品药品违法行为；抓好基层监管网络建设，加大监管力度，改造和规范食品药品供应体系；发挥食品药品安全协调委员会的“总调度”和“信息枢纽”作用，努力形成监管合力。

小康河综合改造情况视察。2006 年，市人大常委会组织人大代表对小康河综合改造情况进行了视察。其间，听取了市建设局的情况汇报，实地察看了小康河综合改造工程施工情况，征求了相关部门负责人、人大代表和群众的意见和建议。建议立足长远，明确风格，开发建设好小康河周边地区；建立管理制度，从严惩处破坏行为；充分发挥小康河社会效应，挖掘小康河精神。

全市服务业发展情况视察。2006 年 9 月，市人大常委会组成视察组，通过听取汇报、座谈调研、实地考察等形式，对服务业发展情况进行了视察。建议要加大财源建设，不断提高经济运行质量；强化税收征管，努力促进税负公平；统筹城乡发展，加快社会主义新农村建设。

农村安全饮用水工程实施情况视察。根据潍坊市人大常委会要求，2006 年 12 月 7 日，高密市人大常委会副主任张国廷带领由部分驻高密的省、潍坊市人大代表组成的视察组，对高密市农村安全饮用水工程实施情况进行了视察。其间，代表们实地察看了孚日水厂、大牟家镇清水池和规划中的阚家水厂等现场，并深入农户了解了大牟家镇西牟家村、阚家镇殷家屋子村的饮用水情况；听取了市政府安全饮用水情况汇报，进行了座谈。建议要认真总结挖掘经验；加强统一领导，搞好科学规划，精心组织施工；加强管理，完善管理制度和措施，探索建立产权明晰、责权统一的管理体制和运行机制。

小区物业管理情况视察。2007年3月下旬，市人大常委会组织部分潍坊市、高密市人大代表，对全市小区物业管理情况进行了视察。其间，实地察看了鑫正小区、华熹家园、文苑小区、金地花园、供电东宿舍、蜜水景苑、立新嘉园等住宅小区的物业管理情况，听取了市政府的工作汇报，召开了有关人员参加的座谈会。建议切实加强对物业管理工作领导；注重前期规划建设管理；加大市场培育力度；加强业主委员会建设。

职业教育发展情况视察。2007年5月下旬，市人大常委会副主任王家林带领视察组，对全市职业教育发展情况进行了视察。其间，听取了市政府的工作汇报，召开了由市教育局、市劳动局、市卫生局、金亿机械有限公司、大昌纺织有限公司等部门负责人参加的座谈会，并深入技工学校、卫生学校、职业中专、青岛科技大学环海学院、中小学科技创新教育实践基地进行了座谈和实地察看。建议加强宣传引导，营造职业教育发展良好社会氛围；加大职业教育改革力度，推动职教普教协调发展；加强教师队伍建设，提高师资整体素质；规范劳动准入制度，实现人才资源合理配置。

执法检查

《人口与计划生育法》贯彻实施情况检查。2004年5月28日，市人大常委会副主任张振国带领由部分教科文卫工委成员和市人大代表组成的检查组，听取了市计划生育局工作汇报和市计划生育服务站、夏庄镇计生办、醴泉街道计生办的情况介绍，实地察看了相关设施和资料，并进行了座谈，广泛征求了意见。建议提高忧患意识，对《人口与计划生育法》贯彻实施常抓不懈，健全网格，严格执法，保持计划生育工作的良性发展；抓好政策落实，提高群众实施计划生育积极性；完善计划生育监控体系，提高新生人口质量。

《人民防空法》贯彻实施情况执法检查。2005年5月下旬，市人大常委会组织由城建环保工委部分成员和人大代表组成的检查组，听取了市政府相关情况汇报，实地察看了市农联社城市分社、大昌纺织等地的防控设施，召开了座谈会。建议加快防控设施建设，满足战时群众防控需求；加大《人民防空法》宣传力度；积极采取措施，尽快建立群众防空组织；加强队伍建设。

《安全生产法》贯彻实施情况执法检查。2005年5月下旬，市人大常委会组织由法工委部分成员和部分市人大代表组成的检查组，对《安全生产法》贯彻实施情况进行了检查。听取了市政府贯彻实施情况汇报，并实地察看了纺织企业、化工企业等安全现场，召开了座谈会，征求了意见建议。建议市政府加大宣传力度，不断提高全社会的安全生产意识；加强监督管理，夯实“双基”工作；认真贯彻安全生产法，做到依法行政，严格执法；继续加强安全生产责任制的落实。

《人民警察法》贯彻实施情况执法检查。2006年3月中旬，市人大常委会副主任张慕坤带领检查组，听取了市政府关于《人民警察法》贯彻实施情况汇报，深入到交警队、车管所、基层派出所、消防队等地，察看了人民警察队伍建设、作风建设、装备及基础设施建设等情况，并召开了座谈会。建议加大学习宣传力度，深入贯彻实施《人民警察法》；发挥公安主力军作用，促进社会治安综合治理，推动“平安高密”建设；加强公安机关领导班子和警察队伍建设，不断提高整体素质，树立人民警察的良好形象；改善警务保障工作，不断提高人民警察的战斗力。

《消费者权益保护法》执法情况检查。2006年3月中旬，市人大常委会组织由财经工委部分成员和有关工作人员组成的检查组，对全市《消费者权益保护法》的执法情况进行了检查。其间，听取了市政府的工作汇报，召开了由市工商局、市质量技术监督局、市卫生局、市农业局、市食品药品监督管理局、市畜牧局等部门负责人参加的座谈会。实地察看了朝阳街道李家八里庄消费者协会投诉站和“12315”申诉举报联络站维护消费者权益情况，察看了小石潭饮用水有限公司和部分超市、商场的生产经营情况，征求了有关方面的意见。建议创新宣传方式方法，增强职能部门责任意识、生产经营者的诚信意识和消费者的自我保护意识；完善维权网络，加强市场监督，特别加强对农村商业网点升级改造；加强组织协调，搞好部门间协同配合；加强监督管理，加大对药店监管力度。

《科学技术普及法》贯彻实施情况执法检查。2006年3月中旬，市人大常委会副主任王家林带领由教科文卫工委部分成员和有关人员组成的检查组，围绕农业增效、农民增收、农村繁荣，以农村科学技术普及为重点，对贯彻实施《科学技术普及法》的情况进行了执法检查。其间，听取了市政府的工作汇报，实地察看了全市科普活动展览、市青少年科普培训基地、市肉牛良种繁育中心、仁和PIC良种猪推广有限公司、大牟家镇小刘家村蔬菜大棚科技示范园和柴沟镇、大牟家镇“科普村村通”工程，并听取了柴沟镇和大牟家镇政府贯彻落实《科学技术普及法》的情况汇报，召开了由市科技局、市科协、市知识产权局、市水利局、市农业局、市林业局、市畜牧局等部门有关负责人参加的座谈会。建议市政府提高认识，把农村科普工作放在建设社会主义新农村的战略高度来抓；立足实际，把科技下乡等活动变成科技成果转化的过程；示范带动，加大科技示范户的培养扶持力度；加大投入，促进农村科普工作健康发展。

妇女儿童发展纲要贯彻实施情况检查。2006年，市人大常委会组织由教科文卫工委部分成员和部分市级以上人大代表组成的检查组，对《高密妇女发展纲要（2001—2010）》和《高密儿童发展纲要（2001—2010年）》贯彻实施情况进行了检查。其间，听取了市政府工作汇报，召开了由相关部门负责人参加的座谈会，实地察看了劳动、卫生、教育等部门和姜庄镇的相关情况。建议提高认识，抓好“两纲”宣传工作；强化责任，提高“两纲”实施水平；强化措施，解决“两纲”实施中的突出问题。

《环境保护法》贯彻实施情况执法检查。2006年10月，市人大常委会副主任颜廷爱带领由城乡建设环境保护工委部分成员、研究室有关工作人员组成的检查组，对贯彻实施《环境保护法》情况进行了执法检查。其间，听取了市环保局的工作汇报，召开了由市环保局、市建设局、市规划局和有关企业负责人参加的座谈会，实地察看了第一、第二污水处理厂，朝阳街道邓家庄污水泵站运行情况和建滔化工、孚日家纺、银鹰化纤、凯加食品等十几家企业的污水处理情况。建议继续抓好环保宣传工作；不断加大环保执法力度；尽快提高环保监测能力；探索建立环保长效机制。

《人口与计划生育法》贯彻实施情况执法检查。2006年11月中旬，市人大常委会副主任王家林带领由教科文卫工委部分成员和部分市级以上人大代表组成的检查组，对全市《人口与计划生育法》贯彻实施情况进行了执法检查。其间，听取了市政府的工作汇报，召开了由市人口与计划生育局、市财政局、市民政局、市卫生局等部门参加的座谈会，并深入醴泉街道、姚哥庄镇进行了座谈和实地察看。建议加强宣传教育，促进群众生育观念的转变；加强自身建设，提高计划生育队伍政治和业务素质；加强协调配合，确保责任落实到位；强化优质服务，实现服务内容多元化。

《互联网上网服务营业场所管理条例》和《音像制品管理条例》贯彻实施情况检查。2007年3月下旬，市人大常委会副主任王家林带领部分教科文卫工作委员会成员和人事代表工作室的有关人员，对高密市贯彻实施《互联网上网服务营业场所管理条例》和《音像制品管理条例》情况进行了检查。其间，听取了市政府和有关部门工作情况汇报，实地察看了万佳网络兄弟连锁店、杰友连锁店、创新连锁店网吧及爱书人音像店、新华书店、利群购物中心音像经营场所，召开了有关方面人员参加的座谈会，征求了建议和意见。建议提高认识，加大宣传力度；加强教育力度，引导青少年正确使用互联网；搞好协调，加大监管力度；整合资源，开设“阳光网吧”。

《村民委员会组织法》贯彻实施情况执法检查。2007年3月下旬，市人大常委会副主任张国廷带领由农工委和信访室有关人员组成的检查组，对《村民委员会组织法》贯彻实施情况进行了检查。其间，听取了市政府和呼家庄镇政府工作情况汇报，深入到呼家庄镇福盛屯村和集西村进行了实地察看，查阅了相关资料，并召开了座谈会。建议提高干部群众依法自治意识；强化工作措施，确保第九届村委会选举顺利；加强制度建设，规范村民自治行为；创造良好外部环境，提高村民自治水平；夯实经济基础，增强村民自治活力。

《道路交通安全法》贯彻实施情况检查。2007年5月下旬，市人大常委会党组书记、副主任崔红旗，副主任郑有奎带领由城建环保工委部分成员及有关人员组成的执法检查组，对贯彻实施《道路交通安全法》情况进行了检查。其间，听取了市政府工作情况汇报，实地察看了部分现场，分别召开了有关执法部门负责人和相关科室人员、部分市级人大代表参加的座谈会，并征求了部分群众的意见和建议。建议加大交通安全法律法规和交通安全常识的宣传力度；加强基础设施及配套设施的规划和建设；加大对道路交通安全的监管力度；加强执法队伍建设，提高依法行政的素质和水平；完善道路交通安全管理综合协调机制。

《法官法》贯彻实施情况检查。2007年5月下旬，市人大常委会组成执法检查组，对市人民法院贯彻实施《法官法》情况进行了检查。其间，听取了市人民法院关于贯彻实施《法官法》情况的汇报，查阅了相关资料，实地察看了夏庄镇人民法庭，召开了由部分法官和人大代表参加的座谈会。建议更加注重学习宣传；更加注重素质提高；更加注重监督管理；更加注重执行工作。

《检察官法》贯彻实施情况检查。2007年5月中旬，市人大常委会副主任张星海带领由法工委部分成员和有关人员组成的执法检查组，对市人民检察院贯彻实施《检察官法》情况进行了检查。其间，听取了市人民检察院的情况汇报，召开了部分市人大代表、检察官参加的座谈会，广泛征求了意见。建议加大宣传力度；加大教育监管力度；发挥检察职能作用；建立健全长效机制。

第八节　市十六届人大常委会调研、视察、执法检查

调　研

水污染防治工作情况调查。2008年3月上旬，市人大常委会副主任郑有奎、毛进兰带领调查组，对全市水污染防治工作情况进行了调查。其间，实地察看了第一、第二污水处理厂，小辛河入北胶新河拦河闸，孚日集团北污水处理站，化纤厂北污水处理站，邓家庄污水处理泵站等现场，听取了市政府的工作汇报，召开了由市环保局、市建设局、市水利局、市市政管理局和部分人大代表参加的座谈会。建议市政府加强宣传教育，提高全社会水污染防治意识；抓住主要矛盾，加大对水污染重点单位的监督管理力度；继续加大投入，进一步完善水污染防治基础设施建设；加强管理维护，提高污水处理设施的运行质量；合理规划设计，确保排污管网建设发挥长期效益；统筹兼顾，把农村环保问题提到议事日程。

农村公共服务社区化工作情况调查。2008年3月上旬，市人大常委会副主任张国廷带领调查组，对全市农村公共服务社区化工作情况进行了调查。其间，听取了市政府关于全市农村公共服务社区化工作情况的汇报，实地察看了10个镇街的13个社区，并分别在阚家镇、井沟镇、大牟家镇召开了由镇街社区负责人、部分人大代表、村干部、

村民代表参加的座谈会，了解了农村公共服务社区化工作进展情况。建议提高对建设农村社区重要性的认识；拓宽社区服务领域，充实社区服务内容；完善服务程序和规章制度，建立社区运转长效机制；加强选配和管理，努力建设高素质的社区服务队伍；加强基础设施建设，增强社区承载功能。

图 7－13　2008 年 4 月，市人大常委会副主任王家林（左三）带领调查组，对全市文化建设情况开展调查

民事诉讼调解工作情况调查。2008 年 3 月上旬，市人大常委会副主任张星海带领调查组，对市法院民事诉讼调解工作情况进行了调查。其间，听取了市法院的情况汇报，观看了市法院制作的《法润城乡促和谐》专题片，召开了市法院分管负责人和部分庭长参加的座谈会，征求了有关方面的意见和建议。建议市人民法院提高法官对民事诉讼调解工作重要性的认识；强化法律法规政策学习，不断提高法官队伍素质；严格执行民事诉讼法，全面提高调解效率和案件质量；进一步完善多元化矛盾纠纷化解机制，加大对民事案件的调解力度。

文化建设情况调查。2008 年 4 月，市人大常委会副主任王家林带领调查组，对全市文化建设情况进行了调查。调查组听取了市政府关于加强文化建设情况的汇报，实地察看了市图书馆、北关半岛古玩市场、文化体育中心、广电网络中心的有关情况，召开了有关人员参加的座谈会。到部分镇街，听取了镇街和村居文化建设情况汇报，先后到密水街道天翔社区、豪迈社区，柏城镇苑家疃村、柏城村，姜庄镇李仙村等地进行了实地察看。建议市政府加强对文化工作的领导；加大文化建设的投入力度；努力加强文化人才队伍建设；加快公共文化服务体系建设；加快发展和壮大文化产业。

节能减排工作调查。2008 年 4 月下旬，市人大常委会组织调查组，对全市节能减排工作情况进行了调查。其间，听取了市政府关于节能减排工作情况汇报，分别召开了由市经贸局、市发改局、市环保局、市建设局等部门负责人和柏城镇政府及部分企业负责人参加的座谈会，并到部分企业进行了实地察看。建议努力营造全民重视节能减排的良好氛围；尽快完善节能减排的组织管理体系；

正确处理节能减排与产业结构调整的关系；用政策和机制推进节能减排技术创新。

法律援助工作调查。2008年4月下旬，市人大常委会组织调查组，对全市法律援助工作情况进行了调查。其间，调查组听取了市政府的工作汇报，召开了由市司法局、市总工会、团市委、市妇联、市法院、检察院、市法律援助中心等部门负责人和受援助对象参加的座谈会，察看了市法律援助中心夏庄和仁和司法所办公现场，并广泛征求了意见和建议。建议加大宣传力度；创新工作思路；加强队伍建设，不断提高法律服务人员素质；增加经费投入，切实保障法律援助工作的顺利开展。

城市绿化工作情况调查。2008年5月，市人大常委会组织调查组，对全市城市绿化工作情况进行了调查。其间，实地察看了凤凰公园、南湖植物园、蜜水馨苑、文体中心、山水名苑、夷安大道夏庄路口、月潭路、孚日南路、孚日北路等绿化现场，听取了市政府的工作汇报，召开了由市建设局、市园林局、市规划局、市市政管理局、市公路局、市城市管理行政执法局、市林业局、朝阳街办、密水街办、醴泉街办分管负责人和部分人大代表参加的座谈会。建议市政府加强宣传教育；加大执法力度；严格执行规划；继续加大投入；强化管理维护。

高新技术产业发展情况调查。2008年6月下旬，市人大常委会组织调查组，对全市高新技术产业发展情况进行了调查。其间，听取了市政府的工作汇报，实地察看了孚日、豪迈科技、星合电子、邦泰散热器等企业的高新技术项目，召开了市科技局、统计局、经贸局、中小企业局、知识产权局、信息产业局等部门负责人参加的座谈会，征求了部分企业和人大代表的意见。建议市政府培强做大现有高新技术产业企业；加大高新技术项目招商引资力度；打造更加优良的高新技术产业发展环境；加强高新技术人才队伍建设。

市十六届人大一次会议以来代表所提建议办理情况调查。2008年6月下旬，市人大常委会组成调查组，对代表建议办理情况进

图7－14　2008年6月，市人大常委会副主任张国廷（前排右二）带领调查组，对代表建议办理情况开展调查

图7－15 2008年8月，市人大常委会党组副书记、副主任张星海（右六）带领调查组，对全市道路交通安全管理问题开展调查

行了调查。其间，实地察看了南湖植物园建设、化工路南段综合改造、秦家岭片区拆迁、王党大桥改建、胶河治理等代表建议办理工作现场，听取了市政府及有关部门负责人关于代表建议办理情况的汇报，并围绕代表建议办理情况进行了座谈。7月上旬，市人大常委会又组成5个组，分头到各镇街及市直部门全面征求了代表对市十六届人大一次会议以来代表所提意见、建议办理情况的意见，并进行了汇总。建议要提高对办理工作重要性的认识；提高办理工作的质量；规范办理工作。

2007年财政决算情况调查。2008年6月下旬至7月上旬，市人大常委会组织调查组，对全市2007年财政决算情况进行了调查。其间，听取了市财政局、市地税局和市审计局相关情况汇报，召开了由有关人员参加的座谈会，查阅分析了有关数据资料。建议调整优化产业结构，增强财政增收后劲；强化财政监督力度，提高依法理财水平；加强资金管理，提高资金使用效益；严格执行预算，促进预算管理的科学化；切实加强审计监督，重视审计结果应用。

2008年上半年国民经济和社会发展计划及预算执行情况调查。2008年8月中旬，市人大常委会组织调查组，对全市2008年上半年国民经济和社会发展计划及预算执行情况进行了调查。其间，听取了市发展和改革局、市财政局相关情况汇报，召开了座谈会。建议市政府加强财源建设；加大税收征管力度；加大财政保障力度。

道路交通安全与管理调查。2008年8月中旬，市人大常委会组织调查组，对人大代表集中反映的道路交通安全与管理问题及政府办理情况进行了专题调查。其间，听取了市公安局及交警大队、市交通局、市公路局相关情况汇报，实地察看了有关现场，召开了市政府法制局等有关部门负责人、部分人大代表参加的座谈会。建议市政府加大交通安全法律法规和交通安全常识的宣传力度；加强基础设施及配套设施的规划和建设；加大对道路交通安全的整治力度；加强执法队伍建设，提高依法行政的素质和水平。

全市林业发展情况调查。2008 年 8 月中旬，市人大常委会组织调查组，对全市林业发展情况进行了调查。调查组先后到密水生态林场井沟核心区、横一路、柏城镇向阳村、颜家太洛村、银鹰路、胶河生态林场等地察看了植树绿化情况，听取了市政府的工作汇报，召开了由部分市人大农工委成员和密水生态林场、市农工办、市林业局、市水利局、柏城镇、大牟家镇、井沟镇分管负责人和参加的座谈会。建议加大宣传力度，营造林业发展的良好氛围；大力实施科技兴林战略，提高林业发展质量；加大资金投入，加快林业产业化发展；加强林业部门建设，增强林业发展活力。

民事行政检察工作情况调查。2008 年 8 月中旬，市人大常委会组织调查组，对市检察院民事行政检察工作情况进行了调查。其间，听取了市检察院情况汇报，召开了由市检察院分管负责人、民行科负责人和人大代表参加的座谈会，察看了有关案卷材料。建议市人民检察院加大民事行政检察工作的宣传力度，扩大社会影响；提高对民事行政检察工作重要性的认识；强化法律法规政策学习，不断提高检察官队伍素质；加强沟通配合，确保司法公正；加大监督力度，不断提高办案质量和效率。

全市客运线路设置情况调查。2008 年 8 月，市人大常委会组织调查组，对全市客运线路设置情况进行调查。其间，听取了市政府工作汇报，召开了由市交通局、市公安局、市市政管理局、市公交公司、市客运办、4 个镇人大负责人、部分驻高密市的潍坊市和高密市人大代表以及客运业主参加的座谈会，实地察看了有关客运线路设置情况。建议市政府强化组织领导，为客运事业提供可靠保障；加强宣传教育，提高全社会关心支持客运意识；搞好线路规划，满足群众出行需要；继续加大投入，加快客运基础设施建设步伐；深化内部管理，提高服务水平。

供电设施安装及收费情况调查。2008 年 8 月中旬，市人大常委会组织调查组，对供电设施安装（业扩）及收费情况进行了重点调查。调查组先后到市供电公司用户营业大厅、润田纺织有限公司、南洋食品有限公司、110 千伏菲达站、220 千伏仁和站等实地察看了供电设施安装情况，听取了市政府的工作汇报，并召开了由市经贸局、市发展和改革局、市物价局、市供电公司等部门负责人参加的座谈会；召开了部分企业负责人参加的座谈会；到胶州市、临沭县等地考察学习了供电设施安装的做法及有关收费情况；对本市及周边县（市、区）供电设施安装个例进行了重点剖析，特别是对收费项目及标准进行了价格认证。建议供电部门提高认识，积极转变电力经营理念；认真执行“三不指定”规定，改变供电设施安装经营模式；搞好服务，让利用户；建立公开透明机制，搞好联合监督。

中小企业融资情况调查。2008 年 8 月，市人大常委会组织调查组对代表反映比较集中的中小企业融资问题进行了调查。其间，到市中小企业局、市联社、市人民银行听取了有关工作情况汇报，并召开了有关企业、金融部门负责人参加的座谈会。建议探索金融业务创新，畅通企业信贷渠道；提升企业综合素质，建立完善信用体系；改进完善政务服务，搭建银政企协平台。

推进企业上市工作情况调查。2008年11月，市人大常委会组织调查组，对全市推进企业上市工作情况进行了调查。调查组听取了市政府工作汇报，考察了部分企业，召开了由有关单位、企业负责人和部分人大代表参加的座谈会。建议市政府加大宣传教育力度，调动企业上市的积极性；加大政策扶持力度，改善企业上市环境；加大组织领导力度，形成推进企业上市的合力；加大上市资源培育力度，多渠道、多形式推进企业上市。

农村公路建设情况调查。2008年10月中旬，市人大常委会组织调查组，对全市农村公路建设情况进行了调查。调查组先后到阚家镇、井沟镇、密水街道等实地察看了农村公路建设情况，听取了市政府工作汇报，召开了由市交通局、市公路局、密水街道、阚家镇、井沟镇、柴沟镇负责人和市人大农工委部分成员、部分人大代表及农村干部参加的座谈会，并对各镇街农村公路建设情况进行了统计汇总和量化分析。建议市政府加大宣传力度，努力营造全民支持农村公路建设的良好氛围；拓宽筹资渠道，保障农村公路建设持续发展；加强施工监管，确保农村公路建设质量；完善管护机制，确保农村公路完好畅通。

现代物流业发展情况调查。2008年11月，市人大常委会组织调查组，通过听取汇报、座谈调研、实地考察等形式，对全市现代物流业发展情况进行了调查。建议加强物流管理机构建设，着手组建物流行业协会；做大做强现有物流资源，做好物流企业引进工作；注重物流人才的培养与引进，为加快发展物流业提供人力支持。

人大信访案件办理情况调查。2008年10月下旬，市人大常委会组织调查组，对2008年1—9月人大信访案件办理工作情况进行了调查。调查组听取了市政府、市法院、市检察院、市公安局工作情况汇报，并围绕人大信访案件办理举行了座谈。建议“一府两院”提高认识，增强办理工作的责任感；畅通信访渠道，努力满足人民群众的合理诉求；切实做好初信初访查处工作；严格落实错案责任追究制；加强信访干部队伍建设。

居民小区物业管理情况调查。2009年3月下旬，市人大常委会组织调查组，对全市居民小区物业管理情况进行了调查，听取了市政府关于全市物业管理工作情况汇报，实地察看了西苑小区、翰林苑教师公寓、金地花园、蜜水馨苑、绿洲凰庭等小区物业管理情况，分别组织召开了市建设局物业管理办公室、开发企业、物业企业有关负责人座谈会和业主委员会成员、业主代表座谈会。建议广泛宣传，教育引导各方面提高对物业管理的认识；加强领导，理顺小区物业与社区、属地街办的关系；加强监管，规范物业管理工作。

职业教育发展情况调查。2009年3月下旬，市人大常委会组织调查组，对全市职业教育发展情况进行了调查。调查组先后到市职业中专、市卫生学校、市技工学校、高密中专等学校察看了办学情况，听取了市政府工作报告，召开了由市教育局、市劳动和社会保障局、市卫生局和有关职业学校负责人参加的座谈会。建议提高认识，营造职业教育发展的良好氛围；整合资源，打造职业教育品牌；加大投入，增强职业教育发展活力；面向市场，提升办学质量和水平。

农业龙头企业发展情况调查。2009年3月，市人大常委会组织调查组，对全市农业龙头企业发展情况进行了调查，实地察看了泰华、望乡、瑞海等农业龙头企业，听取了市政府的工作汇报，召开了由市农业局、畜牧局、国税局、地税局、农业开发办、农业发展银行高密支行等部门（单位）负责人，部分农工委成员、人大代表和企业负责人参加的座谈会。建议创新发展机制，尽快提高龙头企业的带动能力；拓宽发展思路，努力开拓国际、国内两个市场；强化政府服务职能，推进龙头企业加快发展。

工业经济运行情况调查。2009年3月，市人大常委会组织调查组，对全市工业经济运行情况进行调查。建议市政府用足用活上级政策；下决心扶持优势行业和优势企业发展；着力提高企业劳动者素质；牢固树立工业立市的观念。

供电设施安装及收费整改情况调查。2009年3月下旬，市人大常委会组织调查组对供电设施安装及收费整改情况进行了跟踪调查。其间，实地察看了菲达电力安装公司、豪迈科技箱式变电站、广播局配变工程、“95598”客户服务中心等企业供电设施安装现场和整改现场，听取了市政府的工作汇报，召开了由市发改局、市经贸局、市物价局、市供电公司负责人和部分人大代表参加的座谈会。建议市供电部门要树立放开竞争的经营理念，跟上落实相对应的配套管理措施；建立购买大件设备材料招投标机制；规范电气设备超市建设，大力引进外地生产企业，引进更多的合格产品；加大对公开供电设施安装流程、公开收费标准、公开收费内容及公开收费方式的宣传力度；规范内部管理，降低成本，实现和用户的双赢。

胶河污染治理整改情况调查。2009年4月上旬，市人大常委会组织调查组对胶河污染防治有关问题及建议整改落实情况进行了“回头看”。听取了市政府工作情况报告，实地察看了有关现场，召开了有关职能部门、镇街负责人参加的座谈会。调查发现，市政府及有关部门依据《关于胶河污染防治情况的调查报告》（高人党发〔2008〕28号），对胶河污染防治工作进行了认真研究，采取了切实措施，胶河污染防治整改工作有了新的进展，取得了一定成效。调查组对关于提高群众保护水源地意识，关于胶河上游跨流域污染，关于排污管网的运行管理，关于重点污染源和排污企业的关停、搬迁和整改，关于排污管网的规划建设5个方面提出了建议意见。

2008年财政决算情况调查。2009年5月，市人大常委会组织调查组，对全市2008年财政决算情况进行了调查。其间，听取了市财政局和市审计局情况汇报，召开了有关人员参加的座谈会，查阅分析了相关数据资料。建议市政府注重增强财政增收后劲；注重提高依法理财水平；注重提高资金使用效益；注重审计结果应用。

平安高密建设情况调查。2009年5月下旬，市人大常委会组织调查组，通过听取工作汇报、召开座谈会和实地察看的形式，对本市平安建设情况进行了调查。建议市政府提高认识，增强做好平安建设的责任感和使命感；加大投入，确保平安建设工作的顺利开展；强化措施，提高严打整治活动的实效；深化基层基础工作，夯实社会稳定的根基；加强队伍建设，为平安建设提供强有力的组织保障。

城区集中供热情况调查。2009年5月，市人大常委会组织调查组，对城区集中供热情况进行了调查。调查组听取了市政府工作汇报，实地察看了有关现场，组织召开了由部分市人大代表，市政管理局、规划局、建设局等有关部门负责人，部分热源企业、热力公司、物业企业负责人等参加的座谈会。建议市政府统一思想，广泛宣传发动，充分调动各方面的积极性；统筹考虑，科学组织施工，确保工程进度；加强监管，保证工程质量，确保好事办好。

利用世行贷款加强灌溉农业三期项目建设情况调查。2009年5月，市人大常委会组织调查组，对全市利用世行贸易加强灌溉农业三期项目建设情况进行了调查。其间，实地察看了柴沟、井沟、阚家项目区现场，听取了市政府工作汇报，召开了由市财政局、市农业综合开发办公室、阚家镇政府、井沟镇政府、柴沟镇政府负责人和部分人大代表参加的座谈会。建议完善项目建设，加强项目的后续管护；做好利用全球环境基金赠款适应气候变化农业开发项目的实施准备工作，使之与世行三期项目充分结合；促进利用世行贷款加强灌溉农业三期项目更好地发挥效益。

市十六届人大二次会议以来代表所提建议办理情况调查。2009年6月，市人大常委会组织调查组，对市十六届人大二次会议以来代表所提建议、批评和意见（以下简称建议）的办理情况进行了调查。其间，实地察看了老环城路改造、健康路南段综合改造、胶河污染防治、文体中心建设等代表建议办理工作现场，听取了市政府关于代表建议办理情况的汇报，并召开了两次由有关承办部门负责人以及部分人大代表参加的座谈会，对代表建议办理工作进行了座谈了解。建议深化对办理工作的认识；善始善终，分类做好代表建议办理工作；重点建议应高度重视，重点落实；创新思路，不断完善办理机制。

2009年上半年国民经济和社会发展计划及预算执行情况调查。2009年7月，市人大常委会组织调查组，对全市2009年上半年国民经济和社会发展计划及预算执行情况进行了调查。其间，听取了市发展和改革局、市财政局执行情况汇报，召开了有关人员参加的座谈会。建议市政府推动财源建设；加大税收征管力度；理顺财经秩序。

“五五”普法规划及2006—2010年依法治市规划决议贯彻实施情况调查。2009年7月上旬，市人大常委会组织调查组，对全市贯彻实施市人大常委会“五五”普法规划及2006—2010年依法治市规划决议情况进行了调查。调查其间，听取了市政府关于普法和依法治市工作情况汇报，实地察看了有关现场，了解了配套制度的制订及其他保障措施的落实情况，组织召开了由部分市人大代表，市法院、市检察院、市司法局、市公安局、市经贸局、市教育局、银鹰化纤、城南中学、醴泉街道、交通居委会等部门和单位负责人参加的座谈会，征求了建议意见。建议市政府提高认识，加强普法和依法治市工作；注重实效，搞好普法工作与维护稳定工作的结合；依法办事，全面推进各项工作的法治化进程。

人大信访案件办理情况调查。2009年7月中旬，市人大常委会组成调查组，对2009年1—6月人大转办的信访案件办理工作情况进行了调查。其间，听取了市政府、市法院、市检察院、市公安局及有关镇街工作情况汇报，并进行了座谈。建议“一府两院”增强案件办理工作的责任感；畅通信访渠道；加大对人大信访案件的查处力度；做好初信初访查处工作；加强信访干部队伍建设。

农村文化建设情况调查。2009年9月，市人大常委会组织调查组，对全市农村文化建设情况进行了调查。其间，听取了市政府情况汇报，召开了由有关部门和部分人大代表参加的座谈会，并到开发区、夏庄、柴沟等镇街区进行了调查。建议市政府在“常建、常抓、常新”上下功夫，进一步加强阵地建设、进一步加强制度建设、进一步加强队伍建设；抓好日常管理、抓好活动开展、抓好图书利用；创新融资机制、创新用人机制、创新管理机制。

刑事审判工作调查。2009年9月，市人大常委会组织调查组，对市法院刑事审判工作情况进行了调查。其间，听取了市人民法院关于刑事审判工作情况的报告，察看了有关制度建设情况，召开了座谈会。建议市法院加强学习培训，深化刑事审判队伍建设；增强创新意识，推进刑事审判方式改革；提高办案质量，维护公平正义；坚持“严打”方针，全力维护社会稳定。

查办和预防职务犯罪工作调查。2009年9月，市人大常委会组织调查组，对市人民检察院查办和预防职务犯罪工作情况进行了调查。其间，察看了市检察院警示教育展厅，听取了市检察院工作情况汇报，召开了座谈会。建议市检察院强化预防措施，形成社会合力；突出打击重点，加大打击力度；加大投入，提高办案水平。

涉房民生有关问题调查。2009年10月，市人大常委会组织由人大代表、城区居委会及社区负责人和部分小区居民参加的调查组，对涉房民生问题进行了调查。建议市政府完善制度措施，加强质量监管；严格落实拆迁办法，妥善解决城区拆迁及回迁安置问题；抓紧补办建设项目手续，尽快解决延期交房和房权证办理问题；落实物业管理条例，提高物业管理水平。

市工商局预收个体工商户管理费清退问题调查。2009年10月，市人大常委会组成调查组，对市工商局预收个体工商户管理费清退情况进行了调查。建议思想上要高度重视，坚持“实事求是、预收必退”的原则，一如既往地做好清退工作；要通过公告、电话联系等方式，进一步加大宣传力度，让广大业户明确退费的有关规定和程序、方式，确保退费工作顺利进行；要明确退费期限，于年底前将预收的个体工商户管理费退还完毕。

城区弱电入地调查。2009年10月，市人大常委会组织调查组，对全市城区弱电入地情况进行了调查。其间，实地察看了城区弱电入地现场，听取了市政府关于弱电入地情况汇报，并组织召开了由市建设局、市规划局、市政管理局、市广播电视局、市供电公司、移动公司、联通公司、电信公司等单位负责人及部分人大代表参加的座谈会，了解了城区弱电入地的有关情况，征求了建议意见。建议加快弱电入地工作进度；加强协调管理工作；尽快制订出台相关管理办法。

全市农村环境污染防治情况调查。2009年10月，市人大常委会组织调查组，对全市农村环境污染防治情况进行了调查。建议市政府加大宣传教育力度，不断提高农村环境保护意识；摸清农村污染源的底子，建立污染源档案；不断加强环保执法能力建设，提高执法水平；多措并举，综合防治，提高农村环保水平；高度重视农村环保工作，建立和完善综合治理的长效机制。

推进企业上市工作情况调查。2010年3月，市人大常委会组织调查组，对全市推进企业上市工作情况进行了调查。其间，听取了市政府工作汇报，实地察看了孚日集团、豪迈科技、惠影科技、银鹰化纤等企业，召开了座谈会。建议市政府加大宣传教育力度，调动企业上市的积极性；加大扶持引导力度，改善企业上市环境；加大组织领导力度，形成推进企业上市的合力；加大上市资源培育力度，多渠道、多形式推进企业上市。

现代畜牧业发展情况调查。2010年3月中旬，市人大常委会组织调查组，对全市现代畜牧业发展情况进行了调查。其间，实地察看了单既江养牛场、李万俊养殖场、高密乳肉兼用牛改良中心、康宁种猪场、刘清奎养牛场等养殖基地和南洋食品、凯加食品、瑞合食品、普力美药业等龙头企业，听取了市政府关于现代畜牧业发展情况的报告，召开了座谈会。建议市政府加强政策扶持，营造良好发展环境；培育龙头企业，深化畜产品加工增值；加大资金投入，增强产业发展后劲；加强疫病防控，确保畜牧业养殖安全；强化良种繁育，大力实施科技兴牧战略。

市人民法院信访工作调查。2010年3月下旬，市人大常委会组织调查组，对市人民法院信访工作情况进行了调查。其间，听取了市法院工作汇报，召开了市法院党组成员、有关庭室负责人和部分市人大代表参加的座谈会，实地察看了接访现场和有关制度建设、档案资料。建议市人民法院提高认识，全力做好信访工作；畅通信访渠道，努力满足人民群众的合理诉求；提高办案质量和效率，预防和减少涉法信访新增案件；创新工作思路，不断提高接访处信水平；加强队伍建设，不断提高干警的业务能力和水平。

推进重点项目建设情况调查。2010 年 5 月，市人大常委会组织调查组，对全市推进重点项目建设情况进行了专题调查。建议市政府正确处理数量与质量的关系，确保重点项目重点推进；正确处理向上争取与内部挖潜的关系，确保土地资源科学利用；正确处理主体与多元的关系，确保项目资金及时到位；正确处理服务与发展的关系，确保项目尽快转化为发展成果。

小城镇建设情况调查。2010 年 5 月，市人大常委会组织调查组，对全市小城镇建设情况进行了调研。其间，听取了市政府的工作汇报，实地察看了夏庄、姜庄、柏城、柴沟、井沟等镇小城镇建设的有关现场，召开了由市住房和城乡建设局、市国土资源局、市规划局等部门负责人，部分镇政府负责人和人大代表参加的座谈会。建议市政府要有一条明晰的工作思路；要有一个科学的城镇规划；要有一套完善的管理体制；要有一种多元化的融资机制；要有一股齐抓共管的合力。

市十六届人大三次会议代表所提议案办理情况调查。2010 年 6 月 28 日，市人大常委会组织调查组，对市政府《关于积极融入“两区”建设，加快高密高端农业、高端制造业、高端服务业发展的议案》办理情况进行了调查。要求市政府及有关部门要统一思想，提高认识，采取更加有力和有效的措施，按照市委“以大投入大调整推动大提升大发展”的总体思路，大力调整产业结构，加快高端农业、高端制造业、高端服务业发展，推动产业转型升级，促进全市经济社会又好又快发展。

市十六届人大三次会议以来代表建议办理工作调查。2010 年 5 月中旬，市人大常委会组织调查组，对市十六届人大三次会议以来代表所提建议、批评和意见（以下简称建议）的办理情况进行了调查。其间，实地察看了高双路改造、昌安大道北首公铁立交桥建设、小康河铁路以北段污水治理、民艺民俗村建设等代表建议办理工作现场，听取了市政府关于代表建议办理情况的汇报，分别召开了由有关承办部门负责人、部分人大代表和各镇人大副主席、街区人大工作室主任、市直代表小组组长参加的座谈会，并向每位人大代表发放了征询意见表，全面征求了代表对建议办理情况的意见。建议市政府提高认识，将代表建议办理工作摆到更加重要的位置；加强领导，进一步提高代表建议办理质量；狠抓落实，在解决实际问题上下功夫；创新思路，不断完善办理机制。

2009 年财政决算情况调查。2010 年 6 月，市人大常委会组织调查组，对全市 2009 年财政决算情况进行了调查。其间，听取了市财政局和市审计局的相关情况汇报，召开了有关人员参加的座谈会，查阅分析了有关数据资料。建议调整优化产业结构，增强财政增收后劲；提高财政管理水平，提高资金使用效益；改革预算机制，提高预算管理水平；加大监督力度，严肃财经纪律。

2010年上半年国民经济和社会发展计划及预算执行情况调查。2010年7月下旬，市人大常委会组成调查组，对全市2010年上半年国民经济和社会发展计划及预算执行情况进行了调查。其间，听取了市发展和改革局关于高密市2010年上半年国民经济和社会发展计划执行情况的汇报、市财政局关于高密市2010年上半年财政预算执行情况的汇报，并召开了国税局、地税局有关人员参加的座谈会。建议市政府：加快调整产业结构，促进三大产业协调发展；不断加强财源建设，增强经济发展后劲；继续加大税收征管力度，堵塞征管漏洞；不断理顺财经秩序，提高资金使用效益；继续调整优化支出结构，提高财政保障能力。

市人民检察院法律监督工作调查。2010年8月，市人大常委会组织调查组，对市人民检察院法律监督工作情况进行了调查。其间，实地察看了市看守所、市人民检察院教育警示基地、综合服务大厅，听取了市人民检察院开展法律监督工作情况的汇报，召开了由市人民法院、市公安局、市司法局、市检察院有关科室负责人和部分人大代表参加的座谈会，了解了对法律监督工作的建议意见。建议市人民检察院提高认识，增强法律监督的责任感和使命感；突出监督重点，提高法律监督的能力；完善工作机制，增强法律监督实效；加强队伍建设，提升法律监督的水平。

人大转办信访案件办理工作情况调查。2010年8月，市人大常委会组织调查组，对2010年1—6月人大转办信访案件办理工作情况进行了调查。其间，听取了市政府、市法院、市检察院、市公安局等部门工作情况汇报，开展了座谈。建议“一府两院”提高思想认识，增强办理工作的责任感；突出工作重点，努力维护和谐稳定局面；加强队伍建设，提升做群众工作的能力。

城乡低保制度实施情况调查。2010年9月，市人大常委会组织调查组，对全市贯彻落实城乡低保制度进行了调查。其间，听取了市政府工作汇报，并到密水、阚家、大牟家、胶河疏港物流园区进行了实地走访调研，并召开了由民政、财政等部门参加的座谈会。建议加大宣传教育力度，让党的惠民政策深入人心；严格落实各项程序，完善低保工作运行机制；变“输血”为“造血”，缓解低保工作的压力；加强组织协调，形成齐抓共管的工作合力。

中小学校舍安全工程建设情况开展调查。2010年9月，市人大常委会组成调查组，对全市中小学校舍安全工程建设情况进行了调查。其间，实地察看了夏庄镇官庄中学新校、姜庄镇李仙小学、柴沟镇马旺小学、阚家镇阚家小学、朝阳街道张鲁集小学等10个镇街的11所中小学校舍建设现场，听取了市政府工作汇报，召开了由校舍安全工程相关部门负责人和各镇街区分管教育工作有关人员参加的座谈会，征集了意见建议。建议提高认识，加快工程建设进度；加强协作配合，确保工程顺利推进；建立投入机制，确保工程资金到位；加大监管力度，确保工程建设质量；加强调度考核，确保工程如期完成。

全市烟草生产情况调查。2010 年 9 月，市人大常委会组织调查组，对全市烟草生产情况进行了调查。其间，听取了市政府的工作情况汇报，实地察看了烟叶生产和加工的有关现场，组织召开了由相关单位负责人、人大代表以及部分农场主和农户参加的座谈会，了解了全市烟草生产的基本情况，征求了对下一步工作的意见和建议。建议市政府加强领导，确保宣传到位；强化扶持力度，确保政策落实到位；完善产业体系建设，确保管理服务到位。

治理道路交通秩序情况调查。2010 年 11 月，市人大常委会组织调查组，对全市道路交通秩序治理情况进行了调查。其间，到有关现场进行了察看，听取了市政府工作汇报，组织部分城建环保委成员、有关部分负责人和企业负责人召开了座谈会，征求了建议意见。建议市政府加强宣传教育；加强科学管理；注重依法行政；理顺管理体制。

全市传染病防治工作情况调查。2010 年 10 月，市人大常委会组织调查组，对全市传染病防治工作情况进行了调查。其间，听取了市政府的工作汇报，实地察看了市人民医院、第二实验小学、开发区医院、市疾病预防控制中心等现场，召开了由市卫生局、市教育局、市疾病预防控制中心、市人民医院等部门负责人和部分人大代表参加的座谈会。建议市政府继续抓好宣传教育，努力营造防治工作的浓厚氛围；持续抓好资源整合和经费投入，保障防治工作扎实推进；重视抓好协调配合，努力形成齐抓共管的工作合力；重点抓好机制建设，不断提升防治工作的质量和水平。

义务教育均衡发展情况调查。2011 年 4 月，市人大常委会组织调查组，对全市义务教育均衡发展情况进行了调查。其间，先后到柏城镇、朝阳街道、夏庄镇以及城区的东关小学、一实小、古城中学、崇实小学、立新中学等有关学校进行了察看，听取了市政府情况汇报，组织部分人大代表、有关部门分管负责人、部分镇街分管负责人、教管办主任、中小学校长召开了座谈会。建议市政府加大投入，不断完善义务教育经费保障机制；注重队伍建设，建立完善教师补充提高机制；加强领导，完善推动义务教育均衡发展工作机制。

文化产业发展情况调查。2011 年 4 月中旬，市人大常委会组织调查组，对全市文化产业发展情况进行了调查。其间，先后到姜庄镇、夏庄镇、井沟镇进行了实地调研，听取了市政府工作情况汇报，召开了由市文化产业管理委员会、市文化广电新闻出版局、市文化市场综合行政执法局等部门主要负责人和部分城区项目单位负责人参加的座谈会，实地察看了城区部分文化产业项目现场。

建议加强宣传，提高认识，形成全民参与的良好文化氛围；完善政策，加大投入，扶持文化产业快速发展；创新载体，拓宽渠道，培养引进专业管理人才；拓展思路，完善机制，健全文化产业投融资体系；统筹规划，组织协调，确保文化产业健康持续发展。

社会治安工作情况调查。2011年4月中旬，市人大常委会组织调查组，对全市社会治安工作情况进行了调查。其间，察看了开发区派出所、东小庄社区警务室、看守所、车管所等现场，听取了市政府工作汇报，召开了由市公安局、市人民法院、市人民检察院、市司法局等相关部门、单位负责人和部分市人大代表参加的座谈会，并到部分镇街进行了专题调研。建议加大普法与宣传力度，提高人民群众参与维护社会治安的积极性；建立健全严打机制，切实提高群众安全感；完善协调联动机制，打造社会治安整体联动防控体系；推进社会管理创新，开创社会治安工作的新局面；加强执法规范化建设，提高服务保障水平。

优化发展高效特色种植业情况调查。2011年4月中旬，市人大常委会组织调查组，对优化发展高效特色种植业情况进行了调查。其间，调查组听取了市政府工作汇报，察看了6个镇街13处现场，召开了由部分职能部门、高效特色种植业户、生产加工企业负责人和人大代表参加的座谈会，征求了意见建议。建议建立完善长效机制，积极推进高效特色种植业发展；规范土地流转，拓宽融资渠道，破解发展瓶颈；抓好种植业质量安全检查保护体系建设，加强产销链接；抓好高效特色种植业的引进、推广与研发，加强农业科技支撑。

“五五”普法规划及2006—2010年依法治市规划实施情况调查。2011年6月，市人大常委会组织调查组，对全市“五五”普法规划及2006—2010年依法治市规划实施情况进行了调查。其间，察看了夏庄镇张家官庄二村、醴泉司法所、城南中学等现场，听取了市政府关于“五五”普法及2006至2010年依法治市情况汇报，召开了由法院、检察院、公安局、司法局等部门单位负责人和部分市人大代表参加的座谈会，征求了对下步工作意见和建议。建议市政府提高认识，增强普法依法治市工作的责任感和使命感；增强实效，强化法制宣传教育；健全机制，深化普法和依法治市工作；总结经验，科学制订“六五”普法依法治市规划。

2010年财政决算情况调查。2011年6月，市人大常委会组织调查组，对2010年市级财政决算情况进行了调查。其间，听取了市财政局和市审计局工作情况汇报，召开了由相关人员参加的座谈会，查阅分析了有关数据资料。建议完善预算机制，确保财政工作科学规范；加大增收力度，确保财政收入基础稳固；强化素质提升，确保财税工作高质高效；深化审计监督，确保经济发展健康有序。

市十六届人大四次会议代表所提议案办理情况调查。2011年5月，市人大常委会对市政府《关于推进“畅通高密”建设的议案》

办理情况进行了调查。建议市政府及有关部门要提高认识，加大力度，加快建设和巩固保持并举，积极构建现代化综合交通体系，切实保障“畅通高密”建设顺利推进，真正实现“礼让行车、文明驾驶、秩序井然、交通安全”的良好局面，为全市经济社会更好更快发展创造良好环境。

市十六届人大四次会议以来代表建议办理工作调查。2011年6月，市人大常委会组织调查组，对市十六届人大四次会议以来代表所提建议、批评和意见的办理情况进行了调查。其间，实地察看了月潭路路段管制、拒城河灌区节水改造、第三污水处理厂、姜庄商品物流园区建设、振兴街营业门房规范整治、密水广场经营摊点治理等代表建议办理工作现场，听取了市政府关于代表建议办理情况的汇报，分别召开了由有关承办部门负责人、部分人大代表和各镇人大副主席、街区人大工作室主任、市直代表小组组长参加的座谈会，并向每位人大代表发放了征询意见表，全面征求了代表对建议办理情况的意见。建议市政府提高对代表建议办理工作的认识；规范代表建议办理程序；抓好代表建议的落实。

农田水利基本建设情况调查。2011年8月，市人大常委会组织调查组，对全市农田水利基本建设情况进行了调查。其间，实地察看了拒城河灌区、马旺灌区、王吴水厂、阚家徐睦庄抗旱项目、城北水库等现场，听取了市政府及相关部门工作汇报，召开了由相关部门、部分镇街负责人和部分人大代表参加的座谈会。建议市政府提高认识、抓住机遇，科学规划农田水利基本建设新的蓝图；拓宽投融资渠道，为农田水利基本建设提供资金保障；突出重点工程，唱好农田水利基本建设“重头戏”；完善运行管理，推动农田水利基本建设持续健康发展。

全市卫生工作情况调查。2011年7月，市人大常委会组织调查组，通过听取汇报、实地察看、座谈了解、专题调研等方式，对全市卫生工作情况进行了调查。建议提高思想认识，切实加强农村卫生工作；深化医卫改革，推动卫生事业科学发展；完善用人机制，着力提高医护人员素质；加大投入力度，确保卫生事业健康发展。

2011年上半年国民经济和社会发展计划及财政预算执行情况调查。2011年7月，市人大常委会组织调查组，对高密市2011年上半年国民经济和社会发展计划及财政预算执行情况进行了调查。其间，听取了市发展和改革局、市财政局工作情况汇报，并召开了座谈会。建议市政府加快产业结构调整，促进三大产业协调发展；加大民生改善力度，统筹推进社会事业发展；加强财政监督职能，堵塞税收征管漏洞；全力抓好财源建设，调整优化支出结构。

人大转办信访案件办理工作情况调查。2011年7月中旬，市人大常委会组织调查组，对上半年人大转办信访案件办理工作情况进行了调查。其间，听取了市政府、市人民法院、市人民检察院、市公安局工作情况汇报，召开了座谈会。建议“一府两院”增强案件办理工作的责任感；畅通信访渠道努力满足人民群众的合理诉求；加大落实责任追究制的力度；进一步加强信访干部队伍建设。

城市管理工作情况调查。2011年10月，市人大常委会组织调查组，对城市管理工作进行了调查。其间，听取了市政府工作汇报，召开了由市城管局、市规划局、市住建局、市公安局等部门负责人和部分人大代表参加的座谈会，并实地察看了现场。建议市政府加强宣传教育，在提高全社会参与度上求突破；加大执法力度，在城市管理常态化上求突破；注重长效管理，在完善城管体制机制上求突破。

市人民法院行政审判工作情况调查。2011年10月，市人大常委会组织调查组，对市人民法院行政审判工作情况进行调查。其间，听取了市人民法院关于行政审判工作情况汇报，召开了座谈会。建议市人民法院强化行政审判职能作用；完善行政审判工作机制；优化行政审判司法环境，加强行政审判队伍建设。

市人民检察院开展检务公开工作情况调查。2011年10月，市人民检察院开展检务公开工作情况调查组，对市人民检察院开展检务公开工作情况进行了调查。其间，听取了市人民检察院开展检务公开工作情况汇报，实地察看了市人大检察院综合服务大厅和档案资料，召开了由市人民检察院负责人和部分人大代表参加的座谈会。建议市人民检察院加大宣传力度，提高社会各界对检务公开的知晓度；突出工作重点，增强检务公开工作成效；完善工作机制，规范检务公开开展形式；加强队伍建设，提升检务公开工作能力。

视　察

防控美国白蛾工作情况视察。2009年7月，市人大常委会组织视察组，对全市美国白蛾防控工作情况进行了视察。其间，实地察看了密水、柏城、朝阳、姜庄、夏庄、醴泉等镇（街）的美国白蛾疫情及防控情况，听取了市政府及有关镇街区的情况汇报，召开了由部分人大代表、市林业局主要负责人、12个镇（街、区）主要负责人和林业站站长等参加的座谈会。建议市政府强化宣传教育，营造防控工作的良好氛围；注重专群结合，形成群防群治的工作格局；加强组织领导，全面落实防控工作责任制；加大投入力度，确保防控工作的正常运转。

“五五”普法规划及2006—2010年依法治市规划实施情况视察。2010年8月，市人大常委会组织视察组，对全市普法和依法治市规划贯彻实施情况进行了视察。其间，听取了市政府的工作情况汇报，实地察看了有关现场，组织召开了由部分人大代表，市司法局、国税局、醴泉街道、孚日集团、夏庄镇张家官庄二村、开发区中学等部门和单位负责人参加的座谈会，了解了全市实施普法及依法治市规划的基本情况，征求了对今后工作的意见和建议。建议市政府提高认识，牢固树立社会主义法治理念；加强法制宣传教育，不断提高普法工作的针对性；强化依

图 7 － 16　2010 年 8 月，市人大常委会副主任郑有奎（左三）、副主任毛进兰（右二）带领视察组，对全市“五五”普法和依法治市规划贯彻实施情况开展视察。副市长钟亮成（右一）陪同视察

法行政，不断提高依法治理工作的实效性；深入调查研究，建立健全长效工作机制。

市人民法院执行工作情况视察。2010 年 9 月中旬，市人大常委会组成视察组，对市法院执行工作情况进行了视察。其间，听取了市法院汇报，组织召开了由部分人大代表、执行法官、律师参加的座谈会。建议市人民法院强化宣传，在全社会形成支持法院执行工作的浓厚氛围；加强领导，健全机制，形成执行合力；从严执法，有效打击逃避法律责任行为；加强教育，规范行为，进一步提升执行力。

防控美国白蛾工作情况视察。2010 年 9 月，市人大常委会组织视察组，对全市防控美国白蛾工作情况进行了视察。其间，实地察看密水、醴泉、姜庄、阚家、井沟等镇（街）美国白蛾疫情及防控情况，听取了市政府和有关镇（街、区）的工作汇报，召开了由部分人大代表，市林业局、胶河生态林场、密水生态林场主要负责人、12 个镇（街、区）主要负责人参加的座谈会。建议市政府强化宣传教育，营造防控工作的良好氛围；强化工作措施，全面落实防控工作责任制；加大投入力度，确保防控工作的正常运转；注重专群结合，形成群防群治的工作格局。

现代农业示范园区建设情况视察。2011 年 9 月，市人大常委会组织视察组，对全市现代农业示范园区建设情况进行了视察。其间，实地察看了柏城镇柳林现代农业综合示范园、夏庄镇惠德食用菌示范园、阚家镇盛水屯鲜食葡萄示范园、醴泉街道李村现代农业示范园、密水街道酿酒葡萄示范园等现场，听取了市政府及相关部门的工作汇报，召开了由相关部门、部分镇街区负责人和部分人大代表参加的座谈会。建议市政府加强宣传引导，逐步营造加快农业示范园区建设的浓厚氛围；注重科学规划，构筑现代农业示范园区发展框架；拓宽融资渠道，为示范园区建设提供资金保障；把握工作重点，加快现代农业示范园区建设步伐。

执法检查

《人口与计划生育法》贯彻实施情况执法检查。2008 年 3 月中旬，市人大常委会副主任王家林带领由教科文卫工委部分成员和有关工作人员组成的执法检查组，对全市贯彻实施《人口与计划生育法》情况进行了检查。其间，听取了市政府的工作汇报，召开了由市人口与计划生育局、市公安局、市民政局、市卫生局、市工商局、市广播电视局等部门负责人参加的座谈会，到市计生站等有关现场进行了检查。到朝阳街道、密水街道、阚家镇进行了座谈和实地察看。建议市政府加强宣传教育，促进群众生育观念转变；加强自身建设，提高计划生育队伍综合素质；加强服务工作，实现服务内容多元化；加强协调配合，确保综合治理取得实效；加强政策落实，切实维护群众合法权益。

《农民专业合作社法》贯彻实施情况执法检查。2008 年 4 月下旬，市人大常委会组织检查组，对全市贯彻实施《农民专业合作社法》情况进行了执法检查。检查组先后到市鲁德宝牛、吐忠畜禽养殖、神泉山花生、森盛蔬菜、番茄生产、新胶苗木、志丰优质小麦等农民专业合作社进行了察看，听取了市政府负责人关于全市《农民专业合作社法》贯彻实施情况的汇报，并分别在柏城镇、姜庄镇和市农村信用联社召开了部分农工委成员、部分人大代表、市政府有关部门及镇（街）负责人、农民专业合作社理事长等参加的座谈会。建议市政府切实加强对发展农民专业合作社的领导；加大对农民专业合作社的指导和服务力度；加大扶持力度，营造良好的政策环境；依法规范，促进农民专业合作社的健康发展。

《行政许可法》贯彻实施情况执法检查。2008 年 6 月下旬，市人大常委会组织执法检查组，对全市贯彻实施《行政许可法》情况进行了执法检查。其间，听取了市政府工作汇报，实地察看了市行政服务中心等现场，分别召开了由市政府法制局、市发改局、市建设局、市规划局等部门分管负责人和部分人大代表、企业负责人参加的座谈会。建议市政府加大《行政许可法》的学习、宣传和培训力度；完善行政服务中心建设；加强行政许可清理工作；强化行政许可监管工作。

《劳动合同法》贯彻实施情况执法检查。2008 年 8 月中旬，市人大常委会组织执法检查组，对全市贯彻实施《劳动合同法》情况进行了执法检查。其间，听取了市政府和市总工会、市劳动和社会保障局、市经贸局、市建设局、市中小企业局等单位工作情况汇报，召开了相关部门负责人和孚日家纺、银鹰化纤、高锻机械、维客购物中心等企业负责人参加的座谈会，并走访了部分企业。建议加大《劳动合同法》的宣传力度；加强对用人单位劳动用工的指导和管理；加大劳动保障监察执法工作力度。

《城乡规划法》贯彻实施情况执法检查。2008 年 10 月下旬，市人大常委会组织执法检查组，对全市贯彻实施《城乡规划法》

情况进行了执法检查。其间，听取了市政府关于全市贯彻落实《城乡规划法》情况的汇报，实地察看了密水街道、柴沟镇、柏城镇、经济开发区、醴泉街道、夏庄镇、姜庄镇等城乡规划建设现场，并组织召开了市规划局、建设局、国土资源局、房产管理局、市政管理局、城市管理行政执法局等有关职能部门负责人，以及部分熟悉城乡规划工作的老干部、城乡建设开发企业负责人、农村党支部书记参加的座谈会，进一步了解了全市《城乡规划法》贯彻实施情况，征求了建议意见。建议市政府提高全社会的规划意识；着力完善城乡规划体系；不断加大城乡规划落实力度。

《环境保护法》贯彻实施情况执法检查。2008 年 11 月，市人大常委会组织执法检查组，以镇街园区和农村环境保护工作为重点，对全市贯彻实施《环境保护法》情况进行了执法检查。其间，听取了市政府关于贯彻实施《环境保护法》情况的汇报，察看了开发区、朝阳、密水、阚家、夏庄、姜庄、井沟等有关现场，召开了由相关部门、有关企业负责人和部分市人大代表参加的座谈会。建议市政府抓好舆论宣传；认真排查好污染源；严格环保执法检查；科学制订环保规划；积极探索建立科学有效的环保机制。

《价格法》贯彻实施情况执法检查。2009 年 3 月下旬，市人大常委会组成检查组，对《价格法》的贯彻实施情况进行了检查。其间，听取了市政府工作汇报，召开了由市物价局、教育局、卫生局、人口和计划生育局、民政局、建设局、交通局、工商局、农业局等部门负责人和部分人大代表参加的座谈会，实地察看了市人民医院、维客购物中心等现场，并征求了有关方面的意见。建议提高认识，加大《价格法》的宣传力度；加大价格监测和价格成本监审工作力度，充分发挥政府的宏观调控作用；发挥物价部门职能作用，努力维护市场价格秩序；突出工作重点，严厉打击各种价格违法行为。

《就业促进法》贯彻实施情况执法检查。2009 年 3 月下旬，市人大常委会组成检查组，对《就业促进法》的贯彻实施情况进行了检查。其间，听取了市政府贯彻实施《就业促进法》情况汇报，实地察看了市人力资源市场、就业训练中心、技工学校、银鹰化纤和豪迈科技，召开了座谈会。建议市政府深入开展宣传教育活动，引导转变就业观念；切实整合教育资源，提高职业培训实效；严格落实各项政策法规，促进充分就业；加强组织领导，加大法律实施力度。

《农产品质量安全法》贯彻实施情况执法检查。2009 年 5 月，市人大常委会组织执法检查组，对《农产品质量安全法》贯彻实施情况进行了检查。其间，实地察看了农产品检测中心、畜产品检测中心、密水葡萄酒厂、超大集团种植基地、康宁养殖专业合作社等现场，听取了市政府工作汇报，召开了由市农业局、畜牧局、质量技术监督局、工商局、贸易局、食品药品监督管理局、市联社等部门负责人，部分人大代表参加的座谈会。建议抓宣传，提高农产品质量安全意识；

抓投入，健全农产品质量安全检验检测体系；抓执法，推进市场准入制度建设；抓标准化生产，从源头上提高农产品质量安全水平。

《建筑法》贯彻实施情况执法检查。2009年7月中旬，市人大常委会组织执法检查组，对全市贯彻实施《建筑法》情况进行了检查。其间，听取了市政府的工作汇报，召开了由市建设局、市规划局市房管局、市国土资源局等部门负责人和部分建筑企业负责人、人大代表参加的座谈会，并实地察看了部分建筑企业、监理企业、建筑工地等现场。建议加强对建筑法律法规的宣传教育；坚持以人为本切实抓好工程质量和安全；从规范建筑市场秩序入手规范和监督建设单位行为；认真解决拖欠工程款和农民工工资问题。

《税收征管法》贯彻实施情况执法检查。2009年10月，市人大常委会组织检查组，对全市贯彻实施《税收征管法》情况进行了执法检查。其间，听取了市政府及相关部门的工作汇报，召开了由市财政局、市国税局、市地税局等部门负责人和部分人大代表参加的座谈会。建议市政府继续加大对《税收征管法》的宣传力度，使税法更加深入人心；加强队伍建设，努力建设一支高素质的税收执法队伍；加大依法治税力度，规范征管秩序；加大招商引资工作力度，努力培植新的税源。

《安全生产法》贯彻实施情况执法检查。2009年11月，市人大常委会组织检查组，对全市贯彻实施《安全生产法》情况进行了执法检查。其间，实地察看了醴泉安监所、银鹰化纤、永辉化工、烟花爆竹库等现场，听取了市政府及相关部门工作汇报，召开了由市安监局、市公安局、市质量技术监督局等部门负责人和部分人大代表参加的座谈会。建议市政府抓宣传，努力提高安全生产意识；抓监管，着力构建安全生产长效机制；抓投入，夯实安全生产基础；抓责任落实，营造全社会齐抓共管的良好局面。

《村民委员会组织法》贯彻实施情况执法检查。2009年11月，市人大常委会组成执法检查组，对全市贯彻实施《村民委员会组织法》情况进行了执法检查。其间，听取了市政府、密水街道办事处、夏庄镇政府的相关工作情况汇报，深入到密水街道、夏庄镇及有关村进行了实地检查，并查阅了相关资料和档案，召开了市委组织部、民政局有关负责人及部分镇街分管负责人、村干部、人大代表等参加的座谈会。建议市政府要深入持久地做好村民自治制度的宣传教育工作；要进一步坚持并完善村级管理和民主自治制度；要加大对农村基层干部的培训力度；要及早谋划下年的村委会换届选举工作。

《工会法》贯彻实施情况执法检查。2010年3月中旬，市人大常委会组织执法检查组，对全市贯彻实施《工会法》情况进行了检查。其间，听取了市政府工作汇报，召开了由市总工会、市人民法院、市人力资源和社会保障局、市司法局、市教育局等部门负责人和部分企事业单位负责人、人大代表参加的座谈会，实地察看了部分企业单位的工会组织建设情况。建议市政府加大宣传力度，提高贯彻实施《工会法》重要性的认识；创新工作思路，加大基层工会组建力度；加强队伍建设，提高基层工会的维权能力；加大执法力度，完善全社会共同推进《工会法》的长效机制。

《食品安全法》贯彻实施情况执法检查。2010年5月中旬，市人大常委会组织执法检查组，对全市贯彻实施《食品安全法》情况进行了检查。其间，听取了市政府情况汇报，察看了5个食品生产经营企业和2个学校食堂，召开了由部分行政职能部门、食品生产流通企业负责人和人大代表参加的座谈会。建议市政府大力宣传普及《食品安全法》，强化食品安全意识；统筹全局，理顺食品安全监管体制机制；加大对食品安全监管投入力度，全面强化技术支撑；坚持依法监管、科学监管、无缝隙监管，不断提高执法水平。

《中小企业促进法》的贯彻实施情况执法检查。2010年7月，市人大常委会组成执法检查组，对全市贯彻实施《中小企业促进法》情况进行了检查。其间，听取了市政府的汇报，察看了3个中小企业，组织召开了由10个职能部门、5个有代表性中小企业负责人和部分人大代表参加的座谈会。建议市政府落实优惠政策，营造良好发展环境；建立健全服务体系，更好地推动中小企业发展；进一步拓宽融资渠道，为中小企业发展注入活力；完善体制机制，提升中小企业自主创新能力；加强教育培训，提高中小企业职工素质和管理水平。

《体育法》贯彻实施情况执法检查。2010年9月中旬，市人大常委会组织执法检查组，对全市贯彻实施《体育法》情况进行了检查。其间，听取了市政府工作汇报，召开了由市体育局、市教育局等部门负责人和部分人大代表参加的座谈会，实地察看了有关体育设施配备情况。建议市政府加大宣传力度，努力营造全民健身的氛围；拓宽筹资渠道，逐步实现体育产业投资多元化；完善体教结合模式，提高竞技体育水平；深化体制改革，着力推动体

图7－17　2010年5月，市人大常委会副主任张国廷（左四）带领执法检查组，对全市《食品安全法》贯彻实施情况开展检查

育产业发展；健全相关制度，不断完善体育场所设施建设。

《税收征管法》贯彻实施情况执法检查。2010 年 11 月，市人大常委会组织检查组，对全市贯彻落实《税收征管法》情况进行了检查。其间，听取了市政府及相关部门的工作汇报，召开了由市财政局、市国税局、市地税局等部门负责人和部分人大代表参加的座谈会，邀请市财政、税务、审计部门专业人员到部分镇（街）、基层税务分局和企业查阅分析了数据资料。建议加大宣传力度，努力优化税收征管环境；加强综合治税力度，构建税收征管的长效机制；加大依法治税力度，促进企业税负公平；加强队伍建设，全面提高执法人员素质。

《清洁生产促进法》贯彻实施情况执法检查。2011 年 3 月，市人大常委会组织检查组，对全市贯彻实施《清洁生产促进法》情况进行了执法检查。其间，实地察看了市污水处理厂、孚日建材、银鹰化纤、蓝天环保、宏泰化纤、万仁热电等现场，听取了市政府及相关部门的工作汇报，召开了由经信、发改、环保、商务、农业、水利、建设等相关部门负责人和部分人大代表参加的座谈会。建议强化宣传引导，努力提高全社会清洁生产的法律意识；加大投入、完善制度，不断加快推进清洁生产的步伐；注重科研开发，强化技术进步对清洁生产的支撑；加强协调配合，努力形成齐抓共管的工作合力。

《人口与计划生育法》贯彻实施情况执法检查。2011 年 7 月，市人大常委会组成执法检查组，对全市贯彻实施《人口与计划生育法》情况进行了执法检查。其间，听取了市政府、密水街道办事处、夏庄镇政府、市经济技术开发区的相关工作情况汇报，到密水街道、夏庄镇及有关社区进行了实地检查，查阅了相关资料和档案，并分别组织部分人大代表、部门负责人和部分镇街区、村居负责人召开座谈会，深入了解了全市人口与计划生育工作情况。建议市政府加大宣传力度；形成工作合力；加强科学管理；加大财政投入。

第九节　市十七届人大常委会调研、视察、执法检查

调研

现代农业发展情况调查。2012 年 3 月下旬，市人大常委会组织调查组，通过召开不同层次的座谈会、深入农业基地调查了解、解剖个别镇街发展实情等方式，对全市现代农业发展情况进行了调查。建议市政府确立发展主题，发展以都市农业为特征的现代农业；制订发展规划，建议在规划建设城西都市农业园的基础上，规划以胶河为轴的南部生态农业区和以夏庄为依托的北部现代农业区；落实保障措施，加大农业投入力度，提升从业人员素质，提高现代装备水平，搞好水利设施建设；创新工作机制，强化协调配合，统筹协调各项保障措施的有效实施。

全市教育工作情况调查。2012 年 3 月，

市人大常委会组织调查组，通过听取汇报、察看现场、召开座谈会、个别了解等方式，对全市教育工作情况进行了调查。建议拓展融资渠道，改善办学条件；统筹城乡教育，促进教育公平；提升职教水平，推动全面发展；加强队伍建设，提高教育质量。

城市管理工作情况调查。2012 年 3 月，市人大常委会组织调查组，对全市城市管理工作情况进行了调查。其间，实地察看了城市管理工作的有关现场，听取了市政府及相关部门的工作汇报，召开了座谈会。建议加强宣传教育，在提高全社会城市管理参与度上下功夫；着眼民生热点，在推进城市管理重点工作上求实效；加大执法力度，在实现城市管理常态化上创经验；注重长效管理，在完善城市管理体制机制上做文章。

《检察官法》贯彻实施情况调查。2012 年 3 月，市人大常委会组织调查组，对市人民检察院贯彻实施《检察官法》情况进行了调查。建议检察院加大宣传力度，积极优化检察工作环境；加强队伍建设，切实提高廉洁执法水平；突出工作重点，全力维护社会和谐稳定；完善保障机制，推动检察工作健康发展。

高新技术产业发展情况调查。2012 年 5 月，市人大常委会组织调查组，对全市高新技术产业发展情况进行了调查。其间，听取了市政府的工作汇报，实地察看了豪迈科技、阳光光伏、康地恩生物科技、邦泰散热器等企业的高新技术项目，召开了由市科技局、发改局、经信局等部门和部分镇街区负责人参加的座谈会。建议优化高新技术产业发展环境；加大高新技术企业培育工作力度；提升高新技术项目招商引资质量；加强高新技术专员人才队伍建设。

2011 年财政决算情况调查。2012 年 5 月，市人大常委会组织调查组，对全市 2011 年财政决算情况进行了调查。其间，分别听取了市财政局、审计局、国税局和地税局的工作汇报，召开了座谈会。建议进一步深化财源建设；进一步细化税收征管；进一步优化支出结构；进一步精化审计监督。

2012 年上半年国民经济和社会发展计划及预算执行情况调查。2012 年 7 月，市人大常委会组织调查组，对全市 2012 年上半年国民经济和社会发展计划及预算执行情况进行了调查。其间，听取了市发展和改革局、市财政局情况汇报，并召开了座谈会。建议加快产业结构调整，构建现代产业体系；加大民生改善力度，统筹推进社会事业发展；不断加强财源建设，增强经济发展后劲；调整优化支出结构，不断理顺财经秩序。

农产品质量安全情况调查。2012 年 7 月下旬，市人大常委会组织调查组，对全市农产品质量安全工作情况进行了调查。其间，实地察看了市食品质量综合检测中心、夏庄镇农产品质量检测室、泰华万水蔬菜基地等 9 个现场，听取了市政府及其有关部门的工作汇报召开了由部分镇街区、企业和村居负责人参加的座谈会，发放了 300 多份调查问卷，详细了解了有关情况。建议以加强普法宣传为切入点，切实提高农产品质量安全意识；

以创新工作机制为着力点，不断提升农产品质量安全水平；以抓好基地建设为突破口，努力打造农产品质量安全品牌；以实行社会监督为推动力，积极构筑农产品质量安全屏障。

市十七届人大一次会议以来代表所提建议办理情况调查。2012年7月，市人大常委会组成调查组，对市十七届人大一次会议以来代表所提建议办理情况进行了调查。其间，实地察看了立新街整修、康成大街西段拆迁、月谭路中石化加油站搬迁、朝阳街道污水处理厂建设、高东路拓宽改造等现场，听取了市政府及其有关部门的工作汇报，召开了镇街区人大负责人、市直代表小组召集人及部分人大代表参加的座谈会，征求了代表对建议办理情况的意见。

《法官法》贯彻实施情况调查。2012年9月，市人大常委会组织调查组，对市人民法院贯彻实施《法官法》情况进行了调查。建议市人民法院进一步加大学习力度，优化法院工作环境；进一步创新管理方式，加强法官队伍建设；进一步健全保障机制，改善法官工作条件。

人大转办信访案件办理工作情况调查。2012年9月，市人大常委会组织调查组，对2012年1—8月人大转办信访案件办理情况进行了调查。其间，听取了市政府、市法院、市检察院、市公安局等部门工作情况汇报，并围绕案件办理情况进行了座谈。建议“一府两院”提高认识，增强人大转办信访案件办理工作的责任感；转变作风，加大责任追究力度；加强沟通，做好初信初访和信访积案的化解工作；加强领导，提高处访人员综合素质。

农田水利基本建设情况调查。2012年11月，市人大常委会组织调查组，对全市农田水利基本建设情况进行了调查。其间，实地察看了北胶新河与胶河治理、孟家沟水库选址、小农水重点县工程等现场，听取了市政府的工作汇报，召开了由相关部门、部分镇街区负责人和部分人大代表参加的座谈会。建议加强宣传引导，提高对农田水利基本建设重要性认识；拓宽融资渠道，加大农田水利工程建设经费投入；实行建管并重，完善农田水利建设管理体制；培养专业人才，抓好农田水利技术队伍建设。

《残疾人保障法》贯彻实施情况调查。2013年3月，市人大常委会组织调查组，对《残疾人保障法》贯彻实施情况进行了专项调查。建议市政府提高认识，努力营造社会扶残助残良好氛围；多措并举，拓宽残疾人就业培训渠道；优化服务，提升残疾人服务保障救助水平。

全市文化产业发展情况调查。2013年3月，市人大常委会组织调查组，对全市文化产业发展情况进行了调查。其间，实地察看了莫言文学馆、惠影数字影城、岭西草堂等现场，听取了相关工作情况汇报，召开了由文化产业管理委员会、文化广电新闻出版局、文化市场综合行政执法局等部门负责人参加的座谈会，详细了解了文化产业发展情况，广泛听取了各方面的意见和建议。建议市政府明确思路定产业，发展事业带产业，招商引资兴产业，品牌建设引产业。

城市交通管理工作情况调查。2013年3月，市人大常委会组织调查组，通过听取市政府汇报，实地察看相关现场，召开座谈会等形式，对全市城市交通管理工作情况进行了调查。建议尽快制订城市交通专项规划；建立齐抓共管的城市交通管理成效机制；加快城市道路交通设施建设；大力发展城市公共交通。

社会治安综合治理情况调查。2013年3月，市人大常委会组织调查组，对全市社会治安综合治理情况进行了调查。其间，实地察看了有关现场，听取了全市社会治安工作情况汇报，召开了由市公安局等12个社会管理综合治理成员单位负责人及部分学校、企业、医院、社区、小区管理委员会负责人和人大代表参加的座谈会，调查分析了夏庄镇社会治安综合治理情况。建议深化打击整治，增强人民群众的安全感和满意度；完善防范体系，夯实综合治理工作基础；加强民间借贷管理，维护金融市场秩序。

市人民法院工作情况调查。2013年5月，市人大常委会组织调查组，对市人民法院工作情况进行了调查。听取了各庭室工作情况的汇报，察看了有关现场，并组织部分人大代表对法院工作进行了评议打分。建议市人民法院积极践行司法为民宗旨；切实提高审判质量和效率；不断完善执行机制；继续加强队伍建设。

2012年财政决算情况调查。2013年5月，市人大常委会组织调查组，对全市2012年财政决算情况进行了调查。其间，分别听取了市财政局、审计局、国税局和地税局工作汇报，召开了由人大代表和相关部门负责人参加的座谈会。建议进一步调整优化产业结构，增强财政增收后劲；逐步完善预算编制工作，提高资金使用效率；进一步加大税收征管力度，提高征管质量；加大审计监督力度，注重审计结果应用。

全市制止违法建设和违法用地工作情况调查。2013年6月，市人大常委会组织调查组，对全市制止违法建设和违法用地工作情况进行了调查。建议全市上下要从战略和全局的高度，进一步提高思想认识，自觉维护土地利用秩序和经济发展环境；要认真落实《关于进一步控制和查处违法建设的意见（试行）》和《关于进一步规范农村土地承包经营权流转工作的意见》的规定要求，综合运用法律、经济、行政等手段，坚决控制和查处违法建设和违法用地行为；要把集中整治、日常巡查、群众监督结合起来，让违法行为没有生存空间；规范土地承包经营权流转工作，完善土地流转程序，健全土地承包经营权流转市场服务体系；要加强土地资源合理集约利用；政法部门要发挥司法职能作用，支持政府和各行政执法部门控制和查处各类违法建设和违法用地；严肃查处党员干部、公职人员在建设和用地中的违法乱纪和失职渎职行为；采取评论、专访、现场报道、开辟专栏等多种形式，宣传相关法律法规、市委市政府决策部署和政策措施；建立完善违法建设和违法用地控制和查处有效管理机制；要把控制和查处违法建设和违法用地工作纳入全市综合考核；市人民政府、市人民法院、市人民检察院要依据本决议制订完善各项政策措施，负责组织实施。

2013年上半年国民经济和社会发展计划及预算执行情况调查。2013年7月，市人大常委会组织调查组，对全市2013年上半年国民经济和社会发展计划执行及政预算执行情况进行了调查。其间，听取了市发展和改革局、市财政局情况汇报，并召开了座谈会。建议市政府加快产业结构调整，激发经济发展动力；切实坚持以人为本，统筹经济社会发展；加强财政监督职能，堵塞税收征管漏洞；全力抓好财源管理，调整优化支出结构。

市十七届人大二次会议以来代表建议办理工作情况调查。2013年7月，市人大常委会组织调查组，对市十七届人大二次会议以来代表所提建议办理情况进行了调查。其间，实地察看了市农产品检测中心建设、家纺路综合改造、新汽车站建设等建议办理现场，听取了市政府及建议承办单位的工作汇报，召开了镇街区人大负责人、市直代表小组召集人参加的座谈会，了解了代表建议答复办理进展情况，对代表普遍关注的有关道路交通方面建议和代表多次提出但未能得到有效办理的建议进行了专题座谈，承办单位负责人与代表面对面进行了沟通交流，同时，发放征询意见表，征求代表对建议办理情况的意见。建议市政府提高认识，进一步加大代表建议落实力度；创新思路，进一步加强与代表的沟通交流；重视续办，进一步增强办理工作的连续性。

市人民检察院工作情况调查。2013年7月，市人大常委会组织调查组，通过听取汇报、召开座谈会、专项评议等方式，对市人民检察院民事行政检察工作、控告申诉和举报工作、职务犯罪预防工作情况进行了专题调查。建议强化宣传教育，为履行检察职能营造良好的社会环境；加大工作力度，进一步提升履职能力和水平；坚持从严治检，不断加强检察队伍建设。

《关于优化城区高中布局新建高密一中的议案》组织实施情况调查。2013年9月，市人大常委会组织调查组，对《关于优化城区高中布局新建高密一中的议案》组织实施情况进行了调查。建议提高思想认识，加大工作力度，采取切实有效措施，加快高密一中新校建设进度，确保项目顺利开工，按时完成建设任务，早日把高密一中打造成为全省乃至全国一流的教育品牌。

控制和查处违法建设和违法用地的决议落实情况。2013年9月，市人大常委会组织调查组，对落实市人大常委会关于控制和查处违法建设和违法用地的决议情况进行了调查。建议市政府要进一步摸清底子、加大措施、讲求实效，坚决贯彻落实好决议精神，采取更加有力的措施，有效遏制违法建设和违法用地行为。

“六五”普法规划和2011—2015年依法治市规划实施情况调查。2013年11月，市人大常委会组织调查组，对全市普法和依法治市规划贯彻实施情况进行了调查。其间，听取了市政府工作情况汇报，实地察看了恒涛双语实验小学、邦泰散热器公司、醴泉街道、醴泉街道北大王庄居委会和尧头居委会等现场，召开了由市人民法院、公安局、司法局、醴泉街道、孚日集团、醴泉街道尧头居委会、城南中学等部门和单位负责人参加的座谈会。建议市政府提高认识，不断树立社会主义法治理念；加强法制宣传教育，不断提高普法工作的针对性；强化依法行政，不断提高依法治理工作的实效性；深入调查研究，建立健全长效工作机制。

小城镇建设情况调查。2013 年 11 月，市人大常委会组织调查组，对全市小城镇建设情况进行了调查。其间，听取了市政府工作情况汇报，实地察看了柴沟镇、柏城镇、夏庄镇姜庄镇等镇小城镇建设现场，召开了由市建设局、国土局、农业局、规划局、城管局、环保局等部门负责人及镇（街、区）分管负责人和部分人大代表参加的座谈会。建议要进一步明晰工作思路；要进一步加强城乡规划；要完善融资机制；要进一步破解土地制约；要进一步健全管理体制；要进一步凝聚工作合力。

国土资源管理情况调查。2013 年 11 月，市人大常委会组织调查组，对全市国土资源管理情况进行了调查。其间，实地察看了有关现场，听取了市政府工作汇报，召开了由相关单位、镇街区分管负责人、部分人大代表参加的座谈会。建议市政府要加大宣传力度，增强全民依法用地意识；要严格土地执法，严厉打击违法用地；要搞好协调配合，做好土地增减挂钩工作；要推进节约集约用地，提高土地使用效益；要积极引导土地流转，稳妥推进土地确权工作。

全民创业就业工作情况调查。2014 年 4 月，市人大常委会组织调查组，对全市全民创业就业工作情况进行了调查。其间，听取了市政府工作情况汇报，实地察看了姜庄镇人社所、夏庄镇官庄社区人社工作站、创业贷款担保中心、大学生创业园等现场，召开了由相关单位负责人、部分人大代表和企业负责人参加的座谈会。建议市政府加强宣传引导，积极营造创业就业舆论氛围；加强组织领导，切实完善创业就业协调机制；加强培训孵化，积极培育创业就业人才；加快资源整合，注重发展职业教育。

智慧城市建设情况调查。2014 年 4 月，市人大常委会组成调查组，对全市智慧城市建设情况进行了调查。其间，实地察看了有关现场，听取了市政府的工作汇报，召开了由相关单位、企业负责人和部分人大代表参加的座谈会，并到昌邑市进行了考察学习。建议市政府进一步提高思想认识，切实加强组织领导，尽快明确发展规划，着力完善基础设施，建立健全投入机制，科学推进工作重点，使“智慧高密”成为经济社会发展的强力支撑。

现代农业示范基地建设情况调查。2014 年 4 月上旬，市人大常委会召集部分市级以上人大代表组成调查组，对全市现代农业示范基地建设情况进行了专题调研。调查组采取“听、看、议”的办法，先后实地察看了阚家镇、井沟镇、柴沟镇、密水街办、醴泉街办、姜庄镇、夏庄镇、开发区、柏城镇等镇（街、区）的农业示范基地建设情况；并召开了专题调研座谈会，听取相关部门单位的工作情况汇报。建议市政府加快推进现代农业产业集聚，推进现代农业示范基地集群发展；调整农业产业结构，促进农村生产经营模式创新；抓住“龙头”打好品牌，充分培育区域自身现代农业产业特色；完善服务保障体系，建立健全风险规避机制。

农村医疗卫生工作情况调查。2014 年 4 月，市人大常委会组织调查组，对全市农村医疗卫生工作情况进行了调查。其间，听取了市政府工作汇报，实地察看了部分镇村卫生院、卫生室等现场，召开了由相关部分负责人和部分潍坊市、高密市人大代表参加的座谈会。建议市政府加强农村医疗卫生队伍建设，提高医务人员素质；加强设施建设，改善医疗卫生环境；强化资金管理，建立长效保障机制；健全监管体制，提升农村医疗卫生服务水平。

2013 年财政决算情况调查。2014 年 6 月，市人大常委会组织调查组，对全市 2013 年财政决算情况进行了调查。其间，分别听取了市财政局、市审计局、市国税局和市地税局工作汇报，召开了座谈会。建议市政府坚持以转调创为主线，着力增强财政增收后劲；落实全口径预算和全覆盖审计，提高资金使用效率；进一步加大税收征管力度，提高征管质量；加大审计监督力度，注重审计结果应用。

2014 年上半年国民经济和社会发展计划及预算执行情况调查。2014 年 7 月，市人大常委会组织调查组，对全市 2014 年上半年国民经济和社会发展计划执行情况及预算执行情况进行了调查。其间，听取了市发展和改革局、市财政局情况汇报，并召开了座谈会。建议市政府加快产业结构调整，构建现代产业体系；加大民生改善力度，统筹推进社会事业发展；不断加强财源建设，增强经济发展后劲；调整优化支出结构，不断理顺财经秩序；严控地方债务规模，防范融资风险。

市十七届人大三次会议确定的议案和重点建议办理情况调查。2014 年 7 月，市人大常委会组织调查组，对《关于加快东部新城建设的议案》和《关于将市区铁路北区域纳入主城区统一规划建设管理的建议》的办理情况进行了调查。其间，听取了市政府关于议案和重点建议办理情况的汇报，实地察看了高密中新校、融智商务综合体、高新区泰和变电站、高密市实验学校、开发区污水处理厂、百脉湖大街改造、小康河北延综合改造等现场，观看了东部新城控制性规划和火车站片区综合改造规划专题片，召开了由相关单位负责人、部分人大代表、村居书记及企业代表参加的座谈会。建议提高思想认识，把议案建议办理当作大事来抓；加快项目建设进度，推动东部新城和市区铁路北区域发展；创新工作机制，提高议案建议办理工作水平。

市十七届人大三次会议以来代表所提建议办理情况调查。2014 年 7 月，市人大常委会组织调查组，对市十七届人大三次会议以来代表所提建议、批评和意见（以下简称建议）的办理情况进行了调查。其间，实地察看了相关现场，听取了市政府及建议承办单位的工作汇报，召开了座谈会，了解了代表建议办理情况，对代表普遍关注、多次提出但未能得到有效办理和代表答复不满意的建议进行了专题座谈，组织代表填写了“代表建议办理情况征询意见表”。建议加强领导，提高对依法办理工作的认识；强化沟通，努力形成建议办理合力；狠抓落实，把代表建议办理落到实处；积极争取，创造建议办理有利条件。

市人民检察院预防职务犯罪情况调查。 2014年7月，市人大常委会组织调查组，对市人民检察院预防职务犯罪情况进行了调查。其间，实地察看了检察院警示教育展厅和市国土局、地税局两个廉政风险防控共建单位，听取了市检察院工作情况汇报，召开了检察院有关人员和部分人大代表参加的座谈会。建议检察院提高思想认识，增强开展预防工作的责任感和紧迫感；加强组织领导，构建完善的预防工作机制；加强预防工作基础建设，切实适应预防职务犯罪工作发展需要。

银行业金融机构服务经济发展情况检查。 2014年7月，市人大常委会组织检查组对全市银行业金融机构服务经济发展情况进行了检查。检查组听取了市金融办、人民银行高密支行有关工作情况汇报，组织企业界人大代表评议了各金融机构2012年以来的工作，综合分析了由市金融办、人民银行高密支行提供的量化检查所需数据。从量化检查、加分项和代表评议三项成绩来看，为全市经济发展、民生改善贡献大的金融机构都得到了较好名次，准确客观地反映了工作实际。建议倡树大局意识，强化金融服务创新；增强银企互信，变存贷关系为合作关系；加强信贷监管，做好金融风险防控；建立评价机制，加强银行业管理与引导。

全市农产品质量安全监管工作情况调查。 2014年9月下旬，市人大常委会组织调查组，采取深入基层、沉到一线、面对群众、实地察看和分类座谈相结合的方式，对全市农产品质量安全监管工作情况进行了调查。分别到李村生态园、市农业生产资料门市部、交运蔬菜批发市场等14个点进行了现场察看，召开座谈会3场，征求群众意见62条。建议市政府加强舆论宣传，提高农产品质量安全意识；强化执法检查，完善齐抓共管的监管机制；强化属地管理，完善质量安全可追溯体系；加强队伍和机制建设，提高农产品质量安全监管能力。

实体经济发展情况调查。 为全面了解全市实体经济发展情况，引导实体经济适应新常态，2015年3月，市人大常委会组织调查组，通过外出考察学习、现场观摩调研、召开专题座谈会等方式，对实体经济发展情况进行了调查。建议把企业作为实体经济发展的重要基石，坚持“工业立市、工业强市”不动摇；理解好、运用好、发挥好市委记、市人大常委会主任范福生在全市经济工作会议上提出的“加减乘除”四则运算法则，加快产业转型升级、提质增效；加快转型升级；对传统产业实施高端改造，扩大开放推动观念和体制创新，发挥龙头带动；依托孚日集团、豪迈集团、科乐收金亿等优势龙头企业培育产业衍生型配套企业；充分发挥纺织服装、机械电子、劳保制鞋、化工、食品加工5个产业咨询指导委员会的作用；优化企业融资环境；建立高端人才交流使用公共平台，围绕产业链布局创新链，切实发挥好创新平台作用。

职业教育工作情况调查。2015年3月，市人大常委会组织调查组，对全市职业教育工作情况进行了调查。其间，实地察看了有关现场，听取了市政府及有关部门的工作汇报，召开了相关部门分管负责人和职业院校、企业负责人、部分人大代表参加的座谈会，并到寿光市和青岛市黄岛区进行了考察学习。建议转变思想观念，树立"职业教育优先发展"的理念，把教育的重心逐渐向职业教育倾斜，合理配置教育资源，集全社会之力加大对职业教育的支持力度；借鉴国外和国内职教先进地区办学经验，结合实际，探索建立"政府主导、市场（企业）引导、部门指导"的办学模式，整合资源，构建新的办学格局；学习借鉴黄岛、寿光职业教育办学经验，整合现有资源，按照"一个中心、两个层次、三个主体"打造高密职业教育新的办学格局和主阵地；职业教育发展要保持持续发展，重点解决"三个一"的问题。

城市精细化管理工作调查。2015年3月，市人大常委会组织调查组，通过察看现场、听取汇报、召开座谈会等方式，对城市精细化管理工作进行了调查。建议全市上下要形成共识，强化协调配合，提高信息科技保障水平，健全责任考核制度，扎实推进城市精细化管理工作；要丰富宣传渠道，创新宣传手段，建立健全城市管理市民评价体系；要建立健全城建投入增长机制，集中力量打造一批示范工程，下力气解决好城市进口入口的亮化美化绿化工作；推进城乡公交一体化，继续加强城区广告牌匾的标准化管理，加强建筑工地管理，继续大力推广室内无烟烧烤；推广运用信息管理系统、实时监控等先进技术手段；增加机械清扫设备，提高城市保洁机械化水平，实现主要街路清扫的机械化；进一步明确和细化城市管理职责，加强执法队伍建设。

2014年财政决算情况调查。2015年5月，市人大常委会组织调查组，通过听取汇报、召开座谈会等方式，对2014年财政决算情况进行了调查。建议处理好稳增长与调结构的关系，把推动经济转型升级、提质增效与增加财源紧密结合起来，充分发挥财税手段的调控作用，不断完善鼓励经济发展的政策和措施，落实全口径预算管理，提高财政资金绩效；深入推进税源专业化管理，加大综合治税和税收稽查力度，严格落实财政管理制度，加大部门与企业间的信息共享机制建设；严控地方债务总体规模；加大对审计部门的支持力度，提高会计从业人员的法律意识和能力素质；建立长效审计监督机制，健全财政资金支出的跟踪监管和绩效考核制度。

市人民检察院控告申诉工作情况调查。2015年6月，市人大常委会组织调查组，对市人民检察院控告申诉工作情况进行了调

图 7－18　2015 年 6 月，市人大常委会党组副书记、副主任刘松青（前排右三），副主任毛进兰（右二）带领调查组，对市人民检察院控告申诉工作情况进行了调查

查。实地察看了市人民检察院阚家检察室、市人民检察院检务公开服务大厅和有关办案工作区，听取了控告申诉工作情况汇报，召开了由检察院有关人员和部分人大代表参加的座谈会。建议主动把控申检察工作融入依法治市工作布局，加强群众观念教育，引导控申检察人员更新执法理念，以法治思维、法治方式处理信访问题；不断深化控告申诉检察制度改革，积极宣传控告申诉部门职能，重视控告申诉工作，调整充实工作人员，优化知识结构和年龄层次。

全市旧城改造回迁安置工作审议意见办理落实情况督查。2015 年 5 月，市人大常委会组织督查组，通过察看现场、听取汇报、召开相关部门和部分人大代表座谈会等方式，对市政府办理落实审议意见情况进行了跟踪督查。建议提高思想认识，进一步加强部门的协调配合；全面梳理情况，进一步推进回迁安置的进度；创新工作方法，进一步加强重点问题的解决；明确职责定位，进一步加强督促检查的力度。

开展“三八六”环保行动完成情况调查。2015 年 7 月，市人大常委会组织调查组，对全市“三八六”环保行动完成情况进行了调查。听取了市政府的工作汇报，实地察看了一污湿地、孚日北厂有机废气治理、冯家庄沼气工程、博海中心扬尘治理、交运加气站等现场，召开了由市环保局、市公安局、市建设局、市水利局、市农业局和市城管局等部门分管负责人参加的座谈会，征求了部分人大代表的意见。建议加大对环保法律法规的宣传教育力度，落实好工程减排、管理减排和结构减排三大措施，健全和强化目标责任考核，确保完成任务；督促加快污水管网配套建设，对在建的环保工程逐一列出责任清单；严格落实环保法法律法规，加强水源地和流经地的保护；完善环保事故问责制，健全社会参与监督机制，综合运用法律、经济、行政手段，加强对重点行业、重点企业的监督检查。

《关于加快东北乡文化旅游产业发展的议案》办理情况调查。2015 年 7 月下旬，市人大常委会组织调查组，对市十七届人大四次会议确定的《关于加快东北乡文化旅游产业发展的议案》办理情况进行了调查。听取了市政府关于议案办理情况的汇报，实地察看了民艺民俗村、高粱地民俗小吃村、东北乡游客服务中心等7个现场，召开了由相关单位负责人和部分人大代表参加的座谈会，了解了有关情况，征求了建议意见。建议通盘谋划文化旅游资源，发挥和放大莫言获得诺贝尔文学奖效应，以东北乡文化旅游区为龙头，打造文化旅游景观带；制订出一个较为科学的东北乡文化旅游发展总体规划，编制好东北乡文化旅游产业项目、基础设施项目、景区景点项目等建设规划；充分利用省内外重大节会、展会、招商推介会等平台开展招商工作，培大扶强高密市现有文化旅游企业，着力培育红高粱文化投资开发公司等骨干企业；建立健全旅游安全管控机制，建立景区安全预警和应急救援体系。

2015年上半年国民经济和社会发展计划及预算执行情况调查。2015年7月，市人大常委会组织调查组，对全市2015年上半年国民经济和社会发展计划及预算执行情况进行了调查。建议加快产业转型升级，推动实体经济发展；坚持发展第一要务，加大招商引资力度；加大民生改善力度，统筹社会事业发展；防范地方融资风险，不断理顺财经秩序。

人大代表所提建议办理情况调查。2015年7月，市人大常委会组织调查组，对市十七届人大四次会议召开期间和会后代表所提建议、批评和意见（以下简称建议）的办理情况进行了调查。实地察看了朝阳小学过街天桥选址、小康河上游治理、草泊村城乡环卫一体化、柴沟中学新校建设等代表建议办理现场，听取了市政府及建议承办单位的工作汇报，召开了镇街区人大负责人、市直各代表小组召集人参加的座谈会，了解代表建议办理情况；组织代表填写了“代表建议办理情况征询意见表”，广泛征求了代表对建议办理情况的意见。建议各承办单位进一步强化措施，推进代表建议办理工作；充分认识办理代表建议对于加强社会主义民主法制建设的重要作用，严格按照“三严三实”要求，转变工作作风，提高办事效率，严肃、认真、积极地对待代表建议办理工作，进一步提高做好代表建议办理工作的自觉性和责任感；市政府要进一步加强对办理工作的领导、协调和督办力度，注重在建议的科学分类、合理转办、指导办理、妥善协调、强化审查及狠抓落实上再下功夫；将人大代表建议办理工作情况列入市直部门（单位）工作综合考核范围，促进各承办单位加大办理工作力度，增强办理实效；积极与代表对接协商，准确把握代表所提建议的真实意图，制订出可行的实施方案，确保办理工作取得预期效果；市人大常委会有关办事机构要加强对代表撰写建议的指导，尽可能使代表提出的建议更为具体，更具有可操作性，更加便于具体承办单位办理；加强对代表建议办理工作的督促和检查力度，及时进行“回头看”，总结办理经验，整改存在的问题，确保代表建议办理工作收到成效。

2015年上半年人大转办信访案件办理

工作情况调查。2015年7月，市人大常委会组织调查组，对2015年上半年市人大转办信访案件办理工作情况进行了调查。听取了市政府、市法院、市检察院、市公安局关于案件办理情况的汇报，并围绕信访工作进行了座谈。建议提高认识，高度重视人大信访案件办理工作；注重预防，从源头上减少涉法涉诉信访问题；以人为本，妥善处理"执行难"案件；强化措施，切实提高案件办理质量。

市人民法院司法公开工作情况调查。2015年9月，市人大常委会组织调查组，对市人民法院司法公开情况进行了调查。实地察看了市人民法院执行查控中心、立案信访大厅、诉调对接中心等有关现场，听取了司法公开工作情况汇报，召开了由法院有关人员和部分人大代表参加的座谈会。建议深刻认识司法公开的重大意义，进一步增强公开的自觉性、主动性，变单向公开为双向公开、互动公开；继续加大对司法公开的投入，完善信息中心、高科技法庭、新媒体建设，配全配强电子显示屏、触摸屏、高清视频等装备，加快运用大数据、云计算等先进信息技术；继续完善司法公开平台体系，丰富信息化公开手段，加强公民自由旁听庭审、新闻发布会等制度建设，发挥好人民陪审员作用。

"十二五"水利工程建设情况调查。2015年11月，市人大常委会组织调查组，通过实地察看、召开座谈会等方式，对全市"十二五"水利工程建设情况进行了调查。建议突出工程建设，进一步提高水资源保障能力；加大资金投入，确保水利工程建设持续发展；加强水利设施管护，确保水利工程良性运转；加强水利队伍建设，确保水利事业高效发展。

"三招三引"工作情况调查。2016年3月，市人大常委会组织调查组，对全市"三招三引"工作情况进行了调查。实地察看了咸家工业区、姜庄镇、密水街道、朝阳街道、经济开发区、东北乡文化发展区等有关项目现场，召开了专题座谈会。建议深入贯彻落实全市经济工作会议和全市"三招三引"工作座谈会精神，始终坚定"三招三引"的可行性，切实增强"三招三引"的紧迫性；深入推进与青岛在经济、社会、文化、民生、基础设施等方面全方位、宽领域的对接合作，全面融入青岛；努力突破面临的土地瓶颈制约，落实"三去一降一补"；把握重点，协调推进；加强园区规划控制；充分发挥招商引资工作委员会、4个招商分局、6个专业招商委员会职能作用，协调推进全市招商工作。

农业综合开发项目实施情况调查。2016年4月上旬，市人大常委会组织调查组，采取实地察看、听取介绍、座谈交流的方式，对全市农业综合开发项目实施情况进行了调查。其间，实地察看了醴泉街道、柏城镇高标准农田项目区、瑞丰食品有限公司等5个项目现场，听取了市政府的相关工作情况汇报，召开了由相关部门、镇（街区）、企业负责人、部分人大代表参加的座谈会，了解了有关情况，征求了建议意见。建议加强宣传引导，广泛发动群众；突出开发重点，做好结合文章；加强各方协调，创新开展工作。

议案办理情况调查。为继续抓好代表所提议案落实，给本届人民代表大会代表所提议案办理工作收好官结好尾，2016年5月，市人大常委会组织调查组，分别对市十七届人民代表大会第五次会议通过的《关于加快旧城改造，提升城市品位，完善城市功能，改善居住环境的议案》《关于优化城区高中布局新建高密一中的议案》《关于加快东部新城建设的议案》《关于加快东北乡文化旅游产业发展的议案》办理情况进行了专题调查。调研组认真听取了市政府关于代表议案办理情况的汇报，深入一线实地察看，召开了由调研组成员、部分人大代表和有关部门负责人参加的座谈会。建议多措并举，认真解决回迁安置问题；严把工程质量关，加快建设进度；加强师资队伍建设、调整招生政策、提升办学水平、完善办学保障机制等；本着以人为本、适度超前的原则编制新城规划；建立多元化投融资体制，积极探索文化旅游产业发展的新思路，坚持高起点规划、高标准建设；坚持高标准运作，加大管理投入力度。

基层医疗卫生工作情况调查。2016年6月上旬，市人大常委会组织调查组，对全市基层医疗卫生工作情况进行了调查。实地察看了阚家镇卫生院、松兴屯社区卫生室、柴沟中心卫生院、柏城中心卫生院李家营分院和朝阳街道八里庄卫生室，与镇街区负责人、医务人员、部分群众进行了深入交流；听取了市政府相关工作汇报，与市卫计局、市财政局、市编办等单位相关负责人进行了座谈。建议提高重视程度，加大对基层医疗机构的投入；强化工作措施，加快对卫生院和卫生室的改造步伐；完善人才引进培养机制，不断提升基层医疗服务水平；关注乡医队伍建设，缓解人员不足的矛盾。

市人民法院行政审判工作情况调查。根据省人大常委会内司委关于省、市、县三级人大联动对法院行政审判工作开展监督的要求和市人大常委会工作计划，2016年5月，市人大常委会调查组对市人民法院行政审判工作进行了调查。听取了市人民法院关于行政审判工作情况的汇报，召开了由市政府法制办、市公安局、市国土局、市卫计局、市环保局、市市场监管局、市综合行政执法局等部门（单位）负责人和部分市人大代表参加的座谈会。建议优化行政审判的外部环境；进一步落实行政机关负责人出庭应诉制度；进一步拓宽对行政相对人权益的保护范围；加强行政审判队伍建设。

“六五”普法规划和2011—2015年依法治市规划实施情况调查。为总结经验，制订并实施好新一轮普法和依法治市规划，2016年7月，市人大常委会组织调查组对“六五”普法和2011—2015年依法治市规划实施情况进行了调查。调查组察看了夏庄镇普法办、张家官庄二村、崇文中学等现场，召开了由有关部门、镇街区、村居、企业和学校负责人参加的座谈会，听取了市政府相关工作情况汇报。建议强化领导，进一步提高全民普法守法意识；注重实效，进一步加大法治宣传和教育力度；健全机制，不断提高法治公信力。

城区环境治理工作调查。2016 年 7 月，市人大常委会对城区环境治理工作进行了调查。实地察看了市综合行政执法局指挥中心、垃圾焚烧发电厂、公共自行车项目、文体公园公厕等现场，听取了市政府的汇报，召开了部分部门和人大代表参加的座谈会。建议大力解决城市环境中存在的突出问题，加大宣传力度，营造良好氛围；多措并举，解决突出问题；继续提高城市交通的科学化、精细化管理水平；加大资金投入，抓好重点项目建设；建立城区环境治理长效机制。

2016 年上半年国民经济和社会发展计划执行、2015 年财政决算和 2016 年上半年预算执行情况调查。2016 年 7 月，市人大常委会组织调查组，对全市 2016 年上半年国民经济和社会发展计划执行、2015 年财政决算和 2016 年上半年预算执行情况进行了调查。建议推动企业转型升级，激发经济发展动力；科学组织财政收入，提高税收征管质量；调整优化支出结构，切实保障改善民生；加大审计监督力度，确保资金使用效益。

精准扶贫工作情况调查。为贯彻落实中央、省、潍坊市关于精准扶贫工作的决策部署，扎实推进市委《关于坚决打赢脱贫攻坚战的实施意见》，2016 年 7 月，市人大常委会组织调查组，采取实地察看扶贫项目、走访贫困户、召开座谈会、听取工作汇报等方式，对全市精准扶贫工作情况进行了调查。深入经济开发区小王家庄村、密水街道东葛家桥村、胶河生态发展区谢家屯等村居进行了实地察看和走访调研；召开了由市政府分管副市长，相关部门、部分镇（街、区）和村居负责人及人大代表参加的座谈会；听取了市政府及其有关部门单位的工作情况汇报；征求了意见建议；了解了有关情况。建议加强宣传，强化责任，全力提升扶贫攻坚精准程度；创新方式，激发动力，切实增强贫困对象造血功能；整合资源，精准施策，努力保障精准扶贫精准脱贫；多措并举，强化管理，建立健全扶贫脱贫长效机制。

建议办理情况调查。2016 年 7 月，市人大常委会组织调查组，对市十七届人大五次会议召开期间和会后代表所提建议、批评和意见（以下简称建议）的办理情况进行了调查。实地察看了省道平日路改建项目、月亮湾文化园区、临港产业园、红高粱影视基地等代表建议办理现场，听取了市政府及建议承办单位的工作汇报，召开了镇街区人大负责人、市直各代表小组召集人参加的座谈会，了解了代表建议办理情况。组织代表填写了“代表建议办理情况征询意见表”，广泛征求了代表对建议办理情况的意见。建议提高思想认识，增强办理工作的责任感；进一步完善代表建议办理工作列入部门年度综合考核的内容；进一步强化沟通交流，努力形成建议办理合力；进一步提高办理成效，在建议落实上下功夫。

人大信访案件办理工作情况调查。2016 年 7 月，市人大常委会组成调查组，对 2016 年上半年人大信访案件办理工作情况进行了调查。其间，听取了市政府、市法院、市检察院、市公安局及姜庄镇、大牟家镇关于案件办理情况的汇报，并围绕信访工作进行了座谈。建议“一府两院”要提高认识，增强办理工作实效；转变作风，加大责任追究力度；突出重点，扎实推进信访工作；创新思路，维护和谐稳定局面。

银行业金融机构服务经济发展情况调查。2016 年 9 月，市人大常委会组织调查组，对银行业金融机构服务经济发展情况进行了调查。实地察看了康泰纺织、鸿基生物、恒丰粮库、金孚隆、奥龙鞋业等企业现场，召开了专题座谈会。建议坚持服务实体经济，切实加大信贷投入，强化对接政府 ppp 项目；不断强化金融创新，积极争取上级信贷支持，进一步丰富完善金融产品和服务，拓宽企业直接融资渠道；持续增强银企互信，牢固树立“诚信是企业生命”的观念；高度关注金融风险，健全风险管理体系，提升风险识别和风险吸收能力，鼓励和支持银行业机构推进风险缓释方式创新，扩大抵质押范围，加强与担保机构、保险机构的规范合作缓释风险；加强与政府及相关部门的协作，通过建立风险补偿基金、风险担保基金等方式缓释风险，运用市场化手段，探索不良资产批量化处置、信贷资产证券化，有效防范金融风险。

市人民检察院刑罚执行监督工作调查。2016 年 9 月，市人大常委会组织调查组对市人民检察院刑罚执行监督工作情况进行了调查。听取了市人民检察院关于刑罚执行监督工作情况的汇报，召开了市人民法院、市公安局、市司法局等相关部门负责人和部分市人大代表参加的座谈会。建议提高思想认识，强化刑罚执行监督意识；加强队伍建设，提升刑罚执行监督水平；健全工作机制，加大刑罚执行监督力度；突出工作重点，增强刑罚执行监督实效。

视　察

十件实事进展情况视察。2012 年 5 月，市人大常委会组织视察组，对 2012 年政府

图 7 － 19　2012 年 5 月，市人大常委会党组书记、第一副主任钟亮成（右三）带领视察组，对 2012 年政府工作报告确定的十件实事进展情况进行视察

工作报告确定的十件实事进展情况进行了视察。其间，听取了市政府及有关部门工作汇报，分别对实事进展情况进行了现场察看，组织召开了相关部门负责人和部分人大代表参加的座谈会。建议市政府高度重视，加快办理进度；多措并举，破解资金制约；协调配合，建设精品工程；发挥优势，繁荣文化事业。

全市小区物业管理情况视察。2013 年 3 月，市人大常委会组织视察组，对小区物业管理情况进行了视察。其间，听取了市政府工作汇报，实地察看了新贵领地、公园世家、凤城国际等小区物业管理情况，召开了由相关部门、部分物业企业与开发企业负责人和业主代表参加的座谈会。建议市政府加大宣传力度，强化全民物业管理意识；着力改善民生，加强对城区老旧小区的改造；健全监管体制，形成规范物业管理工作的合力；加强行业管理，提升物业企业的服务水平。

全市招商引资及城北工业区建设情况视察。2013 年 7 月，市人大常委会组织视察组，对全市招商引资及城北工业区建设情况进行了视察。其间，实地察看了孚日城北工业园高档家居产品生产项目、工业综合体项目、山东风瑞新能源风力发电设备项目等 13 个项目，听取了市政府及相关部门的工作汇报，召开了由相关单位、镇街区招商引资负责人，部分人大代表、企业家参加的座谈会。建议市政府进一步优化招商引资环境；有针对性地招引项目；利用招商引资推动重点产业结构升级；积极推动资源招商引资；进一步推进城北工业区建设。

十件实事办理情况视察。2013 年 9 月，市人大常委会组织视察组，对政府工作报告承诺的十件实事进展情况进行了视察。其间，听取了市政府及其相关部门工作汇报，分别对实事进展情况进行了现场察看，并组织召开了相关部门负责人和部分人大代表参加的座谈会，征求了意见和建议。建议市政府要提高认识，重视实事办理工作；要加强协调，确保实事加快落实；要开拓思路，争取破解资金难题；要建管并重，健全落实长

图 7 － 20　2013 年 3 月，市人大常委会副主任宫德胜（左四）带领视察组，对小区物业管理情况进行视察

效机制。

全市旧城改造回迁安置工作情况视察。 2014年9月，市人大常委会组织视察组对全市旧城改造回迁安置工作进行了专题视察，实地察看了烟草公司西片区、康成大街西拓片区、赵家庄片区、田家庄片区、东关梓童庙片区、小康河北延一期片区、老环城路改造片区等旧城改造施工现场，听取了市政府及其有关部门的工作汇报，召开了由部分人大代表、各街道有关负责人参加的座谈会，单独召开了回迁户代表座谈会，广泛听取了各方面的意见和建议。建议要增强做好安置房建设的责任感和使命感，进一步加强部门的协调配合；牢固树立“以人为本、和谐安置”的建设理念，加大对安置房建设的协调调度力度；要科学安排安置小区前期规划、施工建设、建筑质量和后续管理等一系列工作，对回迁安置项目要进行认真细致地梳理，抓紧调度；加大工作力度，组织相关单位加快配套工程建设，加强督促检查，在保证工程质量的前提下，全力确保动迁居民早日回迁。

城区义务教育工作情况视察。 2016年3月，市人大常委会组织视察组，通过察看现场、听取汇报、召开座谈会等方式，对城区义务教育工作情况进行了视察。建议切实明确办学主体，尽快优化学校规划布局，加快重点教育项目建设，创新教师队伍管理体制；建立科学的学校建设投入机制。

执法检查

《人口与计划生育法》贯彻实施情况执法检查。 2012年3月，市人大常委会组成检查组，对全市《人口与计划生育法》贯彻实施情况进行了执法检查。其间，听取了市政府工作汇报，到姜庄镇、经济开发区及有关社区进行了实地察看，并分别召开了由市人口与计划生育局、市法院、市民政局等部门负责人和部分镇街区、村居负责人、人大代表参加的座谈会。建议提高思想认识，严格落实奖惩措施；加强协调配合，形成齐抓共管机制；突出工作重点，加强流动人口管理；工作重心下移，夯实基层基础。

《行政许可法》贯彻实施情况执法检查。 2012年5月，市人大常委会组织检查组，对全市贯彻实施《行政许可法》情况进行了执法检查。其间，听取了市政府工作汇报，实地察看了市行政服务中心、市国税局等现场，召开了座谈会。建议市政府加大学习、宣传和培训力度；提升行政许可服务水平；加强行政许可清理工作；强化行政许可监督。

《环境保护法》贯彻实施情况执法检查。 2013年5月，市人大常委会组织执法检查组，对全市贯彻实施《环境保护法》情况进行了执法检查。其间，实地察看了胶河湿地公园、王家官庄可移动二级垃圾转运站、第三污水处理厂、北胶新河人工湿地、孚日污水深度处理项目、永恒养殖沼气项目等现场，听取了市政府及其有关部门的工作情况汇报，召开了由相关部门、有关企业负责人和部分人

图7－21　2013年5月，市人大常委会副主任于钦明（前排左二）带领执法检查组，对《环境保护法》贯彻实施情况进行了检查

大代表参加的座谈会。建议市政府强化环保意识教育；健全完善环保工作机制；推进治污减排工作；加大环保执法力度；加强农村环境保护。

《大气污染防治法》贯彻实施情况执法检查。2014年4月，市人大常委会组织执法检查组，对全市贯彻实施《大气污染防治法》情况进行了执法检查。其间，实地察看了凤都国际大酒店油烟净化、盛世御景建筑扬尘治理、壳牌加油站油气回收、万仁城南电厂脱硫脱硝烟尘治理、银鹰热电厂废气烟尘治理等现场，听取了市政府及有关部门情况汇报，并召开了座谈会。建议市政府进一步强化环保宣传教育；加快转变发展方式，淘汰落后产能，改造提升传统产业，发展循环经济；加大执法力度，强化综合整治，形成治污合力。同时，要深入开展城市精益化、常态化管理，全面实施城市硬化、净化、亮化、绿化、美化等重点工程。

《农民专业合作社法》贯彻实施情况执法检查。2015年4月，市人大常委会执法检查组采取深入基层、接近群众、点面结合，实地察看、调查问卷和集中座谈的方式，对全市贯彻实施农民专业合作社法情况进行了执法检查。实地察看了宏基农机合作社等6个现场，召开座谈会3次，发放调查问卷260份，电话调查访问合作社69家。建议建立一支政策水平高、业务能力强的基层辅导员队伍，确保法律的顺利实施；处理好发展与规范的关系。把规范化建设放在突出的位置，加大指导扶持力度；加强对农民专业合作社的业务指导，通过设立财政担保基金、成立农业担保公司实行贷款贴息等途径，帮助合作社拓宽融资渠道；加大合作社人才引进力度，为合作社发展提供人才支撑；推动发展联合社；积极探索区域性农民专业合作社联合社建设的途径。

《中华人民共和国道路交通安全法》贯彻实施情况执法检查。2016年3月，市人大常委会组织执法检查组，对全市贯彻实施《中华人民共和国道路交通安全法》（以下简称道路交通安全法）情况进行了执法检查。检查组集体学习了道路交通安全法，组织人大代表就相关问题和建议填写了调查问卷，实地察看了交警大队姜庄中队、交警大队事故科、交警大队智能指挥中心等现场，召开了座谈会，听取了市政府相关工作情况汇报。建议加大宣传力度，提高群众交通安全意识；加大执法力度，集中力量整治突出问题；加大投入力度，加强交通基础设施建设；加大管理力度，不断提高执法和服务水平。

《中华人民共和国水污染防治法》贯彻实施工作情况执法检查。2016 年 3 月，市人大常委会对全市贯彻实施《中华人民共和国水污染防治法》工作情况开展了执法检查。实地察看了康达环保、孚日家纺、富源印染等现场，听取了市政府及有关部门的汇报，召开了部分部门负责人和人大代表参加的座谈会。建议严格落实饮用水水源地保护制度，狠抓工业污染防治，推进污水处理设施的建设和有效运行，大力推进河道综合治理，大力整治农业面源污染，强化环境执法监管。

第十节　市十八届人大常委会调研、视察、执法检查

调　研

学前教育工作情况调查。2017 年 3 月，市人大常委会组织调查组，对全市学前教育工作情况进行了调查。调查组实地察看了 7 个镇（街、区）的 16 所幼儿园办园情况，听取了市政府工作汇报，召开 6 次座谈会，征求了多方面的建议和意见，并到学前教育发展较好的临朐县进行了考察学习。建议坚持学前教育公益普惠的发展方向；严格落实配套幼儿园建设规定；加大投入，不断提高办园水平；加强幼师队伍建设。

图 7 － 22　2017 年 3 月，市人大常委会副主任施玉梅（右二）带领调查组，对全市学前教育工作开展了调查

市人民法院执行工作情况调查。根据省人大常委会关于省、市、县三级人大联动对法院执行工作开展监督的要求和市人大常委会工作计划，2017 年 3 月，市人大常委会组织调查组对市人民法院执行工作

进行了调查。听取了市人民法院关于执行工作情况的汇报，召开了由市检察院、市公安局、市国土局、市市场监管局、市住建局、市人民银行等有关部门负责人和市人大内司委成员参加的座谈会，察看了市人民法院立案大厅、诉调对接中心、执行查控中心和执行指挥中心等现场。建议提高思想认识，进一步增强做好执行工作的责任感和使命感；加强协作配合，进一步完善多方联动工作机制；完善执行方式，进一步提升执行能力；强化执行保障，进一步加强执行队伍建设。

2017 年上半年国民经济和社会发展计划执行、2016 年财政决算和 2017 年上半年预算执行情况调查。2017 年 7 至 8 月，市人大财政经济委员会组织财经委委员和预算审查监督咨询专家组成员在对国税局、地税局上半年税收完成情况，审计局 2016 年预算执行情况和其他财政收支的审计情况，孚日集团、豪迈集团、城投集团 3 家重点骨干企业上半年经营情况及对税收和财政支持企业发展政策的建议意见情况进行前期研判分析的基础上，对全市 2017 年上半年国民经济和社会发展计划执行、2016 年财政决算和 2017 年上半年预算执行情况进行了调查。建议市政府结合面临的形势，以提高发展质量和效益为中心，实现经济健康平稳运行，确保圆满完成市十八届人大一次会议确定的计划指标和预算任务。要始终把推动发展转型升级、提质增效作为主攻方向，培育扶植新兴产业，大力发展现代服务业；科学组织财政收入，提高税收征管质量；加强税源专业化管理；坚持依法治税、公平治税，加强综合治税和税收稽查；继续优化支出结构，切实保障改善民生；提高预算编制质量，加大审计监督力度；严格落实新预算法的要求，报送人大审查和批准的预算草案应当编报完整和细化。

“重点企业提升工程”实施情况调查。为认真贯彻落实市委“重点企业提升工程”的决策部署，根据市人大常委会工作计划和主任会议的安排，2017 年 9 月，市人大财政经济委员会组织调查组，对“重点企业提升工程”实施情况进行了调查。分行业实地察看了 10 家重点企业（其中包括根据行业需要确定的不在 33 家重点企业范围的望乡食品、宏昌纺织 2 家企业），在通过走访、函询等方式征求意见建议的基础上，召开了全市“重点企业提升工程”座谈会，听取了市政府的工作汇报，重点企业代表与有关部门单位面对面进行了发言交流。建议坚定信心，凝聚共识，正确认识“重点企业提升工程”的重要意义；转型扩张，集群带动，充分发挥企业在提升工程中的主体作用；人才为先，科技支撑，持续加强高端人才专业人才的引进培育；主动作为，强化考核，不断优化服务企业发展软环境。

美丽乡村建设情况调查。2017 年 9 月下旬，市人大农业农村委员会组织部分委员，对全市美丽乡村建设情况进行了调查。实地察看了 11 个镇（街区）的 24 个村庄及部分道路、河段治理施工现场；听取了市政府分管领导相关工作情况汇报，召开了由相关部门、镇街和部分人大代表等22人参加的座谈会。建议强化宣传引导，切实发挥美丽乡村建设主体作用；引导广大农民群众积极、主动、全面参与美丽乡村的建设和管理维护，自觉维护美丽乡村建设成果；拓宽筹集渠道，积极破解美丽乡村建设资金难题；坚持规划引领，全面提升美丽乡村建设层次；发展特色产业，不断激发美丽乡村建设新动能；健全体制机制，加快实现美丽乡村建设长效管理。

市十八届人大一次会议以来代表所提建议办理情况调查。2017年9月，市人大常委会组织调查组，对市十八届人大一次会议以来代表所提建议、批评和意见的办理情况进行了调查。其间，实地察看了城南出口凤凰大转盘高压线杆移除、南洋河综合治理、垃圾焚烧发电厂、谭西路改造、五龙河生态农场、姚哥庄棚改项目等代表建议办理现场，听取了市政府及建议承办单位的工作汇报，召开了镇街区人大负责人、市直代表小组召集人参加的座谈会，了解了代表建议办理情况。组织代表填写了“代表建议办理情况征询意见表”广泛征求了代表对建议办理情况的意见。建议提高思想认识，增强工作主动性；加强组织协调，形成建议办理合力；强化跟踪问效，加大建议落实力度。

2017年环境质量状况和环境保护目标完成情况调查。2018年3月下旬，市人大城建环保委员会对2017年全市环境质量状况和环境保护目标完成情况进行了调查。调查组实地察看了小辛河治理工程、二污提标改造工程等有关现场，听取了市政府工作汇报，分别召开了市直有关部门单位、有关镇街区负责人以及部分人大代表参加的座谈会。建议增强责任意识，牢固树立高质量发展新理念；突出工作重点，继续加大治污减排力度；加强协调合作，提高环保执法的质量和效率；抓住薄弱环节，重视和加大农村环境保护力度；强化制度建设，健全完善环境治理保护的长效机制。

“三招三引”工作情况调查。为进一步推动全市“三招三引”重点工作，加快推进新旧动能转换、实现高质量发展，2018年5月，市人大财经委组织调查组对“三招三引”工作情况进行了调研。两次到青岛、烟台等地进行考察学习，先后察看了青岛工业技术研究院、青岛国际院士港、胶东临空经济示范区、北汽新能源莱西生产基地、青岛国轩电池等项目，对周边先进县市区的招引工作进行了全面了解。考察学习结束后，利用两天时间，在市内实地调研了全市8个镇街区16个新引进和正在建设的重点企业、项目，分别召开座谈会，梳理了现状、问题和建议。建议进一步解放思想，认真研究借势青岛的方式和机制；进一步压实工作责任，凝聚招商工作合力；理清现状，整合资源，努力破解瓶颈问题；不断优化服务环境，健全政策支持机制。

学前教育工作审议意见办理情况调查。为全面了解学前教育审议意见落实情况，进一步推动全市学前教育优质均衡发展，根据市人大常委会工作计划和主任会议安排，2018年5月下旬，市人大教科文卫委员会对市政府办理《市十八届人大常委会第三次会议关于全市学前教育工作情况的审议意见》情况进行了调查。调查组利用2天的时间赴6个镇（街、区），对市政府办理审议意见以来，新建成或改扩建的12所幼儿园进行了走访察看，并对照审议意见所列事项，听取了市政府及相关部门办理情况汇报，先后召开了市政府及相关部门、教育系统、调研组成员等各方面、多层次座谈会5次，在此基础上又组织相关人员赴寿光市学习考察了学前教育工作。建议健全机制，确保相关政策落实到位；加强监管，推动幼儿园规范有序发展；多措并举，打造高素质幼师队伍。

市人民法院和市人民检察院全面深化司法改革情况调查。为支持和促进司法机关贯彻落实好党中央和上级法院、检察院关于深化司法改革的决策部署和工作要求，根据常委会工作计划和主任会议安排，2018年5月，市人大常委会组织调查组对市人民法院和市人民检察院全面深化司法改革情况进行了调查。分别召开了座谈会，听取了市人民法院和市人民检察院关于深化司法改革工作的情况报告，察看了相关现场。建议进一步提高对司法改革重要性的认识；健全司法责任制配套措施；进一步完善监督制约机制；加强司法队伍建设。

城镇居住区建设工作审议意见办理情况调查。2018年7月，市人大城建环保委员会对市政府办理《市十八届人大常委会第六次会议关于全市城镇居住区建设工作情况的审议意见》（以下简称《审议意见》）相关情况进行了调查。实地察看了相关现场，召开了座谈会，听取了市政府办理工作汇报。为提高《审议意见》办理质量，扎实推动全市城镇居住区建设工作，组织召开了专题询问会，部分市人大常委会委员及人大代表围绕全市城镇居住区规划、建设、管理等方面进行了询问，市政府分管领导及密水街办、市建设局、市国土局、市规划局、市综合行政执法局等单位主要负责人现场认真回答了询问。专题询问会邀请了40多位市级以上人大代表参加，并对接受询问的镇街和单位进行了满意度测评。针对工作中存在的问题和不足，建议市政府：进一步重视规划工作，提高城市规划建设水平；进一步加大尾留清零攻坚力度，加快回迁安置建设；进一步加大城区综合治理力度，提高城市管理水平；进一步加大城乡统筹力度，打造一批特色小城镇。

2018年上半年国民经济和社会发展计划执行、2017年财政决算和2018年上半年预算执行情况调查。2018年7月，市人大财政经济委员会组织全体委员和预算审查监督咨询专家组成员认真学习了《中共中央关于建立国务院向全国人大常委会报告国有资产管理情况制度的意见》（中发〔2017〕33号）、《中共中央办公厅印发关于人大预算审查监督重点向支出预算和政策拓展的指导意见的通知》（中办发〔2018〕15号）精神，在对税务局上半年税收完成情况，审计局2017年预算执行情况和其他财政收支的审计情况，卫计局和教育局2017年、2018年上半年部门预算执行情况，月亮湾文化园区、生命安全防护工程两个国家级示范项目进行现场察看、分析研判的基础上，对全市2018年上半年国民经济和社会发展计划执行、2017年财政决算和2018年上半年预算执行情况进行了调查。建议加快企业转型升级，筑牢实体经济根基；科学组织财政收入，提高税收征管质量；调整优化支出结构，切实保障改善民生；提高预算编制质量，加大审计监督力度。

市十八届人大二次会议以来代表所提建议办理情况调查。2018年7月，市人大常委会组织调查组，对市十八届人大二次会议以来代表所提建议、批评和意见的办理情况进行了调查。其间，实地察看了康成大街西拓项目、姚哥庄棚改项目中国淘宝小镇、豪沃机械等代表建议办理现场，听取了市政府及建议承办单位的工作汇报，召开了镇街区人大负责人、市直代表小组召集人参加的座谈会，了解了代表建议办理情况。组织代表填写了“代表建议办理情况征询意见表”，征求了代表对建议办理情况的意见。建议要提高政治站位，不断加强办理工作责任感；加强沟通协调，努力形成建议办理合力；主动解决问题，切实增强建议办理实效。

《关于加快新旧动能转换，高质量推进经济开发区二次创业的议案》办理情况调查。2018年12月上旬，市人大常委会财经委组织部分委员、市人大代表对十八届人民代表大会第二次会议通过的《关于加快新旧动能转换，高质量推进经济开发区二次创业的议案》办理情况进行了调查。实地察看了姚哥庄片区棚户区改造、豪迈装备产业园、星宁年产1300吨超高分子量聚乙烯纤维等项目现场，征集了提出议案的代表对办理工作的意见建议。建议认真谋划部署，迅速凝聚加快发展工作合力；完善配套设施，努力打造优质高效营商环境；强化要素支撑，着力破解高质量发展的瓶颈；创新思路方法，不断提升双招双引工作成效。

实施乡村振兴战略情况调查。2018年12月上旬，市人大常委会组织调查组先后到安丘市、青州市以及本市柴沟镇、阚家镇、胶河生态发展区、柏城镇等地进行了实地考察和调研。分别召开了由市政府、相关部门、部分镇街市人大以及人大代表参加的座谈会，听取了市政府及其有关部门单位的工作情况汇报，征求了意见建议。建议建立健全机制，凝聚齐抓共管合力；围绕产业兴旺，加速三产融合发展；发展集体经济，增加乡村振兴动力；破解瓶颈制约，夯实乡村振兴保障；强化乡风文明，优化农村人居环境。

对全市2018年环境状况和环境保护目标完成情况开展调查。市人大常委会召开了关于对中央、省、潍坊环保督查反馈的问题整改落实情况专项督导会议，成立了由常委会领导班子成员带队的六个督导工作组，于2019年4月下旬分组对环保督查反馈问题的整改落实情况进行了专项督导。同时，市人大城建环保委员会组织调查组，对全市2018年环境状况和环境保护目标完成情况进行了调查。其间，实地察看了姜庄五金产业园、姜庄化工园区智慧平台、高锻机械废气处置、小辛河综合治理工程等现场，召开了由市政府及其有关部门单位相关负责人和部分人大代表参加的座谈会，分别听取了市政府及其有关部门单位的工作情况汇报。建议市政府加强教育引导，进一步增强环保工作的责任意识和行动自觉；牢固树立生态文明建设新理念，加快推进经济社会高质量发展；聚焦重点领域和薄弱环节，全面打赢污染防治攻坚战；加强环保工作专业规划和人才队伍建设，进一步提升环境监管能力。

脱贫攻坚工作情况调查。2019年6月，市人大常委会组织调查组，对全市脱贫攻坚工作情况进行了专题调查。其间，调查组深入醴泉街道柳树屋子村、大牟家镇富河村等10个省定贫困村进行实地察看和入户调查，召开了由市政府分管领导、相关部门和镇街区负责人、部分市人大代表参加的座谈会，听取了市政府及有关方面的情况汇报，并进行了座谈交流。建议市政府落实包靠责任；推进问题整改；健全机制制度。

文化旅游发展情况调查。2019年6月，市人大教科文卫委员会组织调查组，对全市文化旅游发展情况进行了调查。其间，调查组到寿光、诸城、昌邑进行考察学习，实地察看了本市有关项目现场，先后召开了由有关单位和镇（街、区）负责人、协会负责人、非遗传承人参加的各类座谈会5次，听取了文化旅游发展情况汇报，广泛征集了意见建议。建议市政府以规划为引领，厘清发展总体思路；以青潍一体化为契机，加快红高粱小镇建设；以“一带一区”为依托，打造精品旅游线路；以文旅融合为抓手，构建全域旅游发展格局；以完善体制机制为保障，推动全市文化旅游高质量发展。

图7－23　2019年4月，市人大常委会副主任葛孝江（前排左三）带领城建环保委员会成员，对全市2018年环境状况和环境保护目标完成情况进行调查

图 7 － 24　2019 年 6 月，市人大常委会党组副书记、副主任徐振刚（右二）带领调查组，对市人民检察院社区矫正检察监督工作进行调查

市人民检察院社区矫正检察监督工作情况调查。2019 年 6 月中旬，市人大常委会组织调查组，对市人民检察院社区矫正检察监督工作进行了调查。其间，实地察看了社区矫正联动工作中心，召开了由市检察院、市司法局负责人和部分人大代表参加的座谈会，听取了市检察院关于社区矫正检察监督工作情况汇报。建议市人民检察院高度重视，加快社区矫正检察监督工作的专业化建设；密切配合，形成社区矫正工作合力；广泛宣传，构建网上网下宣传平台。

小区物业管理情况调查。2019 年 8 月上旬，市人大城建环保委员会组织调查组对全市小区物业管理情况进行了调研，实地察看了部分住宅小区的物业管理情况，分别召开了市政府及相关部门负责人，镇（街、区）及物业管理单位负责人，部分人大代表、政协委员，部分小区业主代表、物业公司负责人参加的座谈会，听取了有关工作汇报，征求了意见建议。建议进一步完善体制机制，形成物业管理工作合力；全面落实自管自治要求，不断加强业委会自身建设；进一步加强行业监管，提高物业服务质量；有序推进老旧小区改造，持续提升物业管理水平；注重发挥党建引领作用，推动物业创新发展。

2019 年上半年国民经济和社会发展计划执行、2018 年财政决算和 2019 年上半年预算执行情况调查。2019 年 8 月，市人大财政经济委员会组织委员和部分由市财政局的专家组成员，在对市税务局上半年税收完成情况，市审计局 2018 年度预算执行情况和其他财政收支的审计情况，市财政局、市住房和城乡建设局、市自然资源和规划局 2018 年决算、2019 年上半年预算执行情况，高铁北站、高城路两个全市重点投资项目进行现场察看、分析研判的基础上，对全市 2019 年上半年国民经济和社会发展计划执行、2018 年财政决算和 2019 年上半年预算执行情况进行了调查。建议强化创新驱动效果，筑牢实体经济根基；科学组织财政收入，提高税收征管质量；调整优化支出结构，统筹保障重点支出；深入推进财政改革，提升预决算管理水平。

市十八届人大三次会议以来代表所提建议办理情况调查。2019年10月，市人大常委会组织调查组，对市十八届人大三次会议以来代表所提建议、批评和意见（以下简称建议）的办理情况进行了调查。其间，实地察看了曙光路北段污水治理、第四污水处理厂建设、高铁高密北站出入口南移、仁和化工园建设等代表建议办理现场，听取了市政府及各承办单位的工作汇报，召开了镇街区人大、市直代表小组负责人及部分人大代表参加的座谈会。同时组织代表填写了“代表建议办理情况征询意见表”，征求了代表对建议办理情况的意见。建议提高思想认识，转变工作作风；加强组织领导，强化主体责任；注重沟通交流，准确领会意图；加大办理力度，突出办理成效。

《关于推进青潍一体化，建设临港经济区的议案》办理情况调查。为推进议案的办理，2019年12月，市人大财经委组织调查组对市十八届人民代表大会第三次会议通过的《关于加快推进青潍一体化，建设临港经济区的议案》办理工作情况进行了调查。调查组先后到夏庄镇（高新区）、东北乡文化发展区、经济开发区等实地调研，察看了孚日高档巾被全自动智能化生产项目、机科国创智能装备制造“一站一中心一基地”项目、美豪机械汽车车身覆盖件模具生产项目、红高粱小镇、创新大厦项目等现场，召开了座谈会，听取了市政府工作专班及发改、工信、交通、自然资源和规划等部门相关负责人关于议案办理情况的汇报。建议进一步提高政治站位，凝聚强大工作合力；进一步加强对接交流，积极争取指导支持；进一步紧扣时间节点，加快议案办理进度；进一步明晰发展思路，推进高质量建设。

城市社区治理工作情况调查。2019年12月上旬，市人大社会建设委员会组织调查组对全市城市社区治理工作进行了调查，实地察看了有关社区现场，分别召开了市政府及相关部门负责人、街区分管负责人、部分社区负责人、部分人大代表参加的座谈会，听取了有关工作汇报，征求了意见建议。建议凝聚共识，打造城市社区治理工作新格局；完善体系，提升城市社区治理水平；补齐短板，进一步增强城市社区服务能力；强化保障，为城市社区治理工作提供有效支撑。

2019年预算执行情况和2020年预算草案初步方案调查。为推动做好2020年财政预算工作，市人大财经委按照《预算法》的要求，在与市财政局就2019年预算执行和2020年预算草案报告等内容进行对接沟通的基础上，于2019年12月27日由分管主任牵头组织召开了预算初步审查专题会议，组织市人大财经委、市人大常委会预算工委、市财政局、财经委委员和人大常委会预算审查监督专家咨询组成员及部分人大代表共同参加的预算初步审查会议，听取了市财政局关于全市2019年预算执行情况和2020年预算草案的报告的汇报。参会人员尤其是咨询专家组成员，按照预算法规定的审查重点对2019年预算执行情况和2020年预算草案进行了全面的审查，并对报告和草案提出了一些有具体性的意见建议。建议强化预算约束，从严从紧抓好预算执行；按照全面深化财税体制改革的总体要求，坚持做好积极培育税源、依法理财工作；加强对地方政府债务管理，切实防范财政金融风险；积极实施预算绩效管理。

2019年环境状况和环境保护目标完成情况调查。根据环保法的有关规定和市人大常委会工作计划安排，2020年4月，市人大常委会组织调查组对全市2019年环境状况和环境保护目标完成情况进行了调查。建议强化环保意识，进一步增强全民的思想自觉和行动自觉；坚持绿色发展理念，加快产业转型升级步伐；精准发力，加快提升农业农村环保水平；持续加大技术改造力度，提升环保基础设施建设和运营质量；建立健全长效机制，为全面完成环保工作任务目标提供坚强保障。

公共卫生体系建设情况调查。2020年5月，市人大常委会调查组对全市公共卫生体系建设情况进行了调查。历时20多天，调查组实地察看了市疾控中心、市人民医院等19家市直医疗卫生机构，11个镇（街、区）卫生院和部分社区、村卫生室、凤城大药房等药店，听取了市政府及职能部门工作汇报，与部分医疗卫生单位负责人、医药行业人员、人大代表和普通群众进行了座谈，充分征求了社会各界的意见建议。建议以宣传教育为先导，树牢“大卫生、大健康”理念；以编制规划为契机，合理布局公共卫生资源；以医共体建设为载体，全面提高医疗救治能力；以队伍建设为支撑，提升综合服务水平；以完善机制为保障，筑牢公共卫生安全屏障。

市人民检察院公益诉讼工作情况调查。2020年5月，市人大监察和司法委员会对市人民检察院公益诉讼工作情况进行了调查。其间，听取了市人民检察院、市人民法院、市司法局工作情况汇报，并观看了公益诉讼相关案件影响资料，召开了由人大代表、各相关单位负责人参加的座谈会。建议进一步提高政治站位，稳步推进公益诉讼工作；进一步加大宣传力度，营造良好社会氛围；进一步健全协作机制，凝聚公益保护合力；进一步加强队伍建设，提升检察办案质效。

市人民法院刑事审判工作情况调查。2020年7月，市人大监察和司法委员会组织调查组对市人民法院刑事审判工作情况进行了调查。其间，召开了由人大代表和律师参加的座谈会，听取了市人民法院、市人民检察院、市公安局工作情况汇报，察看了有关审判设施和案卷材料；组织调查组成员、部分人大代表旁听了一起刑事案件庭审，并采用了填写评议票和征求意见表的形式对法院庭审情况和检察院公诉人出庭公诉情况进行了评议。建议进一步树牢刑事司法理念；进一步增强刑事审判工作质效；进一步完善刑事审判工作机制；进一步加强刑事审判队伍建设。

2020年上半年国民经济和社会发展计划执行、2019年财政决算和2020年上半年预算执行情况调查。2020年7月，市人大财政经济委员会组织部分委员和预算审查监督咨询专家组成员，采取“听、看、察、议”的方式，对全市2020年上半年国民经济和社会发展计划执行、2019年财政决算和2020年上半年预算执行情况进行了调查。其间，听取了发改、财政、审计、工信、市场监督、商务、自然资源和规划等部门工作情况汇报，实地察看了仁和化工园豪迈安全生产示范项目、红高粱小镇、孚日安防科技、市不动产登记中心、市中小企业公共服务中心等全市重点项目、实体经济、服务平台等现场，组织召开了由相关经济方面专家、职能部门负责人以及人大代表参加的座谈会，对全市经济形势进行了分析研判，征求了各方面的意见建议。建议聚焦科学发展，增强实体经济新活力；聚焦财源建设，提高组织收入新聚力；聚焦精准用财，发挥财力统筹新效力；聚焦风险防控，保障资金投放新动力。

全市“五个十”重点支撑项目建设情况调查。2020年9月，市人大财政经济委员会组织部分委员，采取“听、看、议”的方式，对全市“五个十”重点支撑项目建设情况进行了调查。其间，听取了市政府及发改、建设、交通和农业农村等部门工作情况的汇报，实地察看了星宇新材料产业园、济青中线故献开工点、中骏世界城、望乡粮食产业综合体等现场，并组织召开了由市政府及部分单位相关负责人、部分人大代表参加的座谈会。建议改进作风，进一步加大统筹力度；创新思路，进一步加大保障力度；积极谋划，进一步加大储备力量。

全市职业教育工作情况调查。2020年10月，市人大常委会组织调查组对全市职业教育工作情况进行了调查。调查组先后到职业学校和部分民办培训机构察看了办学情况，听取了市政府的工作报告，召开了不同层面的座谈会，广泛听取了建议意见，并到五莲、昌乐等地进行了考察学习。建议加快资源整合，构建职业教育发展新格局；强化队伍建设，夯实职业教育师资保障；持续改革创新，推进职业教育产教融合；加大宣传力度，形成全社会重视职业教育良好氛围。

市十八届人大四次会议以来代表所提建议办理情况调查。2020年5月，市人大各专门委员会对市十八届人大四次会议以来代表所提建议、批评和意见的办理情况进行了专题督查。9月，市人大常委会组织调查组，对代表建议的办理情况进行了调查。其间，实地察看了田家庄村容村貌、临港经济区起步区、红高粱文旅产业小镇、仁和化工产业园等代表建议办理现场，听取了市政府及建议承办单位的工作汇报，召开了镇街区人大、市直代表小组建议办理座谈会，了解了代表建议办理情况。组织代表填写了“代表建议办理情况征询意见表”，征求了代表对建议办理情况的意见。建议提高思想认识，在转变作风上下功夫；加大协调力度，在提升合力上下功夫；提高办理成效，在建议落实上下功夫；强化跟踪问效，在办理实效上下功夫。

市十八届人大四次会议议案办理情况调查。2020年11月，市人大常委会组织调查组，对市十八届人大四次会议通过的《关于建立长效机制、提升治理效能，积极推进现代化高品质城市建设的议案》办理情况进行了调查。其间，听取了市政府关于议案办理情况的汇报，分别召开了由有关部门负责人、部分人大代表和群众参加的座谈会，实地察看了祥云路路口城区供暖互联互通工程、锦绣花园小区门口户外广告规范、花园街综合改造工程中骏世界城项目和堤东回迁楼安置项目等现场，召开了专题调研座谈会，由人大代表就相关热点问题进行询问，市政府及相关部门负责人进行了应询，进一步推动了议案办理工作。建议提高工作站位，以编制和实施“十四五”规划为契机，从推动经济社会高质量发展的高度去认识、把握和推动高品质城市建设工作；强化规划引领，立足于本市已经形成的城市框架，着眼于城市未来发展，保障规划接地气、科学性、针对性和可行性，持续加强城市精细化管理；夯实基础设施，围绕“两轴一带一区多组团”框架，聚焦“两新一重”项目，加大城市基础建设投入，全面改造升级城市基础设施，持续增强城市功能品质；完善长效机制，强化治理体系、基层治理、自治管理、依法治理，持续深化基层社会治理；建设智慧城市，抢抓“四新”经济发展机遇，构建适应新经济发展和智慧城市发展需求的新型基础设施体系，持续提升城市治理水平。

全市行政应诉工作情况调查。2020年11月中旬，根据市人大常委会工作计划和召开会议安排，市人大监察和司法委员会组织调查组，对全市行政应诉工作情况进行了调查。其间，召开了由市政府及有关部门、市人民法院、有关镇街区负责人参加的座谈会，听取了市政府关于全市行政应诉工作情况的汇报，察看了有关案卷资料。建议全市行政机关要进一步提高思想认识，全面贯彻党的十九大和十九届五中全会精神，全面贯彻习近平法治思想，用法治思维和法治方式贯穿政府决策、行政执法和矛盾化解的全过程；各行政机关要依法履行各项行政应诉职责和义务，认真落实山东省人民政府办公厅《关于进一步改进和加强行政应诉工作的意见》，从体制机制上推动出庭应诉制度落实；强化与法院的沟通协作，积极推进行政和司法的协同配合、良性互动，不断凝聚行政应诉工作合力；积极发挥政府法律顾问和律师作用，建立健全律师参与行政诉讼工作机制，促使政府工作规范化、法治化；广泛开展法治宣传教育，加大应诉业务培训力度，强化行政应诉工作力量，提升行政执法效能，从源头上预防和减少行政争议。

全市水系治理工作情况调查。2021年4

月14日，市人大常委会组织调查组，对全市水系治理工作情况进行了调查。调查组实地察看了孟家沟水库、红绣河桥、东丁村、官河桥、城北水库、南北胶莱河等现场，并通过多种方式广泛征求了镇街区负责人、人大代表和人民群众的意见建议。建议突出全局谋划，不断完善水系长效管理机制，切实把全市水系治理工作摆在重要位置，建立健全“上下贯通、运转高效”的旱涝灾害防御工作体系；实施新一轮河道整治计划，推行市、镇、村三级河湖长工作述职机制，健全河道、沟渠、湾塘日常保洁管理长效机制，全面提升河长制管理成效；聚焦乡村振兴，将农村水系治理与乡村振兴战略谋划、农村人居环境整治有机衔接，扎实开展农村水环境集中治理专项行动，加快推进农村抗旱排涝配套设施和农田水利设施建设，加快建设水清岸绿新农村；做好“美丽幸福河湖”创建，将水利防洪、园林景观和城市建设相结合，深入挖掘潍河、胶河历史文化，加快推进胶河中心城区段沿线整体景观规划建设，科学构筑全市“水文景观”。

探讨国有资本运营与管理情况调查。根据省、潍坊市人大常委会关于国有资本运营管理监督工作的部署要求和市人大常委会工作安排，2021年4月下旬，市人大常委会组织财政经济委员会部分委员和预算审查监督咨询专家（注册会计师、评估师和审计师）组成调研组，采取“听、看、查、议”的方式，开展了“围绕红高粱小镇建设，探讨国有资本运营与管理”的专题调研。其间，听取了市国有资产监督管理局、红高粱集团及东北乡社区等部门（单位）工作情况汇报，实地察看了红高粱小镇建设和运营的有关现场并召开了相关座谈会。深入分析红高粱集团及项目运营建设的基本特点，对国有资产科学管理与健康运营得到以下启示：党建引领，高点站位是前提；守正创新，制度规范是基础；顶层设计，专班推进是关键；强化监督，责任到人是保障；条块联动，安商营商是必备生态。对于红高粱小镇建设，建议高端定位小镇发展，加强综合竞争实力；整合全市文化资源，实现集约建设经营；不断拓展文化内涵，拉长加深文旅链条；加强国企国资监管力度，推进国企运营水平不断提升。

2020年环境状况和环境保护目标完成情况调查。2021年5月中旬，市人大常委会组织调查组，对全市2020年环境状况和环境保护目标完成情况进行了调查。调查组实地察看了环境质量监测站、金永和铸造废气收集治理项目、北胶新河潜表流湿地项目等现场，召开汇报会听取了市政府关于《关于高密市2019年环境状况和环境保护目标完成情况的调查报告》中所提建议落实情况、2020年环境质量状况和环境保护目标完成情况的汇报，召集市人大城建环保委委员，市政府及相关单位、镇街负责人参加的座谈会。建议要坚持以习近平生态文明思想为指导，坚决扛起生态文明建设政治责任，牢固树立和践行“绿水青山就是金山银山”理念，保持生态文明建设的战略定力；要健全环境治理领导责任体系，建立完善环保监管联动机制，推动环保与纪委监委、公安、检察院、法院等部门单位健全查案办案协作机制，全面提升环保治理能力；树牢绿色发展理念，加快建立绿色生产和消费的法规制度和政策导向，建立健全绿色低碳循环发展的经济体系，加快推进环境网格化监管体系建设，持续推进产业转型升级；找准减污降碳工作中的切入点和发力点，突出精准治污、科学治污、依法治污，特别要对中央和省环保督察反馈问题进行全面检视，重点加强城市雨污分流管网总体规划和建设，深入打好环境污染防治攻坚战。

全市基本医疗保险工作情况调查。2021年6月中旬，市人大常委会组织调查组，对全市基本医疗保险工作情况进行了调查。调查组实地察看了柏城镇中心卫生院、市立医院、人民医院、朝阳街道东城社区卫生室等有关现场，分别召开了市政府、相关部门和医疗机构负责人、部分人大代表参加的座谈会，听取了专项工作汇报，广泛征求了意见。建议持续加大宣传培训力度，大力倡导健康的生活方式，积极引导群众养成良好的卫生习惯，进一步强化全民医保意识；不断强化医保基金征缴和医保基金监管，科学确定风险共担机制，完善医保服务协议管理，确保资金高效安全运行；继续强化创新意识，充分利用现代化信息技术手段，全力打造“智慧医保”，综合运用智能监控、部门联动、黑名单制度和信用体系建设，以及引入第三方参与监管等多种手段打造基金监管新模式，增强医保工作活力；建立完善城乡居民基本医保、大病保险、医疗救助等制度，规范大病保险筹资标准，建立健全动态调整机制，严肃查处增加居民实际负担的问题，提升医保工作效能。

全市科技工作情况调查。2021年5月下旬，市人大常委会组织调查组对全市科技工作情况进行了调查。调查组实地察看了科技馆、豪迈科技、孚日电机、星宇安防等现场，听取了市政府及职能部门工作汇报，与部分人大代表、企业负责人进行了座谈，广泛征集了意见。建议发挥主流媒体作用，加强宣传引导，营造全社会支持、鼓励、保护科技创新的浓厚氛围，不断优化科技发展环境；围绕主导产业，支持企业建设技术创新中心、重点实验室等创新平台，发挥孵化器、众创空间作用，加强部门沟通合作，协调创新资源配置，构筑创新服务体系；实施人才战略，坚持拓宽渠道引才、优化服务留才、多措并举育才，持续夯实科技保障能力，完善激励机制和评价机制，加大科技投入力度，建立科技工作联席会议制度，强化对科技工作的领导，推进产业转型升级。

视　察

城镇居住区建设情况视察。2017年9月中下旬，市人大城建环保委员会组织视察组，对全市城镇居住区建设情况进行了视察。察看了城区棚户区改造和房地产建设项目有关现场，听取了市政府工作汇报，召开了市直有关部门单位以及部分镇街区负责人参加的座谈会。建议用足用好上级政策、继续加大棚改工作力度；强化建设主体责任意识，每项工程都要实行终身追责制，突出建筑质量监管工作重点；注重老旧小区改造，不断提升城市品位；推动田园综合体和特色小镇建设；坚持政府主导与市场化运作相结合，争取上级奖励补贴政策，为项目建设提供资金支持。

市人民检察院未成年人刑事检察工作情况视察。2017 年 9 月 15 日，市人大常委会组织部分潍坊市和高密市两级人大代表，对市人民检察院未成年人刑事检察工作进行了专题视察。察看了高密市青少年法治教育基地，召开了座谈会，听取了市人民检察院关于未成年人刑事检察工作情况的汇报。建议充分认识未成年人刑事检察工作的重要性、特殊性和长期性，将未成年人刑事检察工作摆在更加突出的位置抓紧抓好；科学设置未成年人检察工作机构，加强未成年人刑事检察队伍的专业化培训，处理好教育与惩罚的关系，进一步落实好未成年人特别程序规定；不断完善对社会调查的监督机制，不断丰富社会调查的内容和形式，强化对未成年人援助律师的监督，积极参与和创新社会管理，积极开展形式多样的法治宣传教育，提高青少年法治宣传的针对性，为青少年营造良好的社会环境；切实保障青少年法治教育基地健康运行；健全管理机制和人员经费保障机制。

公共法律服务体系建设情况视察。为推动全市公共法律服务体系建设再上新台阶，2017 年 11 月，市人大常委会组织潍坊市和高密市两级人大代表，对全市公共法律服务体系建设情况进行了视察。察看了夏庄镇公共法律服务中心、青少年法治教育基地、市公共法律服务中心，召开了座谈会，听取了市司法局关于全市公共法律服务体系建设情况的汇报。建议以党的十九大精神为统领，切实增强做好公共法律服务体系建设工作的责任感和使命感；以问题为导向，努力解决公共法律服务不够平衡不够充分的问题；以实施“七五”普法规划为抓手，全面夯实公共法律服务体系建设基层和基础。

一中新校建设运行情况视察。为推动全市教育事业均衡优质发展，2017 年 11 月，市人大教科文卫委员会组织部分潍坊和高密两级人大代表，对一中新校建设运行情况进行了视察。视察组实地察看了教学楼、食堂、学生公寓、运动馆等场所，召开了座谈会，听取了相关工作情况汇报，征求了代表们意见和建议。建议市政府不断强化政策保障措施，加快学校发展步伐；始终坚持百年名校目标，提升学校发展层次；积极推进办学体制改革，激发学校发展活力。

文化建设情况视察。2018 年 9 月下旬至 10 月，市人大常委会组织调查组，对全市文化建设情况进行了视察。其间，实地察看了有关现场，听取了市政府及有关部门的工作汇报，召开了相关部门负责人和部分人大代表参加的座谈会，并到青州市、胶州市进行了考察学习。建议市政府提高站位，高起点做好文化发展总体规划；保障投入，不断拓宽文化产业投融资渠道；深挖内涵，加强文化资源宣传推介；抓点带面，拉长胶河文化旅游产业链条；集聚人才，努力提升“红高粱”文化品牌。

图 7－25　2018 年 10 月，市人大常委会党组书记、主任万丽（前排左三），副主任施玉梅（前排右三）带队到胶州市考察文化建设情况

综合行政执法改革情况视察。根据市人大常委会工作计划和主任会议安排，2018 年 9 月下旬，市人大城建环保委员会组织部分委员、人大代表对全市综合行政执法改革情况进行了视察。其间，视察组分别到市编办、综合行政执法局等相关部门座谈了解情况，实地察看了有关现场，听取了市政府工作汇报，召开了市直有关部门单位负责人参加的座谈会。建议市政府总结经验做法，不断凝聚推进改革工作共识；加强协作配合，切实提高执法的质量和效率；完善体制机制，全面巩固综合执法改革成效；坚持多措并举，加快提升综合执法队伍素质。

禁毒工作情况视察。2019 年 6 月 21 日，市人大监察和司法委员会组织人大代表对全市禁毒工作进行了专题视察。视察组实地察看了禁毒主题公园、夏庄镇社区禁毒康复中心、市禁毒教育基地和育才中学等现场，听取了市公安局关于全市禁毒工作情况的汇报，召开了市教体局、市司法局负责人和部分人大代表参加的座谈会。建议牢固树立底线思维，强化风险防控意识；提高认识，落实责任，努力形成禁毒工作合力；堵源截流，重点整治，严厉打击毒品犯罪活动；加大投入，提高保障，确保禁毒工作有效开展；关口前移，预防为先，营造全民禁毒浓厚氛围。

公共法律服务体系建设情况视察。为推进全市公共法律服务体系高质量发展，2019 年 10 月，市人大监察和司法委员会组织部分潍坊市和高密市两级人大代表，对全市公共法律服务体系建设情况进行了视察。察看了方圆美墅小区楼宇法治文化建设、南湖植物园普法文化广场、柏城村法律服务诊所、朝阳中学校园普法阵地建设、山东子伦律师事务所党建＋智慧民调等现场，召开了座谈会，听取了市司法局关于全市公共法律服务体系建设情况的汇报。建议提高政治站位，努力开创公共法律服务体系建设新局面；完善体制机制，全面提升公共法律服务能力和水平；加强队伍建设，更好满足人民群众法律服务需求；注重宣传引导，积极营造良好社会氛围。

农村人居环境整治工作情况视察。2020年7月，市人大常委会组织视察组通过实地察看、听取汇报、座谈交流等方式，对全市农村人居环境整治工作情况进行了视察，广泛征求了镇（街、区）负责人、人大代表和人民群众的意见建议。建议凝聚群众力量，打造共建共享格局；补齐短板弱项，推动工作全面提升；维护整治成果，构建长效管护机制；立足内外兼修，打造美丽宜居乡村。

图7－26　2020年7月，市人大常委会副主任李铭（左三）带领视察组，对全市农村人居环境整治工作情况进行视察

执法检查

贯彻实施《中华人民共和国农业技术推广法》情况执法检查。2017年5月，市人大常委会组织检查组，对全市农业技术推广法贯彻实施情况进行了执法检查。实地察看了夏庄镇农业综合服务中心、醴泉街道康四村小麦新品种展示田、阚家镇望乡食品有限公司等现场，听取了市政府相关工作情况汇报，召开了由相关部门、镇街、涉农企业和部分人大代表参加的座谈会。建议牢固树立科学技术是第一生产力的观念，充分履行农技推广工作职责；加大对农业技术推广工作的扶持力度；加大对农业新技术和新品种的推广普及力度；落实人员编制；强化农技人员聘用管理；建立农技人员培训长效机制。

贯彻实施《科学技术普及法》情况执法检查。2017年7月，市人大常委会组织执法检查组，对全市贯彻实施称科学技术普及法情况进行了执法检查。实地察看了朝阳小学、中科智谷、豪迈产业园和科技馆等现场，听取了市政府工作情况汇报，召开了由相关部门、镇街和部分人大代表参加的座谈会。

建议进一步明确科普工作的重点和方向，将其纳入全市国民经济和社会发展计划，严格落实联席会议制度，落实专人负责，保持科普政策的连续性，坚持科技项目推广与服务并重，充分利用现代传媒手段拓展科普知识的大众覆盖面。提高科技经费保障力度。引导企业增加对技术创新、技术引进和技术改造的投入。继续争取上级资金支持。将城市社区科普设施纳入城市一建设和发展总体规划。采取办好职业技术学校、与高校联合培训和派出深造等办法，加快培养一批高层次、实用型人才。通过项目合作、技术咨询、联合建设重点实验室等灵活有效的方式，吸引市外高层次人才来高密市献智出力。通过喜闻乐见的科普形式，不断提高广大农民的科学素质。

贯彻实施《中华人民共和国水法》情况执法检查。2018 年 3 月下旬至 4 月，市人大常委会组织执法检查组，对全市水法贯彻实施情况进行了执法检查。实地察看了市第一污水处理厂、城北水库、阚家水厂等 11 处现场，听取了市政府相关工作情况汇报，召开了由相关部门、镇街区负责人和部分人大代表参加的座谈会。建议制订规划，重新划定水源地保护区；加大供水设施投入，确保安全用水；加大协调力度，保障水源充足和行洪安全；坚持节水优先原则，加快建设节水型社会；统筹协调，加大水行政执法力度。

《中华人民共和国就业促进法》贯彻实施情况执法检查。2020 年 5 月，市人大常委会组织执法检查组，采取听取汇报、召开座谈会、实地检查、分组调研等方式，对全市贯彻实施《中华人民共和国就业促进法》和《山东省就业促进条例》情况进行了执法检查。建议全力推动企业高质量发展，努力稳定和拓展就业空间；创新完善积极的就业政策，着力支持创业带动就业；全面加强就业服务体系建设，持续提升公共就业创业服务水平；大力开展职业技能培训，不断提升就业人员素质。

第五章　评议工作

第一节　评议部门

评议县直各部门派驻乡镇单位。根据县人大常委会制订的《关于组织人大代表评议乡镇职能部门工作暂行办法》，各乡镇人大主席团组织人大代表对县直各部门派驻乡（镇）单位 1991 年的工作进行了评议。接受评议的县直派驻乡镇单位共 13 个，综合各乡镇评议情况，获信任票的单位 4 个，获基本信任票的单位 9 个。

评议县直部门、县法院、县检察院。根据《高密县人大代表评议县直部门试行办法》的规定，1992年2月，县十二届人大常委会组织人大代表对县直部门和“两院”工作进行评议。县人大常委会组织192名代表，深入厂矿企事业单位和乡镇部门，征求意见建议2000多条，经集中、归类共计252条，分别转交县政府、县法院、县检察院及县直有关部门。28日至29日，县人大常委会在县委礼堂召开首次高密县人大代表评议县直部门大会，组织人大代表对县法院、县检察院、县政府序列及与人民群众联系密切的县直部门共52个单位的工作进行了评议，获信任票的有18个单位，获基本信任票的有34个单位。

评议县政府序列部门、县法院、县检察院。根据《高密县人大代表评议县直部门试行办法》的规定，经县十三届人大常委会主任会议研究，决定组织人大代表对县政府序列部门和“两院”工作进行评议。1993年10月中旬至11月上旬，共分评前准备、调查研究、实施评议、整改4个阶段进行。成立了评议工作办公室，由县人大常委会副主任伏希太任主任。全县共有400多名各级人大代表、150多个县直单位、半数以上的乡镇部门和上万名群众直接参与。11月5日至6日，在县委礼堂召开了评议大会，190名全国、省、市、县、乡（镇）人大代表，采取无记名投票和面对面提出建议、批评和意见的方式，评议了县政府序列和“两院”共38个部门的工作。获信任部门19个，获基本信任部门19个。评议大会后，各参评单位制订整改措施，向县人大常委会报送了整改报告。

评议市政府序列部门、市法院、市检察院。根据市人大常委会《关于组织人大代表评议政府部分序列部门和“两院”工作的安排意见》，1994年7月上旬开始，通过被评议部门自查自纠、参评代表开展调查研究、召开评议大会、被评议部门制订和落实整改措施4步，对市政府10个序列部门和市法院、市检察院的工作进行评议。市十三届人大常委会组织130名人大代表，用一个月的时间，采取分散与集中相结合的方式，视察、调查了66个市直部门、单位和29个乡（镇），召开各种座谈会100余个，联系和接触干部群众1000多人次，征集各类建议、批评和意见506条，经综合归纳，整理为76条，转交被评议部门。各部门根据汇总的意见建议和评议结果，进行了整改。

评议行政、司法部门。1995年7月至11月，根据宪法、代表法有关规定和潍坊市人大常委会关于市、县、乡三级联动评议行政、司法部门工作要求，市十三届人大常委会成立评议工作办公室，组织人大代表对市农委、教委、计生委、卫生局、民政局、公安局、司法局和法院、检察院及其系统的工作进行了评议。

评议市直部门。2005年7月至8月，市、镇两级人大联动，组织76个街道社区党组织和居委会及市级以上人大代表、企业负责人、群众等2000多人参与，对全市56个市政府工作部门、担负行政执法任务的市直其他部门及垂直管理单位“转变作风，依法行

图 7－27　2005 年 6 月 18 日，高密市召开“转变作风，依法行政”检查评议活动动员会议

评议市政府工作部门和直属事业单位。 2010 年 7 月至 8 月，市十六届人大常委会组织市、镇两级人大联动，对 44 个市政府工作部门和直属事业单位“转变作风，依法行政”工作情况开展了一次检查评议活动。市十六届人大常委会第二十次会议书面印发并审议了市人大常委会关于“转变作风，依法行政”工作检查评议情况的报告，作出了关于批准《关于“转变作风，依法行政”工作检查评议情况的报告》的决议。针对工作中存在的问题和不足，建议市政府各工作部门和直属事业单位进一步改进工作作风；进一步推进依法行政；进一步增强大局意识，进一步加强监督体系建设。

政”工作情况，分自查、评议、检查、反馈整改 4 个阶段进行了检查评议。

评议垂直管理单位。 2009 年 7 月至 8 月，市十六届人大常委会组织市、镇两级人大联动，分自查、评议、检查、反馈整改四个阶段对全市 34 个“转变作风，依法行政，服务企业”情况开展了一次检查评议活动。市十六届人大常委会第十二次会议书面印发并审议了关于“转变作风、依法行政、服务企业”检查评议情况的报告，作出了关于批准《关于“转变作风，依法行政，服务企业”检查评议情况的报告》的决议。针对工作中存在的问题和不足，建议垂直管理单位：进一步增强大局意识，主动服务县域经济发展；进一步改进工作作风，不断提升行政效能；进一步推进依法行政，改善和优化企业发展软环境；进一步提高思想认识，认真接受人民群众的监督。

评议市卫生局。 2011 年 8 月 26 日，市十六届人大常委会第三十次会议，听取并审议了市卫生局局长戴志锡代表市政府作的关于全市卫生工作情况的报告，从卫生法律法规政策落实情况、医疗卫生服务情况、社区卫生服务情况、新农合工作开展情况、公共卫生服务情况、妇幼保健工作情况、从业人员工作作风情况 7 个方面对全市卫生工作进行了满意度测评。7 个方面得分分别是：91.4 分、90.1 分、89.5 分、92.5 分、90.2

分、92.2分、84.7分，全市卫生工作测评总分为90.1分，总体评价为满意。评议认为，市政府以建设健康高密为目标，着力完善基本医疗保障、医疗卫生服务、公共卫生服务三大体系，努力提升社区卫生服务、疾病预防控制、卫生监督执法、卫生队伍服务4项能力，全市卫生事业呈现出良好的发展局面。针对工作中存在的问题和不足，建议市政府：提高思想认识，切实加强农村卫生工作；深化医卫改革，推动卫生事业科学发展；完善用人机制，着力提高医护人员素质；加大投入力度，确保卫生事业健康发展。

评议市教育局。2012年4月27日，市十七届人大常委会第二次会议，听取并审议了市教育局局长杨宗荣代表市政府作的关于全市教育工作情况的报告，从涉教法律法规贯彻落实情况、高中教育阶段工作情况、义务教育阶段工作情况、学前教育阶段工作情况、职业教育工作情况、校园安全工作情况、校舍改造工作情况、教育行业作风建设情况8个方面对全市教育工作进行满意度测评。8个方面具体得分分别是：96.8分、96.4分、95.5分、93.4分、92.6分、95.7分、94.9分、93.8分，全市教育工作测评总分为94.9分，总体评价为满意。

评议市政府工作部门、直属事业单位和垂直管理单位。自2012年8月至10月，市十七届人大常委会组织市、镇两级人大联动，对69个市政府工作部门、直属事业单位和垂直管理单位“强化作风，依法行政”情况开展检查评议活动。检查评议活动分自查、评议、检查、反馈整改4个阶段，各级人大代表，镇（街、区）党（工）委、政府（办事处、管理委员会）及87家大中型企业、被检查评议单位负责人共1300多人参加评议。分别填写调查问卷和评议打分表各1142份，召开各类座谈会60余次。市十七届人大常委会第五次会议书面印发并审议了市人大常委会关于“强化作风，依法行政”检查评议情况的报告，并作出了关于批准《关于“强化作风，依法行政”检查评议情况的报告》的决议。建议市政府各工作部门、直属事业单位和垂直管理单位：进一步强化作风建设；进一步推进依法行政；进一步增强大局意识；进一步加强监督检查。决议要求，市政府工作部门、直属事业单位和垂直管理单位要切实增强大局意识，创新工作思路，切实为“四城”建设和全市经济发展出力献策；要增强法律意识，认真贯彻法律法规，严格依法办事，切实维护人民群众的根本利益；要增强服务意识，改进工作作风，认真做好本职工作，进一步提高服务基层、服务群众的质量和水平。

评议市水利局。2012年12月28日，市十七届人大常委会第六次会议，听取了市水利局局长杜钦德代表市政府作的关于农田水利基本建设情况的报告，在认真审议的基础上，从农田水利基本建设、落实水资源管理制度、水行政执法情况、防汛抗旱情况、执法队伍建设情况5个方面对全市水利工作进行满意度测评。5个方面具体得分分别是：96.2分、95.4分、94分、95.2分、93.7分，全市水利工作测评总分为94.9分，总体评价为满意。建议市政府加强宣传引导，提高对农田水利基本建设的重要性认识；拓宽融资渠道，加大农田水利工程建设经费投入；实行建管并重，完善农田水利建设管理体制；培养专业人才，抓好农田水利技术队伍建设。

评议市人民法院。2013 年 5 月，市十七届人大常委会组织调查组对市人民法院工作情况进行了调研，听取了各庭室工作情况的汇报，并组织部分人大代表对法院工作进行了评议打分。2013 年 6 月 29 日，市十七届人大常委会第九次会议听取并审议了市人民法院院长李鲁民作的关于高密市人民法院有关工作情况的报告，从民事审判工作情况、刑事审判工作情况、行政审判工作情况、执行工作情况、诚信体系建设和诉调对接工作情况等 5 个方面对法院工作进行了满意度测评。按照常委会组成人员与代表评议各占 50% 的比例计算总分，法院工作满意度测评 5 项具体得分分别是：96.9 分、96 分、96.3 分、94.9 分、96.6 分，测评综合得分为 96.14 分，总体评价为满意。评议认为，市人民法院积极发挥审判职能，着力推进司法改革，创新完善社会管理，在服务经济社会发展、维护社会稳定、推进依法治理和保障人民群众合法权益等方面做了大量的工作，取得了显著成效。针对工作中存在的问题和不足，建议市人民法院：积极践行司法为民宗旨；切实提高审判质量和效率；不断完善执行机制；继续加强队伍建设。

评议市人民检察院。2013 年 7 月，市十七届人大常委会组织调查组对市人民检察院工作情况进行了调研，并组织部分人大代表对检察院工作进行了评议打分。2013 年 8 月 28 日，市十七届人大常委会第十一次会议，会议听取了市人民检察院检察长隋国华作的关于高密市人民检察院有关工作情况的报告，从民事行政检察工作情况、控申举报工作情况和职务犯罪预防工作情况 3 个方面对检察院工作进行了满意度测评。按照常委会组成人员与代表评议各占 50% 的比例计算总分，检察院工作满意度测评 3 项具体得分分别是：94.78 分、97.25 分、96.94 分，测评综合得

图 7 － 28　2013 年 7 月，市人大常委会党组副书记、副主任刘松青（主席台右二），副主任毛进兰（主席台右一）带领检查组，对市人民检察院工作情况进行检查评议

分为96.32分，总体评价为满意。评议认为，市人民检察院紧紧围绕市委工作部署和全市工作大局，认真履行检察职能，全面加强对民事审判和行政诉讼活动的法律监督，维护了司法公正；认真做好控告申诉和举报工作，着力排查化解矛盾纠纷，为推进平安高密、法治高密建设做出了积极贡献；坚持惩治与预防并举，严肃查办并积极预防职务犯罪，积极营造廉洁高效的政务环境。针对工作中存在的问题和不足，建议市人民检察院：强化宣传教育，为履行检察职能营造良好的社会环境；加大工作力度，进一步提升履职能力和水平；坚持从严治检，不断加强检察队伍建设。

评议银行业金融机构。2014年8月22日，市十七届人大常委会第十八次会议，市人大常委会对全市银行业金融机构服务经济发展工作进行了检查评议。本次检查评议分量化检查和现场评议两个部分，在代表评议的基础上，会议书面印发了银行业金融机构工作情况汇报，在认真审议的基础上，从落实市委市政府决策部署、加强对企业信贷支持、廉洁自律、办事效率、服务态度5个方面对银行业金融机构服务经济发展工作进行了满意度测评。具体得分是：工商银行高密支行87.13分、农业银行高密支行80.55分、中国银行高密支行87.86分、建设银行高密支行85.08分、高密农村商业银行93.85分、潍坊银行高密支行92分、邮政储蓄银行高密支行73.52分、高密惠民村镇银行79.8分；另有农发行高密市支行属于政策性银行，交通银行高密支行、兴业银行高密支行设立时间较短，本次检查评议活动不进行打分。会议认为，全市银行业金融机构不断完善金融服务网络，创新金融产品和服务模式，加大信贷投放力度，助推了县域经济发展。针对工作中存在的问题和不足，建议银行业金融机构：倡树大局意识，强化金融服务创新；增强银企互信，变存贷关系为合作伙伴；加强信贷监管，做好金融风险防范；建立考核机制，加强银行业管理与引导。

评议银行业金融机构。2015年8月至10月，市十七届人大常委会组织检查组对全市银行业金融机构服务经济发展情况进行了检查。检查组本着实事求是、鼓励先进、推动工作的原则，听取了市金融办、人民银行高密支行有关工作情况汇报，综合分析了由市金融办、人民银行高密支行提供的量化检查所需数据。10月27日，市十七届人大常委会第二十七次会议对银行业金融机构进行了满意度测评。综合量化检查、代表评议、常委会组成人员评议，得分情况：工商银行高密支行84.27分；农业银行高密市支行84.04分；中国银行高密支行86.41分；建设银行高密支行80.5分；高密农村商业银行90.07分；潍坊银行高密支行75.82分；邮政储蓄银行高密市支行76.06分；高密惠民村镇银行80.82分；交通银行高密支行76.9分；兴业银行高密支行79.34分。根据《高密市人大常委会工作评议办法》的规定，高密农村商业银行、中国银行高密支行、工商银行高密支行、农业银行高密市支行为优

图 7 － 29　2015 年 10 月，市人大常委会副主任宫德胜（前排中）带领检查组，对银行业金融机构服务经济发展情况进行检查评议

秀等级，高密惠民村镇银行、建设银行高密支行、兴业银行高密支行为良好等级，交通银行高密支行、邮政储蓄银行高密市支行、潍坊银行高密支行为一般等级。2016 年 9 月，市人大常委会再次组织调查组，对银行业金融机构服务经济发展情况进行了调查。实地察看了康泰纺织、鸿基生物、恒丰粮库、金孚隆、奥龙鞋业等企业现场，召开了专题座谈会。针对存在的信贷支撑能力需要进一步加强、银行信贷风险提高、银行授信增长缓慢等问题，市人大常委会提出了坚持服务实体经济，不断强化金融创新，持续增强银企互信，高度关注金融风险管控常态化，推动银行业为全市经济发展再立新功。

第二节　评议被任命人员

1992 年 9 月 16 日至 17 日，县十二届人大常委会第十八次会议听取并审议了 17 个县政府序列部门主要负责人本届任职情况的报告，并进行了投票评议。

1995 年 7 月 5 日，市十三届人大常委会第十七次会议听取了市经济委员会主任宋锡明、市环保局局长谢国贞的述职报告，进行了评议。

1995 年 9 月 7 日，市十三届人大常委会第十八次会议听取了市商业委员会主任李子义、市乡企局局长田立甫的述职报告，进行了评议。

1995 年 11 月 13 日，市十三届人大常委会第十九次会议听取了市地税局局长王秀芬、市文化局局长单继瑜的述职报告，进行了评议。

1995 年 12 月 29 日，市十三届人大常委会第二十次会议听取了市卫生局局长郇洪和、市民政局局长郑存阶的述职报告，进行了评议。

1996 年 6 月 11 日，市十三届人大常委会第二十四次会议听取了市人事局局长徐兆凯、市技术监督局局长魏守斋的述职报告，进行了评议。

1996年8月9日，市十三届人大常委会第二十五次会议听取了市规划国土矿产局局长张来光、市科委主任冯志坚的述职报告，进行了评议。

1996年10月30日，市十三届人大常委会第二十七次会议听取了市计生委主任鹿书信、市统计局局长刘顺利、市公安局局长张振国的述职报告，进行了评议。

1997年1月16日，市十三届人大常委会第二十八次会议听取了市建委主任高大友、市教委主任王百祥的述职报告，进行了评议。

1997年11月12日，市十三届人大常委会第三十三次会议听取了市外经贸委主任白卫明、市体委主任邹怀智、市地税局局长张建国、市贸易局局长毕兆利、市乡企局局长王良德的述职报告，进行了评议。

1999年4月21日至22日，在市十四届人大常委会郭炳桥副主任带领下，由法工委和调研室有关人员组成调查组，到市法院对副院长冷延吉、经济审判庭庭长李加福的任职情况进行了调查。4月26日至27日，到市检察院对副检察长刘洪明、检察委员会委员郭洪福任职情况进行了调查。5月20日，市十四届人大常委会第十次会听取了市人民法院副院长冷延吉、经济审判庭庭长李加福，市人民检察院副检察长刘洪明、检察委员会委员郭洪福的述职报告，进行了评议。

1999年9月9日至10日，市十四届人大常委会第十二次会议听取了市交通委主任吕希清、市计生委主任鹿书信、市林业局局长王寿平、市粮食局局长李健的述职报告，进行了评议。

2000年7月20日至21日，在市十四届人大常委会副主任郭炳桥带领下，法工委和调研室有关人员组成调查组，到市人民法院通过民主测评、召开座谈会等形式，对副院长马遂庆、柴沟法庭庭长杨福迅任职情况进行了调查。7月24日，到市人民检察院对副检察长高大汉、检察员李雷任职情况进行了调查。8月8日，市十四届人大常委会第十九次会议听取了市人民法院副院长马遂庆、柴沟法庭庭长杨福迅、副检察长高大汉、检察员李雷的述职报告，进行了评议。

2000年9月8日，市十四届人大常委会副主任张振国带队，组织市水利局有关人员进行了民主测评，并进行了座谈，对市水利局局长姜言启的任职情况进行了调查。市十四届人大常委会副主任沈子升带领由财经工委和调研室组成的调查组，到市审计局对局长王福兴的任职情况进行了调查。市十四届人大常委会副主任刘宗法带领由教科文卫工委和调研室的有关人员，到市体委对市体委主任邹怀智的任职情况进行了调查。10月9日，市十四届人大常委会第二十次会议，听取了市水利局局长姜言启、市审计局局长王福兴、市体委主任邹怀智的述职报告，进行了评议。

2001年7月17日至18日，市十四届人大常委会副主任刘宗法带领由教科文卫工委和人事代表室、调研室有关人员组成的调查组，对市科委主任邱兆松任职情况进行了调查。7月20日，市十四届人大常委会分管领导带领人事代表室工作人员，到市农业局对市农业局局长程际奎任职情况进行了调查。7月17日，市十四届人大常委会副主任刘彭泉带领由法工委和调研室有关人员组成的调查组，到市司法局对市司法局局长王洪升任职情况进行了调查。8月8日，市十四届人大常委会第二十七次会议，听取了市科委主任邱兆松、市农业局局长程际奎、市司法局局长王洪升的述职报告，进行了评议。

2001年9月11日至12日，市十四届人大常委会副主任刘彭泉带领由法工委和调研室有关人员组成的调查组，到市人民法院，通过民主测评、谈话、座谈等形式，对市人民法院副院长李祥成、双羊人民法庭庭长薛亭任职情况进行了调查。9月20日，市十四届人大常委会副主任刘彭泉带领由法工委和调研室有关人员组成的调查组，到市人民检察院对检察员宋永君任职情况进行了调查。11月13日，市十四届人大常委会第二十九次会议，听取了市人民法院副院长李祥成、双羊人民法庭庭长薛亭、市人民检察院检察员宋永君的述职报告，进行了评议。

2002年4月8日，市十四届人大常委会第三十三次会议听取了市建设局局长王增华、市人事局局长徐兆凯、市规划与国土资源管理局局长王发亮、市统计局局长隋卫清、市文化局局长范锡宝的述职报告，进行了评议。

2002年8月2日，市十四届人大常委会第三十五次会议听取了市人民法院副院长王振星、立案庭庭长孙从强和市人民检察院副检察长宋学智、检察委员会委员宋泽照的述职报告，进行了评议。

2002年8月，市十四届人大常委会相关领导分别带队，到市环保局、卫生局和公安局，通过民主测评、召开座谈会、征求相关部门意见等形式，对市环保局局长彭桂臻、市卫生局局长于继勇、市公安局局长丁维国的任职情况进行了调查。10月18日，市十四届人大常委会第三十六次会议听取了市环保局局长彭桂臻、市卫生局局长于继勇、市公安局局长丁维国的述职报告，进行了评议。

2003年9月，市十五届人大常委会副主任张慕坤带领法制工作委员会和人事代表室有关人员，分别到市人民法院、市人民检察院对市人民法院副院长张国良、民二庭庭长孙秀平，市人民检察院副检察长王彦和检察委员会委员、检察员王彦青的任职情况进行了调查。10月13日，市十五届人大常委会第五次会议，听取了市人民法院副院长张国良、民二庭庭长孙秀平，市人民检察院副检察长王彦和检察委员会委员、检察员王彦青的述职报告，并进行了评议。

2004年3月，市十五届人大常委会组成调查组，对市农业局局长程际奎、市计划生育局局长梁明霖的任职情况进行了调查。4月27日，市十五届人大常委会第九次会议听取了市农业局局长程际奎、市计划生育局局长梁明霖的述职报告，进行了评议。

2004年9月，市十五届人大常委会组成调查组，分别组织市法院、市检察院的机关干部对市人民法院副院长王益华、市人民检察院副检察长时兴华进行了无记名投票测评。10月25日，市十五届人大常委会第十二次会议听取市人民法院副院长王益华、市人民检察院副检察长时兴华的述职报告，进行了评议。

2004年12月21日，市十五届人大常委会第十三次会议听取了市民政局局长张延兴、市财政局局长鞠志华的述职报告，进行了投票测评。

2005年3月，市十五届人大常委会组成调查组，对市对外贸易经济合作局局长于钦明、市环境保护局局长彭桂臻的任职情况进行了调查。4月27日，市十五届人大常委会第十五次会议听取了市对外贸易经济合作局局长于钦明、市环境保护局局长彭桂臻的述职报告，进行了评议。

2005年6月中旬开始，市十五届人大常委会制订了《关于对副市长进行述职评议的安排意见》，组织市级以上人大代表对副市长钟亮成、刘金贵、林京湖、刘秀平、张树伟、刘明伦本届任职以来的工作进行评议。整个评议活动分为准备、调查、述职评议和反馈整改四个阶段。2005年11月21日，市十五届人大常委会第十九次会议，先后听取了市人大常委会委员作的关于副市长钟亮成、刘金贵、林京湖、刘秀平、张树伟、刘明伦任职以来工作的评议发言；以无记名投票的方式对6位副市长任职以来的工作进行了测评。

2006年3月，市十五届人大常委会组成调查组分别对市建设局局长郑有奎、林业局局长张乐宝的任职情况进行了调查，组织市建设局、林业局的干部职工进行了无记名投票测评。4月6日，市十五届人大常委会第二十三次会议听取了郑有奎、张乐宝的述职报告，进行了评议。

2006年10月31日，市十五届人大常委会第二十七次会议听取了市人事局局长仪义直、市卫生局局长王连友、市文化局局长郭言兴、市安监局局长韩元金的述职报告，进行了评议。

2006年12月29日，市十五届人大常委会第二十八次会议听取了市水利局局长姜言启、市交通局局长葛月殿、市人民法院副院长王振星的述职报告，进行了评议。

2014年12月24日，市十七届人大常委会第二十次会议听取了市人大常委会任命干部王旭东、王成林、杨宗荣、赵云贤、沈建树、范立标、张新和、葛孝江、于道河、唐军录、孙波、杜钦德、田绍传、张超、徐明、李宗福、石寿林、张同宝、郭涛、雷向敏、王益华、蔡善喜、孙从强、盛君来、王彦、李连鸿、潘洪辉的履职报告，进行了满意度测评。

2015年12月24日，市十七届人大常委会举行第二十八次会议听取并审议了市人大常委会任命干部邱纯洁、王旭东、王成林、杨宗荣、高玉山、赵云贤、沈建树、范立标、葛孝江、邱昌禹、于道河、唐军录、孙波、杜钦德、田绍传、张超、徐明、戴志锡、李宗福、石寿林、赵思会、郭涛、岳国彬、张志华、高泗江、雷向敏、王益华、蔡善喜、盛君来、王彦、李连鸿的履职报告，进行了满意度测评。

第三节　评议潍坊市人大代表

2004年，根据宪法关于“省、直辖市、设区的市的人民代表大会代表受原选举单位的监督”的规定，省人大常委会建议，由县级人民代表大会选举的上一级人大代表也要开展向原选举单位述职活动。潍坊市人大常委会副主任孙守伏、人事代表室主任周晓钟等到高密市召开了3市（县）代表述职评议工作座谈会，专题研究部署潍坊市人大代表向原选举单位述职工作。6月17日，潍坊市人大常委会办公室印发了《关于开展市人大代表述职评议活动试点的意见》，决定在高密市、诸城市和临朐县组织开展潍坊市人大代表述职评议活动试点工作。7月7日，高密市十五届人大常委会第十次会议，从驻高密市的46名潍坊市人大代表中选定了赵洪喜、邓其华、王者松、李惠兰、张作栋、毛丽萍、毛志厚、丁宗芬8名代表进行口头述职，进行评议。

2005年3月28日，市人大常委会制订了《关于组织开展潍坊市人大代表述职评议活动的安排意见》。12月27日，市十五届人大常委会第二十次会议听取并审议了张丰嘉、田立甫、宋允厚、刘利宁、王增华、王发亮、邓兆发、李庆喜、王艳霞9名潍坊市人大代表的述职报告，进行了评议。

2006年6月2日，市十五届人大常委会第二十四次会议听取并审议了赵仁东、毕兆利、董兰香、栾林清、常明华、王燕、于德升7名潍坊市人大代表的述职报告，审议了栾仁霞等26名潍坊市人大代表提交的书面述职报告，进行了投票测评。

2010年3月6日，市十六届人大常委会第十六次会议听取并审议了赵术智、王者松、王艳、王艳霞4名潍坊市人大代表的述职报告，进行了投票测评。

2010年4月27日，市十六届人大常委会第十七次会议听取并审议了侯宗凯、张群、肖瑛、罗相明、施玉梅、李善鹏6名潍坊市人大代表的述职报告，进行了投票测评。

2010年10月26日，市十六届人大常委会第二十一次会议听取并审议了张宜宗、赵廷莲2位潍坊市人大代表的述职报告，进行了投票测评。

2011年3月25日，市十六届人大常委会第二十六次会议听取并审议了李勇、陈雪梅、邓其华、单际田、刘伟、巴连成、孙日贵、邓树刚8名潍坊市人大代表的述职报告，其中口头述职6人、书面述职2人，进行了投票测评。

2011年9月22日，市十六届人大常委会第三十一次会议听取并审议了于德升、明连安、徐庆涛、陈松华、高志芳、董兰香、姚中强7名潍坊市人大代表的述职报告，书面印发并审议了王治华、赵凤池、李瑞阳等18名潍坊市人大代表的述职报告，进行了投票测评。

2013年10月25日，市十七届人大常委会第十二次会议听取并审议了王福正、王艳霞、李雪艳、王学忠、纪德花5名潍坊市人大代表的述职报告，进行了投票测评。

2014年3月11日，市十七届人大常委

会第十五次会议听取并审议了于德升、巴连成、孙波、孙美莹、孙勇、王者松、刘永瑞7名潍坊市人大代表的述职报告，其中王者松、刘永瑞为书面述职，进行了投票测评。

2014年10月28日，市十七届人大常委会第十九次会议听取并审议了于道河等3位潍坊市人大代表的述职报告，进行了投票测评。

2015年3月18日，市十七届人大常委会第二十三次会议听取并审议了张宜宗、罗相明、明连安、荆汝泉、赵廷莲、赵术智6名潍坊市人大代表的述职报告，其中赵术智为书面述职，进行了投票测评。

2015年6月27日，市十七届人大常委会第二十五次会议听取并审议了李勇、张群、王艳、褚秀娟、朱相中、单百平、栾林江、蔡静、臧延琪、高志芳、徐林收11名潍坊市人大代表的述职报告，其中朱相中、单百平、栾林江、蔡静、臧延琪、高志芳、徐林收为书面述职，进行了投票测评。

2019年11月22日，根据潍坊市人大常委会的统一安排和有关规定，高密市十八届人大常委会第二十七次会议听取了17名由高密市选举的潍坊市十七届人大代表的述职报告，其中单美华、田立向、王艳、崔世兰、徐庆涛、张庆利、王秀娟、邱慧、单亦刚、孙美莹、姜雪琴11人作了口头述职，罗相明、刘永瑞、荆汝泉、徐林收、徐翠云、徐波6名代表作了书面述职。述职的17名潍坊市人大代表综合评议结果均为优秀等次。

2020年11月24日，市十八届人大常委会第三十六次会议听取并审议了张绍森、王福正、李丹平、任成森、黄龙、郭晓燕、赵阳、王飞8名代表的口头述职，王钦峰、孙勇、李勇、高中杰、邱昌禹、单百平、王者松、栾林江、巴连成、陈余彬、刘宏伟11名代表的书面述职。经审议，以无记名投票的方式进行了评议。根据评议结果，述职的19名潍坊市人大代表综合评议结果均为优秀等次。

第六章　专题询问

询问是人大常委会监督本级人民政府、人民法院、人民检察院（以下简称“一府两院”）的法定形式。监督法第六章第三十四条规定：各级人民代表大会常务委员会会议审议议案和有关报告时，本级人民政府或者有关部门、人民法院或者人民检察院应当派有关负责人员到会，听取意见，回答询问。专题询问作为询问的形式之一，是人大常委会组成人员有计划、有组织地集中对某一专项工作行使询问权。

全国人大常委会于2010年6月24日首次对财政决算进行专题询问，随后专题询问工作在地方各级人大全面展开。2014年8月22日，市十七届人大常委会第十八次会议，在认真学习研究监督法等相关法律法规的基础上，借鉴了全国及其他地方人大的经验做法，结合本市实际，审议通过了《高密市人民代表大会常务委员会专题询问办法》。《办法》共十八条，明确了专题询问的目的和依据、概念及原则、程序及有关要求、负责解释办法的主体和办法的施行时间。开展专题询问时，市人大常委会组成人员作为专题询问主体可以提出询问。“一府两院”作为专题询问对象，由其负责人回答询问，其中，市人民政府也可以委托有关部门回答询问。原则上，询问议题涉及单位的主要负责人到会回答询问；主要负责人无法到会的，经主任会议同意后，可书面委托其他负责人到会回答询问。专题询问作为人大监督工作的重要探索和有益尝试，已经成为人大监督的常规动作。

图 7 － 30　2018 年 8 月，市人大常委会就“全市城镇居住区建设工作审议意见办理情况”开展专题询问

城镇居住区建设审议意见办理工作情况专题询问会

根据市人大常委会工作计划安排，2018 年 7 月 25 日，市人大常委会副主任葛孝江带领调查组对市政府办理全市城镇居住区建设工作审议意见情况进行了调查。调查组实地察看了相关现场，听取了市政府及相关部门的情况汇报，召开了由市人大城环委成员，潍坊市、高密市人大代表参加的座谈会，征求了他们对审议意见办理工作的意见建议。8 月 3 日，市人大常委会首次开展了城镇居住区建设审议意见办理工作情况专题询问会，市人大常委会党组书记、主任力丽出席会议并讲话，市人大常委会副主任葛孝江，市政府副市长王加利，市人大城环委成员，市政府办公室分管副主任，市国土局、市建设局、市规划局、市综合行政执法局和开发区管理委员会、密水、醴泉、朝阳街办主要负责人，市人大常委会各委室主任，部分潍坊市、高密市人大代表和有关镇街区人大工作负责人参加。专题询问会上，市人大常委会委员及人大代表围绕全市城镇居住区规划、建设、管理等方面进行了问询，市政府分管领导及市建设局、国土局、规划局、综

合行政执法局等部门负责人当场应询。询问结束后，开展了满意度测评，共发出测评票48张，收回48张，对审议意见办理工作的总体评价满意48票，基本满意1票。对办理部门的评价为：国土局满意46票，基本满意2票；建设局满意48票；规划局满意46票，基本满意1票，不满意1票；综合行政执法局满意47票，基本满意1票；经济开发区满意48票；密水街办满意47票，不满意1票；醴泉街办满意48票；朝阳街办满意48票。

询问会议结束后，市人大常委会有关工作机构对专题询问情况进行了梳理归纳，对需要解决的问题提出办理意见建议，经主任会议研究后以函件的形式交由相关部门研究办理。针对提出的问题，建议要不断转变城市发展方式，突出科学规划和精细化管理，不断提升城市规划建设管理水平，加快回迁安置，打造功能完善、和谐宜居、富有特色的品质城市。

加快推进现代化高品质城市建设专题询问会

按照市人大常委会工作要点和计划安排，2020年11月底，市人大常委会组织调查组，对市十八届人大四次会议通过的《关于建立长效机制、提升治理效能，积极推进现代化高品质城市建设的议案》办理情况进行了调查，实地察看了相关现场，听取了市政府和有关部门的工作情况汇报，分组分批次召开了市人大城环委成员、人大代表以及部分群众代表参加的座谈会，充分征求了他们对议案办理工作的意见建议。

依照市人大常委会专题询问工作办法，2020年12月3日，就办理好代表议案、加快推进现代化高品质城市建设情况，召开了专题询问会议。全面了解本市建立长效机制、提升治理效能，推进现代化高品质城市建设情况，促进问题的有效解决，从而推动工作落实，增强监督实效。

市人大常委会党组书记、主任万丽，市委常委、常务副市长陈珊珊，副市长王建朋，市人大城环委和社会建设委成员，市住建局、市自然资源和规划局、市交通和运输局、市综合行政执法局、市生态环境局、市卫健局、市公安局交警大队等部门负责人，经济开发区管理委员会，醴泉、朝阳街道办事处主要负责人，市人大常委会机关青年学习小组的人，部分潍坊市、高密市人大代表和镇街区人大负责人参加会议。

潍坊市人大代表、市人大常委会委员、城环委委员、社会建设委委员共18人出席会议，9名市人大常委会委员和人大代表通过指定询问和随机询问的方式，对市政府、市自然资源和规划局、市住建局、市交通和运输局、市卫健局、市综合行政执法局、潍坊市生态环境局高密分局、市公安局交警大队等部门单位进行了询问。询问结束后，市委常委、常务副市长陈珊珊代表市政府作了表态发言。

第七章　规范性文件备案审查

规范性文件备案审查是各级人大常委会的一项重要监督职权。2000年3月15日，九届全国人大三次会议通过的《立法法》对此作了规定；2006年8月27日，十届全国人大常委会第二十三次会议通过的《监督法》，专设第五章，对规范性文件的备案审查进行了规定，并授权省级人大常委会参照《立法法》作出具体规定。2008年9月25日，省十一届人大常委会第六次会议通过的《山东省各级人民代表大会常务委员会规范性文件备案审查规定》，自2009年1月1日起实施。2009年4月28日潍坊市人大常委会制订出台《潍坊市人大常委会规范性文件备案审查办法》。根据监督法的规定和上级人大常委会的要求，2009年6月23日，市十六届人大常委会第十一次会议在听取市人大常委会副主任张星海所作的关于制订《高密市人民代表大会常务委员会规范性文件备案审查办法》说明的基础上，审议通过了《高密市人民代表大会常务委员会规范性文件备案审查办法》，《办法》共23条，明确了办法中规定的规范性文件是指国家机关为执行法律、法规，在其职权范围内依照一定程序制订的，涉及公民、法人和其他组织权利和义务，具有普遍约束力，可反复适用的文件。规范性文件应当自公布之日起30日内报送备案。市人大常委会法制工作委员会是市人大常委会规范性文件备案审查工作机构（以下简称备案审查工作机构），负责规范性文件备案审查的日常工作，承担报送备案的规范性文件的接收、登记、分送、审查和存档的具体工作。市人大常委会工作委员会或者常委会办事机构按照职责分工，承担相关规范性文件的审查工作。备案审查工作应当自收到对规范性文件的审查要求或者审查建议之日起3个月内审查完毕。市人大常委会有关工作委员会或者常委会有关办事机构经过审查，应在30日内提出初步审查意见，由备案审查工作机构根据初步审查意见进行汇总后报市人大常委会主任会议研究处理。2011年8月，高密市人大常委会第五十三次主任会议对2009年通过的审查办法进行了修订完善。自2016年1月至2020年12月，分别对25份市政府和35份镇级人大作出的规范性文件进行了备案。

2016年规范性文件备案审查情况：

对柏城镇人大《关于加快柏城中学建设与高密一中新校配套运营促进我镇教育发展的决议》、夏庄镇人大《关于加强镇域文化建设的决议》、姜庄镇人大《关于提高环卫一体化收费标准的决议》、大牟家镇人大《关于建设大牟家镇周戈庄中心社区的决议》、阚家镇人大《关于优化环境建设，提高城镇建设水平的决议》、井沟镇人大《关于建设井沟镇为农服务中心和井沟社区的决议》、柴沟镇人大《关于加快新柴沟中学建设的决议》进行了备案。

2017 年规范性文件备案审查情况：

2017 年高密人大规范性文件备案一览表

表 7-2

备案编号	报备单位	规范性文件名称	规范性文件字号	备案文号	报备时间
2017-01	市政府	关于印发《高密市农业结构调整贴息贷款暂行办法》的通知	高政办发〔2017〕21 号	高规备字〔2017〕1 号	2017. 3. 31
2017-02	市政府	关于印发《高密市大棚建设补助办法》的通知	高政办发〔2017〕22 号	高规备字〔2017〕2 号	2017. 3. 31
2017-03	市政府	关于印发《高密市建档立卡贫困人口救助办法》的通知	高政办发〔2017〕83 号	高规备字〔2017〕3 号	2017. 10. 9
2017-04	市政府	关于印发《关于进一步加强全市行政事业单位财务管理工作意见》的通知	高政办发〔2017〕100 号	高规备字〔2017〕4 号	2017. 12. 15
2017-05	市政府	关于印发《高密市电力设施和电能保护管理办法》的通知	高政办发〔2017〕103 号	高规备字〔2017〕5 号	2017. 12. 7
2017-06	市政府	关于公布规范性文件清理结果的通知	高政办发〔2017〕106 号	高规备字〔2017〕6 号	2017. 12. 20
2017-07	市政府	关于印发《高密市人民政府任命的国家工作人员宪法宣誓实施办法》的通知	高政办发〔2017〕108 号	高规备字〔2017〕7 号	2017. 12. 15

2017 年镇级人大规范性文件备案一览表

表 7-3

备案编号	报送单位	规范性文件名称	报备时间
T-2017-01	大牟家人大	《关于推行大田托管、道路建设、党群服务中心建设和实施整村搬迁连片治理美丽乡村建设的决议》	2017. 12. 15
T-2017-02	井沟人大	《关于美丽乡村建设提升工程的决议》	2017. 12. 15
T-2017-03	夏庄人大	《关于推进“四镇”建设，加快小城市建设进程的决议》	2017. 12. 15
T-2017-04	柴沟人大	《关于加强五龙河西刘桥段至西店桥段治理的决议》	2017. 12. 15
T-2017-05	姜庄人大	《关于拓宽整修“五七”路的决议》	2017. 12. 15

2018 年规范性文件备案审查情况：

2018 年高密市人民政府规范性文件备案一览表

表 7-4

备案编号	报备单位	规范性文件名称	规范性文件字号	报备时间
2018-01	市政府	关于印发《高密市创新企业家十大年度任务评选办法》的通知	高政办发〔2018〕2 号	2018. 2. 10
2018-02	市政府	关于印发《高密市重点项目建设推进管理办法》的通知	高政办发〔2018〕3 号	2018. 2. 10
2018-03	市政府	关于印发《高密市建设项目模拟审批实施办法（试行）》的通知	高政办发〔2018〕6 号	2018. 3. 12
2018-04	市政府	关于印发《高密市生产安全事故认定细则》的通知	高政办发〔2018〕9 号	2018. 5. 22
2018-05	市政府	关于印发《高密市“鲁担惠农贷”风险补偿基金管理办法》的通知	高政办发〔2018〕10 号	2018. 9. 11
2018-06	市政府	关于印发《高密市烟花爆竹限放实施方案》的通知	高政办发〔2018〕11 号	2018. 9. 27
2018-07	市政府	关于印发《高密市煤炭消费压减工作监管考核办法》的通知	高政办发〔2018〕12 号	2018. 11. 21
2018-08	市政府	关于印发《高密市工业企业综合评价工作实施办法（试行）》的通知	高政办发〔2018〕13 号	2018. 12. 9

2018 年高密镇级人大规范性文件备案一览表

表 7-5

备案编号	报送单位	规范性文件名称	报备时间
T-2018-01	大牟家人大	《关于北平路西拓改善交通条件的议案的决议》	2018. 4. 25
T-2018-02	大牟家人大	《关于大牟家镇改善农灌设施的议案决议》	2018. 4. 25
T-2018-03	大牟家人大	《关于北胶新河生态修复的议案决议》	2018. 4. 25
T-2018-04	大牟家人大	《关于疏导大牟家镇境内河流的议案决议》	2018. 8. 31
T-2018-05	大牟家人大	《关于改善大牟家镇交通条件的议案决议》	2018. 8. 31
T-2018-06	柴沟人大	《关于打造五龙河田园综合体乡村振兴示范片区的议案的决议》	2018. 11. 28
T-2018-07	井沟人大	《关于井沟镇实施乡村振兴战略提升工程的议案的决议》	2018. 11. 28
T-2018-08	夏庄人大	《关于加快推动实现产城融合议案的决议》	2018. 11. 29
T-2018-09	柏城人大	《关于加强农田水利设施建设，提高抗洪排涝能力的议案的决议》	2018. 11. 30
T-2018-10	柏城人大	《关于发展田园综合体，促进乡村振兴的议案的决议》	2018. 11. 30

2019 年规范性文件备案审查情况：

2019 年高密市人民政府规范性文件备案一览表

表 7-6

备案编号	报备单位	规范性文件名称	规范性文件字号	报备时间
2019-01	市政府	关于高密市人民政府工作部门设置情况的备案报告	高政办发〔2019〕4 号	2019.2.4
2019-02	市政府	关于印发《高密市中小学幼儿园布局规划（2018-2035）》的批复	高政函〔2019〕88 号	2019.7.3
2019-03	市政府	关于印发《高密市餐厨废弃物管理办法》的通知	高政办发〔2019〕1 号	2019.12.30
2019-04	市政府	关于印发《进一步加强供热管理工作的意见》的通知	高政办发〔2019〕5 号	2019.12.30
2019-05	市政府	关于印发《高密市病死畜禽无害化处理方法》的通知	高政办发〔2018〕6 号	2019.12.30

2019 年高密镇级人大规范性文件备案一览表

表 7-7

备案编号	报送单位	规范性文件名称	报备时间
T-2019-01	柴沟人大	《关于打造乡村振兴示范样板的议案的决议》	2019.12.25
T-2019-02	井沟镇人大	《关于解决井沟镇镇村级道路维修加固的决议》	2019.12.25
T-2019-03	夏庄镇人大	《关于加快尾留户搬迁、尽快打通百脉湖大街议案的决议》	2019.12.26
T-2019-04	大牟家人大	《关于修建农田水利设施的决议》	2019.12.26
T-2019-05	姜庄镇人大	《关于李仙大道等改造提升和后屯社区为农服务中心投入使用的议案的决议》	2019.12.26
T-2019-06	柏城镇人大	《关于加强道路建设，提升区位优势，促进经济发展的议案的决议》	2019.12.31
T-2019-07	阚家镇人大	《关于进一步优化 2+2+3 现代化城镇布局的议案的决议》	2020.1.3

2020 年规范性文件备案审查情况：

2020 年高密市人民政府规范性文件备案一览表

表 7-8

备案编号	报备单位	规范性文件名称	规范性文件字号	报备时间
2020-01	市政府	关于高密市农村房地一体不动产登记实施办法通知的备案报告	高政办发〔2020〕6 号	2020.5.18

续表 7-8

备案编号	报备单位	规范性文件名称	规范性文件字号	报备时间
2020-02	市政府	关于印发《高密市社会保险待遇领取资格认证实施办法》的通知	高政办发〔2020〕8号	2020.9.17
2020-03	市政府	关于印发《关于进一步加强村级集体资金资产资源管理的实施意见》的通知	高政办发〔2020〕9号	2020.10.27
2020-04	市政府	关于《高密市人民政府关于严格土地使用标准进一步推进节约集约用地的意见》	高政发〔2020〕11号	2020.10.27
2020-05	市政府	关于印发《高密市病死畜禽无害化处理方法》的通知	高政办发〔2018〕6号	2020.12.30

2020年高密镇级人大规范性文件备案一览表

表 7-9

备案编号	报送单位	规范性文件名称	报备时间
T-2020-01	柴沟人大	《关于加快推进柴沟镇“户户通”工程的议案的决议》	2020.12.25
T-2020-02	井沟镇人大	《关于井沟镇实施三河流域水资源利用及水环境治理工程的决议》	2020.12.16
T-2020-03	大牟家人大	《关于加快推进大牟家镇“户户通”工程的决议》	2020.12.22
T-2020-04	姜庄镇人大	《关于施行土地托管服务的议案的决议》	2020.12.26
T-2020-05	柏城镇人大	《关于加强农田水利设施建设，提高抗洪排涝能力的议案的决议》	2020.12.16

向潍坊市人大常委会报送规范性文件备案情况：

2014年以来，按照《潍坊市人民代表大会常务委员会规范性文件备案审查办法》的要求，对高密市人大常委会制订和修订的讨论决定重大事项办法、工作评议办法、履职测评办法、人大代表旁听庭审办法、代表议案处理办法和代表建议批评和意见处理办法6个办法提交潍坊市人大常委会备案。高密市第十八届人民代表大会常务委员会第四次会议通过了《高密市人民代表大会常务委员会组成人员守则》《高密市人民代表大会常务委员会议事规则》和高密市第十八届人民代表大会常务委员会第五次会议通过的《高密市人民代表大会常务委员会人事任免办法》，2020年8月12日，高密市人大常委会分别将《高密市人大常委会关于印发〈高密市人民代表大会常务委员会组成人员守则〉的通知》《高密市人大常委会关于印发〈高密市人民代表大会常务委员会议事规则〉的通知》《高密市人大常委会关于印发〈高密市人民代表大会常务委员会人事任免办法〉的通知》报送潍坊市人大常委会进行了备案。

第八章　人民来信来访处理

1984年十届人大常委会换届后，县人大常委会设立主任接待日，由常委会主任、副主任定期轮流接待群众来信来访。对上访老户反映的问题、有恶化苗头的案件、刑事申诉案件等重要信访问题，由分管副主任或主任会议专门研究解决。日常的来信来访，办公室配有一名秘书负责接待、登记、转办、督办、归档，并将办理结果及时答复群众。

1989年3月在县十一届人大常委会第十五次会议上作出《关于进一步加强处理代表建议、批评、意见和人民群众来信来访工作的决定》，对“一府两院”办理县人大常委会转办的代表建议、批评、意见和人民群众的来信来访，提出了新的要求：自办和转办案件均应在3个月之内办结，转办案件按性质转交县政府、县法院、县检察院办理。同年5月，县十一届人大常委会第十七次会议决定调整县人大常委会办事机构，人大办公室下设信访代表联络科（股级）。1997年1月，人大办公室下设信访科，信访工作分工进一步明确，信访案件按照“分级负责、归口办理”的原则，转送有关部门办理。1998年3月19日，为加强对行政执法和司法办案的监督，市人大常委会做好人大处信接访工作，制订了信访处理办法，明确了信访工作的宗旨、任务、受理范围、处理原则、处理程序和基本要求。对一些重要信访和久拖不决的案件，采取召开有关部门联席会、人大常委会分管主任调度办理情况等措施，提高办理质量和效率，督促解决一些实际问题，受到了人民群众的好评。2000年，坚持把实行个案监督与办理来信来访紧密结合，制订了《关于规范信访结案报告的意见》，完善了信访处理办法，狠抓了个案监督暂

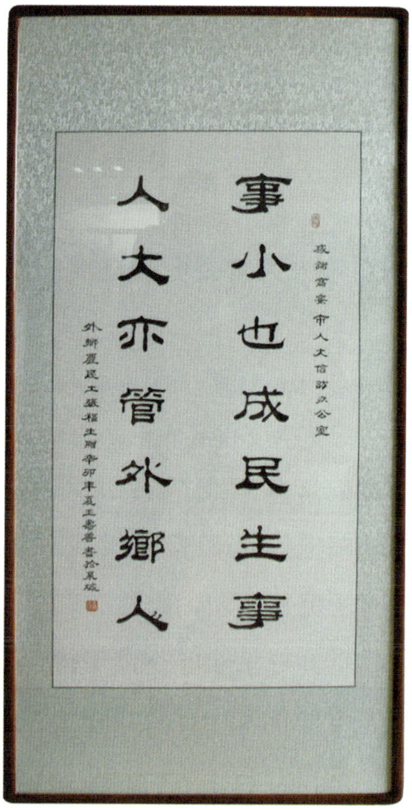

图7－31　来访群众赠送匾额

行办法和信访案件的转处、限期办结、逾期通报等制度的落实。2003年3月，市十五届人大常委会第二次会议通过《高密市人民代表大会常务委员会信访工作暂行办法》，市人大常委会设立信访工作领导小组，负责对人大及其常委会信访工作的组织协调及督办，信访科负责处理日常信访工作，暂行办法明确了受理范围、受理及转办、督办程序等，并对工作职责及纪律提出要求。

2005年9月，市人大常委会设立信访工作室，正科级规格，专门受理人民群众的来信来访。人大信访工作创新思路，以民为本，倡导亲情接访，推行“六心工作法”（对待来访群众要有爱心、接待来访群众要热心、倾听群众反映问题要耐心、处理信访要细心、为来访群众办事要真心、向来访群众反馈结果要诚心），坚持“分别受理，综合分析，统一交办，定期反馈，严格督查”的处理信访原则，认真对待并依法处理各类信访案件，切实维护人民群众的合法权益。每年市人大常委会分管副主任带领调查组对人大信访案件办理工作情况进行一次调查，提出意见建议。对上级人大和市委转交的重点疑难案件，市人大常委会都进行专门研究，明确专人靠上跟踪督办，确保案件落到实处，达到信访当事人满意。高密市人大信访工作得到了上级人大常委会肯定。2002年，被潍坊市人大常委会评为信访工作先进单位。2003年11月，高密市人大常委会在潍坊人大信访工作经验交流会上作了发言；市人大常委会总结推荐的双羊镇认真做好人大信访工作的经验做法，受到全国人大常委会的肯定，并在全国人大信访工作经验交流会上作了《充分发挥职能作用，努力实现人大信访的“两个下移”》的书面发言。2008年3月，在潍坊市人大信访工作经验交流会上作了《以民为本，强化监督，努力做好新时期人大信访工作》的发言。2011年，在全省人大信访工作座谈会上作了《拓宽代表参与信访渠道，提升人大信访工作实效》的交流发言。2014年7月，广西壮族自治区人大到高密市学习人大信访工作经验做法；11月，潍坊市人大信访工作现场会在高密召开，高密市人大常委会作了《唱好“三部曲”，扎实做好人大信访工作》典型发言。

第九章　宣传工作

市（县）人大常委会把宣传工作作为实施人大监督的重要组成部分高度重视，每年对宣传工作做出安排，合理制定并逐一分解年度目标任务；编发《高密人大》期刊、《人大信息》简报，为代表增订《中国人大》《人民权利报》《山东人大》，推动人大宣传工作深入代表、深入群众；每年的人代会召开之前在市级以上新闻媒体和高密电视台开设《代表风采》专栏，对优秀人大代表集中宣传报道。

1981年12月23日，经县九届人大常委会第十一次会议研究决定，自1982年起，不定期的编印《工作通讯》，主要介绍县人大常委会的工作动态，以及各代表小组的活动情况，酌情转载外地经验。

1990年，根据中央指示，按照县委要求，县人大常委会紧紧围绕进一步坚持和完善人民代表大会制度的题目，在全县范围内开展“高密人大工作十年”总结宣传活动。活动历时3个月，经过了宣传发动、活动实施、总结表彰3个阶段。召开了高密县人大常委会成立十年庆祝大会、老人大工作者座谈会；开展了“高密人大工作十年”征文、给代表一封信、评选县先进人大代表和市级先进人大工作者活动；在高密电视台开辟了《高密人大工作十年间》栏目，录制播放了反映全县人大工作概貌的电视专题片《为了人民的重托》。

1992年6月29日，为加强对人大宣传队伍的管理，鼓励乡镇人大通讯员多写稿件，写好稿件，推动人大的宣传报道工作，县人大常委会办公室制定了《高密县乡镇人大优秀通讯员评比办法》。

1994年8月3日，市十三届人大常委会第十一次会议，作出了《关于开展纪念人民代表大会制度实行40周年宣传活动的决定》，决定从8月15日到9月15日，开展纪念人民代表大会制度实行40周年宣传月活动。1994年8月、9月，在全市广泛开展了纪念人民代表大会成立四十周年宣传活动，举办了有奖征文活动，市人大常委会3名副主任在市电台、电视台举办了3期以代表法为内容的法律知识讲座，在电视台开辟了《代表颂》栏目；召开了纪念人民代表大会成立40周年座谈会；出版了一期以展示人民代表大会制度巨大作用和反映人大工作业绩为主要内容的书画专刊；召开了较大规模的纪念人民代表大会成立40周年大会。

2000年3月21日，中共高密市委宣传部、高密市人大常委会办公室根据《高密市宣传人民代表大会制度好新闻和贡献奖评选暂行办法》的规定，评选高密市“宣传人民代表大会制度好新闻”和“宣传人民代表大会制度贡献奖”，共评出“宣传人民代表大会制度好新闻”获奖作品30件，“宣传人民代表大会制度贡献奖”获奖人员11名。

2004年，市人大常委会制定了《关于进一步加强人大宣传工作的意见》，就明确宣传重点、健全信息网络和激励考核机制做了安排。创办了机关刊物《高密人大》和内部资料《高密人大信息》，开通了“高密市人大”网站，聘请了36名人大信息通讯员，初步建立了人大新闻信息网络。以纪念人民代表大会成立50周年为契机，大力开展制度和民主法制宣传教育活动。9月17日，召开了纪念人民代表大会成立50周年座谈会；9月20日，市委和市人大常委会召开了纪念人民代表大会成立50周年庆祝大会，市级班子领导，市人大常委会老领导，驻高密市的历届全国、省人大代表、潍坊市人大代表和各单位负责人共400多人出席会议；开展了一系列人大制度和民主法制宣传教育活动，进一步提高了广大干部群众的人民代表大会制度意识，弘扬了法治精神。

图7－32　纪念人民代表大会成立50周年大会场景

2006年，市人大常委会办公室制定了《关于实行人大新闻信息工作责任制的意见》，明确办好机关刊物《高密人大》，做好《高密人大信息》编辑工作，维护好“高密人大”网站。

2014年，《人民权利报》在头版头条以《假判老百姓心坎里》为题，报道了高密市加强民生监督工作的经验做法。

2016年，高密市“一镇一议案”探索基层民主法治建设新路子的新闻稿件，在中国人大新闻奖评选中荣获一等奖。潍坊市人大常委会专门来信祝贺，贺信中称：这是今年全省人大系统参评作品中获得的唯一一等奖，也是潍坊市人大系统20年来获得的唯一一等奖。市人大常委会被山东省人大常委会办公厅4次评为“《山东人大工作》宣传工作先进单位”、9次评为“《人民权利报》宣传工作先进单位”，人大常委会机关被潍坊市人大常委会办公室2次评为“人大信息工作先进单位”，研究室多次获潍坊市人大常委会研究室表彰。

第八编　重大事项决定

根据《宪法》《地方组织法》和《山东省人民代表大会常务委员会讨论决定重大事项的规定》规定，县级以上的地方各级人民代表大会常务委员会讨论、决定本行政区域内各方面工作的重大事项，作出的决议、决定在本行政区域内具有法律效力，有关机关应当认真执行。市（县）人大常委会对所作出的决议、决定的贯彻落实情况进行监督检查，保证其贯彻执行。高密市（县）历届人民代表大会常务委员会认真履行职责，制订了《高密市人民代表大会常务委员会讨论决定重大事项的办法》，不断完善和规范重大事项决定程序，实现重大事项决定规范化、制度化、程序化。

第一章　县九届人大常委会决定事项

1982年5月30日，县九届人大常委会第十四次会议认真学习讨论了《宪法修改草案》和全国人大常委会副委员长彭真作的《关于宪法修改草案的说明》，一致认为这是一部比较完善的宪法修改草案，符合国情，顺乎民意。会议通过了《高密县人大常委会关于认真组织全县人民讨论〈宪法修改草案〉的决议》。

1983年1月29日，县九届人大常委会第十七次会议听取讨论了县人民政府《关于执行国家行政机关工作人员奖惩暂行规定的实施办法》，原则通过这个办法。

1983年4月9日，县九届人大常委会第十八次会议听取并审议了县人民政府副县长李凤语作的关于《高密县城镇管理暂行条例》的汇报。会议认为，高密县自1981年9月1日试行《高密县城镇管理办法》以来，社会秩序、公共卫生等方面有了明显好转，为县城人民的生产生活初步创造了良好环境。但有些条款已不适应。县政府根据上级有关文件精神和群众意见修订《高密县城镇管理暂行条例》是完全必要的。会议要求，本条例经过修改后，由县政府公布实施。

第二章　县十届人大常委会决定事项

1984年10月10日，县十届人大常委会第三次会议通过并印发了《高密县人民代表大会常务委员会工作试行条例》。条例分总则，常务委员会会议，常务委员会主任会议，常务委员会主任，常务委员会的办事机构，人事任免，对政府和“两院”的监督、视察和调查研究，联系人民代表，受理来信来访，县人民代表大会会议，附则等十一章。本条例自县人大常委会通过之日起施行。根据《地方组织法》《人民法院组织法》《人民检察院组织法》和省人大常委会《人事任免暂行办法》的有关规定，结合本县情况，通过并印发了《高密县人民代表大会常务委员会人事任免暂行办法》。本办法适用于县人大常委会任免的县人民政府组成人员、县人民法院的审判人员、县人民检察院的检察人员、县人大常委会办事机构的负责工作人员。本办法共分为总则、县人民政府组成人员的任免、人民法院审判人员的任免、人民检察院检察人员的任免、县人大常委会办事机构负责工作人员的任免、任免手续的办理和附则共七章，本办法自县人大常委会会议通过之日起施行。听取并审议了县妇联《关于保护妇女、儿童合法权益的情况报告》，为进一步保护妇女、儿童合法权益，根据《宪法》《婚姻法》和《刑法》有关法律规定，作出《关于保护妇女儿童合法权益的决议》。一是大力开展宣传教育，提高全县人民对保护妇女儿童合法权益重要意义的认识。二是严厉打击摧残迫害妇女、儿童的犯罪行为。三是相关方面密切配合，齐抓共管。四是全县人民都要自觉关心和保护妇女、儿童的合法权益。根据《宪法》《地方组织法》有关规定，结合本县情况，通过并印发了《联系人民代表和群众的试行办法》。本办法共分为总则、县人大常委会与代表的联系、代表联系组的建立和活动、人民代表与选民的联系和附则共五章，本办法自县人大常委会会议通过之日起施行。

1984年12月28日，县十届人大常委会第五次会议听取并审议了县司法局受县人民政府委托所作的《关于全县开展法制宣传教育工作的情况报告》，会议同意这个报告。并作出了《关于进一步开展法制宣传教育工作的决议》。一是提高认识，加强领导；二是紧紧围绕党的中心工作搞好法制宣传教育；三是运用多种形式搞好法制宣传教育；四是各部门要大力支持，密切配合。

1985年3月1日，县十届人大常委会第六次会议通过了县人大常委会《关于召开高密县第十届人民代表大会第二次会议的决定》。通过了《关于设立法制、财政经济、教科文卫三个工作委员会的决定》《关于县人大常委会法制、财政经济、科教文卫三个工作委员会组成人员的决定》。会议决定，县人大常委会在不增加编制的前提下，再增设法制、财政经济、教科文卫3个工作委员会，为人大常委会的办事机构，人员由人大常委会副主任和部分常委及有实践经验的退居二线的老干部组成，主要是围绕党的中心工作和宪法、法律的实施情况，及人大常委会审议决定的重大事项进行调查研究，提出意见和建议。会议还决定了县人大常委会3个工作委员会和县人民法院的人事任免事项。通过了《关于增加县十届人民代表大会代表名额的决定》。决定在县十届人大二次会议之前，再从柏城镇、夏庄镇和大栏乡各增选代表一名。

1985年5月31日，县十届人大常委会第八次会议听取并审议了县司法局局长张子敬受县人民政府委托所作的《关于全县普及法律常识的规划情况报告》，会议同意这个规划。作出了《关于加强法制宣传教育普及法律常识的决议》，一是积极开展宣传教育，努力提高对普及法律常识重要意义的认识；二是切实加强对普及法律常识工作的领导；三是抓紧制订普及法律常识的规划；四是各有关部门要密切配合，齐抓共管。听取并审议了县工商局局长陆传序受县政府委托所作的《关于经济合同法实施情况的报告》。作出了《关于进一步宣传实施〈经济合同法〉的决议》：一是广泛深入宣传《经济合同法》；二是要建立健全合同管理组织，制订合同管理制度；三是切实加强经济合同业务培训；四是加强对经济合同纠纷的调解、仲裁和审判工作；五是积极开展“重合同、守信用”活动。

1985年6月24日，县十届人大常委会第十次会议听取了县财政局局长刘顺堂受县人民政府委托作的《关于对高密县一九八五年财政预算进行部分调整的报告》。审议认为，对于因没有全面理解上级财政体制改革精神而出现的高密县1985年财政预算的计算失误，认真予以纠正，是实事求是的；对1985年财政预算进行部分调整，是完全必要的。决定批准高密县1985年财政预算部分调整的意见。

1985年11月2日，县十届人大常委会第十一次会议作出了《关于原则通过〈关于保护胶河水源地的规定〉的决议》。根据县人民政府的提请，审议并原则通过了县人民政府拟订的《关于保护胶河水源地的规定》，由县政府公布实施。听取并审议了县地方史志编纂委员会办公室主任李池受县政府委托作的《关于我县地方志工作情况的汇报》。会议作出了《关于加强地方志工作的决议》，县、乡（镇）人民政府要充分重视，列入议事日程，配备相应编志人员，动员组织各方面的社会力量支持和编写地方志。

1986年4月19日，县十届人大常委会

第十四次会议根据《地方组织法》的有关规定，由潍坊市直机关提名，决定增选陈会江为潍坊市十届人大代表，并作出了《关于增选陈会江为市十届人大代表的决定》。作出了《关于增加本届代表名额和补选代表的决定》。县十届人民代表大会第二次会议以来，先后有 2 名代表病故、5 名代表调离本县行政区域。根据《选举法》《地方组织法》有关规定，决定在县十届人大三次会议召开之前，由出缺代表单位分别予以补选。分别是：大栏乡、拒城河乡、河崖乡、咸家乡、县直机关系统各 1 名，县直政法系统 2 名。另外，根据工作需要，决定增选代表 4 名。听取了县人大常委会副主任李凤语作的关于推迟召开高密县第十届人民代表大会第三次会议的说明，作出了《关于推迟召开高密县第十届人民代表大会第三次会议的决定》，决定将高密县第十届人民代表大会第三次会议推迟到 5 月下旬或 6 月上旬召开。

1986 年 5 月 11 日，县人大常委会根据县委统一部署，作出了《关于县人民代表 1986 年普法学习意见》。要求全体县人大代表通过自学和集体学习的方式，对《宪法》《刑法》《婚姻法》《继承法》《经济合同法》和《治安管理处罚条例》分阶段进行学习。

1986 年 7 月 27 日，县十届人大常委会第十六次会议听取了县审计局局长郝恩贵受县人民政府委托作的《关于我县审计工作情况的报告》，通过了《关于加强审计工作的决议》。要求加强对国务院《关于审计工作暂行规定》的学习宣传，提高对审计工作重要意义的认识；加强审计队伍建设；建立健全各项审计制度；突出审计重点。

1986 年 10 月 28 日，县十届人大常委会第十七次会议听取了县人大常委会副主任王炜光关于改变县人大常委会任免地方国家机关干部表决办法的说明，审议并通过了《高密县人大常委会关于决定地方国家机关干部任免的表决办法》。通过了《关于高密县第十届人民代表大会代表持证视察的决定》，决定在本县开展人大代表持证视察工作。代表可以持证在本县范围内就法律法规执行情况、国家工作人员和公共事业服务人员工作态度等与人民生活密切相关的事项进行视察。代表视察可以单独进行，也可以几个代表一起进行，或结合代表组的活动集体进行，还可以根据被视察单位的具体情况邀请有关单位的专业人员参加。

1986 年 11 月 30 日，县十届人大常委会第十八次会议通过了《关于任命柏城镇选举委员会成员的决定》，任命李健为柏城镇选举委员会主任，高赐才、鞠志华为副主任，窦明传、李兆友、高玉山、李刚初、孙连昌、崔清泽 6 人为委员。根据《地方组织法》《选举法》的规定，通过了《关于任命高密县选举委员会成员的决定》，任命了高密县选举委员会成员。

1986 年 12 月 15 日，县人大常委会根据《地方组织法》《选举法》规定和乡镇党委提议，作出《关于任命各乡镇选举委员会成员的决定》，对全县 28 个乡（镇）选举委员会成员进行了任命。

1987年2月16日，县十届人大常委会第十九次会议听取了县政府关于《会计法》贯彻实施情况的报告。作出了《关于认真贯彻执行〈会计法〉的决议》。听取了县政府关于学习宣传《治安管理处罚条例》的情况和贯彻实施意见的报告。作出了《关于认真贯彻实施〈中华人民共和国治安管理处罚条例〉的决议》，要求突出抓好干部和青少年的学习贯彻，广大群众都要自觉遵守条例规定，共同维护社会治安；执行机关要认真组织执行人员学习领会，严格依法办事。听取了县人民法院院长张光庭作的《关于宣传贯彻〈民法通则〉的试点情况和实施意见的报告》。作出了《关于认真贯彻实施〈民法通则〉的决议》，要求广泛深入搞好宣传工作，认真组织好对《民法通则》的学习，严肃认真实施《民法通则》。作出了《关于认真学习宣传和贯彻执行全国人大常委会〈决定〉的决议》。要求认真搞好学习宣传和教育工作，进一步突出宪法教育，突出对干部和青少年普法重点对象的教育。

1987年4月17日，县十届人大常委会第二十次会议听取并审议了县人大常委会副主任李凤语关于县十一届人大一次会议筹备工作情况的汇报，作出了《关于召开高密县第十一届人民代表大会第一次会议的决定》。

第三章　县十一届人大常委会决定事项

1987年9月15日，县十一届人大常委会第三次会议决定县人大常委会办事机构由一室三科调整为一室四科。调整后，为办公室、法制科、代表联络科、财政经济科和教科文卫城乡建设科。撤销调查研究科。办公室和各科均为正局级。通过了《高密县人民代表大会常务委员会工作条例》。条例分为总则，常务委员会会议，常务委员会主任会议，常务委员会主任，常务委员会的办事机构，人事任免，对政府和“两院”的监督、视察和调查研究，联系人民代表，受理来信来访，县人民代表大会会议，附则。条例自通过之日起施行。通过了《联系人民代表和群众的办法》，办法共分总则、县人大常委会与代表的联系、代表联系组的建立和活动、人民代表与群众的联系、附则。办法自通过之日起施行。通过了《高密县人民代表大会常务委员会人事任免办法》。办法分为总则、县人民政府组成人员的任免、人民法院审判人员的任免、人民检察院检察人员的任免、县人大常委会办事机构负责工作人员的任免、任免手续的办理和附则。办法自通过之日起施行。听取并讨论了县农业局副局长苗立清受县人民政府委托作的关于贯彻实施《土地管理法》情况的报告。会议通过了《关于进一步贯彻实施〈土地管理法〉的决议》。

1987年11月16日，县十一届人大常委会第四次会议作出了《关于召开高密县第十一届人民代表大会第二次会议的决定》，原则通过县人大常委会副主任单昭明作的《关于召开高密县第十一届人民代表大会第二次会议的说明》，同意于12月上旬召开县十一届人民代表大会第二次会议。会议具体时间，授权人大常委会主任会议决定。

1988年1月20日，县十一届人大常委会第六次会议根据《地方组织法》的规定，作出了《关于批准夏克杰辞去高密县人大常委会委员职务请求的决定》，批准夏克杰的请求，免去其常务委员会委员职务。

1988年3月23日，县十一届人大常委会第七次会议作出了《关于召开高密县第十一届人民代表大会第三次会议的决定》，决定了会议召开时间，提出关于会议的议程草案的建议。

1988年4月12日，县十一届人大常委会第八次会议作出了《关于加强和改进人事任免工作的决定》，对原人事任免办法作出了补充。

1988年10月29日，县十一届人大常委会第十一次会议作出了《关于在全县进行执法大检查的决定》，决定从1988年11月至1989年2月，在全县进行执法大检查。作出了《关于认真实施“高密县林业发展规划”的决议》，要求加强领导，落实林业政策，提供必要的技术服务，积极开展群众性植树造林活动。作出了《关于依法治县的决议》，要求广泛深入地搞好宣传发动工作，继续搞好普法教育，严格依法办事，进一步强化监督，根据方案制订具体的实施计划。

1988年12月3日，县十一届人大常委会第十二次会议听取了副县长宋林茂作的《县人民政府〈关于高密撤县设市的请示〉的汇报》，作出了《关于同意高密县人民政府呈报〈关于高密撤县设市的请示〉的决议》，同意县人民政府《关于高密撤县设市的请示》，由县人民政府报请上级批准。

1989年3月9日，县十一届人大常委会第十四次会议作出了《关于召开高密县第十一届人民代表大会第四次会议的决定》，决定了高密县第十一届人民代表大会第四次会议召开时间，提出了会议议程草案的建议。

1989年3月22日，县十一届人大常委会第十五次会议根据《宪法》《地方组织法》和县人大常委会《关于联系代表和人民群众的办法》，作出了《关于进一步加强处理代表建议、批评、意见和人民群众来信来访工作的决定》。听取了县人大常委会副主任刘远东作的《关于补选县十一届人大代表的说明》。作出了《关于补选代表的决定》，同意补选2名代表，责成代表联络科和代表资格审查委员会按法律规定，做好有关具体事宜。

1989年5月31日，县十一届人大常委会第十七次会议听取了关于调整县人大常委会办事机构的说明。作出了《关于调整县人大常委会办事机构的决定》，决定对县人大常委会办事机构作出调整。撤销代表联络科、财政经济科、法制科、教科文卫城乡建设科；

设立财政经济城乡建设工作委员会、法制工作委员会、农村经济工作委员会、教科文卫工作委员会（各工作委员会为正局级）；办公室下设秘书科、信访代表联络科、行政老干科（各科为股级）。

1989年6月14日，县十一届人大常委会第十八次会议要求各级政府、司法机关和全县人民，要认真学习邓小平6月9日的重要讲话和中共中央、国务院告全体共产党员、全国人民书，从思想上和党中央保持高度一致。

1989年11月1日，县十一届人大常委会第二十一次会议根据马吉智的犯罪事实，同意县检察院关于逮捕县人大代表马吉智的意见，作出了《关于同意逮捕县人大代表马吉智的决定》。

1989年11月21日，经县人大常委会主任会议提请，县十一届人大常委会第二十二次会议作出了《关于任命高密县选举委员会成员的决定》，任命了高密县选举委员会主任、副主任、委员。作出了《关于任命各乡镇选举委员会成员的决定》，任命了全县29处乡镇的选举委员会成员。

1989年11月27日，县人大常委会作出了《关于我县县乡两级人大代表名额分配意见》，确定县第十二届人民代表大会代表名额为326名。全县乡镇人民代表大会代表名额为2070名。

1990年2月8日，县十一届人大常委会第二十三次会议作出了《关于召开高密县第十二届人民代表大会第一次会议的决定》，决定高密县第十二届人民代表大会第一次会议在1990年3月中旬召开，并提出了会议议程草案的建议。

第四章　县十二届人大常委会决定事项

1990年5月8日，县十二届人大常委会第一次会议作出了《关于密切同人大代表和群众联系的决定》，决定县人大常委会要把联系人大代表作为联系群众的主渠道；要从实际出发，多为群众办实事；要广泛征求人大代表和群众的意见建议，使县人大常委会作出的决议和决定，体现代表和人民群众的意愿；要把办理代表建议、批评和意见及人民群众的来信来访作为密切联系代表和群众的重要内容，切实抓好。制订了《高密县人民代表大会常务委员会议事规则（试行）》，分为总则，会议的召开，议案的提出和审议，工作报告的听取和审议，质询，发言、表决和决议和决定的实施，附则共七章。根据《宪法》《地方组织法》《人民法院组织法》《人民检察院组织法》，通过了《高密县人民代表大会常务委员会人事任免办法》。通过了《联系县人民代表大会代表的办法》，分为总则、县人大常委会与代表的联系、代表联系组的建立和活动、代表同人民群众的联系和附则共五章。通过了《实施〈山东省人民代表大会常务委员会监督工作条例〉办法（试行）》，分总则、监督的范围和内容、监督的方式和程序、责任和处理、附则共五章。

1990年9月29日，县十二届人大常委会第四次会议作出了《关于接受荆逢元辞去高密县第十二届人大常委会委员职务请求的决定》。作出了《关于贯彻实施行政诉讼法的决议》，要求继续广泛深入地学习行政诉讼法，改进行政执法和监督检查工作，做好行政审判和司法监督。

1990年11月21日，县十二届人大常委会第五次会议通过了《关于贯彻施行〈山东省人民代表大会常务委员会关于财政预算审批监督的若干规定〉〈潍坊市人大常委会关于财政预决算监督的暂行办法〉的规定》。

1991年3月5日，县十二届人大常委会第七次会议通过了《关于召开高密县第十二届人民代表大会第二次会议的决定》，决定高密县第十二届人民代表大会第二次会议于1991年3月下旬召开。

1991年5月14日，县十二届人大常委会第九次会议听取了副县长伏希太作的县人民政府《关于高密撤县设市的请示》的汇报，作出了《关于同意高密县人民政府呈报〈关于高密撤县设市的请示〉的决议》，认为高密已达到了国发〔1986〕46号文件规定的设市标准，同意县政府《关于高密撤县设市的请示》，由县人民政府报请上级批准。听取并审议了县政府《关于在全县公民中开展法制宣传教育的第二个五年规划及实施意见的汇报》。通过了《关于在全县公民中开展法制宣传教育的第二个五年规划的决议》，认为这个规划符合实际，积极可行。要求各级、各部门要教育引导广大干部群众，充分认识进行第二个五年法制宣传教育的重要性；要以宣传、学习宪法为核心，以专业法为重点；要把握好宣传教育对象，增强教育效果；要坚持理论联系实际，学用结合；必须切实加强组织领导。

1991年7月23日，县十二届人大常委会第十次会议，通过了《关于学习贯彻〈江泽民同志在庆祝中国共产党成立七十周年大会上的讲话〉的决议》，要求全县广大干部群众认真学习江泽民的讲话，深刻领会讲话的基本观点和基本精神；各级政府及各部门单位，要把学习江泽民的讲话，同贯彻落实党的十三届七中全会和七届全国人大四次会议精神，同贯彻落实省、市、县人代会精神结合起来，扎实做好各项工作；各级人大代表要结合学习讲话精神，自觉维护好宪法规定的根本政治制度，行使好当家做主的民主权利。通过了《关于县人大代表违反〈山东省计划生育条例〉处理意见的决定》，决定凡是在1988年7月23日省人大常委会公布实施《山东省计划生育条例》之后，违反《条例》规定的县人大代表，建议代表所在原选区罢免其代表资格。之后类似违反《条例》的县人大代表，按同样办法处理。

1991年9月26日，县十二届人大常委

会第十一次会议通过了《关于同意高密县人民政府转报〈关于呼家庄撤乡设镇的请示〉的决议》，认为呼家庄乡已具备设镇的条件，同意由县政府向上级转报呼家庄乡人民政府《关于呼家庄撤乡设镇的请示》。通过了《关于评选优秀县人大代表的决定》，决定从1991年开始，每年年终评选优秀县人大代表，并对评选条件、方法、奖励办法作出了规定。

1991年11月27日，县十二届人大常委会第十二次会议通过了《高密县关于组织人大代表评议乡镇职能部门工作暂行办法》，对评议的范围和时间、内容、评前准备、程序、规则、评后工作、奖惩办法等进行了规定。通过了《高密县村民代表议事办法》，本办法自通过之日起施行，由县人大常委会负责解释，各乡（镇）人大主席团具体指导在本乡（镇）实施。

1992年1月18日，县十二届人大常委会第十三次会议，根据潍坊市人大常委会的提名，通过了《关于增选张光兴为市人大代表的决定》，依法增选张光兴为潍坊市第十一届人民代表大会代表。通过了《关于召开高密县第十二届人民代表大会第三次会议的决定》，决定高密县第十二届人民代表大会第三次会议于1992年3月下旬召开，并提出了会议议程草案的建议。通过了《高密县人大代表评议县直部门试行办法》，对评议对象、参加评议代表及评议时间、评议内容、评前准备、评议程序、评议规则、评后工作、奖罚办法作出规定。

1992年3月17日，县十二届人大常委会第十四次会议通过了《关于补选县十二届人大代表的决定》，同意补选4名县十二届人大代表，并责成代表资格审查委员会和县人大常委会办公室按法律规定办理。

1992年4月5日，县十二届人大常委会第十五次会议通过了《关于表彰优秀县人大代表和人大工作先进乡镇的决定》，对评选出的39名优秀县人大代表和8处人大工作先进乡镇给予表彰奖励。

1992年10月14日，县十二届人大常委会第十九次会议听取并审议了县人大常委会副主任李好玉作的《关于调整高密县县乡（镇）选举工作委员会组成人员的说明》，原有的县乡（镇）选举工作委员会是1989年任命的，为适应1992年冬至1993年春全县县乡两级人大换届选举工作需要，根据县人大常委会主任会议的提议，通过了《关于调整高密县县乡（镇）选举工作委员会组成人员的决定》，决定将高密县县乡（镇）选举工作委员会组成人员进行调整。

1993年1月16日，县十二届人大常委会第二十一次会议通过了《关于召开高密县第十三届人民代表大会第一次会议的决定》，决定高密县第十三届人民代表大会第一次会议于1993年2月上旬召开，提出了会议的主要建议议程。

第五章 市（县）十三届人大常委会决定事项

1993年4月13日，县十三届人大常委会第二次会议通过了《高密县人民代表大会常务委员会联系县人大代表办法》。办法分为总则、县人大常委会与代表的联系、代表联系组的建立和活动、代表同人民群众的联系及执行代表职务的有关保障、附则共五章。通过了《高密县人民代表大会常务委员会人事任免办法》。办法共分八章，对县人大常委会有关人员、县人民政府组成人员、人民法院审判人员、人民检察院检察人员、县乡两级选举委员会组成人员的任命及办理程序作了规定。通过了《关于评选优秀县人大代表办法》，对评选的条件和评选、奖励办法作了规定。通过了《高密县人民代表大会常务委员会议事规则》。议事规则分总则，会议的召开，议案的提出和审议，工作报告的听取和审议，质询，发言、表决和决议、决定的实施，附则共七章。通过了《高密县人大代表评议县直部门试行办法》，对参评代表，评议范围、时间、内容，评前准备，评议程序，评后工作和奖罚办法作了规定。通过了《高密县关于组织人大代表评议乡镇职能部门试行办法》，对参评代表，评议范围、时间、内容，评前准备，评议程序，评后工作和奖罚办法作了规定。

1993年6月17日，县十三届人大常委会第三次会议听取并审议了县建委主任朱福训所作的关于《高密县城镇住房制度改革实施方案》，原则同意该方案由县人民政府呈报市人民政府审批后组织实施。

1993年8月17日，县十三届人大常委会第四次会议通过了《关于同意高密县人民政府呈报〈关于高密撤县设市的请示〉的决议》，同意县人民政府《关于高密撤县设市的请示》，由县人民政府报请上级批准。

1994年1月8日，县十三届人大常委会第七次会议通过了《关于召开高密县第十三届人民代表大会第二次会议的决定》，决定高密县第十三届人民代表大会第二次会议于1994年2月下旬召开，决定了会议的主要建议议程。

1997年6月24日，市十三届人大常委会第三十一次会议，听取并审议了市政府副市长齐世增代表市政府所作的《关于扩建城区初级中学校舍议案调查处理情况的汇报》，会议同意这个报告，并通过了《关于办理市十三届人大五次会议“要求扩建城区初级中学校舍”议案的决议》，要求市政府及有关部门要高度重视，下大力气解决城区初中校舍不足的问题。

（1994—1997年资料缺失）

第六章 市十四届人大常委会决定事项

1998 年 3 月 19 日，市十四届人大常委会第一次会议作出了《关于批准高密市 1997 年财政决算的决定》，决定批准市人民政府提交的 1997 年财政决算。作出了《市人大常委会议事规则》《联系市人大代表办法》《人事任免办法》《信访处理办法》《对行政机关执法过错和司法机关错案实行责任追究的试行办法》，通过了《关于加强自身建设的决定》。

1998 年 5 月 20 日，市十四届人大常委会第二次会议通过了《关于评选“高密市优秀人大工作者”的意见》《关于在全市人大代表中开展“学习代表法、实施代表法、争当优秀人大代表”活动的意见》《关于评选高密市“十佳干警”的意见》。

1998 年 7 月 20 日，市十四届人大常委会第三次会议听取了副市长曾宪林作的关于搞好高蔡路徐家庄段路面硬化议案办理情况的汇报，作出了《关于办理市十四届人大一次会议“搞好高蔡路徐家庄段路面硬化”议案的决议》。

1998 年 11 月 25 日，市十四届人大常委会第六次会议通过了《关于 1999 年全市乡镇人民代表大会换届选举工作安排意见》，确定 1999 年 1 月 20 日为全市选举日，选举新一届乡镇人民代表大会代表；1 月 31 日前，开完换届的乡镇人民代表大会，选出乡镇政权领导班子。通过了《关于任命高密市乡镇选举委员会组成人员的决定》，对各乡镇选举委员会组成人员进行了任命。

1999 年 1 月 11 日，市十四届人大常委会第七次会议审议通过了“高密市优秀人大工作者”“高密市优秀人大代表”名单，评选出了高密市“十佳干警”人选，作出了《关于表彰“高密市优秀人大工作者”的决定》《关于表彰“高密市优秀人大代表”的决定》《关于授予高密市“十佳干警”称号的决定》。审议通过了《关于接受郭秀香等同志辞去高密市第十四届人民代表大会代表职务申请的决定》《关于补选高密市第十四届人民代表大会代表的决定》。审议通过了《关于召开高密市第十四届人民代表大会第二次会议的决定》，决定高密市第十四届人民代表大会第二次会议于 1999 年 3 月 5 日召开。通过了《关于补选高密市第十四届人民代表大会代表的决定》，决定补选 20 名高密市第十四届人民代表大会代表。

1999 年 2 月 23 日，市十四届人大常委会第八次会议表决通过了《关于接受毛永华、范锡宝辞去高密市第十四届人民代表大会常务委员会委员职务的请求的决定》《关于接受滕希平、范锡宝辞去高密市第十四届人民代表大会代表职务的请求的决定》《关于调整高密市第十四届人民代表大会常务委员会代表资格审查委员会成员的决定》。

1999 年 5 月 20 日，市十四届人大常委会第十次会议表决通过了《关于批准高密市 1998 年财政决算的决议》《乡镇人大工作考核暂行办法》。

1999 年 7 月 9 日，市十四届人大常委会第十一次会议通过了《关于批准高密市变更规划用地的决定》，决定批准高密市规划用地的变更方案。

1999 年 11 月 12 日，市十四届人民代表大会常务委员会第十三次会议通过了《关于对司法和行政执法机关实行个案监督的暂行办法》《述职评议工作暂行办法》。

2000 年 1 月 12 日，市十四届人大常委会第十五次会议表决通过了《关于召开高密市第十四届人民代表大会第三次会议的决定》，决定市十四届人大三次会议于 2000 年 3 月 3 日开幕，会期 3 天。表决通过了《关于表彰“高密市人大工作先进乡镇”的决定》，决定授予姜庄镇、柏城镇、高密镇、阚家镇、夏庄镇、双羊镇、注沟镇、呼家庄镇“高密市人大工作先进乡镇”称号，予以表彰。《关于表彰“高密市优秀人大代表”的决定》，对评选出的 43 名“高密市优秀人大代表”予以表彰。通过了高密市人大常委会关于授予“高密人民勋章”办法。审议通过了《关于授予刘德昌、孙日贵“高密人民勋章”的议案》，决定授予刘德昌、孙日贵“高密人民勋章”。

2000 年 1 月 28 日，市十四届人大常委会第十六次会议审议通过了《关于接受李万京辞去高密市第十四届人民代表大会代表职务的请求的决定》。

2000 年 6 月 6 日，市十四届人大常委会第十八次会议表决通过了《关于批准高密市 1999 年财政决算的决议》《关于加强人民法院执行工作的决议》。

2000 年 12 月 15 日，市十四届人大常委会第二十一次会议听取并审议了市人大常委会副主任潘世俊作的《关于评选“高密市人大工作先进乡镇”情况的汇报》；作出了关于表彰《高密市人大工作先进乡镇》的决定，决定授予姜庄镇、柏城镇、高密镇、夏庄镇、柴沟镇、阚家镇、注沟镇、双羊镇、呼家庄镇、土庄乡“高密市人大工作先进乡镇”称号，予以表彰。听取并审议了市人大常委会副主任潘世俊作的《关于评选“高密市优秀人大代表”情况的汇报》。会议决定，对评选出的 42 名“高密市优秀人大代表”予以表彰。

2001 年 2 月 2 日，市十四届人大常委会第二十二次会议作出了《关于接受吴元宝辞去高密市人民政府市长职务的决定》，决定接受吴元宝辞去高密市人民政府市长职务。

2001 年 2 月 20 日市十四届人大常委会二十三次会议作出了《关于接受王发亮等同志辞去高密市第十四届人民代表大会代表职务的决定》，决定接受王发亮、乔光明、刘玉和、李子勤、宋锡明、张乐宝、张家书、陈兆勤、赵仁东、钟亮成、徐怀义、隋卫清、彭桂臻、綦振礼辞去高密市第十四届人民代表大会代表职务的请求，终止其代表资格。

2001年3月9日，市十四届人大常委会第二十四次会议作出了《关于暂时停止李绍文执行高密市第十四届人民代表大会代表职务的决定》。

2001年4月12日，市十四届人大常委会第二十五次会议表决通过了《关于调整市人大常委会代表资格审查委员会组成人员的决定》。

2001年6月8日，市十四届人大常委会第二十六次会议作出了《关于撤销李绍文高密市人民法院院长职务的决议》，认为需要撤销李绍文的高密市人民法院院长职务，并报请潍坊市中级人民法院经潍坊市人大常委会批准。

2001年8月8日，市十四届人大常委会第二十七次会议表决通过了《关于接受吴荣勤辞去高密市副市长职务请求的决定》。

2001年9月14日，市十四届人大常委会第二十八次会议作出了《关于在全市公民中开展第四个五年法制宣传教育的决议》，认为，1986年以来，高密市在全体公民中已实施了3个法制宣传教育五年规划，公民法制意识普遍提升，要继续深入学习宣传宪法和有关法律，增强宣传教育针对性，加大依法治理力度。作出了《关于进一步开展依法治市的决议》，要求切实搞好地方规范性文件的制订落实工作，完善执法责任制和错案责任追究制，全面推进基层、行业、区域依法治理。

2001年11月13日，市十四届人大常委会第二十九次会议听取了市人大常委会副主任刘彭泉作的《关于修改〈高密市人大常委会信访处理办法〉的说明》，对市十四届人大常委会第一次会议制订的《信访处理办法》进行了修改，通过了《信访工作暂行办法》。

2001年11月21日，市十四届人大常委会第三十次会议表决通过了《关于2002年全市镇级人民代表大会换届选举工作安排意见》，确定本次镇级人大换届选举，自全市镇村领导班子换届选举工作会议开始，至2002年底结束，确定2002年1月20日为全市选举日。通过了《关于任命全市各镇选举委员会组成人员的决定》，作出了《关于重新确定部分镇代表名额的决定》，对行政区划变动的11个镇的人民代表大会代表名额依法重新确定，并报潍坊市人大常委会备案，行政区划未调整的6处乡镇的人民代表大会代表名额，仍然执行1996年市人大常委会核定的代表名额。作出了《关于召开高密市第十四届人民代表大会第五次会议的决定》，决定高密市第十四届人民代表大会第五次会议于2002年1月下旬召开。

2002年1月12日，市十四届人大常委会第三十一次会议投票评选出了“十佳干警”，作出了《关于表彰“十佳干警”的决定》。

2002年4月8日，市十四届人大常委会第三十三次会议审议通过了《关于表彰行政执法先进单位的决定》，评选市人事局、市教育局、市财政局、市发展计划局、市计划生育局、市规划与国土资源局、市公安局、市卫生局、市国家税务局、市畜牧局、市建设局、市审计局、市劳动和社会保障局、市水利局、市质量技术监督局、市地方税务局、市工商行政管理局、市公路局为行政执法先进单位。

2002 年 6 月 7 日，市十四届人大常委会第三十四次会议通过了《关于市十四届人大五次会议议案办理实施方案的决议》《关于批准高密市 2001 年财政决算的决议》。

2002 年 8 月 2 日，市十四届人大常委会第三十五次会议表决通过了《关于批准市政府关于重建东关派出所占用规划绿地的报告的决定》。

2002 年 11 月 11 日，市十四届人大常委会第三十七次会议，审议通过了《关于 2003 年高密市人民代表大会换届选举工作安排意见》。确定了换届选举工作自即日起至 2003 年 1 月 25 日前结束，2003 年 1 月中旬召开市十五届人民代表大会第一次会议，并选举产生高密市出席潍坊市第十四届人民代表大会的代表。换届选举共分召开选举工作会议，划分选区、选民登记、张榜公布选民名单，组织提名推荐初步代表候选人、酝酿协商确定正式代表候选人、确定并张榜公布正式代表候选人名单，召开选举大会，召开市十五届人民代表大会第一次会议 5 个阶段。代表名额为 288 名。对代表素质及结构、选区划分和选民登记、人大常委会的组成等方面进行了规定。听取并审议了市人大常委会副主任王致民作的关于设立高密市选举委员会的说明，会议作出了《关于设立高密市选举委员会的决定》，决定设立高密市选举委员会，孙惠斌为主任，王致民为副主任，王汉杰等 13 人为委员，任德平兼任选举委员会办公室主任。审议通过了《关于高密市第十五届人民代表大会名额和潍坊分配高密潍坊市第十四届人民代表大会代表名额及选举问题的决定》，根据有关法律规定，名额按照农村每一代表所代表的人口数四倍于市区每一代表所代表的人口数的原则进行分配。潍坊市人大常委会分配高密潍坊市第十四届人大代表名额 46 名，原则上每镇分配 1 名潍坊市人大代表名额。

2002 年 12 月 30 日，市十四届人大常委会第三十八次会议，表决通过了《关于高密市 2002 年市级财政预算变更情况的决定》，批准将高密市 2002 年地方财政收入预算由 33954 万元变更为 29218 万元，地方财政支出由 34718 万元变更为 36000 万元。作出了《关于授予李桂荣、贾山、田立甫“高密人民勋章”的决定》，决定授予李桂荣、贾山、田立甫“高密人民勋章”。作出了《关于召开高密市第十五届人民代表大会第一次会议的决定》，决定高密市第十五届人民代表大会第一次会议于 2003 年 1 月中旬召开。

2003 年 1 月 3 日，市十四届人大常委会第三十九次会议，作出了《关于接受王维盛辞去高密市人民政府市长职务的决定》《关于接受王卫东等同志辞去高密市人民政府副市长职务的决定》《关于接受张庆坚同志辞去高密市人民检察院检察长职务的决定》，决定接受王维盛辞去高密市人民政府市长职务的请求，接受王卫东、白卫明、刘东辞去高密市人民政府副市长职务的请求，接受张庆坚辞去高密市人民检察院检察长职务的请求，报高密市第十五届人民代表大会第一次会议备案。

第七章　市十五届人大常委会决定事项

2003 年 2 月 17 日，市十五届人大常委会第一次会议，通过了《关于加强自身建设的决定》，从理论联系实际、调查研究、求真务实、与时俱进、开拓进取、从严律己、艰苦奋斗等方面加强自身建设，更好适应新形势、新任务的需要。作出了《关于设立代表资格审查委员会的决定》，决定设立高密市第十五届人民代表大会常务委员会代表资格审查委员会，刘彭泉为主任委员，任德平为副主任委员。

2003 年 3 月 19 日，市十五届人大常委会第二次会议，通过了《人事任免办法》，分总则、任免范围、程序、期限、辞职撤职、述职评议考试、附则共七章。通过了《联系市人大代表办法》，分总则、常委会同代表的联系、代表活动组的建立和活动、代表同人民群众的联系及执行代表职务的有关保障、附则共五章。通过了《述职评议工作办法》，分总则、述职评议的范围、组织、述职报告的撰写、述职评议前的调查程序、评议的办法、评议意见的反馈和整改、附则共八章。通过了《关于对司法和行政执法机关实行个案监督的暂行办法》，分总则、个案监督的范围和案件来源、形式、程序、责任追究和附则共六章。通过了《关于市级司法、行政执法机关错案和执法过错责任追究的办法》，分总则、错案和执法过错的范围、责任区分、责任追究、追究的程序、市人大及其常委会的监督和附则共七章。通过了《信访工作暂行办法》，分总则、受理范围、受理及转办程序、督办程序及方式、工作职责及纪律要求、信访秩序和附则共七章。

2003 年 5 月 20 日，市十五届人大常委会第三次会议审议通过了《高密市人大常委会街道人大工作室工作办法》，规定街道人大工作室是市人大常委会派驻街道的工作机构，工作室主任、副主任由市人大常委会任命，明确了街道人大工作室的主要职责、工作室主任或副主任列席会议范围等。

2003 年 8 月 5 日，市十五届人大常委会第四次会议，听取并审议了副市长杜洪君作的关于高密经济开发区南部建造工业园区及相关基础设施配套工程和污水处理扩建工程贷款还本付息资金列入市财政预算支出的报告，作出了《关于批准高密经济开发区南部建造工业园区及相关基础设施配套工程和污水处理扩建工程贷款还本付息资金列入市财政预算支出的决定》，同意高密经济开发区南部工业园区及相关基础设施配套工程项目，分两年建设，总投资 5000 万元，项目贷款还款计划为 2005—2009 年，每年还款 600 万元，2010 年还款 500 万元。在本项目贷款还款期内，每年将归还工商银行贷款本息金额列入市财政预算支出，保证及时按期拨付用于归还工商银行贷款本息。

2003年10月13日，市十五届人大常委会第五次会议，听取了副市长钟亮成作的关于建设天然气项目贷款还本付息资金列入市财政预算支出的报告。作出了《关于批准建设天然气项目贷款还本付息资金列入市财政预算支出的决定》，决定批准这个报告。同意建设天然气输气管道及相关基础设施配套工程，总投资7160万元，其中地方自筹2160万元、向工商银行贷款5000万元。同意由高密市远大交通工程有限公司向工商银行贷款5000万元。贷款期限8年，头5年还息，后3年本息还清。在本项目贷款还款期内，每年将归还工商银行贷款本息列入市财政预算支出。

2004年4月27日，市十五届人大常委会第九次会议，通过了《高密市人民代表大会常务委员会审议意见办理暂行办法》，包括总则、审议意见的形成、审议意见的交办与办理、审议意见的督办、责任追究、附则共6章18条。通过了《高密市人民代表大会常务委员会关于组织人大代表向选民述职活动的意见》，包括指导思想、代表述职的内容、述职活动的方法步骤和组织领导。

2004年8月27日，市十五届人大常委会第十一次会议，通过了《高密市人民代表大会常务委员会关于高密市人大代表辞职办法》，共5条，分别规定了实行人大代表辞职必须遵循的原则，应当辞职的范围，辞职的程序，补选缺额代表和《办法》的实施时间。

2004年10月25日，市十五届人大常委会第十二次会议，听取了副市长刘金贵作的关于夏庄镇污水及管网工程、供水及管网工程和高密二中新校贷款还本付息资金列入市财政预算支出的报告，决定批准这个报告，同意将夏庄镇污水及管网工程、供水及管网工程和高密二中新校贷款还本付息资金列入市财政预算支出。

2004年12月21日，市十五届人大常委会第十三次会议，对2003年3月19日市十五届人大常委会第二次会议通过的《高密市人民代表大会常务委员会关于司法、行政执法机关错案和执法过错责任追究的办法》和《高密市人民代表大会常务委员会关于对司法和行政执法机关实行个案监督的暂行办法》进行了修订。在对《错案责任追究办法》修订中，对题目作了规范，将“执法过错”改为“违法办案”，增删修订17条，修订后的《错案责任追究办法》保留7章36条。《个案监督暂行办法》由原来的6章19条改为5章20条。听取了副市长林京湖作的《关于高密市新一轮城市总体规划修编工作情况的说明》及市规划局局长于道河作的《关于高密市新一轮城市总体规划修编工作情况的报告》，决定批准市人民政府提交的高密市新一轮城市总体规划方案，报潍坊市人民政府转报省政府批复实施。听取并审议了市政府《关于山东省高密市第一中学新校建设项目贷款还本付息资金列入市财政预算支出的报告》，决定批准这个报告。

2005年2月16日，市十五届人大常委

会第十四次会议，听取了市政府关于提请审议《建设经营高密市污水处理厂厂区工程合同书》的报告，关于利用 BOT 方式建设 5 万吨/日污水处理扩建工程项目的情况汇报，作出了《关于污水处理厂扩建工程有关问题的决定》。作出了《关于召开高密市第十五届人民代表大会第三次会议的决定》，决定高密市第十五届人民代表大会第三次会议于 2005 年 2 月 26 日在高密召开，会期 3 天。

2005 年 4 月 27 日，市十五届人大常委会第十五次会议审议通过了《公民旁听市人大常委会会议办法》。作出了《关于确定人民陪审员名额的决定》，确定市人民法院人民陪审员名额为 40 名。作出了《关于停止薛文升市人民代表职务并许可对其采取强制措施的决定》。

2005 年 6 月 24 日，市十五届人大常委会第十六次会议听取了市人大常委会副主任刘彭泉作的关于授予“人民勋章”的办法、关于高密市优秀人大代表评选办法和关于高密市“十佳干警”评选办法的说明，审议通过了《关于授予“人民勋章”的办法》《关于高密市优秀人大代表评选办法》《关于高密市“十佳干警”评选办法》。作出了《关于停止刘清华市人大代表职务并许可对其采取强制措施的决定》。作出了《关于批准高密市 2004 年财政决算的决议》。

2005 年 8 月 23 日，市十五届人大常委会第十七次会议听取并审议了市规划局局长于道河代表市政府作的《关于积极实施新一轮城市总体规划推进高密城市化建设进程的议案》办理情况的汇报，作出了关于市政府办理《关于积极实施新一轮城市总体规划推进高密城市化建设进程的议案》的决议。

2005 年 10 月 29 日，市十五届人大常委会第十八次会议听取并审议了副市长林京湖代表市政府作的关于城市基础设施建设贷款还本付息资金列入市财政预算支出的报告，作出了《关于城市基础设施建设贷款还本付息资金列入市财政预算支出的决定》。同时建议市政府统筹考虑 2004 年以来常委会批准的几批还本付息资金列入市财政预算支出的贷款项目还本付息情况，确保偿还期的承受能力，并本着勤俭办事业的原则，封闭运行，专款专用。

2006 年 4 月 6 日，市十五届人大常委会第二十三次会议听取了副市长张树伟代表市政府作的关于提请审议调整南部新区部分用地及道路规划的报告，作出了关于批准高密市人民政府调整南部新区部分用地及道路规划的决定，同意调整南部新区部分用地及道路规划。

2006 年 7 月 27 日，市十五届人大常委会第二十五次会议听取并审议了常务副市长杜洪君代表市政府作的《关于在“十一五”期间加快高密“文化名市”建设的议案》和《关于加大投入防氟改水的议案》办理情况的报告，作出了关于市政府办理《关于在“十一五”期间加快高密“文化名市”建设的议案》的决议和市政府办理《关于加大投入防氟改水的议案》的决议。要求市政府及有关部门要进一步增强加快高密“文化名市”建设的紧迫感和使命感，进一步统一思想，提高认识，坚持高起点规划、高标准建设、高效能管理，早日把高密建成文化名市；进一步坚持以人为本的科学发展观，加大工作力度，创新工作机制，早日从根本上解决高密受氟害群众的饮用安全水问题。听取了市财政局局长鞠志华代表市政府作的关于高密市2005年财政决算的报告、市审计局局长姜殿国代表市政府作的关于高密市2005年预算执行和其他财政收支的审计工作报告，作出了关于批准高密市2005年财政决算的决议。会议认为，2005年，市政府及有关部门紧紧围绕“进位争先建强市”这个主目标，认真贯彻落实科学发展观，积极发挥职能作用，认真落实稳健的财政政策，不断提高理财水平，财政收入保持了持续快速增长的好势头，财政支出结构进一步优化，较好地完成了市十五届人大三次会议批准的预算任务。针对工作中存在的问题和不足，建议市政府：进一步加强财源建设，进一步营造税负公平的市场环境，进一步强化税收征管，进一步增强保障能力，进一步严肃财经纪律。

2006年9月1日，市十五届人大常委会第二十六次会议听取并审议了市司法局局长范立标代表市政府作的关于高密市“四五”普法情况及“五五”普法规划的汇报、关于高密市“三五”依法治市情况及2006—2010年依法治市规划的汇报，作出了关于在全市公民中开展第五个五年法制宣传教育的决议、关于高密市2006—2010年依法治市规划的决议。

2006年10月31日，市十五届人大常委会第二十七次会议听取并审议了副市长刘秀平代表市政府作的关于申请向潍坊市商业银行贷款用于城市基础设施建设的报告，通过了《高密市人民代表大会常务委员会关于批准城市基础设施建设贷款还本付息资金列入市财政预算支出的决定》，决定批准这个报告，同意将城市基础设施建设贷款还本付息资金列入2007年市财政预算支出。

2007年1月18日，市十五届人大常委会第二十九次会议表决通过了《关于接受刘旭等18名同志辞去高密市第十五届人民代表大会代表职务的请求的决定》；审议通过了《关于召开高密市第十五届人民代表大会第五次会议的决定》，决定高密市第十五届人民代表大会第五次会议于2007年3月份召开。表决通过了《关于接受刘金贵、林京湖、张树伟辞去高密市副市长职务的请求的决定》《关于接受刘利宁辞去高密市人民检察院检察长职务的请求的决定》。

2007年2月25日，市十五届人大常委会第三十次会议决定高密市第十五届人民代表大会第五次会议于3月7日召开，正式会期为3天。

2007年3月11日，市十五届人大常委会第三十一次会议听取了常务副市长杜洪君代表市政府作的关于申请中国农业发展银行高密市支行贷款用于新春油脂花生基地配套工程建设的报告，决定批准新春油脂花生基地配套工程建设贷款还本付息资金列入市财政预算支出。

2007年4月25日，市十五届人大常委会第三十三次会议听取并审议了市人大常委会副主任张庆坚作的关于调整高密市第十五届人民代表大会常务委员会代表资格审查委员会成员的说明，通过了关于调整高密市第十五届人民代表大会常务委员会代表资格审查委员会成员的决定。

2007年6月19日，市十五届人大常委会第三十四次会议听取并审议了市政府关于调整第二污水处理厂污水处理费的报告、关于建设第二污水处理厂二期工程的报告，作出了关于批准高密市人民政府关于调整第二污水处理厂污水处理费的决定、关于建设第二污水处理厂二期工程的决定。听取了市政府《关于高密市2006年财政决算情况的报告》《关于高密市2006年市级预算执行和其他财政收支的审计工作报告》，并结合审计工作报告，对市政府提出的《高密市2006年财政决算（草案）》和财政决算报告进行了审查，作出了关于批准高密市2006年财政决算的决议，决定批准《高密市2006年财政决算（草案）》和《关于高密市2006年财政决算情况的报告》。听取了市人民检察院《关于提请许可对田云瑞采取强制措施的报告》，作出了关于停止田云瑞市人大代表职务并许可对其采取强制措施的决定。

2007年8月15日，市十五届人大常委会第三十五次会议听取并审议了市政府关于对城区主要街道综合改造工程建设项目贷款情况的报告，作出了关于批准城区主要街道综合改造工程建设项目贷款的决定。听取并审议了市政府《关于加快文化体育基础设施建设的议案》《关于严格依法维护城市规划严肃性的议案》办理情况的报告，作出了关于市政府办理《关于加快文化体育基础设施建设的议案》的决议和《关于严格依法维护城市规划严肃性的议案》的决议。作出了《关于加强人民监督员工作的意见》，就人民监督员的职责、资格、任免、监督工作和工作保障进行了规定。

2007年9月11日，市十五届人大常委会第三十六次会议听取并审议了市人大常委会副主任张庆坚作的《关于2007年全市人大换届选举工作有关问题的说明》，通过了《关于2007年全市人大换届选举工作安排意见》，作出了关于设立高密市及各镇选举委员会的决定、关于高密市第十六届人民代表大会代表名额分配和各镇新一届人民代表大会代表名额的决定。会议确定2007年11月23日为市镇两级人大代表选举日，决定全市人大换届选举工作分四个阶段进行：第一阶段是从9月中旬开始，建立组织、宣传发动；第二阶段是划分选区和选民登记，2007年11月3日以前公布选民名单；第三阶段是推荐和确定代表候选人，选举人大代表；第四阶段是12月7日前，各镇召开新一届人大一次会议，12月15日前召开高密市第十六届人民代表大会第一次会议，选举高密市新一届国家机关组成人员和潍坊市第十五届人民代表大会代表。会议确定姜庄镇为试点单位，先行一步，获取经验，指导面上工作的开展。

2007 年 11 月 7 日，市十五届人大常委会第三十七次会议听取并审议了副市长徐振刚作的关于对文化中心和体育馆建设工程项目贷款情况的报告，作出了关于批准文化中心和体育馆建设工程项目贷款还本付息资金列入市财政预算支出的决定，同意将文化中心和体育馆建设工程项目贷款还本付息资金列入当年市财政预算支出。

2007 年 12 月 3 日，市十五届人大常委会第三十八次会议作出了关于批准城区道路综合改造工程项目贷款还本付息资金列入市财政预算支出的决定，同意将城区道路综合改造工程项目贷款还本付息资金列入市财政预算支出。作出了关于召开高密市第十六届人民代表大会第一次会议的决定，决定高密市第十六届人民代表大会第一次会议于 2007 年 12 月 11 日至 14 日召开，会期 3 天半。

2007 年 12 月 4 日，市十五届人大常委会第三十九次会议表决通过了关于接受赵志远辞去高密市市长职务的请求的决定，任命范福生为高密市副市长，决定范福生为高密市代理市长。

第八章　市十六届人大常委会决定事项

2008 年 2 月 1 日，市十六届人大常委会第一次会议通过了《高密市人大常委会关于加强自身建设的决定》。听取并审议了市人大常委会副主任薛维钧作的关于《高密市人民代表大会代表议案处理办法》《高密市人民代表大会代表建议、批评和意见处理办法》的说明、关于设立高密市第十六届人民代表大会常务委员会代表资格审查委员会的说明，通过了《高密市人民代表大会代表议案处理办法》和《高密市人民代表大会代表建议、批评和意见处理办法》。听取了市委副书记、市长范福生作的关于三河污染综合治理工程项目贷款纳入财政预算的报告，表决通过了关于批准三河污染综合治理工程项目贷款还本付息资金列入市财政预算支出的决定。

2008 年 3 月 25 日，市十六届人大常委会第二次会议听取了市人大常委会副主任张星海作的关于修订《高密市人民代表大会常务委员会议事规则》的说明，审议通过了《高密市人民代表大会常务委员会议事规则》。听取了市人大常委会副主任薛维钧作的关于制订《高密市人大常委会关于镇街人大工作与考核办法》的说明，通过了《高密市人大常委会关于镇街人大工作与考核办法》。

2008 年 5 月 29 日，市十六届人大常委会第三次会议听取并审议了副市长刘秀平作的关于申请向农业银行贷款用于文体中心建设项目的报告，作出了关于批准市政府向农业银行贷款用于文体中心建设项目的决定，同意将贷款还本付息资金列入相应年度市财政预算支出。听取了市人大常委会党组副书记、副主任张星海作的关于修订《高密市人民代表大会常务委员会审议意见办理暂行办法》的说明，市人大常委会副主任薛维钧作的关于修订《高密市人民代表大会常务委员会组成人员联系代表办法》的说明、关于修订《高密市人民代表大会常务委员会人事任免办法》的说明，通过了《高密市人民代表大会常务委员会审议意见办理办法》《高密市人民代表大会常务委员会组成人员联系代表办法》《高密市人民代表大会常务委员会人事任免办法》。

2008 年 7 月 25 日，市十六届人大常委会第四次会议听取了市政府《关于积极实施新一轮城市总体规划加速推进市区向东部拓展建设的议案》和《关于扎实推进城乡医疗卫生体制改革的议案》办理情况的报告，作出了关于市政府办理《关于积极实施新一轮城市总体规划加速推进市区向东部拓展建设的议案》的决议和《关于扎实推进城乡医疗卫生体制改革的议案》的决议。听取了市政府关于高密市 2007 年财政决算情况的报告和关于高密市 2007 年市级预算执行和其他财政收支的审计工作报告，并结合审计工作报告，对市政府提出的《高密市 2007 年财政决算（草案）》和财政决算报告进行了审查，作出了关于批准高密市 2007 年财政决算的决议，决定批准《高密市 2007 年财政决算（草案）》和关于高密市 2007 年财政决算情况的报告。

2008 年 9 月 23 日，市十六届人大常委会第五次会议听取并审议了市委常委、副市长李葆东作的关于对城区主要街道综合改造工程建设项目贷款情况的报告和关于市人民医院综合病房大楼建设项目贷款情况的报告，作出了关于批准城区主要街道综合改造工程建设项目贷款还本付息资金列入市财政预算支出的决定、关于批准市人民医院综合病房大楼建设项目贷款还本付息资金列入市财政预算支出的决定，同意将这两个项目贷款还本付息资金列入相应年度市财政预算支出。

2008 年 12 月 11 日，市十六届人大常委会第六次会议听取并审议了副市长刘秀平作的关于文化中心和体育馆工程项目贷款情况的报告，作出了关于批准文化中心和体育馆工程项目贷款还本付息资金列入市财政预算支出的决定，同意将文化中心和体育馆工程项目贷款还本付息资金列入相应年度市财政预算支出。

2008 年 12 月 31 日，市十六届人大常委会第七次会议听取并审议了市财政局局长鞠志华作的关于高密市 2008 年地方财政收支预算调整情况的报告，作出了关于调整高密市 2008 年地方财政收支预算的决定，同意将高密市 2008 年地方财政收入预算由 120769 万元调整为 117609 万元；地方财政支出预算由 135269 万元调整为 132109 万元。会议决定高密市第十六届人民代表大会第二次会议于 2009 年 1 月 8 日召开，会期 3 天。建议会议的主要议程共 8 项。

2009 年 3 月 5 日，市十六届人大常委会第九次会议听取并审议了市人大常委会副主任张星海作的关于制订《高密市人大常委会组成人员守则（草案）》的说明，通过了《高密市人大常委会组成人员守则》。听取并审议了副市长钟亮成作的关于对胶河综合治理工程一期工程项目贷款情况的报告、关于对城区主要街道综合改造工程项目贷款情况的报告、关于两街三路拆迁资金贷款情况的报告，作出了关于批准胶河综合治理工程一期工程项目贷款还本付息资金列入市财政预算支出的决定、关于批准城区主要街道综合改造工程项目贷款还本付息资金列入市财政预算支出的决定、关于批准两街三路拆迁资金贷款还本付息资金列入市财政预算支出的决定。

2009 年 6 月 23 日，市十六届人大常委会第十一次会议听取并审议了市委常委、副市长李兰祥作的关于建立高密市撤村建居建设基金的报告、关于高密市农村路网项目建设资金有关问题的报告和关于对农村公路建设项目贷款情况的报告，作出了相应的决定，同意建立高密市撤村建居建设基金列入相应年度市财政预算支出；同意将高密市农村路网项目建设贷款还本付息资金、高密市农村公路建设项目贷款还本付息资金列入相应年度财政预算支出。听取并审议了市政府《关于扶持和引导企业做大做强的议案》和《关于进一步提高农村社区服务水平的议案》办理情况的报告，作出了关于市政府办理《关于扶持和引导企业做大做强的议案》的决议和《关于进一步提高农村社区服务水平的议案》的决议，要求市政府及其有关部门要进一步统一思想，提高认识，促进全市工业经济又好又快发展；努力实现全市农村社区服务全覆盖，让社区服务惠及广大农村群众。听取了市政府关于高密市 2008 年财政决算情况的报告和关于高密市 2008 年市级预算执行和其他财政收支的审计工作报告，并结合审计工作报告，对市政府提出的《高密市 2008 年财政决算（草案）》和财政决算报告进行了审查，作出了关于批准高密市 2008 年财政决算的决议，决定批准《高密市 2008 年财政决算（草案）》和关于高密市 2008 年财政决算情况的报告。听取市人大常委会副主任张星海作的关于制订《高密市人民代表大会常务委员会规范性文件备案审查办法》的说明，审议通过了《高密市人民代表大会常务委员会规范性文件备案审查办法》。

2009 年 11 月 3 日，市十六届人大常委会第十三次会议审议通过了《高密市人大常委会关于深入学习贯彻党的十七届四中全会精神的决定》，提出了市人大常委会及机关学习贯彻全会精神的四项要求：一是学习贯彻落实全会精神要与提升思想理论水平密切结合；二是学习贯彻落实全会精神要与服务全市中心工作密切结合；三是学习贯彻落实全会精神要与加强改进人大工作密切结合；四是学习贯彻落实全会精神要与加强机关自身建设密切结合。听取并审议了市政府副市长刘秀平作的关于对文体公园景观项目贷款情况的报告，关于对城区主要街道综合改造工程项目贷款还本付息资金列入财政预算的报告，关于采用BT方式建设高密市市政污水排水管网工程等基础设施项目的报告，关于以BOT方式投资建设、经营管理高密市第三污水处理厂项目和污水处理费收支纳入市财政预算的报告。作出了相应的批准决定，同意将文体公园景观项目贷款还本付息资金和城区主要街道综合改造工程项目贷款还本付息资金列入相应年度财政预算支出；同意采用BT方式建设高密市市政污水排水管网工程等基础设施项目，并将项目回购资金列入相应年度财政预算支出；同意以BOT方式投资建设、经营管理高密市第三污水处理厂项目，并将污水处理费收支纳入市财政预算。听取了市人大常委会副主任薛维钧作的关于修订《高密市人民代表大会代表建议、批评和意见处理办法（草案）》的说明，通过了《高密市人民代表大会代表建议、批评和意见处理办法》。

2009年12月31日，市十六届人大常委会第十四次会议通过了关于召开高密市第十六届人民代表大会第三次会议的决定，决定高密市第十六届人民代表大会第三次会议于2010年1月12日召开，会期3天。建议会议的主要议程为8项。听取并审议了市人大常委会副主任张星海作的关于授予“高密人民勋章”、评选“高密市优秀人大代表”和“十佳干警”的说明，并以无记名投票的方式进行了表决，根据表决结果，决定授予马金英、王兆华、张宜宗、曹沛德4人“高密人民勋章”；决定授予刘学新等44人“高密市优秀人大代表”荣誉称号；决定授予刘清印、刘磊、孙秀平、杜宝峰、李智勇、杨志强、吴奉贵、柳胜群、夏晓滨、盛华君10人高密市“十佳干警”荣誉称号。

2010年1月7日，市十六届人大常委会第十五次会议通过了关于召开高密市第十六届人民代表大会第三次会议的决定，决定高密市第十六届人民代表大会第三次会议于2010年1月12日召开，会期3天。建议会议的主要议程为8项。

2010年3月6日，市十六届人大常委会第十六次会议听取并审议了市委常委、副市长李葆东作的关于高密村村通路桥建设项目融资及建设方案的报告、关于高密市胶河综合治理工程一期工程融资及建设方案的报告、关于将部分县乡道路和园区道路建设项目贷款还本付息资金列入市财政预算支出的报告、关于为市国有资产经营投资有限公司发行企业债券提供支持的报告，作出了关于批准高密市人民政府关于高密村村通路桥建设项目融资及建设方案的报告的决定、关于批准高密市人民政府关于高密市胶河综合治理工程一期工程融资及建设方案的报告的决定、关于批准将部分县乡道路和园区道路建设项目贷款还本付息资金列入市财政预算支出的决定、关于批准为市国有资产经营投资有限公司发行企业债券提供支持的决定。

2010年4月27日，市十六届人大常委会第十七次会议听取了市人大常委会副主任王家林作的《关于调整高密市第十六届人民代表大会常务委员会代表资格审查委员会组成人员的说明》，作出了关于高密市人大常委会关于调整高密市第十六届人民代表大会常务委员会代表资格审查委员会组成人员的决定。

2010年6月28日，市十六届人大常委会第十九次会议听取了市政府关于高密市2009年财政决算情况的报告和关于高密市2009年市级预算执行和其他财政收支的审计工作报告，并结合审计工作报告，对市政府提出的《高密市2009年财政决算（草案）》和财政决算报告进行了审查，作出了关于批准高密市2009年财政决算的决议，决定批准《高密市2009年财政决算（草案）》和关于高密市2009年财政决算情况的报告。

2010年8月27日，市十六届人大常委会第二十次会议听取并审议了市委常委、市政府副市长李葆东作的关于农村路网建设项目贷款还本付息资金列入市财政预算支出的报告、关于花生基地建设配套工程项目贷款还本付息资金列入市财政预算支出的报告、关于提请审议运用（BT）方式合作建设青岛科技大学高密校区二期工程的报告，作出了相应的决定，同意将农村路网建设项目贷款还本付息资金列入相应年度财政预算支出；同意将花生基地建设配套工程项目贷款还本付息资金列入相应年度财政预算支出；同意运用（BT）方式合作建设青岛科技大学高密校区二期工程。听取并审议了市人民检察院法律监督工作情况的报告和市人大常委会副主任王家林作的关于《高密市人民代表大会常务委员会关于加强人民检察院法律监督工作的决议（草案）》的说明，表决通过了市人大常委会关于加强人民检察院法律监督工作的决议。会议肯定了市人民检察院全面履行法律监督职能，保证了国家法律的统一正确实施，法律监督工作取得了较好成效，为全市经济社会又好又快发展和社会和谐稳定发挥了积极的作用。建议市人民检察院：提高认识，增强法律监督的责任感和使命感；突出监督重点，提高法律监督的能力；完善工作机制，增强法律监督实效；加强队伍建设，提升法律监督的水平。要求市人民检察院应当始终坚持国家法律监督机关的宪法定位，把加强法律监督、维护社会公平正义作为人民检察院的法定职责和根本任务；应当坚持执法为民原则，针对人民群众反映强烈的影响执法和司法公正的突出问题，切实加强法律监督；市人民检察院和人民法院、公安局、司法局及有关行政执法机关等应当加强工作联系与配合，及时协商解决在司法或者执法活动中遇到的重大问题。

2010年10月26日，市十六届人大常委会第二十一次会议听取并审议了市人民法院院长李鲁民所作的关于人民法院执行工作情况的报告和市人大常委会党组副书记、副主任张星海作的关于《高密市人民代表大会常务委员会关于加强人民法院执行工作的决议（草案）》的说明，表决通过了市人大常委会关于加强人民法院执行工作的决议。决议肯定了市人民法院充分发挥执行职能在规范市场秩序、维护经济信用、公平保护市场主体等方面的作用，依法执行案件，积极挽回损失，维护了社会和谐稳定。建议市人民法院：强化宣传，在全社会形成支持法院执行工作的浓厚氛围；加强领导，健全机制，形成执行合力；从严执法，有效打击逃避法律责任行为；加强教育，规范行为，进一步提升执行战斗力。

2010年12月10日，市十六届人大常委会第二十二次会议听取并审议了市人大常委会副主任张星海作的关于评选高密市“十佳干警”的说明和市人大常委会副主任王家林作的关于评选“高密市优秀人大代表”的说明，并以无记名投票的方式进行了表决，根据投票表决结果，决定授予王文清等45人“高密市优秀人大代表”荣誉称号；决定授予王晓东、邓艳、田忠胜、伏宏伟、孙树森、杜宝峰、李可伟、吴奉贵、高磊、薛学斌10人高密市“十佳干警”荣誉称号，并作出了关于表彰高密市优秀人大代表的决定和关于表彰高密市“十佳干警”的决定。

2010年12月28日，市十六届人大常委会第二十三次会议通过了关于召开高密市第十六届人民代表大会第四次会议的决定，决定高密市第十六届人民代表大会第四次会议于2011年1月下旬召开，会期3天。建议会议的主要议程共九项。通过了关于接受李葆东辞去高密市人民政府副市长职务的请求的决定。接受李葆东辞去高密市人民政府副市长职务的请求，报高密市第十六届人民代表大会第四次会议备案。

2011年1月17日，市十六届人大常委会第二十五次会议决定第十六届人民代表大会第四次会议于2011年1月21日召开。

2011年3月25日，市十六届人大常委会第二十六次会议听取并审议了市人民检察院检察长邓树刚作的关于提请许可对李朋荣采取强制措施的报告和市人大常委会副主任王家林作的关于暂时停止李朋荣市人大代表职务并许可对其采取限制人身自由措施的说明，作出了关于暂时停止李朋荣市人大代表职务并许可对其采取限制人身自由措施的决定。

2011年6月29日，市十六届人大常委会第二十八次会议听取了市政府关于高密市2010年财政决算情况的报告和关于高密市2010市级预算执行和其他财政收支的审计工作报告，并结合审计工作报告，对市政府提出的《高密市2010年财政决算（草案）》和财政决算报告进行了审查，作出了关于批准高密市2010年财政决算的决议，决定批准《高密市2010年财政决算（草案）》和关于高密市2010年财政决算情况的报告。听取并审议了市政府关于高密市“五五”普法和“六五”普法规划情况的汇报、关于高密市2006—2010年依法治市情况和2011—2015年依法治市规划的汇报，作出了关于在全市公民中深入开展第六个五年法制宣传教育的决议、关于《高密市2011—2015年依法治市规划》的决议。

2011年8月26日，市十六届人大常委会第三十次会议听取并审议了市委常委、副市长桑福岭作的关于对高密市第一污水处理厂实施特许经营的报告，作出了关于批准对高密市第一污水处理厂实施特许经营的决定。

2011年9月22日，市十六届人大常委会第三十一次会议听取并审议了市人大常委会副主任王家林作的《关于市镇两级人大换届选举有关问题的说明》，作出了关于高密市市镇两级人民代表大会换届选举时间的决定、关于高密市第十七届人民代表大会代表名额分配和各镇新一届人民代表大会代表名额的决定、关于设立高密市及各镇选举委员会的决定，通过了《关于全市市镇两级人民代表大会换届选举工作安排意见》。确定2011年12月16日为市、镇两级人大代表选举日。决定全市人大换届选举工作分四个阶段进行：第一阶段是9月20日到11月1日，建立组织，宣传发动，培训骨干；第二阶段是11月2日至11月26日，划分选区和选民登记，11月26日以前公布选民名单；第三阶段是11月27日至12月16日，推荐和确定代表候选人，选举代表；第四阶段是12月23日前各镇召开新一届人大一次会议。决定2012年2月16日前，召开高密市第十七届人民代表大会第一次会议，选举高密市新一届国家机关组成人员和潍坊市第十六届人民代表大会代表。确定阚家镇作为换届选举工作联系点，及时交流工作经验，指导面上工作的开展。

2011年12月4日，市十六届人大常委会第三十三次会议表决通过了《关于接受范福生辞去市长职务的请求的决定》《关于接受桑福岭、李兰祥、刘秀平、陈盛辞去高密市人民政府副市长职务的请求的决定》《关于接受邓树刚辞去高密市人民检察院检察长职务的请求的决定》。听取并审议了市政府关于提请任命杨建华等职务的报告、市人民检察院关于提请任命隋国华职务的报告，决定任命杨建华、刘建成、殷玉萍、王永亮、汤振国、赵海龙为高密市人民政府副市长，并决定杨建华代理市长职务；决定任命隋国华为高密市人民检察院副检察长、检察委员会委员，决定隋国华代理检察长职务，并由高密市人民检察院、高密市人大常委会分别报潍坊市人民检察院和潍坊市人民代表大会常务委员会备案。

2011年12月14日，市十六届人大常委会第三十四次会议通过了《关于修正高人发〔2011〕28号文件的决定（草案）》，审议通过了《关于接受有关人员辞去选举委员会职务请求的决定》。

2011年12月29日，市十六届人大常委会第三十六次会议通过了《关于召开高密市第十七届人民代表大会第一次会议的决定》，决定高密市第十七届人民代表大会第一次会议于2012年1月11日至14日召开，会期3天半。建议会议的主要议程共8项。

第九章 市十七届人大常委会决定事项

2012年2月25日，市十七届人大常委会第一次会议通过了《高密市人大常委会关于加强自身建设的决定》。自身建设的决定包括5个方面：一是加强思想政治建设，保持正确的政治方向；二是坚持民主集中制原则，不断提高议事决策水平；三是坚持群众路线，密切与人大代表和人民群众的联系；四是完善和落实工作制度，提高工作效率和质量；五是坚持廉洁自律，树立常委会的良好形象。听取并审议了市人大常委会党组副书记王家林作的关于设立高密市第十七届人民代表大会常务委员会代表资格审查委员会的说明，通过了《高密市人大常委会关于设立代表资格审查委员会的决定》：王家林担任主任委员，王赓担任副主任委员，王作民、吕春芳、葛孝江（以姓氏笔画排列）担任委员。听取了市委常委、副市长刘建成作的关于采取融资租赁方式加快中小学校舍安全工程建设的报告，作出了《高密市人大常委会关于批准中小学校舍安全工程建设融资租赁贷款还本付息资金列入市财政预算支出的决定》，同意将中小学校舍安全工程融资租赁贷款还本付息资金列入相应年度财政预算支出。

2012年4月27日，市十七届人大常委会第二次会议听取了市委常委、副市长刘建成代表市政府作的关于市中小学校安工程建设及城区学校建设项目融资租赁问题的报告，作出了《关于批准市中小学校安工程建设及城区学校建设项目融资租赁贷款还本付息资金列入市财政预算支出的决定》。

2012年6月26日，市十七届人大常委会第三次会议听取了市委常委、副市长刘建成代表市政府作的《关于高密市国有资产经营投资有限公司高密市保障性安居工程及高密市城区管网建设项目采用企业债券融资有关问题的报告》《关于高密市广电中心、广通网络公司向远东国际租赁有限公司融资情况的报告》《关于高密市水业公司向远东国际租赁有限公司融资情况的报告》；作出了《关于批准高密市人民政府授权高密市国有资产经营投资有限公司高密市保障性安居工程及高密市城区管网建设项目采用企业债券融资有关问题的决议》《关于批准高密市广电中心、广通网络公司向远东国际租赁有限公司融资租赁贷款还本付息资金列入市财政预算支出的决定》《关于批准高密市水业公司向远东国际租赁有限公司融资租赁贷款还本付息资金列入市财政预算支出的决定》。听取了市财政局局长张新和代表市政府作的《关于高密市2011年财政决算情况的报告》和市审计局局长李宗福代表市政府作的《关于高密市2011市级预算执行和其他财政收支的审计工作报告》，对市政府提出的《高密市2011年财政决算（草案）》和财政决算报告进行了审查。作出了《关于批准高密市2011年财政决算的决议》，建议市政府进一步深化财源建设；进一步细化税收征管；进一步优化支出结构；进一步精化审计监督。听取了市人大常委会党组副书记、副主任刘松青作的关于修订高密市人民代表大会常务委员会组成人员守则、议事规则、信访工作办法的说明，市人大常委会党组副书记王家林作的关于修订《高密市人民代表大会常务委员会人事任免办法》的说明，通过了《高密市人民代表大会常务委员会组成人员守则》《高密市人民代表大会常务委员会议事规则》《高密市人民代表大会常务委员会信访工作办法》《高密市人民代表大会常务委员会人事任免办法》。

2012年8月23日，市十七届人大常委会第四次会议听取并审议了市政府《关于加快旧城改造，提升城市品位，完善城市功能，改善居住环境的议案》办理情况的报告；作出了关于市政府办理《关于加快旧城改造，提升城市品位，完善城市功能，改善居住环境的议案》的决议，要求市政府及有关部门要进一步统一思想，提高认识，立足长远，按照现代化中等城市建设总体规划，突出传统文化和人文特色，建立完善长效机制，有序实施拆迁改造和开发建设，加大停车场等基础设施建设力度，推进商贸流通服务业发展，加强城市精益化管理，全面提升城市功能和品位，加快建设富强和谐现代化中等城市。听取了市人大常委会党组副书记、副主任刘松青作的关于修订高密市人民代表大会常务委员会审议意见办理办法的说明，通过了《高密市人民代表大会常务委员会审议意见办理办法》。

2012年10月24日，市十七届人大常委会第五次会议听取了市委常委、副市长刘建成代表市政府作的《关于采用融资租赁方式筹措我市教育建设资金的报告》，作出了《关于批准我市教育建设融资租赁贷款还本付息资金列入市财政预算支出的决定》。听取了市人大常委会党组副书记王家林作的关于制订《高密市人民代表大会代表履职守则（草案）》的说明，通过了《高密市人民代表大会代表履职守则》。《高密市人民代表大会代表履职守则》对代表履职活动的主要内容、代表履职应遵循的原则、注意或禁止事项以及代表不认真履职应承担的责任等，作出了具体规定。

2012年12月28日，市十七届人大常委会第六次会议听取了市委常委、副市长刘建成代表市政府作的《关于采用融资租赁方式筹措我市集中供热主管网资金的报告》，作出了《关于批准我市集中供热主管网融资租赁贷款还本付息资金列入市财政预算支出的决定》。审议通过了《高密市人民代表大会常务委员会关于深入学习贯彻党的十八大精神的决议》，提出了市人大常委会及机关学习贯彻党的十八大精神的3项要求，一是充分认识党的十八大的重大意义，把学习贯彻党的十八大精神不断引向深入；二是认真学习大会文件，切实把思想认识统一到党的十八大精神上来；三是以党的十八大精神为指导，努力做好新形势下的人大工作。

2013 年 2 月 7 日，市十七届人大常委会第七次会议听取并审议了市委常委、副市长徐振刚作的《关于高密市新农村建设村居改造项目贷款的报告》，作出了《关于批准高密市新农村建设村居改造项目贷款还本付息资金列入市财政预算支出的决定》。审议通过了《高密市人民代表大会常务委员会关于授予“功勋企业家”和“优秀企业家”荣誉称号的办法》《高密市人大常委会 2013 年工作计划》。审议通过了市人大常委会代表资格审查委员会关于补选代表的代表资格审查报告、关于市十七届人大二次会议筹备工作情况的汇报；作出了关于召开高密市第十七届人民代表大会第二次会议的决定，决定高密市第十七届人民代表大会第二次会议定于 2013 年 2 月 18 日召开。

2013 年 4 月 25 日，市十七届人大常委会第八次会议听取并审议了市委常委、副市长刘建成代表市政府作的《关于山东省高密市第一中学融资租赁项目有关问题的报告》《关于落实山东省高密市第一中学、高密市康成中学项目融资租赁款有关问题的报告》《关于高密市水业公司向远东国际租赁有限公司融资情况的报告》《关于高密市广播电视中心向远东国际租赁有限公司融资情况的报告》；作出了《关于批准山东省高密市第一中学项目融资租赁款还本付息资金列入市财政预算支出的决定》《关于批准山东省高密市第一中学、高密市康成中学项目融资租赁款还本付息资金列入市财政预算支出的决定》《关于批准高密市水业公司向远东国际租赁有限公司融资租赁贷款还本付息资金列入市财政预算支出的决定》《关于批准高密市广播电视中心向远东国际租赁有限公司融资租赁贷款还本付息资金列入市财政预算支出的决定》。听取了市人大常委会党组副书记王家林作的《关于调整高密市第十七届人民代表大会常务委员会代表资格审查委员会组成人员的说明》，作出了《高密市人大常委会关于调整高密市第十七届人民代表大会常务委员会代表资格审查委员会组成人员的决定》。调整后的市十七届人大常委会代表资格审查委员会组成人员为：主任委员王家林，副主任委员王赓，委员王作民、吕春芳、杜启强。

2013 年 6 月 29 日，市十七届人大常委会第九次会议听取并审议了市委常委、副市长刘建成代表市政府作的关于高密市中医院融资租赁项目有关情况的报告，作出了关于批准高密市中医院融资租赁款还本付息资金列入市财政预算支出的决定。听取了市财政局局长张新和代表市政府作的关于高密市 2012 年财政决算情况的报告和市审计局局长李宗福代表市政府作的关于高密市 2012 市级预算执行和其他财政收支的审计工作报告，对市政府提出的《高密市 2012 年财政决算（草案）》和财政决算报告进行了审查，作出了关于批准高密市 2012 年财政决算的决议。建议市政府进一步调整优化产业结构，增强财政增收后劲；逐步完善预算编制工作，提高资金使用效率；进一步加大税收征管力度，提高征管质量；加大审计监督力度，注重审计结果应用。听取了市人大常委会党组副书记王家林作的关于《高密市人民代表大会常务委员会联系市人大代表办法（修订草案）》的说明，通过了高密市人民代表大会常务委员会联系市人大代表办法。

2013 年 7 月 24 日，市十七届人大常委会第十次会议听取并审议了市政府副市长王永亮代表市政府作的关于制止全市违法建设和违法用地工作情况报告，作出了《关于控制和查处违法建设和违法用地的决议》，要求市人民政府、市人民法院、市人民检察院要依据本决议制订完善各项政策措施，负责组织实施。审议通过了高密市人大常委会《关于接受徐明辞去高密市第十七届人民代表大会常务委员会委员职务的决定（草案）》，决定接受徐明辞去高密市第十七届人民代表大会常务委员会委员职务的请求，报高密市第十七届人民代表大会第三次会议备案。

2013 年 8 月 28 日，市十七届人大常委会第十一次会议听取并审议了市人大常委会党组副书记、副主任刘松青作的关于授予莫言“高密人民勋章”的说明，并以无记名投票的方式进行了表决。根据投票表决结果，决定授予莫言“高密人民勋章”。

2013 年 10 月 25 日，市十七届人大常委会第十二次会议听取并审议了市委常委、常务副市长刘建成代表市政府作的关于高密市水业公司融资租赁项目情况的报告，作出了关于批准高密市水业公司融资租赁款还本付息资金列入市财政预算支出的决定。

2013 年 12 月 23 日，市十七届人大常委会第十三次会议听取并审议了市人大常委会党组副书记、副主任刘松青作的关于评选的说明，并以无记名投票的方式进行了表决。根据投票表决结果，决定了授予人员名单。作出了关于表彰“功勋企业家”和“优秀企业家”的决定，关于表彰高密市优秀人大代表的决定，关于表彰高密市“十佳干警”的决定。

2014 年 1 月 26 日，市十七届人大常委会第十四次会议听取了审议市委常委、副市长刘建成代表市政府作的关于高密市人民医院与聚信国际租赁股份有限公司融资租赁项目有关情况的报告、关于高密市人民医院与山东巨丰融资租赁公司和博然融资租赁有限公司融资租赁项目有关情况的报告、关于高密市中医院融资租赁项目有关情况的报告，作出了关于批准高密市人民医院与聚信国际租赁股份有限公司融资租赁项目还本付息资金列入市财政预算支出的决定、关于批准高密市人民医院与山东巨丰融资租赁公司和博然融资租赁有限公司融资租赁项目还本付息资金列入市财政预算支出的决定、关于批准高密市中医院融资租赁款还本付息资金列入市财政预算支出的决定。通过了关于召开高密市第十七届人民代表大会第三次会议的决定，决定高密市第十七届人民代表大会第三次会议于 2014 年 2 月 17 日至 19 日召开，会期 3 天。建议会议的主要议程共 8 项。听取并审议了市人大常委会副主任宫德胜作的关于评选高密市企业“特别贡献奖”的说明，以无记名投票的方式进行了表决。根据投票表决结果，决定授予马金英、郑立强高密市企业“特别贡献奖”；作出了关于表彰高密市企业“特别贡献奖”的决定。

2014年3月11日，市十七届人大常委会第十五次会议听取了市人大常委会党组副书记王福敏作的《关于调整高密市第十七届人民代表大会常务委员会代表资格审查委员会组成人员的说明》，作出了《高密市人大常委会关于调整高密市第十七届人民代表大会常务委员会代表资格审查委员会组成人员的决定》。调整后的市十七届人大常委会代表资格审查委员会组成人员为：主任委员刘松青，副主任委员王赓，委员王作民、吕春芳、杜启强。

2014年5月5日，市十七届人大常委会第十六次会议听取并审议了市政府副市长赵海龙代表市政府作的关于市人民医院采取融资租赁方式融资项目有关情况的报告、关于高密市国有资产经营投资有限公司向中航信托股份有限公司融资情况的报告，作出了关于批准市人民医院采取融资租赁方式融资项目的决定、关于批准高密市国有资产经营投资有限公司融资项目的决定。

2014年6月27日，市十七届人大常委会第十七次会议听取并审议了市财政局局长张新和代表市政府作的关于高密市2013年财政决算情况的报告和市审计局局长李宗福代表市政府作的关于高密市2013市级预算执行和其他财政收支的审计工作报告，对市政府提出的《高密市2013年财政决算（草案）》和财政决算报告进行了审查，作出了关于批准高密市2013年财政决算的决议，建议市政府坚持以转调创为主线，着力增强财政增收后劲；落实全口径预算和全覆盖审计，提高资金使用效率；进一步加大税收征管力度，提高征管质量；加大审计监督力度，注重审计结果应用。听取并审议了市委常委、副市长刘建成代表市政府作的关于高密城嘉融智建设有限公司融资情况的报告，作出了关于批准高密城嘉融智建设有限公司贷款融资还本付息资金列入市财政预算的决定，融资额度4.5亿元，两年还本付息5.535亿元。听取了市人大常委会党组副书记、副主任刘松青作的关于高密市人民代表大会常务委员会工作评议办法、履职测评办法、人大代表旁听庭审办法的说明，审议通过了这三个办法。工作评议办法共22条，分别对工作评议的范围、内容、程序、反馈和整改以及评议应坚持的原则等作了具体规定。履职测评办法共5章16条，分别对履职测评的范围、主要内容、组织程序、履职测评结果的处理等作出了规定。人大代表旁听庭审办法分13条，按照组织严密、程序规范、评价科学、反馈机制健全的要求，就案件选择、代表组织、旁听原则、关注重点、评议反馈、整改落实等环节作出了明确规定。

2014年8月22日，市十七届人大常委会第十八次会议听取了市住房和城乡建设局局长唐军录代表市政府作的《关于加快东部新城建设的议案》和《关于将市区铁路北区域纳入主城区统一规划建设管理的建议》办理情况的报告，分别作出了关于市政府办理《关于加快东部新城建设的议案》和《关于将市区铁路北区域纳入主城区统一规划建设管理的建议》的决议，要求市政府及有关部门要进一步提高认识，把议案建议办理当作大事来抓；要加快项目建设进度，推动东部新城和市区铁路北区域发展；要创新工作机制，提高议案建议办理工作水平。听取了市人大常委会党组副书记周德春作的《关于高密市人民代表大会常务委员会讨论决定重大事项办法（草案）》《高密市人民代表大会常务委员会专题询问办法（草案）的说明》；听取了市人大常委会党组副书记王福敏作的《关于修订高密市人民代表大会代表议案处理办法（草案）》《高密市人民代表大会建议、批评和意见处理办法（草案）的说明》。审议通过了这4个办法。讨论决定重大事项办法共19条，分别对重大事项的范围、决定重大事项的程序、重大事项的提出形式等作了具体规定。专题询问办法共16条，分别对坚持的原则、议题的确定、组织实施形式等内容作出具体规定。代表议案处理办法共30条，分别从代表议案的基本要求、提出、处理、办理工作监督检查等方面作出具体规定。代表建议、批评和意见处理办法共38条，分别从代表建议、批评和意见处理的基本要求、提出、交办、承办、监督检查等方面作出具体规定。

2014年10月28日，市十七届人大常委会第十九次会议听取并审议了市委常委、副市长刘建成代表市政府作的《关于调整2014年政府工作报告确定事项的报告》，作出了《关于批准调整2014年政府工作报告确定事项的决定》。同意将高密市2014年地区生产总值增幅由11%调整为9%以上，财政收入预算增幅由16%调整为12%以上，地方财政支出预算由10.3%调整为7.2%，固定资产投资增幅由20%调整为15%以上，城镇在岗职工平均工资、农民人均纯收入增幅由12%调整为10%以上，社会消费品零售总额增幅由15%调整为13%以上；同意将十件实事中新铺设供暖主管网及分支管线由6千米调整为1千米，新建二级换热站（分配站）由11座调整为3座，新增集中供暖面积由150万平方米调整为20万平方米，公共自行车系统暂缓建设；同意将重点道路方面新建城市道路（路段）由6条调整为3条，投资额由10762.3万元调整为4448万元，新建重点县乡公路由24条调整为17条，投资额由45228.7万元调整为37444.8万元。听取并审议了市委常委、副市长刘建成代表市政府作的《关于市城区道路综合改造工程融资情况的报告》，作出了《关于批准高密市城区道路综合改造工程融资项目的决定》，同意将高密市城区道路综合改造工程代建资金113143万元列入相应年度市财政预算支出。

2014年12月24日，市十七届人大常委会第二十次会议听取并审议了市委常委、副市长刘建成代表市政府作的《关于孟家沟水库项目融资建设情况的报告》《关于葛家庄片区综合改造项目融资情况的报告》，作出了《关于批准孟家沟水库融资建设项目还本付息资金列入市财政预算支出的决定》《关于批准葛家庄片区综合改造融资建设项目还本付息资金列入市财政预算支出的决定》。

2015年1月27日，市十七届人大常委会第二十一次会议听取并审议了市委常委、副市长刘建成代表市政府作的《关于高密市人民医院融资租赁项目有关情况的报告》《关于高密市教育局融资租赁项目有关情况的报告》《关于高密市中医院融资租赁项目有关情况的报告》《关于高密市大牟家镇秦家庄子社区、官厅社区、周戈庄社区新农村建设项目融资有关情况的报告》，作出了《关于批准高密市人民医院融资租赁款还本付息资金列入市财政预算支出的决定》《关于批准高密市教育局融资租赁款还本付息资金列入市财政预算支出的决定》《关于批准高密市中医院融资租赁款还本付息资金列入市财政预算支出的决定》《关于批准高密市大牟家镇秦家庄子社区、官厅社区、周戈庄社区新农村建设项目贷款还本付息资金列入市财政预算支出的决定》。通过了《关于召开高密市第十七届人民代表大会第四次会议的决定》，决定高密市第十七届人民代表大会第四次会议于2015年2月3日至5日召开，会期3天。建议会议的主要议程共8项。

2015年6月27日，市十七届人大常委会第二十五次会议听取并审议了市财政局局长葛孝江代表市政府作的《关于高密市2014年财政决算情况的报告》和市审计局局长李宗福代表市政府作的《关于高密市2014年市级预算执行和其他财政收支的审计工作报告》，对市政府提出的《高密市2014年财政决算（草案）》和财政决算报告进行了审查，作出了《关于批准高密市2014年财政决算的决议》。建议处理好稳增长与调结构的关系，增强财政增收后劲；落实全口径预算管理，提高财政资金绩效；加大税收征管力度，不断提高依法治税水平；加强政府融资管理，防范政府债务风险；加大审计监督力度，注重审计结果应用。

2015年8月26日，市十七届人大常委会第二十六次会议听取并审议了市文化产业管理委员会党工委书记王剑智代表市政府作的《关于加快东北乡文化旅游产业发展的议案》办理情况的报告，作出了《关于市政府办理〈关于加快东北乡文化旅游产业发展的议案〉的决议》。建议品牌引领，通盘谋划文化旅游资源；规划先行，优化旅游产业布局；政策保障，强化土地、资金、人才要素支撑；加快建设，大力招引项目，推动文化旅游企业发展壮大。

2015年10月27日，市十七届人大常委会第二十七次会议听取了市公安局副局长吕顺启代表市公安局作的《关于对市十七届人大代表薛强采取强制措施的报告》和市人大常委会办公室主任、代表资格审查委员会副主任委员王赓作的《关于市十七届人大代表薛强有关问题的说明》。经过认真审议和投票表决，通过了《关于许可对市十七届人大代表薛强采取强制措施的决定》，决定许可对市十七届人大代表薛强采取强制措施，同时根据代表法的有关规定，暂时停止薛强执行代表职务。

2016年2月3日，市十七届人大常委会第二十九次会议通过了关于召开高密市第十七届人民代表大会第五次会议的决定，决定高密市第十七届人民代表大会第五次会议于2016年2月25日至27日召开，会期3天。建议会议的主要议程共10项。会议作出了《关于授予“高密人民勋章”的决定》，决定授予王钦峰、朱相中、孙勇、李勇、李振华、郑立强、荆汝泉、徐林收“高密人民勋章”。

2016年3月11日，市十七届人大常委会第三十次会议表决通过了《高密市人民代表大会各专门委员会工作职责（试行）》。听取了市人大常委会党组成员、委员王福敏作的《关于调整高密市第十七届人民代表大会常务委员会代表资格审查委员会组成人员的说明》，作出了《高密市人大常委会关于调整高密市第十七届人民代表大会常务委员会代表资格审查委员会组成人员的决定》。调整后的市十七届人大常委会代表资格审查委员会组成人员为：主任委员王福敏，副主任委员严凤辉，委员王作民、刘玉梅、杜启强。

2016年4月28日，市十七届人大常委会第三十一次会议听取并审议了市政府副市长王永亮代表市政府作的关于加快推进朝阳街道豪迈科技等重点项目建设的报告，作出了相应的决定，同意市政府按法定程序报批朝阳街道豪迈科技等重点项目土地、规划及其他事宜。

2016年6月28日，市十七届人大常委会第三十二次会议听取了副市长王永亮代表市政府作的关于高密市城市供水地下补源工程项目政府购买服务情况的报告。作出了《关于批准高密市城市供水地下补源工程购买服务有关款项列入市财政预算支出的决定》，同意高密市政府向高密凤城管网建设投资有限公司购买服务，并将购买服务有关款项列入相应年度市财政预算支出。市政府要定期向市人大常委会报告城市供水地下补源工程项目完成及资金使用情况。表决通过了《高密市人大常委会关于接受杜启强辞去高密市第十七届人民代表大会常务委员会委员职务的请求的决定》，接受杜启强辞去高密市第十七届人民代表大会常务委员会委员职务的请求，报高密市第十八届人民代表大会第一次会议备案。

2016年8月24日，市十七届人大常委会第三十三次会议听取并审议了市政府副市长赵云贤代表市政府作的关于设立高密市城市基础设施建设基金的报告，作出了《关于批准设立高密市城市基础设施建设基金的决定》，同意设立高密市城市基础设施建设基金，并将基金支持项目的财政支出列入市政府相应年度财政预算支出。听取了市司法局局长王赓受市政府委托作的关于高密市“六五”普法、依法治市情况和“七五”普法规划的报告及关于《高密市2016—2020年依法治市规划（草案）》的说明，作出了《关于在全市公民中开展第七个五年法制宣传教育的决议》《关于〈高密市2016—2020

年依法治市规划〉的决议》。听取了市政府副市长赵云贤代表市政府作的《关于高密市2015年财政决算和2016年上半年预算执行情况的报告》，市发改局局长王旭东受市政府委托作的《关于高密市2016年上半年国民经济和社会发展计划执行情况的报告》，市审计局局长张宗春受市政府委托作的《关于高密市2015年市级预算执行和其他财政收支的审计工作报告》，并对市政府提交的《高密市2015年财政决算（草案）》和2015年财政决算报告进行了审查，作出了《关于批准高密市2015年财政决算的决议》。

2016年9月27日，市十七届人大常委会第三十四次会议听取了市人大常委会党组成员、常委会委员王福敏作的《关于市镇两级人大换届选举有关问题的说明》，通过了《关于高密市市镇两级人民代表大会换届选举时间的决定》《关于高密市第十八届人民代表大会代表名额分配和各镇新一届人民代表大会代表名额的决定》《关于设立高密市及各镇选举委员会的决定》。确定2016年12月16日为市镇两级人大代表选举日，决定全市人大换届选举工作分4个阶段进行；2017年2月16日前，召开高密市第十八届人民代表大会第一次会议，选举高密市新一届国家机关组成人员和潍坊市第十七届人民代表大会代表。

2016年10月25日，市十七届人大常委会第三十五次会议听取并审议了市政府副市长韩文宏代表市政府作的关于对高密市“大班额”项目建设购买服务的报告，作出了《关于批准高密市“大班额”项目建设购买服务有关款项列入市财政预算支出的决定》。听取并审议了市政府副市长韩文宏代表市政府作的关于对高密市水库、河道水系生态修复综合治理一期工程项目建设实行政府购买服务的报告，作出了《关于批准高密市水库、河道水系生态修复综合治理一期工程项目建设购买服务有关款项列入市财政预算支出的决定》。

2016年12月28日，市十七届人大常委会第三十六次会议听取并审议了《关于高密市2016年一般公共预算调整情况的报告》，决定批准这个报告，同意将高密市2016年一般公共预算收入预算由499103万元调整为480480万元，一般公共预算支出按照有关规定相应调减。听取并审议了《高密市人民政府关于对城区雨污管网建设、姚哥庄片区棚户区改造等七个项目购买服务的报告》，决定批准这个报告，同意市政府向高密市国有教育资产经营投资有限公司购买服务，并将购买服务有关款项列入相应年度市财政预算。市政府要定期向市人大常委会报告城区雨污管网建设、姚哥庄片区棚户区改造等7个项目完成及资金使用情况。

2017年1月13日，市十七届人大常委会第三十七次会议，作出了关于召开高密市第十八届人民代表大会第一次会议的决定，决定高密市第十八届人民代表大会第一次会议于2017年1月19日至21日召开。提出了会议议程（草案）建议。

第十章　市十八届人大常委会决定事项

2017年2月10日，市十八届人大常委会第一次会议通过了《高密市人大常委会关于加强自身建设的决定》。决定共包括六个方面的重点内容：一是加强思想政治建设，保持正确的政治方向；二是开展“两学一做”，加强理论武装；三是坚持民主集中制原则，不断提高议事决策水平；四是坚持群众路线，密切与人大代表和人民群众的联系；五是完善和落实工作制度，提高工作效率和质量；六是坚持廉洁自律，树立常委会的良好形象。听取了市人大常委会党组副书记、副主任徐振刚作的《关于设立高密市第十八届人民代表大会常务委员会代表资格审查委员会的说明》，通过了《高密市人大常委会关于设立代表资格审查委员会的决定》。决定王福敏任代表资格审查委员会主任委员，严凤辉任副主任委员，王作民、刘玉梅、明军任委员。

2017年3月21日，市十八届人大常委会第二次会议决定成立预算审查监督咨询专家组，决定王志宪、刘树艳为专家组顾问，王成刚、王艳丽、冉蕾、刘建亭、刘海涛、冷雪莲、张萌、张新功、姜辉、隋德平、管金连为专家组成员。听取了市政府副市长付联宝代表市政府作的《关于对高密市化解大班额、供水管网改造等十一个项目购买服务的报告》，作出了《关于批准高密市化解大班额、供水管网改造等十一个项目购买服务有关款项列入市财政预算支出的决定》。

2017年6月27日，市十八届人大常委会第四次会议听取了市人大常委会党组成员、委员周德春作的《关于修订高密市人民代表大会常务委员会组成人员守则、议事规则的说明》，通过了《高密市人民代表大会常务委员会组成人员守则》和《高密市人民代表大会常务委员会议事规则》。

2017年8月25日，市十八届人大常委会第五次会议听取了市发改局局长王旭东受市政府委托作的《关于高密市2017年上半年国民经济和社会发展计划执行情况的报告》、市财政局局长邱昌禹受市政府委托作的《关于高密市2016年财政决算和2017年上半年预算执行情况的报告》、市审计局局长张宗春受市政府委托作的《关于高密市2016年市级预算执行和其他财政收支的审计工作报告》。作出了《关于批准高密市2016年财政决算的决议》，建议市政府推动企业转型升级，打牢实体经济根基；科学组织财政收入，提高税收征管质量；继续优化支出结构，切实保障改善民生；提高预算编制质量，加大审计监督力度。听取了市人大常委会党组成员、委员王福敏作的《关于修订高密市人民代表大会常务委员会人事任免办法的说明》，通过了《高密市人民代表大会常务委员会人事任免办法》。

2017 年 12 月 21 日，市十八届人大常委会第七次会议根据地方组织法和《高密市人大常委会关于授予“高密人民勋章”的办法》的规定，通过了《关于授予杨方旭同志“高密人民勋章”的决定》，决定授予获得 2016 年奥运会女子排球冠军的中国女子排球队高密籍队员杨方旭“高密人民勋章”。

2018 年 1 月 12 日，市十八届人大常委会第九次会议听取了市委常委、副市长韩文宏代表市政府作的《关于高密市 2017 年一般公共预算调整情况的报告》。作出了《关于批准调整高密市 2017 年一般公共预算的决定》，同意将高密市 2017 年一般公共预算收入预算由 522732 万元调整为 491360 万元，一般公共预算支出按照有关规定相应调减。通过了《关于召开高密市第十八届人民代表大会第二次会议的决定》，决定高密市第十八届人民代表大会第二次会议于 2018 年 1 月 16 日至 18 日召开，会期 3 天。建议会议的主要议程共 8 项。

2018 年 3 月 9 日，市十八届人大常委会第十一次会议审议通过了《高密市人大常委会关于接受周发家同志辞去高密市第十八届人民代表大会常务委员会委员及代表职务的请求的决定（草案）》，决定接受周发家辞去高密市第十八届人民代表大会常务委员会委员及代表职务的请求，报高密市第十八届人民代表大会第三次会议备案。

2018 年 4 月 26 日，市十八届人大常委会第十二次会议听取了市人民检察院检察长隋国华作的《关于深入开展公益诉讼工作全面加强行政检察监督的报告》，表决通过了《高密市人大常委会关于深入开展公益诉讼工作全面加强行政检察监督的决定》。

2018 年 6 月 7 日，市十八届人大常委会第十三次会议听取了市委常委、副市长韩文宏代表市政府作的《关于建设鑫源北方（高密）整车生产基地的报告》。作出了《关于批准鑫源北方整车生产基地落户高密的决定》，同意鑫源北方整车生产基地落户高密，由市属国资公司运作该项目；市政府要在依法规范的基础上，加快推进基地建设，并将项目进展情况定期报告市人大常委会。

2018 年 6 月 22 日，市十八届人大常委会第十四次会议审议通过了《高密市人大常委会关于接受谭晖辞去高密市第十八届人民代表大会常务委员会委员职务的请求的决定》，接受谭晖辞去高密市第十八届人民代表大会常务委员会委员职务的请求，报高密市第十八届人民代表大会第三次会议备案。

2018 年 8 月 27 日，市十八届人大常委会第十五次会议听取了市发改局局长高中杰受市政府委托作的《关于高密市 2018 年上半年国民经济和社会发展计划执行情况的报告》、市财政局有关负责人受市政府委托作的《关于高密市 2017 年财政决算和 2018 年上半年预算执行情况的报告》、市审计局局长张宗春受市政府委托作的《关于高密市 2017 年市级预算执行和其他财政收支的审计工作报告》。作出了《关于批准高密市 2017 年财政决算的决议》，建议市政府加快企业转型升级，筑牢实体经济根基；科学组织财政收入，提高税收征管质量；调整优化支出结构，切实保障改善民生；提高预算编制质量，加大审计监督力度。

2018 年 11 月 21 日，市十八届人大常委会第十七次会议听取并审议了市人大常委会代表资格审查委员会主任委员王福敏作的《关于个别代表的代表资格变动情况的说明》，通过了《关于接受王洪山辞去高密市第十八届人民代表大会代表职务的请求的决议》。

2018 年 12 月 28 日，市十八届人大常委会第十九次会议听取并审议了市委常委、副市长韩文宏作的关于高密市 2018 年预算调整情况的报告，作出了关于批准调整高密市 2018 年预算的决定。同意将高密市 2018 年一般公共预算收入由 511000 万元调整为 506000 万元，一般公共预算支出根据上级对高密市的财政体制结算数额作相应调整；政府性基金预算收入由 131000 万元调整为 202500 万元，政府性基金预算支出根据财政体制结算数额作相应调整；地方政府债务限额由 429400 万元调整为 472040 万元，政府债务余额由 379856 万元调整为 466661 万元。听取了市政府法制办主任朱新光受市政府委托作的《关于加快新旧动能转换，高质量推进经济开发区二次创业的议案》办理情况的报告，作出了关于市政府办理《关于加快新旧动能转换，高质量推进经济开发区二次创业的议案》的决议。建议市政府认真谋划部署，迅速凝聚加快发展工作合力；完善配套设施，努力打造优质高效营商环境；强化要素支撑，着力破解高质量发展的瓶颈；创新思路方法，不断提升双招双引工作成效。听取并审议了市人大常委会党组副书记、副主任徐振刚作的《关于评选高密市“十佳干警”的说明》，市人大常委会党组成员王福敏作的《关于推荐高密市优秀人大代表候选人情况的说明》，并以无记名投票的方式进行了表决。根据投票表决结果，决定授予王召君等 50 人“高密市优秀人大代表”荣誉称号；授予于宿城等 10 人高密市“十佳干警”荣誉称号。分别作出了关于表彰高密市优秀人大代表和高密市“十佳干警”的决定。

2019 年 1 月 24 日，市十八届人大常委会第二十次会议听取了市人民法院院长雷向敏作的《关于提请确定人民陪审员名额的报告》。作出了《关于确定高密市人民法院人民陪审员名额的决定》，确定高密市人民法院人民陪审员名额为 230 人。

2019 年 3 月 27 日，市十八届人大常委会第二十二次会议审议通过了《关于召开高密市第十八届人民代表大会第三次会议的决定》，决定高密市第十八届人民代表大会第三次会议于 2019 年 4 月 1 日至 3 日召开，会期 3 天。建议会议的主要议程共 9 项。

2019 年 5 月 10 日，市十八届人大常委会第二十三次会议听取并审议了市人大常委会党组成员王福敏作的《关于调整高密市第十八届人民代表大会常务委员会代表资格审查委员会组成人员的说明》，审议通过了《高密市人大常委会关于调整市第十八届人民代表大会常务委员会代表资格审查委员会组成人员的决定》，决定增补冯玉庆为市人大常委会代表资格审查委员会委员。调整后的市十八届人大常委会代表资格审查委员会由王福敏任主任委员，严凤辉任副主任委员，王作民、冯玉庆、刘玉梅任委员。

2019年11月7日，市十八届人大常委会第二十六次会议审议通过了高密市人大常委会关于接受孔晓明辞去高密市监察委员会主任职务的请求的决定，决定接受孔晓明辞去高密市监察委员会主任职务的请求，报高密市第十八届人民代表大会第四次会议备案。审议通过了高密市人大常委会关于接受李敬芳辞去高密市第十八届人民代表大会代表职务的请求的决议，决定接受李敬芳辞去高密市第十八届人民代表大会代表职务的请求。

2019年11月22日，市十八届人大常委会第二十七次会议表决通过了《高密市人大常委会关于陈连军任职的决定》，任命陈连军为市监察委员会副主任，决定陈连军为代理主任。

2019年12月26日，市十八届人大常委会第二十八次会议听取了市财政局局长邱昌禹作的《关于高密市2019年预算调整情况的报告》，作出了《关于批准调整高密市2019年预算的决定》，同意将高密市2019年一般公共预算收入由523710万元调整为500107万元，一般公共预算支出根据上级对高密市的财政体制结算数额作相应调整；政府性基金预算收入由300660万元调整为419286万元，政府性基金预算支出根据财政体制结算数额作相应调整；地方政府债务限额由472040万元调整为535640万元，政府债务余额由466661万元调整为527875万元。

2020年1月6日，市十八届人大常委会第二十九次会议听取了市政府副市长魏征代表市政府所作的《关于加快推进青潍一体化，建设临港经济区的议案》办理情况的报告，作出了《关于市政府办理〈关于加快推进青潍一体化，建设临港经济区的议案〉的决议》，建议市政府进一步提高政治站位，凝聚强大工作合力；进一步加强对接交流，积极争取指导支持；进一步紧扣时间节点，加快议案办理进度；进一步明晰发展思路，推进高质量建设。审议通过了《关于接受于钦明等辞去高密市第十八届人民代表大会常务委员会委员职务的请求的决定》，决定接受于钦明、仪义直、冯玉庆、刘强、薛元玺辞去高密市第十八届人民代表大会代表职务的请求；审议通过了《关于接受仪义直等辞去高密市第十八届人民代表大会代表职务的请求的决议》，决定接受仪义直、冯玉庆、田久增、孙桂新、黄赞友、郭金桥、曲颂东辞去高密市第十八届人民代表大会代表职务的请求。审议通过了《关于召开高密市第十八届人民代表大会第四次会议的决定》，决定高密市第十八届人民代表大会第四次会议于2020年1月14日至16日召开，会期两天半。建议会议的主要议程共8项。

2020年4月27日，市十八届人大常委

会第三十一次会议，表决通过了《关于接受韩文宏等辞职的请求的决定》，接受韩文宏、魏征辞去高密市人民政府副市长职务的请求，报市十八届人大五次会议备案。

2020 年 6 月 23 日，市十八届人大常委会第三十二次会议审议通过了市人大常委会代表资格审查委员会主任委员王福敏作的《关于个别代表的代表资格的报告》，作出了《关于接受刘强等辞去高密市第十八届人民代表大会代表职务的请求的决议》，决定接受刘强、李卫东辞去高密市第十八届人民代表大会代表职务的请求。刘强担任的高密市第十八届人民代表大会城建环保委员会副主任委员、社会建设委员会副主任委员职务，李卫东担任的高密市第十八届人民代表大会财政经济委员会委员职务相应终止。

2020 年 7 月 8 日，市十八届人大常委会第三十三次会议审议通过了《市人大常委会关于接受雷向敏辞去高密市人民法院院长职务的请求的决定》，接受雷向敏辞去高密市人民法院院长职务的请求，报市十八届人大五次会议备案。根据地方组织法的规定，表决通过了《关于王效刚任职的决定》，决定王效刚为市人民法院代理院长。

2020 年 8 月 28 日，市十八届人大常委会第三十四次会议听取了市政府《关于高密市 2019 年财政决算情况的报告》和《关于高密市 2019 年本级预算执行和其他财政收支的审计工作报告》，并结合审计工作报告，对市政府提出的《高密市 2019 年财政决算（草案）》和财政决算报告进行了审查，作出了《关于批准高密市 2019 年财政决算的决议》，决定批准《高密市 2019 年财政决算（草案）》和《关于高密市 2019 年财政决算情况的报告》。

2020 年 10 月 29 日，市十八届人大常委会第三十五次会议审议通过了《市人大常委会关于接受隋国华同志辞去高密市人民检察院检察长等职务的请求的决定》，接受隋国华辞去高密市人民检察院检察长职务的请求，报经潍坊市人民检察院检察长提请潍坊市人民代表大会常务委员会批准，并报市十八届人大五次会议备案。会议表决通过了《关于纪兵任职的决定》，决定纪兵为高密市人民检察院代理检察长。依法报潍坊市人民检察院和潍坊市人民代表大会常务委员会备案。

2020 年 12 月 24 日，市十八届人大常委会第三十七次会议听取了市财政局有关负责人受市政府委托作的《关于高密市 2020 年市级预算调整方案（草案）的报告》，作出了《关于批准高密市 2020 年预算调整方案的决定》，决定批准高密市 2020 年预算调整方案。听取并审议了市政府《关于高密市整体城市空间品质提升项目情况的说明》和《关于高密市整体城市空间品质提升项目情况的报告》，作出了《关于批准高密市整体城市空间品质提升项目的决定》，决定批准实施高密市整体城市空间品质提升项目。听取并审议了市政府《关于建立长效机制、提升治理效能，积极推进现代化高品质城市建设的议案》办理情况的报告，作出了《关于市政府办理〈关于建立长效机制、提升治理效能，积极推进现代化高品质城市建设的议案〉的决议》，会议认为，市政府高度重视《关于建立长效机制、提升治理效能，积极推进现代化高品质城市建设的议案》办理工作，召开专题会议进行研究部署，制订出台了具体的办理方案，并认真抓好组织实施，高品质城市建设取得积极进展。会议要求，市政府及各职能部门要贯彻落实“生态、开放、活力、精致”的现代化高品质城市建设要求，加快城市更新、提升城市能级，推动城乡区域一体、融合发展；要强化规划刚性执行，着力构建“两轴一带一区多组团”发展格局；要加快智慧城市建设，加快智慧城管、指挥交通、智慧安防、智慧应急等应用体系建设，支撑城市高效治理和安全运行；要强化城市设计，从整体平面和立体空间统筹景观风貌，着力体现高密特色。

2021 年 2 月 10 日，市十八届人大常委会第三十八次会议表决通过了《关于接受李翔等辞去高密市第十八届人民代表大会代表职务的请求的决议》，决定接受李翔、王昌武、王龙华、万明、孙学萍辞去高密市第十八届人民代表大会代表职务的请求。作出了《关于召开高密市第十八届人民代表大会第五次会议的决定》，决定高密市第十八届人民代表大会第五次会议于 2021 年 2 月 21 日至 23 日召开，会期两天半。建议会议的主要议程共 9 项。

2021 年 3 月 15 日，市十八届人大常委会第三十九次会议审议通过了《关于接受张付霞等辞去潍坊市第十七届人民代表大会代表职务的请求的决议》，决定接受张付霞、荆汝泉辞去潍坊市第十七届人民代表大会代表职务的请求，报潍坊市人民代表大会常务委员会备案、公告。

2021 年 6 月 30 日，市十八届人大常委会第四十一次会议听取并审议了市政府《关于高密市临港新城（东区）城市更新及基础设施建设项目实施方案的报告》，作出了《关于批准临港新城（东区）城市更新及基础设施建设项目实施方案的决定》，同意临港新城（东区）城市更新及基础设施建设项目实施方案，由高密华荣实业发展有限公司负责组织实施。听取并审议了市政府《关于高密市临港新城（西区）城市更新及胶河生态治理项目实施方案的报告》，作出了《关于批准临港新城（西区）城市更新及胶河生态治理项目实施方案的决定》，同意临港新城（西区）城市更新及胶河生态治理项目实施方案，由高密华荣实业发展有限公司负责组织实施。

第九编　人事任免

任免权，是宪法和法律赋予各级人大及其常委会的一项重要职权，是各级人大及其常委会代表人民意志依法组织国家机关的权力，加强对国家机关领导和工作人员实施监督的权力。地方各级人民代表大会及其常委会依据《中华人民共和国地方各级人民代表大会和地方各级人民政府组织法》相关规定依法行使任免权。

高密市（县）人民代表大会及其常委会把坚持和依靠党的领导作为人大工作必须遵循的政治原则和政治方向，自觉把市（县）委决策部署贯彻落实到选举任免的全过程，逐步建立完善了人事任免工作机制。县九届人大常委会根据全国和省人大办公厅关于对通过任命的干部发放任命书的通知精神，对常委会任命的干部颁发任命书。根据《地方各级人民代表大会和地方各级人民政府组织法》《人民法院组织法》《人民检察院组织法》和省人大常委会《人事任免暂行办法》的有关规定，1984 年 10 月 10 日，县十届人大常委会第三次会议通过并印发了《高密县人民代表大会常务委员会人事任免暂行办法》，办法适用于县

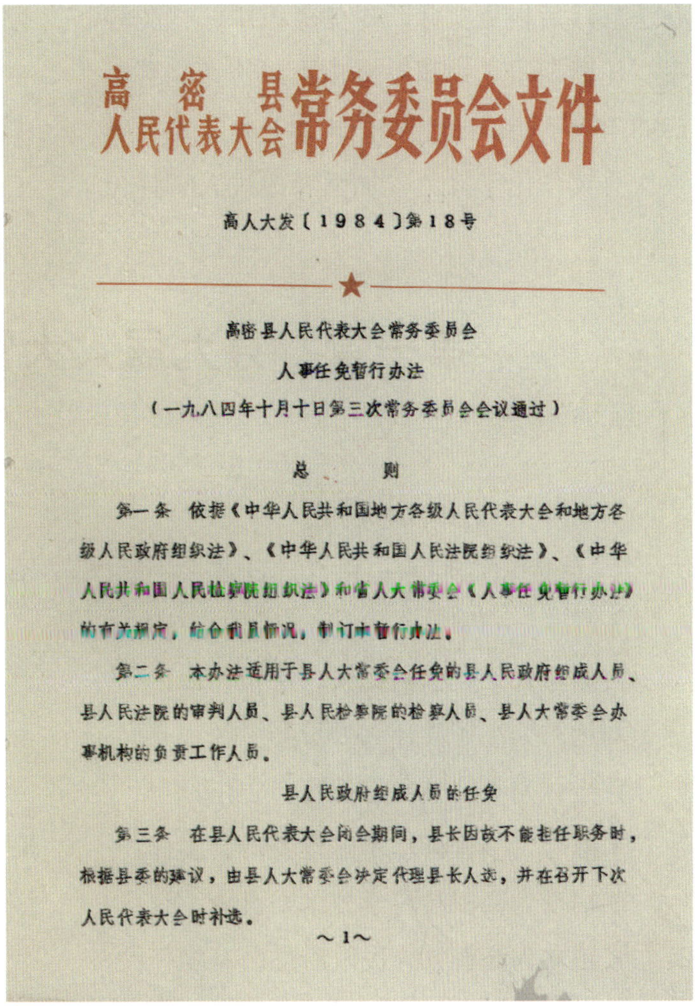

高密县人民代表大会常务委员会文件

高人大发〔1984〕第18号

高密县人民代表大会常务委员会

人事任免暂行办法

（一九八四年十月十日第三次常务委员会会议通过）

总　　则

第一条　依据《中华人民共和国地方各级人民代表大会和地方各级人民政府组织法》、《中华人民共和国人民法院组织法》、《中华人民共和国人民检察院组织法》和省人大常委会《人事任免暂行办法》的有关规定，结合我县情况，制订本暂行办法。

第二条　本办法适用于县人大常委会任免的县人民政府组成人员、县人民法院的审判人员、县人民检察院的检察人员、县人大常委会办事机构的负责工作人员。

县人民政府组成人员的任免

第三条　在县人民代表大会闭会期间，县长因故不能担任职务时，根据县委的建议，由县人大常委会决定代理县长人选，并在召开下次人民代表大会时补选。

～1～

图 9－1　县十届人大常委会第三次会议通过的《人事任免暂行办法》

人大常委会任免的县人民政府组成人员、县人民法院的审判人员、县人民检察院的检察人员、县人大常委会办事机构的负责工作人员。1986年10月，为进一步贯彻落实好中共中央〔1984〕9号、〔1986〕18号文件精神，县十届人大常委会第十七次会议对干部任免的表决办法做了改修，作出了《关于改变地方国家机关干部表决办法的决定》，改过去举手表决为投票表决。1987年9月15日，县十一届人大常委会第三次会议通过了《高密县人民代表大会常务委员会人事任免办法》，后根据实际，对任免范围、任免程序、任职期限、辞职等事项不断修订完善。1988年4月12日，县十一届人大常委会第八次会议作出了《关于加强和改进人事任免工作的决定》，对“一府两院”提请任免干部的名单、个人表现和任免理由等材料，在会议前十天送人大常委会，由人大常委会党组和主任会议先行讨论，在审议拟任人选后，以无记名投票的方式进行表决，对拟任人选分歧意见较大的，不急于进行表决，对已决定任命的干部颁发任命书，提出任期要求和期望。根据2015年7月1日十二届全国人大常委会第十五次会议通过的《关于实行宪法宣誓制度的决定》和《山东省实施宪法宣誓制度办法》，为彰显宪法权威，激励和教育国家工作人员忠于宪法、遵守宪法、维护宪法，加强宪法实施，从2016年开始，组织市人大及其常委会选举或决定任命的国家工作人员向宪法宣誓。

第一章　县九届人大常委会任免事项

第二次会议
（1980年10月21日）

根据县长朱维福的提议，决定任命：

刘远东为高密县计划委员会主任；

乔光林为高密县经济委员会主任；

宋继忠为高密县基本建设委员会主任；

姜福茂为高密县科学技术委员会主任；

张正立为高密县人民政府办公室主任；

田洪盛为高密县人民政府财政贸易办公室主任；

古晨光为高密县人民政府文教卫生办公室主任；

刘经明为高密县工业局局长；

宋立恩为高密县化学工业局局长；

营方洪为高密县交通局局长；

孙来斗为高密县人民公社企业管理局局长；

王传栋为商密县邮电局局长；

张肇祥为高密县供电局局长；

刘增利为高密县供销合作社主任；

王宇宏为高密县商业局局长；

朱大可为高密县财税局局长；

陆传序为高密县工商行政管理局局长；

孟庆余为高密县物资局局长；

张世林为高密县粮食局局长；

吴桂馥为高密县对外贸易局局长；

范忠正兼高密县水利局局长；

刘明甫为高密县农业局局长；

刘光和为高密县林业局局长；

刘靖安为高密县人民政府多种经营办公室主任；

万兆金为高密县人事局局长；

王乐昌为高密县公安局局长；

赵福安为高密县劳动局局长；

刘贞为高密县民政局局长；

万国红为高密县广播事业管理局局长；

庄景唐为高密县物价管理局局长；

颜廷本为高密县教育局局长；

陈培华为高密县卫生局局长；

邹元倩为高密县人民政府计划生育办公室主任；

罗相诗为高密县环境保护办公室主任。

决定免去：

宋继忠的高密县化工局局长职务；

刘喜文的高密县民政局局长职务；

于彬的高密县文教卫生办公室主任职务；

李凤语的高密县经济员会主任职务；

唐守范的高密县农业局局长职务；

王心和的高密县交通局局长职务；

潘昌喜的高密县农业机械管理局局长职务。

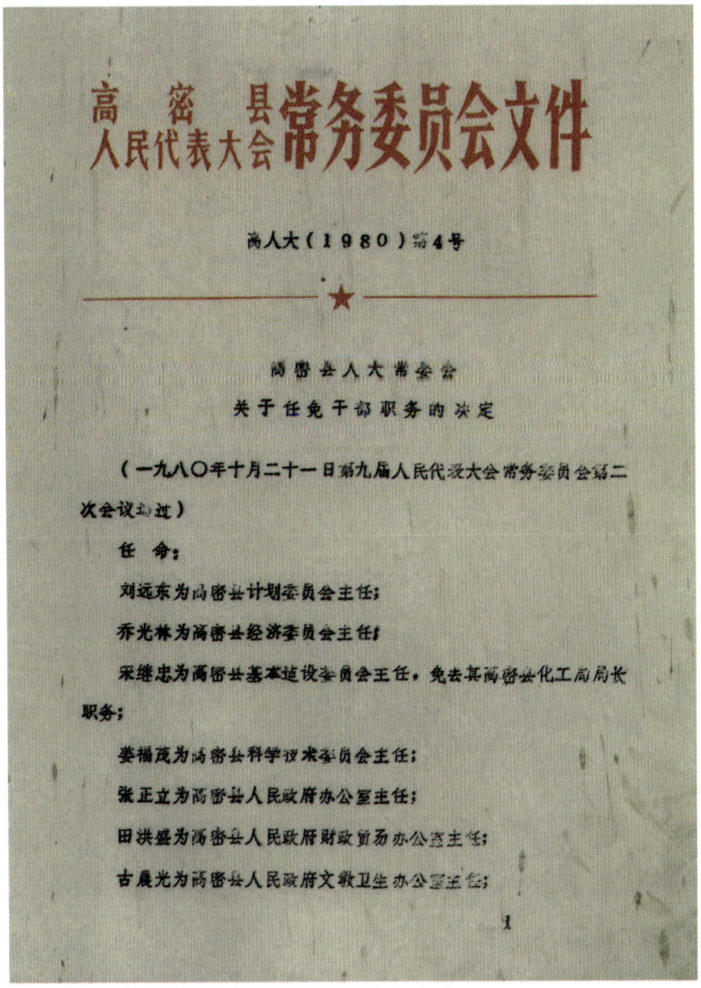
高密县人民代表大会常务委员会文件

高人大（1980）第4号

高密县人大常委会

关于任免干部职务的决定

（一九八〇年十月二十一日第九届人民代表大会常务委员会第二次会议通过）

任命：

刘远东为高密县计划委员会主任；

乔光林为高密县经济委员会主任；

宋继忠为高密县基本建设委员会主任，免去其高密县化工局局长职务；

姜福茂为高密县科学技术委员会主任；

张正立为高密县人民政府办公室主任；

田洪盛为高密县人民政府财政贸易办公室主任；

古晨光为高密县人民政府文教卫生办公室主任；

1

图9－2　县九届人大常委会第二次会议通过的《关于任免干部职务的决定》

根据县人民法院院长张光庭的提议，任命：

边风城为高密县人民法院副院长；

张光庭、边风城、张喜北、曹杰福、崔风德、刘洪明为高密县人民法院审判委员会委员；

曹杰福为高密县人民法院刑事审判庭庭长；

王培聪、刘玉松为高密县人民法院刑事审判庭副庭长；

崔风德为高密县人民法院民事审判庭庭长；

臧继远、高培义为高密县人民法院民事审判庭副庭长；

王连卿为高密县城关人民法庭庭长；

张瑞斋高密县城关人民法庭副庭长；

夏锡民为高密县拒城河人民法庭庭长；

栾心惠为高密县夏庄人民法庭庭长；

张来松为高密县夏庄人民法庭副庭长；

王学良为高密县柴沟人民法庭庭长；

王登荣为高密县柴沟人民法庭副庭长；

于钦政为高密县双羊人民法庭庭长；

董福林为高密县大牟家人民法庭庭长；

张万里、刘跃民、玄成宝、张海文、王军为高密县人民法院刑事审判庭审判员；

邱玉洁、王培升为高密县人民法院民事审判庭审判员；

单既洲、张来荣为高密县城关人民法庭审判员；

陈继德为高密县拒城河人民法庭审判员。

免去：

张瑞斋的高密县拒城河人民法庭副庭长职务。

第四次会议
（1980年12月15日）

根据县长朱维福的提议，决定任命：

刘靖安为高密县农业机械管理局局长；

梁光鹏为高密县司法局局长；

潘昌喜为中国人民建设银行高密县支行行长。

决定免去：

刘靖安的高密县人民政府多种经营办公室主任职务。

根据县人民法院院长张光庭的提议，任命：

李心如为高密县人民法院副院长、审判委员会委员。

免去：

王培升的高密县人民法院民事审判庭审判员职务。

根据县人民检察院检察长刘金城的提议，任命：

刘天保为高密县人民检察院检察员；

王高文为高密县人民检察院检察员；

邱祖元为高密县人民检察院检察员；

王佩义为高密县人民检察院检察员；

杨焕文为高密县人民检察院检察员；

李玉华为高密县人民检察院检察员；

于凤阳为高密县人民检察院检察员；

周茂勤为高密县人民检察院检察员；

邱少义为高密县人民检察院检察员；

张明亮为高密县人民检察院检察员；

陈宝山为高密县人民检察院检察员；

赵锡祜为高密县人民检察院检察员；

孙秀美为高密县人民检察院检察员；

王述明为高密县人民检察院检察员；

栗汝成为高密县人民检察院检察员；

赵福荣为高密县人民检察院检察员；

周金铭为高密县人民检察院检察员；

张仁升为高密县人民检察院检察员；

李润智为高密县人民检察院检察员；

李可元为高蜜县人民检察院检察员；

王沛洪为高密县人民检察院检察员；
金苗为高密县人民检察院检察员。

第五次会议
（1981 年 1 月 24 日）

根据县长朱维福的提议，决定：
撤销陈培华高密县卫生局局长的职务。
决定任命：
尹世超为高密县卫生局局长。

第六次会议
（1981 年 4 月 17 日）

（根据工作需要，原“高密县人民政府计划生育办公室”“高密县环境保护办公室”分别改为“高密县计划生育局”“高密县环境保护局”。）

根据县长朱维福的提议，决定任命：
邹元倩为高密县计划生育局局长；
罗相诗为高密县环境保护局局长。
根据县人民法院院长张光庭的提议，任命：
崔凤德为高密县人民法院经济审判庭庭长；
臧继远为高密县人民法院民事审判庭庭长，并参加审判委员会为委员；
高培义为高密县人民法院经济审判庭副庭长；
王培聪为高密县人民法院民事审判庭副庭长。
免去：
崔凤德的高密县人民法院民事审判庭庭长职务；
高培义的高密县人民法院民事审判庭副庭长职务；
王培聪的高密县人民法院刑事审判庭副庭长职务。

第七次会议
（1981 年 7 月 14 日）

根据县长朱维福的提议，决定任命：
陈维士为高密县文化局局长；
钟銮先为高密县教育局局长。
决定免去：
颜廷本的高密县教育局局长职务。
根据县人民检察院检察长刘金城的提议，免去：
李玉华的高密县人民检察院检察员职务；
赵福荣的高密县人民检察院检察员职务；
李可元的高密县人民检察院检察员职务；
王沛洪的高密县人民检察院检察员职务。

第八次会议
（1981 年 10 月 17 日）

根据县长朱维福的提议，决定任命：
刘执民为高密县职工教育办公室主任；
林万绅为高密县侨务办公室主任。
根据县人民检察院检察长刘金城的提议，任命：

兰孝斋为高密县人民检察院检察员。

免去：

张瑞斋的高密县城关人民法庭副庭长职务；

高培义的高密县人民法院经济审判庭副庭长职务。

第十一次会议
（1981 年 12 月 23 日）

根据县长朱维福的提议，决定任命：

孙福利为高密县民政局局长；

刘彩为高密县多种经营办公室主任。

决定免去：

刘贞的高密县民政局局长职务。

第十三次会议
（1982 年 5 月 8 日）

根据县长朱维福的提议，决定任命：

李同文任高密县城镇建设局局长；

原国堂任高密县农业机械管理局局长。

决定免去：

刘靖安的高密县农业机械管理局局长职务。

根据县人民法院院长张光庭的提议，任命：

刘昇云为高密县人民法院副院长、审判委员会委员；

邱广山为高密县人民法院副院长、审判委员会委员；

郭启友为高密县人民法院民事审判庭副庭长；

钟继宗为高密县人民法院经济审判庭副庭长；

张丙贞为高密县人民法院柴沟法庭副庭长；

张学功为高密县人民法院夏庄法庭副庭长；

王家良为高密县人民法院拒城河法庭副庭长；

孙立堂为高密县人民法院双羊法庭副庭长；

王钦文为高密县人民法院城关法庭副庭长。

根据县人民检察院检察长刘金城的提议，任命：

张新邦为高密县人民检察院副检察长，检察委员会委员；

杨之善为高密县人民检察院检察员；

李池为高密县人民检察院检察员；

刘增光为高密县人民检察院检察员；

赵强为高密县人民检察院检察员；

李振明为高密县人民检察院检察员；

冷继谦为高密县人民检察院检察员；

王述强为高密县人民检察院检察员；

代聚本为高密县人民检察院检察员；

刘树坤为高密县人民检察院检察员。

免去：

赵锡祜的高密县人民检察院检察员职务；

兰孝斋的高密县人民检察院检察员职务。

经山东省人民代表大会常务委员会批准，1982 年 5 月 31 日，市人大常委会公布干部职务。免去：

赵锡祜的高密县人民检察院检察委员会委员职务。

第十五次会议
（1982 年 9 月 9 日）

根据县长朱维福的提议，决定任命：

孙嘉炼为高密县人民政府副县长；

单昭明为高密县农林水办公室主任；

董贤忠为高密县科学技术委员会主任。

决定免去：

姜福茂的高密县科学技术委员会主任职务。

根据县人民法院院长张光庭的提议，任命：

崔凤德为高密县人民法院副院长；

刘洪明为高密县人民法院审判员；

单宝书为高密县人民法院审判员；

马永成为高密县人民法院审判员；

臧志娥为高密县人民法院审判员。

经山东省人民代表大会常务委员会批准，1982 年 11 月 23 日，高密县人大常委会公布：张新邦任高密县人民检察院副检察长、检察委员会委员。

第十六次会议
（1982 年 12 月 15 日）

根据县人民法院院长张光庭的提议，任命：

刘玉松为高密县人民法院刑事审判一庭庭长；

曹杰福为高密县人民法院刑事审判二庭庭长；

王培聪为高密县人民法院民事审判庭庭长；

王钦文为高密县人民法院刑事审判一庭副庭长；

单宝书为高密县城关人民法庭副庭长。

免去：

曹杰福的高密县人民法院刑事审判庭庭长职务；

刘玉松的高密县人民法院刑事审判庭副庭长职务；

王培聪的高密县人民法院民事审判庭副庭长职务；

王钦文的高密县城关人民法庭副庭长职务。

第十七次会议
（1983 年 1 月 29 日）

根据县人民法院院长张光庭的提议，任命：

钟继宗为高密县人民法院执行庭庭长；

王军为高密县人民法院经济审判庭副庭长。

免去：

钟继宗的高密县人民法院经济审判庭副庭长职务。

第二十一次会议
（1983年10月7日）

根据县人民法院院长张光庭的提议，任命：

张作友为高密县人民法院审判员。

第二十二次会议
（1983年11月15日）

根据县人民检察院检察长刘金城的提议，任命：

邱祖元为高密县人民检察院检察委员会委员；

于凤阳为高密县人民检察院检察委员会委员；

吕希池为高密县人民检察院检察员；

张文礼为高密县人民检察院检察员；

张学信为高密县人民检察院检察员。

免去：

刘天保的高密县人民检察院检察委员会委员、检察员职务；

李池的高密县人民检察院检察员职务。

第二十三次会议
（1983年11月30日）

根据县长朱维福的提议，决定任命：

朱大可为高密县财政局局长。

根据县人民法院院长张光庭的提议，任命：

刘玉松为高密县人民法院审判委员会委员；

马永成为高密县人民法院审判委员会委员；

郑有才为高密县大牟家人民法庭审判员；

冷延吉为高密县夏庄人民法庭审判员。

免去：

刘洪明的高密县人民法院审判委员会委员、审判员职务。

第二十四次会议
（1984年2月18日）

根据中共高密县委的提议，决定：

由姜玉生代理高密县县长。

根据代理县长姜玉生的提议，任命：

单昭明为高密县人民政府副县长；

李万河为高密县人民政府副县长；

潘世俊为高密县人民政府副县长。

第二十六次会议
（1984年4月12日）

根据县人大常委会主任陈会江的提议，任命：

朱福训为高密县人大常委会办公室主任；

师小娟为高密县人大常委会办公室副主任；

赵锡祜为高密县人大常委会法制科科长；

赵存礼为高密县人大常委会代表联络科科长；

刘志远为高密县人大常委会调查研究科科长。

免去：

宋立田的高密县人大常委会办公室副主任职务；

周宝兴的高密县人大常委会办公室副主任职务。

根据代理县长姜玉生的提议，决定任命：

吴元宝为高密县政府办公室主任；

刘远东为高密县计划委员会主任；

乔光林为高密县经济委员会主任；

阎炜初为高密县城乡建设环境保护委员会主任；

谷昭川为高密县科学技术委员会主任；

于文廒为高密县计划生育委员会主任；

戴有和为高密县体育运动委员会主任；

宋绪富为高密县人事局局长；

刘福臣为高密县劳动局局长；

王乐昌为高密县公安局局长；

张子敬为高密县司法局局长；

王镇一为高密县审计局局长；

刘顺堂为高密县财政局局长；

张正立为高密县税务局局长；

王宇宏为高密县商业局局长；

孙福利为高密县粮食局局长；

焦延泉为高密县物价局局长；

王庆贤为高密县农业局局长；

禚煜昌为高密县林业局局长；

刘书成为高密县水利局局长；

赵福安为高密县民政局局长；

刘彩为高密县交通局局长；

王炳舜为高密县多种经营乡镇企业管理局局长；

陆传序为高密县工商行政管理局局长；

郭玉梅为高密县教育局局长；

尹世超为高密县卫生局局长；

傅希连为高密县文化局局长；

秦中廷为高密县统计局局长。

根据县人民法院院长张光庭的提议，任命：

边凤城为高密县人民法院副院长；

王军为高密县人民法院副院长、审判委员会委员。

免去：

刘升云的高密县人民法院副院长职务；

李心如的高密县人民法院副院长职务；

邱广山的高密县人民法院副院长、审判委员会委员职务；

崔凤德的高密县人民法院副院长、审判委员会委员职务；

刘玉松的高密县人民法院刑事审判一庭庭长、审判委员会委员职务；

王军的高密县人民法院经济审判庭副庭长职务。

根据县人民检察院检察长刘金城的提议，任命：

丁乐本为高密县人民检察院副检察长；

高大汉为高密县人民检察院副检察长、检察委员会委员。

免去：

李义斋的高密县人民检察院副检察长职务；

张新邦的高密县人民检察院副检察长职务；

王连和的高密县人民检察院副检察长、检察委员会委员职务。

第二章　县十届人大常委会任免事项

第一次会议
（1984年6月9日）

1984年6月9日，高密县第十届人大常委会第一次会议，按照《地方组织法》和全国人大常委会“关于人民代表大会换届时，人大常委会的负责工作人员要重新任命”的规定，根据人大常委会主任朱维福的提议，任命：

朱福训为高密县人大常委会办公室主任；

师小娟为高密县人大常委会办公室副主任；

赵锡祜为高密县人大常委会法制科科长；

赵存礼为高密县人大常委会代表联络科科长；

刘志远为高密县人大常委会调查研究科科长。

根据《地方组织法》和全国人大常委会“关于人民代表大会换届时，政府组成人员要重新任命”的规定，根据县长姜玉牛的提议，决定任命：

吴元宝为高密县政府办公室主任；

刘远东为高密县计划委员会主任；

乔光林为高密县经济委员会主任；

阎炜初为高密县城乡建设环境保护委员会主任；

谷昭川为高密县科学技术委员会主任；

于文廒为高密县计划生育委员会主任；

戴有和为高密县体育运动委员会主任；

宋绪富为高密县人事局局长；

刘福臣为高密县劳动局局长；

王乐昌为高密县公安局局长；

张子敬为高密县司法局局长；

王镇一为高密县审计局局长；

刘顺堂为高密县财政局局长；

张正立为高密县税务局局长；

王宇宏为高密县商业局局长；

孙福利为高密县粮食局局长；

焦延泉为高密县物价局局长；

王庆贤为高密县农业局局长；

禚煜昌为高密县林业局局长；

刘书成为高密县水利局局长；

赵福安为高密县民政局局长；

刘彩为高密县交通局局长；

王炳舜为高密县多种经营乡镇企业管理局局长；

陆传序为高密县工商行政管理局局长；

郭玉梅为高密县教育局局长；

尹世超为高密县卫生局局长；

傅希连为高密县文化局局长；

秦中廷为高密县统计局局长。

第二次会议
（1984 年 8 月 8 日）

根据县人民法院院长张光庭的提议，任命：

张光庭为高密县人民法院审判委员会委员；

边凤城为高密县人民法院审判委员会委员；

刘升云为高密县人民法院审判委员会委员；

王军为高密县人民法院审判委员会委员；

曹杰福为高密县人民法院审判委员会委员；

马永成为高密县人民法院审判委员会委员；

王培聪为高密县人民法院审判委员会委员；

张作友为高密县人民法院审判委员会委员、刑事审判一庭庭长；

王连卿为高密县人民法院接待室审判员。

免去：

钟继宗的高密县人民法院执行庭庭长职务；

董福林的高密县大牟家人民法庭庭长职务；

王连卿的高密县城关人民法庭庭长职务。

人大常委会原任命的高密县人民法院审判委员会委员职务同时免除。

根据县人民检察院检察长梁光鹏的提议，任命：

梁光鹏为高密县人民检察院检察委员会委员；

丁乐木为高密县人民检察院检察委员会委员；

高大汉为高密县人民检察院检察委员会委员；

张新邦为高密县人民检察院检察委员会委员；

邱祖元为高密县人民检察院检察委员会委员；

于凤阳为高密县人民检察院检察委员会委员；

王述强为高密县人民检察院检察委员会委员；

王高文为高密县人民检察院检察委员会委员；

杨之善为高密县人民检察院检察委员会委员；

时兴华为高密县人民检察院检察员。

人大常委会原任命的高密县人民检察院检察委员会委员职务同时免除。

第三次会议
（1984 年 10 月 10 日）

根据县长姜玉生的提议，决定任命：

于敦学为高密县水利局局长。

决定免去：

刘书成的高密县水利局局长职务。

根据县人民法院院长张光庭的提议，任命：

李心如为高密县人民法院审判员。

第五次会议
（1984 年 12 月 28 日）

根据县长姜玉生的提议，决定任命：

张世林为高密县侨务办公室主任；

罗相诗为高密县环境保护局局长。

根据县人民法院院长张光庭的提议，任命：

夏锡民为高密县姚哥庄人民法庭庭长；

王家良为高密县拒城河人民法庭庭长；

张海文为高密县方市人民法庭庭长；

徐占顺为高密县阚家人民法庭副庭长；

陈继德为高密县拒城河人民法庭副庭长；

聂毓和为高密县姜庄人民法庭副庭长；

郭启有为高密县城关人民法庭副庭长；

臧洪远为高密县人民法院审判员；

刘希江为高密县人民法院审判员；

柴家勤为高密县人民法院审判员；

王玉萍为高密县人民法院审判员；

刘松青为高密县人民法院审判员；

范陆军为高密县人民法院审判员；

史东为高密县人民法院审判员；

刘建鲁为高密县人民法院审判员；

徐兆强为高密县人民法院审判员；

刘希军为高密县人民法院审判员。

免去：

夏锡民的高密县拒城河人民法庭庭长职务；

王家梁的高密县拒城河人民法庭副庭长职务；

郭启有的高密县人民法院民事审判庭副庭长职务。

根据县人民检察院检察长梁光鹏的提议，任命：

刘金城为高密县人民检察院检察委员会委员；

李义斋为高密县人民检察院检察委员会委员；

王永臣为高密县人民检察院检察员；

谢永平为高密县人民检察院检察员；

孙希文为高密县人民检察院检察员；

邓从国为高密县人民检察院检察员；

孙洪宝为高密县人民检察院检察员；

沈瑞三为高密县人民检察院检察员；

王金山为高密县人民检察院检察员；

王元森为高密县人民检察院检察员；

马吉贞为高密县人民检察院检察员；

左泽富为高密县人民检察院检察员。

免去：

吕希池的高密县人民检察院检察员职务；

邱少义的高密县人民检察院检察员职务。

第六次会议
（1985 年 3 月 1 日）

根据县人民法院院长张光庭的提议，

任命：

张炳贞为高密县阚家人民法庭庭长；

单既洲为高密县姜庄人民法庭庭长；

刘跃民为高密县人民法院刑事审判二庭副庭长；

张来荣为高密县姚哥庄人民法庭副庭长。

免去：

张炳贞的高密县柴沟人民法庭副庭长职务；

单既洲的高密县城关人民法庭副庭长职务。

第十一次会议
（1985 年 11 月 2 日）

根据县长姜玉生的提议，决定任命：

郝恩贵为高密县审计局局长；

吕尧胜为高密县工商行政管理局局长。

决定免去：

王镇一的高密县审计局局长职务；

陆传序的高密县工商行政管理局局长职务。

根据县人民法院院长张光庭的提议，任命：

刘本奎为高密县人民法院民事审判庭副庭长。

免去：

郑有才的大牟家人民法庭副庭长、审判员职务。

根据县人民检察院检察长梁光鹏的提议，任命：

薛文智为高密县人民检察院检察员。

第十三次会议
（1986 年 3 月 21 日）

根据县人大常委会主任朱维福的提议，任命：

毛永华为高密县人大常委会调查研究科科长。

第十四次会议
（1986 年 4 月 19 日）

根据县人大常委会主任朱维福的提议，任命：

仲跻魁为高密县人大常委会办公室副主任。

根据县长姜玉生的提议，决定任命：

刘福海为高密县文化局局长。

决定免去：

傅希连的高密县文化局局长职务。

根据县人民法院院长张光庭的提议，任命：

王钦文为高密县人民法院刑事审判庭一庭庭长、审判委员会委员；

聂毓和为高密县大牟家人民法庭庭长；

张来荣为高密县拒城河人民法庭副庭长；

陈继德为高密县姚哥庄人民法庭副庭长。

免去：

马永成的高密县人民法院审判委员会委员职务；

刘升云的高密县人民法院审判委员会委员职务；

张作友的高密县人民法院刑事一庭庭长、审判委员会委员职务；

王钦文的高密县人民法院刑事审判一庭副庭长职务；

陈继德的高密县拒城河人民法庭副庭长职务；

聂毓和的高密县姜庄人民法庭副庭长职务；

张来荣的高密县姚哥庄人民法庭副庭长职务。

第十六次会议
（1986 年 7 月 27 日）

根据县长王在辉的提议，决定任命：

沈子升为高密县经济委员会主任；

宋锡明为高密县乡镇企业局局长；

王凤祥为高密县财政局局长；

仪明敬为高密县侨务办公室主任；

刘顺堂为高密县统计局局长。

决定免去：

乔光林的高密县经济委员会主任职务；

王炳舜的高密县乡镇企业局局长职务；

刘顺堂的高密县财政局局长职务；

张世林的高密县侨务办公室主任职务。

根据县人民法院院长张光庭的提议，任命：

于钦政为高密县城关人民法庭庭长；

张学功为高密县城关人民法庭副庭长；

徐占顺为高密县双羊人民法庭庭长；

单宝书为高密县夏庄人民法庭庭长；

郭启友为高密县人民法院执行庭副庭长。

免去：

于钦政的高密县双羊人民法庭庭长职务；

张学功的高密县夏庄人民法庭庭长职务

徐占顺的高密县阚家人民法庭副庭长职务；

单宝书的高密县城关人民法庭庭长职务；

郭启友的高密县城关人民法庭副庭长职务。

第十七次会议
（1986 年 10 月 28 日）

根据县人大常委会主任朱维福的提议，任命：

綦宗良为高密县人大常委会办公室副主任。

根据县长王在辉的提议，决定任命：

仪明敬为高密县外事侨务办公室主任，决定免去其高密县侨务办公室主任职务。

根据县人民检察院检察长梁光鹏的提议，任命：

刘洪明为高密县人民检察院副检察长；

张东民为高密县人民检察院检察员；

郭恩辉为高密县人民检察院检察员。

第十九次会议
（1987 年 2 月 16 日）

根据县人大常委会主任朱维福的提议，任命：

荆逢元为高密县人大常委会办公室主任。

根据县长王在辉的提议，决定任命：

万吉日为县档案局局长。

第二十次会议
（1987年4月17日）

根据县人民法院院长张光庭的提议，任命：

冷延吉为高密县夏庄人民法庭庭长；

郑有才为高密县人民法院审判员；

免去：

冷延吉的高密县夏庄人民法庭副庭长职务；

单宝书的夏庄人民法庭庭长职务。

第三章 县十一届人大常委会任免事项

第一次会议
（1987年5月7日）

根据县长王在辉的提议，决定任命：

孟庆余为高密县计划委员会主任；

韩延吉为高密县税务局局长。

第二次会议
（1987年7月6日）

根据县人大常委会主任王立福的提议，任命：

师小娟为高密县人大常委会法制科科长；

免去：

师小娟的高密县人大常委会办公室副主任职务；

刘志远的高密县人大常委会调查研究科科长职务。

根据县长王在辉的提请，决定任命：

荆云来为高密县林业局局长；

郇洪和为高密县卫生局局长；

决定免去：

禚煜昌的高密县林业局局长职务；

尹世超的高密县卫生局局长职务；

秦中廷的高密县统计局局长职务。

第三次会议
（1987年9月15日）

根据县人大常委会主任王立福的提议，任命：

荆逢元为高密县人大常委会办公室主任；

仲跻魁为高密县人大常委会办公室副主任；

孙树昆兼任高密县人大常委会财政经济科科长；

毛永华为高密县人大常委会财政经济科副科长；

王凤山兼任高密县人大常委会代表联络科科长；

赵存礼为高密县人大常委会代表联络科副科长；

沈兴吕兼任高密县人大常委会教科文卫城乡建设科科长；

师小娟为高密县人大常委会法制科副科长；

免去：

师小娟的高密县人大常委会法制科科长职务。

根据县长王在辉的提议，决定任命：

程梅臣为高密县人民政府副县长。

吴元宝为高密县人民政府办公室主任；

沈子升为高密县经济委员会主任；

阎炜初为高密县城乡建设委员会主任；

谷昭川为高密县科学技术委员会主任；

于文廒为高密县计划生育委员会主任；

戴友和为高密县体育运动委员会主任；

仪名敬为高密县外事侨务办公室主任；

万吉日为高密县档案局局长；

宋绪富为高密县人事局局长；

刘福臣为高密县劳动局局长；

赵福安为高密县民政局局长；

王庆贤为高密县农业局局长；

于敦学为高密县水利局局长；

罗相诗为高密县环境保护局局长；

刘福海为高密县文化局局长；

郭玉梅为高密县教育局局长；

王凤祥为高密县财政局局长；

吕尧胜为高密县工商局局长；

王宇宏为高密县商业局局长；

孙福利为高密县粮食局局长；

刘顺堂为高密县统计局局长；

郝恩贵为高密县审计局局长；

焦延泉为高密县物价局局长；

刘彩为高密县交通局局长；

宋锡明为高密县乡镇企业局局长；

王乐昌为高密县公安局局长；

张子敬为高密县司法局局长。

根据县人民法院院长张光庭的提议，任命：

张光庭为高密县人民法院审判委员会委员；

边凤城为高密县人民法院副院长，审判委员会委员；

王军为高密县人民法院副院长、审判委员会委员；

王钦文为高密县人民法院刑事审判一庭庭长、审判委员会委员；

曹杰福为高密县人民法院刑事审判二庭庭长、审判委员会委员；

王培聪为高密县人民法院民事审判庭庭长、审判委员会委员；

钟继宗为高密县人民法院经济审判庭庭长、审判委员会委员；

董福林为高密县人民法院执行庭庭长；

于钦政为高密县城关人民法庭庭长；

单既洲为高密县姜庄人民法庭庭长；

聂毓和为高密县大牟家人民法庭庭长；

夏锡民为高密县姚哥庄人民法庭庭长；

张炳贞为高密县阚家人民法庭庭长；

徐占顺为高密县双羊人民法庭庭长；

王学良为高密县柴沟人民法庭庭长；

张海文为高密县方市人民法庭庭长；

冷延吉为高密县夏庄人民法庭庭长；

刘跃民为高密县柏城人民法庭庭长；

张来荣为高密县呼家庄人民法庭庭长；

王家良为高密县周阳人民法庭庭长；

陈继德为高密县李家营人民法庭庭长；

王登荣为高密县王吴人民法庭庭长；

邱玉洁为高密县蔡家站人民法庭庭长；

臧洪远为高密县人民法院刑事审判一庭副庭长；

玄成保为高密县人民法院刑事审判二庭副庭长；

刘本奎为高密县人民法院民事审判庭副庭长；

张万里为高密县人民法院经济审判庭副庭长；

郭启有为高密县人民法院经济审判庭副庭长；

张学功为高密县城关人民法庭副庭长；

徐兆强为高密县拒城河人民法庭副庭长；

苗玉岭为高密县张鲁人民法庭副庭长；

孙立堂为高密县双羊人民法庭副庭长；

李心如、刘升云、马永成、臧之娥、王廉卿、王玉萍、李家福、曲华中、孙洪年、柴家勤、朱光明、史东、范陆军、单宝书、单连义、李世合、王方明、刘建鲁、綦信德、宋纪勋、刘希江、刘松青、刘芝兰、丛建波、陆木兴、郑有才为高密县人民法院审判员。

免去：

刘跃民的高密县人民法院刑事审判二庭副庭长职务；

张来荣的高密县拒城河人民法庭副庭长职务；

王家良的高密县拒城河人民法庭庭长职务；

陈继德的高密县姚哥庄人民法庭副庭长职务；

王登荣的高密县柴沟人民法庭副庭长职务。

根据县人民检察院检察长张正立的提议，任命：

丁乐本、刘洪明、高大汉 3 人为高密县人民检察院副检察长；

张正立、丁乐本、刘洪明、高大汉、张新邦、邱祖元、于凤阳、王述强、王高文 9 人为高密县人民检察院检察委员会委员；

刘金城、梁光鹏、李义斋、王连和、邱祖元、于凤阳、王述强、王高文、周金铭、刘树坤、杨之善、冷继谦、王述明、赵强、刘增光、孙秀美、徐文智、张东民、张明亮、代聚本、李振明、李润智、叶兴华、张学信、王金山、王培义、张文礼、孙洪宝、周茂勤、王永臣、邓从国、郭恩辉、陈宝山、王元森、栗汝成、沈瑞三、张仁升、金苗、孙希文、谢永平、马吉贞 41 人为高密县人民检察院检察员。

第四次会议
（1987 年 11 月 16 日）

根据县人大常委会主任王立福的提议，任命：

宋新科兼任高密县人大常委会法制科科长。

第五次会议
（1987 年 12 月 7 日）

根据县长王在辉的提议，决定免去：

于文廒的高密县计划生育委员会主任职务。

第六次会议
（1988 年 1 月 20 日）

根据县长王在辉的提议，决定任命：

单惠智为高密县监察局局长；

夏克杰为高密县公安局局长；

王庆贤为高密县农业委员会主任。

决定免去：

王乐昌的高密县公安局局长职务。

根据县人民检察院检察长张正立的提议，任命：

孙法瑜、张树山、赵凤德、杨军为高密县人民检察院检察员。

免去：

梁光鹏的高密县人民检察院检察员职务。

第八次会议
（1988 年 4 月 12 日）

根据县人大常委会主任王立福的提议，任命：

师小娟为县人大常委会法制科科长；

李锡才为县人大常委会教科文卫城乡建设科科长；

吕希池为县人大常委会法制科副科长。

免去：

宋新科的县人大常委会法制科科长职务；

沈兴昌的县人大常委会教科文卫城乡建设科科长职务。

根据县长王在辉的提议，任命：

李桂芳为县计划生育委员会主任。

第九次会议
（1988 年 6 月 30 日）

根据县长王在辉的提议，决定任命：

隋维山为高密县土地管理局局长；

朱福训为高密县民政局局长。

决定免去：

赵福安的高密县民政局局长职务。

根据县人民法院院长张光庭的提议，任命：

张万里为高密县人民法院经济审判庭庭长、审判委员会委员；

钟继宗为高密县人民法院行政审判庭庭长；

单既洲为高密县高密人民法庭庭长；

刘希江为高密县高戈庄人民法庭庭长；

郭启友为高密县仁和人民法庭庭长；

单联义为高密县大栏人民法庭庭长；

史东为高密县柏城人民法庭副庭长；

张来荣为高密县初家人民法庭庭长；

王方明为高密县康庄人民法庭庭长；

王家良为高密县呼家庄人民法庭庭长；

禚亮金为高密县方市人民法庭副庭长；

张海文为高密县注沟人民法庭庭长；

刘芝兰为高密县人民法院行政审判庭副庭长；

李世合为高密县高密人民法庭副庭长；

孙启福为高密县姜庄人民法庭副庭长；

史正宽为高密县周阳人民法庭副庭长；

綦信德为高密县土庄人民法庭庭长；

孙立堂为高密县井沟人民法庭副庭长；

刘松青为高密县人民法院经济审判庭副庭长；

范陆军为高密县人民法院执行庭副庭长；

孙长庚为高密县大牟家人民法庭副庭长；

王德功为高密县周戈庄人民法庭副庭长；

刘玉河为高密县咸家人民法庭副庭长；

王益华、王瑞芹、高明林为高密县人民法院审判员。

免去：

钟继宗的高密县人民法院经济审判庭庭长职务；

单既洲的高密县姜庄人民法庭庭长职务；

郭启友的高密县人民法院执行庭副庭长职务；

张来荣的高密县人民法庭庭长职务；

王家良的高密县周阳人民法庭庭长职务；

张海文的高密县方市人民法庭庭长职务；

孙立堂的高密县双羊人民法庭副庭长职务。

根据县人民检察院检察长张正立的提议，任命：

沈锡宝为高密县人民检察院检察员。

第十次会议
（1988 年 8 月 31 日）

根据县长王在辉的提议，决定任命：

姜经文为高密县人民政府科技副县长；

迟华亭为高密县人民政府科技副县长；

宋林茂为高密县对外经济贸易委员会主任（兼）。

第十一次会议
（1988 年 10 月 29 日）

根据县人民法院院长张光庭的提议，任命：

岳振奎为高密县人民法院副院长、审判委员会委员；

单连义为高密县姜庄人民法庭庭长；

孙立堂为高密县井沟人民法庭庭长；

刘希军为高密县田庄人民法庭副庭长；

郑有才为高密县河崖人民法庭副庭长；

周天鹏为高密县大栏人民法庭副庭长。

免去：

单连义的高密县大栏人民法庭庭长职务。

第十三次会议
（1989年1月6日）

根据县人民法院院长张光庭的提议，任命：

边凤城为高密县人民法院审判员。

免去：

边凤城的高密县人民法院副院长、审判委员会委员职务。

根据县人民检察院检察长张正立的提议，任命：

李培华为高密县人民检察院检察委员会委员、检察员；

张新邦为高密县人民检察院检察员；

张宗义、李锡金、潘洪波、宋永君、郭洪福、赵伟为高密县人民检察院检察员。

免去：

张新邦的高密县人民检察院检察委员会委员职务。

第十四次会议
（1989年3月9日）

根据县长王在辉的提议，决定任命：

宋锡明为高密县矿产资源管理局局长（兼）。

第十七次会议
（1989年5月31日）

根据县人大常委会主任王在辉的提议，任命：

毛永华为县人大常委会财政经济城乡建设工作委员会主任；

赵存礼为县人大常委会财政经济城乡建设工作委员会副主任；

李锡才为县人大常委会农村经济工作委员会主任；

李文刚为县人大常委会农村经济工作委员会副主任（正局级）；

吕希池为县人大常委会法制工作委员会主任；

刘志刚为县人大常委会法制工作委员会副主任；

谷昭川为县人大常委会教科文卫工作委员会主任；

陶承利为县人大常委会教科文卫工作委员会副主任；

刘昌华为县人大常委会办公室副主任；

隋存茂为县人大常委会办公室副主任。

免去：

仲跻魁的县人大常委会办公室副主任职务。

根据县长姜玉生的提议，决定任命：

鹿金平为高密县对外经济贸易委员会主任；

郭玉梅为高密县教育委员会主任；

李明强为高密县农业委员会主任；

冯志坚为高密县科学技术委员会主任；

李子义为高密县经济体制改革委员会主任；

李健为高密县粮食局局长；

傅希禄为高密县交通局局长；

魏守斋为高密县标准计量局局长；

杜继亮为高密县司法局局长；

崔善伦为高密县档案局局长。

决定免去：

宋林茂的高密县对外经济贸易委员会主任（兼）职务；

王庆贤的高密县农业委员会主任（兼）职务；

谷昭川的高密县科学技术委员会主任职务；

孙福利的高密县粮食局局长职务；

刘彩的高密县交通局局长职务；

张子敬的高密县司法局局长职务；

万吉日的高密县档案局局长职务；

郭玉梅的高密县教育局局长职务。

根据县人民法院院长张光庭的提议，任命：

于钦政为高密县人民法院高密人民法庭庭长；

单既洲为高密县人民法院城关人民法庭庭长；

夏锡民为高密县人民法院柏城人民法庭庭长；

孙启福为高密县人民法院姚哥庄人民法庭副庭长；

聂毓和为高密县人民法院姜庄人民法庭庭长；

邱玉吉为高密县人民法院双羊人民法庭庭长；

单连义为高密县人民法院蔡家站人民法庭庭长；

徐战顺为高密县人民法院柴沟人民法庭副庭长；

张炳贞为高密县人民法院民事审判庭副庭长；

刘本奎为高密县人民法院阚家人民法庭庭长；

杨永红、张国良、代建国为高密县人民法院审判员。

免去：

于钦政的高密县人民法院城关人民法庭庭长职务；

单既洲的高密县人民法院高密人民法庭庭长职务；

夏锡民的高密县人民法院姚哥庄人民法庭庭长职务；

孙启福的高密县人民法院姜庄人民法庭副庭长职务；

聂毓和的高密县人民法院大牟家人民法庭庭长职务；

邱玉吉的高密县人民法院蔡家站人民法庭庭长职务；

单连义的高密县人民法院姜庄人民法庭庭长职务；

徐占顺的高密县人民法院双羊人民法庭庭长职务；

张炳贞的高密县人民法院阚家人民法庭庭长职务；

刘本奎的高密县人民法院民事审判庭副庭长职务。

根据县人民检察院检察长张正立的提

议，任命：

杨子玉、张欣、綦德新、李润清、周少林、于瑞良、宋泽照为高密县人民检察院检察员。

第十九次会议
（1989 年 8 月 3 日）

根据县人民法院院长张光庭的提议，任命：

曹杰福为高密县人民法院告诉申诉审判庭庭长；

朱光朋为高密县人民法院告诉申诉审判庭副庭长；

玄成保为高密县人民法院告诉申诉审判庭副庭长。

免去：

曹杰福的高密县人民法院刑事审判二庭庭长职务；

玄成保的高密县人民法院刑事审判二庭副庭长职务。

第二十次会议
（1989 年 10 月 7 日）

根据县人民法院院长张光庭的提议，任命：

丁尚琦为高密县人民法院审判员。

第四章　县十二届人大常委会任免事项

第一次会议
（1990 年 5 月 9 日）

根据县长姜玉生的提议，决定任命：

张庆坚为高密县人民政府办公室主任；

仪明敬为高密县人民政府外事侨务办公室主任；

孟庆余为高密县计划委员会主任；

沈子升为高密县经济委员会主任；

鹿金平为高密县对外经济贸易委员会主任；

阎炜初为高密县城乡建设委员会主任；

李明强为高密县农业委员会主任；

冯志坚为高密县科学技术委员会主任；

郭玉梅为高密县教育委员会主任；

戴有和为高密县体育运动委员会主任；

李桂芳为高密县计划生育委员会主任；

李子义为高密县经济体制改革委员会主任；

夏克杰为高密县公安局局长；

杜继亮为高密县司法局局长；

单惠智为高密县监察局局长；

宋绪富为高密县人事局局长；

刘福臣为高密县劳动局局长；

朱福训为高密县民政局局长；

王庆贤为高密县农业局局长；

于敦学为高密县水利水产局局长；

荆云来为高密县林业局局长；

隋维山为高密县土地管理局局长；

刘福海为高密县文化局局长；

郇洪相为高密县卫生局局长；

王凤祥为高密县财政局局长；

韩延吉为高密县税务局局长；

王宇宏为高密县商业局局长；

李健为高密县粮食局局长；

刘顺堂为高密县统计局局长；

郝恩贵为高密县审计局局长；

焦延泉为高密县物价局局长；

傅希禄为高密县交通局局长；

宋锡明为高密县乡镇企业局局长兼高密县矿产资源管理局局长；

罗相诗为高密县环保局局长；

魏守斋为高密县技术监督局局长；

崔善伦为高密县档案局局长。

决定免去：

吴元宝的高密县人民政府办公室主任职务；

吕尧胜的高密县工商行政管理局局长职务。

根据县人民法院院长迟世斋的提议，任命：

于钦政为高密县人民法院城关人民法庭庭长；

张炳贞为高密县人民法院高密人民法庭庭长；

徐占顺为高密县人民法院柴沟人民法庭庭长；

王学良为高密县人民法院行政审判庭副庭长；

朱广朋为高密县人民法院双羊人民法庭庭长；

邱玉吉为高密县人民法院田庄人民法庭庭长；

王家良为高密县人民法院夏庄人民法庭庭长；

史东为高密县人民法院呼家庄人民法庭庭长；

王德功为高密县人民法院周戈庄人民法庭庭长；

刘玉河为高密县人民法院咸家人民法庭庭长；

孙长庚为高密县人民法院大牟家人民法庭庭长；

周天鹏为高密县人民法院李家营人民法庭庭长；

陈继德为高密县人民法院大栏人民法庭庭长；

高明林为高密县人民法院王吴人民法庭庭长；

徐兆强为高密县人民法院拒城河人民法庭庭长；

苗玉玲为高密县人民法院张鲁人民法庭庭长；

史正宽为高密县人民法院周阳人民法庭庭长；

孙启福为高密县人民法院姚哥庄人民法

庭庭长；

李家福为高密县人民法院民事审判庭副庭长；

范陆军为高密县人民法院柏城人民法庭副庭长；

从建波为高密县人民法院刑事审判庭副庭长；

代建国为高密县人民法院执行庭副庭长；

刘希军为高密县人民法院双羊人民法庭副庭长；

单既洲为高密县人民法院告诉申诉庭副庭长；

李玉明、阎培善为高密县人民法院审判员。

免去：

于钦政的高密县人民法院高密人民法庭庭长职务；

张炳贞的高密县人民法院民事审判庭副庭长职务；

徐占顺的高密县人民法院柴沟人民法庭副庭长职务；

王学良的高密县人民法院柴沟人民法庭庭长职务；

朱广朋的高密县人民法院告诉申诉庭副庭长职务；

邱玉吉的高密县人民法院双羊人民法庭庭长职务；

王家良的高密县人民法院呼家庄人民法庭庭长职务；

史东的高密县人民法院柏城人民法庭副庭长职务；

王德功的高密县人民法院周戈庄人民法庭副庭长职务；

刘玉河的高密县人民法院咸家人民法庭副庭长职务；

孙长庚的高密县人民法院大牟家人民法庭副庭长职务；

周天鹏的高密县人民法院大栏人民法庭副庭长职务；

陈继德的高密县人民法院李家营人民法庭庭长职务；

徐兆强的高密县人民法院拒城河人民法庭副庭长职务；

苗玉玲的高密县人民法院张鲁人民法庭副庭长职务；

史正宽的高密县人民法院周阳人民法庭副庭长职务；

孙启福的高密县人民法院姚哥庄人民法庭副庭长职务；

范陆军的高密县人民法院执行庭副庭长职务；

刘希军的高密县人民法院田庄人民法庭副庭长职务；

单既洲的高密县人民法院城关人民法庭庭长职务；

冷延吉的高密县人民法院夏庄人民法庭庭长职务；

王登荣的高密县人民法院王吴人民法庭庭长职务。

第四次会议
（1990 年 9 月 29 日）

根据县人大常委会主任单昭明的提请，任命：

綦宗良为高密县人大常委会办公室主任；

李广文为高密县人大常委会办公室副主任。

免去：

荆逢元的高密县人大常委会办公室主任职务。

根据县人民法院院长迟世斋的提议，免去：

李新玉的高密县人民法院审判员职务。

第五次会议
（1990 年 11 月 20 日）

根据工作需要，任命：

吕尧胜为高密县人民检察院副检察长。

根据县人民检察院副检察长的集体推举，决定：

吕尧胜为高密县人民检察院代理检察长。报潍坊市人民检察院和潍坊市人民代表大会常务委员会备案。

第七次会议

根据县人民法院院长迟世斋的提请，任命：

聂毓和为高密县人民法院民事审判庭副庭长；

戴建国为高密县人民法院姜庄人民法庭庭长；

单联义为高密县人民法院民事审判庭副庭长；

邱玉吉为高密县人民法院蔡家站人民法庭庭长；

孙从强为高密县人民法院田庄人民法庭副庭长；

孙立堂为高密县人民法院执行庭副庭长；

蔡善喜为高密县人民法院井沟人民法庭副庭长；

王家良为高密县人民法院刑事审判庭副庭长；

从建波为高密县人民法院夏庄人民法庭庭长；

刘希江为高密县人民法院经济审判庭副庭长；

张国良为高密县人民法院高戈庄人民法庭副庭长；

夏锡民为高密县人民法院高密人民法庭庭长；

刘松青为高密县人民法院柏城人民法庭庭长；

郭启友为高密县人民法院高密人民法庭副庭长；

刘本奎为高密县人民法院仁和人民法庭庭长；

王宝启为高密县人民法院阚家人民法庭副庭长；

陈继德为高密县人民法院姜庄人民法庭

副庭长；

李玉明为高密县人民法院大栏人民法庭副庭长；

臧洪远为高密县人民法院告诉申诉庭副庭长；

李家福为高密县人民法院刑事审判庭副庭长；

张学功为高密县人民法院行政审判庭副庭长；

孙洪年为高密县人民法院经济审判庭副庭长；

刘建鲁为高密县人民法院城关人民法庭副庭长；

丁尚琦为高密县人民法院柴沟人民法庭副庭长；

郑有才为高密县人民法院河崖人民法庭庭长。

免去：

聂毓和的高密县人民法院姜庄人民法庭庭长职务；

戴建国的高密县人民法院执行庭副庭长职务；

单联义的高密县人民法院蔡家站人民法庭庭长职务；

邱玉吉的高密县人民法院田庄人民法庭庭长职务；

孙立堂的高密县人民法院井沟人民法庭庭长职务；

王家良的高密县人民法院夏庄人民法庭庭长职务；

从建波的高密县人民法院刑事审判庭副庭长职务；

刘希江的高密县人民法院高戈庄人民法庭庭长职务；

夏锡民的高密县人民法院柏城人民法庭庭长职务；

刘松青的高密县人民法院经济审判庭副庭长职务；

郭启友的高密县人民法院仁和人民法庭庭长职务；

刘本奎的高密县人民法院阚家人民法庭庭长职务；

陈继德的高密县人民法院大栏人民法庭庭长职务；

臧洪远的高密县人民法院刑事审判庭副庭长职务；

李家福的高密县人民法院民事审判庭副庭长职务；

张学功的高密县人民法院城关人民法庭副庭长职务；

张炳贞的高密县人民法院高密人民法庭庭长职务。

第八次会议
（1991 年 3 月 20 日）

根据县长姜玉生的提请，决定任命：

朱福训为高密县城乡建设委员会主任；

郑存阶为高密县民政局局长；

王庆贤为高密县劳动局局长；

李万京为高密县农业局局长；

白卫平为高密县商业局局长；

臧远湘为高密县人民政府外事侨务办公室主任。

决定免去：

朱福训的高密县民政局局长职务；

王庆贤的高密县农业局局长职务；

闫炜初的高密县城乡建设委员会主任职务；

刘福臣的高密县劳动局局长职务；

王宇宏的高密县商业局局长职务；

仪明敬的高密县人民政府外事侨务办公室主任职务。

第十次会议
（1991年7月23日）

根据县长姜玉生的提请，决定任命：

冯国民为高密县副县长（挂职）；

曹立山为高密县经济委员会主任。

决定免去：

沈子升的高密县经济委员会主任职务。

根据县人民法院院长迟世斋的提请，任命：

马遂庆为高密县人民法院副院长，审判委员会委员；

郑有才为高密县柏城人民法庭庭长；

丁尚琦为高密县柴沟人民法庭庭长；

王进军为高密县拒城河人民法庭副庭长；

李修本为高密县咸家人民法庭副庭长；

钟耕政为高密县河崖人民法庭副庭长；

郭启友为高密县人民法院民事审判庭副庭长；

宋纪勋为高密县人民法院经济审判庭副庭长；

杨文友为高密县土庄人民法庭副庭长；

綦信德为高密县柴沟人民法庭副庭长；

陈继德为高密县高密人民法庭副庭长；

免去：

郑有才的河崖人民法庭庭长职务；

丁尚琦的柴沟人民法庭副庭长职务；

郭启友的高密人民法庭副庭长职务；

綦信德的土庄人民法庭庭长职务；

陈继德的姜庄人民法庭副庭长职务；

刘松青的高密县柏城人民法庭庭长职务；

徐战顺的高密县柴沟人民法庭庭长职务；

徐兆强的高密县拒城河人民法庭庭长职务；

刘玉河的高密县咸家人民法庭庭长职务。

第十一次会议
（1991年9月26日）

根据县人民检察院检察长吕尧胜的提请，任命：

刘玉松为高密县人民检察院检察员。

免去：

刘宗义、綦德新、沈西宝的高密县人民检察院检察员职务。

第十四次会议
（1992年3月17日）

根据县长姜玉生的提请，决定任命：

齐世增为高密县副县长；

师合林为高密县副县长。

第十六次会议
（1992 年 5 月 11 日）

根据县长姜玉生的提请，决定任命：

龙新华为高密县对外经济贸易委员会主任；

王良德为高密县商业局局长。

决定免去：

鹿金平的高密县对外经济贸易委员会主任职务；

白卫平的高密县商业局局长职务；

王凤祥的高密县财政局局长职务。

第十七次会议
（1992 年 7 月 7 日）

根据县人民法院院长迟世斋的提请，任命：

藏芝娥为高密县人民法院审判委员会委员；

王培聪为高密县人民法院执行庭庭长；

聂毓和为高密县人民法院民事审判庭庭长、审判委员会委员；

免去：

王培聪的民事审判庭庭长职务；

聂毓和的民事审判庭副庭长职务。

第二十一次会议
（1993 年 1 月 16 日）

根据县人大常委会主任单昭明的提请，任命：

刘昌华为县人大常委会教育科学文化卫生工作委员会主任；

刘波为县人大常委会办公室副主任；

肖敬亭为县人大常委会办公室副主任；

刁世学为县人大常委会财政经济城乡建设工作委员会副主任；

任德平为县人大常委会法制工作委员会副主任。

免去：

谷昭川的县人大常委会教育科学文化卫生工作委员会主任职务；

刘昌华的县人大常委会办公室副主任职务；

隋存茂的县人大常委会办公室副主任职务。

第五章 市（县）十三届人大常委会任免事项

第一次会议
（1993 年 2 月 22 日）

根据县长高金龙的提请，决定任命：

潘世俊为高密县副县长；

张庆坚为高密县人民政府办公室主任；

臧远湘为高密县人民政府外事侨务办公室主任；

李万京为高密县计划委员会主任；

曹立山为高密县经济委员会主任；

龙新华为高密县对外经济贸易委员会主任；

郭玉梅为高密县教育委员会主任；

李桂芳为高密县计划生育委员会主任；

陈廷俊为高密县体育运动委员会主任；

朱福训为高密县城乡建设委员会主任；

李明强为高密县农业委员会主任；

冯志坚为高密县科学技术委员会主任；

李了义为高密县经济体制改革委员会主任；

徐兆凯为高密县人事局局长；

王庆贤为高密县劳动局局长；

单惠智为高密县监察局局长；

郑存阶为高密县民政局局长；

张振国为高密县公安局局长；

杜继亮为高密县司法局局长；

刘顺利为高密县统计局局长；

郝恩贵为高密县审计局局长；

单既金为高密县物价局局长；

徐长胜为高密县工商行政管理局局长；

白卫平为高密县财政局局长；

周庆华为高密县税务局局长；

傅希禄为高密县交通局局长；

田绍臣为高密县农业局局长；

王寿平为高密县林业局局长；

于敦学为高密县水利水产局局长；

张来光为高密县土地管理局局长；

王良德为高密县商业局局长；

李健为高密县粮食局局长；

宋锡明为高密县乡镇企业局局长兼高密县矿产资源管理局局长；

郇洪和为高密县卫生局局长；

单既瑜为高密县文化局局长；

魏宁斋为高密县技术监督局局长；

崔善伦为高密县档案局局长；

谢国贞为高密县环境保护局局长。

根据县人民法院院长王军的提请，任命：

冷延吉为高密县人民法院副院长、审判委员会委员。

根据县人民检察院检察长吕尧胜的提请，任命：

隋存法、伍丽华、李少峰、刘文、蒋茂英、

郑萍、綦德平、王彦、昝立群、李雷、范俊言为高密县人民检察院检察员。

第二次会议
（1993年4月13日）

根据县人民法院院长王军的提请，任命：

李家福为高密县人民法院审判委员会委员、刑事审判庭庭长；

于钦政为高密县人民法院审判委员会委员、执行庭庭长；

王钦文为高密县人民法院行政审判庭庭长；

张国良为高密县高密人民法庭庭长；

张海文为高密县柴沟人民法庭庭长；

高明林为高密县柏城人民法庭庭长；

郑有才为高密县夏庄人民法庭庭长；

丁尚琦为高密县姜庄人民法庭庭长；

孙从强为高密县双羊人民法庭庭长；

邱玉吉为高密县康庄人民法庭庭长；

蔡善喜为高密县井沟人民法庭庭长；

杨文友为高密县土庄人民法庭庭长；

王进军为高密县拒城河人民法庭庭长；

臧洪远为高密县人民法院刑事审判庭副庭长；

李玉明为高密县人民法院刑事审判庭副庭长；

玄成保为高密县人民法院民事审判庭副庭长；

王家良为高密县人民法院经济审判庭副庭长；

夏锡民为高密县人民法院经济审判庭副庭长；

王方明为高密县人民法院执行庭副庭长；

朱光朋为高密县高密人民法庭副庭长；

刘本奎为高密县高密人民法庭副庭长；

张来荣为高密县高密人民法庭副庭长；

徐本华为高密县仁和人民法庭副庭长；

姜国宗为高密县蔡家站人民法庭副庭长；

钟耕政为高密县夏庄人民法庭副庭长；

郭连明为高密县河崖人民法庭副庭长；

孙建梁为高密县大栏人民法庭副庭长；

韩寿坤为高密县咸家人民法庭副庭长；

李君列为高密县初家人民法庭副庭长；

马江波为高密县高戈庄人民法庭副庭长；

阚洪相为高密县王吴人民法庭副庭长；

邱松为高密县注沟人民法庭副庭长；

杨福迅、潘行文、吴斌、钟汝迪、薛亭、李群、王振星、商学智、单既青、闫梅冬、孙秀萍、伏宏伟、高波、夏艳、李绍兴、邱锡德、岳红、荆涛、牟长征为高密县人民法院审判员。

免去：

于钦政的城关人民法庭庭长职务；

王钦文的刑事审判庭庭长职务；

张国良的高戈庄人民法庭副庭长职务；

张海文的注沟人民法庭庭长职务；

高明林的王吴人民法庭庭长职务；

郑有才的柏城人民法庭庭长职务；

丁尚琦的柴沟人民法庭庭长职务；

孙从强的田庄人民法庭副庭长职务；

邱玉吉的蔡家站人民法庭庭长职务；

臧洪远的告诉申诉庭副庭长职务；

李玉明的大栏人民法庭副庭长职务；

玄成保的告诉申诉庭副庭长职务；

王家良的刑事审判庭副庭长职务；

夏锡民的高密人民法庭庭长职务；

王方明的康庄人民法庭庭长职务；

朱光朋的双羊人民法庭庭长职务；

刘本李的仁和人民法庭庭长职务；

张来荣的初家人民法庭庭长职务；

钟耕政的河崖人民法庭副庭长职务；

钟继宗的高密县人民法院行政审判庭庭长职务；

张学功的高密县人民法院行政审判庭副庭长职务；

王学良的高密县人民法院行政审判庭副庭长职务；

单既洲的高密县人民法院告诉申诉庭副庭长职务；

王培聪的高密县人民法院执行庭庭长职务；

陈继德的高密县高密人民法庭副庭长职务；

丛建波的高密县夏庄人民法庭庭长职务；

綦信德的高密县柴沟人民法庭副庭长职务。

根据县人民检察院检察长吕尧胜的提请，任命：

郭洪福为高密县人民检察院检察委员会委员。

免去：

于凤阳的高密县人民检察院检察委员会委员职务；

王述强的高密县人民检察院检察委员会委员职务。

第三次会议
（1993 年 6 月 17 日）

根据县人民法院院长王军的提请，任命：

徐来金为县人民法院审判员。

第六次会议
（1993 年 11 月 27 日）

根据县人大常委会主任单昭明的提请，免去：

肖敬亭的高密县人大常委会办公室副主任职务；

李锡才的高密县人大常委会农村经济工作委员会主任职务；

吕希池的高密县人大常委会法制工作委员会主任职务；

刘志刚的高密县人大常委会法制工作委员会副主任职务；

赵存礼的高密县人大常委会财政经济城乡建设工作委员会副主任职务。

根据县长高金龙的提请，决定任命：

宋锡明为高密县经济委员会主任；

高洪洁为高密县对外经济贸易委员会主任；

李子义为高密县商业委员会主任；

王百祥为高密县教育委员会主任；

单既瑜为高密县文化体育委员会主任；

张来光为高密县规划国土矿产局局长；

田立甫为高密县乡镇企业管理局局长。

决定免去：

宋锡明的高密县乡镇企业管理局局长职务；

曹立山的高密县经济委员会主任职务；

龙新华的高密县对外经济贸易委员会主任职务；

郭玉梅的高密县教育委员会主任职务。

根据县人民法院院长王军的提请，任命：

肖敬亭为高密县人民法院审判员。

免去：

王保启的阚家人民法庭副庭长职务。

根据县人民检察院检察长吕尧胜的提请，任命：

刘志刚、唐祖荣、魏福德为高密县人民检察院检察员。

第八次会议
（1994年2月2日）

根据县人民法院院长王军的提请，任命：

王学良为高密县人民法院审判委员会委员、告诉申诉庭庭长；

张丙贞为高密县人民法院审判委员会委员；

王振星为高密县人民法院经济审判庭副庭长；

邱玉吉为高密县人民法院经济审判庭副庭长；

史东为高密县仁和人民法庭庭长；

苗玉岭为高密县周阳人民法庭庭长；

史正宽为高密县张鲁人民法庭庭长；

徐本华为高密县康庄人民法庭庭长；

韩寿坤为高密县大牟家人民法庭副庭长；

牟长征为高密县李家营人民法庭副庭长。

免去：

邱玉吉的高密县康庄人民法庭庭长职务；

史东的高密县呼家庄人民法庭庭长职务；

苗玉岭的高密县张鲁人民法庭庭长职务；

史正宽的高密县周阳人民法庭庭长职务；

徐本华的高密县仁和人民法庭副庭长职务；

韩寿坤的高密县咸家人民法庭副庭长职务；

王家良的高密县人民法院经济审判庭副庭长职务；

孙长庚的高密县大牟家人民法庭庭长职务；

范陆军的高密县高密人民法庭副庭长职务。

第九次会议
（1994年4月26日）

根据县人民检察院检察长吕尧胜的提请，任命：

谢永平为高密县人民检察院检察委员会委员；

薛文治为高密县人民检察院检察委员会委员。

免去：

王高文的高密县人民检察院检察委员会委员职务。

第十次会议
（1994年6月9日）

根据县长高金龙的提请，决定任命：

冯锡茂为高密县监察局局长；

单既瑜为高密县文化局局长。

决定免去：

单惠智的高密县监察局局长职务。

第十一次会议
（1994年8月3日）

根据市长高金龙的提请，决定任命：

王秀芬为高密市地方税务局局长；

魏守斋为高密市技术监督局局长。

根据市人民法院院长王军的提请，任命：

王振星为高密市人民法院经济审判二庭庭长；

张海文为高密市周阳人民法庭庭长；

邱松为高密市柴沟人民法庭副庭长；

荆涛为高密市柴沟人民法庭副庭长；

潘兆华为高密市注沟人民法庭副庭长；

李丹江为高密市夏庄人民法庭副庭长；

苗玉岭为高密市柏城人民法庭副庭长；

郑有才为高密市姚哥庄人民法庭副庭长；

杨文友为高密市初家人民法庭副庭长；

刘希江为高密市人民法院经济审判二庭副庭长；

夏锡民为高密市人民法院经济审判二庭副庭长；

董培旭为高密市人民法院审判员。

免去：

王振星的高密市人民法院经济审判庭副庭长职务；

张海文的高密市柴沟人民法庭庭长职务；

邱松的高密市注沟人民法庭副庭长职务；

苗玉岭的高密市周阳人民法庭庭长职务；

郑有才的高密市夏庄人民法庭庭长职务；

杨文友的高密市土庄人民法庭庭长职务；

刘希江的高密市人民法院经济审判庭副庭长职务；

夏锡民的高密市人民法院经济审判庭副庭长职务；

李玉明的高密市人民法院刑事审判庭副庭长职务。

第十三次会议
（1994年12月17日）

根据市人大常委会主任单昭明的提请，免去：

李文刚的高密市人大常委会农村经济工作委员会副主任职务。

根据市长高金龙的提请，决定任命：

王世泰为高密市人民政府科技副市长。

第十四次会议
（1995 年 2 月 13 日）

根据市人大常委会主任单昭明的提请，任命：

范锡来为高密市人大常委会农村经济工作委员会副主任。

免去：

刘昌华的高密市人大常委会教科文卫工作委员会副主任职务。

根据市长高金龙的提请，决定任命：

高大友为高密市城乡建设委员会主任；

鹿书信为高密市计划生育委员会主任；

徐金明为高密市体育运动委员会主任；

吕希清为高密市交通局局长。

决定免去：

李桂芳的高密市计划生育委员会主任职务；

傅希禄的高密市交通局局长职务。

根据市人民法院院长王军的提请，任命：

倪专远为高密市人民法院审判员；

王振星为高密市人民法院审判委员会委员；

徐占顺为高密市人民法院民事审判庭副庭长；

张来荣为高密市人民法院行政审判庭副庭长；

蔡善喜为高密市柏城人民法庭庭长；

孙启福为高密市夏庄人民法庭庭长；

潘兆华为高密市注沟人民法庭庭长；

郑有才为高密市姚哥庄人民法庭庭长；

李君列为高密市仁和人民法庭庭长；

王进军为高密市井沟人民法庭庭长；

马江波为高密市初家人民法庭副庭长；

李丹江为高密市周阳人民法庭副庭长；

薛亭为高密市夏庄人民法庭副庭长；

姚玉忠为高密市拒城河人民法庭副庭长；

董培旭为高密市康庄人民法庭副庭长；

田绍尊为高密市双羊人民法庭副庭长；

钟耕政为高密市人民法院审判员。

免去：

张来荣的高密市高密人民法庭副庭长职务；

蔡善喜的高密市井沟人民法庭庭长职务；

孙启福的高密市姚哥庄人民法庭庭长职务；

李君列的高密市初家人民法庭副庭长职务；

王进军的高密市拒城河人民法庭庭长职务；

马江波的高密市双羊人民法庭副庭长职务；

李丹江的高密市夏庄人民法庭副庭长职务；

钟耕政的高密市夏庄人民法庭副庭长职务；

史东的高密市仁和人民法庭庭长职务；

高明林的高密市柏城人民法庭庭长职务。

根据县人民检察院检察长吕尧胜的提请，任命：

刘增光为高密市人民检察院检察委员会委员。

第十五次会议
（1995 年 3 月 7 日）

会议决定：

接受王福亭、潘世俊辞去高密市副市长职务的请求，报市十二届人大三次会议备案。

根据市长高金龙的提请，决定任命：

秦中廷为高密市副市长。

第十六次会议
（1995 年 4 月 25 日）

根据市长吴元宝的提请，决定任命：

李健为高密市人民政府办公室主任。

决定免去：

张庆坚的高密市人民政府办公室主任职务。

第十七次会议
（1995 年 7 月 5 日）

根据市长吴元宝的提请，决定任命：

陈廷佑为高密市人民政府副市长。

根据市人民检察院检察长吕尧胜的提请，任命：

时兴华为高密市人民检察院检察委员会委员；

李连鸿、刘学军、刘训普、王永臣为高密市人民检察院检察员。

第二十次会议
（1995 年 12 月 29 日）

根据市人大常委会主任单昭明的提请，任命：

綦宗良为高密市人大常委会秘书长；

刘波为高密市人大常委会副秘书长；

高泗江为高密市人大常委会副秘书长、办公室副主任；

杜继亮为高密市人大常委会法制工作委员会主任；

徐伯登为高密市人大常委会教科文卫工作委员会副主任。

免去：

李广文的高密市人大常委会办公室副主任职务。

根据市长吴元宝的提请，决定任命：

张延兴为高密市劳动局局长；

王福兴为高密市审计局局长；

张兴家为高密市监察局局长；

王洪升为高密市司法局局长。

决定免去：

李明琨的高密市农业委员会主任职务；

王庆贤的高密市劳动局局长职务；

郝恩贵的高密市审计局局长职务；

冯锡茂的高密市监察局局长职务；

杜继亮的高密市司法局局长职务。

根据市人民检察院检察长吕尧胜的提请，任命：

时兴华为高密市人民检察院副检察长。

免去：

丁乐本的高密市人民检察院副检察长职务。

第二十一次会议
（1996年2月2日）

会议决定：

接受王继美辞去高密市副市长职务的请求，报市十三届人大四次会议备案。接受吕尧胜辞去高密市人民检察院检察长职务的请求，报经潍坊市人民检察院检察长提请潍坊市人民代表大会常务委员会批准，并报市十三届人大四次会议备案。

根据市人大常委会主任会议的提名，决定：

张庆坚为高密市人民检察院代理检察长，报潍坊市人民检察院和潍坊市人民代表大会常务委员会备案。

根据市人民法院院长王军的提请，任命：

潘兆华为高密市张鲁人民法庭庭长；

姚玉忠为高密市拒城河人民法庭庭长；

阚洪相为高密市周阳人民法庭副庭长；

田绍尊为高密市注沟人民法庭副庭长；

孙建梁为高密市夏庄人民法庭副庭长；

韩寿坤为高密市姜庄人民法庭副庭长；

牟长征为高密市柴沟人民法庭副庭长；

荆涛为高密市注沟人民法庭副庭长；

李丹江为高密市康庄人民法庭副庭长；

董培旭为高密市李家营人民法庭副庭长；

薛亭为高密市双羊人民法庭副庭长；

徐占顺为高密市人民法院行政庭副庭长；

朱光朋为高密市人民法院告申庭副庭长；

史正宽为高密市人民法院执行庭副庭长；

杨秀丽为高密市人民法院审判员；

杨丽敏为高密市人民法院审判员；

张贵宝为高密市人民法院审判员；

张星良为高密市人民法院审判员；

鲁强为高密市人民法院审判员；

王宝启为高密市人民法院审判员。

免去：

潘兆华的注沟人民法庭庭长职务；

姚玉忠的拒城河人民法庭副庭长职务；

阚洪相的双羊人民法庭副庭长职务；

田绍尊的双羊人民法庭副庭长职务；

孙建梁的张鲁人民法庭副庭长职务；

韩寿坤的大牟家人民法庭副庭长职务；

牟长征的李家营人民法庭副庭长职务；

荆涛的柴沟人民法庭副庭长职务；

李丹江的周阳人民法庭副庭长职务；

董培旭的康庄人民法庭副庭长职务；

薛亭的夏庄人民法庭副庭长职务；

徐占顺的民事审判庭副庭长职务；

朱光朋的高密人民法庭副庭长职务；

史正宽的张鲁人民法庭庭长职务；

张海文的高密市周阳人民法庭庭长职务；

张来荣的高密市人民法院行政庭副庭长职务；

邱玉吉的高密市人民法院经济庭副庭长职务；

苗玉岭的高密市柏城人民法庭副庭长职务；

杨文友的高密市初家人民法庭副庭长

职务；

姜国宗的高密市康庄人民法庭副庭长职务。

根据市人民检察院检察长吕尧胜的提请，任命：

张庆坚为高密市人民检察院副检察长。

第二十三次会议
（1996 年 4 月 19 日）

根据市长吴元宝的提请，决定任命：

巩剑若为高密市副市长；

姜言启为高密市水利局局长。

决定免去：

于敦学的高密市水利局局长职务。

第二十六次会议
（1996 年 9 月 16 日）

根据市长吴元宝的提请，决定任命：

王致民为高密市副市长。

根据市人民法院院长王军的提请，任命：

单既青为高密市人民法院经济审判庭副庭长；

鲁强为高密市人民法院刑事审判庭副庭长；

张星良为高密市大牟家人民法庭副庭长；

王宝启为高密市河崖人民法庭副庭长；

张贵宝为高密市柏城人民法庭副庭长；

钟耕政为高密市大牟家人民法庭副庭长。

根据市人民检察院检察长张庆坚的提请，任命：

宋学智为高密市人民检察院副检察长、检察委员会委员。

第二十八次会议
（1997 年 1 月 16 日）

根据市人大常委会主任单昭明的提请，任命：

刘宗法兼任市人大常委会教科文卫工作委员会主任；

沈子升兼任市人大常委会财政经济工作委员会主任；

郭炳桥兼任市人大常委会农村经济工作委员会主任；

于敦学兼任市人大常委会城乡建设环保工作委员会主任；

刁世学、任德平、徐伯登为市人大常委会副秘书长、办公室副主任；

毛永华为市人大常委会人事代表工作室主任；

高泗江为市人大常委会人事代表工作室副主任；

刘波为市人大常委会调查研究室主任；

赵祉刚为市人大常委会调查研究室副主任；

付振坤兼任市人大常委会朝阳街道人大代表工作室主任；

单亦勤为市人大常委会朝阳街道人大代表工作室副主任。

免去：

刘波的市人大常委会副秘书长、办公室副主任职务；

高泗江的市人大常委会副秘书长、办公室副主任职务；

毛永华的市人大常委会财政经济城乡建设工作委员会副主任职务；

刁世学的市人大常委会财政经济城乡建设工作委员会副主任职务；

任德平的市人大常委会法制工作委员会副主任职务；

徐伯登的市人大常委会教科文卫工作委员会副主任职务；

范锡来的市人大常委会农村经济工作委员会副主任职务。

根据市长吴元宝的提请，决定任命：

宋锡明为高密市经济贸易委员会主任；

毕兆利为高密市贸易局局长；

白卫明为高密市对外经济贸易委员会主任；

高大友为高密市建设委员会主任；

吕希清为高密市交通委员会主任；

邹怀智为高密市体育运动委员会主任；

张聿嘉为高密市农业局局长；

王寿平为高密市林业局局长；

李健为高密市粮食局局长；

张来光为高密市规划国土局局长兼地质矿产局局长；

张建国为高密市地方税务局局长；

王良德为高密市乡镇企业局局长。

决定免去：

宋锡明的高密市经济委员会主任职务；

高大友的高密市城乡建设委员会主任职务；

吕希清的高密市交通局局长职务；

张来光的高密市规划国土矿产局局长职务；

田立甫的高密市乡镇企业局局长职务；

王秀芬的高密市地方税务局局长职务；

李子义的高密市商业委员会主任职务；

高洪洁的高密市对外经济贸易委员会主任职务；

徐金明的高密市体育运动委员会主任职务。

根据市人民法院院长王军的提请，任命：

王振星为高密市人民法院副院长；

曲华中为高密市人民法院审判委员会委员。

免去：

岳振奎的高密市人民法院副院长职务。

第三十次会议
（1997 年 4 月 25 日）

根据市人民法院院长王军的提请，任命：

张国良为民事审判庭庭长；

李家福为经济审判庭庭长；

蔡善喜为高密人民法庭庭长；

徐本华为柏城人民法庭庭长；

孙从强为初家人民法庭庭长；

田绍尊为双羊人民法庭副庭长；

戴建国为执行庭副庭长；

杨福迅为告诉申诉庭副庭长；

王学良为告诉申诉庭副庭长；

朱光朋为执行庭副庭长；

张宗义、徐蔚、王海青、单既莉、赵新刚、綦永刚、许福岱、李卓志、张跃平、杨志强为高密市人民法院审判员。

免去：

张国良的高密人民法庭庭长职务；

李家福的刑事审判庭庭长职务；

綦善喜的柏城人民法庭庭长职务；

徐本华的康庄人民法庭庭长职务；

孙从强的双羊人民法庭庭长职务；

田绍尊的注沟人民法庭副庭长职务；

戴建国的经济审判庭副庭长职务；

王学良的告诉申诉庭庭长职务；

朱光朋的告诉申诉庭副庭长职务；

聂毓和的民事审判庭庭长职务；

张万里的经济审判庭庭长职务；

王钦文的行政审判庭庭长职务；

于钦政的执行庭庭长职务；

郑有才的姚哥庄人民法庭庭长职务；

周天鹏的李家营人民法庭庭长职务；

孙启福的夏庄人民法庭庭长职务；

王德功的大牟家人民法庭副庭长职务；

刘希江的经济审判庭副庭长职务；

宋纪勋的经济审判庭副庭长职务；

孙立堂的执行庭副庭长职务。

第三十一次会议

（1997 年 6 月 24 日）

根据市长吴元宝的提请，决定任命：

陈清明为高密市人民政府农业办公室主任。

第三十二次会议

（1997 年 8 月 19 日）

根据市人民法院院长王军的提请，任命：

鲁强为刑事审判庭庭长；

徐占顺为行政审判庭庭长；

戴建国为执行庭庭长；

杨福迅为告诉申诉庭庭长；

田绍尊为双羊人民法庭庭长；

张跃平为双羊人民法庭副庭长；

邱锡德为柏城人民法庭副庭长；

史正宽为民事审判庭副庭长；

孙秀平为经济审判庭副庭长。

免去：

史正宽的执行庭副庭长职务。

第三十三次会议

（1997 年 11 月 12 日）

根据市人民检察院检察长张庆坚的提请，任命：

郭洪福为高密市人民检察院检察委员会委员；

宋泽照为高密市人民检察院检察委员会委员；

吕希池为高密市人民检察院检察员。

免去：

刘增光的高密市人民检察院检察委员会委员职务；

谢永平的高密市人民检察院检察委员会委员职务。

第三十四次会议
（1997 年 12 月 17 日）

根据市人大常委会主任单昭明的提请，任命：

王汉杰为市人大常委会秘书长、办公室主任；

贾义丰为市人大常委会法制工作委员会主任；

郇洪和为市人大常委会教科文卫工作委员会主任；

高大友为市人大常委会城乡建设环保工作委员会主任；

李桂芳为市人大常委会财政经济工作委员会主任；

邱兆瑞为市人大常委会农村经济工作委员会副主任；

王国华为朝阳街道人大代表工作室副主任。

免去：

刘宗法兼任的市人大常委会教科文卫工作委员会主任职务；

沈子升兼任的市人大常委会财政经济工作委员会主任职务；

郭炳桥兼任的市人大常委会农村经济工作委员会主任职务；

于敦学兼任的市人大常委会城乡建设环保工作委员会主任职务；

綦宗良的市人大常委会秘书长、办公室主任职务；

杜继亮的市人大常委会法制工作委员会主任职务；

刁世学的市人大常委会副秘书长、办公室副主任职务；

单亦勤的朝阳街道人大代表工作室副主任职务。

根据市长吴元宝的提请，决定任命：

王增华为市建设委员会主任；

李希贵为市教育委员会主任；

张聿嘉为市计划委员会主任；

邱兆松为市科学技术委员会主任；

于继勇为市卫生局局长；

苗金友为市技术监督局局长；

程际奎为市农业局局长。

决定免去：

高大友的市建设委员会主任职务；

王百祥的市教育委员会主任职务；

李万京的市计划委员会主任职务；

冯志坚的市科学技术委员会主任职务；

郇洪和的市卫生局局长职务；

魏守斋的市技术监督局局长职务；

张聿嘉的市农业局局长职务。

根据县人民法院院长王军的提请，任命：

李祥成为高密市人民法院副院长。

第六章 市十四届人大常委会任免事项

第一次会议
（1998年3月19日）

根据市人大常委会主任孙惠斌的提请，任命：

王汉杰为市人大常委会秘书长、办公室主任；

任德平为市人大常委会副秘书长、办公室副主任；

徐伯登为市人大常委会副秘书长、办公室副主任；

毛永华为市人大常委会人事代表工作室主任；

高泗江为市人大常委会人事代表工作室副主任；

刘波为市人大常委会调查研究室主任；

赵祉刚为市人大常委会调查研究室副主任；

贾义丰为市人大常委会法制工作委员会主任；

郇洪和为市人大常委会教科文卫工作委员会主任；

高大友为市人大常委会城乡建设环保工作委员会主任；

李桂芳为市人大常委会财政经济工作委员会主任；

邱兆瑞为市人大常委会农村经济工作委员会副主任；

付振坤为朝阳街道人大代表工作室主任；

王国华为朝阳街道人大代表工作室副主任。

根据市长吴元宝的提请，决定任命：

李健为市人民政府秘书长兼办公室主任；

张聿嘉为市计划委员会主任；

宋锡明为市经济贸易委员会主任；

白卫明为市对外经济贸易委员会主任；

李希贵为市教育委员会主任；

鹿书信为市计划生育委员会主任；

邹怀智为市体育运动委员会主任；

王增华为市建设委员会主任；

陈清明为市政府农业办公室主任；

吕希清为市交通委员会主任；

徐兆凯为市人事局局长；

张延兴为市劳动局局长；

郑存阶为市民政局局长；

张兴家为市监察局局长；

张振国为市公安局局长；

王洪升为市司法局局长；

刘顺利为市统计局局长；

王福兴为市审计局局长；

徐长胜为市工商行政管理局局长；

白卫平为市财政局局长；

张建国为市地方税务局局长；

程际奎为市农业局局长；

王寿平为市林业局局长；

姜言启为市水利局局长；

张来光为市规划国土局局长兼地质矿产局局长；

毕兆利为市贸易局局长；

李健为市粮食局局长；

王良德为市乡镇企业局局长；

于继勇为市卫生局局长；

单既瑜为市文化局局长；

苗金友为市技术监督局局长；

谢国贞为市环境保护局局长。

根据市人民法院院长李绍文的提请，任命：

冷延吉为高密市人民法院副院长、审判委员会委员；

马遂庆为高密市人民法院副院长、审判委员会委员；

李祥成为高密市人民法院副院长、审判委员会委员；

王振星为高密市人民法院副院长、审判委员会委员；

鲁强为高密市人民法院审判委员会委员、刑事审判庭庭长；

张国良为高密市人民法院审判委员会委员、民事审判庭庭长；

李家福为高密市人民法院审判委员会委员、经济审判庭庭长；

徐占顺为高密市人民法院审判委员会委员、行政审判庭庭长；

杨福迅为高密市人民法院审判委员会委员、审判监督庭庭长；

戴建国为高密市人民法院审判委员会委员、执行庭庭长；

蔡善喜为高密市人民法院审判委员会委员、高密人民法庭庭长；

肖敬亭为高密市人民法院审判委员会委员；

王益华为高密市人民法院审判委员会委员；

徐本华为高密市柏城人民法庭庭长；

邱松为高密市柴沟人民法庭庭长；

孙从强为高密市初家人民法庭庭长；

田绍尊为高密市双羊人民法庭庭长；

丁尚琦为高密市姜庄人民法庭庭长；

潘兆华为高密市河崖人民法庭庭长；

臧洪远为高密市人民法院刑事审判庭副庭长；

单连义为高密市人民法院民事审判庭副庭长；

史正宽为高密市人民法院民事审判庭副庭长；

玄成宝为高密市人民法院民事审判庭副庭长；

孙洪年为高密市人民法院经济审判庭副庭长；

夏锡民为高密市人民法院经济审判庭副庭长；

单既青为高密市人民法院经济审判庭副庭长；

孙秀平为高密市人民法院经济审判庭副

庭长；

王方明为高密市人民法院执行庭副庭长；

朱光鹏为高密市人民法院执行庭副庭长；

王学良为高密市人民法院审判监督庭副庭长；

李世合为高密市高密人民法庭副庭长；

刘本奎为高密市高密人民法庭副庭长；

张贵宝为高密市高密人民法庭副庭长；

薛亭为高密市高密人民法庭副庭长；

郭连明为高密市柏城人民法庭副庭长；

邱锡德为高密市柏城人民法庭副庭长；

李君烈为高密市柏城人民法庭副庭长；

阚洪相为高密市柴沟人民法庭副庭长；

牟长征为高密市柴沟人民法庭副庭长；

董培旭为高密市柴沟人民法庭副庭长；

姚玉忠为高密市初家人民法庭副庭长；

马江波为高密市初家人民法庭副庭长；

刘希军为高密市初家人民法庭副庭长；

李丹江为高密市初家人民法庭副庭长；

王进军为高密市双羊人民法庭副庭长；

张跃平为高密市双羊人民法庭副庭长；

张星良为高密市姜庄人民法庭副庭长；

钟耕政为高密市姜庄人民法庭副庭长；

韩寿坤为高密市姜庄人民法庭副庭长；

王宝启为高密市河崖人民法庭副庭长；

孙建梁为高密市河崖人民法庭副庭长；

荆涛为高密市河崖人民法庭副庭长；

迟世斋、岳振奎、臧之娥、倪专远、张炳贞、张万里、聂毓合、曲华中、王培聪、王钦文、于钦政、李群、宋纪勋、刘希江、王家良、邱玉吉、张来荣、刘建鲁、范陆军、伏宏伟、高波、夏艳、闫梅冬、商学智、单既莉、肖青、杨秀丽、高明林、台君妮、刘海宇、高磊、孙立堂、苗玉岭、柴加勤、陈继德、孙启福、展坤祥、于海燕、张宗义、王成森、徐来金、王海青、吴斌、徐蔚、杨丽敏、杨永红、陆木兴、李卓志、王代军、綦信德、潘行文、张海文、周天鹏、郑有才、孙长庚、杨文友、单宝书、王德功、杨志强、王瑞芹、岳红、綦永刚、王欣、张勤昱、赵新刚、李绍兴、许福岱、臧爱华、刘兆胜为高密市人民法院审判员。

根据市人民检察院检察长张庆坚的提请，任命：

刘洪明为副检察长、检察委员会委员；

高大汉为副检察长、检察委员会委员；

时兴华为副检察长、检察委员会委员；

宋学智为副检察长、检察委员会委员；

李培华为检察委员会委员、检察员；

邱祖元为检察委员会委员、检察员；

郭洪福为检察委员会委员、检察员；

薛文治为检察委员会委员、检察员；

木泽照为检察委员会委员、检察员，

丁乐本、张树山、刘志刚、范俊言、李连鸿、张学信、孙洪宝、宋永君、王元森、隋存法、蒋茂英、昝立群、于凤阳、魏福德、张文礼、吕希池、赵凤德、王金山、王永臣、郭恩辉、张鑫、王永臣、赵伟、綦德平、杨子玉、杨钧、周少林、谢永平、代聚本、潘洪波、张仁升、邓从国、王彦、王述强、沈瑞三、冷继谦、伍丽华、张东民、李雷、刘训普、陈宝山、孙法、马吉贞、唐祖荣、孙希文、刘增光、周茂勤、李少锋、王培义、王高文、栗汝成、李锡金、郑萍、卢中华、夏波、杨益、潘世芹、程秀芹、王彦青、夏晓滨、张宗倩、高洁、辛艳为高密市人民检察院检察员。

第二次会议
（1998 年 5 月 21 日）

根据市长吴元宝的提请，决定任命：

丁维国为市公安局局长。

决定免去：

张振国的市公安局局长职务。

根据市人民法院院长李绍文的提请，任命：

王益华为高密市人民法院审判监督庭庭长；

聂毓合为高密市人民法院立案庭副庭长；

李卓志为高密市人民法院立案庭副庭长。

免去：

杨福迅的高密市人民法院审判监督庭庭长职务；

潘兆华的高密市河崖人民法庭庭长职务。

第五次会议
（1998 年 11 月 9 日）

根据市长吴元宝的提请，决定任命：

曹立山为高密市经济贸易委员会主任。

决定免去：

宋锡明的市经济贸易委员会主任职务。

根据市人民法院院长李绍文的提请，任命：

袁广溪、宋明海、朱新光、孙志东、李储民、陈健、蒋桂刚、郭秋萍为高密市人民法院审判员。

第八次会议
（1999 年 2 月 23 日）

根据市人大常委会主任会议的提请，任命：

任德平为市人大常委会人事代表工作室主任；

邱兆瑞为市人大常委会副秘书长、办公室副主任；

郭玉喜为市人大常委会农村经济工作委员会副主任。

免去：

毛永华的市人大常委会人事代表工作室主任职务；

任德平的市人大常委会副秘书长、办公室副主任职务；

邱兆瑞的市人大常委会农村经济工作委员会副主任职务。

根据市长吴元宝的提请，决定任命：

范锡宝为市文化局局长；

干述君为市地质矿产局局长。

决定免去：

张来光的市地质矿产局局长职务；

单既瑜的市文化局局长职务。

第九次会议
（1999 年 3 月 25 日）

根据市人民法院院长李绍文的提请，任命：

蔡善喜为高密市人民法院民事审判庭庭长；

孙秀平为高密市人民法院审判监督庭庭长；

孙从强为高密市高密人民法庭庭长；

邱松为高密市柏城人民法庭庭长；

杨福迅为高密市柴沟人民法庭庭长；

张星良为高密市双羊人民法庭庭长；

王进军为高密市初家人民法庭庭长；

阚洪相为高密市河崖人民法庭庭长；

王宝启为高密市姜庄人民法庭庭长；

田绍尊为高密市人民法院执行庭副庭长；

丁尚琦为高密市人民法院经济审判庭副庭长；

闫梅冬为高密市人民法院经济审判庭副庭长；

杨秀丽为高密市人民法院经济审判庭副庭长；

伏宏伟为高密市人民法院经济审判庭副庭长；

杨志强为高密市高密人民法庭副庭长；

李群为高密市高密人民法庭副庭长；

张勤昱为高密市柴沟人民法庭副庭长；

赵新刚为高密市双羊人民法庭副庭长；

商学智为高密市双羊人民法庭副庭长；

展坤祥为高密市河崖人民法庭副庭长。

免去：

蔡善喜的高密市高密人民法庭庭长职务；

孙秀平的高密市人民法院经济审判庭副庭长职务；

孙从强的高密市初家人民法庭庭长职务；

邱松的高密市柴沟人民法庭庭长职务；

张星良的高密市姜庄人民法庭副庭长职务；

王进军的高密市双羊人民法庭副庭长职务；

阚洪相的高密市柴沟人民法庭副庭长职务；

王宝启的高密市河崖人民法庭副庭长职务；

田绍尊的高密市双羊人民法庭庭长职务；

图 9 － 3　市人大常委会对拟任命人员进行法律知识考试

丁尚琦的高密市姜庄人民法庭庭长职务；

张国良的高密市人民法院民事审判庭庭长职务；

王益华的高密市人民法院审判监督庭庭长职务；

徐本华的高密市柏城人民法庭庭长职务；

李君烈的高密市柏城人民法庭副庭长职务；

马江波的高密市初家人民法庭副庭长职务。

第十次会议
（1999 年 5 月 20 日）

根据市人民检察院检察长张庆坚的提请，任命：

王彦为高密市人民检察院检察委员会委员；

刘学军、程永福、柴军、李正喜、袁学勇、李政、施红霞、刘刚、张建明、李培勇、周凤霞、潘洪辉为高密市人民检察院检察员。

第十一次会议
（1999 年 7 月 9 日）

根据市长吴元宝的提请，决定任命：

宝笑平为高密市人民政府副市长（挂职）；

鞠志华为市财政局局长。

决定免去：

白卫平的市财政局局长职务。

根据市人民法院院长李绍文的提请，任命：

闫作弟、谭晖、张术盛、程延明、孙术勤、王佩余、谢永信、姜林、王向志、张崇凯、宋学富、卢新华、王克武、张修礼、张光弟、徐金利、周明歧、迟永利、毛志厚、李冬梅、李衍友、高洪财、荆在星、张汝昌、尤世利、邓撰林、徐明春、刘玉昌、于新国、王京兆、姚玉钦、张公明、孙晓荣、葛瑞云、王京福、李宗云、苗立俊、王厚君、郭其信、杜寿山、周会云、宫献森、郭明宝、单联明、宋立平、吴默钦、彭寿阁为市人民法院人民陪审员。

第十二次会议
（1999 年 9 月 10 日）

根据市人民法院院长李绍文的提请，任命：

张玉霞、孙锴、霍青、马秋霞、张义、马森、刘治金、王教慧为高密市人民法院审判员。

第十五次会议
（2000 年 1 月 12 日）

根据市长吴元宝的提请，决定任命：

华德公为高密市人民政府科技副市长（聘任）。

根据市人民检察院检察长张庆坚的提请，任命：

孙宗义为高密市人民检察院检察员。

免去：

代聚本、郭恩辉、沈瑞三、袁学勇的高密市人民检察院检察员职务。

第十六次会议
（2000年1月28日）

根据市人民法院院长李绍文的提请，任命：

蔡善喜为高密市人民法院立案庭庭长；

李家福为高密市人民法院行政审判庭庭长；

王益华为高密市人民法院经济审判庭庭长；

孙从强为高密市人民法院民事审判庭庭长；

戴建国为高密市人民法院执行一庭庭长；

吴斌为高密市人民法院执行二庭庭长；

张星良为高密市人民法院高密人民法庭庭长；

王宝启为高密市人民法院夏庄人民法庭庭长；

阚洪相为高密市人民法院柏城人民法庭庭长；

薛亭为高密市人民法院双羊人民法庭庭长；

袁广溪为高密市人民法院立案庭副庭长；

杨志强为高密市人民法院民事审判庭副庭长；

高波为高密市人民法院执行一庭副庭长；

杨永红为高密市人民法院执行二庭副庭长。

免去：

徐占顺的高密市人民法院行政审判庭庭长职务；

蔡善喜的高密市人民法院民事审判庭庭长职务；

李家福的高密市人民法院经济审判庭庭长职务；

戴建国的高密市人民法院执行庭庭长职务；

孙从强的高密市人民法院高密人民法庭庭长职务；

邱松的高密市人民法院柏城人民法庭庭长职务；

张星良的高密市人民法院双羊人民法庭庭长职务；

王宝启的高密市人民法院姜庄人民法庭庭长职务；

阚洪相的高密市人民法院河崖人民法庭庭长职务；

李卓志的高密市人民法院立案庭副庭长职务；

薛亭的高密市人民法院高密人民法庭副庭长职务；

杨志强的高密市人民法院高密人民法庭副庭长职务；

郭连明的高密市人民法院柏城人民法庭副庭长职务；

刘希军的高密市人民法院初家人民法庭副庭长职务；

李丹江的高密市人民法院初家人民法庭副庭长职务；

韩寿坤的高密市人民法院姜庄人民法庭副庭长职务。

第十九次会议
（2000 年 8 月 8 日）

根据市长吴元宝的提请，决定：

侯典明为高密市人民政府副市长（挂职）。

第二十次会议
（2000 年 10 月 9 日）

根据市长吴元宝的提请，决定任命：

赵仁东为高密市劳动和社会保障局局长；

王发亮为高密市规划国土局局长；

张延兴为高密市民政局局长；

彭桂臻为高密市环境保护局局长；

梁保军为高密市粮食局局长；

隋卫清为高密市统计局局长。

决定免去：

郑存阶的高密市民政局局长职务；

张来光的高密市规划国土局局长职务；

张延兴的高密市劳动局局长职务；

谢国贞的高密市环境保护局局长职务；

刘顺利的高密市统计局局长职务；

李健的高密市粮食局局长职务。

根据市人民法院院长李绍文的提请，免去：

马遂庆的高密市人民法院副院长、审判委员会委员职务。

根据市人民检察院检察长张庆坚的提请，免去：

刘洪明的市人民检察院副检察长、检察委员会委员职务；

李培华的市人民检察院检察委员会委员职务；

冷继谦的市人民检察院检察员职务。

第二十一次会议
（2000 年 12 月 15 日）

根据市人民法院院长李绍文的提请，任命：

蒋桂刚为高密市人民法院初家人民法庭副庭长；

高磊为高密市人民法院行政审判庭副庭长；

臧爱华为高密市人民法院刑事审判庭副庭长。

第二十五次会议
（2001 年 4 月 9 日）

根据市人大常委会主任会议提名，任命：

潘玉芳为朝阳街道人大工作室主任；

辛勤文为醴泉街道人大工作室主任；

于洪奎为密水街道人大工作室主任。

免去：

付振坤的朝阳街道人大工作室主任职务。

根据市长王维盛的提名，决定任命：

楚鸿峻为高密市人民政府农业办公室主任；

陈平为市林业局局长。

决定免去：

王寿平的市林业局局长职务；

陈清明的高密市人民政府农业办公室主任职务。

第二十六次会议
（2001 年 6 月 8 日）

根据中共高密市委的提名和有关法律规定，经主任会议研究，决定撤销：李绍文的高密市人民法院院长职务。

第二十七次会议
（2001 年 8 月 8 日）

会议决定接受吴荣勤辞去高密市人民政府副市长职务的请求，报市十四届人大五次会议备案。

根据市长王维盛提名，决定任命：

张乐宝为市林业局局长（保留副县级待遇）；

李春德为市教育委员会主任。

决定免去：

陈平的市林业局局长职务；

李希贵的市教育委员会主任职务。

根据市人大常委会主任会议提名，任命：

宋允厚为高密市人民法院副院长；

张国良为高密市人民法院副院长。

根据市人民检察院检察长张庆坚的提请，任命：

王彦为高密市人民检察院副检察长。

第二十八次会议
（2001 年 9 月 14 日）

根据市长王维盛的提名，决定任命：

白卫明为高密市人民政府副市长。

毕兆利为市经济贸易委员会主任；

于钦明任市对外经济贸易委员会主任；

吕乐久为市贸易局局长（试用期一年）

决定免去：

毕兆利的市贸易局局长职务；

白卫明的市对外经济贸易委员会主任职务；

曹立山的市经济贸易委员会主任职务。

第三十二次会议
（2002 年 1 月 19 日）

根据市人大常委会主任会议提名，任命：

单际庆为密水街道人大工作室主任；

王心田为密水街道人大工作室副主任。

免去：

于洪奎的密水街道人大工作室主任职务；

王国华的朝阳街道人大工作室副主任职务。

根据市长王维盛的提请，决定任命：

张聿嘉为高密市发展计划局局长；

李春德为高密市教育局局长；

邱兆松为高密市科学技术局局长；

王增华为高密市建设局局长；

吕希清为高密市交通局局长；

于钦明为高密市对外贸易经济合作局局长；

毕兆利为高密市经济贸易局局长；

鹿书信为高密市计划生育局局长；

王发亮为高密市规划与国土资源局局长。

决定免去：

张聿嘉的高密市计划委员会主任职务；

李春德的高密市教育委员会主任职务；

邱兆松的高密市科学技术委员会主任职务；

王增华的高密市建设委员会主任职务；

吕希清的高密市交通委员会主任职务；

于钦明的高密市对外经济贸易委员会主任职务；

毕兆利的高密市经济贸易委员会主任职务；

鹿书信的高密市计划生育委员会主任职务；

王发亮的高密市规划国土局局长职务。

第三十三次会议
（2002 年 4 月 8 日）

根据市人民检察院检察长张庆坚的提请，任命：

宋永君、王彦青为高密市人民检察院检察委员会委员；

王钦常、王桂旭为高密市人民检察院检察员。

第三十四次会议
（2002 年 6 月 7 日）

根据市人大常委会主任会议提名，任命：

鹿书信为市人大常委会教科文卫工作委员会主任；

于纯华为市人大常委会农村经济工作委员会主任；

徐伯登为市人大常委会城乡建设环保工作委员会主任；

赵祉刚为市人大常委会调查研究室主任。

免去：

贾义丰的市人大常委会法制工作委员会主任职务；

郇洪和的市人大常委会教科文卫工作委员会主任职务；

高大友的市人大常委会城乡建设环保工作委员会主任职务；

李桂芳的市人大常委会财政经济工作委员会主任务；

刘波的市人大常委会调查研究室主任职务；

徐伯登的市人大常委会副秘书长、办公室副主任职务。

根据市长王维盛的提请，决定任命：

梁明霖为高密市计划生育局局长。

决定免去：

鹿书信的高密市计划生育局局长职务。

根据市人民法院院长宋允厚的提请，任命：

袁广溪为高密市人民法院夏庄人民法庭

庭长；

伏宏伟为高密市人民法院柏城人民法庭庭长；

杨志强为高密市人民法院双羊人民法庭庭长；

王代军为高密市人民法院柴沟人民法庭庭长；

朱新光为高密市人民法院民事审判第一庭副庭长；

刘海宇为高密市人民法院柏城人民法庭副庭长；

王欣为高密市人民法院柴沟人民法庭副庭长；

孙从强为高密市人民法院立案庭庭长；

杨福迅为高密市人民法院刑事审判庭庭长；

王益华为高密市人民法院民事审判第一庭庭长；

孙秀平为高密市人民法院民事审判第二庭庭长；

张星良为高密市人民法院行政审判庭庭长；

吴斌为高密市人民法院执行一庭庭长；

薛亭为高密市人民法院执行二庭庭长；

阚洪相为高密市人民法院执行三庭庭长；

王宝启为高密市人民法院高密人民法庭庭长；

闫梅冬为高密市人民法院立案庭副庭长；

孙建梁为高密市人民法院民事审判第二庭副庭长；

杨永红为高密市人民法院审判监督庭副庭长；

丁尚琦为高密市人民法院执行一庭副庭长；

钟耕政为高密市人民法院执行一庭副庭长；

牟长征为高密市人民法院执行二庭副庭长；

张跃平为高密市人民法院执行三庭副庭长；

邱锡德为高密市人民法院夏庄人民法庭副庭长；

展坤祥为高密市人民法院双羊人民法庭副庭长；

张勤昱为高密市人民法院初家人民法庭副庭长；

徐本华为高密市人民法院执行二庭副庭长。

免去：

袁广溪的高密市人民法院立案庭副庭长职务；

伏宏伟的高密市人民法院立案庭副庭长职务；

杨志强的高密市人民法院民事审判庭副庭长职务；

孙从强的高密市人民法院民事审判庭庭长职务；

杨福迅的高密市人民法院柴沟人民法庭庭长职务；

王益华的高密市人民法院经济审判庭庭长职务；

孙秀平的高密市人民法院审判监督庭庭

长职务；

张星良的高密市人民法院高密人民法庭庭长职务；

吴斌的高密市人民法院执行二庭庭长职务；

薛亭的高密市人民法院双羊人民法庭庭长职务；

阚洪相的高密市人民法院柏城人民法庭庭长职务；

王宝启的高密市人民法院夏庄人民法庭庭长职务；

闫梅冬的高密市人民法院经济审判庭副庭长职务；

孙建梁的高密市人民法院夏庄人民法庭副庭长职务；

杨永红的高密市人民法院执行二庭副庭长职务；

丁尚琦的高密市人民法院执行二庭副庭长职务；

钟耕政的高密市人民法院双羊人民法庭副庭长职务；

牟长征的高密市人民法院柴沟人民法庭副庭长职务；

张跃平的高密市人民法院双羊人民法庭副庭长职务；

邱锡德的高密市人民法院柏城人民法庭副庭长职务；

展坤祥的高密市人民法院夏庄人民法庭副庭长职务；

张勤昱的高密市人民法院柴沟人民法庭副庭长职务；

鲁强的高密市人民法院刑事审判庭庭长职务；

李家福的高密市人民法院行政审判庭庭长职务；

臧洪远的高密市人民法院立案庭副庭长职务；

聂毓合的高密市人民法院立案庭副庭长职务；

朱光朋的高密市人民法院立案庭副庭长职务；

夏锡民的高密市人民法院立案庭副庭长职务；

王学良的高密市人民法院刑事审判庭副庭长职务；

玄成宝的高密市人民法院民事审判庭副庭长职务；

单连义的高密市人民法院民事审判庭副庭长职务；

孙洪年的高密市人民法院审判监督庭副庭长职务；

史正宽的高密市人民法院执行一庭副庭长职务；

王方明的高密市人民法院执行二庭副庭长职务；

李世合的高密市人民法院高密人民法庭副庭长职务；

刘本奎的高密市人民法院高密人民法庭副庭长职务；

荆涛的高密市人民法院夏庄人民法庭副庭长职务；

董培旭的高密市人民法院柴沟人民法庭

副庭长职务。

第三十六次会议

（2002 年 10 月 18 日）

根据市长王维盛的提请，决定任命：

仪义直为高密市人事局局长。

决定免去：

徐兆凯的高密市人事局局长职务。

第三十八次会议

（2002 年 12 月 30 日）

根据市人民法院院长宋允厚的提请，任命：

戴建国为高密市人民法院审判监督庭庭长；

单既青为高密市人民法院立案庭副庭长；

高波为高密市人民法院立案庭副庭长；

田绍尊为高密市人民法院高密人民法庭副庭长；

蒋桂刚为高密市人民法院夏庄人民法庭副庭长。

免去：

戴建国的高密市人民法院执行一庭庭长职务；

单既青的高密市人民法院行政庭副庭长职务；

高波的高密市人民法院执行一庭副庭长职务；

田绍尊的高密市人民法院执行一庭副庭长职务；

蒋桂刚的高密市人民法院初家人民法庭副庭长职务。

第七章 市十五届人大常委会任免事项

第一次会议

（2003 年 2 月 17 日）

根据市长吴建民的提请，决定任命：

张树伟为高密市人民政府副市长。

根据市长吴建民的提请，决定任命：

李健为高密市人民政府秘书长兼办公室主任；

仪义直为高密市人事局局长；

鞠志华为高密市财政局局长；

张聿嘉为高密市发展计划局局长；

张延兴为高密市民政局局长；

赵仁东为高密市劳动和社会保障局局长；

王福兴为高密市审计局局长；

丁维国为高密市公安局局长；

张兴家为高密市监察局局长；

王洪升为高密市司法局局长；

彭桂臻为高密市环境保护局局长；

隋卫清为高密市统计局局长；
范锡宝为高密市文化局局长；
李春德为高密市教育局局长；
于继勇为高密市卫生局局长；
邱兆松为高密市科学技术局局长
梁明霖为高密市计划生育局局长；
梁保军为高密市粮食局局长；
王发亮为高密市规划与国土资源局局长；
姜言启为高密市水利局局长；
程际奎为高密市农业局局长；
张乐宝为高密市林业局局长；
毕兆利为高密市经济贸易局局长；
王增华为高密市建设局局长；
吕希清为高密市交通局局长；
于钦明为高密市对外贸易经济合作局局长。

根据市人民法院院长宋允厚的提请，任命：

冷延吉为高密市人民法院副院长、审判委员会委员；

李祥成为高密市人民法院副院长、审判委员会委员；

王振星为高密市人民法院副院长、审判委员会委员；

张国良为高密市人民法院副院长、审判委员会委员；

肖敬亭为高密市人民法院审判委员会委员；

蔡善喜为高密市人民法院审判委员会委员；

鲁强为高密市人民法院审判委员会委员；

杨福迅为高密市人民法院审判委员会委员、刑事审判庭庭长；

王益华为高密市人民法院审判委员会委员、民事审判一庭庭长；

戴建国为高密市人民法院审判委员会委员、审判监督庭庭长；

孙秀平为高密市人民法院民事审判二庭庭长；

孙从强为高密市人民法院立案庭庭长；

张星良为高密市人民法院行政审判庭庭长；

吴斌为高密市人民法院执行一庭庭长；

薛亭为高密市人民法院执行二庭庭长；

阚洪相为高密市人民法院执行三庭庭长；

王宝启为高密市人民法院高密人民法庭庭长；

袁广溪为高密市人民法院夏庄人民法庭庭长；

伏宏伟为高密市人民法院柏城人民法庭庭长；

王代军为高密市人民法院柴沟人民法庭庭长；

杨志强为高密市人民法院双羊人民法庭庭长；

王进军为高密市人民法院初家人民法庭庭长；

杨秀丽为高密市人民法院刑事审判庭副庭长；

臧爱华为高密市人民法院刑事审判庭副庭长；

朱新光为高密市人民法院民事审判一庭

副庭长；

孙建梁为高密市人民法院民事审判二庭副庭长；

闫梅冬为高密市人民法院立案庭副庭长；

张贵宝为高密市人民法院立案庭副庭长；

单既青为高密市人民法院立案庭副庭长；

高波为高密市人民法院立案庭副庭长；

杨永红为高密市人民法院审判监督庭副庭长；

高磊为高密市人民法院行政审判庭副庭长；

丁尚琦为高密市人民法院执行一庭副庭长；

钟耕政为高密市人民法院执行一庭副庭长；

徐本华为高密市人民法院执行二庭副庭长；

牟长征为高密市人民法院执行二庭副庭长；

张跃平为高密市人民法院执行三庭副庭长；

李群为高密市人民法院高密人民法庭副庭长；

商学治为高密市人民法院高密人民法庭副庭长；

田绍尊为高密市人民法院高密人民法庭副庭长；

邱锡德为高密市人民法院夏庄人民法庭副庭长；

蒋桂刚为高密市人民法院夏庄人民法庭副庭长；

刘海宇为高密市人民法院柏城人民法庭副庭长；

姚玉忠为高密市人民法院柏城人民法庭副庭长；

王欣为高密市人民法院柴沟人民法庭副庭长；

展坤祥为高密市人民法院双羊人民法庭副庭长；

赵新刚为高密市人民法院初家人民法庭副庭长；

张勤昱为高密市人民法院初家人民法庭副庭长；

潘行文、潘兆华、杨丽敏、徐蔚、李丹江、许福岱、郭秋萍、荆涛、李卓志、朱光朋、张海文、刘建鲁、王海青、马秋霞、岳红、郑有才、綦永刚、李君列、董培旭、郭连明、夏艳、张义、霍青、台君妮、范陆军、李新利、马江波、李绍兴、李储民、孙启福、刘希军、于海燕、张宗义、邱松、史正宽、单既莉、高明林、张玉霞、韩寿坤、马森、宋明海、刘伟、孙锴、孙志东、王教慧、王成森、刘治金、刘兆胜、陈健、李家福为高密市人民法院审判员。

根据市人民检察院检察长刘利宁的提请，任命：

时兴华为高密市人民检察院副检察长、检察委员会委员；

宋学智为高密市人民检察院副检察长、检察委员会委员；

王彦为高密市人民检察院副检察长、检察委员会委员；

郭洪福为高密市人民检察院检察委员会

委员、检察员；

李连鸿为高密市人民检察院检察委员会委员、检察员；

宋永君为高密市人民检察院检察委员会委员、检察员；

王彦青为高密市人民检察院检察委员会委员、检察员；

宋泽照为高密市人民检察院检察委员会委员、检察员；

刘学军、夏晓滨、蒋茂英、张宗倩、张树山、高洁、孙宗义、王钦常、隋存法、郑萍、魏福德、施红霞、唐祖荣、潘世芹、王桂旭、李培勇、张建明、辛燕、张鑫、赵伟、周凤霞、李正喜、李锡金、赵凤德、杨钧、潘洪辉、綦德平、王永臣、程秀芹、昝立群、李政、栗汝成、周少林、潘洪波、范俊言、程永福、伍丽华、刘刚、李雷、柴军、张文礼、卢中华、刘训普、王金山、刘洪明、吕希池为高密市人民检察院检察员。

免去：

高大汉的高密市人民检察院副检察长、检察委员会委员职务；

邱祖元、薛文治的高密市人民检察院检察委员会委员职务。

第二次会议
（2003 年 3 月 19 日）

根据市人大常委会主任会议的提名，任命：

王汉杰为市人大常委会秘书长、办公室主任；

邱兆瑞为市人大常委会副秘书长、办公室副主任；

任德平为市人大常委会人事代表工作室主任；

赵祉刚为市人大常委会调查研究室主任；

鹿书信为市人大常委会教科文卫工作委员会主任；

于纯华为市人大常委会农村经济工作委员会主任；

张建国为市人大常委会财政经济工作委员会主任；

宋希会为市人大常委今法制工作委员会主任；

郭玉喜为市人大常委会调查研究室副主任；

徐伯登为朝阳街道人大工作室主任；

王儒斌为朝阳街道人大工作室副主任；

单际庆为密水街道人大工作室主任；王心田为密水街道人大工作室副主任；

辛勤文为醴泉街道人大工作室主任。

免去：

郭玉喜的市人大常委会农村经济工作委员会副主任职务；

徐伯登的市人大常委会城乡建设环保工作委员会主任职务。

第五次会议
（2003 年 10 月 13 日）

根据市人大常委会主任会议的提名，任命：

邱兆瑞为高密市人大常委会城乡建设环境保护工作委员会主任。

根据市长吴建民的提名，决定任命：

王连友为高密市卫生局局长。

决定免去：

于继勇的高密市卫生局局长职务。

第六次会议
（2003 年 12 月 16 日）

根据市人民检察院检察长刘利宁的提请，任命：

郭洪福为高密市人民检察院副检察长。

第八次会议
（2004 年 2 月 28 日）

根据市人大常委会主任会议的提名，任命：

李连杰为市人大常委会城乡建设环境保护工作委员会主任；

郭玉喜为市人大常委会人事代表工作室副主任；

范珲为市人大常委会副秘书长、办公室副主任；

吴云效为市人大常委会调查研究室副主任；

于洪奎为密水街道人大工作室主任；

高善鹏为朝阳街道人大工作室副主任。

免去：

邱兆瑞的市人大常委会城乡建设环境保护工作委员会主任职务；

赵祉刚的市人大常委会调查研究室主任职务；

郭玉喜的市人大常委会调查研究室副主任职务；

单际庆的密水街道人大工作室主任职务；

王儒斌的朝阳街道人大工作室副主任职务。

根据市长吴建民的提名，决定任命：

唐屹立为市人民政府秘书长、办公室主任；

郑有奎为市建设局局长；

葛月殿为市交通局局长；

杜敦义为市科学技术局局长；

柴修森为市教育局局长；

郭言兴为市文化局局长；

范立标为市司法局局长；

决定免去：

李健的市人民政府秘书长、办公室主任职务；

王增华的市建设局局长职务；

吕希清的市交通局局长职务；

李春德的市教育局局长职务；

范锡宝的市文化局局长职务；

邱兆松的市科学技术局局长职务；

王洪升的市司法局局长职务。

第九次会议
（2004 年 4 月 27 日）

根据市人民检察院检察长刘利宁的提

请，免去：

张建明的高密市人民检察院检察员职务。

第十次会议
（2004 年 7 月 7 日）

根据市人民法院院长宋允厚的提请，任命：

王益华为高密市人民法院副院长；

张义为高密市人民法院民事审判二庭副庭长；

马秋霞为高密市人民法院立案庭副庭长；

陈建为高密市人民法院双羊人民法庭副庭长。

免去：

冷延吉的高密市人民法院副院长、审判委员会委员职务；

王益华的高密市人民法院民事审判一庭庭长职务。

根据市人民检察院检察长刘利宁的提请，免去：

宋学智的高密市人民检察院副检察长、检察委员会委员职务。

第十三次会议
（2004 年 12 月 21 日）

根据市长吴建民的提请，决定任命：

刘明伦为高密市人民政府副市长。

第十五次会议
（2005 年 4 月 27 日）

根据市人大常委会主任会议提名，任命：

刘来忠为高密市人大常委会人事代表工作室主任。

免去：

任德平的高密市人大常委会人事代表工作室主任职务。

根据市长赵志远的提请，决定任命：

万里为高密市发展和改革局局长；

姜殿国为高密市审计局局长。

决定免去：

张聿嘉的高密市发展计划局局长职务；

王福兴的高密市审计局局长职务。

根据市人民法院院长宋允厚的提请，任命：

谭晖、陈晓岩、聂来宝、臧松远、王新地、刘桂欣、吕涛、葛瑞发、郭怀明、张洪军、单既本、夏纪启、王虹、邱发胜、韩明宗、张汝昌、王振兴、赵中革、卫光、张慧、赵贵勋、马连良、吴兆启、李宗敏、王登源、马汝义 26 人为高密市人民法院人民陪审员。

根据市人民检察院检察长刘利宁的提请，任命：

柴军为高密市人民检察院检察委员会委员；

夏继华为高密市人民检察院检察员。

第十六次会议
（2005年6月24日）

根据市人大常委会主任会议提名，任命：

王作民为高密市人大常委会办公室副主任；

窦学功为高密市人大常委会调查研究室副主任。

根据市长赵志远的提请，决定任命：

梁明霖为高密市人口和计划生育局局长；

韩元金为高密市安全生产监督管理局局长。

根据市人民法院院长宋允厚的提请，任命：

蔡善喜为高密市人民法院副院长；

杨志强为高密市人民法院审判委员会委员、民事审判一庭庭长；

孙秀平、孙从强、张星良、李卓志为高密市人民法院审判委员会委员；

展坤祥为高密市人民法院双羊人民法庭庭长。

免去：

王宝启的高密市人民法院高密人民法庭庭长职务；

杨志强的高密市人民法院双羊人民法庭庭长职务；

展坤祥的高密市人民法院双羊人民法庭副庭长职务。

第十七次会议
（2005年8月23日）

根据市人民检察院检察长刘利宁的提请，任命：

孙杰为高密市人民检察院检察员。

第二十次会议
（2005年12月27日）

根据市人大常委会主任会议提名，任命：

范珲为高密市人大常委会信访工作室主任。

第二十三次会议
（2006年4月6日）

根据市人大常委会主任会议的提名，任命：

庄政为高密市人大常委会秘书长、办公室主任；

王汉杰为高密市人大常委会教科文卫工作委员会主任；

沙明君为高密市人大常委会农业与农村工作委员会主任；

禚海基为高密市朝阳街道人大工作室副主任；

杜心洁为高密市密水街道人大工作室副主任；

王玉萍为高密市醴泉街道人大工作室副主任。

免去：

王汉杰的高密市人大常委会秘书长、办公室主任职务；

鹿书信的高密市人大常委会教科文卫工作委员会主任职务；

于纯华的高密市人大常委会农业与农村工作委员会主任职务；

宋希会的高密市人大常委会法制工作委员会主任职务；

徐伯登的高密市朝阳街道人大工作室主任职务。

根据市长赵志远的提请，决定任命：

张业林为高密市人民政府秘书长、办公室主任；

刘旭为高密市民政局局长；

孙锡喜为高密市农业局局长；

魏廷松为高密市监察局局长。

决定免去：

程际奎的高密市农业局局长职务；

张延兴的高密市民政局局长职务；

张兴家的高密市监察局局长职务；

唐屹立的高密市人民政府秘书长、办公室主任职务。

根据市人民法院院长宋允厚的提请，免去：

聂来宝的高密市人民法院人民陪审员职务。

根据检察长刘利宁的提请，任命：

张俊锋为高密市人民检察院检察员。

免去：

于凤阳、张仁升、王高文、昝立群、辛燕、陈宝山、周茂勤、王述强、谢永平、马吉贞、刘志刚、王元森、邱祖元、张东民 14 人的高密市人民检察院检察员职务。

第二十四次会议
（2006 年 6 月 2 日）

根据市人大常委会主任会议的提名，任命：

吴云效为市人大常委会研究室主任；

刘兆斌为市人大常委会办公室副主任。

免去：

邱兆瑞的市人大常委会副秘书长、办公室副主任职务。

根据市长赵志远的提请，决定任命：

刘崇道为高密市公安局局长。

决定免去：

丁维国的高密市公安局局长职务。

第二十六次会议
（2006 年 9 月 1 日）

根据市长赵志远的提请，决定任命：

吴成玉为高密市人民政府副市长（挂职）。

根据市人民法院院长宋允厚的提请，任命：

袁广溪为高密市人民法院审判委员会委员；

伏宏伟为高密市人民法院审判委员会委员，民事审判一庭庭长；

李卓志为高密市人民法院刑事审判庭庭长；

杨志强为高密市人民法院审判监督庭庭长；

戴建国为高密市人民法院少年法庭庭长；

王进军为高密市人民法院执行三庭庭长；

阚洪相为高密市人民法院夏庄人民法庭庭长；

王宝启为高密市人民法院柏城人民法庭庭长；

霍青为高密市人民法院民事审判一庭副庭长；

杨永红为高密市人民法院少年法庭副庭长；

李储民为高密市人民法院执行二庭副庭长；

马森为高密市人民法院夏庄人民法庭副庭长。

免去：

杨福迅的高密市人民法院审判委员会委员、刑事审判庭庭长职务；

杨志强的高密市人民法院民事审判一庭庭长职务；

戴建国的高密市人民法院审判监督庭庭长职务；

阚洪相的高密市人民法院执行三庭庭长职务；

袁广溪的高密市人民法院夏庄人民法庭庭长职务；

伏宏伟的高密市人民法院柏城人民法庭庭长职务；

王进军的高密市人民法院初家人民法庭庭长职务；

张贵宝的高密市人民法院立案庭副庭长职务；

丁尚琦的高密市人民法院审判监督庭副庭长职务；

徐本华的高密市人民法院执行裁判庭副庭长职务；

蒋桂刚的高密市人民法院夏庄人民法庭副庭长职务；

刘海宇的高密市人民法院柏城人民法庭副庭长职务。

第二十八次会议
（2006 年 12 月 29 日）

根据市人大常委会主任会议的提名，任命：

齐有东为朝阳街道人大工作室主任；

王洪才为密水街道人大工作室主任；

李宗斌为醴泉街道人大工作室主任。

免去：

高善鹏、禚海基的朝阳街道人大工作室副主任职务；

于洪奎的密水街道人大工作室主任职务；

王心田的密水街道人大工作室副主任职务；

辛勤义的醴泉街道人大工作室主任职务；

王玉萍的醴泉街道人大工作室副主任职务。

第二十九次会议
（2007 年 1 月 18 日）

根据市长赵志远的提请，决定任命：

李葆东为市人民政府副市长。

决定：

接受刘金贵、林京湖、张树伟辞去高密市人民政府副市长职务的请求，报市十五届人大五次会议备案。

根据市人民检察院检察长刘利宁的提请，任命：

邓树刚为高密市人民检察院副检察长，检察委员会委员。

决定：

接受刘利宁辞去高密市人民检察院检察长职务的请求，报经潍坊市人民检察院检察长提请潍坊市人民代表大会常务委员会批准，并报市十五届人大五次会议备案。

邓树刚代理高密市人民检察院检察长职务，由高密市人民检察院、高密市人大常委会分别报潍坊市人民检察院和潍坊市人民代表大会常务委员会备案。

第三十一次会议
（2007 年 3 月 11 日）

根据市长赵志远的提请，决定任命：

单际庆为市发展和改革局局长；

戴志锡为市监察局局长；

戴学仁为市审计局局长；

高原为市林业局局长；

门业清为市劳动和社会保障局局长；

李铭为市经济贸易局局长；

李玉伟为市建设局局长。

决定免去：

万里的市发展和改革局局长职务；

魏廷松的市监察局局长职务；

姜殿国的市审计局局长职务；

张乐宝的市林业局局长职务；

赵仁东的市劳动和社会保障局局长职务；

毕兆利的市经济贸易局局长职务；

郑有奎的市建设局局长职务。

第三十二次会议
（2007 年 4 月 9 日）

根据市长赵志远的提请，决定任命：

徐振刚为高密市人民政府副市长。

第三十四次会议
（2007 年 6 月 19 日）

根据市长赵志远的提请，决定任命：

易中华为高密市人民政府副市长（挂职）。

根据市人大常委会主任会议的提名，任命：

张兴家为高密市人大常委会法制工作委员会主任；

姜殿国为高密市人大常委会财政经济工作委员会主任；

窦学功为高密市人大常委会信访工作室主任；

王作民为高密市人大常委会老干部工作办公室主任；

刘兆斌为高密市人大常委会副秘书长。

免去：

范珲的高密市人大常委会信访工作室主

任职务；

郭玉喜的高密市人大常委会人事代表工作室副主任职务；

窦学功的高密市人大常委会研究室副主任职务；

王作民的高密市人大常委会办公室副主任职务。

第三十五次会议
（2007 年 8 月 15 日）

根据市人民检察院检察长邓树刚的提请，任命：

孙平、刘丽梅为高密市人民检察院检察员。

免去：

郭洪福的高密市人民检察院副检察长、检察委员会委员职务。

根据市人民法院院长宋允厚的提请，免去：

张光庭、边凤城、李心如、臧纪远、张来星、王德传、栾心惠、曹杰福、王东营、单既州、钟继宗、张学功、臧之娥、王家良、单宝书、王培聪、张万里、孙长庚、孙立堂、王瑞芹、玄成宝、徐来金、陈继德、李世合、周天鹏、王方明、岳振奎、王学良、杨文友、倪专远、孙洪年、臧洪远、柴加勤、张丙贞、曲华忠、王德功、刘本奎、单连义、聂毓合、綦信德、马遂庆、苗玉岭、于钦政、刘希江、张来荣、迟世斋、邱玉吉、陆木兴、夏锡民、宋纪勋 50 人的高密市人民法院审判员职务。

根据市人大常委会主任会议的提请，任命：

王兆华、王者松、王福正、邓其华、刘永瑞、张恭运、单荣、赵金东、耿仁博为人民监督员。

第三十六次会议
（2007 年 9 月 11 日）

根据市人大常委会主任会议的提名，任命：

齐有东为朝阳街道人大工作室主任；

管朝霞为朝阳街道人大工作室副主任；

王洪才为密水街道人大工作室主任；

杜心洁为密水街道人大工作室副主任；

李宗斌为醴泉街道人大工作室主任；

肖华为醴泉街道人大工作室副主任。

根据市长赵志远的提请，决定任命：

李宗福为高密市人口和计划生育局局长。

决定免去：

梁明霖的高密市人口和计划生育局局长职务。

第三十七次会议
（2007 年 11 月 7 日）

根据市长赵志远的提请，决定任命：

李兰祥、贾勤清为高密市人民政府副市长；

唐屹立为高密市建设局局长。

决定免去：

李玉伟的高密市建设局局长职务。

决定：

接受刘明伦辞去高密市人民政府副市长职务的请求，报市十六届人大一次会议备案。

根据市人民检察院检察长邓树刚的提请，任命：

王彦青为高密市人民检察院副检察长；

李连鸿为高密市人民检察院副检察长。

第三十八次会议
（2007 年 12 月 3 日）

根据市人民法院院长宋允厚的提请，任命：

单大猛为高密市人民法院审判员。

第三十九次会议
（2007 年 12 月 4 日）

会议决定：

接受赵志远辞去高密市人民政府市长职务的请求，报高密市第十六届人民代表大会第一次会议备案。

会议决定任命：

范福生为高密市人民政府副市长。

会议决定：

范福生为高密市人民政府代理市长。

第八章　市十六届人大常委会任免事项

第一次会议
（2008 年 2 月 1 日）

根据市长范福生的提请，决定任命：

张业林为高密市人民政府秘书长；

仪义直为高密市人事局局长；

戴志锡为高密市监察局局长；

刘旭为高密市民政局局长；

单际庆为高密市发展和改革局局长；

门业清为高密市劳动和社会保障局局长；

鞠志华为高密市财政局局长；

杜敦义为高密市科学技术局局长；

李宗福为高密市人口和计划生育局局长；

隋卫清为高密市统计局局长；

刘崇道为高密市公安局局长；

范立标为高密市司法局局长；

韩元金为高密市安全生产监督管理局局长；

戴学仁为高密市审计局局长；

彭桂臻为高密市环境保护局局长；

郭言兴为高密市文化局局长；

柴修森为高密市教育局局长；

梁明霖为高密市卫生局局长；

唐屹立为高密市建设局局长；

葛月殿为高密市交通局局长；

李铭为高密市经济贸易局局长；

于钦明为高密市对外贸易经济合作局局长；

姜言启为高密市水利局局长；

孙锡喜为高密市农业局局长；

贺仁富为高密市林业局局长。

第二次会议
（2008 年 3 月 25 日）

根据市人民检察院检察长邓树刚的提请，任命：

施红霞、蒋茂英、伍丽华为高密市人民检察院检察委员会委员；

姚建太、高兴志、邓艳为高密市人民检察院检察员。

免去：

宋永君、宋泽照的高密市人民检察院检察委员会委员职务；

杨子玉、刘增光、张学信、孙洪宝、邓从国、孙法珣、李培华、李少锋、孙希文的高密市人民检察院检察员职务。

第八次会议
（2009 年 1 月 4 日）

会议接受宋允厚辞去高密市人民法院院长职务的请求，报高密市第十六届人民代表大会第二次会议备案。

任命：

李鲁民为高密市人民法院副院长、审判委员会委员、审判员；

决定：

李鲁民代理高密市人民法院院长职务。

第九次会议
（2009 年 3 月 5 日）

根据市人大常委会主任会议的提名，任命：

彭桂臻为高密市人大常委会城乡建设环境保护工作委员会主任；

隋卫清为高密市人大常委会农业与农村工作委员会主任；

高四亮为高密市人大常委会法制工作委员会主任；

王相余为高密市人大常委会教科文卫工作委员会主任；

王作民为高密市人大常委会人事代表工作室主任；

李祥法为高密市人大常委会研究室副主任；

罗传国为高密市人大常委会办公室副主任；

李翔为高密市醴泉街道人大工作室主任；

孙旭贵为高密市醴泉街道人大工作室副主任。

免去：

王汉杰的高密市人大常委会教科文卫工作委员会主任职务；

李连杰的高密市人大常委会城乡建设环

境保护工作委员会主任职务；

沙明君的高密市人大常委会农业与农村工作委员会主任职务；

张兴家的高密市人大常委会法制工作委员会主任职务；

刘来忠的高密市人大常委会人事代表工作室主任职务；

王作民的高密市人大常委会副秘书长、办公室副主任职务；

李宗斌的高密市醴泉街道人大工作室主任职务；

肖华的高密市醴泉街道人大工作室副主任职务。

根据市人民法院院长李鲁民的提请，任命：

杨志强为高密市人民法院立案庭庭长；

袁广溪为高密市人民法院审判监督庭庭长；

宋明海为高密市人民法院柏城人民法庭副庭长；

孙志东为高密市人民法院柴沟人民法庭副庭长；

孙锴为高密市人民法院双羊人民法庭副庭长；

刘治金为高密市人民法院双羊人民法庭副庭长；

刘兆胜为高密市人民法院夏庄人民法庭副庭长；

孙淑琼为高密市人民法院审判员；

王予娥为高密市人民法院审判员。

免去：

杨志强的高密市人民法院审判监督庭庭长职务。

第十次会议
（2009 年 4 月 28 日）

根据市人民检察院检察长邓树刚的提请，任命：

刘刚为高密市人民检察院检察委员会委员；

李刚为高密市人民检察院检察员；

乔朋闯为高密市人民检察院检察员；

王德亭为高密市人民检察院检察员；

王爱花为高密市人民检察院检察员。

免去：

王培义、张文礼的高密市人民检察院检察员职务。

第十一次会议
（2009 年 6 月 23 日）

根据市长范福生的提请，决定任命：

郭言兴为高密市文化新闻出版局局长。

第十二次会议
（2009 年 8 月 27 日）

根据市人大常委会主任会议的提名，任命：

刘兆斌为高密市人大常委会办公室副主任。

根据市人民法院院长李鲁民的提请，任命：

宋华忠、李纪武为高密市人民法院审判员。

免去：

姚玉忠的高密市人民法院柏城人民法庭副庭长职务。

根据市人民法院院长李鲁民的提请，任命：

孙义、冯晓向、黄桂芬、郝万森、伊学平、范金海、窦茂江、石长春、王文善、秦爱家、张家仁、解水宝、肖玉玲、冷延涛、杜宾、王心海、傅希山、刘玉海、张保龙、孙仁明、尹涛、范美云22人为高密市人民法院人民陪审员。

第十三次会议
（2009年11月3日）

根据市人大常委会主任会议的提名，任命：

谭文红为高密市人大常委会农业与农村工作委员会副主任。

第十四次会议
（2009年12月31日）

根据市长范福生的提请，决定任命：

张新和为高密市财政局局长。

决定免去：

鞠志华的高密市财政局局长职务。

第十六次会议
（2010年3月6日）

根据市人大常委会主任会议的提名，任命：

王赓为高密市人大常委会办公室主任；

张延泉为高密市人大常委会财政经济工作委员会主任；

刘书仁为高密市人大常委会法制工作委员会副主任；

薛元玺为高密市人大常委会财政经济工作委员会副主任；

邓攀为高密市人大常委会教科文卫工作委员会副主任；

郇海云为高密市密水街道人大工作室主任；

徐刚为高密市醴泉街道人大工作室主任；

张欣元为高密市朝阳街道人大工作室主任。

免去：

庄政的高密市人大常委会办公室主任职务；

姜殿国的高密市人大常委会财政经济工作委员会主任职务；

王洪才的高密市密水街道人大工作室主任职务；

李翔的高密市醴泉街道人大工作室主任职务；

刘秀贞的高密市朝阳街道人大工作室主任职务。

根据市长范福生的提请，决定任命：

许宝国为高密市人民政府办公室主任；

李铭为高密市经济和信息化局局长；

邱昌禹为高密市监察局局长；

仪义直为高密市人力资源和社会保障局局长；

于道河为高密市国土资源局局长；

唐屹立为高密市住房和城乡建设局局长；

孙波为高密市交通运输局局长；

于钦明为高密市商务局局长；

邵春生为高密市文化广电新闻出版局局长；

戴志锡为高密市卫生局局长；

王贵喜为高密市食品药品监督管理局局长。

决定免去：

戴志锡的高密市监察局局长职务。

第十七次会议
（2010年4月27日）

根据市人民法院院长李鲁民的提请，任命：

薛亭为高密市人民法院审判委员会委员；

伏宏伟为高密市人民法院立案庭庭长；

臧爱华为高密市人民法院审判委员会委员、审判监督庭庭长；

杨秀丽为高密市人民法院少年法庭庭长；

张星良为高密市人民法院民事审判第一庭庭长；

阚洪相为高密市人民法院民事审判第二庭庭长；

王宝启为高密市人民法院民事审判第三庭庭长；

高磊为高密市人民法院行政审判庭庭长；

钟耕政为高密市人民法院执行一庭庭长；

邱松为高密市人民法院执行二庭庭长；

蒋桂刚为高密市人民法院执行三庭庭长；

张义为高密市人民法院夏庄人民法庭庭长；

单既青为高密市人民法院柏城人民法庭庭长；

单大猛为高密市人民法院柴沟人民法庭庭长；

马森为高密市人民法院双羊人民法庭庭长；

李储民为高密市人民法院立案庭副庭长；

霍青为高密市人民法院立案庭副庭长；

孙志东为高密市人民法院立案庭副庭长；

闫梅冬为高密市人民法院刑事审判庭副庭长；

宋华忠为高密市人民法院刑事审判庭副庭长；

张跃平为高密市人民法院民事审判第一庭副庭长；

孙淑琼为高密市人民法院民事审判第一庭副庭长；

刘治金为高密市人民法院民事审判第二庭副庭长；

李延强为高密市人民法院民事审判第二庭副庭长；

商学智为高密市人民法院行政审判庭副

庭长；

高波为高密市人民法院行政审判庭副庭长；

孙建梁为高密市人民法院执行一庭副庭长；

赵新刚为高密市人民法院执行一庭副庭长；

田绍尊为高密市人民法院执行二庭副庭长；

牟长征为高密市人民法院执行二庭副庭长；

张莉为高密市人民法院夏庄人民法庭副庭长；

王成森为高密市人民法院柴沟人民法庭副庭长；

付深平为高密市人民法院柴沟人民法庭副庭长；

曹菲为高密市人民法院双羊人民法庭副庭长。

免去：

杨志强的高密市人民法院立案庭庭长职务；

袁广溪的高密市人民法院审判监督庭庭长职务；

戴建国的高密市人民法院审判委员会委员、少年法庭庭长职务；

伏宏伟的高密市人民法院民事审判第一庭庭长职务；

孙秀平的高密市人民法院民事审判第二庭庭长职务；

徐蔚的高密市人民法院民事审判第三庭庭长职务；

张星良的高密市人民法院行政审判庭庭长职务；

王进军的高密市人民法院执行三庭庭长职务；

阚洪相的高密市人民法院夏庄人民法庭庭长职务；

王宝启的高密市人民法院柏城人民法庭庭长职务；

王代军的高密市人民法院柴沟人民法庭庭长职务；

展坤祥的高密市人民法院双羊人民法庭庭长职务；

闫梅冬的高密市人民法院立案庭副庭长职务；

马秋霞的高密市人民法院立案庭副庭长职务；

单既青的高密市人民法院立案庭副庭长职务；

田绍尊的高密市人民法院立案庭副庭长职务；

臧爱华的高密市人民法院刑事审判庭副庭长职务；

高波的高密市人民法院刑事审判庭副庭长职务；

杨永红的高密市人民法院少年法庭副庭长职务；

霍青的高密市人民法院民事审判第一庭副庭长职务；

张义的高密市人民法院民事审判第二庭副庭长职务；

孙建梁的高密市人民法院民事审判第二庭副庭长职务；

高磊的高密市人民法院行政审判庭副庭长职务；

赵新刚的高密市人民法院行政审判庭副庭长职务；

商学智的高密市人民法院执行一庭副庭长职务；

张跃平的高密市人民法院执行一庭副庭长职务；

钟耕政的高密市人民法院执行二庭副庭长职务；

李储民的高密市人民法院执行二庭副庭长职务；

牟长征的高密市人民法院执行三庭副庭长职务；

马森的高密市人民法院夏庄人民法庭副庭长职务；

孙志东的高密市人民法院柴沟人民法庭副庭长职务；

刘治金的高密市人民法院双羊人民法庭副庭长职务；

张宗义的高密市人民法院审判员职务；

徐占顺的高密市人民法院审判员职务。

根据市人民检察院检察长邓树刚的提请，任命：

刘家德、邱玉、尤传茂、于志勇、沈卫东为高密市人民检察院检察员。

免去：

吕希池、赵凤德、孙杰、张俊峰、刘训普、王永臣的高密市人民检察院检察员职务。

第十八次会议
（2010年6月13日）

根据市长范福生的提请，决定任命：

吴兴安为高密市人民政府副市长（援藏）。

第十九次会议
（2010年6月28日）

根据市人民法院院长李鲁民的提请，任命：

于钦占、张汝昌、赵学玺、郑光明、于成好、王善良、夏纪启、单既本、马连良、王钦功、罗相敏、葛文森、刘桂欣、王新地、王登源、颜晓、臧战、张慧、赵贵勋、吴兆启、刘鹏、张君、毛术良、王淑芳24人为高密市人民法院人民陪审员（任期五年）。

第二十一次会议
（2010年10月26日）

根据市长范福生的提请，决定任命：

杨承为高密市人民政府副市长（挂职）。挂职时间自2010年10月至2011年1月。

根据市长范福生的提请，决定任命：

赵云贤为高密市公安局局长。

决定免去：

刘崇道的高密市公安局局长职务。

第二十二次会议
（2010 年 12 月 10 日）

根据市人民法院院长李鲁民的提请，任命：

阚洪相为高密市人民法院审判委员会委员；

高磊为高密市人民法院审判委员会委员；

高波为高密市人民法院少年法庭副庭长。

免去：

高波的高密市人民法院行政审判庭副庭长职务；

孙锴的高密市人民法院双羊人民法庭副庭长职务。

第二十三次会议
（2010 年 12 月 29 日）

会议接受李葆东辞去高密市人民政府副市长职务的请求，报高密市第十六届人民代表大会第四次会议备案。

根据市长范福生的提请，决定任命：

綦福岭为高密市人民政府副市长。

第二十五次会议
（2011 年 1 月 17 日）

根据市长范福生的提请，决定任命：

陈盛为高密市人民政府副市长。

第二十六次会议
（2011 年 3 月 25 日）

根据市人大常委会主任会议的提名，任命：

王瑞先为高密市醴泉街道人大工作室副主任。

免去：

孙旭贵的高密市醴泉街道人大工作室副主任职务；

李福彩的高密市朝阳街道人大工作室副主任职务。

根据市长范福生的提请，决定任命：

张友勤为高密市住房和城乡建设局局长。

决定免去：

唐屹立的高密市住房和城乡建设局局长职务。

根据市人民检察院检察长邓树刚的提请，任命：

李丽为高密市人民检察院检察员。

免去：

栗汝成、孙平的高密市人民检察院检察员职务。

第二十八次会议
（2011 年 6 月 29 日）

根据市人大常委会主任会议的提名，任命：

王圣全为高密市人大常委会信访工作室副主任；

刘强为高密市人大常委会人事代表工作室副主任；

李欣为高密市人大常委会老干部工作办公室副主任。

免去：

李玉恩的高密市人大常委会信访工作室副主任职务；

张勤华的高密市人大常委会人事代表工作室副主任职务。

根据市长范福生的提请，决定任命：

郭涛为高密市安全生产监督管理局局长。

决定免去：

韩元金的高密市安全生产监督管理局局长职务。

第二十九次会议
（2011 年 7 月 29 日）

根据市长范福生的提请，决定任命：

王军为高密市人民政府副市长（挂职），挂职时间自 2011 年 7 月至 2011 年 12 月。

第三十次会议
（2011 年 8 月 26 日）

根据市人民法院院长李鲁民的提请，免去：

田绍尊的高密市人民法院执行二庭副庭长职务。

第三十三次会议
（2011 年 12 月 4 日）

会议接受范福生辞去高密市人民政府市长职务的请求，接受桑福岭、李兰祥、刘秀平、陈盛辞去高密市人民政府副市长职务的请求，报高密市第十七届人民代表大会第一次会议备案。

会议接受邓树刚辞去高密市人民检察院检察长职务的请求，由高密市人民检察院报经潍坊市人民检察院检察长提请潍坊市人民代表大会常务委员会批准，并报高密市第十七届人民代表大会第一次会议备案。

决定任命：

杨建华、刘建成、殷玉萍、王永亮、汤振国、赵海龙为高密市人民政府副市长。

决定：

杨建华为高密市人民政府代理市长。

任命：

隋国华为高密市人民检察院副检察长、检察委员会委员。

决定：

隋国华代理高密市人民检察院检察长职务，由高密市人民检察院、高密市人大常委会分别报潍坊市人民检察院和潍坊市人民代表大会常务委员会备案。

第三十四次会议
（2011 年 12 月 14 日）

决定修正高人发〔2011〕28 号文件。其中决定任命刘建成、殷玉萍、王永亮、汤振国、赵海龙为高密市人民政府副市长不再有效；决定任命杨建华为高密市人民政府副市长、决定杨建华为高密市人民政府代理市长仍然有效。

第三十五次会议
（2011 年 12 月 21 日）

根据市人大常委会主任会议的提名，任命：

郭恩双为高密市醴泉街道人大工作室主任；

田香花为高密市朝阳街道人大工作室主任；

明学群为高密市朝阳街道人大工作室副主任。

免去：

徐刚的高密市醴泉街道人大工作室主任职务；

张欣元的高密市朝阳街道人大工作室主任职务。

第九章　市十七届人大常委会任免事项

第一次会议
（2012 年 2 月 25 日）

根据市长杨建华的提请，决定任命：

许宝国为高密市人民政府办公室主任；

赵云贤为高密市公安局局长；

单际庆为高密市发展和改革局局长；

邢春中为高密市文化广电新闻出版局局长；

李铭为高密市经济和信息化局局长；

仪义直为高密市人力资源和社会保障局局长；

张新和为高密市财政局局长；

邱昌禹为高密市监察局局长；

杨宗荣为高密市教育局局长；

杜敦义为高密市科学技术局局长；

沈建树为高密市民政局局长；

范立标为高密市司法局局长；

于道河为高密市国土资源局局长；

唐军录为高密市住房和城乡建设局局长；

孙波为高密市交通运输局局长；

杜钦德为高密市水利局局长；

孙锡喜为高密市农业局局长；

张超为高密市商务局局长；

戴志锡为高密市卫生局局长；

韩寿英为高密市人口和计划生育局局长；

李宗福为高密市审计局局长；

石寿林为高密市环境保护局局长；

张同宝为高密市统计局局长；

郭涛为高密市安全生产监督管理局局长；

王贵喜为高密市食品药品监督管理局局长。

根据市人民检察院检察长隋国华的提

请，任命：

潘洪辉、李政为高密市人民检察院检察委员会委员；

张越为高密市人民检察院检察员。

第二次会议
（2012年4月27日）

根据市人大常委会主任会议的提名，免去：

刘兆斌的高密市人大常委会办公室副主任、老干部工作办公室主任职务。

第四次会议
（2012年8月23日）

根据市人民检察院检察长隋国华的提请，任命：

孙慧敏、姚敏敏、孙鹏为高密市人民检察院检察员。

免去：

宋学智、李雷、姚建太的高密市人民检察院检察员职务。

第五次会议
（2012年10月24日）

根据市人大常委会主任会议的提名，任命：

吴云效为高密市人大常委会法制工作委员会主任；

窦学功为高密市人大常委会农业与农村工作委员会主任；

刘强为高密市人大常委会城乡建设环境保护工作委员会主任；

王圣全为高密市人大常委会信访工作室主任。

免去：

吴云效的高密市人大常委会研究室主任职务；

窦学功的高密市人大常委会信访工作室主任职务；

刘强的高密市人大常委会人事代表工作室副主任职务；

刘书仁的高密市人大常委会法制工作委员会副主任职务。

根据市长杨建华的提请，决定任命：

王成林为高密市经济和信息化局局长；

葛孝江为高密市人力资源和社会保障局局长；

田绍传为高密市农业局局长。

决定免去：

李铭的高密市经济和信息化局局长职务；

仪义直的高密市人力资源和社会保障局局长职务；

孙锡喜的高密市农业局局长职务。

第八次会议
（2013年4月25日）

根据市人大常委会主任会议的提名，任命：

郑兆波为高密市人大常委会财政经济工作委员会主任；

田香花为经济开发区人大工作室主任；

明学群为经济开发区人大工作室副主任；

李衍宝为醴泉街道人大工作室主任；

王方杰为醴泉街道人大工作室副主任；

李梅为朝阳街道人大工作室主任；

高四星为朝阳街道人大工作室副主任；

陈晓云为胶河疏港物流园区人大工作室主任；

赵华为咸家工业区人大工作室主任；

夏业秀为胶河生态发展区人大工作室主任；

免去：

齐有东的经济开发区人大工作室主任职务；

管朝霞的经济开发区人大工作室副主任职务；

郭恩双的醴泉街道人大工作室主任职务；

王瑞先的醴泉街道人大工作室副主任职务；

山杏花的朝阳街道人大工作室主任职务；

明学群的朝阳街道人大工作室副主任职务。

根据市长杨建华的提请，决定任命：

王旭东为高密市发展和改革局局长。

决定免去：

单际庆的高密市发展和改革局局长职务。

根据市人民法院院长李鲁民的提请，任命：

雷向敏为高密市人民法院审判员、审判委员会委员、副院长；

孙从强为高密市人民法院副院长；

柴军为高密市人民法院审判员、审判委员会委员。

免去：

张国良的高密市人民法院审判员、审判委员会委员、副院长职务；

杨志强的高密市人民法院审判员、审判委员会委员职务；

张星良的高密市人民法院民一庭庭长、审判委员会委员职务；

冷延吉的高密市人民法院审判员职务；

李祥成的高密市人民法院审判员职务；

徐本华的高密市人民法院审判员职务；

潘行文的高密市人民法院审判员职务；

史正宽的高密市人民法院审判员职务；

李丹江的高密市人民法院审判员职务。

根据市人民检察院检察长隋国华的提请，任命：

潘洪辉为高密市人民检察院副检察长；

杨志强为高密市人民检察院检察员、检察委员会委员。

免去：

柴军的高密市人民检察院检察员、检察委员会委员职务。

第九次会议
（2013 年 6 月 29 日）

根据市人民法院院长李鲁民的提请，任命：

吴斌为高密市人民法院审判委员会委员；

杨秀丽为高密市人民法院审判委员会委员；

刘海宇为高密市人民法院审判委员会委员；

马森为高密市人民法院审判委员会委员；

邱松为高密市人民法院审判委员会委员；

蒋桂刚为高密市人民法院审判委员会委员；

霍青为高密市人民法院审判委员会委员；

张义为高密市人民法院审判委员会委员、行政审判庭庭长；

王代军为高密市人民法院审判委员会委员、少年法庭庭长；

王宝启为高密市人民法院审判委员会委员、民事审判二庭庭长；

展坤祥为高密市人民法院审判委员会委员、民事审判四庭庭长；

王进军为高密市人民法院审判委员会委员、执行一庭庭长；

李卓志为高密市人民法院立案庭庭长；

伏宏伟为高密市人民法院刑事审判庭庭长；

袁广溪为高密市人民法院民事审判一庭庭长；

高磊为高密市人民法院民事审判三庭庭长；

刘治金为高密市人民法院夏庄人民法庭庭长；

马秋霞为高密市人民法院柏城人民法庭庭长；

张跃平为高密市人民法院柴沟人民法庭庭长；

宋华忠为高密市人民法院双羊人民法庭庭长；

王成森为高密市人民法院立案庭副庭长；

李群为高密市人民法院刑事审判庭副庭长；

宋明海为高密市人民法院刑事审判庭副庭长；

孙锴为高密市人民法院民事审判一庭副庭长；

张莉为高密市人民法院民事审判一庭副庭长；

曹菲为高密市人民法院民事审判一庭副庭长；

张勤昱为高密市人民法院民事审判二庭副庭长；

孙淑琼为高密市人民法院民事审判二庭副庭长；

刘兆胜为高密市人民法院民事审判三庭副庭长；

李新利为高密市人民法院执行二庭副庭长；

台君妮为高密市人民法院夏庄人民法庭副庭长；

李纪武为高密市人民法院夏庄人民法庭副庭长；

展晓文为高密市人民法院夏庄人民法庭副庭长；

张新国为高密市人民法院柏城人民法庭副庭长；

孙辉妮为高密市人民法院柴沟人民法庭副庭长；

王予娥为高密市人民法院双羊人民法庭副庭长；

郝凤香为高密市人民法院审判员；

孙志诺为高密市人民法院审判员；

李玉东为高密市人民法院审判员。

免去：

伏宏伟的高密市人民法院立案庭庭长职务；

李卓志的高密市人民法院刑事审判庭庭长职务；

杨秀丽的高密市人民法院少年法庭庭长职务；

高磊的高密市人民法院行政审判庭庭长职务；

阚洪相的高密市人民法院民事审判二庭庭长职务；

王宝启的高密市人民法院民事审判三庭庭长职务；

张义的高密市人民法院夏庄人民法庭庭长职务；

单既青的高密市人民法院柏城人民法庭庭长职务；

单大猛的高密市人民法院柴沟人民法庭庭长职务；

马森的高密市人民法院双羊人民法庭庭长职务；

钟耕政的高密市人民法院执行一庭庭长职务；

霍青的高密市人民法院立案庭副庭长职务；

孙志东的高密市人民法院立案庭副庭长职务；

闫梅冬的高密市人民法院刑事审判庭副庭长职务；

宋华忠的高密市人民法院刑事审判庭副庭长职务；

张勤昇的高密市人民法院民事审判一庭副庭长职务；

张跃平的高密市人民法院民事审判一庭副庭长职务；

孙淑琼的高密市人民法院民事审判一庭副庭长职务；

刘治金的高密市人民法院民事审判二庭副庭长职务；

李延强的高密市人民法院民事审判二庭副庭长职务；

李群的高密市人民法院民事审判三庭副庭长职务；

刘兆胜的高密市人民法院夏庄人民法庭副庭长职务；

张莉的高密市人民法院夏庄人民法庭副庭长职务；

宋明海的高密市人民法院柏城人民法庭副庭长职务；

王成森的高密市人民法院柴沟人民法庭副庭长职务；

付深平的高密市人民法院柴沟人民法庭副庭长职务；

曹菲的高密市人民法院双羊人民法庭副庭长职务。

根据市人民检察院检察长隋国华的提请，任命：

李景泉为高密市人民检察院检察员。

免去：

张树山的高密市人民检察院检察员职务。

第十次会议
（2013 年 7 月 24 日）

会议接受徐明辞去高密市第十七届人民代表大会常务委员会委员职务的请求，报高密市第十七届人民代表大会第三次会议备案。

根据市人大常委会主任会议的提名，任命：

李祥法为高密市人大常委会研究室主任；

罗传国为高密市人大常委会老干部工作办公室主任；

台春琰为高密市人大常委会人事代表工作室副主任。

免去：

罗传国的高密市人大常委会办公室副主任职务。

根据市长杨建华的提请，决定任命：

徐明为高密市文化广电新闻出版局局长。

决定免去：

邵春生的高密市文化广电新闻出版局局长职务。

第十二次会议
（2013 年 10 月 25 日）

根据市长杨建华的提请，决定任命：

岳国彬为高密市食品药品监督管理局局长。

决定免去：

吴兴安的高密市人民政府副市长（援藏）职务；

王贵喜的高密市食品药品监督管理局局长职务。

根据市人民法院院长李鲁民的提请，任命：

单既青为高密市人民法院审判委员会委员；

钟耕政为高密市人民法院审判委员会委员；

孙志东为高密市人民法院审判委员会委员。

第十三次会议
（2013 年 12 月 23 日）

根据市人民检察院检察长隋国华的提请，任命：

王丽萍为高密市人民检察院检察员；

李世乐为高密市人民检察院检察员；

王元金为高密市人民检察院检察员；

杨文涛为高密市人民检察院检察员。

第十六次会议
（2014 年 5 月 5 日）

根据市人民法院院长李鲁民的提请，任命：

马森为高密市人民法院民事审判一庭庭长。

免去：

袁广溪的高密市人民法院民事审判一庭庭长职务；

赵新刚的高密市人民法院执行一庭副庭长职务；

展晓文的高密市人民法院夏庄人民法庭副庭长职务；

荆涛的高密市人民法院审判员职务；

刘希军的高密市人民法院审判员职务。

第十七次会议
（2014 年 6 月 27 日）

根据市长杨建华的提请，决定任命：

岳国彬为高密市食品药品监督管理局局长。

根据市人民检察院检察长隋国华的提请，任命：

王欢、陈淼为高密市人民检察院检察员。

免去：

王金山、宋永君的高密市人民检察院检察员职务。

第十九次会议
（2014 年 10 月 28 日）

根据市人大常委会主任会议的提名，任命：

李欣为高密市人大常委会研究室副主任。

免去：

李欣的高密市人大常委会老干部工作办公室副主任职务。

第二十次会议
（2014 年 12 月 24 日）

根据市人大常委会主任会议的提名，免去：

杜心洁的密水街道人大工作室副主任职务。

第二十一次会议
（2015 年 1 月 27 日）

会议决定接受徐振刚、汤振国辞去高密市人民政府副市长职务的请求，报高密市第十七届人民代表大会备案。

根据市长杨建华的提请，决定任命：

赵云贤为高密市人民政府副市长；

韩文宏为高密市人民政府副市长。

第二十三次会议
（2015 年 3 月 18 日）

根据市人大常委会主任会议的提名，

任命：

王鹏飞为市人大常委会老干部工作办公室副主任。

免去：

郇海云的密水街道人大工作室主任职务。

根据市长杨建华的提请，决定任命：

葛孝江为市财政局局长；

邱昌禹为市人力资源和社会保障局局长；

戴志锡为市卫生和计划生育局局长；

岳国彬为市市场监督管理局局长；

高玉山为市科学技术局局长；

高泗江为市金融工作办公室主任；

郭涛为市统计局局长；

张志华为市安全生产监督管理局局长。

决定免去：

许宝国的市人民政府办公室主任职务；

葛孝江的市人力资源和社会保障局局长职务；

邱昌禹的市监察局局长职务；

张新和的市财政局局长职务；

郭涛的市安全生产监督管理局局长职务；

张同宝的市统计局局长职务。

第二十四次会议
（2015 年 4 月 29 日）

根据市人大常委会主任会议的提名，任命：

梁永青为市人大常委会信访工作室副主任；

曲颂东为密水街道人大工作室主任；

邱天高为醴泉街道人大工作室主任；

叶秀霞为朝阳街道人大工作室主任。

免去：

罗传国的市人人常委会老干部工作办公室主任职务；

李衍宝的醴泉街道人大工作室主任职务；

李梅的朝阳街道人大工作室主任职务。

根据市长杨建华的提请，任命：

李斌为市人民政府副市长（挂职）；

邱纯洁为市人民政府办公室主任；

赵思会为市民族宗教事务局局长。

根据市人民法院院长李鲁民的提请，任命：

李玉乐为高密市人民法院民事审判二庭副庭长；

曹菲为高密市人民法院民事审判四庭副庭长；

毛伟涛为高密市人民法院审判员；

钟建新为高密市人民法院审判员；

赵桂玲为高密市人民法院审判员；

肖建波为高密市人民法院审判员。

免去：

孙锴的高密市人民法院民事审判一庭副庭长职务；

曹菲的高密市人民法院民事审判一庭副庭长职务；

孙淑琼的高密市人民法院民事审判二庭副庭长职务；

孙辉妮的高密市人民法院柴沟人民法庭副庭长职务；

杨丽敏的高密市人民法院审判员职务；

李君列的高密市人民法院审判员职务；
李绍兴的高密市人民法院审判员职务；
丁尚琦的高密市人民法院审判员职务；
潘兆华的高密市人民法院审判员职务；
韩寿坤的高密市人民法院审判员职务；
杨永红的高密市人民法院审判员职务。

根据市人民检察院检察长隋国华的提请，任命：

李翠萍、门勇志、庞学龙、李新英为高密市人民检察院检察员。

免去：

郭洪福、唐祖荣、王元金的高密市人民检察院检察员职务。

第二十五次会议
（2015 年 6 月 27 日）

根据市长杨建华的提请，决定任命：

马拥军为市监察局局长。

根据市人民法院院长李鲁民的提请，免去：

孙从强的高密市人民法院副院长职务。

根据市人民检察院检察长隋国华的提请，免去：

潘洪辉的高密市人民检察院副检察长职务。

第二十七次会议
（2015 年 10 月 27 日）

根据市人民检察院检察长隋国华的提请，任命：

殷剑芳、张晓东为高密市人民检察院检察员。

第二十八次会议
（2015 年 12 月 24 日）

根据市人大常委会主任会议的提名，任命：

邓攀为市人大常委会老干部工作办公室主任；

祝继先为市人大常委会预算工作委员会副主任。

免去：

邓攀的市人大常委会教科文卫工作委员会副主任职务。

根据市人民检察院检察长隋国华的提请，任命：

夏晓滨、綦德平、邓艳为高密市人民检察院检察委员会委员。

免去：

杨钧的高密市人民检察院检察员职务。

第三十次会议
（2016 年 3 月 11 日）

根据市人大常委会主任会议的提名，任命：

严凤辉为市人大常委会办公室主任；

李宗福为市人大常委会预算工作委员会主任；

葛萌为市人大常委会城建环保工作委员

会副主任；

夏业秀为醴泉街道人大工作室主任。

免去：

王赓的市人大常委会办公室主任职务；

李祥法的市人大常委会研究室主任职务；

邱天高的醴泉街道人大工作室主任职务；

夏业秀的胶河生态发展区人大工作室主任职务。

根据市长杨建华的提请，决定任命：

禚朝晖为市民政局局长（试用期一年）；

王赓为市司法局局长；

张宗春为市审计局局长。

决定免去：

沈建树的市民政局局长职务；

范立标的市司法局局长职务；

李宗福的市审计局局长职务。

根据市人民法院院长李鲁民的提请，任命：

邱松为高密市人民法院审判监督庭庭长；

孙志东为高密市人民法院执行二庭庭长；

臧爱华为高密市人民法院双羊人民法庭庭长；

曹菲为高密市人民法院民事审判四庭副庭长、审判员；

张莉为高密市人民法院审判员；

付深平为高密市人民法院审判员；

李延强为高密市人民法院审判员；

张新国为高密市人民法院审判员。

免去：

邱松的高密市人民法院执行二庭庭长职务；

臧爱华的高密市人民法院审判监督庭庭长职务；

宋华忠的高密市人民法院双羊人民法庭庭长职务；

曹菲的高密市人民法院民事审判一庭副庭长职务；

高明林的高密市人民法院审判员职务；

刘建鲁的高密市人民法院审判员职务。

第三十一次会议
（2016年4月28日）

根据市长杨建华的提请，决定任命：

张友勤为高密市国土资源局局长。

决定免去：

于道河的高密市国土资源局局长职务。

根据市人民检察院检察长隋国华的提请，任命：

李德梅、谢业乐、徐吉星为高密市人民检察院检察员。

免去：

赵伟、庞学龙的高密市人民检察院检察员职务。

第三十二次会议
（2016年6月28日）

根据市长杨建华的提请，决定任命：

杜启强为高密市教育局局长。

决定免去：

杨宗荣的高密市教育局局长职务。

第三十三次会议
（2016年8月24日）

根据市人大常委会主任会议的提名，任命：

薛元玺为市人大常委会财政经济工作委员会主任。

免去：

郑兆波的市人大常委会财政经济工作委员会主任职务；

谭文红的市人大常委会农业与农村工作委员会副主任职务。

会议接受刘建成辞去高密市人民政府副市长职务的请求，报市十八届人民代表大会第一次会议备案。

第三十六次会议
（2016年12月28日）

会议接受杨建华辞去高密市人民政府市长，赵海龙、赵云贤辞去高密市人民政府副市长职务的请求，报高密市第十八届人民代表大会第一次会议备案。

任命：

王文琦、冯效栋、王加利为高密市人民政府副市长；

决定：

王文琦为高密市人民政府代理市长。

根据市人大常委会主任会议的提名，任命：

李强为朝阳街道人大工作室主任；

杜乃贵为密水街道人大工作室副主任；

朱玲玲为醴泉街道人大工作室副主任。

免去：

叶秀霞的朝阳街道人大工作室主任职务；

王方杰的醴泉街道人大工作室副主任职务。

会议接受李鲁民辞去高密市人民法院院长职务的请求，报高密市第十八届人民代表大会第一次会议备案。

决定：

雷向敏为高密市人民法院代理院长。

第十章　市十八届人大常委会任免事项

第二次会议
（2017年3月21日）

根据市长王文琦的提请，决定任命：

邱纯洁为高密市人民政府办公室主任；

王旭东为高密市发展和改革局局长；

王成林为高密市经济和信息化局局长；

杜启强为高密市教育局局长；

高玉山为高密市科学技术局局长；

冯效栋为高密市公安局局长；

马拥军为高密市监察局局长；

禚朝晖为高密市民政局局长；

王赓为高密市司法局局长；

邱昌禹为高密市人力资源和社会保障局局长；

张友勤为高密市国土资源局局长；

唐军录为高密市住房和城乡建设局局长；

孙波为高密市交通运输局局长；

杜钦德为高密市水利局局长；

田绍传为高密市农业局局长；

张超为高密市商务局局长；

徐明为高密市文化广电新闻出版局局长；

戴志锡为高密市卫生和计划生育局局长；

张宗春为高密市审计局局长；

石寿林为高密市环境保护局局长；

楚洪鹏为高密市统计局局长；

岳国彬为高密市市场监督管理局局长；

张志华为高密市安全生产监督管理局局长；

赵思会为高密市民族宗教事务局局长；

高泗江为高密市金融工作办公室主任。

根据市人民法院院长雷向敏的提请，任命：

孙锴为高密市人民法院立案庭副庭长；

赵秀丽为高密市人民法院审判员；

付平平为高密市人民法院审判员；

刘明凤为高密市人民法院审判员；

殷晓丽为高密市人民法院审判员；

范靖雯为高密市人民法院审判员；

杜宁为高密市人民法院审判员；

于莉雅为高密市人民法院审判员；

刘鹏程为高密市人民法院审判员；

张琪为高密市人民法院审判员；

王呈呈为高密市人民法院审判员；

张萍为高密市人民法院审判员。

免去：

王成森的高密市人民法院立案庭副庭长职务；

李新利的高密市人民法院执行二庭副庭长职务；

李玉乐的高密市人民法院民事审判二庭副庭长、审判员职务；

张贵宝的高密市人民法院审判员职务；

董培旭的高密市人民法院审判员职务。

第三次会议
（2017 年 4 月 26 日）

根据市人民检察院检察长隋国华的提请，免去：

时兴华、孙宗义、范俊言、李景泉、陈淼的高密市人民检察院检察员职务。

第四次会议
（2017 年 6 月 27 日）

根据市长王文琦的提请，决定任命：

袁广斌为高密市人民政府副市长（挂职）。

根据市长王文琦的提请，决定任命：

邱昌禹为高密市财政局局长；

任光辉为高密市人力资源和社会保障局局长。

决定免去：

邱昌禹的高密市人力资源和社会保障局局长职务。

第五次会议
（2017 年 8 月 25 日）

根据市人大常委会主任会议的提名，任命：

曹更兵为市人大常委会办公室副主任。

第七次会议
（2017 年 12 月 21 日）

根据市人民法院院长雷向敏的提请，任命：

于海涛、马桂华、王卫华、王希惠、王晓林、邢纪平、吕翠萍、刘菁、刘德春、刘霞、李龙、吴宗亮、邹玉贞、宋扬、邵长宏、单新芹、姜德胜、宫慧、徐宏达、徐杰、唐军明、崔金玲、宿鹏飞、董泗虎、傅希平 25 人（以姓氏笔画排列）为高密市人民法院人民陪审员。

根据市人民检察院检察长隋国华的提请，免去：

王彦的高密市人民检察院副检察长、检察员职务。

第十次会议
（2018 年 1 月 19 日）

根据市长王文琦的提请，决定任命：

孙建伟为高密市人民政府副市长（挂职）。

根据市监察委员会主任孔晓明的提请，任命：

马拥军为高密市监察委员会副主任；

滕坤星为高密市监察委员会副主任；

管金连为高密市监察委员会委员；

王欣为高密市监察委员会委员；

刘晓燕为高密市监察委员会委员；

杨志强为高密市监察委员会委员；

第十一次会议
（2018 年 3 月 9 日）

根据市人大常委会主任会议的提名，任命：

韩金洲为市人大教科文卫委员会副主任委员；

李雪艳为市人大内务司法委员会委员；

鹿治理为市人大城建环保委员会委员；

郝国梁为市人大农业农村委员会委员。

根据市长王文琦的提请，决定任命：

高泗江为市经济和信息化局局长；

钟元国为市司法局局长；

王赓为市住房和城乡建设局局长；

吴兆道为市水利局局长。

决定免去：

王成林的市经济和信息化局局长职务；

王赓的市司法局局长职务；

唐军录的市住房和城乡建设局局长职务；

杜钦德的市水利局局长职务；

石寿林的市环境保护局局长职务；

高泗江的市金融工作办公室主任职务。

根据市人民法院院长雷向敏的提请，免去：

刘治金的市人民法院夏庄人民法庭庭长职务。

第十二次会议
（2018 年 4 月 26 日）

根据市长王文琦的提请，决定任命：

高中杰为高密市发展和改革局局长；

杜殿来为高密市卫生和计划生育局局长；

张术盛为高密市环境保护局局长；

毛心君为高密市金融工作办公室主任。

决定免去：

王旭东的高密市发展和改革局局长职务；

戴志锡的高密市卫生和计划生育局局长职务。

第十六次会议
（2018 年 10 月 29 日）

根据市人大常委会主任会议的提名，任命：

王鹏飞为市人大常委会城建环保工作委员会副主任。

免去：

王鹏飞的市人大常委会老干部工作办公室副主任职务；

田香花的经济开发区人大工作室主任职务；

李强的朝阳街道人大工作室主任职务。

根据市人民法院院长雷向敏的提请，任命：

孙从强为高密市人民法院副院长。

免去：

王益华的高密市人民法院副院长职务；

戴建国的高密市人民法院审判员职务；

孙启福的高密市人民法院审判员职务；

杨秀丽的高密市人民法院审判员职务；

姚玉忠的高密市人民法院审判员职务。

根据市人民检察院检察长隋国华的提请，任命：

潘洪辉为高密市人民检察院副检察长。

免去：

周少林、李锡金、李正喜、魏福德的高密市人民检察院检察员职务。

第十九次会议
（2018 年 12 月 28 日）

根据市长王文琦的提请，决定任命：

曹文为市退役军人事务局局长；

杜心东为市行政审批服务局局长。

第二十次会议
（2019 年 1 月 24 日）

根据市长王文琦的提请，决定任命：

张帅为市人民政府副市长；

范海为市公安局局长。

决定免去：

冯效栋的市人民政府副市长、市公安局局长职务。

第二十一次会议
（2019年2月14日）

根据市人大常委会主任会的提名，任命：

王圣全为市人大常委会教科文卫工作委员会主任；

曹更兵为市人大常委会预算工作委员会主任；

李欣为市人大常委会研究室主任；

禚丽萍为朝阳街道人大工作室主任；

孙洪利为醴泉街道人大工作室主任。

免去：

李宗福的市人大常委会预算工作委员会主任职务；

王相余的市人大常委会教科文卫工作委员会主任职务；

王圣全的市人大常委会信访工作室主任职务；

曹更兵的市人大常委会办公室副主任职务；

夏业秀的醴泉街道人大工作室主任职务。

根据市长王文琦的提请，决定任命：

杜启强为市教育和体育局局长；

马丽红为市科学技术局局长；

高泗江为市工业和信息化局局长；

禚见前为市自然资源和规划局局长；

齐有春为市交通运输局局长；

赵华功为市水利局局长；

田绍传为市农业农村局局长；

徐方吉为市文化和旅游局局长；

杜殿来为市卫生健康局局长；

张志华为市应急管理局局长；

毛凤龙为市综合行政执法局局长；

牟林为市医疗保障局局长；

毛心君为市地方金融监督管理局局长；

蔡杰为市信访局局长。

决定免去：

高玉山的市科学技术局局长职务；

孙波的市交通运输局局长职务；

吴兆道的市水利局局长职务。

根据市人大常委会人事任免办法的规定，原市教育局局长杜启强、市经济和信息化局局长高泗江、市农业局局长田绍传、市卫生和计划生育局局长杜殿来、市安全生产监督管理局局长张志华、市国土资源局局长张友勤、市文化广电新闻出版局局长徐明、市民族宗教事务局局长赵思会的职务自然免除。

第二十三次会议
（2019年5月10日）

根据市人大常委会主任会议的提名，任命：

刘强为市人大城建环保委员会、社会建设委员会副主任委员；

窦吉进为市人大教科文卫委员会委员；

吴兆道为市人大农业农村委员会副主任委员；

刘兆斌为市人大常委会信访工作室主任；

王圣全为市人大教科文卫委员会副主任委员；

邓攀为市人大常委会老干部服务中心主任；

曹更兵为市人大财政经济委员会副主任委员；

李卫东为市人大财政经济委员会委员；

郎咸鹏为市人大财政经济委员会委员；

秦凯为市人大农业农村委员会委员。

免去：

王作民的市人大城建环保委员会副主任委员职务；

葛萌的市人大常委会城建环保工作委员会副主任职务。

邓攀担任的原市人大常委会老干部工作办公室主任职务自然免除。

根据市长王文琦的提请，决定任命：

邓涛为高密市统计局局长。

决定免去：

楚洪鹏的高密市统计局局长职务。

根据市人民法院院长雷向敏的提请，任命：

鲁强为高密市人民法院副院长。

第二十四次会议
（2019年7月4日）

根据市人大常委会主任会议的提名，免去：

明学群的高密经济开发区人大工作室副主任职务。

根据市人民法院院长雷向敏的提请，任命：

刘海宇为高密市人民法院立案庭庭长；

马森为高密市人民法院行政审判庭庭长；

宋华忠为高密市人民法院审判委员会委员、刑事审判庭庭长；

展坤祥为高密市人民法院民事审判一庭庭长；

孙志东为高密市人民法院民事审判二庭庭长；

高磊为高密市人民法院夏庄人民法庭庭长；

张义为高密市人民法院柏城人民法庭庭长；

霍青为高密市人民法院柴沟人民法庭庭长；

王予娥为高密市人民法院立案庭副庭长；

宋明海为高密市人民法院立案庭副庭长；

邱锡德为高密市人民法院行政审判庭副庭长；

刘兆胜为高密市人民法院刑事审判庭副庭长；

高波为高密市人民法院刑事审判庭副庭长；

王成森为高密市人民法院民事审判一庭副庭长；

曹菲为高密市人民法院民事审判一庭副庭长；

张莉为高密市人民法院民事审判二庭副庭长。

免去：

王益华的高密市人民法院审判委员会委员职务；

杨秀丽的高密市人民法院审判委员会委员职务；

吴斌的高密市人民法院审判委员会委员职务；

王代军的高密市人民法院未成年人审判庭庭长职务；

伏宏伟的高密市人民法院刑事审判庭庭长职务；

马森的高密市人民法院民事审判一庭庭长职务；

王宝启的高密市人民法院民事审判二庭庭长职务；

高磊的高密市人民法院民事审判三庭庭长职务；

展坤祥的高密市人民法院民事审判四庭庭长职务；

李卓志的高密市人民法院立案庭庭长职务；

丁讲军的高密市人民法院执行一庭庭长职务；

孙志东的高密市人民法院执行二庭庭长职务；

蒋桂刚的高密市人民法院执行三庭庭长职务；

张义的高密市人民法院行政审判庭庭长职务；

邱松的高密市人民法院审判监督庭庭长职务；

马秋霞的高密市人民法院柏城人民法庭庭长职务；

张跃平的高密市人民法院柴沟人民法庭庭长职务；

孙建梁的高密市人民法院执行一庭副庭长职务；

牟长征的高密市人民法院执行二庭副庭长职务；

邱锡德的高密市人民法院执行三庭副庭长职务；

宋明海的高密市人民法院刑事审判庭副庭长职务；

高波的高密市人民法院未成年人审判庭副庭长职务；

张莉的高密市人民法院民事审判一庭副庭长职务；

王成森的高密市人民法院民事审判二庭副庭长职务；

刘兆胜的高密市人民法院民事审判三庭副庭长职务；

曹菲的高密市人民法院民事审判四庭副庭长职务；

王予娥的高密市人民法院双羊人民法庭副庭长职务；

台军妮的高密市人民法院夏庄人民法庭副庭长职务。

第二十五次会议
（2019 年 9 月 5 日）

根据市人大常委会主任会议的提名，任命：

禚玉乾为密水街道人大工作室主任。

免去：

曲颂东的密水街道人大工作室主任职务。

第二十六次会议
（2019 年 11 月 7 日）

会议决定接受孔晓明辞去高密市监察委员会主任职务的请求，报高密市第十八届人民代表大会第四次会议备案。

第二十七次会议
（2019 年 11 月 22 日）

根据市人大常委会主任会议的提名，任命：

陈连军为高密市监察委员会副主任。

决定：

陈连军为高密市监察委员会代理主任。

根据市人民检察院检察长隋国华的提请，免去：

杨志强的高密市人民检察院检察员、检察委员会委员职务；

刘丽梅、王德亭、李培勇、于志勇、乔朋闯、程永福、王桂旭、高兴志、李刚、谢业乐、杨文涛、李丽、徐吉星、门勇志、殷剑芳、张晓东、刘家德、周少林、李锡金、李正喜、魏福德、张鑫、宋泽照、潘洪波、隋存法的高密市人民检察院检察员职务。

第二十八次会议
（2019 年 12 月 26 日）

根据市人民法院院长雷向敏的提请，任命：

王利、李敏、李淑荣、王伟、李福杰、赵红芳、栾园园、耿全运、李佳鹏、王斌、王平、孟庆国、李治密、刘希昌、曲连琦、吕尧军、李储谨、李文广、杜得福、王超、王兴兴、徐兆华、李玉祥、孟范明、夏文静、赵硕、张晓赞、李秀梅、李进华、李莎、林大伟、付希鑫、赵超、刘玉国、姜洪霞、张可顺、陈冲、刘洪平、岳亦香、杜西金、沈高启、刘翠玲、管荣振、于紫红、韩少杰、王玉笛、夏世成、张刚、李云、赵伟、孙杰书、毛娜、秦晓凤、柴家兵、张笙、臧彦龙、王成英、安茂盛、许世杰、宋世清、徐杰、李玉蕊、郭海美、綦萍、张学科、刘凯、王学礼、于杰、赵明群、刘磊、赵修森、王春吉、岳明波、门凤娟为高密市人民法院人民陪审员。

根据市人民检察院检察长隋国华的提请，任命：

潘世芹、张越、邱玉、王欢为高密市人民检察院检察委员会委员。

第二十九次会议
（2020 年 1 月 6 日）

根据市人大常委会主任会议的提名，

任命：

邓攀为高密市人大常委会信访工作室主任；

刘晓笛为高密市人大常委会老干部服务中心主任；

王成刚为高密市人大常委会财政经济工作委员会副主任；

栗小萌为高密市人大常委会办公室副主任。

免去：

刘兆斌的高密市人大常委会信访工作室主任职务；

邓攀的高密市人大常委会老干部服务中心主任职务。

根据市长王文琦的提请，决定任命：

李祥法为高密市科学技术局局长；

马明为高密市工业和信息化局局长；

齐有春为高密市民政局局长；

任光辉为高密市交通运输局局长；

毛军为高密市水利局局长；

赵华功为高密市农业农村局局长；

马丽红为高密市商务局局长；

王丽萍为高密市文化和旅游局局长；

王启运为高密市市场监督管理局局长；

高兴才为高密市地方金融监督管理局局长。

决定免去：

马丽红的高密市科学技术局局长职务；

高泗江的高密市工业和信息化局局长职务；

禚朝晖的高密市民政局局长职务；

任光辉的高密市人力资源和社会保障局局长职务；

齐有春的高密市交通运输局局长职务；

赵华功的高密市水利局局长职务；

田绍传的高密市农业农村局局长职务；

张超的高密市商务局局长职务；

徐方吉的高密市文化和旅游局局长职务；

岳国彬的高密市市场监督管理局局长职务；

毛心君的高密市地方金融监督管理局局长职务。

第三十次会议
（2020 年 3 月 25 日）

根据市人大常委会主任会议的提名，任命：

孙传琛为市人大常委会人事代表工作室主任；

禚玉乾为市人大农业农村委员会委员；

张伟为市人大社会建设委员会委员；

马刚为市人大社会建设委员会委员。

免去：

王作民的市人大常委会人事代表工作室主任职务；

梁永青的市人大常委会信访工作室副主任职务。

根据市长王文琦的提请，决定任命：

杜启强为市卫生健康局局长；

明辉为市教育和体育局局长；

杜殿来为市人力资源和社会保障局局长。

决定免去：

杜殿来的市卫生健康局局长职务；

杜启强的市教育和体育局局长职务。

第三十一次会议
（2020 年 4 月 27 日）

会议任命：

陈珊珊为市人民政府副市长；

范海为市人民政府副市长。

第三十二次会议
（2020 年 6 月 23 日）

根据市人大常委会主任会议的提名，任命：

徐晓晶为市人大常委会研究室副主任；

王淑霞为市人大常委会监察和司法工作委员会副主任；

王伟为市人大常委会老干部服务中心副主任。

免去：

刘强的市人大常委会城建环保工作委员会主任职务。

根据市长王文琦的提请，决定任命：

王赓为市人民政府办公室主任；

郭金桥为市住房和城乡建设局局长。

决定免去：

邱纯洁的市人民政府办公室主任职务；

王赓的市住房和城乡建设局局长职务。

第三十三次会议
（2020 年 7 月 8 日）

根据市人民法院院长雷向敏提请，任命：

王效刚为市人民法院副院长、审判委员会委员、审判员。

会议接受雷向敏辞去高密市人民法院院长职务，报市十八届人大五次会议备案。

根据市人大常委会主任会议提名，决定：

王效刚为市人民法院代理院长。

第三十四次会议
（2020 年 8 月 28 日）

根据市长王文琦的提请，决定任命：

王建朋为市人民政府副市长（挂职），挂职时间自 2020 年 7 月至 2021 年 7 月。

根据市人民法院代理院长王效刚的提请，任命：

李储民为市人民法院民一庭副庭长；

王予娥为市人民法院民二庭副庭长。

免去：

张新国的市人民法院柏城人民法庭副庭长职务；

李储民、王予娥的市人民法院立案庭副庭长职务；

徐蔚、张星良、王教慧的市人民法院审判员职务。

第三十五次会议
（2020 年 10 月 29 日）

根据市监察委员会主任陈连军的提请，免去：

管金连的市监察委员会委员职务。

根据市人民检察院检察长隋国华的提请，任命：

纪兵为市人民检察院副检察长、检察委员会委员、检察员。

会议接受隋国华辞去高密市人民检察院检察长职务，报经潍坊市人民检察院检察长提请潍坊市人民代表大会常务委员会批准，并报市十八届人大五次会议备案。

根据市人大常委会主任会议的提名，决定：

纪兵为市人民检察院代理检察长。

第三十八次会议
（2021 年 2 月 10 日）

根据市监察委员会主任陈连军的提请，任命：

王鹏飞、刘丽梅为市监察委员会委员。

免去：

刘晓燕的市监察委员会委员职务。

根据市人民检察院代理检察长纪兵的提请，免去：

盛君来的市人民检察院副检察长职务；

张宗倩、王钦常、孙鹏的市人民检察院检察员职务。

第三十九次会议
（2021 年 3 月 15 日）

根据市人大常委会主任会议的提名，任命：

于建强为市人大财政经济委员会委员；

徐怀章为市人大城建环保委员会委员。

第四十次会议
（2021 年 5 月 8 日）

根据市人大常委会主任会议的提名，任命：

王明强为市人大常委会城建环保工作委员会主任；

李宗武为市人大常委会农业与农村工作委员会主任；

台春琰为市人大常委会人事代表工作室主任。

免去：

窦学功的市人大常委会农业与农村工作委员会主任职务；

孙传琛的市人大常委会人事代表工作室主任职务。

根据市长王文琦的提请，决定任命：

吴国华为市人民政府副市长、市公安局局长；

李玉斌为市信访局局长。

决定免去：

范海的市人民政府副市长、市公安局局长职务；

蔡杰的市信访局局长职务。

第四十一次会议
（2021年6月30日）

根据市人大常委会主任会议的提名，免去：

曹更兵的市人大常委会预算工作委员会主任职务。

根据市长王文琦的提请，决定任命：

占小红为市人民政府科技人才副市长（挂职），挂职时间自2021年5月至2022年5月；

毛心君为市交通运输局局长。

决定免去：

任光辉的市交通运输局局长职务。

根据市监察委员会主任陈连军的提请，任命：

张磊为市监察委员会副主任。

免去：

马拥军的市监察委员会副主任职务。

第十编　常委会及机关自身建设

第一章　组织建设

第一节　市（县）人大常委会党组

1980年9月，县九届人大一次会议选举产生县人大常委会后，根据县委批示，11月成立高密县人大常委会党组，并于11月11日在人大常委会会议室召开了人大常委会党组第一次会议。人大常委会党组在市（县）委领导下，始终坚持党的领导、人民当家做主和依法治国有机统一，深入进行党性、党风、党纪教育，严格组织生活，积极开展批评与自我批评，遵循民主集中制原则，坚持重大事项请示报告制度，为各项工作开展提供方向指引。

人大常委会党组积极参与全市（县）中心工作，服务经济社会发展大局。督促检查重点项目，并完成包靠重点项目、招商引资、扶贫帮困、信访、旧城改造等工作任务。党组成员分别担任了五大产业集群中的食品加工、安防用品、生物医药、机械装备四个产业集群咨询指导委员会会长；在全市“作风建设年”活动中，到胶州和寿光人大开展对标学习考察；积极参与市委“察民情解民忧、强基础促和谐”下基层大调研活动，常委会及机关党员干部大力开展走访群众，征求意见建议，化解信访案件活动。

第二节　市（县）人大常委会机关党支部

1984年，县人大常委会建立机关党支部，在常委会党组的领导下，组织党员学习，严格党的组织生活，发挥党员先锋模范带头作用。

始终注重干部队伍建设，通过优化办事机构和工作机构设置，选调政治素质高、法律功底深、有较强文字写作基础的优秀人才进入机关，有针对性地开展多种形式的学习培训，积极参与全市中心工作，通过多种途径提高和改善人大常委会机关工作人员的政治素质、法律

图 10 － 1　市人大常委会机关及党支部所获部分荣誉

素质、业务素质，积极促进人大机关干部的对外交流，促进了干部队伍整体素质的提高，为人大常委会开展各项工作夯实了组织基础。

2010 年 6 月，市人大机关和醴泉街道张新庄建立联合党支部，选派市人大常委会办公室主任担任联合支部书记。2014 年，开展党员干部密切联系群众活动，机关 22 名副科级以上党员干部，分别联系 22 个村居和社区。选派青年干部参加多批包村扶贫工作，2002 年至 2021 年，帮助所包靠村建章立制，强化两委班子和党员队伍建设，整治农村人居环境，完善基础设施建设，实现贫困群众如期脱贫。先后协调资金 300 余万元，为所包靠的山丰村、蔡家庄、张家庄、张新村、倪家庵、刘新村、大仪家村、西化山村共修建桥涵 4 座，群众休闲娱乐场所 3 处，硬化村庄道路 5000 余米，绿化植树 3000 余棵，安装 LED 太阳能路灯 11 盏，开挖灌溉沟渠 2400 余米。

全面融入乡村振兴、新旧动能转换、三大攻坚战等全市重点工作，认真落实包靠学校、村居、企业以及棚改搬迁、项目建设等目标责任。2018 年，市人大常委会办公室被评为省级文明单位。2020 年 5 月，成立机关党支部青年学习小组，先后举办了弘扬五四

图 10 － 2　2021 年 6 月 22 日，市人大常委会机关党支部青年学习小组举行“青春心向党，奋进新征程”献礼建党百年文艺演出活动

精神交流会、助力乡村振兴主题研学、新时代文明实践、经典朗诵会、献礼建党百年文艺演出等活动。党员干部积极参与疫情防控值守工作，并自发捐款2万余元；抽调精干力量成立扶贫工作专班，圆满完成胶河生态发展区陈家庄村、巩家桥村、化山屯村、臧家王吴村、瓦屋庄村、西化山村6个行政村、72户102人的脱贫攻坚任务。先后获评潍坊市“过硬党支部”和市直机关“先锋党支部”称号。

第三节　市人大常委会机关离退休干部党支部

加强和改进市人大机关离退休干部党建工作，健全完善党支部正常换届机制，增强离退休干部党支部的凝聚力和战斗力，市人大常委会离退休干部党支部分别于2010年、2013年、2019年进行了换届选举。2014年，市人大机关离退休干部党支部被潍坊市委组织部、老干局评为潍坊市“五好”离退休干部党支部。2016年，市人大机关离退休干部党支部、书记孙惠斌分别被高密市委组织部、老干局评为高密市“五好”离退休干部党支部和优秀离退休干部党支部书记。“实施三项措施，加强离退休干部党建工作”被市委组织部评为党建优质服务项目。离退休干部不忘初心、永葆政治本色，继续为社会事业发展建言出力、无私奉献，并继续在莫言研究、科技推广、关心下一代以及老年体育事

图10－3　2021年6月，市人大离退休老干支部9名党龄50年以上的老党员获“光荣在党50年”纪念章

业发展等工作中贡献余热。

第四节　工会组织

2018年5月17日，市人大常委会办公室召开了工会成立暨第一届会员（职工）代表大会，选举产生工会委员会、经费审查委员会、女职工委员会，认真贯彻落实党的路线方针政策，积极履行工会各项职能，发挥工会桥梁纽带作用，维护职工合法权益，组织开展了慈善捐助、节日慰问等活动。

第二章　思想建设

市（县）人大常委会党组及机关党支部自成立就把自身建设放在重要位置，坚持以马克思列宁主义、毛泽东思想、邓小平理论、“三个代表”重要思想、科学发展观和习近平新时代中国特色社会主义思想武装头脑，解放思想，实事求是，与时俱进；坚持重要工作和重大事项及时向市（县）委请示报告，善于把党的主张和意图经过法定程序成为人民群众的共同意志；常委会党组把历次学习教育作为重大政治任务来抓，按照上级部署要求，立足人大实际，扎实有效开展教育活动。

机关整顿。1980年，在县人大常委会党组成立后，就制订了《改进作风的十条规定》，加强作风建设。1982年，常委会党组根据县委“在五个方面作出表率”的要求，以“五个表率”为标准，机关全体党员干部进行了认真讨论，制订了整顿计划。1983年2月18日至23日，根据县委部署，常委会党组对机关进行了一次整顿，组织全体工作人员学习了中共中央1983年一、二号文件和邓小平、胡耀邦讲话，对照《党章》《准则》总结工作，开展批评与自我批评。

整党工作。1985年5月至12月，按照《中共中央关于整党的决定》，根据省委、潍坊市委关于开展整党的要求，高密县委决定在全县范围内进行整党，县人大常委会党组及机关集中开展了整党工作，认真学习整党文件精神，召开了生活会，党组进行了对照检查，并制订了整改实施意见，完成了整党任务。

端正党风工作。1986年，为适应机构改革后开创新局面的新要求，县人大常委会党组制订了《关于改进作风的规定》，认真贯彻执行《关于党内政治生活的若干准则》；为更好贯彻落实中央和县委、县纪委关于端正党风的指示精神，努力实现党风的根本好转，党组于9月重新修订了《关于实现党风根本好转的规划》，成立人大机关端正党风领导小组，落实人大机关工作岗位责任制，积极开展“五讲四美三热爱”活动，巩固发展机关整顿纪律成果。

“三讲”教育活动。2000年3—6月，按照《中共中央关于在县级以上党政领导班子和领导干部中深入开展“讲学习、讲政治、讲正气”为主要内容的党性党风教育的意见》要求，常委会班子开展了以“讲学习、讲政治、讲正气”为主要内容的党性党风教育活动和“回头看”活动。5月上旬，市人大常委会党组及机关按照市委关于在全市深入开展“致富思源、富而思进”集中教育活动的要求，分宣传发动、学习教育、整改提高3个阶段开展了“致富思源、富而思进”集中教育活动。

“三个代表”学习教育活动。2001年1—5月，市人大常委会党组及机关开展了“三个代表”重要思想学习教育活动，围绕“代表先进生产力发展要求”“代表先进文化前进方向”“代表最广大人民根本利益”三个专题，按培训骨干、集中学习、对照检查、整改提高4个阶段进行，通过“上级点、群众提、自己找、互相帮”，认真查摆领导班子集体的共性问题和个人思想工作中存在的问题，制订了整改方案。

保持先进性教育活动。2005年1—6月，按照市委的统一部署，市人大常委会深入扎实开展了以实践“三个代表”重要思想为主要内容的保持共产党员先进性教育活动，常委会办公室制订了《关于开展保持共产党员先进性教育活动的实施方案》，取得了明显成效；党组出台了《关于保持共产党员先进性，切实加强自身建设的意见》，持续巩固和深化了教育活动成果。

党的群众路线教育实践活动。2014年3—10月，按照“照镜子、正衣冠、洗洗澡、治治病”的总要求，扎实开展党的群众路线教育实践活动。党组领导班子提出整改措施21项，机关列出整改清单13份；修订和制订了7项制度；分别召开了常委会党组专题民主生活会和机关党支部组织生活会，得到了省、潍坊市联合督导组的高度评价。

“三严三实”专题教育。2015年，按照中央统一部署和市委安排，常委会聚焦对党忠诚、个人干净、敢于担当，开展了“三严三实”专题教育，党组共查摆问题20项，制订整改措施10项，巩固和拓展了党的群众路线教育实践活动成果。

“两学一做”学习教育活动。2016年，常委会党组开展“两学一做”学习教育，形成了30余篇调研报告，到村居、社区、机关讲党课20多次；机关22名副科级以上党员干部每人联系帮扶一个社区或村居，帮助解决实际问题。

“不忘初心、牢记使命”主题教育。2019年6月至12月，常委会党组围绕12个专题，开展“不忘初心、牢记使命”主题教育，党组理论中心组学习研讨8次、讲授专题党课23场、撰写交流发言材料72份；到基层开展课题调研11项，形成调研报告20余篇，汇总转交意见建议46条；班子和个人查摆问题和不足，逐条制订整改措施和期限，查

图 10 － 4　2020 年 1 月 20 日，市人大常委会及机关召开"不忘初心、牢记使命"主题教育总结大会

摆出的问题全部整改到位。2020 年，着力巩固"不忘初心、牢记使命"主题教育成果，召开民主生活会 2 次，查摆出的问题全部整改到位。

党史学习教育。 2021 年 3 月 15 日，市人大常委会及机关党史学习教育动员大会召开，通过多种形式开展学习党史教育活动。

第三章　制度建设

市（县）人大常委会自成立始，就注重加强制度建设。1980 年，县人大常委会设立之初，就制订了《机关学习制度》《机关值班制度》《机关考勤制度》等制度。1984 年，常委会制订了《联系人民代表和群众暂行办法》，建立了主任接见代表日，密切同代表联系。加强机关建设，制订了《人大机关工作试行条例》《机关工作岗位责任制》，使人大工作建立了正常秩序。1985 年 3 月 5 日，制订了《高密县人大常委会主任、副主任工作岗位责任制》。1985 年 4 月，针对人大常委会办公室、法制科、代表联络科和调查研究科的工作职责任务，制订并印发了《高密县人大常委会机关工作岗位责任制（试行）》。1985 年 4 月，县人大常委会办公室制订了《关于机关保密工作的试行规定》，提升机关工作人员保密意识。1986 年 8 月 5 日，制订了《机关安全保卫值班规定》，成立了机关安全保卫领导小组，明确了值班职责。1987 年 8 月 6 日，为适应新形势对人大工作的要求，根据县委关于实行机关工作岗位责任制的要求，修订了《高密县人大常委会机关工作岗位责任制》。

县十二届人大常委会在总结上届工作经验的基础上，对各项工作制度进行修改完善。制订了关于《实施〈山东省人民代表大会常务委员会监督工作条例〉的试行办法》《高密县人民代表大会常务委员会议事规则》和《关于贯彻实施〈山东省人民代表大会常务委员会关于财政预算审批监督的若干规定〉〈潍坊市人大常委会关于财政预算监督的暂行办法〉的规定》等项制度。

市（县）十三届人大常委会着力提升自身建设。1993年，常委会党组专门作出《关于加强自身建设的决定》，用以提高自身素质和发挥整体效能。自此，每届人大常委会都在常委会第一次会议上通过关于加强自身建设的决定。1997年，修订了人大常委会工作条例、联系代表办法、人事任免办法和机关工作岗位责任制，建立健全了各项规章制度。

市十四届人大常委会作出了《高密市人大常委会议事规则》《高密市人大常委会联系市人大代表办法》《高密市人大常委会人事任免办法》《高密市人大常委会信访处理办法》《高密市人大常委会对行政机关执法过错和司法机关错案实行责任追究的试行办法》，通过强化自身建设，提升了履职能力和水平。

市十五届人大常委会从理论联系实际、调查研究、求真务实、与时俱进、开拓进取、从严律己、艰苦奋斗等方面加强自身建设。分别通过了《高密市人大常委会人事任免办法》《高密市人大常委会联系市人大代表办法》《高密市人大常委会述职评议工作办法》《高密市人大常委会信访工作暂行办法》《高密市人大常委会错案责任追究办法》《高密市人大常委会个案监督暂行办法》等办法，进一步提升了人大工作能力。

市十六届人大常委会主动适应新形势新任务的需要，分别通过了《高密市人大常委会代表议案处理办法》《高密市人大常委会代表建议、批评和意见处理办法》《高密市人大常委会市人大常委会议事规则》《高密市人大常委会审议意见办理办法》《高密市人大常委会组成人员联系代表办法》《高密市人大常委会人事任免办法》《高密市人大常委会组成人员守则》《高密市人大常委会规范性文件备案审查办法》等，从制度层面进一步规范和保障了常委会组成人员和代表依法履行职责。

市十七届人大常委会着力反映人民群众的共同意志，反映改革、发展和稳定的要求。为进一步完善讨论决定重大事项的运行机制，2014年8月，市人大常委会出台了《高密市人大常委会讨论决定重大事项办法》，就重大事项的范围、决定重大事项的程序和法律责任进行了明确界定。修订和制订了《高密市人大常委会工作评议办法》《高密市人大常委会履职测评办法》《高密市人大常委会人大代表旁听法院庭审办法》《高密市人大常委会专题询问办法》《高密市人大常委会议案处理办法》《高密市人大常委会代表建议、批评、意见处理办法》6项制度，完善了加强廉政建设、改进工作作风、深入调查研究等机关建设方面的制度，建立健全了符合人大依法履职的制度机制，健全了民主议事、跟踪监督、依法履职等工作规程。对机关工作制度进行了修订，使机关管理进一步制度化、规范化。市人大常委会及机关全体人员严格执行制度、自觉维护制度，推动了各项工作依法、有序、高效开展。

市十八届人大常委会党组把抓好党建作为第一责任，制订了《中共高密市人大常委会党组工作规则》，机关党支部制订了《党员积分制考核管理实施办法》《高密市人大机关党小组工作制度》，进一步规范了议事决策、学习制度、责任落实等党内政治生活。常委会党组从会风会纪、工作程序、议事范围等方面入手，加强对常委会会议、主任会议及机关履职行为的规范完善，先后修订了常委会组成人员守则、议事规则、人事任免办法等规范性文件，印发了人大制度汇编，推动了常委会及机关工作的民主化、制度化、规范化进程。2020年，聚焦市委十项攻坚任务，制订出台了《关于推进全市重点工作攻坚落实的意见》。

第十一编 乡镇（公社）人民代表大会

第一章 乡镇（公社）人大代表

第一节 性质 职权 任期

1982年12月公布施行、后经四次修正的我国现行宪法明确规定，乡镇设立人民代表大会，乡镇人大是本级国家权力机关。乡镇的人大代表由选民直接选举，受选民监督。

1992年4月公布施行的代表法，规定了各级人大代表的法律地位和作用，规定了代表在本级人大会议期间的工作和在本级人大闭会期间的活动，规定了代表执行职务的保障，并对乡镇人大代表执行代表职务作了专门的一些规定。2010年10月代表法的修改，进一步明确了代表的权利和义务，细化了代表的履职规范，加强了代表的履职保障，强化了对代表的监督。同时，明确了乡镇人大主席、副主席负责组织本级人大代表开展闭会期间的活动；乡镇人大代表在本级人大闭会期间，在原来规定组成代表小组，分工联系选民，反映人民群众的意见和要求的基础上，增加规定根据统一安排，开展调研等活动；乡镇人大代表可以参加上级人大常委会组织的代表履职学习；由选民直接选举的代表应当以多种方式向原选区选民报告履职情况等。国家和社会为代表执行代表职务提供保障。一切组织和个人都必须尊重代表的权利，支持代表执行代表职务。

从1954年至1984年，区辖乡、人民公社人民代表大会任期为2年。根据1982年和1986年全国人大新修改的《选举法》《地方组织法》规定，乡镇人民代表大会的任期为3年。2004年10月27日，第十届全国人大常委会第十二次会议对《选举法》《地方组织法》进行了第四次修订，规定“地方各级人民代表大会每届任期五年”。此后，乡镇人民代表大会任期为5年。

第二节　代表选举和名额

区辖乡、公社、乡镇人大代表的选举，首先成立选举委员会及其办事机构，通过划分选区、选民登记、代表候选人登记、代表候选人提名、投票选举等工作步骤，选出代表。然后由选举委员会对代表资格进行审查，对符合法律规定的，确认代表当选资格有效，发给代表证书，按选区张榜公布。

根据《山东省县乡两级人民代表大会选举实施细则》第七条、第八条、第十条的规定，根据县统计局1988年末统计的全县各乡镇的人口数，高密县人大常委会确定全县乡镇人民代表大会代表名额为2070名，1989年11月下发文件予以公布。1992年10月14日，县十二届人大常委会第十九次会议通过了县乡两级人大代表名额分配，确定全县乡镇人民代表大会代表名额为2090名。

1998年11月25日，市十四届人大常委会第六次会议确定，高密市乡镇人大代表的名额，已于1995年11月15日召开的市十三届人大常委会第十九次会议确定为1678名，已报潍坊市人大常委会备案，不再变动。2001年12月21日，高密市人大常委会作出《关于重新确定部分镇代表名额的决定》，对高密市行政区划变动的11处镇的人民代表大会代表名额依法重新确定，并报潍坊市人大常委会备案。行政区域未调整的6处镇的人民代表大会代表名额，仍然执行1995年市人大常委会核定的代表名额。2011年9月22日，市十六届人大常委会第三十一次会议，根据《选举法》和中共潍坊市委转发的《中共潍坊市人大常委会党组关于做好全市县镇两级人民代表大会换届选举工作的意见》等法律和规定，确定全市7个镇新一届人民代表大会代表名额为620名。2016年9月27日，市十七届人大常委会第三十四次会议，根据《选举法》和中共潍坊市委转发的《中共潍坊市人大常委会党组关于做好全市县镇两级人民代表大会换届选举工作的意见》等法律和规定，确定全市7个镇新一届人民代表大会代表名额为620名，与上届人数一致。

1989 年确定的各乡镇代表名额分配表

表 11-1

单位	代表名额	单位	代表名额	单位	代表名额
高密镇	110	注沟乡	70	蔡家站乡	50
柏城镇	90	方市乡	50	阚家乡	70
姚哥庄镇	70	柴沟镇	90	初家乡	70
张鲁乡	70	土庄乡	50	双羊镇	90
河崖乡	70	拒城河乡	70	高戈庄乡	70
大栏乡	50	周阳乡	70	井沟镇	70
夏庄镇	110	李家营镇	70	田庄乡	70
姜庄镇	90	大牟家镇	70	呼家庄乡	70
仁和乡	70	周戈庄乡	70	王吴乡	50
咸家乡	50	康庄镇	70	合计	2070

1992 年确定的各乡镇代表名额分配表

表 11-2

单位	代表名额	单位	代表名额	单位	代表名额
高密镇	120	注沟乡	70	蔡家站乡	50
柏城镇	90	方市乡	50	阚家乡	70
姚哥庄镇	70	柴沟镇	90	初家乡	70
张鲁乡	70	土庄乡	50	双羊镇	90
河崖乡	70	拒城河乡	70	高戈庄乡	70
大栏乡	50	周阳乡	70	井沟镇	70
夏庄镇	110	李家营镇	70	田庄乡	70
姜庄镇	90	大牟家镇	70	呼家庄镇	80
仁和乡	70	周戈庄乡	70	王吴乡	50
咸家乡	50	康庄镇	70	合计	2090

1995 年确定的各乡镇代表名额分配表

表 11-3

乡镇	代表名额	乡镇	代表名额	乡镇	代表名额
高密镇	100	大牟家镇	59	呼家庄镇	59
柏城镇	60	周戈庄镇	55	注沟镇	57
姚哥庄镇	56	康庄镇	58	方市乡	48
张鲁镇	54	蔡家站镇	52	柴沟镇	60
河崖镇	59	阚家镇	57	土庄乡	53
大栏乡	50	初家镇	54	拒城河镇	58
夏庄镇	73	双羊镇	61	周阳乡	54
姜庄镇	63	高戈庄乡	54	李家营镇	56
仁和镇	55	井沟镇	59	王吴乡	51
咸家乡	49	田庄乡	54	合计	1678

2001 年确定的各镇代表名额分配表

表 11-4

镇	代表名额	镇	代表名额	镇	代表名额
柏城镇	60	大牟家镇	59	呼家庄镇	59
姚哥庄镇	70	周戈庄镇	55	注沟镇	64
河崖镇	70	康庄镇	70	柴沟镇	73
夏庄镇	73	阚家镇	70	拒城河镇	70
姜庄镇	63	双羊镇	75	李家营镇	67
仁和镇	63	井沟镇	72	合计	1133

2011 年确定的各乡镇代表名额分配表

表 11-5

镇	代表名额	镇	代表名额	镇	代表名额
柏城镇	86	大牟家镇	74	柴沟镇	96
夏庄镇	96	阚家镇	92	合计	620
姜庄镇	86	井沟镇	90		

第二章　乡镇（公社）人大会议

第一节　职责和议程

区辖乡、公社人民代表大会均无常设机构。1986 年，乡镇人大设主席团常务主席。每届人民代表大会第一次会议选举主席团，由主席团主持会议，并负责召集下一次人大会议。

乡镇人大主席团的主要职责是检查、督促宪法、法律、法规及本级人民代表大会和上级人民代表大会及其常务委员会的决议、决定在本行政区内的遵守和执行；听取和审议本级人民政府的工作报告，决定对本行政区域内的国民经济和社会发展计划、财政预算的部分变更；负责将本级人大代表提出的建议、批评、意见交本级人民政府及有关部门和组织处理并负责答复；联系本级人民代表大会代表，接受上级人民代表大会常务委员会的委托联系本行政区域内的上级人民代表大会代表，组织代表小组开展活动；受理乡镇人大主席团成员、镇长、副镇长的辞职；决定接受辞职的，报本级人民代表大会备案；主持选区罢免和补选本级人民代表大会代表的工作，根据本级代表资格审查委员会的报告，确认当选代表和补选代表的资格，予以公告；决定召开本级人民代表大会的时间和列席会议的人员名单；办理本级人民代表大会和上级人民代表大会常务委员会交办的其他工作。

乡镇（公社）人民（社员）代表大会会议，按照不同时期的法律要求相继召开。改革开放前，一般由乡镇人民政府（人民委员会）或者公社管理委员会（革命委员会）具体负责。1980 年 9 月，高密县第九届人民代表大会第一次会议选举产生人大常委会后，加强了对每次乡镇（公社）人代会的召开的指导，使乡镇（公社）人代会的召开逐步规范。

根据 1995 年《地方组织法》的规定，乡镇设立人大主席、副主席，负责闭会期间代表活动的组织及人代会的筹备等工作。2015 年，中共中央转发《中共全国人大常委会党组关于加强县乡人大工作和建设的若干意见》提出“乡镇人大会议一般每年举行 2 次，没有选举事项时，会期不少于 1 天；有选举事项时，会期适当增加。”

乡镇人民代表大会会议的议题一般为听取审议政府工作报告、人大（主席团）工作报告，审查通过财政预决算报告（草案）；决定本行政区域的重大事项；选举事宜等。

为加强乡镇人大工作，根据法律规定和上级文件精神，乡镇人大干部配备不断完善。1987—1995 年，乡镇人大设主席团常务主席。1995 年《中华人民共和国地方各级人民代表大会和地方各级人民政府组织法》修改后，各乡镇设人大主席1人、副主席1至2人，负责本级人民代表大会闭会期间的日常工作。2008年7月，镇人大设主席、正科级专职副主席（一般由镇党委书记兼任）。2016年起，各镇党委书记不在兼任人大主席，各镇人大主席专职配备。

第二节　各乡镇历届人大情况

夏　庄　镇

一、行政区划沿革

1951年9月，夏庄区改为第五区，1955年9月，改为夏庄区。1958年2月，设立夏庄乡、伏家庄乡。1958年9月，建立红星人民公社。1959年3月，改称夏庄人民公社。1984年4月，改设夏庄镇。2004年5月，12个行政村划归朝阳街道。2007年8月，河崖镇撤销，其行政区域划归夏庄镇。2008年7月，原大栏乡17个行政村划归胶河疏港物流园区。2013年1月，成立高密市高新技术产业开发区，与夏庄镇实行“区镇一体、共同发展”的运行模式，高新技术产业开发区规划面积38平方公里，辖35个行政村。2015年2月，原属河崖镇的39个行政村划出，与胶河疏港物流园区合并成立高密市东北乡文化发展区。2020年12月，东北乡文化发展区撤销，成立夏庄镇东北乡社区。

二、历届人大主席团常务主席、主席、副主席

夏　庄　镇

常务主席：

王述森（1987年3月—1990年4月）

王新臻（1990年6月—1992年12月）

乔加成（1992年12月—1995年12月）

主　席：

乔加成（1995年12月—1996年3月）

郭秀香（女，1996年4月—1998年12月）

臧亮传（1998年12月—2001年2月）

张光俊（2001年3月—2001年12月）

朱安达（2003年3月—2005年2月）

栗祥成（2005年3月—2007年8月）

王保功（2007年10月—2008年7月）

刘新国（2008年10月—2011年8月）

付联宝（2011年10月—2015年10月）

杨效国（2015年10月—2019年1月）

殷继承（2019年4月—　）

副主席：

乔加成（1996年3月—1997年1月）

李可海（1997年1月—1998年12月）

唐中武（1998年12月—2003年3月）

温永胜（2001年3月—2006年2月）

陈晓云（女，2006年2月—2008年4月）

徐凤云（女，2008年4月—2011年1月）

高玉军（2011年1月—2011年11月）

徐先进（2011年11月—2015年3月）

杨效国（2015年3月—2015年10月）

王昌武（2015年10月—2021年4月）

李可泉（2021年4月—　）

三、镇级人代会情况

夏庄镇人代会情况一览表

表 11-6

届别	时间	召开会议次数	代表人数	地点
第六届人民代表大会	1984 年 5 月至 1987 年 3 月	3	90	夏庄镇会议室
第七届人民代表大会	1987 年 3 月至 1990 年 3 月	3	69	夏庄镇会议室
第八届人民代表大会	1990 年 3 月至 1993 年 3 月	3	110	夏庄镇会议室
第九届人民代表大会	1993 年 3 月至 1996 年 1 月	3	108	夏庄镇会议室
第十届人民代表大会	1996 年 1 月至 1999 年 1 月	3	108	夏庄镇会议室
第十一届人民代表大会	1999 年 1 月至 2002 年 3 月	4	71	夏庄镇会议室
第十二届人民代表大会	2002 年 3 月至 2007 年 11 月	5	106	夏庄镇会议室
第十三届人民代表大会	2007 年 11 月至 2011 年 12 月	5	93	夏庄镇会议室
第十四届人民代表大会	2011 年 12 月至 2015 年 12 月	5	93	夏庄镇会议室
第十五届人民代表大会	2015 年 12 月至 2020 年 3 月	7	96	夏庄镇会议室

夏庄镇东北乡社区

一、行政区划沿革

2008 年 7 月，在原大栏乡区域成立胶河疏港物流园区。2015 年 2 月，夏庄镇原属河崖镇区域划入，在原园区基础上成立东北乡文化发展区。2020 年 12 月，东北乡文化发展区撤销，成立夏庄镇东北乡社区。

河崖镇（乡）：1951 年 9 月，河崖改称第四区。1955 年 9 月，改称河崖区。1958 年 2 月，改设河崖乡。1958 年 9 月，建立火箭人民公社。1959 年 3 月，改称河崖人民公社。1984 年 4 月，改建河崖乡。1994 年 1 月，河崖撤乡设镇。2001 年 3 月，撤销大栏乡，其行政区域并入河崖镇。2007 年 8 月，撤销河崖镇，其行政区域并入夏庄镇。

大栏乡：1958 年 2 月，设立大栏乡；1958 年 9 月，并于河崖乡。1980 年 2 月，建立大栏人民公社。1984 年 4 月，改设大栏乡。2001 年 3 月，大栏乡撤销，其行政区域并入河崖镇。

二、历届人大主席团常务主席、主席、副主席、工作室主任

东北乡社区

夏庄镇人大副主席，负责东北乡人大工作：

李可泉（2021 年 4 月—　）

东北乡文化发展区

工作室主任：

陈晓云（女，2015 年 2 月—2018 年 10 月）

夏庄镇人大副主席，负责东北乡人大工作：

王昌武（2018 年 11 月—2020 年 5 月）

李可泉（2020 年 5 月—2021 年 4 月）

胶河疏港物流园区

工作室主任：

陈晓云（女，2013 年 2 月—2015 年 2 月）

河崖镇（乡）

常务主席：

李胜允（1986 年 4 月—1992 年 10 月）

任贤福（1992 年 11 月—1995 年 12 月）

主　席：

任贤福（1995 年 12 月—1997 年 12 月）

高志全（1996 年 12 月—1999 年 10 月）

王道勤（1999 年 10 月—2001 年 8 月）

张同坤（2001 年 9 月—2006 年 4 月）

刘洪京（2006 年 5 月—2007 年 3 月）

大　栏　乡

常务主席：

李万平（1987 年 5 月—1995 年 12 月）

主　席：

刘玉河（1995 年 12 月—2000 年 9 月）

副主席：

李万平（1995 年 12 月—1997 年 12 月）

牟金芳（1997 年 12 月—2001 年 3 月）

三、镇级人代会情况

东北乡社区参加夏庄镇人代会情况一览表

表 11-7

届别	时间	参加会议次数	代表人数	地点
第十五届人民代表大会	2021 年 4 月至 2021 年 6 月	1	29	夏庄镇会议室

东北乡文化发展区参加夏庄镇人代会情况一览表

表 11-8

届别	时间	参加会议次数	代表人数	地点
第十五届人民代表大会	2015 年 12 月至 2021 年 3 月	8	29	夏庄镇会议室

胶河疏港物流园区参加夏庄镇人代会情况一览表

表 11-9

届别	时间	参加会议次数	代表人数	地点
第十三届人民代表大会	2008 年 3 月至 2011 年 4 月	3	17	夏庄镇会议室
第十四届人民代表大会	2011 年 4 月至 2015 年 3 月	5	21	夏庄镇会议室

河崖镇（乡）人代会情况一览表

表 11-10

届别	时间	召开会议次数	代表人数	地点
第六届人民代表大会	1984 年 3 月至 1986 年 8 月	3	55	河崖乡会议室
第七届人民代表大会	1986 年 8 月至 1989 年 9 月	3	63	河崖乡会议室
第八届人民代表大会	1989 年 9 月至 1993 年 1 月	3	71	河崖乡会议室
第九届人民代表大会	1993 年 1 月至 1996 年 1 月	3	71	河崖镇（乡）会议室
第十届人民代表大会	1996 年 1 月至 1998 年 7 月	3	83	河崖镇会议室
第十一届人民代表大会	1998 年 7 月至 2002 年 3 月	3	79	河崖镇会议室
第十二届人民代表大会	2002 年 3 月至 2007 年 3 月	3	81	河崖镇会议室

大栏乡人代会情况一览表

表 11-11

届别	时间	召开会议次数	代表人数	地点
第六届人民代表大会	1984 年 5 月至 1986 年 8 月	3	31	大栏乡会议室
第七届人民代表大会	1986 年 8 月至 1989 年 7 月	3	43	大栏乡会议室
第八届人民代表大会	1989 年 7 月至 1992 年 9 月	3	53	大栏乡会议室
第九届人民代表大会	1992 年 9 月至 1995 年 7 月	3	47	大栏乡会议室
第十届人民代表大会	1995 年 7 月至 1999 年 7 月	3	61	大栏乡会议室
第十一届人民代表大会	1999 年 7 月至 2001 年 3 月	1	53	大栏乡会议室

姜 庄 镇

一、行政区划沿革

1951 年 9 月，姜庄区改称第六区。1955 年 9 月，改称姜庄区。1958 年 2 月，改设姜庄乡。1958 年 9 月，设卫星人民公社。1959 年 3 月，改称姜庄人民公社。1984 年 4 月，改设姜庄镇。2007 年 8 月，仁和镇撤销，其行政区域并入姜庄镇。2011 年 1 月，由原咸家乡 23 个村和原仁和镇的高屋子村成立咸家工业区。2020 年 12 月，咸家工业区撤销，成立姜庄镇咸家社区。

仁和镇（乡）：1951 年 9 月，顺河区改称第七区。1955 年 9 月，改称仁和区。1958 年 2 月，改设仁和乡。1962 年 5 月，建立仁和人民公社。1984 年 4 月，改设仁和乡。1995 年 1 月，仁和撤乡设镇。2007 年 8 月，仁和镇撤销，其行政区域划归姜庄镇。

二、历届人大主席团常务主席、主席、

副主席

仁和镇（乡）

常务主席：

王家丰（1987 年 3 月—1992 年 12 月）

李丹明（1992 年 12 月—1995 年 12 月）

主　席：

李　林（1995 年 12 月—1998 年 12 月）

侯瑞华（女，1998 年 12 月—2001 年 3 月）

唐屹立（2001 年 3 月—2004 年 2 月）

薛维明（2004 年 2 月—2007 年 8 月）

副主席：

李丹明（1995 年 12 月—1997 年 12 月）

王化民（1997 年 12 月—2003 年 2 月）

魏兆志（2003 年 3 月—2004 年 2 月）

王化民（2004 年 2 月—2006 年 2 月）

葛其雪（2006 年 2 月—2006 年 12 月）

姜庄镇

常务主席：

张勤华（1987 年 3 月—1989 年 3 月）

李士富（1990 年 3 月—1992 年 3 月）

杨明礼（1992 年 3 月—1995 年 12 月）

主　席：

张家书（1995 年 12 月—2000 年 9 月）

钟亮成（2000 年 9 月—2001 年 2 月）

张聿令（2001 年 3 月—2003 年 3 月）

贺仁富（2003 年 3 月—2006 年 2 月）

宋学义（2006 年 2 月—2007 年 8 月）

薛维明（2007 年 8 月—2008 年 7 月）

王保功（2008 年 7 月—2011 年 11 月）

刘思芳（2011 年 11 月—2015 年 3 月）

田凯文（2015 年 3 月—2016 年 2 月）

营春贵（2016 年 2 月—2016 年 12 月）

赵洪基（2016 年 12 月—　）

副主席：

杜万圣（1995 年 12 月—1998 年 11 月）

杜玉芳（1998 年 12 月—2002 年 2 月）

戴乐海（2003 年 3 月—2006 年 12 月）

王圣全（2006 年 12 月—2007 年 11 月）

赵洪基（2007 年 11 月—2008 年 7 月）

宋　英（女，2008 年 7 月—2009 年 2 月）

魏兆志（2009 年 2 月—2011 年 12 月）

张　谦（2011 年 12 月—2015 年 3 月）

营春贵（2015 年 3 月—2016 年 2 月）

王龙华（2016 年 12 月—2020 年 5 月）

三、镇级人代会情况

姜庄镇人代会情况一览表

表 11-12

届别	时间	召开会议次数	代表人数	地点
第七届人民代表大会	1984 年 5 月至 1987 年 3 月	3	91	镇党委礼堂
第八届人民代表大会	1987 年 3 月至 1990 年 3 月	3	91	镇党委礼堂
第九届人民代表大会	1990 年 3 月至 1993 年 3 月	3	90	镇党委礼堂

续表 11-12

届别	时间	召开会议次数	代表人数	地点
第十届人民代表大会	1993 年 3 月至 1996 年 1 月	3	90	镇党委礼堂
第十一届人民代表大会	1996 年 1 月至 1999 年 1 月	3	90	镇党委礼堂
第十二届人民代表大会	1999 年 1 月至 2002 年 3 月	3	61	镇党委礼堂
第十三届人民代表大会	2002 年 3 月至 2005 年 3 月	3	91	镇党委礼堂
第十四届人民代表大会	2005 年 3 月至 2011 年 12 月	5	90	镇党委礼堂
第十五届人民代表大会	2011 年 12 月至 2016 年 12 月	6	83	镇党委礼堂
第十六届人民代表大会	2016 年 12 月至 2021 年 6 月	8	86	镇党委礼堂

仁和镇（乡）人代会情况一览表

表 11-13

届别	时间	召开会议次数	代表人数	地点
第五届人民代表大会	1984 年 5 月至 1987 年 3 月	4	69	乡党委礼堂
第六届人民代表大会	1987 年 3 月至 1990 年 3 月	5	69	乡党委礼堂
第七届人民代表大会	1990 年 3 月至 1993 年 1 月	3	70	乡党委礼堂
第八届人民代表大会	1993 年 1 月至 1996 年 1 月	3	70	乡党委礼堂
第九届人民代表大会	1996 年 1 月至 1998 年 7 月	3	64	镇党委礼堂
第十届人民代表大会	1998 年 7 月至 2000 年 1 月	3	61	镇党委礼堂
第十一届人民代表大会	2000 年 1 月至 2007 年 1 月	6	61	镇党委礼堂

姜庄镇咸家社区

一、行政区划沿革

1984 年 4 月，划出原姜庄公社的 8 个村和仁和公社的 15 个村，设立咸家乡。2001 年 3 月，咸家乡撤销，其行政区域划归仁和镇。2007 年 8 月仁和镇并入姜庄镇。2011 年 1 月，在原咸家乡 23 个村和原仁和镇的高家屋子村的基础上，成立咸家工业区。2020 年 12 月，咸家工业区撤销，成立姜庄镇咸家社区。

二、历届人大主席团常务主席、主席、副主席、工作室主任

咸家社区

咸家社区党委副书记，负责人大工作：

姚姗姗（女，2021 年 3 月—2021 年 4 月）

咸家社区管理委员会副主任，负责人大工作：

任怀敬（2021 年 4 月—　）

咸家工业区

工作室主任：

赵　华（女，2013 年 4 月—2016 年 12 月）

姜庄镇人大副主席，负责人大工作：

王龙华（2016 年 12 月—2021 年 1 月）

咸家工业区党委副书记，负责人大工作：

姚姗姗（女，2021 年 1 月—2021 年 3 月）

咸　家　乡

常务主席：

杜希贤（1987 年 2 月—1989 年 12 月）

刘瑞阁（1990 年 1 月—1992 年 12 月）

展宗峰（1992 年 12 月—1995 年 2 月）

主　席：

王发亮（1996 年 1 月—2000 年 9 月）

唐屹立（2000 年 9 月—2001 年 3 月）

副主席：

朱文亭（1996 年 1 月—2001 年 3 月）

三、镇级人代会情况

咸家工业区参加姜庄镇人代会情况一览表

表 11-14

届别	时间	召开会议次数	代表人数	地点
第十五届人民代表大会	2011 年 12 月—2016 年 12 月	6	5	姜庄镇党委礼堂
第十六届人民代表大会	2016 年 12 月—2021 年 3 月	8	5	姜庄镇党委礼堂

咸家乡人代会情况一览表

表 11-15

届别	时间	召开会议次数	代表人数	地点
第五届人民代表大会	1984 年 5 月—1987 年 3 月	3	50	咸家屯小学
第六届人民代表大会	1987 年 3 月—1990 年 3 月	3	50	党委礼堂
第七届人民代表大会	1990 年 3 月—1993 年 3 月	3	50	党委礼堂
第八届人民代表大会	1993 年 3 月—1996 年 1 月	4	49	党委礼堂
第九届人民代表大会	1996 年 1 月—1999 年 1 月	3	50	党委礼堂
第十届人民代表大会	1999 年 1 月—2000 年 12 月	4	50	党委礼堂

柴　沟　镇

一、行政区划沿革

1951年，朱公区改称第十四区，1955年9月，改称柴沟区，1958年2月，改设柴沟乡、王柱乡，1958年9月，建立跃进人民公社，1959年3月，改称柴沟人民公社。1984年4月，改设柴沟镇。2001年3月，土庄乡撤销，其行政区域划归柴沟镇。2007年8月，注沟镇撤销，其行政区域划归柴沟镇。2015年4月，原注沟镇45个行政村划出，成立注沟现代农业发展区，2020年12月，注沟现代农业发展区撤销，成立柴沟镇注沟社区。

土庄乡：1980年2月，柴沟人民公社南部部分村庄划出，建立土庄人民公社。1984年4月，改设土庄乡。2001年3月，土庄乡撤销，其行政区域划归柴沟镇。

二、历届人大主席团常务主席、主席、副主席

柴沟镇

常务主席：

田绍池（1987年3月—1990年3月）

陆金田（1990年3月—1995年12月）

主　席：

王增华（1995年12月—1998年1月）

葛月殿（1998年1月—1999年1月）

刘树林（1999年1月—2006年2月）

李玉伟（2006年2月—2007年12月）

马训利（2007年12月—2010年3月）

田凯文（2010年3月—2015年4月）

韩志超（2015年4月—2016年2月）

曹启福（2016年2月—　）

副主席：

陈加礼（1995年1月—1995年12月）

陈玉德（1995年12月—1998年12月）

管谨桂（1999年4月—2001年12月）

王作民（2001年3月—2001年12月）

刘旭伟（2006年2月—2006年12月）

王敬良（2007年11月—2008年7月）

王寿杰（2008年7月—2010年3月）

田香花（女，2010年3月—2011年3月）

王汝波（2011年3月—2013年4月）

曹启福（2015年4月—2016年2月）

孙桂仁（2016年12月—2019年4月）

鹿　名（2019年4月—　）

土庄乡

常务主席：

邱光华（1987年3月—1992年12月）

臧贻海（1992年12月—1996年1月）

主　席：

郑昭波（1996年1月—2001年3月）

副主席：

臧贻海（1996年1月—1998年1月）

王笃勤（1998年1月—1998年12月）

王作民（1998年12月—2001年3月）

三、镇级人代会情况

柴沟镇人代会情况一览表

表 11-16

届别	时间	召开会议次数	代表人数	地点
第十届人民代表大会	1984 年 5 月至 1987 年 3 月	3	90	公社礼堂
第十一届人民代表大会	1987 年 3 月至 1990 年 3 月	3	90	镇委礼堂
第十二届人民代表大会	1990 年 3 月至 1993 年 3 月	3	90	镇第一会议室
第十三届人民代表大会	1993 年 3 月至 1996 年 3 月	3	89	镇第一会议室
第十四届人民代表大会	1996 年 3 月至 1999 年 4 月	3	59	镇第一会议室
第十五届人民代表大会	1999 年 4 月至 2002 年 1 月	3	58	镇二楼会议室
第十六届人民代表大会	2002 年 1 月至 2007 年 12 月	3	73	镇二楼会议室
第十七届人民代表大会	2007 年 12 月至 2011 年 12 月	4	93	镇二楼会议室
第十八届人民代表大会	2011 年 12 月至 2016 年 12 月	7	74	镇二楼会议室
第十九届人民代表大会	2016 年 12 月至 2021 年 6 月	8	96	镇二楼会议室

土庄乡人代会情况一览表

表 11-17

届别	时间	召开会议次数	代表人数	地点
第二届人民代表大会	1984 年 5 月至 1987 年 3 月	3	50	乡政府第一会议室
第三届人民代表大会	1987 年 3 月至 1990 年 3 月	3	50	乡政府第一会议室
第四届人民代表大会	1990 年 3 月至 1993 年 3 月	3	50	乡政府第二会议室
第五届人民代表大会	1993 年 3 月至 1996 年 1 月	3	50	乡政府会议室
第六届人民代表大会	1996 年 1 月至 1999 年 1 月	3	52	乡政府会议室
第七届人民代表大会	1999 年 1 月至 2001 年 3 月	3	52	乡政府会议室

柴沟镇注沟社区

一、行政区划沿革

2015 年 4 月，在原注沟镇行政区域内成立注沟现代农业发展区。2020 年 12 月，注沟现代农业发展区撤销，成立柴沟镇注沟社区。

注沟镇（乡）：1951 年 9 月，方平区改称第十三区。1955 年 9 月，改称注沟区。1958 年 2 月，改设注沟乡、水西乡。1958 年 9 月，建立红旗人民公社。1959 年 3 月，改称水西人民公社。1982 年，改称洼沟人民公社。1984 年 4 月，改设洼沟乡。1994 年 1 月，洼沟撤乡设镇。2007 年 8 月，洼沟镇撤销，其行政区域划归柴沟镇。

方市乡：1984 年 4 月，设方市乡。2001 年 3 月，方市乡撤销，其行政区域划归洼沟镇。

二、历届人大主席团常务主席、主席、副主席

洼沟社区

洼沟社区党委副书记、柴沟镇人大副主席，负责人大工作：

鹿　名（2021 年 4 月—　　）

洼沟现代农业发展区

洼沟现代农业发展区党工委副书记，负责人大工作：

徐怀国（2015 年 4 月—2016 年 12 月）

洼沟现代农业发展区党工委副书记、柴沟镇人大副主席，负责人大工作：

孙桂仁（2016 年 12 月—2019 年 4 月）

鹿　名（2019 年 4 月—2021 年 4 月）

洼沟镇（乡）

常务主席：

翟振川（1987 年 3 月—1992 年 11 月）

兰孝斋（1992 年 11 月—1995 年 12 月）

主　席：

孙明亮（1995 年 12 月—1997 年 1 月）

徐金明（1997 年 1 月—2001 年 3 月）

范立标（2001 年 3 月—2004 年 2 月）

孙晓非（2004 年 3 月—2007 年 1 月）

韩寿英（女，2007 年 1 月—2007 年 8 月）

副主席：

魏荣民（1995 年 12 月—2001 年 12 月）

王际端（2001 年 3 月—2001 年 12 月）

王延福（2001 年 12 月—2006 年 12 月）

刘忠友（2006 年 12 月—2007 年 8 月）

方市乡

常务主席：

刘法荣（1987 年 3 月—1991 年 3 月）

李满堂（1991 年 3 月—1995 年 12 月）

主　席：

范锡宝（1995 年 12 月—1997 年 12 月）

魏廷松（1997 年 12 月—1998 年 12 月）

王争先（1998 年 12 月—2001 年 3 月）

副主席：

李满堂（1995 年 12 月—1997 年 12 月）

王际端（1997 年 12 月—2001 年 3 月）

三、镇级人代会情况

洼沟社区参加柴沟镇人代会情况一览表

表 11-18

届别	时间	召开会议次数	代表人数	地点
第十九届人民代表大会	2021 年 4 月—2021 年 6 月	1	7	柴沟镇政府二楼会议室

注沟现代农业发展区参加柴沟镇人代会情况一览表

表 11-19

届别	时间	召开会议次数	代表人数	地点
第十八届人民代表大会	2015 年 4 月—2016 年 11 月	3	10	柴沟镇镇政府二楼会议室
第十九届人民代表大会	2016 年 12 月—2021 年 3 月	7	10	柴沟镇政府二楼会议室

注沟镇（乡）人代会情况一览表

表 11-20

届别	时间	召开会议次数	代表人数	地点
第十届人民代表大会	1984 年 4 月—1987 年 2 月	3	78	党委大会议室
第十一届人民代表大会	1987 年 2 月—1990 年 3 月	档案资料缺失		
第十二届人民代表大会	1990 年 3 月—1993 年 2 月	3	79	党委大会议室
第十三届人民代表大会	1993 年 2 月—1996 年 1 月	档案资料缺失		
第十四届人民代表大会	1996 年 1 月—1999 年 1 月			
第十五届人民代表大会	1999 年 1 月—2001 年 12 月	3	79	党委大会议室
第十六届人民代表大会	2002 年 1 月—2007 年 2 月	6	62	党委大会议室

方市乡人代会情况一览表

表 11-21

届别	时间	召开会议次数	代表人数	地点
第十二届人民代表大会	1990 年 3 月—1993 年 4 月	3	57	乡党委会议室
第十三届人民代表大会	1993 年 4 月—1996 年 1 月	档案资料缺失		
第十四届人民代表大会	1996 年 1 月—1999 年 1 月			
第十五届人民代表大会	1999 年 1 月—2001 年 3 月	3	56	乡党委会议室

柏　城　镇

一、行政区划沿革

1951年9月，柏城区改称第二区。1955年9月，改称柏城区。1958年2月，改设柏城乡。1958年9月，建立钢铁人民公社。1959年3月，改称柏城人民公社。1984年4月，改设柏城镇。1996年1月，将田家村、王家响疃、邓家村3个行政村划归朝阳街道办事处管辖。2007年8月，李家营镇撤销，其行政区域并入柏城镇。2012年9月，原属李家营镇的57个行政村划出，建立胶河生态发展区，2020年12月，胶河生态发展区撤销，成立柏城镇胶河社区。

二、历届人大主席团常务主席、主席、副主席

柏城镇

常务主席：

魏振荣（1987年3月—1995年12月）

主　席：

薛维钧（1995年12月—1997年12月）

郭丰照（1997年12月—2001年12月）

高礼绪（2001年12月—2003年3月）

郑有奎（2003年3月—2004年2月）

邵春生（2004年2月—2010年1月）

陈香萍（女，2010年1月—2011年11月）

邱纯洁（2011年11月—2015年3月）

管增璋（2015年3月—2016年1月）

张　谦（2016年1月—　）

副主席：

方国英（女，1997年1月—1998年12月）

李作文（1999年1月—2001年12月）

范金荣（2003年3月—2007年8月）

张振会（2007年8月—2008年7月）

张立萍（女，2008年7月—2010年8月）

王寿杰（2010年8月—2011年11月）

栗　磊（2011年11月—2013年3月）

王　强（2013年3月—2015年3月）

张　谦（2015年3月—2016年1月）

荆丙丰（2016年12月—　）

三、镇级人代会情况

柏城镇人代会情况一览表

表11-22

届别	时间	召开会议次数	代表人数	地点
第七届人民代表大会	1984年10月—1987年2月	3	89	文化礼堂
第八届人民代表大会	1987年2月—1990年3月	3	88	文化礼堂
第九届人民代表大会	1990年3月—1993年2月	3	89	文化礼堂
第十届人民代表大会	1993年2月—1996年1月	3	89	文化礼堂
第十一届人民代表大会	1996年1月—1999年1月	4	59	文化礼堂
第十二届人民代表大会	1999年1月—2002年1月	3	59	文化礼堂

续表 11-22

届别	时间	召开会议次数	代表人数	地点
第十三届人民代表大会	2002 年 1 月—2007 年 12 月	5	60	镇礼堂
第十四届人民代表大会	2007 年 12 月—2011 年 12 月	4	81	镇礼堂
第十五届人民代表大会	2011 年 12 月—2016 年 12 月	7	84	镇礼堂
第十六届人民代表大会	2016 年 12 月—2021 年 6 月	8	86	党委大会议室

柏城镇胶河社区

一、行政区划沿革

2012 年 9 月，原李家营镇行政区域由柏城镇划出，成立胶河生态发展区。2020 年 12 月，胶河生态发展区撤销，成立柏城镇胶河社区。

李家营镇：1951 年 9 月，道乡区改称第十五区。1955 年 9 月，改称城律区。1958 年 2 月，改设城律乡。1958 年 9 月，建立先锋人民公社。1959 年 3 月，改称城律人民公社。1982 年 1 月，改称李家营人民公社。1984 年 4 月，改设李家营镇。2001 年 3 月，王吴乡划归李家营镇。2007 年 8 月，李家营镇撤销，其行政区域划归柏城镇。

王吴乡：1984 年 4 月，设立王吴乡。2001 年 3 月，王吴乡撤销，其行政区域划归李家营镇。

二、历届人大主席团常务主席、主席、副主席、工作室主任

胶河社区

柏城镇人大副主席，负责人大工作：

荆丙丰（2021 年 4 月—　　）

胶河生态发展区

工作室主任：

夏业秀（女，2012 年 10 月—2016 年 3 月）

柏城镇人大副主席，负责人大工作：

荆丙丰（2016 年 12 月—2021 年 4 月）

李家营镇

常务主席：

王立平（1987 年 3 月—1988 年 7 月）

王述祥（1988 年 7 月—1996 年 1 月）

主　席：

孙立清（1996 年 1 月—1997 年 12 月）

张乐宝（1997 年 12 月—1999 年 1 月）

葛瑞云（1999 年 1 月—2001 年 3 月）

谢洪福（2001 年 3 月—2001 年 12 月）

沙明君（2001 年 12 月—2003 年 3 月）

王庆波（2003 年 3 月—2007 年 1 月）

李宗福（2007 年 1 月—2007 年 8 月）

副主席：

王伯儒（1997 年 1 月—1999 年 1 月）

田作亭（1999 年 1 月—2001 年 3 月）

王建春（2003 年 3 月—2004 年 2 月）

李衍强（2004 年 2 月—2005 年 3 月）

孙彦敦（2005 年 3 月—2007 年 8 月）

王吴乡

常务主席：

潘洪庭（1987 年 3 月—1990 年 3 月）

李付杰（1990 年 3 月—1995 年 12 月）

主　席：

梁明霖（1995 年 12 月—1997 年 12 月）

栗祥成（1997 年 12 月—1999 年 1 月）

谢洪福（1999 年 1 月—2001 年 3 月）

副主席：

潘金祥（1995 年 12 月—2001 年 3 月）

三、镇级人代会情况

胶河社区参加柏城镇人代会情况一览表

表 11-23

届别	时间	参加会议次数	代表人数	地点
第十六届人民代表大会	2021 年 4 月—2021 年 6 月	1	35	党委大会议室

胶河生态发展区参加柏城镇人代会情况一览表

表 11-24

届别	时间	参加会议次数	代表人数	地点
第十五届人民代表大会	2011 年 12 月—2016 年 12 月	7	42	镇礼堂
第十六届人民代表大会	2016 年 12 月—2021 年 3 月	7	40	党委大会议室

李家营镇人代会情况一览表

表 11-25

届别	时间	召开会议次数	代表人数	地点
第十届人民代表大会	1984 年 5 月—1987 年 3 月	3	63	镇政府大会议室
第十一届人民代表大会	1987 年 3 月—1991 年 4 月	2	70	镇政府大会议室
第十二届人民代表大会	1991 年 4 月—1993 年 1 月	3	66	镇政府大会议室
第十三届人民代表大会	1993 年 1 月—1996 年 1 月	3	66	镇政府大会议室
第十四届人民代表大会	1996 年 1 月—1999 年 1 月	4	52	镇政府大会议室
第十五届人民代表大会	1999 年 1 月—2002 年 1 月	3	54	镇政府大会议室
第十六届人民代表大会	2002 年 1 月—2006 年 3 月	6	67	镇政府大会议室

王吴乡人代会情况一览表

表 11-26

届别	时间	召开会议次数	代表人数	地点
第十届人民代表大会	1984 年 5 月—1986 年 7 月	3	48	乡政府会议室
第十一届人民代表大会	1987 年 3 月—1989 年 6 月	3	50	乡政府会议室
第十二届人民代表大会	1990 年 3 月—1992 年 5 月	4	50	乡政府会议室
第十三届人民代表大会	1993 年 1 月—1995 年 3 月	3	51	乡政府会议室
第十四届人民代表大会	1996 年 1 月—1997 年 12 月	3	49	乡政府会议室
第十五届人民代表大会	1999 年 1 月—2001 年 3 月	2	50	乡政府会议室

阚　家　镇

一、行政区划沿革

1951 年 9 月，坊岭区改称第十区。1955 年 9 月，改称坊岭区。1958 年 2 月，设袁家乡。1958 年 9 月，建立建国人民公社。1959 年 3 月，改称袁家人民公社。1982 年 1 月，改称阚家人民公社。1984 年 4 月，改设阚家乡。1994 年 1 月，阚家撤乡设镇。2001 年 3 月，初家镇撤销，其行政区域划归阚家镇。2007 年 8 月，双羊镇撤销，其行政区域划归阚家镇。同年 9 月，西部前柿子园等 27 个村划归潍坊市坊子区。

双羊镇（含高戈庄乡）：1951 年 9 月，中岭区改称第十一区。1955 年 9 月，改称双羊区。1958 年 2 月，改设双羊乡、山甫乡。1958 年 9 月，建立星火人民公社。1959 年 3 月，改称双羊人民公社。1984 年 4 月，改设双羊镇、高戈庄乡。2001 年 3 月，高戈庄乡撤销，其行政区域划归双羊镇。2007 年 8 月，双羊镇撤销其行政区域，划归阚家镇。

初家镇（乡）：1984 年 4 月，设立初家乡。1994 年 12 月，初家撤乡设镇。2001 年 3 月，初家镇撤销，其行政区域划归阚家镇。

二、历届人大主席团常务主席、主席、副主席

阚家镇（乡）

常务主席：

冷光智（1987 年 3 月—1989 年 3 月）

孙旭凤（1989 年 3 月—1995 年 12 月）

主　席：

万　里（1995 年 12 月—1997 年 12 月）

任怀见（1997 年 12 月—2003 年 3 月）

宋　杰（2003 年 3 月—2004 年 2 月）

门业清（2004 年 2 月—2006 年 12 月）

刘新国（2006 年 12 月—2008 年 7 月）

邱纯洁（2008 年 7 月—2011 年 11 月）

张建明（2011 年 11 月—2015 年 2 月）

齐有春（2015 年 2 月—2016 年 2 月）
王沛江（2016 年 2 月—2016 年 12 月）
孙红艳（女，2016 年 12 月—　　）
副主席：
孙旭风（1995 年 12 月—1997 年 12 月）
岳升堂（1997 年 12 月—2001 年 12 月）
宋永富（2001 年 3 月—2001 年 12 月）
高祥然（2003 年 3 月—2004 年 2 月）
岳升堂（2004 年 2 月—2008 年 7 月）
曹召奎（2008 年 7 月—2011 年 11 月）
仪明耀（2011 年 11 月—2013 年 3 月）
王沛江（2013 年 3 月—2016 年 2 月）

双羊镇

常务主席：
单昭喜（1987 年 3 月—1992 年 12 月）
迟金立（1992 年 12 月—1996 年 1 月）
主　席：
陈兆勤（1996 年 1 月—2000 年 9 月）
刘松青（2000 年 9 月—2001 年 3 月）
姜华政（2001 年 3 月—2001 年 12 月）
刘松青（2001 年 12 月—2003 年 8 月）
刘俊忠（2003 年 8 月—2006 年 2 月）
田绍传（2006 年 2 月—2007 年 8 月）
副主席：
迟金利（1996 年 1 月—1997 年 11 月）
张洪宝（1998 年 12 月—2002 年 3 月）
吕学军（2001 年 3 月—2001 年 12 月）
闫应策（2001 年 12 月—2006 年 12 月）

高戈庄乡

常务主席：
刘永波（1987 年 3 月—1989 年 5 月）
杜全富（1989 年 5 月—1992 年 12 月）
于姿君（1992 年 12 月—1996 年 1 月）
主　席：
杜洪君（1996 年 1 月—1997 年 1 月）
陈　平（1997 年 1 月—1998 年 12 月）
王汉林（1998 年 12 月—2001 年 3 月）
副主席：
孙学成（1995 年 12 月—1998 年 12 月）
吕学军（1998 年 12 月—2001 年 3 月）

初家乡（镇）

常务主席：
郝景春（1987 年 3 月—1992 年 12 月）
张汝先（1992 年 12 月—1996 年 1 月）
主　席：
孙　强（1996 年 1 月—1998 年 12 月）
姜华政（1998 年 12 月—2001 年 3 月）
副主席：
张汝先（1996 年 1 月—1997 年 12 月）
宋永富（1998 年 12 月—2001 年 3 月）

三、镇级人代会情况

阚家镇（乡）人代会情况一览表

表 11-27

届别	时间	召开会议次数	代表人数	地点
第六届人民代表大会	1984 年 5 月—1987 年 3 月	4	104	乡政府会议室
第七届人民代表大会	1987 年 3 月—1990 年 3 月	3	71	乡政府会议室
第八届人民代表大会	1990 年 3 月—1993 年 1 月	4	70	乡政府会议室
第九届人民代表大会	1993 年 1 月—1996 年 1 月	3	70	镇政府会议室
第十届人民代表大会	1996 年 1 月—1999 年 1 月	4	70	镇政府会议室
第十一届人民代表大会	1999 年 1 月—2002 年 1 月	档案资料缺失		
第十二届人民代表大会	2002 年 1 月—2007 年 1 月	档案资料缺失	68	党委大礼堂
第十三届人民代表大会	2007 年 1 月—2011 年 12 月	6	74	党委大礼堂
第十四届人民代表大会	2011 年 12 月—2016 年 12 月	6	79	党委大礼堂
第十五届人民代表大会	2016 年 12 月—2021 年 6 月	8	92	党委大礼堂

双羊镇人代会情况一览表

表 11-28

届别	时间	召开会议次数	代表人数	地点
第十届人民代表大会	1984 年 5 月—1987 年 3 月	4	83	镇计生办二楼会议室
第十一届人民代表大会	1987 年 3 月—1990 年 3 月	3	90	镇计生办二楼会议室
第十二届人民代表大会	1990 年 3 月—1993 年 1 月	2	90	镇计生办二楼会议室
第十三届人民代表大会	1993 年 1 月—1996 年 1 月	3	89	镇计生办二楼会议室
第十四届人民代表大会	1996 年 1 月—1999 年 1 月	3	60	镇计生办二楼会议室
第十五届人民代表大会	1999 年 1 月—2002 年 1 月	档案资料缺失		
第十六届人民代表大会	2002 年 1 月　2007 年 8 月	6	74	镇计生办二楼会议室

高戈庄乡人代会情况一览表

表 11-29

届别	时间	召开会议次数	代表人数	地点
第十届人民代表大会	1984 年 5 月—1987 年 3 月	5	50	乡党委大会议室

续表 11-29

届别	时间	召开会议次数	代表人数	地点
第十一届人民代表大会	1987 年 3 月—1990 年 3 月	4	50	乡党委大会议室
第十二届人民代表大会	1990 年 3 月—1993 年 1 月	4	59	乡党委大会议室
第十三届人民代表大会	1993 年 1 月—1996 年 1 月	3	65	乡党委大会议室
第十四届人民代表大会	1996 年 1 月—1999 年 1 月	3	53	乡党委大会议室
第十五届人民代表大会	1999 年 1 月—2001 年 3 月	1	53	乡党委大会议室

初家镇（乡）人代会情况一览表

表 11-30

届别	时间	召开会议次数	代表人数	地点
第六届人民代表大会	1984 年 5 月—1987 年 3 月	3	65	政府会议室
第七届人民代表大会	1987 年 3 月—1992 年 4 月	4	67	政府会议室
第八届人民代表大会	1992 年 4 月—1993 年 1 月	3	70	政府会议室
第九届人民代表大会	1993 年 1 月—1996 年 1 月	3	70	政府会议室
第十届人民代表大会	1996 年 1 月—1999 年 1 月	4	53	政府会议室
第十一届人民代表大会	1999 年 1 月—2001 年 3 月	3	52	政府会议室

井　沟　镇

一、行政区划沿革

1951 年 9 月，井沟区改称第十二区。1955 年 9 月，改称井沟区。1958 年 2 月，改设井沟乡。1958 年 9 月，建立共产主义人民公社。1959 年 3 月，改称井沟人民公社。1984 年 4 月，改设井沟镇。2001 年 3 月，田庄乡撤销，其行政区域划归井沟镇。2007 年 8 月，呼家庄镇撤销，其行政区域划归井沟镇。2007 年 9 月，城子等 7 个村划归潍坊市坊子区。

呼家庄镇（乡）：1951 年 9 月，呼镇区改称第十六区，1955 年 9 月，改称呼镇区。1956 年 2 月，呼镇区撤销。1958 年 2 月，设呼家庄乡。1958 年 9 月，建立先进人民公社。1959 年 3 月，改称呼家庄人民公社。1984 年 4 月，改设呼家庄乡。1992 年 1 月，呼家庄撤乡设镇。2007 年 8 月，呼家庄镇撤销，其行政区域划归井沟镇。

田庄乡：1984 年 4 月，设立田庄乡。2001 年 3 月，撤销田庄乡，其行政区域划归井沟镇。

二、历届人大主席团常务主席、主席、副主席

井沟镇

常务主席：

邓式深（1987 年 3 月—1990 年 2 月）

夏乃让（1990 年 2 月—1992 年 12 月）

孙居林（1992 年 12 月—1995 年 12 月）

主　席：

王玉和（1995 年 12 月—1997 年 1 月）

杜敦义（1997 年 1 月—1997 年 12 月）

张胜武（1997 年 12 月—1998 年 12 月）

李方显（1998 年 12 月—2001 年 3 月）

宋　杰（2001 年 3 月—2006 年 12 月）

李锡金（2006 年 12 月—2009 年 12 月）

刘思芳（2009 年 12 月—2011 年 12 月）

钟元国（2012 年 1 月—2015 年 11 月）

孙红艳（女，2015 年 11 月—2016 年 11 月）

王　虹（女，2016 年 11 月—　）

副主席：

孙居林（1995 年 12 月—1997 年 12 月）

赵思贵（1997 年 12 月—2001 年 3 月）

李方显（2001 年 3 月—2002 年 3 月）

禚泉呈（2002 年 3 月—2007 年 12 月）

乔津田（2007 年 12 月—2010 年 2 月）

田立余（2010 年 2 月—2015 年 11 月）

呼家庄镇（乡）

常务主席：

吴延俭（1987 年 3 月—1991 年 3 月）

单既文（1992 年 12 月—1993 年 11 月）

赵仁东（1993 年 11 月—1995 年 12 月）

主　席：

赵仁东（1995 年 12 月—1997 年 12 月）

夏锡合（1997 年 12 月—1999 年 12 月）

魏廷松（1999 年 12 月—2004 年 2 月）

石寿林（2004 年 2 月—2007 年 2 月）

田庄乡

常务主席：

乔来昌（1987 年 4 月—1992 年 12 月）

王光第（1992 年 12 月—1994 年 10 月）

刘　伟（1994 年 10 月—1995 年 12 月）

主　席：

刘　伟（1995 年 12 月—1997 年 12 月）

禚振礼（1997 年 12 月—2000 年 9 月）

范立标（2000 年 9 月—2001 年 3 月）

副主席：

朱　赤（1996 年 1 月—1997 年 12 月）

刘明吉（1997 年 12 月—2000 年 9 月）

二、镇级人代会情况

井沟镇人代会情况一览表

表 11-31

届别	时间	召开会议次数	代表人数	地点
第十届人民代表大会	1984 年 5 月—1987 年 3 月	5	72	镇政府会议室
第十一届人民代表大会	1987 年 3 月—1990 年 3 月	3	69	镇政府会议室
第十二届人民代表大会	1990 年 3 月—1993 年 2 月	3	70	镇政府会议室
第十三届人民代表大会	1993 年 2 月—1996 年 3 月	3	65	镇政府会议室
第十四届人民代表大会	1996 年 3 月—1999 年 3 月	3	69	镇政府会议室
第十五届人民代表大会	1999 年 3 月—2002 年 7 月	4	65	镇政府会议室
第十六届人民代表大会	2002 年 7 月—2007 年 12 月	6	70	镇政府会议室
第十七届人民代表大会	2007 年 12 月—2011 年 12 月	6	65	镇政府会议室
第十八届人民代表大会	2011 年 12 月—2016 年 12 月	6	69	镇政府会议室
第十九届人民代表大会	2016 年 12 月—2021 年 6 月	8	82	镇政府会议室

呼家庄镇（乡）人代会情况一览表

表 11-32

届别	时间	召开会议次数	代表人数	地点
第六届人民代表大会	1984 年 5 月—1988 年 7 月	5	56	乡党委会议室
第七至十一届人民代表大会档案资料缺失				
第十二届人民代表大会	2002 年 1 月—2007 年 2 月	6	60	镇党委会议室

四庄乡人代会情况一览表

表 11-33

届别	时间	召开会议次数	代表人数	地点
第十届人民代表大会	1984 年 5 月—1987 年 3 月	4	72	乡党委会议室
第十一届人民代表大会	1987 年 3 月—1990 年 3 月	2	68	乡党委会议室
第十二届人民代表大会	1990 年 3 月—1993 年 1 月	2	88	乡党委会议室
第十三届人民代表大会	1993 年 1 月—1996 年 1 月	4	66	乡党委会议室
第十四届人民代表大会	1996 年 1 月—1999 年 1 月	4	65	乡党委会议室
第十五届人民代表大会	1999 年 1 月—2000 年 10 月	3	47	乡党委会议室

大牟家镇

一、行政区划沿革

1964年3月，从周戈庄人民公社东南部及康庄人民公社北部划出41个村，建立大牟家人民公社。1984年4月，改设大牟家镇。2007年8月，周戈庄镇撤销，其行政区域划归大牟家镇。

周戈庄镇（乡）：1957年2月，周戈庄区由平度县划归高密县。1958年2月，改设周戈庄乡、大牟家乡。1958年9月，建立和平人民公社。1959年3月，改称周戈庄人民公社。1984年4月，改设周戈庄乡。1994年1月，周戈庄撤乡设镇。2007年8月，周戈庄镇撤销，其行政区域划归大牟家镇。

二、历届人大主席团常务主席、主席、副主席

大牟家镇

常务主席：

刘希成（1987年3月—1989年5月）

赵建成（1989年5月—1992年12月）

陶德先（1992年12月—1995年11月）

主　席：

李连杰（1996年1月—2001年3月）

杜敦义（2001年3月—2004年2月）

栗祥成（2004年2月—2005年3月）

栾仁霞（女，2005年3月—2010年3月）

朱永利（2010年3月—2011年12月）

魏　征（女，2011年12月—2016年3月）

张明波（2016年3月—2016年12月）

蔡修文（2016年12月—　）

副主席：

陶德先（1995年12月—1996年12月）

陈明志（1997年1月—1998年1月）

张兆书（1999年1月—2006年3月）

秦克乔（2001年3月—2004年2月）

张绍君（2004年2月—2004年9月）

刘金国（2007年11月—2009年3月）

张在顺（2009年3月—2011年12月）

吴金卿（2011年12月—2015年4月）

张明波（2015年4月—2016年3月）

周戈庄镇（乡）

常务主席：

刘本汉（1987年3月—1991年3月）

陈明志（1991年3月—1995年12月）

主　席：

陈清明（1996年1月—1997年12月）

隋卫清（1998年1月—2000年9月）

孙锡喜（2000年9月—2003年3月）

高　原（2003年3月—2004年11月）

沈建树（2004年11月—2007年8月）

副主席：

陈明志（1995年12月—1996年12月）

李子勤（1996年12月—1999年1月）

孙爱兴（1999年1月—2002年5月）

孙彦辉（2003年3月—2005年3月）

殷继承（2005年3月—2006年12月）

单　强（2006年12月—2007年8月）

三、镇级人代会情况

大牟家镇人代会情况一览表

表 11-34

界别	时间	召开会议次数	代表人数	地点
第五届人民代表大会	1984 年 5 月—1987 年 4 月	3	69	镇党委会议室
第六届人民代表大会	1987 年 4 月—1990 年 3 月	3	69	镇党委会议室
第七届人民代表大会	1990 年 3 月—1993 年 2 月	3	69	镇党委会议室
第八届人民代表大会	1993 年 2 月—1996 年 1 月	3	69	镇党委会议室
第九届人民代表大会	1996 年 1 月—1999 年 1 月	3	58	镇党委会议室
第十届人民代表大会	1999 年 1 月—2002 年 11 月	3	58	镇党委会议室
第十一届人民代表大会	2002 年 11 月—2007 年 11 月	5	58	镇党委会议室
第十二届人民代表大会	2007 年 11 月—2011 年 12 月	5	65	镇党委会议室
第十三届人民代表大会	2011 年 12 月—2016 年 12 月	6	74	镇党委会议室
第十四届人民代表大会	2016 年 12 月—2021 年 6 月	8	71	镇党委会议室

周戈庄镇（乡）人代会情况一览表

表 11-35

界别	时间	召开会议次数	代表人数	地点
第十届人民代表大会	1984 年 5 月—1987 年 4 月	3	70	乡党委会议室
第十一届人民代表大会	1987 年 4 月—1990 年 3 月	3	70	乡党委会议室
第十二届人民代表大会	1990 年 3 月—1993 年 2 月	3	70	乡党委会议室
第十三届人民代表大会	1993 年 2 月—1996 年 1 月	3	70	镇党委会议室
第十四届人民代表大会	1996 年 1 月—1999 年 1 月	3	53	镇党委会议室
第十五届人民代表大会	1999 年 1 月—2003 年 1 月	3	53	镇党委会议室
第十六届人民代表大会	2003 年 1 月—2007 年 11 月	6	53	镇党委会议室

醴泉街道

一、行政区划沿革

1951 年 9 月，城厢区改称第一区，1955 年 9 月，改称城关区。1956 年 2 月，改设城关镇。1958 年 9 月，建立曙光人民公社。1959 年 3 月，改称城关人民公社。1981 年 12 月，撤销城关人民公社，恢复城关镇。1984 年 4 月，改称高密镇。1995 年

10月，将荆家庄等12个行政村划出，与柏城镇划出的3个村成立朝阳街道办事处。2001年3月，撤销高密镇，以原高密镇人民大街以北区域为行政区域（交通路以东娘娘庙等11个村居除外）设立醴泉街道。2007年8月，康庄镇撤销，其行政区域划归醴泉街道。

康庄镇：1951年9月，康庄区改称第九区。1955年9月，改称康庄区。1956年2月，康庄区撤销。1958年2月，设关爷庙乡。1958年9月，建立东风人民公社。1959年3月，改称康庄人民公社。1984年4月，改设康庄镇。2001年3月，蔡家站镇撤销，其行政区域划归康庄镇。2007年8月，康庄镇撤销，其行政区域划归醴泉街道。

蔡家站镇（乡）：1951年9月，沂塘区改称第八区。1955年9月，改称沂塘区。1956年2月，沂塘区撤销。1958年2月，设立蔡家站乡；1958年9月，蔡家站乡撤销。1984年3月，设蔡家站乡。1994年1月，蔡家站撤乡设镇。2001年3月，蔡家站镇撤销，其行政区域划归康庄镇。

二、历届人大主席团常务主席、主席、副主席、工作室主任

醴泉街道

已在第六编第三章第三节中记述。

康庄镇

常务主席：

王新臻（1987年3月—1989年5月）

宋平国（1989年5月—1992年12月）

王义文（1992年12月—1995年12月）

主　席：

于姿君（1995年12月—1998年12月）

孙　强（1998年12月—2001年3月）

王教法（2001年3月—2004年11月）

高　原（2004年11月—2006年2月）

王旭东（2006年2月—2007年7月）

副主席：

呼运起（1995年12月—1997年12月）

陈志波（1998年12月—2003年3月）

殷基明（2003年3月—2006年3月）

于新国（2006年12月—2007年7月）

高密镇

常务主席：

李常智（1987年3月—1993年3月）

主　席：

刘谢友（1995年12月—1998年12月）

孙兆东（1998年12月—2001年3月）

副主席：

杨新成（1995年12月—2001年3月）

蔡家站镇（乡）

常务主席：

潘昌发（1987年3月—1990年3月）

迟传祥（1990年3月—1992年12月）

刘文进（1992年12月—1995年12月）

主　席：

乔光明（1995年12月—1997年12月）

张汝华（1997年12月—2001年3月）

副主席：

刘文进（1995 年 12 月—1997 年 12 月）

王学辉（1997 年 12 月—2001 年 3 月）

三、镇级人代会情况

康庄镇人代会情况一览表

表 11-36

届别	时间	会议次数	代表人数	地点
第十届人民代表大会	1984 年 5 月—1987 年 3 月	3	70	镇政府三楼会议室
第十一届人民代表大会	1987 年 3 月—1990 年 3 月	3	69	镇政府三楼会议室
第十二届人民代表大会	1990 年 3 月—1993 年 1 月	4	70	镇政府三楼会议室
第十三届人民代表大会	1993 年 1 月—1996 年 1 月	4	70	镇政府三楼会议室
第十四届人民代表大会	1996 年 1 月—1999 年 3 月	3	58	镇政府三楼会议室
第十五届人民代表大会	1999 年 3 月—2002 年 5 月	3	70	镇政府三楼会议室
第十六届人民代表大会	2002 年 5 月—2007 年 1 月	7	70	镇政府三楼会议室

高密镇人代会情况一览表

表 11-37

届别	时间	会议次数	代表人数	地点
第十届人民代表大会	1984 年 5 月—1987 年 3 月	3	113	镇政府礼堂
第十一届人民代表大会	1987 年 3 月—1990 年 3 月	3	110	镇政府礼堂
第十二届人民代表大会	1990 年 3 月—1993 年 1 月	3	110	镇政府礼堂
第十三届人民代表大会	1993 年 1 月—1996 年 1 月	3	110	文化礼堂、镇纺织厂礼堂
第十四届人民代表大会	1996 年 1 月—1999 年 3 月	3	99	文化礼堂
第十五届人民代表大会	1999 年 3 月—2000 年 10 月	2	96	镇政府礼堂

蔡家站镇（乡）人代会情况一览表

表 11-38

届别	时间	会议次数	代表人数	地点
第十届人民代表大会	1984 年 5 月—1987 年 5 月	3	52	乡政府会议室
第十一届人民代表大会	1987 年 5 月—1989 年 5 月	4	50	乡政府会议室

续表 11-38

届别	时间	会议次数	代表人数	地点
第十二届人民代表大会	1989 年 5 月—1993 年 1 月	3	50	乡政府会议室
第十三届人民代表大会	1993 年 1 月—1996 年 1 月	2	50	镇（乡）政府会议室
第十四届人民代表大会	1996 年 1 月—1999 年 3 月	5	52	镇政府会议室
第十五届人民代表大会	1999 年 3 月—2000 年 10 月	3	52	镇政府会议室

密水街道

一、行政区划沿革

2001 年 3 月，以原高密镇（交通路以东娘娘庙等 11 个村居除外）人民大街以南的行政区域设立密水街道。2007 年 8 月，拒城河镇撤销，其行政区域划归密水街道。

拒城河镇（乡）：1958 年 2 月，设拒城河乡。1958 年 9 月，建立东方红人民公社。1959 年 3 月，改称拒城河人民公社。1984 年 4 月，改设拒城河乡。1994 年 1 月，拒城河撤乡设镇。2007 年 8 月，拒城河镇撤销，其行政区域划归密水街道。

周阳乡：1951 年 9 月，城郊区改称第十七区；1955 年 9 月，改称周阳区。1958 年 2 月，设立周阳乡。1958 年 9 月，周阳乡撤销。1984 年 4 月，设立周阳乡。2001 年 3 月，周阳乡撤销，其行政区域划归拒城河镇。

二、历届人大主席团常务主席、主席、副主席、工作室主任、副主任

密水街道

已在第六编第三章第三节中记述。

拒城河镇（乡）

常务主席：

王言修（1987 年 3 月—1991 年 1 月）

杨维京（1992 年 12 月—1995 年 12 月）

主　席：

常德润（1995 年 12 月—1998 年 12 月）

褚凤彩（1998 年 12 月—2002 年 1 月）

朱安达（2002 年 1 月—2003 年 3 月）

孙锡喜（2003 年 3 月—2006 年 2 月）

杜钦德（2006 年 2 月—2007 年 8 月）

副主席：

孙德忠（1997 年 12 月—2001 年 12 月；2003 年 3 月—2007 年 8 月）

周阳乡

常务主席：

张德源（1987 年 3 月—1990 年 2 月）

倪敦义（1990 年 2 月—1992 年 11 月）

吴永彩（1992 年 11 月—1995 年 12 月）

主　席：

李永敬（1995 年 12 月—1998 年 12 月）

张胜武（1998 年 12 月—2001 年 3 月）

副主席：

吴永彩（1995 年 10 月—2001 年 3 月）

三、镇级人代会情况

拒城河镇（乡）人代会情况一览表

表 11-39

届别	时间	会议次数	代表人数	地点
第十届人民代表大会	1984 年 5 月—1986 年 7 月	3	70	乡电影院
第十一届人民代表大会	1987 年 3 月—1989 年 6 月	2	70	乡电影院
第十二届人民代表大会	1990 年 3 月—1992 年 4 月	3	70	乡文化礼堂
第十三届人民代表大会	1993 年 1 月—1995 年 4 月	4	70	镇文化礼堂
第十四届人民代表大会	1996 年 1 月—1998 年 3 月	3	70	镇文化礼堂
第十五届人民代表大会	1999 年 3 月—2000 年 10 月	3	70	镇文化礼堂
第十六届人民代表大会	2002 年 5 月—2007 年 1 月	6	70	镇文化礼堂

周阳乡人代会情况一览表

表 11-40

届别	时间	会议次数	代表人数	地点
第十届人民代表大会	1984 年 5 月—1986 年 7 月	4	70	乡会议室
第十一届人民代表大会	1987 年 5 月—1988 年 5 月	3	70	乡会议室
第十二届人民代表大会	1989 年 5 月—1992 年 5 月	2	70	乡会议室
第十三届人民代表大会	1993 年 1 月—1995 年 9 月	4	70	乡会议室
第十四届人民代表大会	1996 年 1 月—1998 年 4 月	2	51	乡会议室
第十五届人民代表大会	1999 年 1 月—2000 年 10 月	2	52	乡会议室

朝阳街道

一、行政区划沿革

1995 年 10 月，经山东省人民政府批准，设立朝阳街道，与经济开发区实行区街合一的管理体制。1996 年 1 月，正式设立朝阳街道办事处，将高密镇 12 个行政村、柏城镇 3 个行政村划归朝阳街道。2001 年 3 月，高密镇交通路以东 11 个村（居）划归朝阳街道。

2007 年 8 月，姚哥庄镇撤销，其行政区域划为朝阳街道。2008 年 7 月，朝阳街道与经济开发区分设，原姚哥庄镇行政区域划出为朝阳街道，2007 年 8 月之前的朝阳街道 38 个行政村区域为经济开发区。2013 年 1 月，朝阳街道和经济开发区行政区划互换，朝阳街道回归 2007 年 8 月之前区划，原姚哥庄镇区域划为经济开发区。2021 年 4 月，在经济开发区区划内成立朝阳街道姚哥庄社区，为朝阳街道一类社区。

二、历届人大工作室主任、副主任

已在第六编第三章第三节中记述。

朝阳街道姚哥庄社区

一、行政区划沿革

1992 年 5 月，高密经济开发区管理委员会成立，同年 10 月，经县委、县政府研究决定，在县城东部设立经济开发区。1995 年 10 月，与新成立的朝阳街道合署办公，实行区街合一的管理体制。2007 年 8 月，姚哥庄镇撤销，其行政区域划归朝阳街道。2008 年 7 月，朝阳街道与经济开发区分设，原朝阳街道行政区域为经济开发区，原姚哥庄镇区域为朝阳街道，2013 年 1 月，朝阳街道行政区划变更为经济开发区。2020 年 8 月，经济开发区体制机制改革完成，2021 年 4 月，成立朝阳街道姚哥庄社区。

姚哥庄镇：1958 年 9 月，设立工农联盟人民公社。1959 年 3 月，改称大王家庄人民公社。1984 年 3 月，改设姚哥庄镇。2001 年 3 月，张鲁镇撤销，行政区域划归姚哥庄镇。2007 年 8 月，姚哥庄镇撤销，其行政区域划归朝阳街道。

张鲁镇（乡）：1984 年 3 月，设张鲁乡。1994 年，张鲁撤乡设镇。2001 年 3 月，张鲁镇撤销，其行政区域划归姚哥庄镇。

二、历届人大主席团常务主席、主席

姚哥庄社区

经济开发区党工委委员、管理委员会副主任，负责人大工作：

刘凤君（2021 年 3 月—　　）

经济开发区

已在第六编第三章第三节中记述。

姚哥庄镇

常务主席：

邴智义（1987 年 3 月—1991 年 7 月）

郭述学（1991 年 7 月—1995 年 3 月）

主　席：

张立山（1995 年 12 月—1997 年 12 月）

彭桂臻（1997 年 12 月—1998 年 12 月）

颜炳林（1998 年 12 月—2001 年 3 月）

谢国波（2001 年 3 月—2006 年 12 月）

刘秀贞（女，2006 年 12 月—2008 年 7 月）

张鲁镇（乡）

常务主席：

张家贞（1987 年 3 月—1995 年 12 月）

主　席：

苗金友（1995 年 12 月—1997 年 12 月）

李　刚（1997 年 12 月—1998 年 8 月）
刘　旭（1998 年 8 月—2001 年 3 月）

三、镇级人代会情况

姚哥庄镇人代会情况一览表

表 11-41

届别	时间	召开会议次数	代表人数	地点
第七届人民代表大会	1984 年 5 月—1987 年 3 月	3	70	镇政府电影院
第八届人民代表大会	1987 年 3 月—1990 年 3 月	3	70	镇政府电影院
第九届人民代表大会	1990 年 3 月—1993 年 1 月	3	70	镇政府会议室
第十届人民代表大会	1993 年 1 月—1996 年 1 月	3	66	镇政府会议室
第十一届人民代表大会	1996 年 1 月—1999 年 1 月	3	55	镇政府会议室
第十二届人民代表大会	1999 年 1 月—2002 年 1 月	3	55	镇委南会议室
第十三届人民代表大会	2002 年 1 月—2007 年 8 月	6	67	党委礼堂

张鲁镇（乡）人代会情况一览表

表 11-42

届别	时间	召开会议次数	代表人数	地点
第七届人民代表大会	1984 年 5 月—1987 年 3 月	4	59	乡政府会议室
第八届人民代表大会	1987 年 3 月—1990 年 3 月	4	66	乡政府会议室
第九届人民代表大会	1990 年 3 月—1993 年 1 月	3	67	乡政府会议室
第十届人民代表大会	1993 年 1 月—1996 年 1 月	3	67	乡政府会议室
第十一届人民代表大会	1996 年 1 月—1999 年 1 月	3	66	镇政府会议室
第十二届人民代表大会	1999 年 1 月—2002 年 1 月	3	67	镇政府会议室
第十三届人民代表大会	2002 年 1 月—2007 年 8 月	6	67	镇党委礼堂

第十二编　人　物

第一章　历届人大常委会主任、副主任（党组书记、副书记、成员）

历届常委会党组书记、主任

陈会江　男，汉族，1931年8月生，安丘市人。1949年3月参加工作。1950年5月加入中国共产党。历任安丘县第六区政府文书、安丘县委宣传部宣传干事、安丘县第十二区委副书记、昌潍地委工业办公室副主任、昌潍专署办公室科长、昌潍地区人事局副局长、高密县委副书记。1980年9月，任高密县委副书记、高密县第九届人大常委会主任。1984年5月，任高密县委副书记。1986年5月至1988年1月，任潍坊市第十届人大常委会委员、法制工作委员会副主任。1988年1月至1993年4月，任潍坊市第十一届人大常委会委员、法制工作委员会副主任。

朱维福　男，汉族，1925年10月生，山东省烟台市人。1944年12月参加革命，1944年12月加入中国共产党。历任掖县县委青委会副书记，浙江省衢县土地改革大队大队长，华东团校秘书科代理副科长，平西县委青委会副书记，蓼兰县委宣传部副部长，平西县委宣传部部长，昌潍医学院党委宣传部部长，平度县张舍公社党委第一书记，昌乐县委副书记，昌乐县朱刘公社党委书记，昌乐县副县长、副书记，高密县委副书记、县长。1984年5月至1987年4月，任县十届人大常委

会党组书记、主任。

王立福 男，汉族，1943年12月生，山东省诸城市人，大专文化程度。1966年7月参加工作，1970年12月加入中国共产党。历任诸城县郝戈庄公社兽医站干部，诸城县委组织部干事，诸城县凉台公社党委副书记、党委书记，诸城县委副书记兼相州公社党委书记，昌邑县委副书记、书记。1987年3月至1989年1月任中共高密县委书记兼县人大常委会主任。后历任中共潍坊市委常委、市纪委书记，中共潍坊市委副书记，潍坊市政协主席、党组书记。

王在辉 男，汉族，1941年12月生，山东省寿光市人。1966年2月参加工作，1965年5月加入中国共产党，大专学历。历任海阳县、胶南县社教工作队队员、副组长，寿光县丰城公社副社长、马店公社党委副书记，寿光县王高公社党委书记，寿光县委常委、副县长，寒亭区委常委、副区长，高密县委副书记、县长。1989年3月至1990年3月，任高密县委书记、高密县人大常委会主任。后历任潍坊市人民政府党组成员、副市长，潍坊市人大常委会副主任。

单昭明 男，汉族，1937年1月生，山东省高密市人，1953年6月参加工作，1958年11月加入中国共产党。历任高密县张鲁、柏城供销社文书，柏城公社党委秘书，农业局辅导员，高密县委农工部秘书，县委办公室秘书、副主任，姜庄公社党委书记，县委常委、农工部部长，县委常委、副县长。1987年4月至1998年5月，历任县十一届人大常委会党组副书记、副主任，县十二届人大常委会党组书记、主任，县十三届人大常委会党组副书记、主任。

姜玉生 男，汉族，1939年12月生，山东省菏泽市人。1957年8月参加工作，1974年12月加入中国共产党。历任菏泽县辛集中学民办教师，高密胶河农场科长、副场长、场长，高密县委副书记、县长。1993年3月至1998年5月，任市（县）十三届人大常委会党组书记、副主任。

孙惠斌　男，汉族，1944年10月生，山东省高密市人。1973年5月加入中国共产党，大学学历，1968年7月参加工作。历任招远县二中教师，高密县教育局教研员，高密县贫协秘书，高密县委组织部干事、秘书、副部长，高密县委常委、宣传部部长，高密县委副书记。1998年3月至2003年1月，任市十四届人大常委会党组书记、主任。

吴元宝　男，汉族，1948年7月生，山东省高密市人，1971年1月加入中国共产党，省委党校大学学历，1970年9月参加工作。历任高密县大牟家公社广播放大站广播管理员、永丰片党总支书记、农修厂党支部书记，高密县农林水办公室科员，高密县委驻夏庄公社农业学大寨工作队大队部秘书，高密县政府办公室秘书，政府办公室副主任，政府办公室主任，经研中心主任，县委常委、政法委书记，市（县）委常委、市（县）纪委书记，高密市委副书记、市长，高密市委书记。2003年3月至2005年1月，任高密市委书记、市十五届人大常委会党组书记、主任。后历任潍坊市市长助理，潍坊市人大常委会副主任。

吴建民　男，汉族，1957年7月生，山东省诸城市人。1976年3月参加工作，1978年2月加入中国共产党，中央党校大学学历。历任诸城县栗行公社管委文书、党委秘书，诸城县委组织部干事，诸城市（县）委办公室副主任、信息资料室主任、研究室主任，诸城市枳沟镇党委书记，诸城市委常委、秘书长、办公室主任，诸城市委副书记、市政府副市长，高密市委副书记、市政府代理市长、市政府市长、党组书记。2005年2月至2011年11月，任高密市委书记，市十五届、十六届人大常委会党组书记、主任，市委党校校长。2011年11月至2017年10月，历任潍坊市人民政府党组成员；潍坊市政协党组成员、副主席，潍坊市总工会第十三届、十四届委员会主席；潍坊市政协党组成员，潍坊市总工会主席、党组书记。

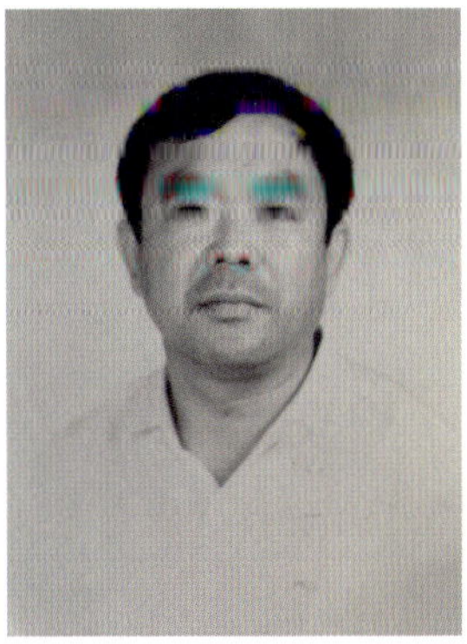

崔红旗　男，汉族，1954年12月生，山东省高密市人。1976年7月加入中国共产党，省委党校大学学历，1970年8月参加工作。历任高密县车辆厂工人，高密县运输公司工人，高密县交通局文书，高密县农林水办公室办事员，高密县委农工部干事，高密县委办公室秘书、副主任，高密县高密镇党委书记，临沂地区苍山县（挂职）副县长，

高密市（县）政府副市（县）长、党组成员，高密市委常委、市政府党组副书记、副市长。2003年1月至2012年1月，历任市十五届、十六届人大常委会党组书记、第一副主任（正县级）。

范福生 男，汉族，1964年9月生，山东省寿光市人。1987年11月加入中国共产党，省委党校研究生学历，1985年7月参加工作。历任安丘县第一农业技术中学教师，潍坊市教委职业教育教研室教研员，潍坊市纪委干事，潍坊市纪委副科级检查员，潍坊市纪委办公室副主任兼秘书科科长，潍坊市委政策研究室副主任，潍坊市委副秘书长、政策研究室主任，高密市委副书记，市政府市长、党组书记，高密市委书记，市委党校校长。2011年12月至2016年12月，任高密市委书记，市十七届人大常委会党组书记、主任，市委党校校长。2016年12月始，历任潍坊市级领导班子成员，潍坊市人大常委会副主任，滨海区党工委书记（兼）。

钟亮成 男，汉族，1957年12月生，山东省高密市人。1976年8月加入中国共产党，省委党校大学学历，1976年10月参加工作。历任高密县城律公社农业学大寨工作队员，济南军区政治部秘书处战士、文书、书记，高密县人民武装部干事，高密县委组织部干事，高密县委组织部办公室主任，高密市（县）姜庄镇党委副书记、镇长，高密市大栏乡党委书记，高密市姜庄镇党委副书记（主持工作），高密市姜庄镇党委书记、人大主席，高密市政府党组成员、副市长。2012年1月至2017年1月，任市十七届人大常委会党组书记、第一副主任（正县级）。

万　丽 女，汉族，1965年10月生，青岛市即墨区人。1986年4月加入中国共产党，省委党校研究生学历，1987年7月参加工作。历任高密县外贸公司文书、党办主任，高密市（县）商业委员会科员，共青团高密市委宣传部长，共青团高密市委副书记，共青团高密市委书记、党组书记，高密市总工会主席、党组书记，高密市委常委、宣传部部长、市总工会主席、文化产业党工委书记，高密市委副书记、统战部部长、市人大常委会党组书记。2017年1月始，任市十八届人大常委会党组书记、主任。

历届常委会副书记、副主任、党组成员

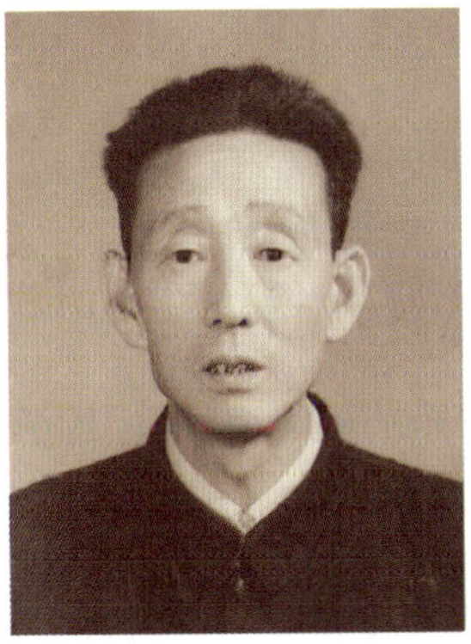

徐广顺　男，汉族，1921年10月生，曾用名范贵亭，1945年8月参加革命工作，山东省昌邑市人，1945年8月加入中国共产党。历任昌邑县第八区委宣传干部，西海地委组织部干部，潍县第五区委代理书记、书记，潍县县委组织部副部长，昌潍地委组织部干部科副科长、科长，昌潍地委政策研究室研究员，昌潍地委农村工作部干部，高密县委农村工作部部长，高密县委组织部部长，高密县委常委、组织部部长。1980年9月至1983年1月，任县九届人大常委会党组副书记、副主任。

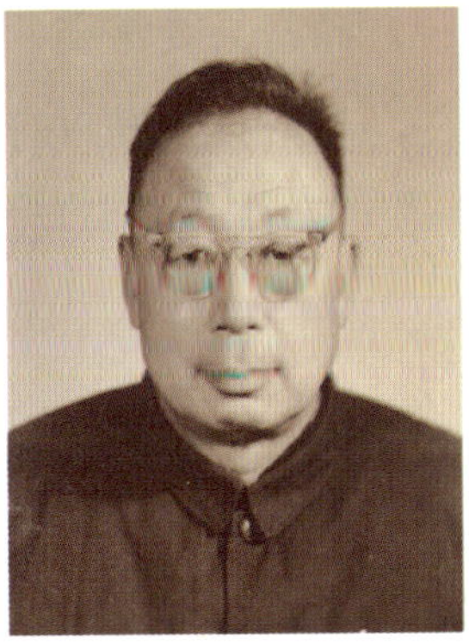

刘喜文　男，汉族，1925年8月生，山东省莱西市人，1945年1月参加革命工作，1946年9月加入中国共产党。历任胶东16团战士，莱西县夏格庄镇索兰村党支部副书记，莱西南县双山区青救会干事，莱西南县银行副股长，崂山县银行营业股股长，胶州保险中心支公司副经理，高密县人民银行行长，高密县人民委员会副县长，高密师范学校支部书记、校长，县人民委员会办公室主任，县农业局局长，县民政局局长。1980年9月至1984年5月，任县九届人大常委会党组成员、副主任。

于　彬　男，汉族，中共党员，原名董铭文。1928年2月生，山东省莱州市人，1944年2月参加革命工作，1945年6月加入中国共产党。历任掖县临城区中心学校教师，掖县临城区各救会干事，南海地委工作队干部，胶高县沽河区各救会农会委员，滨北各救会工作组组员，滨北支前前方指挥部参谋，滨北地委高密工作队队员，滨北地委驻村工作组组员，胶河县石门区委组织委员、副书记、书记，胶河县青委副书记、书记，胶河县委委员、组织部长，胶州地委组织部（休养），高密县委常委、宣传部部长，高密县委常委、监察委员会书记，高密县法院院长，高密县检察院检察长，高密县文教办公室主任。1980年9月至1987年6月，历任县九、十届人大常委会党组成员、副主任。

陈戟门　男，汉族，1908年2月生，山东省高密市人，1956年2月参加工作。1937年至1956年1月，分别在高密县和青岛博山路长生堂行

医。1956年2月后，历任高密县卫生院医生，县政协副主席。1980年10月至1984年2月，任县九届人大常委会副主任。

李宗顺 男，汉族，1929年10月生，山东省五莲县人，1946年1月参加革命工作，1949年加入中国共产党。历任高密县粮食局办事员、粮库出纳、夏庄粮食专库主任、高密县人民监察委员会监察员、高密县第十六区公所副区长、高密县人民检察署秘书、高密县人民政府办公室秘书、高密县人民委员会办公室副主任、高密县周戈庄公社党委副书记、书记，高密县贫协副主任，高密县委组织部副部长，高密县委纪委副书记，高密县委企政部巡视员，高密县纪委巡视员。1980年9月至1984年5月，任县九届人大常委会党组成员。

李凤语 男，汉族，1933年8月生，山东省高密市人，1958年3月参加工作，1966年2月加入中国共产党。历任高密县造纸厂职工、印刷厂革委副主任、轴承厂党支部书记，高密县第二工业局局长、工业局局长，高密县委常委、革委会副主任，高密县委常委、副县长。1984年5月至1993年2月，历任县十届人大常委会党组副书记、副主任，县十一届人大常委会党组成员、副主任，县十二届人大常委会党组副书记、副主任。

王炜光 男，汉族，1929年10月生，山东省诸城市人，1947年1月参加革命，1948年1月加入中国共产党。历任诸城县仁和区小仁和村儿童团长、清救会会长、小学教员，诸城县仁和区公所文书、区委文书兼干事，诸城县委秘书处秘书，诸城县仁和区委组织干事，诸城县委整党办公室秘书、组织部干事，诸城县昌城公社党委书记、管委社长，高密县康庄公社党委副书记兼社长、核心小组成员、党委副书记，高密县革委会生产指挥部工作员，高密县井沟公社革委会副主任、党委副书记、党委书记，高密县委常委、农办主任、县革委会副主任，高密县人民政府副县长。1984年5月至1990年3月，历任县十届、十一届人大常委会党组成员、副主任。

李君芳 男，汉族，1941年2月生，山东省青岛市崂山区人，1964年9月毕业于山东医学院医疗系医疗专业，分配到高密县医院。历任高密

县医院住院医师，周戈庄四清队医疗组长，县医院主治医师、进修医师、副院长。1984年5月至1993年2月，历任县十届、十一届、十二届人大常委会副主任。

孟宪兑　男，汉族，1933年11月生，山东诸城市人，1953年5月参加工作，1955年12月加入中国共产党。历任高密县第三区公所、河崖区公所文书，高密县人民委员会人事科科员，高密县委组织部干事、副部长、部长，高密县委常委、纪委书记。1985年5月至1993年3月，历任县十届人大常委会党组副书记、副主任，县十一届人大常委会党组成员、副主任，县十二届人大常委会党组副书记、副主任。

朱福训　男，汉族，1948年1月生，山东省高密人，1981年12月加入中国共产党，1975年11月参加工作。历任高密县皮防站防疫员，计生局会计，高密县政府办公室秘书。1984年4月至1986年8月任高密县十届人大常委会党组成员、办公室主任。之后，历任高密县民政局党委书记、局长，县建委主任。

刘远东　男，汉族，1932年7月生，山东省高密市人，1949年9月参加革命，1955年5月加入中国共产党。历任高密县北屯小学教员，高密县八区、四区文化站负责人，河崖区公所文书，县计划委员会办事员，县委肃反办公室外调员，县人民委员会人事科科员，县委组织部干事，县革委会政工组副组长、组长，县革委会人事局局长，县革委会办公室主任，县计划委员会主任。1987年4月至1993年4月，历任县十一届、十二届人大常委会党组成员、副主任。

梁光鹏　男，汉族，1933年4月生，山东省高密市人，1952年1月参加工作，1955年3月加入中国共产党。历任高密县柴沟、南曲、大屯、后张鲁小学教师，张鲁完小、崔家完小、李仙完小校长，县委教师肃反办公室成员，高密县第十二中学教导主任，高密县公安局侦查员、文书，省委海洋工作团郭城大队队员，高密县委组织部干事，高密县人民医院副书记，夏庄公社党委副书记、书记，高密县司

法局局长，高密县检察院检察长。1988 年 1 月至 1993 年 2 月，历任县十一、十二届人大常委会党组成员、副主任。

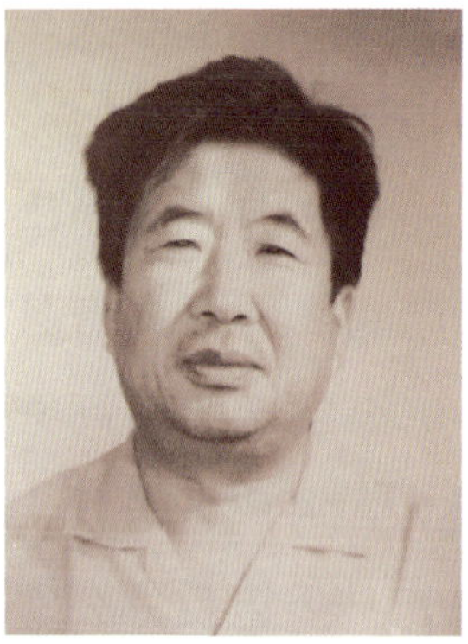

荆逢元 男，汉族，1939 年 8 月生，山东省高密市人，历任高密县贫农下中农协会副主任、高密县河崖公社党委副书记、高密县大栏乡党委书记。1987 年 2 月至 1990 年 9 月，历任高密县十一、十二届人大常委会党组成员、委员、办公室主任。后任县民政局副局长。

李好玉 男，汉族，1938 年 11 月生，山东省高密市人，1965 年 8 月参加工作，1968 年 11 月加入中国共产党。历任济南机床二厂见习生、技术员、组长，高密锻压机床厂车间副主任、科长、工程师、党支部副书记，高密县工业局副局长、党组副书记，高密县委副书记，潍坊华丰机器厂副厂长。1990 年 4 月至 1998 年 1 月，历任市（县）十二、十三届人大常委会党组成员、副主任。

沈子升 男，汉族，1940 年 10 月生，山东省高密市人，1966 年 5 月加入中国共产党，中专学历，1964 年 12 月参加工作。历任高密县棉油厂临时工，高密县卞家庄农业中学教师，高密县委机关工作人员，昌潍地区文教处工作人员，高密县委宣传部干事，高密县五金厂、气门嘴厂党支部书记，高密县轻纺公司经理，高密县经济委员会主任、经济党工委书记，高密县政府县长助理。1992 年 4 月至 2001 年 3 月，历任县十二届人大常委会党组成员，市（县）十三、十四届人大常委会党组成员、副主任。

王凤祥 男，汉族，1936 年 2 月生，山东省高密市人，1952 年 2 月参加工作，1958 年 11 月加入中国共产党。历任高密县十七区刘戈庄小学、十三区水西小学教师，高密县委肃反办公室调查员，河崖公社武家庄小学副校长，河崖公社东流口子小学副校长，高密县教育局政治教研员，高密县革委会政治文教组人事秘书，高密师范学校校长、党支部书记，高密县教育局副局长、局长，高密县财政局局长、党组书记。1992 年 4 月至 1996 年 2 月，历任县十二届人大常委会党组成员，市（县）

十二届人大常委会党组成员、副主任。

綦宗良　男，汉族，1950年8月生，山东省高密市人，1972年4月加入中国共产党，党校大专学历，1969年6月参加工作。历任高密县糖厂机修车间主任、厂办主任，高密县糖厂党委办公室主任，高密县糖厂党委委员、机关一支部副书记。1985年2月至1990年9月，历任高密县人大常委会办公室秘书，办公室副主任。1990年9月至1997年12月，历任高密市人大常委会秘书长、办公室主任，县十二届、十三届人大常委会党组成员、委员。1997年12月至2002年5月，任高密市档案局局长、档案馆馆长。2002年5月至2003年1月，任高密市政协提案法制委员会主任。2003年1月至2006年2月，任高密市政协常委、提案法制委员会主任。

聂立斌　女，汉族，1948年11月生，山东省青岛市人，无党派，高中学历，1968年11月参加工作。历任高密县柏城公社店子村知青组长、柏城公社冢子头小学教师、校长，柏城联中、高密二中、高密一中教师，高密县城关公社东关学校、西关学校教师，高密县城关公社（高密镇）古城中学教师。高密市（县）高密镇成人教育中心学校副校长，市教科院英语教研员。1991年3月至2007年12月，历任市（县）十二届、十三届、十四届、十五届人大常委会副主任。

伏希太　男，汉族，1940年8月生，山东省高密市人，1965年5月加入中国共产党，中专学历，1962年9月参加工作。历任高密县商业局文书，高密团县委学少部副部长、部长，高密县文办副主任，高密县井沟公社党委书记，高密县委办公室副主任，县委常委、办公室主任，高密县委常委、县政府党组副书记、副县长。1993年2月至2001年6月，历任市（县）十三届、十四届人大常委会党组副书记、副主任。

李万河　男，汉族，1939年1月生，山东省高密市人，1964年8月参加工作，1979年10月加入中国共产党。历任青岛市商品检验局技术员，高密县财贸办公室秘书，高密县商业局党组成员、副局长兼食品公司党支部书记，

高密县副县长。1993年2月至1998年3月，任市（县）十三届人大常委会党组成员、副主任。

潘世俊　男，汉族，1942年10月生，山东省高密市人，1968年9月参加工作，1982年7月加入中国共产党。历任上海沪东造船厂技术员，高密县内燃机配件厂、自来水公司、科委、地震办公室技术员，高密县经委电视大学讲师、副校长，高密市（县）副市（县）长，其中1992年3月至1993年9月任陕西省延长县副县长（挂职）。1995年3月至2001年3月，历任市十三届、十四届人大常委会党组成员、副主任。

郭炳桥　男，汉族，1943年2月生，山东省冠县人，1964年7月加入中国共产党，高中学历，1961年7月参加工作。历任河北馆陶民警中队战士，聊城民警大队二中队班长、排长，益都县（青州市）人武部作战科副科长、科长，诸城市人武部副部长，高密市人武部副部长、部长。1995年3月至2001年3月，历任市十三、十四届人大常委会党组成员、副主任。

刘宗法　男，汉族，1945年6月生，山东省安丘市人，1965年1月加入中国共产党，高中学历，1962年12月参加工作。历任首都警卫师仪仗营战士、班长，北京市门头沟区人武部参谋、干事，山西省河津县人武部干事、秘书、副政委、副部长，山西省万荣县县委常委、人武部长，山东省高密市（县）委常委、人武部政委。1996年3月至2003年1月，历任市十三、十四届人大常委会党组成员、副主任。

于敦学　男，汉族，1939年6月生，山东省高密市人，1971年6月加入中国共产党，初中学历，1956年7月参加工作。历任高密纺织品商店会计，高密县社棉花部结算员，高密县第一棉油厂结算员，高密县社秘书科工作人员，高密县周戈庄公社党委秘书、革委副主任，高密县康庄公社革委副主任、党委副书记、管委主任，高密县阚家公社党委书记，高密市（县）水利局党组书记、局长。1996年3月至1998年5月，任市十三届人大常委会

党组成员、副主任。

张振国　男，汉族，1948年1月生，山东省高密市人，1969年10月加入中国共产党，大专学历，1968年5月参加工作。历任高密县城律公社东华山联中教师，高密县公安局秘书，高密县公安局秘书股股长，高密市（县）公安局副局长、局长、党委书记，高密市政府市长助理。1999年3月至2006年2月，历任市十四届、十五届人大常委会党组成员、副主任。

刘彭泉　男，汉族，1947年12月生，山东省高密市人，1967年8月参加工作，1976年10月加入中国共产党。历任高密县城律公社东化山小学、拒城河公社刘家屯小学、王柱中学、高密县第七中学教师，高密市第三中学教导副主任，高密县第七中学教导主任，李家营镇党委副书记、书记，高密市（县）委常委、高密镇党委书记，高密市委常委、政法委书记。2001年3月至2006年2月，历任市十四、十五届人大常委会党组成员、副主任。

张慕坤　男，汉族，1950年10月生，山东省高密市人，1969年4月加入中国共产党，大学普通班学历，1968年3月参加工作。历任部队战士，高密县夏庄公社工作队队员，山东省水产局干部，高密县内燃机配件厂文书，高密县政府办公室秘书，高密县委企政部副部长，高密糖厂党委书记，高密市（县）姜庄镇党委书记，高密市委常委、政法委书记，高密市委常委、秘书长、办公室主任。2001年2月至2007年3月，历任市十四届、十五届人大常委会党组成员、副主任。

王致民　男，汉族，1950年7月生，山东省高密市人，1980年11月加入中国共产党，省业余大学学历，1966年7月参加工作。历任高密县姜庄公社李仙联中教师，高密县姜庄镇计生专干，高密县姜庄镇党委秘书，高密县委组织部干事、组织组组长，高密县仁和乡党委副书记、乡长，高密县仁和乡党委书记，高密县供销社主任、党委书记，高密市供电局局长，高密市政府副市长、党组成员。2001年2月至2007年3月，历任市十四届、十五届人大常委会党组成员、副主任。

王汉杰 男，汉族，1954年9月生，山东省高密市人，1975年6月加入中国共产党，省委党校大学学历，1971年12月参加工作。历任高密县粮食局直属库保管员，高密县粮食局计划股统计员，高密县粮食局财会股副股长，高密县委农村工作部干事，高密县大栏乡党委副书记，高密市（县）初家镇党委副书记、镇长，高密市柏城镇党委副书记、镇长。1997年12月至2006年4月，任市十四届、十五届人大常委会党组成员、委员、秘书长、办公室主任。2006年4月至2009年3月，任市人大常委会教科文卫工作委主任。

颜廷爱 男，汉族，1952年8月生，山东省高密市人，1973年4月加入中国共产党，省委党校大学学历，1970年12月参加工作。历任部队战士、班长，高密县城律公社党委秘书、宣传委员，高密县委组织部干事，高密县拒城河公社党委副书记，拒城河乡党委书记，高密县康庄镇党委书记，高密县副县长（其中1993年10月至1994年12月任陕西省延长县副县长挂职），高密市政府副市长。2003年1月至2007年12月，任市十五届人大常委会党组副书记、副主任。

薛维钧 男，汉族，1954年12月生，山东省高密市人，1983年3月加入中国共产党，大专学历，1988年12月参加工作。历任高密县井沟棉油厂棉检员，高密县棉花办公室秘书，高密县政府办公室秘书，高密县政府办公室副科级秘书，高密县政府办公室副主任兼信息科长，史志办主任，高密市（县）柏城镇党委书记、人大主席，高密市政府市长助理、朝阳街道（经济开发区）党工委书记。2006年2月至2010年1月，历任高密经济开发区党工委书记、市人大常委会党组成员，市十五届人大常委会党组副书记，市十六届人大常委会党组成员、副主任。

王家林 男，汉族，1958年2月生，山东省费县人，1978年12月加入中国共产党，中央党校大学学历，1976年2月参加工作。曾任高密市人武部部长。2005年12月至2018年8月，历任市十五届人大常委会党组副书记、副主任，市十六届人大常委会党组成员、副主任，市十七届人大常委会党组副书记。

张庆坚　男，汉族，1952年5月生，山东省高密市人，1982年7月加入中国共产党，大学学历，1978年5月参加工作。历任高密县张家官庄小学教师，高密县委宣传部干事，高密县委办公室秘书、副主任、研究室主任，高密县政府办公室主任、经研中心主任、研究室主任，高密市（县）委办公室主任、秘书长，高密市人民检察院党组书记、代理检察长、检察长，高密市人民政府党组成员、特邀顾问。2006年1月至2007年12月，历任市政府党组成员，市十五届人大常委会党组成员、副主任。

张星海　男，汉族，1956年11月生，山东省寿光市人，1976年5月加入中国共产党，省委党校大学学历，1980年11月参加工作。历任寿光县古城供销社文书，寿光县岔河盐场工人，寿光县大家洼税务所专管员，寿光县财政局办事员，寿光县税务局专管员，寿光县委组织部办事员，寿光县委组织部干事，寿光县丰城乡党委副书记、乡长，党委书记，寿光市台头镇党委书记，寿光市留吕镇党委书记，寿光市环保局局长，高密市委常委、政法委书记、秘书长、办公室主任。2006年12月至2016年11月，历任市十五届人大常委会党组成员、副主任，市十六届人大常委会党组副书记、副主任。

张国廷　男，汉族，1957年6月生，山东省昌邑市人，1978年8月加入中国共产党，大学学历，1976年12月参加工作。历任昌邑市峠山医院会计，高密市人武部政委，高密市委常委、人武部政委。2006年10月至2017年6月，历任市十五届、十六届人大常委会党组成员、副主任。

郑有奎　男，汉族，1956年9月生，山东省高密市人，1987年6月加入中国共产党，省委党校大学学历，1986年6月参加工作。历任高密县周戈庄乡车辋村会计、代销员、村委副主任，高密县周戈庄乡农修厂、纸箱厂副厂长，高密县周戈庄纸箱厂厂长，高密市（县）周戈庄镇（乡）副镇（乡）长，柏城镇副镇长、经委主任、党委副书记、党委书记、人大主席，市长助理，建设局局长、建设党工委书记，建设局安全生产委员会主任。2006年12月

至2016年9月，历任政府市长助理、建设局局长、安委会主任，市十五届、十六届人大常委会党组成员、副主任。

庄　政　男，汉族，1958年8月生，山东省胶州市人，1984年6月加入中国共产党，省业余大学学历，1975年7月参加工作。历任高密县橡胶厂政工科劳资干事，昌潍地区化工局劳资干事，高密县化工局劳资干事、安全员，高密县化工局秘书，高密县化学工业公司办公室副主任，高密县委宣传部干事、办公室主任，高密市委宣传部副部长、市广播电视局党委书记。2006年2月至2010年1月，历任市十五届、十六届人大常委会党组成员、秘书长、办公室主任。2010年1月至2012年1月，任高密市人大常委会委员。

毛进兰　女，汉族，1966年10月生，河北省滦县人，无党派，大学学历，1988年7月参加工作。历任高密市（县）建筑勘察设计院科员，高密市建筑勘察设计院副院长、总工程师，高密市宏图建设工程施工图审查中心主任。2007年12月至2017年1月，历任市十六届、十七届人大常委会副主任，宏图建设工程施工图审查中心主任。

刘松青　男，汉族，1959年12月生，山东省高密市人，1982年7月加入中国共产党，省委党校大学学历，1976年8月参加工作。历任高密县制糖研究室工人，高密县人民法院经济审判庭助理审判员、审判员，县人民法院经济庭副庭长，县人民法院副局级审判员、柏城法庭庭长，柴沟镇党委副书记、镇长、政协联委主任，双羊镇党委书记、人大主席，朝阳街道（经济开发区）党工委副书记、办事处（管理委员会）主任、安全生产委员会主任，经济开发区党工委副书记、管理委员会主任、朝阳街道党工委书记。2010年1月至2017年1月，市十六届人大常委会党组成员，市十七届人大常委会党组副书记、副主任。

于钦明　男，汉族，1961年3月生，山东省高密市人，1983年12月加入中国共产党，省委党校大学学历，1980年7月参加工作。历任高

密十九中教师，高密县文化局秘书，高密团县委办公室主任，高密团县委副书记，高密团县委书记，高密市（县）井沟镇党委书记，高密市蔡家站镇党委书记，高密市政协秘书长、办公室主任、党组成员，高密市外经贸委主任、外经贸党工委书记，高密市外经贸局局长，高密市政府市长助理，外经贸局安全生产委员会主任，高密乳肉兼用牛良种繁育改良中心党支部书记，市政府市长助理，市外经贸局局长、外经贸党工委书记、安委会主任，商务局局长、商贸党工委副书记。2012年1月至2019年11月，历任市十七届人大常委会党组成员、副主任，市十八届人大常委会党组成员。

宫德胜　男，汉族，1962年11月生，山东省栖霞市人，1986年5月加入中国共产党，大学学历，1981年7月参加工作。历任平度县蓼兰中学教师，平度县亭口中学教师，高密县教师进修学校教师、团总支副书记，县成人中专办公室主任，市政府办公室副局级秘书、秘书二科科长，市精神文明建设委员会办公室副主任，市委宣传部副部长、文明办主任，市政府副秘书长、城市管理行政执法局局长、党组书记、城市管理行政执法大队大队长，市委副秘书长，市广播电视局局长、党委副书记，电台、电视台台长，高密市经济开发区党工委副书记、管理委员会主任、安委会主任。2012年1月至2015年12月，历任市十七届人大常委会党组成员、副主任，经济开发区党工委副书记、管理委员会主任。2015年12月始，历任市十七、十八届人大常委会党组成员、副主任。

周德春　男，汉族，1964年10月生，山东省青州市人，1986年5月加入中国共产党，大学学历，1982年10月参加工作。历任潍坊市潍城区人武部参谋，潍坊军分区作训科参谋，潍坊市潍城区人武部副部长，高密市人武部部长，高密市委常委、市人武部政委。2012年12月至2014年8月，任市十七届人大常委会党组副书记。2014年8月至2015年2月，任市十七届人大常委会党组成员。2015年2月始，历任市十七、十八届人大常委会党组成员、委员。

王福敏　男，汉族，1964年4月生，山东省潍坊市人，1986年3月加入中国共产党，中央党校大学学历，1981年10月参加工作。历任潍

坊军分区第一干休所助理员，潍坊军分区后勤部财务科科长，潍坊市陆军预备役高炮团副团长，高密市人武部部长。2012年12月至2014年8月，任市十七届人大常委会党组副书记。2014年8月至2015年2月，任市十七届人大常委会党组成员。2015年2月始，历任市十七、十八届人大常委会党组成员、委员。

王　赓　男，汉族，1973年11月生，山东省高密市人，1994年7月加入中国共产党，省委党校研究生学历，1994年11月参加工作。历任高密市经委科员，市委政法委科员，市委办公室秘书，市委办公室副主任科员，市委保密办副主任（市政府保密局副局长），市委办公室副主任，市委保密办公室主任（市政府保密局局长），市委副秘书长、办公室副主任（保留正科级）。2010年1月至2016年1月，任市十七届人大常委会党组成员、委员、办公室主任。2016年1月始，历任高密市司法局局长、党组书记，市司法局党组书记、局长，市建设党工委书记、住房和城乡建设局局长，市住建局党组书记、局长，市政府党组成员，办公室党组书记、主任。

严凤辉　男，汉族，1971年5月生，山东省高密市人，1995年12月加入中国共产党，研究生学历，1996年7月参加工作。历任高密市财政局科员，市财政局副科长，市人民政府财税办公室、市财政局办公室副主任，市财政局办公室主任，市国有资产管理局副局长，市文化产业管理委员会副主任、党工委委员，市教育资产管理委员会主任、党工委副书记，市教育局副局长、党委委员。2016年2月始，历任市十七、十八届人大常委会党组成员、委员、办公室主任。

徐振刚　男，汉族，1963年5月生，山东省昌乐县人，1988年12月加入中国共产党，省委党校大学学历，1988年7月参加工作。历任昌乐县包庄乡党委组织干事，昌乐县平原镇组织委员，昌乐县平原镇副镇长，昌乐县平原镇党委委员、纪委书记，昌乐县北岩镇党委副书记，昌乐县高崖镇党委副书记、镇长，昌乐县红河镇党委副书记、镇长，昌乐县鄌郚镇党委书记、人大主席，昌乐县政府党组成员、县长助理，高密市政府副市长、党组成员、市胶河疏港物流园区党工委书记，高

密市委常委、办公室主任。2017年1月始，任市十八届人大常委会党组副书记、副主任。

施玉梅　女，汉族，1970年1月生，山东省高密市人，无党派，大学学历，1994年12月参加工作。历任高密市城南中学教师，高密市拒城河镇初级中学英语教师，姜庄镇党委组织干事，周戈庄镇副镇长，呼家庄镇副镇长，井沟镇副镇长，醴泉街道办事处副主任，市政协副主席。2017年1月始，任市十八届人大常委会副主任。

葛孝江　男，汉族，1965年8月生，山东省高密市人，1986年9月加入中国共产党，省业余大学学历，1985年7月参加工作。历任高密县职工教育中心教师，县建筑公司技术员，县委组织部干事，县委知识分子工作领导小组办公室主任，市（县）委组织部知工科科长（保留副科级待遇），市委组织部干部科科长、知工科科长（保留副科级待遇），市委组织部副部长、组织员办公室主任，党员电教中心主任，市人大常委会委员，市胶河生态林场党支部书记，市委组织部副部长、市人社局局长、党委副书记、社保中心主任，市财政局局长、党委书记。2017年1月至2017年10月，任市十八届人大常委会副主任、党组成员，胶河生态林场党支部书记，市财政局局长、党委书记。2017年10月始，任市十八届人大常委会党组成员、副主任。

李　铭　男，汉族，1964年7月生，山东省高密市人，1987年6月加入中国共产党，省业余大学学历，1982年12月参加工作。历任高密县锻压机床厂工人，高密县史志办公室打字员，高密市（县）政府办公室公务员、秘书，市政府办公室副局级秘书、信息科科长，市史志办公室主任，姚哥庄镇党委副书记、镇长、政协联委主任、安全生产委员会主任，井沟镇党委书记，市经济党工委书记，市经贸局局长、经济党工委书记、经贸局安全生产委员会主任，市经济和信息化局局长、安委会主任、经济党工委副书记，市政府党组成员，市经济和信息化局局长、安委会主任、经济党工委副书记，密水生态林场党委副书记，市密水生态林场管理委员会主任，经济开发区党工委副书记，市人大常委会委员。2017年1月至2017年10月，任市十八届人大常委会党组成员、副主任，密水生态林场管理委员会主任。2017年10月始，任市十八届人大常委会党组成员、副主任。

第二章　全国人大代表

李德章　男，汉族，高密市醴泉街道北大王庄社区居民，中共党员，高级经济师。1959年8月高中毕业后在北大王庄务农。1960年1月至1970年4月任北大王庄四队会计、队长；1970年5月至1975年12月任北大王庄党支部副书记；1976年1月至1998年3月任北大王庄党（支部、总支）委书记兼高密北王集团董事长；1998年4月起任北大王庄党委副书记兼高密北王集团董事长。1993年2月当选为潍坊市第十二届人大常委会委员。1988年6月、1997年6月先后被山东省委授予“优秀共产党员”，1988年12月被山东省科委授予“科技进步二等奖”、被国家科委授予“全国星火示范企业奖”（授奖名次1号），1989年10月被国务院授予“全国劳动模范”，1998年12月被省委、省政府授予“科技大王”等荣誉称号。李德章自担任北大王庄党（支部、总支）委书记后，团结带领全居（村）干群艰苦创业取得了显著成绩，使全居的农业生产实现了机械化作业，农业综合机械化程度达到了93%。分别于1993年2月和1998年2月当选为全国八届、九届人大代表。

王钦峰　男，汉族，1976年5月出生，初中文化程度，高密市井沟镇呼家庄社区人。1992年10月，初中毕业后在高密市呼家庄镇汽车配件厂工作。1995年1月后，在豪迈集团历任机床操作工、营销员、品保员、车间主管、品保科主管、电火花技术小组组长。2015年10月当选为潍坊市总工会副主席（不驻会）。全国第十二、十三届人大代表、潍坊市第十七届人大代表。王钦峰工作室获评国家级技能大师工作室，先后完成了40多项工艺革新，设计了20多种专用设备和量具，获得国家专利3项，国家和省市科技创新奖4项，2008年被评为“山东省劳动模范”；2009年5月被全国总工会授予全国“五一劳动奖章”；2010年4月被中共中央、国务院授予“全国劳动模范”荣誉称号；2011年1月被评为山东省“十大新闻人物”；2011年5月被团中央授予“中国青年五四奖章”，同年获全国道德模范提名奖、山东省道德模范。

第三章　“高密人民勋章”获得者

刘德昌　男，高密市人，1945年生，中共党员，工程师、高级经济师。历任高密农修厂党支部书记、城关工交主任兼总支书记、高密镇党委委员、高密镇副镇长、高密镇经委主任、高密大昌纺织有限公司董事长兼总经理。1986年被评为“山东省农业劳动模范”；1989年获潍坊市政府颁发的创业奖，并被评为“潍坊市优秀农民企业家”；1995年获“山东省优秀乡镇企业家”“潍坊市优秀企业家”称号。1985年3月，刘德昌带领干部职工克服各种困难，在一片荒坡上，创建了高密县纺织总厂。为高密及全市的经济发展做出了积极的贡献。1987年11月，刘德昌担任了纺织总厂厂长职务，他抓住改革开放给乡镇企业带来的机遇，不断探索企业改革发展之路，狠抓企业管理，通过实施能人战略，资产授权分层管理等措施，使企业活力不断增强。产品出口日本、美国、西德、加拿大、韩国等二十多个国家和地区，跻身于全省乡镇企业五百强。1999年企业改制为大昌纺织有限责任公司，成为高密利税大户之一。2000年1月12日，高密市第十四届人民代表大会常务委员会第十五次会议决定授予“高密人民勋章”。

孙日贵　男，汉族，1955年3月生，高密市人，中共党员，高级经济师。曾担任潍坊电机厂科长、副厂长，高密毛巾厂党支部书记兼厂长，山东洁玉纺织有限公司董事长、总经理，孚日集团股份有限公司董事长，山东省人大代表等职。先后获得“潍坊市优秀共产党员”“潍坊市优秀乡镇企业家”“山东省富民兴鲁劳动奖章”“山东省劳动模范”“山东省优秀企业家”“全国乡镇企业优秀厂长”等称号。1987年3月，他带领由潍坊电机厂分离出的织带车间33名职工，果断转产毛巾，在无厂房、无设备、无市场、无人才的情况下，凭借过硬的产品质量和良好的企业信誉，使企业摆脱了困境，成为国家同行业中的佼佼者，为高密经济的发展做出了积极贡献。1988年，积极调整产品结构，成为省外纺定点出口生产厂家。1992年，与香港基信工业有限公司合资创办潍坊华斯纺织有限公司，以合资方式大批引进日本、德国、意大利等国际先进设备和技术，迅速推出系列拳头产品，填补了国内空白。1996年，他利用补偿贸易的方式，吞并了台湾的第二大毛巾厂，对企业进行了整体改造，产品出口量跃居世界同行业第4位。1999年，投资引进10条世界先进水平的印花生产线，达到了国际领先水平。1999年8月，毛巾厂改制为山东洁玉纺织有限公司，自营出口创汇连续4年居全国同行业首位。2000年1月12日，高密市第十四届人民代表大会常务委员会第十五次会议决定授予“高密人民勋章”。

李桂荣　男，汉族，1941年3月生。山东省诸城市人，中共党员，大专学历，高级工程师。曾任高密化纤厂副厂长，山东高密糖厂副厂长，高密化纤厂厂长，山东高密化纤股份有限公司董事长、总经理、党委书记，山东银鹰化纤股份有限公司董事长、总经理、党委书记，中国化纤工业协会常务理事，山东省九届人大代表。先后荣获“山东省劳动模范”“山东省优秀企业家”“山东省优秀共产党员”“全国优秀思想政治工作者”和“五一劳动奖章”“全国劳动模范”等称号。李桂荣始终走在改革前列，20世纪80年代在全市企业中率先实行干部聘任制、岗位结构工资制。20世纪90年代，公司作为山东省首批51家试点企业之一进行了股份制改造，建立并完善了现代企业制度。李桂荣带领全体员工将职工不足300人、资产不足500万元，连续多年亏损的高密县化纤厂发展成为拥有员工4000余人、总资产5亿多元，跻身山东省百强企业，亚洲最大的棉浆粕生产企业。主持创建了中国第一家企业主办纤维素研究所，纤维素提纯研究达

到世界先进水平，先后完成省级科研项目5项。2002年，主持创建了高新技术工业园，与中科院大连化学物理研究所共同开发了世界首套直接氧化法环氧环己烷生产装置，被授予“山东省科级进步二等奖”。2002年12月30日，高密市第十四届人民代表大会常务委员会第二十八次会议决定授予“高密人民勋章”。

贾　山　男，1958年生，山东省诸城市人，中共党员，国际经贸师。曾任山东凯远食品有限公司总经理、山东凯远食品有限公司董事长，凯远集团公司潍坊进出口公司总经理、潍坊凯加食品有限公司董事长。2000年被高密市人民政府聘为经济顾问。2001年被高密市人民政府授予“高密市荣誉市民”称号。贾山一直致力于肉鸡产业的发展，为加快高密农业产业结构调整，实现富农强市做出了积极贡献。1998年，受命管理凯远公司，先后创建了潍坊凯加食品有限公司等3个农业龙头企业，成为高密肉鸡规范化养殖的一个重要标志。2002年12月30日，高密市第十四届人民代表大会常务委员会第三十八次会议决定授予“高密人民勋章”。

田立甫　男，汉族，1956年9月生，高密市人，大学学历，中共党员，高级经济师。曾担任县物资服务公司副经理、县建材供销公司经理、县建材局局长、县机械电子局局长、市乡镇企业局局长、市供电局局长。先后荣获“全国档案先进工作者”、山东省“富民兴鲁劳动奖章”、山东电力集团公司“优秀领导干部”“先进工作者”和潍坊市“优秀共产党员”等荣誉称号。在担任市供电局局长期间，全面完成了全市994个村的农网建设改造任务，每年减轻农民负担1000多万元；实施了东郊110千伏变电站等十大建设改造工程。县级城区配网自动化建设在全国率先通过了国家电力公司验收与鉴定，整体达到了国内领先水平。大力发展“外向型”多产企业，涉及机电制造、皮革加工、饮食服务、城市公交、农产品加工等多个门类，安置社会富余人员和下岗职工1000多人。多产企业有12种产品走出国门，在全省县级供电企业中首开境外销售先河。1999年组织研制的35千伏箱式变电站获省科技成果奖，并有4台成套出口到蒙古人民共和国。在全国县级供电企业中率先通过了ISO9002国际质量体系认证。组织研制开发的“供电企业超前控制行为违章管理系统”，实现了安全管理的超前防范，填补了国内空白。在全省县级供电企业率先实施了“农电工素质工程”，率先推出了承

诺服务，在历次行风测评中名列前茅。2002年12月30日，高密市第十四届人民代表大会常务委员会第三十八次会议决定授予“高密人民勋章”。

张恭运 男，汉族，1962年12月生，中共党员，大学本科文化程度，高级工程师。曾任高密市第十、十一届政协委员，高密市第十六、十七届人大代表、人大常委会委员，山东豪迈机械科技有限公司党支部书记、董事长兼总经理，高密市工商联副会长（不驻会）。先后获评“潍坊市新长征突击手”“高密市先进科技标兵”“高密市劳动模范”和“潍坊市劳动模范”。1995年1月，与他人合伙接管破产倒闭的“呼家庄镇汽车配件厂”部分厂房、设备等资产100万元，职工34名，创立了“山东豪迈机械科技有限公司”。他以科技创新为中心，打造出全国一流的轮胎模具制造企业。除第一年严重亏损外，连续10年保持了100%的发展速度，2005年底公司员工达1000多人，实现产值2亿元，公司获国家专利38项（有3项是其个人为主要发明人），其中轮胎模具加工专用电火花成型机和轮胎模加工专用数控刻字机，填补了国内空白，使中国轮胎模具的制造水平发生了质的飞跃，为中国汽车工业发展做出了一定贡献。2004年产品转型轮胎模具后，凭借领先的专利技术，该类产品达到国内领先水平。在公司范围内大力倡导诚信，努力实现员工价值，探求出一套运营现代企业新方法，不断吸收骨干员工入股，推行人本管理，努力满足员工各项需求。公司是高密市第一家为员工办理齐全各类保险的民营企业。2006年12月30日，高密市第十五届人民代表大会常务委员会第二十二次会议决定授予“高密人民勋章”。

张作栋 男，汉族，1951年8月生，中共党员，大学本科文化程度。曾任高密一中校长、党委副书记，兼任山东省高级中学协会副理事长、潍坊市督学、潍坊市人大代表等社会职务。先后被评为“山东省家庭教育工作先进个人”“省优秀教育工作者”“潍坊市优秀校长”“潍坊市十佳校长”“高密市先进科技工作者”“高密市优秀教育工作者”“高密市十杰校长”“高密市人民教育功勋”等，并获得了潍坊市人民政府颁发的“优秀教学成果奖一等奖”和高密市人民政府颁发的“科学技术进步二等奖”“科学技术进步三等奖”。参与编写了著作《数学思维方法指导》，有6篇论文发表在《中国教师报》等报刊。自全面主持高密一中工作以来，组织制订学校内部管理机制改革方案，先后实施了教师职务聘任制、职员等级聘任制、教研组长和班

主任职级制改革，建立起尊重科学、尊重人才的现代学校管理机制。2002年，省教育厅向全省中小学推广了高密一中的聘任制改革经验。承担全国教育科学“九五”规划重点课题“农村中小学特长教育衔接实验”，2000年通过鉴定；“语文实验室计划”课题2001年通过全国中语会专家鉴定，被评价为“研究成果居全国领先地位”；“优化农村中学内部管理机制研究”2001年通过省专家组鉴定。积极推进学校建设，教学条件达到了省规范化学校一类标准。1998年，省教育厅召开现场会，向全省普通高中推广了高密一中的教育教学改革经验，张作栋在会上作了典型经验介绍。2006年12月30日，高密市第十五届人民代表大会常务委员会第二十二次会议决定授予“高密人民勋章”。

郑有奎　男，汉族，1956年10月生，大学文化，中共党员，1986年6月参加工作。先后被评为“潍坊市企业管理优秀工作者”“高密市劳动模范”“潍坊市农业先进工作者”“山东省优秀共产党员”“潍坊市优秀公务员”，被潍坊市人民政府记二等功。2004年2月，郑有奎调任高密市建设党工委书记、建设局局长。他大力组织实施城市硬化、绿化、亮化、美化、规范化“五化”工程，完成投资34亿元，资金投入、工程质量、建设规模均实现了历史性突破。采用BOT方式吸引外资5800万元，顺利建成第二污水处理厂；投资6000万元，铺设总长26公里的污水收集管网，使高密市工业、生活污水基本能够通过集污管网进入污水处理厂处理，城市水环境将得到极大改善。积极参与小康河综合改造建设。组织制订了《关于鼓励旧城改造的暂行规定》，有力地保证了城市建设的顺利开展。采取吸引外资、做大做强城投品牌、改进城市基建项目运作模式、争取国债、强化行政事业性收费5项措施，城建投融资渠道进一步拓宽，为实现城市建设跨越式发展提供了强有力的保障。2006年12月30日，高密市第十五届人民代表大会常务委员会第二十二次会议决定授予“高密人民勋章”。

李顺利　男，汉族，1954年2月生，山东省平度市人，中共党员，本科学历，教授级高级政工师。历任高密县汽修厂车间主任，昌潍地区工业学大庆工作团队员，高密县运输公司政工科长，高密县交通局团委副书记、书记，共青团高密县委组织部长，高密县公路站党支部书记，高密市（县）公路局党委书记、局长，市政协常委，潍坊市政协委员。先后被评为高密县工基交“十大标兵”“山东省新长征突击手”“全省职工思想政治工作研究会优秀干部”“潍坊市优秀党务工作者”“潍

坊市拥军优属先进个人”“潍坊市实施民心工程优秀共产党员”“潍坊市劳动模范”；2004年3月被高密市委、市政府授予“全市公路建设突出贡献奖”并通报表彰。1986年4月，李顺利调任高密县公路站党支部书记。他在困境中创造条件，闯出了符合高密公路实际的成功发展之路。主持参与制订了高密“八五”以来的年度公路建设计划和中长期公路发展规划。“九纵九横”公路网、“一纵一横一环”主框架公路等均以其超前性、科学性和合理性，使全市公路步入了有序发展轨道，开创了高密公路工作的新局面。1993年至2006年，李顺利从上级争取立项投资工程3.8亿元，较好地缓解了公路建设地方资金不足的问题，按照中等城市规模扩大了城区发展空间。截至2006年，高密市有公路通车里程900千米，其中等级以上油路770多千米，构建起了高密市布局合理、便捷畅通的公路交通网络，为全市经济加快发展和招商引资创造了优越的公路交通环境。2006年12月30日，高密市第十五届人民代表大会常务委员会第二十二次会议决定授予“高密人民勋章”。

马金英　女，汉族，1948年10月生，大专文化，中共党员。历任高密县农业机械厂质检科长、副厂长、厂长，山东金亿机械制造有限公司董事长、党委书记；高密市十四届、十五届、十六届人大常委会委员，高密市第八届、第九届、第十届、第十一届党代会代表，潍坊市第九届、第十届党代会代表，中国农业机械协会副理事长，高密市女企业家协会会长。马金英带领企业全体员工解放思想，艰苦创业，开拓创新，使一家濒临破产的老国有企业，发展成为一家国内知名的现代化农业装备公司。公司改制后，4年内全部完成了退城进园工作。企业在安置下岗职工、军转干部和社会公益事业方面做出了突出贡献。马金英先后荣获“中国拖拉机行业50年最具影响力的50位人物”“中国杰出创业女性”“中国农机行业十大女杰”“中国农机工业十大新闻人物”“富民兴鲁劳动奖章”“潍坊市劳动模范”“优秀女企业家”“高密市科技拔尖人才”“高密市巾帼十佳创业带头人”等荣誉称号。2009年12月31日，高密市第十六届人民代表大会常务委员会第十四次会议决定授予“高密人民勋章”。

王兆华　男，汉族，1946年10月生，中专文化，中共党员。历任高密市醴泉街道西关居（村）党组织书记、山东三佳集团总裁，省政协七、八、九届委员。先后被评为“全国优秀乡镇企业家”“山东省劳动模范”“山东省优秀共产党员”，王兆华担任西关居（村）党组织书

记40多年来，扎根基层，情系百姓，在带领群众致富、发展居（村）经济、构建和谐社会方面做出了突出贡献。以盘活闲置资产为重点，先后引进16家个体、民营企业到西关投资办厂，年增产值6000余万元。全居旧村改造总面积达18万平方米，彻底改变了西关面貌，大大改善了居民的居住条件和生活条件。从大局出发，无条件拿出100亩土地、460亩林地，保证了凤凰公园的顺利建设。2009年12月31日，高密市第十六届人民代表大会常务委员会第十四次会议决定授予“高密人民勋章”。

张宜宗　男，汉族，1954年9月生，大专文化，中共党员。历任夏庄镇张家官庄大队团总支书记，高密县学大寨工作队队员、公社驻村工作组组长、张二村党支部书记、夏庄镇副镇长（挂职），官庄社区主任。潍坊市第十五、十六届人民代表大会代表。先后荣获“山东省劳动模范”“潍坊市劳动模范”“潍坊市优秀党员”“模范支部书记”“优秀企业家”“农村科技优秀人才”“十大孝星”等荣誉称号。张宜宗担任张二村党组织书记后，从抓班子、建队伍、办实事做起，在全村上下形成了团结和谐稳定、风正气顺心齐的良好风气。他牢牢抓住发展村级集体经济不放松，走出去攀亲结姻找能人，转变观念学本领、抓发展，促进了村级积累、群众增收。2005年底开始，带领全村群众按照社会主义新农村建设20字方针和市委“三化两改”发展思路，加快新农村建设步伐，成为全市新农村建设的一面旗帜。2009年12月31日，高密市第十六届人民代表大会常务委员会第十四次会议决定授予“高密人民勋章”。

曹沛德　男，汉族，1962年12月生，大学文化，中共党员。在担任高密市中医院院长期间，大胆进行卫生管理机制改革和创新，为高密卫生事业发展做出了突出贡献。先后荣获“山东省中医工作先进个人”“山东省县级经济管理优秀院长”“山东省优秀医务工作者”“潍坊市优秀共产党员”“高密市专业技术拔尖人才”等荣誉称号，被山东省人事厅、卫生厅记三等功2次。加快医院建设和发展步伐，新建2万平方米病房大楼和1.7万平方米后勤服务综合楼，并在全省独创了“超市”式医疗模式，医院整体医疗服务质量达到了全省同级医院先进水平。建成了高密市唯一的结石病、肛肠病、中风病、椎间盘症、心血管病五大重点中医专科，其中结石病科、中风病科分别是省、国家级重点专科。新建了高密首家与门诊病人分离的健康查体中心和高密市唯一的保健康复中心，被山东中医药大学确定为教学医院。建成的解放军总医院

远程会诊站点医院，成为全市的民心工程。与北京阜外医院、北京天坛医院、青岛大学附属医院、潍坊人民医院等建立了长期技术协作关系，解决了高密人民群众看病路远价贵的问题。2009年12月31日，高密市第十六届人民代表大会常务委员会第十四次会议决定授予“高密人民勋章”。

莫　言　男，原名管谟业，1955年2月出生，高密市人，中国当代著名作家。十二届全国政协委员、中国艺术研究院文学院院长、中国作家协会副主席、北京师范大学国际写作中心主席、山东大学讲座教授、中国现当代文学专业研究生导师、中国海洋大学文学与新闻传播学院驻校作家、华东师范大学中文系兼职教授、青岛理工大学客座教授、青岛科技大学客座教授、高密一中名誉校长。莫言自1981年开始创作生涯，发表了《枯河》《秋水》《民间音乐》《透明的红萝卜》等作品。他创作的小说《红高粱》成为红高粱文化发展史上的一座重要里程碑。从小说到电影，红高粱这部作品在国际上一共获得了17个金奖。1997年以长篇小说《丰乳肥臀》夺得中国有史以来奖金最高额的“大家文学奖”。2000年《红高粱家族》获亚洲周刊20世纪中文小说100强。2003年《檀香刑》获第一届鼎钧双年文学奖。2006年出版章回小说《生死疲劳》并获福冈亚洲文化大奖。2008年《生死疲劳》获第二届红楼梦奖首奖。2011年8月，长篇小说《蛙》获第八届茅盾文学奖。2012年10月11日，获得诺贝尔文学奖，成为首位获此奖项的中国籍作家。“红高粱文化”是高密的文化代表和文化品牌。作为“红高粱文化”的举旗者和领航人，莫言为宣传高密，弘扬“红高粱文化”做出了卓越的贡献。2013年8月28日，高密市第十七届人民代表大会常务委员会第十一次会议决定授予“高密人民勋章”。

王钦峰　见全国人大代表，此处不再赘述。2016年2月3日，高密市第十七届人民代表大会常务委员会第二十九次会议决定授予“高密人民勋章”。

朱相中　男，汉族，1962年7月生，中共党员。潍坊市十六届人大代表。先后被评为“高密市劳动模范”“高密市优秀共产党员”“潍坊市劳动模范”“山东省先进工作者”“山东省创新型儒商”。在担任高密农村商业银行董事长期间，朱相中率领全行干部员工，紧

紧把握“四化同步”的战略机遇，以支农惠农为重点，加大信贷支持力度，不断努力提高金融服务水平。在深入推进支农营销网络工程建设的基础上，创新性地推出了“诚富通”农民信用联盟贷款模式，被中国银行业协会评为“服务三农二十佳金融产品”。推出并不断完善中小企业信用联盟和专业市场商户信用联盟贷款模式，助推了企业转方式、调结构，抱团加快发展。相继被中国银监会、山东银监局评为“银行业金融机构小微企业金融服务优秀团队”。 朱相中高度重视贫困儿童帮扶救助工作，组织员工积极参加“中国梦·栋梁梦全市青少年圆梦行动”“春蕾计划”等活动，设立了乐善基金，通过结对帮扶、集中救助等形式，帮助全市300余名贫困儿童完成九年义务教育，进一步弘扬了社会正能量。在朱相中的带领下，高密农商银行为推进高密农商银行各项事业和全市经济快速健康发展做出了积极贡献。2016年2月3日，高密市第十七届人民代表大会常务委员会第二十九次会议决定授予“高密人民勋章”。

孙　勇　男，汉族，1967年12月生，中共党员，高级工程师，孚日控股集团党委书记、总经理，山东省第十二届人大代表。先后荣获“富民兴鲁劳动奖章”“中国纺织工业年度创新人物”“山东省优秀青年企业家”“山东十大营销领袖”“山东省纺织企业家创业奖”等荣誉称号。积极实践新型工业化道路，使棉纺、织造、印染、整理等全工序的生产装备都达到国际一流水平。同时，把握产业发展机遇，带领企业积极加快产业链扩张，经营领域由单一毛巾生产扩大到棉纺、毛巾、床上用品、装饰布艺等家用纺织产品以及配套热电、自来水等多元产业领域，巾被产品生产能力跃居全球第一位。毛巾产品在国际主销市场上连续十几年保持主导市场地位，企业出口额连年保持全国同行业第一位；连续多年保持国内市场综合占有率第一位，产品荣获“中国驰名商标”“中国名牌”“中国出口名牌”荣誉称号。积极支持社会公益事业。2005年开始，公司出资设立“孚日助学金”，至2015年已累计发放资金500万元，资助高考贫困学生、奖励高考优秀师生3600多名，是高密市设立时间最早、持续时间最长、资金规模最大的专项慈善基金。他带领公司股东出资7800万元建设省级标准的孚日学校，并无偿捐赠给高密市政府。大力支持改善社会民生。在偏远乡镇投资1亿元建设9个毛巾加工厂，吸纳了3000多名农村富余劳动力就业，并与160多家企业建立固定协作关系，有效拉动就业人口4万多人，年增加农民收入人均4万多元；跨行业接收12家国有集体困难和破产企业，妥善安排4000多名下岗职工。2016年2月3日，高密市第十七届人民代表大会常务委员会第二十九次会议决定授予“高密人民勋章”。

李　勇　男，汉族，1973年4月生，中共党员，大学文化，山东银鹰化纤有限公司总经理、党委书记。潍坊市第十一次党代会代表，潍坊市第十六届人大代表。李勇团结带领员工干事创业，引领企业持续健康发展，为高密市经济和社会发展做出了积极贡献。先后荣获“潍坊市十大杰出青年”“潍坊市优秀共产党员”“山东省十大杰出青年企业家”“山东省优秀企业家”“富民兴鲁劳动奖章”等荣誉称号。他致力于推动传统产业高新化，使企业在天然纤维素提纯领域达到了世界领先水平。银鹰化纤拥有中国业内最多发明专利，承担了多项国家星火计划和科研攻关项目，填补了多项国内空白，被认定为国家高新技术企业和国家功能性浆粕研发生产出口基地。棉浆粕“泰山”品牌被认定为中国驰名商标。公司经跻身全球最具竞争力的高纯度天然纤维素制造商行列，发展成为世界最大的棉浆粕生产企业和中国最大的棉浆粕出口企业。进军下游精细化工领域，规划成立了银鹰新材料产业园，纤维素醚产品实现了从无到有，产品品质快速达到国际一流水准。他热心教育事业，积极参与“春蕾计划”，资助春蕾女童和留守流动儿童500余人次；在高密一中设立了“银鹰教育基金”，对1000余名优秀师生和贫困学生进行了奖励资助；出资创办了高密市首所民办初中——银鹰文昌中学。该校教育教学工作一直走在全市前列，成为高密市优质教育品牌。2016年2月3日，高密市第十七届人民代表大会常务委员会第二十九次会议决定授予“高密人民勋章”。

李振华　男，汉族，1942年10月生，中共党员，中专文化，高密市第十七届人大代表，1978年1月至2012年6月任张家埠社区（村、居）党组织书记，花甲之年又兼任了高密市康成教育集团董事长。李振华把发展作为第一要务，把改善民生作为第一责任，团结带领党员干部群众，同心同德干事业，一心一意谋发展。荣获“高密市优秀人大代表”“高密市优秀共产党员”“高密市劳动模范”“潍坊市尊师重教先进个人”“潍坊市优秀乡镇企业家”“山东省关心下一代十佳功勋”“全国孝亲敬老之星”等荣誉称号。被社会各界誉为“教育书记”“民生书记”。投资1000万元，兴建了高密市五金建材市场和华润小区商业楼，繁荣了张家埠一方经济，而且带动了高密第三产业的发展。投资200万元，建设了过街天桥，确保了居民出行和孩子上学的安全。投资2000万元，兴办了康成颐养园。该园在吸收社会老年人入住的同时，张家埠的老人优先入住，70岁以上的老人只拿400元费用，80岁以上老人免费入住。张

家埠从幼儿园到颐养园，真正实现了“少有所教，病有所报，老有所养”的目标。先后投资5000万元建成了省级规范化学校——康成小学和能容纳1000名幼儿的康成幼儿园，让本村孩子享受优质免费教育；提供土地320亩，协助市里建成了两处高中——康成中学和凤城中学，助力全市实现了高中教育城区化。积极参与城市建设，改善人居环境。在辖区内提供空间，建设了康成名仕豪庭、翰林院、银座群帮新天地、幸福小镇等大型居住小区。2012年7月，李振华光荣退休，但依然担任高密市康成教育集团董事长，继续为他热爱的教育事业、养老事业奉献最后的光和热。2016年2月3日，高密市第十七届人民代表大会常务委员会第二十九次会议决定授予“高密人民勋章”。

郑立强 男，汉族，1970年12月生，中共党员，大学文化，高密市城市建设投资集团有限公司党总支书记、董事长、总经理，高密市第十七届人大代表。郑立强在担任高密市城市建设投资集团有限公司党总支书记、董事长、总经理期间，带领团队以城市建设为中心，坚持稳中求进，优化发展方式，增强创新驱动，全力以赴推动重点项目及房地产项目建设，完成了湖光金色、社会优抚中心、东关梓童庙片区综合改造、小康河北延片区综合改造、一中新校、滨北书苑项目。先后荣获“项目建设攻坚年和干部作风建设年活动项目攻坚先锋”“旧城改造工作先进个人”“潍坊市房地产业优秀企业家”“2013年度财政贡献奖”“高密市企业特别贡献奖”等荣誉称号。积极探索多元化、多渠道融资方式，2013年争取各项到位资金10.62亿元，2014年争取各项到位资金14.7亿元，2015年融资25.49亿元，为项目建设及公司顺利运行提供了有力保障。郑立强带领团队运作组建了高密市城投集团，形成以城投公司为主体，房地产开发、施工管理、园林绿化、物业服务四大板块为支撑，企业化管理、市场化运作的集团化发展框架。集团公司注册资本由1.2亿元扩充到了2.195亿元，资产总规模由15.48亿元达到52.2亿元，负债13.85亿元，净资产达38.2亿元，资产负债率由84%降至26.6%，筹融资能力、融资空间得到大幅提升。2016年2月3日，高密市第十七届人民代表大会常务委员会第二十九次会议决定授予“高密人民勋章”。

荆汝泉 男，汉族，1962年10月生，中共党员。荆汝泉任高密市人民医院院长期间，以科学发展观统领医院发展全局，先后荣获“山东省富民兴鲁劳动奖章”“山东省优秀院长”“潍坊市富民兴潍劳动奖章”“潍坊市优秀共产

党员”“高密市专业技术拔尖人才”等荣誉称号。医院先后与北京301医院、北京安贞医院、山东省立医院、青岛大学医学院附属医院、潍坊市脑科医院、潍坊眼科医院建立了协作关系，并开通了远程医学会诊系统；与山东省千佛山医院建立了全面协作关系，加入了青岛大学医疗集团。2013年被原国家卫生部医疗服务标准专业委员会确定为“全国基层医院慢性疾病标准宣贯试验基地”。成立于金明“院士专家工作站”，引进了泰山学者、长江学者等拔尖人才，为医院搭建更高层次的科研平台，进一步推动学科建设和人才培养。在改革中，医院将所有药品（中医饮片除外）纳入省网集中招标采购，实行“零差价”销售，截至2014年共让利患者5806万元。医院主动“往下延伸”，与5处卫生院组建“高康”医疗集团，选拔5名优秀中层干部到卫生院担任挂职院长，派出26名业务骨干常年下乡帮扶，帮助成员卫生院提升技术水平和医疗质量。建成远程心电监控中心，为农村居民提供远程诊疗服务。建成远程影像会诊中心，使农村居民不出镇就可得到上级医院专家的诊断。他致力于让医院回归公益，推出多项惠民措施。不定期举行大型义诊活动，并组织相关专家深入各镇街开展健康查体、健康教育，送医送药等活动。2012年6月，医院成功创建为潍坊医学院非隶属附属医院；2013年8月，以优异成绩首批通过“二甲”医院复审；2014年3月，成为全省二级医院纳入三级医院建设管理的单位之一；2014年11月，成功创建为三级乙等综合医院。2016年2月3日，高密市第十七届人民代表大会常务委员会第二十九次会议决定授予“高密人民勋章”。

徐林收　男，汉族，1968年12月生，中共党员，阚家镇松兴屯村党支部书记，山东省第十二届人大代表。先后荣获“潍坊市劳动模范”“潍坊市十大好人”“高密市农业农村工作先进个人”“高密市最满意基层党员干部”等荣誉称号。徐林收在外创业30年取得成功后，于2010年投资240万元，将镇区主要大道——阚兴大道南延3公里到达镇区边界路段进行了硬化，解决了镇区南部7个村庄交通不畅、出行不便的难题。2011年10月他回到松兴屯村担任党支部书记。他结合本村实际，与党员、群众代表共同研究，决定发展大棚鲜食葡萄。在他的努力下，村里整体流转了1200亩土地，逐户签订了土地流转合同，成为高密市第一个整体流转土地的村落。为打消村民的疑虑，他自掏腰包投资2200万元，建起了鲜食葡萄大棚，免费把大棚承包给村民，打造了“丽珠源”品牌，每户年增加收入5万多元。成立了合作社，采取“保底+分红”的模式，每户年收入10万元，实现了他担任支部书记的承诺。此后又引进投资2000万元、占地500亩的蔬菜大棚项目。为加快新农村建设步伐，徐林收积极争取上

级支持，利用土地增减挂钩政策，投资1.2亿元，建设以二层楼房为主，辅以6栋四层楼房，总建筑面积6万多平方米，安置住户248户设施设备先进的大型居民集中居住区。为高密西部首家农村低碳集中居住区。同时，配套建设4000平方米社区办公楼、老年活动中心、超市、联合诊所等公共服务设施，并实施教师安居工程，让有意愿的教师入住居住区。2011年，他投资1000多万元，建成了占地33亩的兴园公园，建设了水景工程和健身小广场，安装了体育健身器材，方便了群众休闲娱乐和健身。他在不要村干部工资的同时，自己出资100多万元，多次组织党员群众代表到外地旅游观开阔眼界，更好地借鉴外地成功的经验做法。邀请市茂腔剧团、各级文艺团体到当地演出，更好地丰富群众的精神文化生活。2015年，又成功发起建成了村集贸市场，在方便了群众就近购置生产生活物资的同时，促进了当地经济的发展。2012年徐林收投资1200万元，在村里建设了占地面积32亩，建筑面积7400平方米，集小学及幼儿园于一体的阚兴学校，达到省级规范化学校标准，使周围8个村庄孩子可以就近上学。学校建成以后，无条件捐献给高密政府。每逢传统节日，徐林收都为父老乡亲送上大米、月饼、鲜鱼等礼品，在村里形成了尊老爱幼的良好风气。2016年2月3日，高密市第十七届人民代表大会常务委员会第二十九次会议决定授予“高密人民勋章”。

杨方旭　女，汉族，高密市人，1994年10月6日生，中国女子排球运动员，司职接应二传，效力于山东莱商银行排球俱乐部。2013年，杨方旭入选国家青年队，与队友合作获得2013年国际排球U20女排世锦赛冠军。2014年，杨方旭入围新一届中国女排大名单并参加该年女排世锦赛。2016年8月杨方旭随国家女子排球队出征第31届奥运会获得冠军。2017年12月21日，高密市第十八届人民代表大会常务委员会第十次会议决定授予“高密人民勋章”。

第四章　各届表彰的优秀人大代表

市十四届人大常委会第七次会议决定表彰

马金英	王亦强	王克武	王者松	王金平	毛志猛
邓其华	史灵全	吕凤英	朱殿金	乔光明	任　侠
刘玉祥	刘永信	刘明星	刘金禄	刘学新	孙立禄
杜其春	李从善	李振春	李常智	李德英	杨德成
宋同山	张仁山	张文芹	陈九英	陈付奎	邵瑞香
苗立俊	单亦君	单既海	赵仁东	赵祉聚	郭宗祥
葛连成	焦淑贞	曾凡英	槐效奎	管贻芳	管贻清

市十四届人大常委会第十五次会议决定表彰

王亦强	王克武	王者松	王树美	王爱君	王家良
王培德	王道勤	邓其华	邓撰林	付振坤	乔光环
乔光明	朱文亭	刘明星	刘敬芳	杜其春	李正韶
宋术荣	张公庭	张洪春	张家书	陈兆勤	陈　萍
苗立俊	呼聚宝	周垂挺	郑梅英	单既勇	赵可云
赵祉聚	姜言启	夏锡合	徐兆文	郭丰照	栾林江
葛月殿	葛瑞云	董洪亮	焦淑贞	槐效奎	臧秋远
颜炳林					

市十四届人大常委会第二十一次会议决定表彰

万寿兰	王玉敏	王亦强	王克武	王者松	王述成
王述忠	王学武	王爱君	王家良	王道勤	邓其华
史灵全	付振坤	母秀坤	吕赞成	朱学新	刘永瑞

刘　旭	刘明星	闫金华	杨连文	杨德成	李朋荣
李学珍	张汝昌	张洪春	张家书	陈九英	陈光满
苗立俊	郑有奎	姚中强	徐光林	徐兆文	徐金明
梁秀英	葛月殿	葛连成	槐效奎	綦宗成	臧良传

市十五届人大常委会第二十二次会议决定表彰

于德升	马金英	王玉英	王小强	王京福	王承敬
王　艳	王瑞美	邓其华	田云瑞	吕凤英	吕赞成
任心奎	刘凤美	刘明星	闫联华	孙　义	孙志芳
孙学乐	杨小平	李玉平	李秀芝	李美云	李振华
李清华	李福臻	肖　瑛	宋洪波	张公亭	张汝昌
邵春生	罗相明	单际田	赵殿明	昝清春	姚中强
贺仁富	袁泽友	夏永厂	徐庆涛	郭光友	栾厚基
常明华	韩宗峰	葛建义	葛瑞云	鲁松胜	温永胜
臧贻林	颜　政				

市十六届人大常委会第十四次会议决定表彰

于新国	王克武	王连荣	王学忠	王　艳	王聚起
尤传志	毛　琳	巴连成	邓其华	田忠彩	吕延全
刘发信	刘治祥	刘学新	刘海民	孙学乐	杜爱敏
李朋荣	李衍友	李振华	邱介福	邱昇华	辛范信
张付霞	张绍森	张洪帅	陈光武	明连安	罗相明
单秋娟	单既明	昝清春	耿相辉	徐　宁	徐庆涛
徐爱香	高志明	郭连德	郭金桥	韩金国	曾　露
臧秋远	魏淑珍				

市十六届人大常委会第二十二次会议决定表彰

王文清	王　芬	王者松	王欣芳	王洪山	王维森

王福正	付希明	付深平	兰秀丽	吕凤英	刘连芬
刘　波	刘桂兰	刘海清	闫世英	孙延祥	孙　勇
李玉平	李玉林	李先农	李美云	李储学	邱兆斌
邱法林	宋来友	迟重庆	张九涛	张金明	张　波
张绍森	张恭明	陈忠国	范崇玲	单百平	单际田
赵佃亮	袁瑞义	高思荣	唐爱梅	葛建义	蒋小平
韩明宗	薛令山	魏志强			

市十七届人大常委会第十三次会议决定表彰

于新国	王世富	王克武	王连福	王国梁	王　锋
毛　琳	邓其华	田作山	任成森	孙雪萍	杜宗国
李万俊	李玉林	李　刚	李延民	李储学	杨德诚
邱介福	邱法胜	邱昱华	辛乾信	宋佰华	张九涛
张付霞	张树连	陈忠国	郇海云	单际贵	赵佃亮
赵祇文	荆世明	昝清春	姜雪琴	袁瑞义	耿相辉
徐　宁	徐庆涛	曹沛德	曾　露	蔡　琳	管贻泽
魏新波					

市十八届人大常委会第十九次会议决定表彰

王召君	王庆伟	王克武	王连荣	王连福	王国梁
王学忠	王淑香	王福正	毛新正	邓其华	田作山
吕　超	刘文贞	刘术玲	远　彬	杜宗国	李先农
李　森	杨宗荣	杨　娟	杨　艳	邱大鹏	邱金图
辛乾信	张九涛	张本良	张国华	周世龙	周星奎
郑立强	单宇辉	单海波	柳胜军	昝清春	宫恩东
宫耀宇	袁泽友	耿相辉	徐爱森	栾小龙	高　峰
鹿治理	曾　露	褚秀娟	蔡　琳	管文杰	颜　伟
戴春涛	魏新波				

图 12－1　2019 年 4 月 3 日，市人大常委会在市会议中心召开市人大常委会表彰大会，隆重表彰全市优秀人大代表和“十佳干警”

第五章　十佳干警

市十四届人大常委会第七次会议决定表彰

马秋霞　王延讯　石金明　齐世功　李　雷　邱祖元

张振芳　侯连山　梁淑岚　曹　强

市十四届人大常委会第十五次会议决定表彰

王振星　苏忠杰　时兴华　齐世功　侯连山　孙向东

杨福讯　臧爱华　吴卫东　张振芳

市十四届人大常委会第二十一次会议决定表彰

齐世功　张振芳　侯连山　时兴华　高立运　蔡善喜

苏忠杰	郭洪福	李　群	王　欣		

市十四届人大常委会第三十一次会议决定表彰

时兴华	苏忠杰	冷延吉	高立运	郭洪福	林敬义
吕顺启	孙向东	薛　亭	闫梅冬		

市十四届人大常委会第三十八次会议决定表彰

王彦青	张国良	孙从强	高立运	郭洪福	吕尧勇
吕顺启	孙向东	胡奎忠	袁广溪		

市十五届人大常委会第二十二次会议决定表彰

毛凤龙	刘海宇	荆　洧	景　涛	潘世芹	葛金波
戴建国	张　义	魏德良	窦茂林		

市十六届人大常委会第十四次会议决定表彰

刘清印	刘　磊	孙秀平	杜宝峰	李智勇	杨志强
吴奉贵	柳胜群	夏晓滨	盛华君		

市十六届人大常委会第二十二次会议决定表彰

王晓东	邓　艳	田忠胜	伏宏伟	孙树森	杜宝峰
李可伟	吴奉贵	高　磊	薛学斌		

市十七届人大常委会第十三次会议决定表彰

马秋霞	刘　刚	刘　伟	孙志东	李明友	李　越
宋春蕾	张一兵	周福祥	唐海涛		

市十七届人大常委会第二十八次会议决定表彰

马　军	刘　刚	刘　伟	刘兆胜	刘宝刚	张　涛
张　越	单既茂	楚立志	霍　青		

市十八届人大常委会第十九次会议决定表彰

于宿城	万荣泰	王金来	毛伟涛	田海滨	刘　斌
杜建敏	邵珠伦	李可伟	殷玉刚		

第六章　功勋（优秀）企业家

市十七届人大常委会第十三次会议决定表彰

功勋企业家

孙日贵　　张恭运　　朱相中　　刘海清

优秀企业家

李　勇　　朱　奎

附　　录

一　高密市人大常委会规范性文件

高密市人民代表大会常务委员会关于加强自身建设的决定

（2017年2月10日市十八届人大常委会第一次会议通过）

为提高市人大常委会整体素质，更好地履行宪法和法律赋予的职责，充分发挥地方国家权力机关的职能作用，全面助推科学发展、转型发展、创新发展，奋力开创富强和谐现代化中等城市建设新局面，就进一步加强新形势下市人大常委会自身建设，作出如下决定。

一、加强思想政治建设，保持正确的政治方向

1. 坚持和依靠党的领导。以邓小平理论、“三个代表”重要思想和科学发展观为指导，认真学习贯彻党的十八大、十八届三中、四中、五中、六中全会精神和习近平总书记系列重要讲话精神，坚定不移地维护市委总揽全局、协调各方的领导核心地位，在政治上思想上行动上与上级党委和市委保持高度一致。要把推进社会主义民主法治建设作为根本任务，按照市第十三次党代会的部署，围绕全市工作大局，依法履行各项职责，确保党的路线、方针、政策和市委的决策部署在人大工作中得到贯彻落实。坚持重要工作和重大事项及时向市委请示报告制度，善于把党的主张和意图经过法定程序成为人民群众的共同意志，努力在工作中实现党的领导、人民当家做主和依法治国的有机统一。

2. 提高思想理论素养。系统学习马克思主义基本理论、中国特色社会主义理论，把中国特色社会主义共同理想与高密新阶段的目标任务紧密结合。认真学习宪法、法律法规和人民代表大会制度理论，学习经济、政治、文化、社会管理等各方面知识，进一步完善知识结构。坚持向基层学习，向实践学习，向人民群众学习，不断丰富知识、增长才干、增强本领。

3. 健全和完善集体学习制度。根据新形势新任务的要求和工作需要，紧密结合自身思想和工作实际，制订学习计划，采取多种方式进行学习，把集体学习与个人自学相结合，系统学习与专题研讨相结合，加强日常理论、业务学习，做到学以致用、知行合一，力求学习实效。

4. 弘扬理论联系实际的学风。紧密结合经济社会发展和人大工作实际，注重研究新情况、解决新问题、总结新经验，切实把学习的体会和成果转化为谋划工作的思路、促进工作的措施、履行职责的能力，达到用正确理论武装头脑、指导实践、推动工作的目的。

二、开展“两学一做”，加强理论武装

5. 学党章党规。着眼明确基本标准、树立行为规范，全面理解党的纲领，牢记入党誓词，牢记党的宗旨，牢记党员义务和权利，尊崇党章、遵守党章、维护党章，坚定理想信念，对党绝对忠诚。认真学习《关于新形势下党内政治生活的若干准则》《中国共产党党内监督条例》等党内法规，牢记党的优良传统和作风，树立崇高道德追求，养成纪律自觉，守住为人、做事的基准和底线。

6. 学系列讲话。着眼加强理论武装、统一思想行动，认真学习习近平总书记关于改革发展稳定、内政外交国防、治党治国治军的新理念新思想新战略，深入领会系列重要讲话的丰富内涵和核心要义，真正用讲话精神武装头脑、指导实践、推动工作。坚持集中学习和自学相结合，进一步完善知识结构，提高战略思维、创新思维、辩证思维、法治思维、底线思维能力，提高领导能力和人大工作专业化水平。

7. 做合格党员。着眼党和国家事业的新发展对党员的新要求，做讲政治、有信念，讲规矩、有纪律，讲道德、有品行，讲奉献、有作为的合格党员。践行党的宗旨，保持公仆情怀，牢记共产党员永远是劳动人民的普通一员，密切联系人民群众和人大代表，全心全意为人民服务，为人大代表服务。

三、坚持民主集中制原则，不断提高议事决策水平

8. 坚持集体行使职权。按照民主集中制的组织原则行使各项法定职权，把民主基础上的集中与集中指导下的民主结合起来，充分发扬民主，集中正确意见，集体决定问题，努力形成科学高效有序的工作机制，提高决策的科学性和民主性。

9. 严格按照法定程序议事和履职。常委会组成人员要依法行使权利和履行义务，按时出席常委会会议，依照法定程序对各项报告进行审议，充分发表意见，善于谋全局、议大事，正确反映人民群众和社会各方面的愿望和要求。要认真遵守有关常委会、主任会议的法律法规和工作规范，积极有效地开展监督、讨论决定重大事项和人事任免等履职活动，严格依法办事。

10. 带头执行常委会决议和决定。常委

会组成人员要自觉维护、模范遵守、带头执行常委会作出的决议决定，积极主动地围绕常委会工作计划和工作部署履行职责，努力促进和保证人大及其常委会决议决定的贯彻落实。

四、坚持群众路线，密切与人大代表和人民群众的联系

11. 树立人民利益高于一切的观念。站稳群众立场，增进群众感情，坚持以人为本，高度关注民生，把实现好、维护好、发展好最广大人民群众的根本利益作为工作的出发点和落脚点，做到权为民所用、情为民所系、利为民所谋。自觉贯彻群众路线，经常到群众中去，问政于民、问需于民、问计于民，在履职中努力体现和维护人民群众的意愿，依法督促解决好群众最关心、最直接、最现实的问题，保证人民赋予的权力始终用来为人民谋利益。

12. 密切与人大代表和人民群众的联系。坚持代表主体地位，扎实有效地做好代表工作，为代表依法执行职务提供保障。坚持常委会组成人员联系代表制度，坚持常委会的重要活动和决策广泛听取代表和社会各界的意见，邀请公民旁听常委会会议，扩大公民有序的政治参与。紧紧依靠人大代表和人民群众开展工作，使人大工作具有更加坚实的基础。

13. 深入开展调查研究。大兴调查研究之风，把市委决策部署、政府着力推进、群众普遍关注的事项作为工作重点，深入基层，调查研究，倾听群众呼声，了解群众意愿，集中群众智慧，不断深化对社情民意的认识，提出切实可行的建议措施，为正确决策和开展工作提供依据，使人大工作顺应民心、反映民意、贴近民生，让人民群众在共建共享中有更多获得感、幸福感。

14. 弘扬求真务实精神。以高度的事业心和责任感，求真务实，真抓实干，重实际、说实话、办实事、求实效。谦虚谨慎、艰苦奋斗，反对形式主义、官僚主义、享乐主义和奢靡之风。外出调查研究和活动，要轻车简从，提高效率，不给基层增加额外负担。

15. 加强与上下级人大的联系。要注重加强与上级人大常委会和镇街区人大的工作联系。坚持实行领导分工联系镇街区人大和代表小组制度，每年两次对市级以上人大代表进行普遍联系，深入开展常委会组成人员联系代表、代表联系群众的“双联”活动，定期听取基层人大和代表小组的意见，通报常委会一个时期的工作重点，指导面上工作的开展，研究和总结镇街区人大工作的成功经验和有效做法，推动全市人大工作深入开展。

五、完善和落实工作制度，提高工作效率和质量

16. 进一步健全工作制度。加强对人大工作规律和工作特点的研究，及时总结经验，把成功有效的做法适时制度化，不断完善常委会、主任会议和常委会机关的工作制度及规范，不断完善监督、代表等方面的工作制度和规范，使各项工作有章可循，促进工作的制度化、规范化。

17. 自觉遵守工作制度。常委会组成人员要自觉执行常委会的各项规章制度，遵守常委会组成人员守则、议事规则，遵守工作纪律，讲求办事程序，严格按照法律和制度履行职责和开展活动，切实用制度规范和约束自身行为，靠制度提高办事效率和工作质量。

18. 认真负责地开展工作。始终保持良好的精神状态，按照“总结、继承、完善、提高”的要求，扎实工作，开拓创新，切实把工作职责落实到位，完成好职责范围内的各项任务，努力取得党和人民满意的成绩。

19. 营造和谐有序的工作氛围。树立常委会工作“一盘棋”思想，加强团结，顾全大局，密切各专门委员会、常委会办事机构以及工作委员会之间的联系、协调与合作，形成和谐有序的工作运行机制。密切常委会组成人员之间的联系，公道正派，光明磊落，相互尊重，相互支持，共同营造民主和谐、依法有序、风清气正、干事创业的良好氛围。

六、坚持廉洁自律，树立常委会的良好形象

20. 加强党风廉政建设。坚决贯彻落实中央、上级党委和市委关于加强党风廉政建设的决策部署，模范地遵守国家法律法规和遵守廉洁自律的各项规定，提高拒腐防变能力，慎独慎微，秉公用权，自觉防止和抵制腐败现象和不正之风，真正做到为民、务实、清廉。

21. 加强思想道德修养。树立正确的世界观、人生观、价值观和权力观，增强忧患意识、公仆意识、节俭意识，自觉践行社会主义核心价值观，遵守社会公德、职业道德、家庭美德。要把家风建设摆在重要位置，廉洁修身、廉洁齐家，培养健康的生活情趣，保持高尚的精神追求。

22. 自觉接受人民监督。进一步强化国家权力机关对人民负责、受人民监督的宪法意识，以对人民高度负责的事业心和责任感，始终按照法定权限和法定程序行使权力、履行职责，全心全意为人民服务。要坚持自重、自省、自警、自励，自觉接受人民群众的监督，树立和维护人大及其常委会的良好形象。

高密市人民代表大会常务委员会议事规则

（2017年6月27日市十八届人大常委会第四次会议通过）

第一章　总　　则

第一条　为了保证市人大常委会（以下简称常委会）依法行使好各项职权，提高议事质量和效率，根据宪法、地方组织法、监督法和全国、省、潍坊市人大常委会的有关规定，结合工作实际，制定本规则。

第二条　常委会审议议案、决定问题，实行民主集中制原则；坚持围绕中心、突出主题、讲求实效。

第二章　会议的召开

第三条　常委会会议每两个月至少举行一次。特殊需要的时候，可以临时召集会议。

常委会会议由主任召集并主持。常委会主任可以委托副主任主持会议。

第四条　常委会会议必须有常委会全体组成人员的过半数出席方能举行。

第五条　常委会会议日期，由常委会主任会议决定；会议议程草案，由常委会主任会议根据常委会工作计划和实际情况拟定，提请常委会全体会议通过；常委会举行会议期间，需要调整议程的，由主任会议提出，经常委会全体会议同意。

常委会主任会议拟定议程草案后，市人大有关专门委员会和常委会有关办事机构应及时告知市人民政府及其有关部门、市人民法院、市人民检察院准备会议材料，由市人大有关专门委员会或常委会有关办事机构审查后，于常委会举行会议的十日前报送常委会。

第六条　常委会举行会议的七日前，将开会日期、建议议题等事项，通知常委会组成人员和列席会议的人员；临时召集的会议，可以临时通知。

第七条　常委会举行会议时，市人民政府、市人民法院、市人民检察院的负责人，不是常委会组成人员的常委会办事机构负责人，市直有关部门的负责人，列席会议。

根据会议内容，各镇街区负责人大工作的同志、市直代表小组召集人列席会议。必要时，可以邀请市人大有关的专门委员会委员，有关的市级以上人大代表，预算审查监督咨询专家组成员列席会议；吸收公民旁听会议。

第八条　常委会举行会议时，可采用全体会议、分组会议等会议形式。

第九条　常委会分组会议审议相关议案和报告时，市人民政府或者有关部门、市人民法院、市人民检察院应当派有关负责人到会，听取意见，回答询问。

第三章　议案的提出和审议

第十条　常委会主任会议可以向常委会提出属于常委会职权范围内的议案，由常委会会议审议。

市人民政府、市人大各专门委员会，可以向常委会提出属于常委会职权范围内的议案，由常委会主任会议决定提请常委会会议审议，或者先交市人大有关专门委员会审议并提出报告，再提请常委会会议审议。

常委会组成人员三人以上联名，可以向常委会提出属于常委会职权范围内的议案，由常委会主任会议决定是否提请常委会会议审议，或者先交市人大有关专门委员会审议并提出报告，再决定是否提请常委会会议审议；不提请常委会会议审议的，应当向常委会会议报告或者向提案人说明。

第十一条　常委会主任会议、市人民政府、市人民法院、市人民检察院，可以向常委会提出属于常委会职权范围内的人事任免案和撤职案。

常委会五分之一以上的组成人员书面联名，可以向常委会提出属于常委会职权范围内的撤职案，由常委会主任会议决定是否提请常委会会议审议；或者由主任会议提议，经常委会全体会议决定，组织调查委员会，由以后的常委会会议根据调查委员会的报告审议决定。

第十二条 常委会主任会议根据工作需要，可以委托常委会办事机构代常委会拟定议案草案，并向常委会会议作说明。

第十三条 对列入常委会会议的议案，提出议案的机关、市人大有关专门委员会、常委会有关办事机构、常委会有关组成人员，应当提供相关的资料或者调查材料。

对人事任免案，提请任免的机关要在法律规定时间前，将人事任免名单及其有关材料提报常委会。提请机关负责人应当到会介绍被任免人员的基本情况，并回答询问。

撤职案应当写明撤职的对象和理由，并提供有关的材料；撤职案在提请表决前，被提出撤职的人员有权在常委会会议上提出申辩意见，或者书面提出申辩意见，由常委会主任会议决定印发常委会会议。

第十四条 常委会主任会议可以责成市人大有关专门委员会对有关议案进行初审，形成初审意见。有关材料可以提交常委会会议参阅。

第十五条 常委会全体会议听取议案或者关于议案的说明后，由分组会议进行审议。

提出议案的机关负责人可以在常委会全体会议、分组会议上对该议案作补充说明。

第十六条 列入常委会会议的议案，在交付表决前，提案人要求撤回的，经常委会主任会议同意，对该议案的审议即行终止。

第十七条 列入常委会会议的议案，在审议中有重大问题需要进一步研究的，经常委会主任会议提出，全体会议同意，可以暂不付表决，交市人大有关的专门委员会进一步审议，提出报告。

第十八条 常委会认为必要的时候，可以组织关于特定问题的调查委员会，对有关问题进行调查，并根据调查委员会的报告作出相应的决议、决定。

常委会主任会议可以向常委会提议组织关于特定问题的调查委员会，提请常委会审议。

常委会五分之一以上的组成人员书面联名，可以向常委会提议组织关于特定问题的调查委员会，由常委会主任会议决定提请常委会审议，或者先交市人大有关的专门委员会审议、提出报告，再决定提请常委会审议。

第四章 听取和审议专项工作报告，评议专项工作

第十九条 常委会全体会议听取和审议市人民政府、市人民法院、市人民检察院的专项工作报告，评议专项工作。

专项工作报告由市人民政府、市人民法

院、市人民检察院的负责人向常委会报告，市人民政府也可以委托有关部门负责人向常委会报告。

第二十条　常委会听取和审议专项工作报告或者评议专项工作前，常委会主任会议可以组织常委会组成人员和市人大代表，对有关工作进行视察或者专题调查研究，形成视察或者调查报告，提交常委会会议参阅。

常委会可以安排参加视察或者专题调查研究的代表列席常委会会议，听取专项工作报告，提出意见。

第二十一条　常委会全体会议听取专项工作报告后，可以由分组会议进行审议、评议。

第二十二条　常委会对专项工作报告的审议意见，印发市人民政府、市人民法院或者市人民检察院研究处理。

市人民政府、市人民法院或者市人民检察院一般应当在两个月内将研究处理情况由其办事机构送交市人大有关专门委员会或者常委会有关办事机构征求意见后，向常委会提出书面报告。

常委会认为必要时，可以对专项工作报告作出决议；市人民政府、市人民法院或者市人民检察院应当在决议规定的期限内，将执行决议的情况向常委会报告。

常委会听取的专项工作报告及审议意见，市人民政府、市人民法院或者市人民检察院对审议意见研究处理情况或者执行决议情况的报告，向市人大代表通报并向社会公布。

第二十三条　常委会对专项工作的评议意见，印发市人民政府、市人民法院、市人民检察院研究处理，同时报送市委，抄送组织人事部门。

专项工作评议所涉及的机关及部门一般应当在两个月内将研究落实情况送交市人大有关专门委员会或者常委会有关办事机构征求意见后，向常委会提交书面报告。

常委会听取的专项工作报告及评议意见，专项工作评议所涉及的机关及部门对评议意见研究落实情况的报告，向市人大代表通报并向社会公布。

第二十四条　对常委会听取和审议的专项工作报告、评议的专项工作，常委会全体组成人员的过半数不满意的，或者有重要问题未解决好的，由常委会主任会议决定，在下次常委会会议上重新报告，再次审议或者评议。

第五章　审查和批准决算，听取和审议国民经济和社会发展计划、预算的执行情况报告，听取和审议审计工作报告

第二十五条　每年六月至九月期间，常委会听取和审议市人民政府关于上一年度市级决算草案的报告，审查和批准上一年度市级决算。

市人民政府应当及时将上一年度的本级决算草案送交市人大财政经济委员会进行初步审查，由市人大财政经济委员会向常委会提出审查报告。

决算草案应当按照市人民代表大会批准的预算所列科目编制，按预算数、调整数或者变更数以及实际执行数分别列出，并作出

说明。

第二十六条 常委会对决算草案和预算执行情况报告，重点审查下列内容：

（一）预算收支平衡情况；

（二）重点支出的安排和资金到位情况；

（三）预算超收收入的安排和使用情况；

（四）部门预算制度建立和执行情况；

（五）上级财政补助资金的安排和使用情况；

（六）市人民代表大会关于批准预算的决议的执行情况。

第二十七条 常委会每年审查和批准决算的同时，听取和审议市人民政府提出的审计机关关于上一年度预算执行和其他财政收支的审计工作报告。

第二十八条 每年六月至九月期间，常委会听取和审议市人民政府关于本年度上一阶段国民经济和社会发展计划、预算执行情况的报告。

第二十九条 国民经济和社会发展计划、预算经市人民代表大会批准后，在执行过程中需要作部分调整的，市人民政府应当将调整方案提请常委会审查和批准；预算安排的农业、教育、科技、文化、卫生、社会保障等资金需要调减的，市人民政府应当在调整前提请常委会审查和批准。

国民经济和社会发展五年规划经市人民代表大会批准后，在实施的中期阶段，市人民政府应当将规划实施情况的中期评估报告提请常委会审议。规划经中期评估需要调整的，市人民政府应当将调整方案提请常委会审查和批准。

第三十条 常委会对国民经济和社会发展计划执行情况报告、预算执行情况报告和审计工作报告的审议意见交由市人民政府研究处理。

市人民政府一般应当在两个月内将研究处理情况向常委会提出书面报告。

常委会认为必要时，可以对审计工作报告作出决议；市人民政府应当在决议规定的期限内，将执行决议的情况向常委会报告。

常委会听取的国民经济和社会发展计划执行情况报告、预算执行情况报告和审计工作报告及审议意见，市人民政府对审议意见研究处理情况或者执行决议情况的报告，向市人大代表通报并向社会公布。

第六章 审议执法检查报告

第三十一条 常委会每年选择若干关系改革发展稳定大局和群众切身利益、社会普遍关注的重大问题，有计划地对有关法律、法规实施情况组织执法检查。执法检查结束后，执法检查组应当及时提出执法检查报告，由常委会主任会议决定提请常委会审议。

第三十二条 常委会对执法检查报告的审议意见连同执法检查报告，一并交由市人民政府、市人民法院或者市人民检察院研究处理。

市人民政府、市人民法院或者市人民检察院一般应当在两个月内将研究处理情况由其办事机构送交市人大有关专门委员会或者常委会有关办事机构征求意见后，向常委会提出报告。必要时，研究处理情况报告由常委会主任会议决定提请常委会审议，或者由常委会组织跟踪检查；常委会也可以委托市人大有关专门委员会或者常委会有关办事机构组织跟踪检查。

常委会的执法检查报告及审议意见，市人民政府、市人民法院或者市人民检察院对其研究处理情况的报告，向市人大代表通报并向社会公布。

第七章　质　　询

第三十三条　在常委会举行会议期间，常委会组成人员三人以上联名，可以向常委会书面提出对市人民政府及其工作部门和市人民法院、市人民检察院的质询案。

第三十四条　质询案须写明质询对象、质询的问题和内容。

第三十五条　质询案由常委会主任会议决定提请常委会会议审议或者交市人大有关的专门委员会审议。

第三十六条　质询案由常委会主任会议决定，受质询机关的负责人应当在常委会会议上或者在市人大有关的专门委员会会议上作出口头答复或者书面答复。在市人大专门委员会会议上答复的，市人大有关专门委员会应当向常委会或者常委会主任会议提出报告。

质询案以书面答复的，应当由被质询机关负责人签署，并印发常委会组成人员和市人大有关的专门委员会。

市人大专门委员会审议质询案时，提出质询案的常委会组成人员可以出席会议，发表意见。

第三十七条　提质询案的常委会组成人员的过半数对受质询机关的答复不满意的，由常委会主任会议决定，受质询机关在本次或者下次常委会会议上再作答复。

第八章　发言和表决

第三十八条　常委会组成人员在常委会会议上的发言，不受法律追究。

第三十九条　常委会组成人员在全体会议、分组会议上发言，应当围绕会议确定的议题进行。

对于常委会组成人员的审议发言和评议发言，常委会办事机构要安排专人做好记录，根据要求形成审议意见和评议意见，以《审议意见书》的形式印发有关机关。

第四十条　表决议案以常委会全体组成人员的过半数赞成为通过。表决结果由会议主持人当场宣布。

第四十一条　人事任免案逐人表决，根据情况也可以合并表决。

第四十二条　常委会表决议案采用无记名投票、举手或者其他方式。

第九章　附　　则

第四十三条　本规则自公布之日起施行。

高密市人民代表大会常务委员会组成人员守则

（2017年6月27日市十八届人大常委会第四次会议通过）

第一条 为加强市人民代表大会常务委员会（以下简称常委会）的组织制度建设，保证常委会组成人员依法履行职责，根据法律有关规定，结合常委会工作实际，制订本守则。

第二条 常委会组成人员要高举中国特色社会主义伟大旗帜，以马克思列宁主义、毛泽东思想、邓小平理论、“三个代表”重要思想、科学发展观为指导，全面贯彻落实党的十八大和十八届三中、四中、五中、六中全会精神，深入贯彻落实习近平总书记系列重要讲话和治国理政新理念新思想新战略，坚持党的领导、人民当家做主、依法治国有机统一，始终在思想上政治上行动上同以习近平同志为核心的党中央保持高度一致。

第三条 常委会组成人员要努力学习中国特色社会主义理论体系，认真学习党的路线方针政策和宪法法律，掌握人大工作必备的知识，熟悉人大工作程序，不断提高履行职责的能力。

第四条 常委会组成人员要模范地遵守宪法法律，严格依法履行职责；坚持民主集中制原则，集体行使职权。

第五条 常委会组成人员要牢记党和人民的重托，保持强烈的责任感和事业心，坚持围绕中心、突出主题、讲求实效，认真履行法律赋予的各项职责，努力做好人大工作；本部门、本单位的工作和活动安排与常委会工作安排发生冲突时，原则上应服从常委会工作需要。

第六条 常委会组成人员要按时出席常委会会议。因特殊情况确实不能出席的，由本人或所在单位向常委会办公室递交书面请假报告，由常委会主任批准。会议期间，常委会组成人员不能出席常委会全体会议的，应向会议主持人请假；不能出席常委会分组会议的或在分组会议期间因特殊情况离会时，应向分组会议召集人请假。

常委会组成人员出席常委会会议情况，由常委会办公室统一汇总，每半年通报一次。未请假而缺席会议的人员应向常委会作出书面解释，并由常委会主任或委托办公室主任约请其谈话。未经批准，每年缺席常委会会议两次及以上的，应按程序辞去常委会组成人员职务。虽经批准，每年缺席常委会会议三次及以上的，应向常委会主任会议提交书面报告说明情况。

第七条 常委会组成人员在常委会会议

举行前，应当就会议议题做好审议准备，拟好审议发言提纲。出席常委会会议期间，应集中精力开好会议，围绕会议议题积极审议发言；严格按照法律规定和程序行使权利；服从会议安排，不得从事有碍会议正常进行的活动。参加常委会会议时，应着正装，举止得体。

第八条　常委会组成人员要积极参加常委会组织的视察、检查、调查、评议等活动。

第九条　常委会组成人员要带头发扬优良作风，坚持求真务实，讲真话干实事求实效；密切与人大代表和人民群众的联系，自觉接受市人大代表和人民群众的监督；严格遵守廉洁从政各项规定，努力维护地方国家权力机关的良好形象。

第十条　常委会主任会议负责解释并监督本守则的执行。

第十一条　本守则自公布之日起施行。

高密市人民代表大会常务委员会人事任免办法

（2012 年 6 月 26 日市十七届人大常委会第三次会议通过
2017 年 8 月 25 日市十八届人大常委会第五次会议修订）

第一章　总　　则

第一条　为认真履行宪法和法律赋予的职责，正确行使市人民代表大会常务委员会（以下简称市人大常委会）的人事任免权，根据《宪法》《中华人民共和国地方各级人民代表大会和地方各级人民政府组织法》《中华人民共和国各级人民代表大会常务委员会监督法》《中华人民共和国公务员法》《中华人民共和国人民法院组织法》《中华人民共和国人民检察院组织法》和《潍坊市人民代表大会常务委员会人事任免办法》等法律法规和有关规定，结合我市实际，制订本办法。

第二条　市人大常委会行使人事任免权，应坚持党管干部、任人唯贤、德才兼备、群众公认、注重实绩、民主集中制的原则，严格依法办事。

第三条　市人大常委会任免市人大专门委员会个别副主任委员和部分委员、市人大常委会机关和派出机构负责人，决定任免市人民政府组成人员，任免市人民法院审判人员、人民陪审员，任免市人民检察院检察人员，以及根据地方组织法规定和工作需要由市人大常委会决定、通过的其他人员的任免，适用本办法。

提请市人大常委会任命的人员，应当符合法律规定的任职资格和条件。

第四条 市人大常委会人事任免办事机构负责有关人事任免事项的具体工作。

第二章 任免范围

第五条 在市人民代表大会闭会期间，市人大常委会主任因特殊情况不能工作或者缺位的时候，根据市人大常委会主任会议的提名，在副主任中推选一人代理主任的职务。

第六条 在市人民代表大会闭会期间，根据市人大常委会主任会议的提名，任免市人大专门委员会的个别副主任委员和部分委员。专门委员会组成人员的人选，应当在市人大代表中提名。

第七条 根据市人大常委会主任会议的提名，通过市人大常委会代表资格审查委员会主任委员、副主任委员和委员的人选。代表资格审查委员会组成人员的人选，应当在市人大常委会组成人员中提名。

第八条 根据市人大常委会主任会议的提名，通过市人大常委会特定问题调查委员会主任委员、副主任委员和委员的人选。特定问题调查委员会组成人员应当是市人大常委会组成人员和其他代表。

第九条 根据市人大常委会主任会议的提名，任免市人大常委会办事机构、工作机构和派出机构主任、副主任。

第十条 在市人民代表大会闭会期间，市长因故不能担任职务的时候，根据市人大常委会主任会议的提名，从副市长中决定代理市长的人选。

第十一条 在市人民代表大会闭会期间，根据市长或者市人大常委会主任会议的提名，决定个别副市长的任免。根据市长的提名，决定市人民政府局长、委（办）主任的任免。

第十二条 在市人民代表大会闭会期间，市人民法院院长因故不能担任职务的时候，根据市人大常委会主任会议的提名，从副院长中决定代理院长的人选。

根据市人民法院院长的提名，任免市人民法院副院长、审判委员会委员、庭长、副庭长、审判员。

根据市人民法院院长的提名，任免人民陪审员。

第十三条 在市人民代表大会闭会期间，市人民检察院检察长因故不能担任职务的时候，根据市人大常委会主任会议的提名，从副检察长中决定代理检察长的人选。市人大常委会决定后，由市人民检察院、市人大常委会分别报潍坊市人民检察院、潍坊市人大常委会备案。

根据市人民检察院检察长的提名，任免市人民检察院副检察长、检察委员会委员、检察员。

第十四条 在市人民代表大会闭会期间，受理市人大常委会组成人员、市人大专门委员会组成人员，市长、副市长，市人民法院院长，市人民检察院检察长提出的辞职请求，并决定是否接受辞职。决定接受辞职后，须报市人民代表大会备案。决定接受市人民检察院检察长的辞职后，须由市人民检察院报经潍坊市人民检察院检察长提请潍坊市人大常委会批准。

第十五条　根据市人大常委会主任会议的提请，决定撤销市人大常委会办事机构、工作机构和派出机构主任、副主任的职务。

第十六条　根据市长或者市人大常委会主任会议的提请，决定撤销个别副市长和市人大常委会任命的市人民政府其他组成人员的职务。

第十七条　在市人民代表大会闭会期间，根据市人大常委会主任会议的提请，决定撤销市人民法院院长的职务。市人大常委会决定后，由市人民法院报经潍坊市中级人民法院提请潍坊市人大常委会批准，并报市人民代表大会备案。

根据市人民法院院长或者市人大常委会主任会议的提请，决定撤销市人民法院副院长、审判委员会委员、庭长、副庭长、审判员的职务。

第十八条　根据市人民检察院检察长或者市人大常委会主任会议的提请，决定撤销市人民检察院副检察长、检察委员会委员、检察员的职务。

第十九条　市人大常委会五分之一以上组成人员书面联名，可以提出对市人大常委会决定任命、任命的地方国家机关工作人员的撤职案，由市人大常委会主任会议决定是否提请市人大常委会会议审议；或者由市人大常委会主任会议提议，经市人大常委会全体会议决定，组织调查委员会，由以后的市人大常委会会议根据调查委员会的报告审议决定。

第三章　任免程序

第二十条　提请市人大常委会审议的人事任免案，由提请机关书面提出任免报告，并附有拟任免人员的简历、考察情况、任免理由及任职资格等材料。

在市人大常委会审议表决前，由提请机关的负责人向市人大常委会党组会议介绍被提请任免人员的有关情况，由党组会议决定是否提交市人大常委会主任会议审议。

第二十一条　在市人民代表大会闭会期间，请求辞职的人员，由本人以书面形式向市人大常委会提出辞职请求。

第二十二条　提请市人大常委会审议的撤职案，应当写明拟撤职人员的基本情况、撤职理由等内容，并提供有关材料。

第二十三条　任免案、辞职请求和撤职案，应当在市人大常委会举行会议的10日前送交市人大常委会。

第二十四条　市人大常委会人事任免工作机构应当对提请的人事任免案进行初步审查，对市人民法院提请任命的庭长、副庭长、审判员、人民陪审员，市人民检察院提请任命的检察员的任职资格、条件、提名程序进行审核，征求有关部门的意见，并向主任会议汇报情况。

第二十五条　提请市人大常委会决定任命和任命的市人民政府局长、委（办）主任，市人民法院审判人员、人民陪审员，市人民检察院检察人员，在提请审议之前，都应当进行宪法、地方组织法和与任命职务相关的法律知识考试。以上人员，换届时市人民政府组成人员被继续提请担任原职务的，市人民法院、市人民检察院被任命人员职务再变动的，在提请原任职务时已经进行过任前考试的，不再重新考试。

第二十六条 对有关机关向市人大常委会提请的任免案和个人的辞职请求，由市人大常委会主任会议决定是否提请市人大常委会会议审议。

提请市人大常委会主任会议研究的人事任免案，有关机关应书面提供拟任免人员的基本情况。

第二十七条 在市人大常委会举行全体会议时，由提请机关负责人向全体会议作提请任免说明，并介绍有关情况。被提请任命人员应到会与市人大常委会组成人员见面。

被提请决定任命、任命的市人民政府局长、委（办）主任，市人民法院审判人员、人民陪审员，市人民检察院检察人员，应作供职发言。供职发言可根据会议议题安排和时间需要，采取口头或书面形式进行。

第二十八条 市人大常委会审议人事任免案时，提请机关负责人应到会听取意见，并就市人大常委会组成人员提出的询问作出答复。

第二十九条 撤职案在提请表决前，允许被提出撤职的人员在市人大常委会会议上提出申辩意见，或者书面提出申辩意见，由市人大常委会主任会议决定印发常委会会议。

第三十条 市人大常委会审议人事任免案期间，接到人民群众对有关被提请任命人员的申诉、控告和检举材料时，应由提请机关认真研究，并向会议作出必要的解释或者说明。如果在会议期间对反映的问题不能准确说明或者需要进一步查实的，由市人大常委会决定暂缓对该任命事项的审议，并责成提请机关进一步查明，向主任会议汇报，由主任会议视调查情况决定是否提请下一次会议审议。

第三十一条 提请机关向市人大常委会提请的人事任免案，在交付表决前要求撤回的，应当写出书面报告并说明理由，经市人大常委会主任会议同意，并向市人大常委会报告，对该任免案的审议即行终止。

第三十二条 市人大常委会表决人事任免案，采用无记名投票或无记名按表决器方式进行。采用无记名投票方式进行表决，在表决前从出席会议的市人大常委会组成人员中推选两名监票人，对发票、投票、计票进行监督。如需采用其他方式表决，由市人大常委会全体会议临时决定。所有任免案，以市人大常委会全体组成人员的过半数赞成通过。其表决结果，由会议主持人当场宣布。

第三十三条 下列事项采用无记名投票方式表决：

（一）推选市人大常委会代理主任；

（二）决定市人民政府市长的代理人选，决定副市长的个别任免；

（三）决定市人民法院院长的代理人选；

（四）决定市人民检察院检察长的代理人选。

第三十四条　在对任免案中同一职务进行任命和免职两项表决时，先进行免职项的表决，再进行任命项的表决。

第三十五条　市人大常委会通过市人大常委会代表资格审查委员会、特定问题调查委员会组成人员，分别实行合并表决。市人大专门委员会个别副主任委员和部分委员的任免，市人大常委会办事机构、工作机构和派出机构主任、副主任的任免，实行逐人表决。

对市人民政府提请决定任免的人员、市人民法院提请任免的人员、市人民检察院提请任免的人员，实行逐人表决。

对决定代理人选、辞职人员的辞职请求和撤职案的表决，实行逐人表决。

第三十六条　当提请市人大常委会决定任命、任命的地方国家机关工作人员未获通过时，可根据工作需要和本人条件，由提请机关向另一次市人大常委会会议继续提名。如果两次提名未获通过，在市人大常委会本届任期内不得再提名其作为同一职务的人选。

第三十七条　经市人大常委会决定任命、任命的地方国家机关工作人员，由市人大常委会主任或委托一名副主任颁发任命书。任命书由市人大常委会主任签署。

市人大常委会任命的人民陪审员，由市人大常委会委托市人民法院院长在市人大常委会会议后代为颁发任命书。

第三十八条　市人大常委会决定、决定任命或者通过的下列国家工作人员，依照法定程序产生后，公开进行宪法宣誓：

（一）市人大常委会代理主任，市人民政府代理市长，市人民法院代理院长，市人民检察院代理检察长；

（二）市人大专门委员会副主任委员、委员；

（三）市人大常委会代表资格审查委员会主任委员、副主任委员、委员；

（四）市人大常委会办事机构、工作机构、派出机构负责人；

（五）市人民政府副市长、组成部门正职；

（六）市人民法院副院长；

（七）市人民检察院副检察长。

宣誓仪式由市人大常委会主任会议组织，按照《高密市人民代表大会及其常务委员会宪法宣誓仪式组织细则》规定进行。

第三十九条　除第三十八条第一款第六项、第七项规定的外，市人民法院、市人民检察院提请市人大常委会任命的人民法院审判人员和人民检察院检察人员，在依照法定程序产生后，公开进行宪法宣誓。宣誓仪式由提请任命机关按照《山东省实施宪法宣誓制度办法》组织。

市人大常委会任命的人民陪审员的宣誓，根据《中华人民共和国人民陪审员宣誓规定（试行）》进行。

第四十条　经市人大常委会决定任免、任免和决定撤职的地方国家机关工作人员名单，由市人大常委会通过市级新闻媒体予以公告，并发文通知提请机关。

市人大常委会决定接受辞职人员的辞职请求后，由市人大常委会通过市级新闻媒体予以公告，并书面通知请求辞职的本人及所在工作单位。

由市人大常委会决定任免、任免的地方国家机关工作人员名单，在市人大常委会任免之前，不得以任何形式对外公布。

第四十一条 由市人大常委会决定任命的市人民政府局长、委（办）主任，市人民法院副院长、市人民检察院副检察长，应当在通过任命后的30日内，就本人的岗位职责和任职目标以及工作措施等，向市人大常委会提交任职报告。

第四十二条 对于市人大常委会通过的人事任免案，按照法律规定需要报请上级机关批准（或备案）的，分别由市人民政府、市人民法院、市人民检察院按照规定程序办理。

第四十三条 市人大常委会决定任命、任命的地方国家机关工作人员，凡受到行政处分的，由提请机关报市人大常委会备案。

第四章 任职期限

第四十四条 经市人大常委会任命的市人大专门委员会有关人员、通过的市人大常委会代表资格审查委员会组成人员，决定任命的市人民政府组成人员，任期至市人民代表大会换届时为止，不另行办理免职手续。换届后，分别由市人大常委会主任会议和市人民政府提请市人大常委会重新通过和决定任命。

第四十五条 经市人大常委会通过的市人大常委会特定问题调查委员会组成人员的任期，至该特定问题调查结束时，随调查委员会的解散而终止。

由市人大常委会任命的人民陪审员的任期为五年。人民陪审员任期届满后，其职务自然免除。

第四十六条 经市人大常委会任命的其他国家机关工作人员，任期不以市人民代表大会届满为限。在市人民代表大会换届后继续任职的，无须重新任命。

第四十七条 新的一届市人民政府领导人员依法选举产生后，应当在两个月内，由市长提请市人大常委会决定任命市人民政府局长、委（办）主任。

第四十八条 经市人大常委会决定任命的市人民政府组成人员，如其任职机构名称改变而业务范围未变动的，由市长提请市人大常委会重新任命，其原任职务自然免除，不再办理免职手续。

经市人大常委会决定任命的地方国家机关工作人员，在其任职机构撤销或者合并时，原任职务自然免除，不再办理免职手续，须由原提请机关报市人大常委会备案。合并后的机构，其工作人员需经市人大常委会任命的，由提请机关提请市人大常委会重新任命。

合并、增设和改变名称的机构，其工作人员需由市人大常委会决定任命或者任命的，提请机关在提请任命时须附有上级机关批准合并、增设和改变机构名称的文件。

第四十九条　经市人大常委会决定任命、任命的地方国家机关工作人员，因工作变动或者任职年龄到限，应先办理免职手续，再行办理离职或者退休手续。在任职期间去世的，由原提请任命的机关及时报市人大常委会备案。

第五十条　依法任命的地方国家机关工作人员，在任期内应保持相对稳定。

第五章　附　则

第五十一条　本办法由市人大常委会主任会议负责解释。

第五十二条　本办法自通过之日起施行。

高密市人民代表大会常务委员会讨论决定重大事项的办法

（2014年8月22日市十七届人大常委会第十八次会议通过）

第一条　为保障和规范高密市人民代表大会常务委员会（以下简称市人大常委会）依法行使讨论、决定重大事项的职权，根据《中华人民共和国宪法》《中华人民共和国地方各级人民代表大会和地方各级人民政府组织法》《中华人民共和国各级人民代表大会常务委员会监督法》等有关法律的规定，结合我市实际，制定本办法。

第二条　本办法所称重大事项，是指本行政区域内经济、政治、文化、社会和生态文明建设中带有全局性、长远性、根本性，关系改革发展稳定大局和群众切身利益，须经市人大常委会讨论、决定以及应当向市人大常委会报告的事项。

第三条　市人大常委会讨论、决定重大事项，应当坚持党的领导，充分发扬民主，严格依法办事，集体行使职权。

第四条　下列重大事项，应当提请市人大常委会审议，并作出相应的决议、决定：

（一）贯彻执行宪法、法律、法规和上级人大及其常委会决议、决定的重大措施；

（二）根据市委的决策部署和工作建议，需要市人大常委会作出决议、决定的事项；

（三）国民经济和社会发展计划的调整、变更，市级预算的调整、变更和决算；

（四）城市总体规划的编制、修编方案和涉及城市性质、规模、发展方向及总体布局的重大变更；

（五）本行政区域内涉及政治、经济、文化、社会发展、民生的重大改革方案和措施；

（六）人口与计划生育、环境和资源保护、土地利用等方面的重大措施；

（七）开展法制宣传教育规划和依法治

市规划；

（八）撤销镇级人民代表大会的不适当的决议、决定；

（九）撤销市人民政府的不适当的决定和命令；

（十）授予地方的荣誉称号；

（十一）市人民检察院检察长在重大问题上不同意检察委员会多数人的决定而提请市人大常委会决定的事项；

（十二）法律、法规规定由市人大常委会决定的其他事项。

第五条 下列重大事项，应当向市人大常委会报告，市人大常委会可以提出意见和建议，必要时可以作出相应的决议、决定：

（一）国民经济和社会发展计划、预算的执行情况；

（二）预算执行和其他财政收支的审计情况；

（三）纳入财政管理的市级预算外资金年度使用、管理情况；

（四）涉及全市重点工程或重大项目建设的财政性贷款事项；

（五）就业和社会保障工作的重要情况；

（六）科技、教育、文化、卫生、体育、旅游等社会事业发展规划的执行情况；

（七）依法行政、公正司法情况，社会治安情况；

（八）重大自然灾害救济、救助情况以及公共突发事件和重特大事故的处理情况；

（九）水、电、天然气、公共交通等公用事业价格和教育、医疗等公益服务价格的调整；

（十）市人民代表大会选举或市人大常委会决定任命的人员违法违纪造成重大影响的事件和处理意见；

（十一）本市与外县、市、区缔结友好关系；

（十二）确定或变更市树、市花、市标和重大庆典、纪念节日等；

（十三）市人民法院审判工作和市人民检察院检察工作的有关重要情况；

（十四）法律、法规规定需要向市人大常委会报告或者市人大常委会认为需要报告的其他事项。

第六条 下列重大事项，有关国家机关应当事先征求市人大常委会意见，然后按审批权限报请批准机关批准，再报送市人大常委会备案：

（一）行政区划的调整方案和行政区域名称变更、政府驻地的迁移；

（二）市人民政府工作部门的设立、增加、减少或者合并方案；

（三）法律、法规规定应当向市人大常委会备案的其他事项。

第七条 提请市人大常委会讨论、决定重大事项，应当以议案或报告的形式提出。

市人大常委会主任会议、市人民政府、市人民法院、市人民检察院，可以依法向常务委员会提出有关重大事项的议案或者报告。

第八条 拟提请市人大常委会审议决定的重大事项，一般应于每年年初提出议题；

因工作需要临时提出的，应于市人大常委会举行会议的一个月前将重大事项议案或报告送达市人大常委会有关办事机构。

特殊情况下临时提出的重大事项议案，经市人大常委会主任会议同意，可不受前款规定的时间限制。

第九条　提请市人大常委会讨论、决定的重大事项的议案、报告，一般应当包括以下内容：

（一）基本情况；

（二）有关法律依据和政策依据；

（三）决策方案；

（四）可行性研究报告、统计数据等其他有关资料；

（五）在实施与办理过程中遇到的问题以及采取的相应措施。

第十条　市人大常委会主任会议认为需要提请市人大常委会会议审议并作出决议、决定的重大事项，一般应在两个月内提请市人大常委会审议。

在市人大常委会会议闭会期间，对属于市人大常委会职权范围并急需处理的重大事项，市人大常委会主任会议认为必要时，可以临时召开市人大常委会会议进行审议。

第十一条　市人大常委会会议审议重大事项时，议案或报告提出机关负责人应当到会就有关事项作出说明，听取审议意见并回答询问。

第十二条　市人大常委会关于重大事项的决议、决定，向本级人民代表大会代表通报并向社会公布。

第十三条　市人大常委会作出的重大事项决议、决定，有关机关应当认真执行；必要时，有关机关应当向市人大常委会报告执行情况。

对市人大常委会作出的有关重大事项决议、决定的执行情况，主任会议可以委托有关办事机构进行检查；必要时，由主任会议决定提请市人大常委会会议审议。

第十四条　对应当报请市人大常委会讨论、决定的重大事项不报告或者越权作出决定，以及对市人大常委会作出的决议、决定不执行的，市人大常委会可以依法提出询问、质询，必要时可以依法组织特定问题调查委员会进行调查，并根据具体情况责令变更、依法撤销有关机关越权作出的决定，或者在职权范围内依法作出决议、决定。

第十五条　本办法由市人大常委会负责解释。

第十六条　本办法自公布之日起施行。

高密市人民代表大会常务委员会履职测评办法

（2014年6月27日市十七届人大常委会第十七次会议通过）

第一章　总　则

第一条　为依法履行对市人大常委会任命干部的工作监督，支持和督促其依法行政，公正司法，廉洁勤政，恪尽职守，根据《中华人民共和国地方各级人民代表大会和地方各级人民政府组织法》《中华人民共和国各级人民代表大会常务委员会监督法》的有关规定，结合我市实际，制订本办法。

第二条　市人大常委会依法组织常委会组成人员，对市人大常委会任命的市人民政府工作部门局长（主任）和市人民法院副院长、市人民检察院副检察长年度履职情况进行满意度测评。

第三条　履职测评由市人大常委会主任会议组织实施，有关工作机构具体承办。

第四条　履职测评坚持党管干部和人大常委会依法监督任命干部相统一，本着实事求是、民主公开、注重实绩的原则进行。

第二章　履职测评的主要内容

第五条　履职测评的主要内容：

（一）学习贯彻执行党的路线、方针、政策和法律、法规情况；

（二）发挥职能作用，做好本职工作，促进经济社会发展情况；

（三）爱岗敬业、廉洁从政情况；

（四）贯彻执行市人大及其常委会决议、决定情况；

（五）办理市人大代表所提议案和建议、批评、意见情况；

（六）市人大常委会认为需要测评的其他内容。

第六条　接受履职测评人员要按照履职测评的内容和要求，每年底向市人大常委会提交书面履职报告。

第三章　履职测评的组织程序

第七条　履职测评每年组织一次，分被测评人员撰写报告、办事机构初审、主任会议审核、常委会会议集中测评和搞好整改五个阶段组织实施。

第八条　任现职不到半年的，当年度不进行履职测评。

第九条　接受履职测评的人员接到通知后，要认真撰写年度履职报告，报市人大常委会。经常委会办事机构初步审查、主任会议研究审核后，提交市人大常委会会议进行审议并测评。

第十条　市人大常委会会议进行履职测评的具体程序为：

（一）在每年底召开的市人大常委会会议上，常委会组成人员审阅被测评人员提交的书面报告；

（二）常委会组成人员以无记名投票方式对被测评人员的年度履职情况进行满意度测评。测评分为满意、基本满意、不满意三个档次，结果当场公布。

第四章　履职测评结果的处理

第十一条　履职测评结果报市委，发市人民政府、市人民法院、市人民检察院并抄送市委组织部，反馈被测评人员，作为评价和使用干部的参考依据。

第十二条　履职测评中发现重大问题的，经市人大常委会主任会议研究后，交有关部门调查处理。

第十三条　对接受履职测评人员获得的满意票、基本满意票不超过市人大常委会全体组成人员半数的，依法提出免职案、撤职案，由下次市人大常委会会议表决。

第十四条　接受履职测评的人员获得的满意票、基本满意票虽过市人大常委会全体组成人员的半数，但获得的不满意票超过市人大常委会全体组成人员的三分之一以上的，市人大常委会委托有关办事机构跟踪监督，督促其整改，接受履职测评的人员按要求向市人大常委会主任会议报告整改情况。政府工作部门主要负责人被监督整改的，将其所在部门的工作作为市人大常委会工作监督的重点。

第五章　附　则

第十五条　本办法由市人大常委会主任会议负责解释。

第十六条　本办法自通过之日起施行。

高密市人民代表大会常务委员会专题询问办法

（2014 年 8 月 22 日市十七届人大常委会第十八次会议通过）

第一条　为保障和规范高密市人民代表大会常务委员会（以下简称市人大常委会）组成人员依法行使询问权，促进依法行政、公正司法，根据《中华人民共和国各级人民代表大会常务委员会监督法》等法律法规的有关规定，结合我市实际，制订本办法。

第二条　专题询问是指市人大常委会组成人员有计划、有组织地集中对某一专项工作行使询问权，是人大常委会依法实施监督的一种形式。

第三条　专题询问应当坚持围绕中心、突出主题、关注民生、讲求实效、依法办事、民主公开的原则。

第四条　专题询问由主任会议负责组织实施。

第五条　专题询问的议题由主任会议从市人大常委会年度工作计划安排的审议、评议事项中研究确定。市人大常委会组成人员也可以根据在视察、调研过程中掌握的群众关注的问题向主任会议提出建议，由主任会议研究确定。

第六条　专题询问一般在市人大常委会听取市人民政府、市人民法院或者市人民检察院有关专项工作报告后进行。

第七条　开展专题询问时，市人大常委会组成人员可以提出询问。市人民政府、市人民法院或者市人民检察院的负责人回答询问。市人民政府也可以委托有关部门主要负责人回答询问。

第八条　专题询问的议题确定后，市人大常委会有关办事机构应当在开展专题询问三十日前告知市人民政府、市人民法院或者市人民检察院。

第九条　根据主任会议确定的专题询问议题，市人民政府、市人民法院或者市人民检察院应当在开展专题询问十日前将专项工作报告送交市人大常委会，由市人大常委会有关办事机构发给市人大常委会组成人员。

第十条　专题询问前，主任会议应当组织市人大常委会组成人员和市人大代表，对有关工作进行视察或者专题调查研究，并形成视察或者调查报告，提交市人大常委会。

市人大常委会组成人员根据视察或者专题调查研究情况，提出拟询问事项，经市人大常委会有关办事机构梳理汇总后，由主任会议研究确定。

第十一条　专题询问由市人大常委会主任或者副主任主持，采取一问一答的方式进行。

询问事项涉及两个或者两个以上机关时，应当分别进行询问，或者对承担主要职责的机关进行询问。

提出询问和回答询问，应当经主持人准许。

询问人在听取回答后，可以就同一问题补充询问。其他市人大常委会组成人员也可以就同一问题补充询问。有关机关负责人应当场回答询问，不能当场回答的，应说明原因，经主持人同意后，在专题询问结束十日内将书面答复报市人大常委会。

第十二条　询问人要求提供相关材料的，有关机关应当依法按时提供。

询问的问题、要求提供的材料，如涉及国家秘密不便回答或者不便提供的，有关机关应当作出说明。

第十三条　根据专题询问和审议、评议情况，形成审议、评议意见，交由有关机关研究处理。有关机关应当在两个月内将研究处理情况向市人大常委会提出书面报告。

第十四条　专题询问情况，应当向社会公开。

第十五条　本办法由主任会议负责解释。

第十六条　本办法自公布之日起施行。

为进一步规范市人大常委会联系代表工作，适应新形势和新要求，近日，高密市人大常委会第九次会议修订通过了《高密市人民代表大会常务委员会联系市人大代表办法》。

高密市人民代表大会常务委员会联系市人大代表办法

（2008 年 5 月 29 日市十六届人大常委会第三次会议通过；
2013 年 6 月 29 日市十七届人大常委会第九次会议修订）

第一条　为加强同市人大代表（以下简称代表）的联系，保障和支持代表依法履行职责，充分发挥代表的主体作用，根据宪法、地方组织法、代表法和监督法的有关规定，结合我市实际，制订本办法。

第二条　市人大常委会联系代表坚持围绕中心、突出主题、讲求实效的原则，围绕市人大及其常委会的决议决定和事关经济社会发展、人民群众切身利益、社会普遍关注的问题，开展调查研究，了解社情民意，征求代表对各方面工作的建议、批评和意见。

市人大常委会联系代表，协助代表全面熟悉人民代表大会制度、掌握履行代表职责所需的法律知识和其他专业知识，通报市人大常委会的工作情况及相关工作计划，了解代表履行职责情况，指导代表开展活动、依法履职。

第三条　市人大常委会于每年的上半年和下半年统一组织对代表进行两次普遍联系。

市人大常委会组成人员采取参加代表小组活动、召开座谈会、个别走访、接待代表来信来访以及电话和网络沟通等方式，保持与代表的经常性联系。

市人大常委会主任会议成员和驻会委员按照分工联系代表小组和代表，也可根据工作需要联系其他代表小组和代表。

第四条　代表要求会见市人大常委会主任会议成员和驻会委员，主任会议成员和驻会委员应当予以接待，市人大常委会办公室、人事代表工作室负责做好接待工作。

第五条　市人大常委会邀请代表列席常委会会议，在整理审议意见、修改决议决定时，应当参考列席代表提出的建议意见。

第六条　市人大常委会在召开市人民代表大会会议前一个月，开展“代表联系月”活动，集中联系代表，广泛听取代表意见。

第七条 市人大常委会召开有关会议和开展视察、调查、执法检查、专项工作评议等活动时，根据需要邀请相关代表参加。

第八条 市人大常委会利用高密人大网站、高密人大会刊、发放有关文件及赠阅有关报刊和法律法规学习资料等形式，为代表提供信息和资料。

第九条 市人大常委会对代表反映的情况和提出的建议意见，分别按照下列规定处理或答复：

（一）对代表提出的建议、批评和意见，由人事代表工作室按照《高密市人民代表大会代表建议、批评和意见处理办法》的规定，转有关机关和组织处理并答复代表。

（二）对代表反映的信访方面的问题，由市人大常委会信访工作室按照《高密市人民代表大会常务委员会信访处理办法》的有关规定处理并答复代表。

（三）对代表提出的有关工作性的建议意见，由人事代表工作室汇总整理，转交“一府两院”及有关部门处理。“一府两院”及有关部门应将处理情况及时报告市人大常委会，由人事代表工作室向代表反馈。

第十条 市人大常委会人事代表工作室负责市人大常委会联系代表的日常工作，定期汇总联系代表情况，综合收集代表建议、批评和意见。

市人大常委会各委室负责做好联系代表的有关协调服务工作。

第十一条 镇人大、街区人大工作室受市人大常委会委托，联系驻本辖区内的市人大代表，对代表反映的属于本辖区内的事项，督促有关部门认真处理并答复代表。

镇人大、街区人大工作室应当为市人大常委会组成人员联系代表提供便利条件。

第十二条 市人大常委会受上级人大常委会委托，做好同驻高密的上级人大代表的联系工作。

第十三条 本办法自市人大常委会通过之日起施行。

高密市人民代表大会代表议案处理办法

（2008年2月1日市十七届人大常委会第一次会议通过；
2014年8月22日市十七届人大常委会第十八次会议修订）

第一章 总 则

第一条 为保障市人民代表大会代表（以下简称代表）依法行使提出议案的权利，做好代表议案工作，发挥代表作用，根据《中华人民共和国地方各级人民代表大会和地方各级人民政府组织法》《中华人民共和国全国人民代表大会和地方各级人民代表大会代表法》《全国人民代表大会代表议案处理办法》以及《潍坊市人民代表大会代表议案处理办法》的有关规定，结合我市实际，制订本办法。

第二条　本办法所称代表议案，是指市人民代表大会代表十人以上联名，向市人民代表大会提出属于市人民代表大会职权范围内的议事原案。

第三条　代表提出议案是法律赋予的职权，是代表人民参与管理国家事务、管理经济和文化事业、管理社会事务、监督国家机关工作的重要形式。

认真处理代表议案，是有关机关、组织的法定职责。

第四条　市人大常委会和各镇人大、街区人大工作室、市直代表小组以及其他机关和组织、企事业单位应当为代表议案工作提供必要的条件和服务。

第五条　市人民代表大会举行会议期间，设立议案审查委员会，负责大会期间的代表议案处理工作，议案审查委员会的人选，由市人民代表大会常务委员会在市人民代表大会代表中提名，市人民代表大会预备会议通过。

议案审查委员会在大会主席团领导下进行工作。

第二章　代表议案的基本要求

第六条　代表议案应当符合下列条件：

（一）由市人民代表大会代表十人以上联名向市人民代表大会提出；

（二）在市人民代表大会主席团规定的议案截止时间前提出；

（三）内容属于市人民代表大会及其常务委员会职权范围。

第七条　议案应当有案由、案据和方案。案由是指提出该议案的理由，案由应当表述清楚。案据是指提出该议案的理论和事实根据，案据应当充分合理。方案是解决议案所提问题的具体办法，方案应当具体可行。

第八条　代表议案应当一事一案，使用统一印制的代表议案专用纸，并由代表本人签名。

第三章　代表议案的提出

第九条　代表应当通过视察、调查、专题调研等活动，围绕全市改革发展稳定和经济社会建设中的重大问题、人民群众普遍关心的问题，深入实际，调查研究，在认真酝酿并充分准备的基础上提出议案。

在人民代表大会会议召开前两个月内市人大常委会办事机构和各镇人大、街区人大工作室、市直代表小组，应当通过组织各种活动，充分发挥代表作用，引导代表提前收集、整理有关材料，并反复酝酿讨论，形成代表议案初稿。

第十条　代表十人以上联名提出的议案，应当有领衔人。领衔代表应当向参加联名附议的代表分别提供代表议案文本，经附议人认真审阅同意后，再签名附议；有条件集体讨论的，应当经过集体讨论，取得一致意见后，签名提出，以示共同负责。

第十一条 市人民代表大会会议期间，向市人民代表大会提出代表议案的截止时间由大会主席团决定，并印发与会代表。

第十二条 代表议案由各代表团或领衔代表在大会规定的议案截止时间前送交大会秘书处议案工作机构。

第四章 代表议案的处理

第十三条 市人民代表大会会议秘书处设立议案工作机构，负责对提交的代表议案进行收集、登记、分类和初审，提出初步处理意见后，提交大会议案审查委员会审议。

第十四条 议案审查委员会召开全体会议对代表议案进行审议，研究处理意见，向大会主席团报告议案审查处理意见草案，由主席团决定是否列入本次大会议程。

第十五条 大会主席团决定列入本次会议议程的代表议案，先交各代表团进行审议后，再提交市人民代表大会会议表决，作出决议、决定。

第十六条 代表所提议案经主席团决定作为代表建议、批评和意见处理的，由大会工作机构按照《高密市人民代表大会代表建议、批评和意见处理办法》交有关机关、组织研究处理并负责答复代表。

第十七条 列入会议议程的代表议案在交付大会表决前，代表议案提出人要求撤回的，经主席团同意，会议对该议案的审议即行终止。

第十八条 经大会通过的代表议案由大会秘书处分别交由市人民政府、市人民法院、市人民检察院或其他机关、组织研究办理方案，并于交办之日起三个月至迟不超过六个月向市人大常委会会议作出报告。

承办机关或组织的主要负责人负责代表议案的办理工作。

第十九条 承办机关或组织在研究代表议案办理方案时，应当通过走访、座谈、电话、网络等方式主动联系提议案代表，充分进行沟通，广泛听取代表对议案办理工作的意见和要求；市人大常委会会议在听取审议承办机关或组织报告时，可邀请议案领衔代表列席会议、发表意见。

第二十条 承办机关或组织应当根据代表议案的内容和市人民代表大会的决议、决定制订办理方案。

办理方案应当包括目标、责任、措施和完成时限等。

第二十一条 市人大常委会会议审议代表议案办理方案时应当作出决议、决定。办理方案未获得市人大常委会会议通过的，承办机关或组织应当重新制订办理方案并提请下一次市人大常委会会议审议。

承办机关或组织在办理代表议案过程中，如遇特殊情况需对办理方案作出较大调整的，应当及时向市人大常委会提出调整方案报告，由市人大常委会会议进行审议并作出相应决议、决定。

第二十二条 代表议案办理完毕，承办机关或组织应当向市人大常委会提交办结报告。市人大常委会会议通过办结报告时应当作出决议、决定。办结报告未获得市人大常委会会议通过的，承办机关或组织应当继续办理，并按照市人大常委会会议决议、决定的要求重新提交办结报告。

第五章　代表议案办理工作的监督检查

第二十三条　市人大常委会负责代表议案办理工作的监督检查，具体工作由市人大常委会有关委室负责。

第二十四条　市人大常委会应当定期组织代表通过调查、视察或其他形式对代表议案办理情况进行督促、检查。

第二十五条　市人大常委会组成人员和代表可依法就代表议案办理工作提出询问或者质询，承办机关或组织应当予以答复。

第二十六条　市人大常委会将代表议案办理工作情况作为对有关部门工作评议和被任命干部履职情况测评的重要内容，市人大常委会办事机构提供相关情况。

第二十七条　承办机关或组织应当向市人民代表大会下一次会议报告代表议案办理情况，并将报告印发全体代表。

本届市人民政府未办理完毕的代表议案，由下一届市人民政府继续办理，下一届市人大常委会继续督办。

第二十八条　违反本规定的，市人大常委会责成有关机关或组织限期改正，并可建议对责任人给予处分。

第六章　附　则

第二十九条　各镇人民代表大会可以参照本办法执行。

第三十条　本办法自市人大常委会通过之日起施行。

高密市人民代表大会代表建议、批评和意见处理办法

（2008年2月1日市十六届人大常委会第一次会议通过；
2009年11月3日市十六届人大常委会第十三次会议第一次修订；
2014年8月22日市十七届人大常委会第十八次会议第二次修订）

第一章　总　则

第一条　为保障市人民代表大会代表（以下简称代表）依法行使提出建议、批评和意见的权利，做好代表建议、批评和意见的处理工作，根据《中华人民共和国地方

各级人民代表大会和地方各级人民政府组织法》《中华人民共和国全国人民代表大会和地方各级人民代表大会代表法》《中华人民共和国各级人民代表大会常务委员会监督法》，参照《全国人民代表大会代表建议、批评和意见处理办法》《山东省人民代表大会代表建议、批评和意见办理工作条例》和《潍坊市人民代表大会代表建议、批评和意见处理办法》的有关规定，结合我市实际，制订本办法。

第二条 本办法所称代表建议、批评和意见，是指代表个人或者联名以书面形式，向市人民代表大会及其常务委员会提出的对各方面工作的建议、批评和意见，包括：

（一）代表在市人民代表大会会议期间提出的建议、批评和意见；

（二）代表联名在市人民代表大会会议期间依法提出的议案，经大会主席团决定作为建议处理的；

（三）代表在市人民代表大会闭会期间提出的建议、批评和意见。

第三条 代表提出建议、批评和意见，是法律赋予的职权，是代表人民参与管理国家事务、管理经济和文化事业、管理社会事务、监督国家机关工作的重要形式。

第四条 认真研究处理代表建议、批评和意见，是有关机关、组织履行法定职责，自觉接受人民群众监督的具体体现。承办单位应当尊重代表的权利，及时研究处理并答复代表。

第二章 代表建议、批评和意见的基本要求

第五条 代表应当围绕全市改革发展稳定的大局，政治、经济、文化、社会生活中的重大问题和人民群众普遍关心的热点难点问题，对市人民代表大会及其常务委员会、市人民政府及其部门、市人民法院、市人民检察院和其他机关、组织的工作提出建议、批评和意见。

第六条 下列情况不应当作为代表建议、批评和意见提出：

（一）涉及解决代表本人及其亲属、好友个人问题的；

（二）正在审理的案件；

（三）代转他人各类申诉状或信件的；

（四）属于学术探讨、产品推介的；

（五）没有实际内容的；

（六）其他不应当作为代表建议、批评和意见的。

第七条 代表提出建议、批评和意见，应当实事求是，一事一案，事由明确，内容清楚，有具体的意见和要求。

代表建议、批评和意见使用统一印制的代表建议、批评和意见专用纸，并由代表亲笔签名。

第三章 代表建议、批评和意见的提出

第八条 代表应当通过视察、调查、专题调研和代表小组活动等，深入实际，深入基层，了解全市和所在行政区域内的重要情

况和问题，了解人民群众的意见和要求，在此基础上，认真提出建议、批评和意见。

第九条　代表对各方面工作提出建议、批评和意见，可以在市人民代表大会会议期间向大会提出，也可以在市人民代表大会闭会期间向市人大常委会提出；可以一人提出，也可以联名提出。联名提出的，领衔代表应当采取适当方式，使参加联名的代表了解建议、批评和意见的内容；参加联名的代表应当确认建议、批评和意见的内容能够真实表达自己的意愿。

第十条　市人大常委会办事机构和各镇人大、街区人大工作室、市直代表小组，应当加强组织和协调工作，为代表提出建议、批评和意见提供服务。其他机关和组织、企事业单位应当为代表提出建议、批评和意见提供必要的条件和服务。

第十一条　代表可以撤回本人提出的建议、批评和意见。要求撤回的，应当以书面形式提出，其处理工作即行终止。

第四章　代表建议、批评和意见的交办

第十二条　代表建议、批评和意见，在市人民代表大会会议期间提出的，由大会工作机构（议案组）在会议期间负责交市人民政府、市人民法院、市人民检察院和其他有关机关、组织办理；闭会期间提出的，在接到之日起五个工作日内，由市人大常委会办事机构转交市人民政府、市人民法院、市人民检察院和其他机关、组织办理。

市人大常委会组成人员联系代表时，对代表书面提出的建议、批评和意见，应当及时转交市人大常委会办事机构，按照前款规定交承办单位办理。

第十三条　代表对市人大常委会及其机关工作的建议、批评和意见，由办事机构提交主任会议或有关委室研究办理。

第十四条　对以下情况，交办机关和承办单位应当做好保密工作：

（一）代表本人要求予以保密的；

（二）代表建议、批评和意见涉及国家秘密的；

（三）代表提出建议、批评和意见有可能使代表或者当事人受到打击、报复、要挟等行为侵害的；

（四）其他应当保密的情况。

第十五条　承办单位对交办的代表建议、批评和意见应当及时研究。对不属于本单位职责范围的，在市人民代表大会会议期间，应当及时向市人民代表大会会议工作机构（议案组）说明情况；市人民代表大会闭会期间，应当在收到代表建议、批评和意见之日起五个工作日内，向市人大常委会办事机构说明情况。对属于市人民政府职责范围的，由市人民政府负责协调，其他由市人大常委会负责协调。未经协调机关同意，承办单位不得擅自退回或转办。

第十六条　在市人民代表大会会议期间，对代表建议、批评和意见中的重要事项，市人民代表大会会议工作机构应当及时向大会主席团报告。

在市人民代表大会闭会期间，对代表建议、批评和意见中的重要事项，市人大常委会办事机构应当及时向市人大常委会主任会议报告。

市人民代表大会会议工作机构或市人大常委会办事机构应当在对代表建议、批评和意见进行综合分析的基础上，提出拟重点处理的代表建议、批评和意见，交有关机关、组织重点研究办理。

第五章　代表建议、批评和意见的承办

第十七条　对代表提出的建议、批评和意见，分别由市人大常委会及其有关委室、市人民政府及其所属部门、市人民法院、市人民检察院和其他有关机关、组织研究办理并答复代表。

市人民政府、市人民法院、市人民检察院接到市人民代表大会和市人大常委会批交的代表建议、批评和意见，应在五个工作日内确定承办单位，并部署办理工作。

市人大常委会、市人民政府、市人民法院、市人民检察院应当分别明确一名领导分管代表建议、批评和意见的办理及协调工作。

第十八条　对代表建议、批评和意见的办理工作，承办单位应当健全机制，规范程序，建立完善主管领导与具体承办人员的分级负责制，努力提高办理工作的质量和效果。

市人民代表大会或市人大常委会交办的重点代表建议、批评和意见，以及代表提出的综合性强、涉及面广、处理难度大或者问题反映比较集中的代表建议、批评和意见，承办单位应当作为工作重点，由主要负责人亲自主持研究办理。

第十九条　承办单位办理代表建议、批评和意见，应当通过走访、座谈、电话、网络等方式主动联系代表，充分进行沟通，了解代表提出建议、批评和意见的真实意图，听取代表对办理工作的意见和要求；对重点办理的代表建议，应当根据需要邀请相关代表参与研究。

代表要求当面反映情况的，承办单位应当及时安排接谈，听取代表反映。

第二十条　承办单位办理代表建议、批评和意见，应当根据国家宪法、法律、法规和有关方针政策，坚持实事求是，注重解决实际问题的原则，区别不同情况，召开专题会议认真研究办理意见，将办理结果答复代表：

（一）能够在答复期限内解决的问题，应当及时解决，并将办结情况答复代表；

（二）能够年内解决的问题，应当明确办结时间，并将办理方案答复代表；

（三）应该解决但因客观条件限制年内无法解决的问题，应当列入今后工作计划或者规划，创造条件，逐步解决，并向代表如实说明情况；

（四）确实不能解决的问题，应当向代表说明情况；

（五）需要上级协调解决的，应当积极向上级有关部门反映，并将上级意见及时答复代表。

凡答复解决的问题必须落实。对初次答

复后工作有进展、情况有变化的，应主动跟上补充答复；因情况发生变化，致使原答复意见不能落实的，应当及时向代表说明原因，并向交办机关说明情况。

第二十一条　代表建议、批评和意见的办理期限为三个月。如遇特殊情况，经交办机关同意，至迟不超过六个月答复代表。在市人民代表大会会议期间，对代表提出的建议、批评和意见有条件办理的，承办单位可以在会议期间研究办理意见并答复代表。

第二十二条　承办单位对代表建议、批评和意见，均应当面答复代表并给予书面答复。答复文稿要一案一稿，逐人逐件进行答复，不能并案答复。当面答复时，应当由承办单位负责人当面答复代表，不得由承办单位一般工作人员答复，或者委托下级机关和企事业单位答复。对重点建议、批评和意见，承办单位主要负责人应当亲自当面答复代表。

承办单位对于代表联名提出的建议、批评和意见，可以当面答复领衔代表，书面答复其他联名代表。对于内容相同的代表建议、批评和意见，可以并案办理，但应当分别答复每位代表。

第二十三条　代表所提建议、批评和意见属于市人民政府职权范围而其所属部门又难以解决的，由承办单位提请市人民政府研究办理并答复代表。

第二十四条　代表建议、批评和意见由两个以上承办单位共同办理的，各承办单位应当分别办理并答复代表。

代表建议、批评和意见由两个以上承办单位会同办理的，交办时应确定主办单位和协办单位。主办单位应当主动与协办单位联系，协办单位应当积极配合，及时向主办单位提供书面会办意见，并由主办单位负责答复代表。

市人民政府及其他机关、组织应当加强对所属重点建议、需多个承办单位办理和办理难度大的代表建议、批评和意见办理工作的组织协调。

第二十五条　承办单位答复代表的书面材料，应当按照规定格式，正式行文，由主要负责人审核签发并加盖公章。属于市人民政府所属部门承办的，还应当呈报市人民政府办事机构审查把关，再加盖市人民政府印章；属于其他机关、组织承办的，由市人大常委会办事机构审查把关。

对代表建议、批评和意见的处理情况进行分类，已经解决的用“A”标明在书面答复上，正在解决的用“B”标明，列入计划解决的用“C”标明，不能解决的用“D”标明。

代表建议、批评和意见的书面答复，承办单位应当抄报市人大常委会办事机构；市人民政府所属承办单位应当同时抄报市人民政府办事机构。

第二十六条　承办单位答复代表建议、批评和意见时，应当同时向提出建议的每位代表发放《代表建议、批评和意见处理情况征询意见表》，征求代表对本单位办理工作的意见。代表应当实事求是地反映对办理情况的意见，并真实明确地在意见栏内填写“满意、基本满意、不满意”意见。

第二十七条 代表对建议、批评和意见的办理答复不满意的，由交办机关责成承办单位重新研究办理，并在一个月内再次答复代表。重新办理时，承办单位应当进一步听取代表意见。

第六章 代表建议、批评和意见办理工作的监督检查

第二十八条 在答复期限内，市人大常委会分组对代表建议、批评和意见的办理工作进行督办，具体工作由市人大常委会领导牵头，各委室负责。年度内对代表建议、批评和意见办理工作进行一次普遍调查，并集中书面征求代表对办理工作的意见。市人大常委会各委室应当加强与承办单位和相关代表的联系，督促代表建议、批评和意见办理工作的落实；对当年没有解决但已列入规划的代表建议、批评和意见，在规划时限内加强跟踪检查，督促承办单位尽快落实并及时答复代表。

市人民政府对所属承办单位办理代表建议、批评和意见的工作进行监督检查，具体工作由市人民政府办事机构负责。

第二十九条 对代表提出的重点或者有重大影响的建议，批评和意见的办理情况，市人大常委会各委室可以建议市人大常委会主任会议专题听取承办单位汇报，询问办理情况，提出工作意见。必要时，市人大常委会主任会议可以决定将相关议题提请市人大常委会会议审议。市人大常委会各委室负责跟踪督办，督促有关承办单位抓好落实。

市人大常委会主任会议可以将代表对市人民政府、市人民法院和市人民检察院工作提出的建议、批评和意见反映集中的问题，确定为专题调查、听取和审议“一府两院”专项工作报告或评议专项工作的议题。

第三十条 市人民政府应当根据市人大常委会主任会议确定的时间向市人大常委会会议报告上一次市人民代表大会会议以来代表建议、批评和意见办理情况，并由市人大常委会会议进行审议。审议时，市人民政府办事机构和承办重点代表建议、批评和意见的单位负责人应当到会听取审议意见。

市人民法院、市人民检察院和其他机关、组织书面向市人大常委会报告代表建议、批评和意见办理情况，市人大常委会主任会议认为必要时，也可以安排在常委会会议上听取办理情况报告并进行审议。

第三十一条 市人大常委会办事机构每年应当向出席市人民代表大会会议的全体代表提交上一次市人民代表大会会议以来代表建议、批评和意见办理情况的书面报告，并就每件代表建议、批评和意见的办理情况书面向全体代表、镇人大、街区人大工作室及“一府两院”、承办单位进行通报。

第三十二条 在市人民代表大会会议期间，代表可以依法就代表建议、批评和意见办理工作对有关承办单位提出询问和质询。

在市人大常委会会议期间，市人大常委会组成人员可以依法就代表建议、批评和意见处理工作对有关承办单位提出询问和质询。

第三十三条 对代表建议、批评和意见

的办理工作，市人大常委会应当通过组织调查、视察、跟踪督办、特定问题调查、专项工作评议等多种形式加强监督、检查。

代表或者代表小组可以对代表建议、批评和意见的办理情况进行调查、视察、评议，具体联系安排工作由市人大常委会办事机构负责。被调查、视察、评议单位的主要负责人应当如实向代表汇报情况，回答代表提出的问题，听取代表的建议、批评和意见。

第三十四条　市人大常委会将代表建议、批评和意见办理工作情况作为对有关部门工作评议和被任命干部履职情况测评的重要内容，市人大常委会办事机构提供相关情况。

第三十五条　有下列情形之一的，市人大常委会或有关机关对承办单位及其工作人员进行通报批评，责成承办单位限期改正并报告处理结果；情节严重的，责成有关机关依法追究承办单位负责人及其工作人员的行政责任或者刑事责任：

（一）对代表建议、批评和意见办理不认真、敷衍塞责，答复意见不符合实际，重答复轻落实又不说明原因的；

（二）通过非正常渠道和方式让代表对办理结果表示满意的；

（三）违反本办法第十四条规定没有为代表保密的；

（四）贻误工作造成重大损失的；

（五）对代表态度蛮横、刁难、无理指责或者打击报复的；

（六）其他不按照本办法规定办理代表建议的。

第七章　附　则

第三十六条　驻本市的全国、省、潍坊市人民代表大会代表，就本市各方面的工作，向市人大常委会提出的建议、批评和意见，参照本办法处理。

第三十七条　各镇人民代表大会可以参照本办法执行。

第三十八条　本办法自市人大常委会通过之日起施行。

高密市人民代表大会常务委员会信访工作办法

（2012 年 6 月 26 日市十七届人大常委会第三次会议通过）

第一章　总　　则

第一条　为了做好人大代表和人民群众的来信来访工作，根据《宪法》《中华人民共和国地方各级人民代表大会和地方各级人民政府组织法》及有关法律、法规的规定，结合我市人大常委会信访工作的实际情况，制订本办法。

第二条 高密市人民代表大会常务委员会（以下简称常委会）信访工作，坚持以邓小平理论和“三个代表”重要思想为指导，深入贯彻落实科学发展观，以保证宪法、法律在本行政区域内的遵守和执行，保护公民、法人和其他组织的合法权益，维护社会稳定为目的，坚持为依法行使职权服务，为促进民主法制建设服务，为人大代表和人民群众服务。

第三条 常委会信访工作遵循以下原则：

（一）坚持党的领导，贯彻党的方针政策；

（二）以事实为根据，以法律为准绳；

（三）集体行使职权，坚持民主集中制；

（四）分级负责，归口办理，不包办代替；

（五）监督与支持相结合，预防和纠正相结合。

第二章　受理范围

第四条 常委会受理人民群众来信来访的范围：

（一）对本级人大及其常委会工作的建议、批评和意见；

（二）对本级人民政府所作决定和命令的建议和意见；

（三）对本级人民政府、人民法院和人民检察院的申诉和意见；

（四）对本级人大及其常委会选举和任命的国家机关工作人员违法失职渎职行为的检举或控告；

（五）对下一级人大所作决议、决定的建议和意见；

（六）对本行政区域内各级人大换届选举工作中违法行为的检举或控告；

（七）属于本级人大及其常委会职权范围内的其他事项；

（八）上级批转交办的信访案件。

第三章　受理及转办程序

第五条 常委会对来信来访按以下程序受理、转办：

（一）对人民群众的日常来信来访由信访工作室负责受理或接待，填写来信来访登记表，然后按照“分级负责、归口办理”，“谁主管、谁负责”的原则，提出处理意见，并根据涉案内容和管辖范围分别转交有关行政、审判和检察机关或镇街区（以下简称承办单位）办理，有关单位必须认真调查处理；

（二）对人大代表的来信来访，信访工作室登记后，由信访工作室和人事代表工作室共同研究，提出处理建议，呈送常委会第一副主任或分管副主任审定后，转交承办单位办理；

（三）对常委会领导批转的信访事项，由信访工作室进行登记，并按领导批示要求，转交承办单位办理；

（四）对常委会主任会议交办的重要信访案件，由信访工作室或者由信访工作室会同常委会有关工作委员会负责调查，提出处理意见，转交承办单位办理；

（五）对上级人大常委会及其办事机构批转交办的信访事项，由信访工作室登记，并提出处理建议，送分管领导审定后，转交承办单位办理。

第六条　常委会转办的信访案件，承办单位应认真办理，并负责答复信访人。

第七条　常委会建立并实行信访回执制度，对来访者签发转办回执，以便于加强与承办单位的联系，减轻信访负担，提高工作效率和质量。

第八条　对本办法第四条所列范围以外的信访事项，由信访工作室依据归口办理的原则，转交有关单位处理。

第四章　督办程序及方式

第九条　常委会对下列信访案件作为重要案件进行督办：

（一）常委会领导批示要求报告结果的案件；

（二）上级人大常委会要求报告结果的案件；

（三）市级以上人大代表反映的重要信访案件；

（四）其他需要督办的重点信访案件。

第十条　督办工作遵循以下程序：

（一）信访工作室负责对本办法第九条中所列案件进行登记，起草督办函；

（二）督办函及信访人的书面材料转交承办单位办理，并填写《督办案件发文登记簿》，以备存查；

（三）除个别案情紧急，转办时有明确办理期限外，承办单位应在收到督办函三个月内办理完毕，答复信访人，并向常委会报告结果；

（四）对个别案情复杂，办理难度较大，在规定时间内不能如期办结的，承办单位需向常委会书面报告办理进度或提出延期结案申请；

（五）承办单位结案报告应符合下列要求：

1. 结案报告应以承办单位名义正式行文，一式5份报常委会；

2. 结案报告要注明常委会转办案件的时间、函号、简要案情、办理情况及信访人意见；

3. 结案报告文字力求简明扼要，内容要有针对性，着重对信访人反映的问题进行答复或解释。

（六）对符合下列条件的案件终止督办，作结案处理：

1. 信访人对承办单位的办理工作和结果表示满意，不再上访的；

2. 案件基本事实清楚，定性准确，适用法律得当的；

3. 常委会领导对承办单位的结果报告审阅后无意见的；

4. 上级机关经审查后撤销或改变原判决、裁定、处理意见或发回下级机关重新处理的。

第十一条　督办方式：

（一）限期办结。各承办单位对常委会转办的重要信访案件应在规定的时间内办结。

（二）逾期通报。常委会对逾期没有报结案报告或进度报告的承办单位，责成有关办事机构进行督办，经督办十日之内仍无结果的，予以通报。通报之后仍无结果的，由办事机构约请其分管负责人做专题汇报，并限期办结。

（三）报告审查。常委会信访工作室负责对承办报告进行初步审查，提出处理建议，送常委会有关领导阅批。经审查，对不符合本办法第十条第五款规定的承办报告，退回承办单位重查并限期重新报告。

（四）定期汇报。根据工作需要，可责成承办单位向常委会主任会议或信访工作室汇报案件办理情况，回答主任会议或信访工作室提出的问题。对一些重要案件的查处情况以及特定问题的办理情况，可提交常委会，听取汇报并进行审议，必要时可以作出相应的决议或决定。

（五）协调调度。常委会分管领导以及信访工作室对承办单位之间相互推诿、责任不明的案件进行协调，对疑难、复杂、长时间不能结案的信访案件进行调度。

（六）抽查回访。常委会建立信访案件抽查回访制度，不定期地对转办案件进行抽查回访，了解案件办理情况，征求信访人对查处情况的意见，并将回查情况进行通报。

第十二条 责任追究。对在办理信访案件过程中发现的有关办案人员违法违纪的问题，由常委会信访工作室及时整理，并提出建议意见，向常委会主任会议汇报后作出处理意见。

第五章 工作职责及纪律要求

第十三条 常委会信访工作室负责处理人大代表和人民群众来信来访的日常工作，其主要任务是：

（一）接待和处理人大代表和人民群众来信来访；

（二）办理常委会领导成员批示的信访事项；

（三）承办和催办上级人大常委会交办的信访案件；

（四）积极开展调查研究，及时收集、整理信访信息，为常委会依法行使职权提供服务；

（五）联系指导镇街区人大的信访工作。

第十四条 处理人大代表和人民群众来信来访的基本要求：

（一）重点督办的案件，要做到件件有结果；

（二）对人大代表和人民群众来信来访，要做到件件有交代；

（三）常委会领导成员应及时阅批直接收到或办事机构呈送的来信以及有关送审材料；

（四）常委会主任会议应及时研究有关办事机构提交的重大信访问题。

第十五条 常委会信访工作人员在接访或处访活动中应当遵守下列工作纪律：

（一）接待群众来访要热情、耐心、细致、认真，做到文明接访，秉公办事，严格执行党的方针政策和国家的法律法规；

（二）对受理范围内的信访案件不得推诿、敷衍和拖延；

（三）不得将检举、揭发、控告材料转交被检举、揭发、控告人员；

（四）不得丢失、隐匿和擅自处理、销毁信访材料；

（五）办理信访案件实行回避制度。

第六章　信访秩序

第十六条　来信来访人员有下列行为之一的，由常委会信访工作室提出建议，交有关部门依法处理：

（一）无理取闹、不听劝告、长期滞留，妨碍常委会机关工作的；

（二）对处理恰当的信访问题，信访人经反复耐心说服教育仍无理纠缠的；

（三）侮辱、威胁、伤害、打击报复信访工作人员的；

（四）利用信访渠道捏造事实，诬陷他人，散布谣言，造成不良影响或严重后果的；

（五）携带危险品、爆炸品以及管制器械进入接待场所的；

（六）其他违法违纪行为。

第十七条　对来访的精神病患者由其家属或所在单位严加监护。监护有困难或危害社会治安的，由公安、民政、卫生等部门配合送精神病医院治疗。

第七章　附　　则

第十八条　本办法自公布之日起施行。

高密市人民代表大会常务委员会审议意见办理办法

（2012年8月23日市十七届人大常委会第四次会议通过）

第一章　总　　则

第一条　为健全市人大常委会监督机制，增强监督实效，促进市人民政府、市人民法院、市人民检察院（以下简称“一府两院”）依法行政、公正司法，根据《中华人民共和国地方各级人民代表大会和地方各级人民政府组织法》《中华人民共和国各级人民代表大会常务委员会监督法》和《高密市人民代表大会常务委员会议事规则》的有关规定，本着依法、务实、简明、规范的原则，结合我市实际，制订本办法。

第二章　审议意见的形成

第二条　本办法所称审议意见，是指市人大常委会会议在听取和审议“一府两院”专项工作报告，听取和审议国民经济和社会发展计划执行情况报告、预算执行情况报告和审计工作报告，审议执法检查报告以及评议专项工作后，对不作决议、决定，而需要“一府两院”研究处理的建议和意见。

第三条　每次常委会会议议题确定后，常委会有关工作委员会和办事机构围绕会议议题开展调查研究，按照实事求是、一分为二的原则，写出有分析、有观点、有建议的调查报告，供常委会会议审议时参阅。

第四条　常委会会议采用全体会议审议和分组审议相结合的方式审议各项报告。

常委会会议审议各项议题时，“一府两院”及有关部门负责人按照常委会办公室的通知列席全体会议审议和分组审议，听取意见，回答询问。

第五条　常委会会议结束后，由常委会办事机构工作人员根据记录对会议审议意见进行汇总整理，起草审议意见征求意见稿，印发有关工作委员会征求意见后，提交主任会议审议。

第六条　审议意见征求意见稿经主任会议审定后，由常委会主任或者受主任委托的第一副主任签发，印制正式《审议意见书》。

第七条　《审议意见书》应当根据常委会会议审议情况，提出明确的意见或建议，并注明承办单位，提出办理时限和有关要求。

第三章　审议意见的交办与办理

第八条　审议意见的交办由市人大常委会办公室负责。办公室应在常委会会议结束后10天内将《审议意见书》交由承办单位办理。

第九条　审议意见的承办单位是市人民政府、市人民法院、市人民检察院。

第十条　承办单位在接到《审议意见书》后的两个月内，将研究处理情况由其办事机构送交常委会有关办事机构或者有关工作委员会征求意见后，向常委会提出书面报告，并印发常委会全体组成人员。

第十一条　办理情况的报告应写明采取的措施、取得的效果及其他有关问题，并由承办单位主要负责人签署。

第十二条　因特殊原因在规定时限内难以办结的，承办单位应在规定的时限内向主任会议作出书面报告，说明不能按时办结的原因，并提出继续办理计划，经主任会议批准，可适当推迟办结时间。

第四章　审议意见的督办

第十三条　常委会的审议意见，市人民政府、市人民法院、市人民检察院对审议意见研究处理情况的报告，向市人大代表通报并向社会公布。

第十四条　对交办的审议意见，由常委会办公室牵头督办，督办情况应及时向主任或者分管副主任汇报。

第十五条 主任会议认为必要时，可以对审议意见办理情况进行调查、视察或检查；可以将审议意见办理情况报告提交常委会会议审议。对常委会组成人员不满意的办理情况报告，退回承办单位重新办理。

第五章　责任追究

第十六条 对常委会提出的审议意见办理不力的，市人大常委会区别情况分别采取责令限期整改、作出书面检查、通报批评等形式处理；主任会议认为必要时，可以提出询问或质询。

第六章　附　则

第十七条 本办法自公布之日起施行。

高密市人民代表大会常务委员会规范性文件备案审查办法

（2009 年 6 月 23 日市十六届人大常委会第十一次会议通过）

第一条 为保障高密市人民代表大会常务委员会（以下简称市人大常委会）依法行使监督职权，加强规范性文件的备案审查工作，维护国家法制统一，根据《中华人民共和国各级人民代表大会常务委员会监督法》《山东省各级人民代表大会常务委员会规范性文件备案审查规定》等法律法规的有关规定和《潍坊市人民代表大会常务委员会规范性文件备案审查办法》，结合本市实际，制订本办法。

第二条 本办法所称规范性文件，是指国家机关为执行法律、法规，在其职权范围内依照一定程序制订的，涉及公民、法人和其他组织权利和义务，具有普遍约束力，可反复适用的文件。

规范性文件设定权利义务，必须有法律、法规依据，不得超越法律、法规限定的范围。

第三条 下列规范性文件，应当报送市人大常委会备案：

（一）市人民政府发布的决定、命令、意见、办法、规定等；

（二）镇级人民代表大会作出的具有普遍约束力的决议、决定、意见、办法等。

第四条 规范性文件应当自公布之日起三十日内报送备案。

报送规范性文件备案，应当提交备案报告、规范性文件文本和说明等有关文件，并按照统一格式装订成册，一式五份，同时报送电子文本。

第五条 市人大常委会法制工作委员会

是市人大常委会规范性文件备案审查工作机构（以下简称备案审查工作机构）。

备案审查工作机构负责规范性文件备案审查的日常工作，承担报送备案的规范性文件的接收、登记、分送、审查和存档的具体工作。

第六条 市人大常委会工作委员会或者常委会办事机构按照职责分工，承担相关规范性文件的审查工作。

规范性文件的内容涉及两个或两个以上工作委员会或者常委会办事机构职责范围的，备案审查工作机构应当同时分送市人大常委会有关工作委员会、常委会有关办事机构进行审查。

第七条 对规范性文件主要审查是否存在下列情形：

（一）同法律、法规相抵触；

（二）同上级或者本级人大及其常务委员会的有关决议、决定相抵触；

（三）超越法定权限，限制或者剥夺公民、法人和其他组织的合法权利，或者增加公民、法人和其他组织的义务；

（四）违反法定程序制订规范性文件；

（五）其他不适当的情形。

第八条 市人民政府、市人民法院、市人民检察院认为市人大常委会接受备案审查的其他国家机关制订的规范性文件有本办法第七条所列情形之一，向市人大常委会书面提出审查要求的，由备案审查工作机构接收、登记，提出办理建议，报经市人大常委会秘书长同意后，会同市人大常委会有关工作委员会或者常委会有关办事机构进行审查。

第九条 本办法第八条规定范围之外的国家机关、社会团体、企业事业单位和其他组织以及公民认为备案的规范性文件有本办法第七条所列情形之一，向市人大常委会书面提出审查建议的，由备案审查工作机构接收、登记，对审查建议进行研究，提出意见。必要时，报经市人大常委会秘书长同意后，会同市人大常委会有关工作委员会或者常委会有关办事机构进行审查。

第十条 国家机关、社会团体、企业事业单位和其他组织以及公民书面提出审查要求或者审查建议，应当写明要求或者建议审查的规范性文件名称、审查的事项和理由。

第十一条 对不属于市人大常委会备案审查范围的，不予受理，并向提出审查要求或者审查建议的组织或者公民说明情况。

第十二条 市人大常委会有关工作委员会或者常委会有关办事机构可以对备案的规范性文件进行主动审查，认为规范性文件有本办法第七条所列情形之一的，依照本办法的有关程序处理。

第十三条 市人大常委会有关工作委员会或者常委会有关办事机构、备案审查工作机构在审查规范性文件中，应当与制订机关沟通情况。可以通过召开联合审查会议、论证会、听证会等方式，广泛听取制订机关、相关部门、专家、法律工作者及社会各界的意见，也可以书面征求意见或者采取其他形式征求意见。必要时，制订机关应当派人说明情况或者提交补充材料。

第十四条　备案审查工作应当自收到对规范性文件的审查要求或者审查建议之日起三个月内审查完毕。

第十五条　市人大常委会有关工作委员会或者常委会有关办事机构经过审查，认为规范性文件存在本办法第七条所列情形之一的，应在三十日内提出初步审查意见，由备案审查工作机构根据初步审查意见进行汇总后报市人大常委会主任会议研究；常委会主任会议认为需要修改或者废止的，提出由制订机关自行修改或者废止该规范性文件的书面审查意见。

第十六条　规范性文件制订机关应当自收到书面审查意见之日起一个月内提出是否修改或者废止该规范性文件的意见，并书面告知备案审查工作机构。备案审查工作机构应当及时将制订机关的处理意见向市人大常委会有关工作委员会或者常委会有关办事机构反馈，并报告市人大常委会主任会议。

需要修改或者废止的规范性文件，制订机关应当自书面告知备案审查工作机构之日起一个月内修改或者废止。对规范性文件进行修改的，制订机关应当将修改后的规范性文件重新公布，并按照本办法报送备案。

第十七条　规范性文件制订机关收到市人大常委会规范性文件书面审查意见后，在规定时间内对规范性文件不予修改或者废止的，市人大常委会有关工作委员会可以提出撤销该规范性文件的议案，由市人大常委会主任会议决定提请市人大常委会会议审议；市人大常委会办事机构、备案审查工作机构可以提出撤销该规范性文件的建议，报经常委会主任会议研究，常委会主任会议认为必要时提出撤销该规范性文件的议案，提请常委会会议审议。

市人大常委会会议审议撤销规范性文件的议案时，该规范性文件制订机关应当派人到会听取意见，回答询问。

第十八条　市人大常委会依照有关法律及市人大常委会议事规则规定的程序，对撤销规范性文件的议案进行审议，作出撤销或者不予撤销的决定。

第十九条　规范性文件审查工作结束后十五日内，备案审查工作机构应当将审查结果书面告知提出审查要求或者审查建议的国家机关或者社会团体、企业事业单位和其他组织以及公民。

备案审查工作机构应当在规范性文件审查工作结束后，及时将备案审查材料统一存档。

第二十条　国家机关、社会团体、企业事业单位和其他组织以及公民，认为市人民政府组成部门、办事机构或者直属机构制订的涉及公民、法人和其他组织的权利义务、具有普遍约束力的规范性文件有本办法第七条所列情形之一，向市人大常委会书面提出审查建议的，由备案审查工作机构进行研究，认为需要修改或者废止的，提出初步审查意见，报经市人大常委会主任会议同意后，交市人民政府处理，并要求报告处理结果。

第二十一条　国家机关、社会团体、企业事业单位和其他组织以及公民，认为市人民法院、市人民检察院为执行法律、法规和司法解释制订的具有普遍约束力的规范性文件有本办法第七条所列情形之一，向市人大常委会书面提出审查建议的，由备案审查工作机构进行研究，认为需要修改或者废止的，提出初步审查意见，报经市人大常委会主任会议同意后，责成制订机关自行修改或者废止该规范性文件；制订机关不予修改或者废止的，由市人大常委会通过其他监督方式责令其纠正，或者报告上一级人大常委会进行处理。

第二十二条 规范性文件制订机关未按规定期限报送规范性文件备案，或者报送的文件材料不齐全的，备案审查工作机构通知其限期报送或者补充报送；逾期仍不报送的，市人大常委会主任会议可以要求其作出说明，或者建议有关机关追究相关责任人的责任。

第二十三条 本办法自公布之日起施行。

公民旁听市人大常委会会议办法

（2005年4月27日市十五届人大常委会第十五次会议通过）

第一条 为了进一步密切市人大常委会与人民群众的联系，使公民更好地了解市人大常委会行使职权的情况，扩大公民有序的政治参与，根据宪法、地方组织法的有关规定，结合我市实际，制订本办法。

第二条 年满十八周岁、户籍在高密或者户籍不在高密但在高密居住满一年的公民，可以依照本办法的规定申请旁听市人大常委会会议；但是依法被限制人身自由或者被剥夺政治权利的人除外。

第三条 市人大常委会主任会议可以根据需要，决定市人大常委会会议安排公民旁听，并决定旁听会议的范围。

旁听包括申请旁听和邀请旁听；旁听每次市人大常委会会议的公民人数一般不超过五人。

第四条 市人大常委会办公室根据市人大常委会主任会议的决定，具体组织公民旁听。

第五条 安排旁听的市人大常委会会议，由市人大常委会办公室在会议举行七日前通过市级新闻媒体发布公告，公布会议举行的时间、地点、主要议题和接受旁听申请的方式。

第六条 公民申请旁听市人大常委会会议，应当于会议举行五日前持本人身份证或者其他有效证件到市人大常委会办公室提出书面申请，市人大常委会办公室根据会议议题和实际情况确定旁听人员。

第七条　市人大常委会办公室应当在会议举行三日前通知公民本人。

第八条　旁听公民应当按照通知要求到市人大常委会办公室领取旁听证。

第九条　市人大常委会的会场设立公民旁听席。旁听会议的公民应按时凭旁听证进入会场签到，领取会议有关文件，并在会议旁听席就座旁听。

第十条　旁听公民应当遵守会场纪律和会议有关规定。

第十一条　公民旁听会议时无发言权和表决权。

旁听公民可以在会议审议议题的范围内，书面向市人大常委会提出意见和建议。旁听公民提出的重要意见和建议，可以印发会议。

旁听公民提出的意见和建议，由市人大常委会办公室研究处理。

第十二条　本办法自2005年6月1日起施行。

二　人大常委会工作报告摘登

高密县第十届人民代表大会常务委员会工作报告

——1987年4月27日在县第十一届人民代表大会第一次会议上

高密县人大常委会主任　朱维福

各位代表：

我受县十届人民代表大会常务委员会的委托，向第十一届人民代表大会第一次会议报告十届人民代表大会第一次会议以来常务委员会的工作，请予审议。

县十届人大常委会自一九八四年五月建立以来，在县委的领导和省、市人大常委会的指导下，在各位代表和全县人民的支持下，认真贯彻党的十一届三中全会以来的路线、方针、政策和全国及省、市各级人民代表大会及其常务委员会的决议、决定，按照宪法和法律赋予的职权，紧紧围绕改革和四化建设，以锐意进取、刻意求新的精神，积极发挥地方国家权力机关的职能作用，加强对宪法、法律实施和“一府两院”工作的监督，积极参与普法教育的领导，多方面开展代表工作，努力帮助政府推行工作，为我县发展社会主义民主，健全社会主义法制，加速两个文明建设，做出了不懈的努力，促进了各项改革和各项建设事业的发展。

一、根据改革和建设的需要，加强法律监督

社会主义物质文明和精神文明建设，必须有健全的社会主义法制来保障。而加强法律监督，保证宪法和法律的正确实施，是健全社会主义法制的一项重要措施。因此，三年来，县人大常委会把法律监督工作作为人大工作的重要内容之一，从推动两个文明建设出发，采取多种形式加强了对宪法和法律实施情况的监督，维护了社会主义法制的尊严，促进了由主要依靠政策办事到既要依靠政策、又要依法办事的转变。

1. 通过听取和审议工作报告进行监督。定期召开人大常务委员会例会，听取审议法律实施情况的汇报，是地方国家权力机关进行法律监督的重要形式。三年来，常委会召开了二十次例会，先后听取并审议了“一府两院”关于《经济合同法》《食品卫生法》《森林法》《治安管理处罚条例》《民法通则》和国家税收法规等法律法规宣传贯彻和实施情况的汇报十六次。通过听取汇报，委员们充分肯定"一府两院"实施各项法律法规取得的成绩，并指出存在的问题，提出了一些很好的建议、意见，"一府两院"积极采取措施，改进工作，促进了各项法律、法规的贯彻实施。如1985年5月，在县人大常委会第八次会议上听取并审议了县政府关于贯彻执行国家税收法规情况的报告，指出了部分纳税户有偷税、漏税的行为，提出了进一步加强税收工作的建议。县政府及有关职能部门，根据委员们的建议，采取措施，加强了税收管理工作，在全县开展了税收大检查，共查出偷漏税金一百四十多万元，既严肃了国家法纪，教育了纳税户，又增加了国家税政收入。

2. 通过调查研究进行监督。围绕法律实施组织调查，既是常委会的重要工作方法，也是进行法律监督的有效形式。常委会先后就《食品卫生法》《经济合同法》《物价管理暂行条例》《义务教育法》《环境保护法》《审计法》和国家税收法规等法律、法规的实施组织了九次调查，均形成了有情况、有分析、有建议的调查报告，报告县委、印发委员和"一府两院"参考。对所形成的调查报告，县委和"一府两院"非常重视，县委先后转发了五个调查报告，并对调查报告提出的问题，认真研究，加以解决；对提出的合理化建议，积极采纳。如随着经济建设的开放、搞活，企业间的横向联合出现了新局面。在这种情况下，正确运用经济合同法来协调企业间的关系，显得非常重要。县人大常委会深入到厂、矿、公司和个体户进行走访、座谈、抽查合同，发现了一些存在的问题，及时向县委、县政府及有关部门提出了加强经济合同管理工作的建议。根据建议，全县层层举办了经济合同培训班，有三千多名干部和经济工作人员参加了培训，增强了依法经营、依法管理的观念，提高了业务素质，保证了经济改革和建设的顺利进行。

3. 通过视察进行监督。围绕法律的实施组织视察，既是常委会加强监督的有效形式，也是促进法律实施的积极措施。三年来，常委会就《食品卫生法》和党的一些方针、政策的贯彻实施进行了十次视察。《食品卫生法》是一项涉及广大人民群众切身利益的重要法律，常委会始终抓住这一法律的贯彻不放，先后组织了3次视察，规模一次比一次大，面一次比一次广，工作一次比一次深入。去年仲秋节前，常委会的部分委员和代表以五天的时间，持证视察了县城和29处乡镇的274个食品经营单位及个体摊贩，对发现的问题都责成职能部门依法进行了严肃处理。其中，两个单位被吊销了营业执照，12个单位被停业整顿，16个单位被限期改进；38个单位被罚款，罚款额达4420元；销毁各类变质的酒、食品7599件，价值6900多元。通过视察，教育了经营人员，维护了法律的尊严，保证了人民群众的身体健康，促进了食品卫生状况的好转。

4. 通过受理申诉案件进行监督。依法

受理申诉案件是常委会义不容辞的职责，也是法律监督的一项重要措施。对于刑事案件的申诉，县人大常委会以事实为依据，以法律为准绳，认真加以受理。十届人大一次会议以来，共受理刑事申诉案 56 件，都已办理完毕。其中，因认定事实不清和适应法律不当而改变的 10 件 11 人，其他申诉也都作了调解和教育。对申诉案件的处理，都是本着非常慎重的态度，每接到来信来访后，都认真审查申诉材料或深入基层调查或调卷审查，在搞清事实的基础上，再根据法律规定提出意见，建议有关执法机关重新复审。通过受理刑事申诉案件，不仅维护了法律的尊严，也维护了人民群众的合法权益。

二、积极参与普法工作的领导，推进全民普法工作深入开展

在公民中普及法律常识，增强公民的法制观念，是社会主义法制建设的一个中心环节，是社会主义精神文明建设的重要组成部分，它对于维护安定团结的政治局面和保证经济建设的顺利进行都有着重大意义。县人大常委会按照中央的指示和全国、省、市各级人大常委会的决议精神，采取多种措施，通过各条渠道，推动了普法工作的开展。一是积极参与普法工作的领导。县人大常委会有一名副主任任县普法领导小组副组长，直接参与领导。主任会议也经常讨论研究普法工作，强调普法要联系实际，解决两个文明建设中存在的问题，提高普法的实际效果。二是定期听取县政府关于法制教育和普及法律常识情况的报告，并作出相应的决议。十届人大一次会议以来，先后三次听取了县政府关于法制宣传教育工作报告，并作出了进一步开展法制宣传教育工作的决议和进一步加强法制宣传教育普及法律常识的决议。通过对决议的贯彻落实，有力地促进了普法教育工作的开展。三是组织督促司法及有关部门制订了法律宣传讲座计划，并积极推动实施。四是建立了普法联系点。为了及时准确地掌握全县的普法情况，指导面上普法工作的深入开展。常委会建立了 6 个有代表性的普法联系点，有乡镇、有工商企业、有学校，常委会定期到点上进行联系。指导点上的工作，总结推广他们的经验，较好地指导了全县面上的工作。1986 年秋，通过到点上联系，总结了阚家乡、柏城镇玻璃厂、县燃料公司等单位的一些好做法，县普法办公室转发了这些单位的经验材料，对指导全县的普法教育工作起到了很大的作用。五是组织调查、视察，促进了普法工作的开展。十届人大一次会议以来，组织了五次调查和视察，通过视察和调查，总结了一些经验，也发现了一些问题和不足，向县委、县政府和普法办公室提出了建议、意见，推动了普法工作的开展。六是组织代表学法，带动全民性学法活动的开展。常委会专门为代表购买了法规选编，达到人手一册，并积极组织代表学习。年初下达学习计划，学习过程中通过联系代表，发放学习材料，统一开卷考试等多种形式加以指导和检查督促，提高了代表学法的质量，有力地促进了全民性学法活动的开展。

中共中央关于坚持四项基本原则，反对

资产阶级自由化的一系列重要指示和全国人大常委会《关于加强法制教育维护安定团结的决定》下达公布后，主任会议和人大常委会会议进行了认真的学习，并作出了《关于认真学习和贯彻执行全国人大常委会〈决定〉的决议》。决议要求全县人民迅速行动起来，认真学习贯彻《决定》，广泛深入地进行宪法教育和法制教育，自觉地坚持四项基本原则，维护安定团结，为振兴高密而努力奋斗。目前，贯彻学习全国人大常委会《决定》的活动正在全县深入开展。

三、听取和审议“一府两院”的工作报告，讨论决定好我县的一些重要事项

听取审议“一府两院”的工作报告，是常委会对地方国家机关进行工作监督的基本方式，也是对他们工作的支持和促进；审议决定本行政区域根本的、重大的问题是人大常委会的重要职责。县十届人大一次会议以来，常委会依照法律规定的职权，围绕全面改革和经济建设、社会发展的重要事项，先后听取了“一府两院”关于城建、教育、粮食、史志、保护妇女儿童合法权益、普法、刑事审判、社会治安、打击经济犯罪、经济审判、财政等25次工作汇报，并分别作出了保护妇女儿童合法权益、进一步开展法制宣传教育工作、进一步宣传实施经济合同法、加强地方史志工作、保护胶河水源地、加强审计工作、代表持证视察等18项决议决定，通过了县政府关于县城规划建设管理暂行办法、县城园林规划暂行办法、保护胶河水源地的规定等，代表人民行使了当家做主的权力。

凡需人大常委会审议、决定的事项，常委会都进行了深入细致的调查，力求提出的建议、意见或作出的决议、决定更加切实可行，更加符合人民群众的利益，符合法律的规定。如县人大常委会第十七次例会，围绕经济体制改革，听取并审议了县直工业企业经济体制改革情况的报告。会前，常委会到部分企业作了调查，总结了一些好的经验，县委予以转发推广，既为县委决策提供了依据，也为委员们审议政府的报告提供了第一手材料。对于决定了的事项，县人大常委会组织委员认真检查督促，切实抓好落实。如常委会根据县政府的提请，于第十一次例会上听取并审议了史志工作报告，通过听汇报，委员会根据史志工作存在的问题，提出了一些很好的意见，并作出了加强史志工作的决议。为进一步推动这项工作的开展，县人大常委会又对全县的史志工作进行视察，使史志工作出现了新局面。对于城建、食品卫生等项工作，也都采取了多种措施，经常检查督促，促进了各项工作的开展。

四、按照法律程序，认真负责地行使法律赋予的任免权

批准和决定任免地方国家机关工作人员，是法律赋予的职权。常委会根据地方组织法的规定，按照干部革命化、年轻化、知识化、专业化的要求，经过认真负责地审查，先后决定任命了县人大常委会、县政府、县法院、县检察院的147名地方国家工作人员的职务，免去了五十名人员的职务。凡是人大常委会任命的干部，会后都举行仪式，颁发任命书，并对其进行法制教育和为人民服务的思想教育。为了进一步贯彻落实好中共中央〔1984〕9号、〔1986〕18号文件精神，常委会于第十七次会议对干部任免的表决办法做了改革，作出了关于改变地方国家机关干部表决办法的决定，改过去举手表决为投票表决。这一决定的实施，更进一步发挥了委员们的民主权利。

对于乡镇长、村委会的产生和罢免，也进行了法律监督，发现违法现象，立即纠正，维护了法律的严肃性和权威性。

五、密切联系代表，认真办理代表的建议、意见及人民群众的来信来访

加强同人民代表的联系，充分发挥代表的作用，是常委会密切联系群众、正确行使职权的坚实基础。三年来，常委会采取普遍联系、个别走访、建立主任接见日和主任包片、代表联络科包点责任制，召开代表工作经验交流会，发会刊、通讯、学习材料等多种形式加强同代表的联系。据统计，普遍联系了11次，接触代表4310人次，个别走访130人次，召开小型座谈会315次，召开代表工作经验交流会二次，发放学习材料2400多份、会刊19期、工作通讯66期。通过联系代表，广泛收集代表的建议、批评和意见，总结和推广代表工作的经验，组织和指导代表工作的开展。三年来，先后总结了双羊镇党委支持代表活动、河崖乡政府认真办理代表建议意见、姜庄镇代表联系组开展视察、调查以及夏乃友、邢会云等代表带领群众致富、做学法守法宣传法的带头人等先进集体和个人典型35份，通过工作通讯、召开代表工作经验交流会等形式，为代表开展工作提供了经验，有力地促进了代表活动的开展。

对于代表的建议、意见，常委会及时转办、催办，办理结果随时答复代表。做到了件件有着落，事事有答复。十届人大一次会议以来，共接受代表的建议批评和意见415件，来信来访275件次，除一件正在办理中，其他的均办理完毕。通过办理代表的建议、意见，充分发挥了代表管理国家事务的民主权利。

对于人民群众的来信来访，常委会本着对人民高度负责的精神，热情接待，认真受理。十届人大一次会议以来，共受理群众的来信来访925件次，除最近接受的12件没办结外，其他的均办理完毕，办结率为99%。对于来信来访，有专人办理，常委会主任、副主任亲自批办把关。在处理过程中注意突出了3个重点。一是对老上访户的问题重点解决。如高密镇一户宅基纠纷案，上访户连续到各级上访八年，一直没得到解决。常委会接访后，先后与高密镇法庭、高密镇党委、政府一起研究，使问题得到解决。二是对有恶化苗头的案件重点解决。如有一个镇有一婚姻纠纷案，县人大接访中，发现有出人命的苗头，立即和法院及镇政府联系，及时给予解决，避免了事态的恶化。三是对刑事申诉案件重点解决。通过办理代表的建议、意见及人民群众的来信来访，既监督了“一府两院”的工作，又解决了人民群众迫切要求解决的一些实际问题。

此外，还加强了同乡镇人代会的联系和省、市人大代表活动的服务工作。三年来，常委会把加强同乡镇人代会的联系，帮助指导他们开展工作、履行职责作为自己责无旁贷的任务。在联系和指导工作上做到了三点：一是指导乡镇人民代表大会每年召开一次代表会议，依法履行人民代表大会的职权。二是检查乡镇人代会的决议、决定是否符合法律要求，发现违法的现象及时帮助纠正。三是主动和乡镇人民代表大会交流情况、讨论问题，相互学习，相互促进。对于省、市人大常委会组织的代表活动，县人大常委会积极配合，搞好服务。在具体工作中做到了四个一样：一是同县人大代表一样重视；二是在政治上、生活上同县人大代表一样关心；三是活动场所、交通工具同县人大代表一样解决；四是同县人大代表一样保持密切联系。

六、加强人大常委会的自身建设

在加强社会主义民主和法制建设的新形势下，党和国家对地方各级人大工作提出了更高的要求。为了适应工作的需要，担负起法律赋予的重任，人大常委会在县委的领导下，首先建立健全了工作机构。设立了办公室、法制科、代表联络科、调查研究科，后又增设了法制、财经、科教文卫三个工作委员会，配齐了工作人员，充实了力量。十届人大一次会议以来，“一室三科”和“三个工作委员会”做了大量工作，为人大常委会行使职权起了重要作用。在自身建设方面，常委会采取了以下措施：一是加强了思想建设。认真组织全体委员和机关工作人员学党的方针、政策，学马列主义毛泽东思想，还根据县委整党工作的部署，组织全体党员干部圆满完成了整党任务，进一步增强了党性，坚定了共产主义信念，树立了全心全意为人民服务的思想，提高了对人大工作的性质、任务、地位的认识，在政治上、思想上做到了同党中央保持高度一致。二是加强了业务建设。十届人大一次会议以来，常委会始终如一地抓了人大常委会委员、机关工作人员的法律学习和文化业务学习。统一制订了学习制度和学法计划，统一提出要求。通过自学、请人辅导等形式加强了业务学习。去年以来，请专人上法律辅导课八次。按照县委的统一部署，学习了“八法一条例”和干部法律知识读本，除此之外，大家还根据各自的工作特点，学习了一些其他的法律和文化业务知识，提高了政策水平和业务能力，增强了法制观念，严格依法办事。三是认真转变工作作风。全体人大常委会委员和机关工作人员经常深入基层，加强调查研究，密切联系群众，及时反映群众的愿望和要求，并帮助解决了一些实际困难。四是加强了制度建设。建立健全了各项规章制度，使人大常委会委员和机关工作人员责任明确，有章可循，并在试行中不断总结经验，不断修订完善，使各项工作逐步走上了科学化、制度化的轨道。由于抓了自身建设，大大提高了工作效率和工作质量。换届以来，先后被评为县的文明单位、机关先进集体、先进党支部，信访工作、史志工作、文书保密工作、档案工作先进单位。多次在省、市、县人大工作信访经验交流会议及办公室主任座谈会上发了言。

县人大常委会还加强了纵向、横向联系。由于县人大常委会建立的时间短，缺乏经验，因此，常委会注重了学习外地经验，加强同省内外人大常委会的联系。县十届人大一次会议以来，常委会分别到崂山、即墨、诸城等地进行了参观学习，并和本省十九处市、县、区人大常委会，外省八处市、县、区人大常委会建立了纵向横向联系，互相交流情况，及时沟通信息，取彼之长，补己之短，开拓了我们的思路，对搞好我县人大工作起到了很大的促进作用。

七、贯彻“两法”精神，主持县、乡两级人民代表大会的换届选举工作

遵照《宪法》和《地方组织法》的有关规定，我县第十届人民代表大会和同期的乡、镇人民代表大会到今春都已任期届满，应依法进行换届选举。主持选举县十一届人大代表和同期的乡、镇人大代表及筹备县十一届人民代表大会第一次会议的召开，是常委会去冬今春的主要工作。

搞好换届选举，责任重大。换届后的县、乡两级人民代表大会，任期正处在“七五”计划的中间三年，搞好换届选举工作，提高代表的议政素质，开好人民代表大会，依法行使当家做主，管理国家事务的权力，对于贯彻党的路线、方针、政策，努力搞好两个文明建设，进一步落实全国人大常委会《关于加强法制教育维护安定团结的决定》，健全选举制度和人民代表大会制度，促进“七五”计划的实现，保证社会主义现代化建设的顺利进行，都有着十分重要的意义。因此，县人大常委会把这项工作列入重要的工作议程，在县委的领导和省、市人大常委会的指导下，根据省、市的安排，结合我县的实际情况，研究制订了我县县、乡两级人民代表大会换届选举工作安排意见，核定了县、乡代表名额，批准成立县乡选举委员会，分别任命了县选举委员会和29处乡、镇选举委员会的组成人员，并召开了全县选举工作会议。我县换届选举工作于1986年12月上旬全面展开，经历了宣传教育、思想发动；划分选区、选民登记；提名推荐代表候选人，选举代表三个阶段。历时3个月，于1987年3月15日，全县由选民直接选举了县人大代表331人。其中：党员代表167人，占50.4%；妇女代表85人，占25.7%；干部代表79人，占23.9%；工农代表201人，占60.7%；文教卫生科技界代表41人，占14.4%；爱国人士代表9人，占2.7%；军人代表1人，占0.3%。选举乡、镇人大代表2007人。其中：党员代表1002人，占49.9%；妇女代表444人，占22.1%，干部代表370人，占18.45%；工人代表99人，占4.9%；农民代表1430人，占71.3%；教育界代表62人，占3.1%；文化界代表1人，占0.05%；科技界代表41人，占2%；民主人士代表4人，占0.2%。选举结束后，29处乡、镇均在1987年4月2日前开完了人民代表大会第一次会议，选举产生了乡、镇人大主席团和新的一届乡、镇政府领导班子，共选出乡镇长20名，平均年龄40岁。其中具有大中专文化程度的18名、中学文化程度的11名。选出副乡镇长43名，内有女副乡镇长11名。平均年龄38.7岁。其中具有大中专文化程度的11名、中学文化程度的29名。

这次换届选举，常委会采取了以点带面，点面结合，压茬进行的办法。首先在经验比较丰富的柏城镇搞点，点上进一步，面上跟一步。推动了面上选举工作有计划、有步骤、稳妥的开展。工作期间，正值全国人大常委会颁布修改后的《地方组织法》和《选举法》，常委会以这两个法为指针，在发挥点里作用的同时，主任、副主任和选举委员会成员实行分片责任制，多次到各乡、镇巡回检查、督促、指导，对于发现的问题，都依法进行了纠正，保证了选举工作的健康发展。由于县委重视，加强领导，常务委员会周密组织，加强指导，严格依法办事，充分发扬民主，经过各级党组织、各级政府和广大干群的共同努力，圆满完成了选举任务，选出了具有广泛性、先进性、议政水平高、人民理想的代表。

各位代表，我县第十一届人民代表大会第一次会议已经召开，第十届人民代表大会常务委员会已胜利完成它的历史使命。在过去的一年里，常委会认真履行了自己的职权，各方面工作有所改进和加强，在地方国家政治生活中发挥着越来越重要的作用。但是，与宪法和法律赋予的职权及全县人民的期望相比，还有不少差距，工作中还存在一些不足之处。我们相信，新的一届人民代表大会及其常务委员会，一定能够很好地挑起历史重担，坚持四项基本原则，遵循宪法和法律赋予的职权，尽职尽责，勇于开拓，把县人大常委会建设成为有权威的地方国家权力机关，为开创人大工作的新局面，为进一步推动改革，搞活经济，振兴高密做出新的贡献。

高密县人民代表大会常务委员会工作报告

——1990年3月17日在高密县第十二届人民代表大会第一次会议上

高密县人大常委会主任　王在辉

各位代表：

我受县十一届人民代表大会常务委员会的委托，向大会报告县十一届人民代表大会一次会议以来常委会的工作，请审议。

县十一届人大一次会议以来，县人大常委会在县委的领导和上级人大常委会的指导下，依照宪法和法律赋予的职权，加强县人大常委会的自身建设，不断完善各项职能，促进了我县社会主义民主与法制建设，推动了全县治理整顿、改革开放和经济建设的发展。

一、认真贯彻党中央的一系列重要指示，同党中央保持政治上、思想上的高度一致

我们的国家政权是在中国共产党领导下建立和发展起来的，坚持依靠党的领导，是人大及其常委会在工作中坚持的一条基本原则。县人大常委会始终不渝地坚持了依靠党的领导，自觉把人大工作置于党的领导之下，坚持四项基本原则，坚持改革开放，适应社会主义民主政治建设的要求，使党的主张通过法定程序变成国家意志，实现党的路线、方针、政策。每当党中央做出一项重大决策，县人大常委会就迅速组织学习，统一思想认识，认真贯彻落实。党的十三届三中全会确定了治理经济环境、整顿经济秩序、全面深化改革的指导方针，六届全国人大常委会第十九次会议通过了“关于加强法制教育，维护安定团结的决定”，县人大常委会认为这是坚持四项基本原则，反对资产阶级自由化、维护安定团结强有力的法律武器和思想武器，立即作出了扎扎实实贯彻执行党中央指示和全国人大常委会“决定”的决议。

党的十三届四中、五中全会召开以后，县人大常委会及时召集会议，对全会文件全面、系统地进行了学习，进一步加深理解，统一认识。委员们一致认为，党的四中全会是一次具有重大现实意义和深远历史意义的会议；党的五中全会通过的《关于进一步治理整顿和深化改革的决定》，为我国国民经济持续、稳定、协调发展指明了方向。表示坚决拥护四中、五中全会通过的各项决议，决心团结在以江泽民同志为核心的党中央周围，努力做好工作，发挥县人大常委会的职能作用，推进全县经济建设和各项事业的发展。

二、强化法律监督，大力推进依法治县

监督宪法、法律、法规的实施，是宪法和法律赋予人大常委会监督权的一项重要内容。县人大常委会在县委的大力支持下，依法监督和善于监督，维护了法律的严肃性，为治理整顿和深化改革创造了良好的法制环境。

1. 通过听取、审议“一府两院”对有关法律、法规执行情况的汇报进行监督。三年来，县人大常委会听取和审议了县政府对《土地管理法》《食品卫生法》《民法通则》《义务教育法》《森林法》《计量法》及《山东省计划生育条例》等十四项法律、法规贯彻实施情况的汇报，作出了关于进一步贯彻实施《土地管理法》的决议。在审议中，委员们充分肯定了“一府两院”在贯彻实施这些法律、法规方面取得的成绩。同时针对存在的问题，提了有益的建议和意见。“一府两院”对委员们的建议和意见都很重视，在实际工作中加以改进，使有关法律、法规的实施工作有了较大的进展。

2. 通过调查、视察、检查法律、法规的实施情况进行监督。县人大常委会先后对《食品卫生法》《土地管理法》《环境保护法》及《山东省计划生育条例》贯彻实施情况进行了视察；对《药品管理法》《义务教育法》实施情况进行了检查；围绕有关法律、法规的实施进行了十二次调查，促进了这些法律、法规的实施。如对《食品卫生法》的实施，三年来常委会组织了四次大型视察，使食品的生产、经营逐步走上了法制的轨道。计划生育是我国的一项基本国策，为了进一步推动《山东省计划生育条例》的贯彻实施，在条例颁发一周年之际，县人大常委会组织部分省、市、县人大代表，用 7 天时间对全县 29 处乡镇贯彻实施《条例》的情况，进行了一次较大规模地视察。通过视察，对发现的问题及时向政府提出了建议，加强了对计划生育工作的宣传发动，增强了人们在计划生育方面的法律意识，促进了计划生育目标责任制的落实。

3. 开展法制教育，促进依法治县。加强社会主义法制建设，提高全体公民的法制观念，保证宪法和法律在本行政区域内的实施，是县人大常委会的重要职责。为此，县人大常委会始终把法制教育作为依法治县的一项重要工作，加强指导和监督。一是，积极参与领导。在县委的领导下，县人大常委会与县政府一起对开展以宪法为核心内容的法制教育，进行了广泛动员和具体部署，定期检查贯彻情况。二是，抓对执法人员的法制教育。为不断提高全县执法人员的法律知识水平和依法办事的自觉性。县人大常委会有重点、有步骤、分期分批地抓了对执法人员的宪法、法律教育。1988 年 6 月，县人大常委会把常用的 178 个法律、法规、规章，按照对口编排了目录，分发到县政府 35 个委、办、局，既促进了政府部门的法律、法规学习，又便于县人大常委会对部门执法的监督。同时，对“两院”、公安、工商、税务等部门的全体执法人员进行了学法的闭卷考试。三是，有计划地组织代表学法。县人大常委会非常重视代表的法律学习，先后组织代表学习了《地方组织法》《选举法》和《十法一条例》。于每年初下达学习计划，提出学习内容和要求，平日定时组织检查交流。为了提高学习效果，组织代表进行了两次考试，对学习成绩优异者进行了通报表扬。通过组织代表学法，增强了代表的法制观念，提高了他们的参政议政水平，发挥了代表在法制教育中的模范带头作用。如县人大代表邢会云，认真学习了宪法和十几个法律、法规，写下了五十多篇心得体会，并利用自己学到的法律知识，积极协助镇政府举办了四期法律知识讲座。四是，县人大常委会于 1988 年 10 月做出了依法治县的决议。为了保证决议的贯彻实施，县人大常委会又决定用四个月的时间，在全县开展执法大检查，分工一名副主任具体负责，先后组织力量到县法院、检察院、县直各部门、各乡镇检查指导，推动了大检查工作的开展。通过执法大检查，查处了一些有法不依的问题，促进了对法律的学习和执法队伍的业务建设，完善了有关执法的规章制度，增强了依法办事的自觉性，为依法治县打下了良好基础。

通过几年来加强法律监督，人们的法制观念得到了增强，那种有法不依、执法不严、违法不究的现象得到了很大改变，使我县的政治、经济生活和社会生活的各个方面逐步纳入了法制轨道。

三、围绕治理整顿和深化改革，加强工作监督

对“一府两院”实施工作监督，也是人大常委会行使监督权的重要组成部分。三年来，县人大常委会紧紧围绕治理整顿和深化改革这一中心任务，积极发挥监督职能作用。

听取和审议“一府两院”的工作汇报，提出建议和意见，是县人大常委会加强工作监督的重要渠道。县人大常委会先后听取和审议了县政府关于全县农业生产情况、国民经济和社会发展计划执行情况、财政预算执行情况、城建工作情况、严格控制固定资产投资规模和清理在建项目情况、廉政建设情况、县检察院关于打击经济犯罪情况等二十四项工作汇报。委员们在审议中，既肯定了“一府两院”在上述工作中所取得的成绩，又指出了存在的问题，提出了改进工作的意见和建议。如在审议全县农业生产情况时，委员们建议要继续落实向农业倾斜的政策，增加对农业的投入，搞好科技兴农，合理调整产业结构，真正处理好当前与长远的关系，搞好以水利为重点的农田基本建设，进一步完善联产承包责任制和双层经营服务体系，不断壮大集体经济，增强农业发展的后劲。通过审议报告，提出建议、批评和意见，较好地帮助“一府两院”推行了工作。

针对治理整顿中的一些突出问题，通过组织视察，加强了工作监督。三年来，县人大常委会有重点地组织了对全县棉花收购工作、社会保障工作、农业生产情况、部分生产资料经营使用情况等方面的视察，促进了治理整顿中一些突出问题的解决。如为了进一步理顺我县部分工业生产资料的供需渠道，促进工业生产的发展，去年 10 月下旬，县人大常委会组织部分代表和政府有关部门，对煤炭、木材、钢材经营使用情况进行了一次视察。通过视察，代表们肯定了我县在工业生产资料的经营、使用方面所做的工作，同时，也指出了计划执行不严、渠道不畅的问题。建议县政府定期召开协调会议，加强执行计划的严肃性，严格物价政策，增加物资供应的透明度。县政府对代表们提出的建议非常重视，进行了专门研究，制订了具体措施，理顺了供需渠道，促进了经济发展。

围绕人民群众普遍关心的热点问题，加强了工作监督。去年6月，群众对长丰街市场管理规范化不够、存在拥挤和损害消费者利益的问题反映强烈，要求改变现状。针对群众的反映，县人大常委会在第二十二次例会上，听取并审议了县政府关于市场管理情况的工作汇报。委员们就县农副产品专业市场的管理提出了批评和建议。县政府对此非常重视，立即组织工商、城建等有关部门进行了现场办公，研究了具体改进措施。对农副产品专业市场进行了整顿。通过采取市场分流、划行规市、增加设施、设置公平秤和打击不法商贩等措施，使市场管理大有改观，逐步走上规范化、标准化，受到了广大群众的好评。

为了进一步提高例会审议质量，增强监督效力，县人大常委会注重了调查研究工作。特别是十一届人大四次会议以来，每次例会和视察前，都针对审议的议题和视察事项，组织驻会委员和各委、办事机构先进行调查研究。随着全县各项工作的开展，县人大常委会先后对全县防汛工作情况、国民经济和社会发展计划执行情况、财政预算执行情况、打击经济犯罪执行情况、义务教育法实施和国办学校改造情况、农业生产情况等共进行了十六次调查研究，分别形成了调查报告，为委员审议报告提供了依据。

四、依法进行人事任免工作

依法任免地方国家机关工作人员，是宪法和法律赋予人大常委会的重要职权。三年来，常委会认真执行党管干部的原则，不断加强和改进了人事任免工作。

县人大常委会在第八次会议上作出了关于加强和改进人事任免工作的决定，对原有的人事任免办法进行了修改。对“一府两院”提请任免干部的名单、个人表现和任免理由等材料，在会议前十天就送人大常委会，由人大常委会党组和主任会议先行讨论。在审议拟任人选时，充分发扬民主，尊重委员的意愿，以无记名投票的方式进行表决。对拟任人选分歧意见较大的，不匆忙进行表决。对已决定任命的干部，会后都举行一定的仪式颁发任命书，提出任期要求和期望。

对任命后的干部，县人大常委会专门作出决定，加强了任期目标责任制管理。要求被任命的干部，都要向人大常委会做述职报告，接受委员们的评议。县政府序列三十名局长、主任分三批向县人大常委会作了述职报告，委员们面对面地进行政绩评议，使他们进一步明确了施政方向，树立了信心，促进了对宪法和法律的学习，大都能严格依法办事，廉洁奉公，开拓前进，做好工作。使人大常委会依法任免干部工作开始走上规范化、程序化。

五、充分发挥代表作用，进一步推进社会主义民主政治建设

人大代表是权力机关的组成人员，加强

同代表的联系，充分发挥代表的作用，是人大常委会密切联系群众，正确行使职权的坚实基础，也是完善人民代表大会制度，建设社会主义民主政治的要求。为了做好代表工作，充分发挥代表的作用，县人大常委会采取多种形式，加强了同代表的联系。

第一，通过走访，加强同代表的联系。3年来，县人大常委会组织委员和机关工作人员，围绕例会议题和群众普遍关心的问题，以及代表提出的建议、批评、意见，联系走访代表2220人次，搜集代表建议、批评、意见180余件，并做到了普遍走访和个别走访相结合，专门联系与定期联系相结合，使联系代表工作逐步走上经常化、制度化。

第二，召开多种形式的代表会议，加强同代表的联系。一是结合不同时期的工作重点。如针对治理整顿中的一些热点问题，围绕如何开展人大工作，发挥代表作用等，及时组织代表进行座谈。三年来共召开各种代表座谈会38次，参加代表470多人次。二是召开了两次全县代表工作经验交流会。有27个单位和个人作了典型发言。县委和县人大常委会的负责同志到会讲了话，促进了代表工作的开展。

第三，加强了对代表工作的指导。县人大常委会指导各代表联系组制订了工作计划，通过编发《会刊》《工作通讯》反映和交流代表活动情况，经常组织代表参加视察、检查和调查活动，邀请代表列席县人大常委会会议，使代表更好地了解全县的情况，行使宪法和法律赋予的职权。三年来，县人大常委会组织代表参加视察、调查、检查活动450人次，邀请代表列席常委会会议57人次；编发《会刊》39期、《工作通讯》33期，购买、发放法律书籍2132册，为代表加强学习，开展活动创造了条件。

第四，认真办理代表建议、批评、意见及人民群众的来信来访。三年来，县人大常委会本着提高质量，讲求实效的精神，认真抓了这项工作。一是在十五次常委会上作出了《关于进一步加强处理代表建议、批评、意见和人民群众来信来访工作的决定》，对“一府两院”办理县人大常委会转办的代表建议、批评、意见和人民群众的来信来访，提出了新的要求。二是对牵扯面广而难度较大的问题，及时召开主任会议和承办单位的联席会议，落实解决措施。三年来，共受理代表建议、批评、意见297件，已全部办理完毕。受理代表和群众来信来访960余件次，及时转交有关部门处理。

第五，积极指导乡镇人大工作。乡镇人代会是我国基层权力机关，指导乡镇人大开展工作，完善和加强基层政权建设，是发展社会主义民主政治制度的需要。一是指导乡镇召开了人民代表大会，依法审议决定了本行政区域内的重大事项，使会议质量有了明显提高。二是召开了8次部分乡镇人大专职主席座谈会，及时研究、交流乡镇人大工作的开展。三是有计划地安排乡镇人大主席列席县人大常委会，参加常委会组织的一些重大活动。三年来，乡镇人大及其主席团的工作和建设得到了加强，各项工作制度进一步健全和完善，较好地履行了宪法和法律赋予的职权，发挥了乡镇权力机关的作用。

六、充分发扬民主，依法搞好县乡两级人大换届选举工作

搞好县乡两级人大换届选举工作是进一步完善人民代表大会制度，发扬社会主义民主，保障人民更好地行使当家做主权利的重要措施。也是加强政权建设的重要环节。自去年十一月份开始，我县县、乡两级人大换届选举工作全面展开，县人大常委会依据法律规定，按照全省选举工作会议的部署，制订了安排意见，成立了选举委员会，加强了选举工作的领导。县委对选举工作也非常重视，批转了县人大常委会党组《关于一九九〇年县乡两级人大换届选举工作安排意见》。为了指导好面上的选举，县人大常委会在柏城镇先行一步，并加强了巡回检查指导。由于各级领导重视，层层建立机构，统筹安排，周密部署；开展了以提高选民法律意识为主要内容的宣传发动工作；培训了9000多人的选举骨干队伍；做到了严格依法办事，选出了新的一届县乡两级人大代表。

七、不断完善人大常委会工作机制，加强自身建设

随着改革的不断深入，民主和法制建设的不断完善，人大常委会担负的任务越来越重。因此，县人大常委会不断改进和完善工作机制，进一步提高自身素质，是保持生机和活力的有效措施。三年来，主要加强了以下几个方面的工作。

（一）认真抓好学习，加强思想建设。县人大常委会利用多种形式，学习党中央、国务院及上级人大常委会的有关文件和中央领导同志的重要讲话，学习了宪法和有关法律，加深了对党的基本路线、方针和政策的理解，端正了思想。并坚持实事求是的思想路线，经常深入实际调查研究，掌握第一手资料，使职权的行使有着切实可靠的基础。

（二）加强了组织建设。县人大常委会根据工作需要和全省人大工作经验交流会议精神，结合我县实际情况，调整了办事机构。1987年由原来的一室三科，改为一室四科。1989年又由一室四科，改为一室四委，即办公室和农村经济、财政经济城乡建设、法制、教科文卫4个工作委员会。同时，充实了工作人员，由原来的27人，增加到34人，提高了办事机构的服务质量和工作效率。

（三）加强了制度建设。办事机构调整后，在机关内部健全了岗位责任制，完善了工作规范，划分了办公室和工作委员会工作范围。各工作委与“一府两院”的对口部门及时召开了工作联系会，理顺了工作关系，使整个办事机构的工作都有章可循，逐步走上正规化、制度化。

（四）加强与上级和兄弟县、市、区人大常委会的联系。到目前，县人大常委会已同四省48个县、市、区进行了材料交流；针对人事任免、依法治县、评议代表等问题，到外地进行了专题考察；接待了21批外地人大常委会的来访；还积极争取上级人大常委会来我县检查指导工作。通过加强联系，吸收了外地的先进经验和做法，使我县人大常委会的工作质量不断提高。

各位代表，上述工作情况表明，自县十一届人大一次会议以来，常委会的工作又有了一定的发展和进步，依法监督由程序监督向实质性监督转化，由被动监督向主动性监督转化，监督的经验越来越丰富，人大的地位和威望在人民群众中也越来越高。但是离宪法、法律和社会主义民主政治建设的要求，与当前改革开放的新形势还很不适应。

各位代表，县人民代表大会及其常务委员会是地方国家权力机关，宪法和法律赋予地方人大及其常委会具有行使重大事项决定权，讨论本行政区域的重大事项；有监督权，监督宪法、法律、法规的实施，监督政府、法院、检察院的工作；有选举权和人事任免权。随着民主和法制建设的不断发展，人大及其常委会担负的任务将越来越重。因此，建议换届后新的人大常委会，要进一步掌握人大工作的特点和规律，增强工作的原则性、预见性和创造性，在县委的领导下，更好地贯彻执行中央〔1990〕1号、2号文件，担负起宪法和法律赋予的职责，发扬成绩，不断创新，开拓前进，组织和动员全县人民齐心协力，艰苦奋斗，为我县国民经济和各项事业持续稳定、协调发展，做出新的更大贡献。

高密县人民代表大会常务委员会工作报告

——1993年2月11日在高密县第十三届人民代表大会第一次会议上

高密县人大常委会主任　单昭明

各位代表：

我受高密县第十二届人民代表大会常务委员会的委托，向大会作工作报告，请审议。

一、县十二届人大三次会议以来常委会的工作情况

县十二届人大三次会议以来，常委会在县委的领导和上级人大常委会的指导下，认真学习贯彻邓小平视察南方重要讲话和党的十四大精神，积极履行宪法和法律赋予的各项职权，为在新形势下坚持和完善人民代表大会制度，加强社会主义民主与法制建设，促进全县改革开放和经济建设的发展，发挥了应有的作用。

（一）深入学习贯彻邓小平视察南方重要讲话和党的十四大精神，进一步确立了新形势下人大工作的指导思想。邓小平视察南方重要讲话的发表和党的十四大的召开，是我国建设有中国特色社会主义进程中具有重要现实意义和深远历史意义的两件大事。常委会把学习贯彻邓小平视察南方重要讲话和党的十四大精神作为头等大事，分别召开了主任会议和常委会议，进行了认真的学习，研究了贯彻意见。常委会还就学习贯彻党的十四大精神，向县人大代表发了信，提出了明确要求。

通过学习贯彻邓小平视察南方重要讲话和党的十四大精神，使常委会全体成员用建设有中国特色的社会主义理论武装了头脑，提高了对国际、国内形势和加快改革开放的认识，进一步解放了思想，转变了观念，初步克服了“左”的影响和旧的传统意识，树立了与建立社会主义市场经济体制相适应的新观念；明确了九十年代的十大任务，坚定了夺取社会主义事业更大胜利的信心；明确了新形势对人大工作的要求，进一步确立并坚持了以经济建设为中心，以发展生产力、促进改革开放和工农业生产、加强民主与法制建设为重点的指导思想，使常委会的工作始终保持了与党的中心密切配合，步调一致。

（二）坚持抓大事、议大事的原则，积极推进改革开放和经济建设。过去的一年，是我县改革和经济建设迈出新步伐的一年。一年来，常委会坚持抓大事、议大事的原则，突出抓了以下几个方面工作的监督。

一是突出了农业和农村工作。农业是经济发展的基础。常委会对农业和农村工作历来都非常重视，在前两年狠抓强化农业措施、加强水利基本建设等项工作监督的基础上，去年又着重抓了国务院和省关于减轻农民负担两个《条例》实施情况的监督。常委会第二十次会议听取了县政府关于贯彻执行《山东省农民负担管理条例》情况的汇报，并召集有关部门，组成了近40人的大型调查团，分成10个大组，深入到全县29处乡镇和87个村庄，对全县农民负担的问题进行了为期十天的调查，摸清了情况，向县委写出了报告，从提高认识、加强管理、强化监督等方面提出了具体的建议、意见。县委转发了县人大常委会的报告，要求各乡镇党委、县委各部委和县直各部门从自身做起，切实解决好农民负担过重的问题。

二是突出了对外开放工作。加大改革力度，加快开放步伐，是县十二届人大三次会议的主旋律和最强音。一年来，常委会认真贯彻县十二届人大三次会议精神，通过听取和审议对外开放工作情况的汇报，对“三资企业”进行视察等措施，强化了监督职能，促进政府加强了对新批项目的论证工作，引进技术、设备的考察工作和外向型人才的培训工作，为我县的对外开放步入快班车做出了积极地努力。

三是突出了县城规划建设。县城规划建设，是事关经济和社会发展以及人民生活的一件大事。为了把县城规划好、建设好、管理好，为改革开放和发展经济创造良好的投资环境，常委会积极参与县城规划，研究小区建设方案，并于第十七次会议听取和审议了县政府关于县城规划建设管理情况的汇报，从提高小区建设质量，搞好城市配套建设，加强城市卫生管理等方面提出了积极地建议、意见，帮助政府改进了工作，使县城规划和建设有了突破性进展。

此外，常委会还听取并审议了农村社会养老保险工作情况的汇报、县直52个部门评后整改情况的汇报，听取和审议了县法院、县检察院、县政府序列各委办局任期三年来的工作汇报，并对其进行了打分评议，加强了工作监督。

在行使人事任免权方面，常委会坚持干部“四化”方针和德才兼备的标准，坚持充分发扬民主、严格依法办事的原则，一年来先后任免18名国家机关工作人员的职务。

（三）认真贯彻“两手抓、两手硬”的方针，推进社会主义法制建设。一年来，常委会认真贯彻党中央关于“一手抓建设、一手抓法制”的方针，从参与普法领导、强化法律监督和加强依法治县等方面开展了工作。

坚持不懈地抓好法制教育，是加强社会主义法制建设的基础环节。常委会对普法工作非常重视。去年初，常委会主任会议认真总结了“二五”普法第一年的工作情况，研究了加强“二五”普法第二年工作的意见。在实施普法计划的过程中，常委会的领导同志先后发表了五次电视讲话，指导了普法工作的开展。去年十二月四日，是我国现行宪法颁布实施十周年纪念日，为了搞好纪念活动，增强广大干部的宪法意识，常委会根据上级的部署，进行了专门研究，作出了《关于开展纪念宪法颁布十周年活动的决议》，并向各乡镇、县直各部门发出了通知，提出了纪念活动的明确要求。通过这次纪念活动，回顾总结了十年来学习贯彻实施宪法的基本情况，推动了以宪法为核心的法制教育。

加强法律监督，保证宪法和法律的贯彻实施，这是法律建设的一个重要方面。常委会从保障改革和经济建设的深入发展出发，积极履行法律监督职能，采取了全面抓与重点抓相结合的方法，在实施全面监督的同时，重点加强了实施行业法的监督。（1）常委会先后听取并审议了县政府关于贯彻执行《山东省计划生育条例》《文物保护法》《山东省安置帮教刑满释放和解除劳动教养人员的若干规定》等五项法律法规情况的汇报。委员们根据实施法律情况的汇报和调查研究掌握的实际情况，从加强法律的宣传教育、严格依法办事、提高执法队伍素质等方面提出了建议和意见。通过落实这些建议、意见，促进了法律的贯彻实施。（2）运用视察、调查的方式，对贯彻实施《食品卫生法》《环境保护法》等七项法律法规的情况进行了监督检查，发现并纠正了执法中存在的一些问题，改善了执法环境。

大力推进依法治县，是法制建设的必然要求。为了推动依法治县工作的深入开展，常委会会同司法部门，于去年初召开了全县“依法治理、依法行政”大会，总结了前段的工作，交流了经验体会，部署了工作任务。工作中，常委会认真抓了执法部门和行政管理部门的依法行政，深入到各乡镇和基层司法部门，进行了执法检查，促进了依法治理活动的开展。同时，常委会还建立了“一厂、一站、一公司”三个联系点，深入基层摸取依法治理的经验，较好地指导了面上依法治理工作的开展，推动了依法治县的进程。

（四）认真学习贯彻代表法，加强与代表和人民群众的联系。去年七届全国人大五次会议通过并颁布的代表法是一部规定各级人大代表法律地位和保障代表行使职权的重要法律。在代表工作中，常委会认真抓了这一法律的学习贯彻。首先，主任会议进行了认真的学习，研究了贯彻意见。其次，通过《高密人大工作》将代表法印发到各乡镇、县直各部门和全体县人大代表，并就学习贯彻代表法向全体县人大代表发了信。第三，通过联系代表，检查了代表学习贯彻代表法的情况。同时，“一府两院”也都分别提出了学习贯彻代表法的意见，从不同角度保障和促进了代表法的贯彻实施。

密切与代表的联系，是常委会的一项重要职责。一年来，常委会进一步加强和改进了与代表的联系工作，引导代表紧紧围绕着改革开放和经济建设这个中心，履行自己的职权。常委会组成人员按照分工，联系省、市、县人大代表379名，占代表总数的97%；先后吸收130多名代表和领导干部参加了调查、视察活动，邀请了60多名代表参加常委会会议。此外，还通过机关刊物和新闻媒介总结推广了29名代表的典型事迹，指导了全县代表工作的开展。

在办理代表建议、意见方面，县十二届人大三次会议以来，代表共提出建议意见47件。经过各有关部门的努力，目前已全部办理完毕并向代表作了答复。在办理工作中，常委会加强了监督，做到了严把“三关”。一是主任会议关。承办单位的答复意见，首先要送主任会议逐件审查。二是常委会会议关。主任会议同意后，再提交常委会会议审议，并听取办理情况的汇报。三是代表关。办理意见答复代表后，常委会再采取书信和召开座谈会的形式，征求代表对答复意见的意见。去年七月，县政府在答复十二届人大三次会议期间代表建议、意见时，有两件因答复过于简单、一件因处理方法欠妥，分别被主任会议和常委会会议退回重新办理。事后，常委会还采取回访、调查、视察等形式，认真抓了落实工作。

在信访工作方面，去年常委会共受理人民群众的来信来访333件次，现已处结326件次，处结率为98%。工作中，常委会认真坚持了领导同志批信、接访制度，对群众普遍关心的重大信访案件，分工专人负责协调处理。一年来，常委会深入基层法庭和召集有关部门召开了十二次联席会议，共同研究解决了一些难度较大的信访案件，维护了法律的尊严和公民的合法权益。

（五）加强组织领导，依法搞好换届选举工作。从去年十月份开始的全国五级人大换届选举，是全县人民政治生活中的一件大事。常委会按照法律的有关规定和上级的统一部署，主持了县乡两级人民代表大会的换届选举。工作中，常委会认真贯彻上级有关换届选举工作的指示精神，坚持充分发扬民主、严格依法办事的原则，周密部署。精心组织，加强指导，积极履行了常委会的职责。去年十月份，召开了第十九次常委会会议，审议通过了我县县乡两级人大换届选举工作安排意见，确定了换届选举工作的指导思想和方法步骤，对选举工作的时间安排、代表名额的分配、代表构成比例以及民主程序等，都提出了明确的意见。召开了全县换届选举工作会议，对县、乡两级人大的换届选举进行了动员部署。在工作措施上，常委会主要抓了四点：一是加强了组织领导。常委会在实行集体领导的同时，分工两名副主任靠上抓，调整了选举工作机构，层层落实了责任。二是广泛地开展了宣传教育。常委会在通过广播、电视、发放宣传材料和工作简报等多种形式搞好宣传的同时，还积极组织各乡镇和县直各大口有计划、分阶段、有重点地开展了宣传教育活动，形成了一定的声势和气氛。三是注重了以点代面。常委会集中精力抓了柏城镇选举工作试点，采取点上先行一步，面上跟进一步的办法，先后召开了三次工作会和两次现场会，总结推广了点上的经验。四是开展了巡回检查，把一般号召与个别指导结合起来，促进了换届选举工作的顺利进行。

通过这次换届选举，我县共选出县人大代表330名，乡镇人大代表2071名。从选举结果看，县乡两级人大代表的构成更趋合理，体现了以工农为主体和广泛性、代表性的原则，代表素质有了明显的提高。

总之，一年来常委会各方面的工作都取得了一定的成绩，这是县委的领导、“一府两院”和代表们的大力支持、全体委员共同努力的结果。但是，我们也必须看到，常委会的工作离宪法和法律赋予的职权及广大代表和人民群众的要求还有不少差距。主要是思想不够解放，观念还需进一步更新，法律监督和工作监督仍存在一些薄弱环节，对乡镇人大工作的指导不够深入，组织代表活动不够经常，为代表的服务工作也不够细致，等等。对此，常委会认为应当历史地、辩证地看待这些问题和不足，在新的形势下认真研究解决。

二、本届常委会工作的基本总结

各位代表，县十二届人大常委会是1990年3月经县十二届人民代表大会第一次会议选举产生的。常委会认为，对三年来的工作作一简要的回顾和总结，对于深入贯彻党的十四大精神，推进人大工作和建设的不断进步，在改革开放和现代化建设中更好地发挥职能作用，都是十分有益的。

三年来，本届常委会共召集了三次人民代表大会，召开了21次常委会议，作出了37个决议、决定，任免了165名国家工作人员。工作中，常委会紧紧围绕着党的中心工作和人民群众普遍关心的问题，坚持抓长远的、根本的、重大的事项，坚持敢于监督和善于监督的原则，先后听取并审议了30项工作汇报和17项法律实施情况的汇报，开展51次调查和14次视察、检查活动。常委会还不断加强了对乡镇人大的指导工作、代表的服务工作和自身建设。可以说，过去的三年，是常委会为改革开放和建设服务的三年，是推动社会主义民主法制建设及依法治县不断深入的三年，是不断为完善人民代表大会制度做出贡献的三年，是锐意进取，富有成效的三年。

回顾过去三年来的工作，常委会体会较深的有以下七点：

第一，认真贯彻党的基本路线，紧紧围绕经济建设这个中心行使职权。党的“一个中心、两个基本点”的基本路线，是党在社会主义初级阶段最根本的政治路线。工作中，常委会始终坚持以党的基本路线为指针，紧紧围绕经济建设这个中心，把牵动经济发展全局的国民经济和社会发展计划及财政计划、占有基础地位的农业、重要支柱的工业、强国富民之路的改革开放、战略重点的教育、第一生产力的科技等列入了工作重点，体现了以经济建设为中心的要求。实践中，常委会还注意围绕着党的基本路线探索人大工作的特点及规律，提出了人大工作应遵循的原则。就是，常委会与县委、县政府要坚持工作内容的统一性、工作进程的同步性、工作角度上特殊性、工作方法上科学性。实践证明，常委会工作之所以不断取得进展，最根本的就是坚持了党的基本路线。

第二，不断加强对人民代表大会制度的宣传教育，增强全社会的人大意识。宪法规定，人民代表大会制度是我国的根本政治制度，是我们社会主义国家人民当家做主的根本组织形式。但是，由于种种原因，人们对人民代表大会制度的认识还很不够，影响了人大工作和建设的发展。常委会为了把人们的思想认识统一到宪法原则精神上来，更好地建设有中国特色的社会主义民主政治，加强了对人民代表大会制度性质、地位和作用的宣传教育。三年来，常委会采取经常性宣传与集中性宣传相结合、向领导骨干与向全社会宣传相结合的办法，广泛地开展了宣传教育活动。特别是对一些重要工作和重大活动，常委会都不失时机地进行了集中宣传。一是对每年一度的人代会和每两个月一次的常委会，会前都作好宣传方面的安排，及时、全面地报道会议情况。二是每当省市人大安排部署工作，常委会都建议县委召开一定规模的会议，认真传达贯彻上级指示精神，每次会议县委都有主要领导出席并讲话。三是抓住地方人大常委会设立十周年的时机，于1990年冬，集中三个月的时间，在全县范围内开展了“高密人大工作十年”总结宣传活动。通过召开人大工作十年纪念会、总结表彰会，举办人大工作十年征文活动，录制播放电视专题片、开辟代表风采电视栏目等形式，广泛宣传了社会主义制度和人民代表大会制度的优越性，系统地总结了十年来人大工作的基本经验，对人大工作进行了大总结、大宣传、大表彰，为人大工作和建设创造了良好的舆论环境，也为人大工作的开展注入了生机和活力。在日常宣传活动中，常委会通过机关举办的《高密人大工作》、“工作动态”和电台、电视台，及时反映了工作情况，宣传了人大常委会与人大代表的地位和作用，提高了人大常委会的威望和人大代表的威信。

第三，注重推进社会主义民主与法制建设，努力建设社会主义民主政治。民主和法制是现代文明国家的重要标志之一。没有民主和法制，就没有社会主义，也就没有社会主义现代化。抓好社会主义民主与法制，是宪法和法律赋予人大及其常委会的重要任务。三年来，常委会不断强化工作措施，努力加快民主与法制建设的进程。在民主建设方面，常委会按照民主集中制的原则，注重抓了人民代表大会和人大常委会“两会机制”的改进与完善，制订了人大常委会会议议事规则，加强了“两会”的组织工作和准备工作，不断提高了会议的组织水平和议政质量。同时，常委会还立足于发展基层民主，突出抓了乡镇人大的工作和建设。帮助乡镇人大解决了人员编制、办公设施、办公经费，建立健全了各项规章制度，规范了主席团会议的法律程序，加强了对工作的指导，使乡镇人大的工作逐步走上了正规化的轨道。在法制建设方面，常委会认真贯彻“有法可依，有法必依，执法必严，违法必究”的方针，积极参与普法活动的组织领导，大力推进依法治县，切实加强法律监督，致力于提高广大干群学法、守法和依法办事的自觉性，使我县的改革和经济建设逐步走上法制轨道。

第四，勇于进取，开拓前进，不断探索人大工作的新路子。由于县级人大常委会设立的时间较短，很多工作还不够完善，仍处在探索之中。常委会认识到，要把人大工作不断推向前进，就必须勇于改革，开拓创新。三年来，常委会始终保持了高昂的斗志，大胆地进行了一些尝试，拓宽了工作领域，开辟了新的天地。一是进行了评议乡镇职能部门和县直部门工作的尝试。常委会为了加强对“一府两院”及其职能部门的监督，强化其服务意识，促进依法行政和廉洁从政，创造性地指导乡镇人大开展了评议乡镇职能部门工作的活动。为了把这一活动开展得扎扎实实，富有成效，常委会先进行了半年的试点工作，根据点上的经验制订了《人大代表评议乡镇职能部门的办法》，对评议活动进行了规范，并于 1991 年下半年在全县推开。之后，常委会又从 1992 年开始，对县法院、县检察院、县政府序列各委办局等 52 个县直部门的工作进行了评议。通过评议活动，产生了很好的社会效果，得到了省、市人大常委会和县委的充分肯定。省、市人大常委会分别在《人民权利报》和《潍坊人大工作》上介绍了我们的经验和做法。二是进行了村民代表议事活动的尝试。常委会针对农村有些地方干群关系紧张，农村工作难的问题，根据《宪法》和《村民委员会组织法》的有关规定，经过大量地调查、分析、研究和试点，制订了《村民代表议事办法》，于 1991 年冬在全县推行了“村民代表议事”活动。通过开展这一活动，宣传了党的方针、政策和国家法律、法令，促进了乡镇政府和村委会的民主决策，密切了干群关系，解决了农村一些“热点”问题。它对于促进农村两个文明建设，加速奔小康进程起到了积极的作用。

第五，密切联系人大代表和人民群众，充分发挥代表作用。密切联系代表和人民群众，既是人大工作坚持党的群众路线的具体体现，也是人大工作的根基和源泉。三年来，常委会从权力机关的性质和特点出发，把代表工作作为一项基础性工作，采取了一些扎实有效的措施。常委会制订并不断完善了联系代表的办法，坚持请上来与走下去相结合、定期联系与随时走访相结合、专门联系与调查研究相结合、重点联系与普遍联系相结合的办法，加强了同代表的联系。三年来，常委会平均每年走访联系代表占代表总数的百分之九十以上，办理代表建议、批评、意见 177 件，受理代表和群众信访 1129 件。常委会还在工作实践中，总结概括出了联系代表和人民群众的四项原则，即：通过联系代表和群众，更好地实现上情下达，增进地方国家机关同人民群众的感情，促进地方国家机关决策的民主化、科学化，使之更加符合广大人民群众的根本利益和愿望，总结推广代表工作经验，指导实践，抓好代表所提建议、意见的办理和落实，多为群众办一些实事。从三年来的代表工作看，广大代表不负人民的重托，认真履行职责，以富有成效的工作赢得了群众的信任和拥护。

第六，加强地方国家权力机关的自身建设，不断完善人大工作机制。进一步完善人民代表大会制度，必须加强地方国家权力机关的自身建设。三年来，常委会根据新形势的要求，坚持不懈地抓了自身的思想建设、组织建设、作风建设、制度建设，建立了比较完善的工作运行机制，不断提高了履行职权的能力和水平。在思想建设方面，常委会成员坚持认真学习党的路线、方针、政策，学习国家学说和建设有中国特色的社会主义的理论，把解放思想与实事求是统一起来，强调发挥自身的主观能动性，保持了良好的精神状态。在组织建设方面，加强了人大机关各工作委员会的建设，设立了必要的工作机构。在作风建设方面，认真坚持了民主集中制的原则，把深入进行调查研究当作人大工作的基础和先行程序，不断提高了人大工作的民主化程度。在制度建设方面，根据宪法和法律的规定，结合工作的实际需要，制订了十几项工作制度，在人大工作的制度化、规范化方面迈出了新的步伐。

第七，坚持依靠和自觉接受党的领导，把对党负责和对人民负责统一起来。我们党是全国各族人民的忠实代表，是社会主义事业的领导核心。党的领导是国家长治久安和繁荣富强的关键，也是做好人大工作的政治保证。常委会任期三年来，县委对常委会的工作非常重视，非常支持，从尊重常委会的法律地位、支持常委会依法行使职权、协调常委会与“一府两院”的关系等方面，实现了对人大工作的领导，从根本上保证了人大工作和建设的发展进步。常委会在三年的工作中，自觉地把人大置于党的领导之下。对党的路线、方针、政策认真贯彻执行，对县委提交的需由常委会通过的事项，按照法律程序做好工作；对于应由常委会审议决定的重大事项，事前向县委请示汇报；对于常委会的年度工作计划和重要活动都及时向县委报告等等。从而较好地实现了党对地方国家事务的领导，也提高了人大工作的准确性和权威性。

以上是对本届常委会工作的简要总结和体会。随着党的十四大精神的深入贯彻，人大工作还要不断地适应新情况，研究新问题，总结新经验，使这些体会在实践中不断地丰富、完善和发展。

各位代表，这次会议是人大工作的一次承前启后、继往廾来的会议。县十二届人大常委会的使命即将完成，第十三届人大常委会即将产生。新的一届人大常委会将面临新的形势和新的任务。深化经济体制改革、建立社会主义市场经济体制，这是十四大提出的我国九十年代改革和建设的首要任务，它必将引起我国整个经济、政治、文化领域的深刻变化，社会主义民主与法制建设也必将有相应的发展。党的十四大还提出：“我国的政治体制改革的目标是建设有中国特色的社会主义民主政治，绝不是搞西方的多党制和议会制。要进一步完善人民代表大会制度，加强人民代表大会及其常委会的立法和监督职能，更好地发挥人大的作用。”党中央这些重大决策，为新形势下的人大工作指明了方向。面对新的形势和任务，从事人大工作的同志，要进一步解放思想换脑筋，根据发展社会主义市场经济和社会主义民主政治的要求，形成人大工作新的价值观念、思维方式和行为规范。常委会要在县委的领导和上级人大常委会的指导下，以党的十四大精神和建设有中国特色社会主义的理论为指导，以宪法、法律为依据，以社会主义民主与法制建设为主要内容，进一步强化法律监督和工作监督，密切与人大代表和人民群众的联系，把新形势下的人大工作不断推向前进。要敢于冲破旧框框的束缚，创造性地履行宪法和法律赋予的各项职权，为大力发展社会主义民主，健全社会主义法制，支持和保障经济建设与改革开放的快速发展，做出积极的贡献。

各位代表，回顾过去，展望未来，我们对坚持和完善人民代表大会制度，建设有中国特色的社会主义，实现我县十年规划和“八五”计划的奋斗目标充满了信心。我们要在县委的领导下，充分发挥地方国家权力机关的职能作用，与全县人民一道，同心同德，艰苦奋斗，以更加扎实的工作，推动改革和经济建设的更快发展，不断夺取更大的胜利。

高密市人民代表大会常务委员会工作报告

——1998 年 1 月 17 日在高密市第十四届人民代表大会第一次会议上

高密市人民代表大会常务委员会主任　单昭明

各位代表：

我受市十三届人民代表大会常务委员会的委托，向大会报告本届常委会五年来的工作，请予审议。

市十二届人大常委会任期的五年，是全市上下不断解放思想，勇于开拓进取，沿着有中国特色社会主义道路阔步前进的五年；是社会生产力、综合经济实力和人民生活水平显著提高，社会主义物质文明和精神文明建设取得重大成就的五年；也是坚持和不断完善人民代表大会制度，人大工作继续全面发展的五年。五年来，常委会在市委的领导下，在各位代表及全市人民的监督支持和“一府两院”的主动配合下，坚持以邓小平理论和党的基本路线为指导，认真贯彻党的十四大、十五大精神，牢牢把握党和国家的工作大局，积极履行宪法和法律赋予的各项职权，全面推进社会主义民主和法制建设，为保障全市国民经济持续、快速、健康发展和推动社会全面进步，做出了积极的贡献。

一、围绕党和国家的工作大局，大力推进两个文明建设

围绕党的中心任务开展工作，是地方国家权力机关必须遵循的原则。五年来，常委会紧紧围绕“抓住机遇、深化改革、扩大开放、促进发展、保持稳定”的大局，本着抓大事、议大事的原则，依法履行各项职权。共召开了 35 次例会，听取并审议了“一府两院”的 58 项工作汇报，就全市政治、经济等方面的重大事项作出了 21 个决议决定，任免了 346 名国家机关工作人员，充分发挥了自身的职能作用。

根据党的十四大以来确立的基本方针和市委在各个阶段确立的目标任务，常委会积极主动地开展了工作。一是围绕“八五”计划的全面完成和“九五”计划及 2010 年远景目标纲要的顺利实施，突出抓了事关全市经济发展的重大问题。对年度计划和财政预算执行、预算审计、预算外资金监督管理等工作，坚持每年都听取审议市政府的工作汇报并作出了相应的决定；对实施农业产业化、发展农村经济和乡镇企业、城区规划和公路建设、小城镇建设、搞好国有大中型企业、实施科技兴高战略等工作，坚持综合运用调查、视察和听取汇报等多种方式，连续不断地进行了监督。城区规划和公路建设，是经济和社会发展的大计。1993年，市委、市政府把城区规划建设列入了工作重点。为保证建设速度和质量，常委会多次听取政府和城建部门的工作汇报，经常深入建设工地进行视察，有力地推动了以房地产开发为重点，以城区容貌整治为突破口的城区建设，使城市规划、建设、管理工作步入了新的发展时期，城区面貌焕然一新。1995年，市委、市政府在公路建设中采取了大动作，“六路四桥”相继开工。为保证公路建设高标准、高质量、按期完成任务，市人大常委会加强了整个过程的监督，在工程拖后、资金严重不足的情况下，政府及有关部门克服重重困难，按计划完成了建设任务。环境保护，是关系经济效益和社会效益的一个大问题。常委会对此非常重视，1995年、1996年连续三次对潍河潍坊市水源地上游污染情况、王吴水源地保护情况和市直企业治污设施运转情况进行了现场察看，向市政府提出了下大力气抓好环保责任落实，源头源尾并举，从根本上解决环境污染的建议。市政府认真落实常委会建议，制订了分年度实施意见，把治标与治本结合起来，使环境污染严重的问题得到了较大好转。二是围绕社会主义市场经济体制的建立，突出抓了事关深化各项改革的重大问题。重点听取并审议了市政府关于全市经济体制改革、建立现代企业制度、财税改革、城镇住房制度改革等工作汇报；就深化农村改革、科技教育改革等进行了视察，提出了有针对性的建议意见并督促抓了落实。三是围绕建立良好的发展秩序，突出抓了事关维护社会稳定的重大问题。坚持把深入开展反腐败斗争、搞好社会治安综合治理、严厉打击严重刑事犯罪和经济犯罪作为监督重点，做到了常抓不懈；大力支持法院、检察院依法开展审判工作、法纪检察、查办大案要案及执行工作，为市场经济的有序运行和社会政治局面的长期稳定提供了有力保障。

党的十四届六中全会确定了我国“九五”时期到2010年进行社会主义精神文明建设的指导思想、战略目标及重大措施。常委会及时统一了思想认识，组织全体代表带头学习贯彻全会《决议》和市委制订的有关规划；通过各种形式监督市政府认真贯彻实施教育法、教师法、体育法及省禁止赌博条例等法律法规，解决好精神文明建设中存在的问题；督促司法机关严厉打击“黄赌毒”等社会丑恶现象，清理整顿文化市场，净化了社会环境。

去年召开的党的第十五次全国代表大会，发出了“高举邓小平理论伟大旗帜，把建设有中国特色社会主义事业全面推向二十一世纪”的伟大号召。常委会把贯彻落实好大会精神作为首要任务，迅速作出了《关于认真学习贯彻党的十五大精神的决议》，要求全市各级国家机关、群众团体、企事业单位，把思想统一到十五大精神上来，把学习贯彻十五大精神同努力完成“九五”计划和2010年远景目标的具体实践结合起来，扎扎实实地做好各项工作。

二、围绕社会主义法制建设，保障各项

法律法规的贯彻实施

“实行依法治国，建设社会主义法治国家”，是邓小平理论的重要组成部分，是指导我们进行现代化建设的重要方针，也是地方人大及其常委会的工作重点。五年来，常委会把落实这一方针贯穿于人大工作的始终，不断强化法律监督工作。

（一）积极推行执法责任制。本着使执法工作实现执法主体明晰化、执法责任具体化、执法行为规范化、执法监督制度化的要求，1995 年 6 月常委会第十七次会议作出了“关于在市级国家机关实行执法责任制的决定”，将 475 部现行法律法规按执法责任分解落实到了各司法机关和 55 个行政执法部门。在此基础上，采取宣传动员与典型引导相结合、重点抽查与全面检查相结合、表彰先进与督促后进相结合的方法，连续两年组织了实行执法责任制大检查活动，增强了监督工作的力度，推动了执法队伍建设，提高了执法水平，为依法治理工作奠定了坚实的基础。

（二）采取有效手段，不断强化法律监督。通过例会审议的形式，先后听取了市政府关于农业法、环境保护法、土地管理法等 32 部法律法规贯彻实施情况的汇报，听取了市法院关于经济审判和市检察院关于法纪检察等项工作的汇报，督促“一府两院”认真抓好有关法律法规的贯彻实施，不断提高运用法律手段管理经济和社会事务的能力。运用调查、视察或执法检查的形式，分别对贯彻实施水污染防治法、食品卫生法、统计法、劳动法等 14 部法律法规情况进行了监督，发现和解决了一些有法不依、执法不严、违法不究的突出问题，促进了依法行政和依法办事。同时还采取调卷审查的方式，加强了对具体案件的监督。1995 年下半年，常委会抽调熟通法律和有实践经验的人员组成审卷小组，对 1993 年 6 月至 1994 年 6 月审结的市法院 34 件缓刑案件、市检察院 33 件免予起诉和 4 件不批准逮捕的案件、市公安局 42 件治安拘留案件进行了集中调卷审查，针对以罚代刑和法律文书处理、量刑等方面存在的问题提出了审查意见，有效地促进了严格依法办案。

（三）积极参与普法教育和依法治理工作的组织领导。为确保“二五”普法和“一五”依法治市规划的顺利完成，常委会定期听取市政府关于开展普法教育和依法治理工作情况的汇报，先后对实施普法和依法治市规划、加强司法队伍建设、预防青少年犯罪等项工作进行了专项调查或视察，提出了有针对性的建议和对策。在此基础上，常委会第二十七次会议作出了在全市公民中开展第三个五年法制宣传教育和深入开展依法治市的决议，要求各级国家机关进一步做好工作。常委会坚持提高法律素质首先要从领导干部抓起的指导思想，结合法律监督工作，连续三年对任命的行政、审判、检察干部进行法律知识考试，促进了执法部门和执法人员积极学法、严格执法，为依法治理提供了有力的保障。

三、围绕提高履行职权的实效，不断探

索监督工作的新路子

加强对“一府两院”工作的监督，是宪法和法律赋予常委会的重要职权，也是人民群众的迫切要求。五年来，常委会积极探索履行监督职权的新途径，取得了明显的进展。

（一）对行政、司法部门开展了系统性的工作评议。在总结代表评议工作经验的基础上，常委会于1993年冬，利用40多天的时间，对52个部门的工作进行了评议，同时还指导各乡镇人大组织开展了对乡镇直属部门工作的评议活动；1994年对评议部门工作办法作了进一步改进，变原来评议政府所有序列部门为部分与人民群众生产生活联系密切的部门，变原来面对面的评议为背靠背评议，变原来打分排名次投票评议为只提建议、意见。按照新改进的评议办法，重点对市建委、公安局、工商局、卫生局、乡企局、技术监督局等12个部门的工作进行了评议；1995年，采取市乡联动的形式，自下而上开展了对农业、教育、计划生育、司法等九个系统的评议活动；1996年、1997年连续两年又对市政府序列部门和“两院”的执法工作进行了综合评议，广泛征求了代表和社会各方面的建议意见，并反馈到各执法部门进行认真的整改。在历次评议活动中，参评的代表广泛联系群众，累计收集建议意见3000多条。通过评议活动，极大地调动了代表参政议政的积极性，强化了“一府两院”及其职能部门的服务意识，促进了部门工作和行业作风的转变，产生了良好的社会效应。

（二）对被任命干部进行了综合性的述职评议。常委会把对工作的监督与对人的监督紧密结合起来，对任命的市政府序列部门的主任、局长，在本届任期内分批组织述职并进行了评议。每次评议中，先听取述职人员的工作汇报，在小组评议和集体评议的基础上，分优秀、称职、基本称职和不称职4个标准，进行无记名投票测评。评议后，当面向述职人员反馈评议意见，帮助其对照整改。被任命的政府组成人员接受评议后，分别采取召开部门领导班子和中层干部会议、专题调研等方式，逐项落实有关评议意见，改进自身工作。

（三）对社会热点难点问题实施了经常性的专题监督。为了保证监督工作的实效，常委会每年都抓住一些关系全局、影响重大、人民群众反映强烈的问题，采取有针对性的措施监督解决。常委会采取重点视察与新闻单位舆论监督相结合的方式，对环境保护、食品卫生、打击制售假冒伪劣商品违法行为等工作进行了重点监督；通过调查和评议、审议等多种措施并举的办法，坚持不懈地监督纠正行业不正之风，解决向企业乱收费、乱罚款和各种摊派等问题。切实减轻农民负担，是关系农民切身利益和农村改革、发展、稳定的大事，常委会始终把它作为监督的重点，每年都组织进行调查或视察，听取审议政府的工作汇报。去年年初，《中共中央国务院关于切实做好减轻农民负担工作的决定》下达后，常委会组织部分委员和代表，进行了“减负”调查，提出了建议意见，并反馈到有关部门认真加以解决。去年农民“三提五统”费用严格控制在农民人均纯收入的5%以内，大大减轻了农民负担，促进了社会稳定和农村经济的发展。

四、围绕发展社会主义民主政治，积极推进代表工作和乡镇人大工作

紧紧依靠代表和人民群众，是权力机关工作的根基和力量源泉。五年来，常委会按照加强社会主义民主政治建设的要求，从保障人民当家做主的高度出发，把自身的各项工作建立在加强与代表和人民群众的联系、充分发挥代表作用的基础上，强化了各项工作措施，取得了明显的成效。

（一）拓宽渠道，密切了同代表和人民群众的联系。常委会把联系代表渗透于日常工作之中，通过普遍联系、个别走访、邀请代表列席常委会会议、召开座谈会、信函往来等多种途径，加强了同代表的联系，并通过代表联系选民活动，促进了代表与人民群众的联系。本届常委会对代表进行了9次普遍联系，邀请代表列席常委会会议达120人次，召开各种形式的代表座谈会1500多人次。通过以上渠道，常委会每年联系代表的面都在百分之九十左右，既提高了常委会的民主、科学决策水平，又促进了代表和人民群众关注的热点难点问题的解决。

（二）积极组织代表开展各项活动，充分发挥代表作用。人民代表大会制度是实现社会主义民主的最好组织形式，只有密切同代表和人民群众的联系，充分发挥代表作用，才能使权力机关按照人民的意志正确行使职权。五年来，常委会认真贯彻落实代表法，既保证代表在人代会期间依法行使好各项权利，又注重组织代表在闭会期间的活动。共组织驻我市的各级人大代表参加调查、视察和检查活动150人次，参加评议执法部门和执法人员工作活动900多人次。常委会自1995年以来，组织指导全体市人大代表开展了代表联系户和“三个一”活动。代表们在活动中，坚持以高度的政治责任感宣传党的路线方针政策和宪法法律，以满腔的工作热情帮助群众排忧解难，以无私的奉献精神带领群众发家致富，以不懈地努力督促解决各方面存在的问题。开展代表联系户和“三个一”活动三年来，代表们积极围绕两个文明建设提出合理化的建议意见，帮助贫困村和贫困户寻找致富门路，为基层单位和人民群众办实事、办好事。从代表们五年来履行职责的情况看，无论是在开展的各项活动还是整个代表工作中，我市人大代表都不负人民的重托，依法认真执行职务，在各行各业和各条战线发挥了模范带头作用，为改革开放和现代化建设做出了积极的贡献。

（三）认真办理代表议案和建议意见以及人民群众来信来访，促使一些热点难点问题解决。常委会坚持人民至上的思想观念，及时听取和反映群众的意愿和要求，认真督办代表议案和建议意见以及人民群众来信来访。五年来，代表共提出议案、建议意见237件，常委会都及时会同市政府召开了转办会议，并针对办理情况多次组织专题调查和现场检查，听取市政府有关方面的工作汇报，办理完毕后及时答复代表，当面答复率98%以上。在受理代表和人民群众来信来访工作中，坚持了常委会主任、副主任批信接访制度，办事机构和各职能部门密切配合，及时交办督办和办理回复，五年共受理来信来访2266件次，年处结率都在百分之九十五以上。对一些疑难信访案件，常委会分管领导亲自挂帅，派专人调查取证，提出处理意见，并召开有关部门的联席会议落实办理意见，提高了办案效率和办理质量。如我市井沟镇东丁村丁玉花被本村崔德胜打成重伤致残案，常委会接访后，及时组织召开了公检法“三长”联席会，详细听取了汇报，分析了案情，并决定由常委会一名领导靠上督办此案，使久拖未决的案件得以妥善解决，保护了受害者的合法权益。

（四）密切联系，加强了对乡镇人大工作的指导。常委会坚持通过召开工作会议、分片会议、邀请乡镇人大主席和副主席列席常委会会议、开展上下联动的调查和检查活动等方式，切实加强了对乡镇人大工作的联系和指导。为适应工作需要，不断加强乡镇人大建设，1996年初乡镇人大换届之后，常委会就如何做好新形势下的人大工作，深入到各乡镇召开了不同类型的座谈会，汇集各方面的意见，常委会党组向市委写出了“关于乡镇人大工作座谈会议的纪要”，就进一步统一认识、理顺各方面关系、强化措施、更好地开展工作等方面，提出一些建设性意见和建议。市委十分重视，以市委文件予以转发。在此基础上，市委、市人大常委会于同年8月份召开了各乡镇党委分工联系人大工作的副书记、人大主席或副主席参加的全市乡镇人大工作会议，总结工作经验，研究部署了做好新形势下人大工作的措施。1997年5月份，常委会组织全市29处乡镇人大主席或副主席，到我省六处县市区进行了学习，解放了思想，开阔了思路，振奋了精神，学到了经验，为进一步做好乡镇人大工作奠定了良好的基础。

五、围绕地方政权建设，依法搞好换届选举工作

地方人大的换届选举是一项法律性很强的政治任务。常委会坚持“党委领导、人大主办”的原则，严格依法办事，圆满完成了乡镇和市级人大的换届选举任务。1995年冬，我市进行了地方组织法作重要修改后的首次乡镇人大换届选举工作。常委会根据新修改的选举法、地方组织法的规定，成功地指导了全市乡镇人大换届选举工作。共选出乡镇人大代表1642名，选举产生了乡镇政权领导班子。

在去年十月以来进行的市人民代表大会换届选举及全国、省、潍坊市人大代表的推荐工作中，常委会精心组织，周密安排，保证了各项措施的落实。一是积极做好各项准备工作。为保证换届选举工作的顺利进行，换届前夕，常委会多次召开会议，研究换届选举有关事宜。组织各乡镇、市直各部门、各单位分工选举工作的负责同志举办了法律培训班，邀请省人大常委会法律专家授课，讲解了新修改的地方组织法、选举法和代表法。还分片召开了座谈会，分析了可能遇到的新问题，并研究对策，早抓落实。二是坚持以党的十五大精神为指导，在市委的领导下搞好换届选举工作。根据十五大确定的健全社会主义民主政治制度的各项方针，统一了对这次换届选举重要意义的认识；依照法律规定并报经市委同意设立了市选举委员会，建立了选举工作机构，常委会第三十三次会议审议通过了市人大换届选举工作安排意见，确定了换届选举工作的指导思想和方法步骤，对选举工作的时间安排、代表名额分配、代表构成比例以及民主程序等，都提出了明确的意见；召开了全市换届选举工作会议，进行了动员部署。三是抓好试点，推动面上工作的开展。常委会注重抓了阚家镇选举试点工作，采取点上先行一步，面上跟进一步的方法，先后召开了两次工作会议及现场会，总结推广了点上的经验。整个换届选举期间，常委会领导及选举工作机构的有关人员，定期深入到各乡镇和市直各选区，巡回检查选举中各个阶段的工作情况，发现问题现场研究解决。市里还通过印发宣传提纲，编发工作简报，组织宣传报道等形式，推动了面上工作的开展。四是坚持充分发扬民主，严格依法办事。通过深入开展宣传教育增强了各级领导干部和广大选民的法制观念，从各个环节上保证了换届选举的依法进行。这次换届选举，共选出市人大代表284名。从选举结果看，市人大代表的整体构成更趋合理，各方面素质明显提高。

六、围绕提高整体素质，不断加强常委会及机关的自身建设

在换届之初，常委会就及时作出了关于进一步加强自身建设的决定，并始终把它摆在重要位置，坚持常抓不懈。具体工作中，着重抓了五个方面：

一是狠抓了思想建设。常委会把抓好学习作为加强思想建设的根本性措施，贯穿于人大工作的始终，采取集体学习与个人自学相结合、专题学习与重点辅导相结合的方法，重点学习了邓小平理论、党的十四大和十五大精神、党的基本路线和各项方针政策、社会主义市场经济知识和人大工作业务知识。特别是在法律学习方面，常委会每当审议有关议题和开展调查、视察活动时，都坚持有针对性学习有关法律法规；每当新的法律颁布后，都要先学一步，全面掌握，并提出监督实施的意见。通过学习和实践，常委会组成人员不断加深了对党的基本理论、基本路线、基本方针和我国根本政治制度的认识，提高了依法履行职权、做好人大工作的能力和水平，自觉做到了讲学习、讲政治、讲大局、讲法制、讲正气，以良好的精神状态做好各项工作。

二是狠抓了作风建设。常委会坚持求真务实的工作作风，狠抓了调查研究工作。换届以来，常委会和办事机构先后组织开展了8次较大规模的调查活动，均形成了有情况、有分析、有建议的调查报告，为常委会各项职权的行使提供了重要依据。常委会组成人员还分工包片，通过走访、召开座谈会等形式，深入农村基层和厂矿企事业单位，开展调查研究，体察社情民意。在审议有关议题或作出决议、决定时，坚持民主集中制原则，做到畅所欲言，集思广益，集体行使职权，团结一致开展工作。

三是狠抓了组织建设。为了发挥好整体效能，常委会主动做好工作，逐步调整优化自身的组织结构，较好地适应了工作的需要。去年以来，常委会根据中共中央中发〔1995〕7号文件和省委鲁发〔1996〕3号文件规定，报经市委同意从我市的实际工作需要出发，本着精简、统一、效能的原则，对办事机构进行了改革，新增设了人事代表工作室和调查研究室两个办事机构，调整充实了5个工作委员会。机关工作人员也作了充实调整，使工作机构设置更加科学合理，岗位和工作职责更加明确，提高了工作效能和服务水平。

四是狠抓了制度建设。根据法律规定和人大工作的实际需要，常委会不断总结工作中的新经验、新做法，用制度的形式固定下来，规范和保证人大工作的开展。换届以来，常委会相继对议事规则、联系市人大代表办法、人事任免办法、人大代表评议政府职能部门和“两院”工作办法等项工作制度进行了修订和完善。在机关内部，常委会还责成办事机构按照职责范围，建立健全了30项工作制度和服务规范，对机关干部实行了岗位目标责任制，促进了机关工作的科学化、规范化管理，提高了办事效率和服务质量。

五是狠抓了廉政建设。常委会把搞好自身的廉政建设作为一项重要任务来抓，带头学习党中央的一系列指示精神，不断提高对深入开展反腐败斗争、加强廉政建设重要意义的认识；带头执行有关法律法规和廉政纪律，不搞以权谋私，不奢侈浪费，坚决杜绝滥用职权、贪赃枉法和侵犯群众利益等行为的发生；带头廉洁自律，认真执行领导干部个人生活重大事项报告制度。同时，常委会还注意抓好机关廉政建设，使全体机关工作人员自觉抵制各种腐朽思想和不正之风的侵蚀，弘扬了正气，倡树了新风。

回顾本届常委会的工作，我们深深体会到，要保证常委会各项职权的行使，推动人大工作的全面发展，必须始终不渝地坚持和依靠党的领导，做到党的工作中心就是人大工作的中心，善于通过法定程序把党的主张变成国家的意志并认真贯彻落实，使人大工作与党的中心工作同步合拍，保持一致；必须坚持严格依法办事，牢固树立法律意识和法制观念，带头维护法律的尊严，使人大工作充分体现坚持党的领导与依法履行职权的统一，讲求工作实效与履行法定程序的统一；必须坚持紧紧依靠和密切联系代表和人民群众，把人民拥护不拥护、人民赞成不赞成作为履行各项职权的前提，把常委会的工作始终置于代表和广大人民群众的监督之下，使之充分体现人民群众的根本利益和意志；必须坚持和认真贯彻民主集中制的原则，依靠集体的智慧，集中正确的意见，实现常委会决策的民主化、科学化；必须坚持不断开拓创新，保持奋发有为的精神状态，善于研究新情况，解决新问题，总结新经验，做到敢为人先，争创一流，使人大工作保持旺盛的生机和活力。这些凝聚着集体智慧的基本经验，伴随着常委会工作的实践产生了积极的指导作用，在今后的实践中也必将会得到新的丰富、完善和发展。

各位代表，在过去的五年里，市十三届人大常委会的工作取得了明显进展，完成了本届的历史使命。但与形势发展特别是党的十五大要求和人民群众的期望相对照，还存在差距。主要表现在：对法律赋予的重大事项决定权行使得不够充分；对人民群众普遍关注的一些热点难点问题，监督解决的实际效果不够理想，有些问题甚至出现反弹；全市人大工作发展不够平衡，常委会的联系指导工作有待于改进和加强。这些问题迫切需要在今后工作中认真加以解决。

各位代表，当前全市人民正在深入学习贯彻党的十五大精神，同心同德，艰苦奋斗，满怀信心地进行社会主义现代化建设。人大工作也面临着更加繁重的任务和新的发展机遇。落实党的十五大提出的各项任务，是时代的要求和人民的愿望，人大及其常委会负有义不容辞的重要职责。党的十五大提出，要进一步扩大社会主义民主。人大及其常委会要充分发挥主要民主渠道作用，始终保持同代表和人民群众的密切联系，富有成效地开展代表工作，保障代表和人民群众民主权利的行使。党的十五大提出，要依法治国，建设社会主义法治国家。人大及其常委会要把推进法制建设作为根本任务，加强对普法和依法治理工作的组织领导，监督“一府两院”严肃执法、公正司法，落实执法责任制和错案责任追究制，保证法律的正确实施。党的十五大提出，要坚持和完善人民代表大会制度，保证人大及其常委会依法履行国家权力机关的职能。人大及其常委会要不负使命，不断改进完善工作机制，努力提高整体素质和履行职责的能力，保证各项职权的有效行使。在这次代表大会上将要选举产生市十四届人大常委会。完全可以相信，肩负跨世纪重任的新一届市人大常委会，一定能够在市委的领导下，高举邓小平理论伟大旗帜，深入贯彻党的十五大精神，为坚持和完善人民代表大会制度，加强社会主义民主和法制建设，把我市社会主义现代化建设事业全面推向二十一世纪，做出新的更大的贡献。

高密市人民代表大会常务委员会工作报告

——1999年3月6日在高密市第十四届人民代表大会第二次会议上

高密市人民代表大会常务委员会主任　孙惠斌

各位代表：

我受市人民代表大会常务委员会的委托，向大会报告市十四届人大一次会议以来常委会的工作，请予审议。

1998年，是全市人民克服各种困难并取得新的胜利的一年，也是新一届人大工作的奠基之年。一年来，市人大常委会在市委的领导下，在各位代表以及全市人民的监督支持和“一府两院”的积极配合下，在上届人大工作的基础上，坚持以邓小平理论和党的十五大、十五届三中全会精神为指导，全面落实市十四届人大一次会议的各项决议，认真履行宪法和法律赋予的各项职权，大力推进社会主义民主与法制建设，为保障和促进我市改革开放和现代化建设事业的全面发展，发挥了重要作用。

一、以经济建设为中心，大力加强工作监督

换届以来，常委会紧紧围绕市委提出的“全党抓经济，重点抓工业，各业齐发展，整体上水平”的工作思路，坚持以经济建设为中心，以支持和推动“一府两院”工作为目的，本着抓大事、议大事、管大事的原则，大力加强了工作监督。

第一、围绕“九五”计划实施，监督抓好事关全市经济发展的重大事项。常委会把国民经济和社会发展计划及财政预算的执行、市直工业生产和企业改制、个体私营经济发展等作为全市经济发展的重大问题，列入了监督工作的重点。在分专题组织调查的基础上，听取并审议了市政府关于上述工作情况的汇报，分别向市委写出了专题报告，向政府反馈了审议意见。针对国民经济和社会发展计划及财政预算执行，提出了加快企业改革，提高改革效益；加快农业产业结构调整步伐，增加特产税；加大税收力度，加强预算外资金管理，严格控制非生产性开支等建议。针对市直工业生产和企业改制，提出了选好企业领导班子，特别是选好厂长经理，注重后备力量的培养；严格考察论证，防止投资失误；强化企业管理，防止国有资产流失等建议。针对个体私营经济发展，提出了抓好政策落实，为个体私营经济发展营造宽松环境；制止“三乱”，依法保护个体私营者的合法权益；搞好市场、园区的规划建设，为个体私营经济发展提供良好的载体；

加强引导，提高个体私营企业的管理水平和整体素质等建议。为深入贯彻落实十五届三中全会精神，推动农业的快速发展，去年底，组织驻我市的全国、省和潍坊市三级人大代表，重点对农业产业化结构调整、乡镇企业改制等进行了视察，提出了相应的建议和意见。市政府通过认真落实常委会审议意见，不断改进工作，推动了全市经济发展。

第二、围绕建立良好的社会秩序，监督抓好事关社会稳定的重大问题。坚持以深入开展反腐败斗争、搞好社会治安综合治理、严厉打击严重刑事犯罪和经济犯罪为重点，加强了对司法机关工作的监督。一是经常深入司法机关了解执法情况，并采取调卷审查的方式监督办案。二是组织代表视察了司法机关的队伍建设和公正司法情况，并对司法机关的工作进行了评议。三是听取并审议了市法院关于审判工作、市检察院关于反腐败查办大要案情况的汇报，对“两院”的工作进行了重点监督。通过上述措施，有力地促进了司法机关的队伍建设和职能作用的发挥，为市场经济的有序运行和社会政治局面的长期稳定提供了有力保障。

第三、围绕人民群众关心的热点难点，监督抓好事关人民切身利益的问题。农民负担及城市居民小区管理是人民群众普遍关注的热点，也是政府工作的难点。针对农民负担，常委会组织了26人的调查队伍，分别由驻会主任带队对全市减轻农民负担工作进行了较大规模地调查。抽样调查了15处乡镇、30个村，串门入户、走访群众，召开了由人大代表和有关人员参加的座谈会，查看了有关材料、账表和合同，较为详细地摸取了“三提五统”的收取、“两工”的管理使用以及民主化、法制化管理的情况。针对城市居民小区管理，通过实地察看、召开居民代表和小区管理人员座谈会等多条途径，较为全面地了解了全市四处居民小区的开发建设情况、居住管理的现状和管理中存在的问题。听取并审议了市政府关于减轻农民负担和城市居民小区规范化管理情况的汇报，根据调查所掌握的情况，分别向政府提出了工作中存在的问题和改进工作的建议。市政府认真落实常委会的建议意见，已着手修订完善城市居民小区规范化管理办法，进一步落实了减轻农民负担的措施。此外，像市场建设与管理、生猪定点屠宰等，也是人民群众关心的热点问题。对此，常委会根据有关方面的要求，组织了专项调查和视察，督促政府及有关部门认真落实调查、视察意见，加快了市场建设步伐，提高了市场管理水平；加强了对生猪收购、屠宰、销售等各个环节的管理和服务，推动了生猪定点屠宰工作和养殖业的发展。

第四、围绕“民心工程”的实施，监督和促进“一府两院”的工作。在全市组织实施“民心工程”，是市委的重大决策。为推动“民心工程”的深入实施，市乡（镇）两级人大联动对“一府两院”的工作进行了视察。采取“听、看、谈、议”的方法，对政府及其所属部门重点察看了减轻企业和农民负担、实施下岗职工再就业、帮助困难企业扭亏解困、帮助群众解决实际问题、为农民致富提供服务、部门服务承诺兑现和制止公款吃喝、杜绝吃拿卡要情况；对“两院”重点察看了工作人员公正司法、廉洁自律，自觉接受社会各界监督、为基层单位和人民群众服务情况。通过视察，进一步增强了“一府两院”全心全意为人民服务的观念，提高了服务质量，推进了各项工作。

二、实施依法治国方略，强化全市法制建设

常委会把贯彻落实依法治国方略贯穿于人大工作的全过程，以推进社会主义法制建设为己任，以推动执法责任制的实施为重点，采取有效措施，不断强化了法制宣传教育和法律监督工作。

一是积极参与对普法工作的组织领导。为确保“三五”普法和“二五”依法治市规划的顺利实施，去年5月，对全市“三五”普法教育和依法治理工作情况进行了为期一周的调查。在调查的基础上，听取并审议了市政府关于普法和依法治市工作情况的汇报，提出了下步工作的建议意见，督促“一府两院”认真落实，推动了全民特别是领导干部和执法人员的学法，增强了法制观念和法律意识，提高了依法办事的自觉性，加快了全市普法和依法治理工作的进程。

二是建立了工作委与执法部门联系制度。常委会本着使执法工作实现执法主体明晰化、执法责任具体化、执法行为规范化、执法监督制度化的要求，将现行的法律法规按执法责任分解落实到各司法机关和执法部门。根据执法部门的工作性质和执法内容，全市58个执法部门由人大常委会五个工作委员会进行对口联系，定期了解执法情况，帮助总结经验，找出不足，制订改进工作的措施。一年来，各工作委员会对58个执法部门普遍进行了两次联系，比较全面地掌握了各部门的执法情况，加强了执法监督，推进了依法行政和公正司法。

三是采取多种监督形式，加强了对专项法律法规实施情况的监督。通过调查、视察、执法检查和听取审议执法工作情况汇报等监督形式，重点对环境保护法、食品卫生法、新刑事诉讼法、档案法等法律实施情况进行了监督，发现和纠正了一些有法不依、执法不严、违法不究的问题，促进了依法行政和依法办案。特别是对环境保护法的贯彻实施进行了连续监督，在调查、视察的基础上，听取了政府的工作汇报，督促市政府及其职能部门严格依法办事，加快了环境污染的治理步伐。

四是加大了查处信访案件的力度。随着法制宣传教育工作的不断深入，全民法制意识和法律观念日益增强，人大信访案件也逐年增加。为做好人大处信接访工作，加强对行政执法和司法办案的监督，常委会制订了《信访处理办法》，明确了信访工作的宗旨、任务、受理范围、处理原则、处理程序和基本要求。坚持了常委会主任、副主任接访和重要信件常委会主任阅批、分管副主任和有关工作委以及信访科督办查处制度。对一些重要信访和久拖不决的案件，采取召开有关部门联席会、常委会分管主任调度办理情况等措施，提高了办理质量和效率，督促解决了一些实际问题，受到了人民群众的好评。有的当事人向常委会致信或赠送锦旗表示感谢。一年来，共受理人大代表和人民群众来信来访845件次，处结率达到98%。

三、密切联系代表，全面推进代表工作

换届后，常委会始终把代表工作抓在手上，密切了与代表的联系，积极组织代表开展活动，加大了代表建议意见督办工作的力度。

（一）拓宽渠道，密切同代表和人民群众的联系。常委会通过普遍联系、个别走访、邀请代表列席常委会会议、召开座谈会、信函往来和常委会主任、副主任深入代表小组参加活动等多种途径，加强了同代表的联系。换届以来，对代表进行了两次普遍联系，邀请代表列席常委会会议30人次，召开各种形式的座谈会100多次。通过以上渠道，广泛了解社情民意，征求代表对"一府两院"工作的建议意见，既提高了常委会的民主、科学决策水平，又促进了代表和人民群众关注的热点难点问题的解决。

（二）积极组织代表开展活动，充分发挥代表作用。换届后，常委会坚持把代表活动作为一项基础工作抓在手上，在代表中广泛开展了"学习、实施代表法，争当优秀代表"的活动。常委会组成人员和各乡镇人大主席、副主席，专题学习代表法和省人大实施代表法办法，进一步提高了对代表工作的认识。全市各级人大代表，按照常委会统一部署和要求，积极学法、用法、宣传法，围绕两个文明建设和"民心工程"的实施，开展了"提一条好建议、出一条致富路、帮一个贫困户"活动。据不完全统计，代表提出有价值的建议160条；为村、户出致富路300多条；帮助贫困户1300余户。同时，各级人大代表加强了与选民的联系，及时反映和督促解决群众关心的农村财务管理、"两工"使用、电费收取和城市下岗职工再就业等热点难点问题，并在各自的岗位上建功立业，争创一流，涌现出一大批优秀代表。

（三）尊重代表民主权利，加大了代表议案和建议意见督办工作的力度。市十四届人大一次会议期间，代表共提出议案、建议意见21件。会后及时召开了转办会议，并积极督促市政府及有关部门认真办理。常委会专题听取了市政府关于办理代表议案和建议意见工作情况的汇报，逐件审查了建议意见的答复情况，对其中3件答复理由不充分、办理意见不明确的，退回重新办理。在答复代表建议意见过程中，市人大常委会与市政府分别责成有关部门的负责同志一起面对面地答复代表，征求代表的意见。在一年来的联系代表工作中，还征求了50条建议意见，也都及时转交政府及有关部门进行了认真办理。

四、切实加强对乡镇人大工作的指导，努力提高全市人大工作的整体水平

换届以来，常委会把围绕经济建设和法制建设开展代表活动、指导村民代表议事、加强对农村财务管理的监督、维护社会稳定等作为乡镇人大工作的重点，加强了指导工作。一是定期召开乡镇人大主席会议。根据全市人大工作的整体安排和各个阶段的工作，每季度召开一次乡镇人大主席会议，总结交流前段工作情况，研究部署下步工作措施，及时对面上的工作进行调度。二是实行了常委会主任分工包乡镇责任制。驻会的五位副主任每人包六处乡镇，定期下去联系指导，并从所包乡镇中选一处乡镇为带头乡镇，重点指导，带动了全市人大工作的深入开展。三是总结推广典型经验，推动面上工作的开展。通过《人大工作动态》总结推广了王吴、康庄、大栏、拒城河等乡镇人大指导村民议事，呼家庄、姚哥庄等乡镇人大办理代表建议，柏城、高密镇等乡镇人大推进“两化”管理，柴沟、初家等乡镇人大加强对农村财务管理的监督，姜庄、蔡家站、周戈庄等乡镇人大组织代表活动等典型经验，对指导面上的工作，起到了积极的推进作用。

乡镇人大换届选举是一项法律性很强的工作。按照“党委领导、人大主办”的原则，常委会精心组织，周密安排，加强了对乡镇人大换届选举工作的组织指导。根据上级有关乡镇人大换届选举工作的指示精神，审议通过了我市镇人大换届选举工作安排意见。在工作措施上，主要抓了四点：一是加强了组织领导。在实行集体领导的同时，分工一名副主任具体负责抓，设立了选举工作机构，层层落实了责任。二是深入开展了法律宣传教育活动。在通过广播、电视、发放宣传材料和印发工作简报等多种形式搞好宣传的同时，还积极组织各乡镇有计划、分阶段、有重点地开展了宣传教育活动，提高了各级领导干部和广大选民的法律意识，形成了浓厚的换届选举氛围。三是注重以点带面。集中精力抓了姜庄镇选举试点工作，采取点上先行一步，面上跟进一步的方法，先后召开了三次现场会，总结推广了点上的经验。四是开展了巡回检查工作。整个换届选举期间，常委会驻会主任、副主任实行了包乡镇责任制，对每个阶段的工作进行检查指导，发现问题现场研究解决，保证了乡镇人大换届选举工作顺利进行。

五、适应新形势发展需要，不断改进常委会的工作

党的十五大对人大工作提出了更高的要求，面对新的形势和任务，常委会把加强自身建设摆在重要位置，积极争取市委的领导和社会各界的支持，不断改进自身的工作。

（一）积极争取市委的领导和支持，努力为人大工作创造良好的社会环境。换届以来，市委两次召开全市人大工作会议，研究部署全市的人大工作；召开全市领导干部参加的法律报告会，邀请法律专家讲授宪法、地方组织法和代表法；市人大常委会有关部门在市级以上新闻媒体发表了大量稿件，与市电台、电视台和市报联合开办《当家做主》栏目，大力报道市乡两级人大依法履行职责和代表的典型事迹。通过上述措施，大力宣传了人民代表大会制度，进一步提高了社会各界特别是领导干部对人大性质、地位和作用的认识，营造了人大工作的良好氛围，为人大工作的开展创造了良好的社会环境。

（二）建立激励机制，开展了“三评”活动。在人大代表中评选“优秀代表”、人大专职干部队伍中评选“优秀人大工作者”、司法系统的执法人员中评选“十佳干警”，是换届以来人大开展的三项全新的工作。为使“三评”活动开展得深入扎实、富有成效，常委会第二次会议制订了关于三项评选活动的具体意见，明确了评选活动的指导思想、评选标准和方法步骤，并召开了专题会议，进行了部署。各乡镇人大、市直代表活动组和各司法机关，广泛发动，各方面人员积极参与。整个评选活动，历经民主推荐、单位初评、常委会考察并广泛征求社会各方面意见等环节，最后由常委会投票，评出了12名“优秀人大工作者”、42名“优秀人大代表”和“十佳干警”。这三项评选活动的开展，受到了各级领导的高度重视，引起了社会各界的普遍关注，得到了社会的公认和好评，对全市人大工作和依法行政、公正司法及干警队伍建设起到了积极的推动作用。

（三）注重抓好三个环节，不断提高常委会的会议质量。听取审议“一府两院”的工作报告，是对“一府两院”进行工作监督的有效形式。为了增强监督效果，十分注重了常委会会议质量的提高，重点抓了会前调研、会中审议、会后督办3个环节。会前调研，坚持每次常委会会议之前，都要围绕审议的议题开展调查研究，摸透情况，增强了监督的针对性和实效性。今年共开展了8项调查、4项视察，既为审议各项议题提供了第一手资料，也为市委决策提供了依据。会中审议，注重调动常委会每个成员的积极性，充分发扬民主，各抒己见，集中集体智慧。会后督办，对审议形成的审议意见，转交政府和两院认真办理，并于下次常委会召开之前书面报告落实情况。一年来，共召开了8次常委会，听取并审议了“一府两院”的14项工作报告，就全市政治、经济等方面作出了7项决议决定，任免了262名国家机关工作人员。

（四）大力加强常委会及机关的自身建设，保持了良好的精神状态。换届后，常委会及时作出了关于加强自身建设的决定，并狠抓了落实。特别是在思想建设、作风建设和制度建设等方面，狠抓了法律法规的学习和调查研究，把学习贯穿于人大工作的始终，每开展一项工作，都有针对性地学习有关法律法规，做到工作前先学法，工作中用法，严格依法办事；坚持把调查研究作为开展工作的先导，常委会各主任身体力行，带头深入乡村、企业搞调研，做到实事求是，一切从实际出发，按客观规律办事；不断修改完善了各项规章制度，使常委会及机关的各项工作有章可循，纳入了制度化、规范化的轨道。常委会全体组成人员，坚持和发扬讲求实效、勤勉务实的精神，积极工作，锐意进取，整个机关呈现了人心思上、团结实干的良好风貌。

在过去的一年里，常委会的各项工作和建设都取得了新的进展，但也应当看到，具体工作中还存在一些需要改进和加强的方面。主要是，对改革和经济发展中出现的一些难点问题，监督解决的效果不够明显；实施行政执法过错和司法错案责任追究制的力度还不够大；代表工作还有待于进一步深化等，在今后工作中还要采取有针对性的措施，努力加以解决。

各位代表，1999年，是全国人民实现跨世纪宏伟目标进程中具有特殊意义的一年。在新的一年里，市人大常委会要深入贯彻落实十五大、十五届三中全会和市委九届二次全委（扩大）会议精神，紧紧围绕深化改革和加快发展两大课题，依法行使好各项职权。要突出重点，进一步加大监督尤其是法律监督工作的力度，推动农业产业化升级和农村政策的全面落实，推动经济结构的调整优化和对外开放工作的开展，推动“民心工程”的深入实施，推动社会主义精神文明建设和民主法制建设。要认真履行国家权力机关的职能，从全市的大局出发，审议决定好政治、经济和社会发展等方面的重大事项；加强对贯彻十五届三中全会精神、国民经济计划和财政预算执行、企业改革、重点工程建设、下岗职工安置和实施再就业工程等工作的监督，确保全市各项改革和建设事业的顺利进行。要积极参与对法制宣传教育和依法治市工作的组织领导，督促被任命干部及全体代表认真学习将由全国人大讨论通过的修改后的新宪法及其他法律法规，严肃执法；以检查落实执法责任制和司法、行政执法机关错案和执法过错责任追究办法为突破口，促进依法行政、公正司法；进一步完善评议考核机制，突出抓好对“一府两院”被任命干部依法履行职责情况的监督；运用各种法定监督形式，抓好对产品质量法、水法、建筑法、工会法和省计划生育条例等法律法规实施情况的监督检查，督促“一府两院”加强和改进执法、司法工作。要不断深化代表和信访工作，坚持以实施“民心工程”为主旨，把代表联系户和“三个一”等活动进一步推向深入；继续坚持联系代表和人民群众的各项制度，加强和改进对代表议案和建议意见的督促办理工作，着力监督解决人民群众普遍关注的热点、难点问题；高度重视代表和人民群众的来信来访，增强督办工作的实效性，坚决维护人民群众的根本利益和合法权益。要深入贯彻落实上级关于加强人大工作的决定，始终保持与乡镇人大的密切联系，采取多种形式指导和推动全市人大工作的深入开展；进一步搞好常委会及其办事机构的自身建设，保障人大工作不断取得新的进展。

各位代表，在新的一年里，我们要高举邓小平理论伟大旗帜，更加紧密地团结在以江泽民同志为核心的党中央周围，在市委的领导下，按照统一思想、坚定信心，抓住机遇、知难而进，团结一致、艰苦奋斗的基本要求，致力于推进社会主义民主与法制建设，保障和推动全市国民经济持续快速健康发展和社会全面进步，以更加优异的成绩迎接澳门回归和建国五十周年。

高密市人民代表大会常务委员会工作报告

——2003 年 1 月 21 日在高密市第十五届人民代表大会第一次会议上

高密市人大常委会副主任　刘宗法

各位代表：

我受市十四届人民代表大会常务委员会的委托，向大会报告五年来的主要工作，请予审议。

市十四届人大常委会是跨世纪的一届常委会，常委会任期的五年，是我们继续沿着中国特色社会主义道路胜利前进的五年，是全市上下团结安定、政通人和、社会主义物质文明和精神文明建设取得重大成就的五年，也是社会主义民主政治建设全面发展的五年。五年来，常委会肩负人民重托，坚持监督工作求实、代表工作求深、基层工作求真的思路，高举旗帜，开拓创新，认真履行宪法和法律赋予的职权，保障和促进了全市改革开放和社会主义现代化建设事业的全面发展。

一、突出第一要务，紧紧围绕党的工作中心履行职权

把促进改革开放和现代化建设作为首要任务，紧紧抓住经济建设这个中心不放松，抓全局，议大事是人大常委会一以贯之的原则。五年来，常委会共召开了 40 次例会，听取并审议了“一府两院”96 项工作报告，就有关重大事项做出了 56 个决议决定，依法任免了 35 名市人大机关工作人员、128 名市政府组成人员、286 名市法院审判人员、101 名市检察院检察人员。通过依法履行职权，有效地保障了中央及地方各级党委一系列重大决策的贯彻落实，充分发挥了自身的职能作用。

一是大力促进“九五”计划的全面完成和“十五”计划的顺利实施，在国民经济和社会各项事业发展中发挥重要的决定作用。对国民经济和社会发展计划、财政预算执行等事关经济和社会发展全局的重大问题，常委会坚持深入调查研究，掌握整体情况，预测发展趋势，提前介入计划、预算的编制；适时听取审议市政府执行情况和审计情况报告，增进对有关问题的了解，提出改进工作的建议，就有关事项做出相应决议，依法行使对重大事项的决定权，并采取视察、调查等有效措施，跟踪抓好落实。所提出的加大审计工作力度，严肃财经纪律，理顺预算外资金管理渠道，从严控制支出，增强工作透明度等建议，得到了较好的落实，保障了经济工作的健康发展。十四届人大二次会议以

来，市政府每年在人代会上做出办好十件实事的承诺，这些项目投资数额大，与经济发展和人民群众生产生活密切相关，影响巨大，意义深远。常委会本着“一手抓当前，一手抓长远”的原则，督促市政府组织协调有关部门集中力量办大事，实施了国家级农业综合开发、五河三库串联、城乡电网改造等一批重点工程，提高了经济承载能力，为圆满完成“九五”计划和实现“十五”计划的良好开局奠定了基础。

二是紧紧抓住关键环节，在经济发展战略的实施中发挥重要的推动作用。农业产业结构优化升级、提升工业骨干企业竞争力和招商引资等项工作是近年来我市经济发展战略的关键环节，也是常委会的工作重点。以农业产业化、国际化和标准化为目标，针对贯彻落实党的农村工作政策、扶持农产品加工龙头企业、加大农业科技投入、减轻农民负担等诸多问题，综合运用市、县、乡三级代表联动视察、调查和听取汇报等多种方式，坚持不懈地督促市政府及其职能部门进一步研究和落实相关措施，积极应对农业和农村经济所面临的机遇和挑战，构筑高效、创汇、创税农业的框架；把壮大骨干龙头企业的规模和实力放在突出位置，年年组织代表针对企业改制、重点项目建设、技术改造、产品结构调整和发展思路等开展调查视察活动，提出了狠抓改制和规范管理工作，制订优惠政策鼓励企业拓宽融资渠道，扶持高新技术产业发展，培育多元化主导产业和拳头产品，增强企业竞争能力和发展后劲等建议，在提高工业企业运行质量和运营效益等方面，收到了明显成效。把招商引资和加快个体私营经济发展作为提升全市经济总体实力的重中之重来抓。在组织动员各级人大代表积极参与的同时，不断强化对相关工作的监督，多次组织开展视察调查活动，广泛征询社会各界的建议意见，要求市政府进一步搞好招商引资项目的论证把关，大力加强工业园区建设，进一步优化软环境，提升招商引资整体水平。各级各部门认真改进工作，尤其是通过园区建设和市场建设拉动、优化服务扶持、发动全市上下大搞招商引资等措施，使个体私营经济呈现出总量扩张、大户增加、素质提高的良好局面，招商引资工作取得了丰硕成果。

三是着力促进热点难点问题的解决，在营造良好发展环境中发挥重要的保障作用。实施“民心工程”、提高工作效率和服务水平，是执政为民的具体实践。常委会先后两次组织市镇两级人大代表联动对“一府两院”实施“民心工程”情况进行了视察，对政府提速工作进行了调查。各级各部门十分重视调查、视察的反馈意见，进一步落实了改进工作的措施，增强了服务观念，推进了各项工作的开展。教育工作、城市建设与管理、水资源的保护和利用等是实现可持续发展战略，为经济和社会进步提供动力的大事。常委会将其列入重要议事议程，先后组织开展了水资源利用和保护、城市基础设施建设与管理、经营城市等项专题调查视察活动。围绕维护社会稳定，重点督促市人民法院、市人民检察院加强和完善了行政、经济、民事审判和检察、监督等项工作，作出了《关于加强执行工作的决议》，进一步改善了执法环境；督促市政府进一步加强了110报警社会联动服务工作和城区社会治安防范工作；在同邪教组织的斗争中，按照市委的部署，积极主动地做好工作，支持和督促“一府两院”及有关方面加大对邪教组织的取缔、防范和惩治力度，促进了中央有关决策和全国人大常委会有关决定的贯彻落实。对下岗职工再就业、社会保障金缴纳、文化市场管理等事关人民群众切身利益、影响经济发展和社会稳定大局的热点问题，常委会也倾注了较大精力，先后多次组织调查、视察等专项活动，促进了有关问题的解决，为市场经济的有序运行和社会政治局面的长期稳定提供了有力保障。

二、推进依法治国方略的贯彻实施，不断加快全市法制建设进程

落实依法治国方略，既是社会主义现代化建设要实现的目标，也是实现小康社会的举措和保障。常委会把保障宪法和法律的贯彻落实、推进依法治国方略的深入实施，贯穿于人大工作的全过程，坚持不懈地强化了法律监督工作。

大力推进普法工作，夯实依法治理的基础。加强了对全市普法教育和依法治理工作的组织领导，在全面总结实施“三五”普法和“二五”依法治市规划经验的基础上，坚持法制教育和思想道德建设相结合的原则，作出了“四五”普法和“三五依法治市”的决议，督促“一府两院”创新形式、强化措施、细化内容、健全队伍，做好启动工作，抓好决议的落实。把领导干部和司法人员的法制教育作为基础性工作来抓，结合专项法律法规监督工作，采取组织被任命干部任前考法、集中学法、常委会领导讲法等多种形式，推动领导干部和执法人员加强法律知识学习，并组织“一府两院”219名干部集中进行了法律知识考试，发挥了被任命干部在普法工作中的先导作用，增强了全社会的法制观念和法律意识，提高了依法办事的自觉性，加快了全市普法和依法治理工作进程。

认真抓好执法责任制的实施，确保依法行政和公正司法。换届之初，本着执法主体明晰化、执法责任具体化、执法行为规范化、执法监督制度化的原则，将现行的法律法规按执法责任分解、落实到各司法机关和执法部门，制订实施了工作委员会对口联系制度，坚持宣传发动与典型引导相结合，重点抽查与全面检查相结合，落实司法、行政执法机关错案和执法过错责任追究办法与表彰先进相结合的方法，加大了监督力度。为促进面上工作的开展，继1999年开展“依法行政、执法为民”大检查之后，去年初再次开展了执法大检查活动，重点检查了各执法部门执法责任分工、责任目标、保证措施、奖惩制度、严肃执法、错案责任追究等情况，召开了总结表彰大会，总结了经验，找出了不足，提出了改进工作的建议。“一府两院”及其职能部门自觉接受监督，努力改进工作，取得了明显成效。保证任免权的正确实施和对被任命干部的有效监督，是实现德治与法治的有机统一、促进依法行政和公正司法的重要保障。常委会坚持人事任免和人事监督相结合，对“一府两院”被任命干部，提请任命前主任会议审查把关，任命时到会作供职发言，任命后及时提交任职报告；按照重深度、重实效、跟踪监督、抓好整改，突出述职评议质量的要求，分期分批组织被任命干部进行述职评议，实现了对人监督和对事监督的有机结合。五年来，对“一府两院”34名被任命干部进行了述职评议，有效地促进了机关作风的转变和工作质量的提高。

多措并举，切实强化对专项法律法规贯彻实施情况的监督。先后听取并审议了食品卫生法、土地管理法、劳动法、义务教育法、水法等23项法律法规贯彻实施情况的汇报；开展了对消费者权益保护法、城市规划法、工会法、公路法、教师法和山东省计划生育管理条例等43项法律法规的执法检查、调查或视察活动；配合潍坊市人大常委会对产品质量法、环境保护法、归侨侨眷法等法律法规的实施情况进行了调查、视察和检查。工作中，坚持大与小、点与面、前与后三个结合。在监督内容的选择上，注重监督与人民群众切身利益密切相关法律法规的实施情况，抓大不放小；在监督过程中，不仅抓住突出问题，而且抓住带有普遍性和倾向性的问题，找出问题的根源，用点上的经验，指导面上的工作；在监督方式上，积极探索事前监督和事后监督并举的新途径，提高了监督质量和效果，保障了法律法规在我市的正确实施。

高度重视信访和个案监督工作，不断增强法律监督实效性。受理群众来信来访是对司法和行政执法具体案件进行监督的有效形式。随着民主法制建设的发展，人大信访工作量逐年增加，信访案件涉及面不断扩大，人民群众对人大信访工作的期望越来越高。为此，坚持了常委会领导批信接访制度，完善了立案调查、限期办结、听取有关部门办理情况汇报和逾期通报等项工作措施，加强了与乡镇人大和上级人大的协调配合，建立了与“一府两院”及其职能部门信访机构联系畅通的信息、督办网络，及时把握社情民意和信访动态。为提高办理效率和质量，突出重点，抓主要矛盾，针对重点案件，及时召开有关部门的联席会议，分析案情、研究解决办法；对人大代表来信来访和广大群众反映强烈的问题及影响社会稳定的案件，实行领导、人员和精力上的倾斜，一抓到底；常委会主任会议定期听取市法院、市检察院办理人民群众来信来访情况的汇报，督促“两院”以对人民高度负责的精神，认真办理，有效地提高了办理质量和效率，受到了人民群众的好评。换届以来，共受理人大代表和群众来信来访3373件次，立案查处1113件次，办结率达96.7%。

三、立足人民群众的根本利益，全面推进代表工作和镇街人大工作。

执政为民是人大一切工作的出发点和立足点。常委会从维护人民群众根本利益的高度出发，不断密切与代表的联系，强化对乡镇人大工作的指导，推动了全市人大工作的健康发展。

密切与代表的联系，尊重代表的民主权利，不断丰富代表活动内容。围绕拓宽人大代表的知政渠道，实行了驻会成员分工联系代表制度，定期走访代表，印发代表活动动态、简报，组织代表加强对党的路线方针政策和法律法规的学习，定期向基层人大代表通报人大常委会和“一府两院”的工作重点和目标，增进代表对各项工作的了解，增强代表工作的针对性。围绕支持代表依法执行职务，本着求真务实的精神，不断加大代表建议意见的督办力度，采取召开代表建议意见转办会、逐件审查答复意见、面对面答复代表、现场查看办理情况、回查征询反馈意见、听取市政府办理情况的汇报、主任会议专题研究等措施，加强监督检查，跟踪抓好落实，提高了办理质量。五年来，代表共提出建议意见700多件，均得到了较好的办理。人民群众密切关注的城市建设与管理、镇街道路建设、环境保护、校园建设等方面的问题也得到了妥善解决，代表建议意见真正起到了排民忧、解民难，为民办实事的作用。围绕丰富代表活动内容、提高代表活动质量，坚持了组织代表参加视察、检查、评议、制订代表活动计划等项制度，开展了“三个一”“联系代表月”等项活动。为更好地了解和掌握人民群众的意愿，在全市人大代表中开展了“反映社情民意活动”，组织和动员各级人大代表广泛走访选民，正确反映人民群众的愿望和要求，把日常耳闻目见的事件，整理成“最满意的事”和“最不满意的事”，以书面形式告知市镇人大，经整理后，报告党委，反馈政府，推动了各级党委有关决策的贯彻落实。五年来，广大代表不负人民重托，立足本职，认真履行职务，共联系群众达5750户4万人次，帮助群众寻找致富门路或者项目1200多个。代表在经济、政治和社会生活中的作用被越来越多的人所认知，充分发挥了联系群众的桥梁纽带作用、发展经济的带头作用和维护社会稳定的中坚作用。

讲求工作实效，强化对基层人大工作的指导，努力提高全市人大工作的整体水平。针对我市实际，以开展代表活动、指导村民代表议事、监督农村财务管理、维护社会稳定等为重点，通过常委会领导分工联系镇街人大，定期分片召开镇街人大工作会议等措施，保持与基层人大的经常性联系，全面了解和掌握工作情况，及时对面上的工作进行调度，帮助基层人大正确处理与党委、政府的关系，围绕党委的中心工作开展活动；采取市镇人大联动开展活动，强化对基层人大工作的专题指导等做法，丰富基层人大的工作经验，促进了基层人大工作的制度化和规范化。为进一步推动全市人大整体工作，换届后召开了三次全市人大工作会议，进一步总结推广了乡镇人大和代表工作的好经验，明确了实践“三个代表”、做好新形势下人大工作的思路和措施，就充分发挥基层人大的职能作用，切实加强各项制度建设、改善和加强对基层人大工作的领导，完善基层人大的组织建设等提出了要求。各级各部门认真落实会议精神，有力地推动了基层人大工作的开展。针对乡镇人大换届选举、行政区域调整等新情况，采取举办培训班、以会代训、印发学习材料、邀请镇街人大负责同志参加人大常委会组织的活动和列席常委会等做法，帮助镇街人大干部尽快提高自身素质，适应工作需要。基层人大牢记职责，服务中心，在改善基层民主管理机制、强化民主监督、维护各项事业发展和社会稳定等方面，发挥了监督、支持、推动和促进的重要作用。

四、保障人民当家做主的民主权利，依法搞好换届选举

坚持和完善人民代表大会制度，是建设社会主义政治文明的重要内容。换届选举，民主选举产生新一届国家政权机关，对于实现我国人民当家做主的民主政治权利，加强地方国家政权机关建设，保证人民民主决策、民主管理和民主监督，具有十分重要的意义。在去年底进行的市级人大换届选举及省、潍坊市人大代表的推荐工作中，常委会以宪法、选举法、地方组织法、代表法为依据，早动员、早发动、早部署，保证各项措施落到实处。一是积极做好各项准备工作。为保证换届选举工作的顺利进行，换届前夕，常委会多次召开会议，研究换届选举有关事宜，组织各镇、市直部门、各单位的骨干举办培训班，讲解地方组织法、选举法和代表法，做好法律上的准备工作。二是坚持以党的十六大精神和“三个代表”重要思想为指导，在市委的领导下搞好换届选举工作。以党的十六大确定的发展社会主义民主政治，建设社会主义政治文明的方针和“三个代表”的重要思想，统一了全市上下对这次换届选举工作重要意义的认识，增强了各级领导干部和广大选民的法制观念；依照法律规定并报经市委同意，建立了选举机构，制订了市人大换届选举工作安排意见，确定了指导思想、方法步骤、时间安排、代表名额分配、代表构成比例以及民主程序，并召开了全市换届选举工作会议，进行了动员和部署。在实行集体领导的同时，分工一名副主任具体靠上抓，层层落实了责任。三是坚持抓好试点，强化对面上工作的指导。注重抓了双羊镇的选举试点工作，点上先行一步，面上跟进一步，先后召开了两次工作会议和现场会，及时总结推广了点上的经验。常委会领导及选举工作机构的有关人员，定期深入到各镇（街道）和市直各选区，巡回检查选举中各个阶段的工作情况，现场研究解决相关问题，保证了工作的质量和进度。通过深入开展宣传教育，充分发扬民主，严格依法办事，增强了各级领导干部和广大选民的法制观念，依法扩大了公民有序的政治参与，使换届选举工作真正成为社会主义民主政治建设的生动实践，促进了代表整体素质的提高和国家政权机关的建设。从选举结果看，较好地贯彻了加强党的领导、充分发扬民主、严格依法办事的原则，共选出市级人大代表 277 名，选民参选率、新当选代表文化程度有所提高，工作领域更加广泛，整体结构更趋合理。2001 年冬，按照“党委领导、人大主办、各方配合”

的原则，精心组织，周密安排，严把关口，依法成功的指导了镇人大换届选举工作，共选出镇级人大代表1107名；常委会还采取多种形式，指导了村民委员会的换届选举工作，增强了新一届村民委员会的活力，有力地促进了基层政权建设。

五、坚持与时俱进，不断加强常委会及办事机构的自身建设

新世纪、新形势、新任务对人大工作提出新的更高要求。常委会始终注重加强自身建设，不断拓展新思路，实现新作为，为人大工作注入了生机和活力。

一是坚持和发扬理论联系实际的学风，始终保持奋发有为的精神状态。重点加强了对邓小平理论、“三个代表”重要思想和党的路线方针政策以及有关法律知识、经济知识的学习，并结合工作实际，不断总结新鲜经验，常委会全体成员自始至终保持了蓬勃的朝气、昂扬的锐气和浩然正气，以奋发进取的精神状态、求真务实的工作态度履行职责。党的十六大闭幕后，常委会进行了专题学习和交流，把贯彻落实好会议精神作为首要任务，对新形势下的人大工作提出了明确要求，进一步增强了贯彻党的路线方针政策，依法行使职权的自觉性，提高了驾驭全局工作的能力。

二是不断完善工作机制，认真开展“四评选、一授勋”活动。以促进发展为目标，锐意进取，大胆实践，先后制订实施了乡镇人大工作考评暂行办法、被任命干部述职评议暂行办法、对司法机关和行政机关实行个案监督暂行办法、关于规范信访结案报告的意见和信访工作暂行办法等一系列制度，使各项活动更加科学化、法律化，各项工作更加制度化、规范化。组织全体代表和社会各界参与，大张旗鼓地开展了评选“人大工作先进乡镇”“优秀人大代表”“优秀人大工作者”“十佳干警”和授予“高密人民勋章”等多项全新的工作，先后授予了5名同志高密人民勋章、40多名同志高密市“十佳干警”称号，表彰了一大批优秀人大代表、优秀人大工作者和人大工作先进乡镇。“四评选、一授勋”活动弘扬了正气，褒奖了先进，建立了激励机制，得到了全社会的公认和好评。

三是积极探索提高常委会会议质量的新途径，不断增强监督效果。为充分发挥常委会会议的监督主渠道作用，坚持群众路线和民主集中制原则，重点抓了常委会的会前调研、会中审议、会后督办三个环节，逐步形成了深入了解民情、充分反映民意、广泛集中民智的决策机制。会前调研，由常委会主任、副主任牵头围绕议题开展调查研究，摸透真情，增强了监督的针对性和实效性；会中审议，注重调动每个成员的积极性，集中集体智慧；会后督办，对会议形成的审议意见，除及时报告市委，反馈“一府两院”及其职能部门外，还实行了审议意见督办、监督反馈等项制度，采取跟踪调查和主任会议听取办理情况汇报等措施，抓好落实。为进一步增强监督效果，围绕发展精选题目，采取了责成工作委事前介入、组织专家型代表开展前瞻性研究等措施，增强工作的预见性和创造性，力求摸清底细，抓住焦点，提出切实可行的建议意见和整改措施，并予以公开，实现了权力监督和人民群众监督的有机结合，促使整改措施落实到位。5年来，围绕常委会议题共开展了76项调查活动，既为常委会审议决定重大事项提供了第一手资料，也为市委决策提供了依据，促进了一些热点难点问题的解决。

四是切实加强办事机构建设，努力提高工作效能。围绕增强全社会的人大意识，首次召开了全市人大宣传工作会议，开展了宣传人民代表大会制度好新闻评选活动，逐步建立起市镇人大联动，各部门积极参与的人民代表大会制度宣传体系；在市报、电台、电视台开办了《当家作主》和《代表风采》等栏目，拓展、巩固了人大宣传阵地，广泛宣传了市镇人大依法履行职责和各级人大代表的典型事迹，为人大工作创造了良好的环境和氛围。以“内强素质、外树形象，各项工作争创一流”为目标，不断加强常委会办事机构的制度建设，促进工作规范化；强化参与和参谋意识，增强工作的主动性和超前性；强化协调意识，促进有关决策的落实；强化奉献意识，不断提高全体工作人员的整体素质，整个机关呈现了人心思上、团结实干的良好风貌，为人大及其常委会各项工作的顺利开展，提供了优质的服务。

回顾五年来的工作，常委会全体组成人员深深体会到，做好新时期的人大工作，必须始终不渝地坚持和依靠党的领导，牢固树立党的观念，在思想上、政治上始终与党中央保持高度一致，自觉把人大工作置于同级党委的领导之下，摆正位置，理顺关系，努力把党的主张通过法定程序变成国家和人民的意志，变成干部群众的自觉行动；必须牢牢把握改革发展稳定的大局，牢固树立全局观念，找准人大工作与党的中心工作的结合点和切入点，紧紧围绕经济建设开展好人大的各项工作；必须把社会主义民主法制建设作为根本任务，自觉维护法律的严肃性，严格按照宪法法律的规定，履行好各项职责，努力推动依法治国、建设社会主义法治国家的进程，努力造就有法必依，执法必严，违法必究的法制局面；必须心系于民，把实现好、发展好、维护好人民群众的根本利益作为第一目标，把人民群众的愿望作为第一要求，把人民群众满意作为第一标准，不断密切同人大代表和人民群众的联系，知民情，解民忧，帮民富，把党的宗旨观念和群众路线贯穿到人大工作的全过程；必须坚持与时俱进，创造性地开展工作，全面贯彻落实“三个代表”重要思想，把宪法法律赋予的职权与人大工作的具体实践相结合，更新观念，完善制度，探索各种灵活多样而又行之有效的方式方法，使人大的各项工作不断推陈出新，各项职权的行使更加充分有效。这些凝聚着集体智慧的基本经验和体会，伴随着常委会的工作实践产生了积极的指导作用，在今后的实践中必将会得到新的丰富、完善和发展。在过去的五年里，常委会的整体工作在坚持人民代表大会制度中得到不断完善，在探索创新中得到长足的发展，这与市委的正确领导，全市人民、各级人大代表和“一府两院”的大力支持密不可分，也是常委会全体组成人员和各工作机构不懈努力的结果。在此我代表市十四届人大常委会，表示衷心的感谢！

各位代表，今年是全面贯彻落实党的十六大提出的各项任务目标的第一年，也是落实“十五计划”的关键一年，人大工作面临着更加繁重的任务和新的发展机遇。在这次大会上，将要选举产生高密市第十五届人民代表大会常务委员会。我们坚信，新一届人大常委会一定能够在市委的领导下，高举邓小平理论伟大旗帜，全面贯彻“三个代表”重要思想，继往开来，与时俱进，在坚持和完善人民代表大会制度，全面建设小康社会，开创中国特色社会主义事业中做出新的更大贡献。

高密市人民代表大会常务委员会工作报告

——2007年12月12日在高密市第十六届人民代表大会第一次会议上

高密市人大常委会副主任　崔红旗

各位代表：

我受吴建民主任的委托，代表市十五届人大常委会向人会报告五年来的工作，请予审议。

市十五届人大常委会任期的五年，是全市人民在市委坚强正确的领导下，高举进位争先旗帜，建设富强和谐高密取得巨大成就的五年，也是人大工作不断取得重要进展的五年。五年来，常委会在中共高密市委的领导下，全面落实科学发展观，着眼统筹城乡发展，认真行使宪法和法律赋予的各项职权，保障和促进了全市政治、经济、文化和社会事业的健康发展。

一、正确处理加强党的领导与依法行使职权的关系，始终坚持人大工作坚定正确的政治方向

常委会自觉把人大工作置于市委的领导之下，服从服务于党的工作中心和全市工作大局，保证了人大工作正确的政治方向。五年来，常委会始终坚持与党中央和各级党委保持高度一致，认真贯彻落实党的路线、方针、政策，全面把握市委确定的发展目标、工作思路和重要部署，围绕市委提出的工业立市、招商引资、新农村建设、城市建设管理、发展现代服务业及各项社会事业等工作重点，从人大工作的定位和特点出发，积极主动地开展工作。五年间，常委会召开了39次常委会会议，听取并审议了“一府两院”的77项工作汇报，发出64份审议意见书；对事关经济社会发展的35部法律法规的实施情况进行了监督；组织开展了129项调研活动，向市委和“一府两院”提出了若干建设性的意见和建议，其中有27篇报告被市委转发。

二、正确处理依法监督与倾力支持的关系，始终坚持把促进经济社会又好又快发展作为履行职责的第一要务

常委会牢固树立全市“一盘棋”的思想，依法开展监督工作，全力支持政府在应对挑战中抢抓机遇，在创新实践中破解难题，在科学发展中加快发展。

（一）着眼于落实科学发展观，加强对经济社会发展重大事项的监督。五年来，常委会认真审议经济社会发展中的重大问题，先后就有关重大事项作出了43项决议决定，并采取调查、视察等有效措施，督促抓好落实。为促进我市国民经济和社会发展“十五”计划的全面完成与“十一五”规划的顺利实施，切实提高经济运行质量和效益，常委会加强了对计划和预算执行情况的监督，每年都听取审议年度财政决算报告和审计工作报告、上半年国民经济和社会发展计划及预算执行情况的报告，认真分析财政和经济运行情况，并围绕落实科学发展观、提高自主创新能力、统筹城乡发展、提高节能环保水平、加强财源建设、强化预算管理和监督等提出了审议意见。为促进县域经济发展，常委会多次通过听取专项工作汇报、专题调研等方式，对招商引资、民营经济发展、税收征管等工作情况提出建议意见。为进一步提高服务业在国民经济发展中的比重，常委会对服务业发展情况进行了较为系统的专题视察，提出了改进工作的意见和措施，收到了较好的效果。为保证市委重大决策的贯彻实施，市十五届人大历次会议先后将代表联名提出的 7 项议案列入大会议程，并根据人民代表大会决议决定的要求，认真听取并审议了市政府关于规范地名管理、普及高中阶段教育、推进高密城市化建设进程、加快“文化名市”建设、防氟改水、加快文化体育基础设施建设、维护城市规划严肃性等 7 个议案办理情况的汇报，并作出了相应的决议，为市委决策部署的贯彻落实提供了民意支持。为加快经济社会发展步伐，常委会还审议批准了 10 个重点建设项目的贷款事项，支持政府争取发展资金 11 亿元。

（二）着眼于推进新农村建设，加强对“三农”工作的监督。为扎实推进我市的新农村建设，常委会对新农村建设情况进行了专题调查，总结了我市“三农”工作的经验，分析了在新农村建设中存在的问题，提出了坚持以人为本，建设一支好的队伍；坚持城乡统筹，落实完善好工作规划；坚持标本兼治，配套好的机制；坚持科学发展，走出一条符合高密实际的发展路子；坚持长短结合，确保新农村建设扎实稳步推进等五项建议。市政府对此高度重视，采取有力措施，积极开展工作，开创了全市新农村建设的新局面。为推进农业“三化”战略的有效实施，常委会围绕继续抓好农村产业结构调整、培植壮大龙头企业、发展农村经济合作组织、建设标准化示范基地、促进农民增收和农村劳动力转移等提出了审议意见。五年来，常委会还对农业法、土地管理法、农村土地承包法、农产品质量安全法、村民委员会组织法实施情况进行了执法检查，推进了涉农法律法规更好地贯彻落实。

（三）着眼于改善城乡人居环境，加强对规划建设管理工作的监督。2004 年，常委会审议通过了高密市新一轮城市总体规划方案，经省政府批复实施，为不断提高人居环境质量，加快建设现代化中等城市提供了科学依据。为推进城市拆迁改造工程的顺利进行，常委会先后对我市旧城改造、城市房屋拆迁管理工作进行了专题调研，提出了理顺运行机制、统一研究政策、培养过硬作风、营造良好环境、注重惠及大众的意见和建议，市政府对此非常重视，对提出的问题和建议进行了专题研究，并专门下发了文件，对有关政策进行了规范。为推动城市重点建设项目的顺利进行，常委会还组织人大代表对小康河综合改造工程进行了视察，总结了人民群众创造的小康河精神，提出了建好、管好小康河，充分用好小康河建设经验等建议。为进一步提升城市规划建设与管理的水平，提高市民生活质量，常委会还先后组织了关于城市规划建设管理、生态市建设、胶河水源地保护、城市市容和环境卫生管理、城区公交事业发展、公路建设等专项调查视察活动，有效地推进了城市建设与管理工作的顺利进行。

三、正确处理发展社会主义民主政治与健全法制的关系，始终坚持把提高民主法制建设水平作为人大工作的根本任务

五年来，常委会始终坚持把提高社会主义民主法制建设水平作为根本任务，大力弘扬社会主义法治理念，正确引导规范行政行为和司法行为，保障和促进了平安和谐高密建设。

一是监督和推进了普法依法治市工作。常委会先后三次听取审议市政府关于“四五”普法和“三五”依法治市情况的汇报，在总结经验的基础上，作出了关于“五五”普法规划和2006—2010年依法治市的决议，督促“一府两院”做好新一轮普法和依法治市五年规划的启动工作并抓好决议的落实，为进一步提高公民的法律素质和全市法治化管理水平，加快依法治市步伐，提供了有力保障。常委会还以纪念人民代表大会成立50周年为契机，开展了一系列人大制度和民主法制宣传教育活动，进一步提高了广大干部群众的人民代表大会制度意识，弘扬了法治精神。

二是重视和强化了对权力运行的监督制约。为保证行政执法权力的正确行使，常委会于2003年和2005年，采取市镇两级人大联动、执法检查和民主评议相结合的方式，在全市先后开展了以“优化环境，依法行政”和“转变作风，依法行政”为主题的执法大检查活动，实现了人大履行监督职权、人大代表执行职务和群众监督、舆论监督的有机结合，对优化经济发展软环境起到了较好的推动作用。围绕促进司法公正，建立健全教育、制度、监督并重的惩治和预防腐败体系，常委会对市人民法院执行、民商事审判工作情况和市人民检察院开展预防职务犯罪、反腐败查办大案要案工作情况进行了审议监督，对贯彻人民警察法、法官法和检察官法的实施情况进行了执法检查，对加强政法队伍建设、规范司法行为起到了较好的保障和促进作用。

三是规范和完善了人事任免。常委会正确处理实现党委意图和体现人民意志的关系，对“一府两院”提请任命的干部，坚持实行任命前进行法律知识考试、党组审查，任命时作供职表态，任命后提交任职报告等制度。五年来，常委会共依法任命国家机关工作人员285人，免职118人；依法任命了26名市人民法院人民陪审员，9名市人民检察院人民监督员，保证了人民陪审员制度和人民监督员制度在我市的顺利实施。

四是加强和改进了人大信访工作。常委会一直十分重视人民群众的来信来访工作，把受理信访案件作为开展监督工作的重要内容，通过案件督办，推动执法和司法工作，维护群众合法权益。工作中，坚持常委会领导阅批群众来信、接待群众来访、督办重点案件、协调解决疑难问题，并通过定期听取信访工作情况汇报、分析信访动态，研究督办重要信访事项。五年来，共受理群众来信来访2831件，列入重点督办的727件，到期处结率达100%，有效地促进了一些热点难点问题的解决。

四、正确处理对党负责与对人民负责的关系，始终坚持把改善民生作为人大工作的重要准则

常委会深刻理解党的主张与人民意志的一致性，把以人为本、关注民生贯穿于人大工作的全过程，围绕医疗、社会保障、教育、社会治安、饮用安全水等人民群众最关心、最直接、最现实的利益问题，积极开展监督，有效地推进了以改善民生为重点的社会建设。建立和完善新型农村合作医疗制度，是党中央、国务院为改善农村医疗卫生条件，提高广大农民的医疗卫生水平做出的重大决策。常委会在深入调查、听取市政府汇报的基础上，提出了要有一条更加明晰的工作思路、一套更加有效的宣传手段、一张更加健全的服务网络、一种更加有力的监管体制、一个更加全面的保障体系等五个方面的建议，进一步推进了我市新型农村合作医疗工作的健康发展。根据市委作出的在两年内解决饮水安全，让全市人民特别是地处氟区的广大人民群众不再饮用高氟水的重大部署，常委会通过听取政府工作汇报、组织调查视察，围绕确保这项普惠民生的民心工程稳步推进、发挥最佳效益和长期安全运行提出了建议意见。市政府及有关部门认真组织实施，整个工程竣工后，地处氟区的广大人民群众将从此告别饮用高氟水的历史。加强企业职工社会保险工作，是构建民生保障体系的重要内容。常委会针对我市职工社会保险工作中存在的困难和问题，在进行重点督查的基础上，提出了加强宣传，营造良好氛围；突出重点，推动社会保险扩面征缴；建立机制，推动社保事业持续和谐发展等建议，有效地促进了全市社保事业的健康发展。保持社会稳定是人民群众的共同心愿，也是改革与发展的重要前提。几年来，常委会围绕维护社会稳定和治安管理法律法规的贯彻实施情况，多次进行监督检查，对深入开展平安创建活动起到了积极的促进作用。此外，常委会还综合运用调查、执法检查、审议工作报告等形式，对备受社会关注、关系人与自然和谐发展、涉及人民群众身心健康和家庭幸福的安全生产法、消费者权益保护法、职业教育法、环境保护法、人口与计划生育法、预防未成年人犯罪法等法律法规的贯彻实施情况进行了监督，组织人大代表对食品药品安全、小区物业管理等工作进行了多次视察，并将调研情况和审议意见向市政府进行了反馈，有力地推动了相关工作的开展。

五、正确处理代表主体作用与常委会职能作用的关系，始终坚持把代表工作作为提升人大工作整体水平的基础工程

五年来，常委会坚持上下联动、相互协调、整体推进的原则，注重加强和改进基层基础工作，为代表执行职务提供了服务和保障，代表工作和镇街人大工作取得了新进展。

（一）加强服务指导，拓宽联系渠道。常委会坚持实行领导分工联系镇街人大制度，定期听取基层人大的意见，通报常委会一个时期的工作重点，指导面上工作的开展。2005年，市委召开了全市人大工作会议，印发了《中共高密市委关于进一步加强人大工作的意见》，为人大工作的深入开展进一步明确了方向。2006年，常委会又召开了全市人大代表工作会议，提出了进一步做好代表工作的思路和措施。常委会还制订了镇街人大工作考评办法，加强了对镇街人大工作的规范和指导。在常委会组成人员通过座谈、走访、参加代表小组活动等形式联系代表的基础上，常委会每年两次对市级以上人大代表进行普遍联系，广泛征求代表对有关工作的意见和建议。常委会还采取定期邀请代表列席常委会会议、组织代表参加调查视察检查活动、印发文件资料等多种形式，为代表知情知政、履行职责创造条件。五年来，全市各级人大代表参加常委会组织的调查视察和执法检查活动600多人次，列席常委会会议260多人次，并以不同的方式向常委会提出了许多很好的意见和建议，对改进常委会工作发挥了重要作用。为进一步密切与人民群众的联系，扩大公民有序的政治参与，五年来，常委会还接纳33名普通公民旁听了会议。

（二）深化主题活动，激励履行职责。常委会在组织代表开展好调查、视察、评议、执法检查等常规活动的同时，进一步深化拓展了“五带头”和“三个一”活动，引导代表带头倡树社会主义荣辱观、带头学法用法、带头发展经济、带头维护社会稳定、带头支持公益事业。全市各级人大代表积极响应并踊跃参与，为全市经济社会发展做出了积极贡献。为激励代表履行职责，常委会深入开展了代表向选民述职的活动，激发了代表执行职务的积极性。为充分发挥代表作用，促进科学决策，常委会高度重视代表建议办理工作，五年来，代表提出的700多件建议意见，全部依法按期办理完毕，受到代表和群众好评。

（三）严格依法办事，认真组织换届选举。今年的市镇两级人大换届选举，是2004年宪法修正后的第一次同步换届，时间紧，任务重。在市委的正确领导下，常委会认真贯彻“坚持党的领导、充分发扬民主、严格依法办事”三项基本原则，按照“不违法、不违规、不徇私”三条基本要求，遵循“依法、依规、依惯例”三种基本方法，全力以赴，精心组织，保证了市镇两级人大换届选举的圆满成功。本次市镇人大换届，共选举产生市人大代表276名，镇人大代表607名。

六、正确处理搞好监督与接受监督的关系，始终坚持把加强自身建设作为提高常委

会履职能力的有效途径

为更好地履行宪法和法律赋予的职责，常委会自觉接受人大代表和人民群众的监督，不断加强自身建设。2003年换届之初，常委会就作出了《关于加强自身建设的决定》。2005年，又深入扎实地开展了以实践“三个代表”重要思想为主要内容的保持共产党员先进性教育活动，制订了《关于保持共产党员先进性切实加强自身建设的意见》。按照自身建设的目标要求，进一步加强了思想、组织、制度和作风建设，增强了党的观念、政治观念、大局观念和群众观念。同时，常委会还十分注重加强机关自身建设，每年年初都深入开展“机关作风建设集中月”活动，采取有力措施，积极改进工作。本着理顺关系、明确责任、规范程序的原则，进一步完善了机关办文、办会、办事等工作制度，有效地提高了机关工作效能，为人大及其常委会依法履行职责提供了高质量的服务。在不断完善监督工作机制的同时，常委会还积极完善工作推进机制，组织各级人大代表和社会各界参与，开展了授予“高密人民勋章”活动和评选镇街人大工作先进单位、“十佳干警”、优秀人大代表等活动，在全社会弘扬了争先意识和进取精神，进一步激发了全市人民科学发展、率先发展的积极性和创造性。

回顾五年来的工作，常委会深刻体会到，要做好新形势下的人大工作，关键是要把坚持党的领导、人民当家做主和依法治国有机统一起来。一是必须坚持和依靠党的领导，在思想上政治上行动上与市委保持高度一致，通过人大的工作，使党的主张经过法定程序成为国家意志和人民的意愿。二是必须坚持围绕市委和全市工作的大局开展工作，从人大工作的定位和特点出发，突出重点，抓住关键，努力推动经济社会又好又快发展。三是必须把提高社会主义民主与法制建设的水平作为根本任务，通过人大监督，保障宪法和法律得到全面正确的贯彻实施，为经济社会发展营造和谐稳定的社会环境和公正高效的法制环境。四是必须坚持从最广大人民群众的根本利益出发，把维护好人民群众的根本利益作为人大工作的出发点和归宿，把权为民所用、情为民所系、利为民所谋作为人大工作最基本的准则，使人大的各项工作顺应民心，反映民意，贴近民生。

各位代表，市十五届人大常委会立足历届人大常委会的工作基础，传承历届人大常委会的工作经验，各项工作都取得了较好的成绩。这些成绩的取得，是市委正确领导的结果，是常委会组成人员和全体人大代表共同努力的结果，也是与全市人民、镇街人大的大力支持，与“一府两院”的密切配合分不开的。在这里，我代表市人大常委会，向大家表示衷心的感谢。

各位代表，2008年是高密市第十六届人民代表大会常务委员会任期的第一年，也是全面贯彻落实党的十七大精神的关键一年。党的十七大对人大工作提出了新的更高的要求，新一届常委会面临的任务将更加艰巨。

（一）始终不渝地坚持党的领导，牢牢把握人大工作坚定正确的政治方向。在工作中要更加自觉、更加主动地接受市委的领导，切实维护市委总揽全局、协调各方的领导核心地位，坚持紧紧围绕市委的工作中心开展人大工作，使人大的各项工作始终沿着正确的方向不断前进。

（二）深入贯彻落实科学发展观，进一步明确人大工作的指导思想。牢牢把握发展这个第一要务，继续坚持富民优先、科教优先、环保优先，统筹经济社会、城乡之间、人与自然和谐发展，从人大工作的角度，在更高层面上以更大力度推进工业立市、招商引资、新农村建设、城市建设管理、发展现代服务业及各项社会事业等重点工作，以监督促发展，以发展促和谐。

（三）认真履行各项法定职能，切实增强监督工作的针对性和实效性。要认真贯彻实施监督法，把关系我市经济建设、政治建设、文化建设和社会建设的重大问题作为监督重点，综合运用多种监督形式，扎实有效地促进有关方面改进工作。要加强对事关科学发展和社会和谐的法律法规贯彻实施情况的监督，深入推进新一轮普法和依法治市五年规划的实施，为全市经济社会发展创造更加良好的法治环境。

（四）始终保持同人民群众和人大代表的密切联系，坚持把维护好、发展好人民利益、改善民生作为人大工作的出发点和落脚点。要始终站在最广大人民群众的角度考虑问题，开展工作，更好地发挥人大代表的作用，认真倾听群众呼声，真实反映群众愿望，使人大工作取得让人民群众满意的效果。

（五）继续加强自身建设，不断提高人大工作水平。要以改革的精神，从组织制度、运行机制、议事程序、工作制度等方面不断进行探索和创新，促进常委会各项工作的制度化、规范化和程序化；要进一步加强和改进人大机关的作风建设，强化责任意识、大局意识和服务意识，以更加扎实的作风、更加有力的措施推进各项工作。

各位代表，新的形势和任务，对我们提出了新的更高的要求。我们要在市委的正确领导下，高举中国特色社会主义伟大旗帜，认真贯彻落实党的十七大精神，万众一心，开拓奋进，为坚持和完善人民代表大会制度，为夺取全面建设小康社会新胜利、建设富强和谐新高密做出新的更大的贡献。

高密市人民代表大会常务委员会工作报告

——2012 年 1 月 12 日在高密市第十七届人民代表大会第一次会议上

高密市人大常委会第一副主任　　崔红旗

各位代表：

我受市十六届人民代表大会常务委员会的委托，向大会报告 2008 年以来的工作，请予审议。

过去的四年，是全市人民在市委的正确领导下，建设富强和谐高密取得巨大成就的四年，也是人大工作不断取得新进展的四年。四年来，常委会高举进位争先旗帜，自觉坚持党的领导、人民当家做主和依法治国的有机统一，深入贯彻落实科学发展观，紧紧围绕市委决策部署和全市工作大局，认真行使宪法和法律赋予的职权，积极发挥地方国家权力机关的职能作用，促进了全市经济社会更好更快发展。

一、坚持围绕中心行使监督职权，全力推动市委决策部署的贯彻落实

常委会始终坚持党的领导，把推动市委决策部署的落实作为监督工作的重点，立足人大工作职能，全力支持政府开展工作，较好地发挥了地方国家权力机关的作用。

（一）围绕经济社会发展中的重大问题开展监督。四年来，常委会认真审议经济社会发展中的重大问题，先后就有关重大事项作出了 39 项决议决定，并采取调查、视察等有效措施，督促抓好落实。为促进我市国民经济和社会发展“十一五”规划的全面完成与“十二五”规划的顺利实施，常委会加强了对计划和预算执行情况的监督，每年都听取审查年度财政决算报告和审计工作报告、上半年国民经济和社会发展计划及预算执行情况的报告，并围绕转变经济发展方式、统筹城乡发展、加强财源建设、强化预算管理和监督等提出了审议意见。为促进县域经济更好更快发展，常委会还通过听取专项工作汇报、开展专题调研等方式，对招商引资、高新技术产业发展、工业经济运行、推进企业上市、现代物流业发展、税收征管等工作提出了建议意见。为保证市委重大决策的贯彻实施，市十六届人大历次会议先后将代表联名提出的加速推进市区向东部拓展建设、扎实推进城乡医疗卫生体制改革、扶持和引导企业做大做强、提高农村社区服务水平、推进畅通高密建设 5 件议案列入大会议程，常委会根据人民代表大会决议决定的要求，认真听取并审议了市政府关于议案办理情况的汇报，并作出了相应的决议，为市委决策部署的贯彻落实提供了民意支持。为加快经济社会发展步伐，常委会还审议批准了19个重点建设项目的贷款事项，支持政府筹集发展资金20多亿元。

（二）围绕“三农”工作开展监督。为推动农业龙头企业发展，促进农业增效和农民增收，2009年4月，常委会听取并审议了全市农业龙头企业发展情况的报告，围绕创新发展机制、拓宽发展思路、开拓国际国内市场、抓好招商引资提出了审议意见。为提升新农村建设水平，2010年3月，常委会对农村公共服务社区化进行了专题调查，分析了存在的困难和问题，提出了加强社区服务队伍建设、完善规章制度和服务程序、充实社区服务内容、增强社区承载功能等建议，促进了新一轮镇街行政区划调整后的农村社区建设。为加快农村集中居住区建设步伐，常委会组织调查组对我市农村集中居住区建设情况进行了深入调查，并针对存在的问题及原因，提出了增强紧迫感和压力感、扎实推进建设步伐、因地制宜搞好建设等建议意见，得到了市委的充分肯定。农村公路建设是促进城乡统筹发展的必要条件。常委会在认真听取市政府关于农村公路建设情况的报告，充分肯定我市农村公路建设取得显著成效的同时，围绕拓宽投资渠道、加强施工监管、完善管护机制等提出了审议意见。为满足城乡广大人民群众日益增长的精神文化需求，常委会听取并审议了市政府关于农村文化事业发展情况的报告，并向市政府提出了把发展农村文化事业纳入重要议事日程，促进农村文化事业与经济社会协调发展的建议意见。此外，常委会还就发展高效特色种植业、农田水利基本建设、现代农业示范园区建设等工作进行了调查。

（三）围绕民计民生问题开展监督。教育、就业、社会保障、社会治安、医疗卫生是广大人民群众普遍关注的切身利益问题。为推进义务教育均衡发展，常委会组织调查组对我市义务教育发展情况进行了调查。针对校舍改造、教学设施配备、教师队伍建设、城区学校发展空间等方面存在的问题，提出了完善义务教育经费保障机制、建立完善教师补充提高机制、完善推动义务教育均衡发展工作机制等建议意见。2011年7月，常委会还通过听取汇报、实地察看、座谈了解、专题调研等形式，对全市卫生工作情况进行了调查，并在听取审议市政府工作报告的基础上，从医疗卫生服务、新农合工作开展、妇幼保健工作、从业人员工作作风等七个方面对全市的医疗卫生工作进行了评议，提出了提高思想认识、深化医卫改革、完善用人机制、加大投入力度等审议意见，推动了全市卫生事业健康发展。为进一步优化就业环境，2009年4月，常委会对我市就业促进法贯彻实施情况进行了执法检查，提出了引导转变就业观念、提高职业培训实效、认真落实各项政策法规等建议，并向市政府发出了审议意见书。为深入推进平安高密建设，2011年4月，常委会在对我市社会治安工作进行深入调查的基础上，提出了建立健全严打机制、完善协调联动机制、推进社会管理创新、加强执法规范化建设等建议意见。同时，常委会还根据代表的建议意见，组织开展了胶河污染防治、居民小区物业管理、城区集中供热等调研活动，有效地促进了一些事关民计民生问题的解决。

二、坚持保障公共权力正确行使，积极营造和谐发展环境

四年来，常委会始终坚持把提高社会主义民主法制建设水平作为根本任务，大力弘扬社会主义法治理念，正确引导规范行政行为和司法行为，保障和促进了平安和谐高密建设。

一是监督和推进了普法依法治市工作。为推进普法依法治市进程，常委会先后三次听取并审议了市政府关于“五五”普法规划及2006—2010年依法治市规划实施情况的汇报。在总结经验的基础上，2011年6月，常委会作出了关于在全市公民中深入开展第六个五年法制宣传教育的决议、关于2011—2015年依法治市规划的决议，督促“一府两院”做好新一轮普法和依法治市五年规划的启动工作并抓好决议的落实，为进一步提高公民的法律素质，加快依法治市步伐，提供了有力保障。为提高法制化管理水平，常委会还对村民委员会组织法、环境保护法、城乡规划法、人口与计划生育法、安全生产法、农产品质量安全法等法律的实施情况进行了执法检查，推动了这些法律法规的贯彻实施，促进了相关工作的开展。

二是重视和强化了对权力运行的监督。为保证行政执法权力的正确行使，常委会于2009年和2010年，采取市镇两级人大联动、执法检查和民主评议相结合的方式，在全市行政执法部门和垂管单位中先后开展了以转变作风、依法行政为主题的执法大检查活动，实现了人大履行监督职权、人大代表执行职务和群众监督、舆论监督的有机结合，对优化经济发展软环境起到了较好的推动作用。为促进依法行政，常委会对《行政许可法》实施情况进行了执法检查，并向市政府和有关部门提出了进一步完善行政服务中心建设、加强行政许可清理、强化行政许可监管、提高行政效率的建议意见。为推动公正司法，常委会先后听取并审议了市人民法院关于民事诉讼调解、执行和刑事审判等工作情况的汇报，听取了市人民检察院关于查办和预防职务犯罪、民事行政检察和检务公开等工作情况的汇报，并形成审议意见，对促进社会和谐稳定、规范司法行为、维护公平正义起到了积极的作用。

三是规范和完善了人事任免工作。常委会正确处理实现党委意图和体现人民意志的关系，对“一府两院”提请任命的干部，坚持实行了任命前进行法律知识考试、党组审查，任命时作供职表态，任命后提交任职报告等制度。四年来，常委会共依法任命国家机关工作人员165人，免职117人。另外，还依法任命了46名市人民法院人民陪审员，保证了人民陪审员制度在我市的顺利实施。

四是加强和改进了人大信访工作。正确处理人民群众的来信来访工作，是人大工作的重要组成部分。常委会一直十分重视人民群众的来信来访工作，把受理信访案件作为开展监督工作的重要内容，通过督办案件，推动执法和司法公正，维护群众合法权益。工作中，常委会一贯坚持领导阅批群众来信、接待群众来访、督办重点案件等制度，并通过定期听取信访工作情况汇报、分析信访动态等方式，研究督办重要信访事项，协调解决疑难问题。四年来，共受理群众来信来访1600多件，列入重点督办的375件，到期处结率达98%，有效地促进了一些热点难点问题的解决。省和潍坊市人大常委会先后在我市召开了人大信访工作座谈会，推广了我市人大信访工作的做法。

三、坚持做好代表工作，广泛凝聚发展合力

四年来，常委会坚持上下联动、相互协调、整体推进的原则，健全工作机制，加强和改进基层基础工作，为代表执行职务提供了服务和保障，代表工作和基层人大工作取得了新的进展。

（一）加强服务指导，拓宽联系渠道。常委会坚持实行领导分工联系镇街区人大和代表小组制度，每年对市级以上人大代表进行两次普遍联系，定期向代表通报常委会一个时期的工作重点，听取基层人大和代表小组的意见。同时，还采取定期邀请代表列席常委会会议、举办法律知识培训班、组织代表参加调查视察和执法检查活动、印发文件资料等多种形式，为代表知情知政、履行职责创造条件。四年来，常委会组织全市各级人大代表参加调查视察和执法检查活动600多人次，列席常委会会议300多人次。通过参加这些活动，代表们不仅进一步加深了对社情民意的了解，还针对在调查视察中发现的问题，向常委会提出了许多很好的意见和建议，对改进常委会工作发挥了重要作用。

（二）开展主题活动，激励代表履行职责。为充分发挥代表作用，常委会针对代表工作的特点，积极为闭会期间代表开展活动搭建平台，保证了代表活动的经常性和实效性。一是开展了“转方式调结构，科学发展我先行”人大代表主题活动。围绕市委转方式调结构的工作要求，常委会向全市各级人大代表发出了在推动科学发展中发挥模范带头作用的号召。全市各级人大代表积极响应，热情参与，纷纷在不同的岗位上，创造出了科学发展新业绩。二是开展了“人大代表进社区”活动。常委会充分发挥人大代表和群众联系密切的优势，先后在全市城乡社区中建立了32个代表活动站，71个代表活动点，引导人大代表进社区，为群众解难题、办好事、办实事，取得了很好效果，深受群众欢迎。三是开展了代表述职活动。为激励代表履行职责，常委会以“人民选我当代表，我当代表为人民”为主题，组织开展了潍坊市人大代表向常委会、市镇两级人大代表向选民进行述职的活动。通过述职，既使代表明确了肩负的责任，又激发了代表依法执行职务的积极性。

（三）认真办理代表建议，注重解决群众关注的实际问题。为进一步激励代表履职积极性，确保代表提出的合理建议落到实处，常委会不断改进代表建议办理工作机制，对代表所提建议意见，坚持会议期间当场交办，闭会期间随时交办，并采取明确办理要求、逐件跟踪调查、走访代表征询意见、听取审议办理情况汇报等措施，加大了对代表建议办理工作的督办力度。四年来，共办理代表所提建议意见680件，一批事关人民群众切身利益、社会关注度较高的问题得到较好解决，受到了代表和广大群众的广泛赞誉。

（四）严格依法办事，认真组织换届选举。2011年市镇两级人大换届选举，是选举法修改后首次实行城乡按相同人口比例选举人大代表，时间紧，任务重。在市委的正确领导下，常委会严格遵循“坚持党的领导、充分发扬民主、严格依法办事”三条基本原则，准确把握上级党委关于换届工作的政策要求，通过制订选举工作安排意见、举办选举工作培训班、分阶段召开选举工作会议、分组督导、审查把关等有效形式，精心组织，周密安排，加强指导，保证了换届选举工作依法有序进行，为基层经济社会科学发展提供了坚强的组织保障。

四、坚持加强自身建设，不断提高整体素质和工作能力

为更好地履行宪法和法律赋予的职责，常委会自觉接受人大代表和人民群众的监督，不断加强自身建设。2008年换届之初，常委会就作出了《关于加强自身建设的决定》。按照自身建设的目标要求，常委会通过加强思想、组织、制度和作风建设，进一步增强了党的观念、政治观念、大局观念和群众观念，提高了理论水平和业务能力，提高了落实科学发展观的本领、依法履行职责的本领、发扬民主集中民意的本领，有力地促进了各项工作的开展。为增强工作实效，常委会响应市委号召，积极参与包镇街、包企业、包项目和包重点信访案件等工作，在具体参与中实施监督，在监督中予以支持，寓监督于支持之中，取得了较好的工作效果。同时，常委会还以深化创先争优活动为契机，积极开展机关作风建设集中月活动，倡树和弘扬了顾全大局、令行禁止，爱岗尽责、服务为本等优良作风。本着理顺关系、明确责任、规范程序的原则，进一步完善了机关办文、办会、办事等工作制度，有效地提高了机关工作效能。在不断完善监督工作机制的同时，常委会还积极完善工作推进机制，组织各级人大代表和社会各界参与，开展了授予高密人民勋章和评选镇街人大工作先进单位、十佳干警、优秀人大代表等活动，在全社会弘扬了争先意识和进取精神，进一步激发了全市人民科学发展、率先发展的积极性和创造性。

四年来，常委会共召开了36次常委会会议，作出了53项决议决定，听取并审议了市人民政府、市人民法院、市人民检察院75个专项工作报告，有计划、有重点地对事关经济社会发展的19部法律法规实施情况进行了监督，发出了84份审议意见书，形成了102篇调研报告，为推动全市经济建设、政治建设、文化建设、社会建设以及生态文明建设做出了积极贡献。

各位代表，市十六届人大常委会立足历届人大常委会的工作基础，传承历届人大常委会的工作经验，各项工作都取得了较好的成绩。这些成绩的取得，是市委正确领导的结果，是常委会组成人员和全体人大代表共同努力的结果，也是与全市人民、镇街区人大的大力支持，与“一府两院”的密切配合分不开的。在这里，我代表市人大常委会，向大家表示衷心的感谢！

回顾四年来的工作，我们也清醒地认识到，常委会的工作还存在一些问题和不足。特别是在如何进一步围绕市委工作中心开展工作，提高人大工作的针对性和实效性；如何进一步提高常委会会议的议事水平，强化对审议意见落实情况的跟踪督查；如何更好地实施监督法，进一步提高监督水平等方面，还需要在实践中不断进行探索。这些问题，需要在今后的工作中认真解决。

各位代表，四年的人大工作实践，使我们对做好人大工作有了更加深刻的体会。一是必须坚持和依靠党的领导，在思想上政治上行动上始终与市委保持高度一致，通过人大的工作，使党的主张经过法定程序成为国家意志和人民的意愿。二是必须坚持围绕市委工作中心和全市工作大局开展工作，从人大的性质和职能定位出发，完善思路，突出重点，强化措施，努力推动经济社会更好更快发展。三是必须把提高社会主义民主与法制建设的水平作为根本任务，通过人大监督，保障宪法和法律得到全面正确的贯彻实施，为经济社会发展营造和谐稳定的社会环境和公正高效的法制环境。四是必须坚持从最广大人民群众的根本利益出发，把维护好人民群众的根本利益作为人大工作的出发点和归宿，把权为民所用、情为民所系、利为民所谋作为人大工作最基本的准则，把人民群众的意愿和要求作为人大行使各项职权的重要依据。五是必须保持良好的精神状态，以高度负责的事业心和责任感，依法履行职责，扎实开展工作，努力取得让党和人民满意的工作成果。

各位代表，2012 年是高密市第十七届人民代表大会常务委员会依法履职的第一年，也是开启富强和谐现代化中等城市建设新征程的第一年。最近召开的市第十二次党代会，为新时期的人大工作指明了方向。我们建议，新一届市人大常委会，要牢牢把握人大工作坚定正确的政治方向，紧紧围绕市党代会确定的目标任务和思路举措，在工作中更加坚定不移地维护市委总揽全局、协调各方的领导核心地位，确保人大工作在市委的正确领导下沿着正确的政治方向不断发展。要认真贯彻实施监督法，围绕把高密建设成为现代产业城、生态宜居城、魅力人文城、和谐幸福城，把市委决策部署、政府着力推进、代表和人民群众普遍关心的问题作为监督工作的切入点和着力点，全面推进科学发展、转型发展、跨越发展。要围绕构建现代产业体系，加强对计划和预算执行情况的监督，力促产业结构调整和转型升级。要围绕推进社会管理创新，加强对事关科学发展和社会和谐的法律法规贯彻实施情况的监督，深入推进普法和依法治市规划的实施，为经济社会科学发展创造良好的法治环境。要坚持以人为本，加强对民生问题的监督，维护和保障好人民群众的根本利益。要进一步密切与人大代表和人民群众的联系，积极探索开展代表工作的新思路和新方法，努力为代表更好地依法执行职务创造条件。要继续加强常委会及机关自身建设，不断提高履职水平和服务保障能力，强化职能，提高效能，努力开创人大工作的新局面。

各位代表，高密的改革开放和现代化建设已经进入一个新的发展阶段。让我们在市委坚强正确的领导下，按照市第十二次党代会的部署，坚定信心，振奋精神，开拓进取，扎实工作，充分发挥国家权力机关的职能作用，全面推进科学发展、转型发展、跨越发展，为加快建设富强和谐现代化中等城市，不断做出新的更大的贡献。

高密市人民代表大会常务委员会工作报告

——2017 年 1 月 20 日在高密市第十八届人民代表大会第一次会议上

高密市人大常委会第一副主任　钟亮成

各位代表：

我受市十七届人大常委会委托，向大会报告工作，请予审议，并请各位政协委员和其他列席会议的同志提出意见。

过去五年工作回顾

市十七届人大常委会任期的五年，是我市成功应对各种挑战、励精图治、奋力赶超的五年，是我市综合实力持续增强、城乡面貌明显变化、人民群众得到更多实惠的五年，也是我市民主法治建设、法治高密建设取得重大成效的五年。五年来，在中共高密市委的坚强领导下，市人大常委会全面贯彻党的十八大和十八届三中、四中、五中、六中全会精神，以邓小平理论、“三个代表”重要思想、科学发展观为指导，深入学习贯彻习近平总书记系列重要讲话精神，统筹推进“五位一体”总体布局和协调推进“四个全面”战略布局，深入践行新发展理念，紧紧围绕市委工作中心和全市发展大局依法行使职权，为保障和推动全市经济社会发展作出了重要贡献。

一、坚持正确方向，强化核心意识，积极落实市委决策部署

人大常委会始终把坚持党的领导贯穿于工作的全过程，坚决维护市委总揽全局、协调各方的领导核心地位，坚持人大工作重大事项和重要活动及时向市委请示报告制度，使人大及其常委会的各项工作始终与市委要求合心合力合拍，确保了人大工作正确的政治方向。

（一）围绕市委工作思路，精心谋划人大工作。五年来，人大常委会紧紧围绕市委总体工作部署，科学安排工作计划和确定会议议题，支持推动重点领域、关键环节的改革和发展，先后组织开展了 76 项调研活动，听取并审议了“一府两院”85 个专项工作报告，依法作出了 56 项决议决定，使市委的主张通过法定程序成为全市人民的共同意志和自觉行动。坚持党管干部原则，依法任免国家机关工作人员 368 名，实现了市委意图与人大权力的有机结合。认真贯彻落实中央 18 号文件精神和新修订的《地方组织法》，进一步加强了市镇两级人大规范化建设。经市委研究同意，扩大了常委会组成人员名额，

设立了专门委员会，明确了镇人大主席团人员职数，规范了镇人大的工作制度和内容。特别是我市探索加强镇级人大建设的做法，得到上级的充分肯定，先后在全国、全省人大系统有关会议上作了典型发言。其中我市“一镇一议案”探索基层民主法治建设新路子的新闻稿件，在2016年中国人大新闻奖评选中荣获一等奖。为此，潍坊市人大专门来信祝贺，贺信中称：这是今年全省人大系统参评作品中获得的唯一一等奖，也是潍坊市人大系统20年来获得的唯一一等奖。

（二）发挥人大职能优势，积极参与中心工作。常委会立足人大职能，积极推动市委决策部署的落实。一是主动参与和包靠重点工作。常委会组成人员和机关人员牢固树立大局观念和中心意识，招商引资、包靠重点项目、包靠重点信访案件、旧城改造、精准扶贫等工作都很好地完成任务。2012年以来，常委会机关共引进过亿元项目8个，到位资金达9.6亿元；包村工作立足村情民意，真帮实扶，受到当地干部群众一致好评，连年被评为全市招商引资和包村工作先进单位。常委会离退休老同志在思想上政治上与市委保持高度一致，不忘初心、贡献余热，在老年科协、莫言研究会、创业促进会和老年体协等社会组织中都发挥了重要作用。二是依法授予地方荣誉称号。为激发全市人民热爱高密、建设家乡、干事创业的热情，五年来，常委会先后授予莫言、王钦峰等9名同志“高密人民勋章”，授予孙日贵、张恭运等6名同志“功勋企业家”和“优秀企业家”荣誉称号。为激励广大政法干警爱岗敬业、秉公执法，常委会还先后两次开展了“十佳干警”评选活动。三是扎实做好人大信访工作。常委会坚持把信访工作作为维护全市和谐稳定大局、密切联系群众的重要渠道，依法维护人民群众合法权益。五年来，共受理群众来信来访1447件次，案件到期处结率达98.6%。潍坊市人大和全国人大办公厅先后总结推广了我市的经验做法。

（三）准确把握精神实质，扎实开展学习教育。常委会党组把开展党的群众路线教育实践活动、“三严三实”专题教育和“两学一做”学习教育作为重大政治任务来抓，立足人大工作实际，深刻把握精神实质，确保了每项活动善始善终、富有成效。党组成员率先垂范，坚持把群众需求作为人大工作导向，广泛开展调查研究，形成了30余篇高质量、接地气的调研报告，并到村居、社区、机关讲党课20多次。机关22名副科级以上党员干部每人联系帮扶一个社区或村居，积极帮助解决实际问题，拉近了与人民群众的距离。学习教育活动中，常委会党组、班子成员和人大机关工作人员深刻查摆在“四风”和“不严不实”方面存在的问题，坚持问题导向，明确改进方向，通过解决一个个具体问题、做好一件件具体事情，实现自我完善、自我提高，为进一步坚定信念、理清思路、牢记使命、勇于担当，推动人大工作创新发展打下了坚实的思想基础。

二、坚持依法监督，强化监督实效，全力保障经济社会更好更快发展

常委会把法律赋予的监督职责与市委要求、政府工作和群众关切紧密结合，坚持精准发力，在监督中支持“一府两院”推进工作。五年来，常委会共召开37次常委会会议，发出71份审议意见书，向“一府两院”提出300多条工作意见和建议。

（一）围绕推动经济平稳较快发展开展监督。常委会始终把推动新常态下经济持续健康发展作为依法履职的重要内容。根据经济运行和改革发展需要，重点听取并审议了全市实体经济发展、“三招三引”以及高新技术产业发展等专项工作报告，督促政府重在巩固“稳”的基础上下功夫，多在积蓄“进”的力量上出实招。常委会每年还定期听取审议财政预决算、审计等工作报告，及时作出相应决议，提出的统筹城乡发展、加强财源建设、强化预算管理和监督等建议得到较好落实。为贯彻落实新预算法，2015年设立了预算工作委员会和预算审查监督咨询专家组，迈出了由程序性监督向实质性监督的重要一步。连续3年对市域内商业银行服务实体经济发展情况进行业绩评议，为企业转型跨越发展提供了有力支持。常委会立足当前、着眼长远，助推市政府集中资源办大事，决定实施了孟家沟水库建设、东北乡文化旅游、新一中建设等一批重点项目，为“十二五”规划的全面完成和“十三五”规划的良好开局奠定了基础。五年来，常委会还审议了29个有关建设项目的融资报告，支持市政府多渠道筹集发展资金。

（二）围绕保障和改善民生开展监督。五年来，常委会倾心关注民生事业，积极回应群众关切，努力让改革发展成果更多更公平地惠及人民群众。坚持教育优先发展战略，聚焦城区大班额、职业教育、校舍改造、校车安全等重点事项，加大监督力度，推动了全市教育事业优质、均衡、和谐发展。针对医疗卫生事业发展，对全市农村医疗卫生、村镇医疗机构基础建设情况进行调研，农村医疗卫生工作得到明显改观。围绕食品安全，组织开展了剧毒农药管理和农产品质量安全等专题调研，督促市政府及相关部门严格把好源头、流通、消费三道重要关口，食品安全检验检测体系建设成效明显。开展了城区交通管理、道路交通安全专题调研，并提出了强化措施、改善交通的合理化建议。城区回迁安置建设项目是关系市区群众的安居工程、民心工程。2014-2015连续两年，常委会对城区18个片区回迁安置工作进行专题视察，推动了回迁安置工作有序进展。认真落实中央大众创业、万众创新决策部署，听取并审议了全市全民创业就业工作报告，进一步激发了全社会创新潜力和创业活力。同时，常委会还根据代表的意见和建议，组织开展了城区环境治理、水污染防治、农田水利建设、社会治安综合治理等20多个民生事项的专题调研，有效地促进了这些事关民计民生问题的解决。

（三）围绕依法治市开展监督。常委会大力弘扬社会主义法治理念，监督和支持“一府两院”依法行政、公正司法，努力营造和谐稳定的社会环境和公平正义的法治环境。

一是扎实推进普法和依法治市进程。常委会连续3年对“六五”普法和2011-2015年依法治市规划实施情况进行检查督导，作出了新一轮普法和依法治市规划决议。同时，常委会还通过法律学习年、法治宣传月等形式，深入推进各种形式的普法宣传和法治创建活动，全社会法治化管理水平不断提高。2016年5月，我市荣获全国法治宣传教育先进县称号。二是切实加强对权力运行的制约和监督。常委会以司法工作中的焦点问题和群众反映的突出问题为重点，先后听取并审议了市人民法院司法公开、行政审判和市人民检察院控告申诉、预防职务犯罪、刑罚执行监督等工作报告。坚持任免和监督相结合，依法履行对任命干部的监督职能，连续两年对26个政府工作部门主要负责人和6名“两院”副职进行了满意度测评。换届以来，常委会还先后9次组织旁听法院庭审活动，参加代表达180多人次，促进了司法公正。为激励和教育国家工作人员忠于宪法、遵守宪法、维护宪法，从2016年开始，先后组织市人大及其常委会选举或决定任命的23名国家工作人员向宪法宣誓。三是努力推动法律法规正确实施。注重发挥法治在国家治理和社会管理中的重要作用。五年来，先后组织对行政许可法、水污染防治法、农民专业合作社法等16部法律法规贯彻实施情况进行了执法检查，提出了改进工作的建议。

三、坚持主体意识，强化代表工作，广泛凝聚发展合力

人大代表是人民代表大会和人大工作的主体，是推进经济社会发展的中坚力量。五年来，常委会不断深化和拓展代表履职空间，积极为代表依法执行职务提供服务、搭建平台、创造条件。

（一）增强代表意识，提高履职能力。一是组织代表培训。坚持从提高代表素质、适应依法履职需要入手，抓好代表初任培训、履职培训和专题培训。五年来，先后组织全体代表集中培训4次，各类专门培训近20次，提高了代表的履职意识和履职能力。二是拓宽知政渠道。坚持和落实重要工作向代表通报、重要会议请代表列席、重要活动让代表参加制度。共有32名潍坊市级以上人大代表、212名高密市人大代表列席了本届人大历次常委会会议，近400人次市级以上人大代表参加了常委会组织的调研活动。三是加强沟通联系。常委会在坚持每年两次联系代表的基础上，开展了常委会组成人员联系代表、代表联系群众的“双联”活动，搭建了常委会与人大代表、人民群众互联互通的民意平台，夯实了人大工作的民意基础。2016年，全市各级人大代表以“双联”活动为契机，积极参与精准扶贫工作，先后有73名市级以上人大代表与132个贫困户结成帮扶对子，累计捐助帮扶资金180多万元，提供就业岗位120余个。

（二）发挥载体作用，激发履职热情。一是扎实开展代表主题活动。从2013年开始，常委会连续3年组织开展了“热爱高密，建设家乡，争当优秀人大代表”主题活动。代表们身体力行，积极投身到经济建设、社会事业发展和民生工作中，先后有11名潍坊市人大代表、86名高密市人大代表被评为优秀人大代表。二是全面开展述职评议活动。为激发广大代表履行职务的积极性，常委会全面开展了人大代表向选民述职、选民对代表进行评议的活动，增强了选民的监督意识，提高了代表执行职务的自觉性。三是努力打造代表履职新平台。为充分发挥企业界代表在转调创中的带头作用，2013年6月，常委会组织成立了企业界人大代表创新发展促进会，登记会员企业119家。先后筹备召开了银企对接洽谈会、制造业突破困境逆势发展恳谈会、创新发展观摩交流会等，为代表企业搭建了相互学习、相互支持、共同发展的平台。近些年来，孚日家纺、豪迈科技、银鹰化纤、金亿机械、永和金属等人大代表领军企业，均已成为全市经济社会发展的领头雁、主力军。其他代表企业也加快提质增效、创新发展步伐，逐渐成为全市经济领域的骨干力量。

（三）督办议案建议，回应社会关切。人大代表提出的议案、建议事关经济社会发展和人民福祉。2012年以来，人大代表共提出建议意见658件，常委会通过采取台账式管理、专门委员会协调督办、办理结果“回头看”等措施，加强跟踪督办，均已全部办结。其中，有4件代表议案列入人民代表大会议程，涉及旧城改造、高密一中新校建设、东北乡文化旅游发展和东部新城建设等领域。对此，常委会及时跟进督促，确保议案落到实处。2012年以来共搬迁改造重点片区25个，搬迁居民达6397户；城区高中布局更趋合理，高密一中新校已经建成；东部新城初具规模，产城融合步伐日益加快；东北乡文化旅游发展稳步推进，入选省级重点建设项目。

（四）严格依法办事，搞好换届选举。在市委的正确领导下，自2016年9月份开始，我市部署开展了市镇人大代表换届选举工作，常委会牢牢把握坚持党的领导、充分发扬民主、严格依法办事三项原则，加强组织领导和检查指导，确保了换届选举风清气正、依法有序进行。选民参选率达到86%，共选出市人大代表288名，镇人大代表620名。当选的人大代表整体素质较高，其年龄结构、政治素质、构成比例、文化程度等更趋合理，为新一届市镇两级人民代表大会依法行使职权奠定了坚实基础。

四、坚持自身建设，强化履职能力，不断提升人大工作水平

常委会高度重视自身建设，通过扎实开展党的群众路线教育实践活动、“三严三实”专题教育和“两学一做”学习教育，机关自身建设进一步加强。全体机关工作人员的政治意识、大局意识、核心意识、看齐意识进一步强化，以改革创新精神推动人大工作，为人大及其常委会依法履职提供了坚强保证。一是以思想政治建设为根本。通过个人研读、专题辅导等方式，深入学习以习近平同志为核心的党中央治国理政新思想新观点新论断，始终保持正确政治方向，干部队伍思想政治素质不断提升。二是以制度建设为保障。先后制订和修订了常委会议事规则、常委会组成人员守则、讨论决定重大事项办法等 12 项履职制度，健全了民主议事、跟踪监督、依法履职等工作规程。对 17 项人大机关工作制度进行了修订完善，使机关工作更加规范有序。三是以作风建设为重点。常委会致力于“纪律严明、作风严谨、程序严格，高标准、高效率”的“三严两高”型机关建设，有效提高了人大机关的服务保障能力和工作效能，自始至终保持了蓬勃朝气、昂扬锐气和浩然正气。领导班子及机关干部落实中央“八项规定”、市委“七项规定”和“十个不准”要求自觉性进一步增强，树立了人大机关的良好形象。

各位代表，市十七届人大常委会立足历届人大常委会的工作基础，传承历届人大常委会的工作经验，认真履行宪法和法律赋予的职权，各项工作都取得了较大的成绩。这是市委正确领导的结果，是市政府、市人民法院和市人民检察院自觉接受监督，积极配合工作的结果，是常委会组成人员和全体人大代表积极执行职务的结果，是人民政协和社会各界大力支持的结果。在此，我代表市十七届人大常委会，向所有关心、支持人大工作的领导和同志们，向各级人大代表和全市人民表示崇高的敬意和衷心的感谢。

五年来的工作体会

过去的五年，我们在实践中探索，在创新中前进，对做好人大工作有了更加深刻的理解和体会：

一是坚持党的领导，是做好人大工作的政治前提。五年来，常委会把坚持和依靠党的领导，作为人大工作必须遵循的政治原则和政治方向，自觉把人大工作置于党的领导之下，把市委决策部署贯彻落实到监督工作、决定重大事项和选举任免的全过程，在加快建设富强和谐现代化中等城市进程中，人大及其常委会发挥了不可替代的重要作用。实践告诉我们，只有坚持党的领导，才能保证人大工作始终沿着正确的政治方向继续前进。

二是坚持从大局出发，是做好人大工作的有效途径。人大工作是党和国家工作的重要组成部分，必须围绕中心，服务大局。常委会坚持把人大工作放到全市工作大局中谋划，每年都对全市经济工作会议、市委全委会议精神以及政府工作报告进行认真解读，面向社会和人大代表征询监督议题，抓住党委重大决策、政府着力推进、群众普遍关注、人大职权所在的事项，做好监督支持文章。实践告诉我们，只有围绕全市改革发展稳定大局开展工作，按照人民群众的愿望和要求履行职责，人大工作才能有所作为，有所贡献，才能得到代表和人民群众的认可。

三是坚持依法履职，是做好人大工作的基本遵循。讲法律、重程序是人大工作的突出特点。常委会牢固树立宪法法律至上的观念，依法按程序办事，严格规范履职活动，确保了人大各项工作依法、规范、有序。实践告诉我们，坚持研究工作以法律为依据、衡量工作以法律为准绳、推动工作以法律为武器，才能推进民主法治进程，增强人大工作的权威性。

四是坚持依靠代表，是做好人大工作的重要基础。人大工作的水平看代表，人大工作的潜力在代表。常委会坚持把代表工作作为创新的着力点，支持和保障代表依法执行职务，充分发挥代表作用，有效激发了代表为民代言、依法履职的积极性。实践告诉我们，只有充分尊重代表、依法维护代表、全力支持代表、紧紧依靠代表，人大工作才会充满生机与活力。

五是坚持自身建设，是做好人大工作的内在要求。常委会始终把加强自身建设放到突出位置，按照“总结、继承、完善、提高”的要求，自觉坚持民主集中制原则，加强学习，更新观念，完善制度，改进方法，人大工作不断推陈出新，各项职权行使更加充分有效。实践告诉我们，只有不断地加强自身建设，人大工作才能体现时代性，富于创造性，把握规律性，不负党和人民的重托。

回顾过去五年的工作，我们也清醒地认识到，常委会工作离人民的期望、代表的要求还有一定差距，主要表现在：常委会会议审议质量有待提高，审议意见落实力度仍需加强；监督工作的方式方法有待改进，质询、特定问题调查等法定刚性监督手段尚未有效运用；“一府两院”规范性文件的备案审查机制不够落实。对这些问题，建议新一届人大常委会要认真研究措施，切实加以解决。

对今后工作的建议

各位代表，市十七届人大常委会圆满完成了历史使命，新一届人大常委会即将选举产生。最近召开的市第十三次党代会，为全市经济社会事业发展指明了方向，面对新形势新任务，向新一届人大常委会提出如下建议：

——贴紧市委重大决策部署，依法审议决定重大事项。我市第十三次党代会，站在新的起点，科学谋划了未来五年发展的新蓝图，确立了“十三五”时期的奋斗目标，体现了新一届市委的卓越眼光和发展气魄。我们要认真学习领会会议精神，认真思考谋划新时期的人大工作，找准发挥作用的切入点和着力点，及时把市委的重大决策部署通过法定程序作出决议决定，有效转化为全市人民的共同意志和自觉行动。

——围绕经济社会发展和民主法治建设，切实增强监督实效。认真贯彻实施监督法，把监督工作的重点放在关系改革发展稳定大局和群众切身利益、社会普遍关注的问题上，规范监督行为，创新监督形式，增强监督实效。紧紧围绕市第十三次党代会确定的发展目标，倾力推进经济社会实现更高层次新发展。更加注重发挥法治在国家治理和社会管理中的重要作用，切实加大司法监督力度，促进依法行政和公正司法，为经济社会科学发展创造良好的法治环境。

——不断深化代表工作，充分发挥代表作用。代表工作始终是常委会的基础工作，是做好人大工作的活力和动力源泉。要继续抓好代表学习和培训，不断提高代表素质和依法履职的能力。深入开展“双联”活动，发挥好人大代表作为党和政府密切联系群众的桥梁纽带作用。精心组织闭会期间代表活动，为代表依法履职提供服务和保障。强化对镇街区人大的业务指导和工作联系，推动全市人大工作再上新台阶。

各位代表！回顾过去成绩显著，展望未来任重道远。让我们紧密团结在以习近平同志为核心的党中央周围，在中共高密市委的坚强领导下，在全市人民和广大代表的大力支持下，更好地履行宪法和法律赋予的各项职权，开拓创新，拼搏实干，为加快建设富强和谐现代化中等城市做出新的更大的贡献。

高密市人民代表大会常务委员会工作报告

——2021年2月22日在高密市第十八届人民代表大会第五次会议上

高密市人大常委会主任　万　丽

各位代表：

我受市人大常委会委托，向大会报告工作，请予审议。

过去一年的主要工作

2020年是全面建成小康社会、打赢脱贫攻坚战和实施“十三五”规划收官之年。面对突如其来的新冠肺炎疫情，市人大常委会在中共高密市委的坚强领导下，坚持以习近平新时代中国特色社会主义思想为指导，深入贯彻落实党的十九大和十九届二中、三中、四中、五中全会精神，紧扣市委“重点工作攻坚年”决策部署，认真履行宪法和法律赋予的各项职责，为全市统筹推进疫情防控和经济社会发展、加快建设现代化高品质城市做出了积极贡献，人大工作取得了新进展。

一、坚持党的领导，坚定人大工作正确政治方向

常委会认真贯彻落实习近平总书记关于坚持和完善人民代表大会制度的重要思想，始终坚持党的领导、人民当家做主和依法治国有机统一，坚定维护市委权威和集中统一领导，保证了人大工作始终沿着正确政治方向不断向前发展。

旗帜鲜明讲政治。始终把政治建设摆在首位，切实增强“四个意识”、坚定“四个自信”、做到“两个维护”，不断强化发展社会主义民主政治、做好新时代人大工作的责任感和使命感。着力巩固“不忘初心、牢记使命”主题教育成果，召开民主生活会2次，查摆出的问题已全部整改到位；组织开展“我为‘十四五’规划建言献策”活动，先后召开各层面座谈会，征集、转交人大代表和基层群众意见建议28条。在讲政治、守规矩上做表率，严格执行重大事项请示报告制度，统筹做好重大事项决定、监督、选举任免等各项工作。一年来，先后向市委报告全面工作和专项工作32次，依法作出10项决议决定，听取审议“一府两院”17个专项工作报告，依法任免国家机关工作人员56人，职业教育、公益诉讼、环境保护、公共卫生体系建设、代表建议办理、“五个十”重点支撑项目、就业促进法贯彻情况、行政应诉、议案办理等9项调研成果得到市委主要领导肯定并批示，为科学决策提供了参考。

服务中心促攻坚。把助推重点工作攻坚作为全年工作的主基调，坚定不移抓好各项攻坚任务落实。在疫情防控工作中，班子成员深入镇街、社区、企业等现场调度，协调推进复工复产，帮助解决实际困难。聚焦市委十项攻坚任务，制订出台《关于推进全市重点工作攻坚落实的意见》。全方位落实包靠镇街区工作责任，围绕重点项目建设、脱贫攻坚、信访维稳、安全生产、防汛等工作重点，现场调度百余次，助推市委部署要求在基层得到贯彻落实。根据市委工作安排，常委会班子成员分别牵头重点项目攻坚专班，协调推进莫言文学馆主体建设，红高粱文旅小镇一期项目，星宇新材料产业园起步工程，特别是立足打造精细化工生产基地、国家级化工连续流技术示范园、化学家创新创业平台三大定位的仁和化工园，仅一年时间就完成全部基础工作，并有部分项目落地投产；这些项目的建设推进，成为潍坊现场观摩点评取得历史最好成绩的重要支撑。对接胶州专班工作顺利展开，成功签署《战略合作框架协议》，全面启动同胶州在基础设施、产业发展、公共服务等30多个方面的合作，有力助推了高胶一体化发展进程；认真履行第一督导专班、第二督导专班工作职责，提振发展信心，加快各项工作攻坚突破；全力推进全市9个网格的创卫工作、文明城市创建和57个村的农村人居环境整治任务；持续加强食品加工、安防用品、生物医药、机械装备4个产业集群提升发展，认真落实惠企纾困举措，组织200余家企业参加了多场安防用品展会，创新探索了利用展会招商新模式。市人大机关以攻坚的姿态抓推进、抓落实，机关党员干部冲在一线、积极参与疫情防控值守工作，并自发捐款2万余元；抽调精干力量成立扶贫工作专班，圆满完成6个行政村、72户、102人的脱贫攻坚任务。常委会离退休老同志永葆初心，发挥政治坚定和经验丰富优势，积极为“十四五”规划、重点工作攻坚献计出力，推动经济社会事业加快发展。

二、增强监督实效，主动服务经济社会发展大局

常委会牢固树立新发展理念，聚焦事关改革发展稳定的重大事项和人民群众切身利益的热点难点问题，在参与中监督，在监督中支持，不断提高人大监督实效。一年来，共召开9次常委会会议，向“一府两院”发出14份审议意见书，提出60多条意见和建议。

（一）保障经济平稳健康运行。注重加大对经济发展的监督力度，推动稳增长各项任务落到实处。密切关注经济运行质量，听取审议财政预决算、发改、审计等报告，先后多次召开各类专题会议，对全市经济形势和运行质量进行深入分析研判，围绕加快企业复工复产、稳住外贸外资、推进工业经济转型等提出意见建议20多条。组织对“十三五”规划执行、“十四五”规划编制情况进行调查，做好“十四五”规划和二〇三五年远景目标纲要审查相关工作。聚焦推进全市“五个十”重点项目建设，部署开展专题调研，提出统筹资源要素保障、加快基础设施投入等建议，促进了我市重点支撑项目加快实施。常委会通过监督把握胶东经济圈一体化发展、临港经济区建设的重大机遇，加快推进规划布局、吸引高端要素集聚、培育现代优势产业集群等工作，推动了经济社会高质量发展。

（二）促进民生事业持续改善。围绕稳就业保民生，部署开展就业促进法执法检查，建议更大力度实施就业优先政策，千方百计保障人民群众生活稳定。为了维护人民群众健康权益，就公共卫生体系建设工作进行专题调查，提出合理布局公共卫生资源、全面提高疾病防控和医疗救治能力。围绕职业教育发展，组织代表开展专题调研，就加快推进职业教育资源整合、助推职业教育向更高层次发展提出建议。围绕打赢污染防治攻坚战，专题审议年度环境状况和环保目标完成情况报告，并深入环保整治现场和重点区域实地调研。围绕打赢脱贫攻坚战，紧盯关于全市脱贫攻坚工作的审议意见落实，督促各方面不断强化特殊困难群体兜底保障力度，着力抓产业扶贫和重点区域集中攻坚，推进乡村振兴与脱贫攻坚有序衔接。常委会通过“回头看”“二次监督”等多种方式加强对小区物业管理、城区供暖、学前教育、安全生产、防汛、人居环境整治、乡村振兴等事关群众安危冷暖事项开展跟踪监督，努力使人民群众的幸福感、获得感、安全感更可持续、更有保障。

（三）推进普法和依法治理深入开展。深入学习宣传贯彻习近平法治思想，坚持运用法治思维和法治方式推进依法治市。聚焦法治政府建设，听取并审议了行政应诉专题工作报告，提出了强化源头治理、加强诉前化解、抓好监督考核等意见建议。围绕保障社会公共利益，聚焦公正司法，组织开展了法院刑事审判和检察院公益诉讼专题调研。2020 年，常委会先后组织 30 名国家工作人员向宪法宣誓，对 10 份市政府和镇级人大规范性文件进行备案，组织代表旁听法院庭审 4 次。为庆祝 12 月 4 日第七个国家宪法日，组织开展宪法和民法典知识讲座、中央全面依法治国会议精神学习班、人大代表和机关干部普法送法活动，在全社会营造尊法学法守法用法的浓厚氛围。扎实做好人大信访工作，一年来，共受理群众来信来访 172 件，案件到期处结率达 98.8%，有效促进群众诉求解决和社会和谐稳定。

三、夯实履职基础，保障代表充分发挥主体作用

常委会准确把握新时代赋予人大代表的使命担当，积极为代表履行职责搭建平台、提供保障。

（一）提升代表履职能力。常委会班子成员带队深入各镇街区和代表小组开展党的十九届五中全会精神宣讲活动，在代表中掀起了学习宣传热潮。围绕习近平总书记关于人大工作重要论述、党的创新理论、法律法规等内容，扎实开展代表学习活动。组织潍坊市人大代表向常委会述职并接受评议，进一步激发代表履职活力。坚持和落实重要工作向人大代表通报制度，全年邀请 68 名代表列席市人大常委会会议、市政府常务会议。组织代表参加省、潍坊电视问政、“局长有约”栏目、全市重点工作攻坚“一月一点评”会议及调查、视察、执法检查等活动230余人次。另外，先后邀请14名公民旁听人大常委会会议，扩大公民有序政治参与。

（二）拓宽代表履职平台。向各级人大代表提出“建功新时代，争做奋斗者，为建设现代化高品质城市贡献智慧和力量”的倡议，鼓励引导人大代表参与、融入全市重点工作攻坚。为广泛凝聚抗击疫情的强大合力，常委会第一时间向代表发出《疫情防控，代表先行》一封信，全市各级人大代表积极响应，迅速投入到疫情防控、群防群治和应急响应保障工作中，累计捐款捐物600余万元，用实际行动践行了“人民选我当代表、我当代表为人民”的庄严承诺。深化开展“牢记使命、履职为民，争当优秀人大代表”主题活动，400余名市镇代表长期奋战在脱贫攻坚一线，近千名各级人大代表直接参与国家卫生城市创建和农村人居环境整治工作，人大代表身体力行、勇于担当，在全市各行各业、各条战线发挥了攻坚克难的表率作用，15名履职优秀潍坊人大代表、9件优秀潍坊代表建议和98名履职先进高密市人大代表被通报表扬。推进“双联系”制度化常态化，引导代表深入基层一线和各行各业听民声、访民意、解民忧，累计化解矛盾纠纷200余件。持续推进代表小组规范化建设，探索行业代表小组新模式，充分发挥代表专业优势，不断提升代表履职成效。

（三）增强议案建议办理实效。坚持把代表议案建议办理作为提高代表履职积极性和为民办实事的重要途径，努力使议案建议更多地转化为促进经济社会发展的成果。市十八届人大四次会议通过的《关于建立长效机制、提升治理效能，积极推进现代化高品质城市建设的议案》作为1号议案，办理工作富有成效。在充分调研和广泛征询意见的基础上，常委会召开了高品质城市建设专题询问会，18名代表现场提问、市政府常务副市长与7名市直部门主要负责人到场应询回答、50多名代表参加旁听，进一步加快了代表议案办理进度。围绕高品质城市建设开展的“两轴一带一区多组团”城市规划布局已经通过，交通、水利、能源、智慧城市等基础设施建设加快推进，临港经济区建设全面起势。通过专委会对口督办、办理结果“回头看”等方式，对建议办理全过程跟踪问效，代表提出的147件建议已全部按时答复，经济社会发展过程中的一些重点难点问题和群众关注的现实问题得到更好解决。

四、强化党建引领，持续提升自身建设整体水平

常委会牢牢把握新时代人大工作新要求，坚持以政治建设为统领，持续改进工作作风，不断提高依法履职能力和水平，为提升工作整体效能奠定坚实基础。

一是加强党的建设。充分发挥党组把方向、抓大事、作决策的政治保证作用，认真履行管党治党政治责任，有序推进学习研讨、议事决策、任免事项把关等重点工作。一年来，先后召开党组会议29次，组织理论学习中心组学习研讨12次，把关人事任免议题9项。以开展“三抓三服务”支部工作法为抓手，深入推进党支部标准化规范化建设。严格落实“三会一课”制度，深化创新支部“主题党日”活动，为49名党员过“政治生日”；召开支委会、支部党员大会、党小组会102次，讲授专题党课6次。成立机关青年学习小组，先后举办了弘扬五四精神交流会、助力乡村振兴主题研学、新时代文明实践、经典朗诵会等活动10余场，加强了机关青年干部的政治历练和实践锻炼。组织开展疫情防控、创卫、慈善捐助、无偿献血、义务植树等志愿服务活动120余次，党支部战斗堡垒和党员的先锋模范作用得到充分发挥，机关党支部先后获评潍坊市“过硬党支部”和市直机关“先锋党支部”称号。

二是强化学习宣传。始终把理论学习放在首位，围绕学习习近平新时代中国特色社会主义思想以及党的十九大和十九届历次全会精神，党组、各专门委员会、机关党支部先后开展各类学习活动近百次。深度挖掘在服务经济社会发展、发挥党建引领作用等方面的鲜活经验，充分利用融媒体全方位、多角度讲好人大故事，传播人大声音，全市优秀人大代表事迹及“一镇一议案”工作经验，被各级新闻媒体报道40余次。一年来，常委会还配合各级人大来我市的调研、考察、学习活动近30次，较好地宣传了人大工作以及全市经济社会发展成果。

三是狠抓作风建设。围绕抢抓胶东经济圈一体化发展重大机遇，组织各级人大代表赴胶州市对标学访，开展多层次交流活动，引导各级人大代表解放思想、提升境界、争创一流，在服务和融入新发展格局中展现人大担当。扎实开展思想作风整顿暨“百日攻坚”会战，查摆问题并逐一制订整改措施。把调查研究作为做好人大工作的基本功，班子成员带队，围绕重点工作攻坚、重大改革事项落地等深入基层一线，广泛开展调研活动，形成调研报告18篇，有效推动了相关工作开展。认真落实党风廉政建设和意识形态工作责任制，召开党风廉政建设专题会议3次，专题研究意识形态工作4次，邀请市纪委监委作专题辅导讲座2场，有关事项及时与派驻纪检组沟通报告。深刻把握中央八项规定精神，驰而不息纠正“四风”、改进作风，切实提升了党员干部的执行力和狠抓工作落实的能力。

四是夯实基层基础。常委会密切与镇街区人大的联系，加强工作交流，上下联动，形成工作合力。建立健全监督专家咨询组工作规则，不断提升常委会及镇街区人大监督审查工作水平。健全完善常委会班子成员联系镇街区人大工作制度，加强对镇街人大工作程序、制度建设等方面的指导。持续深化“一镇一议案”工作，不断推进镇级人大代表小组规范化建设，地方人大事业在联动协作中不断开拓创新、完善发展。注重引导和支持镇街区人大服务大局、依法履职，基层人大干部在脱贫攻坚、人居环境整治、信访维稳等重点领域显身手、创佳绩，赢得了市委肯定和群众支持。

各位代表，2020 年人大常委会工作取得的成绩，是市委正确领导和全市人民高度信任的结果，是全体人大代表、人大常委会组成人员及机关工作人员共同努力的结果，是“一府一委两院”和各镇街区人大密切配合的结果，是市政协、社会各界和各位老领导、老同志关心支持的结果。在此，我代表市人大常委会表示崇高的敬意和衷心的感谢！

回顾过去的一年，我们也清醒地认识到常委会工作还存在一些问题和不足。主要是：精准监督和有效监督有待进一步加强、代表履职的服务保障机制需要更加完善、自身建设还需进一步适应新形势和新任务的要求等。这些问题我们将在今后工作中认真加以解决。

2021 年的主要任务

2021 年是中国共产党成立 100 周年，是“十四五”开局之年，做好今年各项工作意义十分重大。**市人大常委会将在中共高密市委的坚强领导下，坚持以习近平新时代中国特色社会主义思想为指导，全面贯彻党的十九大和十九届历次全会精神，认真学习领会习近平法治思想，紧紧围绕坚持和完善人民代表大会制度，全面落实市委十三届九次全体会议和经济工作会议精神，统筹推进疫情防控和经济社会发展，按照市委“稳中求进、走在前列”的目标定位，坚定信心、保持定力，担当作为、砥砺奋进，为实现“十四五”规划良好开局、奋力开创高品质城市建设新局面贡献力量。**

一是更加突出政治引领。强化人大及其常委会的政治机关属性，善于用政治眼光分析问题，不断提高政治判断力、政治领悟力、政治执行力。始终不渝坚持党的领导，旗帜鲜明站稳人民立场，坚定不移担当起宪法和法律赋予的各项职责，自觉做到党有所指、我有所向，民有所呼、我有所应，法有所赋、我有所为，更好地实现党的领导、人民当家做主和依法治国有机统一。对标市委部署要求精心谋划人大工作，以实际行动维护市委总揽全局、协调各方的领导地位。聚力市委工作重点依法行使重大事项决定权，紧扣市委意图依法行使人事任免权，始终保持人大工作坚定正确政治方向。

二是着力提升监督实效。按照市委工作部署，紧紧围绕“工业强市、产业兴市、诚信立市”的目标要求，在临港经济区建设、现代产业体系打造、高品质城市建设、乡村振兴、生态环境保护、社会事业等重点任务推进落实方面，开展专项监督和跟踪监督。聚焦经济社会发展，组织开展财政经济专题调研活动，畅通经济循环，提升经济运行质量。聚焦民主法治建设，听取高密市普法和依法治市、法院民事审判和检察院适用认罪认罚从宽制度等专项工作报告，强化执法司法监督，依法维护人民权益。聚焦民生关切，部署开展乡村振兴、环境保护、科技创新等专题视察，下大力气推动解决群众“急难愁盼”问题，持续增进民生福祉。

三是充分发挥代表作用。更大力度支持和保障代表依法履职，不断强化代表履职管理，健全考核评价和激励约束机制，继续深化主题活动，组织开展专题调研，引导代表在工业经济、项目建设、就业创业、社会治理等任务中打头阵、当先锋、做贡献。认真做好市十八届人大五次会议代表所提议案建议办理工作，完善跟踪督办和办理情况考评机制，进一步提高代表建议办理质量。坚持党的领导与发扬民主、依法办事有机统一，扎实做好市镇两级人大代表换届选举工作。

四是从严抓好自身建设。坚决落实管党治党主体责任，把守规矩作为自觉行动，让规矩入脑入心，始终将严守规矩作为内心深处的一种坚定信念，心存敬畏，言行规范。充分发挥党建的示范引领作用，认真开展党史教育活动，推动党建工作与重大事项决定、选举任免、监督、代表、自身建设等工作深度融合，以党建工作的新成效促进人大工作新发展。全面落实市委提出的“坦诚、激情、专注、严实”的团队建设要求，在政治品格、精神面貌、事业态度、工作作风等方面学思践悟、融会贯通，努力建设让党放心、让人民满意的模范机关。

各位代表，奋进新时代，踏上新征程。让我们更加紧密地团结在以习近平同志为核心的党中央周围，在中共高密市委的坚强领导下，乘势而上求突破，发愤图强开新局，为实现“十四五”良好开局、加快建设现代化高品质城市做出新的更大的贡献，以优异成绩庆祝建党 100 周年。

后　记

以古资今，继往开来。《高密市人大志（1949—2021）》编纂工作在市委、市人大常委会领导下，编委会和编写组各专家广征博采、悉心编纂，数易其稿，反复研磨修改，终成定稿付梓，历经3载圆满完成了浩繁而复杂的编写、出版工作。《高密市人大志（1949—2021）》是高密市人大历史上的第一部志书，填补了高密市人大史志编纂工作的空白，为社会各界进一步认识了解高密市人大工作提供了真实、客观、宝贵的资料。志书的出版问世，是全市政治文化建设的一件大事，也是高密市人民代表大会发展史上的一件盛世，必将为高密市人大及其常委会承前启后、与时俱进、创新发展注入新的活力和动力。

2018年6月，经市委同意，市十八届人大常委会主任会议决定，全面启动《高密市人大志（1949—2021）》的编纂工作。《高密市人大志（1949—2021）》内容时间跨度大，编纂任务十分繁重。编纂过程主要经历了五个阶段：第一阶段，组织准备。2018年7月，成立了由市人大常委会党组书记、主任万丽任主任的《高密市人大志（1949—2021）》编纂委员会，确定了编纂工作人员和办公地点，配齐了办公设备；制订了《编纂工作实施方案》，确定了篇目大纲；组织编纂工作人员外出学习。2018年8月，召开编纂工作培训会议，对编纂工作进行了部署。第二阶段，收集资料。从2018年9月开始，按篇目和分工，对涉及高密人大工作的文字、图片、表格等资料进行了广泛收集，并进行系统整理、考证。2019年7月，形成了汇编材料。第三阶段，完成初稿。2019年8月，编纂工作人员按照篇目大纲开始编纂。2021年3月，完成初稿。第四阶段，修改定稿。2021年4月开始，编纂工作人员对初稿进行校对，进一步修改完善。印刷《高密市人大志（1949—2021）》征求意见稿，呈市人大常委会领导、编纂委员会成员、从事过人大工作的老领导和老同志进行审阅，广泛征求意见。2021年7月，《高密市人大志（1949—2021）》完成定稿。第五阶段，印刷出版。

本志所用资料主要来源于《高密市志》《中共高密党史大事记》《中共山东省高密县组织史资料》和市档案馆档案资料、市人大常委会档案室自存档案资料、内部发行和公开发表的报刊资料及相关单位、各镇街区提供的乡镇人大史料、部分同志收存的资料及从事过人大工作的老同志的口述资料。

在编纂过程中，三任市委书记杨建华、卞汉林、刘玉及市长王文琦多次过问、指导编纂工作；得到了市委办公室、市委组织部、市政府办公室、市财政局、市委党史研究中心（市地方史志研究中心）、市档案馆的大力支持和帮助；市人大常委会离退休的老领导老同志给予悉心指导。在此，向所有关心、支持、帮助本志编纂工作的单位和个人表示诚挚的感谢！

《高密市人大志（1949—2021）》的编写，本着尊重历史、存真求实的原则，突出时代特色、突出地方特色、突出人大特色，树立责任意识、精品意识，力争准确记述高密人大工作的历史发展与演变过程，更好地为高密经济社会发展服务。由于部分资料欠缺和编者水平所限，疏漏欠妥之处在所难免，敬请广大读者批评指正。

编　委

2021 年 10 月

代 表 合 影 2003年1月24日

议全体代表合影 2007.12.14

体代表合影 2012年元月

表合影留念 2017.1.21